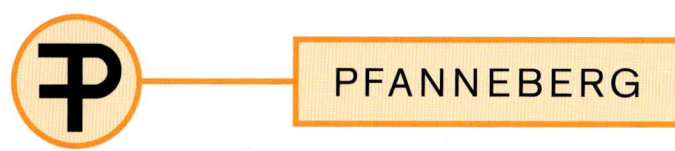

PFANNEBERG

HOTEL & GAST

Reinhold Metz
Anton Beer
Hermann Grüner
Thomas Kessler
Conrad Krödel

13. Auflage

Fachbuchverlag Pfanneberg GmbH & Co. KG
Düsselberger Str. 23
42781 Haan-Gruiten
Bestell-Nr.: 04062

Autoren

Reinhold Metz, 86825 Bad Wörishofen
Anton Beer, 95189 Köditz
Hermann Grüner, 82467 Garmisch-Partenkirchen
Thomas Kessler, 94469 Deggendorf
Conrad Krödel, 25335 Elmshorn

Lektorat

Reinhold Metz

Verlagslektorat

Benno Buir

Bildbearbeitung

Verlag Europa-Lehrmittel, 73760 Ostfildern

13. Auflage 2013

Druck 5 4 3
Alle Drucke derselben Auflage sind parallel einsetzbar, da sie bis auf die
Behebung von Druckfehlern untereinander unverändert sind.

ISBN 978-3-8057-0682-7

© 2013 by Fachbuchverlag Pfanneberg GmbH & Co. KG, 42781 Haan-Gruiten
http://www.pfanneberg.de
http://www.hotel-und-gast.de

Umschlag: braunwerbeagentur, 42477 Radevormwald,
unter Verwendung eines Motivs von © Sven Hoppe – Fotolia.com
Layout und Satz: tiff.any GmbH, 10999 Berlin
Druck: Printer Trento S. r. l, 38121 Trento (I)

Die neue 13. Auflage des Medienpakets „Hotel & Gast"

Seit einigen Jahren ist „Hotel & Gast", das Standardwerk für die Berufsausbildung zur Hotelfachfrau/zum Hotelfachmann, als Medienpaket mit CD im Buch und Online-Web-Support erhältlich.

Die vorliegende 13. Auflage ist fachlich **komplett überarbeitet,** wurde stark erweitert und hat ein neues, pädagogisch fundiertes und modernes Layout. Auch das Medienpaket wurde ergänzt.

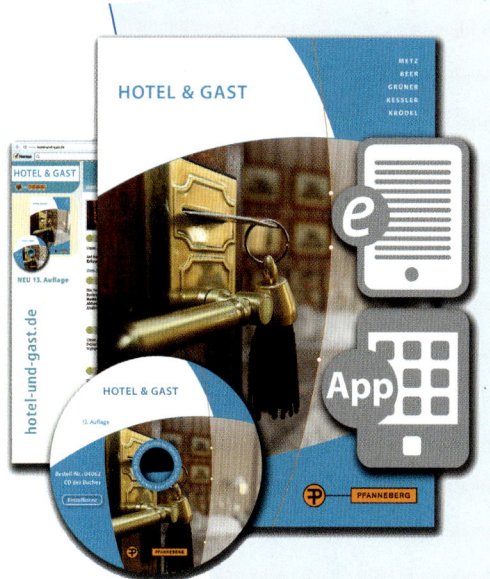

Das Buch

Das Lehrbuch für den handlungsorientierten und lernfeldorientierten Unterricht unterstützt Schülerinnen und Schüler beim selbstständigen Lernen, indem sie Gesuchtes schnell finden und Zusammenhänge herstellen können. Die Grundlagen hierfür bildet die umfassende Darstellung der Lerninhalte, die didaktisch und methodisch so aufbereitet sind, dass die Entwicklung von *Lernkompetenz* gefördert und eine *nachhaltige Festigung des Lernstoffs* ermöglicht wird.

Neu in dieser Auflage

- *Ein größeres Format*
  „Hotel & Gast" ist ein bisschen größer geworden. Dadurch ist mehr Platz fürs neue Layout vorhanden.

- *Ein neues Layout*
  Modern, ansprechend – und didaktisch aufbereitet: Auf gegenüberliegenden Doppelseiten werden Texte und Bilder ansprechend präsentiert. In den breiten Hauptspalten in der Mitte befindet sich die Hauptinformation, läuft der „rote Faden". Die Randspalten links und rechts enthalten Zusatzinformationen: weitere Bilder, Tipps, ergänzende und vertiefende Textteile.

- *Neue Autoren*
  Der Arbeitskreis wurde erweitert: Die Fachkompetenz des Autorenteams bildet die Grundlage für die Zukunft von „Hotel & Gast".

- *Neue Inhalte, mehr Seiten*
  Für die ersten beiden Unterrichtsjahre wurden systemgastronomische Themen integriert, alle Kapitel wurden fachlich überprüft, modernisiert und zum Teil ausgeweitet. Viele neue Abbildungen – es sind inzwischen über 1.800 Fotos und Grafiken – ergänzen die Texte. „Hotel & Gast" ist um über 40 Seiten im Umfang angewachsen.

Die CD

Dem Buch beigelegt ist eine CD mit nützlichen Produkten, die den Unterrichtseinsatz ergänzen, Hausarbeit und Vorbereitungen unterstützen sowie den Berufsalltag begleiten:
- Alle Abbildungen des Buches, Grafiken und Tabellen für die Übernahme in Hausarbeiten und Arbeitsblätter oder die Bearbeitung im Unterricht
- Ein elektronisches Wörterbuch wichtiger Fachbegriffe
- Vollständige Gesetzestexte

Hinweise zur CD

Die CD enthält Software sowie zusätzliches Material für Unterricht und Selbststudium. Im Startmenü der CD ist alles übersichtlich zusammengefasst. Wenn Sie die CD in Ihr Laufwerk einlegen, öffnet sich (bei Standardeinstellungen Ihres PCs) unser Startmenü automatisch. Hat Ihr PC nicht die Standardeinstellung, wählen Sie über Arbeitsplatz oder Ihren Windows-Explorer Ihr CD-Laufwerk an. Eine der Dateien der CD ist CD_Start.exe. Diese öffnen Sie mit einem Doppelklick. Im Startmenü können Sie nun die Software entweder direkt von CD starten oder auf Ihrem PC menügeführt installieren. Das Zusatzmaterial liegt in Form von PDF-Dateien vor, die Sie sich entweder direkt über das Menü ansehen und ausdrucken oder aber auf Ihren PC kopieren können.

Die Website www.hotel-und-gast.de

Die umfassende Informations- und Austauschplattform bietet u. a.:
- Aktuelle Informationen zum Buch
- Support für die Inhalte der CD
- Informationen und Materialien für Prüfungsvorbereitung, Unterricht und Selbststudium, z. B. Download eines Prüfungstrainers
- **Für registrierte Lehrkräfte: Unterrichtsmaterialien zum kostenlosen Download**

Die Apps

Rezepte des Buches sowie Prüfungsaufgaben zur Vorbereitung auf die Abschlussprüfung werden als App zur Verfügung gestellt – für registrierte Nutzer der Buch-CD kostenlos.

Das E-Book

„Hotel und Gast" ist auch als E-Book mit Jahreslizenz erhältlich. Ausführliche Informationen dazu im Verlag oder online auf www.pfanneberg.de. Dort kann das E-Book auch online bestellt werden.
So einfach funktioniert es:
1. Im Online-Shop www.pfanneberg.de Freischaltcode (Jahreslizenz) erwerben.
2. Auf www.digitale-schulbuecher.de die Software für Ihr digitales Bücherregal unter Angabe Ihrer E-Mail-Adresse und eines selbst gewählten Passworts herunterladen oder online nutzen.
   Die Software für das „digitale Bücherregal" läuft auf Mac und PC mit allen gängigen Betriebssystemen, auch Tablet-Versionen für iPads und Android-Geräte sind erhältlich.

Kein Schulbuch kann in jeder Unterrichtssituation gleich gut eingesetzt werden, kein Autor ist fehlerfrei: Für Anregungen und Kritik sind Autoren und Verlag jederzeit dankbar.

Wir wünschen Ihnen viel Erfolg beim Einsatz des Medienpaketes „Hotel & Gast".

Im Herbst 2013   Autoren und Verlag

Inhaltsverzeichnis

1 Geschichtliche Entwicklung des Gastgewerbes

🇬🇧 historical evolution of the hotel and restaurant business
🇫🇷 développement (m) historique de l'hôtellerie

1.1 Gastfreundschaft 🇬🇧 hospitality 🇫🇷 hospitalité (w)

Nicht immer hatten „Reisende" die „Taschen voller Geld". Außerdem waren sie als Fremde rechtlos und hatten weder Anspruch auf öffentlichen Schutz noch auf öffentliche Hilfe. Griechen, Römer und Germanen betrachteten es deshalb als sittliche Pflicht, Reisenden/Fremden Schutz, Obdach und Speise anzubieten, d. h. Gastfreundschaft zu gewähren.

Das Grundprinzip dieser Art von Gastfreundschaft ist die Gegenseitigkeit. Wer dem Fremden Speis und Trank, Bett und Sicherheit gewährte, durfte unter ähnlichen Umständen seinerseits Vergleichbares erwarten.

1.2 Gastgewerbe

🇬🇧 hotel/restaurant business 🇫🇷 hôtellerie (w) et restauration (w)

Mit dem immer stärker werdenden Reise- und Geschäftsverkehr im 12. Jahrhundert veränderte sich die Situation. Die ursprünglichen Einrichtungen waren den zunehmenden Anforderungen und Bedürfnissen nicht mehr gewachsen. Aus diesem Grunde entwickelte sich das **Beherbergen** und **Bewirten** immer mehr zu einem Gewerbe. Es entstand das, was wir das **Gastgewerbe** nennen. Zwischen dem **Gasthof** der Anfangszeit mit seinem bescheidenen und begrenzten Angebot und dem modernen **Hotel,** das höchsten Ansprüchen gerecht wird, liegt jedoch ein langer Entwicklungsprozess. Dieser Prozess war stets gekennzeichnet durch die enge Beziehung zwischen dem Gastgewerbe auf der einen und den Bedürfnissen der Menschen auf der anderen Seite.

Der Gast im Mittelpunkt

Anforderungen und Erwartungen des Gastes beeinflussen unser Handeln. **Unser Ziel: Der zufriedene Gast.**

Der Gast steht im Mittelpunkt unseres Tuns, nicht nur, weil er Geld bringt, sondern weil wir als Gastgeber Verpflichtungen nachkommen wollen. Der Gast ist nicht für uns da, sondern wir haben für den Gast fit zu sein.

1.3 Gastgewerbliche Betriebe heute

🇬🇧 hotel and restaurant commercial operations today
🇫🇷 entreprises (w) de l'industrie (w) hôtelière d'aujord'hui

Ausschlaggebend für die Unterscheidung von Hotels und Restaurants sind:
- Zweck des Unternehmens,
- Art und Umfang des Angebotes,
- Art, Umfang und Komfort der Einrichtung.

Den beiden elementaren Angeboten **Beherbergung** und **Bewirtung** entsprechen die beiden Betriebsarten **Hotel** und **Restaurant**. Darüber hinaus gibt es heute eine Vielzahl abgewandelter Betriebsarten, die sich aus den unterschiedlichsten Bedürfnissen entwickelt haben.

Bewirtungsbetriebe

Ein **Restaurant** ist ein Bewirtungsbetrieb, der seinen Gästen eine größere Auswahl von Speisen und Getränken anbietet und mit einem gewissen Komfort ausgestattet ist.

Die übrigen Bewirtungsbetriebe unterscheiden sich in der Art wie sie geführt werden und an welche Kunden sie sich wenden (Zweckbestimmung). Grob unterteilen lassen sich **Individualgastronomie** und **Systemgastronomie**. Die Tabelle zeigt Beispiele.

Individualgastronomie		Systemgastronomie
Unter klassischer Gastronomie oder **auch Individualgastronomie** (lat. individuum = das Unteilbare) versteht man in der Regel inhabergeführte kleine und mittelständische Restaurantbetriebe. Ihren Charakter erhält die Individualgastronomie z. B. durch die Eigenschaften des Gastwirtes (Huberts Wirtshaus) oder durch die besondere Lage des Restaurants (Unter den Linden). Die Führung des Restaurants, die Zusammenstellung der Speisen- und Getränkekarte und die Auswahl der Lieferanten steuert der Inhaber des Betriebes selbst. Er kann seinem Restaurant damit ein eigenständiges und unverwechselbares Erscheinungsbild geben.	Der **Übergang zwischen Systemgastronomie und Individualgastronomie** ist teilweise fließend. Mehrere einzelne Restaurants können zusammen systemgastronomisch betrieben werden, indem z. B. mit Standardrezepturen gearbeitet oder ein nach außen einheitliches Erscheinungsbild gezeigt wird. Auch viele Einzelbetriebe der klassischen Gastronomie arbeiten nach internen Standards, um Arbeitsabläufe zu vereinheitlichen und den Gästen eine gleichbleibende (Service-)Qualität anzubieten.	Die **Systemgastronomie** zeichnet sich dadurch aus, dass die Restaurants über ein multiplizierbares Konzept verfügen. Ihr Charakter ist nicht an den Standort oder an den Gastwirt gebunden. In den Betrieben einer Restaurantkette gleichen sich in der Regel das Angebot an Speisen und Getränken, die Servierform oder das Erscheinungsbild der Mitarbeiter. Die Betriebe werden in der Regel durch zentrale Vorgaben (Standards) gesteuert. Der Inhaber hat nur eingeschränkte Entfaltungsmöglichkeiten, wird aber durch die Zentrale z. B. bei Einkauf oder Werbung unterstützt.
• Gasthof zur Post • Restaurant Sonne • Café Müller • Frankies Bistro • Da Ginos	• Bedienrestaurants • Autobahnraststätte • Wirtshaus • Café • Schnellrestaurant • Lieferdienste • Betriebsverpflegung	• Maredo • Marché • Starbucks • McDonald's • Hallo Pizza • Eurest

Beherbergungsbetriebe

Beispiele: Hotel, Pension, Kurpension, Kurheim, Fremdenheim, Gasthof, Motel, Hotel garni.

Ein **Hotel** ist ein Beherbergungsbetrieb, der über eine größere Bettenzahl, eine anspruchsvollere Ausstattung der Zimmer und der sonstigen Räumlichkeiten verfügt. Es ist auf die Bewirtung der Gäste eingestellt und besitzt außer einem Restaurant für die Hausgäste meist ein zusätzliches Restaurant für Passanten.

- **Hotel garni**
  ist die Bezeichnung für ein Hotel, das zur Bewirtung lediglich Frühstück und u. U. kalte Speisen anbietet.

- **Gasthöfe**
  sind vorzugsweise in ländlichen Gegenden angesiedelt, haben eine geringere Anzahl von Betten und sind in ihrem Angebot auf bescheidenere Ansprüche ausgerichtet.

- **Pensionen**
  bewirten nur Hausgäste, die meist für mehrere Tage oder Wochen ihren Urlaub dort verbringen.

- **Motels**
  sind Betriebe, die vor allem auf motorisierte Gäste spezialisiert sind. Sie liegen in der Regel in der Nähe von Fernstraßen und bieten genügend Parkmöglichkeiten (oft direkt vor der Zimmertür) an.

- **Systemhotellerie**
  umfasst Hotelbetriebe, die unter einer gemeinsamen Marke geführt werden. Die einzelnen Betriebe verpflichten sich zu Standards, z. B. bei der Ausstattung der Zimmer oder dem gemeinsamen Wareneinkauf. Die Gäste sollen die „Marke" überall wiedererkennen.

❷ Ausbildung  🇬🇧 education 🇫🇷 formation (w)

Den Anforderungen der modernen Arbeitswelt trägt die berufliche Ausbildung Rechnung.

2.1 Ausbildungsordnung

🇬🇧 training program 🇫🇷 règlement (m) sur la formation

Grundlage für die Ausbildung ist die **„Verordnung über die Berufsausbildung im Gastgewerbe"**. In ihr sind die Berufe festgelegt und deren Ausbildungsinhalte beschrieben (Berufsbilder).

Gliederung der Ausbildung

Die Ausbildungsdauer für die Fachkraft beträgt **zwei** Jahre, für die anderen Berufe **drei** Jahre. Fachkräfte können ihre Ausbildung in einem dritten Jahr wahlweise als Hotel-, Restaurant- oder Systemgastronomiefachkraft fortsetzen. Diese Möglichkeit ergibt sich aufgrund der exakten Gliederung der Ausbildung (Stufenausbildung siehe Übersicht S. 16).

Ausbildungsrahmenpläne

Die Ausbildungsinhalte der einzelnen Stufen sind in der Verordnung vorgegeben. Darüber hinaus sind sie in den Ausbildungsplänen für Betriebe inhaltlich detailliert den jeweiligen Ausbildungshalbjahren zugeordnet. Daraus leiten die Betriebe interne Ausbildungspläne ab.

Berufsbezeichnungen
Die staatlich anerkannten Berufe sind:
- Koch/Köchin
- Fachkraft im Gastgewerbe
- Restaurantfachmann/Restaurantfachfrau
- Hotelfachmann/Hotelfachfrau
- Hotelkaufmann/Hotelkauffrau
- Fachmann/Fachfrau für Systemgastronomie

2.2 Ausbildungsberufe des Gastgewerbes: Übersicht

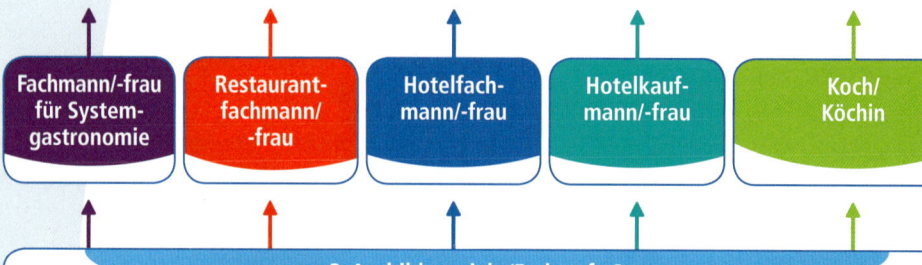

🇬🇧 trade professions of the hotel and restaurant business: Summary
🇫🇷 métiers (m) de formation professionnelle de l'industrie hôtelière: aperçu (m)

Berufliche Fortbildung und Weiterbildungsmöglichkeiten

Hotelfachschule mit Abschluss zum Hotelbetriebswirt
Meisterprüfungen in den gastgewerblichen Berufen, Fachwirt im Gastgewerbe,
Hausdamenseminare, Sommelierlehrgänge, Barmixerschulung, Diätlehrgänge u.s.w.

Fachmann/-frau für System-gastronomie	Restaurant-fachmann/ -frau	Hotelfach-mann/-frau	Hotelkauf-mann/-frau	Koch/ Köchin

3. Ausbildungsjahr/Fachstufe 2

• Organisa-tion von Produk-tions- und Betriebs-stätte • Ablauf-gestaltung • Personal-verwaltung • Rechnungs-wesen	• Verkauf im Restaurant • Führen einer Station • Verwal-tungsorga-nisation	• Arbeiten im Empfangs-bereich • Arbeiten im Verkaufsbüro • Arbeiten in der Marketing-abteilung • Führungs-aufgaben im Wirtschafts-dienst	• Arbeiten im Büro • Arbeiten im Rechnungs-wesen • Arbeiten in der Perso-nalverwal-tung	• Klassische Zuberei-tung und Einsatz von Convenience-produkten unter Berücksichtigung von Ernährungs-lehre und Wirt-schaftlichkeit • Aktionswochen • Speisefolgen

Fachkraft im Gastgewerbe

2. Ausbildungsjahr/Fachstufe 1

Einige IHKs bieten für Fachkräfte auch den Schwerpunkt Systemgastro-nomie an.

• Beratung und Verkauf im Restaurant
• Marketing (Gastronomi-sches Konzept)

• Wirtschaftsdienst (Housekeeping)
• Warenwirtschaft

2. Jahr

• Küchen- und arbeits-technische Verfahren
• Vegetarische Küche
• Zwischenmahlzeiten
• Suppen und Saucen
• Einfache Süßspeisen

1. Ausbildungsjahr/Grundstufe

• Arbeiten in der Küche
• Arbeiten im Service

• Arbeiten im Magazin
• Übergreifende Lernziele

• Gastorientiertes Handeln

3 Personal im Gastgewerbe

staff in the hospitality trade · personnel (m) qualifié de l'industrie (w) hôtelière

Individualgastronomie

Die Organisationsformen werden durch die Größe des Hotels und der damit verbundenen, notwendigen Anzahl der Mitarbeiter bestimmt. In größeren Betrieben werden die hier dargestellten Bereiche weiter aufgeteilt. In kleineren werden mehrere Funktionen zusammengefasst. Nachfolgend ist ein Organisationsmodell eines mittleren Betriebes dargestellt.

Hotelleitung

Hoteldirektor/-in

Direktionsassistent/-in

Rechnungswesen

Leiter Rechnungswesen
Personalchef
Controller
Buchhalter
Auszubildende

- Ordnungsgemäße Buchführung
- Statistiken und Auswertungen
- Verwaltung der Hauptkasse
- Bearbeitung des Personalwesens mit Lohn- und Gehaltsabrechnungen
- Personaleinstellung und -entlassung
- Erstellen von Stellenbeschreibungen

Empfang

Empfangschef
Empfangssekretäre
Reservierungssekretäre
Kassierer
Auszubildende

- Reservieren und Vermieten von Zimmern
- Führen der Gästekorrespondenz
- Durchführen der Empfangsbuchhaltung
- Abrechnen mit dem Gast

Etage/Housekeeping

Hausdame
Hausdamenassistentin
Wäschereibeschließerin
Zimmermädchen
Auszubildende

- Reinigen und Pflegen der Gästezimmer, Flure und Treppenhäuser
- Pflege der Grünpflanzen
- Pflegen, Lagern und Ausgeben der gesamten Wäsche sowie des Reinigungsmaterials

Food-and-Beverage-Manager/-in

Magazin

Magazinverwalter
Magazinmitarbeiter
Auszubildende

- Kontrollieren des Wareneingangs
- Bereitstellen und Überwachung des Warenausgangs
- Überwachen der Warenbestände
- Durchführen von Bestandskontrollen (Inventuren)

Küche

Küchenchef
Souschef
Chef de partie
Commis de partie
Auszubildende

- Erstellen von Speisekarten und Menükarten
- Wareneinkauf
- Speisenherstellung
- Erstellen von kalten und warmen Büfetts
- Bereitstellen des Frühstücksbüfetts
- Zubereitung von Personalessen
- Catering

Service

Restaurantleiter
Chef de rang
Demichef de rang
Commis de rang
Auszubildende

- Gäste empfangen und beraten
- Speisen- und Getränkeservice durchführen
- Abrechnen mit Gast und Betrieb
- Frühstück- und Etagenservice durchführen
- Bankettveranstaltungen durchführen
- Tranchieren und Flambieren

Systemgastronomie

Unternehmenszentrale (Headquarter)

Gebietsleiter (Area Coach, District Manager)

Restaurantleiter (Restaurant General Manager)

- Führung des Restaurants, Verantwortung der Einhaltung aller betrieblichen Standards
- Planung des Umsatzes und des Gewinns gemeinsam mit Vorgesetzen
- Durchführung von Local-Store-Marketing
- Einstellung und Entlassung von Crewmitarbeitern
- Aus- und Weiterbildung von Schichtführern und Assistenten
- Durchführung von Kostenkontrollmaßnahmen, Überwachung der betrieblichen Kennzahlen

Restaurantassistent (Assistant Restaurant Manager)

- Unterstützung des Restaurantleiters bei der Führung des Restaurants
- Bestellung der Waren nach der Umsatzplanung des Restaurantleiters
- Gestaltung des Dienstplanes nach der Umsatzplanung des Restaurantleiters
- Erarbeitung des Trainingsplanes für die Mitarbeiter und Besprechung des Planes mit den Crewtrainern
- Aus- und Weiterbildung der Schichtführer
- Überwachung der Einhaltung der betrieblichen Standards
- Erledigung administrativer Aufgaben, Vertretung des Restaurantleiters

Schichtführer (Shiftleader, Teamleader)

- Unterstützung des Restaurantmanagements bei der Führung des Restaurants
- Einteilung der Mitarbeiter nach den Vorgaben des Dienstplanes
- Behandlung von Gästereklamationen
- Abrechnung der Kassen
- Planung der vorzubereitenden Zutaten nach Vorgaben des Restaurantleiters/Assistenten

Crewtrainer (Teamtrainer)

- Herstellung und Verkauf von Produkten nach vorgegebenen Standards
- Kontrolle der ihm unterstellten Mitarbeiter im Hinblick auf Einhaltung der Standards
- Schulung der Mitarbeiter nach Vorgaben des Trainingsassistenten

Küchenmitarbeiter (Crewmember back of house BOH)

- Vor- und Zubereitung aller Produkte nach den vorgegebenen Standards
- Einhaltung der Standards bei Lagerung der Produkte, Reinigung der Gebrauchsgegenstände
- Kontrolle der Haltezeiten

Servicemitarbeiter (Crewmember front of house FOH)

- Verkauf von Speisen und Getränken, Kassieren
- Annahme von telefonischen Bestellungen
- Beratung der Gäste nach den vorgegebenen Standards
- Reinigung des Verkaufs- und Gästebereiches, Öffnungs- und Schlussdienstarbeiten
- Einhaltung von Standards bei allen Arbeiten

Auslieferungsfahrer (Driver)

- Repräsentation des Unternehmens nach außen
- Auslieferung der bestellten Speisen und Getränke
- Kassieren am Haus des Gastes

Hygiene

Hygiene bedeutet: Lehre von der Gesundheit
und der Gesundheitspflege des Menschen.
Allgemein wird Hygiene als Sauberkeit verstanden;
man sagt z. B. unhygienisch und meint meist unsauber.
Lebensmittelhygiene umfasst mehr, nämlich

- Ursachen, die zum Verderb der Lebensmittel führen, und
- Maßnahmen, um den Verderb zu verhindern.

Damit dient die Lebensmittelhygiene dem Schutz des Verbrauchers
und der Erhaltung seiner Gesundheit.

1 Mikroben  🇬🇧 microbes 🇫🇷 microbes (m)

Hauptursache des Lebensmittelverderbs sind die Kleinstlebewesen. Wegen ihrer
geringen Größe sind sie mit dem bloßen Auge nicht zu erkennen; erst die Vergrößerung durch das Mikroskop macht sie sichtbar.
Obwohl die einzelnen Mikroben nicht zu erkennen sind, sind sie teilweise

- als **Kolonien sichtbar**, weil sie wegen der starken Vermehrung in sehr großer
  Zahl auftreten, z. B. als Schimmel auf Brot
- an **Auswirkungen erkennbar**, z. B. an schmieriger Wurst, riechendem Fleisch,
  gärendem Fruchtsaft.

> ● Die Begriffe Kleinstlebewe-
> sen oder Mikroorganismen
> oder Mikroben bedeuten
> dasselbe.

1.1 Vorkommen

Mikroben kommen **überall** vor. Besonders zahlreich sind sie jedoch im **Erdboden**
und in **Abwässern** vorhanden. Durch die **Luft** werden die Keime[1] ebenfalls verbreitet. Im **Umgang mit Lebensmitteln** treten die Mikroben vermehrt dort auf,
wo Nahrung, Wärme und ausreichend Feuchtigkeit gleichzeitig vorhanden sind.

Beispiele

- **Hände**, die mit den unterschiedlichsten Gegenständen in Berührung kommen
- **Handtücher**, besonders dann, wenn diese von mehreren Personen gleichzeitig
  benutzt werden (Gemeinschaftshandtuch) und mehrere Tage im Gebrauch sind
- **Berufswäsche**, wenn sie nicht rechtzeitig gewechselt wird,
- **Reinigungswerkzeuge** wie Spüllappen, Schwammtücher, Spülbürsten, Topfreiber, wenn diese nach Gebrauch nicht gründlich ausgewaschen und getrocknet werden.

1 Als **Mikroben** bezeichnet
man Keime, die Krankheiten
hervorrufen können.

2 **Eubakterien** ist ein Oberbegriff.
Bazillen sind Arten von Eubakterien,
die Sporen bilden können, **Clostridien**
wachsen unter Sauerstoffabschluss.
Der Begriff Bakterien ist als Gattungsbezeichnung nicht mehr gebräuchlich.
Keime nennt man Arten, die Krankheiten verursachen. Für manche Lebensmittel, z. B. Speiseeis, sind Höchstwerte
festgelegt. Auf eine Unterscheidung
der Eubakterien wird verzichtet,
weil das für die betriebliche
Praxis ohne Bedeutung ist.

1.2 Arten und Vermehrungsformen

Im Zusammenhang mit den Lebensmitteln unterscheidet man folgende
Mikrobenarten:

Eubakterien	Hefen	Schimmelpilze

Eubakterien[2] sind Einzeller.
Bei günstigen Lebensbedingungen wachsen die Eubakterien innerhalb
von etwa 20 Minuten bis zu einer bestimmten Größe und vermehren
sich dann durch **Zellteilung** (Abb. 1).

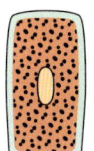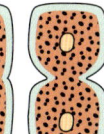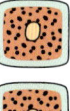

Abb. 1 Eubakterien vermehren
sich durch Teilung.

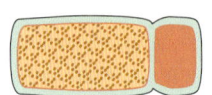  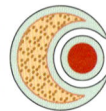

Wenn die Lebensbedingungen schlecht sind, können die Bazillen, eine Untergruppe der Eubakterien, Sporen bilden. Sporen sind eine

Abb. 1 Bazillen bilden Sporen.

Überlebensform. Die Zelle gibt zunächst den Zellsaft weitgehend ab und bildet dann aus der verbleibenden Zellhaut eine besondere Umhüllung. Eine **Spore** ist entstanden (Abb. 1). Alle Lebensvorgänge ruhen, und der Zellrest ist besonders widerstandsfähig gegen Wärmeeinwirkung und Desinfektionsmittel. Bei günstigen Lebensbedingungen werden aus den Sporen wieder Bazillen.

Hefen sind Einzeller, die sich vorwiegend von **Zuckerstoffen** ernähren. Sie vermehren sich durch Sprossung; dabei sprießt aus der Mutterzelle jeweils eine Tochterzelle (Abb. 2).

Schimmelpilze (Abb. 3) sind Mehrzeller, die sehr anspruchslos sind und auch noch auf verhältnismäßig trockenen Lebensmitteln wachsen können. Sie vermehren sich auf zwei Arten: Auf dem Lebensmittel verbreiten sie sich durch **Sporen**, im Lebensmittel über das **Wurzelgeflecht (Myzel)**. Vergleiche S. 25.

Pilzarten, die ungiftig sind und z. B. bei Käse mitgegessen werden, bezeichnet man als **Edelpilze** oder Edelschimmel.

Abb. 2 Hefen vermehren sich durch Sprossung.

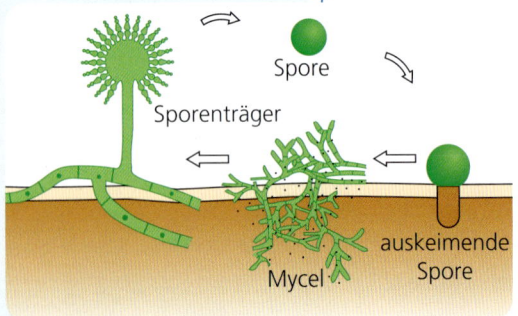

Abb. 3 Schimmel bildet Sporen.

1.3 Lebensbedingungen der Mikroben

Wie alle Lebewesen, so entwickeln sich auch Kleinstlebewesen nur, wenn bestimmte Lebensbedingungen erfüllt sind. Bei eingeschränkten Bedingungen sind Wachstum und Vermehrung verlangsamt oder eingestellt; die Mikroben können auch absterben.

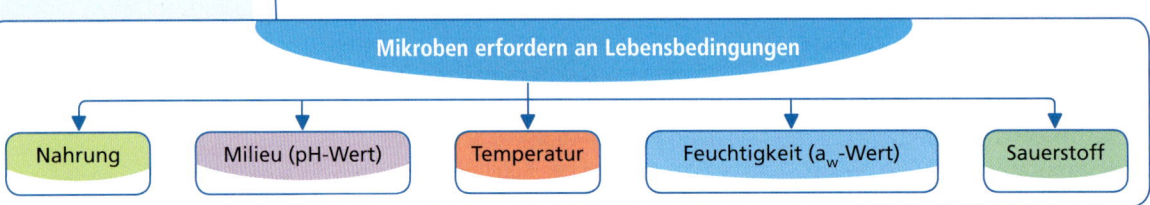

Mikroben erfordern an Lebensbedingungen

| Nahrung | Milieu (pH-Wert) | Temperatur | Feuchtigkeit (a_w-Wert) | Sauerstoff |

Nahrung

Die meisten Mikroben bevorzugen bestimmte Nährstoffe, folgende Grobeinteilung ist möglich.

Art	bevorzugt befallen	Beispiel
Eiweiß spaltende Mikroben	Fleisch, Wurst, Fisch, Geflügel	Salmonellen
	Milch, Frischkäse, Creme	Fäulnisbakterien
Kohlenhydrat spaltende Mikroben	Kompott, Fruchtsaft, Creme	Hefen
Fett spaltende Mikroben	Butter, Margarine, Speck	
Schimmel	alle Lebensmittel	Schimmelpilze

Milieu (pH-Wert)

Wie Menschen oft bestimmte Geschmacksrichtungen bevorzugen, so besitzen auch Mikroben vergleichsweise eine Vorliebe entweder für Säuren oder für Basen (Laugen). **Säuren** sind gekennzeichnet durch **H^+-Ionen**, **Basen** besitzen **OH^--Ionen**. In reinem Wasser ist die Anzahl der H^+- und OH^--Ionen ausgeglichen. Der **pH-Wert ist eine Messzahl**, die angibt, wie stark eine Säure oder Lauge ist.

Die meisten Eubakterien bevorzugen neutrale bis schwach laugenhafte Umgebung. Durch Säurezugabe kann darum deren Tätigkeit eingeschränkt werden.

> ● $H^+ + OH^- \rightarrow H_2O.$
> Wasser hat den pH-Wert 7, es ist neutral.

● Beispiele
- Fisch in Marinade (Rollmops),
  - Essiggurken,
    - Fleisch in Essigbeize, Sauerkraut.

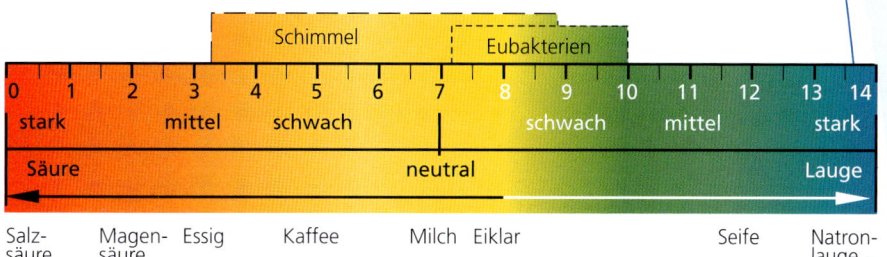

Abb. 1 pH-Wert mit Beispielen von Wachstumsbereichen

Temperatur

Mikroben bevorzugen je nach Art bestimmte Temperaturen. Man unterscheidet drei Gruppen:

- **Niedrige Temperatur liebende (psychrophil)** ① Man nennt sie darum auch „Kühlschrankbakterien". Sie kommen vor allem in Verbindung mit Fleisch und Fisch vor.
- **Mittlere Temperatur bevorzugende (mesophil)** ② Dazu zählen die Darmbakterien, Fäulnisbakterien, aber auch Hefen.
- **Höhere Temperatur liebende (thermophil)** ③ Hierzu gehören die sporenbildenden Bazillen.

Zwischen +6 °C und +60 °C vermehren sich Kleinstlebewesen am stärksten. Verarbeitung und Lagerung von Lebensmitteln in diesem Bereich können problematisch sein. Man spricht darum vom **kritischen Bereich**.

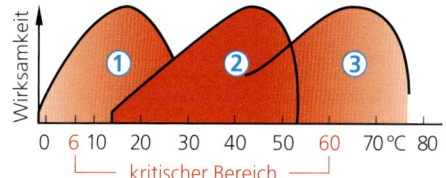

Abb. 2 Wachstumsbereiche für Mikroben

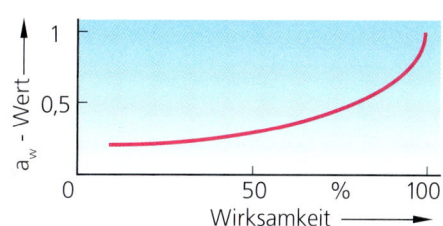

Abb. 3 Mikroben benötigen Feuchtigkeit

Feuchtigkeit (a_w-Wert)

Mikroben benötigen Wasser als Lösungsmittel für die Nährstoffe und als **Transportmittel**, um die Bausteine der Nährstoffe in das Zellinnere zu bringen. Da die Mikroben selbst zu etwa 70 % aus Wasser bestehen, ist das Wasser für sie auch **Baustoff**.

Vom gesamten Wassergehalt eines Lebensmittels steht den Mikroben nur ein Teil zur Verfügung. Man bezeichnet diesen Anteil auch als das **freie** oder **aktive Wasser** und spricht auch von **Wasseraktivität**, gemessen als aw-Wert. Der a_w-Wert ist eine Messzahl. Reines Wasser hat den a_w-Wert 1,0; absolut wasserfreie Stoffe haben den a_w-Wert 0.

Die Lebensbedingungen der Mikroben können verschlechtert werden, wenn man den a_w-Wert senkt, indem man Wasser entzieht.

a_w-Wert-Senkung ist möglich durch:
- **Trocknen** – Wasser verdunstet und ist im Lebensmittel nicht mehr vorhanden, z. B. Trockenobst, Püree-Pulver, getrocknete Küchenkräuter;
- **Salzbeigabe** – Wasser wird chemisch an Salz gebunden und ist damit nicht mehr aktiv, z. B. Pökelwaren, Salzheringe;
- **Zuckerzugabe** – Wasser wird chemisch an Zucker gebunden, z. B. bei Konfitüre, Gelee, Sirup, kandierten Früchten o. Ä.
- **Frosten** – Wasser wird zu festem Eis. In diesem Zustand ist es nicht mehr aktiv.

Sauerstoff

Die meisten Kleinstlebewesen sind auf Sauerstoff angewiesen. Es gibt aber auch Arten, die ohne Sauerstoff auskommen, und solche, die sowohl mit als auch ohne Sauerstoff leben können.

Aerobier	Anaerobier	Fakultative Anaerobier
• benötigen Sauerstoff • leben auf und in den Lebensmitteln	• leben ohne Sauerstoff • leben in den Lebensmitteln, in Konserven	• leben mit und ohne Sauerstoff • leben in und auf den Lebensmitteln
• Bazillen, Fäulniserreger (s. S. 25) • Essigbakterien, Schimmelpilze	• Botulinus-Bazillen (s. S. 25)	• Hefen • Milchsäurebakterien, Fäulniserreger
Edelpilzkäse (Schimmelpilze)	Bombage (Botulinus)	Roggenbrot (Hefe)

1.4 Lebensäußerungen der Mikroben

Mikroben verändern die Lebensmittel auf zwei Arten:

1. Abbau von Nährstoffen zur eigenen Ernährung und zum Wachstum der Zelle. Dadurch verändern sich die Lebensmittel.

2. Ausscheidungen, die in oder an den Lebensmitteln bleiben und diese beeinflussen.

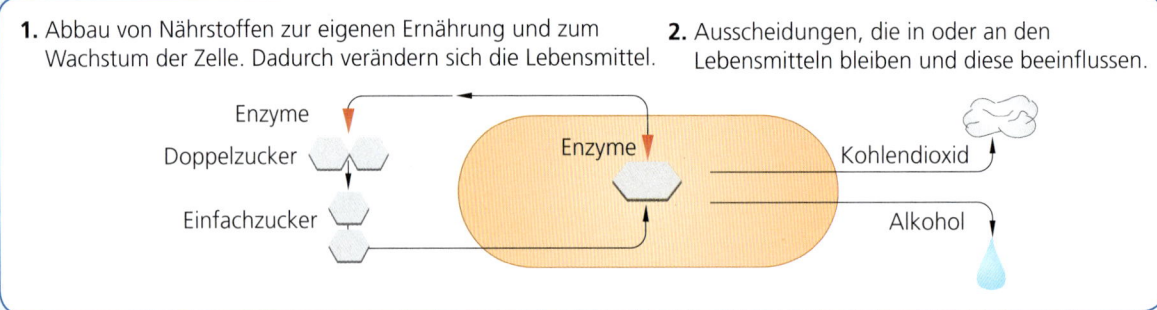

Enzyme
Doppelzucker
Einfachzucker
Enzyme
Kohlendioxid
Alkohol

Abb. 1 Veränderungen der Lebensmittel durch Mikroben am Beispiel **Hefegärung**.

Bedeutung der Mikroben im Umgang mit Lebensmitteln

Verbesserung des Ausgangspunktes genutzt bei	Schädigung des Ausgangspunktes tritt auf als	Schutz der Umwelt durch
• Herstellungsverfahren, z. B. Bier, Wein, Brot; • Veredelungsverfahren, z. B. Bildung von Geruchs- und Geschmacksstoffen bei Brot, Sauermilch; • Konservierungsverfahren, z. B. Sauerkraut. Diese **erwünschten Veränderungen** werden durch gesteuerten Einsatz bestimmter Mikroben erreicht und bei der **Lebensmittelverarbeitung** behandelt.	• Lebensmittelverderb, z. B. Schimmelbildung, Gärigwerden, Ranzigwerden; • Lebensmittelvergiftung durch Ausscheidungen der Gift bildenden Mikroben; • Lebensmittelinfektion durch Übertragung der Krankheitserreger. **Unerwünschte und gesundheitsschädigende Veränderungen vermeiden. Siehe folgenden Abschnitt.**	• biologische Reinigung der Abwässer und natürliche Selbstreinigung der Gewässer; • Abbau von Abfällen und Resten zu organischen Substanzen (Kompost), die den Pflanzen wieder als Nahrung zur Verfügung stehen.

② Lebensmittelinfektionen – Lebensmittelvergiftungen

🇬🇧 food poisoning 🇫🇷 intoxications (w) alimentaires

Der Genuss verdorbener Lebensmittel führt fast immer zu Übelkeit, Kopf-schmerzen, Erbrechen und Durchfall. Man unterscheidet:

- **Lebensmittelvergiftungen** werden von **Giften (Toxinen)** verursacht, die in den Lebensmitteln vorhanden sind und mit diesen aufgenommen werden. Beispiel: Botulinusvergiftete Bohnen oder Wurstkonserven. Die Beschwerden treten bereits nach einigen Stunden auf.

- **Lebensmittelinfektionen** werden von **krankmachenden Mikroben** verursacht, die in Lebensmitteln vorhanden sind und mit ihnen aufge-nommen werden. Die Krankheit besteht in einem Kampf (Abwehr-reaktion) des Körpers gegen die „Eindringlinge". Infektionen treten erst längere Zeit nach der Nahrungsaufnahme auf (Inkubationszeit).

Rund 75 % der durch Lebensmittel verursachten Krankheitsfälle werden durch **Salmonellen** hervorgerufen. Die Eitererreger stehen mit 10 % an zweiter Stelle (Abb. 1). Beide Krankheitserreger riecht und schmeckt man nicht, denn sie verursachen keinen unangenehmen Geruch oder Ge-schmack und sind darum besonders gefährlich. Überprüft man die Krank-heitsausbrüche, sucht nach den Ursachen und fragt man, wo Fehler gemacht worden sind, so stellt man fest: Menschliche Fehler sind die Hauptursache (Abb. 2).

Diese Tatsachen müssen beachtet werden, wenn man Krank-heiten vermeiden will, die durch Lebensmittel hervorgerufen werden. Schutz der Gesundheit bedeutet:
- Ansteckung der Lebensmittel durch Keime verhindern. Dazu muss der Weg der Krankheitserreger auf die Lebensmittel bekannt sein.
- Keimvermehrung verhindern – Lebensmittel kühlen. Wie rasch sich Mikroben bei günstigen Lebensbedingungen vermehren können, zeigt die Grafik (Abb. 3).

2.1 Salmonellen

Salmonella-Bakterien stammen **ursprünglich immer von Tieren**, sie wer-den aber auch über andere Lebensmittel wie z. B. Eier übertragen. Salmo-nellen verursachen beim Menschen Lebensmittelinfektionen. Sie können im Darm von Tieren und Menschen leben, ohne diesen unmittelbar zu schaden. Man nennt die Betroffenen **Dauerausscheider**. Bei unzureichen-der Körperhygiene (Händewaschen) gelangen die Salmonellen an die Lebensmittel.

Keime können bei nicht fachgerechter Arbeitsweise auch von einem Lebensmittel auf ein anderes übertragen werden, so z. B. wenn Behältnisse und Arbeitsgeräte nach dem Auftauen von Hähnchen nicht gründlich gereinigt werden. Man spricht dann von **Kreuzkontamination**.

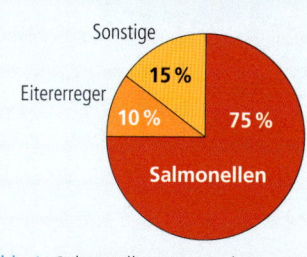

Abb. 1 Salmonellen verursachen die häufigsten Lebensmittel-vergiftungen.

Abb. 2 Menschliche Fehler sind die Hauptursache.

> 🔴 Speisen entweder heiß bereithalten oder rasch abkühlen und bei Bedarf wieder erwärmen.

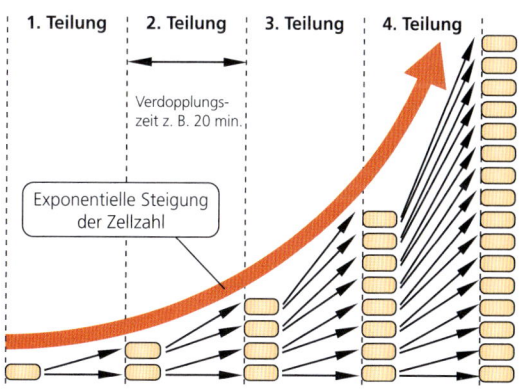

Abb. 3 Mikrobenvermehrung

> 🔵 Bevorzugt befallen werden tieri-sche Lebensmittel wie Geflügel, Hackfleisch, Eier sowie Produkte aus diesen Rohstoffen wie Geflü-gelsalat, Cremes, Mayonnaise. Sal-monellen sterben bei etwa 80 °C ab, das Gift wird beim Erhitzen zerstört.

> 🔴 Besonders gefährdet sind Personen mit einem geschwäch-ten Magen-Darm-Trakt.

Pasteurisierte und sterilisierte Lebensmittel enthalten wegen der Erhitzung keine Salmonellen. Erkrankungen treten vor allem nach dem Genuss von infiziertem, rohem Schlachtfleisch, Geflügel und Eiern auf.

- Belehrungen des Personals sind vorgeschrieben.
- Verpackungsmaterial von tiefgekühltem Geflügel aus der Küche bringen, Tauwasser wegschütten.
- Nach Umgang mit Eiern und Geflügel Hände, Tisch usw. gründlich reinigen.
- Händewaschen schützt vor Übertragung.

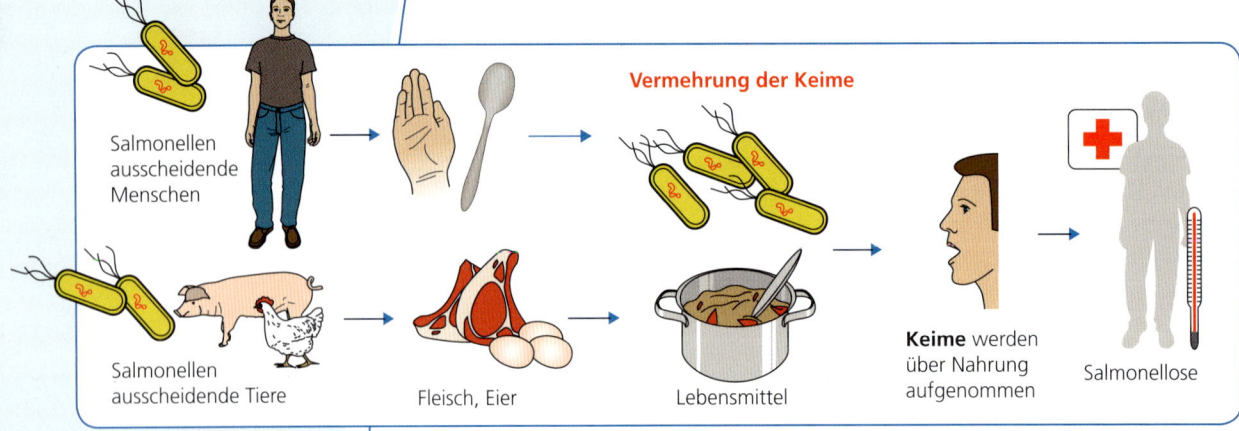

Vermehrung der Keime

Salmonellen ausscheidende Menschen

Salmonellen ausscheidende Tiere

Fleisch, Eier

Lebensmittel

Keime werden über Nahrung aufgenommen

Salmonellose

Abb. 1 Lebensmittelinfektion am Beispiel Salmonellen

2.2 Eitererreger (Staphylokokken)

Eitererreger kommen vor allem in **eitrigen Wunden** vor, werden aber auch bei **Schnupfen** über die Atemluft ausgeschieden.

Eitererreger bevorzugen Lebensmittel mit viel Feuchtigkeit und hohem Eiweißgehalt bei warmer Aufbewahrung. **Besonders anfällig** sind darum Salate, gekochter Schinken, Cremes und Tortenfüllungen.

Die Eitererreger **sondern Gift (Toxine) ab**. Die Bakterien werden bei etwa 80 °C zerstört. Das Gift der Eitererreger ist jedoch **gegen Wärme widerstandsfähig**.

- Verletzungen vollständig mit wasserdichtem Material abdecken.
- Nicht unkontrolliert niesen.
- Cremes rasch abkühlen.
- Salate kühl aufbewahren.

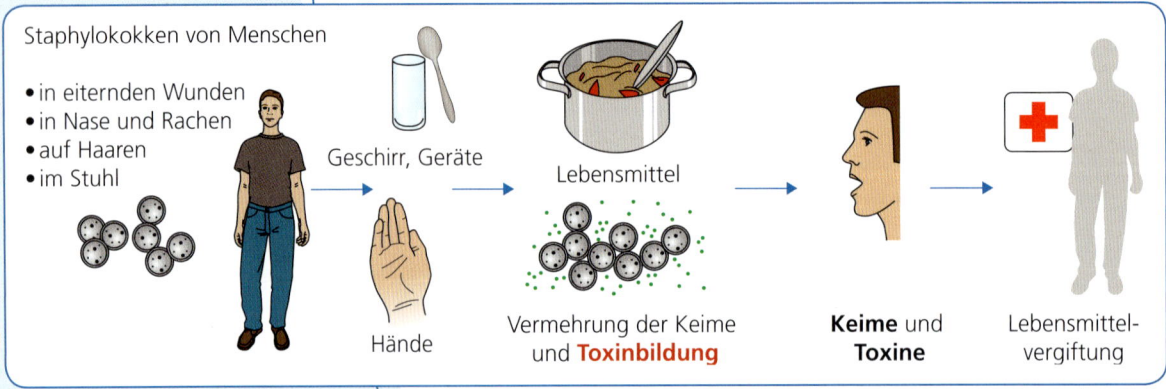

Staphylokokken von Menschen

- in eiternden Wunden
- in Nase und Rachen
- auf Haaren
- im Stuhl

Geschirr, Geräte

Hände

Lebensmittel

Vermehrung der Keime und **Toxinbildung**

Keime und **Toxine**

Lebensmittelvergiftung

Abb. 2 Lebensmittelvergiftung am Beispiel von Eitererregern

2.3 Bodenbakterien (Botulinus-Bakterien)

Botulinus-Bakterien entstammen immer dem Erdreich. Besonders anfällig sind eiweißhaltige Lebensmittel unter Luftabschluss, z. B. in **Dosen, Gläsern** und **vakuumverpackten Waren**. Bodenbakterien sind Anaerobier und können darum auch unter Luftabschluss wirken.

Befallene Lebensmittel haben einen üblen Geruch, bei Konserven ist die Flüssigkeit getrübt. Konserven sind aufgebläht (Bombage, s. Bild S. 22). Diese deutlich wahrzunehmenden Veränderungen lassen den Genuss vermeiden. Sporen der Bodenbakterien und die Toxine überdauern das Kochen.

- Gemüse sorgfältig waschen.
- Vakuumverpackte Lebensmittel kühl lagern.
- Bombagen nicht verwenden.

2.4 Fäulniserreger

Fäulniserreger kommen überall vor, besonders zahlreich im Erdboden und in Abwässern. An die Lebensmittel gelangen sie bei **unsauberer Arbeitsweise** und durch Übertragung von Insekten (Fliegen).

Fäulniserreger bevorzugen Wärme, können mit oder ohne Sauerstoff leben und vermehren sich vor allem auf eiweißreichen Lebensmitteln. Das Schmierigwerden von Fleisch und Wurst ist auf ihre Tätigkeit zurückzuführen.

> Befallene Lebensmittel sind unansehnlich und riechen übel. Darum sind Vergiftungserscheinungen durch Fäulniserreger selten.

2.5 Schimmel

Die Tätigkeit von Schimmelpilzen kann Lebensmittel verbessern, wie z. B. Käse wie Camembert oder Roquefort. Meist ist Schimmel aber unerwünscht. Die unerwünschten Schimmelpilze kommen als Sporen in der Luft vor und befallen **alle Lebensmittel**. Schimmel ist anspruchslos, bevorzugt Backwaren, ungeräucherte Wurstwaren und Obst.

Auf den Lebensmitteln wird der Schimmel als **Pilzrasen** sichtbar.

Die **Pilzwurzeln**, sie werden **Myzel** genannt, wachsen in den Lebensmitteln.

Schimmelpilze bilden Toxine (Gifte). Weil nicht erkennbar ist, wie weit das Pilzgeflecht im Lebensmittel reicht, sind vom Schimmel befallene Lebensmittel sorgfältig zu beurteilen, denn Pilzgifte schädigen die Leber.

- Kühle und trockene Aufbewahrung schützt vor Schimmelbefall.
- Schimmelige Lebensmittel wegwerfen oder Schimmelstellen großzügig ausschneiden.

Bohnen, mit Erde verschmutzt — Bakterien und Endosporen haften an den Bohnen

Erhitzen der Konserven — Sporen überleben

Lagerung bei Raumtemperatur — Sporen keimen aus

„Bombage" — Bakterien vermehren sich und bilden Gase und Toxine

Abb. 1 Botulismus

> Schimmelpilze wachsen auf und in den Lebensmitteln.

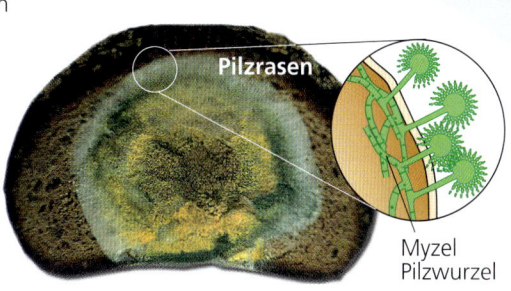

Pilzrasen

Myzel Pilzwurzel

Abb. 2 Schimmel auf Brot

❸ Schädlingsbekämpfung

🇬🇧 pest control 🇫🇷 lutte (w) antiparasitaire

Schädigung der Lebensmittel kann erfolgen durch

- Fraßschäden, z. B. Speckkäfer, Mehlmilbe,
- Verunreinigungen, z. B. durch Kot, Reste abgestorbener Tiere,
- Übertragung von Mikroben, z. B. durch Fliegen.

Als **Schädlinge** bezeichnet man Tiere, die Lebensmitteln Schaden zufügen.

Moderne Bauweisen machen den Schädlingen das Einnisten schwerer als dies früher der Fall war. Dennoch finden sie vielfach Gelegenheit, Schlupfwinkel aufzuspüren. Da Schädlinge sehr scheu sind, wird ihre Anwesenheit oft nur an den „Spuren" morgens zu Arbeitsbeginn erkannt. Eine konsequente Bekämpfung hilft, Schäden und Reklamationen zu vermeiden.

Schaben, Motten, Milben, Käfer

Insekten bevorzugen Wärme, leben in Ritzen und hinter Möbeln und Geräten. Sie schaden durch Fraß und Verunreinigungen.

- Abhilfe durch gründliche Reinigung.
- Mehrmalige Anwendung von chemischen Bekämpfungsmitteln, damit auch die erst später ausschlüpfende Brut erfasst wird.

Deutsche Schabe
Körper bis 12 mm lang,
Spannweite bis 12 mm

Fliegen

Brutstätten sind Abfälle und Kot. Fliegen schaden durch Übertragung von Krankheits- und Fäulniserregern.

- Bekämpfung durch Fliegengitter.
- Abdecken der Lebensmittel, damit die Fliegen ferngehalten werden.
- Abfallbehälter gut verschließen und regelmäßig reinigen.
- Eventuell chemische Bekämpfungsmittel einsetzen.

Stubenfliege
bis 8 mm lang

Weizen-körner mit Fraßschäden

Raupe
bis 6 mm lang in einem Weizenkorn

Silberfischchen

Das scheue Nachttier lebt versteckt in Ritzen und bevorzugt Kohlenhydrate. Es schadet vor allem durch Verunreinigungen. Bekämpfung wie bei Fliegen.

Getreidemotte
bis 19 mm
Flügelspannweite

Mäuse, Ratten

Nager gelangen durch offene Türen, Kellerfenster und Rohrschächte in die Betriebsräume.

- Bekämpfung durch Gitter an den Kellerfenstern.
- Aufstellen von Fallen. Auslegen von Berührungsgiften, die zu innerem Verbluten der Schädlinge führen.

Silberfischchen

Ratte

Maus

Schädlingsbekämpfungsmittel

- müssen so eingesetzt werden, dass Lebensmittel nicht geschädigt werden,
- dürfen nur nach Anwendungsvorschrift eingesetzt werden,
- sind in den Originalpackungen getrennt von Lebensmitteln zu lagern.

4 Reinigung und Desinfektion

Reinigen ist das Entfernen von Schmutz oder Verunreinigungen. Als **Schmutz** bezeichnet man in Lebensmittelbetrieben alle Stoffe, die auf einer Oberfläche unerwünscht sind, also nicht nur die Erde, die Kartoffeln anhaftet, sondern z. B. auch Reste einwandfreier Speisen auf Tellern und Geschirren.

Diese **Verunreinigungen** können gefährliche Brutstätten für Mikroben und Ungeziefer sein. Darum sind Reinigen, eventuell mit anschließender Desinfektion, wichtige Schritte um die Hygieneanforderungen zu erfüllen.

Rein sind Gegenstände, von denen Schmutz, Verunreinigungen und Mikroben weitgehend entfernt sind.

Als **sauber** bezeichnet man Gegenstände dann, wenn das Auge keinen Schmutz mehr erkennen kann.

4.1 Reinigen in Lebensmittelbetrieben

Die Vorgänge beim Reinigen sind hier am Beispiel des Spülens beschrieben.

Beim Reinigen/Spülen sind mehrere Faktoren beteiligt (Abb. 1). Je nach Art der Verschmutzung werden sie verändert und bestimmen aufeinander abgestimmt den Ablauf.

Wasser

In Lebensmittelbetrieben muss zum Reinigen **Trinkwasser** verwendet werden. Das Wasser hat mehrere Aufgaben:

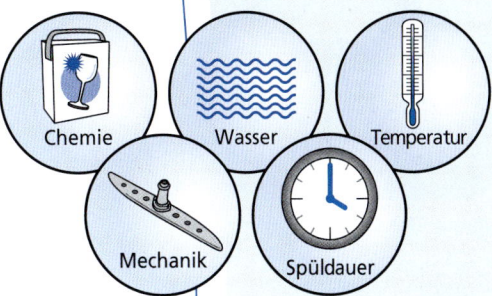

Abb. 1 Reinigungsfaktoren

- **Auflösen von Schmutz**, z. B. Zucker, Salz, ungeronnenes Eiweiß;
- **Quellen von Schmutz**, z. B. Reste von Teigen, Teigwaren, Braten, Eierspeisen;
- **Abtragen von Schmutz**; die losgelösten Schmutzteilchen werden in der Schwebe gehalten und weggespült.

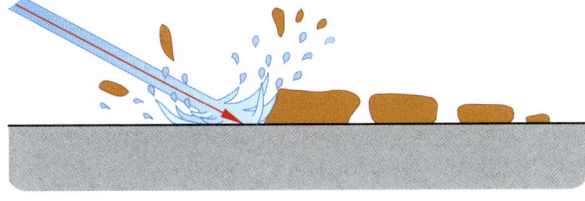

Abb. 2 Wasserdruck hebt den Schmutz ab.

Wärme fördert die Reinigungswirkung, denn

- **Fett schmilzt** und wird leichter abgespült,
- **Auflösen und Quellen** gehen **rascher** vor sich.

Die günstigste Spültemperatur liegt um 60 °C. Zu heißes Wasser lässt den Schmutz „festbacken" und kann zu Verbrennungen führen.

Reinigungsmittel

Wassermoleküle ziehen sich gegenseitig stark an. Es entsteht eine Oberflächenspannung, die am einzelnen Wassertropfen gut erkennbar ist (Abb. 3).

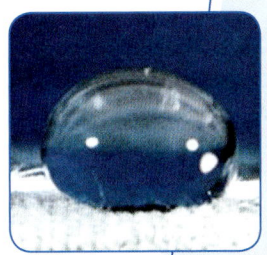

Abb. 3 Wassertropfen – Oberflächenspannung

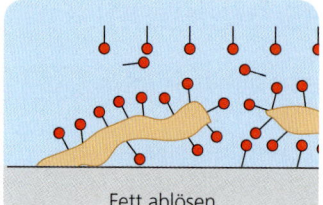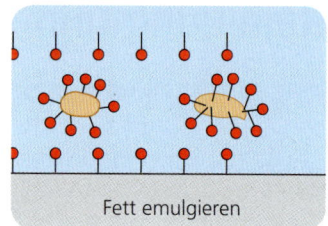

Abb. 1 Fett wird abgelöst und emulgiert.

Durch den Zusatz von Reinigungsmitteln wird das **Wasser entspannt**, es verliert seine Oberflächenspannung und **benetzt besser**. Dadurch schiebt es sich leichter unter den Schmutz und kann auch **Fett ablösen**. Die waschaktiven Teilchen legen sich dann um das Fett, **emulgieren** es und **halten es in der Schwebe**, sodass es sich nicht wieder festsetzt und abtransportiert werden kann (Abb. 1).

Mechanische Einwirkung

Beim Reinigen kommen zu Wasser, Wärme und Reinigungsmittel immer auch mechanische Kräfte. Das können sein:

- **Wasserdruck,** z. B. bei Spülmaschinen für Haushalt und Gewerbe. Die „Kraft" erhält das Wasser durch eine Pumpe. Die Düsen konzentrieren diese Kraft auf eine eng begrenzte Fläche, von der dann der Schmutz abgehoben wird.
- **Spüllappen oder Schwammtücher**, wie sie häufig beim Spülen von Hand verwendet werden.
- **Spülbürste und Reiber**; sie werden nur bei harten Gegenständen und festsitzendem Schmutz, z. B. festgebrannten Resten, verwendet. Harte Gegenstände dringen in weichere ein. Darauf ist bei der Anwendung von Werkzeugen und Scheuermitteln zu achten, wenn Beschädigungen an der zu reinigenden Fläche vermieden werden sollen.

4.2 Desinfizieren in Lebensmittelbetrieben

Infizieren bedeutet anstecken, Krankheitserreger übertragen, eine Infektion verursachen. Durch **Desinfizieren** sollen **Ansteckungen vermieden** werden. Die Gegenstände werden so behandelt, dass sie nicht mehr anstecken. **Desinfektionsmittel töten Mikroben ab.**

Damit die Desinfektionsmittel nicht durch den Schmutz in ihrer Wirkung gehindert werden, gilt: **Zuerst reinigen, dann desinfizieren**. Die **Wirkung der Desinfektionsmittel** ist abhängig von

- **Konzentration** der Lösung: je konzentrierter, desto wirkungsvoller;
- **Anwendungstemperatur**: je heißer, desto wirksamer;
- **Einwirkungszeit**: je länger, desto wirksamer; je länger die Einwirkungszeit, desto geringer kann die Konzentration des Mittels sein.

Nach dem **Anwendungsbereich** unterscheidet man:

- **Grobdesinfektionsmittel** mit breitem Anwendungsbereich, z. B. für Küchen, in denen ja alle Nährstoffe vorkommen, und
- **Feindesinfektionsmittel** z. B. für Hände.

Abb. 2 Druckreiniger

Besser mechanisch als chemisch.
Besser heiß als ätzend.

Informationen über Desinfektionsmittel, die im Umgang mit Lebensmitteln zugelassen sind: Deutsche Gesellschaft für Hygiene und Mikrobiologie
www.dghm.de

Abb. 3 Hände desinfizieren

Arbeitsschutz

Unverdünnte Desinfektionsmittel sind in der Regel ätzend. Vorsicht im Umgang! Desinfektionsmittel müssen in besonderen Behältnissen aufbewahrt werden.

Umweltschutz

Reinigungs- und Desinfektionsmittel können die Umwelt belasten. Darum:

- **Möglichst wenig Chemie.**
- **Richtig dosieren**, denn zu hohe Zugabe bringt keine bessere Wirkung.
- **Temperatur** so hoch wie möglich halten, **Einwirkungszeit** so lange wie möglich.

Gefahr – Hautätzend

4.3 Ablauf einer gründlichen Reinigung

- Grobreinigung   Groben Schmutz, Speisereste entfernen
- Reinigung   mit heißem Wasser und Reinigunsmittel
- Nachspülen   *mit heißem Wasser*
- Trocknen   mit sauberen Tüchern oder Zellstoff
- Desinfektion   mit geeignetem Desinfektionsmittel
- Nachspülen   mit Leitungswasser
- Trocknen

Handschutz benutzen

Augenschutz benutzen

Aufgaben

1. Die Hauptursache für den Lebensmittelverderb sind Kleinstlebewesen. Nennen Sie mindestens fünf Beispiele.

2. Im Zusammenhang mit Lebensmitteln wird von Koloniebildung gesprochen. Erklären Sie.

3. Nennen Sie Beispiele aus dem Küchenbereich, wo Mikroben vermehrt auftreten.

4. Erklären Sie im Zusammenhang mit der Aufbewahrungstemperatur von Lebensmitteln den „kritischen Bereich".

5. Manche Lebensmittel werden durch Säure haltbar wie z. B. Sauerkraut und Essiggurken. Begründen Sie.

6. Mikroben können in Lebensmitteln zu erwünschten Veränderungen führen. Geben Sie drei Beispiele.

7. Warum soll Verpackungsmaterial von tiefgekühltem Geflügel sofort entsorgt werden?

8. Ein Großteil des Lebensmittelverderbs ist durch menschliche Fehler verursacht. Geben Sie drei Beispiele.

9. Nennen Sie Schädlinge, die in Lebensmittelbetrieben vorkommen können.

10. Schädlinge werden oft nur an ihren „Spuren" erkannt. Was versteht man unter „Spuren"? Wo können sich Schädlinge „verstecken"?

11. Beschreiben Sie was geschieht, wenn ohne Verwendung von Spülmitteln abgespült wird.

12. Worauf ist beim Einsatz von Hochdruckreinigern zu achten?

Umwelt- und Verbraucherschutz

🇬🇧 environmental protection   🇫🇷 protection (w) de l'environnement (m)

Es ist bekannt, dass wir die Umwelt in absehbarer Zeit zerstören, wenn sich unser Verhalten nicht grundlegend ändert. Auf welche Weise belasten wir die Umwelt?

> **Umweltschutz ist nur im Zusammenwirken vieler Faktoren möglich.**

- **Wir verbrauchen unbedacht zu viel Rohstoffe und zu viel Energie.**
  Bestimmte Vorkommen sind in weniger als 100 Jahren erschöpft. Das zeigen uns Berechnungen für die Energiearten Erdöl und Erdgas und z. B. für die Rohstoffe Kupfer und Zinn.

- **Wir schaffen zu viel Abfall oder Müll.**
  Die Abfallmengen, insbesondere die durch überflüssige Verpackungen, sind zwar verringert worden, doch sind noch erhebliche Einsparungen möglich. Durch sachgerechte Sortierung der Materialien ist eine höhere Recyclingquote möglich.

- **Wir belasten die Umwelt durch unser Verhalten.**
  Verbrennungsrückstände aus den Motoren sowie Treibgase gefährden die Luftschicht der Erde;
  Schwefel aus Verbrennungsrückständen führt zu saurem Regen, der wiederum Wälder und Gewässer belastet;
  Unkrautvernichtungs- und Schädlingsbekämpfungsmittel gelangen in Lebensmittel und Trinkwasser und schaden so unmittelbar unserer Gesundheit.

Einsparung von Rohstoffen bedeutet Müllvermeidung, z. B. wenn
- Verpackungsmaterial (Papier, Kunststoffe) sinnvoll eingesetzt wird,
- Mehrwegflaschen statt Einwegflaschen verwendet oder Nachfüllpackungen eingesetzt werden.

Einerseits muss der **Staat** durch entsprechende Gesetze und Verordnungen Rahmenbedingungen schaffen, die Behörden zum Handeln berechtigen und auch zum Handeln zwingen.

Andererseits ist aber auch die **Verantwortung des Einzelnen** gefordert. Entsprechend den Hauptbereichen der Umweltbelastung kann man unterscheiden:

Einsparung von Energie

Beispielsweise durch

- vernünftiges Heizen: Absenken der Raumtemperatur um 1 °C spart 6 Prozent Energie,
- richtiges Lüften: kein Dauerlüften, sondern kurzzeitig und dafür mehrmals (Stoßlüften),
- Beachten der Saisonzeiten bei Obst und Gemüse: Der Energieaufwand für Treibhäuser und für lange Transporte ist nicht notwendig,
- überlegte Benutzung der Verkehrsmittel.

Abb. 1 Recycling →
re = zurück, cycle = Kreislauf

(Weinkellerei, Hotel Restaurant, Altglas, Rohstoffe, Glasfabrik)

Recycling

Recycling ist ein Wertekreislauf. Wertstoffe werden **sortiert** und soweit möglich einer **Wiederverwertung** zugeführt.

- **Glas** fällt in großen Mengen in Form von Flaschen an.
- **Altpapier**, auch Verpackungsmaterial, jedoch ohne Kunststoffanteile, wird neu aufgearbeitet.
- **Verbrauchtes Fett**, z. B. aus der Fritteuse, ist getrennt zu lagern und wird als Sondermüll abgeholt.
- **Speisereste und Lebensmittelabfälle** werden am sinnvollsten als Vieh-(Schweine-)futter genutzt oder in Biogasanlagen verwertet.

> ● Bei der Lagerung von Abfällen ist unbedingt auf Sauberkeit und Ordnung zu achten. Hygiene und damit die Gesundheit ist wichtiger als Abfallverwertung.

Schutz des Abwassers

Beispiele:

- **Fettabscheider;** Fettreste, die beim Spülen vom Wasser weggetragen werden, kommen im Abfluss-System mit den kalten Rohren in Verbindung. Sie erstarren und haften an den Wänden. Mit der Zeit würde auf diese Weise der Querschnitt der Rohre immer enger und sie verstopfen.
- **Stärkeabscheider** halten die von den Kartoffelschälmaschinen freigelegten Stärketeilchen zurück. Diese würden sich auf dem Grund der Kanalrohre festsetzen und den Wasserdurchfluss hindern.
- **Richtige Dosierung von Spül- und Desinfektionsmitteln.** Jedes Zuviel der für Sauberkeit und Hygiene durchaus notwendigen Helfer der Chemie bleibt „unverbraucht" und wirkt in der Umwelt weiter, dort aber als Belastung.

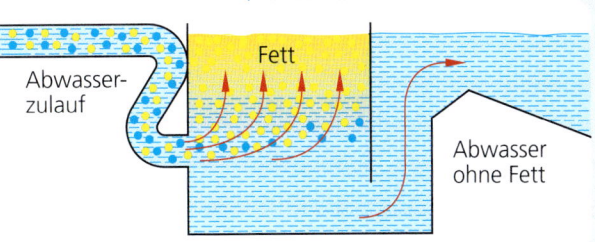

Abb. 1 Fettabscheider, Schema

Umwelt im Zusammenhang

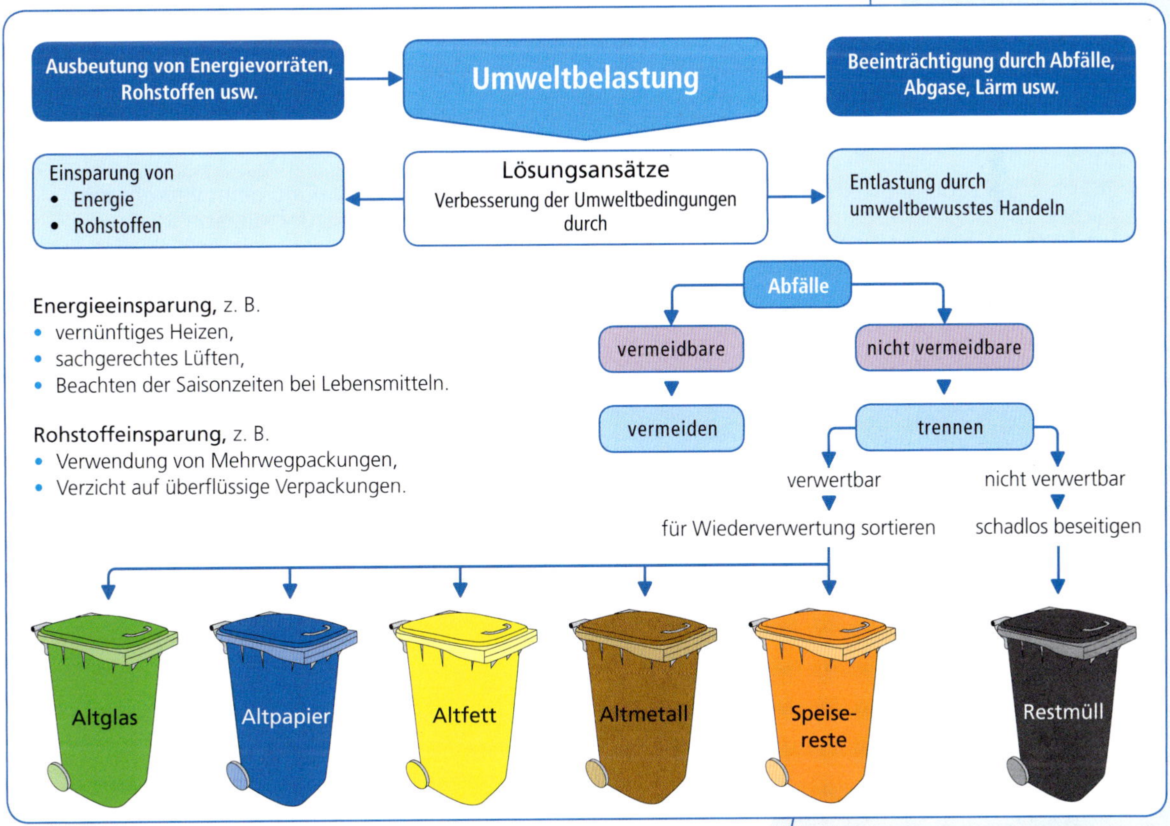

| Ausbeutung von Energievorräten, Rohstoffen usw. | → | **Umweltbelastung** | ← | Beeinträchtigung durch Abfälle, Abgase, Lärm usw. |

Einsparung von
• Energie
• Rohstoffen
← **Lösungsansätze** Verbesserung der Umweltbedingungen durch → Entlastung durch umweltbewusstes Handeln

Energieeinsparung, z. B.
- vernünftiges Heizen,
- sachgerechtes Lüften,
- Beachten der Saisonzeiten bei Lebensmitteln.

Rohstoffeinsparung, z. B.
- Verwendung von Mehrwegpackungen,
- Verzicht auf überflüssige Verpackungen.

Abfälle

vermeidbare → vermeiden

nicht vermeidbare → trennen

verwertbar → für Wiederverwertung sortieren

nicht verwertbar → schadlos beseitigen

Altglas | Altpapier | Altfett | Altmetall | Speisereste | Restmüll

2 Verbraucherschutz

sk consumer protection ❚❚ protection (w) du consommateur

Als die Menschen noch von den selbst angebauten Feldfrüchten lebten und ihre eigenen Haustiere zur Fleischversorgung hatten, wusste man genau, was auf den Tisch kam. Doch schon im Mittelalter lebte der Bauer außerhalb der Stadt und der Handwerker im Stadtgebiet. Damit waren Erzeugung von Lebensmitteln und Verbrauch bereits damals voneinander getrennt.

Heute kann man den Weg eines Lebensmittels vom Erzeuger zum Verbraucher oft nicht nachvollziehen. Das ist der Grund, warum der Gesetzgeber **Regelungen zum Schutz des Verbrauchers** erlassen hat. Diese Bestimmungen binden Erzeuger, Verarbeiter und Handel.

Wichtige Vorgaben des Gesetzgebers zeigen die folgenden Beispiele.

Auch wenn man im Einzelfall, besonders als Betroffener, sich über Vorschriften beschwert: Der Schutz des Verbrauchers, des Gastes ist wichtiger als Erschwernisse in Produktion oder Vertrieb.

2.1 Lebensmittel- und Futtermittelgesetzbuch (LFGB)

sk food and feed article law
❚❚ loi (w) sur la protection des produits alimentaires

Das Lebensmittel- und Futtermittelgesetzbuch (LFGB) ist die rechtliche Grundlage im Umgang mit Lebensmitteln.

Zweck des Gesetzes ist

Schutz vor Gesundheitsschädigungen	**Schutz vor Täuschung**
§ 1 (1) 1 ... **bei Lebensmitteln** ... **den Schutz** der Verbraucher durch Vorbeugung gegen eine Gefahr oder Abwehr einer Gefahr für die menschliche Gesundheit sicherzustellen.	**§ 1** (1) 2 **vor Täuschung beim Verkehr mit Lebensmitteln** ... **zu schützen.**
§ 5 Verbote zum Schutz der Gesundheit Es ist verboten, 1. Lebensmittel für andere derart herzustellen oder zu behandeln, dass ihr Verzehr gesundheitsschädlich ... ist, 2. Stoffe, die keine Lebensmittel sind und deren Verzehr gesundheitsschädlich ist, in den Verkehr zu bringen ...	**§ 11 Vorschriften zum Schutz vor Täuschung** Es ist verboten, Lebensmittel unter irreführender Bezeichnung, Angabe oder Aufmachung gewerbsmäßig in den Verkehr zu bringen oder für Lebensmittel allgemein oder im Einzelfall mit irreführenden Darstellungen oder sonstigen Aussagen zu werben.

Während das Lebensmittel- und Futtermittelgesetz (LFGB) das Grundsätzliche regelt, bestimmen weitere Vorschriften die Einzelheiten.

Beispiele:

- Gesetze: Milchgesetz, Fleischbeschaugesetz
- Verordnungen: Lebensmittelkennzeichnungsverordnung
- Leitsätze: Leitsätze für Fleisch und Fleischerzeugnisse
- Richtlinien: Richtlinien für Feine Backwaren und für Backmittel

2.2 Kennzeichnung von Lebensmitteln

🇬🇧 labelling of foodstuff 🇫🇷 marquage (m) distinctif des produits alimentaires

Wer in einer Bäckerei „lose Ware" wie Kleingebäck von der Verkäuferin erhält oder im Restaurant ein Menü bestellt und wissen will, welche Zutaten enthalten sind, kann das Personal direkt fragen. Anders ist es, wenn sich der Kunde selbst bedient.

Die Lebensmittelkennzeichnungsverordnung (LMKV) schreibt darum vor, was zur Information des Verbrauchers auf dem Etikett von verpackten Waren (Fertigpackungen) stehen muss.

Beispiel

① Verkehrsbezeichnung, das ist der Name des Produkts
② Menge
③ Mindesthaltbarkeit oder Verbrauchsdatum
④ Zutatenliste
⑤ Hersteller oder Vertreiber, damit der Verbraucher
    weiß, an wen er sich bei Reklamationen wenden kann.

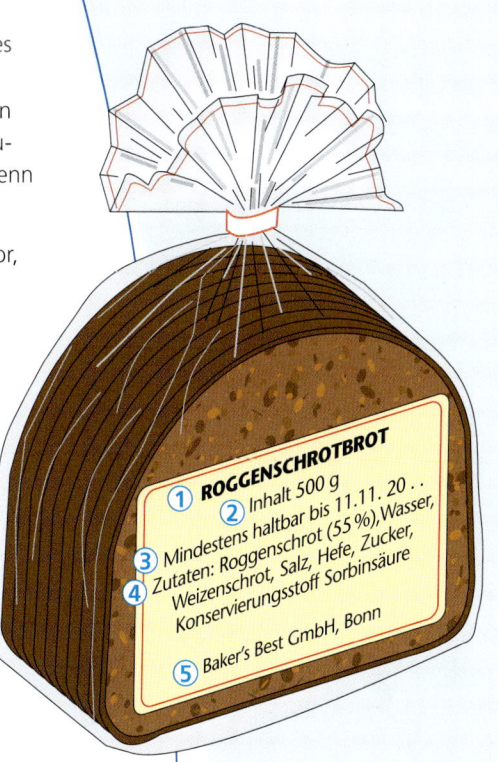

ROGGENSCHROTBROT
① ROGGENSCHROTBROT
② Inhalt 500 g
③ Mindestens haltbar bis 11.11. 20 . .
④ Zutaten: Roggenschrot (55 %), Wasser, Weizenschrot, Salz, Hefe, Zucker, Konservierungsstoff Sorbinsäure
⑤ Baker's Best GmbH, Bonn

Zutaten sind alle Stoffe, die bei der Herstellung eines Lebensmittels verwendet werden. Beim frischen Brot z. B. Mehl, Getreideschrot, Wasser, Salz und Hefe.

Diese Zutaten sind in absteigender Folge anzugeben, also die größten Anteile zuerst, die geringsten zuletzt.

Wenn nun das Brot geschnitten, verpackt und auf Vorrat gehalten wird, kann es leicht schimmeln. Darum gibt man manchmal Sorbinsäure als Konservierungsstoff bei. Konservierungsstoffe sind Zusatzstoffe (siehe unten).

Wenn eine Zutat
• den Namen gibt, z. B. Roggenschrotbrot, Erdbeerjoghurt, oder
• wesentlich ist, z. B. Kräuterbutter,
muss der Anteil dieser Zutat in Prozent genannt werden. Man nennt diese Besonderheit auch **Mengenkennzeichnung** oder **QUID-Richtlinie.**

Zusatzstoffe sind eine besondere Gruppe von Zutaten, die zugegeben werden, um besondere Wirkungen zu erzielen. Solche erwünschten Wirkungen können sein:
• *besondere Beschaffenheit,* z. B. Gelatine bei Joghurt, damit sich keine Flüssigkeit absetzt.
• *Erzielung bestimmter Eigenschaften oder Wirkungen*, z. B. Carotin, um dem Pudding/Creme eine schöne Farbe zu geben,
• *Konservierung*, die die Haltbarkeit verlängert.

Jeder Zusatzstoff hat eine Nummer. Wenn auf dem Etikett nicht die genaue Bezeichnung des Zusatzstoffes genannt ist, sondern nur der Gruppenname, muss diese **E-Nummer** angegeben werden.

Beispiel

• Mit Konservierungsstoff Sorbinsäure oder
• Mit Konservierungsstoff (E 200)

QUantitative = mengenmäßige
Ingredient = Zutaten-
Declaration = angabe

Empfindliche Personen können auf bestimmte Stoffe allergisch reagieren. Diesen Menschen ist die Zutatenliste eine Hilfe, denn man kann dort ungünstig wirkende Stoffe erkennen und dann das Produkt meiden.

Die Zusatzstoffe werden je nach der Verwendung in Gruppen eingeteilt.

Gruppenname	Wirkung	Beispiele	Anwendung z. B.
Emulgatoren	halten Gemische von Fett und Wasser zusammen	Mono- und Diglyceride	Fertigsuppen, Salatmayonnaise
Antioxidantien	hemmen die Verbindung der Lebensmittel mit dem Sauerstoff der Luft und verzögern so den Verderb	Ascorbinsäure (Vitamin C), Tocopherol (Vitamin E), Milchsäure	Konfitüren, Salatsaucen, Pflanzenöle
Farbstoffe	geben den Zubereitungen eine ansprechende Farbe	Riboflavin, Carotin	Cremespeisen, Pudding, Kräuterliköre
Chemische Konservierungsmittel	hemmen die Tätigkeit von Mikroben und verhindern so den Verderb	Benzoesäure, Sorbinsäure, PHB-Ester	Feinkostprodukte wie Fleisch- oder Heringssalat, Toastbrot

Mindesthaltbarkeits- und Verbrauchsdatum

Lebensmittel sind nur beschränkt haltbar. Darum müssen die Hersteller den Weiterverarbeiter, den Händler und den Endverbraucher darüber informieren, wie lange ein Produkt bei sachgemäßer Lagerung *mindestens haltbar* ist. Diesen Zeitpunkt nennt das **Mindesthaltbarkeitsdatum**.

Wenn die auf dem Etikett genannte Frist abgelaufen ist bedeutet das nicht, dass ein Lebensmittel verdorben ist, dass man es nicht mehr verwenden dürfte. Es muss jedoch sorgfältig auf Mängel geprüft werden.

Das **Verbrauchsdatum** ist bei leicht verderblichen Lebensmitteln wie z. B. Hackfleisch anzugeben.

Die Kennzeichnung lautet:
Verbrauchen bis spätestens 12.10. …

Haltbarkeit	vorgeschriebene Kennzeichnung
weniger als drei Monate →	mindestens haltbar bis (Tag und Monat)
bis 18 Monate →	mindestens haltbar bis (Monat und Jahr)
länger als 18 Monate →	mindestens haltbar bis (Jahr)

Preisangaben

Sinn dieser Bestimmungen ist es, dem Verbraucher/Gast Preisvergleiche zu ermöglichen. Darum ist jeder, der Waren oder Dienstleistungen anbietet, zur konkreten Angabe der Preise verpflichtet. Die Preise müssen Endpreise sein, es dürfen keine weiteren Zuschläge hinzukommen. In der Gastronomie spricht man von **Inklusivpreisen**.

Nach dem als Verbrauchsdatum genannten Termin darf das Lebensmittel **nicht mehr verwenden** werden.

Salami (200 g Paket)
20,00 €/kg
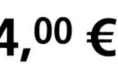
4,00 €

- Im Einzelhandel muss bei Lebensmitteln neben dem Gewicht und dem Einzelpreis auch der Preis pro kg (€/kg) genannt werden.
- Gaststätten und Restaurants müssen neben dem Eingang ein Verzeichnis wesentlicher Speisen und Getränke anbringen. Das erlaubt dem Gast eine erste Orientierung vor dem Betreten des Lokales.
- Bei Getränken (außer bei Aufgussgetränken) muss neben dem Preis auch die Menge genannt werden. Also nicht: Glas Wein 4,00 €.
- Eine Angabe wie:
  „Forelle blau, nach Größe"
  ist nicht erlaubt. Richtig ist es so:

Forelle blau, nach Größe
Preis: xx,yy € je 100 g

Qualitätssiegel auf Lebensmitteln

Das deutsche Bio-Siegel

„Bio" (Kurzform für biologische Landwirtschaft) ist ein durch EU-Recht geschützter Begriff. Wer Waren mit der **Aufschrift „Bio"** kennzeichnet, muss die Kriterien für das Bio-Siegel einhalten. Zusätzlich dürfen diese Waren das Bio-Siegel (Logo) tragen.

Für die Erteilung des Bio-Siegels müssen mindestens 95 % der Zutaten eines Produktes aus **ökologischem Landbau** stammen. Das bedeutet, dass

- keine Strahlung zur Konservierung eingesetzt wird,
- keine gentechnisch veränderten Organismen zur Erzeugung verwendet werden (z. B. gentechnisch verändertes Saatgut),
- keine künstlichen Pflanzenschutzmittel eingesetzt werden,
- keine mineralischen Dünger benutzt wurden,
- keine Geschmacksverstärker, künstlichen Aromen, Farbstoffe und Emulgatoren verarbeitet werden und
- Tiere artgerecht gehalten werden.

Das deutsche Marken- und Patentamt überwacht im Auftrag des Bundesverbraucherschutzministeriums die Verwendung des Bio-Siegels.

Bei einer unrechtmäßigen Verwendung des Bio-Siegels wird das Produkt eingezogen und eine Geldstrafe bis zu einer Höhe von 30 000 € ausgesprochen.

Das EU-Bio-Siegel

Alle verpackt in den Handel kommenden Bio-Lebensmittel *müssen* das EU-Bio-Siegel tragen. Unverpackte Produkte *können* freiwillig gekennzeichnet werden.

Auch hier müssen 95 % der Zutaten aus ökologischer Landwirtschaft stammen. Landwirte, die von einer traditionellen Landwirtschaft auf Bio-Landwirtschaft umstellen, müssen eine zweijährige Umstellungsphase einhalten. Kontrollbehörden der EU überwachen und kontrollieren die Einhaltung der EU-Verordnung für biologische Landwirtschaft (➡ CD).[1]

Das deutsche Bio-Siegel und das EU-Bio-Siegel dürfen parallel verwendet werden.

Das MSC-Siegel

Das Marine Stewardship Council ist eine gemeinnützige Organisation, die sich gegen eine Überfischung der Weltmeere einsetzt. Die Förderung der **Nachhaltigkeit** (d. h. es darf nur so viel gefischt werden, wie nachwächst) ist das Hauptziel der Organisation.

Eine Expertenkommission aus Wissenschaftlern, Fischereiexperten und Umweltschützern prüft, ob die Vorgaben für Fischerei eingehalten werden und vergibt danach das MSC-Siegel.

Produkte mit einem MSC-Siegel lassen sich zurückverfolgen: Mit Hilfe eines Rückverfolgungscodes auf der Verpackung kann der Endverbraucher nachvollziehen, woher der Fisch stammt.

Das MSC-Siegel wird nur für Wildfisch vergeben, nicht für Fisch aus Aufzucht (Aquakulturen).

1 Hinweise dieser Art bedeuten: zusätzliche Informationen auf der CD

Lebensmittelhygieneverordnung
EG-852/2004: siehe Buch-CD

2.3 Verordnung über Lebensmittelhygiene (Basishygiene)

food hygiene regulations
décret (m) sur l'hygiène des produits alimentaires

Für den hygienischen Umgang mit Lebensmitteln hatte bisher jeder Staat eigene Vorschriften, deren Einzelregelungen aber ähnlich und damit vergleichbar waren. Um den Warenaustausch zwischen den Staaten zu erleichtern, hat die EG eine Verordnung geschaffen, die in allen Mitgliedstaaten einheitlich gilt. Wesentlicher Inhalt ist die Verpflichtung zu Eigenkontrollen HACCP.

Was bedeutet die Abkürzung?

HACCP	wörtlich
H = Hazard	= Gefahr, Risiko
A = Analysis	= Analyse
C = Critical	= kritisch(er)
C = Control	= Kontroll-
P = Points	= Punkte
sinngemäß	
Risiko-Analyse und kritische Prüf- und Steuerungspunkte	

Anmerkung: das englische Wort control darf hier nicht mit Kontrolle übersetzt werden. Hier bedeutet es unter Kontrolle haben, steuern.

HACCP-Konzept

HACCP ist ein Konzept für die Produktsicherheit. Mit Hilfe dieses Verfahrens wird jeder Abschnitt der Speisen- und Getränkeproduktion auf Gefahrenstellen für die Gesundheit unserer Gäste überprüft.

Kontrollpunkte kann man auch mit **Schlüsselsituationen** übersetzen. An diesen Stellen muss man prüfen und nötigenfalls eingreifen. In diesem Sinne sind die Vorschriften zu verstehen.

Die 7 HACCP-Grundsätze (Artikel 5)

1. Durchführung einer Gefahrenanalyse

Der komplette Herstellungsprozess jedes Produktes muss analysiert werden, um mögliche Gefahrenstellen zu vermeiden oder auszuschalten. Jeder Herstellungsschritt, von dem eine mögliche Gefahr für den Gast ausgeht, wird markiert (z. B. in einem Ablaufplan).

2. Bestimmung der kritischen Kontrollpunkte „Critical Control Points (CCP)":

Mit Hilfe der in Schritt 1 herausgefundenen Gefahrenstellen werden Prüf- und Steuerungspunkte im Herstellungsprozess festgelegt. Dort ist ein Eingreifen möglich, um eine Gefährdung für den Gast auszuschließen/zu reduzieren.

3. Festlegung von Grenzwerten und Überwachungsmerkmalen:

Nun werden für jeden Prüf- und Steuerungspunkt konkrete Merkmale bestimmt (z. B. Temperatur, pH-Wert) und die dafür geltenden Grenzwerte. So wird klar, welche Werte zulässig sind.

4. Festlegung von Überwachungsmaßnahmen:

Hier wird bestimmt, **wie** (mit welchen Verfahren) die Messwerte aus Punkt 3 ermittelt werden sollen (z. B. Kerntemperaturmessung oder pH-Test).

5. Festlegung von Korrekturmaßnahmen:

Es wird bestimmt, was passiert, wenn die Grenzwerte an kritischen Kontrollpunkten nicht eingehalten wurden: welche Maßnahmen ergriffen werden, um wieder gültige Werte zu erzielen.

6. Überprüfung des HACCP-Konzeptes:

Es muss festgelegt werden, wie überprüft werden kann, ob alle Mitarbeiter die Vorschriften der Schritte 1 bis 5 einhalten.

Außerdem muss das gesamte HACCP-Konzept immer auf dem neuesten Stand sein, z. B. jedesmal angepasst werden, wenn sich etwas am Herstellungsprozess ändert.

7. Dokumentation des HACCP-Konzeptes:

Nur eine lückenlose Aufzeichnung gewährleistet ein sicheres HACCP-Konzept!

Daher muss der Betrieb dokumentieren, dass an jedem Punkt von allen Mitarbeitern alles ordnungsgemäß erfüllt wurde. Die Aufzeichnungen sollen der Größe des Betriebes angemessen sein. Sie müssen für Prüfzwecke längere Zeit aufbewahrt werden.

Die nebenstehende Grafik zeigt, dass viele Erkrankungen in Verbindung mit Lebensmitteln durch menschliches Verhalten bedingt sind: Erhitzungsfehler, Übertragung durch Menschen, Hygienemängl, Herstellungsfehler, Lagerungsfehler. Alles Dinge, die nicht sein müssten.

Das HACCP-Konzept dient der vorbeugenden Anwendung von Hygienemaßnahmen. Es umfasst die Bereiche: **Betriebshygiene**, **Personalhygiene** und **Umgang mit Lebensmitteln (Produkthygiene)**.

Die Verantwortung liegt beim Unternehmer.

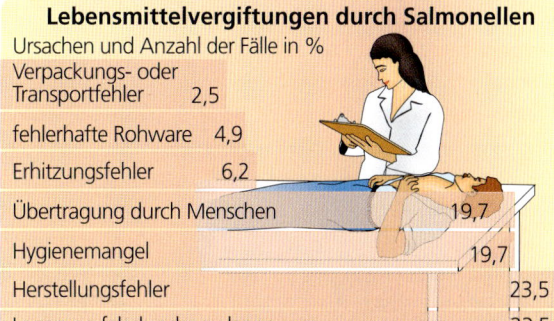

Lebensmittelvergiftungen durch Salmonellen
Ursachen und Anzahl der Fälle in %

Verpackungs- oder Transportfehler	2,5
fehlerhafte Rohware	4,9
Erhitzungsfehler	6,2
Übertragung durch Menschen	19,7
Hygienemangel	19,7
Herstellungsfehler	23,5
Lagerung falsch oder zu lange	23,5

Abb. 1 Ursachen von Lebensmittelvergiftungen

Betriebshygiene

Hygienisch einwandfreies Arbeiten ist nur dort möglich, wo auch die äußeren Voraussetzungen dazu vorhanden sind. Zum Schutze des Verbrauchers nennen Gesetze und Verordnungen **Mindestanforderungen**. Betriebsräume müssen darum von den entsprechenden Behörden genehmigt werden.

Voraussetzungen sind:

- **Wände** müssen hell und leicht zu reinigen sein. Nur so wird eine Verschmutzung leicht erkannt und ist problemlos zu entfernen. Darum sollen die Wände bis zu mindestens 2 Meter Höhe mit Fliesen belegt oder wenigstens mit heller Ölfarbe gestrichen sein.

Abb. 2 Hochgezogene Fliesen verhindern Schmutzablagerungen

- **Fußböden** müssen wasserdicht sein. Darum verwendet man in der Regel Fliesen und verschließt die verbleibenden Fugen mit Zement. Die Rutschgefahr wird herabgesetzt durch eine besondere Oberflächengestaltung, wie z. B. durch Nocken oder Stege.

- **Toiletten** müssen so angeordnet sein, dass sie nicht direkt mit den Produktionsräumen in Verbindung stehen. So wird die Gefahr der Keimverschleppung herabgesetzt.

- **Waschplätze** müssen sich in der Nähe der Arbeitsplätze befinden und mit fließendem Wasser ausgestattet sein. Sie müssen getrennt von den Reinigungsbecken für Geschirr oder Rohstoffe angebracht werden.

- **Kühlräume** sind sauber zu halten, denn Lebensmittelreste und Verschmutzungen bieten Bakterien Nahrung.

- **Zwischenreinigen** verbessert die Hygiene. Nach jedem Arbeitsvorgang Arbeitsflächen und Geräte reinigen.

- **Tücher,** in der Küche verwendet werden, sind täglich zu waschen.

- Bei **Spülmaschinen** dürfen Programme (Zeit, Temperatur) nicht geändert werden, denn unter geänderten Bedingungen können Bakterien überleben.

- **Ungeziefer** ist zu bekämpfen, denn es kann Keime übertragen.

Das Lebensmittelrecht schreibt vor, dass die **Einrichtungsgegenstände** so beschaffen sein müssen, dass sie bei bestimmungsgemäßem Gebrauch die menschliche Gesundheit nicht schädigen können. Darum dürfen sie nicht rosten und müssen leicht zu reinigen sein.

Neben den Eigenschaften des Materials, das zur Herstellung von Einrichtungsgegenständen verwendet wird, kommt es wesentlich auf die **Art der Formgebung** und **Verarbeitung** an. Wo keine Schmutzecken sind, kann sich auch kein Schmutz festsetzen. Daran sollte auch bei der Auswahl der Geräte gedacht werden.

Das Verhalten der Menschen entscheidet wesentlich über den Stand der Hygiene innerhalb eines Betriebes.

Personalhygiene-Regeln

1. Vor Beginn der Arbeit Ringe und Armbanduhr ablegen.
2. Vor Beginn der Arbeit und nach dem Gang zur Toilette Hände gründlich waschen.
3. Beim Husten oder Niesen sich von den Lebensmitteln abwenden.
4. Verletzungen, z. B. kleine Schnitte an den Händen, mit wasserundurchlässigem Verband versorgen.
5. Beim Umgang mit Lebensmitteln ist eine Kopfbedeckung zu tragen.
6. Beim Umgang mit Lebensmitteln ist das Rauchen verboten.

Übliche Handtücher sind darum eine Gefahr für die Hygiene.

Papierhandtücher sind aus saugfähigem Papier und zum einmaligen Gebrauch bestimmt. Gebrauchte Stücke kommen in den Papierkorb und werden vernichtet.

Stoffhandtuchspender geben jeweils ein Stück frisches Tuch zur einmaligen Benutzung frei. Gebrauchtes Tuch und unbenutztes Tuch sind voneinander getrennt, sodass Bakterien nicht übertragen werden können.

Personalhygiene

„Alle Hygienemaßnahmen haben nur dann Aussicht auf Erfolg, wenn die persönliche Hygiene der Mitarbeiter einwandfrei ist." Dieser Satz aus einem Handbuch der Hygiene macht deutlich:

Beschäftigte in Lebensmittelbetrieben

- erhalten eine Erstbelehrung über Hygiene durch das Gesundheitsamt,
- werden zu Hygienefragen durch den Betrieb geschult,
- müssen übertragbare Krankheiten melden,
- dürfen mit ansteckenden Krankheiten nicht beschäftigt werden.

Hände – Handtuch

Hände sind gefährliche Überträger von Mikroben. Darum muss die persönliche Hygiene besonders beachtet werden. Hände werden unter fließendem warmem Wasser gereinigt.

Seife hilft den Schmutz zu lösen. Seifenspender müssen mit der gewaschenen Hand nicht mehr berührt werden und verhindern darum die Übertragung von Bakterien. Seifenstücke sollen nicht verwendet werden.

Handtücher werden bei der Benutzung **feucht** und durch Lebensmittelreste **verschmutzt**. Bei Raumtemperatur bietet das Mikroben nahezu **ideale** Vermehrungsgelegenheiten.

Besonders problematisch sind Gemeinschaftshandtücher, die von mehreren Personen benutzt werden. Sie bergen neben der Möglichkeit der Bakterienvermehrung auch die der Bakterienübertragung von Mensch zu Mensch.

Darum hat man andere Möglichkeiten zum Trocknen der Hände geschaffen: **Papierhandtücher** und **Stoffhandtuchspender**.

Berufskleidung

Mit modernen Waschmitteln ist es zwar möglich, auch bei niederen Temperaturen weiße Wäsche zu erhalten.

„Weiß" ist aber nicht immer „hygienisch einwandfrei". Nur bei **hoher Temperatur** werden die **Mikroben** getötet. Für Berufswäsche, die ja bei fast allen Nahrungsmittelberufen auch mit eiweißhaltigen Speiseresten verschmutzt ist, empfiehlt es sich darum, die **Hauptwäsche bei 95 °C** durchzuführen.

Produkthygiene: Umgang mit Lebensmitteln

Lebensmittel können mit Keimen belastet sein. Vermehren sich diese während der Lagerung und Zubereitung, können sie zu einer Gesundheitsgefährdung für die Gäste werden.

Darum sind beim Umgang mit Lebensmitteln bestimmte Hygienemaßnahmen einzuhalten.

Warenannahme und Lagerung

- **Saubere Behältnisse** verhindern, dass Keime über Kontaktflächen (Regale usw.) verschleppt werden.
- **Verderbliche Lebensmittel** kühl lagern, damit sich Bakterien nicht vermehren können.
- **Fleisch und Fleischwaren** (rein) von unvorbereiteten pflanzlichen Lebensmitteln (unrein) getrennt lagern und getrennt bearbeiten.

Verarbeitung

- **Tiefgefrorenes Fleisch und Geflügel** sachgerecht auftauen, Tauwasser wegschütten, Verpackung entsorgen, Tisch, Geräte und Hände reinigen.
- **Vorbereitete Lebensmittel** bis zur Weiterverarbeitung kühl lagern.
- **Zubereitete Speisen** bis zur Ausgabe entweder **heiß halten** oder rasch abkühlen und bei Bedarf **wieder erwärmen**, denn im kritischen Bereich (+ 6 bis + 60 °C) vermehren sich Bakterien rasch.
- **Abfälle** außerhalb der Küche lagern, damit Bakterien ferngehalten werden.

Sachgerechte kurzfristige Vorrätighaltung

Um den Spitzenbelastungen in der gewerblichen Küche gerecht werden zu können, muss ein Teil der Vorbereitungs- und Zubereitungsarbeiten im Voraus, unabhängig vom eigentlichen Service, erfolgen. Um zu verhindern, dass sich in der Zwischenzeit Bakterien auf den noch warmen Zubereitungen vermehren, muss für die Zwischenlagerung **rasch abgekühlt** werden.

Zeitliche und thermische Entkoppelung

Werden Vorbereitung und endgültige Zubereitung getrennt oder entkoppelt, spricht man von zeitlicher und thermischer Entkoppelung.

Sachgerechtes Abkühlen

Je größer ein Lebensmittel oder das Gargeschirr, desto länger dauert die Abkühlung bis ins Innere.

Die Abkühlung fördern

- das Umfüllen in flaches Geschirr, denn die Wärme kann besser entweichen,
- Töpfe ohne Kompensboden, denn diese speichern die Wärme,
- Geschirr in kaltes Wasserbad gestellt, Inhalt öfter umrühren,
- das Einsetzen von Tauchkühlern.

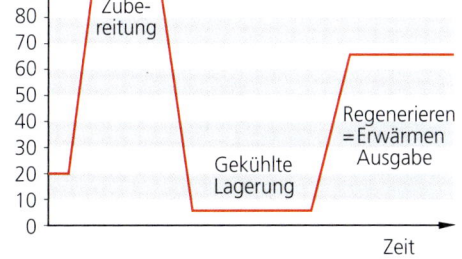

Abb. 1
Zeitliche und thermische Entkoppelung

Abb. 2
Temperaturverlauf in einem Topf mit 25 Liter Sauce beim Abkühlen im Kühlraum

🔴 **Tipp:** Auch daran ist zu denken: Wenn eine Kühlmaschine ununterbrochen läuft, wenn sie nicht mehr abschaltet, ist sie überlastet. Eine ausreichende Kühlung ist nicht mehr gewährleistet.

Durchführung der Hygienevorschriften

Hier verlangt die Lebensmittelhygieneverordnung die **Eigenkontrolle** der Betriebe. Die amtliche Lebensmittelüberwachung ist dann gleichsam die „Kontrolle der Kontrolle".

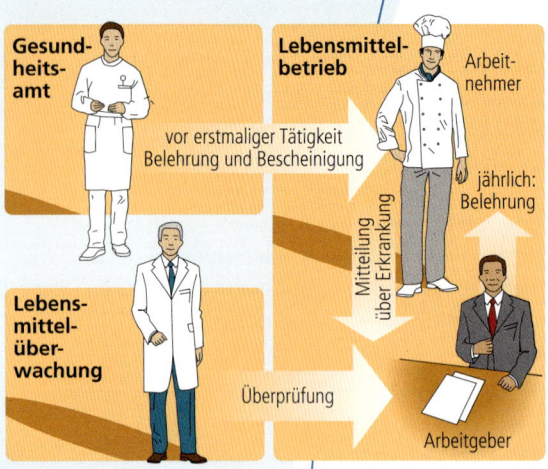

Abb. 1 Zusammenwirken von Behörde und Betrieb

Die Betriebe müssen

- **Kontrollpunkte festlegen (CP).** Darunter versteht man Schlüsselsituationen, an denen die Qualität oder die gesundheitliche Unbedenklichkeit eines Produktes gefährdet sein kann. *Beispiel:* Fleisch wird nicht im Kühlraum gelagert. Wird die Gesundheit gefährdet, spricht man von **kritischen Kontrollpunkten (CCP).**
- **Sicherungsmaßnahmen festlegen.** *Beispiel:* Die Anweisung „Fleisch, Fisch und Milchprodukte sind unmittelbar nach der Annahme der Waren in die entsprechenden Kühlräume zu bringen."
- **Einen Reinigungs- und Hygieneplan aufstellen.**
- **Die Maßnahmen an den kritischen Punkten** durch betriebseigene Kontrollen überwachen. Kontrollen müssen durch die Lebensmittelkontrolle nachprüfbar sein.

Es ist darum notwendig, die durchgeführten Kontrollen und die Ergebnisse schriftlich festzuhalten, weil nur auf diese Weise die geforderte Sorgfalt nachgewiesen werden kann.

In Anlehnung an die 7 HACCP-Grundsätze (s. S. 36) zeigt die folgende Abbildung den Herstellungsprozess (vgl. Grundsatz 1) einer Portion Rührei im Frühstücksgeschäft. Angegeben sind Kontroll- und kritische Kontrollpunkte (vgl. Grundsatz 2), Grenzwerte und Überwachungsmaßnahmen (Grundsätze 3 und 4), sowie ggf. einzuleitende Korrekturmaßnahmen (Grundsatz 5):

Ab 30 Portionen sind Rückstellproben anzulegen.

Herstellungsprozess mit HACCP-Selbstkontrolle am Beispiel Rühreizubereitung in der Systemgastronomie

Rühreiherstellung		Grenzwerte	Korrekturmaßnahmen
2 Eier aufschlagen	CCP	**Sichtkontrolle:** Dotter hoch, Eiklar in 2 getrennten Schichten	Lagertemperatur und MHD überprüfen
Pfanne aufheizen	CCP	**Temperaturmessung:** 130°C +/– 5°C	Herdplatte überprüfen, ggf. neu justieren
Eier in Pfanne geben & stocken lassen			
Eimasse fortlaufend vom Boden lösen (Winkelpalette), für 180 Sekunden garen	CCP	**Zeitmessung:** mindestens 180 sek., maximal 240 sek. **Kerntemperatur:** 70°C **Sichtkontrolle:** Ei komplett gestockt	Falls Rührei nicht gar: erneut Temperatur prüfen
Mit 2 Prisen Salz würzen	CP	Dosierhilfe (Streuer) verwenden	
Auf Frühstücksteller anrichten	CP	Rand freilassen, Rührei gleichmäßig verteilen	
Sofort servieren			

Schriftliche Pläne für Reinigungs- und Hygienemaßnahmen sind von Vorteil:

- Sie legen die geforderten Arbeiten unmissverständlich fest.
- Sie bleiben auch bei Personalwechsel bestehen.
- Sie dienen gegenüber dem Lebensmittelkontrolldienst als Nachweis.

Kontrollpunkte sind insbesondere an den Stellen erforderlich, wo die Verantwortung in andere Hände übergeht.

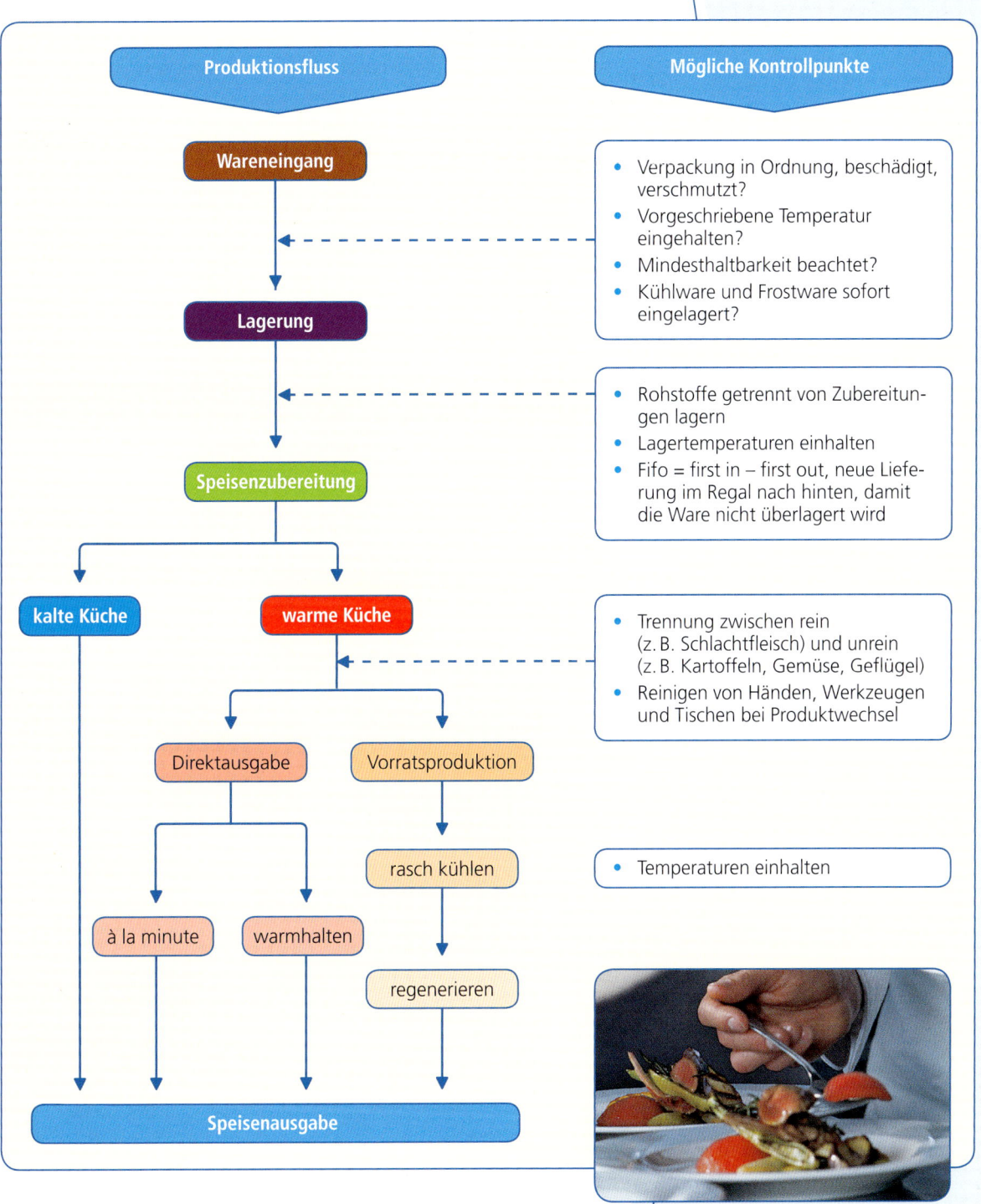

Die Kontrollen werden nach dem Zufallsprinzip durchgeführt. Liegen Beschwerden von Verbrauchern/Gästen vor, wird die Kontrolle angeordnet. Der Betriebsinhaber und das Personal sind nach dem Gesetz verpflichtet, die amtlichen Kontrolleure nicht zu behindern. Sie müssen auch Fragen über die Rohstoffe und die Herstellungsverfahren beantworten.

Werden Proben entnommen, so hat der Betriebsinhaber das Recht auf eine Gegenprobe. Diese kann er auf eigene Kosten untersuchen lassen. Damit hat er bei einer ungerechtfertigten Anklage ein wichtiges Beweismittel zu seiner Entlastung.

2.4 Lebensmittelüberwachung

food supervision ● contrôle (m) des produits alimentaires

Was nützen die strengsten Vorschriften, wenn sie nicht kontrolliert werden?

Die Kontrolle der Lebensmittelbetriebe ist Sache der Bundesländer. Aus diesem Grund können die zuständigen Behörden unterschiedliche Namen tragen. Die Grundsätze der Verfahren sind dennoch gleich.

Überwachungsbeamte oder **Lebensmittelkontrolleure** sind fachlich ausgebildete Personen; oft haben sie einen Beruf aus dem Lebensmittelgewerbe und sind darum sachkundig.

Bei den **Kontrollen** dürfen sie während der Geschäftszeiten

- Räume und Einrichtungen des Betriebes auf den hygienischen Zustand überprüfen,
- Rohstoffe und Endprodukte auf Hygiene und die Einhaltung lebensmittelrechtlicher Vorschriften überprüfen (ob z. B. ein Wiener Schnitzel aus Kalbfleisch ist),
- Proben von Produkten nehmen und diese zur lebensmittelrechtlichen Untersuchung senden.

Fachbegriffe

antibakteriell	gegen Bakterien wirkend
bakterizid	Bakterien abtötend
desinfizieren	Krankheitserreger unschädlich machen
Inkubationszeit	Zeit zwischen der Ansteckung und den ersten Krankheitserscheinungen
Infektion	Ansteckung durch in den Körper eingedrungene Krankheitserreger

Fachbegriffe

Keime	Krankheiten verursachende Mikroorganismen
Kontamination	Verschmutzung, Verunreinigung, Übertragung von Keimen
Tenside	Stoffe, die die Oberflächenspannung des Wassers herabsetzen
-zid (als Endsilbe)	= tötend
Recycling	Wiederverwertung

Aufgaben

1. Welches sind die zwei wesentlichen Ziele des Lebensmittelrechts?
2. „Wenn ich verpacktes Brot kaufe, erfahre ich, welche Zutaten enthalten sind. Warum ist das für frisches Brot in der Bäckerei nicht vorgeschrieben?" Welche Antwort geben Sie?
3. Worin liegt der Unterschied zwischen Zutaten und Zusatzstoffen?
4. Aus welchen Gründen können Zusatzstoffe beigegeben werden? Nennen Sie drei Bereiche mit je einem Beispiel.
5. Auf einem Becher mit Joghurt steht: „Mindestens haltbar bis 14.03. …". Im Kühlschrank ist ein Becher nach hinten gerutscht und übersehen worden. Darf man das Produkt am 20.03. noch essen?
6. Eine Packung mit Hackfleisch zeigt die Aufschrift: „Verbrauchen bis spätestens 04.09. …". Darf dieses Hackfleisch am 06.09. … noch verarbeitet werden?

1 Unfallverhütung

🇬🇧 prevention of accidents 🇫🇷 prévention (w) des accidents

Ein Blick auf die Unfallstatistik zeigt, dass innerhalb des Gaststätten-gewerbes die Küche der gefährlichste Bereich ist.

Betrachtet man die Unfallschwerpunkte, stehen die so genannten We-geunfälle im Vordergrund. Ein Großteil davon entfällt auf Verletzungen, die beim Laufen, Gehen und Steigen auch außerhalb der Küche entste-hen. Im Bereich des Restaurants überwiegt diese Art. In der Küche stehen Schnittverletzungen im Umgang mit Messern und Geräten im Vorder-grund, gefolgt von Unfällen, die im Umgang mit Maschinen entstanden sind. Aber auch falsches Heben und Tragen sowie Verbrennungen und Verbrühungen führen zu Verletzungen.

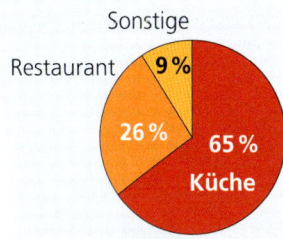

Abb. 1 Unfallbereiche

1.1 Fußboden 🇬🇧 floor 🇫🇷 plancher (m)

Etwa 20 % der Unfälle, die sich in der Küche ereignen, sind Stürze. Wenn auch oft Eile und Hast zum Sturz beitragen, so sind die eigentlichen Ursa-chen meist
- ein verschmutzter und damit nicht rutschfester Boden,
- Gegenstände, die im Laufbereich abgestellt und vom Verletzten über-sehen worden sind.

Stürze können vermieden werden. Deshalb
- Wege frei halten,
- Schuhe mit rutschfesten Sohlen tragen; abgetragene Straßenschuhe taugen nicht für den Beruf,
- Verschüttetes sofort aufwischen,
- kleinere Fettmengen am Boden mit Salz bestreuen,
- vor dem Betreten des Gefrierraumes Schuhsohlen abstreifen, denn an feuchten Sohlen bildet sich sofort eine Eisschicht.

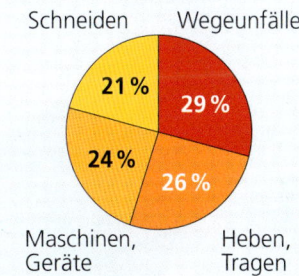

Abb. 2 Unfallschwerpunkte

1.2 Tragen und Heben von Lasten

Das Heben und Tragen ist nicht nur mühsam, es belastet auch die Wirbel-säule. Diese besteht aus fein gestalteten, nicht austauschbaren Wirbelkör-pern, die zusammen eine leicht geschwungene S-Form bilden. Zwischen den Wirbelkörpern sind die Bandscheiben eingelagert. Dieses faserige Knorpelgewebe ermöglicht die Beweglichkeit der Wirbelsäule.

Wer falsch hebt und trägt, wird auf die Dauer nicht ohne Bandscheiben-schäden bleiben. Diese können von einfachen Schmerzen beim Aufrich-ten des Körpers bis zu Ischias und Lähmung reichen.

Beim **Tragen von Lasten** soll der Körper gleichmäßig belastet werden, damit Spannungen in der Wirbelsäule vermieden werden. Darum ist die Last nach Möglichkeit auf beide Arme zu verteilen (Abb. 3).

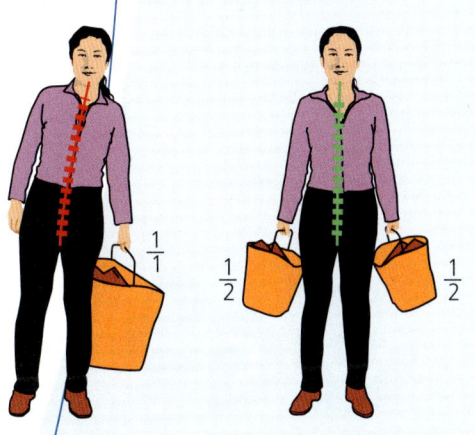

Abb. 3 Falsches und richtiges Tragen

Lasten werden aus den Knien aufgenommen. Dann ist die Belastung auf die Wirbel gering und gleichmäßig verteilt. Die „Arbeit" leisten die Beinmuskeln (Abb. 1).

1.3 Messer, schneidende Maschinen

🇬🇧 knives/cutting machines 🇫🇷 couteaux (m)/machines (m) à couper

In Verbindung mit Messern und schneidenden Werkzeugen entstehen etwa 12 % der Unfälle im Gastgewerbe. Auf die Beschäftigten in der Küche bezogen, geschieht jeder dritte Unfall in Verbindung mit Messern. Mit zu den schlimmsten Unfällen in der Küche gehören die „ausrutschenden Messer" bei der Fleischzerlegung.

Besonders gefährdet sind:

- Hände (Schnitt- und Stichwunden).
- Bauchgegend (Darmverletzung).
- Oberschenkel (Schlagader).

Wirksamen Schutz bei der Fleischzerlegung bieten:

- Stechschutzschürze,
- Stechschutzhandschuh.

1.4 Maschinen 🇬🇧 machines 🇫🇷 machines (w)

Die Berufsgenossenschaft prüft neue Maschinen und Geräte, ob sie den Unfallverhütungsvorschriften entsprechen, und stellt darüber ein Prüfungszeugnis aus. Auf dieses Prüfungszeugnis ist beim Einkauf zu achten, denn der Betriebsinhaber ist verpflichtet, dafür zu sorgen, dass die im Betrieb verwendeten Maschinen unfallsicher sind.

Maschinen und Geräte dürfen nur dann benutzt werden, wenn sie den jeweiligen Sicherheitsvorschriften entsprechen. Da der Unternehmer im Gastgewerbe nicht alle Vorschriften für Technisches kennen kann, wird empfohlen, bei der Bestellung zur Bedingung zu machen, dass die Maschinen den anerkannten sicherheitstechnischen Regeln entsprechen.

Es gibt einige Kennzeichnungen, die Hersteller von Geräten verwenden dürfen, an denen man sich orientieren kann.

VDE: Das VDE-Kennzeichen ist ein Garant für geprüfte Sicherheit und Qualität. Das Gütezeichen des unabhängigen und international tätigen VDE-Prüf- und –Zertifizierungsinstituts genießt das Vertrauen der Verbraucher: Die Tests des Instituts gelten in Fachkreisen als besonders gewissenhaft.

GS: Das GS-Zeichen steht für **G**eprüfte **S**icherheit. Es ist ein auf dem Geräte- und Produktsicherheitsgesetz basierendes Zeichen, das von einer GS-Stelle zuerkannt wird. Mit dem Zeichen muss außerdem das Prüfinstitut genannt werden, das das Prüfzeichen vergeben hat.

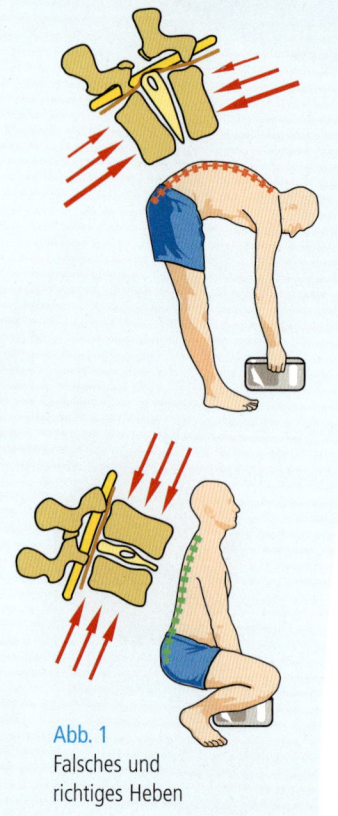

Abb. 1
Falsches und
richtiges Heben

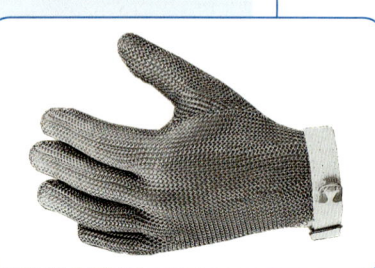

Abb. 2 Stechschutzhandschuh

Schneidewerkzeuge nie ins Spülwasser legen! Wer nicht Bescheid weiß, greift in das Wasser und verletzt sich.

Schutzvorrichtungen dürfen nicht entfernt werden.

1.5 Elektrische Anlagen

🇬🇧 electrical appliances 🇫🇷 systèmes (m) électriques (m)

Bereits Spannungen über 50 V können zum Tod führen, wenn sie durch den menschlichen Körper fließen.

Für gewerbliche Räume sind Geräte und Steckvorrichtungen mit Schutzkontakt vorgeschrieben. Isolationsfehler werden dabei nach außen nicht wirksam, weil Fehlspannungen über den Schutzleiter abgeleitet werden und nicht durch den menschlichen Körper fließen.

Verlängerungskabel ohne Schutzleiter setzen die Schutzwirkung außer Kraft. Wer an Geräten mit Schutzleitungen oder Schuko-Steckdosen Änderungen vornimmt, handelt verantwortungslos. Eine kleine Verwechslung, und der Schutzleiter kann todbringend sein.

In der Küche ist es besonders gefährlich, beschädigte Leitungen selbst zu reparieren, denn bei Feuchtigkeit kann der elektrische Strom die Isolierung überwinden und dadurch zu Unfällen führen.

Sicherungen sind Schutzeinrichtungen. Sie unterbrechen den Stromkreis, wenn eine bestimmte Belastung durch zu hohen Verbrauch oder Kurzschluss überschritten wird. Von einem **Kurzschluss** spricht man, wenn elektrischer Strom ohne Widerstand von einem Pol zum anderen fließt, z. B. bei schadhafter Isolierung von Verbindungskabeln.

Schutzmaßnahmen bei elektrischen Unfällen

Elektrischer Strom wirkt nur, wenn er fließen kann. Darum:

- Vor Rettungsmaßnahmen Stromkreis unterbrechen (z. B. Sicherungsschalter umlegen, Retter ist isoliert, z. B. auf Unterlage von Karton).
- Nach einem „Stromschlag" zum Arzt, denn die elektrische Spannung kann die Herztätigkeit beeinflussen.

Kenn- und Prüfzeichen an elektrischen Betriebsmitteln

 Tropfwassergeschützt

 Regengeschützt

 Spritzwassergeschützt

 Strahlwassergeschützt

 Hochspannungsteil eines Gerätes

 Anschlussstelle für Betriebserdung

 Schutzklasse I: Schutzmaßnahme mit Schutzleiter

 Schutzklasse II: Schutzisolierung

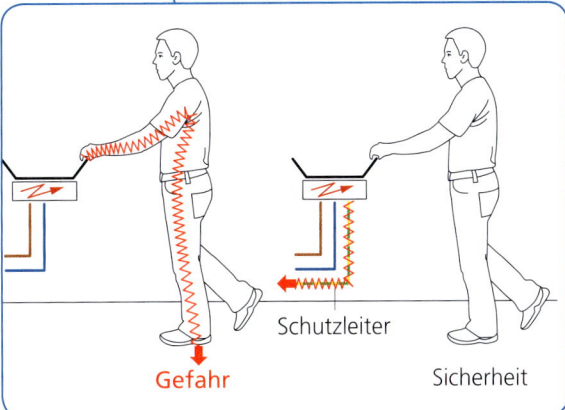

Gefahr · Schutzleiter · Sicherheit

Abb. 1 Wirkung des Schutzleiters

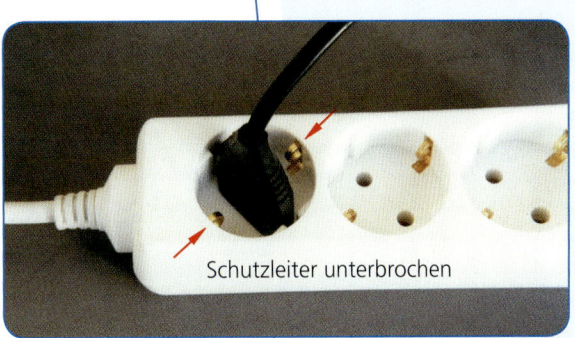

Schutzleiter unterbrochen

Abb. 2 Unterbrochene Schutzleitung

● Nur der Elektrofachmann darf installieren und Änderungen vornehmen.

1.6 Feuerschutz

🇬🇧 fire preventing 🇫🇷 protection (w) contre l'incendie

Sauerstoff

Entzündungs-
temperatur

Brennbarer Stoff

Abb. 1 Brandfaktoren

Wenn ein Brand entsteht, wirken zusammen:
- brennbarer Stoff,
- Sauerstoff,
- Entzündungstemperatur.

Soll ein Brand gelöscht werden, muss mindestens einer dieser Faktoren ausgeschaltet werden.

Als Löschmittel ist Wasser aber nur geeignet bei Bränden mit Holz, Pappe und Papier.

Es ist ungeeignet für Öl, Fett, Benzin usw., denn diese flüssigen Stoffe würden bei Wassereinwirkung nur verspritzen und damit den Brandherd vergrößern.

Grundsätzlich wird die Brandstelle von unten her bekämpft. Das verhindert den Sauerstoffzutritt und erstickt die Flamme.

Bei der Anschaffung von Feuerlöschern ist eine Beratung durch den Fachmann erforderlich, denn entsprechend dem möglichen Einsatz ist die zweckmäßigste Art des Löschmittels zu wählen.

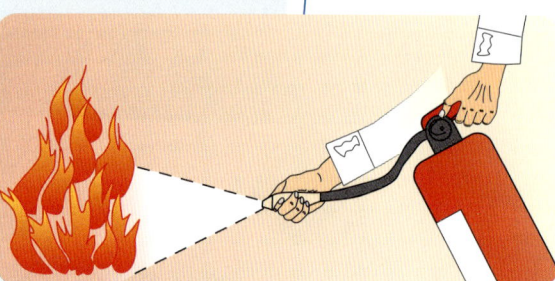

Abb. 2 Trocken-Feuerlöscher

> Wasser entzieht die Entzündungswärme.
>
> Feuerlöscher entziehen den Sauerstoff.

1.7 Sicherheitszeichen

🇬🇧 security signs 🇫🇷 signes (m) de sécurité

Sicherheitszeichen geben Informationen in bildhafter Form. Durch die Art der Gestaltung sollen sie, ohne weitere Erläuterung, „für sich sprechen". Ähnlich wie bei den Verkehrszeichen macht schon die Form und Farbe Aussagen über die Art der Information.

Warnzeichen

Achtung =
leichtere Kategorie

Gefahr =
schwerwiegende
Kategorie

Achtung

Achtung
Gewässer gefährdend

Achtung
Gase unter Druck

Achtung
Entzündend wirkende
Stoffe

Gefahr
Hautätzend

Gefahr
Akute Toxizität

Gefahr
Entzündbare Stoffe

Gefahr
Explosive Stoffe

Signalwörter unterhalb des Symbols geben an, ob es sich um eine leichtere oder schwerwiegende Gefahrenkategorie handelt.

Verbotszeichen

Mit Wasser löschen verboten

Feuer, offenes Licht und Rauchen verboten

Rauchen verboten

Kein Trinkwasser

Gebotszeichen

sind Sicherheitszeichen, die ein bestimmtes Verhalten vorschreiben.

Gehörschutz benutzen

Augenschutz benutzen

Handschutz benutzen

Fußschutz benutzen

Erste Hilfe und Rettungszeichen

Fluchtweg

Rettungsweg

Notausgang

Erste Hilfe

Rettungsangabe für Erste Hilfe

Krankentrage

Feuerlöscher

Löschschlauch

Fachbegriffe

Gefahrenstelle	caution: hazardous area
Leicht entzündlich	highly inflammable
Ätzend	caustic, corrosive
Giftig	poisonous
Gesundheitsschädlich	harmful
Umweltgefährlich	enviromentally dangerous compound
Nicht mit Wasser löschen	do not extinguish with water
Rauchen verboten	no smoking
Rauchen, offenes Licht, Feuer verboten	no naked flames
Kein Trinkwasser	not drinking water
Gehörschutz tragen	wear hearing aid

Fachbegriffe

Augenschutz benutzen	wear safety goggles
Schutzhandschuhe tragen	wear safety gloves
Schutzschuhe tragen	wear safety boots
Fluchtweg	emergency exit
Erste Hilfe	first aid
Krankentrage	stretcher
Feuerlöscher	fire extinguisher
Verbotszeichen	prohibition sign
Warnzeichen	cautionary sign
Gebots- und Richtzeichen	mandatory sign
Erste Hilfe und Rettungs- zeichen	first aid/emergency sign

2 Erste Hilfe

🇬🇧 first aid 🇫🇷 premiers secours (m)

> Die eigentliche Hilfe gibt der Arzt. ●

Selbst die kleinste Wunde kann bei unsachgemäßer Behandlung zu einer Entzündung der Lymphgefäße, der sogenannten Blutvergiftung, oder zu einem Wundstarrkrampf führen oder „wild", also mit Wucherungen, ausheilen.

Erste Hilfe hat die Aufgabe, bei Verletzungen oder Unfällen weitere Schäden zu vermeiden.

Es ist falsch, Verletzungen selbst kurieren zu wollen und den Weg zum Arzt als überflüssig anzusehen. Kleinere Verletzungen müssen nicht sofort behandelt werden. Es genügt, wenn innerhalb von sechs Stunden der Arzt aufgesucht wird.

2.1 Schnitt- und Stichwunden

Im Umgang mit Messern kommt es, besonders bei Beginn der Ausbildung, häufig zu Schnitt- und Stichwunden. Dabei kann der harmlos aussehende glatte Schnitt über tieferliegende Verletzungen hinwegtäuschen.

Es ist dringend zu beachten:
• Wunden nicht auswaschen.
• Keine keimtötenden Flüssigkeiten und Puder anwenden.

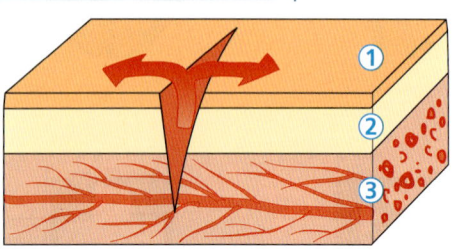

Abb. 1 Schnittwunde

① Oberhaut
② Unterhautfettgewebe
③ Fleisch mit Blutadern

Maßnahmen:

Bei **kleineren Schnittverletzungen** mit geringer Blutung deckt man zunächst mit einem Heftpflaster ab. Ein Gummifinger oder ein Einweghandschuh sorgen dafür, dass Speisen nicht beeinträchtigt werden.

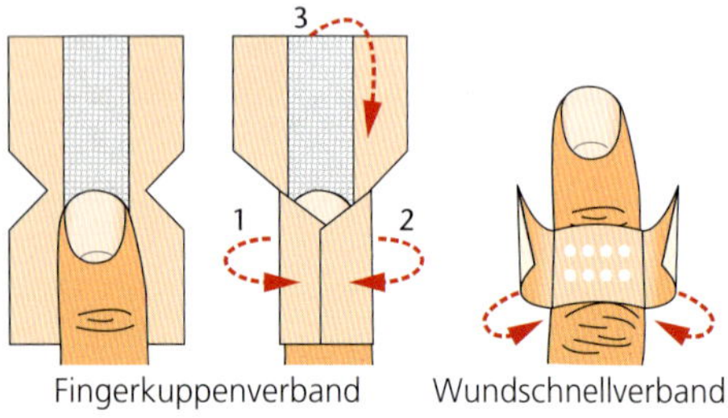

Größere Wunden mit keimfreiem Verband abdecken, das verletzte Glied hochlagern. Die Blutung wird dadurch geringer. Bei stärkerem Blutverlust Druckverband anlegen. Dazu legt man über den keimfreien Verband eine weitere Binde und zieht diese fester an. Abbindungen dürfen nur in Notfällen vorgenommen werden, der Verletzte muss anschließend sofort zum Arzt.

Wunden sollten nach der Ersten-Hilfe-Leistung bald, jedoch innerhalb von sechs Stunden von einem Arzt versorgt werden.

Fingerkuppenverband   Wundschnellverband

Abb. 2 Heftpflaster

2.2 Ohnmacht und Bewusstlosigkeit

Bei einer **Ohnmacht** ist der Mensch kurze Zeit (1 bis 2 Minuten) „ohne Macht über sich selbst".

Bewusstlosigkeit ist länger andauernd. Der Mensch ist in diesem Zustand hilflos, es droht Erstickungsgefahr durch Verlegung der Atemwege.

Ursachen können sein: Sauerstoffmangel (schlechte Luft), große Hitzeeinwirkung, elektrischer Strom sowie Missbrauch von Alkohol und Drogen. Auch plötzliche Aufregung und großer Schmerz können die Bewusstlosigkeit auslösen.

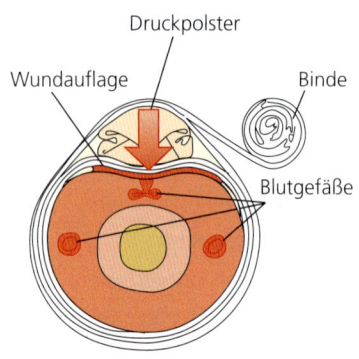

Druckpolster

Wundauflage   Binde

Blutgefäße

Abb. 3 Druckverband

Bewusstlosigkeit erkennt man daran, dass die betroffene Person nicht ansprechbar ist. Ohnmächtige und Bewusstlose werden

- in stabile Seitenlage gebracht,
- von beengender Kleidung befreit,
- wenn möglich mit frischer Luft versorgt (Fenster auf)
- in ärztliche Behandlung übergeben.

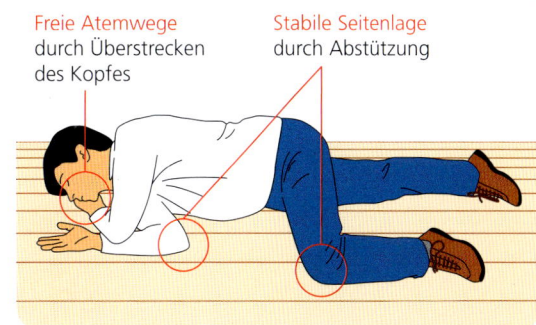

Freie Atemwege durch Überstrecken des Kopfes

Stabile Seitenlage durch Abstützung

Abb. 1 Stabile Seitenlage

2.3 Verbrennungen und Verbrühungen

Verbrennungen und Verbrühungen sind in der Küche sehr häufig, sie sind zudem äußerst schmerzhaft.

Jede Verbrennung oder Verbrühung ist eine Schädigung der Haut. Je nach Schwere unterscheidet man:
- Verbrennungen 1. Grades: die Haut wird rot,
- Verbrennungen 2. Grades: es entstehen Blasen,
- Verbrennungen 3. Grades: Haut und darunterliegende Gewebe verkohlen oder verkochen.

Erste Maßnahmen

Bei **Verbrennungen** an Armen und Beinen den betroffenen Körperteil in kaltes Wasser tauchen – und zwar so lange, bis die Schmerzen aufhören. Das dauert etwa 15 Min. Kein Eiswasser verwenden, denn das würde zu weiteren Schädigungen führen.

Bei **Verbrühungen**, z.B. durch kochend heiße Flüssigkeit oder Dampf, die Bekleidung aufschneiden und vorsichtig entfernen. Auf keinen Fall vom Körper reißen, das würde die schützende Haut zerstören.

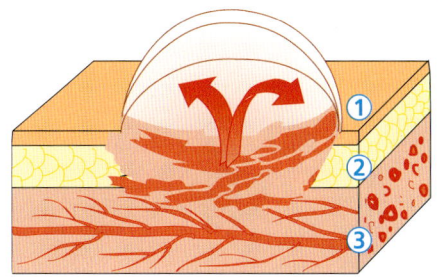

Abb. 2 Brandblase

① Oberhaut
② Unterhautfettgewebe
③ Fleisch mit Blutadern

Dann:

Nur bei leichten Verbrennungen (1. Grad: leichte Rötung der Haut) darf Fett oder Salbe zur Schmerzlinderung verwendet werden. Brandblasen nicht aufstechen!

Bei Verbrennungen 3. Grades, z.B. durch Frittürenfett, ist die Haut zerstört. Die Stelle ist darum wie eine Wunde mit einem keimfreien Verband zu behandeln.

Bei größeren Verbrennungsflächen (z.B. Kleidung hat Feuer gefangen) den Verletzten zudecken. Schluckweise alkoholfreie Flüssigkeit zu trinken geben, damit die Nieren durch die Giftstoffe nicht geschädigt werden. An der Haut festklebende Kleidungsstücke nicht abreißen. Krankenwagen rufen, nicht selbst ins Krankenhaus transportieren.

● Unbedingt sofort zum Arzt!

2.4 Nasenbluten

Nasenbluten entsteht bei hohem Blutdruck, der als Ursache Überanstrengung, Aufregung, aber auch äußere Einwirkungen haben kann.

Man beugt den Kopf leicht vornüber und legt kalte Umschläge in den Nacken (s. Abb. 3).

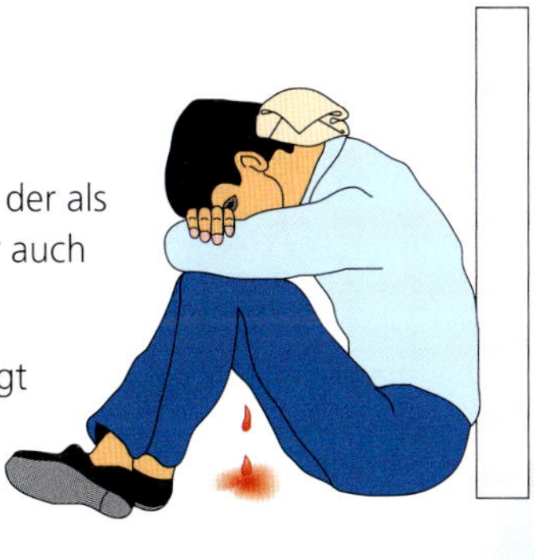

● Ist die Blutung nicht stillbar, Arzt rufen.

Abb. 3 Haltung bei Nasenbluten

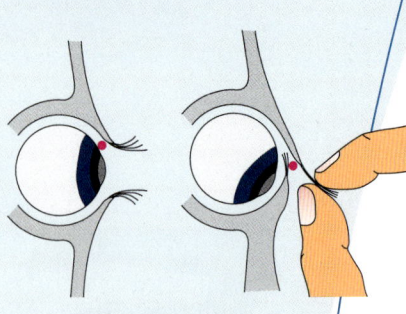

Abb. 1 Fremdkörper im Auge
unter dem Oberlid

2.5 Fremdkörper im Auge

Fremdkörper unter dem Oberlid: Oberlid über Unterlid ziehen und wieder nach oben schieben. Die Wimpern des Unterlides halten den Fremdkörper fest.

Fremdkörper unter dem Unterlid: Verletzten nach oben sehen lassen und das Unterlid herunterziehen. Mit Taschentuch vorsichtig zur Nase hin herauswischen.

2.6 Unfälle mit elektrischem Strom

In Küchen arbeitet man mit Spannungen von 230 und 400 Volt. Die Stärke des „Schlages", den man beim Berühren einer elektrischen Leitung erhält, hängt von der Leitfähigkeit des Bodens ab.

Bei Stromunfällen zuerst Strom abschalten.

Dazu:

Schalter betätigen oder Stecker herausziehen oder durch Sicherung trennen.

Ist das nicht möglich, den Verletzten mit **nicht leitenden, trockenen Gegenständen** (siehe Abb. 2 Ⓑ) aus dem Stromkreis retten.

Dabei auf **Bodenisolierung** (siehe Abb. 2 Ⓐ) achten, z. B. Karton, Küchentücher.

Den Verletzten flach lagern; ist er scheintot, mit Wiederbelebung beginnen; wenn er wieder bei Bewusstsein ist, Wasser zu trinken geben.

Ein durch Stromeinwirkung Verunglückter muss auf jeden Fall zu einem Arzt gebracht werden, auch wenn keine Gefährdung erkennbar ist.

Der Stromfluss durch den Körper kann zu Herzstörungen führen.

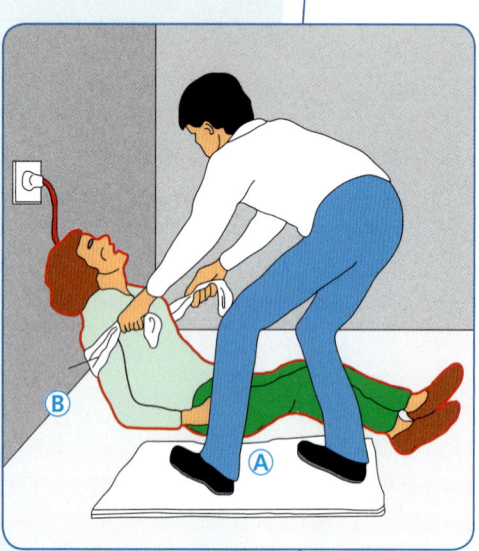

Abb. 2 Rettung bei
Stromunfall

Aufgaben

❶ Nennen Sie die Hauptgründe für Sturzunfälle.

❷ „Zu einem Brand kann es auch kommen, wenn gar keine Flamme vorhanden ist," sagt Karl. Heiner meint: „Das gibt es nicht!" Nehmen Sie Stellung.

❸ Nach welchem Prinzip wird ein Brand mittels eines Feuerlöschers bekämpft? Warum muss man mit dem Feuerlöscher „von unten gegen den Brand angehen"?

❹ Erklären Sie, wie ein Druckverband wirkt.

❺ Worin liegt der Unterschied zwischen Bewusstlosigkeit und Ohnmacht? Wie leisten Sie jeweils Erste Hilfe?

❻ Michael hat sich heißes Frittürenfett über den Fuß geschüttet. Was unternehmen Sie?

❼ Ihr Kollege „hängt am Strom". Sie wollen helfen und zuerst den Stromkreis an der Sicherung unterbrechen. Doch der Sicherungskasten ist abgesperrt. Was unternehmen Sie?

Wichtige Ziele der Berufsausbildung sind Selbstständigkeit und fachliche Sicherheit. Diese Fähigkeiten werden für so wichtig erachtet, dass sie im Mittelpunkt der Abschlussprüfung stehen.

Beispiele aus den Prüfungsanforderungen:

- **Ausbildungsberuf Koch:**
  Selbstständig nach Vorgaben ein Menü erarbeiten und mit einem Arbeitsablaufplan versehen.

- **Ausbildungsberuf Restaurantfachmann/-frau:**
  Planen des Services für eine Veranstaltung. Dazu: Ablaufplan sowie Menüvorschläge einschließlich korrespondierender Getränke und eine Liste organisatorischer Vorarbeiten erstellen.

- **Ausbildungsberuf Hotelfachmann/-frau:**
  Planen einer verkaufsfördernden Maßnahme … Ablaufplan erstellen … Prüfliste erarbeiten.

Um diese Anforderungen erfüllen zu können, muss man fähig sein

- Informationen zu beschaffen und auszuwerten,
- Arbeitsabläufe zu organisieren und das
- Ergebnis zu bewerten.

Diese Überlegungen bestimmen die folgenden Abschnitte.

1 Informationen beschaffen und auswerten

🇬🇧 obtaining and analysing information 🇫🇷 collecter et depouiler des informations (w)

Niemand kann alles wissen, das ist auch nicht notwendig. Wichtig ist: man muss wissen, wo etwas steht und wie man damit umgeht. Das nennt man Beschaffen von Informationen.

1.1 Fachbuch

Das **Inhaltsverzeichnis** zeigt die Gliederung und den Aufbau eines Buches. Es verschafft einen Überblick und steht meist am Anfang.

Das **Sachwortverzeichnis** verweist auf Einzelheiten, auf die sinntragenden Wörter, die im Text meist hervorgehoben sind. Es führt ins Detail und steht am Ende des Buches.

Sucht man nach einem bestimmten Begriff, von dem man nicht weiß, in welchem Abschnitt er behandelt wird, dann schlägt man im Sachwortverzeichnis nach. Es ist nach dem Alphabet geordnet.

Abb. 1   Beispiel eines Inhaltsverzeichnisses

Abb. 2   Beispiel eines Sachwortverzeichnisses

Um einen Überblick zu erhalten ist es sinnvoll,

- interessante Beiträge auszuschneiden oder zu kopieren und
- geordnet abzulegen.

Abb. 1 Fachzeitschriften/-zeitungen

Web-Support für Bücher:
Aktuelles zu Buch und CD-Inhalten

Zu den Medienpaketen „Der junge Koch/Die junge Köchin", „Fachkraft & Gast", „Hotel & Gast", „Restaurant & Gast" und „Systemgastronomie & Gast" gehört neben den Büchern je eine **im Buch enthaltene CD** mit Software-Produkten und **ein eigener Web-Support.**

Aktuelle Ergänzungen, Zusatzmaterial und Wissenswertes rund um die Ausbildung unter **www.der-junge-koch.de, www.fachkraft-und-gast.de, www.restaurant-und-gast.de, www.hotel-und-gast.de** sowie **http://systemgastronomie.pfanneberg.de:** Internet-Unterstützung für Auszubildende und Lehrkräfte.

1.2 Fachzeitschriften/-zeitungen

Fachzeitschriften und -zeitungen können immer aktueller sein als Fachbücher, denn sie erscheinen monatlich oder wöchentlich. Wer Neues sucht, wer Entwicklungen beobachten will, wird sich darum laufend aus der Fachpresse informieren.

Es macht aber keinen Sinn, Fachzeitungen einfach zu „sammeln". Bei Bedarf weiß man nur: „Da war doch …" und dann beginnt das große Suchen.

Zu Ablagemöglichkeiten siehe Abschnitt Büroorganisation.

1.3 Internet

Das Internet bietet eine Fülle von Informationen, allerdings in unterschiedlicher Art und Qualität.

- **Angebote für Lebensmittel und Geräte** erhält man über die Seiten der einzelnen Firmen. Diese haben ein Interesse, leicht gefunden zu werden und gestalten darum ihre Web-Adresse auch entsprechend. Ein Versuch mit www.Firmenname.de oder … .com lohnt meist.

- **Rezepte** gibt es unter vielen Adressen. Ein „Profi" sollte jedoch bedenken, dass manches, was im zahlenmäßig kleinen Bereich einer Familie ein netter Gag, eine Überraschung sein kann, im gewerblichen Bereich allein wegen des Zeitaufwandes nicht machbar ist. Es gilt, kritisch auszuwählen. Ein zusätzlicher Rat: im „Ernstfall" arbeitet man nur mit Rezepten, die man bereits erprobt hat.

1.4 Prospekte

Prospekte dienen zunächst der Werbung. Sie informieren aber auch z. B. über Tischporzellan, Besteck oder Wäsche. Man erhält sie, wenn man Firmen anschreibt oder Ausstellungen besucht. Wenn man die Anschriften nicht kennt, versucht man es im Internet z. B. www.Firmenname.de oder sieht im Anzeigenteil der Fachzeitung nach. Prospekte müssen kritisch gelesen werden. Nicht alles, was geschrieben wird, stimmt auch.

2 Planen

🇬🇧 planning 🇫🇷 projecter

Beim **Planen** werden die gesammelten Informationen „auf die Reihe gebracht", also geordnet und für den jeweiligen Zweck ausgewählt.

2.1 Checklisten/Prüflisten

Wer kennt das nicht: das Problem hatten wir doch schon einmal. Wie haben wir es damals gemacht? Eigentlich müssten wir das doch noch wissen.

Warum haben wir es nicht notiert? Sinn einer
Checkliste ist es, einmal Gedachtes, bereits Bewährtes festzuhalten und
damit für die Zukunft

- die Arbeit zu erleichtern und
- Sicherheit zu haben.

Die in einer Checkliste festgehaltenen Überlegungen, ergänzt durch
Erfahrungen,

- lassen rationeller arbeiten,
- geben Sicherheit und
- führen zu Perfektionierung,
- entlasten im Tagesgeschäft.

Anlegen von Checklisten

- Bei Vorgängen
  1. die gesamte Aufgabe in Teile zerlegen,
  2. die Teilschritte in die richtige zeitliche Reihenfolge bringen und festhalten,
  3. eine Kontroll- oder Prüfspalte anbringen.

- Bei Zusammenstellungen/Auflistungen
  1. alle Teile einzeln – wirklich einzeln – auflisten,
  2. Ähnliches zu Gruppen zusammenfassen, z. B. Lebensmittel, Geschirr, Besteck usw., denn das erleichtert die Arbeit,
  3. Kontrollspalte (zum Abhaken) anbringen.

Wird der **Tabulator** verwendet, legt man die Abstände der einzelnen Spalten
mit Tabstopps im „Lineal" fest.

Die **Tabellenfunktion** kann über Fenster oder Symbol aufgerufen werden.
Anzahl der Spalten und deren Breite werden entsprechend eingestellt.

2.2 Ablauf / Zeitleiste

Wer rationell arbeiten will, muss die einzelnen Arbeitsschritte in einer sinnvollen Reihenfolge erledigen, also den zeitlichen Ablauf planen. In der Praxis sagt
man auch: „Man muss die Sache auf die Reihe bringen." Dabei sind in der
Küche z. B. Garzeiten zu berücksichtigen oder Zeiten, in denen eine Creme
stocken (fest werden) muss. Im Service ist z. B. an das Kühlen von Getränken
oder die Beschaffung von Blumen zu denken.

Checkliste für Hochzeit Müller, Herbststraße 4

Anzahl	Gegenstand	Erl.	Bemerkung
	Geschirr		
4	Chafing-Dish		
85	Suppenteller		
85	Teller tief		vorwärmen!
85	Brotteller		

Eine Checkliste kann erstellt werden
- mit Hilfe eines Lineals (am einfachsten)
- mit Hilfe eines Rechners über
  - Tabulatorfunktion oder
  - Tabellenfunktion (in der Textverarbeitung)
  - spezielle Software

Beispielmenü (einfach) für untenstehenden Ablaufplan

Kraftbrühe mit Grießnocken

Wiener Schnitzel mit Kartoffelsalat

Erdbeercreme

Menü	Kraftbrühe mit Grießnocken, Wiener Schnitzel mit Kartoffelsalat, Erdbeercreme
Gerichte	Zeit 8:00 9:00 10:00 11:00 12:00 13:00 14:00
Kraftbrühe	Brühe ansetzen — fertigstellen
Grießnocken	
Wiener Schnitzel	vorbereiten — braten
Kartoffelsalat	Kartoffeln kochen — schneiden, anmachen
Erbeercreme	Bayerische Creme herstellen — stürzen, garnieren
Tätigkeitszeiten	

Abb. 1 Ablaufplan im Querformat

Bei der Abschlussprüfung Koch/Köchin z. B. ist ein Ablaufplan zu erstellen, der bewertet wird. Dort sind die Arbeitsschritte der Prüfungsaufgabe zusammen mit der geplanten Arbeitszeit anzuführen.

Mögliche Überlegungen

- Die Kraftbrühe ansetzen kommt an die erste Stelle, denn das Auslaugen von Fleisch und Knochen benötigt Zeit.
- Obwohl die Erdbeercreme am Ende des Menüs steht, benötigt die Gelatine längere Zeit, um abzubinden.
- Danach die Kartoffeln, bei denen man nicht so festgelegt ist, usw.

Arbeitspläne können auf unterschiedliche Art angelegt werden.

- **Querformat**
  Der Ablauf wird von links nach rechts dargestellt. Diese Form der Darstellung bringt Vorteile, wenn mehrere Vorgänge gleichzeitig ablaufen (vorherige Seite)
- **Hochformat**
  Der Ablauf wird von oben nach unten dargestellt.

Bei der Anlage dieses Ablaufplanes kann mit zwei Spalten gearbeitet werden.

① In dieser Spalte wird der allgemeine Ablauf eingetragen, also die festen Zeiten z. B. für das Garen von Salzkartoffeln. Diese Zeiten können den Rezepturen entnommen werden.

② In dieser Spalte geht es um die konkrete Anwendung. Wenn ein Essen z. B. um 19.00 Uhr stehen muss, dann muss um … Uhr Folgendes … geschehen.

Hier wird also rückwärts gedacht. Vergleichen Sie die unterschiedlichen Darstellungen hier bei Abb. 1 und vorige Seite.

Abb. 1 Ablaufplan im Hochformat

2.3 Tabellen

Es kommt immer wieder vor, dass bestimmte Dinge (Rohstoffe, Geschirrteile) mehrfach benötigt werden. Eine Tabelle hilft, die Einzelmengen übersichtlich zusammenzufassen und den Gesamtbedarf zu ermitteln. Eine Tabelle ordnet Zahlenmaterial und macht es dadurch leichter überschaubar. Beachtet man nur wenige Gestaltungsregeln, ist es kein Problem, selbst eine Tabelle anzulegen.

Eine Tabelle besteht aus

- Tabellenkopf ▶ nennen Ordnungs-
- Vorspalte   gesichtspunkte

- waagerechten Zeilen
- senkrechten Spalten

Es ist von Vorteil, wenn die Merkmale mit der höheren Anzahl (Rohstoffe, Geschirrteile) in die Vorspalte eingetragen werden, denn diese kann umfassender sein als der Tabellenkopf. Oder anders gesagt: auf einem Blatt sind mehr Zeilen als Spalten unterzubringen. Eine Tabelle kann zwar mit jedem Textverarbeitungsprogramm angelegt werden. Es ist jedoch von Vorteil, eine Tabellenkalkulation, z. B. Excel, zu verwenden, weil dann mithilfe des Rechenprogramms erforderliche Berechnungen durchgeführt werden können.

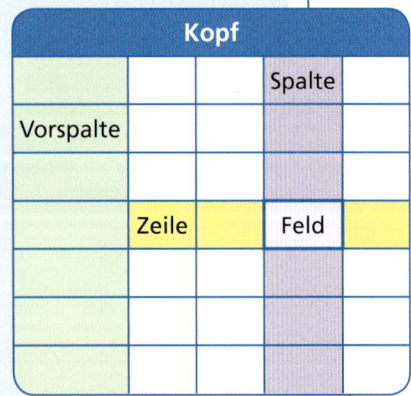

Abb. 2 Tabelle

2.4 Rezepte

Erfassen von Rezepten

Rezepte sind Arbeitsanweisungen für das Zubereiten von Speisen oder Getränken.

Rezepte bestehen mindestens aus folgenden Abschnitten:
1. Aufzählung der Zutaten und
2. Arbeitsanleitung.

Die **Mengenangaben** erfolgen
- bei Frischware für das Rohgewicht, weil man beim Vorbereiten diese abwiegt,
- bei Tiefkühlware und vorgefertigten Produkten als Nettogewicht.

Beim Abwiegen der Rohstoffe ist es praktischer, wenn in der Tabelle die Mengenangaben links stehen, also vor dem Namen der Zutat. Diese Anordnung kann auch innerhalb einer Tabellenkalkulation verwendet werden.

Die **Arbeitsanleitung** soll
- die Arbeitsschritte in der korrekten Reihenfolge anführen,
- auf kritische Punkte hinweisen, eventuell begründen, z. B.
  - **technologisch**
    „Gesamtes Mehl auf einmal beigeben, damit sich keine Klumpen bilden (bei Brandteig)."
    „Langsam erhitzen, damit sich das Eiweiß lösen kann (Klären)."
  - **hygienisch (critical control point)**
    „Nach dem Auftauen unbedingt Tisch, Geschirr und Hände waschen."
    „Material zum Abkühlen in flache Gefäße umfüllen."

Bei Gerichten, die „auf Abruf" zubereitet werden, empfiehlt es sich, zu trennen zwischen Vorbereitungsarbeiten und Arbeitsschritten bei der Fertigstellung. Z. B. ein neuer Abschnitt: Bei Abruf mit frischer Butter kurz erhitzen, dann …

Rezepte können/sollen **erweitert** werden durch

① **Bewertungsmerkmale**, z. B. „Apfelschnitte nur kurz dünsten, damit Form erhalten bleibt."

② **Hygieneanweisungen**, die z. B. wegen der Vorschriften der Hygieneverordnung erforderlich sind, z. B. „noch am gleichen Tag verarbeiten, nicht länger als 2 Stunden warm halten."

③ **Hinweise zum Anrichten**, denn dann erhält der Gast immer „das, was er schon kennt" (Wiedererkennungseffekt). Also die ideale Anrichteweise festhalten, als Foto, als Skizze oder in Worten.

④ **Hinweise zum Verkaufsgespräch**, denn das Service will beraten und verkaufen. Die Küche kann behilflich sein. Treffende Wendungen, die das Gericht beschreiben, Hinweise auf typische Beilagen, auf passende Getränke. Vergleiche Seiten ab 149 mit folgendem Symbol:

Lammkeule im Kräutermantel

Zutaten:

1	Lammkeule (750 – 1.250 g)
3 – 5	Knoblauchzehen
	Thymian, Rosmarin, Oregano, Olivenöl

Für die Sauce:

500 g	Kalbsknochen
	Suppengemüse, Salz, Pfeffer
250 ml	Trockener Sherry
1 EL	Creme double

Zubereitung Keule:
Lammkeule waschen und trocken tupfen. Knoblauchzehen schälen und in feine Stifte schneiden. Mit einem schmalen Messer ca. 1,5 cm tiefe Taschen in die Lammkeule schneiden. Knoblauchstifte in diese Taschen stecken …

Rezepte sind übersichtlich, wenn die Zutaten getrennt von den Arbeitsanweisungen stehen.

Zutaten und Arbeitsanleitung

verbunden	getrennt
600 g Butter mit 300 g Zucker vermengen, 3 Eier unterarbeiten	600 g Butter 300 g Zucker 3 Eier Butter und Zucker vermengen, Eier …

Verwalten von Rezepten

Rezepturen halten Information fest. Sollen diese bei Bedarf zur Verfügung stehen, muss man sie „verwalten".

Das **Rezeptbuch** ist die älteste Art, Rezepte festzuhalten. Das ist einfach, hat aber den Nachteil, dass die Rezepte nicht austauschbar sind und das Buch in seinem Umfang begrenzt ist.

Ein **Rezeptordner** oder Ringbuch ist in Anlage und Gestaltung variabel. Man steckt das Rezept in eine Sichthülle und ordnet es entsprechend ein. Ergänzungen oder Abbildungen können leicht hinzugefügt werden. Wird ein Rezept benötigt, kann man in der Hülle mit an den Arbeitsplatz nehmen.

Eine **Datei im Computer** ist beliebig erweiterbar und unter verschiedensten Gesichtspunkten zu verwalten.

Verwendet man entsprechende Datenbanken, können sie einfach auf unterschiedliche Produktionsmengen umgerechnet werden. Bei Bedarf werden die Rezepte ausgedruckt.

Um die Rezepte bei Bedarf zügig aufzufinden, empfehlen sich zwei **Ablagesysteme**.

Die **Speisenfolge** als Ordnungsgesichtspunkt hilft bei der Menügestaltung. Man gliedert nach

- Vorspeisen
- Suppen
- Fischgerichte,
- Fleischgerichte
  - Kalb
  - Schwein
  - usw.
- Gemüse
  - Gericht
  - Beilage
  - usw.
- Speiseeis
- Cremespeisen
- Aufläufe
- Kuchen

Abb. 2 Rezeptordner

Gruppierung nach **Hauptrohstoffen** hilft z. B. in folgenden Fällen:

- Gast wünscht besondere Produkte z. B. Jagdessen, Fischerfest. Dann gelten nicht die üblichen Menü-Regeln. Man versucht innerhalb der Speisenfolge möglichst oft Wild oder Fisch einzusetzen.

- Sonderangebote sollen gezielt genutzt werden. Z. B. Karpfen oder Lachs oder Erdbeeren sind besonders günstig. Ein Händler bietet einen Restposten gefrosteten Blattspinat an.

Mithilfe der Datenverarbeitung kann man jedes Rezept einmal speichern und dann unter beiden Gesichtspunkten abrufen.

Abb. 1 Rezeptbuch

Name des Rezeptes		[Mit …]
Zutaten		
Zubereitung		
Beilagen		

Abb. 3 Rezeptblatt aus der Datenbank

2.5 Arbeitsabläufe schematisch beschreiben

🇬🇧 schematic description of work processes
🇫🇷 décrire schématique le déroulement du travail

Die DIN 66001 ist ein international genormtes Schema zur Darstellung von geplanten Abläufen. Sie wird in vielen Unternehmen eingesetzt, um wiederkehrende Arbeiten eindeutig festzulegen.

In der Küche helfen die Symbole in solchen Beschreibungen der schnellen Auffassung und Umsetzung von Arbeitsanweisungen, auch bei Mitarbeitern unterschiedlicher Muttersprachen.

Die folgende Tabelle zeigt die wichtigsten Elemente:

Symbol	Offizielle Bezeichnung	Beschreibung
Beginn/Ende	Terminationspunkt Grenzpunkt	Ein abgerundetes Rechteck zu **Beginn** und am **Ende** jedes Ablaufplanes. Die Beschriftung am Anfang dient als Überschrift, am Ende als Übergang zur eventuellen nächsten Handlung.
	Flusslinie	Mit **Linien** werden die einzelnen Elemente verbunden. Um die Richtung besonders deutlich zu machen, dürfen **Pfeilspitzen** eingesetzt werden. Die Linie darf nur von oben nach unten bzw. links nach rechts verlaufen, nicht schräg.
Handlung	Operation	Ein **Rechteck** mit Beschriftung ist ein einzelner **Handlungsschritt**. Wichtig: Die Beschriftung darf nur einen Handlungsschritt beinhalten. Zusammenfassungen von mehreren Schritten sind nur erlaubt, wenn sie sehr ähnlich sind, z. B. „mit Salz & Pfeffer (je 2 g) würzen".
Frage? ja nein	Verzweigung	An der **Raute** kann sich der Ablauf **verzweigen**, z. B. bei einer Produktvariation. Wichtig: Die Frage muss eine Entscheidungsfrage (ja/nein) beinhalten. Die weiterführenden Linien müssen entsprechend beschriftet sein.
Dokumentation	Eingabe bzw. Ausgabe	**Informationen**, die im Ablauf nötig sind (z. B. Zuhilfenahme einer Rezeptur) oder aus ihm entstehen (z. B. Dokumentation in einer Checkliste) werden in einem **Parallelogramm** notiert.

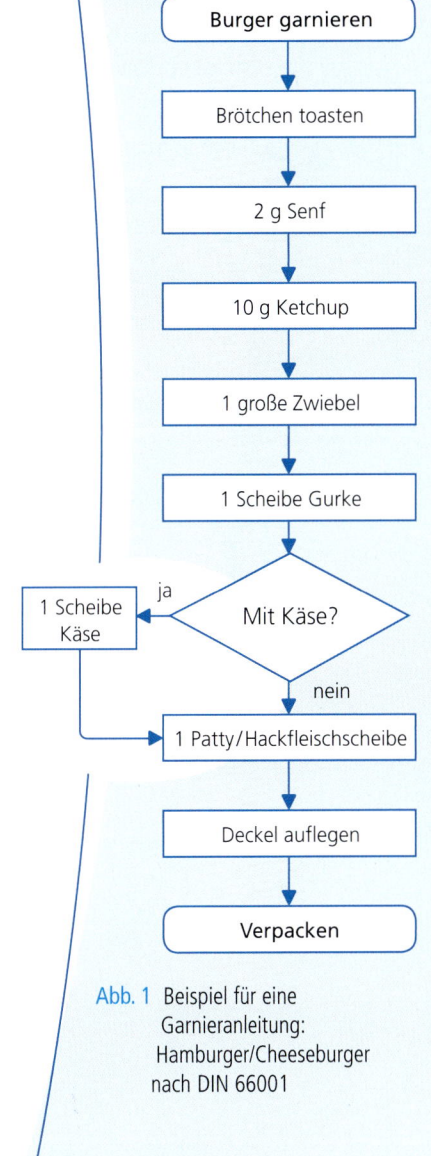

Abb. 1 Beispiel für eine Garnieranleitung: Hamburger/Cheeseburger nach DIN 66001

1 Aus einem Fachbuch kann man sich auf mindestens zwei Wegen Informationen beschaffen. Nennen Sie zwei Arten und geben Sie jeweils ein Beispiel. Denken Sie z. B. an die Begriffe Suppen und Windbeutel.

2 Warum macht es wenig Sinn, Fachzeitungen einfach zu sammeln? Machen Sie Vorschläge, wie Rezepte „abgelegt" werden können.

3 Versuchen Sie über das Internet Informationen zu „Tomate" und „Tomatensuppe" zu erhalten. Bedenken Sie, nur durch Eingrenzung der Suchanfrage erhält man vernünftige Ergebnisse!

4 Schlagen Sie in diesem Buch bei „Zubereitungsreihen" Gebratene Poularde nach. Wählen Sie eine passende Beilage und fertigen Sie für die Zubereitung einen Ablaufplan mit einer Zeitleiste.

5 Entwerfen Sie mit dem Lineal oder mit der „Tabelle" des Textverarbeitungsprogramms eine Check- oder Prüfliste. Versetzen Sie sich in folgende Situation: Nächste Woche kochen Sie in der Freizeit für eine Gruppe von acht Bekannten Spaghetti mit Tomatensauce. An dem Ort, an dem Sie kochen werden, sind keine Waren und kein Geschirr vorhanden. Füllen Sie die Checkliste vollständig aus!

6 Damit es auch zeitlich klappt, fertigen Sie zur Situation bei Aufgabe 5 einen Ablaufplan auf einer Zeitleiste.

7 Als Nachspeisen sind an einem Tag zwei Puddings geplant, Reispudding für 30 Personen und Kabinettpudding für 25 Personen.

a) Schlagen Sie die Rezepte in diesem Buch nach.

b) Rechnen Sie die Rezepte auf die genannte Personenzahl um.

c) Erstellen Sie eine Tabelle und fassen Sie die notwendigen Zutaten zu einer Materialanforderung zusammen.

Ernährung

① Einführung

 🇬🇧 introduction 🇫🇷 introduction (w)

Zum Aufbau des Körpers und zur Erhaltung des Lebens bedarf der Mensch der Ernährung. Wenn wir essen oder trinken, nehmen wir die verschiedensten Lebensmittel zu uns.

Die Inhaltsstoffe der **Lebensmittel** unterscheidet man nach der **Zusammensetzung** und nach den **Aufgaben im Körper**.

Unterscheidung nach der Zusammensetzung

- **Nährstoffe** wie Kohlenhydrate, Fette und Eiweiß
- **Wirkstoffe** wie Vitamine und Mineralstoffe
- **Begleitstoffe** wie Ballaststoffe, Geruchs- und Geschmacksstoffe, sekundäre Pflanzenstoffe

> Im Lebensmittelrecht wird als Lebensmittel alles bezeichnet, was vom Menschen gegessen, gekaut oder getrunken werden kann. Vergleiche Art. 2 EU-Verordnung 178/2002 auf der CD.

Unterscheidung nach den Aufgaben im Körper

- **Energiestoffe** wie Kohlenhydrate und Fett. Sie sind Energielieferanten für Atmung, Herztätigkeit, Aufrechterhaltung der Körpertemperatur und Arbeitsleistung.
- **Baustoffe** benötigt der Körper für das Wachstum und den Ersatz von verbrauchten Körperzellen. Baustoffe des menschlichen Körpers sind Eiweiß, Mineralstoffe und Wasser.
- **Reglerstoffe** regeln Abläufe im Körper und dienen dem Schutz vor bestimmten Krankheiten. Dazu zählen **Vitamine** und **Mineralstoffe**.

- Zu den **Begleitstoffen** gehören:
  - **Ballast- oder Faserstoffe.** Sie können durch die Verdauung nicht aufgeschlossen werden, regen aber die Darmbewegung an und beugen damit einer Verstopfung vor.
  - **Aroma- und Geschmacksstoffe** fördern die Absonderung von Verdauungssäften und damit den Appetit.
  - **Sekundäre Pflanzenstoffe (SPS)**

Die einzelnen Nährstoffe werden unter folgenden Gesichtspunkten behandelt:
- Wie ist der **Aufbau** des Nährstoffs? Welche Arten unterscheidet man?
- Welche **küchentechnischen Eigenschaften** sind zu beachten? Wie können sie bei der Nahrungszubereitung genutzt werden?
- Welche **Bedeutung für den menschlichen Körper** haben die einzelnen Nährstoffe?

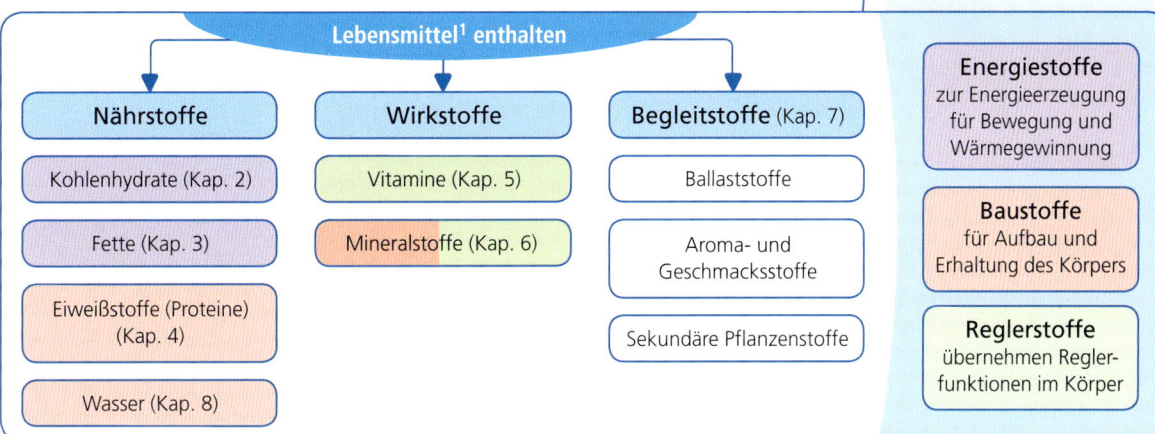

Lebensmittel[1] enthalten

Nährstoffe	Wirkstoffe	Begleitstoffe (Kap. 7)	
Kohlenhydrate (Kap. 2)	Vitamine (Kap. 5)	Ballaststoffe	**Energiestoffe** zur Energieerzeugung für Bewegung und Wärmegewinnung
Fette (Kap. 3)	Mineralstoffe (Kap. 6)	Aroma- und Geschmacksstoffe	**Baustoffe** für Aufbau und Erhaltung des Körpers
Eiweißstoffe (Proteine) (Kap. 4)		Sekundäre Pflanzenstoffe	**Reglerstoffe** übernehmen Reglerfunktionen im Körper
Wasser (Kap. 8)			

1 Nach Auskunft der Deutschen Gesellschaft für Ernährung (DGE) spricht man wie im Gesetz nur noch von Lebensmitteln. Man unterscheidet nicht mehr zwischen Nahrungs- und Genussmitteln.

2 Kohlenhydrate

🇬🇧 carbohydrates 🇫🇷 hydrates (m) de carbone

2.1 Aufbau – Arten

Kohlenhydrate liefern die größte Menge an Nährstoffen. Die Übersicht zeigt beispielhaft die unterschiedlichen Anteile der Kohlenhydrate an Lebensmitteln. Nährwerttabellen geben zusätzliche Auskunft.

Kohlenhydrate entstehen in Pflanzen. Pflanzen bilden aus dem Kohlendioxid (CO_2) der Luft und dem Wasser (H_2O) des Bodens mit Hilfe des Blattgrüns (Chlorophyll) sowie des Sonnenlichtes **Einfachzucker**.

Diesen Vorgang nennt man **Fotosynthese**. Die dazu erforderliche Energie liefert die Sonne.

Unter dem Begriff Kohlenhydrate wird eine ganze Gruppe von Nährstoffen zusammengefasst. Sie bestehen zwar alle aus den gleichen Atomen, unterscheiden sich aber im chemischen Aufbau.

Nach der Anzahl der zum Aufbau verwendeten Einfachzucker unterscheidet man:

Einfachzucker → ein Baustein
Zweifachzucker → je zwei Bausteine
Vielfachzucker → je 5 bis 5.000 Bausteine

100	Zucker
72	Makkaroni
52	Mischbrot
19	Kartoffeln ohne Schalen
18	Big Mac
12	Cola
5	Trinkmilch

60	Trockenobst
50	Hülsenfrüchte
22	Milchshake
16	Bananen
12	Äpfel
12	Crispy Stripes
10	Gemüse

Abb. 1 Durchschnittlicher Kohlenhydratgehalt in %

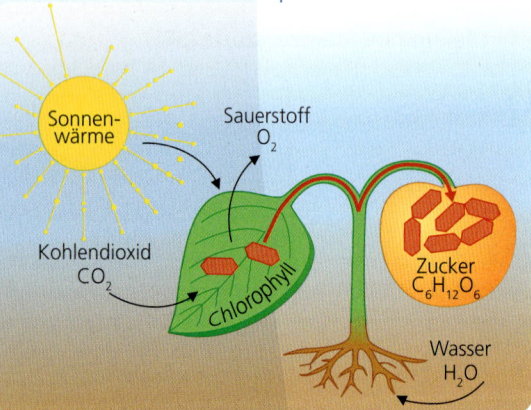

Abb. 2 Fotosynthese

Einfachzucker (Monosaccharide) ①,
je ein Baustein einfacher Zucker, z.B.:
* **Traubenzucker** in Obst und Honig
* **Fruchtzucker** in Obst und Honig
* **Schleimzucker** in Milch.

Zweifachzucker ②
* (Disaccharide) → je **zwei** Bausteine Einfachzucker
* Gebrauchszucker ist **Rohr-** oder **Rübenzucker** von Zuckerrohr oder Zuckerrübe.
* **Malzzucker** in gekeimtem Getreide und Bier
* **Milchzucker** in Milch und Milchprodukten

Vielfachzucker (Polysaccharide) ③,
viele Bausteine Einfachzucker
* **Stärke** besteht aus 300 bis 500 Einfachzuckermolekülen und dient den Pflanzen als Vorratsstoff, den sie z.B. in Knollen (Kartoffel) oder Körnern (Getreide) ablagern.

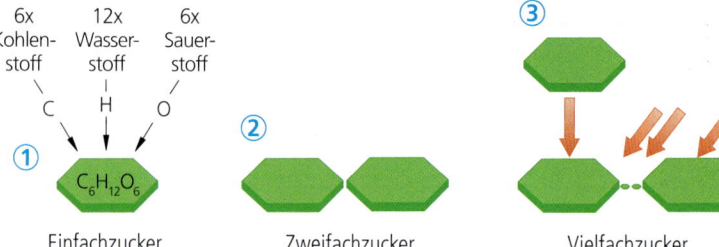

Stärke besteht aus:
Amylopektin ④*,* das verzweigte Ketten von Einfachzuckern hat und wasserunlöslich ist, und *Amylose* ⑤ mit unverzweigten Ketten, die sich in Wasser lösen.

- **Dextrine** ⑥ entstehen durch Abbau, wenn Stärke ohne Wasser erhitzt wird, z. B. in der Mehlschwitze.

- **Zellulose** ⑦ ist die Gerüstsubstanz der Pflanzen. Die Moleküle der Zellulose sind so dicht angeordnet, dass sie von der menschlichen Verdauung nicht zu Einfachzucker abgebaut werden können.

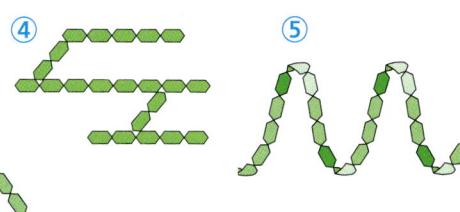

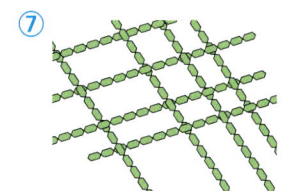

2.2 Küchentechnische Eigenschaften

Versuche

1. Schmelzen Sie in einer kleinen Pfanne etwa 200 g Zucker und erhitzen Sie, bis er zu rauchen anfängt. Während dieser Zeit entnehmen Sie wiederholt Proben und geben diese auf eine geölte Metallplatte. Kosten Sie und vergleichen Sie dabei Farbe und Geschmack.
2. Schwitzen Sie würfelig geschnittene Zwiebeln goldbraun an, beachten Sie den aufsteigenden Geruch und probieren Sie nach dem Abkühlen.
3. Schneiden Sie von einem Apfel oder einer Kartoffel eine 3 cm dicke Scheibe und schaben Sie eine kleine Mulde aus; diese füllen Sie mit Zucker. Überprüfen Sie nach 20 Min.
4. Lösen Sie in 0,5 l Wasser von ca. 37 °C ein Päckchen Hefe auf. Trennen Sie diese Aufschlämmung in zwei Kolbengläser. Glas a) erhält keinen Zusatz, in Glas b) geben Sie 30 g Zucker. Vergleichen Sie nach einer Stunde.
5. Bringen Sie 0,75 l Wasser zum Kochen, rühren Sie 120 g Weizenstärke, die mit 0,25 l Wasser vermengt ist, ein und bringen Sie das Ganze zum Kochen. Welche Veränderung tritt ein?
6. Vergleichen Sie die Beschaffenheit (Konsistenz) der heißen und der erkalteten Masse aus Versuch 5.
7. Schmelzen Sie 150 g wasserfreies Fett in einem Topf mit etwa 10 bis 12 cm Durchmesser, rühren Sie 150 g Mehl darunter und geben Sie davon ein bis zwei Kochlöffel voll auf einen Teller. Den Rest lassen Sie goldgelb werden. Vergleichen Sie Geruch und Geschmack.

Gebrauchszucker

ist Rohr- oder Rübenzucker, ein Zweifachzucker, zu kaufen unter dem Namen „Zucker".

Zucker löst sich leicht in Wasser. Warmes Wasser kann mehr Zucker aufnehmen als kaltes. Auf Vorrat gehaltene Zuckerlösungen (Läuterzucker), z. B. für Fruchtsalate, zum Verdünnen von Glasuren, dürfen nicht zu dick hergestellt werden. Nach dem Abkühlen kristallisiert sonst der Zucker aus.

Zucker schmilzt bei Hitze. Dabei wird aus den Kristallen zunächst eine klare, durchsichtige Masse. Erkaltet ist der geschmolzene Zucker hart. Karamell ist entstanden, die Grundmasse für die meisten Bonbonarten. Bei weiterem Erhitzen wird **Karamell** gelb, später goldbraun. So wird er für Karamellcreme und für Krokant verwendet. Mit zunehmender Hitze wird die Farbe des Karamells immer dunkler, der Geschmack wird allerdings bitterer.

Dieses Prinzip wird u. a. verwendet, wenn Saucen nachgedunkelt werden, beim Färben von Cremes und Glasuren oder auch von Getränken (Cola).

Zucker zieht Wasser an, er wirkt hygroskopisch (hygro = Feuchtigkeit; kopisch = anziehend) und verklumpt deshalb in feuchten Räumen. Am schnellsten verklumpt Puderzucker. Zucker wirkt auch konservierend, denn er entzieht Kleinstlebewesen das erforderliche Wasser und senkt so den a_w-Wert.

Gebrauchszucker löst sich leicht in Wasser, schmilzt bei Wärmeeinwirkung, zieht Wasser an.

Einfachzucker

Einfachzucker (Traubenzucker, Fruchtzucker) sind besonders stark wasseranziehend. Sie werden verwendet zu Gebäck, das feucht bleiben soll.

Einfachzucker, z. B. Traubenzucker und Fruchtzucker, sind **besonders stark wasseranziehend.** Diese Eigenschaft nutzt man bei Gebäck (z. B. Honigkuchen), das längere Zeit weich bleiben soll. Honig ist das Lebensmittel mit dem höchsten Einfachzuckergehalt.

Ist Zucker in Lebensmitteln in größerer Menge enthalten (Marmelade, Gelee), bindet er so viel Wasser an sich, dass Bakterien nicht mehr wirken können, Zucker konserviert also, weil er den a_w-Wert senkt.

Stärke

Stärke ist in kaltem Wasser unlöslich, quillt in warmem Wasser, verkleistert bei etwa 70 °C, wird beim Erhitzen ohne Wasser zu Dextrin, ist verkleistert leichter verdaulich.

Stärke ist in kaltem Wasser unlöslich. Sie ist schwerer als Wasser und setzt sich darum ab. Rohe Stärke ist vom Körper kaum verwertbar. Darum werden stärkehaltige Lebensmittel gegart. Mehl wird zu Brot verbacken, Teigwaren werden gekocht, Kartoffeln isst man nur in gegartem Zustand.

Ab einer Temperatur von 70 °C beginnt Stärke zu **verkleistern.** Dabei entwickeln sich Bindekräfte, die das Wasser festhalten, es wird „gebunden". Nach diesem Prinzip entsteht auch die Bindung durch Mehlschwitze. Die **durch Stärke gebundene Flüssigkeit nennt man Kleister.**

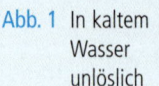

Abb. 1 In kaltem Wasser unlöslich

Abb. 2 In warmem Wasser quellend

Abb. 3 Stärke-kleister

Wird erkalteter Stärkekleister gerührt, lässt die Festigkeit nach, weil man einen Teil der Bindekräfte zerstört.

Stärkekleister ist abgekühlt dicker als in warmem Zustand, verliert seine Festigkeit durch Rühren, schützt den Nährstoff Eiweiß vor dem Ausflocken, gibt bei längerer Aufbewahrung Wasser ab.

Stärkekleister verliert nach einiger Zeit an Bindekraft. Man nennt das **Entquellung** oder **Retrogradation.** Dies führt teilweise zu unerwünschten Veränderungen an Lebensmitteln: Brötchen verlieren die Frische, sie werden altbacken, und Vanillecreme „zieht Wasser".

Stärkekleister kann z. B. bei Saucenbindung die Eiweißgerinnung verhindern, weil er eine **Schutzschicht zwischen den Eiweißmolekülen** bildet.

Dextrin

Dextrin entsteht aus Stärke beim Erhitzen ohne Wasser, schmeckt süßlich, gibt schwächere Bindung als Stärke.

Dextrine entstehen durch Abbau der Stärkemoleküle beim Erhitzen ohne Wasser. In der Kruste von Gebäcken geben Dextrine z. B. Farbe und Aroma. In der Küche wird die Stärke beim Herstellen einer Mehlschwitze (Roux) zu Dextrinen abgebaut. Mit Dextrin gebundene Flüssigkeiten haben eine geringere Zähigkeit als mit Stärke gebundene. Darum wird auch für helle gebundene Suppen (Spargel, Blumenkohl) eine helle Roux hergestellt, obwohl die Verwendung von Mehlbutter (Beurre manié) verarbeitungstechnisch einfacher wäre.

Zellulose

Die Zellulose ist der Hauptbestandteil von pflanzlichen Zellwänden. Zellulose ist für den Menschen unverdaulich. Gemüse wird von einem empfindlichen Magen leichter vertragen, wenn es gekocht wird, da auf diese Weise die Zellwände aufgebrochen werden. Bei Rohkost wird die Verträglichkeit häufig dadurch erreicht, dass das Gemüse zerkleinert wird. Zellulose regt die Verdauung an.

● Zellulose der Zellwände wird durch Hitze und mechanische Einwirkung gelockert, ist für den menschlichen Körper unverdaulich, regt als Ballaststoff die Verdauung an.

2.3 Bedeutung für den menschlichen Körper

Durch die Verdauung werden Stärke, Dextrin und Zuckerstoffe zu ihren Bausteinen, den Einfachzuckern, abgebaut. Diese liefern vorwiegend Energie.

Die Verdauung der Kohlenhydrate beginnt bereits im Mund, wo die Enzyme des **Mundspeichels** den Stärkeabbau einleiten. **Bauchspeichel** und Dünndarmsäfte liefern weitere Enzyme, die alle Kohlenhydrate zu Einfachzuckern abbauen; die Einfachzucker gelangen dann durch die Darmwand ins Blut.

Die Leber wirkt bei der Versorgung des Körpers mit Energie als Ausgleichsorgan. Vorübergehende Überschüsse an Zuckerstoffen speichert sie als **Glykogen**. Sinkt der Blutzuckerspiegel, wandelt die Leber Glykogen wieder in Einfachzucker um und gibt diesen an das Blut ab.

Dauernde Überschüsse an Kohlenhydraten werden in Fett umgewandelt und als Energievorrat im Unterhautfettgewebe abgelagert. Zu viele Kohlenhydrate führen damit letztlich zu einer Gewichtszunahme.

Bei Zuckerkranken (Diabetikern) ist die Insulin-Produktion gedrosselt oder eingestellt, die Regelung des Blutzuckerspiegels ist gestört. Diabetiker bedürfen einer besonderen Kost (Seite 95).

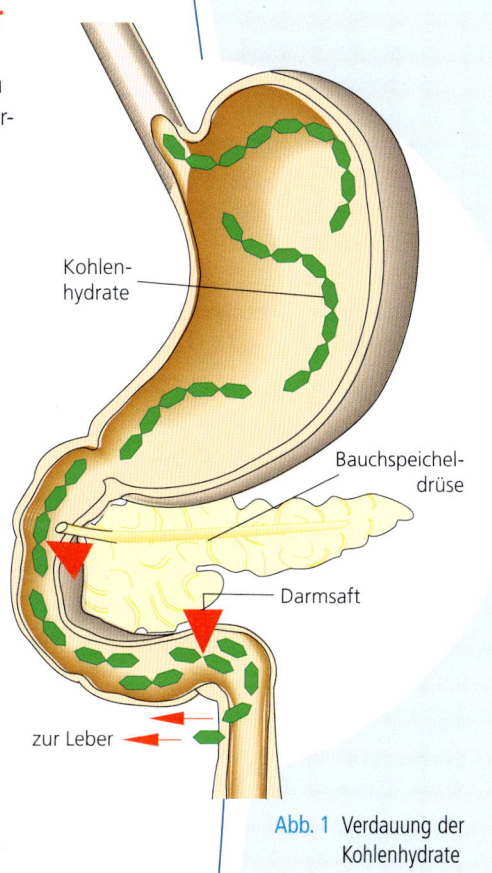

Kohlenhydrate

Bauchspeicheldrüse

Darmsaft

zur Leber

Abb. 1 Verdauung der Kohlenhydrate

Aufgaben

❶ Erklären Sie den Unterschied zwischen Lebensmitteln und Nährstoffen.

❷ Worin liegt die Ursache für den hohen Energiebedarf bei Kindern?

❸ Auch der erwachsene Mensch benötigt Baustoffe. Erläutern Sie diese Feststellung.

❹ Beschreiben Sie, wie die Kohlenhydrate in der Pflanze entstehen.

❺ Welche Gruppen von Kohlenhydraten werden unterschieden?

❻ Zucker verändert beim Erhitzen Farbe und Geschmack. Nennen Sie Beispiele aus der Lebensmittelzubereitung, bei denen diese Veränderungen genutzt werden.

❼ Bei welchen Zubereitungen entsteht Stärkekleister? Welche Aufgabe hat er dabei?

❽ Warum darf Puddingpulver nicht mit heißer Milch angerührt werden?

3 Fette

🇬🇧 fats 🇫🇷 graisses (w)

Die Übersichten zeigen Fettgehalte von Lebensmitteln, die als Fettlieferanten bekannt sind. Daneben gibt es Lebensmittel, bei denen man zunächst nicht an den hohen Fettgehalt denkt, weil das Auge das Fett nicht erkennt.

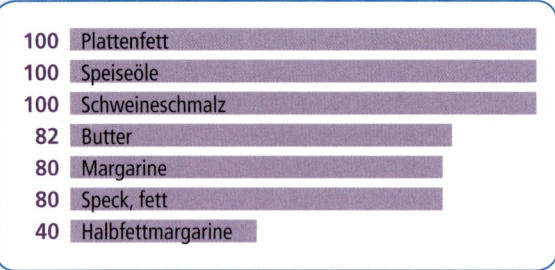

Abb. 1 Durchschnittlicher Fettgehalt von Fettlieferanten in % – Sichtbare Fette

100	Plattenfett
100	Speiseöle
100	Schweineschmalz
82	Butter
80	Margarine
80	Speck, fett
40	Halbfettmargarine

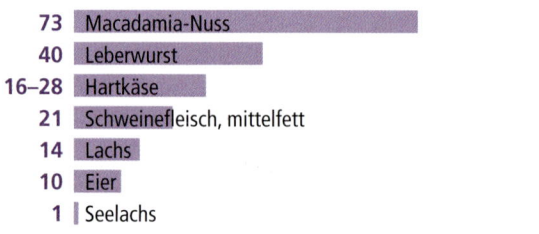

Abb. 2 Durchschnittlicher Fettgehalt ausgewählter Lebensmittel in % – Verborgene Fette

73	Macadamia-Nuss
40	Leberwurst
16–28	Hartkäse
21	Schweinefleisch, mittelfett
14	Lachs
10	Eier
1	Seelachs

3.1 Aufbau – Arten

> Bausteine des Fettes sind Glycerin und Fettsäuren.

Die Pflanze baut Fett auf aus Kohlenstoff, Wasserstoff und Sauerstoff. Es sind dies zwar die gleichen Grundstoffe (Elemente) wie bei den Kohlenhydraten, eine andersartige chemische Zusammensetzung führt jedoch zu völlig anderen Eigenschaften.

Fett entsteht, wenn an ein Molekül Glycerin drei Fettsäuren angelagert werden. Von den verschiedenen Fettsäuren sind am Aufbau der Speisefette überwiegend beteiligt: Stearinsäure, Ölsäure, Palmitinsäure, Linolsäure.

Bei festen Fetten ist der Anteil an Stearinsäure und Palmitinsäure hoch, bei Ölen (flüssigen Fetten) überwiegen Ölsäure und Linolsäure.

Fettsäuren bestimmen die Eigenschaften des Fettes.

Die Fettsäuren bestehen aus einer Kohlenstoffkette, an die Wasserstoffatome gebunden sind.

Glycerinrest	Fettsäurerest
	Fettsäurerest
	Fettsäurerest

Bei **gesättigten Fettsäuren** sind an alle Kohlenstoffatome je zwei Wasserstoffatome gebunden. Damit sind alle Bindungsmöglichkeiten genutzt, die Fettsäure ist gesättigt. Zu weiteren Veränderungen ist sie nur ungern bereit, sie reagiert träge.

Bei **ungesättigten Fettsäuren** sind noch Bindekräfte frei. Nach der Anzahl der freien Bindekräfte bezeichnet man die Fettsäuren als einfach, zweifach oder mehrfach ungesättigt. Die freien Stellen können noch Bindungen eingehen. Ungesättigte Fettsäuren reagieren darum leicht.

Eigenschaft　　　　　　Fettsäure	ungesättigt	gesättigt
Reaktionsbereitschaft	hoch	gering
Ernährungswert	hoch	gering
Veränderung durch Sauerstoff und Wärme	stark	gering
Lagerfähigkeit	beschränkt	lange

Fette mit einem hohen Anteil an gesättigten Fettsäuren haben wirtschaftliche Vorteile: Sie sind länger verwendbar (z. B. Fritteuse) und länger lagerfähig.

Fette mit einem hohen Anteil an ungesättigten Fettsäuren sind aber für die Ernährung wertvoller.

Behandlung der Fette

Naturbelassene Fette

Naturbelassene Fette enthalten neben dem Fett Teile des Rohstoffs, aus dem sie gewonnen worden sind. Diese können erwünscht sein, wie z. B. bei naturbelassenem Olivenöl (Olio vergine), sie können aber auch den Geschmack und das Aussehen beeinträchtigen.

Raffination

Raffination bedeutet wörtlich: Verfeinern. Das geschieht durch Beseitigung wertmindernder Bestandteile. Bei der Raffination von Fetten werden Bestandteile entzogen, die den Geruch oder den Geschmack beeinträchtigen. Aber es werden dabei auch solche Fettbegleitstoffe entfernt oder zerstört, die für die Ernährung wertvoll sind.

Abb. 1 Salatöl

Härtung

Tierische Fette, wie Butter, Schmalz, Talg, waren früher die hauptsächlichen Speisefette. Diese sind halbfest oder fest.

Ölhaltige Früchte (wie z. B. Oliven) und ölhaltige Samen (z. B. Erdnuss, Kokosnuss) liefern dagegen flüssiges Öl. Um der Gewohnheit entgegenzukommen, werden diese Öle gehärtet, also halbfest oder fest gemacht.

Das ist möglich, weil die Ölsäure und die Stearinsäure eine Kettenlänge von 18 Kohlenstoffatomen haben. Die Formeln zeigen, dass sich die beiden Fettsäuren nur in zwei Wasserstoffatomen unterscheiden: Stearinsäure $C_{18}H_{36}O_2$, Ölsäure $C_{18}H_{34}O_2$.

Durch eine chemische Reaktion ist es möglich, an die Ölsäure zwei Atome Wasserstoff anzulagern. Damit wird aus der Ölsäure eine Stearinsäure und in der Folge aus einem Öl ein festes Fett (S. 64).

Durch entsprechende Kombinationen ist es möglich, Fette mit jedem erwünschten oder technologisch erforderlichen Schmelzbereich herzustellen.

Abb. 2 Margarine aus gehärtetem Öl

3.2 Küchentechnische Eigenschaften

Versuche

1. Füllen Sie einen flachen Topf mit etwa 25 cm Durchmesser halb mit kaltem Wasser. Geben Sie kleine Mengen verschiedener Fettarten auf je ein Stückchen Papier (ca. 5 × 5 cm), beschriften Sie entsprechend und legen Sie die Papiere mit dem Fett auf das Wasser. Erwärmen Sie langsam und stellen Sie mit Hilfe eines Thermometers die jeweilige Schmelztemperatur fest.

2. Erhitzen Sie in einem engen Topf 250 g Butter oder Margarine, bis sie „kocht". Stellen Sie mit einem Thermometer (Einteilung bis 200 °C) die Temperatur fest. Auf welche Temperatur ist die Fritteuse Ihres Betriebes eingestellt?

3. Wie verändert sich Butter (Margarine) aus Versuch 2, wenn man länger erhitzt? Warum treten die Veränderungen bei Frittürenfett nicht auf?

4. Erhitzen Sie in einer kleinen Eisenpfanne bei starker Wärmezufuhr eine kleine Menge wasserfreies Fett. Beobachten Sie den Rand der Pfanne. Wie riecht das Fett nach längerem Erhitzen? Achtung! Passenden Deckel bereithalten – falls das Fett zu brennen beginnt, die Pfanne damit abdecken.

5. Bereiten Sie 3 Reagenzgläser mit je 10 cm³ Salatöl vor. Geben Sie in Glas a) keinen Zusatz, in Glas b) einen Teelöffel Eiklar, in Glas c) etwas Spülmittel. Schütteln Sie jedes Glas etwa eine halbe Minute. Beobachten Sie dann Tröpfchengröße und Aufrahmungsgeschwindigkeit.

6. Nur von der Lehrkraft durchzuführen! Über einem Bunsenbrenner in einer Porzellanschale etwas wasserfreies Fett bis zum Rauchen erhitzen und entzünden. Durch ein Glasrohr (etwa 80–100 cm) einige Tropfen Wasser in das Fett leiten. Was geschieht? Fett durch Abdecken löschen.

7. Legen Sie das Einschlagpapier von Butter mit den anhaftenden Fettresten auf das Fensterbrett. Kosten Sie die Butter-Reste nach einem Tag.

Fett ist spezifisch leichter als Wasser und steigt darum nach oben.

Fett und Öle haben eine geringere Dichte als Wasser. Darum schwimmen „Fett-Augen" auf der Suppe, darum „schwimmt" auf manchen Saucen Fett. Diese unterschiedliche Dichte macht es leicht, Fett von Wasser zu trennen. Bei erkalteten Flüssigkeiten kann das erstarrte Fett einfach abgehoben werden.

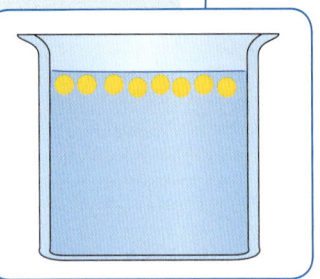

Wasser   Emulgator

Fett

wasser-   Emulgator   fettfreundlich   freundlich

Fette können emulgiert werden.

Als **Emulsionen** bezeichnet man dauerhafte Vermischungen von Fett und Wasser. Um eine Emulsion zu erhalten, sind Emulgatoren erforderlich. Emulgatoren setzen die Oberflächenspannung herab, sodass Fett und Wasser sich nicht mehr abstoßen.

Das ist durch den besonderen Aufbau der Emulgatoren möglich: Ein Ende des Emulgatormoleküls verbindet sich mit dem Fett, ist fettfreundlich, das andere verbindet sich mit dem Wasser, ist wasserfreundlich. So entsteht gleichsam eine Klammer zwischen Stoffen, die sich normalerweise abstoßen.

Wie lange eine Emulsion hält, hängt von der Größe der Fetttröpfchen ab. Wird z. B. beim Rühren einer Mayonnaise das Öl zu rasch beigegeben, bilden sich zu wenig Eiweiß-Schutzhüllen, und die Mayonnaise gerinnt. Bei der Milch kann durch das Homogenisieren, bei dem man die Fetttröpfchen zerkleinert, das Aufrahmen verhindert werden.

In der Küche findet man als Emulgatoren z. B. Eigelb, aber auch Seife und Spülmittel.

Fette haben unterschiedliche Schmelzbereiche.

Als Schmelzpunkt bezeichnet man die Temperatur, bei der ein Körper vom festen in den flüssigen Zustand übergeht. Speisefette sind Gemische aus Fetten unterschiedlicher Zusammensetzung.

Darum schmelzen sie nicht bei einem ganz bestimmten **Schmelzpunkt**, sondern innerhalb eines **Schmelzbereiches**. Den Zusammenhang zwischen der Art der am Fettaufbau beteiligten Fettsäuren und dem Schmelzbereich zeigt die Zusammenstellung.

Fettart	Schmelzbereich	Fettsäuren in %	
		gesättigte	ungesättigte
Kokosfett	40–50 °C	90	10
Butter	30–35 °C	50	50
Schweinefett	25–35 °C	40	60
Erdnussöl	ca. 5 °C	20	80

Der Schmelzbereich bestimmt die Verwendung.

- **Öle** verwendet man für Salate, Mayonnaise.
- **Weiche Fette** wie Butter, Margarine nutzt man als Streichfett; sie bilden auch die Grundlage für Rührkuchen und Rührcremes (Buttercreme).
- **Feste Fette** sind stark wärmebelastbar. Entsprechende Speisen sollen so warm wie möglich verzehrt werden, weil ihr Schmelzbereich in der Nähe der Körpertemperatur liegt. Das Fett könnte sich an der Gaumenplatte festlegen.

Fette sind unterschiedlich hoch erhitzbar.

Alle Fette sind über 100 °C hinaus erhitzbar und erlauben darum andere Garverfahren, als dies möglich ist, wenn nur Wasser verwendet wird. Außerdem können sich die Geschmack gebenden Röststoffe erst ab etwa 120 °C bilden.

Alle Fette beginnen von einer bestimmten Temperatur an zu rauchen und sich zu zersetzen. Man spricht deshalb vom **Rauch- oder Zersetzungsbereich**. Oberhalb dieses Temperaturbereichs entsteht Acrolein, das gesundheitsschädlich ist.

Die Temperaturbelastungsfähigkeit ist von der Fettart abhängig.

Butter und **Margarine** sollten deshalb nicht über 150 °C erhitzt werden. Sie eignen sich zum Dünsten, nicht aber zum Braten.

Butterschmalz kann stärker erhitzt werden.

Reine Pflanzenfette können zwar höher erhitzt werden. Die Temperatur sollte jedoch 175 °C nicht überschreiten. Dadurch wird die Bildung von schädlichem **Acrylamid** im Gargut eingeschränkt.

In Fettbackgeräten (Fritteusen) kann das Backfett länger genutzt werden, wenn es regelmäßig gefiltert und damit von Resten gegarter Speisen befreit wird.

> ● Beispiele für Emulsionen
> - Milch: 3,5 % Fett und Wasser
> - Sahne: 30 % Fett und Wasser
> - Butter: 82 % Fett und Wasser
> Auch Mayonnaise, holländische Sauce, Buttercreme, Leberwurst usw. sind Emulsionen

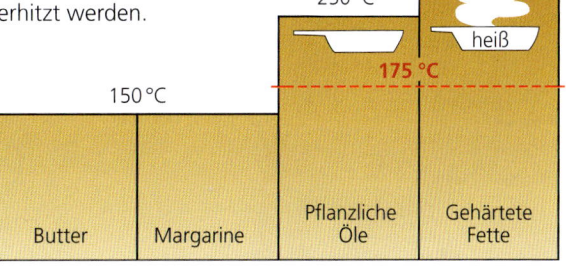

Abb. 1 Erhitzbarkeit von Fetten

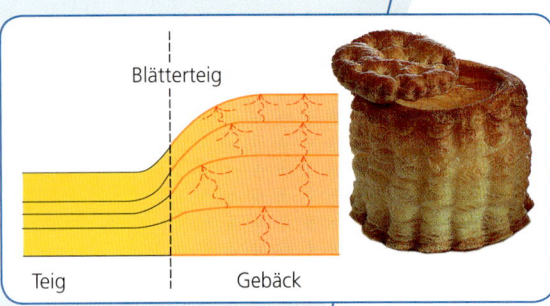

Abb. 1 Lockerung von Blätterteig beim Backen

Fette trennen.

Fette bilden Trennschichten und verhindern das Zusammenkleben oder Festkleben. Darum fettet man Backbleche und Kuchenformen.

Die splitterig lockere Struktur von Blätterteig ist nur möglich, weil Fettschichten die einzelnen „Teigblätter" voneinander trennen. Beim Backen kann der entstehende Wasserdampf die Teigschichten anheben.

Fette verderben

Fette können sich in ihre Bestandteile Glycerin und Fettsäuren trennen. Ursachen dieser Zersetzung können sein:

- **Einwirkung von Luftsauerstoff.** Diese Veränderung ist bei allen Fetten möglich, läuft aber bei den Fettarten, die ungesättigte und damit reaktionsfreudigere Fettsäuren enthalten, rascher ab. Licht und Wärme begünstigen diese Veränderung. Darum soll z. B. die Fritteuse zurückgeschaltet werden, wenn sie nur in Betriebsbereitschaft ist.
- **Einwirkung von Mikroben,** die vor allem in wasserhaltigen Fetten wie Butter oder Margarine vorhanden sind.

Fette sind darum **kühl**, **dunkel** und möglichst **verpackt** aufzubewahren. Lebensmittel mit hohem Fettanteil sollten auch in tiefgekühltem Zustand nicht länger als sechs Monate gelagert werden.

3.3 Bedeutung für den menschlichen Körper

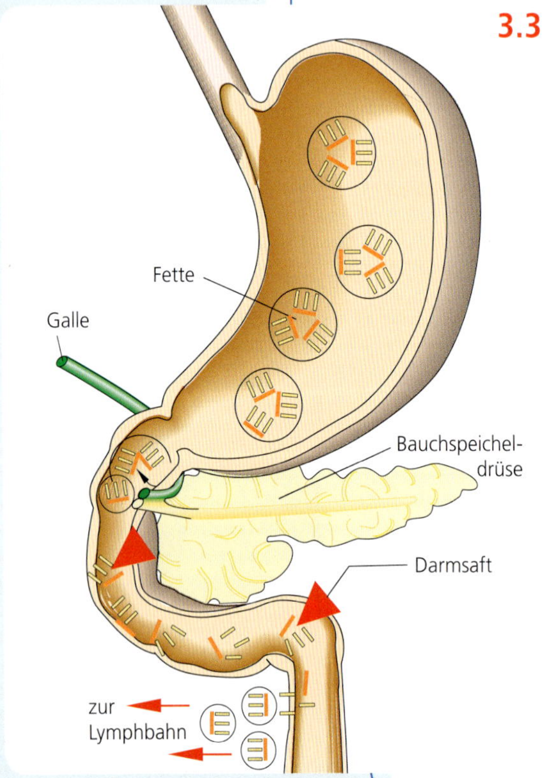

Im Körper werden die mit der Nahrung aufgenommenen Fette durch die Verdauung in ihre Bausteine **Glycerin** und **Fettsäuren** zerlegt.

Dazu werden sie zunächst erwärmt. **Gallensaft emulgiert** die Fette und vergrößert so die Gesamtoberfläche des Fettes.

Verdauungssäfte aus der Bauchspeicheldrüse und dem Dünndarm **spalten die Fette.**

Die Fettbausteine Glycerin und Fettsäuren wandern durch die Darmwand, werden zu körpereigenem Fett zusammengesetzt und in der **Lymphbahn transportiert**.

Die Bedeutung des Nährstoffes Fett für die Ernährung ist durch folgende Eigenschaften gekennzeichnet:

- Fett ist der Nährstoff mit dem höchsten Energiegehalt: 1 Gramm Fett $\triangleq$ 37 kJ.[1]

---

1 Der physiologische Brennwert ist je nach Fettart unterschiedlich. 37 kJ/g entsprechen den Werten der Nährwertkennzeichnungsverordnung.

Fette

Galle

Bauchspeicheldrüse

Darmsaft

zur Lymphbahn

Abb. 2 Verdauung der Fette

- Fett liefert **essenzielle Fettsäuren**, auf deren Zufuhr der Körper angewiesen ist, weil er sie nicht selbst bilden kann. Alle essenziellen Fettsäuren sind **ungesättigte Fettsäuren**. Zu den mehrfach ungesättigten Fettsäuren zählen die Omega-3- und Omega-6-Fettsäuren. Sie übernehmen im Körper wichtige Regelaufgaben. So schützt z. B. die Omega-3-Fettsäure vor Herz-Kreislauf-Erkrankungen und beugt Entzündungen vor.
- Fett ist Träger der **fettlöslichen Vitamine A, D und E**. Diese können im Körper nur dann verwertet werden, wenn bei der Verdauung zugleich Fett zugegen ist. Bei gemischter Ernährung ist das gewährleistet. Nur wenn z. B. spezielle Rohkosttage eingelegt werden, ist auf eine Fettzufuhr, etwa durch Salatöl, zu achten.

Überschüssiges Fett wird als **Energiereserve** im Unterhautfettgewebe gespeichert. Bei Bedarf kann es wieder zur Energiegewinnung herangezogen werden.

Ein Ernährungsproblem ist heute die Überversorgung mit Fett. Dem verhältnismäßig **geringen Energieverbrauch** steht eine **reichliche Fettaufnahme** gegenüber. Wir neigen dazu, zu viel Energie aufzunehmen. Wir bewegen uns meist zu wenig und essen vielfach reichlich.

Eine Einschränkung des **Fettverbrauchs** im persönlichen Bereich ist möglich.

- **Streichfett** in Maßen anwenden; z. B. bei fettreichem Belag wie Leberwurst oder Fettkäse darauf verzichten.
- **Brat- und Kochfett** nur in notwendiger Menge verwenden, evtl. auf fettreiche Zubereitungen wie Pommes frites und Bratkartoffeln verzichten.
- **Begleitfette** verringern; man nennt diese Fette auch verborgene Fette, weil sie beim Verzehr nicht sichtbar sind, z. B. in Fettkäse, Teewurst, Mayonnaise und Saucen.

Gesättigte Fettsäuren sind für die Ernährung weniger wertvoll. Der Ernährungsbericht besagt, dass allgemein ausreichend ungesättigte Fettsäuren aufgenommen werden. Eine spezielle Auswahl, etwa Diätmargarine, ist nur auf ärztliche Anordnung erforderlich.

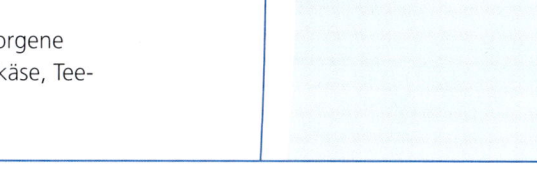

Aufgaben

1. Welche Gemeinsamkeiten und welche Unterschiede bestehen zwischen Kohlenhydraten und Fetten hinsichtlich der Zusammensetzung?
2. Wenn Salatmarinaden, z. B. Vinaigrette, längere Zeit stehen, setzt sich das Öl oben ab. Erklären Sie warum.
3. Bei Eis spricht man vom Schmelzpunkt, bei Fetten vom Schmelzbereich. Erklären Sie.
4. Von Erdnüssen wird berichtet, dass sie Grundlage für Salatöl und festes Fett sein können. Ist das möglich? Wenn ja, begründen Sie.
5. Bei vielen Rezepturen steht: „Vor dem Service mit einigen Butterflocken vollenden." Nehmen Sie dazu Stellung.
6. Kurt isst ein Blätterteiggebäck und trinkt dazu eine kalte Cola. „Komisch", sagt er, „meine Gaumenplatte ist so glitschig." Versuchen Sie zu erklären.
7. Ein Stück Frühstücksbutter wiegt 25 g. Der Fettgehalt beträgt 82 %; ein Gramm Fett liefert 37 kJ. Der Tagesbedarf eines Leichtarbeiters liegt bei 10 000 kJ am Tag. Wie viel % des täglichen Energiebedarfes liefert das Stückchen Frühstücksbutter?
8. Es gibt gesättigte und ungesättigte Fettsäuren. Womit sind die gesättigten Fettsäuren gesättigt?

1 Man spricht nur noch von Proteinen. Der Begriff Proteide gilt als veraltet.

4 Eiweiß (Protein)[1]

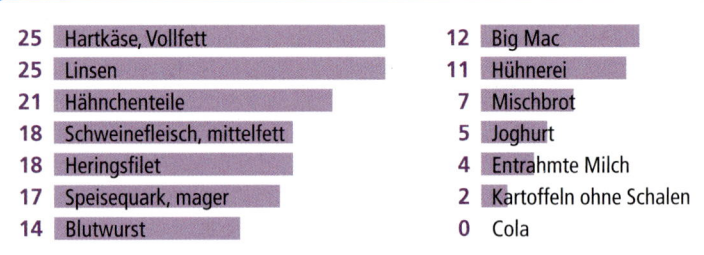 proteins ● protéines (w)

Über die Versorgung mit Eiweiß gibt die Tabelle Auskunft.

25	Hartkäse, Vollfett		12	Big Mac
25	Linsen		11	Hühnerei
21	Hähnchenteile		7	Mischbrot
18	Schweinefleisch, mittelfett		5	Joghurt
18	Heringsfilet		4	Entrahmte Milch
17	Speisequark, mager		2	Kartoffeln ohne Schalen
14	Blutwurst		0	Cola

Abb. 1 Durchschnittlicher Eiweißgehalt in %

4.1 Aufbau – Arten

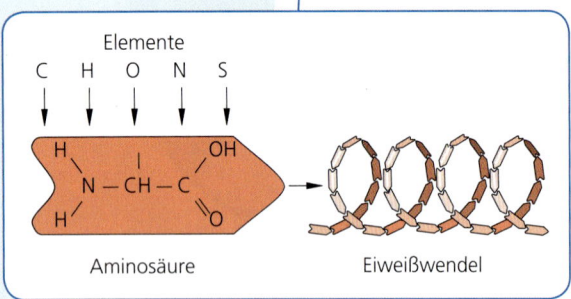

Abb. 2 Grundaufbau der Eiweiße

Eiweiß unterscheidet sich in der chemischen Zusammensetzung von den Kohlenhydraten und den Fetten. Wie diese enthält es zwar die Elemente Kohlenstoff (C), Wasserstoff (H) und Sauerstoff (O), zusätzlich aber **immer Stickstoff (N)**. Bei manchen Eiweißarten können noch Schwefel (S) oder Phosphor (P) hinzukommen.

Aus diesen Elementen entstehen die **Aminosäuren**, die Bausteine aller Eiweißarten. Die Aminosäuren verketten sich wendelartig.

Das Bild zeigt den Grundaufbau aller Eiweißstoffe. Die Vielfalt der Eiweißarten entsteht, wenn verschiedene Aminosäuren sich in unterschiedlichen Folgen aneinanderfügen und zusätzlich andere Stoffe (Nichteiweißstoffe) anlagern.

Die vielen Eiweißarten unterscheidet man nach der Zusammensetzung und der Form.

Unterscheidung nach der Zusammensetzung

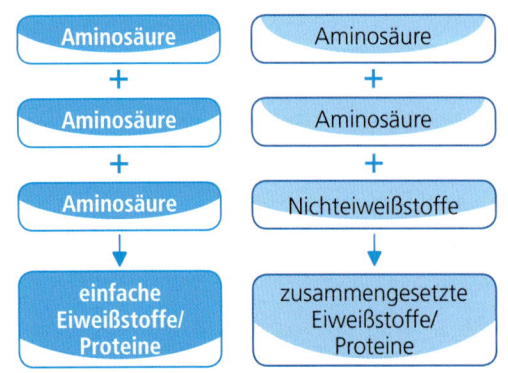

Unterscheidung nach der Form

Die gewendelten Eiweißstoffe formen sich weiter. Bilden sie kugelige Gebilde, nennt man sie **Globuline** (Globus – Kugel) oder **kugelförmige Eiweißstoffe**. Globulin ist reichlich enthalten in Fleisch, Fisch und Hülsenfrüchten. Verbinden sich die Eiweißstoffe kabelartig, so nennt man sie **fibrilläre** Proteine oder **faserförmige Eiweißstoffe** (Fiber [lat.] Faser). Die faserförmige Beschaffenheit gibt Festigkeit, wie sie für Bindegewebe erforderlich ist.

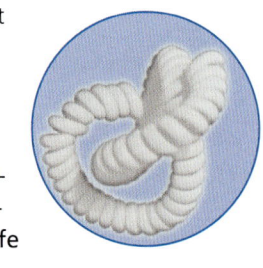

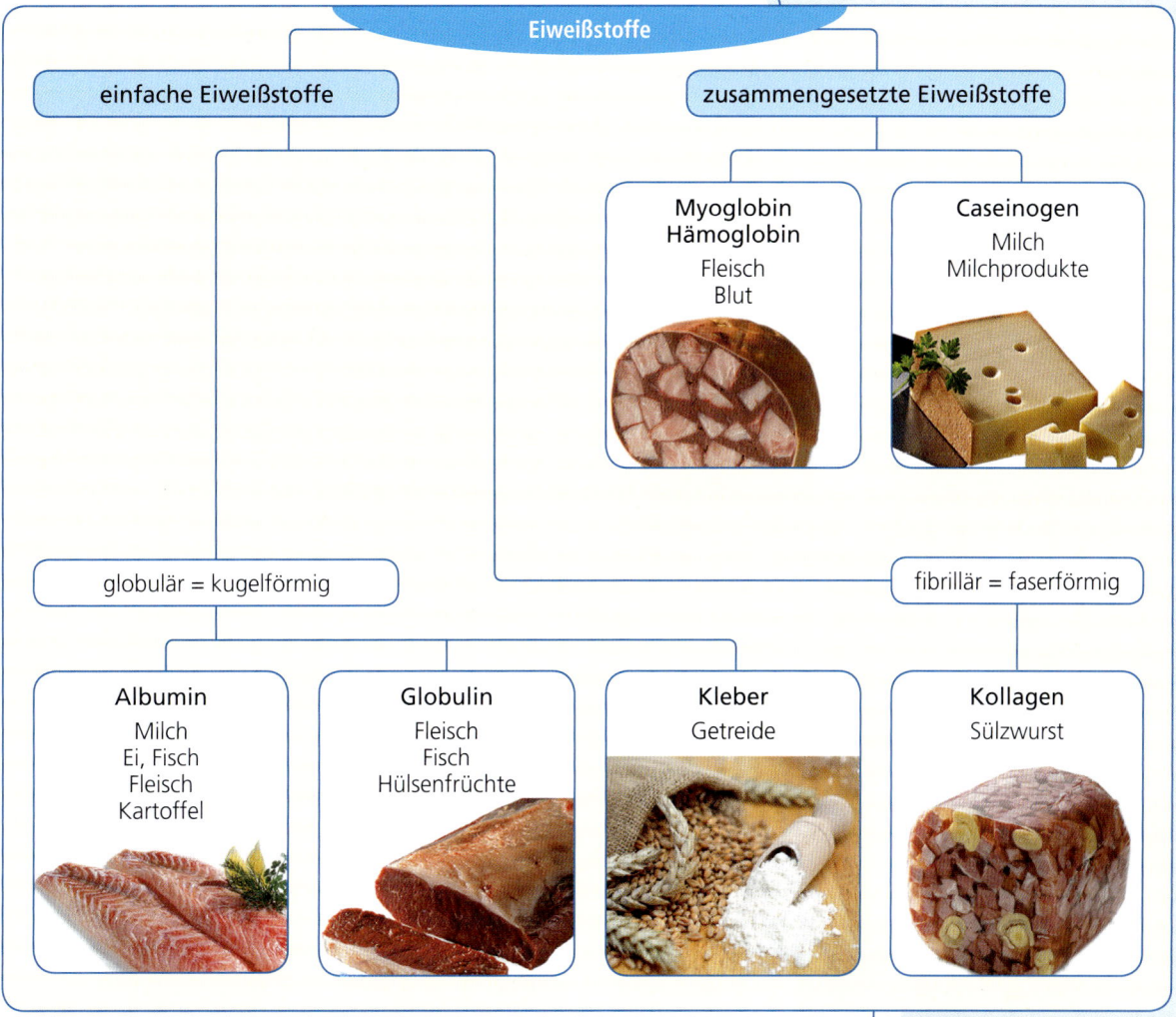

4.2 Küchentechnische Eigenschaften

Versuche

1. Bearbeiten Sie 50 g mageres Hackfleisch mit dem Mixer und vermengen Sie es anschließend mit 150 g Wasser. Seihen Sie nach 5 Min. ab.
2. Bearbeiten Sie Hackfleisch wie oben, setzen Sie aber dem Wasser 6 bis 8 g Salz zu.
3. Bereiten Sie aus 100 g Weizenmehl und Wasser einen mittelfesten Teig, lassen Sie ihn 20 Min. ruhen und kneten Sie ihn in der Hand unter fließendem Wasser. Formen Sie die zurückbleibende gelbe, klebrige Masse zu einer Kugel und backen Sie diese in einer Backröhre.
4. Vermischen Sie lauwarme Milch mit einigen Tropfen Zitronensaft oder Essig. Wenn Dickmilch entstanden ist, erhitzen Sie diese. Führen Sie den Versuch nicht mit

Zitronensaft oder Essig, sondern mit Lab (Apotheke) durch und verkosten Sie Quark und Molke aus beiden Versuchen.
5. Gelatine ist aus Häuten und Knochen gewonnenes Leimeiweiß oder Kollagen. Für die folgenden Versuche dient sie an Stelle der Häute als Grundlage.
Tauchen Sie ein Blatt Gelatine in ein Becherglas mit kaltem Wasser, ein zweites Blatt in ein Becherglas mit kaltem Wasser, dem einige Tropfen Zitronensaft oder Essig zugefügt sind.
6. Weichen Sie zwei Blatt Gelatine 5 Min. in kaltem Wasser ein. Gießen Sie dann das Wasser ab und erwärmen Sie langsam. Stellen Sie die aufgelöste Gelatine an einen kühlen Ort. ▶

▶

7. Bereiten Sie aus einem Bouillonwürfel, der auch klein-gehackte Kräuter enthält, 0,75 l Brühe. Teilen Sie die Flüssigkeit, wenn sie auf mindestens 50 °C abgekühlt ist, in zwei Hälften. Vermischen Sie einen Teil mit einem Eiklar und erwärmen Sie langsam unter stetem Rühren. Wenn die Brühe aufwallt, heben Sie mit einer Schöpfkelle den Schaum ab.
Vergleichen Sie das Aussehen beider Brühen.

8. Stellen Sie ein Wasserbad und drei kleine Kuchenformen (oder Dariole-Formen, Formen für Sülzkoteletts) bereit.

Entsprechend der Größe der Formen bereiten Sie ein Gemenge aus Milch und Ei im Verhältnis 1:1, also eine Royale.

9. Füllen Sie die Formen a) und b). In den Rest für Form c) rühren Sie je anteiliges Ei einen Teelöffel Stärke (Mondamin, Gustin) und füllen Sie dann die Form. Erhitzen Sie im Wasserbad. Wenn die Masse in den Formen stockt, entneh-men Sie Form a). Die Formen b) und c) weiter erhitzen, bis die Gerinnung eintritt. Stellen Sie die Temperaturen mit einem Thermometer fest.

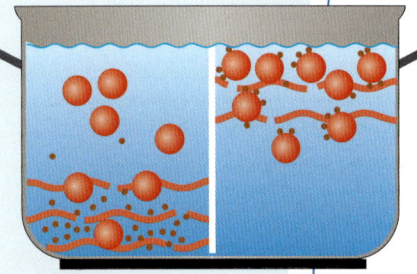

Albumin ist wasserlöslich und gerinnt bei 70 °C.

Kocht man Fleisch, geschälte Kartoffeln oder Linsen, setzt sich am Topf-rand ein weißgrauer **Schaum** ab. Dieser besteht hauptsächlich aus ausge-laugtem und geronnenem Albumin.

In der Gastronomie wird dieser Schaum von der Brühe abgeschöpft, damit eine klare Suppe serviert werden kann. Im Haushalt sollte man darauf ver-zichten, denn Albumine sind wertvolle Eiweißstoffe.

Abb. 1 Geronnener Schaum wird abgeschöpft

Albumin zieht in Flüssigkeiten Trübstoffe an.

Beim Erwärmen von Eiweiß werden Bindekräfte frei, die Trübstoffe anzie-hen und an sich binden. Wenn bei stärkerer Wärmeeinwirkung das Eiweiß dann gerinnt, steigt es nach oben und nimmt die Trübstoffe mit sich. Mit einem Schaumlöffel kann es von der Oberfläche abgeschöpft werden.

Man nutzt diese Wirkung des Albumins, wenn klare, trübstofffreie Flüssig-keiten erzielt werden sollen.

Beispiele

- Klären von Brühen,
- Herstellen von Aspik,
- Bereitung von Weingelee.

Albumin bindet Flüssigkeiten.

Albumin lagert beim Erwärmen Flüssigkeit an und bindet sie. Dies nutzt man z. B. bei der Herstellung von Karamellcreme und Eierstich. Zu beiden Produkten werden Milch und Eier in etwa gleichem Verhältnis vermischt. In kaltem Zu-stand ist die Mischung flüssig, denn die Bindekräfte haben sich noch nicht entfaltet.

Bei etwa 70 °C binden die Eiweißstoffe. Es entsteht eine kompakte, geleeartige Masse.

Beim **Legieren** von Suppen und Saucen nutzt man die gleiche Art von Bindung. Weil die Eiermenge geringer gehalten wird, entsteht bei diesen Zubereitungen eine **sämige Bindung**.

Steigt die Temperatur zu hoch, brechen die Bindekräfte zusammen: Das Gel „bricht" und teilt sich in Gerinnsel und ungebundene Flüssigkeit. In zu hoch erhitzten Suppen und Saucen schwimmen Gerinnsel.

Globulin bildet die Grundlage der Wurstherstellung.

Globulin kommt fast immer zusammen mit Albumin vor, z. B. in Fleisch, Fisch, Milch und Eiern. Im Unterschied zu Albumin löst sich Globulin nur in salzigen Flüssigkeiten. Wird es erwärmt, gerinnt es bei etwa 70 °C.

Von besonderer Bedeutung sind die Globuline bei der Herstellung von **Wurstmasse**. Der Fleischer bezeichnet sie als **Brät**. Der Koch stellt Vergleichbares her und nennt es **Farce**.

Durch feine Zerkleinerung im Kutter werden aus der Fleischfaser die Globuline freigelegt. Nach **Beigabe von Salz** lösen sie sich und **lagern Wasser an,** das in Form von Eis beigegeben wird. Das fertige Brät wird in Därme gefüllt. Beim abschließenden Brühen (75 °C) gerinnen die Eiweißstoffe und machen die **Wurst schnittfest.**

Klebereiweiß bildet das Gerüst im Brot.

Das Weizenmehl enthält die Eiweißarten Gliadin und Glutenin. Bei der Teigbereitung nehmen sie Wasser auf, quellen und verbinden sich zu einer zähen, dehnbaren Masse, dem Kleber.

Damit der Kleber gut ausgebildet wird, bearbeitet man Weizenteige, bis sie sich vom Gefäß lösen oder bis sie Blasen werfen.

Während des Backens wird Kohlendioxid durch die Tätigkeit der Hefe frei oder von Backpulver abgegeben. Der Kleber hält diese Gase fest, es entstehen die Poren, der Teig wird gelockert.

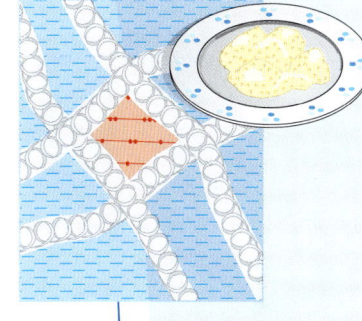

Abb. 1 Kleber bildet das Brotgerüst.

Eigenschaften des Klebers:
- **quellfähig**, er nimmt den überwiegenden Teil der Teigflüssigkeit auf;
- **elastisch**, man kann Teige ausrollen, sie können sich aber auch wieder verkürzen, sie „schnurren", wenn man sie nicht ruhen lässt;
- **dehnbar**, wobei er das lockernde Kohlendioxid festhält und die Poren des Gebäckes bildet.

Beim Backen gerinnt das Klebereiweiß und bildet das elatsische Gerüst des Gebäckes.

Bei Mürbeteigen erwartet man ein lockeres, leicht brechendes Gebäck. Darum wird die Ausbildung des Klebers vermieden. Man knetet die Mürbeteige nicht, sondern vermengt die Zutaten nur kurz.

Bindegewebe verkürzt sich beim Erhitzen.

Die einzelnen Fleischfasern sind vom Bindegewebe umschlossen und werden durch dieses zusammengehalten. Bei Wärmeeinwirkung verkürzt sich das Bindegewebe, es zieht sich zusammen, wie das beim Ausbraten von Frühstücksspeck gut erkennbar ist. Dabei drückt es den Fleischsaft aus den Fasern. Das Fleisch wird trocken.

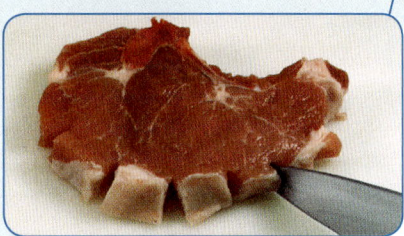

Abb. 1 Einschnitte bei Koteletts

Abb. 2 Spargel in Aspik

Abb. 3 Geronnene Milch wird zu
Käse verarbeitet

Koagulation/koagulieren bedeutet
ausflocken, Eiweißgerinnsel bilden.

Denaturierung/denaturieren bedeutet
wörtlich den ursprünglichen natürlichen
Zustand nehmen, umwandeln.

Durch entsprechende Behandlung des Fleisches wird dem entgegengewirkt:

- **Klopfen** – Bindegewebefasern reißen ein,
- **Einschneiden** – Speck- oder Bindegeweberand wird durchtrennt.
- **Wolfen** – Bindegewebe werden bei der Herstellung von Hackfleisch fein zerschnitten und können darum die Muskelfasern nicht mehr zusammenziehen.

Kollagen bildet eine Gallerte.

Schwarten, Knorpel und Knochen enthalten viel Kollagen oder Leimeiweiß. Dieses wird durch Kochen gelöst und geht in die Flüssigkeit über. In gereinigter und getrockneter Form wird es als **Gelatine** angeboten.

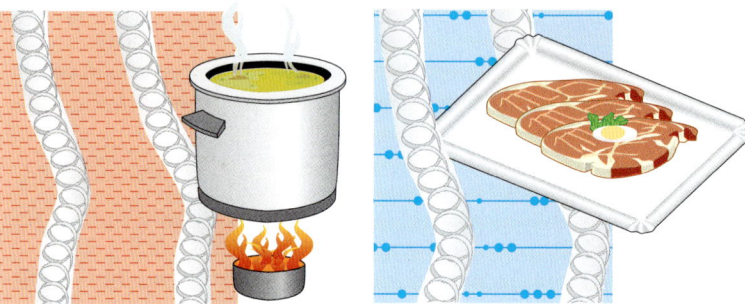

Gelatine wird eingeweicht und in warmer Flüssigkeit gelöst. Dabei zeigt sich noch keine Bindung. Beim Abkühlen bildet sich eine Gallerte, z.B. bei **Aspik** oder **Sülze**. Bei Wiedererwärmen wird die Gallerte wieder flüssig.

In der kalten Küche gibt Gelatine Mousses und Terrinen Zusammenhalt und Stand.

Der Patissier nutzt Gelatine, um geschlagene Sahne vor dem Absetzen von Flüssigkeit zu schützen, für Weingelee und Geleefrüchte.

Caseinogen gerinnt durch Säure und Lab.

Milch enthält den Eiweißstoff Caseinogen. Beim Caseinogen ist mit dem Eiweißteil der Mineralstoff Calcium eng verbunden. Darum gerinnt Milch beim Kochen nicht. Wenn jedoch durch **Milchsäure** das Calcium abgetrennt wird, gerinnt das Eiweiß z.B. bei Sauermilch und Joghurt.

Wird die geronnene Milch erwärmt, trennt sie sich in Eiweißgerinnsel (Quark) und Flüssigkeit (Molke).

Ähnlich verhält sich die Milch, wenn ihr Lab zugesetzt wird. Lab ist ein Enzym aus dem Magen der Kälber.

Gerinnung – Koagulation – Denaturierung

Wenn ein Eiweiß geronnen ist, kann dies nicht mehr rückgängig gemacht werden, der Vorgang ist nicht umkehrbar, **irreversibel**. Meist geschieht das durch Wärmezufuhr/Erhitzen. Es können aber auch Säure oder Enzyme (Lab) zur Gerinnung führen. Die Fachsprache verwendet für das Gerinnen von Eiweiß besondere Begriffe, die nebenstehend erläutert sind.

Eiweiß verdirbt rasch.

Eiweißhaltige Lebensmittel verderben besonders leicht, denn viele Mikroben bevorzugen Eiweiß. Lebensmittel, die von Mikroben befallen sind, riechen und schmecken unangenehm. Bei Fleisch und Wurst zeigt sich der Mikrobenbefall in einer schmierigen Oberfläche.

● Verdorbene, eiweißhaltige Lebensmittel sind gesundheitsschädlich; sie führen zu Übelkeit, Durchfall und Erbrechen.

4.3 Bedeutung für den menschlichen Körper

Wie die anderen Nährstoffe müssen auch die Eiweißstoffe durch die Verdauung zu Bausteinen abgebaut werden. Bei Eiweiß sind das die **Aminosäuren.** Diese gelangen dann durch die Darmwand in den Blutkreislauf.

Der Eiweißabbau beginnt im **Magen.** Die **Salzsäure** des Magensaftes lässt das Eiweiß zunächst **gerinnen. Enzyme spalten** dann die Eiweißmoleküle in Bruchstücke. Diese werden anschließend von den Enzymen des Bauchspeichels und des Darmsaftes zu den Aminosäuren abgebaut.

Eiweißstoffe dienen dem Körper vorwiegend als **Baustoff.** Bei Kindern und Heranwachsenden ist das Eiweiß notwendig zum **Aufbau,** bei Erwachsenen zum **Ersatz** verbrauchter oder abgenutzter Körpersubstanz.

Führt man dem Körper mehr Eiweißstoffe zu, als er zum Aufbau und zur Erneuerung benötigt, verwendet er diese zur **Energiegewinnung.**

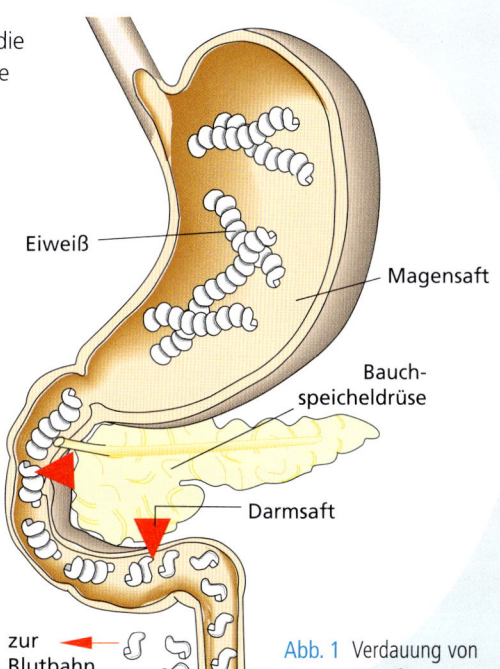

Eiweiß

Magensaft

Bauch-speicheldrüse

Darmsaft

zur Blutbahn

Abb. 1 Verdauung von Eiweiß

Unentbehrliche/essenzielle Aminosäuren – Biologische Wertigkeit

Die Aminosäuren werden im Körper zu körpereigenem Eiweiß aufgebaut. Jede Eiweißart (Haut, Bindegewebe, Haare) wird dabei nach einem ganz bestimmten, im Voraus festgelegten Muster gebildet. Manche Aminosäuren kann der Körper selbst bilden. Bei anderen ist er jedoch auf die Zufuhr von außen angewiesen. Man nennt diese Aminosäuren **lebensnotwendig** oder **unentbehrlich** oder **essenziell.**

Eiweißarten mit vielen essenziellen Aminosäuren sind darum für den Körper besonders wertvoll.

Der Anteil der einzelnen Aminosäuren im Nahrungseiweiß entspricht nicht immer der Zusammensetzung von Körpereiweiß. Die Verwertbarkeit von Nahrungseiweiß wird durch die **essenzielle Aminosäure** bestimmt, die mit dem geringsten Anteil vorhanden ist. Man nennt darum die essenzielle Aminosäure, die mit dem geringsten Anteil vorhanden ist, die **begrenzende Aminosäure.** Sie bestimmt auch die biologische Wertigkeit.

Die **biologische Wertigkeit** einer Eiweißart gibt an, wie viel Gramm Körpereiweiß aus 100 Gramm Nahrungsmitteleiweiß gebildet werden können. Die biologische Wertigkeit ist eine Prozentzahl. „Vom Hundert" ≙ %.

● Der Körper kann nicht „weiterbauen", wenn ein bestimmter Baustein fehlt. Auch wenn genügend andere Bausteine vorhanden sind, bleiben die Kombinationsmöglichkeiten begrenzt.

Beispiele für ein Berechnung

Fischfilet 100 Gramm, Eiweißanteil 17 %, biologische Wertigkeit 80 %.

> Das Filet enthält 17 % = 17 Gramm Eiweiß.
> Davon kann der Körper 80 % nutzen. Das sind ≈ 13,6 Gramm.

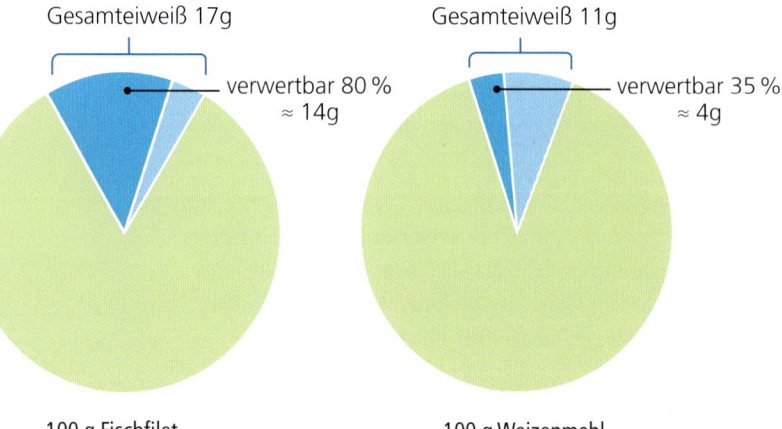

Gesamteiweiß 17g

verwertbar 80 %
≈ 14g

100 g Fischfilet

Gesamteiweiß 11g

verwertbar 35 %
≈ 4g

100 g Weizenmehl

Abb. 1 Weizenmehl

Vergleich mit 100 g Weizenmehl, das einen Eiweißanteil von 11 % und eine biologische Wertigkeit von 35 % hat.

> In 100 Gramm Weizenmehl sind 11 % = 11 Gramm Eiweiß.
> Davon sind für den Körper 35 % verwertbar, das sind etwa 4 Gramm.

Tierisches Eiweiß enthält mehr essenzielle Aminosäuren als pflanzliches. Unterschiedliche Eiweißarten können sich gegenseitig ergänzen und damit zusammen eine höhere biologische Wertigkeit haben.

Vegetarier achten bei der Zusammenstellung der Kost besonders auf die begrenzenden Aminosäuren. Bei sinnvoller Kombination können sie den Eiweißbedarf voll decken.

Aufgaben

1 „Eiweiß muss sein." Erklären Sie das unter Verwendung des Begriffes essenzielle Aminosäuren.

2 Nennen Sie Merkmale, nach denen die Eiweißarten unterschieden werden.

3 Durch welche küchentechnischen Vorgänge kann man Eiweiß zum Gerinnen bringen?

4 Der Eiweißbedarf je kg Körpergewicht ist je nach Lebensalter unterschiedlich. Begründen Sie.

5 Milch hat eine hohe biologische Wertigkeit. Darum ist Quark ein Eiweißlieferant von hoher Qualität. Können Sie diesen Satz näher begründen?

6 „Fleisch ist ein Stück Lebenskraft", sagt die Werbung. Man kann dazu unterschiedlicher Meinung sein. Sammeln Sie Argumente.

5 Vitamine  vitamins  vitamines (w)

5.1 Bedeutung für den menschlichen Körper

Für eine gesunde Ernährung unabdingbar sind als Wirkstoffe die **Vitamine** und **Mineralstoffe** (Kapitel 6). Wegen ihrer Aufgaben im Körper werden diese Nahrungsbestandteile auch als **Regler- und Schutzstoffe** bezeichnet. Der menschliche Organismus ist auf eine regelmäßige Zufuhr angewiesen, weil er diese Stoffe nicht selbst bilden und nur begrenzt speichern kann.

Früher wurden die Vitamine in der Reihenfolge der Entdeckung mit Buchstaben bezeichnet. Heute haben die Vitamine Namen, die entweder zu ihrer Funktion oder zur chemischen Beschaffenheit Bezug haben. In der Tabelle auf der nächsten Seite werden alte und neue Bezeichnungen genannt.

Bei falscher Ernährung kann es zu **Versorgungslücken** kommen:

- *Falsche Ernährung*
  z. B. nur „Cola und Pommes"
  Chips und Schokolade
  Blitzdiät, Ess-Brech-Sucht
- *Falscher Umgang mit Lebensmitteln*
  (Vgl. Grafiken auf den beiden Folgeseiten)
- *Erhöhter Bedarf*
  Ausgedehntes Training führt zu Verlust durch Schweiß.
  Starkes Rauchen vermindert die Aufnahme.
  Medikamente können ausschwemmen.

Eine Unterversorgung mit Vitaminen oder **Hypovitaminose** äußert sich im einfachsten Falle mit Abgespanntheit und einer Störung des Wohlbefindens. Ein Mangel über einen längeren Zeitraum führt jedoch in vielen Fällen zu ernsthaften Erkrankungen. Man nennt diese Art von Erkrankungen deshalb auch **Mangelkrankheiten** (s. Tabelle nächste Seite).

Bestimmte **Vitaminpräparate** können ohne ärztliches Rezept gekauft werden. Und die Werbung verspricht wahre Wunder dem, der diese Präparate konsumiert. Dazu sollte man wissen:

- Längerfristig sollte man nicht ohne den Rat des Arztes Vitaminpräparate einnehmen.
- Werden zu viel wasserlösliche Vitamine aufgenommen, scheidet der Körper diese über die Niere mit dem Harn aus.
- Werden zu viele fettlösliche Vitamine aufgenommen, speichert sie der Körper. Das kann zu Gesundheitsstörungen führen, die man **Hypervitaminose** nennt. Das bedeutet eine Erkrankung durch zu viele Vitamine.

Bei richtiger Ernährung mit gemischter Kost wird der gesunde menschliche Körper in den allermeisten Fällen ausreichend mit Vitaminen versorgt (Ernährungsbericht).

Mangelerscheinungen erkennt der Arzt, er verordnet zum Ausgleich entsprechende Medikamente.

5.2 Aufgaben und Vorkommen

Auswahl von Vitaminen, deren regelmäßige Zufuhr für den menschlichen Körper wichtig ist.

Vitamin	Mangelkrankheit	Vorkommen	empfindlich gegen			
			Licht	Luft	Wasser	Wärme
fettlöslich						
A Retinol Vorstufe ist **Karotin**	Entzündungen der Haut und der Schleimhäute, Nachtblindheit, Widerstandskraft gegen Infektionen lässt nach	Butter, Schweineleber, Eigelb, Milch, Carotin in Karotten, Möhren, Aprikosen	++	++	–	–
D Calciferol	Wachstumsstörungen, Knochenerweichung, Rachitis	Butter, Margarine, Milch, Hefe	+	++	–	–
wasserlöslich						
B_1 Thiamin	Verdauungsstörungen, Muskelschwund, rasche Ermüdung, Nervosität, Beri-Beri	Hefe, Vollkornerzeugnisse, Vollmilch, Quark, Ei, Fleisch, Fisch, Kartoffeln	–	+	+	+
B_2 Riboflavin	Schlaflosigkeit, Nervosität	Schweineleber, Niere, Vollmilchprodukte	–	–	+	+
C Ascorbinsäure	Ermüdung, „Frühjahrsmüdigkeit", Zahnfleischerkrankung, Skorbut	Südfrüchte, Obst, Hagebutten, schwarze Johannisbeeren, Kartoffeln, alle grünen Pflanzen	++	++	++	++
Folsäure	Müdigkeit, Leistungsminderung, schlechte Wundheilung	Gemüse, Weizenkeime, Bierhefe	+	–	–	++

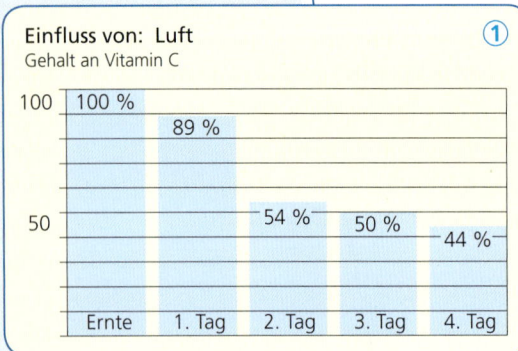

Einfluss von: Luft ①
Gehalt an Vitamin C

100 100 %
89 %
50 54 % 50 % 44 %
Ernte 1. Tag 2. Tag 3. Tag 4. Tag

5.3 Erhaltung bei der Vor- und Zubereitung

Bereits bei Transport und Lagerung von Obst und Gemüse wird durch den Einfluss von Luft, Wärme und Licht ein Teil der Vitamine zerstört (① – ③).

Aber auch die **Art der Vorbereitung** hat großen Einfluss auf das Ausmaß der Verluste (siehe ④ und ⑤).

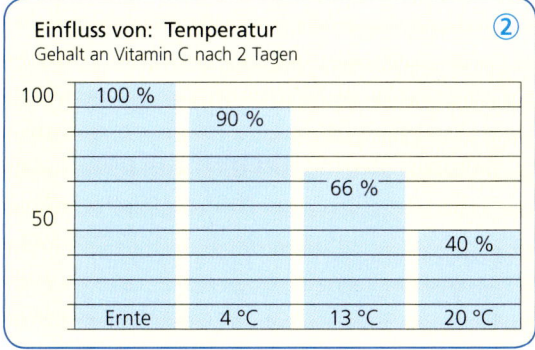

Einfluss von: Temperatur
Gehalt an Vitamin C nach 2 Tagen
②

100 %
90 %
66 %
40 %

Ernte | 4 °C | 13 °C | 20 °C

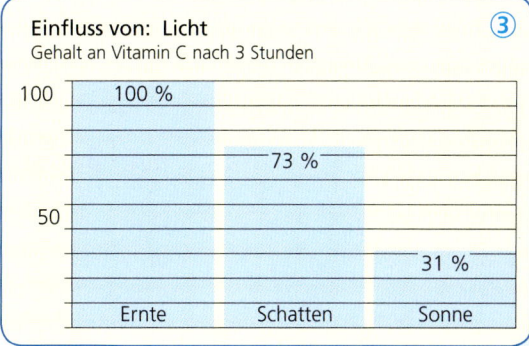

Einfluss von: Licht
Gehalt an Vitamin C nach 3 Stunden
③

100 %
73 %
31 %

Ernte | Schatten | Sonne

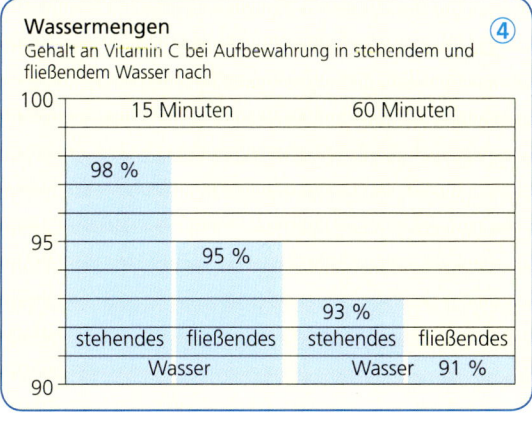

Wassermengen
Gehalt an Vitamin C bei Aufbewahrung in stehendem und fließendem Wasser nach
④

15 Minuten | 60 Minuten
98 %
95 %
93 %
91 %

stehendes | fließendes | stehendes | fließendes
Wasser | Wasser

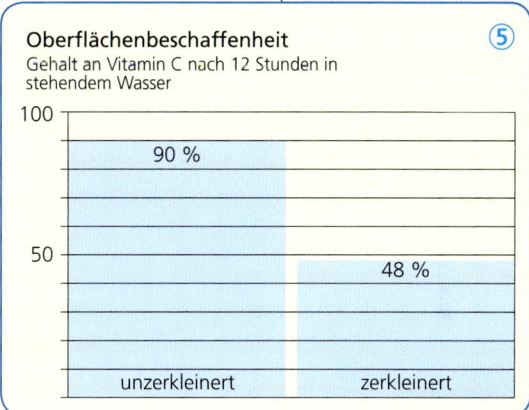

Oberflächenbeschaffenheit
Gehalt an Vitamin C nach 12 Stunden in stehendem Wasser
⑤

90 %
48 %

unzerkleinert | zerkleinert

Um Vitaminverluste zu vermindern, ist zu beachten:
- Gemüse kühl und dunkel aufbewahren, am besten im Kühlraum,
- kurz und unzerkleinert waschen,
- geschälte Kartoffeln möglichst kurz und in möglichst wenig Wasser aufbewahren,
- geputzte Gemüse nicht in Wasser legen, sondern mit Folie abdecken.

Aufgaben

❶ Vitamine werden in zwei Gruppen eingeteilt. Nennen Sie diese und begründen Sie die Aufteilung aus der Sicht der Lebensmittelzubereitung.

❷ Opti sagt: „Heute enthält das Essen mehr Vitamine als früher." „Im Gegenteil", meint Pessi, „alles konserviert, nichts mehr frisch." Erstellen Sie eine Tabelle nach nebenstehendem Muster und tragen Sie die möglichen Argumente ein.

Heute enthält die Nahrung im Vergleich zu früher	
mehr Vitamine weil …	weniger Vitamine weil …

❸ Die Frühjahrsmüdigkeit wird mit Vitaminmangel in Verbindung gebracht. Erläutern Sie.

❹ Welche Handlungsweisen bei Transport, Lagerung und Verarbeitung führen zu großen Vitaminverlusten?

❺ „Reichlich Vitamine schaden nie." Stimmt diese Aussage?

❻ Nennen Sie Lebensmittel mit viel Vitamin C und solche mit Vitamin D.

❼ Suchen Sie natürliche Vitaminquellen. Welche Vitamine findet man vorwiegend in

a) Obst und Gemüse, b) Karotten und c) Vollkornbrot?

❽ Ein Vitamin kann auf dreierlei Weise benannt sein, z. B. Vitamin C, Ascorbinsäure oder antiskorbutisches Vitamin. Versuchen Sie eine Erklärung.

6 Mineralstoffe

🇬🇧 mineral elements 🇫🇷 éléments (m) minéraux

6.1 Bedeutung für den menschlichen Körper

Eine ausreichende Versorgung des Körpers mit Mineralstoffen ist lebensnotwendig.

Mineralstoffe sind die unverbrennbaren anorganischen Bestandteile der Lebensmittel. Die Mineralstoffe werden vom Körper zwar nicht verbraucht, doch wird über den Stoffwechsel immer ein Teil ausgeschieden und muss darum mit der Nahrung ständig wieder zugeführt werden. Dies gilt vor allem bei erhöhter Belastung.

Mineralstoffe werden eingeteilt nach:

Aufgaben
- **Baustoffe** für den Aufbau von Knochen, Zähnen, Körperzellen, z.B. Calcium, Phosphor, Magnesium
- **Reglerstoffe**, welche die Eigenschaften der Körpersäfte beeinflussen, z.B. Natrium, Kalium, Chlor

Anteil im Körper
- **Mengenelemente**, der Tagesbedarf wird in Gramm gemessen, z.B. Kochsalz, Calcium, Phosphor
- **Spurenelemente**, von denen täglich nur wenige Milligramm notwendig sind, wie z.B. Eisen, Jod, Fluor

6.2 Aufgaben und Vorkommen

Mineralstoff	notwendig für	kommt reichlich vor in
Calcium	Aufbau der Knochen und Zähne, Blutgerinnung	Milch und Milchprodukten, Gemüse, Mineralwasser
Magnesium	Muskelkontraktion, Enzymtätigkeit	Gemüse, Kartoffeln, Hülsenfrüchten
Kalium	Erregung von Muskeln und Nerven	Kartoffeln, Gemüse, Obst, Milch, Milchprodukte
Eisen	Blutbildung, Sauerstofftransport	Leber, grünem Gemüse, Vollkornbrot
Phosphor	Aufbau der Nerven und Knochen	Leber, Fleisch, Fisch, Milch und Milchprodukten, Vollkornbrot, Nüssen
Jod	Tätigkeit der Schilddrüse	Seefischen, Meerestieren, Jodsalz (enthält je kg 5 mg Jod)
Kochsalz	ausreichende Gewebespannung	in fast allen Nahrungsmitteln

6.3 Erhaltung bei der Vor- und Zubereitung

- Gemüse kurz und unzerkleinert waschen,
- geputzte Gemüse nicht längere Zeit in Wasser legen,
- Einweich- und Kochwasser weiterverwenden.

Mineralstoffe sind wasserlöslich. Darum entstehen beim Waschen, beim Aufbewahren von Gemüsen in Wasser und beim Blanchieren große Verluste.

Einen **erhöhten Bedarf an Wirkstoffen** können Schwangere, Stillende sowie Säuglinge und ältere Menschen haben. Bei starker Belastung (Beruf, Sport) kann ebenfalls ein Mehrbedarf auftreten.

In diesen Fällen ist es möglich, dass der Bedarf durch bewusste Nahrungsauswahl (siehe auch vorstehende Tabelle) ergänzt werden muss. Vitamin- und Mineralstoffpräparate sollten über längere Zeit jedoch nur nach Rücksprache mit dem Arzt eingenommen werden.

7 Begleitstoffe

🇬🇧 dietary fibres 🇫🇷 fibres (w) alimentaires

Ballaststoffe oder Faserstoffe wurden früher für überflüssig gehalten. Man betrachtete die unverdauliche Zellulose als unnützen Ballast. Heute weiß man, dass diese Stoffe wichtige Aufgaben übernehmen, indem sie sogenannten Zivilisationskrankheiten vorbeugen.

Ballaststoffe

- quellen im Verdauungstrakt auf, erhöhen dadurch die Speisemenge und wirken so der Verstopfung entgegen,
- verzögern die Aufnahme der Nährstoffe in die Blutbahn – das Essen hält länger vor,
- begünstigen die im Darm lebenden Mikroben (Darmflora).

Viele nehmen heute zu wenig Ballaststoffe auf, weil man mehr Fleisch, Milchprodukte und Zuckerreiches isst, jedoch weniger Brot und Kartoffeln verzehrt als früher.

Sekundäre Pflanzenstoffe (SPS) oder **bioaktive Pflanzenstoffe** entstehen in geringen Mengen in den Pflanzen und dienen diesen z. B. als Abwehrstoffe gegen Schädlinge. Im menschlichen Körper wirken sie **gesundheitsfördernd**, weil sie vor der schädlichen Wirkung freier Radikale schützen und so z. B. das Risiko für bestimmte Krebserkrankungen senken. Seit langem ist z. B. die Wirkung von Zwiebeln und Knoblauch bekannt.

> Für eine ausreichende Ballaststoffversorgung: Nicht nur weißes Brot essen. Reichlich Gemüse und Obst in den Speiseplan einbauen.

Bioaktive Pflanzenstoffe
- stärken das Immunsystem,
- wirken antibakteriell,
- halten den Stoffwechsel stabil,
- beugen Herz- und Krebserkrankungen vor.

> Will man die Vorteile der bioaktiven Pflanzenstoffe nutzen, gilt der einfache Grundsatz: Reichlich Gemüse und Obst unterschiedlicher Art. Es ist nicht notwendig, auf bestimmte Arten besonders zu achten.

Versorgung mit Vitaminen, Mineralstoffen und Wirkstoffen (Übersicht)

Gemischte Kost / Vollwertkost / Sinnvolle Zubereitung	Nahrungsauswahl einseitig / Falsches Lagern → Verlust / Falsche Zubereitung → Verlust	?
Ausreichende Versorgung mit Vitaminen und Mineralstoffen	Mangel an Vitaminen und Mineralstoffen	Nicht ausreichende Versorgung

Aufgaben

1. Nennen Sie vier Regeln, die in der Küche beachtet werden müssen, damit Vitamine und Mineralstoffe möglichst erhalten werden.

2. Welche „Fehler" der gewerblichen Küche führen zu hohen Verlusten an Wirkstoffen? Gibt es Gründe, die diese Verfahren rechtfertigen?

3. Man sagt, je höher der Ballaststoffanteil, desto geringer die Gefahr eines Darmkrebses. Erklären Sie den Zusammenhang.

4. Nennen Sie drei Gruppen von Menschen mit einem erhöhten Bedarf an Vitaminen und Mineralstoffen und begründen Sie den Mehrbedarf.

⑧ Wasser

🇬🇧 water 🇫🇷 eau (w)

Chemisch reines Wasser (H_2O) setzt sich aus zwei Atomen Wasserstoff und einem Atom Sauerstoff zusammen. Im natürlichen Wasserkreislauf durchdringt der Regen jedoch verschiedene Erdschichten. Diese wirken einerseits als Filter, andererseits löst das Wasser aus diesen Schichten Mineralstoffe.

8.1 Wasserhärte

Nach dem Lebensmittelrecht muss Trinkwasser klar, farb-, geruch- und geschmacklos sein und darf keine gesundheitsschädlichen Stoffe enthalten.

Die Menge der im Wasser gelösten Mineralstoffe bestimmt die **Wasserhärte**. Sie wird nach der internationalen Einheit Millimol (mmol/l) gemessen. Je nach Mineralstoffgehalt spricht man von hartem oder weichem Wasser. Hartes Wasser bildet beim Erhitzen Kalkablagerungen, die sich in Gefäßen, Heizungskesseln und Rohren absetzen.

8.2 Küchentechnische Eigenschaften

Wasser laugt aus

Durch den besonderen chemischen Aufbau des Wassermoleküls verhalten sich die einzelnen Wasserteilchen wie Magnete: Sie haben einen positiven und einen negativen Pol. So können sie sich **leicht zwischen andere Stoffe** schieben und deren Anziehungskräfte aufheben. Diese Stoffe bleiben dann im Wasser gelöst. Heißes Wasser ist „beweglicher" als kaltes und löst darum schneller.

Die lösende Wirkung des Wassers ist

• **erwünscht** bei Aufgussgetränken wie Tee oder Kaffee oder bei der Herstellung von Bouillon,
• **unerwünscht**, wenn Auslaugverluste vermieden werden sollen. Dann bringt man die Lebensmittel möglichst nur kurz mit Wasser in Berührung,
z. B. werden die Gemüse kurz und unzerkleinert gewaschen.

Abb. 1 Wasser laugt aus.

① heißes Wasser (Lösemittel)
② frisches Kaffeepulver
③ Kaffee (Extraktlösung)

Wasser lässt Lebensmittel aufquellen

Manchen Lebensmitteln wie Linsen, gelben Erbsen, Pilzen, Dörrobst wird das Wasser entzogen, um sie haltbar zu machen. Bringt man diese Lebensmittel wieder ins Wasser, weicht man sie also ein, so saugen sie sich mit Wasser voll und quellen.

Wasser dient als Garmedium

Bei den Garverfahren Kochen, Dämpfen, Dünsten und Schmoren wird die Wärme durch das Wasser und Dampf auf die Lebensmittel übertragen.

Höhere Temperatur bedeutet kürzere Garzeit

Bei höherer Temperatur laufen Garvorgänge rascher ab, die Gardauer wird dadurch verkürzt. Während Wasser bei normalem Luftdruck bei etwa 100 °C kocht, **steigt der Siedepunkt bei höherem Druck**.

Dieser erwünschte Überdruck entsteht im **Dampf-drucktopf**, den man auch als „Schnell"-Kochtopf bezeichnet.

Gewerblich wird die durch Druckerhöhung ermöglichte Temperatursteigerung beim Erhitzen von Konserven genutzt.

Verringert man dagegen den Druck, so „kocht" das Wasser bereits bei geringerer Temperatur.

Diesen Zustand stellt man absichtlich her, wenn man Luft abpumpt (entzieht) und so einen Unterdruck, ein Vakuum erzeugt, z. B. beim Eindicken von Kondensmilch, um den Kochgeschmack zu vermeiden.

Abb. 1 Erhöhte Temperatur verkürzt die Garzeit.

8.3 Bedeutung für den menschlichen Körper

Wasser dient dem Körper als **Baustoff**, denn der Körper besteht zu etwa 60 % aus Wasser.

Als **Lösungsmittel** hilft das Wasser die Bausteine der Nährstoffe sowie die Vitamine und Mineralstoffe aus den Speisen zu lösen, sodass sie die Darmwand durchdringen und im Blut zu den Körperzellen transportiert werden können.

Als **Transportmittel** nimmt Wasser die gelösten Stoffe in Blut und Lymphe auf und bringt sie zu den Verbrauchsstellen. Von dort werden die Rückstände zu den Ausscheidungsorganen Leber und Nieren gebracht.

Zur **Wärmeregelung** gibt der Körper durch die Poren der Haut Wasser ab. Dieses verdunstet und kühlt dadurch den Körper ab.

Der Körper bedarf einer täglichen **Wassermenge von** 2 bis 2,5 Litern. Diese wird teilweise durch den Wassergehalt der Lebensmittel gedeckt, zum größeren Teil muss sie aber durch etwa 1,5 l Getränke ergänzt werden.

Der Wasserbedarf des Menschen ist erhöht bei
- trockener und heißer Witterung, weil die Schweißabsonderung ansteigt, wie auch bei
- körperlicher Anstrengung und dem
- Genuss kräftig gesalzener oder scharfer Speisen.

Aufgaben

1. Welche Nachteile sind mit der Verwendung von hartem Wasser verbunden?

2. Der Mensch benötigt täglich mindestens 2 Liter Wasser. Kaum jemand trinkt so viel. Wie wird dann der Flüssigkeitsbedarf gedeckt?

3. Wasser laugt aus. Nennen Sie je drei Beispiele, wo dieser Vorgang erwünscht bzw. nicht erwünscht ist.

4. Warum werden in einem Dampfdrucktopf die Lebensmittel schneller gar?

5. Haben Sie schon einmal mit dem Dampfdrucktopf gearbeitet? Gibt es auch Nachteile?

9 Enzyme

🇬🇧 enzymes 🇫🇷 enzymes (m)

Enzyme sind Wirkstoffe, die Veränderungen in den Zellen und damit auch in den Lebensmitteln entweder überhaupt erst ermöglichen oder aber beschleunigen, ohne sich dabei zu verbrauchen.

Man bezeichnet Wirkstoffe wie z. B. die Enzyme auch als **Katalysatoren**; werden diese in lebendigen Organismen gebildet, spricht man von **Biokatalysatoren**.

9.1 Wirkungsweise

Enzyme bewirken die verschiedensten Abläufe:

- **Sie bauen in der Pflanze Nährstoffe auf** – aus Einfachzuckern werden Zweifach- und Vielfachzucker.
- **Sie verändern die Lebensmittel** – Schlachtfleisch reift, angeschnittene Äpfel werden braun.
- **Sie bauen Nährstoffe ab** – beispielsweise bei der Verdauung.
- **Sie bauen arteigene Körperstoffe auf** – z. B. Haare, Haut, Fett im Unterhautfettgewebe.

Enzyme bestehen aus **Eiweiß** und einer Wirkstoffgruppe. Diese **Wirkstoffgruppe** ist spezialisiert. Darum sind auch die Enzyme nur zu besonderen Veränderungen an jeweils einem speziellen Nährstoff fähig, können also auch bewusst sehr differenziert eingesetzt werden.

Enzyme sind
- **wirkungsspezifisch**, sie können nur eine bestimmte Wirkung einleiten, z. B. Aufbau von Fetten,
- **stoffspezifisch** (substratspezifisch), d. h., ein bestimmtes Enzym kann z. B. nur Kohlenhydrate verändern, nicht aber auch Fett oder Eiweißstoffe (Abb. 1).

Das nachstehende Beispiel des Stärkeabbaues zeigt, dass für jede Stufe ein anderes Enzym erforderlich ist. So kann z. B. die Amylase nur den Vielfachzucker Stärke in Zweifachzucker spalten. Dieses Beispiel aus dem Bereich der Kohlenhydrate ist auf alle anderen Stoffe übertragbar.

Neben dem aus dem Griechischen kommenden Wort Enzym verwendet man auch den lateinischen Begriff Ferment. Beide Begriffe bedeuten dasselbe.

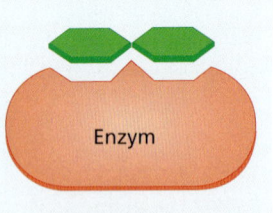

veränderbar

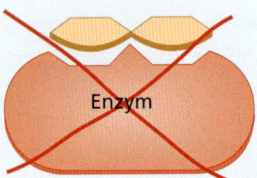

nicht veränderbar

Abb. 1 Enzyme sind stoffspezifisch.

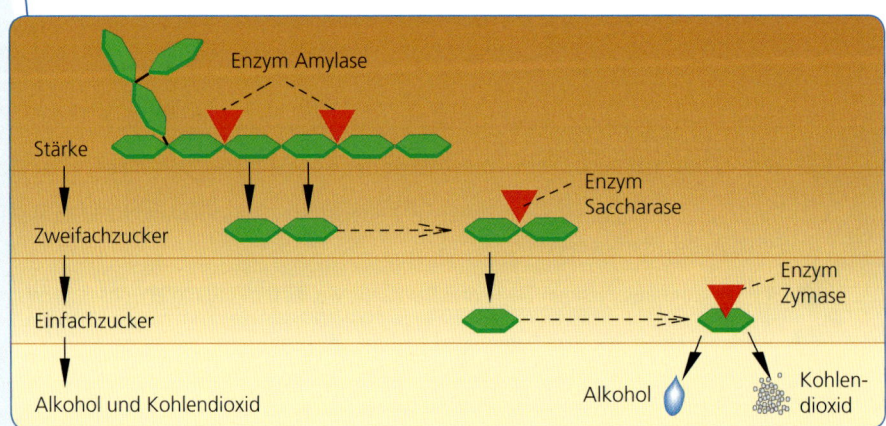

Abb. 2 Abbau von Stärke durch Enzyme

9.2 Bedingungen der Enzymtätigkeit und deren Steuerung

Versuche

1. Bereiten Sie aus 100 cm³ Wasser und 5 g Stärke einen Kleisterbrei. Verteilen Sie ihn auf die Gläser 1 bis 4.
2. In die Gläser 2, 3 und 4 wird je ein Teelöffel Speichel gegeben und untergerührt. Stellen Sie Glas 2 in den Kühlschrank, Glas 3 in ein Wasserbad mit 37 °C; Glas 4 muss aufgekocht und anschließend in ein Wasserbad gestellt werden.
3. Zerdrücken Sie ein Stückchen rohes Fischfilet, vermischen Sie es mit einem Teelöffel Speichel und füllen Sie es in Glas 5, das Sie anschließend ins Wasserbad stellen.
4. Nach ca. 20 Min. vergleichen Sie die Gläser. Nr. 1, 2, 4 und 5 zeigen keine Veränderungen. In Glas 3 hat sich der Stärkebrei verflüssigt. Prüfen Sie mit wässeriger Jodlösung!

Die **Wirksamkeit** der Enzyme ist abhängig

- **von der Temperatur.** – Bis ca. 40 °C steigt die Wirksamkeit an; bei höheren Temperaturen wird das Eiweiß geschädigt, es verändert sich und die Wirksamkeit des Enzyms lässt nach.
- **vom verfügbaren Wasser (a_w-Wert).** – Für die Veränderungen muss Wasser vorhanden sein, damit sich die Teilchen „bewegen" können. Das Wasser, das den Enzymen verfügbar ist, nennt man auch aktives Wasser.
- **vom Säurewert (pH-Wert).** – Die Enzyme bevorzugen neutrale bis leicht saure Umgebung. Durch eine Verschiebung des pH-Wertes kann deshalb die Enzymtätigkeit beeinflusst werden.

Bei der **Herstellung von Lebensmitteln** beeinflusst man die Wirkung der Enzyme:
- **Fördern der Enzymtätigkeit** z. B. beim Fermentieren von Tee und Kaffee.
- **Hemmen der Enzymtätigkeit** z. B. beim Blanchieren von Gemüse vor dem Frosten oder durch die Zugabe von Säure (Essigsäure, Benzoesäure) zur Konservierung.

Bei der **Verdauung der Nährstoffe** wirken die körpereigenen Enzyme und zerlegen die Nährstoffe in die Bausteine.

Abgebaut wird zum Beispiel:
- Stärke – Amylum durch Amylasen
- Malzzucker – Maltose durch Maltasen
- Fette – Lipide durch Lipasen
- Eiweiß – Protein durch Proteasen.

Zusatzwissen

Die wissenschaftlichen Namen der Enzyme werden entsprechend einer internationalen Vereinbarung nach dem Stoff benannt, auf den sie einwirken. Alle Enzyme haben die Endsilbe „ase".

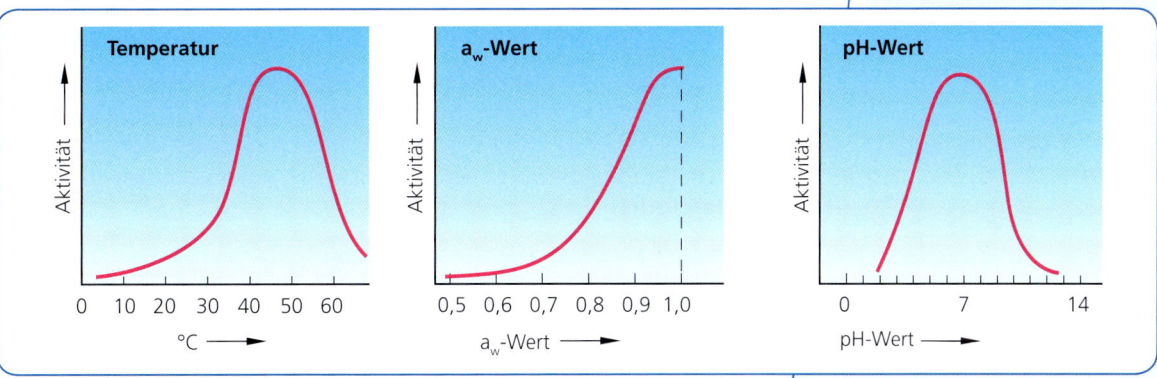

Abb. 1 Wirksamkeit der Enzyme

🔟 Verdauung und Stoffwechsel

🇬🇧 digestion and metabolism 🇫🇷 digestion (w) et métabolisme (m)

Mit den Lebensmitteln nehmen wir die Nährstoffe auf, die der Körper zum Aufbau (Muskeln, Knochen) und zur Energiegewinnung (Kraft, Wärme) benötigt. Dies wurde schon bei der Behandlung der einzelnen Nährstoffe aufgezeigt. Hier eine zusammenfassende Darstellung.

Vom Lebensmittel zu den Bausteinen der Nährstoffe

	Mund	Magen	Galle	Bauchspeicheldrüse	Blut/Lymphe
Kohlen-hydrate	Enzyme des **Mundspei-chels** beginnen mit dem Abbau von Stärke.			Enzyme der **Bauchspeicheldrüse** zerlegen Zuckerstoffe weiter. Enzyme des **Darmsaftes** zerlegen restlichen Zweifach- zu Einfachzucker.	**Einfachzucker** werden vom **Blut** aufgenommen.
Eiweiß		Salzsäure und Proteasen leiten im **Magen** den Eiweißabbau ein.		Enzyme in **Bauch-**speichel und **Darmsaft** zerlegen die Eiweißteile zu Aminosäuren.	**Aminosäuren** werden vom **Blut** aufgenommen.
Fett			**Gallensaft** emulgiert Fett zu feinsten Tröpfchen.	Das Enzym Lipase aus **Bauchspeicheldrüse** spaltet Fett in Glycerin und Fettsäuren.	**Glycerin** und **Fett-**säuren werden von der **Lymph-bahn** auf-genommen.

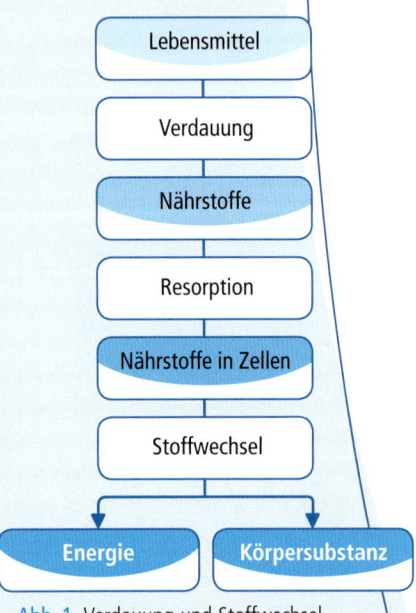

Abb. 1 Verdauung und Stoffwechsel

Lebensmittel nennt der Gesetzgeber alles, was gegessen, gekaut oder getrunken wird.

Durch die Verdauung werden die Lebensmittel zerkleinert (Zähne, Magen) und in die Bausteine **zerlegt. Verdauung ist der Abbau der Nahrung in die Bausteine der Nährstoffe.** Das geschieht im Magen-Darm-Kanal, vorwiegend im Dünndarm. Als Werkzeuge für die Aufspaltung der Nährstoffe in die Bausteine dienen vorwiegend die **Enzyme**.

Die Bausteine der Nährstoffe (Einfachzucker, Aminosäuren, Glycerin und Fettsäuren) sind so kleine Moleküle, dass sie durch die Darmwand in die Blutbahn oder die Lymphbahn gelangen können. Diesen Übergang aus dem Verdauungskanal in den „eigentlichen Körper" bezeichnet man als **Resorption**.

Durch den Blutkreislauf werden die Bausteine der Nährstoffe zu den Körperzellen gebracht. Dort finden die eigentlichen Veränderungen statt:

Einfachzucker werden in Verbindung mit Sauerstoff zu Energie (Kraft, Körperwärme), aus Aminosäuren wird körpereigenes Eiweiß aufgebaut usw. Diese Vorgänge nennt man **Stoffwechsel**.

Verdauung im Überblick

Im Mund

Speichel enthält das Enzym **Amylase**. Es beginnt mit dem Abbau der Stärke. Zugleich macht der Speichel die durch das Kauen zerkleinerte Nahrung gleitfähig.

Im Magen

Magensaft enthält **Salzsäure** und eiweißabbauende Enzyme. Die Säure tötet die meisten der mit der Nahrung aufgenommenen Mikroben ab und lässt das Eiweiß gerinnen. Im angesäuerten Speisebrei beginnen **Proteasen** mit dem Abbau der Eiweißstoffe.

Im Zwölffingerdarm

kommt **Gallenflüssigkeit** zum Speisebrei. Galle wird von der Leber produziert und in der Gallenblase gespeichert. Die Galle emulgiert das Fett, es entstehen viele kleinste Fettteilchen, die sich leichter aufspalten lassen. Von der Bauchspeicheldrüse fließen **Lipasen** (fettspaltende Enzyme), **Peptidasen** (eiweißspaltende Enzyme) und **kohlenhydratspaltende Enzyme** in den Speisebrei.

Im Dünndarm

kommen weitere Verdauungsenzyme dazu. Die Nährstoffe werden zu folgenden Bausteinen zerlegt:
- Kohlenhydrate werden zu Einfachzucker,
- Fette zu Glycerin und Fettsäuren,
- Eiweißstoffe zu Aminosäuren.

Diese Bausteine gelangen als verwertbare Anteile der Nahrung durch die Wand des Dünndarms in den Körper. Einfachzucker und Aminosäuren werden vom Blut transportiert, Fett wird von der Lymphe aufgenommen.

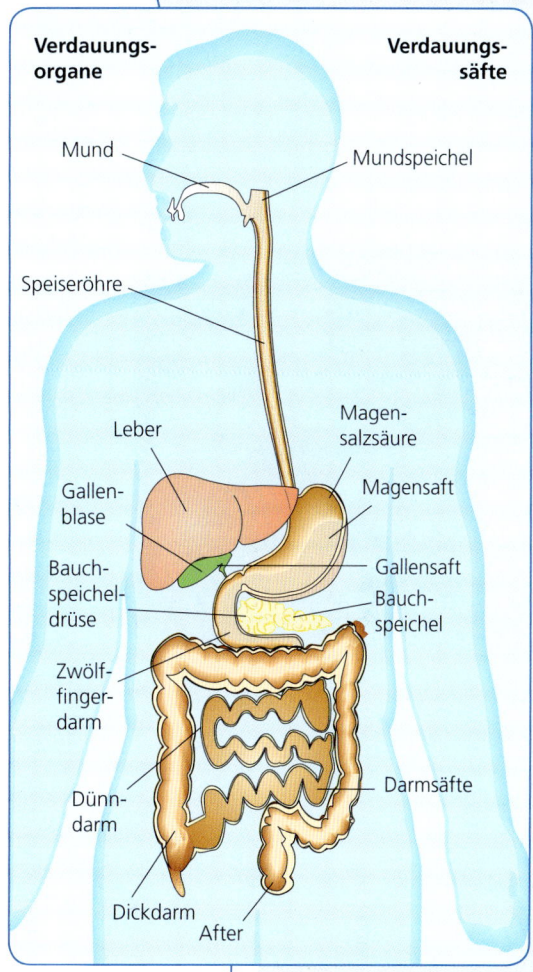

Verdauungsorgane — **Verdauungssäfte**

Mund — Mundspeichel
Speiseröhre
Leber — Magensalzsäure
Gallenblase — Magensaft
Bauchspeicheldrüse — Gallensaft — Bauchspeichel
Zwölffingerdarm
Dünndarm — Darmsäfte
Dickdarm
After

Im Dickdarm

wird dem Speisebrei Wasser entzogen, er wird eingedickt. Die verbleibenden unverdaulichen Nahrungsbestandteile werden als **Kot** ausgeschieden. Die Flüssigkeit wird über die Nieren als **Harn** ausgeschieden.

Lebensmittelunverträglichkeiten/-allergien

Lebensmittelallergien sind sehr starke Reaktionen der körpereigenen Immunsysteme gegenüber fremden Stoffen. Dabei betrachtet der Körper bestimmte Stoffe – meist sind es Eiweißarten – als „Feinde" und bildet zur Abwehr **Antikörper**. Diese bleiben auch nach dem Abklingen der Allergie im Körper.

Lebensmittelintoleranz/Pseudoallergie wird ebenfalls von Lebensmittelbestandteilen ausgelöst, es bilden sich jedoch keine Antikörper.

Empfehlungen für den Umgang mit beiden Arten:
- Allergieauslöser vermeiden, also bestimmte Lebensmittel,
- Ernährung abwechslungsreich und vollwertig zusammenstellen,
- nach Möglichkeit frische Lebensmittel selbst zubereiten,
- beim Einkauf auf Zutatenliste achten.

Um die Beiträge der einzelnen Lebensmittel für die Energieversorgung des Körpers miteinander vergleichen zu können, wird deren Energiegehalt genannt. Dazu verwendet man als Maßbezeichnung kJ ≙ Kilojoule oder kcal ≙ Kilokalorie.

Es liefern
1 g Kohlenhydrate	17 kJ / 4,2 kcal
1 g Eiweiß	17 kJ / 4,2 kcal
1 g Fett[1]	37 kJ[1] / 9,3 kcal

[1] Wert nach Nährwertkennzeichnungsverordnung

⑪ Vollwertige Ernährung

🇬🇧 full value nutrition 🇫🇷 régime (m) alimentaire complet

Durch eine vollwertige Ernährung sollen die Leistungsfähigkeit des Menschen gefördert und ernährungsbedingte Erkrankungen vermieden werden.

Grundsätze vollwertiger Ernährung

- **Die richtige Nahrungsmenge:**
  Die Energiezufuhr muss auf den Bedarf des Körpers abgestellt sein. Wer über längere Zeit den Bedarf des Körpers mit der Energiezufuhr nicht zur Übereinstimmung bringt, hat Gewichtsprobleme (vgl. unten).
- **Die richtige Zusammenstellung:**
  Nicht die Menge allein macht es, es muss auch das Richtige sein, was man zu sich nimmt. Das bedeutet, dass bei einer vollwertigen Ernährung darauf zu achten ist, dass alle essenziellen Nährstoffe auch in ausreichender Menge zugeführt werden.
- **Die richtige Verteilung der Nahrung:**
  Der menschliche Körper unterliegt biologisch bedingten Schwankungen innerhalb des Tagesablaufs. Wer den zeitlich unterschiedlichen Bedarf des Körpers beachtet, lebt besser.

11.1 Energiebedarf

Der Körper bedarf selbst bei Ruhe und Schlaf zur Erhaltung der Lebensvorgänge, wie Atmung, Kreislauf, Verdauung usw., einer gewissen Energiemenge. Diese nennt man Grundumsatz.

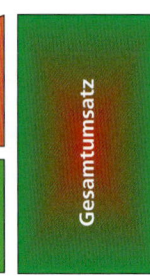

Abb. 1 Energiebedarf

> **Faustregel:**
> 100 kJ je kg Körpergewicht

Der **Grundumsatz** ist abhängig von
- Alter – mit zunehmendem Alter wird der Grundumsatz geringer,
- Geschlecht – bei Frauen geringer als bei Männern,
- Körpermasse – je „gewichtiger", desto höher der Grundumsatz.

Grundumsatz (Durchschnittswerte)				
Alter	männlich		weiblich	
	kJ	kcal	kJ	kcal
25	7.300	1.750	6.000	1.440
45	6.800	1.630	5.600	1.340
65	6.200	1.490	5.200	1.250

Leistungsumsatz		
Art der Arbeit	Leistungsumsatz je Tag in kJ	
	Mann (70 kg)	Frau (60 kg)
leicht	2.100–2.500	1.700–2.100
mittelschwer	2.500–4.200	2.100–3.400
schwer	4.200–6.700	über 3.400

Der **Leistungsumsatz** ist die Energiemenge, die wir benötigen, wenn wir uns bewegen. Mit der Schwere der Arbeit und der Menge an sportlicher Leistung steigt der Leistungsumsatz.

Ein junger Mann mit 70 kg verbraucht bei leichter bis mittelschwerer Tätigkeit täglich etwa 11.000 kJ/2.640 kcal.

Das sind täglich je 1 kg des Körpergewichts:		bei 70 kg
Eiweißstoffe (Protein)	0,5–1 g	60 g
Fett	0,7–0,8 g	50 g
Kohlenhydrate	6–7 g	450 g
Wasser	30–40 g	2–3 l
Spuren von Mineralstoffen und Vitaminen		

Wer abnehmen will, schafft das am raschesten über eine Verringerung der Energiezufuhr. Viel schwerer ist eine Verringerung des Gewichtes über verstärkte Aktivität, z. B. Sport. Trotzdem fördert Sport die Gesundheit.

11.2 Nahrungsauswahl

Wichtig: Eine Ernährung ist dann vollwertig, wenn alle erforderlichen Nährstoffe in der benötigten Menge aufgenommen werden.

Dafür eignet sich am besten eine abwechslungsreiche, gemischte Kost. Die Deutsche Gesellschaft für Ernährung (DGE) gibt mit der Ernährungspyramide (s. Abb. 1) eine Hilfe, um die Lebensmittelauswahl zu überprüfen.

Erläuterungen zur Ernährungspyramide

Getränke sind der mengenmäßig größte Anteil der täglichen Nahrungsaufnahme und bilden darum unten an der Pyramide einen breiten Balken.

Die Hülsenfrüchte (reife Bohnen, Erbsen und Linsen) sind wegen ihres hohen Kohlenhydratgehaltes nicht dem Gemüse, sondern der Gruppe Kartoffeln, Getreide zugeordnet.

Weil nur die Meeresfische das Spurenelement Jod liefern, sind sie als eigene Gruppe angeführt.

Die Süßwasserfische sind den anderen Eiweißlieferanten Fleisch und Ei zugeordnet.

Die Farben bei den Texten bedeuten:

- **Grün** reichlich
- **Gelb** mit Bedacht
- **Rot** wenig verzehren

Grundumsatz
+ Leistungsumsatz
= Gesamtumsatz

Bei Angaben zum Nährwert wird oft von D-A-CH-Referenzwerten gesprochen. D – A – CH ist ein Kunstwort für Deutschland (D) – Österreich (A) – Schweiz (CH). Diese Länder haben sich auf einheitliche Werte geeinigt.

„Iss das Richtige."

Abb. 1 Ernährungspyramide

Wer sich richtig ernähren will, muss also nicht nur weniger essen, sondern auch das Richtige auswählen.

Veränderte Lebensbedingungen und geänderte Essgewohnheiten machen es erforderlich, über die Zufuhr von Wirkstoffen grundsätzlich nachzudenken.

Im Gegensatz zu früher ist die **körperliche Belastung geringer**: Kraftarbeit übernehmen die Maschinen. Dafür ist der Mensch nervlich mehr angespannt. Die Ernährung ist heute aber **energiereicher**.

Man isst „besser". Das bedeutet mehr (verstecktes) Fett, mehr Zucker, weniger Ballaststoffe. Damit ist die Nahrung energiereicher und zugleich ärmer an Wirkstoffen. Man spricht darum auch von „leeren Kalorien".

Nährstoffdichte

Bei mangelnder Bewegung und im Alter hat der Körper einen verringerten Energieverbrauch. Der Bedarf an Vitaminen und Mineralstoffen bleibt jedoch gleich. Bei richtiger Ernährung hat man darum auf eine energiearme aber wirkstoffreiche Nahrungsauswahl zu achten. In dieser Situation hilft die Nährstoffdichte bei der Nahrungsauswahl.

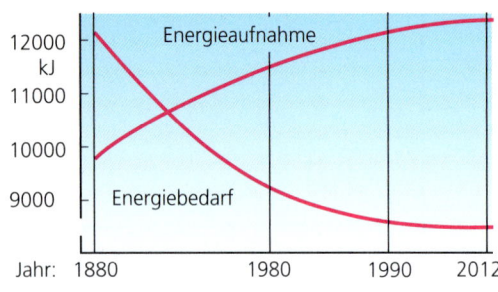

Abb. 1 Energieaufnahme und Energiebedarf

Vollwertig essen und trinken ist einfach, wenn die 10 Regeln der DGE beachtet werden.

1. Vielseitig essen
Genießen Sie die Vielfalt der Lebensmittel, kombinieren Sie. Es gibt keine „guten" oder „verbotenen" Lebensmittel.

2. Getreideprodukte und Kartoffeln
Brot, Nudeln, Reis, bevorzugt aus Vollkorn, sowie Kartoffeln enthalten kaum Fett, aber viele Wirkstoffe.

3. Gemüse und Obst – Nimm „5" am Tag
Fünf Portionen Gemüse oder Obst am Tag versorgen den Körper gut mit Wirkstoffen. Es kann sich z. B. um einen rohen Apfel, kurz gegartes Gemüse oder auch um Saft handeln.

4. Täglich Milch und Milchprodukte, ein- bis zweimal in der Woche Fisch; Fleisch, Wurstwaren sowie Eier in Maßen
Bei Fleischerzeugnissen und Milchprodukten ist auf den Fettgehalt zu achten.

5. Wenig Fett und fettreiche Lebensmittel
Fett ist auch Geschmacksträger. Darum schmecken fettreiche Speisen meist besonders gut. Weil es viel

Energie liefert, macht Fett aber auch „fett". Auf unsichtbare Fette in Fleischerzeugnissen, Süßwaren, Milchprodukten und in Gebäck achten.

6. Zucker und Salz in Maßen
Genießen Sie zuckerreiche Lebensmittel und Getränke mit reichlich Zucker nur in Maßen.

7. Reichlich Flüssigkeit
Wasser hat im Körper vielfältige Aufgaben. Trinken Sie rund 1,5 Liter jeden Tag.

8. Schmackhaft und schonend zubereiten
Garen Sie bei niederen Temperaturen und kurz. So bleiben Geschmack und Nährstoffe erhalten.

9. Nehmen Sie sich Zeit, genießen Sie Ihr Essen
Bewusstes Essen hilft, richtig zu essen. Auch das Auge isst mit.

10. Achten Sie auf Ihr Wunschgewicht und bleiben Sie in Bewegung
Mit dem richtigen Gewicht fühlen Sie sich wohl und mit reichlich Bewegung bleiben Sie in Schwung. Tun Sie etwas für Fitness, Wohlbefinden und Ihre Figur.

Die **Nährstoffdichte ist ein Messwert**, der angibt, in welchem Verhältnis ein wichtiger/essentieller Nahrungsbestandteil wie Vitamine oder Mineralstoffe zum Energiegehalt steht.

$$\text{Nährstoffdichte} = \frac{\text{Nährstoffgehalt (mg)}}{\text{Energiegehalt (kJ)}}$$

Beispiele:

- **Zucker** ist ein fast reines Kohlenhydrat ohne Vitamin C. Darum ist die Nährstoffdichte in Bezug zu Vitamin C gleich Null.
- **Blattsalate** liefern kaum Energie, haben aber einen hohen Anteil an Vitamin C. Darum hat die Nährstoffdichte in Bezug zu Vitamin C einen hohen Wert.

Wenn man die gleiche Nährstoffmenge z. B. Vitamin C bei geringer Energiemenge unterbringt, ist die Nährstoffdichte hoch.

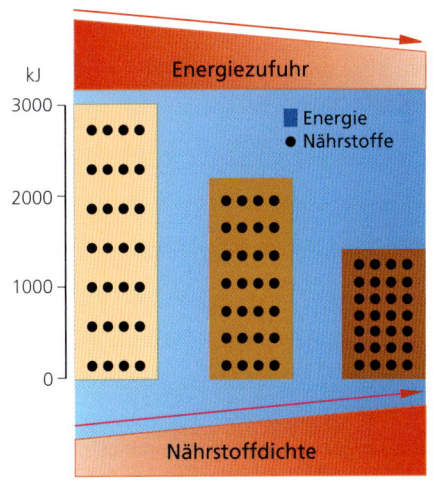

Abb. 1 Energiezufuhr und Nährstoffdichte

Das „richtige" Körpergewicht

Heute halten Ernährungswissenschaftler das persönliche „Wohlfühlgewicht" für das Beste. Sie schränken aber ein: Solange es im vernünftigen Rahmen bleibt.
Der Bereich, in dem ein vernünftiges Körpergewicht liegen soll, lässt sich auf verschiedene Weise feststellen:

Die Fehler		und die Folgen	
	→ zu viel	zu	zu
Wir essen	→ zu süß	→ viel	→ viel
	→ zu fett	Energie	Gewicht

Das **Normalgewicht** nach Broca:
Körpergröße (cm) – 100 = Körpergewicht (kg)
Überschreitet man die Werte um mehr als 10 %, spricht man von Übergewicht.

Der **Body Mass Index (BMI)**, wörtlich „Körper-Gewichts-Messwert", erlaubt eine individuellere Beurteilung.
BMI = Körpergewicht in kg/(Körpergröße in m)^2

Der ermittelte **BMI** wird nun im Zusammenhang mit dem Alter ausgewertet. Der Wert kann auch aus einer Tabelle abgelesen werden Ein junger Mann ist 170 cm groß und wiegt 60 kg. Wie ist sein BMI-Wert?

Ermittlung des BMI-Wertes

Körpergröße in cm   Körpergewicht in kg

BMI

Ein Lineal wird links an der entsprechenden Größe ① und gleichzeitig rechts am aktuellen Gewicht ② angelegt. An der mittleren Linie ③ kann der BMI-Wert abgelesen werden.

Auswertung des BMI-Wertes			
	Unter-gewicht	Normal-gewicht	Über-gewicht
Alter		BMI-Wert	
	unter	zwischen	über
19 bis 24 Jahre	19	19–24	24
25 bis 34 Jahre	20	20–25	25
35 bis 44 Jahre	21	21–26	26
45 bis 54 Jahre	22	22–27	27
55 bis 64 Jahre	23	23–28	28
über 65 Jahre	24	24–29	29

Studien haben gezeigt, dass es für die Beurteilung des idealen Körperge-wichtes wichtig ist, an welchen Körperstellen das Fett sitzt. Während Fett an Oberschenkel und Po für den Körper eher eine schützende Wirkung hat, wird ein hoher Bauchfettanteil mit gesundheitlichen Risiken wie z. B. Herzinfarkt in Verbindung gebracht. Als Folge dieser Erkenntnis wurde die **Waist-to-height-ratio** (WtHR) (wörtlich: Taille-zu-Größe-Verhältnis) vor-gestellt.

> **Waist-to-Height-Ratio (WtHR)**
> Taillenumfang in cm) /
> Körpergröße in cm

Für Personen, die jünger als 40 Jahre sind, ist ein Wert über 0,5 kritisch. Im Alter von 40 bis 50 Jahren liegt die Grenze zwischen 0,5 und 0,6, bei über Fünfzigjährigen bei 0,6.

Bei Überschreitung des Grenzwer-tes ist eine Umstellung der Ernäh-rungs- und Bewegungsgewohn-heiten dringend angezeigt.

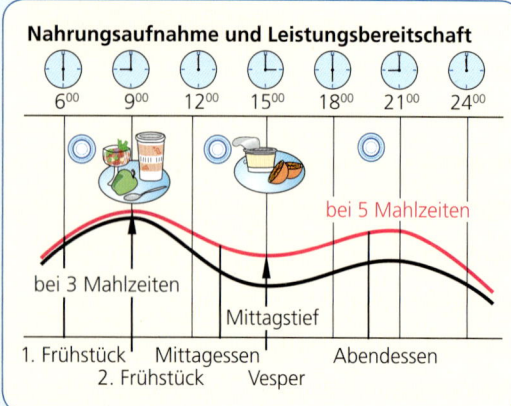

Nahrungsaufnahme und Leistungsbereitschaft

6⁰⁰   9⁰⁰   12⁰⁰   15⁰⁰   18⁰⁰   21⁰⁰   24⁰⁰

bei 5 Mahlzeiten

bei 3 Mahlzeiten

Mittagstief

1. Frühstück   Mittagessen   Abendessen
2. Frühstück   Vesper

11.3 Verteilung der täglichen Nahrungsaufnahme

Der Körper hat eine innere „biologische" Uhr, die nicht nur unser Leistungsvermögen beeinflusst, sondern auch Signale aussendet, die uns an die Nahrungsaufnahme erinnern.

Ein Teil der täglich aufgenommenen Nahrung ist zur Deckung des Leistungsumsatzes notwendig, damit der Körper wieder „Kraft" erhält. Darum sollte die Nahrungsaufnahme der Leis-tungsbereitschaft angepasst werden. Das Schaubild zeigt die Zusammenhänge zwischen Leistungsbereitschaft und Nah-rungsaufnahme.

Regeln für die Verteilung der Nahrungsaufnahme

- **Fünf kleine Mahlzeiten sind besser als drei gro-ße**, denn die Energiezufuhr ist der Leistungsbereit-schaft angepasst und Heißhunger wird vermieden.
- **Ein vollwertiges Frühstück bringt die Startener-gie**, die der menschliche Organismus nach der Schlafpause benötigt. Mit dem Frühstück soll man etwa ein Viertel der Tagesenergiemenge aufnehmen.
- **Das Mittagessen ist meist die Hauptmahlzeit**, sie soll etwa ein Drittel des täglichen Energiebedarfs decken.

- **Das Abendessen darf nicht belasten**. Das Abend-essen zu Hause bietet Gelegenheit, eventuelle Män-gel einer Außerhaus-Verpflegung (Kantine) auszu-gleichen und für eine ausreichende Zufuhr an Vitaminen und Mineralstoffen zu sorgen.
- **Zwischenmahlzeiten sollen so liegen, dass sie die Leistungsbereitschaft fördern**, also zwischen 9 Uhr und 10 Uhr, wenn die Leistungskurve absinkt, und gegen 15 Uhr nach dem Mittagstief.

Aufgaben

1. Warum ist der Grundumsatz nicht bei allen Menschen gleich?

2. Die Ernährungspyramide unterteilt unsere Lebensmittel in Gruppen. Welche Lebensmittelgruppen sollen bevorzugt werden? Begründen Sie.

3. Eine Ernährungsregel der DGE lautet: Würzig, aber nicht salzig. Erklären Sie den Unterschied.

4. Nennen Sie die drei häufigsten Ernährungsfehler, die zu Übergewicht führen.

5. „Wir essen zu viele leere Lebensmittel", ist ein häufig gehörter Vorwurf. Nehmen Sie dazu Stellung.

6. Zwischenmahlzeiten erhöhen die Leistungsfähigkeit. Erläutern Sie.

⑫ Alternative Ernährungsformen

🇬🇧 nutrition alternatives 🇫🇷 formes (w) de nutrition alternatives

Unterschiedliche Gründe veranlassen Menschen, sich alternativ zu ernähren. Alternativ bedeutet hier: sich bewusst für einen anderen Weg entscheiden. Naturbelassene, unverarbeitete Rohstoffe, Frischkost, kein oder nur wenig Fleisch, Vollkornprodukte, das sind die Stichworte in der Argumentation um alternative Ernährungsformen.

12.1 Vegetarische Kost – Pflanzliche Kost

Vegetarier wollen bewusst eine vorwiegend aus pflanzlichen Produkten bestehende Ernährung. Sie essen keine Lebensmittel, die von getöteten Tieren stammen. Darüber hinaus lehnen Vegetarier meist auch Genussmittel wie Alkohol oder Nikotin ab.

Bei Vegetariern werden unterschieden:
- **Ovo-Lakto-Vegetarier** essen neben Pflanzen auch Produkte von Tieren, also Eier, Milch und Milcherzeugnisse.
- **Lakto-Vegetarier** verzichten zusätzlich auf den Genuss von Eiern, weil ein befruchtetes Ei schon Leben in sich birgt.
- **Veganer** leben nur von pflanzlichen Produkten. Sie lehnen alles ab, was von Tieren kommt, sogar Honig.

12.2 Vollwerternährung und vollwertige Ernährung

Definition der Vollwerternährung (gekürzt)

Vollwerternährung ist eine überwiegend lakto-vegetabile Ernährungsform, in der Lebensmittel bevorzugt werden, die möglichst wenig verarbeitet sind.

… etwa die Hälfte der Nahrungsmenge ist als unerhitzte Frischkost (Rohkost) zu verzehren. Lebensmittelzusatzstoffe sollten vermieden werden. Die Vollwerternährung ist zu unterscheiden von der vollwertigen Ernährung.

Vergleich

	Pflanzen	Milch, Käse	Eier
	lat. *vegetabilia* Pflanzen	lat. *laktis* Milch	lat. *ovum* Ei
Ovo-Lakto-Vegetarier	✓	✓	✓
Lakto-Vegetarier	✓	✓	✗
Veganer	✓	✗	✗

25 % Frischkorn, Rohmilch, Nüsse

25 % frisches Gemüse, Obst

MILCH

50 % erhitzte Kost

Abb. 1 Zusammensetzung der Vollwerternährung

Vollwertige Ernährung

Vollwertige Ernährung nennt die DGE eine Ernährung, die folgende Punkte beachtet:
- **Richtige Nahrungsmenge** entsprechend dem jeweiligen Grund- und Leistungsumsatz.
- **Richtige Zusammenstellung der Nahrung (gesunde Mischkost),** sodass dem Körper alle notwendigen Nährstoffe zugeführt werden.
- **Richtige Behandlung** siehe die **10 Regeln der DGE** (Seite 90).

Vollwerternährung

Die Vollwerternährung berücksichtigt als ganzheitliches Ernährungskonzept darüber hinausgehende Ziele.
- **Hoher Anteil an Frischkost (50 %)** Gemüse, Obst und Getreide in gering verarbeiteter Form.
- **Eine möglichst schonende Zubereitung** der frischen Lebensmittel aus ökologischem Anbau.
- **Schonung der Umwelt** durch Verwendung saisonaler Produkte aus der Region, durch Einsparung von Verpackung.

13 Kostformen

🇬🇧 full value nutrition 🇫🇷 régime (m) alimentaire complet

Beispiele für Kostformen:

- **Ausgewählte Lebensmittel**
  Lebensmittel mit einem geringen Anteil an Einfachzucker für Diabetiker, ballaststoffarme, leicht verdauliche Lebensmittel bei leichter Vollkost.
- **Ausgewählte Garverfahren**
  Kochen, Dämpfen, Dünsten, nicht aber Braten oder Grillen, damit sich keine Röststoffe bilden.

Neben der Vollkost kennt man heute
- Leichte Vollkost
- Natriumarme Kost/Diät
- Eiweißarme Kost/Diät
- Diabetikerkost
- Reduktionskost/Diät

Das Wort **Diät** bedeutete bei den Griechen ursprünglich **gesunde Lebensweise**. Heute versteht man darunter allgemein meist Nahrungszusammenstellungen zum Abnehmen wie Nulldiät, Kartoffeldiät usw. Eine **Diät** im Sinne der Ärzte sind verordnete strenge Ernährungsvorschriften bei bestimmten Krankheiten.

Kostformen nennt man Ernährungsweisen, die sich von der „normalen", frei gewählten Ernährung unterscheiden. Beispiele siehe links.

Diät wird vom Arzt verordnet.

Bei einer verordneten Diät gibt der Arzt Anweisungen, welche Lebensmittel in welcher Menge verwendet werden dürfen und wie diese zuzubereiten sind. Die Ernährungsmedizin hat die Vielfalt der Diätformen stark eingeschränkt.

13.1 Vollkost

Als Vollkost wird die „normale" Ernährung bezeichnet, wenn diese die Nährstoffe im richtigen Verhältnis enthält und den jeweils erforderlichen Energiebedarf deckt.

13.2 Leichte Vollkost

Von leichter Vollkost spricht man, wenn bei der Zusammenstellung der Kost auf alle Lebensmittel verzichtet wird, die Unverträglichkeiten auslösen, wie z. B. Hülsenfrüchte, Kohlgemüse. Die leichte Vollkost wurde früher Schonkost genannt. Leichte Vollkost wird verordnet, wenn die Verdauungsorgane entlastet werden sollen.

Grundregeln:

- Entlastung der Verdauungsorgane von großen Speisenmengen – also mehrere kleine Mahlzeiten,
- Entlastung der Verdauungsorgane von schwer verdaulichen Speisen, z. B. fette Lebensmittel, Speisen, die mit größeren Fettmengen zubereitet werden, Speisen mit viel Röststoffen,
- Entlastung der Verdauungsorgane von blähenden Lebensmitteln wie Kohlarten, Hülsenfrüchten, rohem Obst,
- Entlastung der Verdauungsorgane von Speisen und Zutaten, die die Schleimhaut reizen, z. B. scharfe Gewürze, Räucher- und Pökelwaren, Fleischbrühen, Getränke mit Alkohol oder Kohlensäure.

Anwendung:

- Kleine Mengen eines Gerichts in ansprechender Form bereiten,
- leicht verdauliche Lebensmittel verwenden,
- Garverfahren anwenden, die die Bildung von Röststoffen und die Verwendung von Fett einschränken – man wird bevorzugt kochen, dünsten, dämpfen oder in Alufolie garen,
- reizarm würzen.

13.3 Natriumarme Kost

Natrium wird vor allem mit Kochsalz (NaCl) aufgenommen. Es bindet die Körperflüssigkeit. Dadurch kann der Blutdruck ansteigen und der Kreislauf belastet werden. Durch Verzicht auf Kochsalz kann die Normalisierung der Körperfunktionen unterstützt werden.

Grundregeln:

- Die Menge des verwendeten Kochsalzes ist zu beschränken,
- Lebensmittel mit hohem Kochsalzgehalt (Dauerwurst, Gepökeltes, Fischkonserven) sind zu meiden.

Anwendung:

- Das Salzen der Speisen unterlassen,
- durch entsprechende Zubereitungsarten wie Kurzbraten, Grillen, Gratinieren und richtiges Würzen für die Entwicklung von Geschmacks- und Aromastoffen sorgen.

13.4 Eiweißarme Kost

Im gesunden Körper wird Eiweiß (Protein) vorwiegend als Baustoff verwendet. Wird mehr Eiweiß aufgenommen als dafür erforderlich ist, dient das Eiweiß als Energielieferant.

Ist die Funktion von Leber oder Nieren gestört, treten beim Abbau von Eiweißstoffen Substanzen auf, die dem menschlichen Körper schädlich sind. Eine gezielte Eiweißzufuhr achtet darauf, dass jeder Überschuss an Eiweiß vermieden wird. Darum muss die Nahrung entsprechend des Bedarfs an unentbehrlichen (essenziellen) Aminosäuren ausgewählt werden.

Grundregeln und Anwendungen:

- Die vorgeschriebenen Eiweißträger (eiweißhaltige Nahrungsmittel) dürfen nicht ohne Zustimmung des Arztes ausgetauscht werden, damit die erforderlichen Aminosäuren aufgenommen werden,
- die Rezeptmengen sind genau einzuhalten, damit dem Körper zwar eine ausreichende Eiweißmenge zugeführt wird, doch ein Zuviel vermieden wird,
- Salz darf nur sparsam verwendet werden.

13.5 Diabetikerkost

Die Zuckerkrankheit oder Diabetes mellitus gehört zu den häufigsten Stoffwechselkrankheiten. Etwa sechs Millionen Bundesbürger leiden darunter. Im gesunden Körper sorgt das Insulin dafür, dass die Zuckerstoffe in der richtigen Menge in die Zellen gelangen und dort die gespeicherte Energie freigeben. Beim Zuckerkranken kann der Körper die mit der Nahrung aufgenommenen Kohlenhydrate nicht vollständig verwerten. Es ist zu wenig Insulin vorhanden. Die Zuckerstoffe können aus diesem Grund nicht in die Zellen gelangen und häufen sich im Blut an. Der Blutzuckerspiegel steigt.

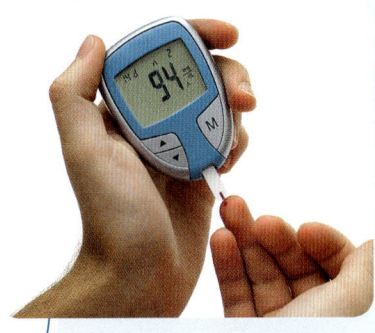

Zwei Formen von Diabetes werden unterschieden. Man bezeichnet sie mit Typ 1 und Typ 2.

- **Typ-1-Diabetiker** leiden meist von Jugend an unter **absolutem Insulinmangel**. Deswegen müssen sie das Hormon zuführen. Diese Menschen spritzen Insulin.

- Zum **Diabetes Typ 2** zählen 90 % der Patienten. Bei dieser Personengruppe produziert der Körper zwar noch **Insulin**, doch es **reicht nicht** aus, der Zuckerstoffwechsel ist darum gestört. Die Patienten sind oft übergewichtige, ältere Menschen.

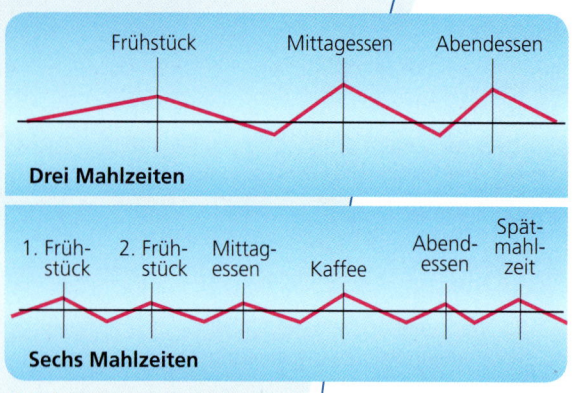

Frühstück	Mittagessen	Abendessen

Drei Mahlzeiten

1. Früh-stück	2. Früh-stück	Mittag-essen	Kaffee	Abend-essen	Spät-mahl-zeit

Sechs Mahlzeiten

Abb. 1　Verteilung der Mahlzeiten

Bei Diabetikern des Typs 2 kann die mangelhafte körpereigene Regelung durch ein entsprechendes Verhalten unterstützt werden.

1. Abbau von Übergewicht, denn dann kann die vom Körper noch produzierte Menge Insulin zur Regelung ausreichen.
2. Vermeidung von leicht verdaulichem/schnell resorbierbarem Zucker und
3. Verteilung der Nahrungsmenge auf mehrere Mahlzeiten. Auf diese Weise werden „Spitzen" im Blutzuckerspiegel vermieden (siehe Abb. 1).
4. Bewegung/Sport

Für eine Diabetes-Kost gelten folgende Grundregeln und Anwendungen:

- Der Energiegehalt der Ernährung muss den tatsächlichen Bedürfnissen angepasst sein (Einstellung durch den Arzt),
- der Energiebedarf ist auf mindestens fünf, besser sieben Mahlzeiten zu verteilen,
- zum Süßen können Zuckeraustauschstoffe oder Süßstoff verwendet werden,
- der Genuss von Zucker (z. B. Marmelade, Bonbons) ist einzuschränken,
- der Fettverbrauch der Diabetiker ist eingeschränkt, weil der Körper aus Fett wie aus Kohlenhydraten Energie gewinnt.

Der früher gebräuchliche Begriff Broteinheit wird bei der Kennzeichnung von Lebensmitteln nicht mehr verwendet.

13.6　Reduktionskost

Reduktionskost ist bei Übergewicht erforderlich. Übergewicht entsteht, wenn auf die Dauer mehr Energie aufgenommen wird als der Körper verbraucht. Die mit fortschreitender Technisierung und einem hohen Lebensstandard verbundene sitzende Lebensweise und eine verfeinerte, ballaststoffarme Ernährung führen oft zu einem Missverhältnis zwischen Energieaufnahme und Energieverbrauch.

Übergewicht begünstigt Bluthochdruck, Arterienverkalkung, Herzinfarkt und Thrombose.

Daraus ergeben sich für den Übergewichtigen folgende Grundregeln:

- Quellen der zu hohen Energiezufuhr beseitigen (z. B. Vorliebe für fette Wurst, fette Käsesorten, Süßwaren, Marmeladen, alkoholische Getränke),
- energiearme Lebensmittel bevorzugen.

Für eine energiearme Diät gilt darum:

- Gemüse und Vollkornprodukte in den Vordergrund stellen, denn sie liefern bei geringer Energiezufuhr die lebenswichtigen Wirkstoffe,
- die Eiweißversorgung durch fettarme Milchprodukte (z. B. Magerquark) oder fettarmen Fisch ergänzen,
- fettarme Zubereitungsarten wie Kochen, Dämpfen, Dünsten und Grillen anwenden.

13.7 Begriffserklärungen

- **Appetit** ist der Wunsch, etwas Bestimmtes zu essen. Er wird ausgelöst, wenn der Mensch bestimmte Speisen sieht oder sich vorstellt.

- **Hunger** ist der Drang zu essen, ein auf irgend etwas Essbares gerichteter Wunsch. Hunger ist nicht das Verlangen nach einer bestimmten Speise. Über die Entstehung des Hungergefühls im Einzelnen gibt es verschiedene Theorien. Ausgelöst wird Hunger entweder durch Energie- oder Nährstoffmangel.

- **Sättigung** ist das Gefühl mit dem Essen aufhören zu können, weil Hunger oder Appetit zufriedengestellt sind. Sättigung steht auch mit der Verweildauer der Speisen im Magen im Zusammenhang. Leicht verdauliche Speisen verlassen den Magen schnell und bald tritt wieder ein Hungergefühl auf.

- **Nährstoffdichte** sagt aus, in welchem Verhältnis die Menge eines bestimmten Nährstoffes, z. B. Vitamin C, zum Energiegehalt (kJ) eines Lebensmittels steht.

- **Energiedichte** ist vergleichbar mit dem Gehalt an Energie; kJ oder kcal sind die Messgrößen. Lebensmittel mit großer Energiedichte (Zucker, Öl) haben meist eine geringe Nährstoffdichte.

- **Jo-Jo-Effekt** bezieht sich auf die Tatsache, dass Personen, die rasch abnehmen, auch schnell wieder zunehmen. Jo-jo bedeutet auf-ab. Dieser (für viele unerwünschte) Vorgang beruht auf der Tatsache, dass ein Lebewesen die aufgenommene Energie möglichst sparsam einsetzt. Wenn dem Körper über längere Zeit reichlich Energie zugeführt worden ist, hat er die nicht benötigte Menge als Fett für „schlechte Zeiten" gespeichert, und man hat dadurch zugenommen. Nun beginnt eine Abmagerungskur, und für den Körper sind das „schlechte Zeiten". Das bedeutet, dass die aufgenommene Nahrung bestmöglich ausgewertet wird. Trotz vieler Einschränkungen verliert man nur langsam an Gewicht. Wenn dann nach einer bestimmten Zeit wieder „normal" gegessen wird, bleibt das Sparprogramm der bestmöglichen Auswertung jedoch erhalten. Das bedeutet: Man nimmt sofort wieder zu. Dieses Zunehmen-Abnehmen-Zunehmen kann nur beendet werden, wenn die Energiezufuhr dauerhaft dem tatsächlichen Energiebedarf angeglichen wird.

- **SPS – Sekundäre Pflanzenstoffe** bilden die Pflanzen, um z. B. Schädlinge abzuwehren oder mit Duftstoffen Insekten zur Bestäubung anzulocken. Heute weiß man, dass diese Stoffe auch im menschlichen Körper bedeutende Aufgaben übernehmen: Sie wirken positiv auf die Verdauung, beugen Krebs sowie Herz-Kreislauf-Erkrankungen vor und stärken die Gesundheit.

Beispiele für Nährstoffdichte

- Zucker enthält viel Energie, aber kein Vitamin C. Folglich ist die Nährstoffdichte des Zuckers für Vitamin C gleich Null.

- Umgekehrt enthalten Blattsalate wenig Energie, aber viel Vitamin C. So ist z. B. die Nährstoffdichte des Endiviensalates für Vitamin C 140. Das bedeutet: Man erhält viel Vitamin C im Verhältnis zur Energieaufnahme.

- Je höher die Nährstoffdichte, desto höher ist das Lebensmittel für die Versorgung mit dem entsprechenden Nährstoff zu bewerten. (Vergleiche Abbildung auf Seite 91).

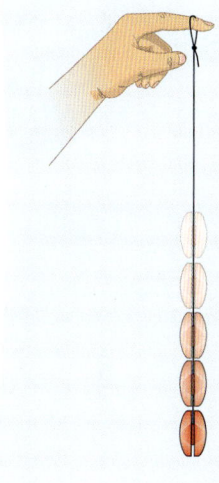

Aufgaben

1. „Wir ernähren uns alternativ", sagen Freunde zu Ihnen. Was versteht man darunter? Was wollen sie mit dieser Wendung zum Ausdruck bringen?

2. „Ich bin Ovo-Lakto-Vegetarier. Was können Sie mir an warmen Gerichten empfehlen?" Ihre Vorschläge?

3. Nennen und begründen Sie mindestens drei Grundregeln zu leichter Vollkost.

4. Wenn der Arzt einem Patienten Reduktionskost verordnet hat, sind bei Speiseempfehlungen bestimmte Regeln zu beachten. Nennen Sie diese.

5. Welcher Unterschied besteht zwischen Diabetes Typ 1 und Diabetes Typ 2?

6. Erklären Sie den Begriff Jo-Jo-Effekt.

14 Berechnungen zur Ernährung

Berechnungen zur Ernährung beziehen sich auf

Nährstoffgehalt

- Eiweiß
- Fett
- Kohlenhydrate

gemessen in **Gramm (g)**

Es geht um die *Zusammensetzung* der aufgenommenen Nahrung.

Energiegehalt

- Gehalt der Nahrungsmittel an Energie gemessen in **Kilojoule (kJ)** oder **Kilokalorien (kcal)**

Es geht um die *Menge* der aufgenommenen Energie. Soll die Aufnahme von Nährstoffen und Energie kontrolliert werden, sind die Werte zu berechnen. Grundlage dazu sind Nährwerttabellen.

Umgang mit der Nährwerttabelle

Die Lebensmittel sind nach Gruppen geordnet. Steht in einem Rezept z. B. 500 g Blumenkohlröschen, so ist das vorbereitete Ware und man muss zum Einkaufsgewicht zurückrechnen. Dabei helfen die Werte aus der Spalte **Abfall**.

Nicht immer können alle Teile der eingekauften Ware auch verzehrt werden. Die Tabelle nennt die Werte auf das Einkaufsgewicht bezogen. Aus 100 *eingekauften* Kartoffeln ist der *essbare Anteil* z. B. 80 g geschälte Kartoffeln.

Lebensmittel	Abfall	Der essbare Teil von 100 g eingekaufter Ware enthält:				
	%	Protein (g)	Fett (g)	Kohlenhydrate (g)	Energie (kJ)	Energie (kcal)
Gemüse						
Aubergine	17	1	+	2,2	60	14
Avocado	25	1	18	0,3	715	171
Blumenkohl	38	2	0,2	1,6	55	14
Bohnen, grün (Schnittbohnen)	6	0,2	0,2	5,0	135	32
Broccoli	39	2	2	1,7	65	16
Chicorée	11	1	0,2	2,1	60	14
Fische						
Seelachs (Filet)	0	18	1	*	345	81
Seezunge (Filet)	29	8	1	*	350	81
Bach-, Regenbogenforelle	48	10	1	*	220	53
Hecht	45	10	0,6	*	190	45
Karpfen	48	9	3	*	250	60
Aal, geräuchert	24	14	22	*	1045	250
Brathering	8	15	14	*	770	184

Zeichenerklärung: + = Nährstoff nur in Spuren enthalten, * es liegen keine genauen Analysen vor. Nährwerttabellen können geringfügig voneinander abweichen, denn es gibt z. B. nicht die Kartoffel oder das Steak. Variierende Rohstoffe führen zu unterschiedlichen Daten.

14.1 Berechnung des Nährstoffgehalts von Speisen

Es wird ermittelt, welche Mengen der einzelnen Nähr- und Wirkstoffe in den Speisen enthalten sind. Daraus kann dann geschlossen werden, ob die *Zusammensetzung* der Nahrung vernünftig ist.

---

1 Beispiel

Wie viel Gramm der einzelnen Nährstoffe werden mit einem Schnitzel von 180 Gramm mittelfettem Schweinefleisch aufgenommen?

Aus der Nährwerttabelle

Lebensmittel	100 g eingekaufte Ware enthalten			
	Protein g	Fett g	Kohlen-hydrate g	Energie kJ
Schweinefleisch mittelfett	19	12	+	770

1

Lösungshinweise

1 Aus der Tabelle die erforderlichen Werte suchen.

2 Die Tabelle nennt Werte für 100 g. Folglich müssen die Rezeptmengen in Vielfache, z. B. 180 g ≙ 1,8 × 100 g, oder Teile, z. B. 70 g ≙ 0,7 × 100 g, der Tabellenmenge umgewandelt werden.

Lösung:

2

12 g × 1,8 = 21,6 g Fett
19 g × 1,8 = 34,2 g Eiweiß

Antwort: Das Schnitzel enthält 21,6 g Fett und 34,2 g Eiweiß.

---

2 Für eine Portion pochierten Seelachs werden 180 g Filet gerechnet. Wie viel Gramm Eiweiß und Fett nimmt man mit einer Portion zu sich?

3 Eine Regenbogenforelle für Forelle blau wiegt 300 g. Berechnen Sie nach den Werten der Tabelle den Nährstoffgehalt.

Bei Prüfungen können Aufgaben die für die Berechnung erforderlichen Werte auch im Text enthalten, sodass sie ohne Tabelle gelöst werden können.

4 Für Rinderfilet nennt die Nährwerttabelle je 100 g Fleisch folgende Gehalte: 22 g Eiweiß, 2 g Fett. Ein Filetsteak wiegt 180 g. Wie viel Gramm Eiweiß und Fett nimmt man mit dem Steak zu sich?

5 Goldbarschfilet wird tiefgekühlt in Portionen mit 180 g angeboten. Die Nährwerttabelle gibt folgende Auskunft: Eiweiß 18 %, Fett 4 %. Berechnen Sie den Anteil von Eiweiß und Fett in Gramm.

6 Auf einem Etikett von Magerquark ist ein Eiweißgehalt von 18 % angegeben. Im Rahmen einer Diät sollen täglich 90 g Eiweiß verzehrt werden. Mit wie viel Gramm Quark kann das erreicht werden?

7 Getrocknete Linsen enthalten beim Einkauf 23 % Eiweiß, 48 % Kohlenhydrate und 2 % Fett. Sie nehmen beim Garen 160 % Wasser auf. Wie viel % beträgt der Eiweißgehalt der gegarten Linsen?

8 Auf einer Flasche mit Fruchtnektar steht: 8 % verwertbare Kohlenhydrate. Wie viel Gramm Kohlenhydrate sind in einem Glas Fruchtsaft mit 0,2 Liter enthalten?

9 Der Nährwert eines Cheeseburgers (120 g) beträgt laut Tablettaufleger 1.255 kJ, bei 11 % Fett und 13 % Eiweiß. Wie viel Gramm an Fett und Eiweiß nimmt man beim Verzehr zu sich?

10 Die Chesterkäsezubereitung (20 g) des Zinger Burgers enthält 55 % Trockenmasse bei 45 % Fett i. Tr. Wie viel Gramm Fett enthält ein Cheeseburger, wenn für alle anderen Zutaten ein Gesamtfettgehalt von 17 g angenommen wird?

11 Der tägliche Kalziumbedarf eines Erwachsenen beträgt 0,9 g. Ein kleiner Vanille-Milchshake (0,25 l) enthält 290 mg Kalzium. Wie viel % des Tagesbedarfs werden durch einen großen Vanille-Milchshake (0,5 l) gedeckt?

Aufgaben

14.2 Berechnung des Energiegehaltes von Speisen

Es wird ermittelt, welche *Energiemenge* mit der Nahrung aufgenommen wird. Dazu rechnet man die aus der Nährwerttabelle entnommenen Werte auf die Rezeptmengen um.

❶ Beispiel

Ein Rezept für 4 Portionen Kartoffelbrei lautet: 800 g Kartoffeln, 250 g Milch, 50 g Butter, Salz, Gewürze. Wie viel Kilojoule enthält eine Portion?

Aus der Nährwerttabelle

Lebensmittel	100 g enthalten			
	Protein	Fett	Kohlen-hydrate	Energie
	g	g	g	kJ
Butter	1	83	–	3090 ——❶
Milch	3,5	3,5	5	270
Kartoffeln	2	–	15	240

Lösung:

	❷	
800 g Kartoffeln	240 kJ × 8	= 1920 kJ
250 g Milch	270 kJ × 2,5 =	675 kJ
50 g Butter	3090 kJ × 0,5 =	1545 kJ

4 Portionen enthalten ❸ 4140 kJ

1 Portion enthält ❹ 1035 kJ

Lösungshinweise

❶ Zunächst müssen in der Tabelle, die hier auszugsweise wiedergegeben ist, die erforderlichen Werte gesucht werden.

❷ Man ermittelt den Energiegehalt jeder Zutat, indem man den Wert aus der Tabelle (für je 100 g) entsprechend vervielfacht.

❸ Den Gesamtenergiegehalt ermittelt man, indem man die Werte jeder Zutat zusammenzählt.

❹ Den Gehalt einer Portion erhält man, wenn der Gesamtwert durch die Zahl der Personen geteilt wird.

Aufgaben

❷ 100 Gramm mageres Schweinefleisch enthalten 19 Gramm Eiweiß und 7 Gramm Fett.
1 Gramm Eiweiß = 17 kJ
1 Gramm Fett = 37 kJ
Wie viel kJ enthält ein Schnitzel mit 180 Gramm?

❸ Auf dem Etikett einer Flasche mit Fruchtsaftgetränk steht: „8 % verwertbare Kohlenhydrate".
Hinweise: Kohlenhydrate liefern je Gramm 17 Kilojoule, das Gewicht des Saftes wird mit 1000 g je Liter angenommen. Wie viele Kilojoule liefert ein Glas mit 0,2 Liter Fruchtsaft?

❹ Ein Liter Bouillon enthält 4 g Fett, 6 g Eiweiß und 1 g Kohlenhydrate und hat einen Gesamtenergiegehalt von 275 kJ. Ein g Fett liefert 37 kJ.
Wie viel % des Energiegehaltes macht der Fettanteil in der Bouillon aus?

❺ Wie unterschiedlich Kartoffeln sein können:
Für 10 Portionen Salzkartoffeln rechnet man

2 kg Kartoffeln, für 10 Portionen Pommes frites 2 kg Kartoffeln und 150 g Backfett. 100 g Kartoffeln liefern 240 kJ, 100 g Backfett liefern 3.700 kJ.
a) Berechnen Sie den Energiegehalt je einer Portion.
b) Wie viel % ist der Energiegehalt der Pommes frites höher als der von Salzkartoffeln?

❻ Nach den Empfehlungen der Deutschen Gesellschaft für Ernährung sollen täglich 30 Gramm Ballaststoffe aufgenommen werden. Jemand isst 150 Gramm Vollkornbrot mit 7 % Ballaststoffen und 30 Gramm Knäckebrot mit 15 % Ballaststoffgehalt. Wie viel % des empfohlenen Tagesbedarfs sind damit gedeckt?

❼ Wildfleisch enthält durchschnittlich 17 g Eiweiß und 3 g Fett je 100 g Fleisch. 1 g Eiweiß liefert 17 kJ und 1 g Fett 37 kJ. Wie viel Kilojoule werden mit einem Rehrückensteak mit einem Fleischgewicht von 180 g aufgenommen?

⓯ Qualität von Lebensmitteln

🇬🇧 food quality 🇫🇷 qualité (w) des produits alimentaires

Der Begriff **Qualität** fasst eine **Summe von Eigenschaften** zusammen, die, je nach Betrachtungsgesichtspunkt, unterschiedlich sein können. Bei der Beurteilung der Qualität unterscheidet man

- **Gesundheitswert** oder biologischen Wert. Darunter versteht man den Wert für die Ernährung, z.B. den Anteil an essenziellen Aminosäuren, mehrfach ungesättigten Fettsäuren, Vitaminen und Mineralstoffen.
- **Genusswert** oder sensorische Qualität. Dazu zählen Geruch, Geschmack, Beschaffenheit (Konsistenz), aber auch Farbe und Form der Lebensmittel.
- **Eignungswert** oder Gebrauchswert, womit die Eignung der Lebensmittel für Lagerung oder für einen bestimmten Verwendungszweck oder für die Konservierung gemeint ist.

Qualitätsnormen

Wenn früher Waren direkt beim Erzeuger, also z.B. beim Landwirt oder Fleischer gekauft wurden, wusste man, an wen man sich zu wenden hatte, wenn einmal die Qualität nicht stimmte. Heute bezieht man vorwiegend über den Handel und dabei bleibt der Erzeuger unbekannt. Ist die Qualität nicht zufriedenstellend, könnte sich der Lieferant auch darauf berufen, dass er den Erzeuger nicht kennt. Darum sind für den Handel Qualitätsnormen verbindlich.

Qualitätsnormen

- unterscheiden die Waren nach Qualität,
- geben dem Verbraucher einen Überblick,
- gelten für den gesamten Handel.

Die Güte oder Qualität einer Ware wird unterschiedlich gekennzeichnet.

Beispiele

- Bei **Fleisch** folgt die Qualität den Buchstaben E, U, R, O, P (EUROP), wobei E vorzüglich bedeutet und der letzte Buchstabe P gering,
- Für **Obst** und **Gemüse** gelten die Güteklassen Extra, I, II, III. Die Anzahl der Produkte, für die Qualitätsnormen gelten, wurde von der EU verringert.

Die Sortierung nach Qualitätsstufen berücksichtigt nur äußere Werte wie Aussehen, Größe, Form als wertbestimmende Merkmale; innere Werte wie Geschmack oder Vitamingehalt bleiben unberücksichtigt.

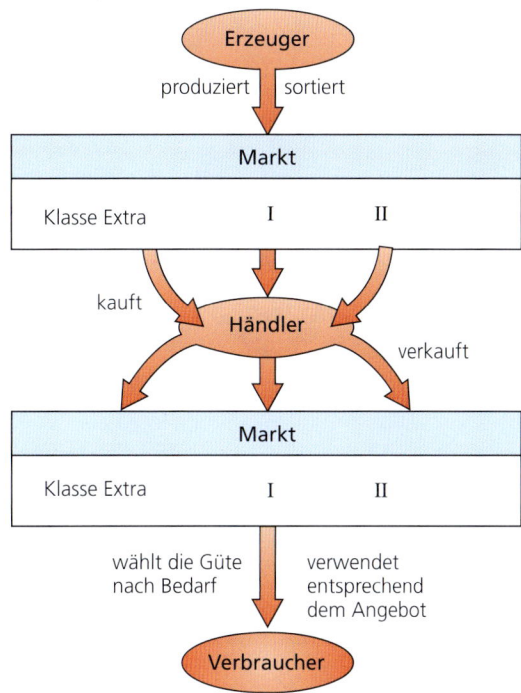

Klasse Extra
auserlesene Ware,
z.B. als Tafelobst

Klasse I
hochwertige Ware,
ohne Fehler

Klasse II
gute Ware, mit
kleinen Fehlern,
preiswert

Klasse III
Verarbeitungsware,
z.B. Apfelsaft

⑯ Haltbarmachungsverfahren

🇬🇧 methods of food preservation 🇫🇷 méthodes (w) de conservation des aliments

Die meisten Lebensmittel sind unmittelbar nach der Ernte oder nach der Herstellung am wertvollsten. Man bevorzugt z. B. gartenfrische Erdbeeren, fangfrische Forellen, ofenfrische Baguettes.

Andere Lebensmittel erfordern eine Zeit der Reife. Man wünscht z. B. abgehangenes Fleisch oder alten Weinbrand. Der Kunde hat also bestimmte Wertvorstellungen, was wann am besten schmeckt, wie das Nahrungsmittel beschaffen sein sollte.

Lebensmittel sind immer Veränderungen unterworfen. Neben den erwünschten, qualitätsfördernden Veränderungen gibt es auch solche, die nicht erwünscht sind und zum Verderb führen.

Je nach Art der Lebensmittel laufen diese Vorgänge unterschiedlich schnell ab.

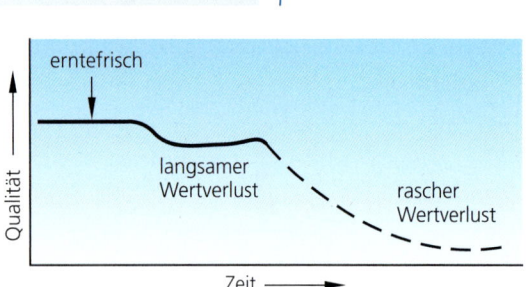

Abb. 1 Qualitätsverlauf bei Lagerung von Lebensmitteln

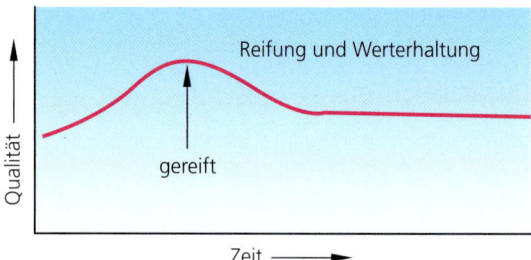

Abb. 2 Qualitätsverlauf bei reifenden Lebensmitteln

Man unterscheidet deshalb

- **leicht verderbliche Lebensmittel,**
  die meist einen hohen Wasser- oder Eiweißgehalt aufweisen. Darum werden sie von den lebensmittelverderbenden Mikroben bevorzugt. Beispiele: Milch, Fisch, Hackfleisch. Bei diesen Lebensmitteln sind die Aufbewahrungstemperaturen vorgeschrieben. Nach Ablauf des Verbrauchsdatums dürfen sie nicht mehr verwendet werden.

- **verderbliche Lebensmittel,**
  die bei richtiger Behandlung verhältnismäßig lange zu lagern sind. Beispiele: Äpfel, Zwiebeln, Kartoffeln, Pflanzenfett.

- **haltbare Lebensmittel,**
  die meist wenig Wasser enthalten und bei richtiger Lagerung nur sehr langsam oder nicht verderben. Beispiele: Zucker, Reis, Linsen.

Bei der Werterhaltung von Lebensmitteln geht es darum, den erwünschten Zustand der Lebensmittel möglichst zu erhalten.

Man spricht von

- **Aufbewahrung,**
  wenn die Eigenschaften für verhältnismäßig **kurze Zeit** erhalten werden sollen, z. B. vom Einkauf bis zur Verarbeitung in den folgenden Tagen;

- **Lagerung,**
  wenn Lebensmittel für **längere Zeit** verzehrbereit sein sollen. Man lagert z. B. Kartoffeln, Möhren, Äpfel;

- **Konservierung,**
  wenn die Lebensmittel für lange Zeit erhalten werden sollen.

16.1 Lebensmittelverderb

Ursachen des Verderbs

Meist wirken mehrere Vorgänge zusammen, wenn Nahrungsmittel verderben. Es können sein

- **physikalische Veränderungen:**
  Zellwände von Obst und Gemüse platzen bei Frost; Austrocknung, Aromaverluste durch Verdunstung,
- **biochemische Veränderungen:**
  Wirkung der Eigenenzyme, Bräunung von Schnittflächen, z.B. bei rohen Kartoffeln, Äpfeln.
- **Veränderungen durch Mikroorganismen:**
  Schmierigwerden von Fleisch, Gären von Marmelade, Verschimmeln von Brot usw.

Die häufigsten **Ursachen des Verderbens** sind **Enzyme**, die zu biochemischen Veränderungen führen, und **Mikroorganismen**.

Die verschiedenen Konservierungsverfahren haben darum zum Ziel, die Wirksamkeit der Mikroorganismen auszuschalten oder wenigstens einzuschränken.

Entsprechend den Lebensbedingungen ergeben sich folgende **Möglichkeiten der Konservierung:**

● Physikalische Veränderungen wie Frostschäden oder Austrocknung können durch richtige Lagerung und Verpackung weitgehend vermieden werden. Bei den einzelnen Lebensmitteln wird darauf besonders hingewiesen.

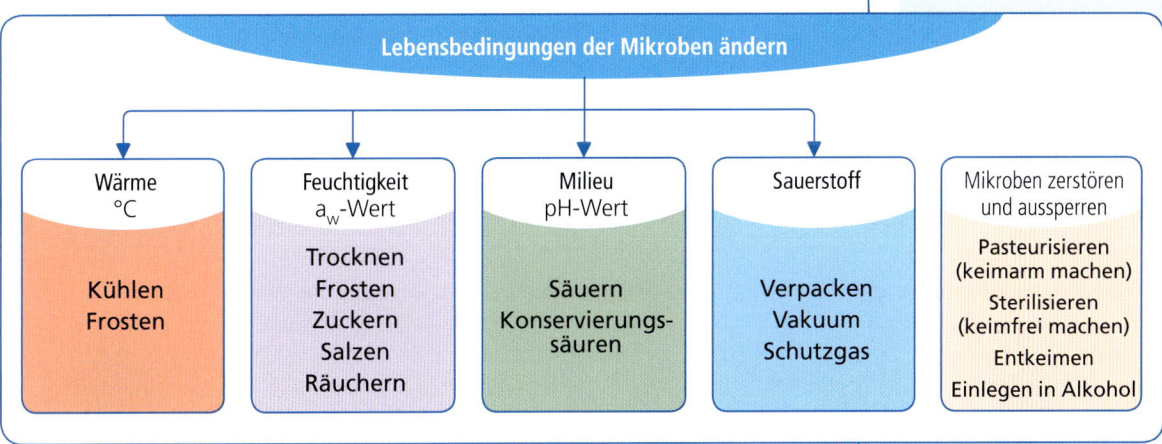

Abb. 1 Möglichkeiten der Konservierung

16.2 Werterhaltung

Kühlen

Kühlen ist die zur kurzfristigen Aufbewahrung am häufigsten angewandte Methode; Kühlschrank und Kühlraum dienen dazu.

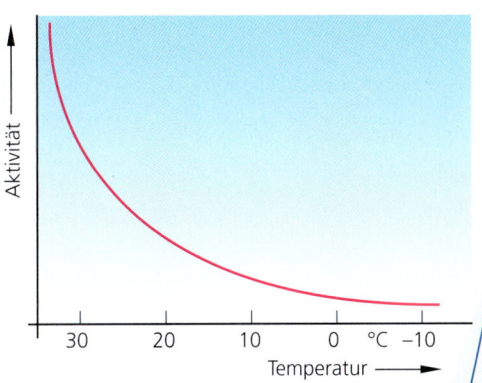

● Je stärker man ein Lebensmittel abkühlt, desto langsamer verdirbt es. Diese Grundregel gilt bis zu etwa + 6 °C.

Abb. 2 Mikrobenaktivität

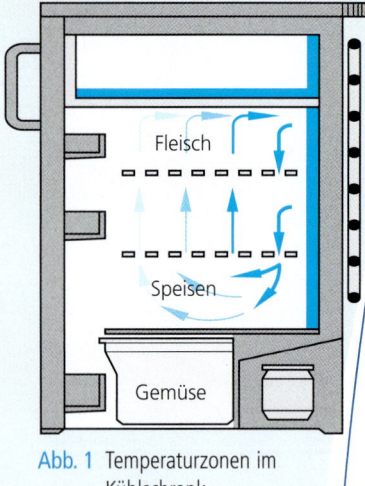

Abb. 1 Temperaturzonen im Kühlschrank

Da Pflanzenteile wie Gurken oder Kopfsalat auch nach der Ernte noch „weiterleben", können bei zu starker Abkühlung die Stoffwechselvorgänge in den Zellen zum Erliegen kommen. Das Gemüse verdirbt, obwohl es gekühlt ist. **Salatgemüse** sind besonders empfindlich.

Darum hat man **Kühlräume** mit unterschiedlicher Temperatur für
Fleisch und Fleischwaren: +2 °C bis +4 °C
Gemüse, Obst: +6 °C bis +8 °C

Im Kühlschrank ist es **unter dem Verdampfer am kältesten**, in der Gemüseschale am wärmsten. Die **Lebensmittel sind abzudecken** oder zu verpacken, damit sie vor fremden Gerüchen geschützt sind und nicht abtrocknen.

Kühlräume müssen in regelmäßigen Abständen vollständig gereinigt werden, weil sich an den Wänden und an den Einrichtungsgegenständen Mikroben festsetzen. Die kälteliebenden Arten können auch bei Kühlraumtemperaturen wirken.

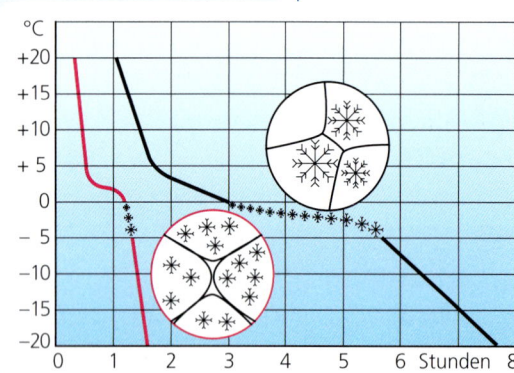

Abb. 2 Schockfrosten und Frosten

> Für die gewerblichen Betriebe ist vorgeschrieben, dass in „Fleischkühlräumen" keine anderen Lebensmittel gelagert werden dürfen, weil die Gefahr besteht, dass von diesen Mikroben und Schädlinge auf das Fleisch übertragen werden können.

Tiefgefrieren – Frosten

Das Tiefgefrieren eignet sich für längere Lagerung. Es ist die schonendste Methode, Lebensmittel für längere Zeit haltbar zu machen. Aber auch tiefgefrorene Lebensmittel sind **nicht unbegrenzt haltbar**, denn durch den Wärmeentzug ist die Tätigkeit der Mikroben und Enzyme nur verlangsamt. Ganz zum Stillstand kommt sie nicht.

In den Zellen der pflanzlichen und tierischen Lebensmittel befindet sich Zellsaft, in dem Mineralstoffe gelöst sind. Durch den Mineralstoffgehalt wird der Gefrierpunkt verschoben, und beim Abkühlen der Lebensmittel bilden sich die Eiskristalle erst bei Temperaturen von mehreren Graden unter 0 °C. Will man eine qualitativ hochwertige Frostware, muss dieser Bereich der „maximalen Kristallbildung" rasch durchlaufen werden. Das geschieht bei −35 °C; man spricht darum auch von **Schockfrosten**.

> Wird den Lebensmitteln zu langsam Wärme entzogen, bilden sich unregelmäßig große Eiskristalle, die dann beim Auftauen zu Qualitätsverlusten führen.

Hinweise

- Nur frische, einwandfreie Ware frosten, denn die Qualität kann nicht verbessert, sondern nur erhalten werden.
- Gemüse vor dem Frosten kurz blanchieren und anschließend sofort abschrecken. Dadurch werden Enzyme zerstört, das Gemüse ist länger lagerfähig.
- Gefrierware luftdicht verpacken, denn sonst verdampft Zellflüssigkeit (Gefrierbrand bei Fleisch).

- Hackfleisch und rohe Zubereitungen daraus dürfen im Gastgewerbe üblicherweise nicht eingefroren werden. Die vorgeschriebene Gefriergeschwindigkeit ist nur mit Schockfroster möglich.
- Genau beschriften, denn gefrostete Ware ist auch im durchsichtigen Plastikbeutel nur schwer erkennbar.
- Zum Einfrieren die Ware möglichst breit auslegen, denn so kann die Kälte schneller eindringen.
- Die Lagertemperatur muss mindestens −18 °C betragen.

Mängel bei der Lagerung von Tiefkühlkost

Wenn die Lagertemperatur stark schwankt, z. B. wenn wiederholt Warmes zum Abkühlen in den Froster gegeben wird, dann tauen die Randschichten gefrosteter Ware an und Wasser verdunstet aus den Randschichten.

- Bei loser Ware in Packungen ist dieses Wasser als **„Schnee"** sichtbar. Die Ware ist ausgetrocknet und von geringer Qualität.

- Bei Einzelstücken kommt es zu **Gefrierbrand**, wenn die Verpackung verletzt ist oder unverpackte Ware im Froster gelagert wird. An den defekten Stellen der Verpackung geht das Wasser der Zellen in die Umgebungsluft über. Das Produkt trocknet aus und schmeckt „strohig".

Abb. 1 Schneebildung bei stückiger Ware

Richtiges Auftauen

- Kleine Stücke, wie portionierte Stücke von Fisch oder Fleisch, nur antauen. Die Wärme dringt rasch bis zum Kern vor, sodass der Tausaft nicht ausfließen kann.
- Große Stücke, wie z. B. Kalbskeule, langsam, am besten im Kühlraum, auftauen, denn so entstehen die geringsten Verluste.
- Blockware, wie z. B. pürierten Spinat, in ein Gefäß mit etwas Wasser geben und erhitzen.

Überblick über weitere Verfahren der Haltbarmachung

Die Lebensmittelbevorratung über einen längeren Zeitraum wird heute fast ausschließlich von der Lebensmittelindustrie und vom Handel übernommen. Dort werden weitere Konservierungsverfahren angewandt.
Für die sachgerechte Lagerung und den richtigen Umgang mit den Produkten genügt hier ein Überblick.

Abb. 2 Hähnchen mit Flecken durch Gefrierbrand

Verderbnis- und Krankheitserreger werden bei höheren Temperaturen abgetötet. Zugleich verändert sich unter der Wärmeeinwirkung das Lebensmittel. So hat z. B. ein Gulasch aus der Dose eine faserigere, trockenere Fleischbeschaffenheit als bei einem selbst hergestellten Gericht. Um die Veränderungen in Grenzen zu halten, wendet man darum beim Konservieren nur so viel Wärme an, wie für die erwünschte Haltbarkeit unbedingt erforderlich ist.

Sterilisieren

Viele Verderbniserreger werden bei 100 °C abgetötet und die Lebensmittel sind dann lange haltbar. Eiweißhaltige Lebensmittel werden jedoch auch von sporenbildenden Mikroben befallen (Vgl. S. 20). Die Überlebensform der Bazillen, **die Sporen**, werden bei Kochtemperatur nicht zerstört. Man erhitzt darum unter Druck auf rund 120 °C.

Weiterverwendung: Das eigentliche Garen entfällt, weil die Lebensmittel durch die Sterilisierung schon gegart sind. Vielfach müssen sie nur noch auf Serviertemperatur gebracht oder fertiggestellt werden.

Haltbarkeit: mehrere Jahre.

Pasteurisieren

Lagerfähigkeit: Auch bei kühler Aufbewahrung nur begrenzt.

Manche Lebensmittel müssen nicht so lange haltbar sein oder sie verändern sich bei starker Erhitzung in einer Weise, die nicht erwünscht ist. Dann wird nur kurze Zeit erhitzt und rasch wieder abgekühlt. Die Lebensmittel sind dann zwar nicht so lange haltbar, doch wird z. B. eventueller Kochgeschmack vermieden.

Trocknen

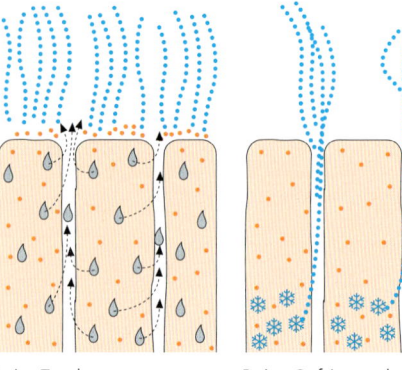

Durch Wasserentzug werden die Mikroben und Enzyme in der Wirksamkeit gehemmt. Man wendet das Trocknen vor allem bei Reis, Teigwaren, Hülsenfrüchten, Gewürzen, Küchenkräutern und bei Dörrobst an.

Lagerfähigkeit: Mehrere Jahre. Auf trockene Luft ist zu achten. Verpackt aufbewahren, um Geruchsübertragungen zu vermeiden.

Beim **Gefriertrocknen** wird das Lebensmittel zunächst gefroren. Anschließend verdunstet das Eis direkt zu Wasserdampf. Dabei bleibt die Beschaffenheit des Lebensmittels gut erhalten. Die Qualität ist besser als beim gewöhnlichen Trocknen.

Beim Trocknen verdampft das Wasser an der Oberfläche.

Beim Gefriertrocknen geht das Eis direkt in Dampf über.

Salzen, Pökeln

Haltbarkeit: Sehr unterschiedlich und von den angewendeten Verfahren abhängig. Während z. B. gekochter Schinken im Kühlschrank aufzubewahren ist, kann roher Schinken bei Raumtemperatur lagern.

Salz wirkt wasserentziehend und senkt den a_w-Wert, der Gehalt an verfügbarem Wasser wird verringert.

Pökeln ist ein besonderes Salzungsverfahren, bei dem statt einfachem Kochsalz ein Pökelsalz (Nitrit) eingesetzt wird. Beim späteren Abbau entsteht aus Nitrit Stickstoffoxid, das konservierend wirkt. Dadurch wird z. B. Ranzigwerden von Fett verzögert. Außerdem verleiht es dem Fleisch eine angenehme rötliche Farbe. Nitrit ist in großen Mengen giftig, deswegen wird es in einer Salz-Nitrit-Mischung verwendet.

Räuchern

Der Rauch, der beim Verglimmen von Spänen, Sägemehl oder Hölzern entsteht, wird an Fisch oder Fleischwaren vorbeigeführt, um diese dadurch haltbarer zu machen und geschmacklich zu verändern. Beim **Heißräuchern** werden Temperaturen von mehr als 75 °C erreicht. Hier trägt auch der Wasserverlust zur Haltbarkeit bei. Beim **Warmräuchern** liegt die Räuchertemperatur bei etwa 40 °C. Das **Kalträuchern** (um 20 °C) dauert oft mehrere Tage oder Wochen.

Haltbarkeit: mehrere Monate.

Zuckern

Zucker bindet Wasser, die Mikroben werden in ihrer Tätigkeit gehemmt. Beim Kochen von Konfitüre und Gelee wird die Frucht-Zucker-Mischung durch die hohe Temperatur zusätzlich keimfrei.

Haltbarkeit: Mindestens ein Jahr.

Säuern

Haltbarkeit: Beschränkt, vielfach wird zusätzlich sterilisiert, z. B. Sauerkraut, Essiggurken.

Durch Zugabe von Säure (Essig) oder Bildung von Säure in den Lebensmitteln (Milchsäure im Sauerkraut) werden die Mikroben gehemmt.

Alkoholkonservierung

Legt man Lebensmittel in hochprozentigen Alkohol ein, werden diese für lange Zeit haltbar. Außerdem führt der Alkohol zu einem Wasserentzug im Lebensmittel. Dabei ist jedoch zu bedenken, dass sich Farbe, Geschmack und Konsistenz verändern. Außerdem sind die Lebensmittel nicht mehr für jede Gästegruppe (z. B. Kinder, Kranke) geeignet.

Haltbarkeit: Bis zu zwei Jahren.

Chemische Konservierungsstoffe

Diese Stoffe wirken direkt auf die Mikroorganismen, zerstören sie oder behindern sie erheblich. Die Konservierungsstoffe sind auf ihre gesundheitliche Unbedenklichkeit geprüft und dürfen nur bestimmten Lebensmitteln in festgesetzten Höchstmengen beigegeben werden.

● Auf den Gehalt an chemischen Konservierungsstoffen muss hingewiesen werden.

Vakuumieren

Beim Vakuumieren (auch Vakuumverpacken genannt) von Nahrungsmitteln werden diese in eine Folie eingeschweißt, und durch eine Öffnung wird die Luft aus der Folie herausgesaugt. Bei dieser Methode werden zwar keine Mikroorganismen getötet, jedoch werden das Wachstum und die Toxinproduktion von aeroben Bakterien und Pilzen eingeschränkt. Häufig wird beim Vakuumverpacken zusätzlich ein Schutzgas wie Kohlenstoffdioxid oder Stickstoff eingesetzt. Dieses ist geruchslos, geschmacksneutral und verdrängt Bakterien.

Haltbarkeit: Wird ein vakuumverpacktes Produkt zusätzlich gekühlt, kann es eine Haltbarkeit von bis zu sechs Wochen erreichen.

Hürden-Effekt

Alle Haltbarmachungsverfahren verändern die Lebensmittel in irgendeiner Form. Durch Kombination unterschiedlicher Verfahren kann man haltbar machen und zugleich die Veränderungen gering halten. Dabei wird den Mikroben gleichsam anstelle einer großen Sperre eine Reihe von Hürden entgegengestellt.

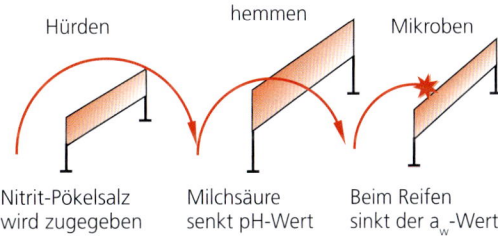

Hürden — hemmen — Mikroben

Nitrit-Pökelsalz wird zugegeben — Milchsäure senkt pH-Wert — Beim Reifen sinkt der a_w-Wert

Abb. 1 Hürden-Effekt am Beispiel Rohwurst

Aufgaben

1. Nennen Sie Teilbereiche der Qualitätsbeurteilung von Lebensmitteln.

2. Welches sind die Ursachen für den raschen Verderb bestimmter Lebensmittel?

3. Wie kann die Lagerdauer von leicht verderblichen Lebensmitteln verbessert werden?

4. Nicht verkaufte geschlachtete Forellen werden unverpackt in den Tiefkühlraum bei −18 °C gelegt. Wie denken Sie hinsichtlich der Qualität darüber?

5. Sie öffnen eine Tiefkühlpackung mit Pommes frites und finden große Eiskristalle, so genannten „Schnee" vor. Erläutern Sie.

6. Dem neuen Azubi ist nicht klar, warum im Fleischkühlraum eine andere Temperatur angezeigt wird als im Gemüsekühlraum. Erklären Sie.

7. „Im Fleischkühlraum ist noch Platz, da stellen wir den Kopfsalat hinein." Darf man das? Begründen Sie die Entscheidung.

8. „Bringe die Desserts in den Tiefkühler, damit sie schnell abkühlen." Welcher Nachteil ist mit diesem Arbeitsauftrag verbunden?

Arbeitsgestaltung

1 Küchenorganisation

 kitchen organization 🇫🇷 organisation (w) en cuisine

Die Küche ist eine Produktionsstätte mit vielfältigen Aufgaben, die nur bewältigt werden können, wenn die Produktionsprozesse sachlich und zeitlich klar gegliedert werden. Einfach gesagt: Jeder muss wissen, wer was wann zu tun hat.

> Dieses Ordnen von Aufgaben bezeichnet man als **Organisation von Arbeitsabläufen**.

1.1 Individualgastronomie

Postenküche

Die einzelnen Tätigkeiten sind sachlich aufgegliedert und einzelnen **Posten** (Arbeitsgebieten) zugeordnet. Dabei kommt man zu folgender Grobeinteilung:

Warme Küche		Kalte Küche	Konditorei
Saucenkoch **Saucier**	Gemüsekoch **Entremetier**	Koch der kalten Küche **Gardemanger**	Küchenkonditor **Pâtissier**
• Zubereiten von Fleisch, Fisch, Wild, Geflügel • Herstellen von Saucen	• Zubereiten von Gemüse, Kartoffeln, Reis, Teigwaren • Herstellen von Suppen, Eierspeisen	• Vorbereiten von Fleisch, Fisch, Wild, Geflügel • Herstellen von Vorspeisen, kalten Platten, kalten Saucen	• Herstellen von Kuchen, Gebäck, Pasteten, Puddings, Aufläufen, Eis

In größeren Küchen wird die Arbeit weiter unterteilt, die Aufgabengebiete werden enger und spezialisierter. Die einzelnen Komponenten eines Gerichtes (Fleisch sowie Gemüse und Kartoffeln) werden von verschiedenen Posten gefertigt und dann zusammengefügt. Im Mittelpunkt einer solchen Küche steht in der Regel der Herdblock.

Küchenchef
Chef de cuisine

Saucenkoch
Saucier

Gemüsekoch
Entremetier

Koch der kalten Küche
Gardemanger

Küchenkonditor
Pâtissier

Bratenkoch
Rôtisseur

Suppenkoch
Potager

Vorspeisenkoch
Hors-d'œuvrier

Fischkoch
Poissonnier

Küchenmetzger
Boucher

Vertretungskoch
Tournant

Koch-Zentrum

In einem Koch-Zentrum fertigt ein Koch das Gericht allein und trägt dafür die Verantwortung. Die Geräte sind meist U-förmig, gleichsam „um den Koch herum" angeordnet. Die Vorproduktion kann zeitlich unabhängig erfolgen, vorgefertigte Produkte können auf einfache Weise in den Ablauf eingefügt werden.

Das folgende Beispiel vergleicht den Arbeitsablauf für *Rumpsteak mit Bratkartoffeln und Salat* in Postenküche und Koch-Zentrum.

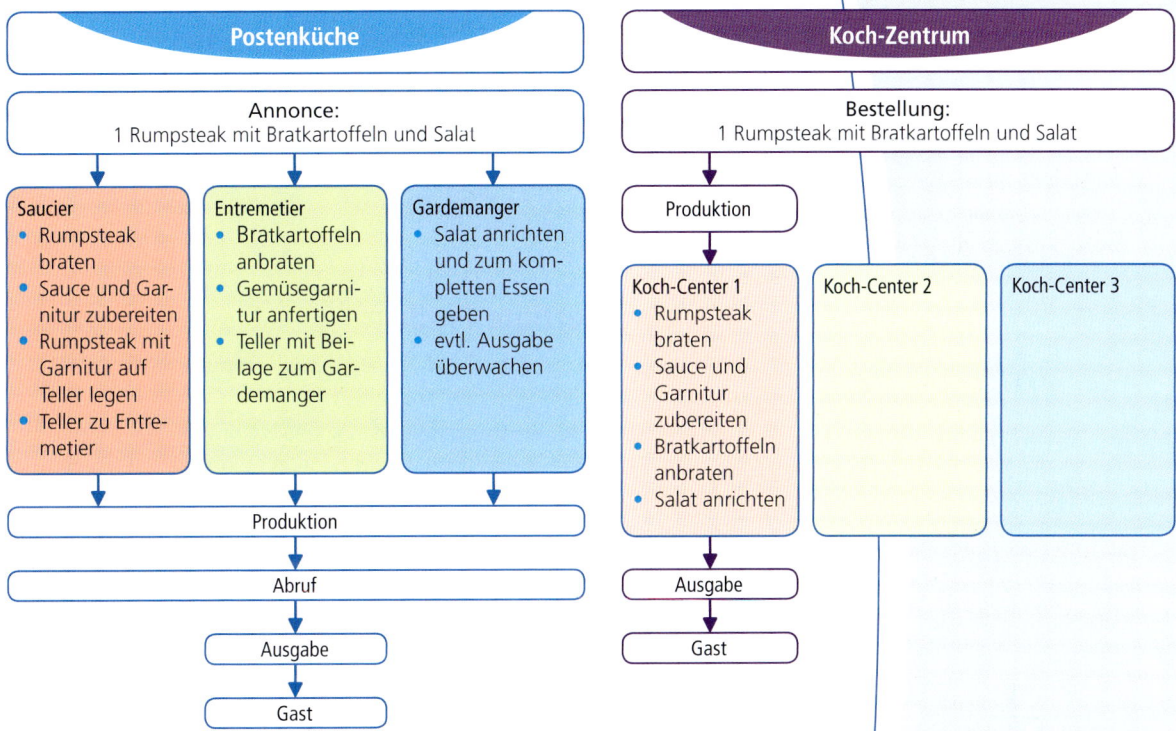

1.2 Systemgastronomie

Stationenküche in einem Quick-Service-Restaurant

In einem **Schnellrestaurant der Systemgastronomie** sind die Arbeitsabläufe darauf ausgerichtet, einer großen Menge an Gästen innerhalb kürzester Zeit in einwandfreier und gleichbleibender Qualität die bestellten Speisen zuzubereiten.

Der Umfang der angebotenen Speisen ist meist überschaubar. Daher kann für die zu erwartenden Gäste eine gewisse Menge an Produkten bereits **im Voraus (vor der eigentlichen Bestellung) produziert** werden. Die Betriebe legen fest, wie lange die Produkte maximal an der Produktionskontrolle warm gehalten werden (in der Regel 10 Minuten).

In einigen Restaurantketten werden die Speisen nicht vorproduziert, sondern **auf Bestellung hergestellt (Made-for-you-Konzept)**. Um trotzdem eine rasche Servicezeit zu gewährleisten, wird die Bestellung schon beim Erfassen vom Kassensystem direkt auf einen Bildschirm an der jeweiligen Station übertragen.

An der Station wird das Produkt (z. B. ein Chickenburger) garniert. Rohe Zutaten (z. B. Salat) sind dort bereits vorgeschnitten. Zu garende Produkte (z. B. Hähnchenfilet) sind, der erwarteten Gästeanzahl entsprechend, bereits gegart und für eine bestimmte Haltezeit (z. B. 10 Minuten) in Warmhalteschränken gelagert. So wird bei einer Bestellung das Produkt nur noch zusammengestellt.

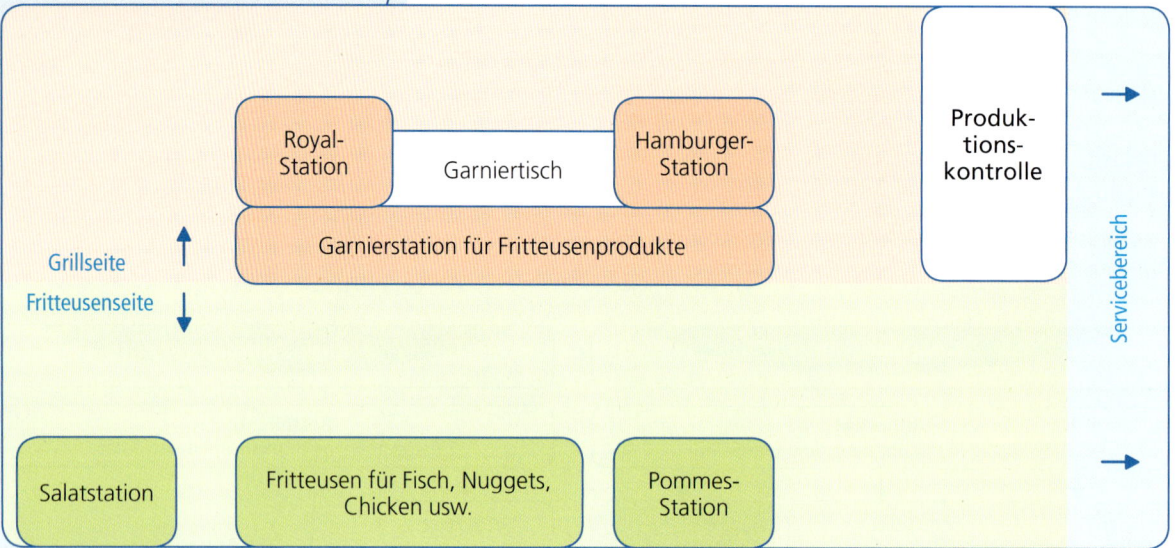

Abb. 1 Typische Stationen Schnellrestaurant

Jeder Herstellungsvorgang besteht aus vielen Einzelschritten. Sie sind zwar alle erforderlich, um zum Ergebnis zu gelangen, doch müssen sie nicht zwangsläufig zeitlich zusammenhängend erledigt werden. So werden z.B. Kartoffeln geschält und in Wasser gelagert, bis sie gegart werden; Teigwaren und Reis kocht man vor und bringt sie bei Bedarf wieder auf Verzehrtemperatur. Eine Aufteilung von Arbeitsabläufen ist also nichts Neues.

1.3 Vorgefertigte Produkte

🇬🇧 convenience food 🇫🇷 produits (m) alimentaires prétraités et précuisinés

Vorgefertigte Produkte bezeichnet man auch als Convenience Food. Der aus dem Englischen kommende Begriff bedeutet wörtlich „bequeme Lebensmittel, bequemes Essen". Die „Bequemlichkeit", die der Restaurantleiter oder der Koch mit vorgefertigten Produkten einkauft, ist von Ware zur Ware unterschiedlich.

In der klassischen Küche wurden alle Arbeitsschritte von der Rohware bis zum fertigen Gericht im Hause erledigt. Man nennt das **Eigenfertigung**.

Heute werden viele Produkte ganz selbstverständlich in vorbereiteter Form bezogen. So sind z.B. Erbsen, ob aus der Dose oder als Tiefkühlware von der Schote befreit; für Pommes frites aus dem Tiefkühler sind Kartoffeln gewaschen, geschnitten, von kleinen Abschnitten befreit und blanchiert worden. Bei diesen Beispielen spricht man von **Fremdfertigung**.

Gegenüberstellung: Eigenfertigung – Fremdfertigung

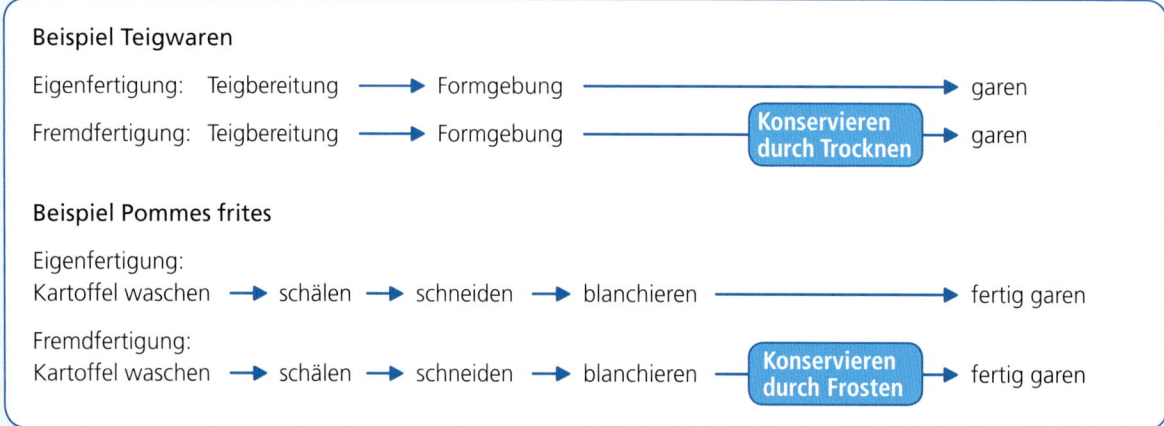

Beispiele für vorgefertigte Produkte aus dem Katalog eines Anbieters aus folgenden Bereichen:

Geflügel	Fisch	Gemüse

Rohe Putenbrust
Verwendung offen

Flunderfilet
Verwendung offen

Brokkoli, geputzt
Verwendung offen

Die abgebildeten Beispiele zeigen unterschiedliche Stufen der Vorbereitung.

Je weiter untenstehend, desto stärker vorbereitet, desto höher ist der Convenience-Grad.

Putenbrustfilet, paniert
nur noch braten

Schollenfilet, paniert
nur noch braten

Gemüse, geschnitten
für Ratatouille

Poulardenbrust mit Sauce
nur noch erwärmen

Matjesfilet
servierfertig

Gemüsekomposition
nur noch erwärmen

Service

Arbeiten mit vorgefertigten Produkten

Vorgefertigte Produkte sind Grundlagen. Sie können und sollten individuell zubereitet, verfeinert und abgeschmeckt werden.

Rezepturen sind einzuhalten. Die vorgegebenen Rezepturen, z. B. die Menge der zuzusetzenden Flüssigkeit, sind erprobt und aufeinander abgestimmt. Nicht nach Augenmaß arbeiten, sondern abwiegen und abmessen!

Arbeitsanweisungen beachten, um Mängel zu vermeiden. So gibt es z. B. für Kartoffelpüree Trockenprodukte, die man nach dem Einrühren in die Flüssigkeit weiterrühren darf, aber auch anderes Ausgangsmaterial, das durch diese Behandlung zäh wird.

Garzeiten beachten. Vorgefertigte Lebensmittel sind in den meisten Fällen vorgegart. Durch zu lange Wärmeeinwirkung in der Küche leidet die Qualität erheblich.

Vergleich

	Eigenfertigung	Fremdfertigung
Vorteile	• starker Einfluss auf Qualität, Geschmack und Aussehen • unabhängig vom Zulieferer • Ausnutzung vorhandener Kapazität	• maschinelle Bearbeitung ist kostengünstiger als Handarbeit • Spitzenbelastungen können abgefangen werden
Nachteile	• mehr Personal, Geräte und Maschinen • größere Lagerhaltung	• kein Niveauunterschied zwischen den Betrieben • Abhängigkeit von Lieferanten

Betriebswirtschaftliche Überlegungen

Aus rein kaufmännischer Sicht spricht viel für den Einsatz von Convenience-Produkten. Nicht zuletzt deshalb ist Vorgefertigtes weit verbreitet.

- **Zeitersparnis** bei der Zubereitung kann zu **Einsparungen im Personalbereich** führen. Es werden weniger Mitarbeiter benötigt.

- Die geringeren Schnitt-, Schäl- und Lagerverluste erlauben eine **genauere Einkaufsplanung** und eine **Reduzierung des Lageraufwandes**. Bestellmengen-Berechnungen werden vereinfacht (Schälverluste müssen nicht berücksichtigt werden).

- Bei den meisten Lebensmitteln kommt es zu saisonalen Preisschwankungen. Convenience-Produkte dagegen werden das ganze Jahr zu Fixpreisen angeboten. **Kalkulationen werden daher vereinfacht.** Alle Speisen können das ganze Jahr zum gleichen Preis angeboten werden, ohne dass sich der Gewinn durch unterschiedliche Einkaufspreise für den Winter oder Sommer ändert.

Die einfache Zubereitung von Convenience-Produkten führt leicht zur Überlegung, **Personal ohne gastronomische Ausbildung** einzustellen. Niedrigere Gehälter führen zwar zu Einsparungen, die negativen Folgen für den Betrieb (siehe Kasten oben rechts) sind aber zu bedenken.

Für die Zubereitung von Speisen mit Hilfe vorgefertigter Produkte müssen oft zusätzliche Geräte angeschafft werden (z. B. spezielle Dampfgarer oder Regenerieröfen).

Kostenverlauf Eigenfertigung – Fremdfertigung

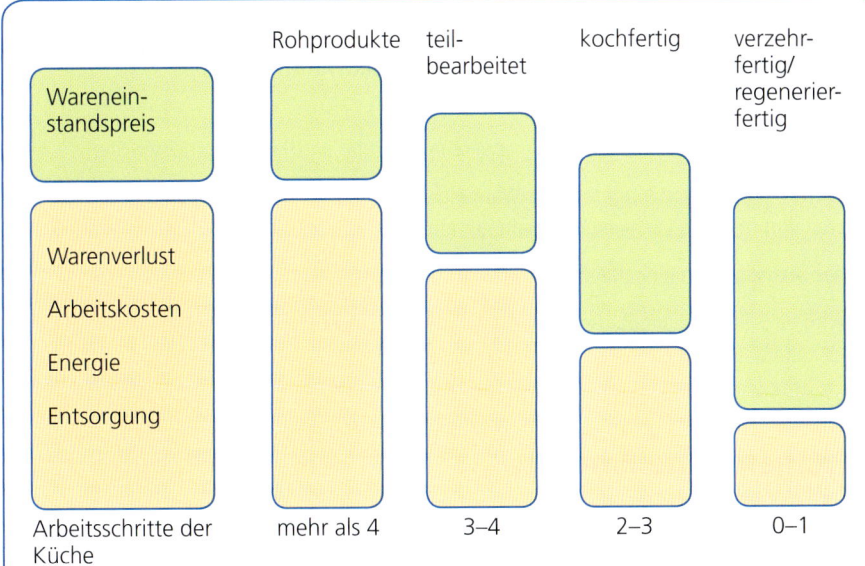

	Rohprodukte	teil-bearbeitet	kochfertig	verzehr-fertig/ regenerier-fertig
Wareneinstandspreis				
Warenverlust Arbeitskosten Energie Entsorgung				
Arbeitsschritte der Küche	mehr als 4	3–4	2–3	0–1

Überlegungen zu Marketing und Image

Individualgastronomie: Frische gegen Verfügbarkeit

Mit dem Einsatz von Convenience-Produkten kann **ganzjährig ein umfangreiches Sortiment an Speisen** angeboten werden. Es gibt Gäste, die dies schätzen. Wirbt das Restaurant dagegen damit, frische und saisonale Zutaten zu verwenden, ist der Einsatz von Convenience-Produkten nur eingeschränkt oder nicht möglich.

Trotz einiger Vorteile haben Convenience-Produkte ein **schlechtes Image** in der Öffentlichkeit. Kaum ein Gastwirt gibt gern zu, dass er vorgefertigte Produkte verwendet. In welchem Maß er sie einsetzt und wie stark er sie induell verfeinert, ist sein persönlicher Kompromiss zwischen Wirtschaftlichkeit und Image.

Systemgastronomie: Schnelligkeit und Wiedererkennung

Schnellrestaurants werden wegen der kurzen Zeitspanne zwischen Aufnahme einer Bestellung und dem Servieren der Speise gewählt. Das ist **ohne den Einsatz von vorgefertigten Produkten nicht zu verwirklichen.**

Für die klassische Gastronomie ist die Entwicklung eines „Einheitsgeschmacks" nicht erwünscht (s. o.). In der Systemgastronomie dagegen wird er **angestrebt**, um den Wiedererkennungswert zu erhöhen.

In der Systemgastronomie sind sich die Gäste bewusst, dass vorgefertigte Produkte eingesetzt werden. Für das Marketing ist es daher wichtig, die **Frische der eingesetzten Lebensmittel** herauszustellen.

Abb. 1 Gefüllte Kaninchenkeule

eat fresh.

Abb. 2 Werbeslogan einer Restaurantkette

Aufgaben

1. Nennen Sie mindestens fünf Beispiele für Produkte, die vor der Ausgabe nur noch erwärmt und abgeschmeckt werden.

2. Sie hören, wie der Küchenchef sagt: „Mit vorgefertigten Produkten baue ich Arbeitsspitzen ab." Was meint er damit?

3. Vergleichen Sie den Kilopreis für frischen Spinat und Frostware im Mai und im Oktober. Berichten Sie.

4. Bei Preisvergleichen von Frischware mit vorgefertigter Ware müssen Vorbereitungsverluste berücksichtigt werden. Beim Filetieren von frischem Lachs rechnet man mit einem Verlust von 35 %.

   a) Wie viel kg frischer Lachs müssen eingekauft werden, um 1 kg Lachsfilet zu erhalten?

   b) Frischer Lachs wird zu 5,90 €/kg angeboten. Berechnen Sie den Preis für 1 kg Lachsfilet.

PROJEKT

Vorgefertigte Produkte

Ihr Unternehmen plant, das Angebot an Kartoffelbeilagen zu erweitern. Zukünftig sollen neben Pommes frites und Kroketten auch Bratkartoffeln für den Gast zur Auswahl stehen.

Planung

Es steht noch nicht fest, auf welcher Fertigungsstufe die neue Beilage eingeführt werden soll. Das kann im Rahmen der Produktentwicklung frei bestimmt werden. Zunächst sind Informationen zu beschaffen, z. B.

- Angebotsformen und Lieferanten für vorgefertigte Kartoffeln (geschält, geschält und in Scheiben usw.).
- Suchen Sie nach einem Rezept für Bratkartoffeln eigener Fertigung.
- Besorgen Sie die entsprechenden vorgefertigten Produkte und frische Kartoffeln.
- Erstellen Sie für jede Produktionsmethode einen Ablaufplan wie auf Seite 54. Beachten Sie dabei, dass alle Zubereitungen zur gleichen Zeit zu einem Vergleich bereitstehen müssen.
- Lesen Sie auf den Seiten 159 und 160, wie beim Bewerten von Speisen vorgegangen wird.
- Bereiten Sie ein Bewertungsblatt vor. Auf Seite 160 finden Sie ein Muster, das Sie für Ihre Aufgabe abwandeln können.

Durchführung

- Bereiten Sie die Kartoffeln und die Convenience-Produkte genau nach Anweisung zu.
- Neutralisieren Sie die Proben, das bedeutet, der Prüfende weiß nicht, welches Produkt vor ihm steht. Am einfachsten verwendet man für alle Zubereitungen gleiches Geschirr und verteilt Nummern.
- Halten Sie das Ergebnis fest, das kann geschehen
  - in Form von Noten wie auf Seite 160 oder
  - in Form einer Beschreibung. Ab Seite 157 finden Sie dazu Hilfen.
- Machen Sie Notizen zur aufgewendeten Arbeitszeit.

Auswertung

- Wenn Sie Noten vergeben haben, werden die Werte jetzt zusammengezählt. „Sieger" ist die Zubereitung mit der geringsten Summe.
- Wenn Sie die Bewertung mit Worten bevorzugt haben, ist das Ergebnis umfassender, doch eine Rangfolge lässt sich meist nur schwer herstellen.

❷ Arbeitsmittel

🇬🇧 equipment identification 🇫🇷 outils (m) de travail

Das wichtigste Werkzeug in der Küche ist das Messer. Je nach Einsatzgebiet gibt es spezielle Messer, die sich hauptsächlich in Größe, Form und Beschaffenheit der Klinge unterscheiden. Für alle Arten gilt:

- **Ein Messer muss gut in der Hand liegen.** Dabei ist einmal das Verhältnis von Griff zu Klinge wichtig. Zum anderen kommt es auf das Gewicht an. Wenn ein Messer zu leicht ist, liegt es nicht gut in der Hand.
- **Die Klinge muss federnd und zugleich hart sein.** Dann ist sie belastbar und zugleich schnitthaltig. Von Schnitthaltigkeit oder Standfestigkeit spricht man, wenn die Schneide die Schärfe lange hält.
- **Der richtige Messergriff schützt vor Unfällen.** Eine raue Oberfläche gewährleistet einen sicheren Griff. Der Fingerschutz ist besonders wichtig, denn er verhindert das Abgleiten der Hand in die Schneide.

🔴 Unfälle mit Messern stehen in der Küche an erster Stelle.

Oberflächenrauigkeit
gewährleistet sicheren Griff

Standardgriff

Fingerschutz
verhindert
Abgleiten
auf Schneide

Knauf
gewährleistet
sichere
Handhabung

2.1 Grundausstattung

Küchenmesser, mittelgroß
Schneiden von Kartoffeln, Gemüsen, Obst, Fleisch und Fisch

Gemüsemesser/Officemesser
Putzen und Zurichten von Gemüsen, Pilzen und Salaten

Wetzstahl
Abziehen und Auf-Schnitt-Halten der Messer

Küchengabel
Ausstechen und Entnehmen von Fleisch. Wenden großer Braten

Tourniermesser
Kartoffel-, Gemüse- oder Fruchtteile durch glatte Schnitte gleichmäßig formen

Buntschneidemesser
Gekochte rote Rüben, Sellerie, Möhren, Gurken oder Kürbis in Scheiben mit gerieften Flächen schneiden

2.2 Erweiterungen

Vorwiegend für Gemüse

Gemüse- und Kartoffelhobel (Mandoline)
Schneiden von Gemüsen und Kartoffeln. Stärke beliebig einstellbar. Klingen mit unterschiedlichen Schneiden ermöglichen Scheiben mit glatten oder gefurchten Flächen (Waffelkartoffeln).

Sparschäler
Gleichmäßig dünnes Schälen von Gemüsen/ Früchten

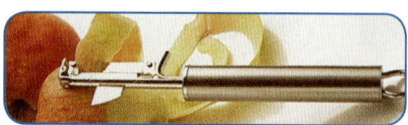

Ausbohrer
Ausbohren kugeliger oder olivenartiger Formen aus Kartoffeln, Gemüsen und Früchten. Entfernen von Kerngehäusen. Aushöhlen von Gemüsen und Früchten

Vorwiegend für Fleisch

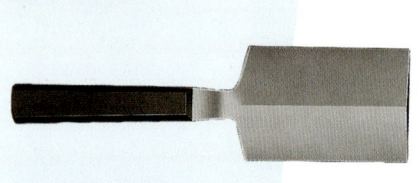

Ausbeinmesser
Abziehen von Häuten. Zerlegen von Fleisch, ausbeinen

Plattiereisen
Plattieren von rohem Fleisch, wodurch Bindegewebe zerreißt; beim Erhitzen zieht sich Fleisch weniger zusammen, es bleibt saftiger

Hackbeil
Ausschlagen von Kotelettsträngen. Abschlagen von Knochen und Rippenteilen. Zerkleinern von Knochen. Schutzbrille tragen.

Knochensäge
Durchsägen starker Knochen, z. B. Haxen, Rückgrat- und Schlussknochen

Bindenadel/Dressiernadel/Bridiernadel
Formgeben bei rohem Geflügel durch Zusammenbinden (Bridieren)

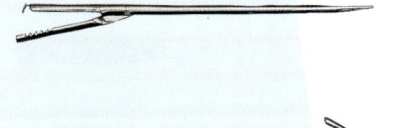

Spicknadel
Einziehen feiner Speckstreifen in Wild- und Schlachtfleisch

Spickrohr/Lardoir
Einbringen von dicken Speckstreifen in große Schmorfleischstücke (Lardieren)

Vorwiegend in der kalten Küche

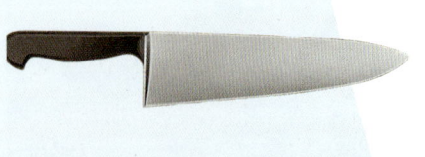

Schlagmesser
Durchtrennen größeren Geflügels. Abschlagen von Rückenteilen. Aufschlagen gekochter Hummer und Langusten. Hacken beliebigen Materials; Schutzbrille tragen.

Kuhlenmesser/Spezialmesser
Portionieren von zartem Schneidgut, z. B. Galantinen, Terrinen, Pasteten

Tranchiermesser
Schneiden von Braten, Fleisch- und Wurstwaren

Lachsmesser
Schneiden feiner Scheiben von Räucherlachs und mariniertem Lachs

Filetiermesser
Messer mit flexibler Klinge zum Filetieren von Plattfischen

Käsemesser
Schneiden geeigneter Käsesorten

Flossenschere/Fischschere
Abschneiden von Flossen und von Köpfen kleinerer Plattfische

Zestenmesser (Juliennereißer)
Abschneiden feiner Zestenstreifen von Zitrusfrüchten

Kanneliermesser
Zum leichteren Schälen von Zitrusfrüchten sowie zum Verzieren von Gemüsen und Früchten durch Einschneiden gestreckter Rillen (Riefelung/Kannelierung)

Vorwiegend in der Küchenkonditorei

Tortenmesser
Schneiden von Torten in Portionen und Anrichten der Stücke

Konditormesser
Schneiden von Backwerk aller Art. Queraufschneiden von Tortenböden zum Füllen

Teigkneifer
Verzieren von ungebackenen Teigoberflächen durch Kneifen, z. B. bei Pasteten mit Füllungen

Teigrädchen
Schneiden (Ausrädeln) dünn ausgerollter Teige

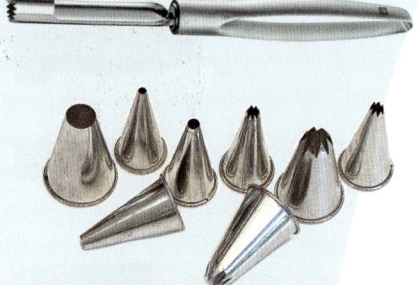

Apfelausstecher
Ausstechen des Apfelzentrums (Blüte-Kernhaus- Stiel)

Spritztüllen
Formen von spritzfähigen Teigen, Massen und Cremes mittels Beutel und glatter Tülle (Lochtülle) oder gezackter Tülle (Sterntülle). Anbringen von Spritzverzierungen

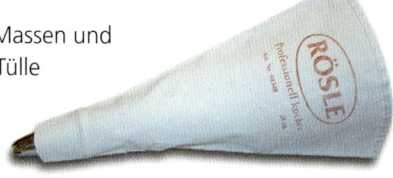

Ausstecher
Ausstechen von rohen Teigen und gebackenen Massen, von Marzipan oder Früchten (Ananas, Melone)

Spachtel
Abkratzen und Putzen von Bratplatten, Backblechen und Arbeitsflächen

Palette
Auf- und Glattstreichen von Füllungen. Absetzen und Anrichten von Gebäckstücken

Winkelpalette
länglich wird verwendet, wenn z. B. auf einem Backblech Biskuitmasse gleichmäßig dünn ausgestrichen werden soll; in kurzer breiter Form ähnlich wie Spachtel zum Umsetzen von Speisen.

Wegdrücken durch Wölbung

Sägen durch Zähne

Tiefkühlmesser
Abtrennen tiefgefrorener Lebensmittel. Das Profil von Klinge und Schneide ist so gestaltet, dass es wie eine Säge arbeitet. Normale Messer sind zum Schneiden gefrorener Lebensmittel ungeeignet. Beim Schneiden wird durch Reibungswärme Flüssigkeit aus dem Schneidgut frei. Durch diese wird das gewöhnliche Messer am zu schneidenden Gut festgehalten

Vorwiegend in der Systemgastronomie

Tomatenschneider
Schneidet Tomaten in exakt gleiche Scheiben, z. B. für das Garnieren von Burgern oder Sandwiches. Je nach Tomatengröße werden mit einem Schnitt 8 bis 12 Scheiben gleichzeitig geschnitten.

Tomatenentstieler

Mit dem Tomatenentstieler (auch Garnierschneider) wird vor
dem Schneiden der Tomate der Stielrest entfernt

Frucht- und Gemüseteiler

Teilt Obst und Gemüse in sechs exakte Ecken. Zur Vorbereitung
für Cocktails oder im Bereich der kalten Küche

Saucendispenser und Senfdispenser

Gibt aus einer Saucenkartusche bzw. aus dem Vorratsbehälter eine
standardisierte Menge an Sauce/Senf. Zur besseren Unterscheidung
sind die Dispenser in unterschiedlichen Farben erhältlich.

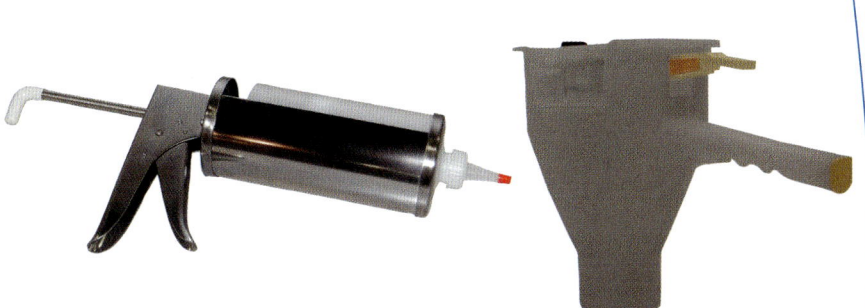

Abb. 1 Frucht- und Gemüseteiler

2.3 Pflege der Messer

Für den laufenden Gebrauch wird das Messer durch **Abziehen am Stahl**
auf Schnitt gehalten. Dabei muss es unbedingt im richtigen Winkel zum
Stahl geführt werden.

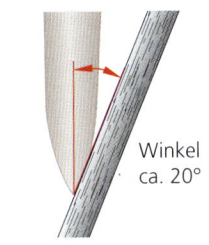

Abb. 1 Schneidewinkel
wird beibehalten

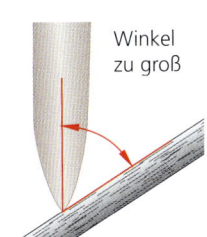

Abb. 2 Messer wird
rasch stumpf

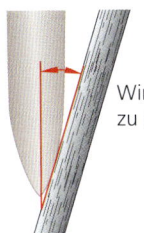

Abb. 3 Abziehen ohne
Wirkung

Bei einem Schneidewinkel von 20° schneidet das Messer am besten.

Ist der Winkel beim Abziehen zu groß, wird das Messer nach kurzer Zeit
stumpf.

Wird der Winkel zwischen Stahl und Messer zu klein/spitz gewählt, ist das
Abziehen ohne Wirkung. Das Messer wird nicht geschärft.

Bei Beginn der Abziehbewegung liegt das Ende der Messerklinge an der
Spitze des Stahls (Abb. 1 folgende Seite).

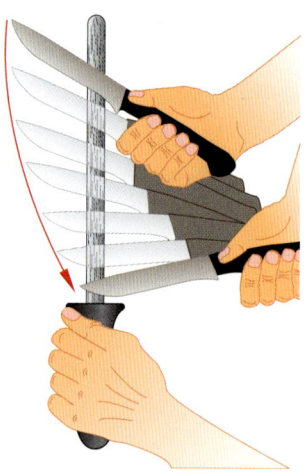 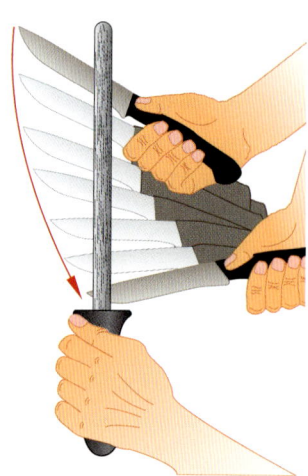

Dann führt man das Messer unter **leichtem Druck** so, dass die Messerspitze in der Nähe des Stahlgriffs endet.

Das **Schleifen der Messer** wird notwendig, wenn durch das Abziehen nicht mehr die erwünschte Schärfe erreicht wird.

Der Schleifstein muss rund, fettfrei und rau sein. Er muss in Wasser laufen oder durch eine Tropfvorrichtung feucht gehalten werden. Bei trockenem Schleifen zerstört die Reibungswärme die Härte der Klinge.

> **Wichtig:** Beide Messerseiten **abwechselnd** (einmal links, einmal rechts) mit dem Stahl bestreichen. Würde man mehrmals die gleiche Seite bearbeiten, bliebe ein Grat an der Schneide.

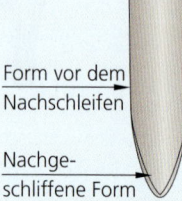

Form vor dem Nachschleifen

Nachge-schliffene Form

Abb. 1 Nachgeschliffen

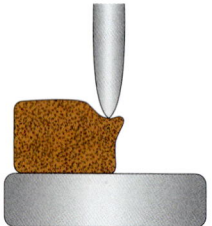

Zu steil geschliffen
Die Schärfe hält nur kurze Zeit. Beim Schneiden ist viel Kraft erforderlich.

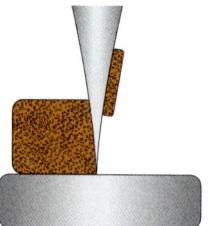

Hohl geschliffen
Das Profil ist ausgeschliffen, die Klinge wird schnell verbraucht. Das Schneidegut fällt nicht gut von der Klinge.

Richtig geschliffen
Der Klingenquerschnitt ist leicht bauchig und drückt darum das Schneidegut von der Klinge.

2.4 Unfallverhütung

> „Stumpfe Messer brauchen Kraft, was häufig einen Unfall schafft."

- Messer sind beim Arbeiten vom Körper weg oder seitlich des Körpers zu führen,
- trockener Griff und trockene Hände vermindern die Abrutschgefahr,
- fallenden Messern nicht nachgreifen,
- nicht benötigte Messer aufräumen,
- Messer nie in das Spülbecken legen.

❸ Kochgeschirr

🇬🇧 cookware/cooking utensils 🇫🇷 batterie (w) de cuisine

3.1 Werkstoffe für Geschirr

Edelstahl

Edelstahl ist Stahl mit Zusätzen anderer Metalle, die ihn rostfrei und säurefest machen. Durch eine spezielle Oberflächenbehandlung werden alle Unebenheiten entfernt, sodass sich keine Speisereste festsetzen können und das Reinigen erleichtert wird. Gute Wärmeübertragung.

Gargeschirre aus Edelstahl haben **Kompensböden**. Sie sind so konstruiert, dass der Topfboden die Veränderungen des Metalles durch Wärme ausgleicht (kompensiert). In kaltem Zustand sind die Bodenflächen leicht nach innen gewölbt. Die **Pflege ist einfach**, alle Reinigungsmittel sind anwendbar. Weißlich-matter Niederschlag stammt von Kalkablagerungen und ist mit Säure (Essig) oder Flüssigreiniger zu entfernen. Bläuliches Schimmern ist auf Spülmittelrückstände zurückzuführen und wird durch gründliches Nachspülen vermieden.

Emaillierter Stahl

Bei Geschirren ist Stahl mit einer Emailleschicht überzogen. Dadurch sind sie **vor Rost geschützt** und geschmacksneutral. Die glasharte Emaillierung ist jedoch **schlagempfindlich** und **springt bei raschem Temperaturwechsel**. Zum Reinigen sind alle Mittel geeignet, doch darf nicht mit harten Gegenständen gekratzt werden.

Guss

Gussgeschirr leitet die Wärme sehr gut und ist robust. Gussgeschirr **eignet sich nicht zur Aufbewahrung** von Speisen, weil diese dann Eisengeschmack annehmen können.

Stahl

Geschirr aus Stahl hat die gleichen Eigenschaften wie Gussgeschirr, doch besitzt die geschliffene Oberfläche eine feinere Struktur.

Kunststoffe

Unter dem Begriff Kunststoffe werden vielerlei Materialien zusammengefasst. Weil die meisten Gegenstände nicht starr, sondern elastisch sind, spricht man auch von Plastik. In der Küche muss man die Kunststoffe auch nach der Wärmebeständigkeit unterscheiden.

Thermoplaste haben eine weichere Beschaffenheit und sind meist nur bis etwa 80 °C temperaturbeständig. **Duroplaste** sind härter und bis 100 °C, kurzzeitig auch höher erwärmbar. Behälter für die Vorratshaltung sowie Schüsseln für den Salatposten und die Kalte Küche sind aus diesem Material.

Die in der Küche verwendeten Geschirre und Behältnisse müssen
- in lebensmittelrechtlicher Hinsicht einwandfrei sein, dürfen also die Speisen nicht negativ beeinflussen,
- den Belastungen des Küchenalltags standhalten,
- problemlos zu reinigen sein.

Geschirre aus Edelstahl sind für alle Zwecke verwendbar. Die lange Haltbarkeit, vielseitige Verwendbarkeit und das saubere Aussehen rechtfertigen die hohen Anschaffungskosten.

Überhitzte emaillierte Töpfe nie mit kaltem Wasser abschrecken, denn sonst springt der Überzug. Besser: langsam auskühlen lassen.

Man schützt dieses Geschirr vor Rost, indem man es nach dem Reinigen leicht einfettet.

Stahlpfannen eignen sich besonders zum Braten. Pfannen ohne festgebrannte Speisereste werden nur ausgewischt.

Gegenstände aus Kunststoff haben eine weichere Oberfläche als solche aus Metall. Sie dürfen darum nicht mit dem Topfreiber oder mit Scheuerpulver bearbeitet werden.

3.2 Geschirrarten

Abb. 1 Kochtopf, Marmite

Abb. 2 Stielkasserolle, Casserole

Abb. 3 Stiel-kasserolle, flach, Sautoir

Abb. 4 Schwenk-kasserolle, Sauteuse

Abb. 5 Stielbrat-pfanne, Poêle lyonnaise

Der Unterschied zwischen Sautoir und Sauteuse:

rühren   schwenken

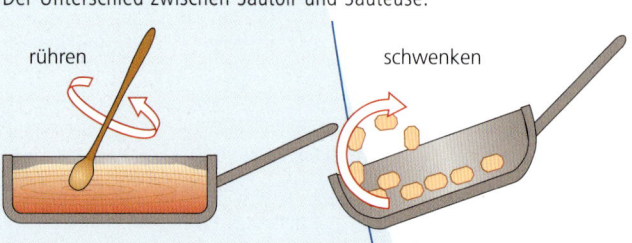

Sautoir   Sauteuse

Abb. 6 Schmorpfanne, Braisière

Abb. 7 Bratenpfanne, Rôtissoire

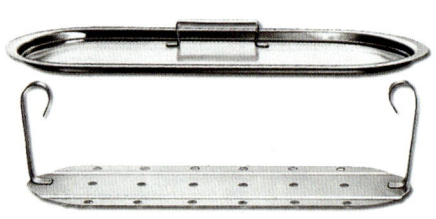

Abb. 8 Fischkessel mit Einsatz, Poissonnière

Abb. 9 Wasserbadbehälter, Casserole de Bain-Marie

Zubehör

Abb. 1 Saucenseiher, Passe-sauce

Abb. 2 Spitzsieb, Chinois

Abb. 3 Abtropfschüssel, Egouttoir

Antihaftbeschichtung

Beschichtete Geschirre sind auf der Innenseite mit einer Kunststoffschicht ausgekleidet. Man findet das besonders bei Pfannen und Backformen. Die Beschichtung verhindert das Ansetzen von Speisen, auch wenn nur mit wenig oder ohne Fett gebraten oder gebacken wird. Darum verwendet man diese Geschirre bevorzugt für Eierzubereitungen und in der Diätküche. Pfannen mit Antihaftbeschichtung müssen vor Überhitzung geschützt werden. Sie dürfen nicht längere Zeit leer auf der Herdplatte stehen.

> ● Beschichtete Flächen sind empfindlich gegen Kratzen und Reiben.

Gastro-Norm

Das Gastro-Norm-(GN)-System löst die unterschiedlichen Größen von Vorrats-, Bearbeitungs- und Garbehältnissen ab.

Einschübe in Regalwagen, Herde und Kühlschränke sowie Grundflächen von Bain-Marie oder Speisenausgabe sind aufeinander abgestimmt.

Ausgehend von einem Grundmaß von 53 × 32,5 cm gibt es praxisgerechte Unterteilungen mit unterschiedlicher Tiefe. Entsprechende Deckel vervollständigen das System. So können vorbereitete Lebensmittel in GN-Geschirre eingesetzt und in die Kühlung gebracht werden. Bei Bedarf wird dann in diesem Geschirr gegart und anschließend das Ganze zur Ausgabe gebracht.

Abb. 4 Gastro-Norm-Schalen aus Porzellan/Keramik

Vorteil des Systems:
- Teile passen untereinander und in alle Geräte,
- Arbeitszeitersparnis, weil das Umsetzen von Geschirr zu Geschirr entfällt.

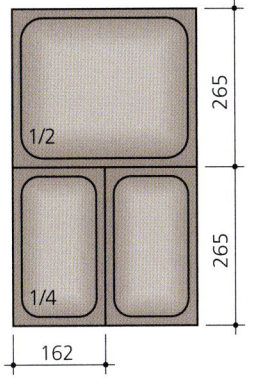

Abb. 5 System Gastro-Norm

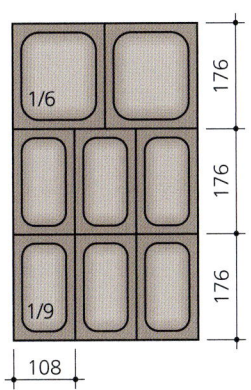

Abb. 6 Systemgeschirr

④ Maschinen und Geräte

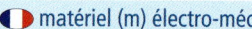

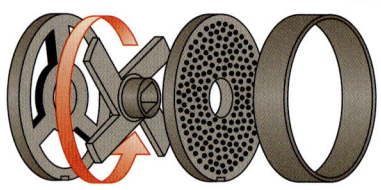

Abb. 1 Messersatz mit einem Messer

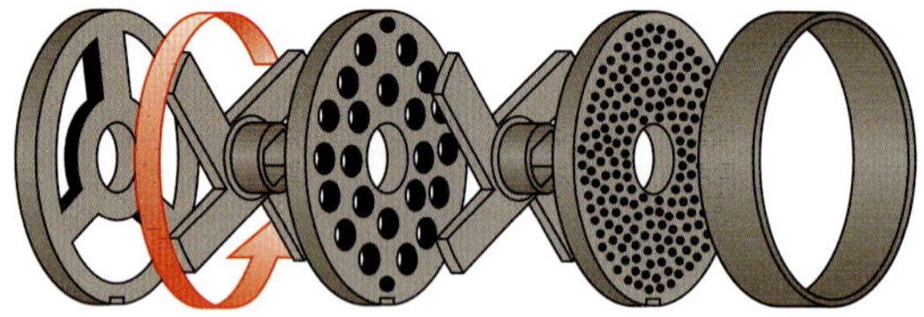

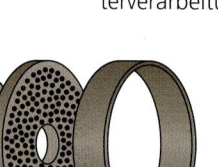

Abb. 2 Messersatz mit zwei
Messern

4.1 Fleischwolf meat mincer ● hachoir (m) à viande

Der Fleischwolf, auch Wolf genannt, ist eine Zerkleinerungsmaschine. Mit ihr werden Fleisch, aber auch Fisch und Gemüse in eine für die Weiterverarbeitung erforderliche Zerkleinerungsform gebracht.

Der Wolf arbeitet nach dem Prinzip des **Scherschnitts**. Wie bei einer Schere wird das Schneidegut zwischen zwei geschliffenen Metallteilen (Messer und Lochscheibe) zerschnitten. Die Schnecke transportiert das Fleisch zu den Messern. Der Zerkleinerungsgrad wird von der Größe der Löcher in der Lochscheibe bestimmt.

Hinweise zur Benutzung

Der Verschlussring muss richtig angezogen werden.
- **Bei zu strengem Sitz** reiben Messer und Lochscheiben aneinander und Metallabrieb gelangt ins Fleisch.
- **Bei zu lockerem Sitz** wickeln sich Bindegewebe um die Messer, weil sie nicht mehr zerschnitten werden.

Der Wolf muss richtig beschickt werden. Das Fleisch soll in lockeren Fäden aus der Lochscheibe kommen.
- **Presst man Fleisch zu stark** in die Einfüllöffnung, so kann das Material von den Messern nicht mehr richtig verarbeitet werden. Das Fleisch wird warm und schmiert.
- **Läuft der Wolf leer,** reiben Messer und Lochscheiben aneinander und erwärmen sich. Dabei geht die Schärfe verloren.

Ein schlecht eingestellter Wolf oder stumpfe Messer führen zu zerquetschtem, grauem, fettig-schmierigem Material. Das ist eine Qualitätsminderung.

Unfallverhütung

Der Wolf muss so beschaffen sein, dass die Schnecke von der Hand nicht erreichbar ist, weil die saugende Wirkung leicht die Hand mitzieht. Bei kleineren Geräten sind darum Durchmesser und Höhe der Einfüllöffnung vorgeschrieben; gößere Maschinen sind an der Einfüllöffnung mit einem nicht entfernbaren Schutz versehen.

> Nach den Bestimmungen der Hygieneverordnung darf die Lagertemperatur von Hackfleisch nicht höher als +7 °C sein.

4.2 Kutter food processor ● cutter (m)

Das Wort Kutter ist abgeleitet vom englischen Wort to cut = schneiden, abschneiden. Der Kutter ist eine Zerkleinerungsmaschine, die nach dem Prinzip des **Messerschnitts** arbeitet. Das Schneidegut liegt dabei auf einer Unterlage (drehende Schüssel), die Messer ziehen durch das Schneidegut. Durch das Kuttern kann eine homogene Masse hergestellt werden, wie sie für Farcen (Brät) erforderlich ist. Eine Haube, die mindestens die halbe Schüssel bedeckt, verhindert das Herausschleudern von Material.

Abb. 3 Kutter

Hinweise zur Benutzung

Der Abstand zwischen Messern und Schüssel muss richtig gewählt werden. Das Fleisch wird nur unvollständig zerschnitten, wenn der Abstand zu weit ist. Die Welle macht bis zu 3 000 Umdrehungen je Minute, deshalb muss die Halterungsschraube der Messer fest angezogen werden. An den rotierenden Messern entsteht Reibungswärme, die Eiweiß zum Gerinnen bringen kann. Es darf darum nur gut gekühltes Material verwendet werden.

Unfallverhütung

Der Deckel des Kutters muss die Messerwelle abdecken. Die rotierenden Messer wären, wie z. B. der laufende Propeller eines Flugzeuges, nicht zu erkennen. Darum muss durch eine Sperrschaltung gewährleistet werden, dass der Deckel nur bei stehenden Messern geöffnet werden kann.

Dem Kutter ähnlich, nur kleiner, ist der **Mixer**. Während beim Kutter die Schneidewelle liegt, steht sie beim Mixer senkrecht.

Abb. 1 Arbeitsweise des Kutters

4.3 Fritteuse 🇬🇧 deep-fryer 🇫🇷 friteuse (w)

In der Fritteuse wird die zum Garen benötigte Wärme durch heißes Fett übertragen. Flüssigkeiten leiten die Wärme viel rascher als z. B. Luft. Darum ist die Garzeit im Fettbad wesentlich kürzer.

Bei einem **Fett-Topf**, der je nach Bedarf zwischen Herdmitte und Rand hin- und hergeschoben wird, steigt die Temperatur am Boden bis auf 250 °C an. Das erwärmte Fett steigt auf und reißt Schwebeteilchen mit. Diese setzen sich als dunkle Punkte auf dem Gargut ab.

Bei **Fritteusen** liegen die Heizschlangen in einem bestimmten Abstand über dem Boden. Der unter den Heizschlangen liegende Bereich (Kaltzone) ist an der Bewegung des Fettes nicht beteiligt.

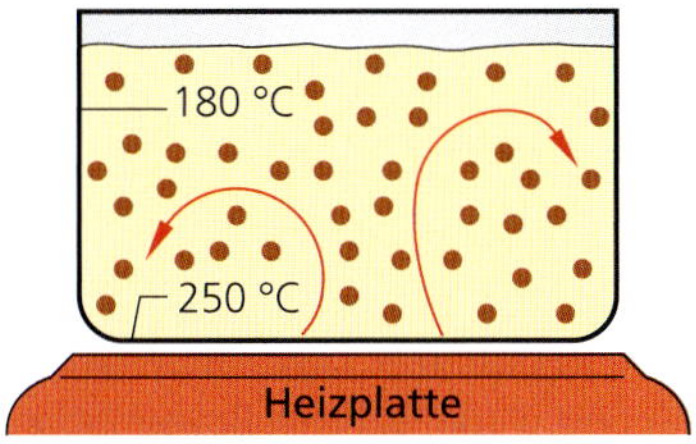

Abb. 2 Fritteuse

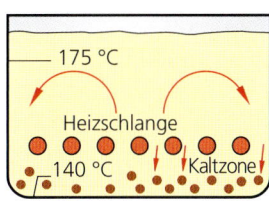

Abb. 3 Fett-Topf

Abb. 4 Fritteuse Schemazeichnung

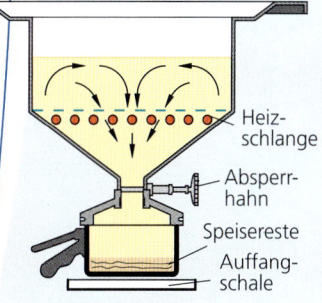

Abb. 5 Fettbad mit Läuterung

Fallen Schwebeteilchen zwischen den Heizschlangen nach unten, so bleiben sie am Boden liegen, setzen sich ab und werden nicht erneut nach oben transportiert. Weil die in der Kaltzone abgesetzten Teilchen nicht verbrennen, wird das Fett weniger belastet und ist darum länger verwendbar.

Hinweise zur Benutzung

Feste Fette müssen, bevor sie in die Fritteuse gegeben werden, erst in einer Kasserolle flüssig gemacht werden. An Heizschlangen, die nicht vollständig von Fett umgeben sind, entstehen sehr hohe Temperaturen, welche die Heizelemente und das Fett schädigen. Ist die Fritteuse mit erkaltetem Fett gefüllt, schaltet man zum Anheizen den Thermostat zunächst auf etwa 70 °C.

Erst wenn das Fett flüssig geworden ist und damit zirkulieren kann, wird auf Gartemperatur geschaltet.

Neuere Geräte sind so gestaltet, dass Garrückstände in einen herausnehmbaren Topf fallen (vorige Seite Abb. 5). Auf diese Weise reinigt sich das Fett selbstständig.

Während des Garens wird das Fett durch chemische Veränderungen „verbraucht". Verbrauchtes Fett ist bräunlich, schäumt leicht, raucht bereits bei niederen Temperaturen, riecht und schmeckt scharf und kratzig.

Verschiedene Testverfahren erlauben eine rasche Überprüfung der Fettqualität. Die Abbildung zeigt einen Teststreifen, der den Anteil an verderbnisfördernden freien Fettsäuren anzeigt.

Nach dem Lebensmittelrecht gilt verbrauchtes Fett als verdorben, ebenso Speisen, die darin gegart werden.

Ersetzt man nur einen Teil des verbrauchten Fettes durch frisches, ist nach kurzer Zeit wieder das gesamte Fett verdorben. Das alte, verdorbene Fett bewirkt die rasche Zersetzung des neuen.

Backrückstände bilden einen Bodensatz. Dieser sollte möglichst täglich entfernt werden. Dazu lässt man das abgekühlte Fett aus dem Ablasshahn durch ein Sieb ablaufen, nimmt dann die Heizschlange heraus und entfernt den Bodensatz.

Anschließend sind das Frittiergerät und die Heizschlange mit warmem Wasser und einem Spülmittel gründlich zu reinigen. Auf keinen Fall dürfen Reste des Spülmittels zurückbleiben. Diese zerstören das Fett. Darum wird mehrmals mit klarem Wasser nachgespült und die Fritteuse gründlich ausgetrocknet.

Unfallverhütung

Fett in der Fritteuse oder in der Pfanne kann sich bei Überhitzung selbst entzünden.
- Auf **keinen Fall mit Wasser zu löschen versuchen**. Das Wasser wird sofort zu Dampf, reißt das Fett mit sich und vergrößert die Brandfläche.
- Brennendes Fett mit passendem Deckel abdecken.
- Bei größeren Bränden Feuerlöscher verwenden.

Umweltschutz

Verbrauchtes Fett in Behältnisse abfüllen und der Fettverwertung übergeben. Wird es in den Ablauf geschüttet, führt es dort zu Ablagerungen an den Wänden der Rohre und schließlich zu Verstopfungen.

Nur geeignete Fette verwenden.
Die Fett-Temperatur soll 175 °C nicht übersteigen. Überhitztes Fett bildet das schädliche Acrylamid. Während der Arbeitspausen ist das Gerät abzudecken und auf etwa 100 °C zurückzuschalten. Dadurch wird die Haltbarkeit des Fettes verlängert.

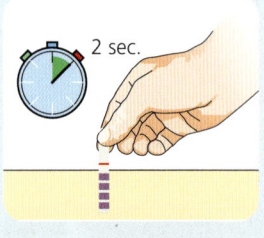

2 sec.

Verbrauchtes Fett muss vollständig ausgewechselt werden.

Abb. 1 Fettbrand

4.4 Druckfritteuse

Bei der Druckfritteuse wird das Frittierbecken während des Ausbackvorganges mit einem Deckel verschlossen. Durch den entstehenden Druck nehmen die Produkte weniger Fett auf, Vitamine und Mineralstoffe bleiben besser erhalten.

Die Hitzeübertragung findet gezielter statt, da im Vergleich zu herkömmlichen Fritteusen kaum Wärme an die Umluft abgegeben wird. Das spart nicht nur Zeit und Energie, sondern verlängert auch die Nutzungsdauer des Frittieröls.

> ● Eine Druckfritteuse wird überwiegend zum Garen von Fleisch (z. B. für Chicken Wings, Schnitzel) eingesetzt, kann aber auch – ohne den Deckel zu verschließen – als offene Fritteuse (z. B. für Pommes) betrieben werden.

Wie funktioniert eine Druckfritteuse?

1. Thermostatgesteuerte Heizelemente Ⓐ umschließen den Frittierkorb.

2. Frische oder gefrorene Speisen werden im Frittierkorb in das vorgeheizte Öl gegeben. Der Druckdeckel Ⓑ wird heruntergeklappt und mit der Spindel Ⓒ fest verschlossen.

3. Bereits geringe Mengen Feuchtigkeit aus dem Frittierprodukt genügen, um ausreichend Druck Ⓓ aufbauen zu können. Dieser Druck verhindert, dass nicht zu viel Feuchtigkeit aus dem Produkt entweichen und Öl einziehen kann Ⓔ.

4. Der rechteckige Frittierkorb Ⓕ fördert diesen Vorgang zusätzlich.

5. Die Kältezone Ⓖ unterhalb der Heizelemente verhindert ein Verbrennen von abgefallenen Produktresten.

6. Mit dem integrierten Filtersystem Ⓗ wird das Gerät nach jedem Frittiervorgang mühelos und schnell gereinigt.

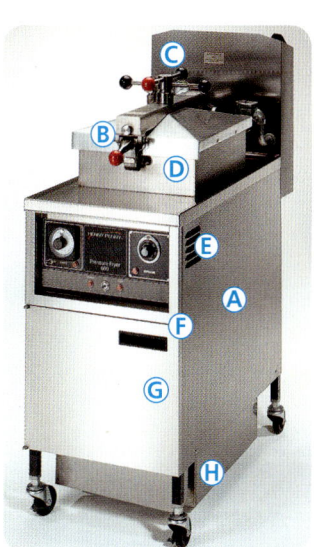

4.5 Brötchentoaster (Buntoaster)

Der Brötchentoaster ist eines der wichtigsten Küchengeräte in systemgastronomischen Schnellrestaurants der Burgerbranche. Er wird benutzt, um die Innenseiten der (bereits vorgeschnittenen) Brötchenhälften (engl. Buns) zu toasten.

Durch den Karamellisierungsprozess beim Toasten wird das Brötchen erwärmt und die Oberfläche zugleich versiegelt, sodass Saucen wie z. B. Ketchup nicht vom Brötchen aufgesaugt werden.

Zwei Arten von Buntoaster sind verbreitet, die sich in der Bedienung grundlegend unterscheiden.

Der **vertikale Buntoaster** funktioniert ähnlich wie ein Durchlaufofen. Die Brötchenhälften werden oben in den Toaster hineingesteckt und beim Durchlaufen getoastet. Auf diese Weise können weit über 1 000 Brötchen pro Stunde nacheinander einzeln getoastet werden.

Dieser Toaster wird beim Made-for-you-Konzept eingesetzt (s. S. 109).

Abb. 1 Vertikaler Brötchentoaster

Abb. 1 Horizontaler Brötchentoaster

Der **horizontale Brötchentoaster** kann maximal 12 Brötchen aufnehmen, die dann für ca. 40 bis 50 Sekunden getoastet werden. Durch Herunterklappen des Hebels beginnt der Toastvorgang. Da hier immer eine größere Menge an Brötchen getoastet wird (oder der Toaster gleich für 50 Sekunden blockiert ist), ist dieser Toaster eher für eine Produktion von Burgern auf Vorrat geeignet.

4.6 Kippbratpfanne

🇬🇧 tilt frypan 🇫🇷 poêle (w) à frire basculante

Die Kippbratpfanne hat einen mit Gas oder Strom direkt beheizten Boden aus Metall. Darum sind alle Zubereitungsarten möglich, die starke Hitze erfordern.
Bei Bedarf kann sie aber auch zum Kochen, z. B. von Klößen, oder zum Dünsten verwendet werden.

Kippbar sind die Pfannen, weil sie zwischen zwei Säulen gelagert sind. Die Auslaufnase ermöglicht ein einfaches Entleeren.

Abb. 2 Kippbratpfanne

Hinweise zur Benutzung

Zum Anbraten ist kräftig vorzuheizen, damit die Fett-Temperatur beim Einlegen nicht zu stark absinkt, damit das Bratgut kein Wasser zieht.

Wird eine mit Flüssigkeit gefüllte Kippbratpfanne geleert, ist das Drehrad zum Kippen am Anfang besonders vorsichtig zu bedienen, sonst schwappt der Inhalt über den vorderen Rand und kann zu Verbrühungen führen.

Geleerte Pfannen müssen sofort mit heißem Wasser „aufgefüllt" werden. Das Wasser verhindert das Festbrennen der Rückstände.

Würde man jedoch kaltes Wasser verwenden, käme es im Pfannenboden durch den Temperaturunterschied zu starken Spannungen, die zu Rissen führen können.

Pfannenbeheizung
Gas oder Strom

Abb. 3 Schnitt durch Kippbratpfanne

4.7 Kochkessel 🇬🇧 cooking kettle 🇫🇷 bouilloire (m)

Alle Kochkessel haben doppelte Wände. Zwischen diese wird
Dampf geleitet, der die Wärme durch die Innenwand auf das
Gargut überträgt. Der durch Abkühlung kondensierte Dampf
fließt nach unten ab. Diese Art der Beheizung durch zirkulie-
renden Wasserdampf ist bei allen Kesseln gleich. Unterschiedlich dagegen ist die Dampferzeugung. Bei Kesseln, die mit
Gas, Öl oder Strom beheizt werden, wird unmittelbar unter
dem Kessel das zurükkfließende Wasser wieder zu Dampf erhitzt. In Großküchen wird der benötigte Dampf aus der zentralen Heizanlage zugeführt.

Weil bei Kochkesseln auch durch die Seitenwände Wärme
auf das Gargut übertragen wird, kommt der Kesselinhalt viel
schneller zum Kochen. Man nennt Kessel darum **Schnellkocher**.
Sie haben meist ein Fassungsvermögen zwischen 60 und 100 l.

Kippkochkessel erleichtern die Arbeit. (Kippbare Kochkessel)

Bei **Druckkesseln** wird der Deckel fest verschraubt. Über dem Kochgut
entsteht Dampf, der durch ein Sicherheitsventil auf einem bestimmten
Druck gehalten wird. Bei erhöhtem Druck kocht das Wasser oberhalb des
normalen Siedepunkts, also bei höheren Temperaturen als 100 °C. Höhere
Temperaturen verkürzen die Garzeit.

Hinweise zur Benutzung

Ein Kochkessel kann nicht wie ein Kochtopf, der auf den Herd gestellt
wird, verwendet werden. Der Boden des Kochtopfes nimmt die Hitze der
Herdplatte unmittelbar auf und wird darum sehr heiß. Aus diesem Grund
kann man im Topf anrösten und anbraten.

Boden und Wände eines Kochkessels werden dagegen nur bis etwa 130 °C
erhitzt. In Kochkesseln kann man darum nur kochen. Die Roux für Saucen
muss außerhalb des Kessels, z. B. in einer Kippbratpfanne, angeschwitzt
werden, für Schmorbraten muss das Fleisch bereits angebraten sein.

Beim **Kochen von Teigwaren** muss genügend Wasser im Kessel sein; ein
Sieb vor der Auslauföffnung ist notwendig, um das Kochwasser ablassen
zu können.

Beim **Kochen von Salzkartoffeln** verwendet man Siebeinsätze, damit
die unteren Schichten nicht durch den Druck der darüberliegenden Kartoffeln zerquetscht werden.

4.8 Grill 🇬🇧 grill 🇫🇷 gril (m)

Ein Grill gart das Gargut durch trockene Wärme. Es kann sich dabei um
Strahlungswärme wie bei einem Hähnchengrill (siehe Seite 130) oder um
Kontaktwärme handeln. Die direkte Hitzeeinwirkung führt zu kurzen Gar-
zeiten und einem saftigen Produkt. In der Praxis lassen sich verschiedene
Grillarten unterscheiden.

Abb. 1 Kochkessel

● Bei Druckkesseln darf auf
keinen Fall das Überdruck-
ventil verändert oder
beschwert werden.

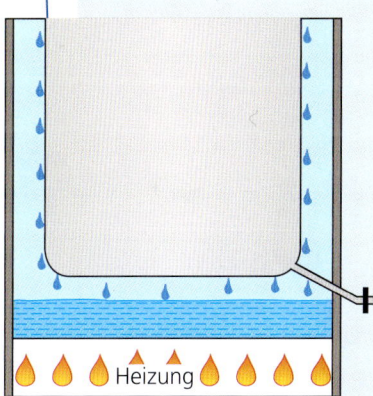

Abb. 2 Schnitt durch Kochkessel

● Die volle Energieabgabe ist
bei Kochkesseln nur zum
Ankochen notwendig. Nach
dem Aufkochen wird darum
die Wärmezufuhr verringert.

Drehgrill

Bei einem Drehgrill wird das Fleisch in der Mitte des Grills auf einem Spieß in der Strahlungswärme des Grills gedreht und so von allen Seiten gleichmäßig gegart. Der Grillspieß kann dabei horizontal (Hähnchengrill/Ochsengrill) oder vertikal (Dönergrill) angebracht sein. Die Wärmezufuhr muss stets an die Entfernung des Grillguts zur Wärmequelle angepasst und nachreguliert werden.

Abb. 1 Drehgrill

Clamshellgrill

Bei einem Clamshellgrill handelt es sich um einen Kontaktgrill. Nach dem Auflegen der Patties auf den Grill senken sich die Oberteile des Grills. So wird das Grillgut von beiden Seiten gleichzeitig gegart. Nach einer einprogrammierten Zeit (ca. 2 Min.) hebt sich das Oberteil wieder und das Gargut kann vom Grill genommen werden. Für beide Seiten sind unterschiedliche Gartemperaturen einstellbar. Moderne Geräte verfügen über eine Produkterkennung und passen Anpressdruck, Garzeit und Gartemperatur selbstständig an.

Als Variation der Clamshellgrills existieren **Flachgrills**. Hier fehlt die schließende Oberseite, daher muss das Gargut manuell gewendet werden. Auf ein gleichmäßiges Garen muss geachtet werden.

Durchlaufgrill („Broiler")

Ein Durchlaufgrill grillt Patties (Hackfleischscheiben) während der Passage durch den Grill. Die gefrorenen Patties werden dabei einzeln oder je nach Modell mehrere gleichzeitig in den Grill geschoben. Dort erhitzt eine (Gas-)Flamme das Fleisch, sodass es nach kurzer Zeit (ca. 2 Minuten) wieder den Grill verlässt und warm gehalten bzw. weiterverarbeitet werden kann.

Abb. 2 Clamshellgrill

4.9 Mikrowellengerät

🇬🇧 microwave oven 🇫🇷 four (m) à micro-ondes

Der wesentliche Teil eines Mikrowellengerätes ist das Magnetron. Das ist eine besondere Röhre, die elektromagnetische Wellen erzeugt. Diese werden in den Garraum geleitet. Dort dringen sie in die Lebensmittel ein und bringen die darin enthaltenen Wassermoleküle (Dipole) zum Schwingen. Durch diese Bewegungen reiben sich die Moleküle aneinander. Es entsteht Wärme – auf die gleiche Weise, wie wenn wir die Hände aneinander reiben.

Abb. 3 Mikrowellengerät

Darum erzeugen Mikrowellen Wärme **an jeder Stelle der Speisen zur gleichen Zeit**. Das ist der wesentliche Unterschied zu allen anderen Garverfahren, bei denen die Wärme nach und nach von außen nach innen vordringt.

Metallgeschirr ist nicht geeignet, weil es die Mikrowellen reflektiert (zurückwirft).

Behälter aus Glas, Porzellan, Kunststoffen
u. Ä. sind für Mikrowellen durchlässig, erwärmen sich aber selbst nicht.

In **Lebensmittel** dringen Mikrowellen ein und erzeugen Wärme. Die gleichzeitige Erwärmung aller Moleküle der Speisen führt zu sehr kurzen Garzeiten.

Im Einzelfall sind diese abhängig von der
- Leistungsfähigkeit des Gerätes und damit verbunden der
  - Eindringtiefe der Strahlen, der
  - Dicke der Speisen sowie dem
  - Wassergehalt der Speisen; wasserreiche garen rascher.

Hinweise zur Benutzung

Beim **Wiedererwärmen** (Regenerieren) bereits zubereiteter Speisen auf die Zeitangaben der Hersteller achten.

Beim **An- und Auftauen** die Auftauautomatik oder eine kleine Leistungsstufe verwenden. Wird dem gefrorenen Lebensmittel zu rasch Energie zugeführt, kann sich die Wärme nicht ausreichend verteilen. Es entstehen **überhitzte Stellen/Hotspots**, die zu Verbrennungen führen können.

Nicht geeignet sind Mikrowellen zum Braten, weil keine Röststoffe erzeugt werden.

Die **Pflege** der Geräte ist einfach. Da keine Speisenteilchen anbrennen, genügen Lappen und warmes Wasser.

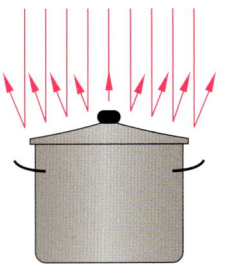

Abb. 1 MW durchdringen Porzellan.

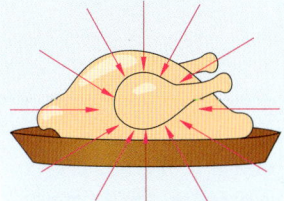

Abb. 2 MW dringen in Lebensmittel ein.

Unfallverhütung
Mikrowellengeräte unterbrechen den Stromkreis, wenn die Tür geöffnet wird, sie setzen damit das Magnetron außer Betrieb. Könnte man bei Betriebsbereitschaft in die Röhre greifen, würde das Blut in der Hand gerinnen, bevor die Nervenzellen der Haut einen Schmerz melden.

4.10 Umluftgerät ⊞ convection steamer ▮ four (m) à air pulsé

Bei Umluftgeräten wird fortlaufend erhitzte Luft am Gargut vorbeigeführt. Dadurch sind die Garverfahren Braten, Backen und Kochen möglich, ebenso das Auftauen von Tiefkühlware.

Die durch eine Ventilation zwangsweise umgewälzte Luft ermöglicht es, gleichzeitig auf mehreren Ebenen zu garen. Bei der Strahlungswärme im Bratrohr des Ofens ist dies nicht möglich. Mit den meisten Geräten kann auch gedämpft werden. Alle Garautomaten arbeiten auch mit Umluft.

Hinweise zur Benutzung

Die Gartemperatur bei Umluft ist niedriger zu wählen als bei Strahlungswärme im Rohr.

Bei nicht ausreichender Bräunung von Bratgut ist auf ausreichende Befettung zu achten; feuchte Luft zu Beginn des Bratens lässt man durch die Abluftklappen abziehen.

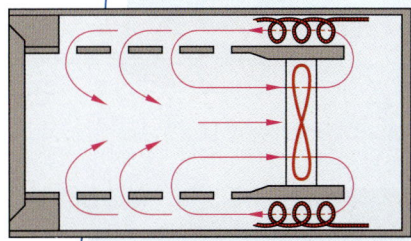

Abb. 3 Umluftgerät

4.11 Herd mit Backrohr

🇬🇧 stove with baking oven
🇫🇷 fourneau (m)

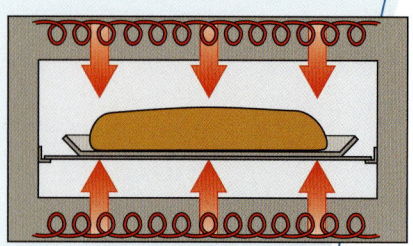

Abb. 1 Backrohr

Beim sogenannten Küchenherd erfolgt die Wärmeübertragung zum Kochgeschirr durch direkten Kontakt, unabhängig davon, welche Energieart eingesetzt wird.

Dieses System ermöglicht bei entsprechender Regelung der Wärmezufuhr alle Garverfahren außer Grillen.

Im Backrohr wird die Wärme durch Strahlung auf das Gargut übertragen. Mit Strahlungswärme kann man backen und braten, z. B. Roastbeef, Rehrücken.

4.12 Durchlaufofen

🇬🇧 continuous-flow oven
🇫🇷 four (m) avec acheminement continuel

Der Vorteil eines Durchlaufofens im Vergleich zu einer herkömmlichen Backröhre ist die höhere Kapazität. Bevor der erste Backvorgang abgeschlossen ist, kann bereits ein weiteres Produkt nachgeschoben werden.

Abb. 2 Durchlaufofen

Schnellrestaurants und Lieferdienste verwenden für das Backen von Pizzas sogenannte Durchlauföfen. Hier wird die Pizza auf einer Art Förderband an elektrischer Strahlungswärme vorbeigeführt.

Durchlauföfen arbeiten bei Temperaturen bis zu 400 °C und können auf mehreren Ebenen 500 Pizzas pro Stunde backen.

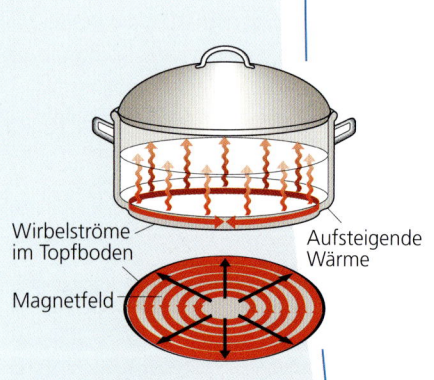

Wirbelströme im Topfboden

Aufsteigende Wärme

Magnetfeld

Abb. 3 Magnetfeld erzeugt Wärme

4.13 Induktionstechnik

🇬🇧 induction technology
🇫🇷 technique (w) à l'induction

Induktionsherde übertragen die Wärme auf eine besondere Art auf das Gargut. Elektrische Energie schafft in der Induktionsspule zunächst ein Magnetfeld. Erst im Boden des Kochgeschirrs erzeugt dieses Magnetfeld die zum Garen erforderliche Wärme (siehe Abb. 3).

Darum gibt es keine Hitzeabstrahlung von aufgeheizten Kochplatten, die Hitzebelastung für das Personal und der Energieverbrauch sind geringer.

Die Induktionstechnik ist nur mit Geschirr aus Eisen oder Guss möglich. Geschirr aus Kupfer, Aluminium, Porzellan oder Glas kann nicht verwendet werden.

Abb. 4 Wärme entsteht nur im Metall der Pfanne

4.14 Garen unter Dampfdruck 🇬🇧 cooking with steam pressure
🇫🇷 cuire à la vapeur

Bei normalem Luftdruck (1 bar) siedet das Wasser bei 100 °C. Mit zunehmendem Druck steigt der Siedepunkt. Diesen physikalischen Zusammenhang nutzt man bei Dampfgargeräten.

Abb. 1 Dampfdrucktopf

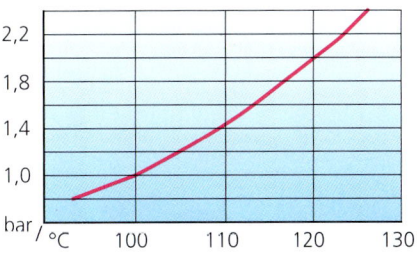

Abb. 2 Der Siedepunkt ist druckabhängig.

> Für die Küche ist folgender Zusammenhang wichtig:
> Je höher der Druck, desto höher die Temperatur.
> Je höher die Temperatur, desto kürzer die Garzeit.

Darum auch die Bezeichnungen **Schnellkochtopf** oder **Schnellgargerät**. Das Garen bei höherer Temperatur kann auch zu veränderten Ergebnissen führen, z.B. faserigem Fleisch.

Das Gastgewerbe kennt zwei technische Lösungen.

Beim **Dampf-Drucktopf** entsteht der Dampf im festverschlossenen Topf. Ein Ventil regelt den Dampfdruck (Abb. 1, oben).

Beim **Dampf-Schnellgargerät/Steamer** wird der Dampf außerhalb des Garraumes in einem besonderen Dampfbereiter erzeugt und dann auf die Lebensmittel im Garraum geleitet (Abb. 3, rechts).

Hinweise zur Benutzung

Zum Garen unter Druck eignen sich besonders Lebensmittel mit längerer Garzeit. Bedienungsvorschriften der Hersteller sind unbedingt einzuhalten. Unfallgefahr!

Die Garzeiten bewegen sich in engen Grenzen. Bei kurzem Überschreiten verkochen die Lebensmittel stark, die Vitaminverluste sind hoch.

Beim Druckgaren kann man nicht „zwischendurch prüfen". Darum muss von Anfang an rezeptgenau gearbeitet werden.

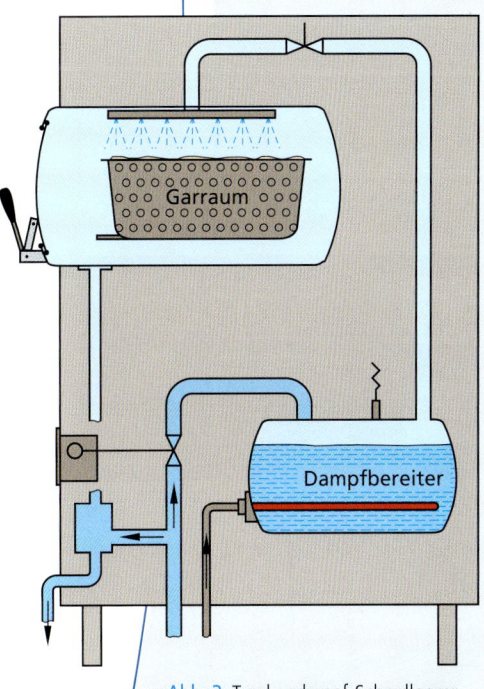

Abb. 3 Trockendampf-Schnellgarer

4.15 Heißluftdämpfer/Kombidämpfer

🇬🇧 convection steamer 🇫🇷 four (m) à air chaud

In der herkömmlichen Küche sind viele Garverfahren gebunden an
- **bestimmte Gargeräte**, z. B. Herdplatte, Backrohr,
- **bestimmte Geschirre**, z. B. Bratpfanne, Bratgeschirr (Rôtissoire), Schmorgeschirr (Braisière).

Kombigeräte können im gleichen Garraum **wechselnde Garbedingungen** schaffen und zwischen den Verfahren **zeitlich wechseln**, z. B.
- feuchte oder trockene Garverfahren
- Strahlung oder Umluft als Wärmeüberträger
- angaren sehr heiß, weitergaren bei geringerer oder abfallender Temperatur,
- Garen mit abfallender Temperatur.

Diese unterschiedlichen Bedingungen nennen die meisten Gerätehersteller **Betriebsarten**.

Durch immer feinere Sensoren (Fühler) ist es möglich, **Garprofile** zu programmieren. Das sind Idealabläufe z. B. für die Zubereitung bestimmter Fleischteile wie Schweinebraten oder Hähnchenkeulen.

Garprofile erfassen und regeln die einzelnen Garfaktoren, sodass wiederkehrende Abläufe zu stets gleichen Ergebnissen führen.

Abb. 1 Heißluftdämpfer

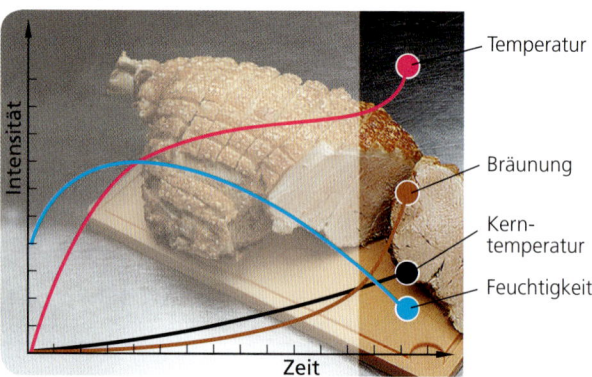

Abb. 2 Garprofil für Braten

Abb. 3 Temperatureinstellungen

Wenn der Koch die neuen Techniken sinnvoll nutzen will, muss er die klassischen Garverfahren entsprechend aufgliedern.

Wie dabei vorgegangen werden kann, zeigen Beispiele bei „Erstellen von Garprogrammen", Seite 154.

Bei Bedarf wählt man das entsprechende Programm, der Garverlauf wird selbstständig gesteuert, die Voreinstellungen werden angezeigt. Die Abb. 3 zeigt z. B.: Bei 220 °C garen, bis die Kerntemperatur von 74 °C erreicht ist, danach schaltet das Gerät automatisch ab.

In der Küche sind viele Vorgänge an bestimmte Temperaturen gebunden. Um rascher eine bestimmte Temperatur zu erreichen, wird vielfach die Temperaturregelung verändert.

Ein Exkurs auf der Folgeseite zeigt die Zusammenhänge.

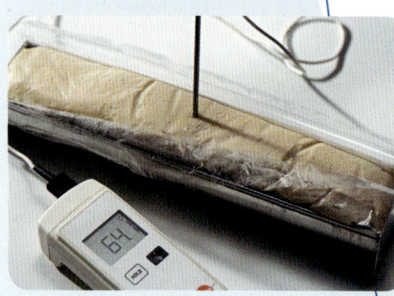

Abb. 4 Kerntemperatur

Exkurs: Temperaturregler oder Thermostat

Von Regelung spricht man, wenn ein fester Wert, z.B. die Temperatur im Fettbad (Frittüre), eingehalten wird, obwohl Wärmeverluste entstehen, z.B. durch Einlegen von kalten Speisen zum Garen.

Betrachten Sie die Temperaturregelung am Beispiel des Fettbackgerätes (Abb. 1).

Die Temperatur des Fettbades soll gleichbleiben, z.B. 160 °C. Man nennt diese Temperatur den **Sollwert**. Das Fett kühlt aber laufend ab. Man nennt das Wärmeverlust. Ein Thermometer, auch Fühler genannt, stellt fest, wie hoch die Temperatur tatsächlich ist. Dies nennt man den **Istwert**.

Fällt nun der Istwert unter den gewünschten Sollwert, so erhält ein Schalter den Befehl, den Strom für die Heizung einzuschalten. Durch die Wärmezufuhr nähert sich der Istwert dem Sollwert, das Fett wird so heiß, wie man es wünscht. Erst dann wird der Stromkreis wieder unterbrochen.

In gleicher Weise funktioniert eine Kühlung, nur wird hierbei der Abzug von Wärme geregelt.

Wer die Zusammenhänge einer Temperaturregelung kennt, der weiß auch, dass es **sinnlos ist, den Wahlschalter am Thermostat „vorzudrehen"**. Dadurch wird z.B. das Fett nicht schneller warm. Der Schalter kann nur auf „ein" stehen – mehr Energiezufuhr ist nicht möglich.

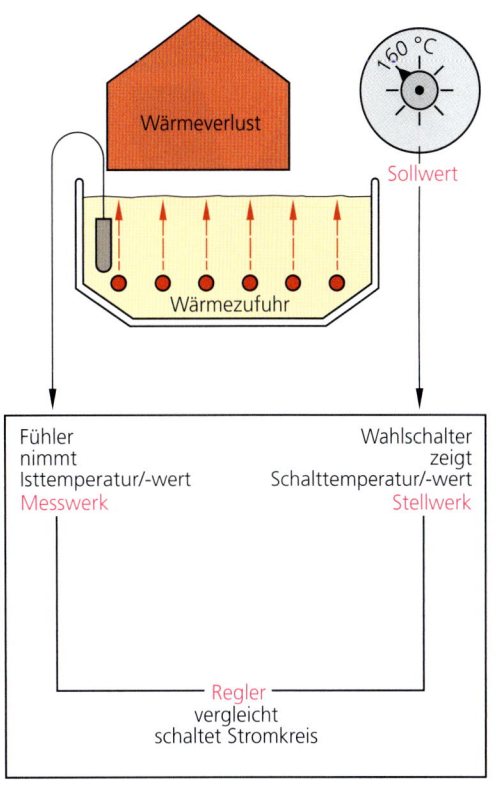

Abb. 1 Temperaturregelung

1. Welche Vorschriften gelten für die Lagerung von Hackfleisch?

2. Beim Garen im Fettbad lösen sich immer Teilchen vom Gargut. Erläutern Sie in diesem Zusammenhang den grundlegenden Unterschied zwischen einem Fett-Topf und der Fritteuse.

3. Warum muss in bestimmten Zeitabständen das Fett der Fritteuse vollständig ausgewechselt werden?

4. Wie verhält man sich, wenn das Fett in einer Pfanne oder Fritteuse zu brennen beginnt?

5. Sie entleeren einen heißen Kipper, in dem Rindfleisch angebraten worden ist. Wie geht es weiter? Begründen Sie.

6. Warum wird eine Flüssigkeit im Kochkessel schneller heiß als vergleichsweise im Kochtopf?

7. „Ei in Mikrowelle explodiert!" stand in der Zeitung. Wie kann es dazu kommen?

8. Der eine sagt: „Im Mikro garen die Speisen von innen nach außen." Der andere meint: „Stimmt nicht, sie garen an jeder Stelle zur gleichen Zeit." Wer hat recht? Begründen Sie.

9. „Lasst mich doch in Ruhe mit eurer Technik. Ich habe noch gelernt, wie Escoffier gekocht hat. Und der hat gewusst, wie es geht." Sprechen Sie über Vor- und Nachteile von modernen Gargeräten.

10. Moderne Geräte regeln die Temperatur selbstständig. Man verwendet in diesem Zusammenhang die Begriffe Sollwert und Istwert. Erklären Sie.

Grundtechniken der Küche

1 Vorbereitende Arbeiten

🇬🇧 preparatory work 🇫🇷 travaux préparatoires

1.1 Einführung

Die meisten Lebensmittel werden vor dem Genuss bearbeitet und/oder zubereitet. Neben dem Haushalt übernehmen diese Aufgaben das Lebensmittelgewerbe und die Gastronomie.

Die vielfältigen Arbeiten scheinen auf den ersten Blick unübersehbar. Eine genauere Betrachtung zeigt jedoch viele Gemeinsamkeiten.

- Zu den vorbereitenden Arbeiten zählen das Waschen, Wässern, Weichen, Putzen, Schälen.

- Zur Bearbeitung (nächstes Kapitel) werden Schneiden, Raffeln, Reiben, Blanchieren usw. gerechnet.

- Durch die Garverfahren werden viele Lebensmittel erst genussfähig. Die Garverfahren werden in einem getrennten Abschnitt behandelt

1.2 Waschen 🇬🇧 to wash 🇫🇷 laver

Pflanzliche Rohstoffe sind von Natur aus mit **Verunreinigungen** behaftet. Am deutlichsten sind diese bei Kartoffeln und Wurzelgemüse sichtbar. Unabhängig vom sichtbaren Schmutz befinden sich an den Lebensmitteln aber auch immer **Kleinstlebewesen.** Ferner können Reste von **Pflanzenschutzmitteln** an der Oberfläche haften. Durch sachgerechtes Waschen werden Schmutz, Keime und Rückstände weitgehend entfernt.

Lebensmittel werden möglichst **im Ganzen gewaschen,** weil dabei die **Verluste** an Inhaltsstoffen **geringer** sind. Bei zerkleinerter Ware sind viele Zellen verletzt und die Inhaltsstoffe werden **ausgelaugt.** Hartnäckiger Schmutz wird zusätzlich mit einer Bürste mechanisch bearbeitet.

Gemüsewaschmaschinen arbeiten mit entsprechendem Wasserdruck, der Bewegung erzeugt. Weil sich während des Waschens Schmutz und Keime im Wasser verteilen, muss mit **fließendem Wasser nachgespült** werden. Am Ende des Waschvorganges muss das saubere, hygienisch einwandfreie Lebensmittel stehen.

1.3 Wässern 🇬🇧 to water 🇫🇷 tremper

Obwohl das Wässern von Lebensmitteln immer Nährstoffverluste mit sich bringt, ist es in **manchen Fällen** nicht zu vermeiden.

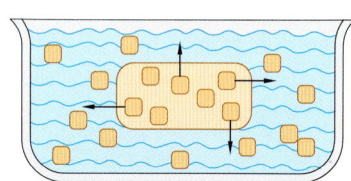

Abb. 1 Wasser laugt aus.

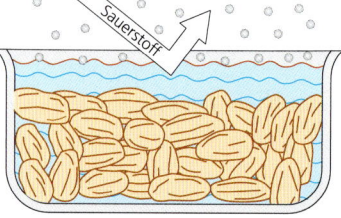

Abb. 2 Wasser hält Luftsauerstoff fern.

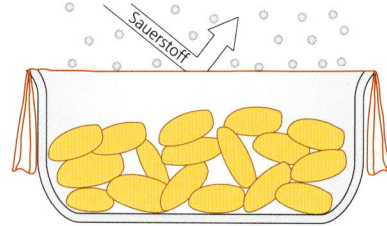

Abb. 3 Folie hält Luftsauerstoff fern.

Bestandteile der Lebensmittel können den Geschmack beeinträchtigen, z. B. Bittergeschmack bei Endiviensalat, stark arteigener Geschmack bei Nieren.

Blutreste können störend wirken, z. B. an Hirn und Kalbsbries. Wasser kann diese unerwünschten Stoffe auslaugen (Abb. 1, S. 136).

Bei der kurzfristigen Vorratshaltung (mise en place) muss **Luftsauerstoff** ferngehalten werden, damit die enzymatische Bräunung unterbleibt, z. B. bei geschälten rohen Kartoffeln, Sellerie, Äpfeln (Abb. 2, S. 136).

In vielen Fällen genügt es, die Lebensmittel mit einer Folie oder einem feuchten Tuch zu bedecken, um die helle Farbe zu erhalten und vor dem Braunwerden zu schützen (Abb. 3, S. 136).

1.4 Schälen 🇬🇧 to peal 🇫🇷 peler

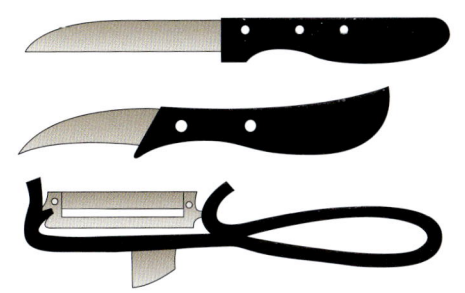

Viele Gemüse und Obstarten müssen von ungenießbaren oder schlecht verdaulichen Randschichten befreit werden. Als Arbeitsgeräte verwendet man dazu:
- **Küchenmesser** mit gerader oder gebogener Klinge,
- **Tourniermesser** mit gebogener Klinge
- **Sparschäler** in verschiedenen Ausführungen.

Rohe Lebensmittel

Runde Formen, z. B. Äpfel, Sellerie, schält man mit dem Tourniermesser spiralenförmig, damit man ohne abzusetzen gleichmäßig arbeiten kann. ①

Längliche Formen, z. B. Kartoffeln, Birnen, Gurken, Karotten, schält man in Längsrichtung. ②

Spargel wird mit einem Sparschäler auf dem Unterarm liegend geschält. ③

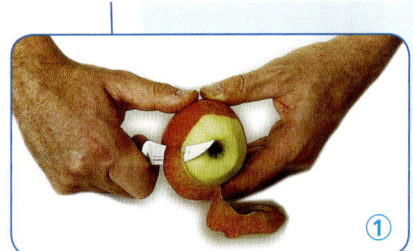

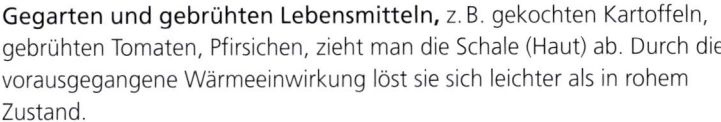
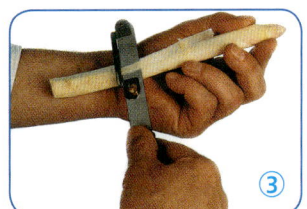

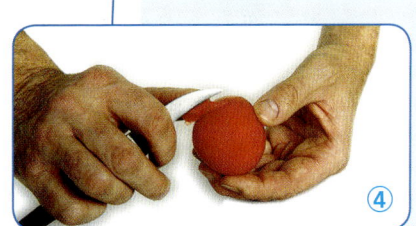

Gegarten und gebrühten Lebensmitteln, z. B. gekochten Kartoffeln, gebrühten Tomaten, Pfirsichen, zieht man die Schale (Haut) ab. Durch die vorausgegangene Wärmeeinwirkung löst sie sich leichter als in rohem Zustand.

Zum Abziehen stellt man das Messer steil, die abgehobene Schale wird zwischen Messer und Daumen festgehalten und nach unten gezogen. ④

Wurzelgemüse, z. B. Möhren, Rettiche, können abgeschabt werden. Das Messer steht dabei fast im rechten Winkel zur Oberfläche des Gemüses.

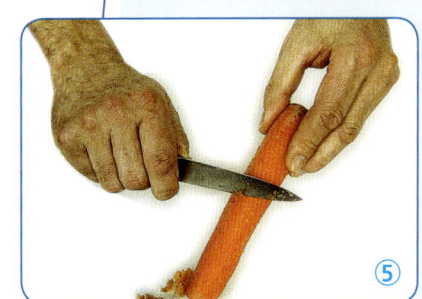

Beim Schaben wird lediglich eine dünne Schicht entfernt, sodass nur wenig Inhalts- und Geschmacksstoffe, die oft gerade in den Randschichten konzentriert sind, verlorengehen. ⑤

2 Bearbeiten von Lebensmitteln

🇬🇧 food conditioning 🇫🇷 conditionnement (m) des aliments

2.1 Schneiden to cut couper

Lebensmittel müssen vor einer weiteren Bearbeitung oft grob zerteilt oder fein geschnitten werden. Deshalb zählt das Schneiden zu den wichtigen Grundfertigkeiten (siehe „Schnittformen" auf Seite 168, 169).

Ziele des Schneidens können sein:
- verzehrfertige Stücke, z. B. bei portioniertem Fleisch;
- Verkürzung der Garzeit, z. B. Blumenkohl in Röschen, Kartoffeln in Stücken;
- Vergrößerung der Oberfläche, z. B. Röstgemüse, Zwiebelwürfelchen;
- ansprechendes Aussehen, z. B. Zuschneiden von Kartoffeln in bestimmte Formen (tournieren), streifig oder blättrig geschnittenes Gemüse.

Beim **Schneidevorgang** mit dem Messer wirken zusammen:

- **Schneidedruck**, der sich auf die sehr kleine Fläche der Messerschärfe konzentriert. Je schärfer das Messer, desto leichter dringt es in das Schneidegut ein.

- **Schneidebewegung**, die man auch den „Zug" nennt. Wer ohne Schneidebewegung arbeitet, drückt das Messer nur in das Material und schneidet nicht richtig. Das ist leicht erkennbar, wenn man eine Vergrößerung des Querschnitts der Messerklinge näher betrachtet: Die sägende Wirkung entsteht erst durch die Schneidebewegung.

Deshalb gilt:
Je größer die Schneidebewegung, desto geringer ist der erforderliche Schneidedruck. Dies wird vor allem beim Elektromesser deutlich.

Beim Schneiden mit dem Kochmesser werden Schneidedruck und Schneidebewegung durch eine wiegende Bewegung miteinander verbunden. Man spricht darum auch vom **Wiegeschnitt.**

Beim richtigen Schneiden dient die Haltehand dem Messer als Führung (siehe Abb. 4). Die Klinge gleitet an den Knöcheln der gekrümmten Finger entlang, der zurückweichende Finger gibt den Abstand zum folgenden Schnitt frei.

Die gezeigte Haltung der Hand (Krallengriff) ermöglicht gleichmäßigen Schnitt und schützt vor Verletzungen, weil die Fingerspitzen Abstand zur Klinge haben.

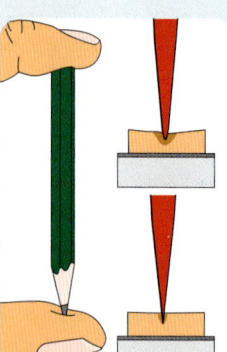

Abb. 1 Schneidedruck

Abb. 2 Vergrößerter Querschnitt

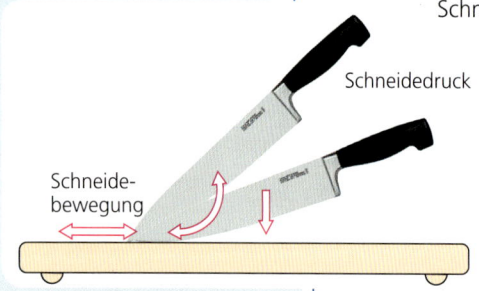

Schneidedruck

Schneide-bewegung

Abb. 3 Wiegeschnitt

> Kleine Stücke sind schwieriger zu halten, darum erhöhte Verletzungsgefahr.

Abb. 4 Korrekte Finger- und Handhaltung

Das Prinzip des Schneidevorganges ist auch bei den folgenden Beispielen verwirklicht.

Bei der Aufschnittmaschine kommt die Schneidebewegung von der rotierenden Messerscheibe, der Schneidedruck wird über den Schlitten ausgeübt.

Beim Gemüsehobel stehen die Messer schräg, damit das Schneidegut ziehend durchschnitten wird.

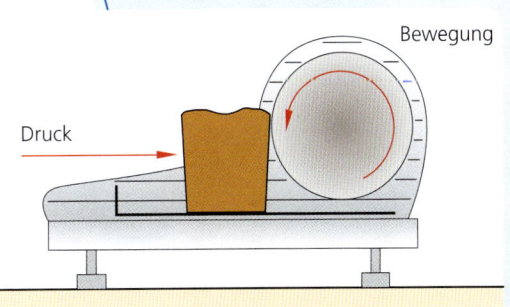

Abb. 1 Aufschnittmaschine

Unfallverhütung

- Trockener Messergriff und trockene Hände vermindern die Abrutschgefahr,
- fallenden Messern nicht nachgreifen,
- nicht benötigte Messer aufräumen,
- Messer so ablegen, dass Griffe und Klingen nicht über die Tischkante hinausragen,
- Messer nicht ins Spülwasser legen,
- rutschsichere und ausreichend große Schneidebretter verwenden.

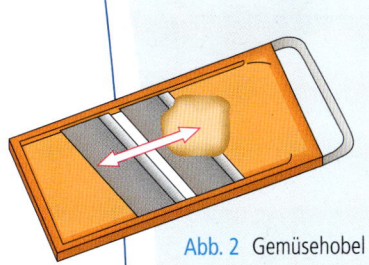

Abb. 2 Gemüsehobel

2.2 Schnittformen

Die unterschiedlichen Schnittformen sind praxisbezogen in den Abschnitten Gemüse und Kartoffeln (Seite 168 bis 169 und 193 bis 200) dargestellt.

2.3 Blanchieren   to blanch   blanchir

Das Wort Blanchieren stammt vom französischen blanchir und bedeutet im ursprünglichen Sinne: weiß machen, bleichen. Wenn man also zerkleinerte Äpfel oder Selleriestückchen blanchiert, wird das Wort noch in diesem Sinne verwendet. Der Anwendungsbereich hat sich aber erweitert.

Werden Lebensmittel nicht sofort weiterverarbeitet, schreckt man sie nach dem Blanchieren in kaltem Wasser (Eiswasser) ab. So wird die Gefahr der Mikrobenvermehrung unterbunden, das Nachgaren vermieden, Farbe und Biss werden erhalten.

Vorteile des Blanchierens

- Gefüge wird gelockert, z. B. bei Kohl für Kohlrouladen,
- Verfärbungen werden verhindert, weil Enzyme zerstört werden, z. B. bei hellen Obst- und Gemüsesorten, bei Lebensmitteln, die gefrostet werden.
- Hygiene wird verbessert, weil Wärme Mikroben zerstört.

Nachteile des Blanchierens

- Auslaugverluste an wasserlöslichen Inhaltsstoffen, z. B. Vitaminen, Mineralstoffen,
- Zerstörung hitzeempfindlicher Vitamine, z. B. Vitamin C.

Blanchieren zählt zu den Vorbereitungsarbeiten und nicht zu den Garverfahren.

Heute gilt:
Blanchieren oder Abwällen ist kurzfristige Behandlung der Rohstoffe mit siedendem Wasser oder im Dampfgarer.

Beispiele für missverständliche Verwendung des Wortes:
- Spinat blanchieren: Die dünnen Blätter sind durch die kurze Wärmeeinwirkung bereits gar. Das „Blanchieren" ist also hier keine Vorbereitung, sondern bereits ein Garen.
- Kartoffeln blanchieren, z. B. bei Eigenherstellung von Pommes frites: Hier handelt es sich um ein Garen in zwei Stufen: Vorbacken (auch blanchieren genannt) und Fertigstellen bei Abruf.

Garen von Speisen

Durch Garen werden Lebensmittel in genussfähigen Zustand gebracht. Wärme bewirkt in den Lebensmitteln:

- **Lockerung,** die Nährstoffe werden den Verdauungssäften leichter zugänglich,
- **Eiweißgerinnung** und
- **Stärkeverkleisterung,** wodurch die Nährstoffe für den menschlichen Körper besser verwertbar werden,
- **Geschmacksveränderung, Geschmacksverbesserung,** besonders beim Braten und Backen,
- **Mikrobenzerstörung.**

1 Grundlagen 🇬🇧 basics 🇫🇷 principes (m) de base

Die zum Garen erforderliche Wärme kann auf drei Arten auf die Lebensmittel übertragen werden. Das ist unabhängig von der Art, wie die Wärme erzeugt wird.

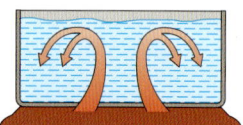

Strömung oder **Konvektion:**
In Flüssigkeiten (Wasser, Fett) und in Luft steigen warme Teilchen nach oben, abgekühlte fallen nach unten. So kommt es zu einem Kreislauf.

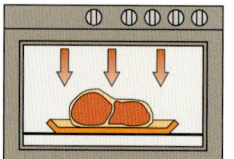

Strahlung oder **Radiation:**
Von jeder Wärmequelle gehen Strahlen aus. Treffen sie auf Lebensmittel, so erwärmen sie diese. Beispiel: Backrohr, Infrarotstrahler.

Kontakt oder **Leitung:**
Stoffe, die in direktem Kontakt stehen (Heizplatte → Pfanne → Steak), leiten die Wärme unmittelbar. Auf diese Art wird die Wärme am schnellsten übertragen.

Wird zum Garen Wasser verwendet, ist die Gartemperatur auf 100 °C begrenzt – beim Drucktopf auf ca. 120 °C.

Höhere Temperaturen sind möglich, wenn Luft oder Fett die Wärme übertragen oder die Wärme durch direkten Kontakt mit den Lebensmitteln in Verbindung kommt. Da die Veränderungen, die beim Garen in den Lebensmitteln ablaufen, sehr von der jeweils erreichbaren Temperatur abhängig sind, unterscheidet man die Garverfahren in:

Feuchte Garverfahren:
Das sind solche, bei denen während des Garens Feuchtigkeit vorhanden ist, z. B. Kochen, Dämpfen, Dünsten.

Trockene Garverfahren:
Das sind solche, bei denen während des Garens kein Wasser vorhanden ist, wie z. B. Braten, Grillen, Frittieren oder Backen.

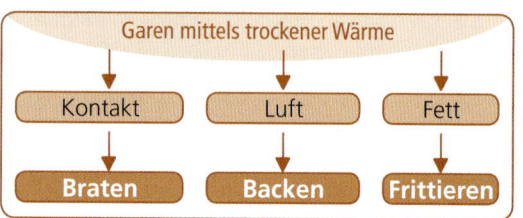

2 Garen mittels feuchter Wärme

Beim Garen mittels feuchter Wärme unterscheidet man nach der **Höhe der Gartemperatur**:

- unter 100 °C → Garziehen/Pochieren
- um 100 °C → Kochen
- über 100 °C → Druckgaren

2.1 Kochen 🇬🇧 to boil 🇫🇷 bouillir

Die vorbereiteten Rohstoffe werden mit so viel Flüssigkeit angesetzt, dass diese das gesamte Gargut bedeckt. Die Temperatur im Gargut steigt nach und nach bis fast 100 °C.

Wenn die Kochflüssigkeit aufwallt, nimmt man die Wärmezufuhr zurück, denn „mehr als kochen = wallen" kann das Wasser nicht. Es ist deshalb Energieverschwendung, wenn man versucht, kochender Flüssigkeit noch mehr Wärme zuzuführen, dies führt nur zum Verdampfen, also zum Flüssigkeitsverlust (s. jedoch Reduzieren).

Die Rohstoffe werden in kochender oder kalter Flüssigkeit zugesetzt. Während des Garens treten folgende Veränderungen ein:
- **Stärke** nimmt Wasser auf und verkleistert, z. B. bei Reis und Teigwaren,
- **Eiweiß der Fleischfasern** gerinnt, wird locker und leicht kaubar,
- **Bindegewebe** lagert Wasser an, wird locker und leicht kaubar,
- **wasserlösliche Bestandteile,** z. B. Mineralstoffe, Vitamine und Geschmacksstoffe, gehen in die Flüssigkeit über.

Abb. 1 Tafelspitz in der Brühe

● Kochen ist Garen in wässriger Flüssigkeit bei etwa 100 °C.

Pellkartoffeln

Zutaten
1 kg Kartoffeln
5 g Kümmel

- Kartoffeln, die von gleichmäßiger Form (gleiche Garzeit) und nicht zu groß sind, sauber waschen, in Kochtopf geben,
- Wasser auffüllen, bis die Kartoffeln bedeckt sind,
- Kümmel zugeben,
- aufkochen lassen, dann 30 Min. weiterkochen,
- Wasser abschütten, Kartoffeln schälen.

Halten Sie aus beiden Zubereitungsarten für Kartoffeln das Kochwasser zurück und vergleichen Sie dessen Aussehen und Geschmack.

Salzkartoffeln

Zutaten
1,2 kg Kartoffeln
15 g/l Salz

- Kartoffeln waschen und schälen,
- vierteln oder halbieren, tournieren, je nach Größe,
- in Topf geben, mit kaltem Wasser auffüllen, salzen,
- 20 Min. kochen,
  - abgießen und abdampfen lassen.

Fleischbrühe – gekochtes Rindfleisch

Vergleichen Sie die Brühe und das gekochte Fleisch aus beiden Kochverfahren.

Zutaten
zweimal je
250 g Rindfleisch (z. B. Brustspitz, Querrippe)
1,5 l Wasser
Wurzelwerk, Salz

- ein Stück Fleisch in kaltem, gesalzenem Wasser zusetzen, bei mäßiger Wärmezufuhr zum Kochen bringen
- anderes Stück Fleisch vorsichtig in kochendes gesalzenes Wasser einlegen
- nach einer Stunde Garzeit jeweils Wurzelwerk (Möhren, Lauch, Petersilie) beigeben
- jede Art etwa insgesamt 1,5 Std am Siedepunkt halten, aber nicht kochen.

2.2 Garziehen 🇬🇧 to poach 🇫🇷 pocher

> Garziehen oder Pochieren ist Garen in wässriger Flüssigkeit zwischen 75 und 98 °C.

Das Garziehen wird angewandt bei Lebensmitteln mit lockerer Struktur, z. B. leichten Farcen, ganzen Fischen.

Weil das Wasser unter dem Siedepunkt bleibt, kommt es nicht zum Wallen, und das Abkochen der jeweils äußeren Schicht wird vermieden.

Pochierte Eier

Zutaten

4	frische Eier
2 EL	Essig
1,5 l	Wasser

- Wasser mit Essig aufkochen (Essig wirkt zusammenziehend auf das Eiweiß)
- Eier einzeln in flache Schälchen schlagen
- Eier ins nicht mehr wallende Wasser gleiten lassen
- nach 4 Min. mit einem Schaumlöffel entnehmen
- Ränder glatt schneiden, auf Toast servieren.

> Wie verändern sich die Eier, wenn sie in sprudelnd kochendes Wasser gegeben werden? Beschreiben Sie die Veränderungen.

2.3 Dämpfen 🇬🇧 to steam 🇫🇷 étuver

> Dämpfen ist Garen mittels Wasserdampf bei 100 °C.

Die Lebensmittel liegen beim Dämpfen in einem Siebeinsatz. Der Boden des Dämpfers ist mit Wasser bedeckt. Bei Wärmezufuhr wird das Wasser zu Dampf, der die Wärme auf die Lebensmittel überträgt. Steamer erzeugen den Dampf außerhalb des Garraums und leiten diesen auf das Gargut.

Die Auslaugverluste sind gering, weil die Lebensmittel nicht direkt mit dem Wasser in Berührung kommen. Geschmack und Aussehen der Speisen sind mit gekochten vergleichbar.

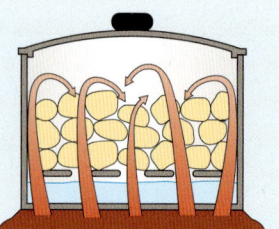

Abb. 1 Dämpfen

Gedämpfte Kartoffeln

Zutaten

1,2 kg	Kartoffeln
8 g/l	Salz

- Kartoffeln waschen und schälen,
- vierteln oder halbieren/tournieren (je nach Größe),
- Kartoffelstücke in Dämpfeinsatz geben und Salz daraufstreuen,
- Wasser bis zur Markierung (etwa 1 cm unterhalb Dämpfeinsatz) in Dämpftopf gießen,
- Dämpfeinsatz einhängen, Wasser zum Kochen bringen und Deckel auflegen,
- vom Beginn der Dampfentwicklung an 25 Min. dämpfen.

2.4 Dünsten 🇬🇧 to stew 🇫🇷 cuire à l'étuvée

> Dünsten ist Garen in wenig Flüssigkeit bei etwa 100 °C, meist unter Zugabe von etwas Fett. Die meist geringe Menge Flüssigkeit kann zugesetzt sein oder aus dem Gargut kommen.

Vorbereitete Rohstoffe werden mit wenig Flüssigkeit und etwas Fett in einen Topf gegeben und abgedeckt. Bei stark wasserhaltigen Rohstoffen tritt durch die Wärmeeinwirkung so viel Saft aus, dass auf eine Zugabe von Flüssigkeit verzichtet werden kann. Man spricht dann vom Dünsten im eigenen Saft.

Während des Garens muss darauf geachtet werden, dass die Flüssigkeitsmenge im rechten Maß ist.

Zu wenig Flüssigkeit ➡ Dünsten geht in Braten, evtl. Anbrennen über.

Zu viel Flüssigkeit ➡ Dünsten geht in Kochen über.

Abb. 2 Dünsten

Gedünstete Möhren	• Walzenförmige Möhren abschaben oder mit einem Sparschäler schälen und abspülen,

Zutaten

1,2	kg	Möhren
30	g	Butter
0,25	l	Wasser
15	g	Zucker
3	g	Salz

- Walzenförmige Möhren abschaben oder mit einem Sparschäler schälen und abspülen,
- in gleichmäßige, 4 cm lange Stäbe schneiden,
- Möhrenstäbe in einen Topf geben, Butter, Zucker und Salz dazugeben,
- Wasser untergießen, Inhalt zum Kochen bringen und Topf zudecken,
- bei mäßiger Wärmezufuhr 10 Min. dünsten.

Glasieren 🇬🇧 to glaze 🇫🇷 glacer

Zuckerhaltige Gemüse, wie Karotten, Maronen, kleine Zwiebeln, geben während des Dünstens Zuckerstoffe an den Dünstfond ab. Durch Verdunstung kocht dieser gegen Ende der Garzeit zu einer sirupartigen Glasur ein. Dieser Vorgang wird durch die Beigabe von etwas Zucker und Butter unterstützt. Durch schwenkende Bewegung wird das Gemüse mit der „Glasur" rundherum überzogen und erhält ein appetitlich-glänzendes Aussehen.

> Eine **besondere Art des Dünstens** ist das **Glasieren**.

Beispiele:
Glasierte Karotten,
glasierte Rübchen,
glasierte Perlzwiebeln,
glasierte Maronen.

2.5 Druckgaren 🇬🇧 pressure cooking 🇫🇷 cuisson (w) sous pression

Beim Druckgaren wird der Wasserdampf durch einen Deckel, mit dem der Topf fest verschlossen ist, zurückgehalten. Ein eingebautes Ventil regelt die Druckstärke. Bei normalem Luftdruck siedet Wasser bei 100 °C (Siedepunkt). Wird darüber hinaus noch weitere Wärme zugeführt, verdampft das Wasser und entweicht. Bei Druckgargeräten wird der Wasserdampf zurückgehalten, so baut sich ein Überdruck auf.

Mit steigendem Druck steigt die Gartemperatur. Die höhere Gartemperatur wirkt intensiver und verkürzt damit die Garzeit.

Darum spricht man auch vom „Schnellkochtopf". Beim Druckgaren ist die Temperatur im Vergleich zum üblichen Kochen zwar nur um etwa 20 °C erhöht, doch ist zu bedenken, dass die für das Garen wesentlichen Veränderungen, wie Stärkeverkleisterung oder Eiweißgerinnung, erst bei etwa 70 °C beginnen und dann mit zunehmender Temperatur immer rascher ablaufen, schließlich auch zu negativen Veränderungen führen.

> Druckgaren ist Kochen oder Dämpfen bei etwa 120 °C.

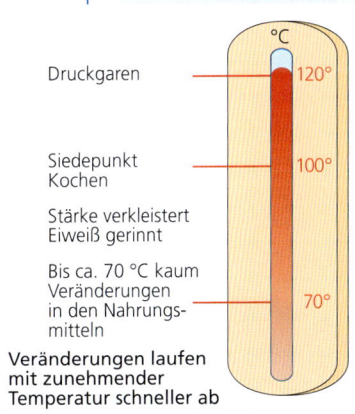

°C

Druckgaren — 120°

Siedepunkt Kochen — 100°

Stärke verkleistert Eiweiß gerinnt

Bis ca. 70 °C kaum Veränderungen in den Nahrungsmitteln — 70°

Veränderungen laufen mit zunehmender Temperatur schneller ab

Abb. 1 Wärme verändert Lebensmittel.

2.6 Gratinieren oder Überbacken 🇬🇧 to brown 🇫🇷 gratiner

Die feuchten Garverfahren erhalten den Eigengeschmack der Speisen. Will man jedoch Geschmack und Aussehen verändern, können die bereits gegarten Lebensmittel zusätzlich überbacken werden. Dabei entsteht durch die Einwirkung von Oberhitze eine goldgelbe bis braune Kruste mit zusätzlichen Geschmacksstoffen.

Die gegarten Lebensmittel werden
- bedeckt mit geriebenem Käse und Butterflocken oder Mornaysauce
- überbacken nur mit Oberhitze, z. B. im Salamander.

> Gratinieren ist eine **besondere Art der Fertigstellung** bereits gegarter Speisen, kein eigenständiges Garverfahren.

Beispiele:
Blumenkohl überbacken,
gratinierter Spargel.

3 Garen mittels trockener Wärme

 dry heat cookery methods 🇫🇷 faire cuire à la chaleur sèche

Unter Garen in trockener Wärme versteht man: **Garen ohne Wasser**.

Die Wärme kann auf das Gargut übertragen werden durch:

- direkten Kontakt ➡ Pfanne, Grillplatte
- heißes Fett ➡ Fritteuse
- heiße Luft ➡ Rohr, Umluftgerät
- Strahlung ➡ Rohr, Salamander

Dabei liegen die Temperaturen zwischen 150 °C bei heißem Fett und bis zu 260 °C bei heißer Luft. Durch die starke Wärmeeinwirkung bildet sich eine Kruste. Die dabei entstehenden Röststoffe geben das typische Bratenaroma.

3.1 Braten 🇬🇧 to roast 🇫🇷 rôtir

> Braten ist Garen mittels trockener Wärme. Man unterscheidet:
>
> - **Braten in der Pfanne:** Wärme wird durch direkten Kontakt und/oder durch geringe Fettmenge übertragen.
> - **Braten im Ofen:** Wärme wird durch direkten Kontakt und Strahlung oder heiße Luft übertragen.

Braten in der Pfanne 🇬🇧 to pan-fry 🇫🇷 rôtir

Zum Braten in der Pfanne oder **Kurzbraten** verwendet man wasserfreie Fette, denn wasserhaltige Arten würden spritzen und ließen sich nicht ausreichend erhitzen. Durch die starke Wärmeeinwirkung gerinnt das Eiweiß in den Randschichten. Es bilden sich Geschmack gebende Röststoffe. Die Wärme dringt nach und nach ins Innere.

Kurzbratfleisch muss gewendet werden, weil die Wärme nur vom Pfannenboden ausgeht, zu einseitig wirkt.

Sautieren 🇬🇧 to sauté 🇫🇷 sauter

Sautieren ist eine besondere Form des Kurzbratens. Das zerkleinerte Gargut, z. B. Geschnetzeltes, brät in einer besonderen Pfanne (Sauteuse) bei starker Wärmeeinwirkung.

Es darf nur so viel in die Pfanne gegeben werden, dass alles nebeneinander liegen kann und darum rasch die Wärme aufnimmt. Durch Schwenken der Pfanne wird das Gargut gewendet.

Abb. 1 Kurzbraten

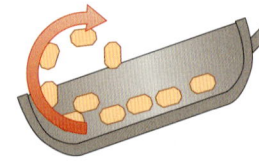

Abb. 2 Schwenken

Kalbssteak, gebraten

Zutaten

4	Kalbssteaks zu je 150 g
30 g	Bratfett
	Salz, Pfeffer, Mehl
20 g	Butter

- Kalbssteaks plattieren und wieder zur Steakform zusammendrücken,
- salzen, pfeffern, in Mehl wenden,
- Fett erhitzen, Fleisch einlegen und auf beiden Seiten anbraten,
- Wärmezufuhr reduzieren, weiterbraten, dabei wenden und mit dem Bratfett begießen,
- gebratene Kalbssteaks auf Abtropfgitter legen,
- Fett aus der Pfanne leeren, Butter in die Pfanne geben und hell bräunen,
- Kalbssteaks zur Geschmacksverbesserung darin nachbraten und anrichten,
- Bratbutter durch ein kleines Sieb auf die Kalbssteaks geben.

Filetgulasch

Zutaten

600	g	Rinderfilet
40	g	Zwiebelwürfel
60	g	geklärte Butter
0,1	l	Weißwein
0,3	l	gebundene braune Sauce
		Salz, Pfeffer oder Paprika

- Fleisch in gleichmäßige Würfel schneiden,
- geklärte Butter in einer Pfanne erhitzen,
- gewürzte Fleischwürfel dazugeben, auf der Bodenfläche verteilen,
- bei starker Wärmezufuhr rasch braun anbraten,
- durch Schwenken der Pfanne die Fleischwürfel wenden, dann in ein gewärmtes Geschirr leeren,
- Zwiebelwürfel in der benutzten Bratpfanne anschwitzen und mit Wein ablöschen,
- Sauce dazugeben, durch Einkochen im Geschmack kräftigen,
- gebratene Fleischwürfel einschwenken, nicht kochen lassen und in einem Töpfchen anrichten.

> Butter klären: dazu zerlaufen lassen, vom Bodensatz abgießen, weil bei starker Hitze Eiweiß und Milchzucker verbrennen.

Braten im Ofen 🇬🇧 to roast 🇫🇷 rôtir

Beim Braten im Ofen oder **Langzeitbraten** sind zwei Stufen zu unterscheiden:
- Anbraten im Ofen bei hoher Temperatur,
- Weiterbraten bei etwa 140 °C bis zum gewünschten Garzustand.

Die Wärme wird übertragen durch
- Strahlung im Rohr des Ofens
- Strömung im Konvektionsofen.

Gebratenes Schweinerippenstück

Zutaten

1	kg	vorbereitetes Schweinekarree, Knochen und Parüren des Karrees, kleingehackt
150	g	Röstgemüse
40	g	Bratfett
10	g/l	Speisestärke
		Salz, Pfeffer

- Fett in einem Bratgeschirr auf der Ofenplatte erhitzen,
- Schweinekarree würzen, im erhitzten Bratfett wenden, dann auf die Knochenseite legen,
- in ein vorgeheiztes Ofenrohr (220 bis 250 °C) schieben und 20 Min. braten,
- Knochen, Parüren, Röstgemüse zugeben, Temperatur senken und weitere 40 bis 50 Min. braten,
- das Fleisch öfter mit dem Bratfett begießen,
- gebratenes Fleisch auf Blech mit Abtropfgitter legen,
- Fett behutsam aus dem Bratgeschirr gießen, sodass der Bratsatz erhalten bleibt,
- Flüssigkeit auffüllen, Bratrückstände zur Saucenbildung loskochen, Abtropfsaft des Fleisches dazugeben,
- Sauce mit angerührter Stärke leicht binden.

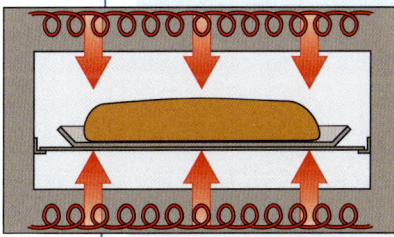

Abb. 1 Strahlungswärme im Rohr des Ofens

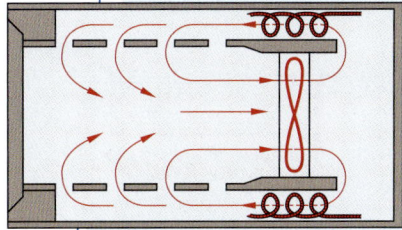

Abb. 2 Strömung im Konvektionsofen

3.2 Grillen 🇬🇧 to grill 🇫🇷 griller

Die trockene Wärmeeinwirkung führt rasch zu einer geschmackgebenden Kruste. Ähnlich wie beim Kurzbraten wählt man die Garstufe entsprechend der Fleischart.

Damit die Randschichten nicht austrocknen, wird das Gargut mit Öl oder Fett bestrichen. Aus dem Nitrit des Pökelsalzes und den Aminosäuren des Fleisches können sich bei starker Wärmeeinwirkung am Grill *Nitrosamine* bilden. Diese sind krebserregend.

> Grillen ist Garen mittels Strahlungs- oder Kontaktwärme.

> Keine Pökelware auf den Grill! Es entstehen Nitrosamine.

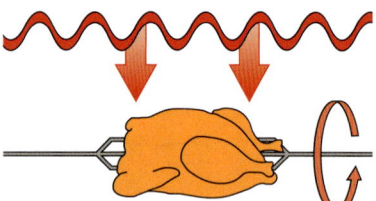

Abb. 1 Strahlungswärme beim Grillen

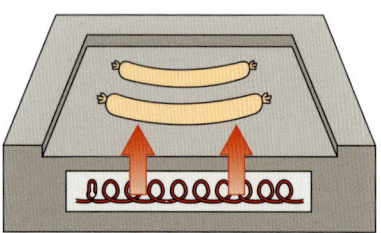

Abb. 2 Grillplatte gibt Kontaktwärme

Rumpsteak vom Grill

Zutaten
4 Rumpsteaks, je 180 g
4 Scheiben Kräuterbutter
Salz, Pfeffer, Öl

- Rumpsteaks würzen und mit Öl beträufeln,
- heißen Grillrost mit Öl bestreichen, damit das Fleisch nicht anhängt.
- Fleischscheiben nebeneinander auflegen und bei intensiver Wärmeeinwirkung grillen,
- Rumpsteaks wiederholt mit Öl bestreichen, um zu starkes Austrocknen zu vermeiden, und mit einer Grillzange umdrehen,
- beim zweiten und dritten Wenden das Fleisch im rechten Winkel zur Zeichnung auf die Grillstäbe legen (Grillkaro),
- nach 6 Min. Grilldauer die rosa gebratenen Rumpsteaks anrichten und Kräuterbutter auflegen.

3.3 Frittieren 🇬🇧 deep frying 🇫🇷 frire

Das heiße Fett umgibt das Gargut meist von allen Seiten, darum wird die Wärme rasch übertragen. Kurze Garzeiten sind die Folge.

Zum Frittieren dürfen nur wärmebeständige Spezialfette verwendet werden. Bei Temperaturen über 175 °C entsteht das gesundheitsschädliche Acrylamid.

> Frittieren ist Garen in Fett schwimmend bei Temperaturen zwischen 150 und 175 °C.

Abb. 3 Schnitt durch Fettbackgerät

Frittierte Shrimps

Zutaten
16 Shrimps
1 Ei, Panierbrot
Mehl
4 Zitronenviertel
Salz, Pfeffer

- Shrimps in Mehl und zerschlagenem Ei wenden und Panierbrösel andrücken,
- Backfett der Fritteuse auf 160 °C erhitzen,
- Shrimps einlegen und 3 Min. frittieren,
- Shrimps aus dem Backfett heben, würzen,
- zum Abtropfen auf Tuch oder Küchenkrepp legen,
- frittierte Shrimps und Zitronenstücke auf einer Platte mit Papierserviette anrichten,
- keine Cloche verwenden, damit die rösche Backkruste erhalten bleibt.

3.4 Schmoren 🇬🇧 to braise 🇫🇷 braiser

Durch das Anbraten des Fleisches entstehen Farbe und Geschmacksstoffe, die für Schmorgerichte typisch sind. Nach dem Aufgießen geht
das Garen in Kochen über, die Bindegewebe lagern Wasser an und
werden gelockert. Schmoren wendet man vor allem bei bindegewebe-
reichen Fleischteilen an.

> ● Schmoren ist ein kombiniertes Gar-
> verfahren. Beim Anbraten mit Fett
> entstehen Farb- und Geschmacks-
> stoffe, beim anschließenden Wei-
> tergaren in siedender Flüssigkeit
> wird Zellgefüge gelockert.

Schmorbraten/Schmorsteaks

Zutaten

2 kg	entbeinte Rinderschulter
300 g	Röstgemüse
0,3 l	Rot- oder Weißwein, brauner Kalbsfond
10 g/l	Speisestärke,
2 EL	Tomatenmark
60 g	Fett, Salz, Paprika
1	Gewürzbeutel (Lorbeerblatt, Thymianzweig, 5 Knoblauch-zehen, 1 Nelke, 10 Pfefferkörner, 100 g Petersilienstiele)

- Gewürztes Fleischstück oder Portionsscheiben in Schmorpfanne in heißem Fett allseitig anbraten,
- Röstgemüse beifügen, weiterbraten, bis das Gemüse braune Farbe zeigt.
- Tomatenmark dazugeben, kurze Zeit mitrösten,
- mit Wein ablöschen, einkochen, bis Ansatz glänzt.
- Braunen Kalbsfond in die Schmorpfanne gießen, bis das Fleisch zu einem Viertel seiner Dicke darin liegt, und aufkochen
- Gewürzbeutel dazulegen, Geschirr zudecken und im Ofen bei niedriger Temperatur etwa 2 Stunden schmoren.
- Während des Garens Fleisch mehrmals wenden und verdunstete Flüssigkeit ersetzen.
- Geschmortes Fleisch aus dem Geschirr nehmen.
- Sauce durch ein Sieb passieren, abfetten und mit angerührter Stärke leicht binden.

3.5 Backen 🇬🇧 baking 🇫🇷 cuire au four

Die grundlegenden Vorgänge der Wärmeübertragung zeigen Schema-
zeichnungen zum Braten auf Seite 145, Abb. 1 + 2.

Beim Backen bildet sich in den Randschichten eine aromatische **Kruste**
mit geschmacksgebenden Röststoffen.

In der **Krume** gerinnen die Eiweißstoffe (Kleber des Mehles, Ei) und
bilden ein elastisches Porengerüst. Die Stärke verkleistert und nimmt dabei Flüssigkeit auf.

> ● Beim Backen wirken Strah-
> lungswärme oder Umluft
> bei 160 °C bis 250 °C
> auf Teiglinge oder Back-
> massen ein.

3.6 Mikrowellen 🇬🇧 microwaves 🇫🇷 micro-ondes (w)

Mikrowellen erzeugen durch Molekülbewegung Wärme innerhalb der
Lebensmittel gleichzeitig an jeder Stelle.

Deshalb ist nur kurze Zeit erforderlich, um die Speisen auf Verzehrtemperatur zu bringen. Mikrowellengeräte eignen sich darum vorzüglich zum
Wiedererwärmen (Regenerieren) bereits gegarter Lebensmittel, z. B. bei
ruhigem Geschäftsgang.

Wird mittels des Mikrowellengerätes gegart, so entsprechen die Veränderungen in den Lebensmitteln etwa denen bei feuchten Garverfahren.

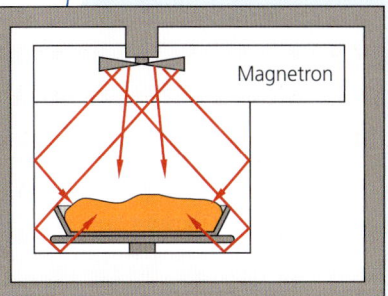

Abb. 1 Schnitt durch Mikrowellengerät

3.7 Zusammenfassende Übersicht – Garverfahren

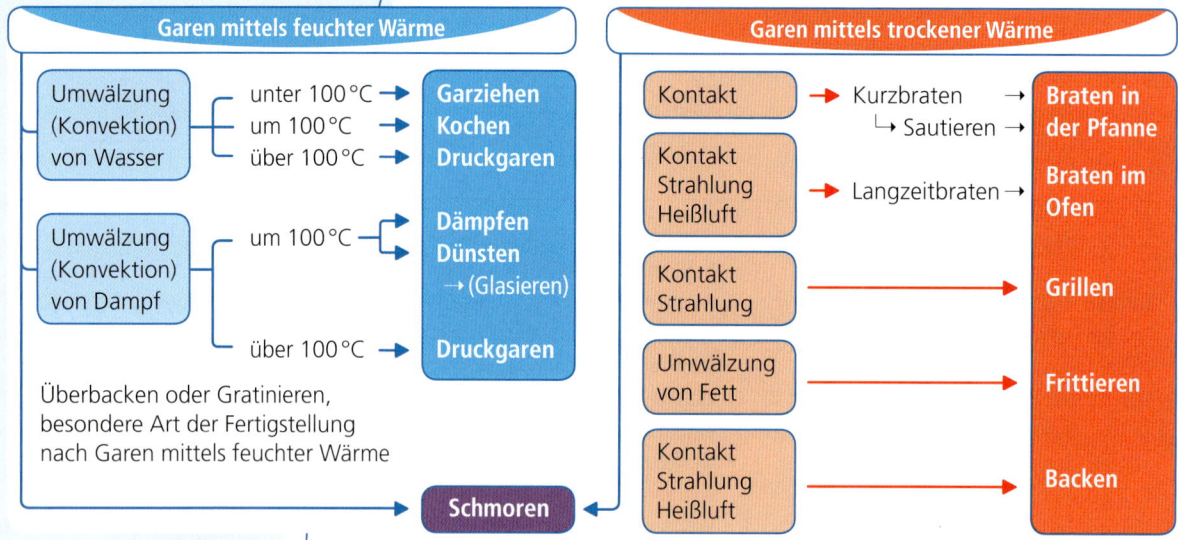

Garen mittels feuchter Wärme

Umwälzung (Konvektion) von Wasser	unter 100 °C →	Garziehen
	um 100 °C →	Kochen
	über 100 °C →	Druckgaren

| Umwälzung (Konvektion) von Dampf | um 100 °C | Dämpfen Dünsten → (Glasieren) |
| | über 100 °C → | Druckgaren |

Überbacken oder Gratinieren, besondere Art der Fertigstellung nach Garen mittels feuchter Wärme

Garen mittels trockener Wärme

Kontakt	→ Kurzbraten → ↳ Sautieren →	Braten in der Pfanne
Kontakt Strahlung Heißluft	→ Langzeitbraten →	Braten im Ofen
Kontakt Strahlung	→	Grillen
Umwälzung von Fett	→	Frittieren
Kontakt Strahlung Heißluft	→	Backen

Schmoren

❹ Zubereitungsreihen

🇬🇧 preparation series 🇫🇷 séries (w) de la prèparation

Escoffier schreibt in seinem Kochkunstführer:
Die Zubereitungsarten umfassen die wichtigsten Grundlagen der Kochkunst. Sie stellen die Grundlagen dar, die für jeden geregelten Arbeitsgang erforderlich sind und deren unbedingte Beherrschung das Kochen erst zur Wissenschaft erhebt.
Nur derjenige, der Ursachen und Wirkung der einzelnen Zubereitungsarten genau kennt, beherrscht die Kochkunst in vollem Umfange.

Bei den folgenden Zubereitungsreihen entstehen aus einem **Grundrezept durch wechselnde Garverfahren unterschiedliche Gerichte**.

So werden die Grundkenntnisse über die Garverfahren gefestigt, und die Auswirkungen der unterschiedlichen Garverfahren können direkt verglichen werden.

4.1 Zubereitungsreihe Hackfleisch

Grundrezept

Hackfleisch:	1 kg gemischtes Hackfleisch (Rind, Schwein),
Würzung:	100 g Zwiebelwürfel, anschwitzen, Salz, Pfeffer,
Lockerung:	100 g Weißbrot oder Semmeln eingeweicht, ausgedrückt,
Verbesserung:	100 g Ei (2 Stück)

• Alle Zutaten in eine Schüssel geben und zu einer glatten Hackfleischmasse vermengen.

• Geschmackliche Abwandlungen sind möglich durch Beigabe von zerkleinerten frischen Kräutern, Paprikaschoten, Pilzen, Roten Rüben, Käse, Gewürzgurken, Kapern, Sardellen und Knoblauch, ferner durch Gewürze oder Würzsaucen.

Aus einem Grundrezept mit Hackfleisch entstehen durch unterschiedliche **Garverfahren:**

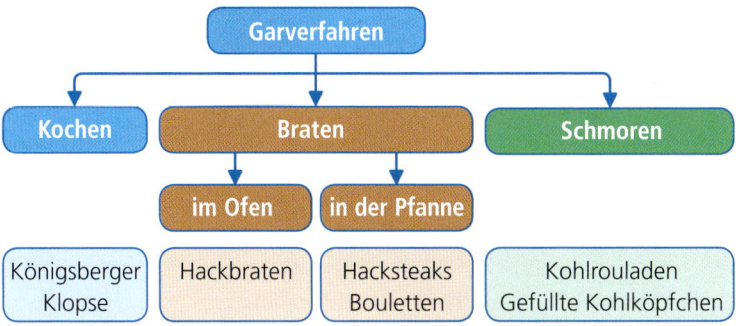

Wir empfehlen[1]

Kochen

Fleischklopse

Mit nassen Händen Klopse formen, je Portion 2 Klopse à 60 g. Fleischbrühe mit gespickter Zwiebel aufkochen.

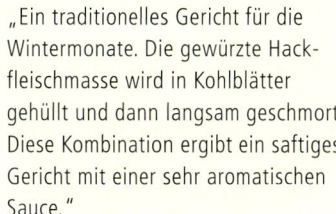

Abb. 1
Königsberger Klopse

„Wertvolles Hackfleisch wird gut gewürzt, zu Klößchen geformt und gegart. Wir servieren in sämiger Sauce, der Kapern eine besondere Note geben."

Wenn nicht vorhanden: Aus 1 l Wasser und Fleischbrühwürfel Brühe herstellen; am Siedepunkt halten, Klopse etwa 10 Min. in der Brühe garen und mit Schaumlöffel herausnehmen. Aus 40 g Fett und 50 g Mehl eine helle Schwitze bereiten und mit 1 l Fleischbrühe eine Sauce herstellen. Abschmecken mit Sauerrahm, Senf und Kapern. Klopse in der Sauce servieren.

Schmoren

Gefüllte Kohlköpfchen

Strunk eines Weißkohlkopfes ausstechen. Kopf blanchieren, bis die Blätter formbar sind. Große Kohlblätter abnehmen, nebeneinander auslegen, kleine dazuordnen, salzen und pfeffern. Mit nassen Händen 100 g schwere Hackfleischbällchen abdrehen, in die Mitte setzen und mit Kohlblättern umhüllen. Gefüllte Köpfchen einzeln in einem Tuch fest zu Kugeln formen. Flaches Schmorgeschirr mit Fett ausstreichen. Die Bodenfläche mit Zwiebel- und Möhrenscheiben auslegen. Kohlköpfchen nebeneinander einsetzen. Geschirr in einen vorgeheizten Ofen schieben und die Köpfchen braun anbraten. Mit Brühe (vgl. Rezept Klopse) untergießen und zugedeckt bei mittlerer Wärmezufuhr 45 bis 60 Min. schmoren. Verdunstung durch Flüssigkeitsbeigabe ausgleichen. Gegarte Köpfchen mit einem Schaumlöffel entnehmen. Schmorfond passieren, mit angerührter Stärke leicht binden und über die gefüllten Kohlköpfchen geben.

„Ein traditionelles Gericht für die Wintermonate. Die gewürzte Hackfleischmasse wird in Kohlblätter gehüllt und dann langsam geschmort. Diese Kombination ergibt ein saftiges Gericht mit einer sehr aromatischen Sauce."

Braten   im Ofen

Hackbraten

Hackmasse brotlaibähnlich formen, mit nasser Hand glätten. In Semmelbröseln wälzen und in ein ausgefettetes Bratgeschirr legen. Im vorgeheizten Ofen bei mäßiger Wärme etwa eine Stunde braten. Ab und zu begießen. Hackbraten entnehmen. Bratsatz mit Wasser ablösen und loskochen. In 200 g Sahne 2 EL Stärke verrühren, dem Bratsatz beigeben, aufkochen und die Sauce passieren. Hackbraten in Portionsscheiben schneiden und Sauce angießen.

„Die Hackmasse wird mit Zwiebelwürfeln ergänzt und zu einem Laib geformt, der durch das Braten im Ofen ein besonderes Aroma erhält. Wir servieren davon zwei Scheiben mit einer delikaten Sauce und ..."

1 Beschreibung von Speisen Seite 157

„Die fein gewürzte Hackfleischmasse wird zu flachen Bällchen geformt und in der Pfanne außen kross gebraten, das Innere bleibt dabei saftig."

Braten in der Pfanne

Hacksteaks

Hacksteaks in Portionsgröße von 120 g formen. Fett in einer Bratpfanne erhitzen. Hacksteaks einlegen und auf beiden Seiten, unter mehrmaligem Wenden, gleichmäßig braun braten. Bratdauer etwa 10 Minuten.

Abb. 1 Hacksteaks

4.2 Zubereitungsreihe Geflügel

Grundmaterial: Brathähnchen/Poularde, bratfertig
Zubereitungen unter Berücksichtigung verschiedener Garverfahren.

Garverfahren					
Kochen	**Dünsten**	**Schmoren**	**Braten**	**Grillen**	**Frittieren**
Gekochte Poularde	Gedünstete Poularde	Geschmorte Hähnchenkeule	Gebratene Poularde (im Ofen) / Panierte Hähnchenbrust, gebraten (in der Pfanne)	Hähnchen vom Grill	Gebackenes Hähnchen

Kochen

Gekochte Poularde

Poularde blanchieren. Dann in einem passenden Topf knapp mit Wasser bedeckt aufsetzen, an den Kochpunkt bringen und bei geringer Wärmezufuhr etwa 45 Min. sieden. Schaum und Fett durch Abschöpfen entfernen. Flüssigkeit nur leicht salzen. Lauch, Sellerie, Möhre zusammenbinden und zur Ergänzung des Brühengeschmacks mitkochen. Gegarte Poularde entnehmen, in eiskaltem Wasser abschrecken und mit Folie bedecken. Poularde in Brusthälften und Keulen zerlegen und in der passierten Brühe aufbewahren. Verwendungsmöglichkeiten für die gekochte Poularde: Suppeneinlage, Geflügelragout, Geflügelsalat. Brühe zu Suppen, Saucen und zum Ansetzen einschlägiger Zubereitungen.

Dünsten

Gedünstete Poularde

Poularde blanchieren. Stücke von hellem Lauch und Sellerie (4:1) in passendem Topf mit Butter farblos anschwitzen. Poularde dazulegen. Mit wenig Weißwein ablöschen, so viel Wasser auffüllen, dass ein Drittel des Geflügelkörpers darinliegt. Aufkochen, Flüssigkeit salzen. Topf zudecken und die Poularde bei mäßiger Wärmezufuhr dünsten, von Zeit zu Zeit umdrehen. Gedünstete Poularde nach 45 Min. entnehmen und mit Folie bedeckt abkühlen lassen. Danach zerlegen und die schwammige Haut abziehen. Vom passierten Dünstfond unter Verwendung von Mehlbutter und Sahne eine Sauce herstellen. Wird die Sauce mit Sahne und Eigelb legiert, darf sie danach nur kurz aufkochen, sonst flockt das Eigelb aus.

„Poulardenstücke durch Dünsten schonend gegart mit samtiger aber leichter Sauce, die mit Weißwein und etwas Zitrone pikant abgeschmeckt ist. Dazu reichen wir Basmatireis oder hausgemachte Nudeln."

Geeignete Beilage:
Reis oder Nudeln

1 Beschreibung von Speisen Seite 157

Schmoren

Geschmorte Hähnchenkeulen

Schlussknochen an der Innenseite der Keulen entfernen. Salzen und pfeffern. In einem mit Fett erhitzten Geschirr mit der Außenseite zuerst anbraten. Zwiebel- und Möhrenstückchen dazulegen und weiterbraten, bis das Gemüse leicht Farbe hat. Mit Weißwein ablöschen, Flüssigkeit einkochen. Eine zerschnittene Tomate oder etwas Tomatenmark beigeben.

Wenn der Ansatz glänzt, mit Jus oder Wasser auffüllen und aufkochen. Ein Kräutersträußchen (Petersilie, Bruchstück Lorbeerblatt, Zweig Thymian) dazulegen und zugedeckt 15 Min. schmoren.

Danach Keulen entnehmen. Fond passieren, abfetten und mit wenig angerührter Stärke binden. Keulen in der Sauce servieren.

„… mit einer kräftigen aromatischen Sauce, die am besten mit geschmacklich neutralen Beilagen wie Teigwaren, Reis oder Kartoffelpüree zur Geltung kommt."

Geeignete Beilage:
Kartoffelpüree, Gurkensalat

Braten in der Pfanne

Gebratene Hähnchenbrust

Eine rohe Hähnchenbrust erhält genau in der Mitte neben dem aufrecht stehenden Brustknochen einen Längsschnitt. Von hier aus die Brusthälften entlang der Knochen ablösen und die Flügel abschlagen. Brustteile salzen, mit Paprika bestreuen. Butter in einer Pfanne erhitzen, die panierten Brustteile einlegen und bei mäßiger Wärmeeinwirkung beidseitig hellbraun braten.

Abb. 1 Gebratene Hähnchenbrust

Gebratene Hähnchenbrust mit zwei Zitronensechsteln und frittierter Petersilie anrichten.

„Das zarte Fleisch von der Brust eines Hähnchens ist mit einer goldbraunen knusprigen Panierung umhüllt, die das Fleisch saftig hält und einen typischen Geschmack verleiht."

Geeignete Beilage:
Pommes frites,
Tomatensalat

Braten im Ofen

Gebratene Poularde

Bratfertige Poularde salzen und pfeffern. In erhitztem Bratfett wenden und auf der Seite liegend bei etwa 220 °C im Ofen beidseitig anbraten. Ofentemperatur auf 180 °C senken und das Verfahren fortsetzen. Poularde dabei mehrmals wenden und mit dem Bratfett begießen. Die Bratdauer beträgt 50 bis 55 Min. Etwa 10 Min. vor Garzeitende Zwiebel- und Möhrenwürfel beifügen und mitbräunen.

Gebratene Poularde aus dem Geschirr nehmen. Das Fett behutsam vom Bratsatz abgießen. Kalbsjus oder wenig Wasser in das Geschirr geben und den Bratsatz loskochen. Sauce passieren, nochmals aufkochen und mit angerührter Stärke leicht binden.

„Einen besonderen Geschmack verleiht die schön gebräunte knusprige Haut. Zu der dazugehörenden Sauce passen am besten …"

Geeignete Beilage:
Salate der Saison

Frittieren

Gebackenes Hähnchen/Wiener Backhähnchen

Hähnchen längs spalten, in Brusthälften und Keulen teilen. Knochen an den Innenseiten der Teile entfernen. Flügelspitzen abschlagen. Die Oberschenkelknochen aus den Keulen herauslösen.

Hähnchenteile mit Salz, Paprika, Zitronensaft und gehackter Petersilie würzen. In Mehl und Ei wenden und Panierbrot andrücken.

Abb. 2 Gebackenes Hähnchen

„Unter der röschen Kruste des Back-
hähnchens finden Sie ein besonders
saftiges Hähnchenfleisch."

Geeignete Beilage: Salatplatte.

In einer Fritteuse bei 160 °C die panierten Geflügelteile ausbacken.
Der Garpunkt ist erreicht, wenn das Fleisch an der Oberfläche schwimmt.
Dann entnehmen und zum Abtropfen auf eine saugfähige Unterlage (Küchenkrepp) legen. Mit Kresse und Zitronenstücken auf einer Papierserviette anrichten. Frittierte Fleischteile müssen sofort serviert werden.

4.3 Zubereitungsreihe Gemüse

Grundmaterial: Fenchel, auch andere Gemüsearten können
in vergleichbarer Weise verwendet werden.

Allgemeine Vorbereitung:
Fenchelknollen von braunen Stellen befreien, gründlich waschen, denn
zwischen den Schichten kann Sand sitzen. Grüne Fenchelkräuter zur
Garnitur aufbewahren.

Garverfahren

| Kochen | Dünsten | Überbacken | Braten | Schmoren | Frittieren |

Zum Vergleich: Fenchelrohkost

„Besonders schonend gegart, Vitamine
werden bestmöglich erhalten, als
Gemüsebeilage mit vielen Gerichten
kombinierbar."

Kochen

Fenchel als Beilage
Sud aus Wasser, etwas Öl, Salz und Zitronensaft aufkochen. Fenchel halbieren
und den Strunk so entfernen, dass die Fenchelblätter noch zusammenhalten.
Nun den Fenchel quer in 7-mm-Stücke schneiden und 6 Minuten kochen, abgießen und mit Butterflocken verfeinern.

„... angenehm weich, aromatisch, im
Geschmack an Anis erinnernd, knackig,
aber nicht hart, noch etwas Biss."

Dünsten

Gedünsteter Fenchel
Fenchel quer in Scheiben von etwa 7 mm schneiden. Etwas Butter zergehen
lassen, einen Schuss Weißwein zugeben, Fenchelscheiben einlegen, etwas Salz
und Pfeffer darübergeben und 6 Min. dünsten.

„Nach dem Garen (Kochen, Dünsten)
zusätzlich mit aromatischem Käse
bedeckt und überbacken. Das bringt auf
zweifache Weise zusätzliche
Geschmackswerte."

Überbacken

Überbackener Fenchel
Fenchel halbieren und Strunk entfernen. Kochen oder Dünsten, in feuerfestes
Geschirr ordnen, mit Béchamelsauce überdecken, mit geriebenem Käse
bestreuen und überbacken.

Braten

Gebratener Fenchel
Fenchelknollen in Längsrichtung achteln, etwa 6 Min. kochen, in zerschlagenem Ei und Paniermehl wenden, in Öl braten. Wird gebratener Fenchel als
selbstständiges Gericht serviert, gibt man Béarner Sauce dazu.

Abb. 1 Überbackener Fenchel

Schmoren

Geschmorter Fenchel

Fenchel wie zum Überbacken vorbereiten. In feuerfestes Geschirr oder Schmortopf sautierte Speck- und Zwiebelwürfel einstreuen, die ca. 7 Min. vorgekochten, abgetropften Fenchelhälften einordnen, mit Demiglace untergießen und zugedeckt im heißen Rohr gar schmoren.

„Weich, leicht kaubar, hat durch das Schmoren ein kräftiges Aroma."

Frittieren

Gebackener Fenchel

Fenchelknollen in Längsrichtung achteln, etwa 6 Min. kochen, abtropfen lassen. Die Stücke durch Backteig ziehen, bei etwa 170 °C in Fett schwimmend backen.

Beigaben:
Tomatensauce, Blattsalate

Zum Vergleich: Ungegart

Fenchelsalat

Fenchelknolle längs halbieren, in Querrichtung sehr fein schneiden und lockern, damit die Segmente auseinander fallen. Salatmarinade nur aus Zitronensaft, Salz und Öl anmachen, damit der reine Fenchelgeschmack zur Geltung kommt

Abb. 1 Rohkostplatte

„Fein geschnitten, darum knackig, aber nicht hart, appetitanregend und erfrischend. Für Energiebewusste."

Fenchelrohkost

Bei Fenchelrohkost wird im Unterschied zu Fenchelsalat mit anderen rohen Zutaten ergänzt. Fenchel vorbereiten wie zu Fenchelsalat, säuerlich schmeckenden Apfel schälen, entkernen und grob raffeln, Nüsse reiben, Salat mit Joghurt anmachen.

Wenn die Zubereitungen fertiggestellt sind, werden die Ergebnisse bewertet und verglichen. Siehe Seite 157.

1. Welches Gericht erhält innerhalb seiner Zubereitungsreihe die besten Noten für Geschmack?

2. Für die Gerichte einer Zubereitungsreihe sind die Materialkosten ähnlich. Welches ist jeweils am ansprechendsten?

3. Versuchen Sie einen Zusammenhang herauszufinden zwischen der Art des Garverfahrens und der Bildung von Geschmacksstoffen.

4. Bilden Sie selbst eine Zubereitungsreihe mit möglichst vielen Garverfahren. Beispiel: Rohstoff Kartoffel und die Zubereitungsmöglichkeiten im Sachwortverzeichnis suchen.

5. Sowohl bei der Zwischenprüfung als auch bei der Gehilfenprüfung sind die eigenen Produkte zu präsentieren. Das bedeutet: die Speisen beschreiben und empfehlen. Sie haben bei den vorausgegangenen Zubereitungen Beispiele für Formulierungen zur Empfehlung gesehen. Auf Seite 156 ist das näher beschrieben.

   a) Suchen Sie bei der Zubereitung immer nach Formulierungen, wie ein Gericht wirksam einem Gast empfohlen werden kann. Sammeln Sie Formulierungen, die Appetit machen.

   b) Notieren Sie diese, damit Sie einen „Vorrat" haben. Ergänzen Sie Ihre Rezepte damit.

   c) Sprechen Sie zu einem/er Kollegen/in wie zu einem Gast. Z. B. Das ist … Dazu reichen wir …

Aufgaben

5 Erstellen von Garprogrammen

providing of cooking programs • fournir des programmes (m) de cuisson (w)

„Wer mehr weiß, kann kreativ sein, denn er kann vorausschauend denken," sagt ein geschätzter Fachmann, und ein anderer „Nur wer Vorgänge durchschaut, kann sinnvoll damit umgehen." Nach den Zubereitungsreihen hier eine Anleitung, die zeigt, wie Garprogramme für Kombidämpfer eigenständig erstellt werden können.

Diese Geräte haben zwar für viele Zubereitungen bereits fertige Programme gespeichert, doch immer besteht die Möglichkeit, eigene Programme einzubringen.

Heißluftgargeräte verstehen nicht „Bei milder Hitze kurz garen." Es werden konkrete Angaben mindestens zur Temperatur und zur Gardauer benötigt. Herkömmliche Garanweisungen bewährter Rezepte müssen darum auf die Sprache der Kombigarer übertragen werden.

Die Beispiele unten zeigen, wie man zunächst eigene Erfahrung in konkreten Werten festlegt und in eine Tabelle einträgt. Wenn Überlegungen so festgehalten werden, kann man später ohne Probleme ändern oder verfeinern.

Unterschiedliche Muster von Firmen für das Festhalten von Daten für eigene Programme

Gargut/ Anmerkungen	Menge/ Einschubteile	Programm-platz	Schritt	Verfahren	Temperatur	Garzeit (Min.) oder Kerntemp. (°C)	Zusätzliche Einstellungen
schweine-hackbraten	3 x 2,5 kg	115	①	Dämpfen	100 °C	10 Min.	
			②	Heißluft	140 °C	15 min	Dampflauf
			③				

Programmnummer: **Produkt: Schweinebauch**

	1. Schritt	2. Schritt	3. Schritt	4. Schritt	5. Schritt	6. Schritt	7. Schritt	8. Schritt	9. Schritt
Gar-medium	feuchte Hitze	f. u. tr. Hitze	trockene Hitze						
(Balken 0–100)	100 %	70 %	70 %						
(Thermometer)	100 °C	160 °C	220 °C						
(Uhr / Kerntemp.)	30 Min.	76 °C	78 °C						

Aufgaben

1 Vergleichen Sie die Beschreibung des Garvorgangs beim Rezept für Hackbraten, Seite 149, mit dem Beispiel Schweinehackbraten im Muster oben. Finden Sie dort alle erforderlichen Angaben?

2 Fertigen Sie eine Tabelle für den Garablauf nach einem Muster in der Abbildung oben.

3 Welche Größen/Werte müssen bei jedem Programmschritt festgehalten werden?

4 Erstellen Sie für Hacksteaks, Seite 150, eine Gar-Ablauf-Tabelle.

6 Speisenproduktionssysteme

🇬🇧 food production systems 🇫🇷 systèmes (m) de production (w) des repas (m)

Ideal ist es, wenn Speisen frisch gekocht auf den Tisch kommen. Doch ist das in der gewerblichen Küche wegen der Arbeitsbelastung nur sehr eingeschränkt möglich. Und doch kennt man diese Art von Speisenzubereitung. Ein Steak wird auf Abruf gebraten – à la minute – und sofort serviert. Dieses Verfahren nennt man **Kochen und Servieren** oder **Cook & Serve.**

Vieles wird zeitlich vor dem Service produziert, bis zur Ausgabe warmgehalten und bei Abruf angerichtet, z. B. Schmorgerichte wie Gulasch oder große Braten. In diesem Fall gilt: **Kochen und Warmhalten** oder **Cook & Hold.**

Bei **Kochen und Kühlen** oder **Cook & Chill** stehen Produktion und Service nicht mehr in direkter Verbindung.

Die Zubereitungen werden nach dem Garen schnellstens auf +3 °C gekühlt und bei dieser Temperatur vorrätig gehalten. Bei Bedarf bringt man die Speisen auf Serviertemperatur, man regeneriert.

Das Verfahren „Kochen und Kühlen" wenden z. B. Fluggesellschaften für die Bordverpflegung an. Hotels, die in Verbindung mit Kongressen zeitgleich eine große Anzahl von Gästen versorgen müssen, portionieren auf den Tellern vor, bringen diese im Hordenwagen in die Kühlung und erhitzen/regenerieren kurz vor dem Service.

Die Speisen werden nach der Zubereitung rasch gekühlt, dann portioniert und in die gekühlten Trolleys gepackt. So haben Mikroben keine Gelegenheit, sich zu vermehren, und den Gästen kann nach dem Regenerieren/Wiedererwärmen eine warme Mahlzeit serviert werden.

Abb. 1 Speisen auf Tellern regenerieren

Kochen und Servieren	Kochen und Warmhalten	Kochen und Kühlen
Cook & Serve	Cook & Hold	Cook & Chill
Vorbereiten	Vorbereiten	Vorbereiten
▼	▼	▼
Garen	Garen	Garen
▼	▼	▼
Ausgeben	Warmhalten	Schnellkühlen
	▼	▼
	Ausgeben	Kühllagern
		▼
		Regenerieren
		▼
		Ausgeben

① Anrichten von Speisen

 🇬🇧 arranging food 🇫🇷 arranger des mets (m)

Nach dem Zubereiten werden die Speisen angerichtet, damit zum Verkauf vorbereitet und serviert.

Beim Anrichten auf dem Teller werden die einzelnen Zubereitungen portionsgerecht zu einem Gericht zusammengestellt. Dabei denkt man sich den Teller dreigeteilt.

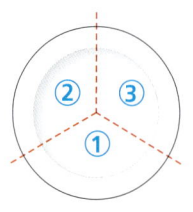

Hier in der Grundstufe wird das Anrichten von Tellergerichten vorgestellt. Bei praktischen Prüfungen ist die Zubereitung vom Prüfling zu präsentieren, wobei neben Portionierung auch Anrichteweise und Gesamteindruck der Zubereitung bewertet werden.

> Das Auge des Gastes isst mit, drum tu was dafür.

- **Fleischscheiben** ① und Sauce liegen im unteren, dem Gast zugewandten Drittel, damit der Gast sie leicht in Stücke schneiden kann.
  Besteht eine Portion aus mehreren Tranchen (Scheiben), wird zum Gast hin exakt ausgerichtet.
- **Beilagen** ② (Kartoffeln, Reis, Teigwaren) liegen oben links.
- **Gemüse** ③ liegen oben rechts. Werden mehrere Gemüse angerichtet, achtet man auf das Farbenspiel.
- **Warme Speisen** richtet man auf vorgewärmtem Teller aus dem Wärmeschrank oder Rechaud an.
- Ein angerichteter Teller soll nicht überladen sein, der **Tellerrand** oder die **Fahne muss sauber sein.** Nötigenfalls abwischen.
- Haben Teller ein **Firmenzeichen**, eine **Vignette**, wird so angerichtet, dass sich das Zeichen beim Einsetzen dem Gast gegenüber befindet.

Manche Gerichte gewinnen, wenn man sie anschneidet und z.B. eine Füllung sichtbar wird wie bei gefüllten Keulchen oder Rouladen.

Eine glänzende Oberfläche wirkt kostbarer, lässt appetitlicher erscheinen. Dabei hilft in der warmen Küche z.B. zerlassene Butter, die mit einem Pinsel sparsam aufgetragen wird, in der kalten Küche wird mit Aspik überglänzt.

Man kann auch eine Garnierung, ein bisschen Schmuck, „etwas obendrauf" anbringen. Etwa gehackte Petersilie oder in Butter gebräunte Brösel, eine Rosette Kräuterbutter auf einer Zitronenscheibe, einen Sahnetupfer usw.

Vignette/Firmenzeichen

Beilage

Gemüse

Fleisch/Fisch

Abb. 1 Anrichten von Tellergerichten

Fachbegriffe

à part	Getrennt anrichten, z.B. in einer Sauciere oder Gemüseschale (Legumier)
Fahne	Rand eines Tellers
glasieren	Überglänzen, z.B. Kartoffeln mit flüssiger Butter
gratinieren/ überbacken	Ein Gericht unter starker Wärmeeinwirkung (Oberhitze) bräunen

Fachbegriffe

nappieren	Mit Sauce überziehen
Rechaud	Wärmeschrank, Wärmeplatte
saucieren	Sauce angießen oder untergießen
Tranche	Scheibe, z.B. von Braten, Geflügelbrust
tranchieren	In Scheiben schneiden

2 Beschreiben und Bewerten von Speisen

🇬🇧 describing and analysing meals 🇫🇷 décrire et évaluer des mets (m)

Den Unterschied zwischen Bewerten und Beschreiben von Speisen erkennt man am besten, wenn die Sichtweisen von Küche und Restaurant gegenübergestellt werden.

Am Beispiel des *Wiener Schnitzels*, das jedem bekannt ist, wird der Unterschied zwischen Bewerten und Beschreiben einer Speise dargestellt.

Küche	Service
Produktion erfordert Rezept	Beratung der Gäste ist eine **Empfehlung**
Beispiel • Fett in der Pfanne erhitzen, • paniertes Schnitzel einlegen, • nach … Min. wenden, • ist fertig, wenn …	Beispiel • Saftiges Schnitzel von einem Kalb aus der Region, • frisch zubereitet, • aromatisch, • mit krosser Panierung
Das ist eine **Vorgangsbeschreibung** und wendet sich an den Verstand.	Das ist eine **Gegenstandsbeschreibung** und wendet sich an das Gefühl.
Die **Bewertung** des Produktes durch den Koch erfolgt sachlich mit dem Ziel, die Produktion zu erfassen und zu verbessern.	Die **Beschreibung** eines Gerichtes im Restaurant hat das Ziel, die Gäste zu informieren und zu einem Kauf zu animieren.

Beschreiben von Speisen

Besucht man Quick-Service-Restaurants, fällt auf, dass man über das Angebot anders informiert wird als in einem Restaurant. Großformatige Aufnahmen zeigen dort, was zu kaufen ist. Dadurch hat der Gast eine klare Vorstellung, wie das von ihm ausgewählte Gericht aussehen wird.

Restaurants übernehmen bisweilen die Idee, z. B. in Form von bebilderten Eiskarten. Auch dort sieht man im Voraus, wie das Gewählte aussehen wird.

Im Allgemeinen ist der Gast jedoch auf die mündliche Information durch die Servicemitarbeiter angewiesen. Fachkräfte kennen die Frage: „Was ist eigentlich …?" Die erwünschte Information ist Aufgabe und Verkaufs-Chance zugleich. Wir haben mit Worten zu beschreiben, wir haben mit Worten Appetit zu machen.

Essen kann man sehen, riechen und schmecken. Darum wendet sich die Beschreibung von Lebensmitteln an möglichst viele Sinne und nennt je nach Hauptbestandteil geschmacksbestimmende Zutat, Form, Farbe oder Beschaffenheit.[1]

1 Beispiele einer Beschreibung bei den Zubereitungsreihen ab Seite 149 bei „Wir empfehlen".

Worte, die verkaufen helfen

Beschaffenheit	Sinnesempfindungen	Konsistenz – Beißgefühl (Wortauswahl)	
• … lecker gefüllt mit … • … eingelegt in eine würzige Marinade • … gut gereift, … vitaminschonend gedünstet • … kross gebraten, • … täglich frisch, … frisch vom Markt • … nach hauseigenem Rezept	• buntes Gemüse • knackiger Salat • duftendes Gebäck • knuspriger Blätterteig • zarte Creme • edelbittere Schokolade	• cremig • fein • flockig • flüssig • geliert • knackig • knusprig • kompakt • körnig	• kross • lecker • leicht • locker • mürbe • rösch • saftig • sahnig • schaumig

Geschmack

Der Geschmack kann unterschiedlich sein: ausgeprägt, arttypisch, kräftig, pikant bis kaum wahrnehmbar. Auch die unterschiedliche Stärke einer Geschmacksausprägung lässt sich beschreiben.

Beispiele (Beispiele für einfache Gerichte auf den Seiten 149 bis 153)

gerade erkennbar	deutlich feststellbar	vorherrschend
süß, süßlich	angenehm süß	zuckersüß
herb/bitter, bitterlich, etwas bitter	halbbitter, zartbitter	zusammenziehend

Farbe

hellgelb
strohgelb
goldgelb
leicht gebräunt
rötlich
fruchtig rot
tiefrot
rotbraun
zart grün
grünlich
hellgrün
kräftig grün
goldbraun
nussbraun
karamellfarben
schokoladenbraun

Mischgeschmack

entsteht, wenn Grundrichtungen des Geschmacks vorherrschend werden.

Beispiele

süß-sauer	Hering nordische Art, Chinasauce
bitter-süß	Schokolade, Kakao
fruchtig-süß	Ananas, Erdbeere, Passionsfrucht, Saftorange
herb-fruchtig	Grapefruit

Temperatur

Beispiele, wie Wärme oder Kühle positiv oder negativ empfunden und beschrieben werden können.

Temperatur	(–) kühler	(+) wärmer
positiv	• angenehm kühl • richtig temperiert	• schön warme Suppe • frisch aus dem Ofen
negativ	• kaltes Essen • die Suppe ist zu kalt	• das Bier ist zu warm • so heiß, dass man … nicht essen kann • da verbrennt man sich ja den Mund

Weitere Kriterien

Der **Geruch** kann sein ausgeprägt, ausgewogen, typisch, fruchtig, harmonisch, …

An die **Genussgefühle** wenden sich Wörter wie typisch, angenehm, fein, harmonisch, weich, dezent, herzhaft, erfrischend, belebend.

Negative Wörter werden im Verkaufsgespräch nur verneinend verwendet.

- kräftig, jedoch nicht scharf
- weich, aber doch bissfest
- nicht faserig, butterweich gedünstet
- gut gewürzt, aber nicht scharf
- gut gekühlt, aber nicht kalt

Beispiele für Genussgefühle	
typisch	typisch für die Region, typische Würzung für Wild
angenehm	angenehm kühl, aber nicht kalt
weich	weich, dass es auf der Zunge zergeht
fein	fein abgestimmte Würzung
harmonisch	harmonische Kombination von … und …

Bewerten von Speisen

Die Bewertung oder Beurteilung von Speisen und Getränken in der Gastronomie nennt man auch **Degustation**. Man kennt verschiedene Verfahren. Hier wird das vergleichende Verfahren nach dem Benotungssystem verwendet.

Bei einer vergleichenden Verkostung oder Degustation sind folgende **Regeln** zu beachten:

- Nur Gleiches mit Vergleichbarem verkosten.
- Jede Rezeptur genau einhalten.
- Gleiche Gefäße, gleiche Temperatur, usw.
- Proben „neutralisieren", das bedeutet, dass die Prüfenden nicht wissen, mit welchem Produkt sie es zu tun haben.
- Während der Verkostung nicht reden.
- Ergebnisse schriftlich festhalten.
- Zwischen den Proben die Geschmacksempfindung mit Brot oder Wasser neutralisieren.

Eignungsprofil für		Schinkencanapé Frischkäsehappen	
Kriterien	Extremwert	Rangplatzskala 1–7	Extremwert
Materialeinsatz	niedrig	1 2 3 4 5 6 7	hoch
Arbeitsaufwand	niedrig		hoch
Lagerung fertige Speise	gut möglich		schlecht möglich
Transportfähigkeit	unempfindlich		sehr empfindlich
Eignung für Veranstaltung	gut geeignet		schlecht geeignet
Präsentierbarkeit	gut		schlecht

Abb. 1 Tomatensuppen
zum Test

Geschmackstest Beispiel Tomatensuppe

Sehen

Wie ist die Farbe? Kräftig, natürlich, blass oder wenig ansprechend? Kräftig rot oder gedeckt (Sahne)? Lassen Sie die Suppe vom Löffel oder über eine Untertasse laufen.

Wie ist die Beschaffenheit, Konsistenz? Zu dünn, flüssig, cremig, dicklich, pampig?

Riechen

Rühren Sie mit dem Löffel mehrmals um und entnehmen Sie einen vollen Löffel. Halten Sie den vollen Löffel vor die Nase, atmen Sie ein. Wie ist der Geruch? Fruchtig, schwach, fremd, angenehm, ausdruckslos? Wie stark?

Schmecken

Nehmen Sie die Suppe in den Mund, auf die Zunge. Wie ist der Geschmack? Gehaltvoll, aromatisch, fruchtig oder säuerlich, leer mit „Fremdgeschmack"?

Vor dem Schlucken achten Sie auf das, was Sie am Zungenende (unterhalb des Gaumens) empfinden. Bittergeschmack?

Nach dem Schlucken: Wie ist der Nachgeschmack? Füllig, rund, angenehm, leer, bitter, kratzend? Beim Wein bezeichnet man dieses Empfinden als „Abgang".

Intensität/Stärke	(–) schwach	(+) stark
positiv	mild, dezent, angenehm	kräftig, intensiv, ausgeprägt
negativ	schwach, wenig Geschmack, geschmacklos	aufdringlich, zu stark hervortretend

Verwenden Sie die richtigen Worte

Bei der Beschreibung muss man abstufend bewerten können. Hier als Beispiel die Intensität oder Stärke der Eindrücke.

Die Ergebnisse der Verkostung oder Degustation werden in den Prüfungsbogen eingetragen und verglichen.

Degustation Produktgruppe: Saucen

Produkt: Holländische Sauce

Note	1 2 3 4 5	1 2 3 4 5	1 2 3 4 5	
Probe A	○○○○○	○○○○○	○○○○○	_____
Probe B	○○○○○	○○○○○	○○○○○	_____
Probe C	○○○○○	○○○○○	○○○○○	_____
Probe D	○○○○○	○○○○○	○○○○○	_____
Probe E	○○○○○	○○○○○	○○○○○	_____

Beurteilen Sie die einzelnen Proben anhand der Merkmale Aussehen, Konsistenz und Geschmack.

Bitte kreuzen Sie die zutreffende Bewertung an! (Bewertung: 1 = sehr gut; 2 = gut; 3 = befriedigend; 4 = ausreichend; 5 = mangelhaft)

Welches dieser Produkte würden Sie insgesamt in Ihrer Beurteilung auf den **1. Platz** setzen?

Probe Nr.: _____

Abb. 2 Muster eines Bewertungsblattes

Eignungsprofil

Ein Eignungsprofil zeigt auf einen Blick, wo die Schwerpunkte eines Rezeptes liegen.

- Wie hoch liegen die Materialkosten, der Arbeitsaufwand?
- Kann im Voraus produziert werden, z. B. für Empfänge, Tagungen?
- Kann die Zubereitung transportiert werden?
- Wie gut kann die Zubereitung aufwahrt werden?
- Welchen „Eindruck" macht die Zubereitung, wie lässt sie sich präsentieren? („Einfach" wie ein Nudelsalat oder „gehoben" wie etwa Scampi auf gedünsteter Selleriescheibe)?

Abb. 1 Schinkencanapé   Abb. 2 Frischkäsehappen

Besonderheiten in der Systemgastronomie

Viele **systemgastronomische Restaurants** verfolgen das Ziel, stets gleichbleibende Qualität auch im Geschmack der angebotenen Speisen und Getränke zu bieten.

Der Grund für den Besuch einer Filiale ist häufig eine bestimmte, gewohnte (Geschmacks-)Erwartung. Um die Küchenmitarbeiter in die Lage zu bringen, dieser Geschmackserwartung gerecht zu werden, ist es wichtig, eine Speise genau (d. h. durch Sehen, Riechen und Schmecken) bewerten zu können.

In der Systemgastronomie werden oft Convenience-Produkte (vgl. S. 113) verwendet, die durch die industrielle Herstellung Geschmacksabweichungen vermeiden. Die Unternehmenszentralen großer Restaurantketten haben entsprechende „Verkostungsabteilungen". Die Mitarbeiter dort haben die Aufgabe, durch Bewertung der einzukaufenden Convenience-Produkte Standards für den Produktgeschmack zu entwickeln.

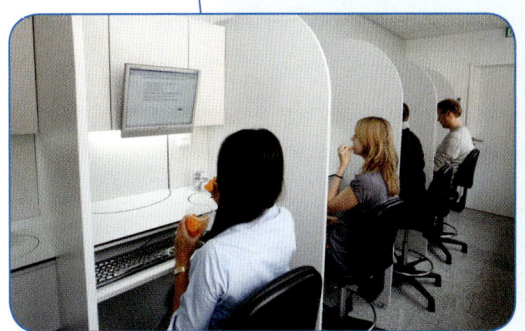

Abb. 3 Sensoriklabor

Aufgaben

1 Suchen Sie zu jedem der angeführten Eigenschaftswörter eine passende Speise: zartrosa, hellrot, hellbraun, goldbraun, knusprig braun, cremig-weiß, goldgelb.

2 Nennen Sie zu jedem Eigenschaftswort eine Zubereitung: neue, geeist, al dente, knackig, körnig, cremig, knusprig, saftig, sämig, leicht.

3 Für eine einfach durchzuführende Degustation werden verschiedene Orangensäfte eingekauft, und es wird auch Saft selbst gepresst. Gehen Sie nach den Regeln bei der Verkostung vor und halten Sie die Ergebnisse fest.

4 Zusätzlich zu Aufgabe 3 werden die Ergebnisse unter Berücksichtigung der Preise diskutiert. Kann das Beste auch preislich vertreten werden? Welches Produkt ist unter Berücksichtigung des Preises unsere Wahl?

5 Fertigen Sie selbst Tomatensuppe, z. B. mehrere Rezepte aus Frischware, Tomaten aus der Dose, Tomatenmark und Produkte verschiedener Firmen.

a) Führen Sie sachgerecht eine Degustation durch und halten Sie die Ergebnisse im Bewertungsbogen fest.

b) Versuchen Sie, ein Eignungsprofil zu erstellen, z. B. in einem Blatt Eigenfertigung und Suppe aus der Tüte eintragen (vgl. oben).

c) Suchen Sie nach verkaufsfördernden Formulierungen.

Berechnungen zur Speisen-produktion

① Umrechnung von Rezepten

⊞ conversion of recipes ● conversion (w) des recettes (w)

Rezepte enthalten eine Auflistung der für eine Zubereitung erforderlichen Zutaten. Diese können bezogen sein auf
- **Rezeptmenge**, z. B. ergibt 12 Portionen,
- **Grundmenge eines Hauptrohstoffs**, z. B. eine Gans, eine Lammkeule.

Für die tägliche Produktion müssen die in den Rezepten genannten Mengen auf die Produktionsmengen umgerechnet werden.

Fachbegriffe

Herstellmenge oder Produktionsmenge	die Menge, die zu fertigen ist
Rezeptmenge	Mengen/Portionen, die das Rezept nennt
Umrechnungszahl oder Schlüsselzahl	das Vielfache oder Teil der Rezeptmenge im Verhältnis zur Produktionsmenge

---

① Beispiel

Ein Rezept für Marklößchen ergibt 35 Portionen. Wie lautet die Umrechnungszahl
a) für 100 Portionen,
b) für 20 Portionen?

$$\text{Umrechnungszahl} = \frac{\text{Herstellmenge}}{\text{Rezeptmenge}}$$

z. B. $\frac{100}{35} \approx 3$ $\frac{20}{35} \approx 0{,}6$

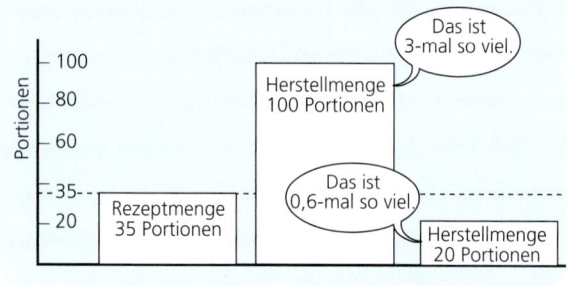

Auf Seite 191 steht ein Rezept für Kartoffelsalat,

② In einem Sandwichrestaurant werden für einen Werktag (200 Gäste) u. a. üblicherweise folgende Mengen vorbereitet:

- 3 × 2 kg Eisbergsalat waschen und schneiden
- 2 kg Paprika waschen und schneiden
- 250 Brotrohlinge ausfrieren
- 50 Putenfilets marinieren
- 10 Salatgurken in Scheiben schneiden

Für den Sonntag werden 350 Gäste erwartet. Geben Sie die Umrechnungszahl an und rechnen Sie die Vorbereitungsmengen um.

③ Auf Seite 191 steht ein Rezept für Kartoffelsalat, das von 1 kg ungeschälten Kartoffeln ausgeht. Dieses soll auf ein Grundrezept von 10 Portionen je 250 g umgerechnet werden.

a) Ermitteln Sie das Gesamtgewicht des Rezeptes aus den Hauptzutaten Kartoffeln (Schälverlust 20 %), Zwiebeln, Öl und Fleischbrühe.
b) Berechnen Sie die Umrechnungszahl.
c) Erstellen Sie das Rezept für 10 Portionen.

④ Bei der Umrechnung eines Rezeptes erhält man als Ergebnis 3,4 Eier. Welche Möglichkeiten ergeben sich?

Aufgaben

2 Warenanforderung

🇬🇧 ordering of goods 🇫🇷 commande (w) des marchandises (w)

Die Warenanforderung ist die schriftliche Grundlage für die Warenausgabe des Magazins z. B. an die Küche. In vielen Betrieben gilt: **Keine Ware ohne Beleg.**

Zur Warenanforderung fassen die einzelnen Posten den Bedarf für die vorgesehenen Zubereitungen zunächst in einer Tabelle zusammen und übertragen dann die Werte in die Warenanforderung.

Waren-anforderung Rezept Lebensmittel	Abteilung: .... Datum: .... Bez. l, kg, St.	Bayer. Creme	Biskuit	Mürbe-teig	Gesamt
Milch	l	1			1
Eier	St.	8	4	1	13
Zucker	kg	0,250	0,100	0,100	0,450
Sahne	l	1			1
Gelatine		16			16
Vanille	Schote	1			
Mehl					

Hinweise:

Meist ist es günstiger, wenn die Zutaten senkrecht angeordnet und die Rezepte in Spalten angeordnet werden, denn die Anzahl der erforderlichen Zutaten ist meist höher als die an einem Tag anfallenden Zubereitungen. Benutzt man ein Tabellenkalkulationsprogramm, z. B. Excel, übernimmt dieses die Rechenarbeit, ebenso wie die Warenwirtschaftssysteme.

Mürbeteig
🇬🇧 short pastry
🇫🇷 pâte (w) brisée

Grundrezept zum Ausrollen (ca. 600 g Teig)

300 g Mehl =3 Teile
200 g Fett = 2 Teile
100 g Zucker = 1 Teil
  1 Ei
    Zitrone, Vanille, Salz

Bayerische Creme
🇬🇧 Bavarian Creme
🇫🇷 crème bavaroise

Grundrezept (30 bis 35 Port.)

1 l Milch
8 Eigelb
250 g Zucker
    Vanilleschote
1 l Sahne
14–18 Blatt Gelatine

Biskuitmasse
🇬🇧 biscuit sponge
🇫🇷 appareil à biscuit (m)

Grundrezept (1 Boden, ⌀ 26 cm)

200 g Ei
100 g Zucker
 50 g Mehl
 50 g Weizenstärke
    Zitronenabgeriebenes

Aufgaben

❶ Fertigen Sie ein entsprechendes Tabellenblatt für die obigen Rezepte.

❷ Tragen Sie den Bedarf für die oben abgebildeten Rezepte ein.

❸ Bilden Sie die Summen in der Spalte Gesamt.

❹ Für einen festlichen Nachmittagskaffee bieten wir 80-mal Windbeutel mit Sauerkirschen. Suchen Sie im Fachbuch die entsprechende Rezeptur und rechnen Sie um. Mit der Schlagsahne aus 1 Liter Sahne kann man 20 Windbeutel füllen. Erstellen Sie eine Warenanforderung.

③ Kostenberechnung bei Rezepten

🇬🇧 cost calculation of recipes 🇫🇷 calcul (m) des recettes

Die Berechnung der Kosten einer Rezeptur dient als Grundlage für die spätere Kalkulation. Man spricht auch von Warenkosten oder Wareneinsatz.

❶ Beispiel

Zu einem Mürbeteig verwendet man 2 kg Zucker zu 0,90 €/kg, 4 kg Butter zu 4,10 €/kg, 6 kg Mehl zu 0,60 €/kg und Gewürz für 0,60 €. Berechnen Sie die Kosten für 1 kg Mürbeteig.

Lösung

Menge	Ware	Einzelpreis	Preis der Ware
2,000 kg	Zucker	0,90 €	1,80 €
4,000 kg	Butter	4,10 €	16,40 €
6,000 kg	Mehl	0,60 €	3,60 €
–	Gewürze		0,60 €
12,000 kg	Teig kosten		22,40 €
1,000 kg	Teig kostet		1,87 €

Lösungshinweis

Den Preis für jede einzelne Ware erhält man, wenn die Menge mit dem Einzelpreis malgenommen wird.

Hier direkt einsetzen

Von Gesamt**menge** und Gesamt**preis** auf Preis für die Einheit schließen.

Antwort: 1 kg Mürbeteig kostet 1,87 €.

Anwendung des Taschenrechners mit **M**-Tasten

Achten Sie auf gleiche Größen, z. B. Gewicht in kg → Preis für 1 kg.

Menge	Warenbezeichnung	Einzelpreis	Preis der Ware
☐	**X**	☐	M± ☐
			M±
•	•	•	•
•		•	•
			MR Summe

Taschenrechner-Hinweise

M-Tasten → M von memory → merken

TR mit M-Tasten führen Rechenvorgänge aus (hier Multiplikation) und speichern zugleich die Werte. Ein Vorteil, denn man muss die Zwischenergebnisse nicht nochmals für die Gesamtsumme eintippen.

M± Berechnung ausführen und addieren oder abziehen

MR **M**emory = Speicher, **R**ecall = Abruf. Die Summe aus dem Speicher wird angezeigt.

MC **M**emory **C**lear – löscht den Speicher

Rechner mit STO-Tasten bedienen ebenfalls Speicher; Abruf über RCL.

Aufgaben

❷ Für holländische Sauce für 15 Personen werden benötigt: 900 g Butter zu 4,10 €/kg, 12 Eigelb (½ Eipreis) je Ei 0,16 €, 100 g Schalotten zu 3,20 €/kg, 50 g Weinessig zu 1,80 €/l und Gewürze für 0,30 €. Berechnen Sie die Kosten für eine Portion.

❸ Für 15 gegrillte Tomaten benötigt man: 1 kg Tomaten zu 1,20 €/kg, 20 g Speiseöl zu 4,80 €/kg, 30 g Butter zu 3,90 €/kg und Gewürze für 0,20 €. Berechnen Sie die Materialkosten für eine gegrillte Tomate.

4 Mengenberechnung bei Verlusten

 quantity computation of waste
calcul (m) de quantités en consideration (w) des pertes (m)

Beim Vorbereiten von Lebensmitteln werden nicht genießbare und geringwertige Teile entfernt. Durch diese Verluste ist der verwertbare Anteil geringer als das Einkaufsgewicht. Dies muss bei der Materialanforderung berücksichtigt werden. Rechnerisch handelt es sich meist um eine Prozentrechnung, weil die zu berücksichtigenden Verluste in Prozenten genannt werden.

Sachlich werden unterschiedliche Begriffe nebeneinander gebraucht. Vgl. rechts.

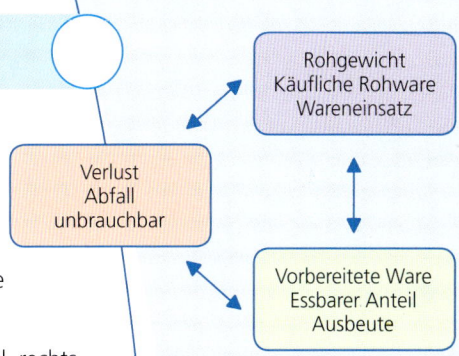

1 Beispiel

Aus 5,000 kg Kartoffeln bleiben nach dem Schälen 4,000 kg geschälte Ware. Aus dieser einfachen Situation ergeben sich zwei Möglichkeiten der Fragestellung.
a) Wie viel kg beträgt der Schälverlust?
b) Wie viel Prozent beträgt der Schälverlust?

Kartoffeln	5,000 kg	=	100 %
Schälverlust	1,000 kg	=	20 %
Geschälte Kartoffeln	4,000 kg	=	80 %

Wenn man den Sachverhalt so darstellt, erhält man eine klare Zuordnung der Werte und kann einfach auf die fehlenden Werte (hier kursiv) schließen.

Kartoffeln 5,000 kg 100 %	Verlust 1,000 kg 20 %	
		Geschälte Kartoffeln 4,000 kg 80 %

2 Vom Einkauf zur vorbereiteten Ware

a) Bei Spargel rechnet man mit einem Schälverlust von 23 Prozent. Es wurden 12,300 kg Spargel eingekauft. Wie viel kg geschälter Spargel sind zu erwarten?

b) Man bereitet 4,300 kg Rotkohl vor und rechnet für Außenblätter und Strunk mit einem Abfall von 22 Prozent. Mit wie viel ganzen Portionen von 150 g Rohware kann man rechnen?

3 Von der vorbereiteten Ware zur Materialanforderung/Einkauf

a) Im Rahmen der Tageskarte wird *Gurkengemüse mit Dill* angeboten. Für Schalen und Kerne ist mit einem Abfall von 22 Prozent zu rechnen. Wie viel kg Gurken sind für 30 Portionen je 160 g vorzubereiten?

b) Für Schwarzwurzeln in Sahne rechnet man je Portion 80 g geschälte Ware. Der Schälverlust wird mit 38 % angenommen. Wie viel kg Schwarzwurzeln sind für 45 Portionen einzukaufen?

4 Verluste in Prozent berechnen

a) Für einen Warenvergleich wurden 2,500 kg Champignons vorbereitet. Die geputzten Pilze wiegen 2,360 kg.
Wie viel Prozent beträgt der Verlust?

b) Aus 4,480 kg Rindfleisch wurden 21 Portionen zu je 160 g Bratengewicht erzielt.
Berechnen Sie den Bratverlust in Prozent.

c) In der Postmixanlage in einem Restaurant wird Orangen- und Zitronenbrause aus Sirupkonzentrat (20 l pro Behälter) und Leitungswasser (Mischungsverhältnis lt. Standard 1:10) hergestellt. Nachdem 538 Becher á 0,4 l gezapft wurden, muss der Sirupbehälter schon getauscht werden, da er leer ist. Von welchem Schankverlust in Prozent kann man hier ausgehen?

Aufgaben

5 # Kostenberechnung bei Verlusten

🇬🇧 calculation with waste costs

🇫🇷 calcul (m) des coûts en consideration (w) de pertes (w)

Wenn beim Vorbereiten oder Zubereiten von Rohstoffen Verluste entstehen, wird das Produkt entsprechend teurer. Der Einkaufspreis muss auf das Produkt umgelegt werden.

1 Beispiel

Man kauft 5 kg einer Ware zu 1,00 €/kg und erhält daraus 4 kg vorbereitete Ware.
Wie viel € sind für 1 kg vorbereitete Ware zu berechnen?

Einkauf
5 kg je 1,00 € = 5,00 €

1
2
3
4
5

$5 \times 1,00 € = 5,00 €$
$5,00 € : 4 = 1,25 €$

Vorbereitet
$5,00 € : 4 = 1,25 €/kg$

1
2
3
4

Der Küchenchef
Wenn ich von 5 kg einer Ware nur 4 kg vorbereitete Ware erhalte, dann müssen diese 4 kg auch die Kosten von den gesamten 5 kg tragen. Ich muss also die gesamten Kosten beim Einkauf auf die vorbereitete Warenmenge verteilen.

Das hilft beim Schätzen! Beim Vorbereiten ist
- das Gewicht der vorbereiteten Ware immer geringer als im Einkauf, denn man entfernt Geringwertiges,
- der kg-Preis der vorbereiteten Ware immer höher, denn es verbleibt Höherwertiges in geringerer Menge.

2 Für einen Preisvergleich schälte man 5,000 kg Kartoffeln zu 1,20 € je kg und erhielt daraus 3,800 kg geschälte Ware.
Wie viel € sind für 1 kg geschälte Kartoffeln zu veranschlagen?

3 Kartoffeln werden für 0,80 € je kg angeboten. Man rechnet mit einem Schälverlust von 22 %.
Berechnen Sie den Preis für 1 kg geschälte Kartoffeln.

4 Der 2-kg-Beutel mit Mayonnaise zum Nachfüllen der Saucendispenser an der Garnierstation lässt sich nicht komplett entleeren. Nach Aufschneiden des Beutels stellen Sie fest, dass ca. 85 g in dem Beutel zurückbleiben. Wie hoch ist der Gebindeverlust in % und in Euro, wenn ein neuer Beutel 8,62 € kostet?

5 Eine Dose mit 850 Gramm Inhalt enthält 550 Gramm abgetropfte Ware und kostet 0,80 €. Für eine Beilage rechnet man 120 Gramm.
Berechnen Sie die Kosten für eine Portion.

6 Man kaufte 5,200 gefrostetes Rindfleisch zu 8,20 €/kg. Nach dem Auftauen wog das Fleisch 4,850 kg.
Berechnen Sie den Preis für 1 kg aufgetautes Rindfleisch.

7 Schweinefleisch zum Braten kostet je kg 5,90 €. Für eine tischfertige Portion rechnet man 160 Gramm Braten.
Wie viel € sind bei einem Bratverlust von 20 % dafür zu berechnen?

8 Spargel soll in Portionen mit 250 Gramm gekochtem Spargel angeboten werden. Man rechnet mit einem Schälverlust von 30 %.
Wie viel € Materialkosten sind für eine Portion zu rechnen?

9 Für Salat von frischen Früchten schneiden wir Orangenfilets. Man rechnet mit einem Verlust von 55 Prozent. Wie viel € sind für 1 kg vorbereitete Orangenfilets zu berechnen, wenn 1 kg Orangen im Einkauf 3,80 € kostet?

Aufgaben

① Speisen von Gemüse

🇬🇧 vegetable dishes 🇫🇷 plats (m) de légumes (m)

Innerhalb der Ernährung hat das Gemüse die Aufgabe, dem Körper ausreichend Vitamine, Mineralstoffe und Ballaststoffe zuzuführen. Folglich gilt es, bei der Vor- und Zubereitung von Gemüsen die Verluste an Vitaminen und Mineralstoffen so gering wie möglich zu halten.

Wirkstoffe gehen hauptsächlich verloren durch:
- **Lufteinwirkung** ⟶ lagern
- **Lichteinwirkung** ⟶ lagern
- **Auslaugen** ⟶ waschen
  - ⟶ wässern
  - ⟶ kochen
- **Wärmeeinwirkung** ⟶ bereithalten

Wirkstoffe bleiben besser erhalten, wenn man Folgendes beachtet:
- Gemüse kühl und dunkel aufbewahren.
- Wann immer möglich, bereits **vor** dem Zerkleinern waschen.
- Geputzte Gemüse nicht im Wasser liegen lassen, sondern feucht abdecken.
- Blanchieren nur, wenn unbedingt erforderlich.
- Falls das Gemüse nach dem Blanchieren nicht sofort weiterverwendet wird, rasch abkühlen, möglichst mit Eiswasser.
- Dünsten und Dämpfen bevorzugen, denn beim Kochen entstehen die größten Verluste.
- Zum Kochen Gemüse in sprudelnd kochendes Wasser geben.
- In kleineren Mengen nach und nach garen oder wiedererwärmen, denn Warmhalten (z. B. im Bain-Marie) zerstört Vitamine.
- Einweichwasser von Hülsenfrüchten mitverwenden, weil es Nährstoffe in gelöster Form enthält.
- Viele Gemüse lassen sich auch roh zu Frischkost und Salaten verarbeiten und abwechslungsreich zubereiten.

Abb. 1 Gemüsekühlraum

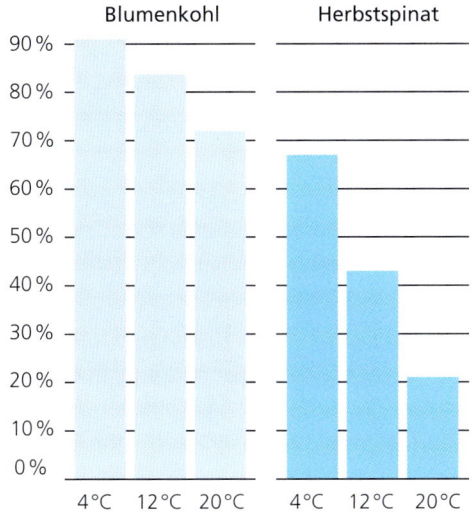

Abb. 2 Vitaminerhaltung bei unterschiedlichen Lagertemperaturen

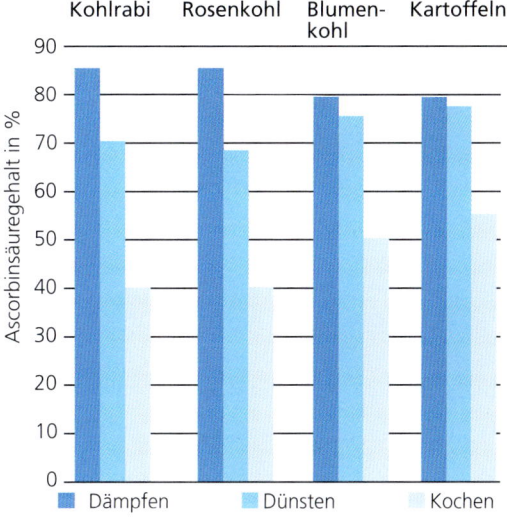

Abb. 3 Vitaminerhaltung beim Garen

Abb. 1 Julienne

Abb. 2 Brunoise

Abb. 3 Paysanne

Abb. 4 Gemüsestäbe von Kohlrabi

1.1 Schnittarten bei Gemüse

🇬🇧 cutting of vegetables 🇫🇷 façons (w) de tailler les légumes (m)

Die unterschiedlichen Schnittformen werden von der Gemüseart und der vorgesehenen Verwendung bestimmt.

Feine Gemüsestreifen (Julienne)

Karotten und Sellerie zunächst in dünne Scheiben schneiden, Lauch in Stücke, dann in feine Streifen schneiden. Julienne sind etwa 3 bis 4 cm lang.

Für Suppeneinlagen werden auch zarte Wirsingblätter und Spinat zu Julienne geschnitten. Die dicken Blattrippen sind zuvor zu entfernen.

Feine Gemüsewürfel (Brunoise)

Möhren, Rüben und Sellerie in Scheiben schneiden oder hobeln. Die Dicke der Scheiben bestimmt die Größe der Würfel.

Mit dem Messer die Scheiben in Streifen und diese dann in Würfel schneiden. Vom Lauch wird hauptsächlich der helle Teil verwendet. Die Breite der Lauchstreifen ergibt die Kantenlänge der Vierecke.

Sie finden Verwendung als Einlagen für Suppen und Saucen sowie für Sülzen und Farcen.

Nach Bauernart (Paysanne)

Die Bauern zerkleinern das Gemüse auf einfache Art. Für Suppe schneiden sie es blättrig.

In vierkantige Stäbe von 1 bis 1,5 cm Breite teilen und diese in 1 bis 2 mm dicke Blättchen schneiden. Lauch, Wirsingkohl und Zwiebeln in Quadrate gleicher Größe schneiden. Die Gemüseblättchen können durch Kartoffelblättchen ergänzt werden.

Für rustikale Suppen und Eintöpfe wie Pichelsteiner oder Gaisburger Marsch.

Gemüsestäbe (Bâtonnets de légumes)

Die geputzten Gemüse, z. B. Möhren, Sellerie, Kartoffeln, Kohlrabi, Gurken oder Zucchini, werden zunächst in dicke Scheiben geschnitten und diese dann in Stäbe.

In der feinen Küche werden Gemüse mit dem Office- oder Tourniermesser in viele verschiedene, gleichmäßige, dekorative Formen geschnitten. Abgeleitet vom französischen Wort *tourner = drehen, runden* wird dieses Formen als **Tournieren** bezeichnet.

Gemüsestäbe werden nach dem Schneidevorgang kurz blanchiert und dann zur Fertigstellung in Butter sautiert.

Das **Buntmesser** gibt gegarten Gemüsen z. B. für Salate ein ansprechendes Aussehen.

Schnittform	Gemüse
Tournieren	Karotten, Sellerie, weiße Rübchen, Zucchini, Gurke, Kürbis, Kartoffeln
Perlen, Kugeln	Karotten, Sellerie, weiße Rübchen, Zucchini, Kürbis, Gurke, Kohlrabi
Löffel	Fenchel, Kürbis

Abb. 1 Schneiden mit dem Buntmesser

Abb. 2 Tournierte, in ansprechende Formen geschnittene Gemüse

Abb. 3 Gemüseperlen und Fenchel-Löffel

Schnittarten bei Zwiebeln

Schneiden zu Ringen

Die geschälte ganze Zwiebel nach Entfernen des Lauchansatzes quer in gleichmäßige Scheiben schneiden.

Die Ringe werden durch die einzelnen Schalen (Blätter) gebildet, die sich leicht auseinanderdrücken lassen. Zum rohen Verzehr 1 mm, zum Frittieren 2 mm dick schneiden.

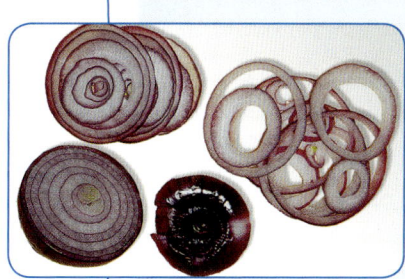

Abb. 4 Zwiebelringe

Schneiden in Würfel

Zwiebeln schälen, längs halbieren und den Lauchansatz entfernen. Die Schnitte so führen, dass sie vor der Zwiebelwurzel enden.

Dadurch hält die Zwiebel zusammen und lässt sich durch senkrechte und quer geführte Schnitte in Würfel schneiden. Der Abstand der Einschnitte bestimmt die Größe der Würfel.

Abb. 5 Zwiebelwürfel

Schneiden zu Blättchen

Zwiebeln schälen, längs halbieren, Lauchansatz abschneiden und die kleine Blattschicht aus der Mitte der Schnittflächen entfernen. Längsschnitte strahlenartig, also zur Zwiebelmitte hin, in gewünschtem Abstand so führen, dass sie vor der Zwiebelwurzel enden.

Mit senkrechten Querschnitten entsprechend breite Zwiebelteile abschneiden. Beim Auflockern fallen die Teile in Blätter auseinander.

Abb. 6 Zwiebelblättchen

1.2 Vor- und Zubereitung

🇬🇧 preparation and cooking of vegetables 🇫🇷 préparation (w) des légumes

Bei der Zubereitung von Gemüse ist ein Garverfahren zu wählen, das
- die Nährstoffe möglichst erhält,
- dem Eigengeschmack der Gemüse gerecht wird,
- die Inhaltsstoffe für die Verdauung entsprechend aufschließt,
- die Verwendung innerhalb der Speisenfolge berücksichtigt.

Vorbereitete Gemüse, die nicht gleich weiterverarbeitet werden, sind flach zu lagern, feucht abzudecken und kühl aufzubewahren.

Grundzubereitungsarten

Gemüse werden am häufigsten durch feuchte Garverfahren zubereitet, weil diese den Eigengeschmack schonen. Nur bei speziellen Zubereitungen wendet man kombinierte oder trockene Garverfahren an.

Übersicht

Kochen, Dämpfen	Dünsten	Schmoren	Frittieren
Wasser oder Dampf übertragen Wärme.	Garen unter Beigabe von Fett und geringer Menge Flüssigkeit.	Garen zunächst in Fett, dann unter Zugabe von Flüssigkeit.	Garen im Öl- oder Fettbad. Wärmeüberträger ist Fett.
Beim Dämpfen geringste Auslaugverluste. Geschmack und Farbe bleiben weitgehend erhalten.	Keine Auslaugverluste. Geschmack wird durch Fett abgerundet.	Geschmacksvarianten durch Bildung von Röststoffen.	Geschmacksaufwertung durch Backkrustenbildung. Verwendung entsprechend der Struktur.
Beispiele: Artischocken, Blumenkohl, Spargel, Rote Bete, Bohnen, Spinat, Rosenkohl, Lauch, Grünkohl, Schwarzwurzeln, Speiserüben.	Beispiele: Beinahe alle Gemüsearten, ausgenommen ganze Blumenkohlköpfe, Spargel gebündelt, Artischocken, Rote Bete, ganze Sellerieknollen.	Beispiele: Auberginen, Zucchini, Zwiebeln, Gurken, Fenchel, Gemüsepaprika, Weißkohl, Wirsing (auch gefüllt).	Beispiele: **roh:** Auberginen, Zucchinischeiben, Champignons, Tomatenstücke. **vorgekocht:** Blumenkohlröschen, Schwarzwurzelstücke, Spargelstücke, Artischockenböden, Selleriescheiben.

Gegartes Gemüse wird rechtzeitig über einem Durchschlag abgegossen. Bei der Bestimmung des Garpunktes ist zu beachten, wie das Gemüse bis zur Weiterverwendung aufbewahrt wird.

Gemüse ist gar, wenn es noch knackig ist, einen „Biss" hat. Übergartes Gemüse verliert nicht nur an Wirkstoffen, es ist auch im Genusswert geringer.

- **Blumenkohl, weißer Spargel** und **Artischocken, Knollensellerie** und **Rote Bete** bleiben bis zur Weiterverwendung in der heißen Flüssigkeit und garen nach. Im Zweifelsfall kann durch Zugabe von kaltem Wasser oder Eisstücken ein Übergaren vermieden werden.
- **Andere Gemüsearten** sind in einen Durchschlag abzugießen und sofort mit Eiswasser zu kühlen. Beim späteren Fertigstellen erreichen sie ihren Garpunkt. Spinat ist nur ganz leicht auszudrücken. Gemüse, die erst später verarbeitet werden, legt man flach in Behältnisse, deckt sie feucht zu und stellt sie kühl.
- **Zarte Gemüse** gart man in mehreren Teilmengen nacheinander. Denn je größer die Kochmenge, desto länger die Dauer der Hitzeeinwirkung; diese schadet den Inhalts- und Geschmacksstoffen.
- **Garflüssigkeiten** sollten nach Möglichkeit weiterverwendet werden, z. B. zu entsprechenden Suppen oder zu Buttersaucen, die zu Spargel und Blumenkohl gereicht werden können.

Artischocken 🇬🇧 artichokes 🇫🇷 artichauts (m)

Stiel dicht unter dem Blütenkopf abbrechen. Gleichzeitig die in den Artischockenboden reichenden Fasern des Stieles mit herausziehen. Die Artischocke waschen, von der Blattspitze werden etwa 4 cm abgeschnitten (Abb. 1).

Die äußere Blattreihe entfernen und die verbleibenden Blätter mit einer Schere stutzen. Boden zuschneiden und sofort mit Zitrone einreiben, da die Schnittflächen schnell braun werden (Abb. 2). Enzyme in der Artischocke bewirken in Verbindung mit Luft diese Farbveränderung.

Auf das Festbinden einer Zitronenscheibe am Artischockenboden sollte man verzichten, denn die intensive Säure beeinträchtigt den feinen Geschmack.

Abb. 1 Entstielen und Zuschneiden

Artischockenböden

🇬🇧 artichoke bottoms 🇫🇷 fonds (m) d'artichauts

Artischocken bearbeiten wie oben. Alle starken Blätter abbrechen, den nun sichtbaren Boden über dem Ansatz der zarten Mittelblätter abschneiden. Holzige Teile an der Bodenwölbung und die verbliebenen Staubgefäße (Heu) in der Bodenvertiefung entfernen (Abb. 3). Boden gegen Verfärben in mit Zitronensaft gesäuertes Wasser legen.

Böden in vorbereiteten Dünstfond legen und garen. In ausgebuttertem Geschirr einordnen, mit gekochten Brokkoliröschen belegen, mit Mornaysauce überziehen, mit Parmesan bestreuen, mit flüssiger Butter beträufeln und überbacken.

Abb. 2 Weitere Vorbereitungsschritte

Auberginen 🇬🇧 eggplants 🇫🇷 aubergines (w)

Waschen, Stielansatz entfernen. Evtl. Schale mit Sparschäler abnehmen. Fruchtkörper der Verwendung entsprechend in Stücke oder Scheiben teilen.

Dünsten in Öl oder Butter.

Zum **Braten** Scheiben von 1 cm Dicke salzen, Wasser ziehen lassen, abtupfen und in Öl goldgelb braten.

Gefüllte Auberginen siehe Zucchini

Abb. 3 Entfernen der Staubgefäße (Heu)

Blumenkohl 🇬🇧 cauliflower 🇫🇷 chou-fleur (m)

Strunk mit Hüllblättern zurückschneiden. Bei Freilandware Köpfe wegen möglicherweise eingenistetem Ungeziefer 10 Minuten in Salzwasser legen. Vor Zubereitung dicken Strunkteil über Kreuz einschneiden, um gleichmäßiges Garen des ganzen Kopfes zu erreichen.

Blumenkohl kochen, abtropfen, **gratinieren** oder auf **englische Art** mit Butter (Seite 180).

Eine andere Methode: Röschen vom Strunk abbrechen oder abschneiden, diese dann gründlich waschen und kurz in Salzwasser legen, dann in Salzwasser „al dente" kochen und abseihen. In der Zwischenzeit Semmelbrösel in Butter leicht rösten, mit gehacktem Ei und geschnittenem Schnittlauch, Salz und Pfeffer vermischen und die noch heißen Röschen einschwenken.

Abb. 4 Blumenkohlröschen

Abb. 1 Geschmorter Chicorée

Abb. 2 Fenchellöffel, gefüllt

Den weißen Anteil der Frühlingszwiebeln, ca. 5 bis 7 cm, kurz blanchieren und in Butter sautieren. Die grünen Abschnitte als Ringe für Suppeneinlagen bzw. anstelle von Schnittlauch verwenden.

Brokkoli 🇬🇧 broccoli 🇫🇷 brocoli (m)

Hüllblätter entfernen. Röschen vom dicken Strunk abschneiden. Behutsam, doch gründlich waschen. In Salzwasser kochen. Mandelblättchen in Butter rösten. Beim Anrichten auf die Röschen geben.

Chicorée 🇬🇧 belgian endive 🇫🇷 endive (w)

Äußere unschöne Blätter abnehmen. Strunk, der die meisten Bitterstoffe enthält, mit spitzem Messer kegelförmig herausschneiden. Danach Chicorée waschen. Ist der Chicorée etwas bitter, so kann er auch in geschnittenem Zustand gewaschen werden, damit die Bitterstoffe ausgelaugt werden.

Für geschmorten Chicorée das Gemüse längs halbieren, blanchieren und auf einem Gitter abtropfen.

In einem Topf Zwiebel- und Speckwürfel anschwitzen, Chicorée mit Speckscheiben oder rohem Schinken umhüllen, einsetzen, mit Demiglace halb hoch angießen und zugedeckt im Rohr schmoren.

Erbsen 🇬🇧 green peas 🇫🇷 petits pois (m)

Enthülsen und waschen. Bald kochen, denn rohe Erbsen verlieren an der Luft Farbe und Geschmack. In Eiswasser abschrecken. Bei Abruf in Butter sautieren.

Fenchel 🇬🇧 fennel 🇫🇷 fenouil (m)

Stiele an der Knollenbildung abtrennen. Dillähnliche, fadendünne Blätter zu späterer Beigabe aufheben. Wurzelende glattschneiden, Verfärbungen an den Knollen entfernen. Gründlich waschen, Erdunreinheiten zwischen den Blattscheiden ausspülen.

Von der Knolle die löffelförmigen Einzelblätter abbrechen und kochen oder bei halbiertem Fenchel Strunk entfernen und in Streifen schneiden und dünsten.

Fenchellöffel können verschiedenartig gefüllt werden.

Geschmorten Fenchel zubereiten wie Chicorée.

Frühlingszwiebeln 🇬🇧 scallions 🇫🇷 ciboules (w)

Zu lange, grüne Blattröhren und Wurzeln abschneiden. Äußere Blatthülle entfernen, Zwiebeln unter fließendem Wasser waschen, dabei gründlich in die Blattröhren brausen.

Karotten/Möhren 🇬🇧 carrots 🇫🇷 carottes (w)

Bei jungen, kugelförmigen Karotten Kraut und Wurzeln abschneiden, kalt waschen, sofort in stark kochendes Salzwasser schütten, 2 Minuten blanchieren. Karotten abschütten, Hautteilchen unter fließendem Wasser rasch abspülen, oder:

Bei walzenförmigen Möhren die äußere Schicht abschaben oder mit einem Sparschäler schälen, ganz belassen oder in entsprechende Stücke teilen.

Für **glasierte Karotten** in Stifte oder Scheiben schneiden, in Butter kurz angehen lassen, mit wenig Flüssigkeit auffüllen, Zucker zugeben, entstandenen Fond sirupartig einkochen und Karotten darin schwenken.

Grünkohl 🇬🇧 kale, green cabbage 🇫🇷 chou vert (m)

Bedarf für 10 Portionen

2,5 kg	Grünkohlblätter mit Stängel
50 g	Schmalz vom Schwein
250 g	Speckwürfel
350 g	Zwiebelwürfel
100 g	Mehlschwitze
0,5 l	Schinkenbrühe
	Salz, Pfeffer, Muskat

Bei diesem typischen Saisongemüse werden die einzelnen krausen Blätter zunächst gewaschen und dann mit den Fingern von der Mittelrippe gestreift oder keilförmig abgeschnitten.

- Die gewaschenen Grünkohlblätter in Salzwasser blanchieren und sofort in Eiswasser abkühlen.
- Nach dem Abtropfen die Blätter grob hacken.
- Speckwürfel in Schmalz glasig schwitzen und Zwiebelwürfel zugeben
- Grünkohlstängel mit anschwitzen, mit Brühe auffüllen und ca. 1 Std. zugedeckt im heißen Rohr schmoren. Falls nötig, zusätzlich Brühe nachgießen.
- Kalte Mehlschwitze mit heißem Grünkohl-Schmorfond vermischen und aufkochen.
- Grünkohlblätter zugeben, nochmals gut aufkochen und abschmecken.

Grüne Bohnen 🇬🇧 string beans 🇫🇷 haricots (m) verts

Stielansatz und spitzes Ende abnehmen (abspitzen), evtl. vorhandene Fäden gleich mit abziehen. Danach waschen und entsprechend Art und Größe brechen oder schneiden; kleine, dünne Sorten (Prinzessbohnen) bleiben ganz.

Kochen, in Eiswasser abschrecken, abschütten und in Butter sautieren. Gekochte Bohnen mit Frühstücksspeck bündeln und dünsten.

Gurken 🇬🇧 cucumbers 🇫🇷 concombres (m)

Für warme Gerichte nach dem Waschen mit Sparschäler Schale abnehmen. Bei Freilandgurken Enden abschneiden, kosten, ob Bitterstoffe enthalten sind. Gurken längs teilen, Kerne entfernen und in die zum Garen vorgesehenen Stücke schneiden.

Gurkenstücke in wenig Flüssigkeit dünsten.

Für **gefüllte Gurken** die beiden Enden abschneiden; längs halbieren oder in Walzen schneiden, Kernmasse entnehmen.

Mit Kalbsfarce füllen und in ein gebuttertes Geschirr legen, mit Alu-Folie bedecken und garen.

Abb. 1 Gurken

Kaiserschote (Zuckerschote) 🇬🇧 snow peas 🇫🇷 pois mange-tout (m)

Diese Erbsenschote hat eine abgeflachte Hülse, die besonders zart ohne die pergamentartige Innenhaut ist. Den Stielansatz abschneiden, evtl. vorhandene Fäden ziehen, die Schoten gründlich waschen.

Kochen, in Eiswasser abschrecken, abschütten und in Butter sautieren.

Lauch/Porree 🇬🇧 butterhead leek 🇫🇷 poireau (m)

Grüne Blattscheiden und Wurzeln abnehmen. Äußere Blatthülle entfernen. Pflanze längs durchschneiden. Hälften unter fließendem Wasser waschen. Wurzelenden schräg nach oben halten, damit der zwischen den Blattlagen haftende Sand wegschwemmen kann.

Für **Lauch in Rahm** fingerbreite Stücke schneiden, kurz dünsten und mit Bechamelsauce und Sahne binden.

Grünes Gemüse wird nach dem Kochen kurz in Eiswasser abgeschreckt. Der Kochprozess wird unterbrochen, das Blattgrün bleibt erhalten, das Gemüse bleibt knackig.

Abb. 1 Platte mit siebenerlei Gemüse

Abb. 2 Mangold-Ricotta-Lasagne

Abb. 3 Paprika gefüllt

Abb. 4 Rosenkohl mit Speck

Kohlrabi   🇬🇧 kohlrabi 🇫🇷 chou-rave (m)

Blätter von den Knollen nehmen. Zarte Blätter zur Weiterverwendung aufbewahren. Knollen vom Wurzelende zur Blattseite hin schälen, holzige Stellen abschneiden. Kohlrabi abspülen, in Stäbe oder Scheiben schneiden. Für Scheiben große Knollen zuvor halbieren oder vierteln.
In Salzwasser kochen und mit etwas Butter sautieren oder mit etwas Bechamelsauce oder etwas Sahne binden.

Für **gefüllte Kohlrabi** je nach Größe Kappe abschneiden oder quer halbieren, aushöhlen. Füllen mit einer Mischung aus Fleischfarce und angeschwitztem Gemüse. In eine gebutterte Form setzen, mit Brühe untergießen und zugedeckt dünsten.

Mangold/Stielmangold   🇬🇧 swiss chard 🇫🇷 bette (w)

Schnittmangold wird wie Spinat vorbereitet.
Der **Stielmangold** wird ganz gewaschen, der Stiel dann keilförmig aus dem Blatt herausgeschnitten, beide Teile werden gesondert verwendet. Der Stiel wird vor der Zubereitung in fingerbreite Stücke oder in noch dünnere Streifen geschnitten und gedünstet.

Ganze Mangoldblätter blanchieren und mit Hackfleischmischung oder Fischfarce füllen und schmoren.

Paprikaschoten   🇬🇧 bell pepper 🇫🇷 piments (m) doux

Waschen, Stiel mit daran befindlichem Samenstempel und Scheidewände herausschneiden. Früchte ausspülen und im Ganzen oder zerkleinert weiterverarbeiten. Tomatenpaprika verliert beim Kochen sein Aroma, weshalb man ihn nur roh für Salate verwenden sollte.

Für **gefüllte Paprika** gleich große und gleichförmige Schoten auswählen. Waschen, Stielseite quer als „Deckel" abschneiden.

Samenstempel und Scheidewände aus der Frucht nehmen.

Hackfleisch, vorgegarten Reis, angeschwitzte Zwiebelwürfel, Salz und Pfeffer vermengen. In die Schoten füllen und die „Deckel" daraufdrücken. Schoten in ein ausgefettetes Geschirr stellen.

Rinderbrühe, Demiglace oder Tomatensauce bis zu halber Höhe der gefüllten Schoten angießen. Mit Alu-Folie bedecken und im Ofen schmoren.

Rosenkohl   🇬🇧 brussels sprouts 🇫🇷 choux de Bruxelles (m)

Beschädigte oder welke Blättchen abbrechen. Braune Endfläche des Strunks entfernen, jedoch nicht zu stark kürzen, sonst fallen beim Zubereiten zu viele Blättchen ab. Strünke über Kreuz einschneiden, damit Strünke und Blätter gleichmäßig garen.

Eine andere Methode:
Die Rosenkohlköpfchen in einzelne Blätter zerpflücken und diese dann waschen.

Rosenkohl in Salzwasser garen, in Eiswasser abschrecken, in Butter mit Zwiebeln und Speckwürfeln sautieren.

Rote Rüben/Rote Bete beets  betteraves (w) rouges

Blattwerk so weit abdrehen, dass der Stielansatz an der Rübe bleibt, Wurzelende nicht entfernen. Bei verletzter Außenhaut tritt der Farbstoff in das Kochwasser und das Innere bleicht aus. Rüben einweichen, mit einer Bürste reinigen, danach kochen. Gegarte Rüben abgießen, kalt überbrausen und die Haut abstreifen. Knollen zur gewünschten Form schneiden (Scheiben, Würfel, Stäbchen).

Neben der hauptsächlichen Verwendung als Salat kann die vorgekochte rote Rübe auch in Butter sautiert warm gereicht werden.

Abb. 1 Rote Bete

Rotkohl/Rotkraut/Blaukraut 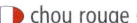 red cabbage  chou rouge (m)

Bedarf für 10 Portionen

90 g	Schmalz/Öl
130 g	Zwiebelstreifen
1 kg	Rotkraut
150 g	Apfelschnitze
10 g	Salz
20 g	Zucker
0,2 l	Brühe
3 EL	Essig
1	Gewürzbeutel (Lorbeerblatt, Nelke, zerdrückte Pfefferkörner, Zimtrinde) Abschmecken mit Johannisbeergelee, Zitronensaft

Unbrauchbare Außenblätter entfernen. Köpfe von der Strunkseite aus vierteln. Strunkanteile an den Kohlvierteln abschneiden, starke Blattrippen zurückschneiden oder ganz entfernen. Kohlviertel abspülen und in feine Streifen schneiden oder hobeln.

- Fett zerlassen, Zwiebeln darin farblos anschwitzen.
- In Streifen geschnittenes Rotkraut beifügen, durchrühren, kurze Zeit erhitzen.
- Zucker, Salz, Apfelschnitze, Essig sowie Wasser beifügen,
- alles gut vermengen.
- Gewürzbeutel in das Kraut stecken, Geschirr zudecken und den Inhalt bei mäßiger Hitze gar dünsten.
- Während des Garens das Gemüse öfter durchrühren.
- Es muss immer ein wenig Flüssigkeit vorhanden sein, damit das Gemüse nicht anbrennt.
- Am Ende der Garzeit die sichtbare Flüssigkeit entweder einkochen oder leicht binden mit angerührter Stärke oder durch rechtzeitige Beigabe von fein geriebenen Kartoffeln.
- Gewürzbeutel entfernen und das Rotkraut mit Johannisbeergelee und Zitronensaft abschmecken.

Sellerie, Knollensellerie celeriac  céleri-rave (m)

Die Selleriestauden können im Ganzen oder quer halbiert gegart werden.

Blattstängel und kleine Wurzeln abtrennen. Unter fließendem Wasser mit einer Bürste reinigen. Sellerieknollen können ungeschält im Ganzen oder geschält und geschnitten gegart werden. Geschälter Sellerie verliert durch Oxidation leicht seine helle Farbe, deshalb legt man geschnittene Knollen sofort in gesäuertes Wasser.

In Salzwasser kochen, dann panieren oder in Bierteig tauchen.
Schalen als Geschmacksträger für Brühen, Saucen und Suppen verwenden.

Sellerie, Bleichsellerie  celery ⬤ céleri (m)

Blattwerk über der Verästelung der fleischigen Stangen abtrennen und als Würze für andere Zubereitungen verwenden. Wurzel der Staude glattschneiden. Faserprofil der äußeren Stangen mit einem Sparschäler abnehmen. Stauden waschen, Stangen spreizen und Unreinheiten aus dem Inneren herausspülen.

Bleichsellerie in Stücke von 5 bis 7 cm schneiden und blanchieren. Speck- und Zwiebelwürfel in wenig Fett anschwitzen, Bleichsellerie zugeben, mit Brühe oder Demiglace angießen und zugedeckt im Rohr schmoren.

Abb. 2 Bleichsellerie

Schwarzwurzeln 🇬🇧 black salsify 🇫🇷 salsifis (m)

Wurzeln in kaltes Wasser legen und anhaftende Erde abbürsten. Nach gründlichem Überbrausen mit einem Sparschäler schälen. Wurzelspitze sowie Blattansatz entfernen. Zur Erhaltung der hellen Farbe geschälte Wurzeln sofort in gesäuertes Wasser legen. (1 l Wasser, 1 EL Essig). Geschälte Wurzeln in 4 bis 5 cm lange Stücke schneiden, in vorbereiteten, bereits kochenden Fond legen und zugedeckt garen.

Für **Schwarzwurzeln in Sahne** etwas Bechamelsauce und Rahm zugeben. Für **gebackene Schwarzwurzeln** die gegarten Stücke mit Ausbackteig oder Panierung umhüllen und frittieren.

Spargel 🇬🇧 white asparagus 🇫🇷 asperges (w)

Spargelschäler (Messer mit verstellbarer Sparführung, s. Abb. 1) unterhalb des Spargelkopfes ansetzen und die Schale in dünnen Streifen zum Ende hin rundum abschälen. Spargel abspülen, mit Bindfaden bündeln und an den Enden so abschneiden, dass die Stangen gleich lang sind.

Spargel in ausreichend leicht gezuckertem Salzwasser auf Biss kochen. Für **gebackenen Spargel** gekochte Stangen mit Ausbackteig oder Panierung umhüllen und frittieren.

Spargel, grüner 🇬🇧 green asparagus 🇫🇷 asperges (w) vertes

Beim Schälen beginnt man etwa 5 cm oberhalb des Stangenendes.

Schwarzwurzeln zählen zu den klassischen Wintergemüsen.

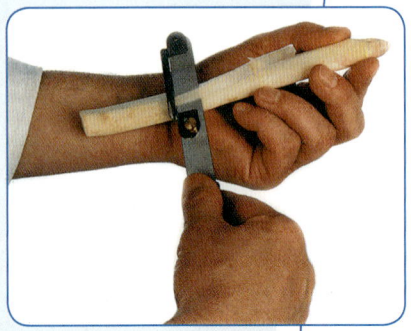

Abb. 1 Spargel schälen

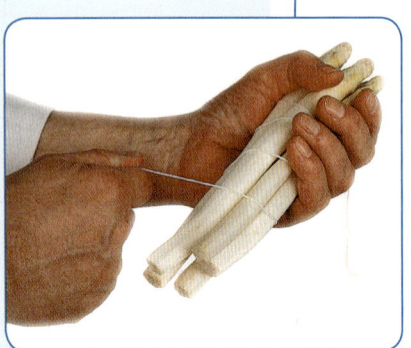

Abb. 2 Spargel portionsweise bündeln

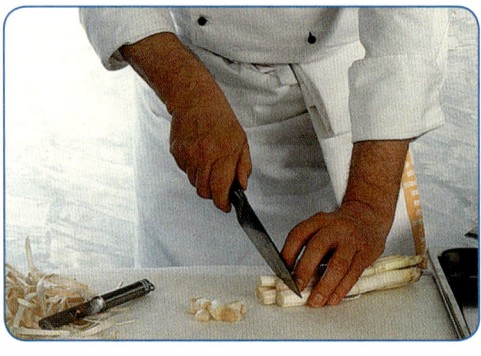

Abb. 3 Spargelenden vor dem Kochen abschneiden

Spinat 🇬🇧 spinach 🇫🇷 épinards (m)

Spinat verlesen, von welken Blättern, beschädigten Teilen, Wurzeln und harten Stängeln befreien. Danach in reichlich Wasser waschen. Wasser mehrmals wechseln. Dazu Gemüse immer aus dem Wasser heben, der Sand verbleibt am Boden des Geschirrs. Dann zum Abtropfen locker in einen großen Durchschlag legen.

Für **Spinat** als Beilage zarte Blätter dünsten. Für **Spinatröllchen** blanchierte, abgetropfte Spinatblätter versetzt aufeinanderlegen, damit jeweils eine genügend große Fläche entsteht. Blattflächen salzen und pfeffern.

Leichte Farce aus Fisch, Schlachtfleisch oder Geflügel esslöffelgroß auf die Spinatblätter häufen und einhüllen. Spinatwickel in flaches, ausgefettetes Geschirr legen. Entsprechend der Füllung Fisch- oder Fleischbrühe untergießen und zugedeckt dünsten. Dünstfond leicht gebunden über die Spinatwickel gießen.

Tomatenfleischwürfel  tomato concasse 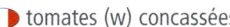 tomates (w) concassées

Tomate waschen, kurz blanchieren, in kaltem Wasser abschrecken, dann die Haut abziehen, vierteln und die Kerne entfernen. Die Tomatenfleischstücke je nach Bedarf so belassen oder nochmals in Längsstreifen oder in Würfel schneiden.

Gefüllte Tomaten:
Gleich große Tomaten waschen, Stielansätze ausstechen, Deckel abschneiden oder Tomate halbieren, Inhalt entnehmen. Die Tomaten würzen und in ein flaches, mit Butter ausgefettetes Geschirr setzen.

Mögliche Füllungen:
- Pilzfüllsel (Duxelles, Seite 183)
  Mit Parmesan bestreuen, mit flüssiger Butter beträufeln und im Salamander überbacken.

- Blumenkohlröschen, Brokkoliröschen
  Mit Mornaysauce überziehen, mit Käse bestreuen, mit Butter beträufeln und überbacken.

- Blattspinat und Butterbrösel darübergeben.

- Gemüsemais in Butter sautieren

Abb. 1 Tomatenfleischstücke (Tomates concassées);

Abb. 2 Gefüllte Käsetomate; Grilltomate

Weißkohl 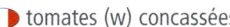 white cabbage chou blanc (m)

Unschöne Außenblätter entfernen. Den Kohlkopf vom Strunk aus vierteln oder sechsteln. Strunkanteil abtrennen. Kohlstücke abspülen, dicke Rippen flach klopfen und einzelne Blattlagen entsprechender, vorgesehener Zubereitung zerkleinern.

Zum **Füllen** wird **Weiß- oder Wirsingkohl** als ganzer Kopf belassen oder man bricht die Blätter einzeln ab.

Dazu wird der Strunk ausgeschnitten, der Kopf gewaschen und in Salzwasser oder im Dämpfer so lange gegart, bis die Blätter elastisch sind und sich formen lassen.

Die Kohlblätter gibt man in Eiswasser, lässt sie darin abkühlen und anschließend in einem Durchschlag abtropfen.

Abb. 3 Kohlköpfchen und Kohlrouladen

Gefüllte Kohlköpfchen stuffed cabbage tête de choux farcis (m)

Große Blätter auslegen und jedem Blatt eine Anzahl kleinerer Mittelblätter zugeben. Mit Salz und Pfeffer würzen, in die Mitte ein Bällchen Fleischfüllung setzen und die Blätter darumschlagen. Mit Hilfe eines Tuches den gefüllten Kohl zu Köpfchen formen, die man in vorgefettete Geschirre ordnet. Kohlköpfchen können anstatt mit Fleischfüllung auch mit kleinen Kohlstückchen gefüllt werden.

Wirsing savoy cabbage chou de Milan (m)

Die beschädigten Blätter abnehmen. Danach den Wirsingkopf in Viertel schneiden und die Strunkanteile direkt am Blattansatz abtrennen. Da Wirsingkohlblätter locker aneinanderliegen und von blasiger Struktur sind, ist der Befall durch Ungeziefer eher gegeben. Aus diesem Grund muss Wirsing besonders gründlich gewaschen werden.

> Gedünsteter Weißkohl und Wirsing erhalten durch etwas angerührte Stärke oder durch rechtzeitige Zugabe von fein geriebenen rohen Kartoffeln eine leicht sämige Bindung.

Sauerkraut  sauerkraut choucroute (w)

Bedarf für 10 Portionen

100 g	Zwiebelstreifen
100 g	Apfelschnitze
60 g	Fett
50 g	Speckwürfel
0,3 l	Wasser
0,1 l	Weißwein
1,5 kg	Sauerkraut
1 EL	Honig
	Salz
1	Gewürzbeutel (Kümmel, Nelke, Wacholderbeeren, Lorbeerblatt)

- Speckwürfel, Zwiebelstreifen und Äpfel in erhitztem Fett farblos anschwitzen.
- Wasser angießen und aufkochen.
- Sauerkraut aufgelockert in den kochenden Ansatz geben und durchrühren.
- Alles rasch zum Kochen bringen.
- Gewürzbeutel in die Mitte stecken.
- Das Geschirr zudecken und den Inhalt bei mäßiger Hitze garen.
- Verdampfende Flüssigkeit ersetzen.
- Nach etwa halber Garzeit den Weißwein angießen.
- Wenn das Sauerkraut gar ist, den Gewürzbeutel entfernen.
- Das Kraut mit Honig vollenden.

> Gegartes Sauerkraut soll hell sein, appetitlich glänzen, fast keine sichtbare Flüssigkeit aufweisen, einen feinen säuerlichen Geschmack haben und beim Verzehren den Zähnen noch leichten Widerstand bieten, al dente sein.

Zucchini  zucchini  courgettes (w)

Abb. 1 Gefüllte Zucchini

Zucchini (auch Zucchetti genannt) waschen. Das verbliebene sechseckige Stielende abschneiden. Junge, sehr kleine Früchte können ungeschält verwendet werden. Größere enthalten Bitterstoffe. Die Schale sowie das große Kerngehäuse sind deshalb zu entfernen.

Für **gefüllte Zucchini** Früchte waschen, längs halbieren. Fruchtfleisch einschneiden, ohne die Schale zu beschädigen. Früchte kurze Zeit frittieren oder auf den Schnittflächen braten. Weiches Fruchtfleisch entnehmen. Schalenhälften in gefettete Backplatte legen.

Gegarten Reis, Tomatenfleischwürfel, Kurzbratfleisch von Lamm in Schalottenbutter angebraten, reduzierte Lammjus, Gewürze sowie das gehackte Fruchtfleisch mischen. In die Schalenhälften füllen.
Mit Parmesan bestreuen, mit Butter beträufeln und im Ofen backen.

Ratatouille (Südfranzösischer Gemüsetopf)  ratatouille  ratatouille (w)

Bedarf für 10 Portionen

3 EL	Olivenöl
1–2	Knoblauchzehen
300 g	Paprika rot/grün
300 g	Zucchini
200 g	Zwiebeln
1 TL	Tomatenmark
300 g	Auberginen
300 g	Tomaten
	Salz, Pfeffer, Thymian, Oregano, Basilikum

- Zwiebelwürfel und durchgedrückte Knoblauchzehen in Öl anschwitzen,
- Paprikastreifen zugeben und kurz mitdünsten,
- Scheiben oder Würfel von Zucchini und Auberginen sowie das Tomatenmark einrühren,
- zugedeckt kurz dünsten lassen, evtl. etwas Brühe angießen und würzen.
- Kurz vor dem Anrichten Tomatenfleischstücke unterheben und
- mit den frischen, gehackten Kräutern geschmacklich vollenden.

Zwiebeln 🇬🇧 onions 🇫🇷 oignons (m)

Zwiebeln schälen, die am Zwiebelboden haftenden Wurzelfasern und den vertrockneten Lauchansatz entfernen. Entsprechend der Verwendung in Stücke, Würfel, Streifen oder Ringe schneiden (s. S. 169).

> Zwiebelpüree kann geschmacklich variiert werden, indem man vor dem Legieren kleingehackte Champignons oder frische gehackte Küchenkräuter untermischt.

Zwiebelpüree 🇬🇧 mashed onions 🇫🇷 purée (w) d'oignons (Soubise)

500 g	Zwiebeln
50 g	Rundkornreis
90 g	Butter
0,4–0,5 l	Milch
3 EL	Sahne
2	Eigelb
	Salz, Pfeffer

Zwiebelpüree wird zur Ergänzung von Zubereitungen verwendet.

- Zwiebelscheiben blanchieren, abtropfen, mit Butter andünsten.
- Rundkornreis zugeben, kochende Milch angießen, würzen, zugedeckt im Ofen ohne Farbgebung weichdünsten.
- Ansatz durch ein feines Sieb streichen, wieder erhitzen,
- Sahne mit Eigelb verrühren, unter das Zwiebelpüree rühren und mit Butter verfeinern.

Verwendungsmöglichkeiten:

- zum Füllen und Überbacken von Gemüsen, Kalbsrücken und Lammrücken;
- zum Überbacken auf gebratenen Koteletts, Steaks und Medaillons von Kalb und Lamm.

Des Weiteren verarbeiten wir Zwiebeln zu Röstzwiebeln, Zwiebelbrot, gebackene Zwiebelringe, zu Zwiebelsuppe, Zwiebelsauce oder Zwiebelkuchen.

Schalotten und **Perlzwiebeln** können als Gemüsebeilage im Ganzen zubereitet werden. Dazu müssen sie geschält und kurz blanchiert oder gedünstet werden. Sehr beliebt sind glasierte Rotweinschalotten, die kurz in Butter und Rotwein gedünstet werden. Dann bestreut man sie mit Salz und Zucker und schwenkt sie in der sich bildenden sirupartigen Flüssigkeit bis sie glänzen.

Abb. 1 Glasierte Schalotten

Flan 🇬🇧 flan 🇫🇷 flan (m)

Gemüse wird nach dem Kochen oder Blanchieren püriert. Das Püree abschmecken und mit Vollei und Sahne verrühren. Diese Masse in gebutterte Timbales oder ähnliche Förmchen füllen und im Wasserbad pochieren. Nach dem Stürzen wird der Flan als Beilage zu Hauptgerichten oder als Zwischengericht serviert. Der Flan kann auch kalt als Terrine gereicht werden.

Abb. 2 Kürbisflan

Püree von … 🇬🇧 mashed … 🇫🇷 … en purée

Gemüse wie z. B. Brokkoli, Erbsen, Kürbis, Möhren, Sellerie, Spinat
Garverfahren: Kochen, Dämpfen, Dünsten

Hinweise

Vegetarier verzichten bewusst auf Fleisch und Fisch. Das ist bei Rezepturen für Füllungen und Saucen zu Gemüsezubereitungen zu beachten, wenn diese empfohlen werden.

Veganer schließen auch Nahrungsmittel aus, die von Tieren produziert werden wie Eier, Milch, Milchprodukte oder Honig. Geeignete Rezepte verwenden vielfach Tofu.

Verschiedene Arten der Fertigstellung – Übersicht

Die gegarten Gemüse lassen sich auf vielfältige Weise fertigstellen. Dabei zeigen sich Gemeinsamkeiten zwischen manchen Arten.

Die folgende Aufstellung zeigt diese Gemeinsamkeiten und macht zugleich die Unterschiede deutlich.

auf englische Art 🇬🇧 **english style** 🇫🇷 **à l'anglaise**	
Gemüse	Erbsen, Bohnen, Brokkoli, Blumenkohl, Bleichsellerie, Spargel, Blattspinat
Garverfahren	Kochen, Dämpfen
Fertigstellung	Gegartes Gemüse abgetropft anrichten. Butterstückchen darauflegen oder gesondert geben. Gewürze und gehackte Kräuter separat reichen.

in brauner Butter 🇬🇧 **in brown butter** 🇫🇷 **au beurre noisette**	
Gemüse	Bohnen, Blattspinat, Blumenkohlröschen, Rosenkohl
Garverfahren	Kochen, Dämpfen
Fertigstellung	In flachem Geschirr Butter bräunen. Gegartes, abgetropftes Gemüse dazugeben, durchschwenken und anrichten.

mit Butterkrüstchen 🇬🇧 **with bread-crumbs** 🇫🇷 **aux croûtons**	
Gemüse	Chicorée, Blumenkohl, Brokkoli, Fenchel, Spargel, Sellerie
Garverfahren	Kochen, Dämpfen, Dünsten
Fertigstellung	Gegartes Gemüse anrichten. Butter bräunen, kleine geröstete Weißbrotwürfel oder grobe Brösel beifügen und über das Gemüse geben.

glasiert 🇬🇧 **glaced** 🇫🇷 **glacé**	
Gemüse	Karotten, Schwarzwurzeln, Speiserübchen, Kohlrabi, Perlzwiebeln, Maronen, Zucchini
Garverfahren	Dünsten
Fertigstellung	Gemüsefond sirupartig einkochen, evtl. noch Butterstückchen beigeben. Gemüse durch Schwenken glasieren (überglänzen). Bei Maronen und braunglasierten Zwiebeln Zucker beim Ansetzen zunächst zu Karamell schmelzen.

in Sahne 🇬🇧 **with cream** 🇫🇷 **à la crème**	
Gemüse	Karotten, Schwarzwurzeln, Kohlrabi, Erbsen, Gurken, Auberginen
Garverfahren	Dünsten
Fertigstellung	Dünstfond kurz halten. Bevor das Gemüse gar ist, Sahne angießen. Offen weiterkochen, bis leichte Bindung erreicht ist.

gratiniert 🇬🇧 **gratinated** 🇫🇷 **au gratin**	
Gemüse	Blumenkohl, Brokkoli, Fenchel, Schwarzwurzeln, Spargel, Bleichsellerie, Rosenkohl
Garverfahren	Kochen, Dämpfen, Dünsten
Fertigstellung	Reduziertem Dünstfond Mornaysauce beigeben. Abgetropfte Gemüse in ausgefetteten Backplatten anrichten. Mit Sauce überziehen, Käse bestreuen, Butter beträufeln, im Salamander gratinieren.

1.3 Besonderheiten bei vorgefertigten Gemüsen

🇬🇧 particularities of prepared vegetables

🇫🇷 particularités (w) des légumes préfabriqués

Das Gemüse ist eine große Warengruppe, die zudem in fast jeder Speisenzusammenstellung vorkommt. Darum werden in Verbindung mit Gemüse auch die arbeitstechnischen und wirtschaftlichen Zusammenhänge zwischen Frischware und vorgefertigten Produkten betrachtet.

Gemüse bedürfen immer der Vorbereitung, denn sie müssen von nicht genießbaren Teilen befreit werden. Diese Arbeiten können in der eigenen Küche durchgeführt oder von der Zulieferindustrie übernommen werden.

Das breite Angebot an vorgefertigten Produkten kann unterschieden werden
- nach dem Grad der Vorbereitung und
- nach der Art der Qualitätserhaltung/Haltbarmachung.

Werden vorgefertigte Produkte verwendet,
- ist der Warenbedarf je Portion geringer,
- spart die Küche Arbeitszeit,
- sind die Mehrkosten beim Einkauf gegenüber den möglichen Einsparungen – vor allem an Arbeitszeit – abzuwägen.

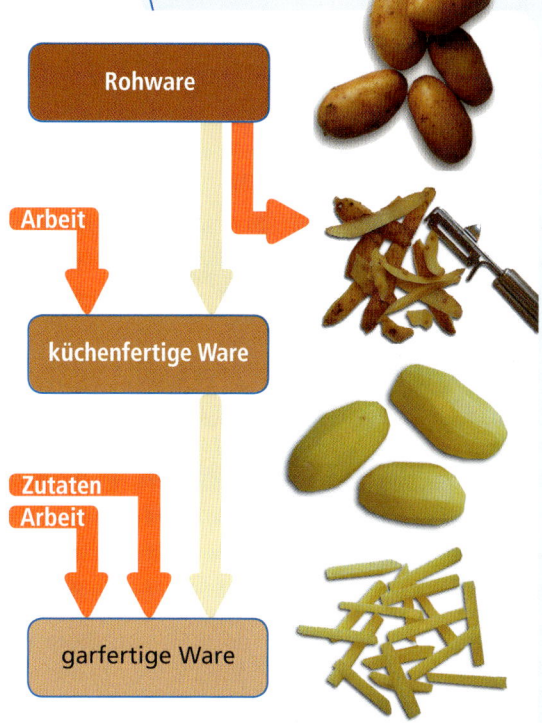

Rohware → Arbeit → küchenfertige Ware → Zutaten Arbeit → garfertige Ware

Abb. 1 Vorgefertigtes Produkt am Beispiel Pommes frites

Vorbereitete Rohware, gekühlt
- Gemüse oder Kartoffeln sind bereits gewaschen und geputzt bzw. geschält erhältlich.
- Blattsalate kann man schon gewaschen und gezupft kaufen.
- Kartoffelkloßmasse ist frisch als Rohmasse zu beziehen.

Nasskonserven
Gemüse sind fertiggegart, sie werden im eigenen Fond erwärmt, abgetropft und
- mit Butterflocken vollendet oder
- mit Sauce gebunden.

Tiefkühlware
Gemüse haben kürzere Garzeit, weil durch das Blanchieren und Frosten die Zellstruktur bereits gelockert wurde.
- Stückgemüse (Bohnen, Erbsen) in kochendes Wasser geben.
- Blockgemüse (Spinatblock) unter Zugabe von wenig Wasser langsam erwärmen.

Trockenware
Die meisten Trockengemüse werden zunächst eingeweicht, damit die Zellen das beim Trocknen entzogene Wasser wieder aufnehmen können.
Einweichwasser nach Möglichkeit mitverwenden.

Aufgaben

1. Wodurch gehen wichtige Wirkstoffe der Gemüse verloren?

2. Beschreiben Sie die Vorbereitung von Spargel.

3. Was soll mit den Garflüssigkeiten der Gemüse geschehen?

4. Welches Gemüse hat den höchsten Vorbereitungsverlust?

5. Nennen Sie vier Schnittformen für Gemüse.

6. In welche Formen können Zwiebeln geschnitten werden?

7. Nennen Sie die Grundzubereitungsarten für Gemüse.

8. Wie werden Gemüse vor dem Frittieren behandelt?

2 Pilze

🇬🇧 mushrooms 🇫🇷 champignons (m)

Pilze sind nicht lange lagerfähig, da sie leicht verderbliches Eiweiß enthalten. Sie sollen deshalb nach der Ernte bzw. Lieferung rasch verarbeitet werden. An Druck- und Faulstellen tritt der Eiweißabbau sofort ein, es kommt zum Verderb.

2.1 Vorbereiten 🇬🇧 preparation 🇫🇷 préparation (w)

Frische Pilze wie Champignons, Pfifferlinge und Steinpilze werden am häufigsten verwendet. Sie sind sorgfältig zu putzen. Nach gründlichem Waschen Pilze aus dem Wasser heben, damit die erdigen Bestandteile auf dem Boden des Gefäßes bleiben. Nicht abgießen. Gewaschene Pilze umgehend garen.

Getrocknete Pilze sind vor dem Verwenden einzuweichen, damit genügend Wasser eindringen kann.

● Sollen gegarte Pilze aufbewahrt werden, sind sie sofort abzukühlen und bei Bedarf wieder zu erwärmen.

Die getrockneten Pilze legt man zunächst zum Anquellen in Wasser und wäscht sie anschließend. Danach werden sie mit Wasser bedeckt eingeweicht.

Das Einweichwasser kann beim Garen mit verwendet werden; es enthält wertvolle Inhaltsstoffe.

2.2 Zubereiten 🇬🇧 cooking 🇫🇷 cuisson (w)

Gedünstete Champignons 🇬🇧 stewed mushrooms 🇫🇷 champignons (m) étuvés

Zutaten für 10 Portionen

2 kg	Champignons
60 g	Zitronensaft
140 g	Butter
20 g	Salz

- Champignons putzen, waschen und zum Abtropfen in einen Durchschlag legen.
- Butter, Zitronensaft, Salz und einen Schuss Wasser in geräumigem Geschirr zum Kochen bringen.
- Champignons hineingeben, durchrühren und zugedeckt etwa 6 Minuten dünsten.

Gebackene Champignons 🇬🇧 deep fried field-mushrooms 🇫🇷 champignons (m) frits

Zutaten für 10 Portionen
1 kg gleichmäßig große, rohe
Champignons
für Panierung:
3 Eier, Mehl und Semmelbrösel
Zitrone, Salz, weißer Pfeffer
Fett zum Backen

- Champignons putzen, dabei evtl. die Stiele etwas kürzen, waschen und abtrocknen.
- Mit Mehl, Ei und Brösel panieren.
- In heißem Fett (Frittüre) backen, abtropfen lassen.
- Mit Zitrone, Pfeffer und Salz würzen.

Rahmmorcheln
 morels in cream   morilles (w) à la crème

Zutaten für 10 Portionen

200 g	getrocknete Morcheln
160 g	feine Zwiebelwürfel
120 g	Butter
1 TL	geschnittener Schnittlauch
0,5 l	Sahne
	Salz, Pfeffer

- Pilze in lauwarmem Wasser anquellen, gründlich waschen, mit Wasser bedeckt einweichen.
- Gequollene Morcheln aus dem Wasser heben.
- Einweichwasser aufbewahren.
- Zwiebelwürfelchen mit Butter anschwitzen.
- Morcheln salzen, pfeffern und zu den Zwiebeln geben.
- Das vom Bodensatz abgegossene Einweichwasser beifügen und die Pilze zugedeckt etwa 25 Minuten dünsten.
- Sahne an die Morcheln gießen und bei offenem Geschirr einkochen, bis die Flüssigkeit leicht gebunden ist.
- Angerichtete Rahmmorcheln mit Schnittlauch bestreuen.

Steinpilze mit Brotkrüstchen
 ceps with croûtons   cèpes (m) aux croûtons

Zutaten für 10 Portionen

1,5 kg	Steinpilze
80 g	feine Schalottenwürfel
60 g	kleine, geröstete Weißbrotwürfel
80 g	Öl
60 g	Butter
1 EL	gehackte Petersilie
	Knoblauchsalz, Pfeffer

- Steinpilze putzen, gründlich waschen und abgetropft mit einem Tuch trockenreiben.
- Pilze in flache Stücke schneiden.
- Öl in geräumiger Stielpfanne erhitzen.
- Zerkleinerte Pilze salzen, pfeffern, in die heiße Pfanne geben und leicht anbraten.
- Pilze in ein vorgewärmtes Geschirr geben.
- In der gleichen Pfanne Butter aufschäumen lassen.
- Schalottenwürfel und Pilze wieder beifügen, Brotkrüstchen dazustreuen.
- Alles nochmals kurz erhitzen und mit Petersilie bestreut anrichten.

Duxelles   duxelles   duxelles (w)

Zutaten

250 g	feine Zwiebel- und/oder Schalottenwürfel
700 g	feingehackte, rohe Champignons
150 g	Butter
50 g	gehackte Petersilie
4 cl	Sherry (trocken)
	Salz, Pfeffer

Duxelles ist eine Grundzubereitung aus gehackten Pilzen, die zur Vervollständigung von Speisen, zum Füllen von Gemüsen, Fleisch- und Teigtaschen verwendet wird.

- Zwiebeln und Schalotten farblos anschwitzen.
- Champignons zugeben, salzen, pfeffern.
- Sherry zugießen und so lange dünsten, bis der ausgetretene Pilzsaft eingekocht ist.
- Petersilie untermischen und Duxelles in ein flaches Geschirr geben und auskühlen lassen.

Duxelles kann durch Zugabe von Schinkenwürfeln variiert oder mit Demiglace leicht gebunden werden.

Sautierte Pfifferlinge mit Speck
 sauted chanterelles   chanterelles (w) sautées au lard

Zutaten für 10 Portionen

1,5 kg	Pfifferlinge
200 g	magerer, durchwachsener Räucherspeck in Würfelchen
200 g	Schalottenwürfelchen
2 EL	gehackte Petersilie
	Salz, Pfeffer
60 g	Butter

- Pfifferlinge putzen, gründlich waschen und zum Abtropfen in einen Durchschlag geben.
- Flaches Geschirr ausfetten. Pilze zugeben, salzen, im alsbald austretenden Saft 10 Minuten garen bis Fond reduziert ist.
- Speckwürfel in Stielpfanne anbraten, abgetropfte Pfifferlinge dazugeben.
- Schalotten und Butter beifügen, leicht pfeffern und
- bei starker Hitze und mehrfachem Schwenken sautieren.
- Gehackte Petersilie untermengen und anrichten.

Risotto mit Waldpilzen 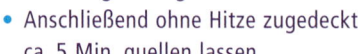 risotto with wood mushrooms ⬥ risotto avec champignons de bois

Zutaten für 10 Portionen

500 g	Risottoreis
2	Schalotten
1	Knoblauchzehe
40 g	Butter
¼ l	Weißwein
1–1,5 l	Geflügelbrühe
1 kg	Waldpilze, gemischt
¼ l	Sahne
	Salz, weißer Pfeffer
25 g	Wildkräuter, gehackt
	Bergkäse, gerieben

- Schalottenwürfel und die mit Salz verriebenen Knoblauchscheiben in Butter anschwitzen, Graupen zugeben, etwas angehen lassen und mit Weißwein und Brühe auffüllen. Bei kleiner Hitze ca 15 Min. köcheln lassen, bei Bedarf weitere Flüssigkeit zugeben.
- Anschließend ohne Hitze zugedeckt ca. 5 Min. quellen lassen.
- Pilze putzen, in Scheiben schneiden und scharf in etwas Öl anbraten, danach mit den Kräutern unter den Reis rühren.
- Die Sahne zugeben, mit Salz und Pfeffer abschmecken und servieren.
- Geriebenen Bergkäse dazu reichen.

Gedünstete Austernpilze  oyster mushrooms  pleurotes (m)

Zutaten für 10 Portionen

1,5 kg	vom Strunk befreite Austernpilze
200 g	Schalottenwürfelchen
60 g	Butter
2 EL	gehackte Küchenkräuter (Petersilie, Schnittlauch, Kerbel, Zitronenmelisse, Kresse usw.)
	Salz, Pfeffer, Zitrone

- Austernpilze waschen und abtropfen lassen.
- Schalotten in Butter glasig angehen lassen, Pilze zugeben und
- kurz zugedeckt leicht dünsten, dann im eigenen Saft schwenken (sautieren).
- Kräuter einstreuen, würzen und anrichten.

Beilagen zu Pilzgerichten in Rahmsauce

Als Beilage eignen sich Semmelknödel, Serviettenknödel, Salzkartoffeln, Kartoffelschnee, Nudeln und Gnocchi.

Shiitake-Pilze  chinese mushrooms  shitakés (m)

Dieser Pilz wird vorwiegend für japanische und chinesische Gerichte verarbeitet.

Mu-Err-Pilze wood ear mushrooms ⬥ Mu-Err champignons

Dieser asiatische Baumpilz, auch Wolkenohren genannt, wird bevorzugt in der chinesischen Küche verarbeitet und bringt vor allem durch seine schwarze Farbe einen besonderen farblichen Effekt.

Aufgaben

1. Was ist bei der Lagerung von Pilzen zu beachten?
2. Was versteht man unter „Duxelles"?
3. Welche Beilagen eignen sich zu Pilzgerichten?
4. Nennen Sie vier Pilzgerichte mit Beilagen (speisekartengerecht).
5. Nennen Sie vier Hauptgerichte, bei denen Pilze als Garnitur oder Zutat verwendet werden.
6. Was haben Sie bei der Verwendung von getrockneten Pilzen zu beachten?

③ Salate

Allgemein versteht man unter Salaten Zubereitungen aus frischen grünen Blättern, Gemüse, Pilzen, Kartoffeln, Obst, aber auch Fleisch, Fisch, Geflügel usw. und einer Salatsauce (Marinade).
Hier werden die Salate aus **pflanzlichen Zutaten** behandelt, Salate aus anderen Zutaten sind im Bereich kalte Küche und Patisserie zu finden.

3.1 Salatsaucen – Dressings

🇬🇧 salad dressings 🇫🇷 sauces (w) froides pour des salades

Für die Bezeichnungen von Salatsaucen, Marinaden, Dressings und Dips gibt es keine verbindlichen Richtlinien.

Salatsaucen oder **Marinaden** sind überwiegend klar und flüssig. **Blattgemüse** werden darin gewendet oder damit beträufelt. Festere Gemüsearten vermischt man mit der Marinade und lässt sie darin längere Zeit durchziehen.

Dressings sind vorwiegend sämig. Die emulgierende Bindekraft kommt von Joghurt, Sahne, Mayonnaise, Salatmayonnaise oder von gekochtem Eigelb, das durch ein Sieb gestrichen worden ist. Ein **Dressing** wird meist über den angerichteten Salat gegeben und erst vom Gast entsprechend vermischt.

Dips sind kalte, dickflüssige Saucen zum Eintauchen kleinerer Happen, z. B. Fingerfood. Der Name leitet sich ab vom englischen *to dip* = eintauchen.

Der Fachhandel bietet neben den klassischen Salatsaucen auch Salatsaucen für unterschiedliche Spezialitäten. Die meisten dieser Produkte sind mit nicht kennzeichnungspflichtigen Bindemitteln/Emulgatoren versetzt, damit sich die Bestandteile bei der Lagerung nicht entmischen.

Abb. 1 Säureträger

Säure
- Säure verleiht eine erfrischend pikante Note.
- Säure ist enthalten in Essig, Zitronensaft und Orangensaft, in Joghurt und Sauerrahm.

Öl/Fett
- fördert die Geschmacksentfaltung und die Ausnutzung fettlöslicher Vitamine,
- dient als Gleitmittel, besonders wichtig bei roh belassenem Salat,
- Öle liefern Sonnenblumen, Erdnüsse, Oliven, Disteln, Kürbiskerne, Traubenkerne, Maiskeimlinge und Walnüsse sowie Mischungen mit Sahne oder Mayonnaise.

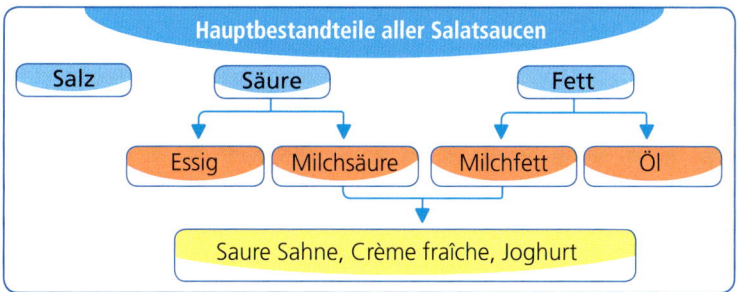

Hauptbestandteile aller Salatsaucen

Salz — Säure — Fett

→ Essig — Milchsäure — Milchfett — Öl

→ Saure Sahne, Crème fraîche, Joghurt

Für den Gebrauch in der Küche wird die angefertigte Salatsauce (Marinade) zweckmäßig in Flaschen gefüllt und kühl gehalten. Vor jeder Entnahme ist die Sauce kräftig durchzuschütteln, damit eine günstige Verteilung von Öl und anderen Geschmackszutaten erfolgt. Die meisten Salatsaucen basieren auf Grundrezepten. Das persönliche Können besteht darin, die Rezepte so zu ergänzen, dass durch die Verbindung von Sauce und Naturalien ein wohlschmeckender Salat entsteht. Bei den folgenden Rezepten ist Speiseessig mit 5 % Säuregehalt vorgesehen.

Abb. 2 Herstellung eines Dressings

Salatsaucen auf Essig/Öl-Grundlage

Vinaigrette

Bedarf
1 Teil   Essig
1–2 Teile Öl
    Salz, Pfeffer

- Salz in Essig auflösen, Öl dazurühren und
- mit wenig Pfeffer würzen,
- mit Zucker abrunden.
- Essig kann durch Zitronen- oder Limettensaft ersetzt werden.

Geeignet zu allen Salaten.

Salatsauce mit Senf – French Dressing

Bedarf
1 Teil   Essig
1–2 Teile Öl
    Salz,
    französischer
    Senf,
    Knoblauch,
    Pfeffer

- Salatschüssel mit der Schnittfläche einer halbierten Knoblauchzehe ausreiben.
- Darin Salz, Essig und Senf verrühren,
- Öl langsam dazurühren.
- Leicht mit Pfeffer abschmecken.

Geeignet zu Blattsalat und Gemüsesalat.

Salatsauce mit Kräutern

Bedarf
1 Teil   Essig
1–2 Teile Öl
    Salz, Pfeffer
    Kräuter (Petersilie,
    Kerbel, Estragon,
    Schnittlauch)
    Schalotten

- Salz in Essig auflösen, Öl einrühren, würzen.
- Frisch gehackte Kräuter und Schalotten zugeben.

Geeignet zu Salaten ohne Obst.

Salatsauce mit geröstetem Speck

Bedarf
1 Teil   Essig
1–2 Teile Öl
    geröstete Speckstreifchen und
    Zwiebelstreifen
    Salz, Pfeffer

- Salatsauce mit Essig und Öl herstellen.
- Die in einer Pfanne angeschwitzten, noch warmen Speckstreifchen und Zwiebelstreifen auf oder unter den angemachten Salat geben.

Geeignet zu Kopf-, Löwenzahn-, Brunnenkresse-, Feld-, Kraut- oder Kartoffelsalat.

Salatsaucen aus Milchprodukten

Salatsauce mit Sahne

Bedarf
4 Teile Sahne
1 Teil Zitronensaft
    Salz, Pfeffer
    oder Edelsüßpaprika

- Flüssige Zutaten verrühren,
- mit Salz und Gewürzen abschmecken.

Geeignet zu Blattsalat, Salat mit Obst, Gemüsesalat.

Salatsauce mit Joghurt

Bedarf
1 Becher Joghurt
   (250 g)
2 EL Orangensaft
1 TL Zitronensaft
   Spritzer Worcestersauce
2 EL Öl
   Salz, Pfeffer

- Joghurt, Orangen-, Zitronensaft und Worcestershire Sauce glattrühren.
- Öl darunterschlagen und würzen.

Geeignet zu allen Salaten.

Salatsauce mit saurer Sahne und Dill

Bedarf

5	Teile	saure Sahne oder Crème fraîche
1	Teil	Zitronen- oder Limettensaft
		Salz, Pfeffer
1	EL	geschnittener Dill

- Sahne und Zitronensaft glattrühren,
- mit Gewürzen und Dill ergänzen.

Geeignet zu Blattsalat, Gemüsesalat.

Salatsauce mit Roquefort – Roquefort-Dressing

Bedarf

50	g	Roquefort
3	EL	Sahne
1	EL	Chablis (weißer Burgunder) oder Weißwein
1	EL	Limettensaft
1	EL	Öl
		Pfeffer

- Passierten Roquefort, Sahne, Weißwein und Limettensaft glattrühren.
- Öl darunterrühren und würzen.
- Wenig Salz verwenden, weil Roquefort kräftig gewürzt ist.

Geeignet zu Blattsalat, Löwenzahn-, Bleichsellerie-, Tomatensalat.

Salatsaucen auf Ei-Grundlage

Salatsauce mit gekochtem Eigelb

Bedarf

2		gekochte Eigelbe
Msp.		Sardellenpaste
1	TL	scharfer Senf
1	TL	Essig
3	EL	Öl
1	EL	Sahne
		Pfeffer

- Fein passiertes Eigelb, Sardellenpaste, Senf und Essig glattrühren.
- Öl tropfenweise unterrühren,
- abschließend Sahne und Pfeffer dazugeben.

Geeignet zu Blattsalat und Gemüsesalat.

Salatsauce mit Tomaten – Cocktailsauce

Bedarf

2	Teile	würzige Mayonnaise
1	Teil	püriertes Tomatenfleisch oder Ketchup
1	EL	geschlagene Sahne
		Salz, Pfeffer, Zucker, Worcestersauce, Spritzer Weinbrand, Msp. Meerrettich

- Mayonnaise und Tomatenpüree glattrühren,
- Sahne unterheben und würzen.

Geeignet zu Blattsalat und Gemüsesalat.

3.2 Salate aus rohen Gemüsen/Rohkost

🇬🇧 salads of raw vegetables 🇫🇷 salades (w) de légumes crus

Zur Verarbeitung gelangen **Blattsalate** und **Gemüse**:

Blattsalate		
Lollo rosso	Endivie	Löwenzahn
Eichblattsalat	Feldsalat (Ackersalat)	Radicchio
Friséesalat	Kopfsalat (grüner Salat)	Chinakohl
Chicorée	Brunnenkresse	Rucola
Eissalat (Krachsalat)	Gartenkresse	

Blattsalate werden verlesen, dabei von welken Teilen, Strünken und starken Blattrippen befreit und anschließend gewaschen. Dazu verwendet man reichlich Wasser, damit anhaftender Sand und Schmutz leicht abgespült werden können und die Blätter nicht geknickt werden. Salate dürfen nicht im Wasser liegen bleiben, weil es sonst zu Auslaugverlusten kommt und wertbestimmende, lösliche Inhaltsstoffe verloren gehen.

Die großen Blätter des Kopfsalats sind in mundgerechte Stücke zu zerpflücken.

Abb. 1 Rohkostsalat

Abb. 2 Gurke

Abb. 3 Paprika

Damit gewaschener Salat in Verbindung mit der Marinade den vollen Geschmack behält, wird er in der Salatschleuder oder in einem Drehkorb durch Schwingen von noch anhaftenden Wasserperlen befreit. Bis zum Fertigstellen ist er flach und kühl aufzubewahren.

Gemüse			
Bleichsellerie	Paprikaschoten	Knollensellerie	Radieschen
Möhren	Fenchel	Pilze	Rotkohl
Gurken	Weißkohl	Rettich	Tomaten

Gemüse, die roh gereicht werden, muss man gründlich waschen, Gurken, Knollen und Wurzeln schälen; Tomaten evtl. brühen und abziehen, Paprikaschoten von Stiel, Scheidewänden und Samenkernen befreien.

Die Zerkleinerung richtet sich nach der Beschaffenheit der Gemüse und erfolgt durch:

- Zerpflücken (Blattsalate)
- Schneiden in Streifchen (Kohlarten)
- Hobeln in Scheibchen (Gurken, Rettich)
- Raspeln (weichere Gemüse und Obst)
- Raffeln (Gemüse mit fester Struktur)
- Reiben (Zwiebeln, Meerrettich, Nüsse).

Anmachen – Marinieren

Die vorbereiteten Salatbestandteile werden mit der jeweiligen Marinade in einer Salatschüssel angemacht. Das Mischen bzw. Wenden mit dem Salatbesteck muss gründlich, jedoch behutsam erfolgen, damit alle Bestandteile zwar von Marinade umgeben sind, aber unbeschädigt bleiben.

- **Unmittelbar vor dem Service fertiggestellt** werden Blattsalate und Salate aus zartem Gemüse, wie z. B. Gurke und Tomate, damit sie frisch und knackig bleiben. Würde man sie zu früh anmachen, zöge das Salz Flüssigkeit. Der Salat würde weich.
- **Längere Zeit vor dem Service fertiggestellt** werden Salate aus festeren, saftarmen Gemüsearten, wie z. B. Möhren, Kohl, Paprikaschoten und Sellerie. Die Marinade kann dann einziehen und der Geschmack kommt voll zur Geltung.

Zubereitungsbeispiele

Apfel-Möhren-Rosinen-Salat

Möhren raffeln, Äpfel raspeln und mit Orangensaft vermischen. In Orangensaft eingeweichte Rosinen dazugeben. In halben Orangenschalen, Gläsern oder Glasschalen anrichten. Ein Löffel halbsteif geschlagene Sahne, abgeschmeckt mit geriebenem Meerrettich, aufsetzen und mit Haselnussscheibchen bestreuen.

Birnen-Radieschen-Kresse-Salat

Reife Birnen längs halbieren, Kerngehäuse entfernen. Fruchtfleisch mit einem olivenförmigen Kartoffelausbohrer entnehmen. Johannisbeersaft darüberträufeln, Radieschenscheiben und Kresse beifügen. Dickmilch und Öl verrühren, die Salatteile darin wenden und in die ausgehöhlten Birnenhälften einfüllen; geschnittenen Schnittlauch aufstreuen.

Rotkraut-Apfel-Weintrauben-Salat

Rotkraut und Äpfel in feine Streifen schneiden und mit Zitronensaft vermischen. Abgezupfte weiße Weinbeeren halbieren und ohne die Kerne zu den streifigen Zutaten geben. Mit ein wenig geriebener Zwiebel, Johannisbeergelee und Öl anmachen. Zum Durchziehen bedeckt kühl stellen. In Glasschalen anrichten und mit grob gehackten Walnusskernen bestreuen.

Radicchio-Fenchel-Melonen-Salat

Melone in Scheibchen, Fenchelknolle und Radicchio in Streifchen schneiden, mit Orangensaft beträufeln und alles vermischen. Gleiche Teile Frischkäse, pikante Mayonnaise und püriertes Tomatenfleisch verrühren, mit geriebenem Meerrettich und geschnittenem Fenchelgrün abschmecken. Die Salatbestandteile damit anmachen, auf Glasplatten anrichten und mit Brunnenkresse einfassen.

3.3 Salate aus gegartem Gemüse

salads of cooked vegetables   salades (w) de legumes cuits

Für diese Salate kommen vorwiegend in Betracht:

Gemüse			
Artischocken	Blumenkohl	Brokkoli	Bohnenkerne
Knollensellerie	Lauch	Möhren	Pilze
Erbsen	Rote Rüben	Spargel	Grüne Bohnen

Die Gemüse können im rohen oder gekochten Zustand in verschiedene Formen geschnitten werden. Bei Knollen und Rüben ist auch der Einsatz von Ausbohrern, Ausstechern oder eines Buntmessers (geriefte Schneide, s. S. 115) möglich.

Die zugeschnittenen rohen Gemüse sind in leicht gesalzenem Wasser unter Zusatz von wenig Öl zu kochen. Dabei soll das Gemüse voll aufgeschlossen, aber nicht übergart werden.

Um Aroma und Geschmack zu erhalten, müssen die gekochten Gemüse in ihrem Garfond abkühlen. In der heißen Flüssigkeit zieht das Gemüse noch nach, deshalb ist der Garprozess rechtzeitig zu unterbrechen.

> Die Schnittfläche von ungegarten, hellen Gemüsen verfärben sich unter Einwirkung von Luftsauerstoff. Besonders empfindlich sind Artischocken und Sellerie. Um dem entgegenzuwirken, legt man die Gemüse bis zum Garen in Wasser, das mit Essig oder Zitronensaft gesäuert ist.

Anmachen – Marinieren

Salate aus gegarten Gemüsen sind im Voraus anzumachen, damit die Marinade einziehen kann. Kräuter, die in Säure rasch ihre schöne grüne Farbe verlieren, gibt man erst kurz vor dem Anrichten bei.

In der Regel sollte nur der jeweilige Tagesbedarf an Salaten mariniert werden.

Die abgetropften Gemüse werden mit der vorgesehenen Salatsauce in einer Salatschüssel gemischt.

Bis zum Anrichten legt man die Salate in flache Gefäße, deckt sie mit Folie zu und hält sie kühl.

Wird mit pikanter Mayonnaise oder Salatmayonnaise angemacht, ist das abgetropfte Gemüse zunächst flach auf einem Tuch oder Küchenkrepp trockenzulegen. Noch anhaftende Feuchtigkeit würde die Mayonnaise zu dünnfließend machen und den Geschmack des Salates beeinträchtigen.

Abb. 1 Salathygiene –
Anrichten mit Handschuh

Abb. 2 Salat von geräucherten Forellen

Abb. 3 Pilzsülze mit rotem
Chicorée, Frisee,
Kirschtomaten und
Walnussdressing

Abb. 4 Feldsalat mit Kartoffeldressing
und Radieschensprossen

3.4 Anrichten von Salaten

🇬🇧 presentation of salads 🇫🇷 présentation (w) des salades

Alle Salatteile sollen mundgerecht zerkleinert sein, weil man zum Verzehren nur eine Gabel benutzt. Die Salate sind locker und appetitlich anzurichten.

Geschmacksvariationen ergeben sich durch die Gemüsesorten und die unterschiedlichen Saucen sowie Ergänzungen, z. B. Kräuter oder Nüsse, mit denen die Salate fertiggestellt werden.

Die Farben frischer Salate üben eine appetitanregende Wirkung aus, deshalb ist beim Zusammenstellen und beim Anrichten der Salate auf wechselnde Farben zu achten. Aufgestreute Kräuter unterstützen manchmal das Farbenspiel.

Flache Schalen oder Platten aus Glas, aber auch kleine tiefe Teller oder Dessertteller sind zum Anrichten besonders vorteilhaft, weil sie Frische, Farbe und Form der Salate am wirkungsvollsten betonen.

Einfache Salate 🇬🇧 simple salads 🇫🇷 salades (w) simples

Blattsalat oder Gemüse als einzelner Salat, z. B. Kopfsalat, Tomatensalat, Krautsalat, Gurkensalat, Bohnensalat oder Chicoréesalat.

Es ist zwischen den folgenden Möglichkeiten des Anrichtens zu unterscheiden:

Gemischte Salate

🇬🇧 mixed salads 🇫🇷 salades (w) mêlées

Blattsalate und Gemüse werden miteinander vermischt, z. B. Kopf-Tomaten-Kresse-Salat oder Feld-Sellerie-Rote Rüben-Salat.

Salatkomposition

🇬🇧 assorted salad 🇫🇷 salades (w) assorties

Blattsalate und Gemüse sortiert nebeneinander anrichten, z. B. Chicorée-, Radieschen-, Gurken- und Eissalat oder Kopf-, Spargel-, Brokkoli- und Tomatensalat. Farbenspiel beachten.

Glasteller ———

Porzellanteller als Untersatz ———

3.5 Kartoffelsalate

🇬🇧 potato salads 🇫🇷 salades (w) de pommes de terre

Zu einem guten Kartoffelsalat sind Kartoffeln zu wählen, die nicht zerfallen. Geeignete Sorten sind „Hansa" und „Sieglinde", beide sind mild bis kräftig im Geschmack, **festkochend** und darum formhaltend.

Zubereitungsbeispiele

Kartoffelsalat 🇬🇧 potato salad 🇫🇷 salade (w) de pommes de terre

Zutaten für 10 Portionen		
1	kg	Salatkartoffeln
100	g	feine Zwiebelwürfel
60	g	Öl
0,2	l	Fleischbrühe
4–6	EL	Essig
1	Msp.	hellen Senf
		Salz, Pfeffer
		Salatblätter zum Garnieren
1	EL	gehackte Kräuter

- Gewaschene Kartoffeln mit der Schale kochen,
- abgießen und zum Ausdampfen flach ausbreiten.
- Die noch warmen Kartoffeln schälen und in feine Scheiben schneiden.
- Fleischbrühe zusammen mit Zwiebeln und Essig aufkochen,
- Salz, Pfeffer und Senf beigeben, abschmecken,
- Öl dazurühren und die heiße Marinade über die Kartoffelscheiben gießen.
- Kartoffelsalat behutsam schwenken, bis er leicht gebunden ist.
- Beim Anrichten Kartoffelsalat mit Salatblättern einfassen und mit Kräutern bestreuen.

Abb. 1 Kartoffelsalat mit Mayonnaise

Kartoffelsalat mit Mayonnaise

Kartoffelsalat mit halber Brühen- und Ölmenge herstellen, würzig abgeschmeckte Mayonnaise unterziehen. Beim Anrichten Salat mit Radieschenscheiben einfassen und geschnittenen Schnittlauch aufstreuen.

Kartoffelsalate können geschmacklich variiert werden.

Kartoffelsalat mit Löwenzahn und Speck

Anstelle von Öl: 100 g Bauchspeckstreifen knusprig braten. Diese mit dem ausgetretenen Fett dem Kartoffelsalat beimischen, dazu 2 EL kurzgeschnittenen, leicht angemachten Löwenzahn.

Dieser Salat ist zum alsbaldigen direkten Verzehr bestimmt; noch lauwarm schmeckt er am feinsten.

Abb. 3 Kartoffelsalat als Sockel mit marinierten Sardellen

Abb. 2 Kartoffelsalat mit Löwenzahn und Speck

3.6 Salatbüfett

🇬🇧 salad bar 🇫🇷 buffet (m) à salades

In vielen Betrieben wird heute den Gästen Salat in Form eines Salatbüfetts angeboten. Ein nach Möglichkeit gekühltes Büfettmöbel steht an gut sichtbarer und leicht erreichbarer Stelle im Restaurant und lädt die Gäste zur Selbstbedienung ein.

Aufbau

Ein Salatbüfett sollte möglichst viel von der ganzen Palette der im Buch vorausgehend beschriebenen Salate anbieten, also sowohl viele Blatt- und Rohkostsalate mit extra bereitgestellten Dressings als auch bereits angemachte Gemüsesalate oder Salatkompositionen aus verschiedenen Zutaten wie Gemüse, Früchte, Fisch, Eier, Frischkäse und gegartem Fleisch.

Abb. 1 Salatbüfett

Abrechnung

Salate am Büfett können abgerechnet werden:
- Durch Verwendung verschiedener Teller- oder Glasschalengrößen,
- durch Wiegen der Salatmenge,
- über einen Pauschbetrag,
- ohne getrennte Abrechnung, wenn der Salat bereits im Gericht einkalkuliert ist.

Worte, die verkaufen helfen

- frisch
- knackig
- gesund
- energiearm
- wirkstoffreich
- hohe Nährstoffdichte
- appetitanregend
- herbwürzig
- ein Stück Natur
- ursprünglich
- unverfälscht
- kühlend im Sommer
- sehr bekömmlich
- marktfrische Ware
- vitaminschonend zubereitet
- leicht, nicht belastend
- erfrischend durch den Gehalt an angenehmen Bitterstoffen

Aufgaben

1. Nennen Sie Salate, die aus pflanzlichen Produkten hergestellt werden.

2. Unter welchen Voraussetzungen kann ein Salat als „vollwertig" bezeichnet werden?

3. Erklären Sie bei Salatsaucen die Bedeutung der Zutatengruppen:
   a) Öle, Rahm, Sahne oder Mayonnaise   b) Essig, Zitronen- oder Orangensaft, Joghurt oder Sauerrahm.

4. Welche Gemüse eignen sich für die Zubereitung von Rohkostsalat?

5. Welche Geschirrteile können zum Anrichten von Salaten verwendet werden?

6. Nennen Sie fünf verschiedene Salatsaucen und notieren Sie deren Zutaten.

7. Nennen Sie fünf Gemüse, die vor der Verarbeitung zu Salat gegart werden müssen.

8. Was versteht man unter „Dressing"?

9. Erstellen Sie eine Checkliste für die Bestückung und Kontrolle eines Salatbüfetts.

10. Welche Vorteile bringt ein Salatbüfett für
    a) den Gastronomiebetrieb   b) die Gäste?

11. Welche Abrechnungsverfahren können beim Salatbüfett angewandt werden?

4 Beilagen

🇬🇧 side dishes 🇫🇷 garnitures (w)

Zu einem kompletten Gericht gehören neben Fleisch- oder Fischspeisen, Gemüsen oder Salaten auch stärkehaltige Beilagen. Wegen ihres hohen Stärkegehalts schmecken diese Beilagen neutral und eignen sich deshalb gut als Ergänzung. Der **Sättigungswert** beruht auf dem hohen Stärkegehalt. Die Grundlage für Beilagen dieser Art bilden Kartoffeln und Getreideerzeugnisse.

4.1 Kartoffeln

🇬🇧 potatoes 🇫🇷 pommes (w) de terre

Kartoffeln sind ein wesentlicher Bestandteil der Speisenzusammenstellungen, sie sind im Geschmack neutral und
- erlauben vielfältige Zubereitungsarten,
- harmonieren je nach Art mit den unterschiedlichsten Zubereitungen,
- enthalten Nähr- und Wirkstoffe in einem ausgewogenen Verhältnis.

Übersicht über Kartoffelzubereitungen (Beispiele auf den folgenden Seiten)

Die vielfältigen Kartoffelzubereitungen werden überschaubar, wenn man sie nach den Arten der Vorbereitung und Fertigstellung unterscheidet.

Diese Denkweise hilft, dem Bekannten das Neue zuzuordnen, und erleichtert so den Überblick.

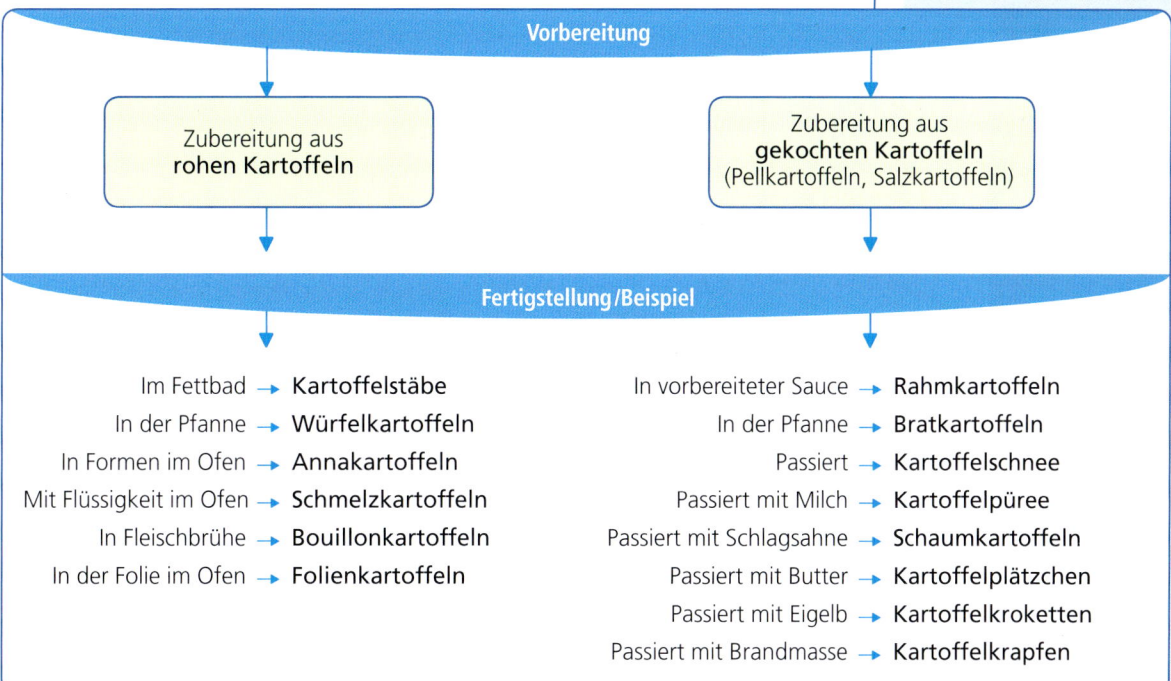

Abb. 1 Kartoffelsorten

1 Grata
2 Sieglinde
3 Rosella
4 Clivia
5 Erstling
6 Bamberger Hörnchen

Vorbereitung

Zubereitung aus **rohen Kartoffeln**

Zubereitung aus **gekochten Kartoffeln** (Pellkartoffeln, Salzkartoffeln)

Fertigstellung/Beispiel

Im Fettbad → **Kartoffelstäbe**
In der Pfanne → **Würfelkartoffeln**
In Formen im Ofen → **Annakartoffeln**
Mit Flüssigkeit im Ofen → **Schmelzkartoffeln**
In Fleischbrühe → **Bouillonkartoffeln**
In der Folie im Ofen → **Folienkartoffeln**

In vorbereiteter Sauce → **Rahmkartoffeln**
In der Pfanne → **Bratkartoffeln**
Passiert → **Kartoffelschnee**
Passiert mit Milch → **Kartoffelpüree**
Passiert mit Schlagsahne → **Schaumkartoffeln**
Passiert mit Butter → **Kartoffelplätzchen**
Passiert mit Eigelb → **Kartoffelkroketten**
Passiert mit Brandmasse → **Kartoffelkrapfen**

Abb. 1 Kartoffelnester

Zubereitungen aus rohen Kartoffeln

Für Kartoffeln, die zugeschnitten werden, verwendet man aus wirtschaftlichen Gründen große Knollen, denn bei diesen entsteht in der Regel weniger Schälverlust. Da sich geschälte wie auch geschnittene rohe Kartoffeln unter Einwirkung von Luftsauerstoff verfärben, bewahrt man sie kurzfristig bis zur Weiterverwendung in stehendem, kaltem Wasser auf. Durch das Schneiden der Kartoffeln werden Zellen zerstört und an den Oberflächen haftet ausgetretene Stärke.

Beim Frittieren würde dies zu einer ungleichmäßigen Bräunung führen, deshalb müssen die geschnittenen Kartoffeln zunächst gewaschen werden.

In Fett gebacken

Kartoffeln, die in der Fritteuse gebacken werden, müssen abtropfen und sorgfältig abgetrocknet werden.

> **Blond statt braun! Vergolden statt verkohlen! Frittiertes nicht über dem Fettbad salzen!**

Die anhaftende Flüssigkeit bringt sonst das Fett zum Schäumen, führt zur Gefahr von Verbrennungen und begünstigt den Fettverderb. Um die **Acrylamidbildung** gering zu halten, soll die Fetttemperatur **nicht** über 170 °C steigen.

Dünner geschnittene Arten

Diese werden in einem Arbeitsgang bei 170 °C mittelbraun frittiert.

Danach werden die Kartoffeln aus dem Fett genommen, abgeschüttelt und neben der Fritteuse sofort gewürzt, damit das Salz haften bleibt.

Bis zum Servieren hält man sie in einem flachen, offenen Geschirr warm.

Strohkartoffeln   straw potatoes   pommes (w) paille

1 mm starke Streifchen, 5 bis 6 cm lang geschnitten. Aus diesen Schnittarten fertigt man mit Hilfe eines Doppelsiebes Kartoffelnester (siehe Abb. 1).

Abb. 2 Strohkartoffeln

Streichholzkartoffeln   allumettes potatoes   pommes (w) allumettes

In Streichholzgröße geschnitten.

Abb. 3 Streichholzkartoffeln

Waffelkartoffeln   waffles potatoes   pommes (w) gaufrettes

Rund beschnittene Kartoffeln, mit Spezialhobel Mandoline und entsprechender Messereinstellung in geriefte Scheiben geschnitten. Nach jedem Schnitt Kartoffel um 90° drehen, dadurch entsteht ein Waffelmuster.

Kartoffelchips   chips potatoes   pommes (w) chips

Aus gleichmäßigen, rohen Kartoffelwalzen 1 mm dünn geschnittene Scheiben.

Abb. 4 Waffelkartoffeln

Abb. 5 Kartoffelchips

Dicker geschnittene Arten

Diese werden zunächst bei etwa 130 °C vorgebacken (blanchiert). Dabei garen sie ohne Farbe anzunehmen. Auf Abruf bäckt man sie dann portionsweise bei etwa 170 °C mittelbraun und knusprig. Das Innere bleibt dabei weich.

Nachdem das Fett abgetropft ist, werden sie unter schüttelnder Bewegung gesalzen und angerichtet.

> ● Gebackene Kartoffeln darf man nicht abdecken, da sonst die Kruste aufweicht.

Pommes frites

🇬🇧 french fried potatoes 🇫🇷 pommes (w) frites

1 cm dicke und 5 bis 6 cm lange Kartoffelstäbe.

Abb. 1 Pommes frites

Gebackene Kartoffelstäbe

🇬🇧 Pont-Neuf potatoes 🇫🇷 pommes (w) Pont-Neuf

1,5 cm dicke und 5 bis 6 cm lange Kartoffelstäbe.

Abb. 2 Gebackene Kartoffelstäbe

In der Pfanne gebraten

Zugeschnittene oder ausgebohrte Kartoffeln werden blanchiert, gut abgetrocknet und dann in der Pfanne in geklärter Butter angebraten.

Danach werden sie gewürzt und im Ofen zu goldgelber Farbe fertiggebraten. Dabei werden sie öfters geschwenkt.

Würfelkartoffeln

🇬🇧 sauted potato cubes 🇫🇷 pommes (w) carrées

Kartoffeln in Würfel mit 1 cm Seitenlänge schneiden.

Abb. 3 Würfelkartoffeln

Schlosskartoffeln

🇬🇧 château potatoes 🇫🇷 pommes (w) château

Halbmondähnliche Form von 5 cm Länge mit stumpfen Enden tournieren. Eventuell noch mit Petersilie bestreuen.

Abb. 4 Schlosskartoffeln

Olivenkartoffeln

🇬🇧 olive potatoes 🇫🇷 pommes (w) olives

1,5 Mit einem ovalen Kartoffellöffel olivenförmig ausgebohrte Kartoffeln.

Abb. 5 Olivenkartoffeln

Nusskartoffeln

🇬🇧 noisette potatoes 🇫🇷 pommes (w) noisettes

Mit einem Kartoffellöffel ausgebohrte Kartoffelkugeln

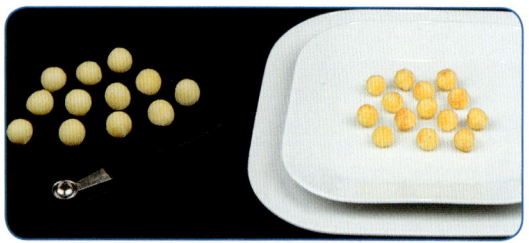

Abb. 1 Nusskartoffeln

Pariser Kartoffeln

🇬🇧 parisienne potatoes 🇫🇷 pommes (w) parisiennes

Mit einem großen Kugelausbohrer ausgeformte Kartoffeln, größer als Nusskartoffeln

Abb. 2 Pariser Kartoffeln

In Formen im Ofen gebacken

Annakartoffeln 🇬🇧 Anna potatoes 🇫🇷 pommes (w) Anna

Von kleinen Kartoffeln 1 bis 2 mm dünne Scheiben schneiden und würzen. Eine dickwandige Metallform mit geklärter Butter ausfetten und mit den schönen Kartoffelscheiben rosettenartig auskleiden. Die anderen ungeordnet in den freien Mittelraum füllen und fest eindrücken. Butter darüberträufeln und im Ofen goldbraun backen. Garzustand durch Anstechen feststellen.

Abb. 3 Annakartoffeln

Bäckerinkartoffeln 🇬🇧 potatoes baker's style 🇫🇷 pommes (w) boulangère

Früher wurden rohe Kartoffelscheiben und Zwiebelstreifen dem Lammbraten nach der halben Garzeit zugegeben und in der entstandenen Jus mitgegart. Um die fertigen Kartoffeln schöner anrichten zu können, werden sie heute wie die Savoyardkartoffeln (Siehe nächste Seite) in Porzellanbackformen eingeschichtet, gewürzt, mit Zwiebelstreifen bestreut, mit Lammjus untergossen und im Ofen gegart.

In Flüssigkeit gegart

Schmelzkartoffeln 🇬🇧 fondant potatoes 🇫🇷 pommes (w) fondantes

Länglich in Pflaumengröße tournierte Kartoffeln in ausgebutterte Randbleche oder feuerfeste Formen einsetzen, mit Brühe untergießen und im Ofen unbedeckt garen. Währenddessen mehrfach mit der Brühe überpinseln und goldbraun werden lassen. Vor dem Anrichten mit Butter bestreichen.

Abb. 4 Schmelzkartoffeln

Bouillonkartoffeln 🇬🇧 bouillon potatoes 🇫🇷 pommes (w) au bouillon

Feinwürfelige Brunoise von Zwiebeln und Gemüse (Sellerie, Karotte, Lauch) in Butter anschwitzen, blanchierte Kartoffelwürfel mit 2 cm Seitenlänge dazugeben, mit Fleischbrühe knapp bedecken, Salz und Pfeffer dazugeben und garen. Auf die angerichteten Kartoffeln Petersilie streuen.
Beim Blanchieren verkleistert die Stärke in den Randschichten; die Kartoffelwürfel behalten besser die Form.

Abb. 5 Bouillonkartoffeln

Savoyardkartoffeln 🇬🇧 savoyarde potatoes 🇫🇷 pommes (w) savoyardes

Längshalbierte Kartoffeln in 2 mm dicke Scheiben schneiden, in ein mit
Butter bestrichenes und mit feingehackten Schalotten ausgestreutes Geschirr
flach einsetzen, mit Brühe untergießen und im Ofen unbedeckt garen. Vor
Beendigung der Garzeit mit geriebenem Parmesan bestreuen, mit Butter beträufeln und die Oberfläche bräunen lassen. Savoyardkartoffeln müssen saftig bleiben.

Abb. 1 Savoyardkartoffeln

Kartoffelgratin 🇬🇧 gratinated potatoes 🇫🇷 gratin (m) dauphinois

Kartoffeln in 2 mm dünne Scheiben schneiden und in eine mit einer Knoblauchzehe ausgeriebene und gebutterte backfeste Form geben. Sahne mit
Parmesan oder einem anderen Reibkäse vermischen, mit Salz und Pfeffer
würzen und über die Kartoffeln gießen, Butterflocken daraufgeben und im
200 °C heißen Ofen ca. 25 Min. goldbraun backen.

Folienkartoffeln 🇬🇧 baked potatoes 🇫🇷 pommes (w) de papier d'aluminium

Große, mehlige Kartoffelsorte gründlich waschen, eventuell bürsten und
dann in eine Aluminiumfolie wickeln und im heißen Rohr bei ca. 180 °C backen. Je nach Größe und Wassergehalt der Kartoffel ist die Garzeit unterschiedlich. Vor dem Servieren wird die Kartoffel in der Folie längs einge-
schnitten und leicht eingedrückt, so dass sie sich öffnet. Gewürzt wird mit
Salz und Pfeffer, Kräuterbutter oder Bärlauch-Pesto oder Sauerrahm, Tzaziki,
Crème fraîche oder Joghurtquark. Die Kartoffel wird mit einem Kartoffellöffel
serviert. Spezielle Beigaben sind gerösteter Speck mit Zwiebeln, frisch gehackte Küchenkräuter oder Kaviar.

Abb. 2 Folienkartoffeln

Zubereitungen von gekochten Kartoffeln

Pellkartoffeln 🇬🇧 jacket potatoes 🇫🇷 pommes (w) en robe des champs

Für die Zubereitung von Pellkartoffeln verwendet man mittelgroße Kartoffeln.
Sie werden gewaschen, mit Wasser oder im Dämpfer zugesetzt und in der
Schale gegart. Die Garzeit beträgt vom Aufkochen an gerechnet 20–30 Min.
Danach werden sie abgegossen und zum Auskühlen auf ein flaches Blech
geschüttet. Man schält sie, wenn sie noch warm sind. So lässt sich die Schale
am leichtesten entfernen.

Werden die Kartoffeln im
Wasser gegart, gibt man
dem Wasser Salz und nach
Belieben Kümmel bei.

Salzkartoffeln 🇬🇧 boiled potatoes 🇫🇷 pommes (w) natures

Salzkartoffeln sind geschälte, gleichmäßig – meist zu länglicher
Form – zugeschnittene (tournierte) Kartoffeln. Die gekochten
Kartoffeln reicht man unverändert, bisweilen auch mit zerlassener
Butter bestrichen oder mit gehackten Kräutern bestreut.

Abb. 3 Salzkartoffeln

Neue Kartoffeln, Bamberger Hörnchen oder Frühkartoffeln

🇬🇧 early potatoes 🇫🇷 pommes (w) primeur

Diese Kartoffeln, auch Frühkartoffeln genannt sowie die Sorte Bamberger
Hörnchen, werden wie Pellkartoffeln zubereitet und vor allem zu frischen
Spargelgerichten und zu feinem Fisch gereicht.

In vorbereiteter Sauce fertiggestellt

In Scheiben oder Würfel geschnittene Pellkartoffeln werden in die vorbereitete Sauce eingeschwenkt und abgeschmeckt. Sie können mit Käse bestreut und überkrustet werden.

Rahmkartoffeln 🇬🇧 cream potatoes 🇫🇷 pommes (w) à la crème

In Scheiben oder Würfel schneiden, mit Rahm aufkochen und binden.

Saure Kartoffeln 🇬🇧 sour potatoes 🇫🇷 pommes (w) à l'aigre

Mehl mit feingeschnittenen Zwiebeln in Fett hellbraun schwitzen, mit Fleischbrühe auffüllen, mit Weinessig, Salz, Pfeffer und einer Prise Zucker abschmecken. Nelke und Lorbeerblatt beifügen und 15 Min. kochen. In die passierte Sauce nun die gegarten Kartoffelscheiben einschwenken.

Man erzielt bei gebratenen Kartoffeln eine Geschmacksverfeinerung, wenn zu Anfang die Fettmenge so gering gehalten wird, dass man später noch einige frische Butterflöckchen zusetzen kann.

In der Pfanne gebraten

In Scheiben oder Würfel geschnittene oder geraffelte Pellkartoffeln werden in Butter gebraten. Es darf jedoch nur so viel Fett verwendet werden, dass die Menge bis zum Ende des Bratvorgangs von den Kartoffeln aufgenommen werden kann.

Bratkartoffeln 🇬🇧 home fried potatoes 🇫🇷 pommes (w) sautées

Kartoffelscheiben von 3 mm Stärke salzen, pfeffern und braun braten.

Lyoner Kartoffeln 🇬🇧 Lyonnaise potatoes 🇫🇷 pommes (w) à la lyonnaise

Bratkartoffeln mit goldgelb gebratenen Zwiebelstreifen vermischen, mit gehackter Petersilie bestreuen.

Berner Rösti 🇬🇧 Swiss Roesti 🇫🇷 roesti (m) bernois

Abb. 1 Berner Rösti

Gekochte Kartoffeln werden geraffelt und mit Speckwürfeln und Zwiebelwürfeln in Butter oder etwas Schweineschmalz gebraten und leicht angedrückt. Der entstandene Fladen wird gewendet, nochmals gebraten und serviert.

Neue Kartoffeln oder Frühkartoffeln sind stärkearm. Aus diesem Grunde eignen sie sich nicht für Kartoffelteige.

Passierte Kartoffeln

Die geschälten, in Stücke geteilten Kartoffeln werden in Salzwasser gegart. Die Garzeit beträgt vom Aufkochen an 20 Min. Danach werden sie abgeschüttet und zum **Abdämpfen auf den Herd zurückgestellt oder in ein heißes Bratrohr gegeben.** Dies verringert den Wassergehalt und ergibt später eine kompaktere Masse. Die trockenen heißen Kartoffeln werden dann weiterverarbeitet.

Kartoffelschnee 🇬🇧 potato snow 🇫🇷 pommes (w) de terre à la neige

Die heißen Kartoffeln werden durch eine Presse direkt auf das Anrichtegeschirr gedrückt, leicht mit Salz und Muskat gewürzt und mit Butterflöckchen belegt. Mit frisch gehackten Küchenkräutern bestreut, erhalten sie eine besondere geschmackliche Note.

Abb. 2 Kartoffelschnee

Passierte Kartoffeln mit Milch und Sahne

Kartoffelpüree 🇬🇧 mashed potatoes 🇫🇷 purée (w) de pommes de terre

Die heißen Kartoffeln durch die Presse passieren, mit Muskat und Butterflocken zusammenrühren, damit sich die locker liegenden Kartoffelkrümelchen verbinden können. Dann nach und nach kochend heiße Milch einrühren, bis das Püree die gewünschte Konsistenz erreicht hat. Das fertige Püree umfüllen und abgedeckt bereit halten.

Kartoffelpüree mit Sahne 🇬🇧 mousseline potatoes 🇫🇷 pommes mousselines

Zubereiten wie Püree, doch anstelle von Milch Sahne verwenden. Das Püree zunächst fester halten und kurz vor dem Anrichten einen Teil geschlagene Sahne locker unterziehen.

Kartoffelpüree kann variiert bzw. verfeinert werden durch Zugabe von frisch gehackten Kräutern oder gerösteten Speck- und Zwiebel-Würfeln.

Abb. 1 Kartoffelpüree mit Bärlauchpesto

Passierte Kartoffeln mit Butter

Kartoffelplätzchen 🇬🇧 Macaire potatoes 🇫🇷 pommes (w) Macaire

Butterstückchen, geriebene Muskatnuss und, falls erforderlich, etwas Salz rasch unter passierte, heiße Kartoffeln rühren. Masse auf bemehlter Fläche zu Walzen mit 4 cm Durchmesser formen. Etwa 1,5 cm dicke Scheiben abschneiden und in gefetteter Pfanne beidseitig goldgelbe Farbe nehmen lassen. Steht zu viel Fett in der Pfanne, zerfallen die Kartoffelscheiben.

Abwandlungen: angebratene Speck-, Zwiebelwürfelchen und Petersilie oder angeschwitzte Würfelchen von gekochtem Schinken und geschnittenem Schnittlauch der Kartoffelmasse beigeben.

Abb. 2 Kartoffelplätzchen

● Wichtig: Vor dem Aufarbeiten der ganzen Masse eine Probe im Fett ausbacken.

Passierte Kartoffeln mit Eigelb – Krokettenmasse (Eigelb gibt Bindung)

Unter 250 g heiße, passierte Kartoffeln 1 Eigelb, eine Prise Salz, geriebene Muskatnuss und evtl. Butterflocken mischen.

Kartoffelkroketten

🇬🇧 croquette potatoes 🇫🇷 croquettes (w) de pommes (w) de terre

Kartoffelmasse zu Walzen mit 1,5 cm ø und 4 cm Länge formen. Panieren mit Mehl, Ei und Panierbrot. Backen im Fettbad bei 160 bis 170 °C ca. 1,5 Min.

Abb. 3 Kartoffelkroketten

Birnenkartoffeln 🇬🇧 William potatoes 🇫🇷 pommes (w) William

Krokettenmasse zur Birne formen, panieren, mit Nelke und Petersilienstiel ausgarnieren und frittieren.

Herzoginkartoffeln 🇬🇧 duchess potatoes 🇫🇷 pommes (w) duchesse

Kartoffelmasse mit Dressierbeutel und Sterntülle auf ein gefettetes Blech oder Backtrennpapier formen, mit Eigelb bestreichen und im Ofen goldgelb backen.

Abb. 4 Herzoginkartoffeln

Abb. 1 Mandelkrusteln

Mandelkrusteln

🇬🇧 almond potatoes 🇫🇷 pommes (w) croquettes aux amandes

Gehackte oder gehobelte, geröstete Mandeln unter die Kartoffelmasse mengen. Kugeln mit 2 cm ø formen. Panieren mit Mehl, Ei und gehobelten Mandeln. Im Fettbad bei 160 bis 170 °C ca. 1,5 Min. backen.

Für **Kokosbällchen** verwendet man statt gehobelter Mandeln Kokosraspeln.

Bernykartoffeln

🇬🇧 Berny potatoes 🇫🇷 pommes (w) Berny

Gehackte Trüffeln unter Kartoffelmasse mengen. Panieren und backen wie Mandelkrusteln.

Passierte Kartoffeln mit Brandmasse (Brandmasse gibt Bindung)

Kartoffelmasse mit Brandteig

Zutaten für 10 Personen		
200	g	Wasser
30	g	Butter
100	g	Mehl
2		Eier
1000	g	passierte gekochte Kartoffeln
		Salz, Muskatnuss

- Wasser mit Butter und Salz aufkochen.
- Mehl auf einmal beigeben und unter Rühren erhitzen, bis sich die Masse vom Boden löst.
- In kaltes Geschirr geben, Eier und passierte Kartoffeln einarbeiten.

Wichtig: Vor dem Aufarbeiten der ganzen Masse eine Probe backen.

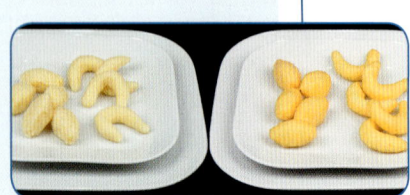

Abb. 2 Kartoffelkrapfen / Lorettekartoffeln

Kartoffelkrapfen / Thronfolgerkartoffeln

🇬🇧 dauphine potatoes 🇫🇷 pommes (w) dauphine

Obige Kartoffelmasse mit Esslöffel zu Klößchen formen. Auf Backpapier absetzen. Papier mit Klößchen in Fettbad mit 160 bis 170 °C tauchen. Papier entfernen und ca. 1,5 Min. backen.

Lorettekartoffeln

🇬🇧 Lorette potatoes 🇫🇷 pommes (w) Lorette

Unter obige Kartoffelmasse 60 g geriebenen Parmesan mengen. In Beutel mit glatter Tülle (ø 1 cm) füllen.

Lange zylinderförmige Streifen auf bemehlte Unterlage spritzen; 5-cm-Stücke schräg abschneiden, zu Halbbogen formen und auf Backpapier legen.

Backen wie bei Krapfen beschrieben (s. obige Abb. 2).

Kartoffelstrauben

🇬🇧 potato rosettes 🇫🇷 rosettes (w) de pommes de terre

Die Dauphinemasse ringförmig in zwei Lagen auf ein gefettetes Papier oder Backpapierstück spritzen und im Fettbad backen. Da die Ringe aufgehen und Höhe gewinnen, müssen sie nach einigen Minuten gewendet werden.

Abb. 3 Kartoffelstrauben

Vorgefertigte Kartoffelprodukte – Convenience

Die Industrie stellt aus Kartoffeln eine Reihe vorgefertigter Produkte her. Für die Gastronomie hauptsächlich Fertigpüree, gefrostete Pommes frites und Zubereitungen aus Kartoffelteig, wie z. B. Kroketten.

Pommes frites

Vorgebackene Pommes frites werden überwiegend tiefgekühlt angeboten. Man bäckt sie unaufgetaut bei etwa 170 °C bis sie die entsprechende Bräunung haben.

Bei aufgetauten Pommes frites ist die Oberfläche mit Kondenswasser beschlagen. Das führt zum Schäumen des Fettes und zu einem rascheren Verderb.

Von den gefrosteten Pommes frites dürfen nicht zu viele auf einmal in den Frittier-Korb gegeben werden, weil sonst die Fett-Temperatur zu stark absinkt.

Abb. 1 Pommes frites

Fertigpüree/Krokettenpulver

Die Kartoffeln werden gegart, püriert und getrocknet. Nach Art des Trocknens unterscheidet man Püreeflocken und Püreegranulat (Körnchen).

Püreeflocken sind empfindlich gegen starkes Rühren, weil dadurch Kartoffelzellen zerstört werden und durch die dann freiliegende Stärke das Püree zäh wird.

Bei der Verarbeitung von Püreeflocken werden diese in die gewürzte und erhitzte – aber nicht kochende – Flüssigkeit kurz eingerührt. Während der vorgeschriebenen Quellzeit darf nicht gerührt werden. Anschließend wird das Püree mit einem Schneebesen kurz aufgelockert.

● Bei vorgefertigten Produkten immer die Hinweise des Herstellers beachten.

Kartoffelmassen

Weitere Fertigprodukte aus dem Bereich der Kartoffeln sind Rohmassen für alle Arten von Kartoffelknödeln.

Des Weiteren bietet die Industrie Kartoffelpulver für Krokettenmassen an.

Tiefkühlprodukte

Im Tiefkühlbereich reicht die große Angebotspalette von fertigen Kroketten über Rösti bis zu Dauphinekartoffeln und Kartoffelpuffern.

Bei vegetarischer Kost verwendet man Kartoffelmasse gerne als Umhüllung oder Taschen für Gemüsefüllungen.

Gratinierte Rahmkartoffeln (Gratin dauphinois) werden in sehr guter Qualität passend zu Gastro-Norm-Einsätzen angeboten.

Kartoffelnudeln, auch als Schupfnudeln bezeichnet, werden ebenso wie Gnocchi oder Wedges angeboten.

Für Desserts und Süßspeisen werden Zwetschgen- und Aprikosenknödel, Gnocchi und Sächsische Quarkkeulchen angeboten.

Abb. 2 Schupfnudeln

4.2 Klöße

🇬🇧 dumplings 🇫🇷 quenelles (w) et noques (w)

In gewerblichen Küchen werden Klöße manchmal im Voraus hergestellt, abgekühlt und bereitgehalten. Vor dem Ausgeben legt man sie erneut in siedendes Salzwasser ein und belässt sie darin, bis die Wärme zur Mitte durchgedrungen ist.

Beim Anrichten bestreicht man sie gelegentlich mit Butter oder übergießt mit Butterbrösel.

Nocken bestreut man mit Käse und beträufelt sie mit Butter.

Abb. 1 Knödel / Klöße

Kloßmassen werden nach der Fertigstellung sofort gegart, weil die Masse sonst Feuchtigkeit zieht und weich wird.

Wichtig: Vor dem Aufarbeiten der ganzen Masse eine Probe kochen.

Kartoffelklöße – Zubereitung aus rohen Kartoffeln:

🇬🇧 potato dumplings 🇫🇷 quenelles (w) de pommes (w) de terre

Zutaten für 2,5 kg Masse (20 Portionen)

2	kg	rohe Kartoffeln
0,35	l	Milch
70	g	Butter
180	g	Gries
50	g	geröstete Semmelwürfelchen (Croûtons)
		Salz, Muskat

- Kartoffeln in ein Gefäß mit kaltem Wasser reiben.
- Reibsel in ein Tuch schütten, abtropfen lassen und fest ausdrücken.
- Wenn sich die Stärke abgesetzt hat, Wasser abgießen,
- die Stärke mit den Kartoffelreibseln mischen.
- Milch, etwas Salz und Butter aufkochen.
- Grieß einlaufen lassen und abrühren, bis sich ein Kloß gebildet hat.
- Gekochten Grieß heiß unter die ausgepressten Kartoffelreibseln arbeiten und den Teig würzen.
- Klöße in gewünschter Größe formen, dabei Semmelwürfelchen in die Mitte drücken.
- Klöße in kochendes Salzwasser einlegen. Das Kochgeschirr muss so groß sein, dass sie nebeneinander Platz haben.
- Rasch zum Kochen bringen und bei wenig geöffnetem Deckel 20 Min. sieden lassen.

Kartoffelklöße – Zubereitung aus gekochten Kartoffeln:

Zutaten für 2,5 kg Masse (20 Portionen)

2	kg	gekochte Kartoffeln
125	g	Mehl
125	g	Gries
5		Eier
50	g	Röstbrotwürfel
		Salz, Muskat

- Die Kartoffeln durchpressen, mit den anderen Zutaten vermischen.
- Klöße formen und in die Mitte Röstbrotwürfel einlegen.
- Rasch zum Kochen bringen und bei wenig geöffnetem Deckel 20 Min. sieden lassen.

Zubereitung aus rohen und gekochten Kartoffeln (Thüringer Klöße):

Zutaten für 2,5 kg Masse
(20 Portionen)

1,5	kg	rohe Kartoffeln
800	g	gekochte Kartoffeln
		Salz, Muskat, Petersilie
50	g	geröstete
		Weißbrotwürfel
evtl. 50	g	gebratene, magere
		Speckwürfel
evtl. 50	g	angeschwitzte
		Zwiebelwürfel

- Die rohen Kartoffeln bearbeiten wie für Klöße von rohen Kartoffeln (Seite 202).
- Die frisch gekochten, passierten Kartoffeln salzen, noch heiß zu einem Brei rühren und unter die rohe Kartoffelmasse mischen.
- Röstbrotwürfel / Croûtons in die portionierte Kloßmasse stecken, zu Klößen formen und in leicht kochendem Wasser garziehen lassen.

Abb. 1
Croûtons
in die
Mitte geben

Abb. 2
Gegarter
Knödel
geöffnet

Kartoffelnocken 🇬🇧 potato dumplings 🇫🇷 gnocchi (m) à la piémontaise

Das Wort Nocken ist eine im italienischen Sprachraum gebräuchliche Bezeichnung für Klöße. Während Klöße meist Kugelform haben, sind Nocken kleiner und meist längs-oval.

Zutaten für 2,5 kg Masse

2	kg	frisch gekochte
		Salzkartoffeln
400	g	Mehl
2		Eier
60	g	Butter
		Salz, Muskat

- Die frisch gekochten Salzkartoffeln passieren,
- in die heißen Kartoffeln Eier, Butter und Mehl einrühren,
- schnell aufarbeiten. Dazu
- Tischplatte mit Kartoffelmehl bestäuben,
- darauf die heiße Masse zu Walzen formen,
- diese in Scheiben schneiden und mit den Zinken einer Tischgabel markieren.
- Sofort in bereit stehendes kochendes Salzwasser einlegen,
- aufkochen lassen,
- mit einem Schaumlöffel zum Abkühlen in kaltes Wasser umsetzen.
- Auf einem Blech mit Tuch zum Wiedererwärmen auf Abruf bereit halten.

Kartoffelnudeln 🇬🇧 potato noodles 🇫🇷 nouilles (w) aux pommes (w) de terre

Zutaten für 10 Portionen

1	kg	Kartoffeln
		(mehlig kochend)
300	g	Mehl oder Stärke
60	g	Butter
150	g	Semmelbrösel
2		Eigelb
		Salz,
		Muskat

- Kartoffeln kochen, schälen,
- heiß durch die Kartoffelpresse drücken und etwas abkühlen lassen.
- Die Kartoffelmasse mit Mehl, Gewürzen und Eigelb rasch zu einem Teig kneten und diesen sofort aufarbeiten, da er sonst weich wird.
- Den Teig mit Mehl bestauben, zu einer Rolle formen,
- in kleine Stücke schneiden und diese
  - zu fingerlangen Nudeln formen. Dabei die Hand, die Nudeln und die Arbeitsplatte immer wieder mit etwas Mehl bestäuben.
  - Die Fingernudeln in siedendes Salzwasser legen,
  - etwa 5 Min. ziehen lassen, herausnehmen und abtropfen lassen.
  - Die Nudeln nun in geklärter, heißer Butter leicht abrösten, mit Brösel bestreuen und servieren.

Semmelknödel  bread dumplings ● quenelles (w) de pain

Zutaten für 2,5 kg	
1 kg	altbackene Semmeln oder Weißbrot
0,8–0,9 l	Milch
250 g	Zwiebelwürfel, angeschwitzt
100 g	Butter
7	Eier
	Petersilie, Salz, Muskat

- Semmeln oder Weißbrot in kleine Würfel schneiden.
- Davon 200 g in Butter hellbraun rösten und wieder den anderen Würfeln beigeben.
- In einer Schüssel mit der erwärmten Milch übergießen und 30 Min. zum Weichen beiseitestellen.
- Zerschlagene Eier und alle anderen Zutaten untermischen, würzen und 30 bis 45 Min. ruhen lassen.
- Aus der Masse Knödel in gewünschter Größe abdrehen,
- in sprudelnd kochendes Salzwasser einlegen und garen.

Vor dem Aufarbeiten der ganzen Masse einen kleinen **Probeknödel kochen**.

> Worte, die verkaufen helfen
> - locker-luftige Konsistenz
> - hausgemacht

Hefeklöße yeast dough dumplings ● quenelles (w) à la levure

Zutaten für 1,8 kg	
1 kg	Mehl
75 g	Hefe
10 g	Salz
125 g	Butter
0,4–0,5 l	Milch
1 TL	Zucker
2	Eier
2	Eigelb

- Milch anwärmen, Butter zerlaufen lassen, die anderen Zutaten temperieren.
- Mehl in eine Schüssel sieben.
- In der Mitte eine Mulde bilden,
- Hefe hinein hineinbröckeln, einen Teil der Milch und den Zucker zugeben und mit etwas Mehl einen leichten Vorteig rühren.
- Schüssel zugedeckt an einen warmen Ort stellen, damit der Vorteig genügend aufgehen (gären) kann.
- Danach übrige Zutaten beifügen, alles zu einem glatten Teig verarbeiten und ihn zugedeckt nochmals aufgehen lassen.
- Auf bemehlter Arbeitsfläche aus dem Teig Walzen formen,
- diese in gleich schwere Stücke von 50 g teilen.
- Mit bemehlten Händen runde Klöße formen,
- auf bemehltes Brett ablegen und zugedeckt warmstellen.
- Klöße in kochendes Salzwasser einlegen und
- zugedeckt etwa 25 bis 30 Min. sieden.
- Nach halber Garzeit Klöße umdrehen.
- Garzustand mit einem Hölzchen prüfen: Haftet kein Teig mehr, sind die Klöße gar.
- Klöße aus dem Wasser heben, dabei abtropfen lassen,
- anrichten, mit Butter bestreichen oder Butterbrösel darübergeben und sofort servieren.

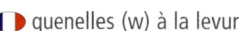

Serviettenknödel

 napkin dumplings  quenelles (w) en serviette

Aus beiden vorgenannten Grundmassen lassen sich Serviettenknödel herstellen. Beim Rezept „Semmelknödel" werden die Eier getrennt und das Eiweiß als steif geschlagener Schnee kurz vor dem Garen untergehoben.

Beim Rezept „Hefeklöße" arbeitet man unter den Teig fünf in Würfel geschnittene, in wenig Milch vorgeweichte Semmeln und 150 g Röstbrotwürfel.

Die weitere Verarbeitung ist bei beiden Grundmassen gleich:

- Statt Knödel formt man eine Walze oder einen Laib und legt diese auf ein bemehltes Passiertuch.
- Das Tuch schlägt man locker um die Walze oder um den Laib, da der Teig während des Garprozesses noch aufgehen soll. Mit einem Bindfaden die Enden zubinden.
- Den Serviettenknödel lässt man nun in einem entsprechend großen (länglich-ovalen) Gefäß in Salzwasser garziehen, wickelt ihn aus und schneidet ihn mit Hilfe eines Bindfadens in Scheiben.

Als Beilage zu:
Pilzragouts, Schmor- und Sauerbraten, Burgunderbraten, geschmortem Wildbraten, Gulasch und braunen Ragouts.

Abb. 1 Serviettenknödel garen u. schneiden

Grießnocken 🇬🇧 semolina dumplings 🇫🇷 gnocchi (m) à la romaine

Zutaten für 10 Portionen

0,5 l	Milch
100 g	Grieß
20 g	Butter
1	Ei
	Salz, Muskat

- Grieß in kochender Milch zu einem dicken Brei aufquellen lassen und
- mit Butter, Gewürzen und verrührtem Ei vermischen.
- Blech mit Backpapier auslegen, die Grießmasse darauf aufstreichen (ca. 1,5 cm dick),
- auskühlen lassen und mit Parmesan bestreuen.
- Grießnocken halbmondförmig ausstechen und überbacken.

Polenta 🇬🇧 polenta 🇫🇷 polenta (w)

Zutaten für 10 Portionen

50 g	Butter
250 g	grober Maisgrieß
0,6 l	Wasser
0,6 l	Milch
100 g	Zwiebelwürfel
100 g	Parmesan
	Salz, weißer Pfeffer

- Zwiebeln in Butter anschwitzen,
- mit Wasser und Milch aufgießen und aufkochen.
- Maisgrieß einlaufen lassen und ca. 5 Minuten unter ständigem Rühren kochen,
- danach bei geringster Temperaturzufuhr ca. 30 Minuten quellen lassen.
- Geriebenen Parmesan unterziehen und auf einem mit Klarsichtfolie belegten Blech nach gewünschter Dicke aufstreichen und auskühlen lassen, danach formen und braten.

Die Herstellung von Polenta

Abb. 2 Masse abgebunden

Abb. 3 Masse ausbreiten

Abb. 4 Form geben

Abb. 5 Polentateile braten

Pariser Nocken  Paris dumplings gnocchi (m) à la parisienne

Zutaten für 10 Portionen

0,4 l	Milch
60 g	Butter
100 g	Mehl
6	Eier
	Salz

- Brandmasse herstellen,
- mit Spritzbeutel und Lochtülle Nr. 8 haselnussgroße Nocken in siedendes Salzwasser abstechen, kurz garen.
- Auf Gratinplatte anrichten,
- mit Béchamelsauce nappieren, mit Parmesan bestreuen, Butterflocken auflegen und überkrusten.

4.3 Teigwaren pasta  pâtes (w) alimentaires

Teigwaren sind neben Kartoffeln und Reis eine wichtige Beilage, aber auch Hauptbestandteil vieler beliebter Gerichte.

Für die Eigenproduktion verwendet man neben Weizenmehlen auch fein gemahlene Vollkornmehle aus Roggen, Dinkel (mit Grünkern) oder Buchweizen. Industriell hergestellte Teigwaren werden meist aus Hartweizengrieß gefertigt.

Nudeln

Nudelteig  noodle dough pâte (w) de nouilles

Zutaten für 10 Portionen

1 kg	Mehl/Dunst
7	Eier
2 EL	Öl
100 ml	Wasser
8 g	Salz

- Mehl auf die Arbeitsfläche sieben,
- in der Mitte eine Mulde bilden und die aufgeschlagenen Eier zugeben.
- Alles zusammen zu einem glatten Teig kneten.
- Den Teig in 4 bis 6 Stücke teilen und gegen Austrocknen zugedeckt etwa 30 Min. ruhen lassen. Dadurch entspannt sich der Kleber im Mehl, und der feste Teig lässt sich später leichter ausrollen.

Formgebung

Bei manueller Weiterverarbeitung des Teiges wird dieser mit einem Rollholz zu der gewünschten Dicke ausgerollt und unter mehrmaligem Wenden angetrocknet. Danach wird der Teig in der gewünschten Breite geschnitten.Steht für die Nudelherstellung eine Maschine zur Verfügung, so übernimmt diese sowohl das Ausrollen als auch das Schneiden der Nudeln. Hierfür muss der Teig etwas fester sein.

Abb. 1 Teigbereitung

Abwandlungen:

Nudeln bekommen Farbe und eine zusätzliche Geschmacksnote durch:

- Tomatenpüree, Rote-Bete-Saft, Karottensaft, reduzierten Rotwein;
- Spinat- oder Mangoldpüree, feingehackte Küchenkräuter;
- Vollkornmehle, Buchweizenmehl, Steinpilzpulver;
- Sepiatinte.

Abb. 2 Formgebung

Trocknung

Nudeln können sofort nach dem Schneiden gegart werden. Will man sie auf Vorrat fertigen, muss man sie trocknen. Erst, wenn sie völlig trocken sind, werden sie staubfrei verpackt.

Garen

Teigwaren werden in viel sprudelndem Salzwasser gekocht. Gelegentliches Umrühren verhindert ein Zusammenkleben bzw. ein Ankleben der Teigwaren am Topfboden. Das schnelle Erhitzen lässt die Randschichten rasch verkleistern, wodurch sich die Schaum- und Schleimbildung verringert. Etwas Öl im Kochwasser verhindert ein Zusammenkleben.

Teigwaren sind gar, wenn sie beim Probieren noch einen leichten Biss haben, also „al dente" sind. Sie werden dann sofort abgeschüttet und meist auch noch in kaltem Wasser abgekühlt oder, falls sie gleich heiß weiterverwendet werden, mit heißem Wasser überspült. Die Garzeit liegt je nach Dicke zwischen 2 und 14 Min. Am kürzesten ist sie bei frisch hergestellten Produkten.

Vorrätighalten – Wiedererwärmen

Teigwaren werden auf Vorrat gekocht und bei Bedarf wieder erwärmt.

Die knapp gegarten, abgeschütteten Teigwaren werden mit kaltem Wasser überbraust und unter einer Folie aufbewahrt, um sie vor dem Austrocknen zu schützen. Bei Bedarf erhitzt man sie in kochendem Salzwasser, lässt sie im Durchschlag gut abtropfen und schüttet sie in ein Gefäß. Mit einer Gabel werden Butterflocken untergezogen. Dabei legt sich die Butter um die Teigwaren und verleiht ihnen einen feinen Schmelz.

Gefüllte Teigwaren

Darunter versteht man alle Täschchen, Päckchen und Halbmonde, die mit verschiedenen Füllmassen gefüllt, dann gegart und mit entsprechenden Saucen serviert werden. Durch unterschiedliche Füllungen aus Käse, Gemüse, Fisch, Krustentieren, Wild, Pilzen, Schlachtfleisch usw. erhalten die Teigtaschen ihre besondere, geschmackliche Note. Die bekannten Produkte sind neben den Ravioli rund ausgestochene Tortellini. Für die Herstellung von Ravioli kann man auch eine Ravioli-Form verwenden oder ausgerüstete Nudelmaschinen. Bekannt sind die Schlutzkrapfen und die Maultaschen.

Abb. 1 Trocknung

Abb. 2 Füllung zwischen Teigplatten

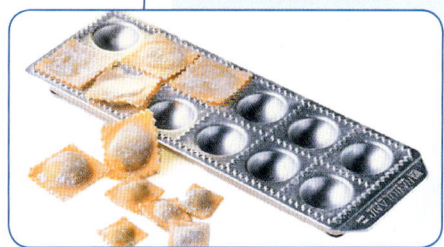

Abb. 3 Ravioli mit Form herstellen

Ravioli mit Ricotta und Spinat   Nudelteig von 500 g Mehl von vorheriger Seite

Zutaten für die Füllung

400 g	junger Spinat
300 g	Ricotta
150 g	geriebener Parmesan
2	Eigelb
	Eiweiß zum Bestreichen
	Salz, Pfeffer, Muskat

- Spinat kurz blanchieren, in Eiswasser abschrecken, abtropfen lassen, dann gut auspressen und hacken, mit den restlichen Zutaten vermischen.
- Teigplatten ausrollen, Füllung in ausreichendem Abstand aufteilen, dazwischen mit Eiweiß bestreichen und mit zweiter Teigplatte bedecken.
- Obere Teigplatte um die Füllungserhebungen andrücken und mit Messer oder Teigrädchen schneiden.

Tortellini

Lammfleisch-Füllung

300 g	gewolftes Lammfleisch
100 g	Zwiebelwürfel
2 EL	Olivenöl
50 g	Karottenwürfel
50 g	Selleriewürfel
1	Ei
2 EL	Paniermehl
	Salz, Pfeffer, Rosmarin, Thymian

- Je kleiner die Nudelart, desto feiner muss auch die Füllung verarbeitet sein.
- Ausgestochene Teigscheiben werden mit feiner Füllung belegt, mit Ei bestrichen,
- halbmondförmig zusammengeklappt,
- die beiden Enden nochmals bestrichen und um den Finger ringförmig zusammengedrückt.

Abb. 1 Formen von Tortellini

Drei Herstellungsformen für Spätzle

Abb. 2 Die Spätzle werden vom Brett geschabt

Abb. 3 Oder man presst die Spätzle durch die Presse

Abb. 4 Hier wird Spätzleteig zu Knöpfle gehobelt

Spätzle

Spätzle 🇬🇧 Swabian spaetzle 🇫🇷 spaetzli (m)

Zutaten für 10 Portionen

1 kg	Mehl
20 g	Salz, Muskatnuss
etwa 0,2 l	Wasser oder Milch
12	Eier

- Das gesiebte Mehl mit den restlichen Zutaten zu einem sehr glatten Teig schlagen, bis er Blasen bildet.
- Die Spätzle durch Schaben (Abb. 2), Pressen (Abb. 3) oder durch Hobeln (Abb. 4) formen.
- Beim Schaben der Spätzle den Teig in kleinen Mengen auf das angefeuchtete Spätzlebrett geben,
- mittels einer Palette glattstreichen.
- Das Brettchen mitsamt dem aufgestrichenen Teig nochmals kurz in das Kochwasser tauchen.
- Dann mit einer Palette dünne Teigstreifen vom Brett direkt in das kochende Salzwasser schaben.
- Nach einmaligem Aufkochen die Spätzle mit einem Schaumlöffel abschöpfen und in kaltes Wasser geben.
- Im Durchschlag gut abtropfen lassen und auf ein mit einem Tuch bedecktes Blech legen.
- Zum Wiedererwärmen werden Spätzle in einer Pfanne mit aufgelöster Butter geschwenkt.

Käsespätzle

Mit dem Hobel hergestellte Spätzle werden heiß direkt aus dem Kochwasser mit dem Schaumlöffel in eine Schüssel gegeben und lagenweise mit Reibkäse (Allgäuer Bergkäse) bestreut. Obenauf kommen in zerlassener Butter gebräunte Zwiebelwürfel.

4.4 Reis 🇬🇧 rice 🇫🇷 riz (m)

Reis schmeckt neutral und ist vielseitig verwendbar.

Portionsmengen:

- Vorgericht   20 g bis 30 g
- Beilage   40 g bis 50 g
- Gericht   60 g bis 70 g
- Suppeneinlage   5 g bis 10 g

Gekochter Reis 🇬🇧 boiled rice 🇫🇷 riz (m) blanc

Zutaten		
5 l	Wasser	
50 g	Salz	
500 g	Reis	

Garzeit ca. 18 Min. Oftmals wird der Reis vor dem Kochen mit kaltem Wasser abgewaschen, damit feine Stärkereste den Reis und das Kochwasser nicht verkleben. Naturreis wird auf jeden Fall gründlich gewaschen.

- Salzwasser aufkochen und Reis einrühren.
- Wärmezufuhr drosseln und Reis garen.
- Gegarten Reis sofort in ein Sieb geben und unter fließendem kaltem Wasser abkühlen.
- Gut abtropfen lassen und bis zum Bedarf kühlstellen.

Wiedererwärmung:
- Im Ofen: auf gefettetem Blech Reis ausbreiten, mit Butterflocken belegen, unter mehrmaligem Wenden erwärmen.
- Im Kombidämpfer: auf gelochtem Gastro-Norm-Behälter unter Dampfzuführung erwärmen.
- Portionsweise in der Pfanne in Butter schwenken.
- Portionsweise im Mikrowellengerät regenerieren.

Pilaw 🇬🇧 pilaf rice 🇫🇷 riz (m) pilaf

Zutaten für 10 Portionen		
1 kg	Reis (Langkorn)	
150 g	Butter	
250 g	Zwiebelbrunoise	
2 l	helle Fleischbrühe	
	Salz	

- Garzeit ca. 18 Min.
- Reis waschen und gut abtropfen lassen.
- Zwiebelbrunoise in Butter farblos anschwitzen ①,
- Reis zugeben und so lange umrühren, bis er glasig wird ②.
- Mit heißer Fleischbrühe auffüllen, salzen und zugedeckt im heißen Ofen garen ③.
- Den Reis mit einer Fleischgabel lockern und dabei gleichzeitig einige Butterflöckchen untermischen ④.

Risotto 🇬🇧 risotto 🇫🇷 risotto (m)

Zutaten		
1 kg	Reis (Rundkorn)	
100 g	Butter	
50 g	Olivenöl	
250 g	Zwiebelbrunoise	
150 g	geriebener Parmesan	
ca. 3,5 l	helle Fleischbrühe	

- Garzeit ca. 18 bis 20 Min.
- Zwiebelbrunoise in Öl und 50 g Butter farblos anschwitzen,
- Reis (vorzugsweise italienischen Rundkornreis) zugeben und glasig werden lassen.
- Unter Rühren etwas heiße Fleischbrühe zugießen (siehe Folgeseite).
- Diesen Vorgang solange wiederholen, bis der Reis gar ist.
- Danach restliche Butter und den Parmesan unter den Reis mischen.

Der fertige Risotto soll eine **leicht breiige Konsistenz** haben bzw. in sich etwas gebunden sein.

Abb. 1 Fleischbrühe zugießen

Abb. 2 Unter Rühren garen

Abb. 3 Fertiger Risotto

Alle Reiszubereitungen können ergänzt und geschmacklich variiert werden durch Zugabe von: Curry, Paprika, Safran, Kräutern, Pilzen, Tomatenfleischwürfeln, Erbsen, Hühnerfleisch, Lammfleischwürfeln, Schinken, Krabben, Fischfiletstücken, Tintenfisch usw.

Wildreis

Eine besondere Art ist der kanadische Wildreis mit seinem delikat-nussartigen Geschmack.

Man wäscht den Wildreis kurz und gibt ihn in die dreifache Menge kochendes Wasser, kocht ihn nur 3 bis 5 Minuten, entfernt den Topf vom Herd und lässt ihn zugedeckt eine Stunde quellen.

Dieser nach dem „Schnell-Quell-Verfahren" vorbereitete Wildreis wird nun in Salzwasser ca. 30 Minuten gekocht. Das Restwasser wird abgegossen.

Manchmal gibt man dem Wildreis nach zehnminütiger Garzeit die gleiche Menge Langkornreis zu und gart beide Reissorten zusammen. Bei dieser Methode entsteht eine schöne, schwarzweiße Reisbeilage.

Aufgaben

1. Welcher Posten in der Küche ist für die Zubereitung der Beilagen zuständig?
2. Welche Kartoffelzubereitungsarten werden in Fleischbrühe gegart?
3. Sie haben eine Krokettenmasse hergestellt. Was sollten Sie unbedingt vor der Verarbeitung der ganzen Masse getan haben?
4. Benennen Sie die Kartoffelzubereitungen auf nebenstehendem Bild.
5. Wie heißt die Kartoffelmasse mit Brandteig?
6. Erklären Sie die Herstellung von Kartoffelschnee.
7. Ein Gast wünscht als Beilage zu seinem Gericht keine Kartoffeln. Welche andere Beilage empfehlen Sie ihm?
8. Womit kann man Teigwaren Farbe geben?
9. Nennen Sie 3 Fertigstellungsmethoden für Spätzle.
10. Erklären Sie den Begriff „Polenta".
11. Erklären Sie Ihrem neuen Azubi-Kollegen den Unterschied zwischen Pilaw und Risotto.
12. Wie bereiten Sie Wildreis zu?

⑤ Eierspeisen

🇬🇧 egg dishes 🇫🇷 entremets (m) aux œufs

Eier schmecken neutral und lassen sich sehr abwechslungsreich zubereiten.

Frühstücksgerichte
- Gekochte Eier in der Schale oder im Glas
- Pochierte Eier auf Toast
- Rühreier naturell oder mit Schinkenstreifen
- Spiegeleier naturell oder mit krossem Speck

Kalte Vorspeisen
- Halbierte, gefüllte Eier auf Frühlingssalat
- Eiersalat mit Kräutern, in Tomaten gefüllt
- Pochierte Eier mit Räucherlachs und Kresse
- Eierscheiben mit Krabben in Estragongelee

Warme Zwischengerichte
- Eier im Näpfchen mit Sahne
- Frittierte Eier mit Speck auf Toast, Tomatensauce
- Pochierte Eier mit Mornaysauce, überbacken
- Rühreier mit Geflügelleber und Pilzen

Eigenständige warme Gerichte
- Wachsweiche Eier in Currysauce mit Tomatenreis
- Omelett mit Kalbsragout und Petersilienkartoffeln
- Spiegeleier auf Rahmspinat mit Fondantkartoffeln
- Käseomelett mit buntem Salatteller

Abb. 1 Frühstücksgericht

Abb. 2 Kalte Vorspeisen

Abb. 3 Zwischengerichte

Abb. 4 Eigenständiges Gericht

5.1 Gekochte Eier 🇬🇧 boiled eggs 🇫🇷 œufs (m) cuits

Zum Kochen verwendet man Eier ohne Sprünge. Bei schadhafter Schale würde während des Kochens das Eiweiß austreten. Darum prüft man Eier, indem man je zwei leicht gegeneinander klopft. Eier, die direkt aus dem Kühlschrank kommen, legt man vor dem Kochen in warmes Wasser. Der damit erreichte Temperaturanstieg mindert die Gefahr des Reißens der Schale. Werden größere Mengen Eier gekocht, legt man sie in einen Drahtkorb und gibt diesen in das kochende Wasser. Die Eier müssen vom Wasser bedeckt sein.

Hart gekochte Eier 🇬🇧 hard boiled eggs 🇫🇷 œufs (m) durs

Hart gekochte Eier haben eine Kochzeit von 10 Minuten.

Will man die Eier gleich verwenden, werden sie nach dem Kochen mit kaltem Wasser abgeschreckt. Wenn man die Eier in einer mit kaltem Wasser gefüllten Schüssel schält, lässt sich die Schale leichter entfernen.

Bei hart gekochten Eiern kann es vorkommen, dass sie sich schlecht schälen lassen oder dass der Dotter einen blaugrünen Rand zeigt. Beides hat nichts mit dem Abschrecken zu tun, sondern mit dem Alter des Eies.

Sehr frische Eier lassen sich schwerer schälen, haben aber einen hellen Dotter. Ältere Eier lassen sich leichter schälen, neigen aber zu dunklerem Dotterrand.

Die Kochzeit wird vom Wiederaufwallen des Wassers an gerechnet.

Werden Eier auf Vorrat gekocht, bewahrt man sie am besten in der Schale auf.

Will man geschälte Eier vorrätig halten, legt man die Eier in kaltes Wasser, damit sie sich nicht verformen und abtrocknen.

Weiche Eier in der Schale   🇬🇧 soft boiled eggs 🇫🇷 œufs (m) à la coque

Die gekochten Eier werden in kaltem Wasser abgeschreckt und warm in Eierbechern serviert.Kochdauer: 3 bis 5 Min. nach Wunsch

Weiche Eier im Glas   🇬🇧 soft boiled eggs 🇫🇷 œufs (m) en verre

Nach Abschrecken in kaltem Wasser die gekochten Eier behutsam schälen, in Gläser legen und warm servieren. Kochdauer: 4 Min.

5.2 Pochierte Eier   🇬🇧 poached eggs 🇫🇷 œufs (m) pochés

Pochierte Eier werden ohne Schale in ungesalzenem Essigwasser gegart. Der Dotter soll am Ende der Garzeit noch weich sein.

Die Eier müssen unbedingt frisch sein, damit sich das Eiweiß im Wasser nicht zu einer formlosen Masse verliert. Das Wasser darf nur am Siedepunkt sein und nicht wallen, weil sonst durch die Bewegung des Wassers das Eiweiß auseinander gezogen würde. Der Essiggehalt des Wassers begünstigt das Gerinnen, ohne den Geschmack zu stark zu beeinflussen.

Arbeitsablauf

- Wasser in Topf zum Sieden bringen, je Liter ein EL Essig beigeben,
- Eier in Schälchen aufschlagen und in rascher Folge in das siedende Wasser gleiten lassen ①, 4 Min. ziehen lassen, mit Schaumkelle entnehmen und in kaltem (Eis-)Wasser abschrecken ②
- abstehende Eiweißenden abschneiden, in gesalzenem warmem Wasser (50 °C) bis zum Servieren bereithalten, vor dem Anrichten auf Tuch abtropfen lassen ③.

Die pochierten Eier werden auf gebutterten Toastscheiben oder in gefüllten Törtchen mit einer entsprechenden Sauce angerichtet ④. Die Füllung der Törtchen kann aus Fleischragout oder feinen gebundenen Gemüsen oder Pilzen bestehen. Pochierte Eier können aber auch mit Gemüsen angerichtet und mit Mornaysauce überbacken werden.

5.3 Spiegeleier   🇬🇧 fried eggs 🇫🇷 œufs (m) sur le plat

Spiegeleier werden in stabilen Stielpfannen oder in feuerfesten Spezial-Eierplatten zubereitet. Am Ende der Garzeit soll das Eiweiß gestockt, die Dotter sollen aber weich und glänzend sein. Beim Würzen das Eigelb nicht salzen, da sich sonst weiße Punkte bilden.

Arbeitsablauf

Abwandlungen
Spiegeleier mit gebratenem Speck oder gebratenem Schinken, mit Rostbratwürstchen, Geflügellebern oder Scheiben von Nieren, mit Spargel oder Pilzen.

- Butter in dem gewählten Geschirr erhitzen, Eier einschlagen,
- bei mäßiger Temperatur garen, damit das Eiweiß ohne scharfe Bratränder vollkommen gerinnt,
- nur Eiweißfläche würzen, bei Zubereitung in der Pfanne Eier mit einer Winkelpalette entnehmen und auf einer vorgewärmten Platte anrichten,
- Zubereitungen in Spezialplatten so rechtzeitig vom Herd nehmen, dass das Eigelb trotz der nachwirkenden Wärme weich bleibt.

5.4 Rühreier 🇬🇧 scrambled eggs 🇫🇷 œufs (m) brouillés

Rühreier werden in einer Stielpfanne zubereitet. Tadellose Ergebnisse erfordern eine vollkommene Vermischung von Eiweiß und Eigelb, eine langsame Gerinnung der Eimasse bei andauerndem Rühren sowie die Einhaltung der richtigen Gardauer. Rühreier sollen von kleinflockiger, cremig-lockerer Beschaffenheit sein.

Müssen Rühreier im Voraus bereitet werden, so schlägt man je Ei einen Esslöffel Milch oder Sahne in die Eimasse. Die zarte Konsistenz der Rühreier bleibt dadurch besser erhalten.

Arbeitsablauf

- Eier in eine Schüssel schlagen, würzen und mit Schneebesen verrühren,
- Butter in einer Pfanne erwärmen, bei mäßiger Hitze Eimasse eingießen
- gerinnende Eimasse fortlaufend mit einer Winkelpalette oder Holzspatel von der Bodenfläche abrühren, kleinflockige, cremige Rühreier sofort auf eine vorgewärmte Platte geben.

5.5 Omelett 🇬🇧 omelette 🇫🇷 omelette (w)

Zur Zubereitung von Omeletts benutzt man eine Omelettpfanne. Der Übergang vom Boden zu dem etwas steileren und höheren Rand ist bei dieser Pfanne gerundet. Man darf sie nur für diesen Zweck verwenden. Selbst kleinste angebackene Reste anderer Zubereitungen würden die Eier anhängen lassen, das Omelett wäre nicht zu formen.

Ein fachgerecht zubereitetes Omelett soll eine schöne Form haben, es soll außen zart und glatt und innen von weicher Konsistenz sein.

Arbeitsablauf

- Eier in eine Schüssel schlagen, würzen und mit einem Schneebesen vollkommen vermischen oder pasteurisiertes Vollei verwenden,
- Butter in einer Omelettpfanne schmelzen, Eimasse hineingießen, bei starker Hitze mit dem Rücken einer Gabel rühren und die Pfanne bewegen,
- die gleichmäßig gerinnende, cremige Masse durch Schräghalten in den vorderen Pfannenteil gleiten lassen, mit den Gabelzinken die verbliebene dünne Bodenschicht vom Pfannenstiel aus bis zur Mitte hin umklappen,
- Pfanne anheben, mit der Faust auf den Pfannenstiel schlagen, wodurch das Omelett vollends in den vorderen Pfannenteil gerät, sich rollt und schließt,
- aus dieser Lage das Omelett auf eine erwärmte, gefettete Platte kippen,
- mit einem aufgespießten Butterstückchen das Omelett behutsam bestreichen, damit es appetitlich glänzt.

Geschmackliche Ergänzungen sind möglich:

- Zutaten anschwitzen, mit der Eimasse übergießen und garen,
- Zutaten wie zum Beispiel Reibkäse unter die rohe Eimasse geben,
- Zutaten als Füllung in die Mitte des Omeletts vor dem Falten geben, oder
- in das angerichtete, längs eingeschnittene Omelett einfüllen, oder
- neben dem fertigen Omelett anrichten.

● Abwandlungen
- Zubereiten mit Schnittlauch, gemischten Kräutern, geröstetem Speck oder Schinken, angebratenen Pilzen, Brotkrüstchen oder geriebenem Käse;
- Anrichten in Tarteletts, Schiffchen, Artischockenböden, Auberginen, Tomaten oder auf Toast;
- Garnieren mit Spargel, Geflügelleber, Rostbratwürstchen oder Krebsschwänzen.

● Verwendet man pasteurisiertes Vollei, besteht auch dann keine Salmonellengefahr, wenn Rühreier vorrätig gehalten werden.

Abb. 1 Eimasse mit Gabel rühren. Abb. 2 Omelett zum Rand rollen und formen.

Abb. 3 Omelett auf Teller stürzen. Abb. 4 Omelett mit Butter bestreichen.

● Abwandlungen
Omeletts kann man mit verschiedenen Beigaben servieren. Besonders geeignet sind gedünstete Pilze, Tomaten, Spargel, Speck oder Schinken, feines Geflügelragout, Geflügelleber, Nieren, Kalbsbries, geröstete Brot- oder Kartoffelwürfelchen oder Käse.

Abb. 1 Frittierte Eier

Beigaben

Gegrillte Speck- und Schinken-scheiben, gebratene Nieren oder Würstchen, frittierte Auberginen oder Zucchini, sautierte Pilze, gedünsteter Blattspinat, frittierte Petersilie, Curry-, Tomaten-, Tatarensauce.

Abb. 2 Ei im Näpfchen, roh und gegart

Anstelle von Sahne gibt man z. B. Geflügelragout, Ragout von Kalbsbries oder Krustentieren, gedünstete Gemüse, Pilz- oder Zwiebelpüree oder Schinken- und Käsewürfelchen in die Förmchen.

5.6 Frittierte Eier 🇬🇧 deep fried eggs 🇫🇷 œufs (m) frits

Frittierte Eier werden einzeln ohne Schale in heißem Öl gebacken. Am Ende der Garzeit soll der Dotter weich und von goldbraun gebackenem Eiweiß umgeben sein.

Beim Frittieren wirft das rasch stockende Eiweiß große Blasen. Diese werden mit der tiefen Laffe eines Holzlöffels fortlaufend an den Dotter gedrückt, ohne ihn zu beschädigen. Weil man die Eier einzeln frittieren muss, ist die Zubereitung zeitaufwendig.

Arbeitsablauf

- In einer kleineren, tiefen Stielpfanne etwa 0,25 l Öl auf 170 °C erhitzen.
- Eier einzeln in Schälchen aufschlagen, Pfanne leicht neigen, damit das Öl an eine Seite läuft, ein Ei in die geneigte Pfanne gleiten lassen, mit einem Holzlöffel die Eiweißblasen immer wieder rasch an den Dotter drücken.
- Ei zum gleichmäßigen Bräunen behutsam wenden, nach einer Minute Backdauer mit Schaumlöffel entnehmen.
- Auf saugfähiger Unterlage bei 50 °C warmhalten.

Frittierte Eier werden gewürzt und vorwiegend auf Toast angerichtet.

5.7 Ei im Näpfchen 🇬🇧 egg in mold 🇫🇷 œuf (m) en cocotte

Ei im Näpfchen gart man in Porzellanförmchen (Cocotten) im Wasserbad. Das Ei soll am Ende der Garzeit einen weichen Dotter aufweisen.

Arbeitsablauf

- Förmchen mit etwas Sahne ausgießen,
- aufgeschlagenes Ei daraufgeben,
- mit Butterstückchen belegen, damit sich keine Haut bildet,
- im Wasserbad bis zum Stocken garen.

Ei im Näpfchen wird in der Form und mit einer dazu passenden Sauce serviert.

Schutz vor Salmonellen

Hühnereier können von Salmonellen befallen sein. Bei der Verarbeitung, z. B. beim Aufschlagen der Eier, können die Salmonellen mit dem Ei-Inhalt in Berührung kommen und so in Speisen gelangen.

Um den Gast vor Salmonellen zu schützen, sind folgende Regeln zu beachten:
- Stets nur **frische Eier** verarbeiten.
- **Eier kühl lagern**, denn dann können sich die Salmonellen kaum vermehren.
- **Speisen aus pasteurisierten Eiprodukten** können länger warmgehalten werden.
- **Warme Eierspeisen**, z. B. Rührei oder Ei im Näpfchen, dürfen nur bis zu zwei Stunden nach der Herstellung angeboten werden.

5.8 Pfannkuchen – Eierkuchen

Pfannkuchen – Eierkuchen 🇬🇧 pancakes 🇫🇷 pannequets (m) / crêpes (w)

Zutaten für 10 Stück, Ø ca. 22 cm

250 g	Mehl
0,75 l	Milch
80 g	Butter
10	Eier
1 Msp.	Salz

- Milch und Mehl gut verrühren, die Eier dazugeben und alles zu einer glatten Masse schlagen.
- Pfanne mit Butter erhitzen.
- Pfannkuchenmasse durch rotierende Bewegung gleichmäßig dünn in der Pfanne verteilen.
- Farbe nehmen lassen, wenden und fertig backen.

Abb. 1 Pfannkuchenmasse dünn verteilen

Abb. 2 Farbe nehmen lassen

Abb. 3 Für Suppeneinlage feine Streifen schneiden

Um die Pfannkuchen lockerer zu machen, kann man die Eier trennen und das Eiweiß als Schnee unter die angerührte Masse heben. Die Pfannkuchen werden in einer Pfanne mit heißer Butter gebacken. Man lässt sie auf dem Herd Farbe nehmen, dreht sie um und backt sie im Ofen fertig.

Die Pfannkuchen sollen goldgelb und leicht aufgebläht sein und schnellstens dem Gast serviert werden.

Pfannkuchen können u. a. mit eingebackenem Speck und grünem Salat oder mit eingebackenen Apfelscheiben und Zucker serviert werden.

Für Brätstrudel bestreicht man die Pfannkuchen mit Wurstfarce (Brät), rollt sie auf und gart sie in Dampf. Brätstrudel können als Suppeneinlage oder als kleines, warmes Zwischengericht verwendet werden.

Die Herstellung von Crêpes wird im Kapitel „Süßspeisen" behandelt.

Aufgaben

1. Zählen Sie fünf verschiedene Garverfahren für Eier auf.
2. Beschreiben Sie die Zubereitung von: a) Rühreiern b) Spiegeleiern c) Omelettes d) Eiern im Näpfchen.
3. Beschreiben Sie Beilagen, Saucen oder Garnituren, die zu pochierten Eiern passen.
4. Schildern Sie Ihrem jüngeren Kollegen die Herstellung eines Omelettes.
5. Nennen Sie vier verschiedene Arten von Omelettes.
6. Welche Rohstoffe sind zur Herstellung eines Pfannkuchens notwendig?
7. Schildern Sie den Arbeitsablauf bei der Herstellung von Pfannkuchen.
8. Was versteht man unter „Rückstellproben"?

Grundkenntnisse im Service

1 Mitarbeiter im Service

🇬🇧 service staff 🇫🇷 personnel (m) de service

1.1 Umgangsformen 🇬🇧 manners 🇫🇷 manières (w)

Das äußere Erscheinungsbild und die Umgangsformen des Servicemitarbeiters sind von großem Einfluss auf die Stimmung des Gastes.

Der Service verlangt neben Anpassungsfähigkeit und Geschicklichkeit auch Gewandtheit im Umgang mit anderen Menschen. Der Gast erwartet:

- Zuvorkommende, aufmerksame Bedienung,
- angemessene Freundlichkeit und
- taktvolles Benehmen.

1.2 Persönliche Hygiene

🇬🇧 personal hygiene 🇫🇷 hygiène (w) personnelle

Abb. 1 Korrekte Berufskleidung

Im Umgang mit Speisen ist ein hohes Maß an persönlicher Hygiene erforderlich (siehe S. 38).

- Besonders wichtig sind gepflegte Hände und Fingernägel, weil sie der Gast in unmittelbarer Verbindung mit der Speise sieht.
- Mund- und Körpergeruch wirken äußerst lästig, deshalb ist Körperpflege und öfterer Wäschewechsel geboten.
- Gepflegtes Haar ist ein wesentlicher Bestandteil der Gesamterscheinung. Modische Frisuren dürfen den Service nicht beeinträchtigen.

Abb. 2 Hände waschen und desinfizieren

> **Hygieneregeln**
>
> 1. Vor Beginn der Arbeit Ringe und Armbanduhr ablegen.
> 2. Vor Beginn der Arbeit und nach dem Gang zur Toilette gründlich Hände waschen.
> 3. Beim Husten oder Niesen sich von Lebensmitteln abwenden.
> 4. Verletzungen, z. B. kleine Schnitte an den Händen, mit wasserundurchlässigem Verband versorgen.
> 5. Beim Umgang mit Lebensmitteln ist das Rauchen verboten.

1.3 Arbeitsbekleidung

🇬🇧 uniforms 🇫🇷 vêtements (m) de travail

Manche Betriebe legen Wert auf einheitliche Berufskleidung, die dem Stil des Hauses angepasst ist. Wird dies nicht verlangt, tragen Restaurantfachleute im Allgemeinen die in der Übersicht dargestellte Kleidung.

Weibliches Servierpersonal

- schwarzes Kleid oder Dirndl, oder schwarzer Rock/lange Hose kombiniert mit weißer Bluse, evtl. Weste
- evtl. weiße oder bunte Servierschürze
- Strümpfe in unauffälliger Farbe oder schwarz
- schwarze Schuhe mit niedrigen Absätzen

Männliches Servierpersonal

- schwarze Hose, kombiniert mit weißem Hemd
- schwarze Krawatte/Schleife
- weiße oder schwarze Kellnerjacke oder Weste
- schwarze Schuhe und schwarze Socken

Servicekleidung in der Systemgastronomie

In der **Systemgastronomie** ist einheitliche Kleidung meist Teil des Gesamtkonzepts.

Crewmitarbeiter

- Poloshirt in Unternehmensfarben
- Basecap oder Schirmmütze mit Logo
- Dunkle Hose (z. B. Jeans)

Managementmitarbeiter

- Weißes oder helles Hemd/Bluse
- Gegebenenfalls schwarze Weste oder Sakko mit Logo
- Halstuch oder Krawatte
- Dunkle Hose oder Rock
- Schwarze Schuhe

1.4 Persönliche Ausrüstung

🇬🇧 personal equipment 🇫🇷 équipement (m) personnel

Individualgastronomie
- Kellnermesser, Korkenzieher
- saubere Handservietten
- Geldtasche mit Wechselgeld
- Streichhölzer

Systemgastronomie
- Kugelschreiber und Bleistift
- Taschenrechner

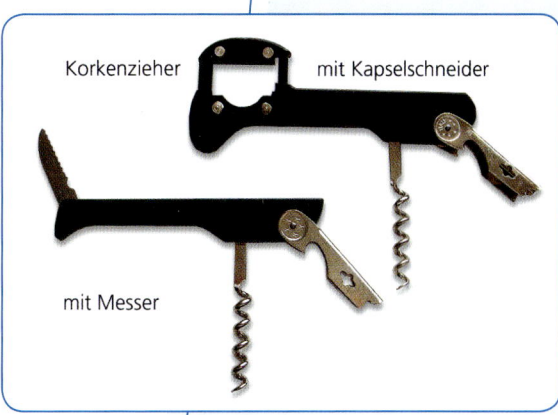

Korkenzieher   mit Kapselschneider

mit Messer

2 Einrichtung und Geräte

🇬🇧 equipment and devices 🇫🇷 équipement (m) et appareils (m)

Abb. 1 Eingedeckte Tafel

In Restaurants und Gaststätten sind folgende Einrichtungsgegenstände vorhanden:

- Tische, Tafeln, Beistelltische (Guéridons),
- Stühle, Sessel und/oder Bänke,
- Servicetische, Servanten (Anrichten),
- fest eingebaute oder bewegliche Raumteiler.

In den folgenden Abschnitten geht es darum, diese Einrichtungsgegenstände kennenzulernen und alles über deren Handhabung und Pflege sowie ihren sachgerechten Einsatz zu erfahren.

2.1 Einzeltische und Festtafeln

Der Tisch, an dem der Gast sich entspannt und wohlfühlt, muss eine bequeme Höhe, Stabilität und Beinfreiheit aufweisen. Der Gast möchte dort allein oder in Gesellschaft gemütlich sitzen, bedient und verwöhnt werden.

Einzeltische 🇬🇧 single tables 🇫🇷 tables (w) individuelles

Tische gibt es in verschiedenen Formen und Größen.

Rechteckige Tische	**80 x 120 cm** (Standardmaß) 80 x 160 cm 90 x 180 cm	Quadratische Tische	70 x 70 cm **80 x 80 cm** (Standardmaß) 90 x 90 cm	Runde Tische	70 cm ø **80 cm ø** 90 cm ø und mehr

Festtafeln 🇬🇧 banquet tables 🇫🇷 tables (w) de fête (w)

Zu besonderen Anlässen werden rechteckige und quadratische Tische zu unterschiedlichen Tafelformen zusammengestellt. Dabei ist für die Größe und Form vor allem die Anzahl der zu bewirtenden Personen ausschlaggebend. Darüber hinaus sind zu beachten:

Abb. 2 Festliche Tafeln

- Die Größe und Grundfläche des Raumes, in den sich die Tafel harmonisch einordnen soll,
- der freie Raum um die Tafel herum, der so bemessen sein muss, dass Servicearbeiten während des Essens störungsfrei ausgeführt werden können.

Tafelformen 🇬🇧 shapes of tables 🇫🇷 façon (w) de tables

runde Tafel 6–12 Personen	lange Tafel 10–12 Personen	Block 12–20 Personen	T-Tafel 16–26 Personen	U-Tafel 26–40 Personen	E-Tafel 40–60 Personen
			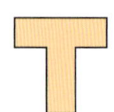	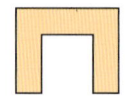	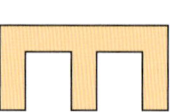

2.2 Tischwäsche

🇬🇧 table linen 🇫🇷 linge (m) de table

Zur Herstellung von Tischwäsche werden neben Mischgeweben vor allem Baumwolle und/oder Flachsgarne verwendet. Die entsprechenden Textilbezeichnungen sind **Baumwolle, Reinleinen** und **Halbleinen**.

Materialien

Baumwolle 🇬🇧 cotton 🇫🇷 coton (m)

Zur Reifezeit springen die walnussgroßen Fruchtkapseln des Baumwollstrauches auf. Aus ihnen quellen die Samenfasern in Form von Wattebäuschen heraus. Die Gewinnung der Fasern ist relativ einfach, woraus sich der günstige Preis für dieses Rohprodukt ergibt. Aus Ägypten kommt unter der Bezeichnung **Mako-Baumwolle** eine der besten Baumwollsorten.

Internationales
Baumwollsiegel

Das internationale Baumwollkennzeichen bürgt dafür, dass zur Herstellung der Ware ausschließlich Baumwollfasern verwendet wurden.

Verwendung zu Tischwäsche, Damast, Bettwäsche und Dekorstoffen. Besonders hervorzuheben ist die Unempfindlichkeit gegenüber Hitze, die beim Waschen (kochecht) und Bügeln von Bedeutung ist.

Leinen 🇬🇧 linen 🇫🇷 toile (w)

Die Leinenfaser wird aus den Stängeln der Flachspflanze gewonnen. Diese Naturfasern sind die Grundlage für das Gewebe Leinen, Leintuch oder Leinwand. Gewebt wird Leinen meist in der klassischen Leinwandbindung.

Flachsfaser
- ist reiß- und nassfest
- ist kochecht
- fusselt nicht, knittert stark
- hat einen natürlichen Glanz und wirkt kühlend

Verwendung
- Arbeitskleidung
- Gardinen, Vorhänge, Möbelstoffe und Frottierwaren
- Tisch- und Bettwäsche
- Hand- und Geschirrtücher
- Gläsertücher
- Dekorationsstoffe

Bei **Leinen** sind zwei Qualitätsstufen zu beachten.

Reinleinen heißt, dass das Gewebe nur aus Flachsgarnen besteht (100 %).

Halbleinen ist ein Mischgewebe aus Baumwolle (Kettfäden) und Flachsgarnen (Schussfäden), wobei der Flachsanteil mindestens 40 % vom Gesamtgewicht betragen muss.

Baumwolle
- ist reiß- und nassfest
- ist saugfähig und kochecht
- ist geringfügig wärmend
- fusselt, läuft ein und knittert stark

Abb. 1 Tischdamast aus Baumwolle

219

Abb. 1 Vliesstoff mit Punktschweißung

Abb. 2 Wirrfaservlies

Abb. 3 Molton, gummiert

Abb. 4 Molton mit Gummizug

Moltons gibt es auch aus weichem Kunststoff oder aus einseitig aufgerautem Baumwollstoff, der auf ein gummiartiges Material geklebt ist.

Die Größe der Tisch- und Tafeltücher muss der jeweiligen Tischoberfläche so angepasst sein, dass der Überhang über die Tischkanten allseitig etwa 25 bis 30 cm beträgt.

Vliesstoffe / Filze 🇬🇧 nonwovens 🇫🇷 nontissés

Vliesstoffe werden meist aus Chemiefasern hergestellt. Wegen ihrer besonderen Eigenschaften gewinnen sie im Gastgewerbe immer mehr an Bedeutung.

Vlies entsteht durch Verkleben.

Für Filz wird die Faser mechanisch bearbeitet. Diese Technik nennt man Walken.

Eigenschaften	Verwendung
leicht	Tischwäsche, Servietten und Sets
gut faltbar	Putz- und Poliertücher
gut durchlässig	Passiertücher
kostengünstig	Einwegwäsche (Tisch- und Bettwäsche)
vielseitig verwendbar	

Arten von Tischwäsche

Tischwäsche wird nach ihrer Zweckbestimmung unterschieden. Es gibt Tischtuchunterlagen, Tisch- und Tafeltücher, Decktücher und Servietten.

Tischtuchunterlagen/Moltons

Ursprünglich wurden diese Unterlagen aus beidseitig aufgerautem Baumwollstoff (Flanell) hergestellt. Wegen der flauschigen und weichen Beschaffenheit des Stoffes haben sie die Bezeichnung Moltons (frz.: mou, molle = weich).

Molton erhält den Halt auf der Tischfläche durch

- Bänder oder Klettverschlüsse, mit deren Hilfe er an den Ecken befestigt wird, ferner durch
- eingearbeitete Gummizüge, die sich über die Tischkante spannen.

Moltons dienen folgenden Zwecken:

- Die Oberfläche des Tisches ist gegen die Einwirkung von Hitze und Feuchtigkeit geschützt,
- das aufgelegte Tischtuch kann nicht verrutschen, und es wirkt „weicher" und „satter",
- das Einsetzen der Tischgeräte während der Mahlzeiten kann geräuscharm ausgeführt werden.

Tisch- und Tafeltücher

Sie bestehen im Allgemeinen aus strapazierfähigem Leinen oder Halbleinen und dienen dazu, der Tischoberfläche ein sauberes und gepflegtes Aussehen zu geben. Damit sie diesen Zweck erfüllen, müssen Tisch- und Tafeltücher, insbesondere beim Auflegen und Abnehmen, mit besonderer Sorgfalt gehandhabt werden (siehe in den nachfolgenden Abschnitten). Neben besonders festlich wirkenden weißen Tüchern werden oft auch bunte verwendet.

Decktücher oder Deckservietten

Decktücher sind kleine, etwa 80 × 80 cm große Tücher, die wegen ihrer Größe auch Deckservietten genannt und mit dem aus dem Französischen kommenden Fachwort als **napperon** bezeichnet werden.

Sie überdecken Tischtücher diagonal,
- um einen dekorativen Effekt zu erzielen, indem man z.B. auf eine weiße Tischdecke eine farbige Deckserviette auflegt,
- um diese entweder grundsätzlich zu schonen
- oder um diese bei geringfügiger Verschmutzung nicht sofort abnehmen und waschen zu müssen.

Servietten

Im Rahmen des Services unterscheidet man zwischen Mund- und Handservietten.

Mundservietten

Der Gast benutzt diese sowohl zum Schutz der Kleidung als auch zum Abwischen des Mundes. Das ist insbesondere vor dem Trinken wichtig, damit keine Speisereste an den Rand des Glases gelangen. Im anspruchsvollen Service sind die Mundservietten Teil der dekorativen Ausstattung von Menügedecken. Es ist selbstverständlich, dass zu diesem Zweck Stoffservietten verwendet werden. Mundservietten aus Papier und Zellstoff werden im einfachen Service aufgelegt. (s. S. 242 bis 246)

Handservietten

Sie gehören zum Handwerkszeug des Servierpersonals und haben deshalb auch die Bezeichnung **Serviertücher**. Handservietten werden im gepflegten Service hängend über dem linken Unterarm getragen.
Handservietten dienen zu folgenden Zwecken:
- Schutz der Hand und des Armes beim Tragen von heißen Tellern und Platten,
- Vermeiden von Fingerabdrücken beim Tragen von Tellern und Besteckteilen,
- Umlegen von Flaschen als Tropfschutz bei der Entnahme aus Weinkühlern.

Reinigung und Pflege der Wäsche

Die beim Gebrauch verschmutzte Wäsche muss in regelmäßigen Abständen gereinigt und gepflegt werden. Wegen unterschiedlicher Materialeigenschaften sowie unterschiedlicher Reinigungs- und Pflegebedingungen gibt es zu diesem Zweck sehr verschiedenartige Hilfsmittel.

Sortieren der Wäsche

Die Wäsche wird vor dem Waschen nach Art und Beschaffenheit der Faser, dem Verschmutzungsgrad, der Farbechtheit und der Temperaturverträglichkeit sortiert.

Waschvorgang

Beim Waschen der Wäsche wirken vier Faktoren zusammen:
Chemie, Zeit, Temperatur und **Mechanik**.
- **Chemie** (Wasser und Waschmittel = Flotte) – Die Flotte soll den Schmutz vom Gewebe lösen und forttragen. Weiches Wasser schont die Wäsche, deshalb enthalten Waschmittel Enthärter.

Decktücher sollten nicht verwendet werden, um stark verschmutzte Tischtücher zu überdecken.

Abb. 1 Servietten

Aus ästhetischen und hygienischen Gründen hat die Handserviette immer in einwandfreiem Zustand zu sein.

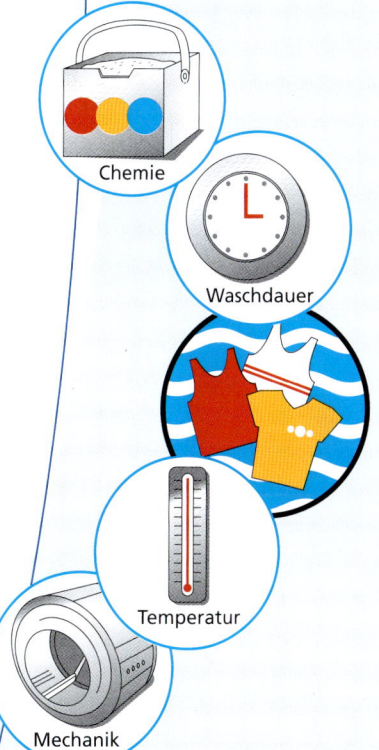

Chemie

Waschdauer

Temperatur

Mechanik

100 % Polyester
DACRON®
LINING/DOUBLURE
FUTTER/VOERING
100 % VISKOSE

VOLLWASCHBAR

PUR NEW WOOL
PURE LAINE VIERGE
REINE SCHURWOLLE
ZUIVER SCHEERWOL

LINING/DOUBLURE
FUTTER/VOERING:
100 % VISKOSE

Abb. 1 Beispiele für einge-
nähte Etiketten mit
Pflegekennzeichnung

- **Zeit** – Sie ist ausgerichtet auf den Verschmutzungsgrad und die Intensität des Waschmittels.
- **Temperatur** – Durch sie kommen die Komponenten in den Waschmitteln erst zur Wirkung. Die Temperatur ist auf die Art der Wäsche und des Waschmittels einzustellen.
- **Mechanik** – Sie ist erforderlich, um das Lösen des Schmutzes von der Wäsche zu beschleunigen. Dies wird erreicht durch Bewegung der Wäsche mit der Hand oder in der rotierenden Waschtrommel.

Der Waschvorgang gliedert sich bei Waschmaschinen in Vorwäsche, Hauptwäsche, Spülen und Schleudern. Dabei sind folgende Richtlinien und Hinweise zu beachten:

- Die Waschmaschine füllen, aber nicht überfüllen. Bei Überfüllung wird der Reinigungseffekt gemindert.
- Die Dosierung des Waschmittels richtet sich nach der **Wäscheart,** der **Wäschemenge,** dem **Verschmutzungsgrad** der Wäsche sowie der **Wasserhärte.** Diese kann beim Versorger (Wasserwerk) erfragt werden.

  - Eine zu geringe Dosierung kann zur Vergrauung der Wäsche führen.
  - Überdosierung hat eine zu starke Schaumbildung zur Folge, die sich hinderlich auf den Reinigungsprozess auswirkt.
  - Bei sehr weichem Wasser sind schaumbremsende Spezialmittel unerlässlich.
  - Bei wenig verschmutzter Wäsche bildet sich mehr Schaum als bei stark verschmutzter Wäsche.
  - Bei hartem Wasser ergibt sich ein höherer Waschmittelverbrauch, die Schaumbildung ist geringer.

Pflege- und Behandlungssymbole für Textilien

Die Behandlung von Textilien ist auf deren Eigenschaften abzustimmen. Zur Information sind die Textilien deshalb mit jeweils entsprechenden Pflegesymbolen ausgestattet.

Die nachstehenden und ähnliche Kennzeichnungen erleichtern die Zuordnung der Textilien zu jeweils artspezifischen Reinigungs- und Pflegeverfahren.

Waschen (Waschbottich)	Chloren (Dreieck)	Tumbler-Trocknung (Trockentrommel)	Bügeln Bügeleisen	Chemisch-Reinigung (Reinigungstrommel)
Normalwaschgang 95	Chlorbleiche möglich	Trocknen möglich normale Temperatureinstellung	heiß bügeln	keine chemische Reinigung möglich
Normalwaschgang 60			mäßig heiß bügeln	
Normalwaschgang 40		Trocknen möglich herabgesetzte Temperatureinstellung	nicht heiß bügeln	
Schonwaschgang 30	Chlorbleiche nicht möglich		nicht bügeln	
Handwäsche				
nicht waschen		Trocknen im Tumbler nicht möglich		
• Die in den Waschbottichen angegebenen Temperaturen dürfen nicht überschritten werden. • Der Strich unter einem Waschbottich weist darauf hin, dass beim Waschen eine schonende mechanische Einwirkung anzuwenden ist (Schonwaschgang).			• Die Punkte weisen auf die Temperaturbereiche beim Bügeln hin.	

Waschen, Trocknen und Glätten

Waschen

Die Wäsche wird nach folgenden Gesichtspunkten
sortiert (siehe Pflegekennzeichen):
* Temperaturverträglichkeit,
* mechanische Belastbarkeit.

Daraus ergeben sich folgende Kombinationen:

⟨95⟩ **Kochwäsche**
* weiße und farbechte Wäschestücke aus Baumwolle, Leinen und
  Halbleinen, Vollwaschmittel

⟨60⟩ **Heißwäsche**
* nicht farbechte Buntwäsche aus Baumwolle, Leinen und Halbleinen
* weiße Wäschestücke aus Chemiefasern (z. B. Hemden und Blusen);
  Feinwaschmittel

⟨40⟩ **Feinwäsche**
* Wäsche aus Seide und synthetischen Fasern. Bei Mischgeweben ist das
  empfindlichste Gewebe ausschlaggebend, Feinwaschmittel

⟨30⟩ **Feinwäsche**
* Gardinen, Stores und andere sehr feine Gewebe, Feinwaschmittel

⟨30⟩ **Wolle**
* alle Wollwaren aus reiner Schurwolle und mit dem Hinweis „filzt nicht".
Wollwaren ohne diesen Hinweis sollten besser von Hand gewaschen oder
chemisch gereinigt werden.

Trocknen, Glätten und Legen der Wäsche
Beim Schleudern wird das meiste Wasser abgesondert.

Durch Glätten erhält die Wäsche ein glattes und gepflegtes Aussehen. Dabei
wird unterschieden:
* Bügeln (Bügeleisen)
* Mangeln
* Pressen (Dampfpressautomaten).

Abb. 1 Pflegekennzeichen

Die Wäsche muss auch beim
Bügeln entsprechend ihrer
Temperaturverträglichkeit
sortiert werden. Die Pflegekennzeichen sind unbedingt
zu beachten.

Bei Mischgeweben ist die
temperaturempfindlichste
Faser ausschlaggebend.

Aufgaben

1. Nennen Sie Tischformen und übliche Maße für Einzeltische.

2. Nennen Sie unterschiedliche Tafelformen.

3. Welche Wäschestücke gehören zur Tischwäsche?

4. Aus welchem Material werden Moltons hergestellt?

5. Welche unterschiedlichen Zwecke erfüllen Moltons?

6. Wozu dienen Decktücher und wozu dürfen sie nicht verwendet werden?

7. Welchen Zwecken dient die Handserviette? Welche Richtlinien sind unter hygienischen und
   ästhetischen Gesichtspunkten bezüglich des Gebrauchs zu beachten?

8. Unter welchen Gesichtspunkten muss Wäsche vor dem Waschen sortiert werden?

9. Unterscheiden Sie in Bezug auf die Waschtemperatur und die Materialbeschaffenheit der Wäsche
   folgende Bezeichnungen: a) Kochwäsche   b) Heißwäsche   c) Feinwäsche

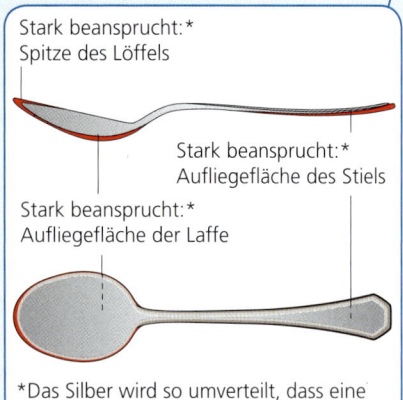

Stark beansprucht:*
Spitze des Löffels

Stark beansprucht:*
Aufliegefläche des Stiels

Stark beansprucht:*
Aufliegefläche der Laffe

*Das Silber wird so umverteilt, dass eine
Verstärkung der Silberschicht um
100 % entsteht.

Abb. 1 Verstärkung der
Silberschicht
bei Patentsilber

Chromstahl →
Legierung mit Chrom
Chromnickelstahl →
Legierung mit Chrom
und Nickel

Edelstahlbestecke, die matt-
oder hochglanzpoliert sein
können, sind pflegeleicht.

Abb. 2 Kunststoffbesteck

2.3 Bestecke   🇬🇧 cutlery   🇫🇷 couverts (m)

Mit einer zunehmenden Kultivierung der Essgewohnheiten setzte sich der Gebrauch von unterschiedlichen Bestecken durch.

Material

Abgesehen von Bestecken mit Holzgriffen, die wegen des häufigen Spülens für gastgewerbliche Zwecke nicht geeignet sind, bestehen Bestecke im Allgemeinen aus Metall.

Versilberte Bestecke

Silberbesteck ist teuer und wird deshalb selten verwendet. Um aber auf den Glanz dieses edlen Metalls nicht verzichten zu müssen, werden Bestecke versilbert. Bei versilbertem Besteck erhält ein Metallkern eine Silberauflage in unterschiedlicher Dicke, die an stark beanspruchten Stellen häufig zusätzlich verstärkt wird. Bei dreifach verstärkter Auflage spricht man von **Patentsilber** (s. Abb.). Die Kennzeichnung 80, 90 oder 100 bedeutet, dass für 24 dm² Besteckoberfläche entsprechende Mengen Silber in Gramm verwendet wurden (je höher die Zahl, desto dicker die Silberschicht).

Edelstahlbesteck

Das am häufigsten verwendete Grundmaterial ist Stahl, weil er genügend stabil und hart ist. Um das Rosten zu verhindern, wird der Stahl veredelt (**Edelstahl**). Darüber hinaus wird die Festigkeit durch Legieren mit anderen Metallen erhöht. Neben den Kennzeichnungen „rostfrei" oder „stainless" geben die Einprägungen 18/8 oder 18/10 Hinweise auf die Art der Legierung: 18 % Chromanteile sowie 8 bzw. 10 % Nickel.

Bestecke aus Kunststoffen

Vor Allem im Außer-Haus-Geschäft spielen Bestecke aus Kunststoffen eine große Rolle. Auf Grund ihres niedrigen Anschaffungspreises können sie dem Gast zum einmaligen Gebrauch überlassen werden.

Bei großen Caterings ist aus logistischen Gründen die Verwendung von Mehrwegbestecken oft nicht möglich, wenn beispielsweise keine Spülmöglichkeiten zur Verfügung stehen. Für gehobene Anlässe steht Kunststoffbesteck mit Metalloptik zur Verfügung.

Der verwendete Kunststoff muss hitzestabil bis 90 °C sein (z. B. Suppenlöffel), darf nicht leicht zerbrechen (Gabeln, Messer), und muss widerstandsfähig gegen leichte Säuren (wie Zitronensäure) sein. Mögliche Kunststoffe sind Polystyrol (PS) oder Polyethylen (PE). Die Kunststoffe werden bei Sonneneinstrahlung schnell spröde, dies muss bei der Lagerung beachtet werden.

Da Polystyrol oder Polyethylen nicht natürlich abbaubar sind, ist eine fachgerechte (getrennte) Entsorgung notwendig. Beide Kunststoffe sind voll recycelbar.

Arten und Einsatz

Übersicht Besteckgruppen

Die vielfältigen Besteckteile werden nach folgenden Gesichtspunkten geordnet.

Im klassischen Service werden Desserts als Entremets bezeichnet. Die Kombination von Mittellöffel und Mittelgabel heißt deshalb Entremet-Besteck.

Gast verwendet		Servicepersonal verwendet
zum Essen	zum Vorbereiten	
Grundbesteck Löffel, Messer, Gabel	**Spezialbesteck** für spezielle Speisen	**Serviergeräte** hauptsächlich zum Vorlegen und Tranchieren
	Hilfsbesteck zur Vorbereitung des Verzehrs	

Grundbesteck

Zum Grundbesteck gehören Messer, Gabeln und Löffel, die es in drei verschiedenen Größen gibt. Die *Größe des Bestecks* richtet sich nach dem Volumen der Speise bzw. nach der Größe des Tellers, auf dem die Speise angerichtet ist. In jedem Fall muss aus optischen Gründen die Verhältnismäßigkeit der Größen gewährleistet sein.

Die Wahl eines Bestecks steht in enger Beziehung zu der jeweiligen Art der Speise:

Speisenspezifische Verwendungszwecke für Bestecke		
Großes Besteck (Tafelbesteck)	**Mittelbesteck (Dessertbesteck)**	**Kleines Besteck**
Löffel • für Suppen mit grober Einlage, die in tiefen Tellern angerichtet werden • zum Vorlegen von Speisen, die geschöpft werden können (z. B. Erbsen, Karotten, Reis, Kartoffelpüree und Saucen)	**Messer** • für das einfache Frühstück • auf dem Beiteller für Brot und Butter **Löffel** • für Suppen in Suppentassen • für Frühstücksspeisen	**Löffel** • für Suppen in kleinen Spezialtassen • für cremige Speisen in Gläsern oder Schalen, sofern sie keine festen Bestandteile enthalten • für Quarkspeisen oder Joghurt zum Frühstück
Löffel und Gabel • für selbstständige Gerichte aus Spaghetti • als Vorlegebesteck für Speisen, die mit zwei Bestecken aufgegriffen werden müssen	**Löffel und Gabel** • für Teigwarengerichte, wie Ravioli, Cannelloni und Lasagne • für Desserts, die auf Tellern angerichtet sind, wie Crêpes, Obstsalat, Parfait mit Früchten	**Löffel und Gabel** • für Vorspeisen und Nachspeisen in Gläsern oder Schalen, die in kleingeschnittener Form feste Bestandteile enthalten (z. B. Krabben- oder Gemüsecocktail, cremige Speisen mit Früchten, Früchte in Gelee, Salat von frischen Früchten)
Messer und Gabel • für Hauptspeisen jeglicher Art, sofern das Schneiden erforderlich ist (siehe Fischbesteck)	**Messer und Gabel** • für Vorspeisen und Zwischengerichte • für Frühstücksspeisen (Wurst, Käse, Schinken, Melone) • für Käse als Nachspeise	

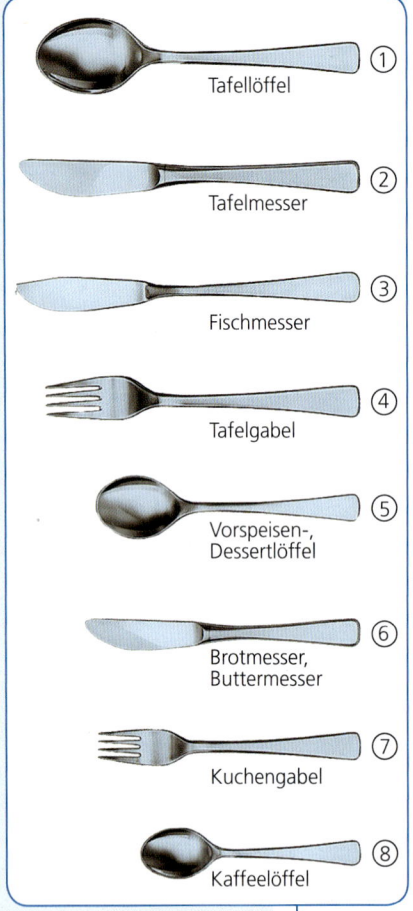

Abb. 2 Systembesteck

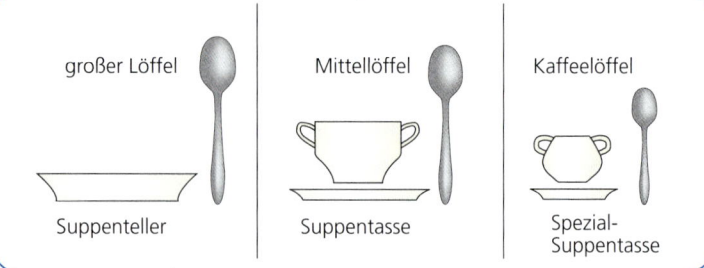

Abb. 1 Verwendung des Löffels

Hotel-Systembesteck

Hotel-Systembesteck ist ein Bestecksortiment, bei dem Art und Größe der Bestecke so gewählt sind, dass sie in verschiedenen Kombinationen und für verschiedenartige Zwecke verwendet werden können. Aufgrund dieser Vereinfachung reduziert sich die Vielfalt der im Einsatz befindlichen Besteckteile.

Die Besteckteile mit den Nummern 5 bis 8 genügen, um Vorspeisen- und Dessertgedecke mit unterschiedlichen Volumen bzw. Größen durch jeweils entsprechende Kombinationen sachgerecht ausstatten zu können.

Beispiel

Die Tafelgabel ist

- einerseits so groß, dass sie für Hauptgerichte ausreicht und gleichzeitig auch für Vorspeisen und Desserts noch angemessen ist,
- andererseits so breit, dass sie auch als Fischgabel eingesetzt werden kann.

Spezialbestecke

- **Fischbesteck**
  Das Fischbesteck ist für Speisen von Fisch sowie Schalen- und Krustentieren geeignet, sofern diese aufgrund ihrer Verarbeitung eine weiche Beschaffenheit haben und nicht geschnitten werden müssen.
  Sonst sind Mittelmesser und Mittelgabel einzudecken, z. B. bei

  - mariniertem Fisch: Matjeshering, Bismarckhering und Rollmops,
  - geräuchertem Fisch: Lachs, Aal und Heilbutt,
  - größeren Stücken von Krebstieren: Hummer, Languste.

- **Austerngabel**
  Mit der Austerngabel werden die frischen Austern aus der Schale herausgelöst. Nach klassischer Art ist es erlaubt, die Austern aus der Schale zu schlürfen.

- **Steakmesser**
  Um das gebratene Steakfleisch einfach und sauber durchschneiden zu können, ist das Steakmesser mit einem Wellen- oder Sägeschliff versehen. Bei Bestellung eines Steaks wird es gegen das Tafelmesser ausgetauscht.

Hilfsbesteck

- **Kaviarlöffel und Kaviarmesser**
  Mit dem Löffel wird der Kaviar auf den Toast vorgelegt und mit dem Messer verteilt. Weil Metalle den Geschmack des Kaviars verändern, sind die Bestecke meist aus Horn oder Perlmutt.

- **Hummergabel**
  Mit der **Hummergabel** wird das Fleisch aus den Scheren und Beingliedern herausgezogen und auf den Teller vorgelegt.
  Damit das möglich ist, bricht der Koch die Scheren an. Das zugehörige Essbesteck ist entweder das Fisch- oder das Mittelbesteck.

  Die **Hummerzange** wird nur dann von den Restaurantfachkräften benötigt, wenn die Krustentiere rustikal (unzerteilt und und aufgebrochen) angerichtet sind.

- **Schneckenzange und Schneckengabel**
  Die Schneckenzange dient dazu, das heiße Schneckenhaus aufzunehmen und zu halten (linke Hand). Mit der Schneckengabel wird die Schnecke aus dem Haus genommen und auf einem Löffel vorgelegt (rechte Hand). Die Butter aus dem Schneckenhaus wird dazugegossen.

  Werden Schnecken in einer Schneckenpfanne serviert, ist lediglich ein Kaffeelöffel oder eine kleine Gabel erforderlich. Die Butter wird in diesem Falle mit Brot aus den Vertiefungen getunkt.

- **Krebsbesteck**
  Das Krebsbesteck dient zum Aufbrechen von Krebspanzer und Scheren. Durch das Loch in der Messerschneide steckt man die Scherenspitzen, bricht diese ab. So kann das Fleisch leicht aus der Schere gezogen werden.

Serviergeräte

- **Saucenlöffel**
  Der Saucenlöffel dient den Servicemitarbeitern zum Vorlegen von Saucen. Außerdem kann er in Verbindung mit der Sauciere eingesetzt werden.

- **Tranchierbesteck**
  Das Tranchierbesteck wird zum portionsgerechten Zerteilen größerer Bratenstücke verwendet. Nur mit einem besonders scharfen Messer lassen sich gute Ergebnisse erzielen. Zum Festhalten des Fleischstückes wird die Tranchiergabel nur aufgelegt und nicht in das Fleisch eingestochen.

- **Salatbesteck**
  Zum Mischen von Frischsalaten und zum Vorlegen aller Salatarten verwendet man an Stelle der Tafelbesteckteile das größer gehaltene Salatbesteck.

- **Käsemesser**
  Beim Käsemesser ist die Klinge mit Kuhlen versehen. Diese verhindern, dass die abgeschnittenen Käsescheiben an der Messerklinge haften. Die Gabelspitzen am Messerrücken dienen zum Vorlegen.

- **Spargelheber**
  Der Spargelheber ist mit Rillen versehen, die das Abgleiten der Spargelstangen verhindern. Die breite Auflagefläche verhindert das Abknicken der Spargelstangen.

Beim Tragen von Besteckteilen gelten folgende Regeln:
- Beim Mise en place dürfen Bestecke auf einer in der Hand liegenden Serviette getragen werden,
- bei Anwesenheit von Gästen ist in jedem Fall eine Unterlage, entweder ein mit Serviette belegter Teller oder ein Tablett zu verwenden.

Abb. 1 Spülmaschine

Aus hygienischen Gründen sollte man beim Entnehmen der mit der Klinge nach oben stehenden Messer Gummihandschuhe verwenden.

Abb. 2 Silber-Pflegemittel

Handhaben im Service

Bestecke sollen in ästhetisch einwandfreiem Zustand bleiben. Deswegen sind sie pfleglich zu behandeln. Löffel und Gabeln sollten stets mit den Wölbungen ineinander und nicht gegeneinander liegen.

Nachpolierte Bestecke sind so zu handhaben, dass Fingerabdrücke möglichst vermieden werden. Deshalb gilt:
- Bestecke dürfen niemals in der bloßen Hand getragen werden.
- Beim Aufnehmen und Ablegen am Tisch greift man mit Daumen und Zeigefinger an den schmalen Seitenflächen.
- Das Berühren der nach oben gerichteten Sichtflächen ist unbedingt zu vermeiden.

Reinigung und Pflege

An die Bestecke werden hohe Anforderungen gestellt (Ästhetik, Hygiene). Das ist verständlich, denn die meisten Bestecke kommen in irgendeiner Form mit Speisen, die speziellen Essbestecke außerdem mit dem Mund des Gastes in Berührung. Daraus ergibt sich für den Service die Verpflichtung, Bestecke nur in tadellosem Zustand zu verwenden.

Grundlegende Reinigung

Benutzte Besteckteile getrennt, d.h. Messer, Gabeln und Löffel in verschiedene Besteckspül-Köcher stehend einsortieren. Die Messer müssen stets mit der Klinge nach oben im Köcher stehen. Zum Vorreinigen werden die Besteckteile in den Köchern stehend mit der Spülbrause vorgeduscht. Die Besteckköcher sollten dabei nicht überladen werden, da sonst die Besteckdichte ein einwandfreies Reinigen verhindert.

Nach dem Einschieben in die Maschine beginnt der Spülvorgang. Durch eine richtige Dosierung des Spülmittels und besonders heiße Nachspülung erhält man schlieren- und fleckenfreies Besteck. Das übliche Nachpolieren ist deshalb nicht mehr nötig. Das Nachpolieren von Besteckteilen ist bedenklich, da für viele Besteckteile das gleiche Tuch verwendet wird und somit Bakterien auf das Besteck übertragen werden können.

Besondere Pflege des Silberbestecks

Silber „läuft an". Durch Schwefelwasserstoff, der sich in Speisen und in der Luft befindet, bildet sich an der Oberfläche der Silberbestecke ein festhaftender bräunlicher Belag. Dieser kann nur mit Hilfe von geeigneten Reinigungsmaßnahmen entfernt werden:
- Silberputzpaste
  Sie wird aufgetragen und nach dem Trocknen wieder abgerieben (einfache, zeitaufwendige Methode).

- Silberbad galvanisch
  Reinigung erfolgt chemisch mit Hilfe von heißem Wasser, Aluminium, Soda und Salz

- Silberputzmaschine
  In einer sich drehenden Trommel befinden sich Stahlkügelchen und ein Spezialmittel zum Reinigen und Polieren.

2.4 Gläser 🇬🇧 glass-ware 🇫🇷 verres (m)

Die Herstellung von Glas und seine Verarbeitung zu Trinkgläsern war in Ägypten bereits 1500 v. Chr. bekannt. In Syrien wurde um die Zeitenwende die sogenannte Glasmacherpfeife erfunden, die das Mundblasen von Gläsern ermöglichte und den beschleunigten Aufschwung des Glasmachergewerbes zur Folge hatte.

Material

Glas ist ein Schmelzprodukt aus verschiedenartigen Materialien, das durch Abkühlung erstarrt. Zur Herstellung verwendet man:
- als Hauptbestandteil Quarz bzw. Quarzsand, der chemisch aus Kieselsäure besteht,
- als Beimischung unterschiedliche Metalloxide, z. B. Natrium (Natron), Kalium (Kali), Magnesium und Blei.

Auswahlkriterien

Gläser, die im Pressverfahren produziert sind, werden im Allgemeinen nur für einfache Getränke verwendet, z. B.:
- Wasser, Milch und Limonaden,
- Schoppenweine und einfache Schnäpse.

Geblasene bzw. Kristallgläser lassen höherwertige Getränke besser zur Geltung kommen, z. B.:
- hochwertige Säfte und hochwertige Spirituosen,
- Qualitätsweine.

Formen und Arten der Gläser

Grundlegende Gläserformen

In Bezug auf die Grundform unterscheidet man:
- **Bechergläser**, die im Allgemeinen für einfache Getränke verwendet werden, z. B. für Wasser, Bier, klare Spirituosen,

- **Stielgläser**, die im Vergleich zu den Becherngläsern eleganter wirken, für höherwertige Getränke, z. B. für Wein, Schaumwein, Cognac, Liköre, Cocktails.

Getränkespezifische Formen der Gläser

Hochwertige Getränke haben Eigenschaften, die erst durch eine besondere Form des Glases richtig zur Geltung kommen.

Getränke mit besonderen Duftstoffen
Ein typisches Getränkebeispiel ist der **Wein**. Der Kelch des Glases ist zum Rand hin verjüngt, sodass die Duftstoffe oberhalb der Glasöffnung zusammengeführt und nicht wie beim geöffneten Kelch zerstreut werden.

Getränke mit viel Kohlensäure
Typische Getränke sind **Schaumwein** und **Bier**. Das Glas hat eine schlanke, hohe Form, sodass die frei werdende Kohlensäure aufsteigend auf einem langen Weg sichtbar ist. Die niedrige und breite Sektschale ist unter diesem Gesichtspunkt ungeeignet.

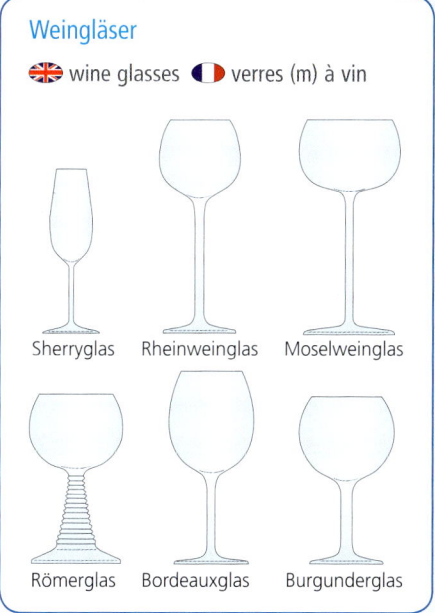

Weingläser
🇬🇧 wine glasses 🇫🇷 verres (m) à vin

Sherryglas · Rheinweinglas · Moselweinglas
Römerglas · Bordeauxglas · Burgunderglas

Schaumweingläser
🇬🇧 champagne glasses
🇫🇷 verres (m) à champagne

Sektspitz · Flöte · Sektkelch

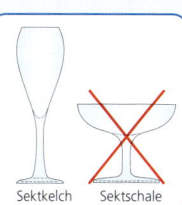

Sektkelch · Sektschale

Beschädigte Gläser müssen aussortiert werden.

Biergläser

🇬🇧 beer glasses 🇫🇷 verres (m) à bière

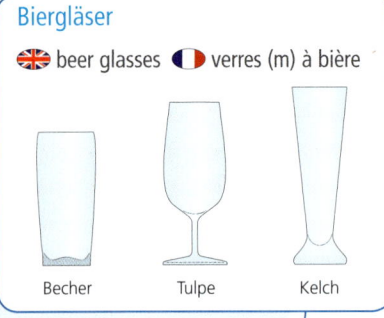

Becher   Tulpe   Kelch

Bargläser

🇬🇧 bar glasses 🇫🇷 verres (m) de bar

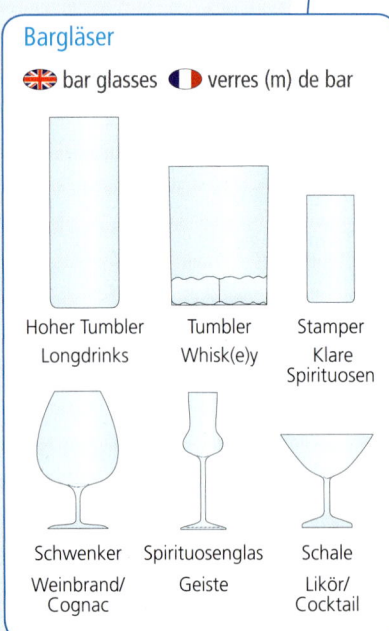

Hoher Tumbler Tumbler Stamper
Longdrinks   Whisk(e)y Klare
                          Spirituosen

Schwenker   Spirituosenglas Schale
Weinbrand/   Geiste   Likör/
Cognac   Cocktail

Reinigung und Pflege

Wenn man bezüglich der Sauberkeit bei Tafelgeräten überhaupt von einer Abstufung sprechen kann, dann sind an die Sauberkeit von Gläsern die höchsten Anforderungen zu stellen. Dafür gibt es wichtige Gründe:

- Selbst Spuren von Schmutz (Fett, Staub, Spülmittelreste) fallen bei Licht besonders auf.
- Sie stören bei hochwertigen und feinen Getränken den Geschmack und das Bukett.
- Fettspuren an Biergläsern mindern beim Zapfen die Ausbildung der Schaumkrone oder sie zerstören diese nachträglich.

Grundlegende Reinigung

Gläser nach Gebrauch so schnell wie möglich spülen. Eingetrocknete Getränkereste erschweren das Reinigen. Getränke- und Garniturreste von Getränken vor dem Beschicken der Spülmaschine entfernen. Nach dem Spülen den Spülkorb mit den Gläsern sofort aus der Maschine nehmen.

Nach dem Spülgang trocknen die Gläser innerhalb kürzester Zeit, da das Wasser auf dem angewärmten Glas rasch verdampft.

Weil bei richtig dosiertem Klarspüler an den Gläsern keine Wasserflecken zurückbleiben, ist das Nachpolieren nicht nötig. Dadurch werden keine Bakterien durch das Poliertuch übertragen.

Beim Einräumen in die Schränke werden die Gläser optisch auf Sauberkeit kontrolliert.

Lagerung der Gläser

Gläser lagert man möglichst in geschlossenen Schränken mit dem Mundrand nach oben. Gläser dürfen niemals ineinander gestapelt werden. Sie sollen auch nicht hängend über der Theke gelagert werden, da Dunst und Raumluft sich im Kelch niederschlagen.

Handhaben im Service

Sowohl beim Mise en place als auch während des Services dürfen Gläser niemals im Trinkbereich angefasst werden. Es ist insbesondere zu vermeiden, in das Glas hineinzugreifen oder es vom oberen Rand her mit den Fingern zu umfassen, **auch nicht beim Ausheben von geleerten Gläsern**.

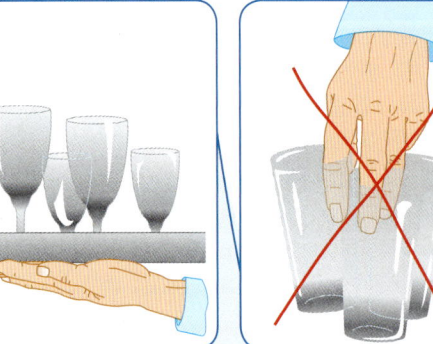

Stielgläser werden zwischen Daumen sowie Zeige- und Mittelfinger erfasst.

Gläser werden im Allgemeinen auf einem Tablett getragen, wobei die Anzahl so zu begrenzen ist, dass sie nicht aneinanderstoßen. Ein untergelegtes Tuch verhindert das Rutschen. Stielgläser werden beim Mise en place ausnahmsweise zwischen den Fingern der linken Hand hängend getragen, bei Anwesenheit von Gästen aus optischen Gründen jedoch nicht mehr als vier Gläser.

Abb. 1 Handhaben im Service

2.5 Porzellangeschirr 🇬🇧 china 🇫🇷 porcelaine (w)

Das Ursprungsland der Porzellanherstellung ist China. Seitdem die Holländer im 13. Jahrhundert chinesisches Porzellan nach Europa einführten, wurden hier viele Versuche der Nachahmung unternommen.

Eigenschaften

Für den **Porzellankörper** werden die Rohstoffe Kaolin, Quarz und Feldspat verwendet. Je nach der Zusammensetzung und der Art des Brennens erhält man
- hartes oder weiches Porzellan,
- feuerfestes oder nicht feuerfestes Porzellan.

Bezüglich der **Form** gibt es neben gradlinigem, stapelbarem Porzellan auch solches, das sich durch individuell gestaltete, teilweise künstlerisch hochwertige Formen auszeichnet. Rein weißes und buntes Porzellan wird auch mit mehr oder weniger aufwendigem **Dekor** versehen.
Man unterscheidet bei Dekor:
- Randdekors in Form von Linien, Streifen und Bildmotiven (Monogramme oder Vignetten),
- Flächendekors in Form von Blumen, Ranken und anderen Motiven,
- Auf- oder Unterglasurdekors, je nachdem, ob diese vor oder nach dem Glasieren aufgebracht wurden.

Auswahlkriterien für Hotelporzellan

Weil Hotelporzellan stark belastet wird, bevorzugt man:
- hartes Porzellan, um Beschädigungen und Verluste durch Bruch möglichst niedrig zu halten,
- harte Glasuren sowie Unterglasurdekors, weil sie gegenüber den mechanischen Einwirkungen beim Essen und Spülen unempfindlicher sind,
- feuerfestes Geschirr, das zum Garen und Überbacken (z. B. auch beim Kochen am Tisch) und zum heißen Anrichten von Speisen unerlässlich ist.

Für die Auswahl von Form und Dekor gelten:
- Für den täglichen Gebrauch werden **stapelbare** und deshalb **raumsparende** Formen sowie schlichte Dekors bevorzugt.
- Für den anspruchsvollen Service, insbesondere zu festlichen Anlässen, kann auf individuell gestaltete Formen sowie auf besonderes Dekor nicht verzichtet werden.

Arten und Einsatz von Porzellangeschirr

Abb. 1 Porzellan

Die **Glasur** gibt dem Porzellan eine glatte, versiegelte Oberfläche, die vor eindringender Feuchtigkeit schützt und die Reinigung wesentlich vereinfacht. Je nach Material und Art des Brennens gibt es *harte* und *weiche* Glasuren.

Werden Speisen in tiefen Tellern serviert, setzt man zum sicheren Tragen die tiefen Teller auf flache Teller.

Tiefe Teller Ø 26 cm/ Ø23 cm
Diese Teller, auch Suppenteller genannt, werden für Speisen verwendet, bei denen ein etwas höherer Tellerrand erforderlich ist, z. B. für:

- Suppen mit stückigen Einlagen (Gemüse, Hülsenfrüchte, Teigwaren, Reis, Muscheln und Fisch) sowie Eintopfgerichte,

- Spaghetti und andere Teigwarengerichte,
- Frühstücksgerichte (Cornflakes, Porridge, Müsli),
- Salatvariationen,
- warme Desserts.

Tiefe Teller werden außerdem als Ablageteller für nicht verzehrbare Speiseteile verwendet, insbesondere dann, wenn es sich um größere Mengen handelt, z. B. Muschelschalen oder Krustentierpanzer.

Flache Teller Ø 28 cm/ Ø 26 cm
Ø 28 cm, auch Grillteller genannt; für komplette Gerichte. Zubereitungen aus Fleisch, Fisch oder Geflügel
werden mit den dazugehörigen Beilagen auf diesen
Tellern angerichtet (Tellerservice).
Ø 26 cm, auch Fleisch- oder Gedeckteller genannt;
auf ihnen werden meist separat angerichtete Speisen
am Tisch vorgelegt. Sie finden aber auch beim
Tellerservice Verwendung.

Vorspeisenteller Ø 23 cm
Für kalte und warme Vorspeisen; für Frühstücksbüfett.

Mittelteller Ø 19 cm
auch Dessertteller genannt; für Zwischengerichte,
Salate, Käse, Gebäck, Kuchen, Desserts, als
Frühstücksteller und Ablageteller.

Kleine Teller/Brotteller Ø 15 cm
für Brot, Brötchen, Toast, Butter, eventuell als
Ablageteller.

Platzteller Ø 31 cm
Platzteller sind große dekorative Teller, die den Gedeckplatz während des Essens ausfüllen und auf die
jeweils die Teller der Speisenfolge aufgesetzt werden.
Sie werden bereits beim Eindecken des Tisches bzw.
der Tafel eingesetzt und frühestens nach dem Hauptgang wieder ausgehoben. Damit der dekorative Rand
des Tellers sichtbar bleibt, sind Platzteller größer als
der größte aufgesetzte Teller. Deckchen schützen die
Oberfläche der Platzteller, außerdem können andere
Gedeckteile dann geräuscharm aufgesetzt werden.

Suppentassen 0,2 l/0,1 🇬🇧 soup bowls 🇫🇷 tasses (w) à soupe
mit Henkeln, für gebundene und klare Suppen mit Einlage (z.B. Leberklößchen,
Markklößchen). Kleine Spezialtassen für exotische Suppen und Essenzen.

Getränketassen 0,15 l/0,2 und weniger 🇬🇧 Coffee cups 🇫🇷 tasses (w) à café
mit unterschiedlichen Formen und den dazu passenden Untertassen für Kaffee,
Tee, Schokolade und Milch; desgleichen Mokka- und Espressotässchen.

Platten 🇬🇧 serving dishes 🇫🇷 plats (m)
in ovaler oder rechteckiger Form für Fleisch, in langovaler Form
für Fisch und in runder Form vorwiegend für Gemüse.

Saucieren 🇬🇧 sauce boats 🇫🇷 saucières (w)
unterschiedlicher Größe und Formen, teilweise mit Gießer, für warme
und kalte Saucen sowie für flüssige und geschlagene Butterarten.

Schüsseln und Terrinen 🇬🇧 bowls and terrines 🇫🇷 plats (m) et terrines (w)
mit und ohne Deckel für Eintöpfe, Suppen und Beilagen sowie
für Zubereitungen mit viel Sauce, z.B. Ragouts.

Kännchen 🇬🇧 small can 🇫🇷 burette (w)
mit und ohne Deckel, in Form und Größe verschieden
für Kaffee, Tee, Schokolade und Milch; außerdem
Gießer für Kaffeesahne zu den Aufgussgetränken.

Backformen 🇬🇧 baking molds 🇫🇷 moules (m) de cuisson
Backformen oder Kokotten, rund und oval, zum Anrichten von
Fisch, Fleisch und Gemüse. Zum Gratinieren von Teigwaren,
zum Backen von Kartoffeln und Überbacken von Gemüsen.

Eierplatten 🇬🇧 egg dishes 🇫🇷 plats (m) pour les oeufs
oder Eierpfannen zum Anrichten von Eierspeisen
und zum Zubereiten und Servieren von Spiegeleiern.

Schneckenpfannen 🇬🇧 snail platters 🇫🇷 plats (f) à escargots
Flache Geschirre mit halbkugelförmigen Vertiefungen,
in welche vorbereitete Schnecken gelegt und im Ofen
erhitzt werden.

Sonstige Teile

Schalen oder Schälchen für Zucker, Konfitüre, Marmelade, Kompott, Fisch- oder Muschelragout, Apfelmus, geschnittene Kräuter oder Zwiebelwürfelchen; Fingerschalen; Stövchen; Fondueteller, Austernteller.

Wenn sich feste Menüfolgen auflösen und Fingerfood oder „Flying Büfetts" den kulinarischen Teil bestimmen, wird der Wunsch nach individuellem Geschirr laut. Hierfür bieten sich die Minikompositionen aus Glas und Porzellan im Kleinformat an.

Auflaufformen

oder Souffléschalen zum Backen und Servieren von Aufläufen aller Art.

Kasserollen

oval mit Deckel zum Fertigstellen von Spezialgerichten. Die halbfertigen Zubereitungen kommen in die Geschirre (z. B. Geflügel), werden darin fertig gegart und auch serviert.

Die aus **feuerfestem Porzellan** hergestellten Geschirre dienen hauptsächlich zum Zubereiten und Fertigstellen von Speisen, da die Gerichte auch darin serviert werden.

Kein anderer Ausstattungsgegenstand in der Gastronomie hat sich so gewandelt wie das Porzellan. Moderne Formen von Näpfchen, Schälchen, Tellern, die gravierend von der bekannten Form abweichen, lassen sich in flexibler Weise miteinander kombinieren und fordern von der Küche eine kreative Anrichteweise. Es entsteht für die Gäste ein neues faszinierendes Ambiente.

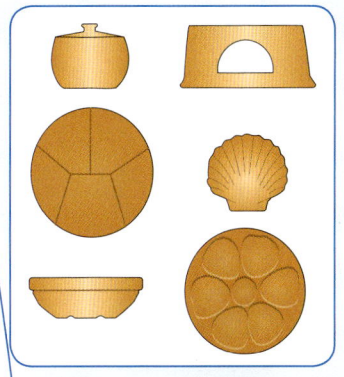

Abb. 1 Feuerfestes Porzellan/Keramik

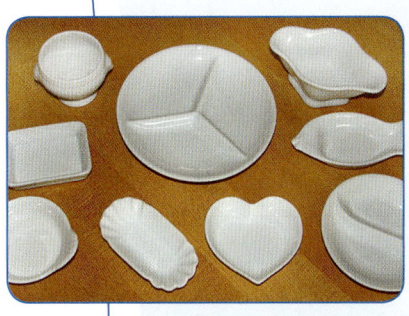

Abb. 2 Kleinteile

Reinigung und Pflege des Porzellans

Porzellan wird bei 60 °C gereinigt und aus hygienischen Gründen bei 80 °C nachgespült. Die dabei entstehende Wärmereserve lässt das Geschirr selbstständig trocknen. Sauberes Porzellan muss frei von Wasserschlieren und Fettfilm sein.

Schadhafte Geschirrteile werden aussortiert. Bei Tassen, Kännchen und Kannen können sich an Henkelansätzen Rückstände ablagern. Darum kontrolliert man sorgfältig.

Viele Häuser haben ein ausgefeiltes System zum Lagern und Transportieren von Geschirr. Dazu verwendet man sinnvollerweise Transportbehälter im Verbund mit Euro-Paletten oder fahrbare Regalgestelle. Diese Lagerungsart von Porzellan erlaubt eine schnelle Bestandsüberwachung und schützt Tassen und Teller vor Beschädigungen.

Abb. 1 Menage

Abb. 2 Parmesandose

Abb. 3 Rechaudplatten

Abb. 4 Käsecloche und Tellercloche

2.6 Sonstige Tisch- und Tafelgeräte

🇬🇧 table equipment 🇫🇷 appareils (m) de table

Neben den grundlegenden Geräten, wie Bestecke, Gläser und Porzellan, gibt es solche, die beim Servieren von Speisen ganz bestimmte Zwecke erfüllen.

Menagen 🇬🇧 ondiments 🇫🇷 ménages (m)

Menagen sind Tischgestelle für Essig und Öl, für Salz, Pfeffer, Paprika und andere Gewürze. Behältnisse für Senf und Würzsaucen sowie Pfeffermühlen und Zuckerstreuer zählen auch dazu.

Tägliche Pflege von Menagen

Salz- und Pfefferstreuer, Zuckerstreuer
- Glaskörper feucht abwischen und polieren
- verstopfte Löcher mit Zahnstocher „öffnen"
- nachfüllen (höchstens zwei Drittel)

Pfeffermühlen
- trocken abwischen, auffüllen

Senftöpfe
- leeren, reinigen, wieder füllen
- mit etwas Essig beträufeln, um das Austrocknen der Oberfläche zu verhindern

Essig- und Ölflaschen
- feucht abwischen und trockenreiben

Würzsaucen
- Flaschenverschluss und Flaschenmund reinigen
- verschmierte und verkrustete Reste abwaschen
- Flaschen feucht abwischen und trockenreiben

Reibkäse/Parmesan
- entleeren und Glaseinsatz waschen

Tischgeräte für spezielle Zwecke

Spezielle Geräte für den Speisenservice sind:
- Rechauds, Clochen und Chafing-Dishes zum Warmhalten von Speisen
- Tranchierbretter, Tranchierbestecke und Flambierrechauds für das Arbeiten am Tisch des Gastes
- Fingerschalen bzw. Fingerbowlen zum Reinigen der Finger

Rechauds dienen dem Warmhalten von Speisen und Getränken am Tisch des Gastes. Es werden hauptsächlich vorheizbare Wärmespeicherplatten eingesetzt.

Clochen, halbkugelförmige Abdeckhauben, zum Warmhalten angerichteter Speisen während des Transportes aus der Küche. Clochen werden aber auch als Geruchs-, Aroma- oder Abtrocknungsschutz verwendet. Clochen stets gut erwärmt benutzen.

Chafing-Dishes bewähren sich überall dort, wo Speisen über längere Zeit warmgehalten werden müssen, z. B. am Frühstücks- oder Lunchbüfett, sowie bei festlichen Büfetts mit warmen Speisen. Heißes Wasser im unteren Bereich des Gerätes ist der Wärmeträger. Die Beheizung erfolgt mittels Brennpasten, elektrischen Tauchsiedevorrichtungen oder Heizplatten. Anstatt heißem Wasser können die Geräte auch mit Kühlkissen versehen werden, um Speisen kühl zu halten. Die Geräte sind in rechteckiger oder in runder Form erhältlich und können auch durch ein Zusatzprogramm zu einer Suppen oder Saucenstation umfunktioniert werden.

Abb. 1 Chafing-Dish

Saft-, Milch- oder Müslispender, oft auch unter der Bezeichnung „Dispenser" bekannt, sind wichtige Geräte bei der Präsentation und Sauberhaltung von Frühstücks- und Brunchbüffets. MIt deren Hilfe können die Lebensmittel bequem dosiert werden.

Tranchierbretter mit umlaufender Saftrille und napfartiger Vertiefung dienen als Unterlage beim Aufteilen (Tranchieren) von Fleisch und Geflügel am Gästetisch. Austretender Fleischsaft läuft in die Rille und in die Vertiefung und kann mit einem Löffel entnommen werden.

Abb. 2 Tranchierbrett für Räucherlachs

Die **Fingerschale** oder **Fingerbowle** ist eine kleinere Schale, die zum Reinigen der Fingerspitzen mit Wasser und einer Zitronenscheibe gefüllt wird. Sie wird nach dem Genuss von Speisen gereicht, die mit der Hand berührt wurden, z. B. Muscheln, Krebse, Geflügel, rohes Obst. Die Fingerschale steht in einer Stoffserviette, damit Spritzer abgefangen werden.

Abb. 3 Fingerschale

Im **Dekantierkorb** werden alte Rotweine serviert. In **Brotkörben** reicht man Brot und Brötchen oder setzt sie am Tisch ein. Toaste legt man in eine **warme Stoffserviette** und serviert sie auf einem **Mittelteller**. Die warme Serviette verhindert einen Niederschlag der aus den Brotscheiben entweichenden Feuchtigkeit und damit das Weichwerden der Toaste.

Abb. 4 Dekantierkorb – Brotkörbchen

2.7 Tisch- und Tafeldekoration

🇬🇧 table decoration 🇫🇷 décoration (w) de table

Die dekorative Ausschmückung eines Tisches oder einer Festtafel schafft Atmosphäre und hat positive Auswirkungen auf die Stimmung der Gäste. Zur Dekoration dienen unter anderem:
- Tischläufer oder Bänder,
- Blumenschmuck oder farbiges Herbstlaub,
- Leuchter mit Kerzen oder Öllichter,
- künstlerisch gestaltete Menü- und Tischkarten.

Bei der Anwendung ist auf einige Punkte zu achten:
- Tischläufer und Bänder über die gesamte Länge der Tafelmitte legen,
- Blumengestecke möglichst flach (25 cm) halten, da die Gäste kommunizieren wollen,
- Leuchter so aufstellen, dass der Kontakt zum Gegenüber möglich ist.

Die Auswahl der Blumen und Dekorationsgegenstände wird vom Anlass her bestimmt, denn eine Hochzeitstafel verlangt z. B. eine andere Ausstattung als ein Jagdessen (Abb. 5 unten und Abb. 1 und 2 nächste Seite).

Abb. 5 Blumengesteck für Hochzeitstafel

Abb. 1 Gesteck für Jagdessen

Abb. 2 Gesteck mit Kerze

Blumen 🇬🇧 flowers 🇫🇷 fleurs (w)

Blumen haben aufgrund der Vielfalt ihrer Blüten und Farben eine starke Ausstrahlungskraft. Sie vermögen Freude zu wecken. Mit der gleichen Absicht werden sie im Service zum Schmücken von Tischen und Festtafeln verwendet. Ob als Solitär (Einzelblüte) in Form einer Rose auf den Tischen im Abendrestaurant, ob als schlichtes Sträußchen auf dem Frühstückstisch oder als dekoratives Gesteck auf einer Festtafel, stets kommt dabei die besondere Aufmerksamkeit gegenüber dem Gast zum Ausdruck. Bezüglich Auswahl und Pflege der Blumen ist von Bedeutung:

- Die Größe des Blumenarrangements muss dem Anlass angemessen sein (Frühstück, Hochzeit), wobei zu beachten ist, dass die Blumen in Farbe und Größe harmonieren,
  - die Sicht zum gegenübersitzenden Gast nicht beeinträchtigen,
  - nicht Teller oder Gläser der Gäste berühren.
- Stark duftende und Blütenstaub abgebende Blumen sind ungeeignet.
- Die Blumen bleiben länger frisch, wenn man sie nachts in einen kühlen Raum bringt. Am nächsten Morgen werden sie mit frischem Wasser versorgt. Vorher werden die welken Blumen entfernt und die Schnittblumenstiele schräg angeschnitten.

Kerzen 🇬🇧 candles 🇫🇷 bougies (w)

Kerzenlicht ist gedämpftes und warmes Licht und eignet sich deshalb besonders gut, eine gemütliche Atmosphäre zu schaffen. In Verbindung mit dekorativen Leuchtern auf Festtafeln wird darüber hinaus die festliche Stimmung auf besondere Weise unterstrichen.

Aufgaben

1. Welche Metalle werden zur Herstellung von Bestecken hauptsächlich verwendet und warum?

2. Begründen und beschreiben Sie die besonderen Reinigungsmaßnahmen für Silberbesteck.

3. Nennen Sie unter Beachtung der jeweiligen Größe die Verwendungszwecke:
   a) für den Löffel,
   b) für die Kombination Messer und Gabel,
   c) für die Kombination Löffel und Gabel.

4. Nennen Sie Beispiele für Speisen, zu denen das Fischbesteck eingedeckt wird.

5. Nennen Sie Fischzubereitungen, zu denen Messer und Gabel einzudecken sind. Begründen Sie das.

6. Beschreiben Sie an Beispielen getränkespezifische Glasformen in Bezug auf Bukett und Kohlensäure.

7. Was versteht man unter Menagen und was gehört dazu?

8. Beschreiben Sie die Pflegemaßnahmen für Menagen im Einzelnen.

9. Erläutern Sie Ihrem Kollegen/Ihrer Kollegin die Begriffe
   a) Chafing dishes   b) Rechauds   c) Clochen

10. Welche Gegenstände können als Dekorationsmittel bei Tischen und Tafeln eingesetzt werden?

11. Beschreiben Sie wichtige Vorbereitungsarbeiten im Office und im Restaurant.

12. Was sind Servicetische, wo befinden sie sich und welche Funktion erfüllen sie?

13. Wie korrigiert man wackelnde Tische fachgerecht?

③ Restaurant

🇬🇧 preparatory work in the restaurant 🇫🇷 mise en place au restaurant

Der Arbeitsablauf im Service ist durch zwei aufeinanderfolgende Arbeitsphasen gekennzeichnet:
- Die Vorbereitungsarbeiten im Hinblick auf die nächste Mahlzeit.
- Das Bedienen von Gästen während einer Mahlzeit.

Das Bedienen der Gäste ist zweifellos die interessantere Aufgabe, doch der eigentliche Service kann nur dann rasch, reibungslos und zufriedenstellend ablaufen, wenn die Vorbereitungsarbeiten mit angemessener Sorgfalt ausgeführt wurden.

3.1 Überblick über die Vorbereitungsarbeiten

Die Vorbereitungsarbeiten werden als Mise en place bezeichnet.
Der Begriff kommt aus dem Französischen. Im engeren Sinn bedeutet das „an den Platz stellen" oder „legen", z.B. Bestecke, Gläser.

Vorbereitungsarbeiten im Office

Das **Office** liegt meist zwischen Küche und Gastraum. Es dient als:
- **Bereitstellungsraum** für Tischwäsche, Porzellan, Gläser, Rechauds usw.; kurz für alles, was zum Service erforderlich ist;
- **Arbeitsraum** für Pflege aller zum Service notwendigen Gegenstände.

Vorbereitungsarbeiten im Restaurant

Das Mise en place beeinflusst die Arbeiten am Servicetisch und am Gästetisch.

Servicetisch 🇬🇧 service table 🇫🇷 table (w) de service
Der Servicetisch ist dem Abeitsbereich (Revier) zugeordnet, aus der Sicht der Arbeitsorganisation ist er ein vorgeschobener Arbeitsplatz.

Der Servicetisch
- verkürzt die Arbeitswege, denn der Weg Restauranttisch ◀▶ Servicetisch ist meist kürzer als der Abstand Restauranttisch ◀▶ Office;
- ist entsprechend dem jeweiligen Service (à la carte, Bankett) und dem Angebot auf der Speisekarte, z.B. für Spezialitäten wie Austern, Hummer, Schnekken auszustatten.

Restauranttisch 🇬🇧 guest tabe 🇫🇷 table (w) de restaurant

Für die Vorbereitung gilt:
- Tische ausrichten und auf Standfestigkeit prüfen, evtl. durch Unterlegen von Korkscheiben oder Verstellen einer Tischbeinschraube stabilisieren,
- Molton aufspannen und Tischtücher auflegen,
- Grundgedeck eindecken.

Mise en place bedeutet, dass alle für den Serviceablauf notwendigen Gegenstände bereitgelegt werden. Darüber hinaus sind jedoch auch alle anderen vorbereitenden Arbeiten gemeint. Die Vorbereitungsarbeiten werden in zwei voneinander getrennten Arbeitsbereichen ausgeführt: im Office und im Restaurant.

Die Arbeiten sind im Einzelnen bei Geschirr und Geräten ab Seite 224 beschrieben.

Zusammenfassung der Vorbereitungsarbeiten im Office:
- Spülen und Polieren der Gläser,
- Reinigen der Brotkörbe, Tabletts, Servierbretter und Rechauds,
- Säubern und Auffüllen der Menagen,
- Überprüfen der Rechauds auf Betriebsfähigkeit,
- Nachpolieren und Einsortieren von Porzellan in den Wärmeschrank,
- Einordnen des Silbers in Besteckkästen,
- Austauschen, Auffüllen und Einsortieren von Tischwäsche und Gläsertüchern.

Guéridon

Einsatz des Guéridon:
- zum Flambieren, Tranchieren und Vorlegen von Speisen; oder
- zum Servieren von Wein und Schaumwein aus Flaschen.

Als *Guéridon* (Beistelltisch) bezeichnet man kleine Tische, die zu unterschiedlichen Zwecken an den Tisch des Gastes herangestellt werden.

3.2 Herrichten von Servicetischen

Funktion des Servicetisches

Servicetische werden eingesetzt bei:
- Frühstück
- Hauptmahlzeiten
- Kaffee und Kuchen
- Sonderveranstaltungen

Aus dem Vorrat des Office werden die für die Mahlzeit erforderlichen Geräte ausgewählt und auf dem Servicetisch griffbereit angeordnet. In größeren Restaurants hat jede Station ihren eigenen Servicetisch. Dadurch werden wechselseitige Störungen und Behinderungen vermieden.

Ausstattung des Servicetisches

Es gibt Servicetische, die auf den gesamten Service ausgerichtet sind und deshalb alle Materialien bzw. Geräte enthalten, die zu den verschiedensten Servicevorgängen erforderlich sind. Es gibt aber auch Servicetische, die aufgrund ihrer jeweiligen Zweckbestimmung unterschiedlich ausgestattet sind.

Einteilung des Servicetisches

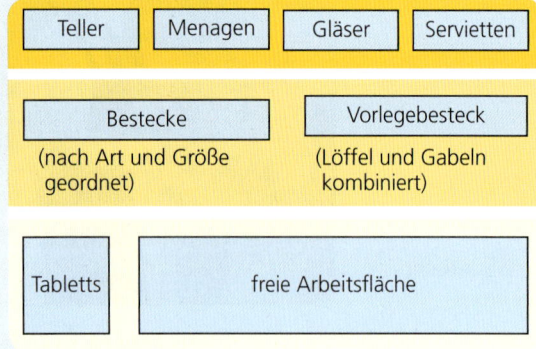

Abb. 1 Einteilung eines Servicetisches

Zugunsten der Überschaubarkeit ist der Tisch in drei Bereiche eingeteilt:
- Der hintere Bereich ist für die größeren, höheren Tischgeräte bestimmt,
- im mittleren Bereich liegen die Bestecke,
- der vordere Bereich ist, abgesehen von Tabletts, grundsätzlich frei. Er dient zu letzten Handgriffen beim Service, z. B. Aufnehmen von Vorlegebestecken, Anlegen von Essbestecken an Vorspeisen oder Suppen, Aufsetzen von Suppentassen auf vorbereitete Suppengrundgedecke.

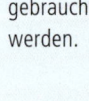

Um störungsfreie Serviceabläufe zu gewährleisten, darf die freie Fläche nicht zum Abstellen von gebrauchtem Geschirr benutzt werden.

Abb. 2 Beispiel einer Servicestation

3.3 Herrichten von Tischen und Tafeln

Der Tisch ist der Ort, an dem der Gast bedient und verwöhnt werden möchte, an dem er sich wohl fühlen und entspannen will. Angesichts solcher Erwartungen ist dem Gasttisch und allem, was zu seiner Ausstattung gehört, eine besondere Aufmerksamkeit zu schenken.

Der Tisch darf nicht wackeln, denn das ist eine unzumutbare Störung. Gegebenenfalls ist er mit einer Korkscheibe unter dem entsprechenden Tischbein festzustellen. Bierdeckel und anderes großflächiges Material sind dazu aus optischen Gründen nicht geeignet.

 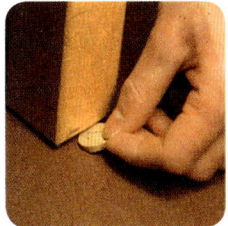 

Abb. 1 Ein Korkkeil wird heruntergeschnitten und unter das Tischbein gelegt

Der Tisch muss einladend wirken durch:
- ein sauberes, sorgfältig ausgebreitetes Tischtuch,
- eine ansprechend geformte Serviette,
- ordnungsgemäß aufgelegte und ausgerichtete Gedeckteile.

Behandeln der Tischwäsche

- Die Wäsche ist nach dem Bügeln so zu lagern, dass sie nicht schon vor der Wiederverwendung verschmutzt und zerknittert ist.
- Das Auflegen von Tischtüchern muss sachgerecht und mit angemessener Sorgfalt ausgeführt werden (siehe in den nachfolgenden Abschnitten).
- Die Tücher, die nach dem Gebrauch einen weiteren Einsatz zulassen, sind mit Vorsicht exakt in die Bügelfaltung zurückzulegen.

Umgang mit Tisch- und Tafeltüchern

Tischtücher sind quadratisch oder rechteckig, selten rund.

Die Größe ist der Tischplatte so angepasst, dass die Tuchenden an allen Seiten gleichmäßig etwa 25 cm herabhängen.

Das Tischtuch wird nach dem Mangeln zuerst zweimal längs und dann zweimal quer zusammengelegt (siehe Skizzen ① – ⑤).

Voraussetzung für das fachgerechte Auflegen und Abnehmen eines Tischtuches sind exakt gebügelte und richtig gefaltete Tischtücher.

Faltet man ein Tischtuch auseinander, so zeigen sich drei Längs- und drei Querbrüche und damit 16 quadratische Felder. Wichtig ist, dass der Mittelbruch des aufgelegten Tischtuches immer parallel zu den Tischkanten auf der Mitte der Tischplatte liegt und nach oben zeigt.

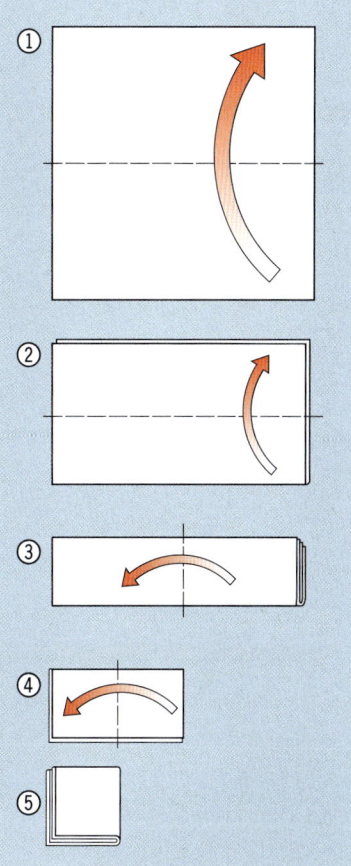

Abb. 2 Falten eines Tischtuches

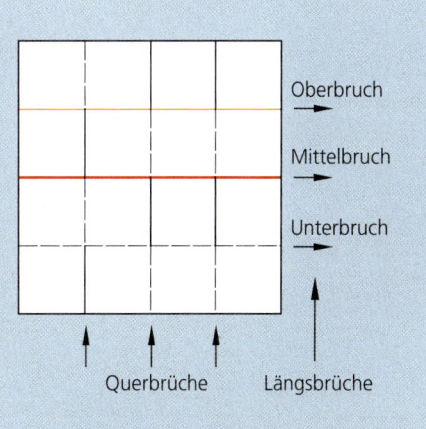

Abb. 3 Tischtuch mit Längs- und Querbrüchen

Angesichts unterschiedlicher Raumsituationen muss in der Praxis die beste Lösung ausprobiert werden.

Auflegen von Tisch- und Tafeltüchern

Quadratische und kleinere rechteckige Tücher

Der Tisch muss einen festen Stand haben. Sollte er wackeln, wird er mit dünnen Korkscheiben stabilisiert.

Vor dem Auflegen des Tischtuches ist die Moltonunterlage zu prüfen; diese muss glatt und fest über die Tischplatte gespannt sein.

Beim Auflegen des Tischtuches muss die Servierfachkraft so vor dem Tisch stehen, dass ihr Rücken zur Eingangstür zeigt. Damit ist der Oberbruch immer auf der gegenüberliegenden Seite und somit meist zur Fensterseite gerichtet.

- Das Tischtuch wird nun auf den Tisch gelegt und in seiner Länge entfaltet. Die seitlich überhängenden Tuchenden müssen gleichmäßig lang sein.
- Beide Webkanten (Enden) des Tischtuches ① + ② müssen unten liegen, der Mittelbruch obenauf; sie zeigen zur Servicefachkraft.
  - Mit ausgestreckten Händen erfassen Daumen und Zeigefinger den Mittelbruch ④ des Tischtuches, gleichzeitig halten Zeigefinger und Mittelfinger die darunterliegende Webkante ② des Tuches zu sich hergezogen. Die folgende zweite Webkante liegt frei auf dem Tisch. (Abb. 1)
  - Das Tischtuch wird nun angehoben und die freiliegende Webkante ① mit leichtem Schwung, und entsprechend lang, über die entgegengesetzte Tischkante gebracht. (Abb. 2)
  - Den mit Daumen und Zeigefinger gehaltenen Mittelbruch ④ lässt man nun los. Dann wird die mit Zeigefinger und Mittelfinger festgehaltene Webkante ② des Tuches nach vorn gezogen, wobei gleichzeitig die korrekte Lage des Tischtuches bestimmt wird. (Abb. 3)
    Das Glattstreichen der Tischtücher mit den Händen ist unhygienisch und abzulehnen.

Größere rechteckige Tafeltücher

Wegen ihrer Größe muss das Auflegen in diesem Falle von **zwei Personen** ausgeführt werden.

- Das Tuch, auf der Tafel liegend, vorsichtig in den Querbrüchen entfalten und auseinander legen,
- mit den Händen die Ecken erfassen, das Tuch vorsichtig auseinander ziehen und nach sorgfältiger Prüfung der Abstände und Ausrichtungen auf der Tafel ablegen.

Bei Festtafeln ist darüber hinaus auf die Lage der Oberbrüche und der Überlappungen besonders zu achten. Bezüglich der Oberbrüche gilt: Ist zum Überdecken der Tafel eine Tischtuchbreite ausreichend, dann liegen die Oberbrüche

- bei der langen Tafel nach der Seite, die unter Beachtung aller Umstände (z. B. Sitzordnung, Tageslicht) am zweckmäßigsten erscheint. (Abb. 4)
- bei den übrigen Tafelformen, abgesehen vom senkrechten Teil der T-Tafel und dem Mittelteil der E-Tafel, nach den Außenseiten. (Abb. 1 auf S. 241)

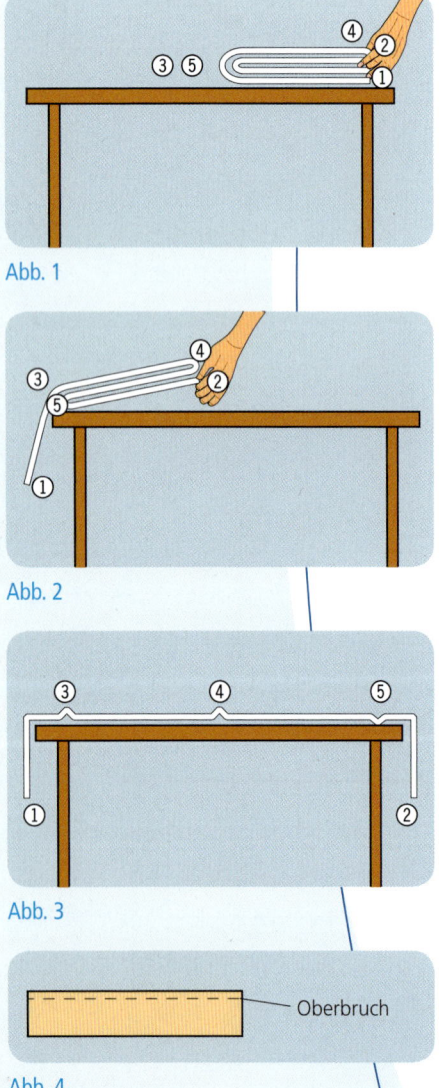

Abb. 1

Abb. 2

Abb. 3

Oberbruch

Abb. 4

Sind zum Überdecken der Tafel zwei Tuchbreiten erforderlich, können die Oberbrüche

- entweder nach beiden Seiten unmittelbar auf den Tischkanten liegen (vorausgesetzt, die Überhänge der Tischtücher reichen höchstens bis auf die Sitzhöhe der Stühle),
- oder andernfalls auf den Tischen.

Für die Überlappung gilt:
- Bei Tageslicht liegen die Tischtücher zum Licht hin übereinander, so entsteht keine Schattenwirkung.
- Aus der Sicht des eintretenden Gastes liegen die Überlappungen von ihm weg, damit er nicht unter die Kanten schaut. (Abb. 2)

Abnehmen von Tisch- und Tafeltüchern

Saubere Tischtücher legt man zum nochmaligen Gebrauch wieder exakt in ihre alten Bügelfalten zurück:

- Die Arme spreizen und mit Daumen und Zeigefingern den Mittelbruch des Tuches rechts und links fassen.
- Tischtuch nach oben heben, sodass beide Seiten frei hängen und das Tuch im Mittelbruch gefaltet ist. Durch das jeweilige Hochheben in den Brüchen und das Herabfallenlassen der Seitenteile legt sich das Tuch exakt in die Bügelfalten zurück.
- Das nun einmal gefaltete Tuch mit den Längsbrüchen nach oben auf den Tisch legen; die Längsbrüche fassen und das Tuch ein letztes Mal nach oben heben, damit es glatt hängt.
- Danach auf dem Tisch zweimal korrekt in seine Querfalten zurücklegen und das zusammengelegte Tischtuch im Servicetisch verwahren.

Mund- und Dekorationsserviette 🇬🇧 napkins 🇫🇷 serviettes (w)

Für den gepflegten Service ist es üblich, Servietten in eine mehr oder weniger aufwendige Form zu bringen. Diesen Vorgang bezeichnet man als Falten oder Brechen der Servietten. Mundservietten benutzt der Gast zum Schutz seiner Kleidung sowie zum Abtupfen des Mundes vor dem Trinken oder nach dem Essen.

Servietten gibt es in verschiedenen Größen:

Material	Größe	Verwendung
Papier, Zellstoff oder Vlies	20 × 20 cm	Aufgussgetränke, Bargetränke, Speiseeis
Papier, Zellstoff oder Vlies	33 × 33 cm	Kleinere Gerichte, Zwischenmahlzeiten
Papier, Zellstoff oder Leinen	40 × 40 cm	Frühstück, Hauptmahlzeiten
Leinen (Damast)	50 × 50 cm und größer	Festliche Bankette und Dekorationen

Um möglichst viele Varianten herstellen zu können, werden die Servietten heute nicht mehr vorgefaltet, sondern offen, mit der linken Seite nach oben (Saumnaht sichtbar) aufbewahrt. Eine Ausnahme bilden lediglich übergroße Servietten, die in Schränken sonst nicht ausreichend Platz finden.

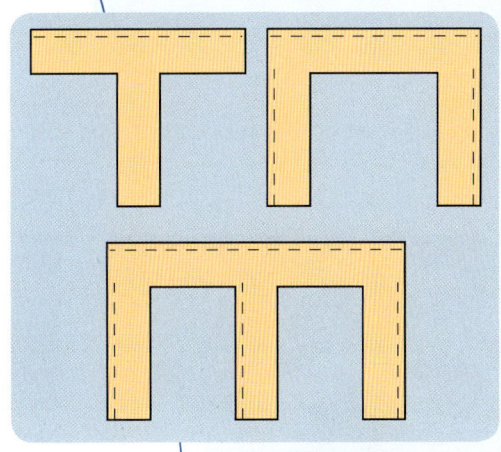

Abb. 1 Lage der Oberbrüche bei Tafeln

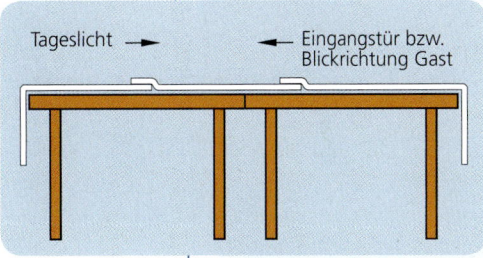

Tageslicht →   ← Eingangstür bzw. Blickrichtung Gast

Abb. 2 Überlappung

Zum Abnehmen von Tafeltüchern sind zwei Personen erforderlich.

Falten von Mundservietten napkin folding 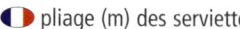 pliage (m) des serviettes

Einfache und gefällig aussehende Servietten werden aus hygienischen Gründen mit **Textilhandschuhen** aus den nachfolgend dargestellten Grundelementen **A, B, C** oder **D** gefaltet:

Zweiteilige Faltung   Diagonale Faltung   Dreiteilige Faltung

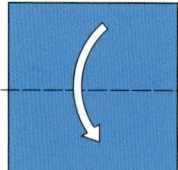

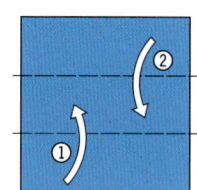

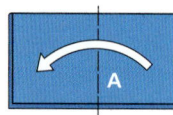

Aus der Grundform A, B oder C werden die meisten Servietten-formen erstellt.

Dreifache Welle

Serviette mit dreiteiliger Faltung **(D)** wieder zum Rechteck öffnen. Die beiden Außendrittel so umlegen, dass sie mit ihren Seitenkanten auf die senkrechten Brüche zu liegen kommen.

Der mittlere Serviettenteil wird durch eine schiebende Bewegung nach oben gewölbt auf den linken Teil gebracht, worauf durch Anlegen und Umschlagen des rechten Drittels an die mittlere Wölbung die dreifache Welle entsteht.

Jakobinermütze

Beim Grundelement **(B)** werden die geschlossenen oder die offenen Spitzen der Serviette um ein Drittel nach oben gefaltet. Die entstandene Figur wird rund gestellt und ineinander gesteckt.

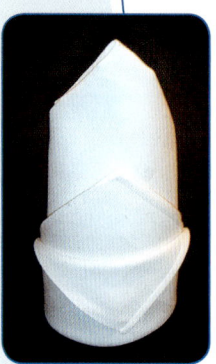

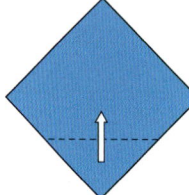

Doppelter Tafelspitz

Faltung aus Grundelement **A**

 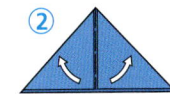 

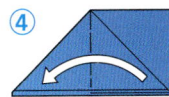  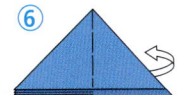 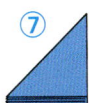

① Die beiden oberen Enden zur Mitte hin falten, sodass ein Dreieck entsteht.

② Hilfsfalz andrücken und wieder öffnen.

③ Die linke obere Lage so nach rechts ziehen, dass die beiden Hilfsfalze aufeinander liegen.

④ Das rechts verbleibende obere Dreieck entlang der Mittellinie nach links falten.

⑤ Die darunter liegende rechte Lage so nach links ziehen, dass ihr Hilfsfalz auf der linken Außenkante liegt.

⑥ Das rechts verbleibende vierte Dreieck nach hinten falten.

⑦ Die Figur an der oberen Spitze anfassen und füllig aufstellen.

Ahornblatt

Faltung aus Grundelement **A** mit der offenen Seite nach oben

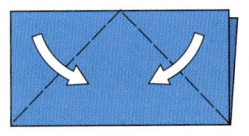 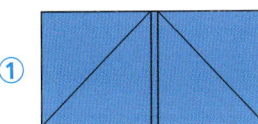 ①

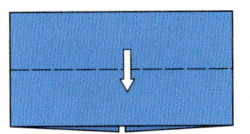 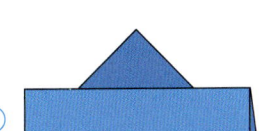 ②

 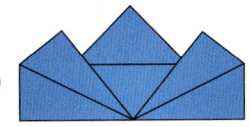 ③ 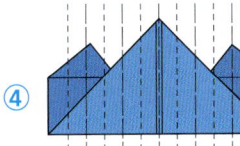 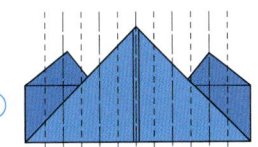 ④

① Die rechte und linke Ecke der oberen Lage auf die Mittellinie zurückfalten und die Serviette wenden.

② Jetzt nur die obere Lage längs nach unten falten.

③ Die linke und rechte Ecke der jetzt oberen Lage entlang den schraffierten Linien nach oben falten.

④ Die Serviette wenden. Die gesamte Serviette ziehharmonikaartig zusammenfalten. Gut zusammendrücken, am unteren Ende festhalten und an der oberen Seite vorsichtig auseinander ziehen.

Tüte

Faltung aus Grundelement **A**

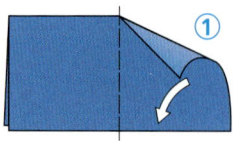 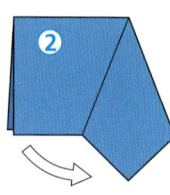 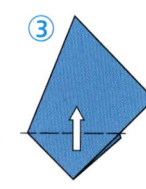 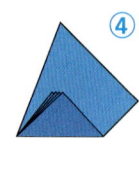

① Die rechte Hälfte zur Mitte hin als Tüte einrollen.
② Die linken unteren Ecken auf die Spitze der Tüte legen.
③ Die exakt aufeinanderliegenden Spitzen der Tüte nach oben falten.
④ Die Ecke rechts bleibt freistehend. Die Servietten rundformen und aufstellen.

Krone/Doppelte Bischofsmütze

Faltung aus Grundelement **A**

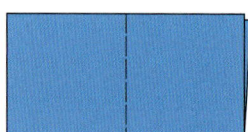

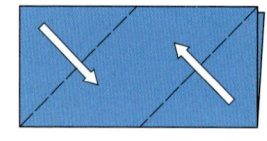 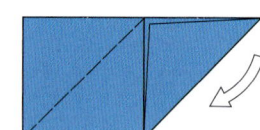

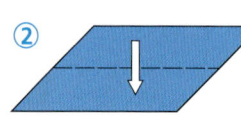  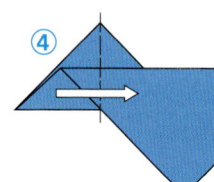

 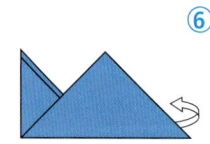 

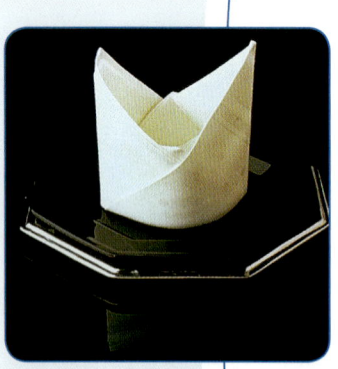

① Die linke obere und die rechte untere Ecke jeweils zur Mitte hin falten, sodass eine Raute entsteht.
② Die Serviette wenden.
③ Jetzt die Raute nach unten halbieren und die verdeckte Dreieckspitze herausfalten, sodass zwei Pyramiden entstehen.
④ Das obere Dreieck nach unten schlagen und die linke Pyramide zum Dreieck falten.
⑤ Die geöffnete Pyramide wieder nach oben falten.
⑥ Die Spitze der Pyramide in das Dreieck stecken und rundstellen.

Segelboot

Faltung aus Grundelement **B**

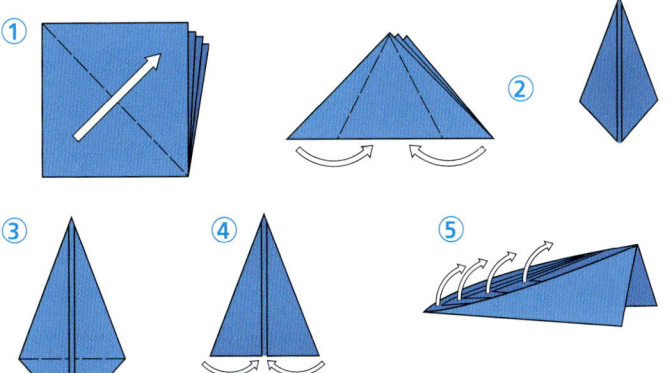

① Die quadratisch vorgefaltete Serviette diagonal zum Dreieck falten und wenden.
② Die vier offenen Spitzen des Dreiecks liegen oben. Jetzt das linke und rechte Ende so nach innen falten, dass eine Drachenfigur entsteht.
③ Die Figur an die Tischkante legen und die unteren Enden nach unten falten.
④ Das linke und rechte Ende nach unten falten. Die Mitte zeigt nach oben. Gut zusammendrücken.
⑤ Die Spitzen als Segel vorsichtig aus der Mitte herausziehen und aufrichten, sodass ein Segelboot entsteht.

Lilie

Faltung aus Grundelement **C**

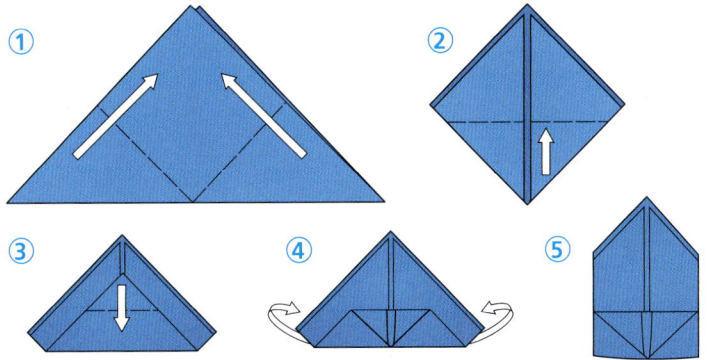
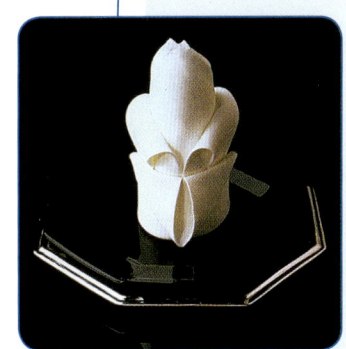

① Die linke und rechte Ecke zur Mitte hin falten, sodass ein Quadrat entsteht.
② Die untere Spitze des Quadrats ca. 2 cm unterhalb der Mittellinie nach oben falten.
③ Von dem jetzt oben aufliegenden, kleineren Dreieck die Spitze zur Grundlinie zurückfalten.
④ Die linke und rechte Ecke nach hinten falten, ineinanderstecken und die Serviette rund formen.
⑤ Die beiden Spitzen vorne oben vorsichtig nach unten ziehen und die Enden in die Manschette auf halber Höhe einstecken.

Falten von Dekorationsservietten

In der Erlebnisgastronomie setzt man besondere Serviettenformen auch als Dekorationsmittel ein. Darum werden hier entsprechende Möglichkeiten dargestellt.

Seerose – Artischocke

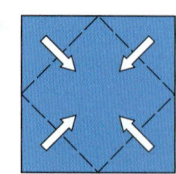 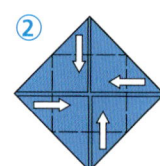  

① Serviette mit dem Saum nach oben legen und die vier Ecken exakt zur Mitte falten.
② Den gleichen Vorgang wiederholen.
③ Serviette wenden.
④ Die vier Ecken abermals zur Mitte falten.

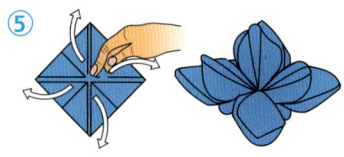 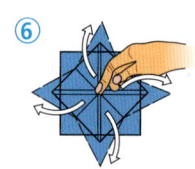 

⑤ Die vier inneren Ecken mit dem Finger gut festhalten. Die verdeckten Tuchzipfel nach außen ziehen, bis eine Seerose entsteht.
⑥ Die so freigewordenen weiteren vier Tuchzipfel von unten heraus steil nach oben ziehen, bis eine Artischocke entsteht.

Hörnchen – Schwanenhals

Verwendung: Ausschließlich zur Dekoration auf Silberplatten und Büfett-Tafeln.

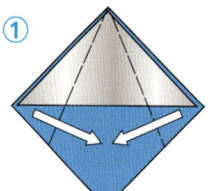 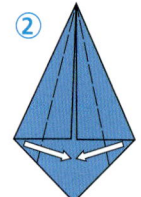 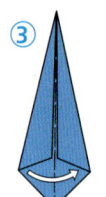 

① Serviette mit dem Saum nach oben legen, mit einem Dreieck von Alufolie belegen.
②/③ Die Ecken zweimal exakt nach innen falten.
④ Das entstandene Element halbieren.

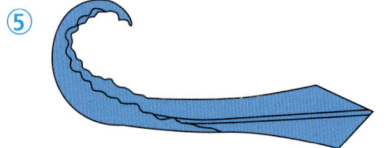 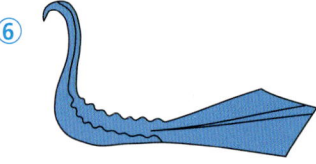

⑤ Die Spitze des Elements so verändern, dass das Hörnchen entsteht.
⑥ Die Spitze des Elements so verändern, dass der Schwanenhals entsteht.

3.4 Gedecke 🇬🇧 cover 🇫🇷 couvert (m)

Grundgedecke

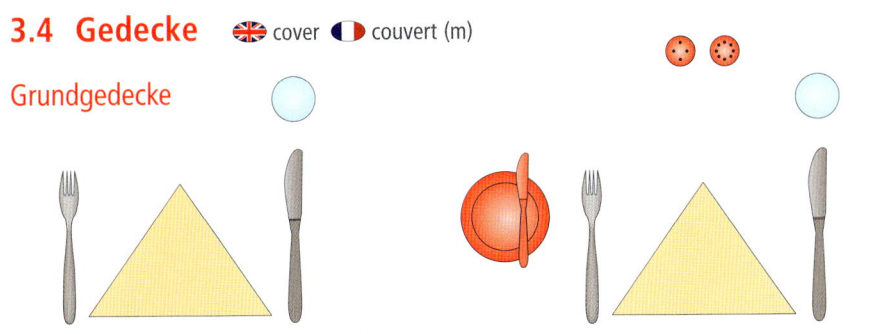

Abb. 1 Grundgedeck 1

Abb. 2 Grundgedeck 2

Durch das Eindecken von Grundgedecken vor Servicebeginn sparen die Servicefachleute Zeit beim Servieren von Speisen und Getränken. Sie schaffen Zeit für ein Verkaufsgespräch sowie für eine Gästeberatung. Außerdem ermöglicht diese Vorarbeit einen schnelleren Serviceablauf.

Ferner wirkt ein eingedeckter Tisch auf die Gäste wesentlich einladender als ein kahler Tisch. Der Gast fühlt sich in einem ansprechenden Ambiente eher willkommen.

Da nicht bekannt ist, was die zu erwartenden Gäste im À-la-carte-Service im Einzelnen bestellen, also essen und trinken wollen, werden auf den Tischen im Restaurant lediglich die Grundgedecke vorbereitet. Erst nach der Bestellung des Gastes entscheidet es sich, ob das Grundgedeck bleibt oder ob Gedeckteile ergänzend einzusetzen bzw. bereits vorhandene auszuheben oder auszutauschen sind.

Beispiele für auszutauschende Besteckteile:
- bei Spaghetti Tafelmesser gegen Suppenlöffel
- bei Steak Tafelmesser gegen Steakmesser
- bei Fischgerichten Messer und Gabel gegen Fischbesteck

Ablauf des Eindeckens

Zuerst wird mit der Serviette oder dem Platzteller der Gedeckplatz markiert. Will man die Serviette zuletzt einsetzen, dient der Stuhl der Orientierung. Gedecke, die sich gegenüberliegen, sollten nach Möglichkeit deckungsgleich (Gabel zeigt zum Messer und umgekehrt) eingedeckt werden.

Die Mindestausstattung eines Grundgedeckes sind:
- Serviette
- großes Messer (Tafelmesser)
- große Gabel (Tafelgabel)
- Universalglas für Wein oder Wasser

Je nach Vorgabe und Betrieb eventuell auch Brotteller, Buttermesser und Menagen.

Erweiterte Grundgedecke

Abb. 3 Hauptgang mit Suppe …

Abb. 4 Hauptgang mit Suppe, Dessert und zweitem Glas für Wasser

Menügedecke 🇬🇧 menu covers 🇫🇷 couverts (m) pour des menus

Menügedecke stehen in direkter Beziehung zu bestimmten vorgegebenen Speisenfolgen bzw. Menüs, z. B. Tagesmenüs oder dem Menüangebot an Festtagen und zu Festbanketten.

Abb. 1 Gedeck für ein einfaches Menü mit 3 Gängen und zwei Getränken

Abb. 2 … erweitert um Brotteller und Menage

Getränke:
Wasser, Weißwein, Rotwein, Sekt

Speisen:
Räucherlachs, Toast und Butter,
Geflügelcremesuppe,
Filetsteak nach Gärtnerinart,
Aprikosen mit Weinschaumsauce

Abb. 3 Menügedeck mit Platzteller

Ablauf des Eindeckens

Zuerst wird mit der Serviette oder dem Platzteller der Gedeckplatz markiert. Wenn man ohne Platzteller arbeitet, dient der Stuhl der Orientierung.

Eindecken der Bestecke

- Als erstes großes Messer rechts und große Gabel links für das Hauptgericht eindecken. Als Ausnahme gilt nur, wenn statt Fleisch ein Fischgericht zum Hauptgang serviert wird. Diese Besteckteile zum Hauptgericht müssen immer vor allen anderen eingedeckt werden.
- dann entsprechend des Menüaufbaus nacheinander Mittellöffel für die Suppe rechts,
- Mittelmesser rechts und Mittelgabel links für die kalte Vorspeise (die Gabel wird etwas nach oben geschoben),
- den Abschluss bildet das Besteck oberhalb des Gedeckplatzes für das Dessert:
  - Mittelgabel unmittelbar oberhalb des Gedeckplatzes, den Griff nach links gerichtet,
  - Mittellöffel oberhalb der Gabel, den Griff nach rechts gerichtet.
  - Die Lage der Griffe deutet die Richtung an, in der die Bestecke vor dem Servieren des Desserts auf den Gedeckplatz heruntergezogen werden. Die Gabel liegt unterhalb, damit man beim Erfassen des Löffels nicht mit den Gabelzinken in Berührung kommt.

Einsetzen der Gläser

- Ein Glas wird zuerst oberhalb des Messers zum Hauptgang platziert. Dieses bezeichnet man als **Richtglas**.
- Dann nacheinander das Glas zur kalten Vorspeise vor und das Glas zum Dessert hinter dem Richtglas platzieren.
- Meist wird heute ein Wasserglas gleich mit eingedeckt. Der Optik wegen verwendet man statt eines Becherglas ein kleineres Stielglas, das besser zu den bereits eingesetzten Weingläsern passt.

Die Gläser können als *diagonale Reihe* (siehe im Menü S. 248) oder im *Dreieck als 3er-Block* angeordnet werden.

Maximal sollten im Gedeck nur 3 Gläser und zusätzlich ein Wasserglas eingedeckt werden. SInd mehr Gläser erforderlich, werden diese entsprechende der Speisenfolge rechtzeitig eingesetzt.

Der **Brotteller** wird zuletzt links vom Gedeck platziert. Ein Messer, dessen Schneide nach links gerichtet ist, wird nur aufgelegt, wenn es zum Toast oder Brötchen auch Butter gibt.

Ausrichtungen

- Die Bestecke liegen im rechten Winkel zur Tischkante, exakt parallel zueinander,
- die Besteckenden sind mit Ausnahme der zweiten Gabel alle auf einer gedachten Linie im Abstand von 1 cm zur Tischkante (s. Seite 247).
- Das Dessertbesteck liegt parallel zur Tischkante.

Anzahl der Besteckteile

- Beim Menügedeck werden Bestecke für höchstens 5 Gänge eingedeckt, d. h.:
  - **rechts** vom Gedeckplatz **4** Bestecke (kalte Vorspeise, Suppe, warme Vorspeise oder Fischgericht, Hauptgericht),
  - **links** vom Gedeckplatz **3** Bestecke (kalte Vorspeise, Vorspeise oder Fischgericht, Hauptgericht),
  - **oberhalb** des Gedeckplatzes **2** Bestecke (Käse oder Süßspeise).

Sollte das Menü mehr als 5 Gänge umfassen, sind grundsätzlich immer die Besteckteile des Hauptganges einzudecken und die im Gedeck fehlenden Bestecke an entsprechend der Stelle der Speisenfolge rechtzeitig nachzudecken.

Beispiel eines 4-Gang-Menüs

Abb. 1 5-Gang-Menü mit 3 Weingläsern und 1 Wasserglas

- **kalte Vorpeise:** Fischmesser und Fischgabel
- **Suppe:** Mittellöffel
- **Zwischengericht:** Mittelmesser, Mittelgabel
- **Hauptgericht:** Tafelmesser, Tafelgabel
- **Dessert:** Mittelgabel, Mittellöffel, auch Entremet-Besteck genannt

Aperitif	Doppelte Kraftbrühe Toast
Weißwein	Lachsfilet auf Safransauce
Weißwein	Kalbsmedaillons Gartengemüse und Spinatnudeln
Rotwein	Käseauswahl

3.5 Festliche Tafel – Bankett-Tafel

🇬🇧 banquet table 🇫🇷 table de banquet

Vor dem Eindecken einer festlichen Tafel müssen folgende Arbeiten erledigt werden:
- Stellen der geeigneten Tafelform je nach Anlass und Personenzahl.
- Auflegen der Moltons und Tafeltücher.
- Auflegen von textilem Tischschmuck wie z.B. farbigen Dekorationsbändern.

Festlegen der Gedeckplätze

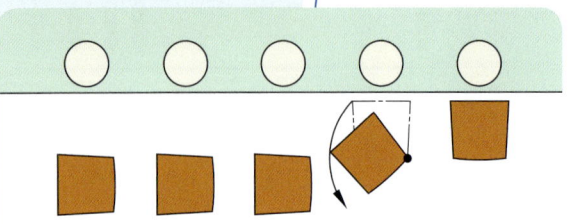

- Unter Berücksichtigung von 70 bis 80 cm Gedeckplatzbreite die Stühle an die Tafel heranstellen und exakt (auch zur gegenüber liegenden Tischseite) ausrichten,
- Gedeckplätze mit Hilfe der Servietten oder der Platzteller markieren,
- Stühle auf dem rechten hinteren Stuhlbein um 90° von der Tafel abdrehen, damit das Eindecken um die Tafel herum ohne Behinderung geschehen kann.

Eindecken der Bestecke und Gläser

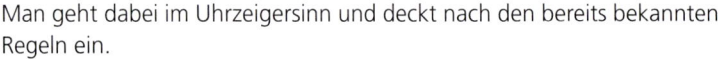

Man geht dabei im Uhrzeigersinn und deckt nach den bereits bekannten Regeln ein.

Um das Überladen der Festtafel zu vermeiden, sollen nicht mehr als **3 Besteckteile links, 4 Besteckteile rechts** und **2 Besteckteile** oben nebeneinander liegen sowie nicht mehr als **3 Gläser** eingesetzt werden. Zusätzlich benötigte Bestecke oder Gläser sind in Verbindung mit der jeweiligen Speise oder dem Getränk nachzureichen.

Für das ästhetische Gesamtbild einer Festtafel sind außerdem ausschlaggebend:
- Exakte Abstände der Bestecke und Platzteller von der Tischkante,
- gleichmäßige Platzierung der Richtgläser,
- Ausrichtung der Gläser im Winkel von 45° zur Tischkante,
- genaues Eindecken sich gegenüber liegender Gedecke.

Im klassischen Service werden beim Mise en place Menagen am Servicetisch bereitgestellt und nur bei Bedarf am Tisch eingesetzt.

Abschließende Arbeiten

- Die geformten Servietten zwischen den Bestecken oder auf den Platztellern eindecken,
- den Blumen- und Kerzenschmuck einsetzen,
- die Stühle an die Festtafel zurückdrehen,
- an Hand des Tafelorientierungsplanes Tischkärtchen mit dem Namen des jeweiligen Gastes aufstellen,
- Menükarten auflegen,
- Überprüfung der Gedecke auf Vollständigkeit.

3.6 Arten und Methoden des Service in der Gastronomie

Im Laufe der Zeit haben sich auch für das Bedienen von Gästen spezifische Arbeitsmethoden und Arbeitstechniken herauskristallisiert.

Arten des Service in der Gastronomie

Unter Art des Service ist hier der äußere Rahmen des Service zu verstehen. Man unterscheidet dabei im Restaurant:

À-la-carte-Service

Die Bezeichnung kommt daher, dass der Gast Speisen und Getränke nach der Karte (à la carte) auswählt. Er wird nach Aufgabe seiner Bestellung individuell bedient. Die Servicekraft rechnet alle Leistungen direkt mit dem Gast ab.

Bankett-Service

Beim Bankett-Service werden die Gäste zu einem festgelegten Zeitpunkt mit dem gleichen Menü bedient. Es handelt sich dabei um eine geschlossene Gesellschaft, die das Essen gemeinsam im festlichen Rahmen einnimmt.

Table-d'hôte-Service als Sonderform

Wichtigstes Kennzeichen dieses Service ist es, dass zu einem festgelegten Zeitpunkt täglich für alle Gäste des Hauses das gleiche Menü serviert wird.

Büfett-Service

Bei Büfetts sind folgende Angebotsformen besonderer Art zu unterscheiden:

- Frühstücksbüfett
- Salatbüfett
- Lunchbüfett
- Kuchenbüfett
- Kaltes Büfett
- Getränkebüfett

Büfetts werden zwar zur Selbstbedienung aufgebaut. Meist stehen aber auch Servicefachkräfte und Köche zur Betreuung der Gäste bereit.

Getränke am Büfett vorbereiten

Getränke servieren

Speisen am Pass aufnehmen

Kurzkontrolle

Tellergerichte beim Gast einsetzen

Abb. 1 Tellerservice

Abb. 2 Plattenservice

Methoden des Service in der Gastronomie

Unter Methode versteht man die *Art und Weise* des Servierens und unterscheidet dabei grundlegend zwischen Teller- und Plattenservice.

Tellerservice (s. Kap. 3.8)

Beim Tellerservice werden die Speisen in der Küche auf Tellern angerichtet. Im weiteren Sinne gehören aber auch solche Speisen dazu, die in unterschiedlichen Gefäßen angerichtet und auf Untertellern aufgesetzt werden:

- Vorspeisen in Gläsern oder Schalen,
- Suppen in tiefen Tellern oder in Suppentassen,
- Zwischen- und Hauptgerichte auf Tellern,
- Süßspeisen in tiefen Tellern, Gläsern oder Schalen.

Plattenservice (s. Kap. 3.9)

Plattenservice bedeutet, dass die Speisen von der Küche auf Platten bzw. im weiteren Sinne auch in Schüsseln angerichtet sind und erst am Tisch auf die Teller vorgelegt werden. Je nachdem, wer vorlegt bzw. auf welche Weise sich das Vorlegen vollzieht, unterscheidet man folgende Methoden:

1. **Vorlegeservice**: Vorlegen von der Platte durch Servicekraft
2. **Darbieteservice:** Darbieten der Platte, Gast bedient sich selbst
3. **Mischformen des Service**: Einsetzen von Platten und Schüsseln
4. **Servieren vom Beistelltisch** durch Servicepersonal

3.7 Grundlegende Servierrichtlinien

Neben den Regeln und Richtlinien für ganz bestimmte Serviervorgänge gibt es Regeln von allgemeiner Bedeutung. Für den Service gilt:

- Allgemeine Rücksichtnahme gegenüber dem Gast,
- Reihenfolge des Bedienens bei zusammengehörenden Gästen,
- störungsfreie und kräftesparende Wege beim Servieren.

Rücksichtnahme

Der Gast hat das berechtigte Bedürfnis, sein Essen in ungestörter und entspannter Atmosphäre einzunehmen. Deshalb sind durch den Service in Bezug auf Lärm, Hektik und Belästigungen wichtige Regeln zu beachten:

Geräusche während des Servierens
Die durch den Service bedingten Geräusche sind stets auf ein Mindestmaß zu begrenzen. Das gilt z. B. für das Sprechen der Servicefachkraft mit dem Gast sowie für das Handhaben der Tischgeräte beim Servieren.

Hektik
Bei aller Eile, die während des Service oftmals geboten ist und die sich meistens ganz automatisch einstellt, ist es wichtig, nach außen hin Ruhe zu bewahren, niemals zu rennen und keinesfalls heftig zu gestikulieren.

Wenn eine Gruppe von Gästen in kleinem Kreis bedient wird, beachtet man die **Reihenfolge:**
Ehrengäste ➔ Damen ➔ Herren ➔ Gastgeber

Belästigungen

Die Servicefachkraft darf den Gast nicht belästigen
- durch allzu übertriebene Aufmerksamkeit,
- durch beharrliches Aussprechen von Empfehlungen,
- durch eine schlechte Arbeitshaltung oder durch Nichtbeachten sachgerechter Arbeitstechniken beim Bedienen am Tisch.

Störungsfreie und kräftesparende Wege

Insbesondere in den Hauptgeschäftszeiten müssen viele Wege zurückgelegt werden. Damit aber die Vorgänge bei aller notwendigen Eile und Zügigkeit störungsfrei und reibungslos ablaufen, gilt:

- Auf den „Verkehrswegen" immer rechts gehen,
- bei den Serviceabläufen immer vorwärts, nie rückwärts laufen und nicht plötzlich stehen bleiben,
- möglichst keinen Weg im „Leerlauf" zurücklegen, denn zwischen den Abgabestellen, dem Servicetisch und den Tischen der Gäste gibt es immer etwas zu transportieren.

Abb. 1 Gästestörung: Was ist hier falsch?

3.8 Richtlinien und Regeln zum Tellerservice

Die Hände erfüllen wichtige Funktionen beim sachgerechten Aufnehmen, Tragen, Einsetzen und Ausheben von Tellern.

Die **rechte Hand** ist die **Arbeitshand**. Sie ist zuständig für das Aufnehmen der Teller, für die Übergabe in die linke Hand sowie für das Einsetzen und Ausheben am Tisch. – Die **linke Hand** ist die **Tragehand**.

Abb. 2 Tragen eines Tellers

Aufnehmen und Tragen von Tellern

Ein Teller

Den Teller zwischen Zeigefinger und Daumen halten und mit den übrigen Fingern unterstützen. Der Daumen liegt angewinkelt auf dem Tellerrand.

Abb. 3 Tragen von zwei Tellern (Obergriff)

Zwei Teller

Beim Tragen werden zwei verschiedene Griffe angewandt:

Tragen mit Obergriff
- Den ersten Teller als Handteller aufnehmen,
- den zweiten Teller auf den Handballen, den Unterarm und die seitlich hochgestellten Finger aufsetzen.

Tragen mit Untergriff
Den zweiten Teller muss man unter dem Handteller bis an den Zeigefinger heranschieben und mit den restlichen, fächerartig gespreizten Fingern unterstützen.

Abb. 4 Tragen von zwei Tellern (Untergriff)

Abb. 1 Tragen von drei Tellern

Beim Einsetzen von heißen Tellern müssen alle Tragegriffe auch mit einem Serviertuch beherrscht werden.

Beim Einsetzen von der linken Seite würde der Gast durch den angewinkelten Arm belästigt
(Seite 253, Abb. 1).

In der Regel wartet man allerdings mit dem Ausheben, bis alle Gäste am Tisch das Essen beendet haben.

Drei Teller

- Den ersten Teller als Handteller aufnehmen,
- den zweiten Teller unterschieben (Unterteller),
- das Handgelenk nach innen abwinkeln,
- den dritten Teller auf den Rand des Untertellers und den Unterarm aufsetzen.

Einsetzen von Tellern

Bewegungsrichtung beim Einsetzen

Am Tisch wird der jeweilige Teller in die rechte Hand übernommen und von der rechten Seite des Gastes eingesetzt. Das entspricht der natürlichen Bewegungsrichtung des angewinkelten Armes, der den Teller im Bogen um den Gast herumführt.

Ausnahmen:
- Beim Einsetzen von Tellern, die ihren Platz links vom Gedeck haben (z. B. Brot- und Salatteller). Von der rechten Seite würde der Gast zu sehr belästigt.
- Ausnahmen gibt es auch dann, wenn die Platzverhältnisse das Einsetzen von rechts nicht zulassen.

Ausheben von Tellern

Der Gast zeigt mit der Ablage des Bestecks Folgendes an:
- Besteck über Kreuz abgelegt: Ich will noch weiter essen, bitte Nachservice.
- Besteck nebeneinander, mit den Griffen nach rechts: Ich bin fertig, das Gedeck kann ausgehoben werden.

Für das Ausheben gelten die gleichen Regeln wie für das Einsetzen:
- Ausheben von der rechten Seite des Gastes,
- Laufrichtung im Uhrzeigersinn, also von rechts nach links.

Beim Ausheben wird im Allgemeinen die Methode „Zwei Teller mit Obergriff" angewendet (Abb. 2). In Verbindung mit Speiseresten auf den Tellern ist aber auch die Methode „Drei Teller mit Unter- und Obergriff" üblich.

Ausheben mit Obergriff

Den **ersten Teller** als Handteller aufnehmen und das Besteck darauf ordnen:

- Dabei die Gabel so ausrichten, dass sie am Griffende mit dem Daumen gehalten werden kann. Durch diesen Haltepunkt wird die gesamte Besteckablage gesichert und das Abrutschen verhindert,
- das Messer im rechten Winkel unter die Wölbung der Gabel schieben.

Abb. 2 Ausheben von zwei und mehr Tellern (Obergriff)

Den **zweiten Teller** als Oberteller aufnehmen und das Besteck auf dem Handteller ablegen.

Die weiteren Teller auf den Oberteller aufsetzen und das Besteck jeweils der Besteckablage auf dem Handteller zuordnen.

Ausheben mit Ober- und Untergriff

Diese Methode wird angewandt, wenn die Gäste Speisereste auf ihren Tellern zurücklassen. Während es bei geringen Mengen üblich ist, die Reste auf den Handteller neben die Besteckablage abzuschieben, wird bei größeren Mengen die Methode mit drei Tellern angewandt.

- Der Handteller dient zur Besteckablage,
- auf den Unterteller werden jeweils mit dem Messer die Speisereste abgeschoben (dazu wendet man sich aus dem Blickfeld des Gastes),
- der Oberteller dient zum Aufnehmen weiterer Teller.

Tragen, Einsetzen und Ausheben von Gedecken

Unter Gedeck versteht man in diesem Zusammenhang die Kombination von Unterteller und aufgesetztem Gedeckteil. Die Vorbereitung solcher Gedecke erfolgt in der Regel bereits beim Mise en place, damit während des Essens keine Verzögerungen eintreten. So werden Gedeckteile z. B. vorbereitet und entweder an der Speisenabgabestelle oder auf einem Servicetisch gestapelt:

- **Gedecke für Suppen in Tassen**
  Unterteller mit Piccolo-Serviette oder Deckchen und Suppenuntertasse
- **Gedecke für Vorspeisen oder Desserts in Gläsern oder Schalen**
  Unterteller mit Piccolo-Serviette

Aufnehmen, Tragen und Einsetzen

Die am Küchenpass übernommenen Tassen mit der Suppe und die Gläser oder Schalen mit der Vorspeise bzw. dem Dessert werden auf die vorbereiteten Unterteller aufgesetzt und wie folgt serviert:

- Mit der linken Hand zwei Gedecke (Obergriff), mit der rechten Hand eventuell ein drittes Gedeck aufnehmen,
- von der rechten Seite des Gastes einsetzen,
- von rechts nach links fortschreiten.

Ausheben von Gedecken

Grundsätzlich werden sowohl Suppengedecke als auch Gedecke von Vorspeisen, Salaten oder Desserts wie beim Einsetzen mit dem Besteck ausgehoben. Bei entsprechendem Geschick ist es auch möglich, die Geschirr- und Besteckteile bereits beim Ausheben zu ordnen (Abb. 1).

Suppengedecke
- Das erste Gedeck als Handgedeck aufnehmen,
- das zweite Gedeck unterschieben,
- die Tasse und den Löffel des Handgedecks auf das Untergedeck übernehmen,
- das dritte Gedeck auf das Handgedeck aufsetzen und den Löffel ablegen.

Vorspeisen- und Dessertgedecke mit Schalen
- Das erste Gedeck als Handgedeck aufnehmen,
- das zweite Gedeck unterschieben und die Dessertschale auf dem Handgedeck stapeln,
- den Löffel des Handgedecks auf dem Unterteller ablegen,
- das dritte Gedeck als Obergedeck aufnehmen, die Schale auf dem Handgedeck stapeln und den Löffel auf den Unterteller übernehmen,
- das vierte Gedeck auf das Obergedeck aufsetzen und den Löffel auf dem Unterteller ablegen.

Abb. 1 Ausheben von drei und mehr Tellern

Bei sehr großen Mengen von Speiseresten ist es ratsam, die Teller wie beim Einsetzen mit Unter- und Obergriff aufzunehmen und das Sortieren der Bestecke und Speisereste im Office vorzunehmen.

Neueres Tafelgeschirr stellt sich in verschiedensten Formen dar. Es wird je nach Design rechteckig, quadratisch, wellenartig, geschwungen, oval oder in Blattformen angeboten. Von den Service-Mitarbeitern erfordert das ein Umdenken beim Tragen. Durch ein kurzes Training mit dem neuen Tafelgeschirr wird sehr schnell die sicherste Trageart gefunden.

Abb. 2 Tragen von Suppentassen

3.9 Plattenservice  silver service service (m) à la française

Bei festlichen Veranstaltungen wird vielfach von der Platte vorgelegt. Das erfordert von den Servicefachkräften handwerkliches Können und ermöglicht dem Gast, dies aus nächster Nähe mitzuerleben.

Arten des Vorlegens

Unter Plattenservice im eigentlichen Sinne versteht man das **Vorlegen der Speisen durch die Restaurantfachkräfte** am Tisch. Darüber hinaus gibt es Abwandlungen dieses Service:

- Platten und Schüsseln werden zur Selbstbedienung durch den Gast am Tisch eingesetzt.
- Platten werden vom Servicepersonal dem Gast zur Selbstbedienung angeboten oder es wird von der Platte vorgelegt.
- Speisen werden vom Servicepersonal von Platten am Beistelltisch vorgelegt.

Technik des Vorlegens

Zum Vorlegen von Speisen verwenden Fachleute Tafellöffel und Tafelgabel als Vorlegebesteck. Beim Einsatz dieses Bestecks werden unterschiedliche Vorlegegriffe angewendet, die in enger Beziehung zur Beschaffenheit der Speisen stehen:

- Die Wölbungen von Löffel und Gabel liegen ineinander. (Abb. 1)

  Handhabung:
  Den Löffel absenken und unter die Speise schieben. Mit Löffel und Gabel greifen, aufnehmen und auf den Teller vorlegen.

  Anwendung:
  Für alle Speisen, die keine besondere Griffart notwendig machen.

- Die Wölbungen von Löffel und Gabel sind nach unten gerichtet. (Abb. 2)

  Handhabung:
  Die beiden Besteckteile mit dem Daumen spreizen, unter die Speise schieben, diese anheben und vorlegen.

  Anwendung:
  - Bei Speisen, die großflächig, leicht zerdrückbar oder besonders lang sind, z. B. Spargel, Fischfilets, Omeletts.
  - Bei Speisen, die mit Garnituren belegt oder überbacken sind.
  - Bei Saucen und kleineren Garniturbestandteilen, die mit dem Löffel geschöpft oder aufgenommen werden.

- Die Wölbungen von Löffel und Gabel liegen gegeneinander. (Abb. 3)

  Handhabung, mit zwei Möglichkeiten:
  Wie abgebildet oder durch Drehen der Hand um 90° nach links, um entsprechende Speisen seitlich zu greifen und vorzulegen.

  Anwendung:
  Bei Speisen, die leicht abrutschen können, z. B. gefüllte Tomate, oder mit einer Garnitur belegt sind, z. B. Medaillons, Pastetchen.

Abb. 1 Allgemein üblicher Griff

Abb. 2 Spreizgriff

Abb. 3 Zangengriff

Besonderheiten beim Plattenservice

Im Allgemeinen ist der Plattenservice zeitaufwendiger als der Tellerservice. Durch folgerichtige und gezielte Arbeitsabläufe muss deshalb sichergestellt werden, dass keine unnötigen Verzögerungen eintreten und die Speisen nicht abkühlen. Im Einzelnen gilt:

- Beim Plattenservice wird in der Regel nicht die gesamte Speisemenge auf einmal vorgelegt. Deshalb müssen **Rechauds** bereitgestellt werden.
- Vor dem Auftragen der Platten werden vorgewärmte Teller beim Gast von rechts eingesetzt.
- Das Tragen der Teller erfolgt auf der mit einer Stoffserviette bedeckten Hand. Bei größeren Mengen wird der Tellerstapel von oben mit einer Serviette überdeckt und zwischen beiden Händen getragen.
- Bevor eine Platte zum Tisch des Gastes gebracht wird, muss unbedingt ein Vorlegebesteck aufgenommen werden.

Vorlegen von der Platte

Diese Art des Vorlegens wurde früher als **französische Methode** bezeichnet:

- Die (vorgewärmten) Teller werden bei den Gästen von rechts eingesetzt.
- Anschließend präsentiert man die angerichtete Platte den Gästen. Sie wird dabei auf der mit einer längsgefalteten Stoffserviette überdeckten linken Hand getragen.
- Es ist darauf zu achten, dass die Platte auf Sichthöhe der Gäste gebracht wird, damit jeder Gast die dekorativ angerichteten Speisen betrachten kann.
- Ein zusätzlicher Service ist die Erklärung der angerichteten Speisen durch die Restaurantfachkraft.
- Das Vorlegen erfolgt von der linken Seite des Gastes. Dabei soll die Platte so tief wie möglich zum Tisch abgesenkt werden und der rechte Plattenrand ein wenig über den linken Tellerrand hineinragen.
- Je nach Art der Speisen wird der entsprechende Vorlegegriff angewandt (s. S. 256).

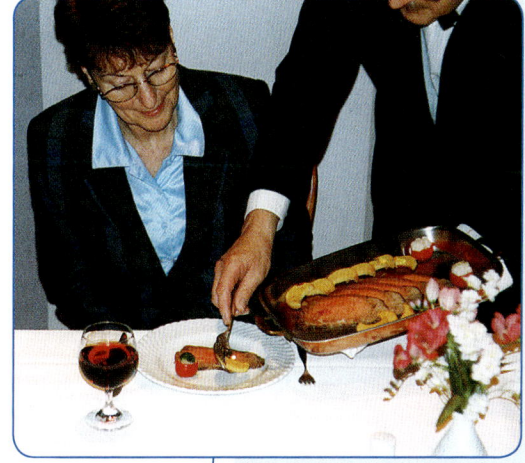

Abb. 1 Vorlegeservice

Das Anrichten der Speisen auf den Teller

Beim Vorlegen der Speisen wird zuerst der Hauptbestandteil, z. B. Fisch oder Fleisch, auf den Teller zum Gast hin angerichtet. Anschließend werden, auf der rechten Seite des Tellers beginnend, die Gemüsebeilagen vorgelegt, die Hauptbeilage wird links platziert.

Das Farbenspiel muss beim Anrichten berücksichtigt werden, z. B. rotes, weißes und grünes Gemüse.

Abb. 2 Korrekt angerichteterTeller

Beim Vorlegen von Saucen muss beachtet werden:

- Für Pfannen- und Grillgerichte werden Sauce oder Jus **neben das Fleisch bzw. den Fisch angegossen.**
- Zu ausgesprochenen Saucengerichten wie z. B. Rindsrouladen sowie Fische in Weißweinsaucen wird die Sauce **über das Fleisch nappiert.**
- Buttermischungen werden **auf das Fleisch gelegt.**

Nachdem allen Gästen am Tisch die Speisen vorgelegt wurden, ordnet man die verbleibenden Teile auf der Platte und hält sie bis zum Nachservice auf einem Rechaud bereit.

Mischformen des Vorlegeservices

Eine in der Praxis häufig angewandte Mischform ist das Vorlegen von nur einem Bestandteil des Gerichts. Hierbei wird beispielsweise das Fleischstück von der Platte vorgelegt, während die Gemüse und die Hauptbeilage in Schüsseln am Tisch eingesetzt werden. Die Gäste nehmen sich die Beilagen selbst und reichen die Schüsseln dann an die anderen Gäste zur Selbstbedienung weiter.

Eine weitere Mischform ist das Anrichten des Hauptbestandteils eines Gerichts auf den Teller. Dies kann bereits in der Küche geschehen oder im Restaurant vom Wagen bzw. vom Beistelltisch erfolgen. Der Teller wird dem Gast von rechts eingesetzt und die Beilagen werden durch Restaurantfachkräfte von links vorgelegt.

Im Bankettservice praktiziert man manchmal eine andere Art dieser Form. Dabei werden das Fleisch, die Gemüse- und die Hauptbeilagen einzeln auf Platten und in Schüsseln angerichtet und von jeweils einer Restaurantfachkraft den Gästen vorgelegt. Hierbei ist darauf zu achten, dass die Gäste nicht zu sehr eingeengt werden, indem von den nachfolgenden Servicefachkräften ausreichend Abstand gehalten wird.

> Der Teller darf beim Vorlegen nicht überladen werden. Der Tellerrand muss in jedem Fall frei bleiben und sollte nicht bekleckert sein.

Darbieten von der Platte

Eine Variante des Platten-Service ist das Anreichen oder der Darbieteservice.

Die heiße Platte liegt auf der durch eine Stoffserviette geschützten linken Hand und wird dem Gast von links angereicht. Dabei wird die Platte durch Beugen des Oberkörpers auf Tischhöhe gebracht und zum Gast hin leicht geneigt. Der Plattenrand soll ein wenig über den Tellerrand hineinragen. Das Vorlegebesteck ist mit den Griffenden zum Gast hin ausgerichtet. Somit kann sich der Gast die Speisen bequem von der Platte nehmen.

Abb. 1 Darbieten einer Platte

Vorlegen am Beistelltisch

Diese Form wurde früher als die **englische Serviermethode** oder **Guéridon-Service** bezeichnet. Da es sich um einen besonders gastorientierten, aber auch aufwendigen Service handelt, ist er nur bei einem kleineren Gästekreis bis acht Personen sinnvoll.

Bereitstellen des Beistelltisches

Der Beistelltisch (Guéridon) kann als stationärer Tisch grundsätzlich beim Gästetisch stehen oder wird erst bei Bedarf an
den Tisch herangestellt.

Die Stellung des Beistelltisches ist so zu wählen, dass alle Gäste
möglichst bequem den Serviervorgang verfolgen können.

Mise en place

Zunächst ist auf dem Beistelltisch eine Mise en place auszuführen:

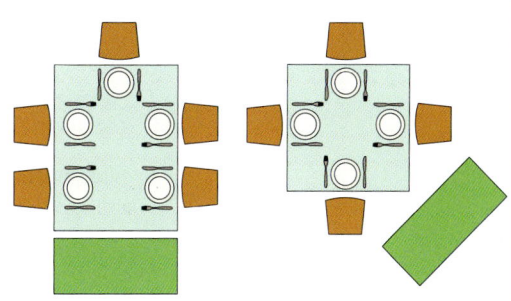

Abb. 1 Anstellmöglichkeiten
des Guéridons (grün)

- ein Rechaud, bei getrennt angerichteten Speisen zwei Rechauds,
- Vorlegebestecke in einer Serviettentasche auf einem Teller,
- unmittelbar vor dem Auftragen der Platte die vorgewärmten Teller.

Servieren der Speisen

Zunächst wird die Platte den Gästen präsentiert, danach auf den Rechaud
gestellt.

Dabei erläutert die Servicefachkraft die Speisen. (s. auch ab S. 390 Empfehlung und Verkauf von Speisen)

Dann schließt sich der eigentliche Serviervorgang an, bei
dem folgende Richtlinien zu beachten sind:

- Grundsätzlich mit Blick zu den Gästen arbeiten.
- Beim Vorlegen am Guéridon wird mit beiden Händen
  gearbeitet.
- Die Speisen werden fachgerecht auf dem Teller angerichtet, und der Teller wird dabei nicht überladen.
- Sauce oder Jus wird mit dem Löffel aufgenommen und
  noch über der Platte mit der Gabel unter dem Löffel abge-
  streift, damit beim Vorlegen nichts auf den Tisch oder Tellerrand tropft.
- Der angerichtete Teller wird mit der Handserviette getragen und dem Gast von rechts eingesetzt.
- Dabei wird zuerst den Damen, dann den Herren und
  zuletzt dem Gastgeber serviert.
- Den Tisch nach dem ersten Vorlegen im Auge behalten, um rechtzeitig
  den Nachservice einzuleiten.

Abb. 2 Vorbereiteter
Beistelltisch

Nachservice (Supplément)

Für den Nachservice gibt es zwei Möglichkeiten:

- Werden die Speisen für alle Gäste noch einmal komplett vorgelegt, ist
  es üblich, die benutzten Teller einschließlich Besteck auszuheben, sauberes Besteck einzudecken und zum Vorlegen der Speisen (am Beistelltisch) neue, heiße Teller zu verwenden.
- Wünschen die Gäste nur noch einen Teil des Gerichtes, z. B. Gemüse,
  so wird dieses am Tisch von der Platte vorgelegt.

Ein aufmerksamer Service beobachtet stets den Gästetisch, damit
rechtzeitig nachserviert werden kann.

3.10 Zusammenfassung der Servierregeln

Beim Servieren haben sich alle Bewegungsabläufe danach zu richten, dass der Gast nicht gestört wird und gleichzeitig das Servierpersonal möglichst ungehindert arbeiten kann.

Alle Gerichte, die einzeln angerichtet an den Platz des Gastes gebracht werden, sind von der rechten Seite einzusetzen. Salat und Kompott von links einsetzen.

Einsetzen von links

- Brot, Brötchen, Toast
- Kompott
- Salat
- Resteteller
- Fingerschale
- Frühstücksei
- Präsentieren und Vorlegen von Speisen

Einsetzen von rechts

- Suppen
- Teller mit Speisen
- leere Gedeckteller
- Kaffee- und Mokkatassen
- Gläser
- Präsentieren und Einschenken von Getränken

Aufgaben

1. Beschreiben Sie grundlegende Richtlinien für den Service in Bezug auf
   a) Rücksichtnahme gegenüber dem Gast,   b) störungsfreie und kräftesparende Wege der Servicekraft.

2. Welche Aufgaben haben die Hände beim Tellerservice und wie werden sie genannt?

3. Beschreiben Sie das Aufnehmen von ein, zwei und drei Tellern und nennen Sie die Bezeichnungen für die Teller sowie die Art des Greifens.

4. Beschreiben und begründen Sie zum Einsetzen der Teller am Tisch
   a) die Bewegungsrichtung beim Einsetzen,   b) die Laufrichtung der Servicekraft,   c) Ausnahmen.

5. Beschreiben Sie zum Ausheben von Tellern
   a) die Bewegungsrichtungen,   b) das Aufnehmen der Teller und das Ordnen der Bestecke,
   c) die Behandlung von Speiseresten auf den Tellern.

6. Erstellen Sie ein 5-Gang-Menü mit korrespondierenden Getränken und nachfolgenden Menükomponenten und decken Sie das Menü anschließend für mehrere Personen ein:
   Kalte Vorspeise: mit Kalbspastete,   Suppe: von Pilzen,   Fischgang: von Seezunge
   Hauptgang: von Lammkarree,   Dessert: von Birne und Joghurt

7. Welche vorbereitenden Arbeiten müssen vor dem Eindecken einer Festtafel erledigt werden?

8. Worauf ist beim Eindecken der Bestecke besonders zu achten?

9. Welche abschließenden Arbeiten werden nach dem Eindecken der Bestecke und Gläser an einer Bankett-Tafel vorgenommen?

10. Welche Regeln gelten für das Eindecken von Gläsern?

11. Erklären Sie Ihren Arbeitskollegen die Techniken des Vorlegens.

12. Beschreiben Sie das Vorlegen von der Platte in sachlich korrekter Reihenfolge.

13. Bei einer Servicevorbesprechung wird eine Mischform des Vorlegeservices angesprochen. Erklären Sie Ihren Kollegen genau die Mischformen des Vorlegeservices.

4 Quick-Service-Restaurant

🇬🇧 preparatory in the Quick-Service-Restaurant
🇫🇷 mise en place au Quick-Service-Restaunt

In einem Quick-Service-Restaurant ist es besonders wichtig, alle Vorbereitungsarbeiten vor dem Öffnen des Restaurants bzw. in einer umsatzschwachen Zeit zu erledigen. Nur so kann während der Hauptgeschäftszeit ein reibungsloser Ablauf beim Bedienen der Gäste sichergestellt werden.

Kernstück der Vorbereitungsarbeit ist die Kassentheke (Counter), die als Zwischenlager alle für den Service benötigten Produkte und Gegenstände bereithält. Aber auch der Gastraum, in der Systemgastronomie auch als Lobby bezeichnet, und der Außenbereich müssen für die Kernumsatzstunden vorbereitet werden.

4.1 Herrichten der Kassentheke

Die rückwärtige Seite der Kassentheke enthält alles, was die Servicemitarbeiter für das **Zusammenstellen der Gästebestellungen** benötigen.

Dazu gehören Tabletts, Ketchup, Mayonnaise und andere Soßen, Papierservietten sowie Pfeffer und Salz (Portionspäckchen).

Es gibt in den Betrieben Standards für **Lagerplatz** und **Menge**.

Da normalerweise mehrere Kassen zur Verfügung stehen, wiederholt sich der Aufbau, sodass die Kassenkräfte sich nicht gegenseitig behindern.

Abb. 1 Kassentheke

Während der **Vorbereitung** müssen Transportverpackungen entfernt werden, sodass mit nur einem Griff die jeweilige Ware zur Verfügung steht. Getränkebecher, Deckel und Strohhalme werden im Kassenbereich oder an der Getränkezapfanlage bevorratet.

Für das Verpacken von Außer-Haus-Bestellungen müssen Papiertüten in verschiedenen Größen bereitgestellt werden.

Wenn es sich um ein Restaurant mit Drive-in-Spur handelt, müssen sämtliche **Auffüllarbeiten** auch **am Ausgabefenster** durchgeführt werden.

Die Kassentheke muss auf **Sauberkeit kontrolliert** werden. Reste von ausgelaufenen Getränken und Krümel müssen mit einem feuchten Tuch aufgenommen werden.

Abb. 2 Drive-In-Spur

Abb. 1 Menüboard

In vielen Betrieben werden **Checklisten** für das Auffüllen der Kassentheke verwendet.

Nur wenn die Liste komplett abgearbeitet ist, kann sichergestellt werden, dass während der Stoßzeit kein Servicemitarbeiter in das Lager muss und dass alle Gäste in kurzer Zeit bedient werden können.

Mit einem Blick auf das **Menüboard** wird überprüft, ob alle Angebote auf dem aktuellen Stand sind.

4.2 Vorbereitungsarbeiten in der Lobby

Der Gastraum (Lobby) wurde von den Mitarbeitern im Schlussdienst gereinigt. Trotzdem sind vor der Öffnung des Restaurants auch dort einige Vorbereitungsarbeiten zu erledigen.

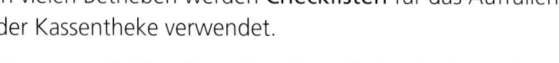

Abb. 2 Tablettwagen

- Einzelne **Tische** abwischen
- **Tablettwagen** bereitstellen
- **Getränkezapfanlage** auf Sauberkeit kontrollieren
- Becher, Deckel, Strohhalme und ggf. Servietten **nachfüllen**
- **Fenster- und Türscheiben** auf Sauberkeit überprüfen
- **Gästetoiletten** inspizieren

4.3 Vorbereitungsarbeiten außerhalb des Restaurants

Auch außerhalb des Restaurants sind einige Vorbereitungsarbeiten zu erledigen. Dazu gehört neben der **Bestuhlung der Terrasse** und der Kontrolle der **Mülleimer** auch die Überprüfung der **Drive-in-Spur**. Diese ist auf Sauberkeit und eventuelle Hindernisse für die Autos der Gäste zu überprüfen.

Bei Bedarf müssen die **Angebotsplakate** ausgetauscht werden.

4.4 Servierformen

Counterservice

Der Gast bestellt an einer Theke (Counter) bei einem Servicemitarbeiter Speisen und Getränke. Dieser berät den Gast und stellt anschließend die Bestellung in der Regel auf einem Tablett zusammen oder verpackt sie für den Außer-Haus Verkauf. Der Bezahlvorgang schließt den Kauf ab. Beim Verzehr im Restaurant trägt der Gast das Tablett anschließend selbst zu einem Tisch seiner Wahl.

Abb. 3+4 Angebotsplakate

Drive-in-Service

Der Gast fährt mit seinem Auto zu einer Art Schalter (Fenster) am Restaurant. Dort bestellt und bezahlt er seine Speisen. An einem weiteren Fenster bekommt er seine Bestellung ins Fahrzeug gereicht und kann weiterfahren.

Restaurants mit geringem Gästeaufkommen wickeln die Bestellung an einem Fenster ab. Für den Kunden ist die Wartezeit länger.

Bei einem größeren Gästeaufkommen wird in der Regel mit einem **3-Punkte-Drive-in** gearbeitet. An einer Telefonsäule (Orderphone) gibt der Gast seine Bestellung auf, am Fenster bezahlt der Kunde, am nächsten Fenster erhält der Gast seine Bestellung.

Eine besondere Form des Drive-in-Service ist der **Multi-Lane-Drive**, bei dem die Autos in mehreren Spuren parallel bedient werden können.

Abb. 1 Drive-in-Service

Online-Service und Freeline-Service

Die Gäste werden in einer Reihe (line) an einer Speisenausgabe vorbeigeführt. Diese Form findet sich vor allem in Betrieben der Gemeinschaftsverpflegung (z. B. Kantinen). Vorteilhaft bei geringer Speisenauswahl und hohem Gästeaufkommen. Beim **Freeline-Service** werden die Gäste in zwei gegenläufigen Reihen an zwei Ausgabestellen vorbeigeführt.

Abb. 2 Online-Service

Freeflow-Service

Um den Gästen mehr Wahlmöglichkeiten bei der Produktauswahl zu geben, wurde der Freeflow-Service eingeführt.

Der Gast bewegt sich frei auf einer Art Marktplatz und wählt an verschiedenen Stationen selbstständig unterschiedliche Komponenten seines Menüs aus, z. B. Pizza, Pasta, Suppen, Salate, Fleischgerichte.

Bezahlt wird beim Verlassen des Marktplatzes an einer Kasse, bevor der Gast den Restaurationsbereich betritt.

Abb. 3 Freeline-Service

Foodvillage-Konzept

Foodvillages findet man häufig an Flughäfen, Bahnhöfen oder Einkaufszentren. Verschiedene gastronomische Betriebe, auch mit unterschiedlichen Serviceformen (z. B. vegetarisches Bedien-Restaurant, Burger-Schnellrestaurant) sind unter einem Dach vereint mit einem gemeinsamen Sitzbereich für Gäste.

Abb. 4 Foodvillage

4.5 Besondere Serviceformen in der Systemgastronomie

Die Systemgastronomie erfüllt bestimmte Erwartungen der Gäste, z. B. schnelle Versorgung, günstige Speisen und Getränke, geringe Wartezeiten oder ein besonderes Erlebnis, das mit der Bestellung verbunden ist.

Dies hat zu Serviceformen geführt, die sich stark von der klassischen Gastronomie unterscheiden. Für manche Gäste macht gerade das die Attraktivität der Systemgastromie aus.

Richtlinien für den Tablettaufbau im Counterservice

Der Counterservice (s. S. 263, 265) ist in der Systemgastronomie am häufigsten anzutreffen. Bei der Zusammenstellung der Speisen und Getränke auf dem Tablett gelten unterschiedliche Standards. Die meisten Betriebe schreiben vor:

- **Zuerst** die **Kaltgetränke** zapfen. Durch die Zugabe von Eiswürfeln bleiben sie lange gut temperiert und halten die Kohlensäure.

- Gegebenenfalls **Salat** auf das Tablett stellen. Dieser ist in der Regel vorportioniert und steht in einer Salatvitrine.

- Falls gewünscht, die **Heißgetränke** in einen Becher einschenken/zapfen und auf das Tablett stellen.

- Danach die **Sandwiches oder Burger** auf das Tablett legen. Diese sind in der Küche vorproduziert (Warmhaltefach) und wurden in der Zwischenzeit fertig zubereitet, da die Bestellung bereits bei der Eingabe in die Kasse an die Küche weitergeleitet wurde.

- Zuletzt die **Pommes frites** (oder eine andere **Beilage**) bzw. das Eis auf das Tablett stellen. Hierbei handelt es sich um die temperaturempfindlichsten Speisen. Daher werden sie zuletzt serviert.

Beim **Aufbau auf dem Tablett** ist zu beachten, dass heiße und gekühlte/kalte Speisen oder Getränke nicht nebeneinander stehen.

Richtlinien für die Zusammenstellung der Bestellung im Drive-Service

Der Drive-in- oder Drive-through-Service (s. S. 263, 265) ist in der Systemgastronomie weit verbreitet. Auch bei dieser Serviceform sind Standards zu beachten, die sich zusammenfassen lassen:

- Mehrere Getränke werden in einem Getränkehalter zusammengefasst. Dieser verhindert das Umkippen im Auto des Gastes. Auch die Bedienzeit ist kürzer als wenn die Getränke einzeln gereicht werden.

- Aus wirtschaftlichen und Umweltschutzgründen sollte die Größe der **Außer-Haus-Tüte** dem Umfang der Bestellung angepasst werden.

Abb. 2 Tablettaufbau im Counterservice

Abb. 3 Getränkehalter für den Drive-in-Service

- Auf den Boden der Tüte werden zuerst die in Kartons verpackten Burger und Sandwiches platziert. Darüber kommen in Papier eingewickelte Produkte, die druckempfindlicher sind.

- Pommes frites und andere offene Produkte werden neben die in Kartons verpackten Produkte gestellt, ggf. auch nebeneinander. Es ist darauf zu achten, dass sie nicht umkippen können.

- Kalte und warme Produkte werden getrennt verpackt. Salate kommen in andere Tüten als Pommes oder Sandwiches. Eis und Milchshakes werden in den Getränkehalter gestellt. (Manche Betriebe haben besondere Verpackungen für Eis.)

- Die fertig gepackte Tüte wird durch Umfalten der Öffnung geschlossen und (mit dem aufgedruckten Unternehmenslogo zum Gast zeigend) in das Fahrzeug gereicht.

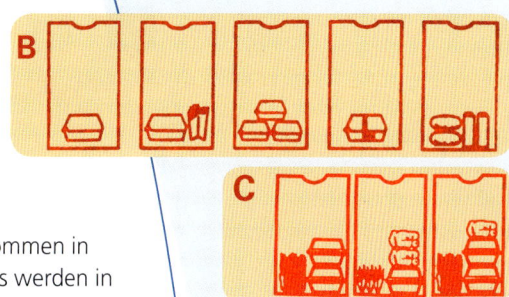

Abb. 1 Packvorschriften auf dem Boden von Außer-Haus-Tüten

4.6 Zusammenfassung der Servierregeln

Beim Servieren haben sich alle Bewegungsabläufe danach zu richten, dass der Gast nicht gestört wird und gleichzeitig das Servierpersonal möglichst ungehindert arbeiten kann.

Alle Gerichte, die einzeln angerichtet an den Platz des Gastes gebracht werden, sind von der rechten Seite einzusetzen. Salat und Kompott von links einsetzen.

Beim **Counterservice** wird die Bestellung auf einem Tablett zusammengestellt, bei großen Bestellungen auf mehreren. Auf dem Tablett werden zuerst die Kaltgetränke, dann die Speisen und eventuell das Eis angeordnet. Kalte und warme Speisen und Getränke dürfen nicht direkt nebeneinander stehen.

Beim **Drive-in-Service** wird die Bestellung in eine der Bestellmenge entsprechend große Tüte gepackt. Produkte in stabileren Verpackungen liegen unten, darüber in Papier eingewickelte.

Kalte und warme Speisen kommen in getrennte Tüten. Mehrere Getränke werden in einem Getränkehalter übergeben.

Da in den Drive-in-Spuren nur jeweils ein Fahrzeug bedient werden kann, ist ein reibungsloser Ablauf besonders wichtig. Sollte z. B. ein Produkt nicht vorrätig sein, muss das betroffene Fahrzeug auf eine Haltespur geschickt werden. Dann können die folgenden Fahrzeuge bedient werden. Sobald die Bestellung für das wartende Fahrzeug fertig ist, wird sie zum Wagen gebracht.

Fachbegriffe

Counter	Kassentheke, an der die Bestellung zusammengestellt wird
Drink-Drawer	Mitarbeiter, der für das Zapfen und Verschließen der Getränke verantwortlich ist
Lobby	Gastraum für Gäste, die ihre Bestellung im Restaurant verzehren
Park	Wartespur für Autos, falls die Bestellung nicht sofort zusammengestellt werden kann
Runner	Bezeichnung für den Mitarbeiter, der die Bestellung für den Drive-in zusammenpackt

5 Frühstück

🇬🇧 breakfast 🇫🇷 petit déjeuner (m)

Für Informationen zu Herstellung und Service der Aufgussgetränke, auch als Bestandteil des Frühstücks, siehe Kapitel 5, S. 286.

Sonderformen:
das Etagenfrühstück, wobei der Gast am Abend vorher seine Wünsche in eine Bestell-Liste einträgt (s. S. 272). Am nächsten Morgen wird ihm dann zur gewünschten Zeit das Frühstück im Zimmer serviert.

Eine besondere Form des Etagenfrühstücks ist das Thermo-Frühstück, bei dem das heiße Getränk in einer Thermoskanne bereitgestellt wird. Dies wird dem Gast bereits am Abend ins Zimmer gestellt, wenn er vor dem üblichen Frühstücks-Servicebeginn abreisen möchte.

Vom Frühstück hängt die Stimmung und Schaffenskraft eines Menschen für den ganzen Tag ab, deshalb gebührt dieser wichtigen Mahlzeit die erforderliche Beachtung.

5.1 Arten des Frühstücks

Es sind zu unterscheiden:

- Das **einfache, kontinentale Frühstück** mit seinem einfachen Angebot,
  - Kaffee, Tee oder Kakao,
  - Brot, Brötchen, Toast,
  - Butter, Konfitüre zur Wahl, Bienenhonig

- das **erweiterte Frühstück**, das nach einer Frühstückskarte ausgewählt oder ergänzt wird,
  - wie einfaches Frühstück, ergänzt durch Säfte, z. B. Orangensaft oder Tomatensaft, Eierspeisen, Wurst, Käse, Müsli, Joghurt, angemachten Quark usw.

- das **Frühstücksbüfett**, auf dem die Speisen zur **Selbstbedienung** bereitstehen, die heißen Aufgussgetränke aber meist serviert werden,
  - wie einfaches Frühstück, erweitert um Frucht- und Gemüsesäfte, Rühreier, Spiegeleier, Omeletts, pochierte Eier, Pfannkuchen, Käse, gebratenen Speck, Schinken, Bratwürstchen, kleine Steaks, Grilltomaten, Cornflakes (Cereals) oder Porridge, frisches Obst, frisch gebackene Waffeln, Plundergebäck usw.

5.2 Bereitstellen von Frühstücksspeisen

Bei Frühstücksspeisen ist zu unterscheiden zwischen den Standardbestandteilen des einfachen Frühstücks und den Speisen, die mittels einer Frühstückskarte oder am Frühstücksbüfett angeboten werden.

Speisen für das einfache Frühstück

Es handelt sich dabei um tägliche Routinearbeiten:

- Brötchen, Brot, sonstige Backwaren werden übersichtlich und dekorativ in Körbchen angeordnet.
- Butter, Milch, Konfitüre sowie Wurst- und Käsezubereitungen, die es auch portionsweise abgepackt gibt, werden auf Tellern zusammengestellt.

Aus Gründen des Umweltschutzes werden die genannten Speisen vielfach in „loser Form" bzw. offen angerichtet und angeboten.

Zubereiten von speziellen Frühstücksgerichten – Eierspeisen

Gekochte Frühstückseier   boiled eggs   œufs (m) cuits

- Weiche Eier in der Schale
- Weiche Eier im Glas
- Hart gekochte Eier

Pochierte Eier   poached eggs   œufs (m) pochés

Besonders beliebt bei amerikanischen Gästen auf Toast oder mit Zutaten wie Pilzragout oder Schinkenstreifen sowie Eggs Benedict (pochierte Eier auf getoastetem englischen Muffin mit gekochtem Schinken, mit holländischer Sauce nappiert).

Abb. 1 Gekochtes Ei

Rühreier   scrambled eggs   œufs (m) brouillés

Rühreier werden cremig-weich, medium oder fester (trocken) angeboten mit Beigaben wie gehackten Kräutern, Schinken, krossem Speck, gebratenen Pilzen, Brotkrüstchen oder geriebenem Käse.

Werden Rühreier am Frühstücksbüfett im Chafing-dish länger vorrätig gehalten, verwendet man sicherheitshalber **pasteurisiertes Vollei**. Dann besteht keine Salmonellengefahr.

Spiegeleier   fried eggs   œufs (m) sur le plat

Spiegeleier werden in der Pfanne gebraten oder in feuerfesten Spezial-Eierplatten zubereitet. Spiegeleier sind servierfertig, wenn das Eiweiß gestockt ist und das Eigelb noch weich ist. Das Eiweiß darf nicht zu fest und trocken werden und höchstens leicht gebräunt sein. Manchmal bestellen die Gäste die Eier beidseitig gebraten.

Omelett   omelette   omelette (w)

Ein fachgerecht zubereitetes Omelett soll ein schöne Form haben, es soll außen zart und glatt und innen von weicher Konsistenz sein.

Abb. 2 Herstellung von Omelett

Als Ergänzung zum Omelett können Schinken, Speck, Käse, Champignons und Kräuter verwendet werden. Zum Füllen des in Längsrichtung aufgeschnittenen Omeletts eignen sich feine Ragouts von Geflügel und Krustentieren sowie Kalbsnieren und Geflügelleber, Pilze und Spargel.

Abb. 1 Zutaten für Müsli

Müsli 🇬🇧 swiss muesli 🇫🇷 muesli (m)

- Haferflocken in kaltem Wasser einweichen,
- mit Zitronensaft und Milch ergänzen,
- grob geraspelte Äpfel und gehackte Nüsse sowie Rosinen untermischen,
- mit einem Teil der Nüsse bestreuen.

Es können zusätzlich oder alternativ zerkleinerte Trockenfrüchte oder auch frische Früchte wie Erdbeeren oder Bananen verwendet werden.

5.3 Herrichten von Frühstücksplatten

🇬🇧 breakfast platters 🇫🇷 plats (m) pour le petit déjeuner

Käse, Wurst und Schinken sind beliebte Ergänzungen zum erweiterten Frühstück. Auf Platten oder auch auf Portionstellern angerichtet, werden sie dem Gast in ansprechender Form präsentiert.

Vorbereiten des Materials

Aufschneiden von Wurst und Schinken

Abb. 2 Wurstwaren

Zum Aufschneiden muss das Material in jedem Falle gut gekühlt sein, damit es beim Schneiden nicht schmiert. Für die Art des Schneidens ist darüber hinaus die Art und Beschaffenheit des Materials ausschlaggebend.

Brühwurstsorten werden von der Haut befreit und in gerade, runde Scheiben geschnitten.

Harte Wurstsorten, wie Salami, befreit man von der Haut, schneidet sie dünn, und zwar manchmal in schräger Richtung, wodurch die Scheiben eine etwas größere, ovale Form erhalten.

Streichwurst, wie Mett- oder Leberwurst, wird per Hand mit einem dünnen schmalen Messer in 0,5 bis 1 cm dicke Stücke geschnitten.

Schinken befreit man zunächst von der Fettschicht und schneidet dann je nach Festigkeit des Schinkens (roher oder gekochter Schinken) entsprechend dickere bzw. dünne Scheiben.

Schneiden von Käse

Der Schnittkäse wird von der Rinde befreit, in Scheiben geschnitten, die bei entsprechender Größe in kleinere Stücke zu teilen sind.

Darüber hinaus sind die Schnittformen für andere Käse von der jeweiligen Form abhängig (s. links).

- Runde und halbrunde Käse keilförmig

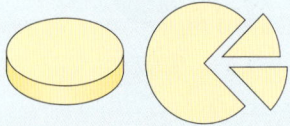

- Keilförmige Käse von der Spitze ausgehend bis etwa 2/3 quer, der Rest in Längsrichtung

- Ovale Käse quer zur Längsrichtung

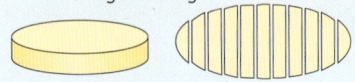

Bereitstellen des Garniermaterials

Sämtliches Garniermaterial muss vor der Bearbeitung gewaschen sein.

- **Hartgekochte Eier:** Scheiben, Sechstel, Achtel
- **Gewürzgurken, Cornichons:** Scheiben, Fächer
- **Champignons:** Köpfe oder Scheiben
- **Tomaten:** Scheiben, Viertel, Achtel, Würfel
- **Kräuter:** Sträußchen oder gehackt
- **Radieschen:** Streifen, Viertel, Röschen
- **Paprika:** Rauten, Ringe, Streifen, Würfel
- **Frische Früchte:** Segmente, Viertel, Kugeln, Würfel

Abb. 1 Garniturbestandteile

Anrichten der Platten

Beim Anrichten von Frühstücksplatten legt man das Material dachziegelartig übereinander. Dabei ist zu beachten:

- Die Scheiben exakt, in Taschenform und in gleichen Abständen übereinanderlegen,
- für den Abschluss eine besonders schöne Scheibe auswählen, denn sie ist im Ganzen sichtbar,
- die Fettränder von Schinken zum Plattenrand hin gerichtet auflegen,
- den Plattenrand freilassen,
- buntes Material farblich kontrastierend anrichten.

Bezüglich des Garniturmaterials ist zu beachten:
- Auswahl passend zum Grundmaterial,
- Garnieren bedeutet Schmücken und nicht Bedecken des Grundmaterials.

5.4 Frühstücksservice

🇬🇧 breakfast service   🇫🇷 service (m) du petit déjeuner

Das Frühstück unterscheidet sich in wichtigen Punkten von den anderen Mahlzeiten.

Abb. 2 Käse-Etagere

Merkmale der Frühstückssituation

Sie ergeben sich vor allem durch die besondere Situation am Morgen. Der Frühstücksatmosphäre kommt im Hinblick auf den Gast eine besondere Bedeutung zu, denn sie beeinflusst in hohem Maße seine „Stimmung" und sein „Wohlbefinden" für die nachfolgenden Stunden. Der Service muss seinen Beitrag zu einer guten Atmosphäre leisten:

- Ein gut gelüfteter Raum,
- ein sauberer und sorgfältig eingedeckter Tisch mit einem kleinen Blumenschmuck,
- Servierpersonal, das ausgeschlafen ist und dem Gast mit Aufmerksamkeit und Freundlichkeit begegnet.

Abb. 3 Käseplatte

Speisen à la carte	Ergänzungen auf dem Servicetisch
Gekochtes Ei	• Unterteller, Eierbecher, Eierlöffel • Pfeffer und Salz
Wurstwaren Käse	• Mittelgabel und Vorlegebesteck • Pfeffer und Salz • Pfeffermühle
Spiegeleier Rühreier	• Mittelgabel und Mittelmesser • Pfeffer und Salz
Cornflakes Müsli	• Unterteller, Mittellöffel • Karaffe mit Milch
Joghurt Quarkspeisen	• Unterteller und Kaffeelöffel
Milch Säfte Tomatensaft	• Unterteller, Rührlöffel • Milchbecher • Saftglas • Pfeffermühle
Grapefruit	• Unterteller, Grapefruitlöffel • Streuzucker
Melone	• Mittelmesser und Mittelgabel
Tee	• Zitronenpresse oder Milch • Unterteller und Ablageteller • Kandiszucker

Mise en place zum Frühstück

Servicetisch

Für das **einfache Frühstück** sind bereitzustellen:
- Mittelteller und Kaffeeuntertassen,
- Mittelmesser und Kaffeelöffel,
- Menagen und Servietten.

Wegen der Portionspackungen zum Frühstück setzt man entsprechende Restebehälter am Tisch ein.

Zum **erweiterten Frühstück** nach der Karte sind folgende Ergänzungen auf dem Servicetisch notwendig: siehe Tabelle links.

Die Anordnung der Ergänzungen auf dem Servicetisch beim erweiterten Frühstücksangebot:

Teller	Kaffee- unter- tassen	Menagen	Zucker	Gläser	Karaffen
Teller		Eierbecher	Aschenb.	Gläser	Gläser

Großes Besteck	Mittel-besteck	Kaffee-löffel	Eierlöffel	Servietten
			Vorlegebesteck	

Tabletts	freie Fläche

Abb. 1 Servicetisch für Frühstücksservice

Frühstücksgedecke

🇬🇧 breakfast covers   🇫🇷 couverts (m) pour le petit déjeuner

Je nach Umfang des Frühstücks werden einfache oder erweiterte Gedecke vorbereitet. Aus zeitlichen Gründen geschieht das im Allgemeinen bereits am **Vorabend**. Die Kaffeetassen werden im Rechaud vorgewärmt. Zusammen mit dem bestellten Getränk werden sie eingesetzt.

Einfaches Frühstücksgedeck
Es handelt sich dabei um die einfachste Art eines Frühstücksgedecks, bestehend aus Getränk sowie Gebäck, Butter und Konfitüre.

Abb. 3 Einfaches Frühstücksgedeck

Abb. 2 Einfaches Frühstücksgedeck

- Mittelteller mit Serviette
- Mittelmesser
- Kaffeeuntertasse mit Kaffeelöffel

Erweitertes Frühstücksgedeck

Das einfache Frühstück kann mit Wurst oder Käse erweitert werden. Das Frühstücksgedeck ist dann entsprechend zu ergänzen.

- Mittelmesser und **Mittelgabel**
- **Salz-** und **Pfeffermenage**

Morgens, noch bevor die ersten Gäste kommen, werden die am Abend vorbereiteten Gedecke bzw. Tische vervollständigt mit:

- Konfitüre und Honig sowie Zucker und Süßstoff auf kleinen Tellern angerichtet,
- kleinen Vasen mit Blumen.

Servieren des Frühstücks

Einfaches Frühstück

Nachdem der Gast seinen Getränkewunsch bekanntgegeben hat, kann mit dem Service begonnen werden:
- Einsetzen von Gebäck und Butter und eventuell die kleine Wurst- oder Käseplatte mit Vorlegebesteck,
- Servieren des Getränks, einschließlich der vorgewärmten Tasse, sowie der Sahne oder der Milch.

Erweitertes Frühstück nach der Karte

Bei Ergänzungen ist zu unterscheiden zwischen solchen, die außerhalb des Gedeckplatzes eingesetzt werden, und solchen, für die der Gedeckplatz freigemacht werden muss.

Außerhalb des Gedeckplatzes werden eingesetzt:
- das gekochte Ei im Eierbecher, auf Unterteller, mit Eierlöffel,
- Wurst, Schinken und Käse auf einer Platte, mit Vorlegebesteck,
- Joghurt und Quark auf Unterteller, mit Kaffeelöffel,
- Milch auf Unterteller und Säfte.

Für folgende Speisen ist der Gedeckplatz freizumachen:
- Eierspeisen (Rühreier und Spiegeleier),
- Getreidespeisen (Porridge, Cornflakes und Müsli),
- Obst (Grapefruit und Melone).

Nach der Aufnahme der Bestellung gibt es dabei für den Service folgenden Ablauf:
- Die Bestellung an die Abgabestelle weiterreichen,
- am Tisch den Mittelteller mit dem Messer nach links außerhalb des Gedeckplatzes umstellen,
- das für die bestellte Speise erforderliche Besteck eindecken sowie die Menagen einsetzen,
- die Speise servieren,

und nachdem der Gast die Speise verzehrt hat:
- den Speisenteller mit dem Besteck ausheben,
- den Mittelteller mit dem Messer auf den Gedeckplatz zurückstellen.

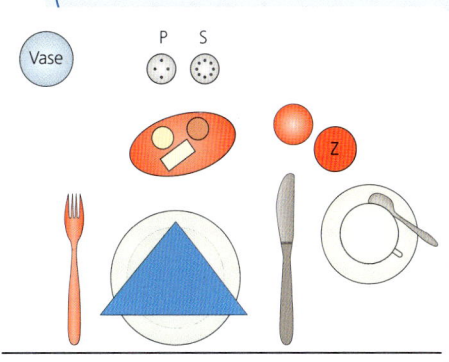

Abb. 1 Erweitertes Frühstücksgedeck

Aufgrund von zusätzlichen Bestellungen nach der Frühstückskarte ergeben sich im Gedeck weitere Veränderungen, die aber erst nach Aufnahme der Bestellung auszuführen sind.

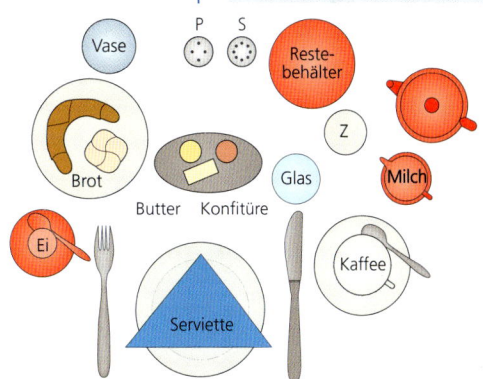

Abb. 2 Erweitertes Frühstück: gekochtes Ei

Abb. 3 Erweitertes Frühstück: Spiegelei mit Schinken

Etagenfrühstück breakfast room service  service (m) à l'étage

Etagen Service

KRONE HOTEL

Room Service

BESTELLEN Sie sich das pünktliche Frühstück am Abend vorher.
To have your breakfast in time ORDER it the evening before.

Service gewünscht/zwischen: – *Desired Service Time:*

7.00 – 7.30 ○   7.30 – 8.00 ○   8.00 – 8.30 ○   8.30 – 9.00 ○   9.00 – 9.30 ○   9.30 – 10.00 ○

Zimmer Nr. *Room No.*	Anzahl der Gäste *Number of guests*	Service *Waiter*	Datum *Date*

Frühstück komplett € 9,00
- ○ Kaffee
- ○ Tee
- ○ Kakao

Continental breakfast € 9,00
- ○ *Coffee*
- ○ *Tea*
- ○ *Chocolate*

Zusatzbestellung   **€**

	€	
○ Glas Milch, warm oder kalt	1,50	○ *Glass of milk, hot or cold*
○ Orangensaft	3,00	○ *Fresh orange juice*
○ Grapefruitsaft	3,00	○ *Grapefruit juice*
○ Tomatensaft	3,00	○ *Tomato juice*
○ Frische halbe Grapefruit	3,00	○ *Fresh half grapefruit*
○ Backpflaumen	2,00	○ *Stewed prunes*
○ Frisches Land-Ei	1,50	○ *Soft-boiled fresh egg*
○ Zwei in Butter gebratene Spiegeleier oder Rühreier	3,50	○ *Pair of fresh country-eggs cooked to your order*
○ (wahlweise mit Schinken, Speck oder Würstchen)	4,00	○ *(choice of with ham, bacon or sausages)*
○ Schinken oder Frühstücksspeck, knusprig gebraten	3,00	○ *Rasher of bacon, ham or sausages*
○ Zwei pochierte Eier auf Toast	3,50	○ *Two poached eggs on toast*
○ Eine Tasse Haferflockenbrei mit frischer Sahne oder Milch	2,50	○ *One cup of hot porridge with fresh cream or milk*
○ Cornflakes mit frischer Sahne oder Milch	2,50	○ *Cornflakes with fresh cream or milk*
○ Joghurt	2,00	○ *Joghurt*
○ Schinken, roh oder gekocht (kleine Portion)	4,00	○ *Smoked or boiled ham (half portion)*
○ Gemischter Aufschnitt (kleine Portion)	4,00	○ *Mixed cold cuts (half portion)*
○ Käse in reicher Auswahl	4,00	○ *Assortment of cheeses*

Obige Preise sind Inklusivpreise   *Service and tax included*

Besondere Wünsche   *Special Requests*

Unterschrift des Gastes (Unterschreiben Sie bitte erst nach Erhalt Ihrer Bestellung.)
Signature (Sign after receipt of your order only, please.)   *No. 3498*

Abb. 1   Frühstücksbestellliste

Der Service auf der Etage ist sehr aufwendig und bedarf deshalb einer besonders guten Organisation.

Mise en place

Für das **Etagenfrühstück** werden am Vorabend **Einer-** und **Zweierplateaus** vorbereitet.

- Plateautuch,
- Mittelteller mit Serviette,
- Mittelmesser, Untertasse und Kaffeelöffel,
- Schälchen mit Zucker bzw. Süßstoff.

Frühstücksbestellung und Service

Das Zimmermädchen legt dem Gast auf dem Zimmer täglich eine Frühstücksbestellliste für den nächsten Morgen bereit. Wenn dieser sein Frühstück auf dem Zimmer einnehmen möchte, trägt er seine Wünsche am Abend vorher in die Liste ein und hängt sie dann außen an die Zimmertür.

Bei Dienstbeginn sammelt die Servicefachkraft auf der Etage die Frühstücksbestelllisten ein und erstellt daraufhin eine **Kontrollliste** für den Frühstücksservice. (siehe Bestellliste linke Seite)

Zur Servicezeit wird das Plateau vervollständigt: Gebäck, Butter, Konfitüre, die vorgewärmte Tasse, das Getränk, die bestellten Extras.

Für den Transport wird das Plateau mit beiden Händen aufgenommen, wobei die rechte Hand Hilfestellung leistet, bis auf der linken Hand (Tragehand) das Gleichgewicht hergestellt ist. Die rechte Hand muss frei sein für das Anklopfen und Öffnen von Türen. Das Zimmer wird erst betreten, wenn der Gast „herein"-gebeten hat. Für das Verhalten im Zimmer ist zu beachten:

- Ein höfliches und freundliches „Guten Morgen" ist selbstverständlich,
- Zurückhaltung und Diskretion sind geboten.

Frühstücken im Zimmer zwei oder mehr Personen, ist ein kleiner Frühstückstisch bereitzustellen und einzudecken.

Frühstücksbüfett und Brunch

Frühstücksbüfett   🇬🇧 breakfast buffet   🇫🇷 buffet (m) de petit déjeuner

Beim Frühstücksbüfett handelt es sich um ein sehr reichhaltiges, umfangreiches Angebot. Von geringfügigen Abweichungen abgesehen, werden auf dem Büfett alle zum Frühstück üblichen Speisen bereitgestellt. Für ein Frühstücksbüfett sprechen:

- Bedürfnisse, die sich aus dem internationalen Reiseverkehr ergeben,
- unterschiedliche Verzehrgewohnheiten,
- Gast hat freie Auswahl,
- das leichtere Erfassen der Kosten sowie die Vereinfachung der Preisgestaltung,
- die Verringerung des Arbeitsaufwandes.

Plan für Etagenfrühstück

Zeit	Zimmer	Frühstück	
		serviert	abgeräumt
7.40 h	128	✓	✓
8.10 h	137	✓	✓
9.00 h	210	✓	

Abb. 1 Etagen-Frühstücks-Plateau

Vorteilhaft sind hier Room-Service-Wagen, auf denen das komplette Frühstück angerichtet in das Gästezimmer gefahren wird. Durch Hochstellen von zwei beweglichen Kreissegmenten wird der Wagen zu einem runden Frühstückstisch für 1–3 Personen.

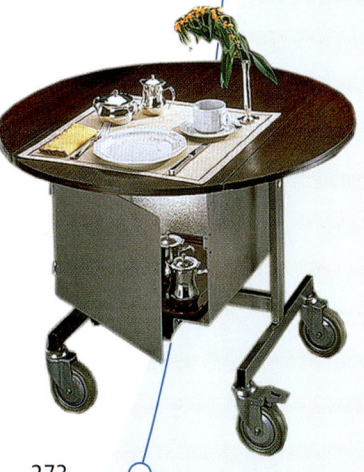

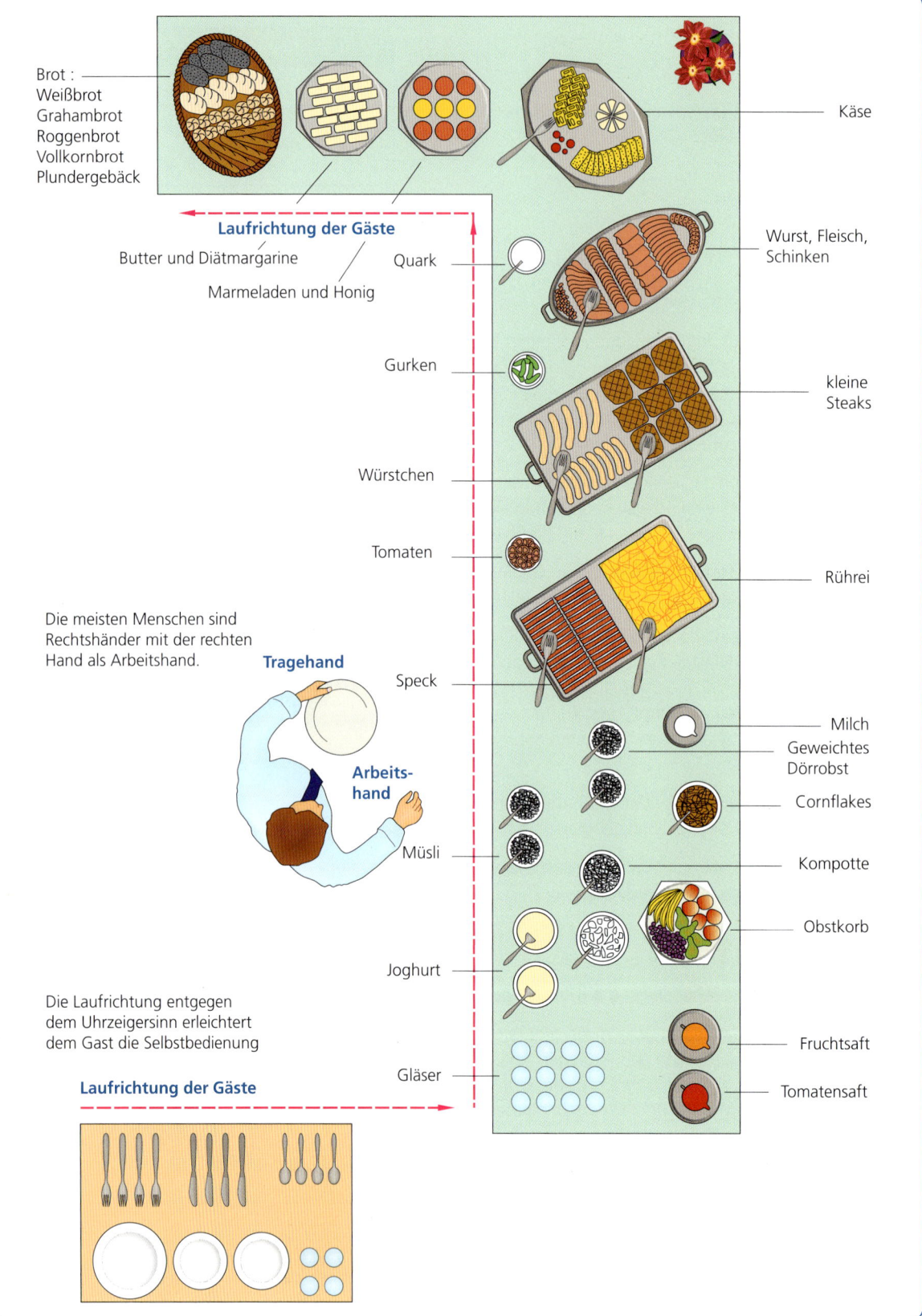

Brot :
Weißbrot
Grahambrot
Roggenbrot
Vollkornbrot
Plundergebäck

Käse

Laufrichtung der Gäste

Butter und Diätmargarine

Marmeladen und Honig

Quark

Wurst, Fleisch, Schinken

Gurken

kleine Steaks

Würstchen

Tomaten

Rührei

Die meisten Menschen sind Rechtshänder mit der rechten Hand als Arbeitshand.

Tragehand

Speck

Milch

Geweichtes Dörrobst

Cornflakes

Arbeits-hand

Müsli

Kompotte

Obstkorb

Joghurt

Die Laufrichtung entgegen dem Uhrzeigersinn erleichtert dem Gast die Selbstbedienung

Gläser

Fruchtsaft

Tomatensaft

Laufrichtung der Gäste

In Verbindung mit dem Frühstücksbüfett hat der Service neben der Bereitstellung warmer Getränke lediglich dafür zu sorgen, dass das Büfett immer wieder aufgefüllt wird.

> Der einwandfreie und appetitliche Zustand des Büfetts muss auch noch für den letzten Frühstücksgast erhalten bleiben.

Brunch

Der Brunch ist eine Angebotsform, die sich immer größerer Beliebtheit erfreut. Er nimmt, wie die Wortkombination zeigt, eine Zwischenstellung zwischen dem Frühstück und Mittagessen ein.

- Breakfast = Frühstück
- Lunch = Mittagessen

Beim Brunch wird das Frühstücksbüfett mit Suppen, kleineren warmen Gerichten, Salaten und Süßspeisen ergänzt.

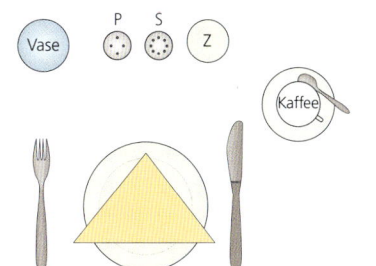

Abb. 1 Gedeck für Frühstücksbüfett

Abb. 2 Gedeck für Brunch

Aufgaben

1. Beschreiben Sie das einfache und das erweiterte Frühstück.
2. Nennen Sie Formen des Frühstücksangebotes.
3. Entwerfen Sie eine einfache Frühstückskarte.
4. Beschreiben und begründen Sie das Angebot eines Frühstücksbüfetts.
5. Erklären Sie die Bezeichnung Brunch.
6. Welche Bedeutung hat die Atmosphäre im Frühstücksraum für den Gast, und welchen Beitrag muss der Service diesbezüglich leisten? Nennen Sie Beispiele.
7. Erstellen Sie eine Waren-Bedarfsliste für ein Frühstücksbüfett für 60 Personen.
8. Beschreiben Sie das Herrichten von einfachen und erweiterten Frühstücksgedecken:
   a) Vorbereitungen am Vorabend,   b) Ergänzungen am Morgen.
9. Wie ist der Servicetisch für das einfache Frühstück auszustatten?
10. Nennen Sie die Angebote einer Frühstückskarte sowie die dazugehörenden Ergänzungen auf dem Servicetisch (Tischgeräte, Menagen).
11. Beschreiben Sie das Servieren des einfachen Frühstücks sowie Veränderungen bei Zusatzbestellungen.
12. Auf welche Weise und unter Beachtung welcher Ergänzungen und Abläufe werden serviert:
    a) ein Ei, Joghurt, Quark, Wurst oder Schinken?   b) Rührei oder Spiegeleier?
    c) Porridge, Cornflakes oder Müsli?   d) Grapefruit oder Melone?
13. Welche besonderen Regeln sind für den Service auf der Etage zu beachten?
14. Ein Gast will am Folgetag das Frühstück auf das Zimmer serviert haben. Welche Kontrollmaßnahmen sind für den Ablauf des Service erforderlich?

PROJEKT

Attraktives Frühstücksbüfett

Für eine einwöchige Tagung von internationalen Fremdenverkehrsfachleuten möchte Ihr Chef eine besondere Frühstücksaktion bieten.

Das normale Frühstücksbüfett soll mit attraktiven Kochaktionen (Front-cooking) versehen werden, z. B. Herstellen von Eierspeisen oder Waffeln usw.

Vorschläge für Sonderaktionen am Frühstücksbüfett

1. Unterbreiten Sie Ihrem Chef fünf bis sieben Vorschläge.
2. Beschreiben Sie kurz die einzelnen Vorschläge genauer.
3. Wie viel Büfettfläche und welche Arbeitsgeräte werden zusätzlich benötigt?

Erstellen Sie ein komplettes Sortiment für ein Frühstücksbüfett mit fünf Attraktionen

1. Listen Sie die benötigten Waren und Produkte für die vorgesehene Personenzahl auf.
2. Listen Sie die benötigten Besteck- und Geschirrteile auf.
3. Erläutern Sie die Zubereitung der fünf besonderen Kochaktionen.
4. Skizzieren Sie den Aufbau des Frühstücksbüfetts mit den Kochstellen.

Kennzeichnen der einzelnen Büfettelemente mit Hinweisschildern

1. Erstellen Sie diese Schilder in deutscher Sprache.
2. Übersetzen Sie die Büfettelemente auch in englische und französische Versionen, damit diese mit auf die Schilder gedruckt werden können.
3. Gestalten Sie diese Schilder mit Hilfe des Computers (Schriftart, Schriftgröße).

Kosten

1. Berechnen Sie die gesamten Materialkosten für das Frühstücksbüfett.
2. Berechnen Sie den ungefähren Materialeinsatz für eine Person.

PROJEKT

Sonntagsbrunch für die ganze Familie

Bei einem „Jour fixe" der Hoteldirektion und den Abteilungsleitern kam die mangelhafte Auslastung des sonntäglichen Frühstücksbüfetts zur Sprache. Grund dafür ist die geringe Anzahl von Logiergästen an Wochenenden. Um die Rentabilität des Angebots zu steigern, wurde der Beschluss gefasst, einen

Sontags-Familien-Brunch

einzuführen. Unser Ausbilder im Service erklärt meiner Kollegin und mir die Situation und bittet uns um kreative Vorschläge für eine erfolgreiche Durchführung. Das Frühstücksbüfett in der herkömmlichen Form soll bestehen bleiben und ist durch zusätzliche Speisen und Getränke zu ergänzen.

Das Thema attraktiv für Familien darstellen

1. Sammeln Sie Ideen für ein solches Vorhaben.
2. Bringen Sie Ihre Ideen und Vorschläge zu Papier.
3. Was könnte den Kindern geboten werden (an Unterhaltung, an Speisen)?
4. Erörtern Sie Möglichkeiten für die Unterhaltung der Erwachsenen.

Moderate Preisgestaltung

1. Welche Preisvorstellungen haben Sie im Vergleich zum Preis für das normale Frühstücksbuffet?
2. Welcher Preis soll für die Kinder angesetzt werden?

Planung mit vorgesehenem Zeitablauf

Bestimmen Sie den Zeitraum für das Brunch-Büfett.

Anbieten von zusätzlichen Speisen und Getränken

1. Listen Sie mindestens fünf warme Gerichte für das Brunch-Büfett auf.
2. Am Büfett sollten auch drei Nachspeisen bereitgestellt werden. Machen Sie entsprechende Vorschläge.
3. Welche Getränke sollen im Büfett-Preis bereits enthalten sein und wie sollen andere Getränkebestellungen gehandhabt und berechnet werden?

Anbieten von zusätzlichen Speisen und Getränken

1. Welche besonderen Vorkehrungen müssen getroffen werden, um den Brunch erfolgreich durchzuführen?
2. Entwickeln Sie Ideen, wie die Aktion in Ihrem Hause dekorativ präsentiert werden kann, und machen Sie Vorschläge für eine sinnvolle Außenwerbung.

Getränke und Getränkeservice

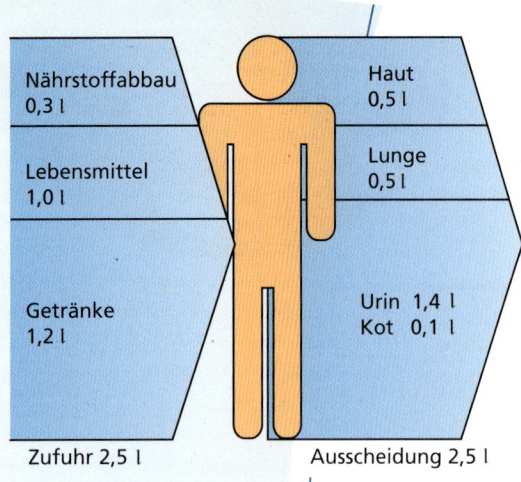

Nährstoffabbau 0,3 l	Haut 0,5 l
Lebensmittel 1,0 l	Lunge 0,5 l
Getränke 1,2 l	Urin 1,4 l Kot 0,1 l
Zufuhr 2,5 l	Ausscheidung 2,5 l

Abb. 1 Wasseraufnahme – Wasserabgabe

Der Mensch besteht zu etwa zwei Dritteln aus Wasser. Wie notwendig regelmäßige Flüssigkeitszufuhr ist, beweist die Tatsache, dass man im Extremfall nur wenige Tage ohne Wasser auskommen kann, ohne Essen dagegen längere Zeit – wie Fastenkuren zeigen.

Der Abschnitt Getränke und Getränkeservice beginnt mit den alkoholfreien Getränken. Zuerst werden die Durstlöscher Trinkwasser und Mineralwasser behandelt. Dann führt der Weg zu den Produkten aus Obst und Gemüse, die uns viele Vitamine und Mineralstoffe liefern. Es folgen die Aufgussgetränke mit ihren anregenden Wirkstoffen.

Die alkoholhaltigen Getränke bilden eigene Abschnitte.

1 Wässer

🇬🇧 drinking water and mineral water 🇫🇷 eau (w) potable et des eaux minérales

Die Mineral- und Tafelwasserverordnung unterscheidet bei Wässern je nach Herkunft und Eigenschaften verschiedene Arten. Diese kann man in zwei Gruppen unterteilen, nämlich Trinkwasser und natürliches Mineralwasser.

1.1 Trinkwasser 🇬🇧 drinking water 🇫🇷 eau (w) potable

Trinkwasser ist Wasser, das zum direkten Genuss sowie zur Zubereitung von Speisen und zur Herstellung von Lebensmitteln geeignet ist. Es muss darum auf jeden Fall hygienisch einwandfrei sein. Man erhält es entweder aus Grundwasser (hier wirkt der Boden als natürlicher Filter) oder aus Oberflächenwasser, das entsprechend aufbereitet werden muss.

1.2 Natürliches Mineralwasser

🇬🇧 mineral water 🇫🇷 eau (w) minerale

Natürliches Mineralwasser hat seinen Ursprung in unterirdischen, vor Verunreinigungen geschützten Quellen. Auf dem langen Weg vom Versickern bis zur Quelle wird das Wasser gefiltert und ist darum besonders rein. Zugleich reichert es sich mit Mineralstoffen und/oder Kohlendioxid (CO_2) an.

Die **Mineralstoffe**
- geben dem Wasser eine besondere Geschmacksnote,
- ergänzen den Bedarf des Körpers an Mineralstoffen.

- **Tafelwasser** ist, vereinfacht gesagt, hygienisch einwandfreies Trinkwasser mit Zusätzen wie z.B. Sole oder Meerwasser. Diese sollen das Wasser vor allem geschmacklich verbessern. Die Zusätze müssen auf dem Etikett genannt werden. Am bekanntesten aus dieser Gruppe ist das Sodawasser
- **Quellwasser** ist Trinkwasser aus unterirdischen Wasservorkommen. Im Gegensatz zum Mineralwasser müssen keine ernährungsphysiologischen Wirkungen nachgewiesen werden.

Natürliches Mineralwasser muss am Quellort abgefüllt und dem Gast in Flaschen angeboten werden.

Das **Kohlendioxid** (Kohlensäure)

- bewirkt bessere Löslichkeit der Mineralstoffe,
- wirkt erfrischend,
- regt die Verdauung an.

Art und Menge der in einem Mineralwasser enthaltenen Mineralstoffe werden teilweise in der chemischen **Analyse** genannt.

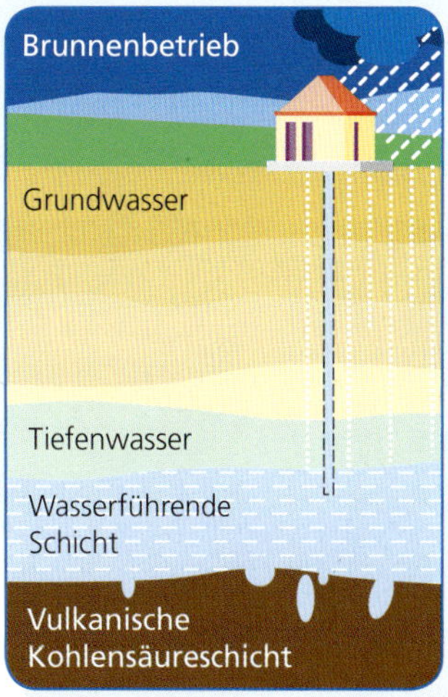

Arten

Natürliche Mineralwässer werden in zwei Gruppen unterschieden:

- **Mineralstoffreiche natürliche Mineralwässer** werden hauptsächlich wegen ihres Mineralstoffgehaltes getrunken. Enthalten sie nur wenig oder kein Kohlendioxid (CO_2), nennt man sie **stille Wässer.** Man serviert sie ungekühlt.

- **Kohlensäurereiche natürliche Mineralwässer** werden hauptsächlich ihrer erfrischenden Wirkung wegen getrunken. Liegt der CO_2-Gehalt besonders hoch, spricht man von **Säuerling** (der Name kommt von der Kohlensäure). Diese Wässer serviert man gekühlt.

Veränderungen

Bestimmte Mineralstoffe wie Eisen oder Schwefel verändern beim Mischen mit Wein oder Fruchtsäften den Geschmack des Mischgetränks. Diese Stoffe werden darum bei manchen Mineralwässern entzogen. Allerdings entweicht dabei gleichzeitig das CO_2, das wieder zugesetzt wird. Diese Veränderungen sind anzugeben. Beispiele: „**Enteisent** und **mit Kohlensäure versetzt**" – „Entschwefelt und mit der natürlichen Quellenkohlensäure versetzt".

Verwendung

Als **Tafelgetränk** eignet sich jede Art von Mineralwasser, **zum Mischen** mit Wein oder Säften und für Drinks können nur geschmacksneutrale Wässer verwendet werden.

Beim Servieren **von Getränken in Portionsflaschen** werden Glas und Flasche auf einem Tablett getragen. Am Tisch gilt:

- Das Glas von der rechten Seite des Gastes einsetzen und 1/3 bis 1/2 füllen,

- die Flasche auf einen Untersetzer halb rechts oberhalb des Glases abstellen mit dem Etikett zum Gast.

Abb. 1 Mineralwasserquelle

● Mineralwasser muss in geschlossenen Flaschen serviert werden. Tafelwasser darf offen angeboten werden.

Mineralinger

Natürliches Mineralwasser, enteisent ①

mit Quellenkohlensäure versetzt ②

Seit dem 12. Jahrhundert berühmte Mineralquellen

Wohlschmeckend, bekömmlich, erfrischend und gesund

Zum Mischen mit Wein und Fruchtsäften vorzüglich geeignet ③

Mineralbrunnen GmbH Bad … ④

Erforderliche Angaben:
① Art des Mineralwassers
② eventuelle Veränderungen
③ Eigenschaften, Eignung
④ Abfüllungsfirma, Quellenangabe

„Ich biete Ihnen hier das Mineralwasser Ensinger Urquelle Classic an. Es ist ein prickelndes Mineralwasser aus den Ensinger Heilquellen, das viel Kohlensäure enthält und für die natriumarme Ernährung geeignet ist."

Abb. 2 Mineralwasser in Portionsflasche

2 Säfte und Erfrischungsgetränke

🇬🇧 fruit drinks 🇫🇷 boissons (w) à base de fruits

Aus reifen und gesunden Früchten wird Saft gewonnen, der alle wertvollen Inhaltsstoffe des Obstes enthält.

Um Lagerraum und Transportkosten zu sparen, werden diese Säfte häufig **konzentriert** (eingedickt) oder zusammen mit Zucker zu **Sirup** verarbeitet. Werden aus diesen Zwischenprodukten durch Rückverdünnung wieder Säfte, muss der Vorgang gekennzeichnet werden, z.B. „aus ...konzentrat".

Abb. 1 Fruchtsäfte – flüssiges Obst

Bei der Kennzeichnung von Fruchtsäften gilt:
- Saft einer Frucht: Frucht wird genannt, z.B. Apfelsaft, Traubensaft;
- Saft mehrerer Früchte: Früchte in der Reihenfolge des Saftanteils, z.B. Apfel-Orangen-Getränk;
- Herstellung aus Konzentrat: „aus ...konzentrat".

2.1 Fruchtsäfte 🇬🇧 fruit juices 🇫🇷 jus (m) de fruit

Fruchtsäfte enthalten den aus den Früchten gewonnenen Saft. Lediglich Zucker darf zum Geschmacksausgleich zugefügt werden.

Aroma und Geschmack müssen charakteristisch sein. Durch schonende Entkeimungsverfahren – also ohne Konservierungsstoffe – wird der Saft haltbar gemacht. Am bekanntesten aus dieser Gruppe sind Apfel- und Traubensaft, aber auch Tomatensaft.

Fruchtsäfte sind durch ihren hohen Gehalt an Vitaminen und Mineralstoffen eine sehr wertvolle Ergänzung für die ernährungswissenschaftlich richtige Ernährung.

Säfte in geschlossenen Flaschen sind lange haltbar; man lagert sie am besten kühl und lichtgeschützt. Offene Flaschen sollen möglichst rasch verbraucht werden. Klare Säfte schmecken gekühlt bei etwa 8–12 °C am besten. Naturtrübe Säfte entfalten erst bei Zimmertemperatur (18–20 °C) ihr volles Aroma.

2.2 Smoothies

Smoothies sind cremige Getränke, die aus ganzen Früchten hergestellt werden (engl. smooth = cremig, fein). Alle Arten haben als Grundlage Fruchtsaft und Fruchtmark oder Fruchtpüree. Letztere machen das Getränk cremig.

Abb. 2 Smoothies

2.3 Gemüsesäfte/Gemüsenektar

🇬🇧 vegetable juices 🇫🇷 jus (m) de légumes

Gemüsesäfte dienen wegen ihrer appetitanregenden und verdauungsfördernden Wirkung der Ergänzung der Mahlzeiten, insbesondere des Frühstücks. Säfte aus Gemüse werden überwiegend in trüber Form angeboten. Da die enthaltenen Vitamine licht- und wärmeempfindlich sind, lagert man die Säfte dunkel und kühl.

Gemüsenektar hat mindestens 40 % Gemüseanteil; neben Trinkwasser können Salz, Zucker, Gewürze und Genuss-Säuren zugesetzt werden.

2.4 Fruchtnektare und Süßmoste

🇬🇧 fruit nectar 🇫🇷 nectars (m) de fruit

Der Fruchtanteil bei **Fruchtnektar** liegt trotz des wohlklingenden Namens nur zwischen 50 und 25 %, je nach Geschmacksstärke der Ausgangsfrucht. Der Anteil ist für die einzelnen Fruchtarten vorgeschrieben. Neben Fruchtsaft werden Wasser, Zucker und Kohlensäure verwendet.

Wird ein Fruchtnektar aus Früchten hergestellt, deren Saft wegen des hohen Säuregehaltes ohne Verdünnung nicht zum Genuss geeignet ist (z. B. Johannisbeeren), kann er als **Süßmost** bezeichnet werden. Süßmoste sind meist „blank", also ohne Fruchtmarkteilchen.

2.5 Fruchtsaftgetränke

🇬🇧 beverages with fruit juice 🇫🇷 boissons (w) fruitées

Die Fruchtsäfte geben diesen Getränken Geschmack, Geruch und Farbe. Eine leichte Trübung rührt von kleinen Fruchtfleischstücken her, die beim Auspressen mitgerissen werden. Der Mindestgehalt an Fruchtsaft ist gesetzlich vorgeschrieben. Er beträgt z. B. bei Kirschen und Trauben 30 %, bei Johannisbeeren 10 %, bei Orangen und Zitronen 6 %.

Fruchtsäuren und natürliche Aromastoffe, bei Orangen z. B. die in der Schale enthaltenen ätherischen Öle, runden zusammen mit dem Zucker den Geschmack ab. Fruchtsaftgetränke gibt es mit und ohne Kohlensäure. Der Vitamin- und Mineralstoffgehalt ist entsprechend der Verdünnung geringer.

Fruchtsaftgetränke serviert man am besten kühl.

2.6 Fruchsaftschorlen

Zu Fruchtsaftschorle wird Fruchtsaft und Mineral- oder Trinkwasser meist im Verhältnis 1:1 gemischt. Sie wird vor allem im Sommer und bei sportlicher Tätigkeit geschätzt.

2.7 Limonaden   🇬🇧 lemonades 🇫🇷 limonades (w)

Limonaden enthalten natürliche Stoffe wie Extrakte aus Früchten, Fruchtsäuren, Zucker und Trink- oder Tafelwasser. Hinweise auf besonderen Geschmack sind erlaubt, z. B. Zitronenlimonade.

Energy Drinks versprechen Leistungssteigerung. Sie enthalten als Energielieferanten verschiedene Zuckerarten und als anregende Bestandteile Koffein in höherer Konzentration als in üblichen Cola-Getränken. Ferner teilweise Guarana und Taurin, die ähnlich wie Kaffee wirken.

Light-Getränke/Brennwertverminderte Getränke haben gegenüber Getränken gleicher Art wegen reduzierten Zuckeranteils einen um mindestens 40 % verringerten Energiegehalt.

● Fruchtsaftgetränke bestehen aus
Fruchtsaft
+ Wasser
+ Zucker
+ Fruchtsäuren
+ natürlichen Aromastoffen.

Fruchtart	Mindest-fruchtgehalt Nektar	Mindest-fruchtgehalt Fruchtsaft-getränke
Apfel, Birne	50 %	30 %
Pfirsich	45 %	30 %
Heidelbeere, Aprikose	40 %	10 %
Sauerkirsche	35 %	30 %
Plaume	30 %	10 %
Schwarze/rote Johannisbeere	25 %	10 %
Zitrusfrüchte	25 %	6 %

● Zu den Limonaden zählen auch
- Cola-Getränke mit Auszügen aus der koffeinhaltigen Kolanuss,
- Bitter-Limonaden, z. B. Bitter Lemon, Tonic Water, mit Auszügen aus der chininhaltigen Chinarinde. Auf den Gehalt an Koffein und Chinin muss hingewiesen werden.

2.8 Near Water/Aqua Plus

Near-Water-Getränke enthalten meist Mineralwasser oder Trinkwasser verbunden mit geschmacksliefernden Fruchtsäften. Eine leichte Süße liefern Zucker oder Süßstoffe. Der Energiegehalt dieser Getränkegruppe ist geringer als die der Erfrischungsgetränke.

2.9 Diätetische Erfrischungsgetränke

🇬🇧 diet soft drinks 🇫🇷 boissons (w) diététiques

Bei diesen Getränken wird anstelle von Zucker Süßstoff verwendet. Darum ist der Energiegehalt sehr niedrig. Es dürfen keine künstlichen Aromastoffe verwendet werden, auch die anregenden Stoffe Koffein und Chinin sind nicht erlaubt. Diabetiker und Personen mit Gewichtsproblemen bevorzugen (neben Mineralwasser) Getränke dieser Art.

2.10 Fruchtsaftgehalt von Getränken

Die Vorschriften für den Mindestanteil an Fruchtbestandteilen sind je nach Frucht unterschiedlich, weil die Geschmacksintensität der Früchte verschieden ist (vergleichen Sie Apfelsaft mit Zitronensaft).

Der **Zuckergehalt** bei Fruchtsaftgetränken und Limonaden ist beträchtlich. Untersuchungen ergaben, dass er bei durchschnittlich 10 % liegt; das bedeutet, in einem Liter sind 100 g Zucker enthalten. Das sind 1 700 kJ!

Wer den Durst energiearm löschen will, sollte das beachten.

Abb. 1 Fruchtsaftgehalt von Getränken

Fruchtsaft · Nektar · Fruchtsaftgetränk · Limonade

Teilchenkonzentration im Getränk und im Blut

2.11 Mineralstoffgetränke

Mineralstoffgetränke werden auch **Sportgetränke** oder **Elektrolytgetränke** genannt. Ihnen sind Mineralstoffe, teils auch Vitamine zugesetzt. Sie dienen insbesondere zum Ersatz von Mineralstoffen durch Schweiß bei starker Ausdauerbelastung.

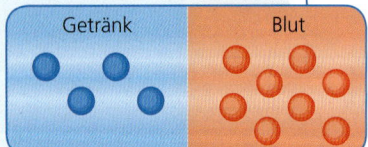
weniger = hypotonisch

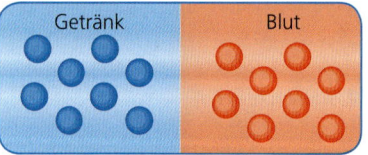
gleich = isotonisch

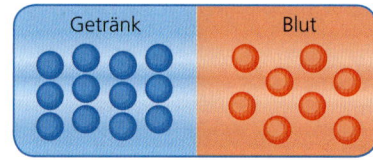
mehr = hypertonisch

Fachbegriffe zu Sportgetränken

Elektrolyte	Gelöste Mineralstoffe in Form von Ionen
Osmose	Bedeutet hier den Durchgang der Mineralstoffe durch die Darmwand in das Blut
isotonisch	Iso bedeutet gleich. Ein isotonisches Getränk hat die gleichen Mineralstoffanteile wie das Blut.

❸ Alkoholfreie Mischgetränke

🇬🇧 non-alcoholic mixed drinks 🇫🇷 cocktails (m) sans alcool

Alkoholfreie Mischgetränke sind Getränke, zu deren Herstellung Fruchtsäfte, Gemüsesäfte, Fruchtmark, Fruchtnektar, Fruchtsirupe, Früchte, Wasser, Sodawasser, Mineralwasser, Limonaden, Milch, Eier oder Speiseeis ohne Zusatz von Alkohol verwendet werden.

Limonadendrink – Grapefruit Wonder

4 cl Grapefruitsaft
1 TL brauner Zucker
4 Grapefruitfilets
6 cl Zitronenlimonade
1 cl Zitronensaft
4 cl Mineralwasser
2 Eiswürfel

- Fruchtfilets mit braunem Zucker im Glas zerstoßen.
- Mit den restlichen Zutaten auffüllen und umrühren.

Der Drink kann auch als Heißgetränk kurz erhitzt mit normalem Wasser ohne Eiswürfel hergestellt werden.

Einfache Mischgetränke

- **Spezi**: Cola und Orangenlimonade mit Zitronenscheibe
- **Schorle**: Fruchtsaft mit Mineralwasser
- **Bowle**: Fruchtstücke, Fruchtsaft, Fruchtsirup, Zitrone, Läuterzucker, Mineralwasser
- **Limonade**: Fruchtsaft (Zitrone), Wasser, Zucker

Diese Mischgetränke mischen sich bereits beim Eingießen ins Glas.

Andere Mischgetränke

Man benutzt für die Herstellung dieser Getränke Elektromixer, da meist größere Mengen in einem Arbeitsgang hergestellt werden.

Mischgetränke können aber auch einzeln hergestellt werden. Dabei wendet man die Arbeitstechniken der Bar an, also Schütteln oder Rühren oder Aufbauen. Mischgetränke sind vitaminhaltige und erfrischende Longdrinks. Die Geschmacksskala reicht von herbwürzig über fruchtig-säuerlich bis fruchtig-süß.

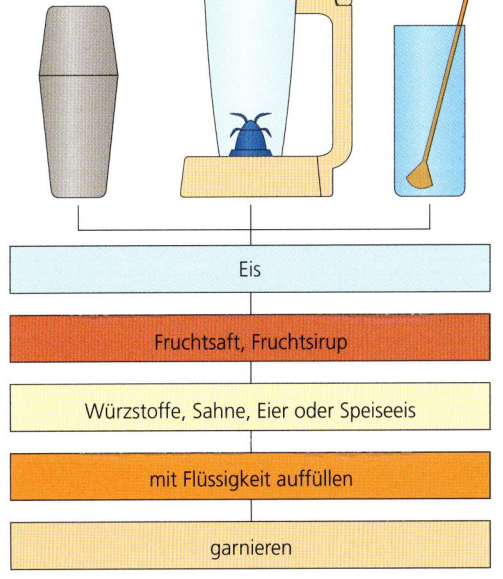

Eis
Fruchtsaft, Fruchtsirup
Würzstoffe, Sahne, Eier oder Speiseeis
mit Flüssigkeit auffüllen
garnieren

Alkoholfreie Cocktails

Möhrchen-Mix

5 cl Milch mit
5 cl Karottensaft,
2 cl Apfelsaft,
1 TL Honig und
1 TL Sanddorn mixen

Milchocolada

5 cl Milch mit
1 Kugel Schokoladeneis, 1 EL Schokosauce und 1 TL Kokosnuss-Sirup mixen

Apfel-Holunder-Traum

5 cl Milch,
50 g Apfelmus,
1 TL Puderzucker und
Zimt mixen,
3 EL Holundersaft

4 Milch und Milchgetränke

 milk and milk beverages lait (m) et boissons (w) à base de lait

Abb. 1 Vollmilch, ESL-Milch, H-Milch

ESL-Milch ist homogenisiert, so kann keine Aufrahmung stattfinden. Der Fettanteil liegt meist bei 3,5 %, sie ist aber auch mit 1,5 % erhältlich.

Durch bewusste Ernährung ist der Verbrauch von Milch und Milcherzeugnissen erheblich gestiegen. Besonders beliebt sind die gesäuerten Produkte wie Buttermilch, Joghurt, Kefir und Dickmilch. Die Milchsäure erfrischt und ist gut für die Verdauung.

Milch in jeder Form enthält wertvolles Eiweiß, reichlich Vitamine und Mineralstoffe. Fettreiche Produkte sollen nicht in größeren Mengen („für den Durst") getrunken werden; der Energiegehalt ist zu hoch.

Vollmilch hat 3,5 % Fettgehalt, ist pasteurisiert und meist auch homogenisiert. Man reicht sie als Trinkmilch und am Frühstücksbüfett zu Zerealien. Ferner bildet sie die Grundlage für Milchmixgetränke.

Längerfrische Milch (ESL-Milch)

Längerfrische Milch wird in speziellen Anlagen kurzzeitig auf 85 bis 127 °C erhitzt und sofort wieder abgekühlt. So bleibt sie ungeöffnet im Kühllager ca. drei Wochen haltbar. Diese „ESL-Milch" (Extended Shelf Life, etwa: verlängertes Regal-Leben) hat an vielen Stellen die klassische pasteurisierte Vollmilch verdrängt.

H-Milch

H-Milch ist ohne Kühlung mehrere Monate lang haltbar. Sie wird in einem speziellen Verfahren („UHT") ultrahocherhitzt, für wenige Sekunden unter hohem Druck bei 135 bis 150 °C. Dadurch wird die Milch praktisch keimfrei. Es werden aber auch ein großer Teil der Milcheiweiße und etwa ein Fünftel der Vitamine zerstört. Die Geschmacksstoffe leiden, was der H-Milch ihren typischen Geschmack gibt.

Magermilch

Magermilch wird wie H-Milch ultrahocherhitzt, aber zusätzlich entrahmt. Sie hat einen maximalen Milchfettgehalt von 0,3 %. Wenn ihr Milcheiweiß zugegeben wird, muss dies auf der Verpackung angegeben werden. Obwohl die Magermilch nur sehr wenig Fett enthält, wird auch sie homogenisiert.

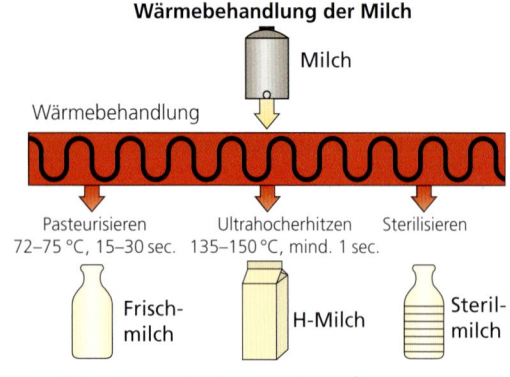

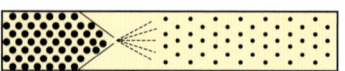

Milchmixgetränke sind mit Früchten gemixt. Dabei gibt man immer die Früchte in die Milch und nicht umgekehrt. Gießt man die Milch in die Früchte, ist anfangs der Gehalt an Fruchtsäure zu hoch und die Milch gerinnt durch die Säureeinwirkung.

Sauermilcherzeugnisse sind mit Hilfe von Kleinlebewesen gesäuerte Milcherzeugnisse. Nach diesem Prinzip entstehen Produkte mit unterschiedlichen Fettgehalten, z. B.

- Sauermilch
- Joghurt
- Kefir
- Buttermilch als Nebenprodukt bei der Herstellung von Butter.

Milchshake

Ein Milchshake ist ein süßes, kaltes Getränk, das aus Milch, Eiscreme, Zucker oder süßen Aromen wie Fruchtsirupen besteht. Seinen Ursprung hat es in den Vereinigten Staaten. Daher zählt es auch heute noch zum Standardangebot der amerikanischen Restaurantketten. Während Full-Service-Restaurants oder Eiscafés Milchshakes zum Teil noch von Hand aus Eiskugeln und Milch in einem Mixer zubereiten, setzen Quick-Service-Restaurants Milchshake-Maschinen für diese Arbeit ein.

Diese Maschinen haben einen Edelstahlzylinder mit Rühr- und Schlagwerk, das den eingefüllten Milchshake-Grundstoff auf ca. $-3\,°C$ kühlt. Der Milchshake-Grundstoff enthält neben Milch mit natürlichem Fettgehalt meist Zucker und Verdickungsmittel wie z. B. Carrageen. Durch den Fettgehalt der Milch bleibt das Getränk auch bei Temperaturen unter $0\,°C$ noch trinkbar. Durch die Zugabe von Sirupen in den Getränkegrundstoff erhält man verschiedene Geschmacksrichtungen.

Da Milch aufgrund des hohen Eiweißwertes ein idealer Nährboden für Mikroorganismen ist, ist die Einhaltung von Hygienemaßnahmen sehr wichtig. Moderne Geräte pasteurisieren täglich durch Aufkochen den Milchshake-Grundstoff und erhöhen so die Haltbarkeit. Dennoch muss die Maschine ständig sauber gehalten und regelmäßig komplett zerlegt, gereinigt und desinfiziert werden.

Aufgaben

1. Worin besteht der Unterschied zwischen Trinkwasser und Tafelwasser?
2. Welche Wirkungen haben Mineralstoffe im menschlichen Körper? Nennen Sie mindestens vier Beispiele.
3. Manche Etiketten auf Mineralwasserflaschen zeigen eine „Analyse". Was versteht man darunter?
4. Sie bestellen „Ein Mineralwasser, bitte." Es wird in einem Glas serviert. Erläutern Sie.
5. „Bitte ein stilles Wasser." Was versteht der Gast darunter? Welche Marken können Sie anbieten?
6. Sie wollen einen Orangen-Milch-Shake herstellen. Dazu pressen Sie eine frische Orange aus und gießen Milch zum Saft. Was wird geschehen? Begründen Sie.

⑤ Aufgussgetränke

 hot drinks ◐ boissons (w) chaudes

Als Aufgussgetränke bezeichnet man Kaffee, Tee und Kakao. Sie werden durch Überbrühen (Aufgießen) mit Flüssigkeit (in der Regel Wasser) hergestellt. Alle Aufgussgetränke wirken durch Alkaloide anregend auf Kreislauf und Nervensystem. Kaffee und Tee enthalten Koffein, Kakao enthält Theobromin.

5.1 Kaffee coffee ◐ café (m)

Kaffeekirsche
2 Kaffeebohnen
Silberhäutchen

Aufbereitung von Kaffee

Kaffee wird aus Kaffeebohnen gewonnen. Nach der Ernte werden die Kaffeebohnen vom Fruchtfleisch und dem Silberhäutchen befreit und anschließend getrocknet. Die noch grünen Bohnen kommen als Rohkaffee in den Handel.

Nach der Art, wie das Fruchtfleisch der Kaffeekirsche von den Kaffeebohnen entfernt wird, unterscheidet man zwei Verfahren.

- Beim **Trockenverfahren** werden die Früchte in der Sonne gedörrt. Dann sprengen Brechmaschinen das Fruchtfleisch ab.
- Beim **Nassverfahren** wird das Fruchtfleisch zunächst grob entfernt. Dann lässt man die Bohnen gären; dabei wird das verbliebene Fruchtfleisch gelockert und kann später abgespült werden. Diese „gewaschenen Sorten" ergeben einen feineren Kaffee und haben einen höheren Preis.

Von der Kaffeekirsche zur Kaffeebohne

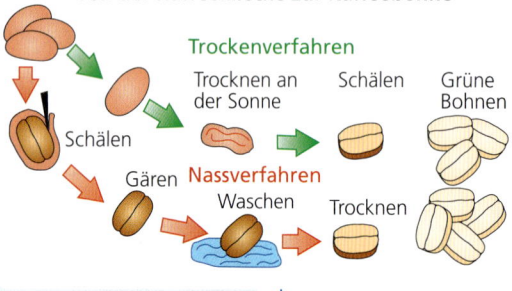

Trockenverfahren

Trocknen an der Sonne   Schälen   Grüne Bohnen

Schälen

Gären   Nassverfahren

Waschen   Trocknen

Abb. 1 Kaffeeaufbereitung

Je kräftiger die Röstung,

desto ausgeprägter der Geschmack

Abb. 2 Die Röstung beeinflusst den Geschmack.

Beim **Rösten** des Rohkaffees verändern sich die Bohnen.

- Stärke und Zucker werden zu karamellartigen Stoffen verwandelt, die dem Kaffee-Getränk Farbe und Geschmack geben,
- Aromastoffe entstehen,
- die Gerbstoffe werden auf etwa die Hälfte verringert.

Koffein ist der Hauptwirkstoff des Kaffees. Üblicher Kaffee enthält 1 bis 2 Prozent.

Koffein
- regt das Zentralnervensystem an,
- steigert die Herztätigkeit und erhöht den Blutdruck (was aber auch zu Herzklopfen und Schlaflosigkeit führen kann).

Kaffee-Ersatz ergibt ein kaffeeähnliches, koffeinfreies Getränk. Als Rohstoffe dienen Zichorien, Feigen und Gerstenmalz. Diese Produkte erhalten durch Rösten Aroma, Farbe und Geschmack. Malzkaffee kommt gemahlen in den Handel, Feigen und Zichorien werden zerrieben und gepresst. Das Hauptangebot besteht aus sofort löslichem Extraktpulver.

Kaffee mit besonderen Behandlungen

- **Entkoffeinierter** Kaffee enthält höchstens 0,1 % Coffein und kann darum auch von Personen getrunken werden, bei denen Koffein zu Herzklopfen und Schlaflosigkeit führen würde.
- **Säurearmem** Kaffee ist Gerbsäure entzogen worden, das Koffein bleibt erhalten. Diese Art ist darum für Personen mit säureempfindlichem Magen geeignet.
- **Kaffee-Extraktpulver** oder **Instant-Kaffee** löst sich sofort und ohne Rückstände auch in kalter Flüssigkeit. Das Produkt wird hergestellt, indem man konzentriertem Kaffee im Sprühverfahren oder durch Gefriertrocknung das Wasser entzieht. Das Pulver ist sehr wasseranziehend (hygroskopisch) und muss darum unbedingt verschlossen aufbewahrt werden.
- **Kaffee-Konzentrat** wird durch stufenweises Auslaugen der Kaffeebohnen gewonnen. Beim Fertigstellen ist mit der jeweils vorgeschriebenen Wassermenge zu verdünnen.

Zubereitung von Kaffee

Für das Frühstück wird Kaffee in größeren Mengen auf Vorrat zubereitet. Er sollte jedoch nicht länger als 45 bis 60 Minuten vorrätig gehalten werden, weil sich danach die Farbe und das Aroma nachteilig verändern. Die Warmhaltetemperatur liegt bei etwa 80 °C.

Produkt-bezeichnung	Kaffee-pulver	Flüssigkeits-menge
Tasse Kaffee	6–8 g	125 ml
Espresso	6–7 g	80 ml
Kännchen Kaffee	12–16 g	250 ml
Großmenge	80–100 g	2 l (16 Tassen)

Zubereiten von Kaffee

Um einen wohlschmeckenden, vollaromatischen Kaffee zu erhalten, ist einiges zu beachten:

- Grundbedingung ist die Verwendung von bewährtem Markenkaffee, dessen Einkaufsmengen dem jeweiligen Bedarf anzupassen sind, damit keine Aromaverluste durch Überlagerung entstehen.
- Der Feinheitsgrad der Körnung ist auf die Art des Brühverfahrens abzustimmen, damit sich das Aroma optimal entfalten kann.
- Wichtig sind die richtig dosierte Menge des Kaffeepulvers sowie die sachgerechte Temperatur des Brühwassers zwischen 95 und 98 °C.
- *Porzellangeschirr*, gut vorgewärmt, gilt als besonders *aromafreundlich*.

Handfiltern von Kaffee

Beim Handfiltern ist zu beachten:

- Das Kaffeepulver im Filter mit wenig heißem Wasser anbrühen, damit es aufquillt
- den Rest des Wassers dann stufenweise *in die Mitte* des Filters nachgießen, damit das Wasser durch das Kaffeemehl zum Filter hin fließt.

Maschinelle Kaffeezubereitung

Kaffeemaschinen ermöglichen es, in kurzer Zeit große Mengen Kaffee bereitzustellen. Die beiden grundlegenden Verfahren sind
- das drucklose *Überbrühverfahren* ①
- das *Dampfdruckverfahren* ②

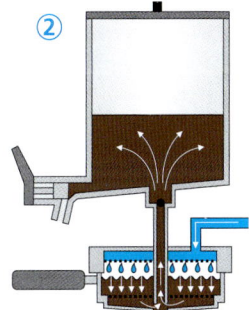

Grundlegende Angebotsformen für Kaffee

Kaffee mit Sahne und Zucker/Süßstoff

Man unterscheidet:
- **Kaffee nature:** schwarz, mit oder ohne Zucker,
- **Kaffee crème:** mit Kaffeesahne (mit oder ohne Zucker).

Unter dem Gesichtspunkt der Menge gibt es:

Bereitstellen für ein Kännchen Kaffee
- Tablett mit Papiermanschette,
- Untertasse mit Deckchen, vorgewärmter Tasse und Kaffeelöffel,
- Schälchen mit Zucker/Süßstoff,
- Kännchen mit Sahne,
- Kännchen mit Kaffee.

Die jeweilige Ausstattung der Maschine erlaubt es, den Kaffee entweder für einzelne Tassen oder Portionen oder in größeren Mengen zuzubereiten und diesen dabei gleichzeitig in einem Behälter vorrätig halten zu können.

eine Tasse Kaffee

ein Kännchen Kaffee

Spezielle Kaffeezubereitungen

Cappuccino
- Eine Tasse 3/4 mit starkem Kaffee füllen,
- mit aufgeschäumter Milch ergänzen,
- mit Kakaopulver bestreuen.

Espresso
Das Zubereiten von Espresso erfolgt mit Hilfe des Dampfdruckverfahrens. Der aromastarke Kaffee wird in kleinen Spezialtassen angerichtet. Zucker reicht man à part, auf Wunsch auch Sahne.

Eiskaffee
Ein bis zwei Kugeln Vanilleeis gibt man in ein hohes Glas und gießt leicht gezuckerten kalten Kaffee darüber. Mit Sahnehaube garnieren.

Kaffee mit Milch, auch geschlagener Sahne
- Kaffee mit Milch
  Anstelle von Sahne wird ein Kännchen heiße Milch gereicht.
- Kaffee – Latte macchiato
  Diese Kaffeezubereitung wird im Spezialglas wie folgt angerichtet:
  1/3 heiße Milch ins Glas, darauf Milchschaum geben und vorsichtig einen Espresso einfliessen lassen, damit die Schichten entstehen.

Kaffee mit einer Spirituose
Kaffee verträgt sich gut mit Spirituosen. Es gibt Gäste, die diese besondere Geschmacksnote lieben. Geeignete Spirituosen sind z. B.: Cognac, Kirsch, Amaretto.
- Die Grundausstattung ist wie bei einer Tasse oder einem Kännchen Kaffee.
- Die gewählte Spirituose wird im entsprechenden Glas getrennt gereicht.

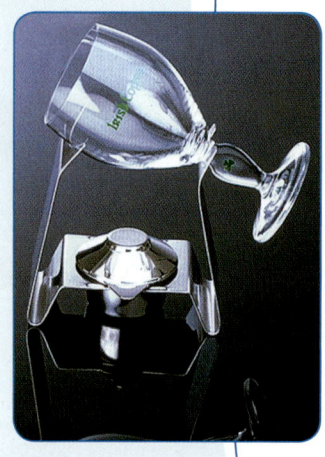

Irish Coffee
Man verwendet dazu die sogenannte Irish-Coffee-Garnitur, bestehend aus kleinem Rechaud, schrägem Glashalter und einem speziellen Irish-Coffee-Glas.
- In ein gut vorgewärmtes Originalglas 1 bis 2 Kaffeelöffel braunen Zucker sowie 4 cl Irish Whiskey geben,
- über dem entzündeten Rechaud drehend erwärmen, damit sich der Zucker auflöst, die Flamme in das Glas überschlagen lassen, flambieren,
- mit heißem Kaffee auffüllen,
- dickflüssig angeschlagene Sahne vorsichtig über die Wölbung eines Löffelrückens auf die Oberfläche des Kaffees gleiten lassen; Sahne sollte nicht absinken,
- auf einem Mittelteller mit Papierserviette servieren.

Pharisäer
- In einer vorgewärmten Tasse je 1 Kaffeelöffel Zucker sowie 4 cl Rum verrühren,
- mit starkem Kaffee auffüllen,
- mit angeschlagener Sahne ganieren.

Rüdesheimer Kaffee
- 3 bis 4 Stück Würfelzucker in der vorgewärmten Originaltasse mit 4 cl Asbach übergießen,
- mit einem langen Streichholz entzünden und bei gleichzeitigem Rühren mit einem langstieligen Löffel flambieren (den Zucker leicht karamellisieren lassen),
- mit heißem Kaffee auffüllen,
- mit geschlagener Sahne garnieren und mit Schokoladenraspel bestreuen.

5.2 Tee 🇬🇧 tea 🇫🇷 thé (m)

Tee wird von dem immergrünen Teestrauch gewonnen. Man pflückt die Blattknospen mit zwei bis drei Blättern. Je jünger der Trieb ist, desto feiner und aromatischer schmeckt der Tee.

Aufbereitung von Tee

Klassische Aufbereitung

Durch **Welken** werden die Blätter geschmeidig und so für die Weiterverarbeitung vorbereitet.

Beim **Rollen** brechen die Zellen der Blätter auf, sodass sich der Zellsaft mit dem Luftsauerstoff verbinden kann. Diese Oxidation nennt man **Fermentation.** Dabei bewirken die Fermente (Enzyme) eine Aufspaltung der Gerbsäure Tannin. Der Tee wird durch das Fermentieren milder und aromatischer. Zugleich werden die grünen Blätter kupferrot, was dem Getränk später seine typische Farbe verleiht. Durch das **Trocknen** wird die Fermentation unterbrochen. Der Tee wird schwarz und bei trockener, luftdichter Lagerung haltbar.

Bei der Gewinnung des **grünen Tees** unterbleibt die Fermentation. Er besitzt deshalb einen höheren Gerbsäuregehalt und ist herber.

Die CTC-Produktion

Bei der CTC-Produktion werden die Teeblätter nach dem Welken einem geschlossenen Arbeitsgang unterworfen. Dabei wird der Tee wie folgt behandelt: Über 90 % der Weltproduktion werden so hergestellt.
Bei diesem Verfahren entstehen vorwiegend kleine Tee-Stücke für Teebeutel.

Arten

Angeboten wird Tee nach folgenden Unterscheidungsmerkmalen:

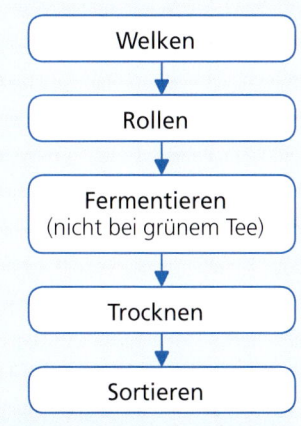

Welken		
Rollen		
Fermentieren (nicht bei grünem Tee)		
Trocknen		
Sortieren		

Abb. 1 Teeblätter

Zerbrechen	(crushing)	C
Zerreißen	(tearing)	T
Rollen	(curling)	C

Anbaugebiet

Darjeeling, an den Südhängen des Himalaja, liefert einen feinen und aromatischen Tee.

Assam, eine nordindische Provinz, ist bekannt für gehaltvolle und kräftige Arten.

Als **Ceylon-Tee** bezeichnet man Tee von der bei Indien gelegener Insel **Sri Lanka,** die früher Ceylon hieß.

Je höher die Teepflanzungen liegen, desto langsamer wachsen die Blätter und verleihen dem Tee einen besonders feinen und edlen Geschmack.

Blattfolge

Flowery Orange Pekoe (FOP) mit vielen Spitzen (Tips) ist die beste Sorte.

Orange Pekoe (OP) ist dünn gedreht, länglich.

Pekoe (P) ist kleiner und rundlich gerollt.

Manche Firmen haben die Skala der Teeauszeichnung erweitert und wenden zusätzlich folgende Bezeichnungen an:

Finest = F, Tippy = T, Golden = G.

Beste Qualität ist dann **FTGFOP,** gefolgt von **TGFOP** usw.

Sortierung

Die Blattsortierung sagt nichts über die Qualität aus.

Blatt-Tee ist das ganze Blatt, das länglich oder rundlich gerollt ist.

Broken-Tee ist absichtlich gebrochener Tee, der rascher ausgelaugt wird und damit ergiebiger ist (etwa 90 % der Produktion).

Fannings sind Blattstücke, kleiner als Broken-Tee.

Dust (engl. Staub) sind feinste Teile, die beim Sieben des Tees anfallen. Dust und Fannings werden für Teebeutel verwendet.

Teemischungen

Durch das Mischen verschiedener Sorten können Geschmack, Aroma und Preis ausgeglichen werden. Häufig angeboten werden:

- **Englische Mischung:** Volles, schweres Aroma, wird bevorzugt mit Milch getrunken.
- **Ostfriesische Mischung:** Kräftiges, fülliges Aroma. Wird bevorzugt mit Milch und Kandis getrunken.
- **Ceylon-Mischung:** Fein-würziges Aroma, goldene Farbe.

Teeähnliche Erzeugnisse

Teeähnliche Getränke können durch Aufbrühen geeigneter getrockneter Pflanzenblätter oder -teile hergestellt werden. Die darin enthaltene Gerbsäure verleiht einen teeähnlichen Geschmack. Wegen des fehlenden Koffeins (Teins) werden Herz und Nerven nicht belastet. Die Industrie bietet ein Sortiment unterschiedlicher Pflanzenarten in fertigen Portionsbeuteln an.

Kräutertees

Kräutertees werden als Einzeltees (z. B. Pfefferminztee), in Mischungen (z. B. „Bronchialtee"), z. T. mit verkaufsfördernden Namen („Entspannt & Fit") angeboten. Einzelne Heilkräuter werden zur Unterstützung der Gesundung eingesetzt. Einige Beispiele:

Name	Wirkung/Anwendung	Bemerkungen
Brennnessel	Schwach entwässernd	Nicht anwenden bei eingeschränkter Nierentätigkeit.
Fenchel	Bei Blähungen, als Schleimlöser bei Husten, Appetit anregend	Gut geeignet für Säuglinge und Stillende. Oft angeboten in Mischungen mit Anis und Kümmel gegen Blähungen.
Kamille	Bei Magen-, Darmkrämpfen, Brechreiz	Achtung: Nicht für Augenspülungen verwenden!
Melisse	Bei nervös bedingten Einschlafstörungen, Magen-, Darmproblemen, Appetit anregend	Hemmt durch enthaltende Rosmarinsäure auch das Virenwachstum.
Pfefferminze	Bei krampfartigen Magenbeschwerden, Gallenleiden, Durchfall, zur Erfrischung	Bei Magenbeschwerden Dauergebrauch vermeiden, Minze hat Schärfe.
Salbei	Gegen übermäßiges Schwitzen, bei Magen-, Darmbeschwerden, entzündungshemmend	Spülungen bei Entzündungen der Mund- und Rachenschleimhaut.

Andere Tees

Rotbuschtee, auch Rooibos-Tee, besteht aus Blättern und Zweigspitzen des ginsterartigen Strauches Aspalathus linearis. Er ist frei von Koffein, Farb- und Aromastoffen und daher auch für Kinder und empfindliche Personen geeignet.

Yogitee stammt aus der Naturheilkunde und besteht aus einer Mischung von Gewürzen wie Zimt, Ingwer, Nelken und schwarzem Pfeffer. Oft wird er mit Honig und Milch verfeinert.

Chaitee ist ein indischer Gewürztee, dem oft schwarzer Tee beigemischt wird (Masala Chai). Wichtigstes geschmackgebendes Gewürz ist Kardamom. Er wird gesüßt und mit heißer Milch serviert.

Zubereitung von Tee

Voraussetzungen für eine gute Tasse Tee

Das Aroma des Tees ist sehr empfindlich, sodass zu beachten ist:
- Teekannen nur mit heißem Wasser, nicht in Verbindung mit Spülmitteln reinigen (der sich entwickelnde braune Belag in der Kanne hat keine negativen Auswirkungen),
- Kannen sowie Tassen oder Gläser gut vorwärmen,
- zum Überbrühen frisches, sprudelnd heißes Wasser verwenden.

Erforderliche Teemengen

Flüssigkeitsmenge	Teemenge
eine Tasse oder ein Glas	2 g Tee (das sind ein gestrichener Kaffeelöffel oder 1 Teebeutel)
eine Portion	4 bis 5 g Tee oder 2 Teebeutel

Im Gastgewerbe hat sich die Verwendung von Teebeuteln durchgesetzt. Das frisch zum Kochen gebrachte Wasser wird sprudelnd über den Tee gegossen. Diesen lässt man 3 bis 5 Minuten ziehen. Dabei ist der Zusammenhang zwischen der **Brühdauer** und den physiologischen Auswirkungen des Tees zu beachten:

- **Bis 3 Minuten**
  wird vorwiegend Coffein (Tein) ausgelaugt, sodass der Aufguss zu diesem Zeitpunkt vor allem **anregend** auf den Kreislauf wirkt.

- **Nach 3 Minuten**
  gehen in zunehmender Menge Gerbstoffe in den Aufguss über, die eine **beruhigende** Wirkung auf Magen und Darm haben.

Die Brühdauer für Tee ist auf den jeweils beabsichtigten Zweck abzustimmen (belebend oder beruhigend).

Abb. 1 Glas Tee

Angebotsformen für Tee

Die grundlegende Angebotsform ist *mit Zucker:*
- Ein Tablett mit Papiermanschette,
- eine Untertasse mit Glas oder Tasse und Kännchen
- ein Schälchen mit Zucker,
- ein Schälchen zur Ablage des Teebeutels.

Abwandlungen
- Tee mit Sahne oder Milch
- Tee mit Zitrone: ein Schälchen mit Zitrone in der Presse
- Tee mit Rum: 4 cl Rum im Glas oder Portionsfläschchen

Abb. 2 Kännchen Tee

Spezielle Teezubereitungen

Eistee
- Teeglas 2/3 mit Eiswürfel füllen
- mit doppelt starkem Tee auffüllen
- Zucker, Zitrone à part reichen, evtl. Gin/Cognac

Abb. 3 Verschiedene Zucker-angebote – Tee-Zubehör

291

5.3 Kakao und Schokolade

🇬🇧 cocoa, hot chocolate 🇫🇷 cacao (m)

Kakao und Schokolade werden aus den Samenkernen des in tropischen Gebieten wachsenden Kakaobaumes gewonnen.

Aus den melonenartigen Früchten werden zunächst die Kakaobohnen (es sind die Kerne) entfernt.

Bei der Fermentation wird der Gerbsäuregehalt verringert, es entstehen Geschmack, Aroma und Farbe.

Anschließend werden die Kakaobohnen getrocknet und kommen so zum Versand.

Abb. 1 Kakaofrucht

Verarbeitung

Die gereinigten Bohnen werden zur Verbesserung des Aromas zuerst geröstet, dann zerkleinert und von den Schalen befreit.

Der so entstandene Kakaobruch wird zwischen erwärmten Walzen vermahlen. Die fein zermahlenen Bohnen bezeichnet man als **Kakaomasse**. Durch starken Druck trennt man die **Kakaobutter** (Fett der Kakaobohnen) von den übrigen Kakaobestandteilen, die als Presskuchen zurückbleiben. Der fein zermahlene Presskuchen ergibt das **Kakaopulver**.

Schwach entöltes Kakaopulver hat 20 % Kakaobuttergehalt. Es ist dunkler, hat ein volles Aroma und ist mild im Geschmack. Man verwendet es für Kakao und Schokoladegetränke.

Stark entöltes Kakaopulver hat 10–20 % Kakaobuttergehalt. Der Geschmack ist sehr kräftig. Man verwendet es in der Patisserie für Schokoladengebäck und Eis.

„Aufgeschlossener Kakao" wird mit Wasserdampf behandelt und erhält Zusätze. Dabei wird das Zellgefüge lockerer, ein Teil der Stärke verkleistert, und darum setzt sich dieser Kakao weniger leicht ab. Schokoladenpulver ist gezuckertes Kakaopulver mit ergänzenden Geschmackszutaten.

Abb. 2 Schokoladenproduktion

Schokolade

Bei der Herstellung von Schokolade geht man von der Kakaomasse aus. Ihr werden die erforderliche Menge Puderzucker, Gewürze, evtl. auch Milchpulver zugesetzt. Die Zutaten werden vermengt und dann fein geschliffen, damit die Bestandteile möglichst fein werden und die Schokolade den „Schmelz" erhält.

Angeboten wird Schokolade in Blöcken mit 2,5 und 5 kg. Diese Blöcke tragen Ziffernkombinationen, die zusammen immer 100 ergeben. Dabei nennt die erste Ziffer stets den Gehalt an Kakaobestandteilen, die zweite den Zuckeranteil.

Beispiel

70/30 = 70 % Kakaobestandteile + 30 % Zucker.

Je weniger Zucker die Schokolade enthält, desto höher ist die Qualität.

Abb. 3 Schokolade

Zubereitung von Kakao und Trinkschokolade

Kakao ist eine Zubereitung aus Kakaopulver, Milch und Zucker.

Trinkschokolade bereitet man aus geriebener Blockschokolade oder Kuvertüre und Milch ohne Zusatz von Zucker oder mittels eines fertigen Schokoladenpulvers.

Zutat	Tasse Portion Kakao		Tasse Portion Schokolade	
Milch	0,15 l	0,3 l	0,15 l	0,3 l
Kakaopulver	7 g	12 g	–	–
Schokoladenpulver oder Kuvertüre	–	–	15 g	30 g
Zucker	getrennt servieren		getrennt servieren	

Zubereitung von Kakao

Kakaopulver in einem kleinen Teil der Milch anrühren. Die restliche Milch zum Kochen bringen. Vorbereitete Kakao-Milch-Mischung einrühren und aufkochen.

Zubereitung von Trinkschokolade

Milch erhitzen, geriebene Schokolade (Kuvertüre) oder Schokoladenpulver einstreuen und unter Rühren mit einem Schneebesen zum Kochen bringen.

Beigabe zu Kakao und Schokolade
- Zu Kakao wird Streuzucker gereicht.
- Kakao oder Schokolade in Tassen werden mit geschlagener Sahne garniert.
- Zu Kännchen reicht man die Schlagsahne in einem Schälchen à part.

Eisschokolade
Herstellung wie Eiskaffee. Statt Kaffee verwendet man kalte Schokolade oder Kakao.

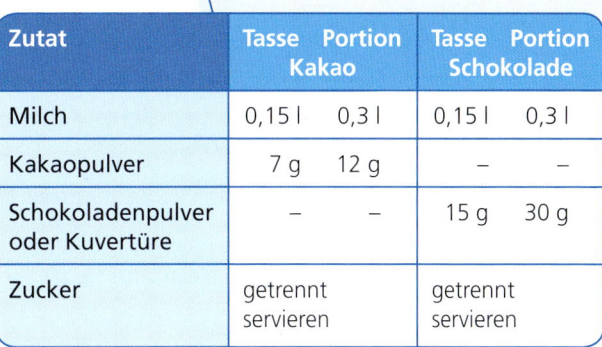

5.4 Servieren von Aufgussgetränken

Aufgussgetränke wie Kaffee, Tee oder Kakao werden in Gläsern, Tassen oder Kännchen angerichtet und in der Regel auf einem ovalen Tablett serviert. Das Tablett soll dabei so hergerichtet sein, dass der Gast alles bequem vor sich findet und erreichen kann.

Der Tassengriff und der Kännchengriff zeigen immer nach rechts, der Kaffeelöffel liegt parallel dazu, und der Würfelzucker muss vor dem weiter hinten stehenden Kännchen platziert sein wie auf den nachfolgenden Bildern.

Die Tabletts werden von rechts so eingesetzt, dass sie, wie abgebildet, leicht schräg vor dem Gast stehen.

Tasse Kaffee

Kännchen Kaffee

Glas Tee

Kännchen Tee

1.   Bei der Gewinnung der Kaffeebohnen aus der Kaffeekirsche unterscheidet man zwei Verfahren. Nennen Sie jeweils Vor- und Nachteile.

2.   Welche Wirkungen hat das Koffein auf den menschlichen Körper?

3.   Im Rezept für eine Mokka-Creme steht: „4 TL Instantkaffee." Was versteht man darunter? Nennen Sie gängige Marken. Welchen Vorteil hat in diesem Beispiel die Verwendung von Instantkaffee?

4.   Sie wollen nach dem Menü einen Kaffee empfehlen. „Nein, danke, ich vertrage keinen Kaffee", ist die Antwort. Welche Gründe könnte der Gast haben? Welche speziellen Kaffeesorten berücksichtigen körperliche Empfindlichkeiten? Nennen Sie zwei Beispiele mit Markennamen.

5.   Von welchen Einflüssen ist die Qualität eines Tees abhängig? Nennen Sie drei Faktoren.

6.   Schwarzer und grüner Tee können von der gleichen Teepflanze gewonnen werden. Worin besteht der Unterschied?

7.   „Unser Tee für die Teebeutel wird nach dem modernen CTC-Verfahren gewonnen." So steht es auf dem Teebeutel. Erklären Sie dem Gast das Verfahren.

8.   Beschreiben Sie die unterschiedliche Wirkung der Tees auf den Menschen.

9.   Wie gewinnt man das Kakaopulver?

10.   Eine bestimmte Kakaosorte ist „aufgeschlossen". Was versteht man darunter? Welchen Vorteil hat ein auf diese Weise behandelter Kakao?

11.   Nennen Sie zu folgenden Kaffeezubereitungen die erforderliche Menge des Kaffeepulvers sowie die Flüssigkeitsmenge:
    a) eine Tasse Kaffee, eine Tasse Espresso,
    b) ein Kännchen Kaffee.

12.   Beschreiben und erläutern Sie den sachgerechten Ablauf beim Handfiltern von Kaffee.

13.   In welchen Variationen wird Kaffee als Getränk angeboten?

14.   Beschreiben Sie das sachgerechte Bereitstellen für ein Kännchen Kaffee.

15.   Beschreiben Sie folgende Angebotsformen für Kaffee:
    a) Kaffee mit Milch und Kaffee Melange,
    b) Kaffee mit einer Spirituose,
    c) Cappuccino und Pharisäer,
    d) Rüdesheimer Kaffee und Irish Coffee.

16.   Nennen Sie Voraussetzungen für eine gute Tasse Tee.

17.   Beschreiben Sie das sachgerechte Zubereiten von Tee.

18.   Welche Beziehung besteht zwischen der Brühdauer des Tees und den physiologischen Wirkungen?

19.   Welche Beigaben werden zu Kakao und Schokolade gereicht:
    a) beim Anrichten in Tassen,
    b) beim Anrichten in Kännchen?

20.   Wann spricht man von „Alkoholfreien Mischgetränken"?

21.   Nennen Sie einige alkoholfreie Mischgetränke.

Aufgaben

⑥ Alkoholische Gärung

🇬🇧 alcoholic fermentation 🇫🇷 fermentation (w) alcoolique

Die alkoholische Gärung war schon den alten Ägyptern bekannt. Wandbilder zeigen, wie Wein und Bier gewonnen wurden und wie durch Hefe gelockertes Brot hergestellt wurde.

Auch heute lockert die Gärung das Brot. Wenn Bier oder Wein gewonnen werden, ist die alkoholische Gärung der zentrale Vorgang. Ohne Gärung hätten wir auch keinen Sekt, keinen Korn und keinen Weinbrand. Darum werden hier kurz die grundlegenden Vorgänge aufgezeigt.

Versuche

1. Lassen Sie Fruchtsaft in einem Glas bei Zimmertemperatur stehen. Beobachten Sie während der folgenden Tage Aussehen und Geruch.
2. Lösen Sie in 100 g warmem Wasser 50 g Zucker und geben Sie 10 g Hefe dazu. Prüfen Sie den Geruch, wenn die Flüssigkeit zu perlen beginnt.
3. Nach etwa einer Woche ist die Flüssigkeit aus Versuch 1 ruhig und klar geworden. Prüfen Sie Geschmack und Süße.
4. Erhitzen Sie die Flüssigkeit aus Versuch 2 entsprechend der Versuchsanordnung. Das Glasrohr soll etwa 60 cm lang sein und einen Durchmesser von 1 cm haben.

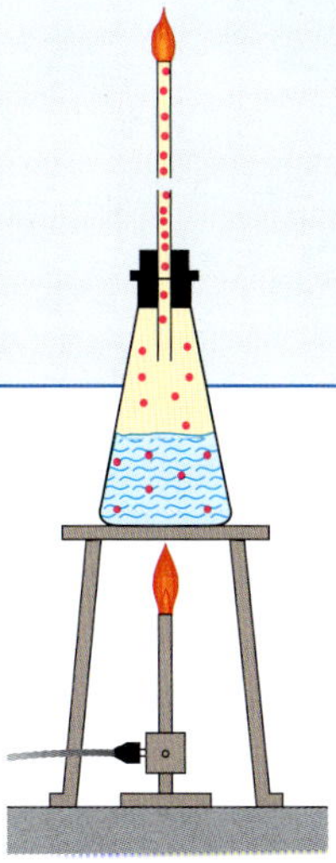

Abb. 1 Versuch

Der durch das Kochen aufsteigende Dampf besteht aus Alkohol und Wasser. Das Wasser kondensiert bereits während des Aufsteigens am Glasrohr, der Alkohol entweicht und kann entzündet werden.

Hefe ist ein **Kleinstlebewesen** (siehe Abschnitt Hygiene), das in der Luft und auf reifenden Früchten vorkommt. Diese Arten nennt man „wilde" Hefen.

Im Lebensmittelgewerbe verwendet man speziell gezüchtete Hefearten, z. B. Backhefe für Hefeteig, Bierhefe bei der Bierherstellung. Diese Arten nennt man auch **Kulturhefen**.

Bei der Gärung nimmt die Hefe Zuckerstoffe auf, Alkohol und Kohlendioxid werden ausgeschieden.

Notwendige Ausgangsprodukte jedes Gärprozesses sind eine kohlenhydratreiche, zuckerhaltige Flüssigkeit (z. B. Würze beim Bier, Most beim Wein) und Hefe.

Der Gärvorgang endet, wenn der Zucker verbraucht ist oder der Alkoholgehalt etwa 15 % erreicht hat. Zunehmende Alkoholkonzentration schwächt die Hefe und bringt sie schließlich zum Stillstand.

$$C_6H_{12}O_6 \longrightarrow 2\ C_2H_5OH + 2\ CO_2$$

Traubenzucker $\longrightarrow$	Alkohol	+ Kohlendioxid
100 g	ca. 45 g	+ ca. 50 g

Auf diese Weise entstehen Gärungsgetränke wie Bier und Wein.

Wird eine höhere Alkoholkonzentration gewünscht, bedarf es der **Destillation**. Dabei wird der leichter verdampfende Alkohol abgetrennt und damit konzentriert. Getränke mit einem Alkoholgehalt über 15 % vol bezeichnet man als Spirituosen.

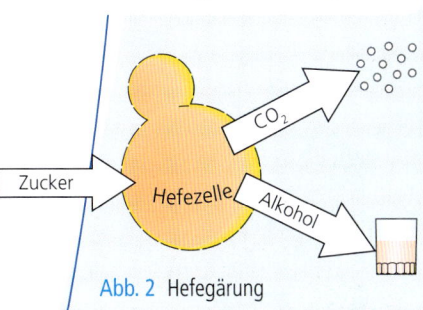

Abb. 2 Hefegärung

Wer im Service beschäftigt ist, berät und bedient Gäste. Sachwissen über das Angebot ist die Grundlage für ein kompetentes Beratungsgespräch.

Dazu muss man aber nicht, um ein Beispiel zu nennen, die gesamte Bier- oder Weinherstellung kennen.

7 Bier

 beer  bière (w)

Berliner Weiße · Weizenbier · Helles Märzen · Altbier · Kölsch · Pils · Export

Bier ist ein alkoholisches Getränk, das nach dem **Reinheitsgebot** aus **Malz**, **Hopfen** und **Wasser** mit **Hefe** hergestellt wird. Für deutsches Bier werden keine weiteren Zusätze oder andere Ausgangsstoffe verwendet. Bier, das abweichend hergestellt worden ist, erkennt man an der veränderten Zutatenliste.

7.1 Herstellung

Zunächst ein Überblick. Der Hauptvorgang bei der Bierherstellung ist die **alkoholische Gärung,** die durch die Hefe bewirkt wird. Weil jedoch die Hefezelle nur Zuckerstoffe aufnehmen kann, müssen die im Getreide in Form von Stärke enthaltenen Kohlenhydrate zuerst in Zuckerstoffe umgewandelt werden. Das geschieht beim **Mälzen**. In einem zweiten Schritt werden die zerkleinerten Malzkörner mit Wasser vermengt und erwärmt, dabei werden die löslichen Stoffe ausgelaugt, es entsteht die **Würze**.

Der beigegebene Hopfen gibt Geschmack, verbessert die Haltbarkeit und hält im Glas die Schaumbläschen fest. Nach der **Gärung** folgt die **Lagerung**, während der das Bier reift und an Qualität zunimmt.

Mälzen

Das Getreidekorn (Gerste oder Weizen) wird durch Einweichen zum Keimen gebracht. Enzyme beginnen, die Stärke zu Zucker abzubauen, Eiweißstoffe werden gelöst. Dadurch entsteht aus Gerste Malz. Nach einer bestimmten Zeit wird das Keimen durch schonendes **Darren** (Trocknen) abgebrochen. Dabei färbt sich das Malz je nach Temperatur. Die Farbe überträgt sich später auf das Bier. Keime und am Korn anhängende Wurzeln werden anschließend entfernt.

Bereitung der Würze

Beim **Maischen** wird das getrocknete Malz geschrotet (zerkleinert) und mit warmem Wasser gemischt, sodass alle löslichen Stoffe auslaugen. Enzyme bauen restliche Stärke und Zucker zu Einfachzucker ab. Es folgt das **Läutern** (Reinigen) der Würze, **wobei die festen Bestandteile von der Flüssigkeit getrennt werden**.

Beim anschließenden **Kochen** gibt Hopfen durch Bitterstoffe Geschmack und Aroma, Hopfenharze halten den Schaum des späteren Bieres.

Vergärung

Bei der Vergärung entstehen durch die Tätigkeit der Hefe aus Zuckerstoffen Alkohol und Kohlensäure.
Je nach Hefeart entstehen untergärige oder obergärige Biere.

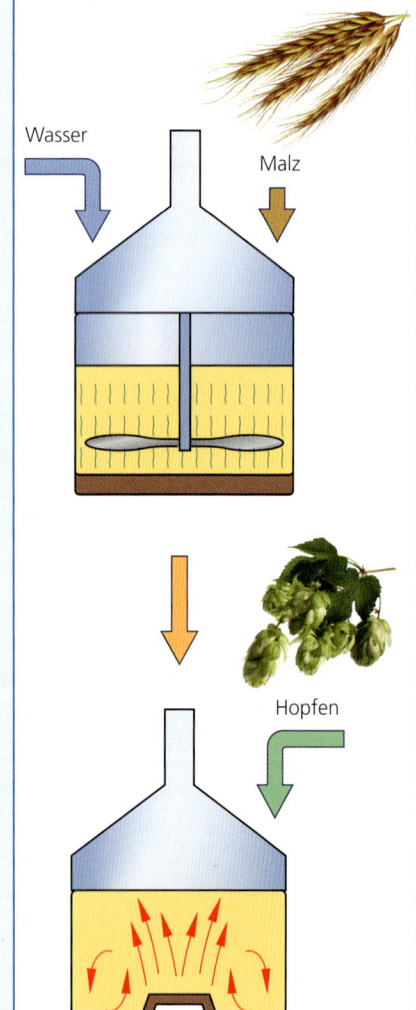

Wasser · Malz · Hopfen

Untergärige Hefe vergärt die Würze zwischen 6 und 9 °C und setzt sich unten auf dem Boden des Gärbehälters ab. Bei untergärigen Bieren ist die Kohlensäure stärker an die Flüssigkeit gebunden und wird nur langsam abgegeben. Das Bier perlt langsamer, dafür aber länger, z. B. übliches Helles oder Pils.

Obergärige Hefe vergärt die Würze zwischen 15 und 18 °C und steigt dabei nach oben. Obergärige Biere enthalten viel Kohlensäure, die weniger fest an die Flüssigkeit gebunden ist. Darum schäumen diese Biere stärker, z. B. Weizenbier.

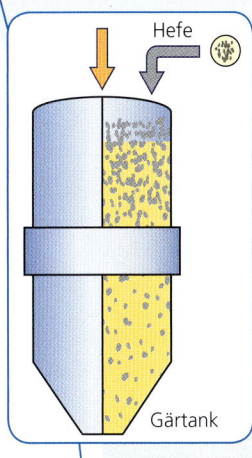

Der abgekühlten Würze wird Bierhefe zugesetzt, je nach Bierart unter- oder obergärige Hefe. Durch die Vergärung werden Alkohol und Kohlensäure gebildet. Nachgärung und Reifung in geschlossenen Behältern dienen der Qualitätsverbesserung.

Produktionsschritte	Stichworte für die Beratung
Mälzen Stärke wird zu Zuckerstoffen umgewandelt. Trocknen des Malzes ⟶ Temperatur hoch ⟶ / Temperatur niedrig ⟶	**Farbe des Bieres** dunkles Bier helles Bier
Bereitung der Würze Verzuckerung geht weiter Feste Bestandteile (Treber) werden abgetrennt. ⟶ Anteil der gelösten Stoffe in der Flüssigkeit = **Stammwürze** ⟶ Aufkochen mit Hopfen ⟶ Hopfeninhaltsstoffe ⟶	**Stärke des Bieres = Biergattung** Geschmacksrichtung Schaumbildung
Vergärung Der Würze wird Hefe zugefügt. Die Art der Hefe bestimmt den Gärverlauf. ⟶ untergärig ⟶ / obergärig ⟶	**Bierart**
Je nach Gärverfahren werden etwa 25 bis 30 % der Stammwürze zu Alkohol ⟶	Alkoholgehalt
Lagerung Bier „reift" ⟶	Verfeinerung des Aromas Sättigung mit CO_2

Stammwürze – Alkoholgehalt

Unter **Stammwürze** versteht man alle in der Würze gelösten Stoffe vor der Vergärung. Der Gehalt wird in Prozent ausgedrückt. Bei der Vergärung wird nur ein Teil der Zuckerstoffe zu Alkohol. Der Alkoholgehalt entspricht etwa einem Drittel des Stammwürzegehaltes.

Bei einem Vollbier mit 11 bis 16 % Stammwürze beträgt also der Alkoholgehalt etwa 3,5 bis 4,5 % mas. Auf dem Etikett muss der Alkoholgehalt angegeben werden, und zwar in „% vol". Das bedeutet Prozent des Volumens. Nachdem Alkohol eine Dichte von ungefähr 0,8 hat, lautet die Umrechnung % mas: 0,8 ≈ % vol.

Vollbier hat zwischen 4,3 und 5,6 % vol Alkoholgehalt.

Der Geschmack des Bieres gründet auf

• den verwendeten Rohstoffen,
• dem speziellen Brauverfahren.

Die Brauwirtschaft unterscheidet folgende Richtungen:

M-Typ: Malzbetont, mäßig vergoren; also eher süßlich bei geringem Alkoholgehalt.

H-Typ: Hopfig, hochvergoren; also eher bitter, z. B. Pilsener.

S-Typ: Säuerlich, spritzig, stark schäumend, z. B. Weißbier.

7.2 Biergattungen, Bierarten, Biersorten

Die **Biergattung** ist gesetzlich festgelegt und wird durch den Stammwürzegehalt (Stärke des Bieres) bestimmt. Hauptsächlich getrunken wird Vollbier, in geringem Maße auch Schankbier und Starkbier (siehe Übersicht unten).

Die **Bierart** wird durch die Art der Vergärung bestimmt. Man unterscheidet untergärige Biere, bei denen sich die Hefe nach unten absetzt, von den obergärigen, die als aromatischer bezeichnet werden.

Die **Biersorten** bezeichnen typische Eigenschaften oder weitere Unterteilungen, die sehr oft mit den Handelsbezeichnungen gleich sind.

Biergattung nach Stammwürzegehalt	Bierart nach Gärverfahren	untergärig	obergärig
Bier mit niedrigem Stammwürzegehalt unter 7 % Stammwürze			
Schankbier 7–11 % Stammwürze		Leichtbier	Weizen-Light, Berliner Weiße
Vollbier (ca. 95 % des Angebotes) 11–16 % Stammwürze		Pils, Lager, Export, Märzen, Hell	Alt, Kölsch, Weizen
Starkbier über 16 % Stammwürze		Bock, Starkbier	Weizenbock
über 18 % Stammwürze		Doppelbock, …ator	

Biersorten von A–Z

Wenn man im Verkaufsgespräch dem Gast ein Bier empfiehlt, beschreibt man es und nennt dabei z. B.:

• Biergattung = Stärke des Bieres,
• Bierart = Art der Vergärung (ober-/untergärig),
• Bierfarbe und vielleicht
• besondere Merkmale zur Herkunft oder Entstehung.

Alkoholfreie Biere

Alkoholfreie Biere können bis 0,5 % Alkohol aufweisen. Diese Biere werden meist zunächst nach üblichem Verfahren gebraut. Nach der Vergärung wird diesen Bieren durch verschiedene Verfahren Alkohol entzogen.

Alt, Altbier

Ein obergäriges, kräftig gehopftes Vollbier mit dunkelbrauner Farbe aus der Düsseldorfer Region. Der Name Altbier leitet sich ab von alter Tradition.

Ausschank in einem becherartigen, geraden Spezialglas.

Berliner Weiße

Das obergärige Schankbier (weniger Alkohol) ist schwach gehopft und unter Verwendung von Weizenmalz hergestellt.
Bei der besonderen Gärung entsteht auch Milchsäure, die mit einem Schuss Himbeer- oder Waldmeistersirup ausgeglichen wird.
Serviert wird in einer halbkugelförmigen Schale.

Bock, Bockbier

Das untergärige Bier hat mindestens 16 % Stammwürze, ist also ein Starkbier. Kennzeichnend sind ein hoher Alkoholgehalt und ein malziger Geschmack. Bockbier stammt ursprünglich aus Einbeck; daraus wurde vereinfacht Bock.

Doppelbockbiere haben 18 % Stammwürze und enden, ohne dass es dafür eine Vorschrift gibt, auf „…ator", z. B. Salv**ator**.

Eisbock ist mit etwa 12 % Alkohol noch stärker. Diese Spezialität erhält man, indem man dem fertigen Bier durch Einfrieren Wasser in Form von Eis entzieht (gefrierkonzentrieren).

Diätbier, Diätpils

Eine helle, untergärige Vollbiersorte mit geringem Kohlenhydratgehalt. Darum ist es für Diabetiker geeignet. Der Alkoholgehalt liegt bei 4 %. Diätbier darf nicht mit alkoholarmem oder alkoholfreiem Bier verwechselt werden.

Export

Ein helles untergäriges Bier mit ausgeprägtem Hopfengeschmack. Es ist allgemein etwas stärker als das übliche „Helle" der selben Brauerei. Der Name Export entstand nach dem 1. Weltkrieg, als man bewusst nur besondere Qualität exportierte.

Kölsch

Ein goldfarbenes obergäriges Bier mit etwa 4 % Alkohol, das nur im Raum Köln hergestellt wird. Ausschank in der Stange, einem schlanken, geraden Spezialglas.

Lager

Heute bezeichnet man mit Lager untergäriges, schwächer gehopftes, einfaches Bier, das man auch einfach „Helles" nennt.

Malzbier/-trunk

Ein obergäriges malzig-süß schmeckendes Bier, das höchstens 1 % Alkohol haben darf. Meist ist es jedoch „alkoholfrei" (Alkoholgehalt unter 0,5 %).

Leichtbiere, light

Diese Bezeichnung tragen unterschiedliche Biere. Gemeinsam ist der verringerte Alkoholgehalt (etwa 1,5 bis 3 %) und damit verbunden ein geringerer Brennwert.

Märzen

Helles oder dunkles untergäriges Vollbier, mittelstark gehopft und malzbetont. Der Alkoholgehalt liegt meist über 5 %.

Die Bezeichnung Märzen stammt aus einer Zeit, in der es noch keine Kühlmaschinen gab. Im März, also vor Beginn der warmen Jahreszeit, bestand die letzte Möglichkeit, untergäriges Bier zu brauen. Ein höherer Alkoholgehalt schützt vor Verderb und darum braute man dieses Bier stärker ein.

Pils, Pilsener

Es ist ein untergäriges helles Bier und zeichnet sich durch ein spritzig-frisches Hopfenaroma aus. Pilsgläser sind nach oben verjüngt, damit die Schaumkrone fest und dicht gehalten wird.

Das Bier stammt ursprünglich aus dem böhmischen Pilsen, heute ist Pils eine Gattungsbezeichnung und kann von jeder Brauerei hergestellt werden.

Weizenbier, Weißbier

Es handelt sich um ein obergäriges Vollbier, zu dem neben Gerste mindestens 50 % Weizen verwendet wird. Durch den hohen Kohlensäuregehalt schäumt es stark und wirkt erfrischend. Neben dem klaren **Kristallweizen** gibt es **naturtrübes Hefeweizen**, das vor dem Abfüllen nicht gefiltert wird.

Zwickelbier

Es ist naturbelassen und darum hefetrüb. Zwickel ist der Name für den Probehahn, über den das Zwickelbier dem Fass entnommen wurde.

Biere anderer Länder

Biere anderer Länder müssen nicht dem Reinheitsgebot entsprechen.

England	Ale, Porter, Stout
Frankreich	Kronenbourg (Elsass)
Dänemark	Carlsberg, Tuborg
Holland	Heineken, Skol
Tschechien	Budweiser, Pilsener Urquell

7.3 Biermischgetränke

Biermischgetränke bestehen meist zur Hälfte aus Bier und sind mit anderen Getränken wie z. B. Zitronenlimonade oder Cola gemischt.

Radler, Alsterwasser

Radler besteht je zur Hälfte aus hellem Vollbier und klarer Zitronenlimonade. Im Süden Deutschlands wird das Getränk als Radler bezeichnet, im Norden Alsterwasser.

Russ, Russe

Ein Russ ist eine Mischung aus hellem Weizenbier und klarer Zitronenlimonade. Verwendet man statt der Zitronenlimonade ein Mineralwasser, handelt es sich um einen **sauren Russen**.

Berliner Weiße, Weiße mit Schuss

Ursprünglich handelt es sich bei der Berliner Weißen um ein leichtes Schankbier (7–11 % Stammwürze). Heute wird es vorwiegend mit Himbeer- oder Waldmeistersirup serviert. Die beiden Bezeichnungen werden meist gleichgesetzt.

Abb. 1 Berliner Weiße mit Schuss

7.4 Ausschenken von Bier

Bier wird serviert als **Flaschenbier** oder als **Bier vom Fass**.

Die Getränke, die in Gläsern und Karaffen, manchmal auch in Krügen serviert werden, bezeichnet man als „offene Getränke", weil sie bereits am Büfett in diese Schankgefäße gefüllt und auf einem Tablett „offen" zum Tisch des Gastes gebracht werden.

Hersteller-
zeichen
Füllstrich
Nenn-
volumen

Zur besseren Kontrollmöglichkeit für den Gast müssen Gläser mit einem gut sichtbaren Füllstrich, dem Nennvolumen und dem Herstellerzeichen der Firma versehen sein.

Der Gastronom haftet für die Richtigkeit dieser Angaben. Darum ist es sinnvoll, diese mit einem Messglas nachzuprüfen.

Das Bier muss klar sein und den ursprünglichen Kohlensäuregehalt aufweisen.

Das Bier ist so einzuschenken, dass es eine gewölbte, kompakte Schaumkrone erhält.

Beim Ausschenken des Bieres müssen die Gläser einwandfrei sauber sein, weil selbst Spuren von Fett und Spülmittelresten keine stabile Schaumkrone zustande kommen lassen.

Zapfen von Pils an der Schankanlage

Vorzapfen: Dazu den Zapfhahn voll öffnen und das Glas so halten, dass das Pils an der Glaswand entlangfließen kann.

Nach ungefähr einer Minute nachzapfen, ohne den Zapfhahn ins Bier zu tauchen.

Nach kurzer Wartezeit die Schaumkrone aufsetzen.

Einschenken von Hefeweißbier aus der Flasche

Zuerst das Glas mit kaltem Wasser spülen. Die Biertemperatur soll nie über 8 °C liegen.

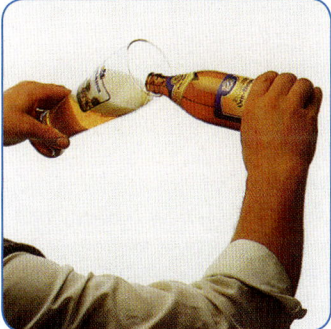

Das Weißbier langsam am Rand entlang in einem Zug ins Glas laufen lassen.

Nach kurzer Wartezeit die Schaumkrone aufsetzen.

Aufgaben

1. Erklären Sie den Unterschied zwischen untergärigen und obergärigen Bieren und nennen Sie die besonderen Eigenschaften der jeweiligen Biere.

2. Obwohl die meisten Bierarten aus Gerste hergestellt werden, gibt es helle und dunkle Biere. Erklären Sie dies in einer für den Gast verständlichen Weise.

3. Nennen Sie drei Biergattungen mit dem zugehörenden Stammwürzegehalt.

4. Ein Gast will weniger Alkohol trinken und bestellt Diätbier. Was werden Sie antworten?

5. Sie sind im Service beschäftigt. Zu welchen Speisen werden Sie ein Bier/ein Pils empfehlen?

6. Weizenbier erreicht einen immer höheren Umsatzanteil. Welche Gründe können die Gäste zu dieser Änderung der Trinkgewohnheit bewegen?

8 Wein

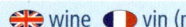
🇬🇧 wine 🇫🇷 vin (m)

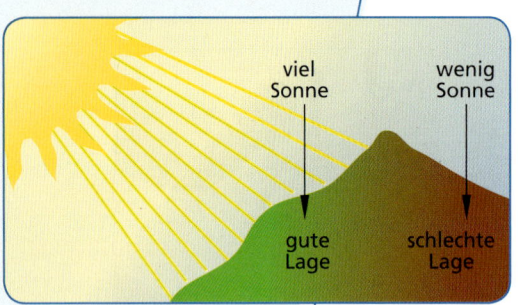

viel
Sonne

wenig
Sonne

gute
Lage

schlechte
Lage

Abb. 1 Sonneneinstrahlung
bestimmt die Lage.

Wein ist ein alkoholisches Getränk, das durch Vergärung des Traubenmostes oder frischer eingemaischter Trauben gewonnen wird.

Die unterschiedlichen Eigenschaften der einzelnen Weine werden hauptsächlich bestimmt von

- der **Rebsorte**, die mit ihren Inhaltsstoffen geschmacklich im Vordergrund steht, sowie dem
- **Anbaugebiet, dem jeweils besonderen Boden und dem örtlich speziellen Klima.**

Rebsorte, man spricht vom Sortencharakter

- Die Rebsorten mit ihren unterschiedlichen Inhaltsstoffen bestimmen den Charakter eines Weines am stärksten.
- In Deutschland werden vorwiegend weiße Rebsorten angebaut wie z. B. Riesling oder Silvaner.
- Für rote Reben wird etwa ein Drittel der Anbaufläche verwendet.
- Typische Anbaugebiete für Rotweine sind Frankreich und Italien.
- Die Abbildungen auf den folgenden Seiten zeigen die Rebsorten und geben Hinweise auf den Geschmack und Hilfen zur Weinempfehlung.

Anbaugebiet, man spricht vom Gebietscharakter

- Art und Beschaffenheit des Bodens bestimmen die Auswahl geeigneter Rebsorten.
- Wegen des unterschiedlichen Bodens schmecken selbst gleiche Rebsorten in jedem Anbaugebiet anders.
- Zum Weinbau werden Hänge bevorzugt, die der Sonne zugewandt sind. Die Sonnenstrahlen treffen hier konzentriert auf und erwärmen den Boden kräftig.
- Der Sonne abgewandte, schattige Hänge können keine Qualitätsweine liefern.

Zur Orientierung zunächst eine Übersicht, die nach geschmacklichen Gesichtspunkten fünf Gruppen unterscheidet.

Gruppe	Beschreibung	z. B. Rebsorte
Milde Weißweine	Verhaltener Duft, milde bis feine Säure	Silvaner, Müller-Thurgau, Gutedel, Ruländer
Rassige Weißweine	Dezenter Duft, spürbare bis kräftige Säure	Riesling, Weißburgunder, Grauburgunder, Chardonnay
Bukettreiche Weißweine	Intensiver, typischer Duft	Gewürztraminer, Scheurebe, Muskateller, Morio-Muskat
Samtig-fruchtige Rotweine	Harmonisch, wenig Gerbstoffe	Spätburgunder, Trollinger, Portugieser, Schwarzriesling
Kräftige Rotweine	Farbintensiv, gerbstoffbetont	Lemberger, Dornfelder

Nach dieser Übersicht eine genauere Typisierung häufiger Rebsorten als **Hilfe für Formulierungen im Verkaufsgespräch.**

8.1 Rebsorten 🇬🇧 grape varieties 🇫🇷 vignes (w)

Weißwein-Rebsorten

1 Riesling

2 Silvaner

3 Müller-Thurgau

4 Scheurebe

Rebsorte und Weinfarbe	Weincharakter	Weinempfehlung
1 Riesling blassgelb, mit zartem Grünstich	an Pfirsichduft erinnernd mit fein-fruchtigem Bukett, pikant, säurebetont und lebendig	passt besonders gut zu Fisch, Schalen- und Krebstieren und vor allem zu Gerichten mit delikater Sahnesauce
2 Silvaner blass, fast wasserhell	neutrales Bukett, feine Säure, vollmundiger, gefälliger Wein	zu gedünstetem Fisch, Spargel, mildem Käse
3 Müller-Thurgau blass bis hellgelb	blumiges Bukett, mildere Säure als Riesling, leichter Muskatgeschmack	zu leichten, geschmacksneutralen oder zart-aromatischen Speisen
4 Scheurebe hellgelb bis goldgelb	rassige Säure, volles kräftiges an schwarze Johannisbeeren erinnerndes Bukett	passt sehr gut zu würzigen Ragouts und Braten

Rotwein-Rebsorten

1 Spätburgunder (Pinot noir)

2 Trollinger

3 Portugieser

4 Merlot

Rebsorte und Weinfarbe	Weincharakter	Weinempfehlung
1 Spätburgunder tiefrot	samtig, vollmundig, feurig, mit einem Hauch von Mandelgeschmack	besonders geeignet zu Wild und Wildgeflügel sowie zu kräftig-aromatischen Braten und gehaltvollen Käsesorten
2 Trollinger leuchtend hell- bis blassrot	duftig, frisch, fruchtig, mit gutem Säuregehalt und herzhaftem Geschmack	zu allen dunklen, dezent gewürzten Fleischsorten, aber auch zu Ente und Gans und milderen Käsesorten, ein guter Trinkwein
3 Portugieser hellrot	leicht, mild, bekömmlich und gefällig im Geschmack	idealer, süffiger Schoppen- und Tischwein
4 Merlot rubinrot	tanninreiche Weine mit besonderem Duft und Aroma, die ihre Vollreife erst nach längerer Lagerung erreichen	zu dunklem Schlachtfleisch von würziger Zubereitung sowie Wild und Wildgeflügel

8.2 Gebietseinteilung für Weine

Deutsche Weinanbaugebiete erstrecken sich vom Bodensee entlang des Rheins und seiner Nebenflüsse bis zum Mittelrhein bei Bonn und im Osten bis Dresden. Die Böden und das Klima innerhalb dieser Räume sind so unterschiedlich, dass zur Charakterisierung eines Weines eine nähere geografische Angabe erforderlich ist.

Die ausländischen Weinregionen sind weniger differenziert, Boden und Klima sind über weitere Gebiete einheitlicher.

Die gesamte deutsche Rebenfläche ist in 13 **bestimmte Anbaugebiete** unterteilt. Jedes umfasst eine zusammenhängende Weinbaulandschaft mit vergleichbaren Voraussetzungen und bringt typische Weine mit ähnlichen Geschmacksnoten hervor. Die **bestimmten Anbaugebiete** bezeichnen Gebiete für **Qualitätsweine** (s. Seite 308).

Die dreizehn bestimmten Anbaugebiete für Qualitätsweine

Landweine tragen Gebietsnamen wie z. B. Ahrtaler. Landweine machen nur wenige Prozent des gesamten Weinangebotes aus und werden in der Gastronomie kaum geführt. Aus diesem Grund entfallen weitere Ausführungen zu den Gebietsnamen.

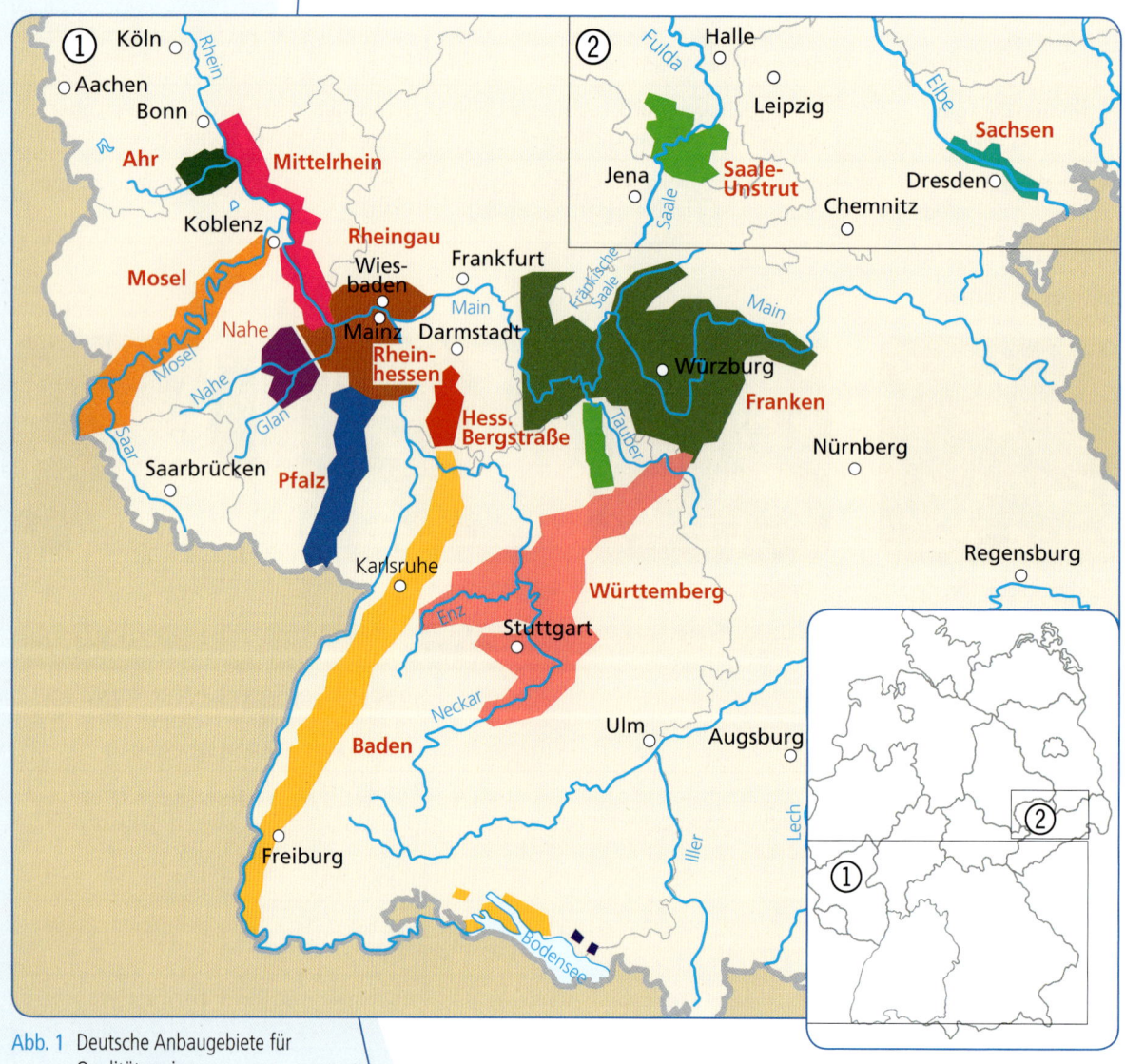

Abb. 1 Deutsche Anbaugebiete für Qualitätsweine

Die Herkunft des Weines kann näher beschrieben werden. Bei Qualitätsweinen b. A. genügt es, das **Anbaugebiet** ① zu nennen, bei Prädikatsweinen muss der **Bereich** angegeben werden. Wird gar die **Gemeinde** ② oder innerhalb dieser die **Lage** ③ genannt, ist das für den Weinkenner ein besonderes Zeichen für Qualität.

Abb. 1 Herkunft des Weines

Abb. 2 Beispiel einer genauen Herkunftsangabe Wein

Die Weinanbaugebiete liefern sehr unterschiedliche Weinmengen. Mittelrhein, Ahr, Hessische Bergstraße, Saale-Unstrut und Sachsen können bei dem gegebenen Maßstab nicht dargestellt werden.

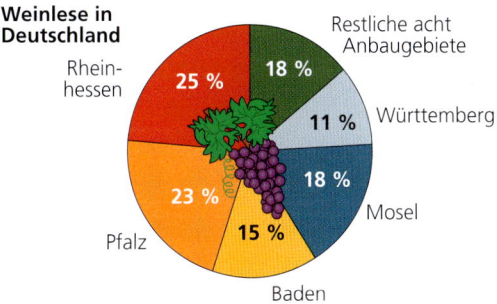

Abb. 3 Die größten Anbaugebiete

Qualitätsweine b. A.	
„bestimmte Anbaugebiete"	„Bereiche"
Ahr	Walporzheim/Ahrtal
Baden	Bodensee Marktgräflerland Kaiserstuhl Tuniberg Breisgau Ortenau Kraichgau Badische Bergstraße Tauberfranken
Franken	Steigerwald Maindreieck Mainviereck
Hessische Bergstraße	Starkenburg Umstadt
Mittelrhein	Loreley Siebengebirge
Mosel	Burg Cochem Bernkastel Obermosel Moseltor Saar Ruwertal
Nahe	Nahetal
Pfalz	Südliche Weinstraße Mittelhardt/Deutsche Weinstraße
Rheingau	Johannisberg
Rheinhessen	Bingen Nierstein Wonnegau
Saale-Unstrut	Schloss Neuenburg Thüringen Mansfelder Seen
Sachsen	Elstertal Meißen
Württemberg	Bayerischer Bodensee Remstal-Stuttgart Württembergisches Unterland Kocher-Jagst-Tauber Oberer Neckar Württembergischer Bodensee

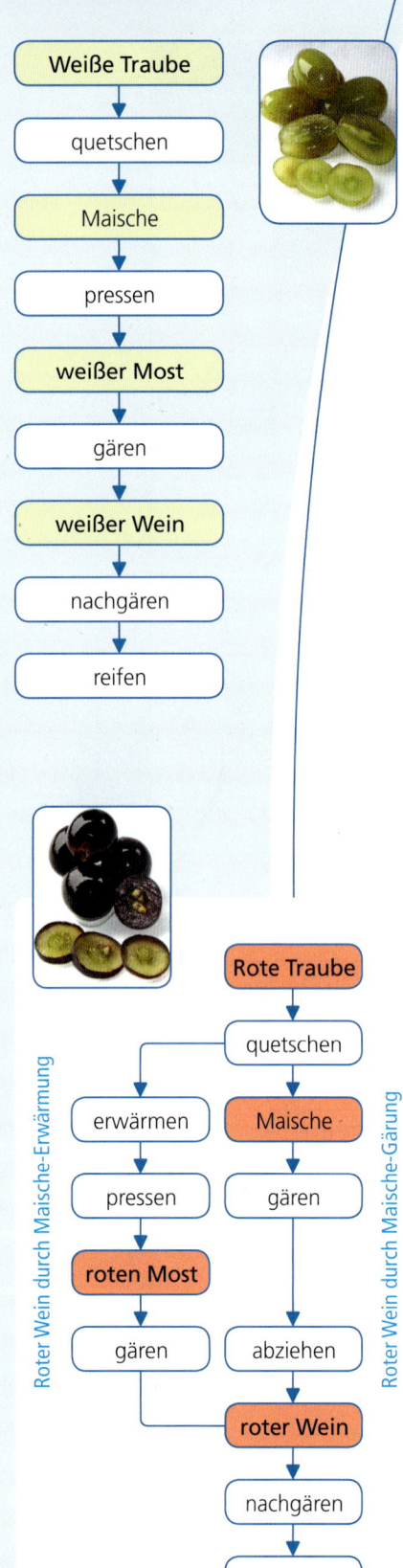

Weiße Traube

↓

quetschen

↓

Maische

↓

pressen

↓

weißer Most

↓

gären

↓

weißer Wein

↓

nachgären

↓

reifen

Roter Wein durch Maische-Erwärmung

Rote Traube

↓

quetschen

↓

erwärmen   **Maische**

↓   ↓

pressen   gären

↓   ↓

roten Most **Roter Wein durch Maische-Gärung**

↓

gären   abziehen

↓   ↓

roter Wein

↓

nachgären

↓

reifen

8.3 Weinbereitung

Weißwein 🇬🇧 white wine 🇫🇷 vin (m) blanc

Die Beeren werden von den Stielen/Kämmen befreit. Dieses Abbeeren oder Entrappen verhindert, dass Gerbstoffe aus den Stielen in den späteren Wein gelangen.

Die Beeren werden gequetscht, dabei öffnen sich die Zellen und geben den Saft frei. Die Mischung aus Fruchtfleisch, Kernen und Schalen nennt man **Maische**.

Aus dieser presst man beim Keltern den **Most** ab. Der Most wird zunächst von Trübstoffen befreit, er wird vorgeklärt. Zurück bleibt der aus den Schalen und den Kernen bestehende Trester.

Bei der Hauptgärung wandelt die Hefe Zuckerstoffe in Alkohol und Kohlensäure um. Anschließend werden Hefe und Trübstoffe entfernt, **Wein** ist entstanden.

Qualitätsweine entwickeln bei der Nachreifung das volle Bukett.

Rotwein 🇬🇧 red wine 🇫🇷 vin (m) rouge

Für Rotweine werden die Beeren nach dem Entrappen gequetscht. Man erhält die **Maische**.

Die im Rotwein erwünschten Farb- und Geschmacksstoffe befinden sich in der Schale der dunklen Beeren (s. Abb. links). Um diese für den späteren Wein zu gewinnen, müssen sie zunächst aus der Schale gelöst werden. Dazu kennt man zwei Verfahren:

- *Maischegärung:* Der bei der Gärung entstehende Alkohol löst die erwünschten Farb- und Geschmacksstoffe. Es entsteht **roter Wein**.

- *Maischeerwärmung:* Durch die Temperaturerhöhung lösen sich die erwünschten Farb-und Geschmacksstoffe. Man erhält zunächst **roten Most**, der zu **rotem Wein** vergoren wird.

Rote Jungweine werden erst durch eine Nachgärung und längere Lagerung harmonisch.

Besondere Verfahren für weitere Weinarten

Rosé schimmert golden bis rötlich und wird aus roten Trauben nach dem Weißweinverfahren gewonnen. Hochwertige Produkte dürfen als **Weißherbst** bezeichnet werden.

Rotling ist ein Wein mit blass- bis hellroter Farbe, der entsteht, wenn weiße und rote Trauben oder deren Maischen zusammen nach dem Rotweinverfahren verarbeitet werden.

Schillerwein ist ein qualitativ hochwertiger Rotling aus Württemberg.

Badisch Rotgold ist ein Qualitäts-Rotling aus dem Anbaugebiet Baden, gewonnen aus den Reben Ruländer und Blauem Spätburgunder.

Schieler ist ein qualitativ hochwertiger Rotling aus dem Anbaugebiet Sachsen.

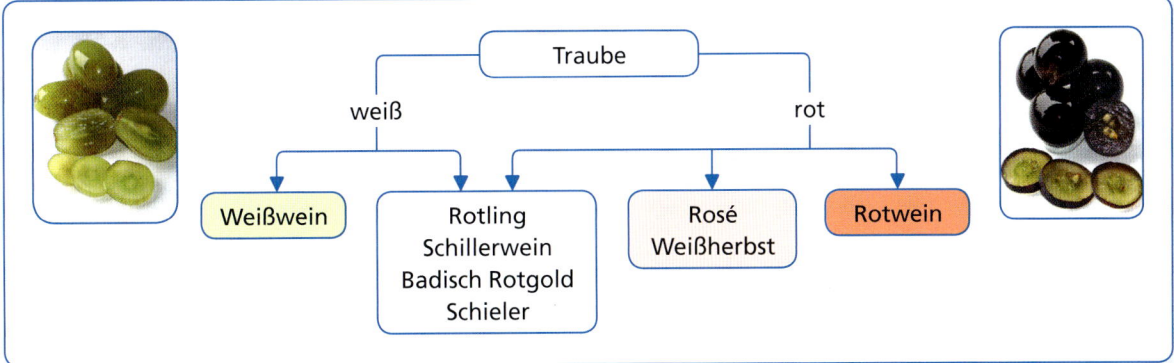

8.4 Güteklassen für Wein

Das Weinrecht wird bestimmt von den Vorgaben der EU. Diese werden in nationales deutsches Recht umgesetzt. Für die Einteilung/Klassifizierung ist die Herkunftsangabe ein wesentliches Merkmal.

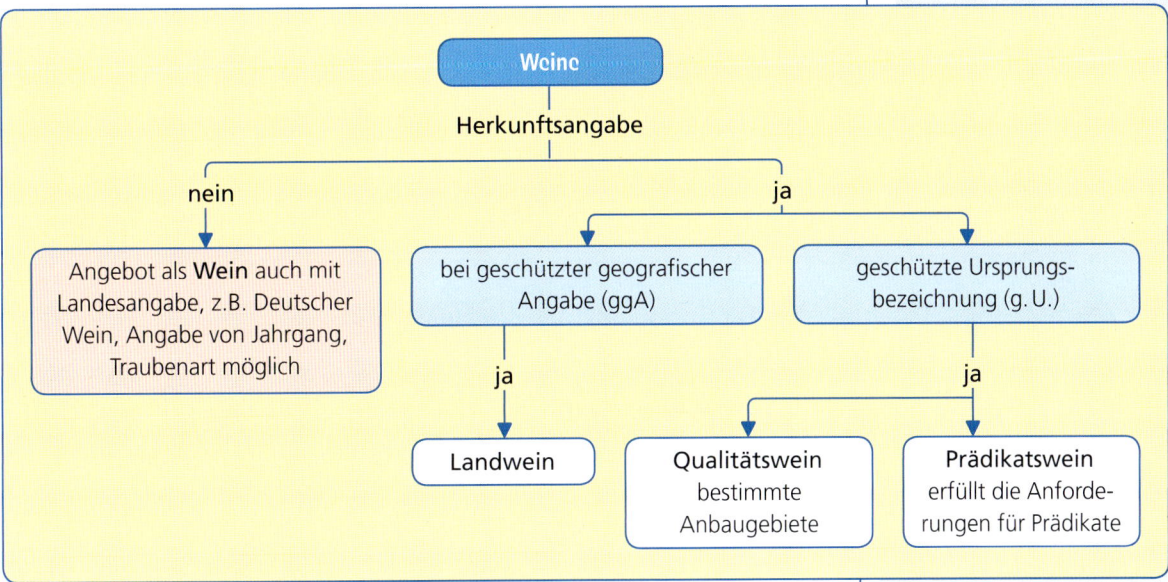

Qualitätsweine und Prädikatsweine bestimmen das Angebot der Gastronomie.

Inländischer Wein darf nur dann als „Qualitätswein" oder als „Prädikatswein" – in Verbindung mit einem Prädikat – gekennzeichnet werden, wenn für ihn auf Antrag eine Prüfungsnummer (A.P.Nr.) zugeteilt worden ist. Darüber entscheiden die jeweils zuständigen Prüfbehörden in den Weinbau betreibenden Ländern.

Diese Prüfung wird „amtliche Qualitätsweinprüfung" genannt. Sie besteht aus zwei Teilen, der analytischen Prüfung im chemischen Labor und der Sinnenprüfung. Alle Weine werden dabei von den Prüfern sensorisch getestet und bewertet.

● Die bisherige Bezeichnung Qualitätswein mit Prädikat ist ersetzt durch die Bezeichnung Prädikatswein.

- **Qualitätsweine bestimmter Anbaugebiete (Q.b.A.)** Weine mittlerer Güte, die einem Prüfverfahren unterzogen worden sind.

  Ein Mindestmostgewicht und die Herkunft der ausgereiften Trauben aus dem Anbaugebiet sind Voraussetzungen für die Zulassung.

- **Prädikatsweine** haben eng begrenzte Herkunftsgebiete und müssen strengen Qualitätsanforderungen genügen. **Die Prädikate sind zusätzliche Qualitätsangaben.** Es gibt sechs verschiedene Prädikate.
  - **Kabinett:** Das vorgeschriebene Mindestmostgewicht muss aus der Rebe stammen. Das bedeutet: Kabinett ist die erste Qualitätsstufe **ohne Zuckerzusatz.** Leichte Weine mit geringem Alkoholgehalt.
  - **Spätlese:** Die Trauben werden nach der allgemeinen Ernte, also zu einem späteren Zeitpunkt in vollreifem Zustand geerntet. Elegante Weine mit feiner Frucht.
  - **Auslese:** Aus den vollreifen Trauben werden die unreifen und kranken Beeren ausgesondert.
  - **Beerenauslese:** Es werden nur überreife und edelfaule Beeren verarbeitet. Volle, fruchtige Weine.
  - **Trockenbeerenauslese:** Es werden nur rosinenartig eingeschrumpfte, edelfaule Beeren verwendet.
  - **Eiswein:** Nur edelfaule Beeren, bei Frost gelesen, werden verwendet. Durch das Ausfrieren von Wasser entsteht ein konzentrierter Most, und dadurch ein sehr gehaltvoller Wein.

> Bei der Auswahl von Weinen sind neben der Qualität die Eignung des Weines für den Anlass und die Kombination mit den Speisen zu beachten.

Eis-wein
Trocken-beerenauslese
Beerenauslese
Auslese
Spätlese
Kabinett
Prädikatswein

Qualitätswein

Landwein

Wein

Das Weinetikett

Das Weinetikett wird auch als die Geburtsurkunde eines Weines bezeichnet. Hier ein Beispiel für eine umfassende Information.

bestimmtes Anbaugebiet — **RHEINHESSEN** — 10 %vol — Alkoholgehalt

Jahrgang — 2012er

engere Herkunftsbezeichnung — **BINGER KIRCHBERG** — 0,75 l — Nennvolumen

Rebsorte/Prädikat — Riesling · Spätlese

Erzeugerabfüllung — Abfüller
Weingut Walter
D-55411 Bingen — Erzeuger

Qualitätsstufe — **Prädikatswein**
Geschmacksangabe — Halbtrocken
Enthält Sulfite — A.P. Nr. 4123 4561013 — Amtliche Prüfnummer

Über die amtlichen Vorgaben hinaus können Auszeichnungen genannt werden, z. B.:

Das **deutsche Weinsiegel** ist ein Gütezeichen für deutsche Weine. Farben signalisieren Geschmacksrichtungen.

Rot für vorwiegend liebliche Weine   Grün für halbtrockene Weine   Gelb für trockene Weine

Für Weine aus gebietstypischen klassischen Rebsorten, die gehaltvoll, fruchtig und harmonisch trocken sind, darf dieser Schriftzug verwendet werden.

C LASSIC

Daneben gibt es **Gütesiegel regionaler Weinbauverbände** und Banderolen für bestimmte Prämierungen, für deren Vergabe strenge zusätzliche Qualitätskriterien erfüllt werden müssen.

8.5 Weinlagerung

Weine werden in kühlen und dunklen Räumen aufbewahrt, damit die Reifung des Weines möglichst ungestört ablaufen kann. **Flaschen mit Korken** sind liegend zu lagern, der Korken trocknet so nicht aus, und der Wein kann nicht durch Luftzutritt und Mikroben verderben.

Flaschen mit Schraubverschluss oder **Kunststoff-Korken** oder **Glasverschluss** können auch stehend gelagert werden.

Günstigste Lagertemperatur
- für Weißwein:
  10 bis 12 °C
- für Rotwein:
  14 bis 15 °C.

Wein-ABC

Für ein so umfangreiches Gebiet wie das des Weines hat sich eine eigene Fachsprache entwickelt. Wichtige Begriffe für die Gästeberatung und Produktbeschreibung sind hier zusammengestellt.

Produktbeschreibung

Abgang
Nachgeschmack am Gaumen, wenn der Wein geschluckt ist.

ansprechend
zum Trinken anregend

Aroma, aromatisch
reich an Duft- und Geschmacksstoffen (Nase und Zunge)

Blume, blumig
reich an Duftstoffen (Nase)

Bukett, bukettreich
reich an Duft- und Geschmacksstoffen. Vergleichbar mit dem Begriff Aroma. In Verbindung mit Wein wird Bukett bevorzugt verwendet.

duftig
feine, angenehme Blume

elegant
fein abgestimmt in Säure, Alkoholgehalt und Bukett

gehaltvoll
reich an Inhaltsstoffen wie Zucker, Glycerin, Gerb- und Farbstoffen

harmonisch
ausgewogenes Verhältnis aller Inhaltsstoffe

herb
Rotweine mit viel Gerbsäure; Achtung: herb ist nicht sauer

kräftig
höherer Alkoholgehalt, angenehme Säure

lieblich
leicht, angenehm, wenig Alkohol, wenig Säure

prickelnd
leicht kohlensäurehaltig

rassig
ausgeglichene erfrischende Säure, z. B. bei Riesling

spritzig
frisch, angenehm prickelnd, z. B. Saarweine

süffig
Bei einfachen Weinen verwendet man den Begriff für Arten, die zum Weitertrinken anregen.

trocken
Vollständig durchgegoren, ohne Restzucker, hoher Alkoholgehalt. Trocken ist nicht mit sauer gleichzusetzen.

wuchtig
viel Körper und Alkohol; bei Rotweinen verwendet

Herstellung

anreichern
Wenn der Zuckergehalt der Weinbeeren, z. B. wegen schlechten Wetters, zu gering ist, darf im Rahmen der gesetzlichen Vorgaben vor der Vergärung dem Most Zucker zugefügt werden. So erhält man Wein mit dem erforderlichen Alkoholgehalt. Prädikatsweine dürfen nicht angereichert werden.

Barriques
Eichenholzfässer mit einem Fassungsvermögen von 225 Litern.

keltern
Abpressen des Rebensaftes, es verbleibt der Trester.

Mostgewicht
Dichte des Mostes. Das Mostgewicht kann mit der Öchslewaage oder einem Refraktometer festgestellt werden.

Öchslegrade
Dichte (spezifisches Gewicht des Mostes); sie gibt Auskunft über den Zuckergehalt und damit indirekt über den zu erwartenden Alkoholgehalt.

Restsüße
Zuckergehalt des fertigen Weines, also nach der abgeschlossenen Gärung. Wird meist durch Zusatz von Traubenmost (Süßreserve) erreicht.

schönen
Trübstoffe werden gebunden und sinken zu Boden. Sie würden im Wein Trübungen hervorrufen.

schwefeln
Die Zugabe von Schwefel stoppt die Tätigkeit unerwünschter Bakterien und die Oxidation, die z. B. zum Braunwerden des Mostes führt.

Süßreserve
ist dem vergorenen Wein zugesetzter Traubenmost. Die enthaltenen Zuckerstoffe bleiben im Wein, werden nicht vergoren.

verschneiden
Dies bedeutet Vermischen von Most oder Wein, um bestimmte Eigenschaften wie Farbe, Geschmack oder Säuregehalt auszugleichen. Es dürfen nur Weine mit vergleichbarer Qualität zusammengeführt werden.

Abb. 1 Weinfeld

8.6 Weine europäischer Länder

In Deutschland und Österreich wird die Qualität des Weines vorwiegend über das Mostgewicht bestimmt: Hoher Gehalt an Zuckerstoffen gibt einen gehaltvollen Wein. In den südlichen Ländern (Frankreich, Spanien, Italien) ist dagegen die Lage, das Anbaugebiet für die Beurteilung der Qualität entscheidend.

Die Tabelle auf der folgenden Seite stellt die Begriffe in den einzelnen Sprachen gegenüber und nennt ungefähre Mengenanteile der einzelnen Qualitätsstufen. Vergleichen Sie die Prozentwerte bei Wein.

Weinkategorien nach EU-Weinbezeichnungsrecht (Stand: 03/2014)

EU-Herkunftsland: / Erklärung:	Deutschland	Frankreich	Italien	Spanien
Bei indländischem Wein **ohne** geschützte Herkunftsbezeichnung	Wein, Deutscher Wein, Wein aus Deutschland	Vin, Vin de France (≥ früher: Vin de Table)	Vino, Vino d'Italia (≥ früher: Vino da Tavola)	Vino, Vino de España
Wein **mit** geschützter geografischer Angabe (g.g.A.)	Landwein, Deutscher Landwein	IGP (Indication Geographique Protegée) (≥ früher: Vin de Pays und V.d.Q.S.)	IGP (Indicazione Geografica Protetta) (≥ früher: I.G.T.)	IGP (Indicatión Geografica Protegida) (≥ früher: V.d.I.T.)
Wein **mit** geschützter Ursprungsbezeichnung (g.U.)	Qualitätswein, Deutscher Qualitätswein **Prädikatswein**, Deutscher Prädikatswein (in Verbindung mit einem Prädikat, z.B. Kabinett)	AOP (Appellatin d'Origine Protégée) (≥ früher: A.C. und A.O.C.)	DOP (Denominazione di Origine Protetta) (≥ früher: D.O.C. und D.O.C.G.)	DOP (Denornicaión de Origen Protegida) (≥ früher: D.O. und D.O.Ca.)

Österreichische Weine

In Österreich werden vorwiegend Weißweine erzeugt, der Anteil an Rotwein ist gering. Einige Besonderheiten seien herausgestellt.

Die am stärksten vertretene Rebsorte ist der **Grüne Veltliner,** der etwa ein Viertel der gesamten Weißweinproduktion erbringt. Ein guter Grüner Veltliner schmeckt frisch und fruchtig, hat eine angenehme Säure und eine grün-goldene Farbe.

Gumpoldskirchner aus der Thermenregion ist ein extraktreicher, vollmundiger Weißwein mit feinem Bukett aus den Rebsorten Zierfandler und Rotgipfler.

Heuriger ist ein Jungwein aus dem laufenden Weinjahr. Er wird vornehmlich in den sogenannten Buschenschenken gereicht.

Französische Weine

Zwar gibt es französische Weine in allen Geschmacksrichtungen von sehr trocken bis sehr süß. Da man aber in Frankreich Wein vor allem zum Essen trinkt, sind die meisten französischen Weine eher trocken. Wie sollte denn ein süßer Wein zu Fisch oder Rind passen?

Abb. 1 Österreichische Weinbaugebiete

Abb. 2 Weinanbaugebiete Frankreichs

Weinbaugebiete und bekannte Weine: Frankreich

Elsass	• *Gewürztraminer* ist ein kräftiger vollrunder Wein mit charakteristischem Bukett. • *Muscat d'Alsace* ist ein herber, fruchtiger Wein mit dem typischen Aroma der Muskattraube. • *Edelzwicker* ist eine Besonderheit aus einer Mischung Elsässer Rebsorten.
Burgund	• *Chablis* ist ein trockener, rassiger Weißwein. • *Côte de Beaune* ist ein kräftiger eleganter Rotwein. • *Meursault* gehört zu den trockenen rassigen Weißweinen. • *Beaujolais* ist vor allem als *nouveau* (neuer) bekannt, ein spritziger, leichter Rotwein.
Rhône-Tal	• *Châteauneuf-du-Pape* und *Côtes du Rhône* sind kräftige und körperreiche Rotweine.
Languedoc-Roussillon	• Es werden vor allem *Vins de Pays*, fruchtige, rote Landweine angebaut.
Bordeaux	• *Entre-deux-Mers* ist ein lebhafter, frischer Weißwein. • *Sauternes* ist ein vollrunder, lieblicher Weißwein von Trauben, die von der Edelfäule befallen sind. • *Pomerol* und *Saint-Emilion* sind körperreiche, weiche Rotweine von dunkler Farbe.
Loire-Tal	• *Muscadet* ist ein trockener, frischer Weißwein. • *Rosé d'Anjou* ist ein lieblicher fruchtiger Wein.
Champagne	• Die Weinproduktion wird nahezu ausschließlich für die Schaumweinherstellung verwendet.

Französische Fachbegriffe (Eine Hilfe bei der Beratung)

Barrique	Kleines Eichenfass mit etwa 225 Litern, in dem Wein ausgebaut wird. Die Eiche gibt an den Wein Aromastoffe ab. Als Barrique wird auch der in Barrique-Fässern ausgebaute Wein bezeichnet.
Blanc de Blancs	Bezeichnung für einen Weißwein aus weißen Trauben. (Es gibt auch weißen Wein von roten Trauben.)
Château	Bezeichnung eines Winzereibetriebes, der auf eigenem Besitz Qualitätsweine ausbaut. Man könnte auch sagen: „Qualität aus einer Hand."
Cru	Anbaugebiet für Spitzenweine
Domaine	Bezeichnung eines Winzereibetriebes, nur bei Qualitätswein und Landwein zulässig.
Mis en bouteille	Alle Weine, die in Frankreich ausgebaut und abgefüllt werden, tragen auf dem Korken oder auf dem Etikett diesen Hinweis.
Primeur	Junge, frische Rotweine können diesen Zusatz nach einer schnellen Gärung bis zum 31. Januar des Folgejahres tragen.
Terroir	von terra (Erde) umfasst die besonderen Merkmale eines Gebietes wie Bodenzusammensetzung, Klima usw.
Vin de Pays	Gehobener französischer Landwein. (Die Qualitätseinteilung französischer Weine auf Seite 311 beachten.)

Italienische Weine

Auch in Italien sind etwa 50 % der Ernte Landwein.

Weinbaugebiete und bekannte Weine: Italien	
Südtirol	Bekannt für Rotweine aus den namengebenden Trauben Blauburgunder (Pinot noir), Lagrein, Weißburgunder und Gewürztraminer. *Kalterer See* und *St. Magdalener* sind bekannte Weine.
Friaul	Die Weine sind nach den Rebsorten benannt. *Pinot Grigio* (bei uns Ruländer), ein frischer Weißwein, den man jung trinkt. *Pinot Bianco* (Weißburgunder) *Merlot* und *Cabernet* sind charaktervolle Rotweine.
Piemont	*Barbera*, ein rubinroter Rotwein mit intensiver Blume und würzigem Geschmack. *Barolo*, ein Rotwein aus der Nebbiolo-Traube mit markantem Duft und kräftigem Geschmack. *Barbaresco*, ein leuchtend roter Wein, vollmundig und kräftig.
Umbrien	*Orvieto*, ein goldener Weißwein, geschmeidig und gehaltvoll.
Latium	*Frascati*, ein Weißwein mit kräftig gelber Farbe und ausgeprägtem, aber weichem Geschmack.
Toskana	*Chianti*, ein Rotwein aus überwiegend roten, aber auch weißen Trauben.

Abb. 1 Weinanbaugebiete Italiens

Italienische Fachbegriffe (Eine Hilfe bei der Beratung)

secco	trocken		Vino rosato	Roséwein
abboccato	halbtrocken		Vino rosso	Rotwein
amabile	leicht süß		Vino frizzante	Perlwein
dolce	süß		Vino spumante	Schaumwein
Vino bianco	Weißwein			

Spanische Weine

Spanien hat zwar die größte Weinanbaufläche der Erde, Trockenheit und Dürre beschränken die Erträge jedoch sehr stark, sodass Spanien bei der Produktion hinter Frankreich und Italien an dritter Stelle steht.

Die mineralreichen Böden und das trockene Klima bedingen in Verbindung mit gehaltvollen Gewächsen bukettreiche Weine. Landestypische Reben führen zu neuen geschmacklichen Noten.

Abb. 2 Weinanbaugebiete Spaniens

Spanische Fachbegriffe (Eine Hilfe bei der Beratung)

Vino blanco	Weißwein
Vino tinto	Rotwein
Rosado	Roséwein
Clarete	leichter heller Rotwein aus roten und weißen Reben
Crianza	Zwei Jahre Gesamtlagerdauer
Reserva	Drei Jahre Gesamtlagerdauer

Hauptanbaugebiete

Rioja liegt in Nordspanien am Fluss Ebro und ist das bedeutendste spanische Rotweingebiet. Weine der Rebsorte Tempranillo überwiegen.

Navarra liegt zwischen dem Ebro und den Pyrenäen. In den Tallagen gedeihen sowohl Rot- wie auch Weißweine.

Valencia wird klimatisch vom Mittelmeer beeinflusst. Diese Region liefert alkoholreiche Rotweine.

Der Sherry aus dem Gebiet um Jerez im Südwesten Spaniens wird in mehreren Arten ausgebaut und reicht vom trockenen Fino bis zum süßen Cream.

8.7 Beurteilen von Wein

Die Eigenschaften eines Weines werden bei der **Weinprobe** oder **Degustation** erfasst und mit Fachbegriffen beschrieben.

Unsere Sinnesorgane sind dabei die Sensoren. Ein angemessener Fachwortschatz befähigt das Servierpersonal, den Gast entsprechend zu beraten.

Farbe und Klarheit prüfen	Blume riechen	Geschmack prüfen

| Das Glas wird gegen das Licht gehalten. | Man gibt dem Wein im Glas eine leicht kreisende Bewegung. Dadurch lösen sich die Duft- und Aromastoffe. Sie geben dem Wein die Blume. | Erst jetzt nimmt man einen kleinen Schluck. Zunge und Gaumen prüfen die Fülle der Geschmacksstoffe. Man „beißt" den Wein. |

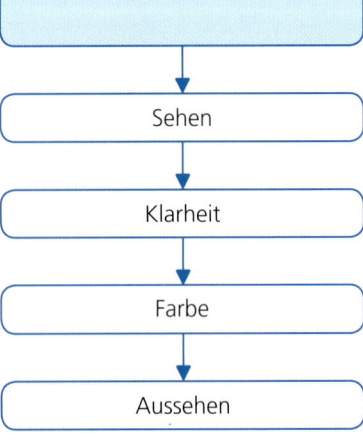 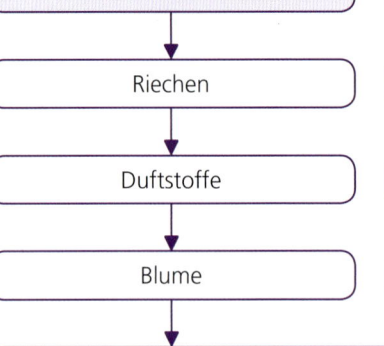 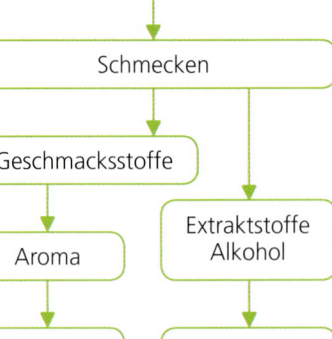

Sehen	Riechen	Schmecken
Klarheit	Duftstoffe	Geschmacksstoffe
Farbe	Blume	Aroma / Extraktstoffe Alkohol
Aussehen	Bukett	Körper

Beurteilungs-merkmale	Bezeichnungen	Beschreibungen positiv	negativ
Geruch	Blume	• zart, dezent, feinduftig • duftig, blumig, voll • ausdrucksvoll, ausgeprägt • kräftig duftend	• ausdruckslos, flach • aufdringlich, parfümiert • fremdartig, unsauber
Geschmack	Aroma	• neutral, zart • feinwürzig, herzhaft, erdig • würzig, aromatisch	• korkig
• Zucker		• herb, trocken • dezent, feinherb, halbtrocken • lieblich, süffig, süß	• pappsüß • aufdringlich • unharmonisch
• Säure		• mild, zart, verhalten • frisch, feinrassig • herzhaft, rassig, pikant	• matt, flach • unreif, spitz • hart, grasig
• Frucht		• neutral, zart • feinfruchtig, fruchtig	• fremd • unschön
	Bukett	• mild, zart, fein • rund, harmonisch, vol	• dünn, flach • leer, plump
Extrakt Alkohol	Körper	• leicht • mundig, vollmundig, saftig • schwer, wuchtig, stoffig • feurig (Alkohol)	• dünn, leer • plump • brandig • spritzig (Alkohol)
Alter		• jung, frisch, spritzig • reif, entwickelt, vollreif • edelfirn, firn	• unreif • matt, leer • abgebaut

8.8 Likörweine (Süd- und Dessertweine)

Was das Gesetz als *Likörwein* bezeichnet, wird in der Alltagssprache oft als *Südwein* (Herkunft) oder *Dessertwein* (zum Abschluss eines Menüs) bezeichnet.

Je nach Art werden diese Weine in der Gastronomie unterschiedlich eingesetzt
• Trockene Arten als geschmacksanregender Aperitif vor dem Essen
• süßliche Arten als verdauungsfördernder Digestif nach dem Essen.

Trockene Likörweine

Dem Wein wird nach kurzer Gärung Weingeist zugesetzt. Der nun hohe Alkoholgehalt (bis 22 % vol.) unterbricht die natürliche Gärung. Man erhält alkoholreiche trockene Weine.

Beispiel
• Sherry aus Spanien
• Portwein aus Portugal
• Madeira von der Insel Madeira

Süße (konzentrierte) Likörweine

Dem Most oder Ausgangswein werden Trocken-beeren (Rosinen) oder eingedickter Traubensaft beigegeben. Das ergibt süße Weine mit üblichem Alkoholgehalt.

Beispiel
• Tokajer aus Ungarn
• Samos aus Griechenland
• Malaga aus Spanien

8.9 Servieren von Wein aus Flaschen

🇬🇧 wine service 🇫🇷 service (m) de vin

Zum gepflegten Weinservice benötigt man je nach Weinart unterschiedliche Utensilien.

① Drahtgestell für Flaschen

② Tropfring

③ Dekantiertrichter

④ Korkenzieher

⑤ Kapselschneider

⑥ Kellnermesser

⑦ Probierschale für Wein

⑧ Dekantierkaraffe

⑨ Weinthermometer

⑩ Dekantierkorb

Abb. 1 Mise en place
für Weißweinservice

Mise en place

Die Weingläser werden den Gästen von rechts eingesetzt. Das Mise en place wird auf einem Guéridon bereitgestellt.

Auf einem Guéridon werden bereitgestellt:
- das Kellnermesser mit Korkenzieher
- ein Probier- oder Reserveglas
- zwei Papierservietten und eine Handserviette
- zwei kleine Teller zum Ablegen des Korkens und der Kapsel
- ein Weinkühler oder Temperaturgarant.

Temperieren von Wein

Bei **Weißwein** kommt es gelegentlich vor, dass ein rasches Abkühlen bzw. **Frappieren** erforderlich wird. Frappiert wird in einem Weinkühler.

Die Flasche ist dabei von Wasser mit Eiswürfeln umgeben, die mit Salz überstreut werden. Das Salz beschleunigt das Schmelzen des Eises, wobei Kälte freigesetzt wird.

Rotwein serviert man im Allgemeinen über 14 °C, weil das typische Rotweinbukett erst ab dieser Temperatur voll zur Entfaltung kommt. Deshalb wird Rotwein vor dem Service rechtzeitig vom Keller in einen temperierten Raum oder einen Weinklimaschrank gebracht.

Manchmal muss Rotwein **chambriert** (erwärmt) werden. Hierbei wird die Flasche mit warmen Tüchern umlegt.

Die Temperatur kann auch reguliert werden, indem man den Wein in eine vorgewärmte Karaffe umgießt.

Da rasche Temperaturregulierungen dem Bukett der Weine schaden, sollten sie möglichst durch rechtzeitiges Temperieren vermieden werden.

Rotwein darf zum Erwärmen nie in ein Teller-Rechaud gelegt werden.

Die Weinpflege liegt in der Verantwortung der Büfettfachkraft oder des Sommeliers.

Weißweinservice 🇬🇧 white wine service 🇫🇷 service (m) de vin blanc

Nachdem ein Gast nach fachlicher Beratung die Weinorder gegeben hat, erfolgt die Vorbereitung für den Weinservice. Das Präsentieren und Öffnen der Flasche des Weines erfolgt am Tisch.

Öffnen von Weißwein-Flaschen

Arbeitsablauf	Abbildung	Begründung
Bei Weißweinflaschen die Kapsel oberhalb des Flaschenhalswulstes, bei Rotweinflaschen unterhalb des Wulstes rundherum durchschneiden und den abgetrennten Teil abnehmen.	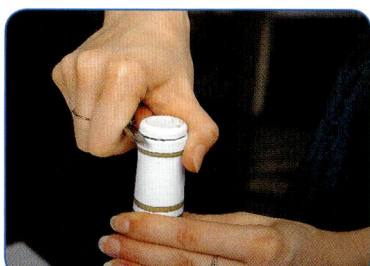	Der Flaschenhals muss sauber sein. Rotwein soll nicht mit der Stanniolkapsel in Kontakt kommen – negative Geschmacksveränderung.
Den Flaschenmund und die Oberfläche des Korkens mit der ersten Papierserviette reinigen.	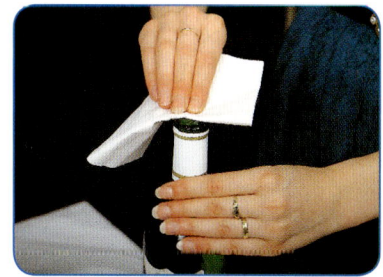	Unter der Kapsel bilden sich beim Lagern manchmal staubige Ablagerungen, Schimmel oder sirupartige Weinrückstände bei nicht ganz dichten Korken.
Den Korkenzieher in die Mitte des Korkens eindrehen, den Hebel auf den Flaschenhalsrand aufsetzen und den Korken gerade nach oben herausziehen. Die letzten Millimeter durch leichtes Hin- und Herbewegen des Korkens überwinden.	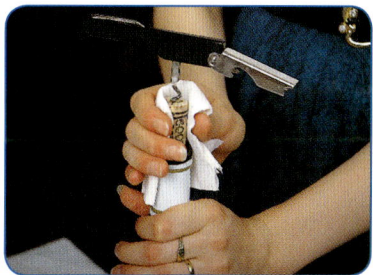	Der Korkenzieher sollte den Korken nach keiner Seite hin durchbrechen, weil sich dabei Korkkrümel ablösen, die beim Eingießen des Weines ins Glas gelangen.
Den Korken auf einwandfreien Geruch hin prüfen. Mit einer zweiten Papierserviette den Korken fassen und vom Korkenzieher abdrehen. Auf den kleinen Teller legen und neben dem Weinglas des Bestellers einsetzen.		Schlechter Korken könnte den Wein verdorben haben. Für den Gast kann neben der Geruchsprobe auch das auf dem Korken angebrachte Brandzeichen (Name, Nummer des Abfüllers oder die Weinjahrgangszahl) interessant sein.
Den Flaschenmund mit der Papierserviette reinigen.		Auch Korkstückchen können im Bereich des Flaschenmundes mit der Serviette entfernt werden.

Abb. 1 Präsentieren der Weinflasche von rechts

Abb. 2 Wein probieren lassen

Abb. 3 Bedienen der Dame

Präsentieren

Vor dem Öffnen der Weinflasche wird diese, auf einer Handserviette liegend, dem Besteller von rechts präsentiert. Das Etikett und die Halsmanschette sollen für den Gast gut lesbar sein, damit er sich von der Richtigkeit seiner Bestellung überzeugen kann.

Öffnen der Weinflasche

Das Öffnen der Flasche am Guéridon muss unter Beachtung der Regeln sorgfältig ausgeführt werden. (siehe Beschreibung S. 317)

Probieren des Weines

Damit sich der Besteller von der einwandfreien Beschaffenheit des Weines überzeugen kann, wird ihm ein Probeschluck eingegossen.

Eventuelle Beanstandungen könnten sein:
- Der Wein ist trüb oder schmeckt nach Kork.
- Er hat einen artfremden Geruch oder Geschmack.
- Die Temperatur entspricht nicht den Wünschen der Gäste.

Das Mitprobieren der Servicefachkraft ist nur dann üblich, wenn diese ein fachkundiger Sommelier ist.

Eingießen des Weines

Nach der Zustimmung des Bestellers werden in kleinem Gästekreis die Damen zuerst, dann die Herren und zuletzt der Besteller bedient.

Bei einer größeren Personenzahl, z. B. anlässlich eines Banketts, wird, um das aufwendige und oftmals störende Hin und Her zu vermeiden, der Reihe nach den Gästen der Wein eingeschenkt.

Arbeitsablauf	Erläuterungen zu den einzelnen Arbeitsschritten
Die Flasche an der etikettfreien Seite mit der rechten Hand fest umfassen und, den Handrücken nach oben gerichtet, langsam über der Glasöffnung absenken.	Beim Eingießen des Weines ist darauf zu achten, dass das Etikett einigermaßen sichtbar für die Gäste bleibt, die gerade bedient werden. Wichtig ist, dass die Flasche sicher in der Hand liegt und der Glasrand nicht berührt wird.
Den Wein langsam fließend in das Glas eingießen.	Das Bukett des Weines wird nicht beeinträchtigt.
Die Gläser 1/3 bis 1/2 auffüllen, abhängig von der Gläsergröße.	Der jeweils freie Raum im Glas ist erforderlich, damit sich Blume und Bukett voll entfalten können.
Die Flasche rechtzeitig und langsam wieder in die waagrechte Lage bringen und beim endgültigen Aufrichten etwas nach rechts abdrehen.	Der in der Flasche verbliebene Wein darf nicht unnötig aufgerüttelt werden. Die letzten Tropfen am Flaschenmund verteilen sich beim Drehen auf dem Flaschenrand und fallen somit beim Anheben nicht auf den Tisch.
Die Weinflasche in den Kühler oder Weingaranten zurückstellen.	Damit bleibt eine konstante Serviertemperatur des Weines erhalten.
Den Teller mit dem Korken ausheben.	Der Kork wird nicht mehr benötigt.
Den Guéridon in Ordnung bringen.	Überflüssige Utensilien entfernen.
Rechtzeitig Wein nachschenken.	Gläser im Auge behalten, damit sich die Gäste nicht selbst nachschenken müssen.

Richtlinen zum Eingießen des Weißweines

Die Verwendung einer Handserviette beim Eingießen ist nur dann angebracht, wenn der Wein im Weinkühler serviert wird oder frappiert werden musste und die Flasche aus diesem Grunde nass ist. Sie wird in diesem Falle von Boden zum Hals hin um die Flasche gelegt. Beim Servieren aus einer Bocksbeutelflasche liegt diese, mit dem Etikett nach oben gerichtet, flach auf der Hand.

Abb. 1 Korrekt eingeschenkter Rotwein

Rotweinservice   red wine service   service (m) de vin rouge

Der Service von Rotwein verläuft wie der Weißweinservice. Einige unterschiedliche Merkmale sind dabei jedoch zu beachten.

Eingießen von Rotwein

- Beim Eingießen von Rotwein kann das Glas ausgehoben werden. Es wird dann leicht schräg geneigt und die Flasche langsam abgesenkt, damit der Wein ruhig ins Glas fließen kann.
- Bei alten, kräftigen Rotweinen bilden sich Ablagerungen als Bodensatz, die durch Umwandlung einiger Weinbestandteile entstehen. Solche Ablagerungen werden als **Depot** bezeichnet und zeugen von einer hohen Weinqualität. Das Depot muss vor dem Eingießen durch **Dekantieren** vom Wein getrennt werden.

Abb. 2 Eingießen von Rotwein

Dekantieren von Rotwein

Unter **Dekantieren** versteht man das vorsichtige Umgießen des Weines von der Flasche in eine Karaffe. Sinn dieses Vorganges ist, das Depot in der Flasche zurück zu lassen.
Damit das Depot nicht aufgerüttelt wird und den Wein trübt, werden die Flaschen **bereits im Weinkeller** so gelegt, dass die Etiketten nach oben gerichtet sind. Dadurch erübrigt sich das Umdrehen der Flasche beim Servieren.

Zum Dekantieren von Rotwein werden auf einem Guéridon bereitgestellt:
- ein Kerzenständer mit Kerze und Streichhölzern,
- ein Korkenzieher und ein Kapselschneider,
- zwei Papierservietten und eine Handserviette,
- zwei kleine Teller für Kapsel und Korken,
- die Rotweinflasche, fachgerecht im Korb liegend,
- eine Dekantierkaraffe,
- ein Probier- oder Reserveglas.

Abb. 3 Mise en place

Zum Transportieren, Präsentieren und Öffnen liegt die Flasche leicht schräg in einem speziellen Korb oder Flaschengestell. Das Öffnen der liegenden Flasche erfolgt wie beim Weißwein. Um ein Aufrütteln des Depots zu vermeiden, muss das Herausziehen des Korkens behutsam erfolgen. Vor der Lichtquelle eines Kerzenscheins wird der Rotwein in eine schräg gehaltene Karaffe umgegossen (s. Abb. 3). Sobald der Bodensatz im Flaschenhals sichtbar wird, beendet man den Dekantiervorgang.

Es können aber auch Rotweine, die kein Depot aufweisen, dekantiert werden. Auf diese Weise reichert sich der Wein durch das Umgießen in eine Karaffe mit **Sauerstoff** an, entfaltet dadurch verstärkt Aromastoffe und entwickelt sein **volles Bukett**.

Abb. 4 Dekantieren eines Rotweins

9 Schaumwein

🇬🇧 sparkling wine 🇫🇷 vin (m) mousseux

Schaumwein entsteht, wenn Wein nach der Hauptgärung nochmals in abgeschlossenen Behältnissen zum Gären gebracht wird. Das bei dieser zweiten Gärung entstehende CO_2 kann nicht entweichen, verbindet sich mit dem Wein und verleiht ihm den schäumenden Charakter. Aus Wein ist prickelnder Schaumwein geworden.

9.1 Herstellung

Beim Schaumwein wird vom Gast je nach Sorte eine über Jahre gleiche Qualität und Geschmacksrichtung erwartet. Darum vermischt man verschiedene *Grundweine*. Diesen Verschnitt nennt man *Cuvée*.

Damit die notwendige zweite Gärung beginnt, kommt die *Fülldosage* hinzu. Das ist eine Mischung von in Wein aufgelöstem Kristallzucker und Reinhefe.

Bei der Gärung unterscheidet man drei Verfahren.

- **Flaschengärung** (Abb. 1)
  Die gefüllten Flaschen werden verschlossen und mit dem Hals nach unten in Rüttelpulte gestellt. So setzt sich der Hefetrub am Korken ab und kann nach der Lagerung leicht entfernt werden. Der dabei auftretende Verlust wird durch die **Versanddosage** ersetzt. Diese klassische Flaschengärung ist das aufwendigste und damit teuerste Verfahren.

- **Transvasierverfahren** (Abb. 2)
  ist eine vereinfachte Flaschengärung. Das Cuvée wird wie beim klassischen Verfahren auf Flaschen gefüllt. Nach abgeschlossener Zweitgärung entleert man die Flaschen in Tanks, filtert den Schaumwein und gibt die Versanddosage bei. Danach füllt man erneut auf Flaschen und überlässt den Schaumwein einer Reifung. Die zeitaufwendigen Arbeitsvorgänge wie Rütteln und Enthefen von Hand werden bei diesem Verfahren eingespart.

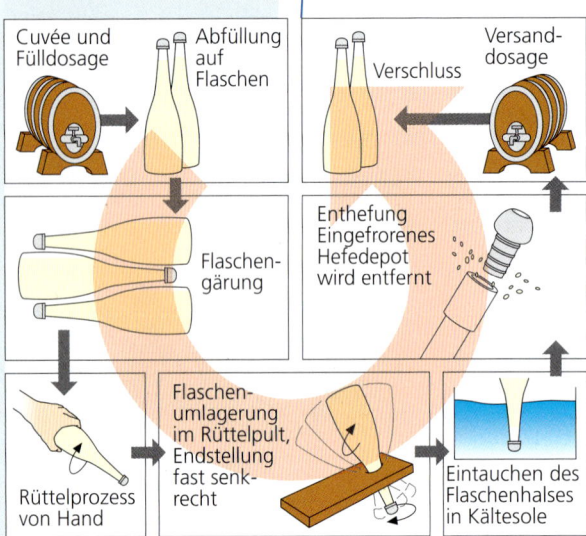

Abb. 1 Traditionelle Flaschengärung

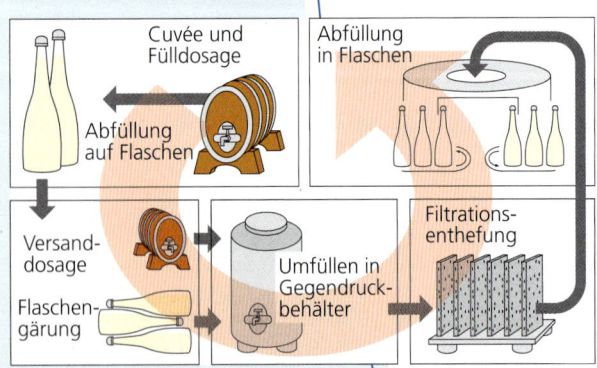

Abb. 2 Transvasierverfahren

Abb. 3 Flaschengärung: Rütteln der Flaschen von Hand oder durch automatische Rüttelanlage

© Stockfood/A. Faber

Geschmacksrichtungen

Unabhängig von Gärverfahren bestimmen auch
- **Qualität** die Mischung von Grundweinen, genannt das Cuvée,
- **Geschmacksrichtung,** die Dosage, welche den gewünschten Süßegrad verleiht.

Bezeichnung des Geschmacks		Restzuckergehalt/l
deutsch	französisch	
extra herb	extra brut	0 bis 6 g/l
herb	brut	unter 12 g/l
extra trocken	extra sec	12 bis 17 g/l
trocken	sec	17 bis 32 g/l
halbtrocken	demi-sec	32 bis 50 g/l
mild	doux	über 50 g/l

Abb. 1 Bekannte Marken

Gesetzliche Bestimmungen

Bei Schaumwein ist der Hersteller oder die Vertriebsfirma anzugeben. Bei ausländischen Erzeugnissen ist das Herstellungsland zu nennen.
Mit **Schaumwein** muss in Deutschland hergestellter Schaumwein bezeichnet werden. (Der gebräuchliche Name Sekt darf für die einfachste Qualitätsstufe nicht verwendet werden.)

Qualitätsschaumwein oder **Sekt** ist von gehobener Güte. Es werden Mindestanforderungen hinsichtlich Alkoholgehalt, Druck (CO_2) und Lagerdauer gestellt.
Mögliche Zusatzbezeichnungen:
- Qualitätsschaumwein Sekt b. A.: gleiche Bestimmungen wie bei Wein
- mit Jahrgangsangabe
- mit Angabe der Traubenart.

Champagner ist Schaumwein aus einem genau festgelegten Gebiet der Champagne (Frankreich, siehe Abb. Seite 311).

Vin mousseux und **Vin cremant** sind französische Schaumweine mit Ausnahme der besonders herausgehobenen Champagne.

Prosecco bezeichnet eine weiße Rebsorte aus Italien. Daraus werden gewonnen:
- **Prosecco spumante** mit hohem Kohlesäuredruck, ein Schaumwein bzw. Sekt; (**Prosecco frizzante** ist kein Schaumwein, sondern ein **Perlwein** mit geringerem Kohlensäuregehalt).
- **Spumante** ist ein süßlicher, gelber Schaumwein aus Italien. Bekannt ist er aus der Provinz Asti.
- **Cava** ist ein spanischer Schaumwein, der in traditioneller Flaschengärung hergestellt wird; kommt vorwiegend aus Katalonien.
- **Krimskoje** ist ein ukrainischer Schaumwein; er kommt rot oder weiß von der Halbinsel Krim und wird in Flaschengärung hergestellt.

Flaschengrößen
Sekt wird in speziellen Flaschen und besonderen Größen angeboten. Diese Flaschen haben wegen der Druckbelastung extra starke Wände.
- Piccolo 0,2 l etwa 2 Gläser
- 1/2-Flasche 0,375 l etwa 4 Gläser
- 1/1-Flasche 0,75 l etwa 8 Gläser
- 2/1-Flasche 1,5 l etwa 16 Gläser – diese Flasche wird auch Magnumflasche genannt und wird vor allem dann eingesetzt, wenn es repräsentativ sein soll.

Abb. 2 Champagner-Flaschengrößen

Auf gemischte Getränke werden die herzhafte Frische und das angenehme Schäumen übertragen, z. B.:

- Sekt mit Orangensaft
- Sekt mit Cassis (Kir)
- Sekt mit Zitronensaft, Angostura und Läuterzucker (Sektcocktail)

Abb. 1 Flasche von rechts präsentieren

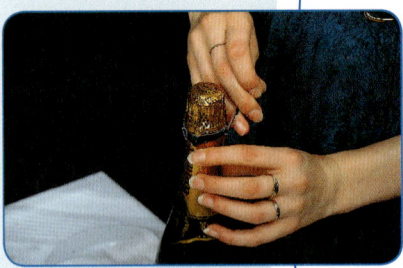

Abb. 2 Stanniolkapsel entfernen

Abb. 3 Draht aufdrehen, Agraffe entfernen

Abb. 4 Flasche entkorken

Verwendung von Schaumwein

Als erfrischendes und belebendes Getränk wird Schaumwein insbesondere zu festlichen Anlässen und als Aperitif pur getrunken.

Darüber hinaus ist Schaumwein Bestandteil von Bowlen und Kaltschalen.

Schaumweinlagerung

Lagerung unter 10 °C, liegend; vor dem Servieren auf 6 bis 8 °C kühlen.

9.2 Servieren von Schaumwein

🇬🇧 sparkling wine service 🇫🇷 service (m) de vin mousseux

Damit Schaumwein kühl bleibt, wird er im Sektkühler mit Eiswürfeln und Wasser an den Tisch des Gastes gebracht. Anstelle eines Sektkühlers kann auch ein Temperaturgarant verwendet werden, wenn die Flasche die empfohlene Serviertemperatur von 6–8 °C aufweist. Nach dem Mise en place wird die Flasche dem Besteller von rechts präsentiert.

Mise en place

Zuerst werden am Tisch der Gäste die Sektgläser eingesetzt.

Auf einem Guéridon stellt man bereit:

- Sektflasche im Kühler auf einem Teller mit Serviette
- Weinserviette und zwei kleine Teller
- Sektbrecher bzw. Barzange als Hilfe für Drahtbügelverschluss oder festsitzendem Korken

Öffnen der Schaumweinflasche

- Die Flasche wird aus dem Kühler genommen und mit einer Serviette abgetrocknet.
- Anschließend wird sie dem Gast präsentiert.
- Dann entfernt man die Stanniolkapsel bis zum Drahtbügelverschluss (Agraffe). Die Stanniolreste werden auf einem der Teller abgelegt.
- Eine Stoffserviette wird über den Korken gelegt und mit dem Daumen festgehalten. (Bei den Abbildungen wurde der besseren Sicht wegen auf die Serviette verzichtet.)
- Es gibt zwei Möglichkeiten der Agraffenentfernung:
  - **Methode I:** Die Agraffe wird entgegen ihren Windungen aufgedreht und vorsichtig entfernt. Der Korken wird ständig mit dem Daumen gesichert.
  - **Methode II:** Dabei werden die Agraffenwindungen eine Umdrehung straffer gedreht und der Draht durch mehrmalige Links-Rechts-Bewegungen zum Abbrechen gebracht. Anschließend wird der Bügelverschluss vom Flaschenhals weggebogen und seitlich des Korkens geschoben.
- Den Korken nun mit der Serviette umfassen, diesen lockern und bei gleichzeitigem Gegendruck langsam und geräuschlos herausgleiten lassen. Dabei hält man die Flasche schräg und den Flaschenhals von den Gästen abgewendet.

Damit der Korken nicht knallend austritt, lässt man den Überdruck im rechten Augenblick geräuschlos entweichen. Das Schräghalten der Flasche ist wichtig, weil auf diese Weise das Überschäumen des Sektes oder Champagners verhindert wird.

- Mit einer Serviette den Flaschenmund säubern.
- War die Sektflasche mit einem Naturkorken verschlossen, so wird dieser präsentiert. Bei Kunststoffkorken wird dies nicht praktiziert.

Eingießen des Schaumweines

Der Probeschluck sollte so ausreichend bemessen sein, dass der Besteller zweimal probieren kann. Das weitere Ausschenken des Sektes oder Champagners erfolgt nach den Servierregeln. Die Schaumbildung ist wegen der zimmerwarmen Gläser zu Beginn des Eingießens besonders stark. Aus diesem Grunde sollte man zunächst vorsichtig nur eine kleine Menge eingießen und dann das Glas langsam höchstens dreiviertel voll füllen.

Der Gästetisch sollte beobachtet werden, damit rechtzeitig nachgeschenkt wird.

Abb. 1 Präsentieren des Korkens

Abb. 2 Sekt eingießen

Abb. 3 Weinseminarraum

Aufgaben

1. Beschreiben Sie Ihrem Kollegen das Mise en place für Flaschenservice von Weißwein.

2. Weshalb wird einem Gast der von ihm bestellte Flaschenwein vor dem Öffnen präsentiert?

3. Erklären Sie das fachgerechte Öffnen einer Weinflasche.

4. Warum beträgt die Serviertemperatur bei Rotwein im Allgemeinen mehr als 14 °C?

5. Beschreiben Sie das sachgerechte Öffnen einer Schaumweinflasche.

⑩ Weinhaltige Getränke

🇬🇧 blended drinks with wine 🇫🇷 boissons (w) à base de vin

Unter weinhaltigen Getränken versteht man Getränke, die einen Anteil von mehr als 50 % Wein, Dessertwein oder Schaumwein haben. Der restliche Anteil kann Weinbrand, Fruchtsäfte, Kräuterauszüge, Honig, Wasser usw. enthalten.

Weinschorle besteht aus gleichen Teilen Wein und kohlensäurehaltigem Wasser. Schorlen sind durch diese Mischung erfrischend und alkoholarm.

Glühwein ist heißer Rotwein, gewürzt mit Nelken, Zimt, Zitrone und Zucker. Spezielle Aufgussbeutel erleichtern die Herstellung.

Bowle besteht aus Wein, Schaumwein, auch Fruchtwein oder Mineralwasser und Geschmacksträgern, die auch namengebend sind, z. B. Pfirsich, Erdbeer, Waldmeister.

Kalte Ente ist eine Mischung von Wein, Perlwein und Schaumwein mit Zusatz von Zitrone. Der Anteil an Schaumwein muss im fertigen Getränk mindestens 25 % betragen.

Wermut (Vermouth) ist mit Wermutkraut aromatisierter Wein; Alkoholgehalt um 15 %. Wermut ist Grundlage von Mischgetränken wie Manhattan oder Martini.

Abb. 1 Erdbeerbowle

Aufgaben

❶ Boden und Klima bestimmen wesentlich die Eigenschaften des späteren Weines. Erläutern Sie.

❷ Bei der Empfehlung von Weinen müssen Wünsche bzw. Aussagen von Gästen in fachliche Zusammenhänge übertragen werden. Nennen Sie zu den folgenden Aussagen passende Rebsorten.
a) „Zum Fisch hätte ich gerne einen milden Weißen."
b) „Einen Weißen bitte, darf schon etwas Kräftiges sein."
c) „Zum Rehbraten bitte einen kräftigen Rotwein."

❸ Beschreiben Sie die wesentlichen Arbeitsschritte bei der Herstellung von Weißwein und von Rotwein.

❹ Das Weinetikett wird gerne als die „Geburtsurkunde" eines Weines bezeichnet. Nennen Sie die für einen Qualitätswein vorgeschriebenen Angaben.

❺ Da streiten sich zwei: „Weinbaugebiete heißt es", sagt der eine, „Nein, Weinanbaugebiete, da bin ich mir sicher", meint der andere. Beide können im Recht sein. Erklären Sie.

❻ Nennen Sie die drei größten deutschen Weinanbaugebiete.

❼ In welche beiden Gruppen werden die deutschen Weine nach der Qualität eingeteilt?

❽ Nennen Sie die Prädikatsweine in aufsteigender Reihenfolge.

❾ Das Weinsiegel gliedert das Angebot in drei Gruppen. Nennen Sie die Geschmacksrichtungen und die dazugehörige Farbe des Weinsiegels.

❿ Wie nennt man bei der Sektherstellung die Mischung der Grundweine?

⓫ Welche Gärverfahren werden unterschieden?

⓬ Erklären Sie den Unterschied zwischen einem Sekt und einem Champagner.

⓭ Wie entstehen die verschiedenen Geschmacksrichtungen bei Sekt?

PROJEKT

Weinprobe

Sie erhalten von Ihrem Chef den Auftrag, im Rahmen einer geplanten Mitarbeiterschulung eine Weinprobe vorzubereiten. Die Weinprobe soll sich auf die gängigen Flaschen- und Ausschankweine Ihres Betriebes beschränken.

Vorbereitung

1. Bestimmen Sie die zu beurteilenden Weine.

2. Erstellen Sie eine Liste mit wichtigen Angaben von einzelnen Weinetiketten.

3. In welcher Reihenfolge werden Sie die Weine probieren lassen?

4. Welche schriftlichen Unterlagen stellen Sie Ihren Kolleginnen und Kollegen zur Verfügung?

5. Welche Tischform werden Sie wählen, um möglichst viel Kommunikation zu erreichen?

6. Was bieten Sie den Schulungsteilnehmern außer den Weinkostproben noch an?

7. Bestimmen oder finden Sie einen Mitarbeiter, der bereit ist, ein Kurzreferat von 5 Minuten über den Weinanbau und die Weinherstellung zu halten.

8. Erstellen Sie eine Liste der Materialien, die für eine Weinprobe benötigt werden. Zur Anregung und Hilfestellung siehe Abbildung auf S. 323.

Durchführung

1. Bereiten Sie den Raum und die Tafel für eine Weinprobe vor.

2. Stellen Sie fest, ob die zu probierenden Weine richtig temperiert sind.

3. Analysieren Sie die Angaben eines Etiketts, indem Sie eine Folie des Weinetiketts mit dem Overhead-Projektor zeigen.

4. Lassen Sie Kleinstmengen der einzelnen Weine probieren, erarbeiten Sie gemeinsam ein Ergebnis und halten Sie dieses schriftlich fest.

Anmerkung: Falls die Weinprobe in der Berufsschule geplant wird, sollten die schulrechtlichen Vorschriften beachtet werden.

Korrespondierende Speisen

1. Wählen Sie anschließend 3 unterschiedliche Weine. Erteilen Sie den Schulungsteilnehmern die Aufgabe, passende Gerichte zu den Weinen zu sammeln, zu besprechen und zu notieren.

2. Geben Sie den Teilnehmern ein mehrgängiges Menü vor und lassen Sie sie passende Weine zu den einzelnen Gängen auswählen. Vergleichen Sie die Ergebnisse in einer Diskussionsrunde

Berechnungen

Wählen Sie einen Wein aus und kalkulieren Sie über den Einkaufspreis den Kartenpreis, indem Sie folgende Werte einbeziehen: Gemeinkosten 40 %; Gewinn 28 %; Service (Umsatzbeteiligung) 15 %; MwSt: 19 %.

⑪ Spirituosen

🇬🇧 spirits 🇫🇷 spiritueux (m)

Abb. 1 Spirituosen

Spirituosen sind zum menschlichen Genuss bestimmte Getränke, in denen Alkohol (Ethylalkohol) als wertbestimmender Anteil mit mindestens 15 % enthalten ist. Der Alkoholgehalt ist in % vol (sprich: Prozent des Volumens oder Volumenprozent) anzugeben.

Alkohol entsteht bei der Gärung durch die Tätigkeit der Hefe. Bei einem Alkoholanteil von etwa 15 % stellen jedoch die Hefen ihre Tätigkeit ein.

Will man höhere Alkoholgehalte erreichen, muss man den vorhandenen Alkohol konzentrieren. Das geschieht beim Destillieren oder Brennen.

Das Prinzip der Destillation

Wasser verdampft bei 100 °C, Alkohol bei etwa 80 °C. Darum bilden sich beim Erhitzen von alkoholhaltigen Flüssigkeiten zuerst Alkoholdämpfe, die über ein Rohrsystem abgeleitet und durch Abkühlen wieder verflüssigt werden. Viele Geschmacksstoffe sind in Alkohol gelöst und gehen mit in das Destillat über. Wasser und unlösliche Stoffe bleiben zurück.

So wird zum Beispiel

- Wein zu Weinbrand,
- vergorenes Obst zu Obstbrand.

Soll aus stärkehaltigen Rohstoffen wie Getreide Alkohol gewonnen werden, muss die Stärke zunächst in Einfachzucker umgewandelt werden, damit sich die Hefe davon ernähren und Alkohol erzeugen kann.

Die folgende Seite zeigt in einer Übersicht die unterschiedlichen Wege.

Bestimmte Spirituosen, besonders solche auf der Grundlage von Wein und Getreide, gewinnen durch eine längere Reifezeit nach dem Brennen. Während dieser Zeit wirkt Sauerstoff der Luft auf die zunächst farblose Flüssigkeit ein und verändert Farbe und Aroma in erwünschter Weise. Je nach Qualitätsstufe sind aus diesem Grund für bestimmte Produkte Mindestlagerzeiten vorgeschrieben.

Versuche

1. Versetzen Sie Fruchtsaft mit etwas Hefe und stellen Sie die Lösung eine Woche an einen warmen Ort. Oder: anstelle des Fruchtsaftes 0,25 l Wasser und 75 g Zucker, oder, wenn der Versuch sofort durchgeführt werden soll: 150 g Wasser und 30 g Alkohol vermischen.

2. Bauen Sie die abgebildete Anlage auf. Auf Bunsenbrenner einen Rund- oder Kantkolben mit einer der oben beschriebenen Flüssigkeiten stellen, in den Korken ein geknicktes Glasrohr einführen, zweiten Rundkolben in Eis stellen und das Glasrohr einführen. Oder Liebig-Kühler verwenden. Erhitzen Sie, und probieren Sie vorsichtig das Kondensat.

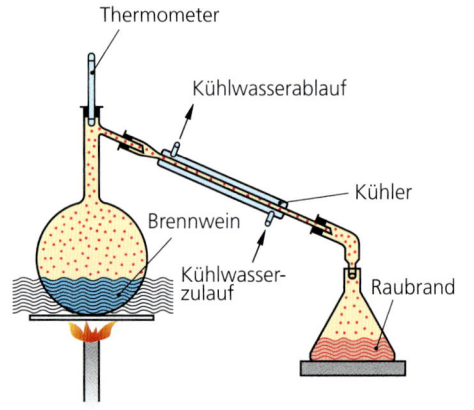

3. Geben Sie etwa 250 g Himbeeren (als Tiefkühlware immer erhältlich) in ein enges Gefäß oder in einen Kolben. Übergießen Sie mit 100 g Wasser und der gleichen Menge Alkohol. Mit Korken oder Gummipfropfen verschließen. Nach einer Woche destillieren Sie mit der in Versuch 2 beschriebenen Anlage. Verdünnen Sie das Kondensat 1:1 mit Wasser und probieren Sie.

4. Geben Sie in einen Shaker ein Eigelb, 1 Teelöffel Zucker, 5 cl Weinbrand, 5 cl Wasser und vermischen Sie gut. Was entsteht?

Der Weg zur Spirituose

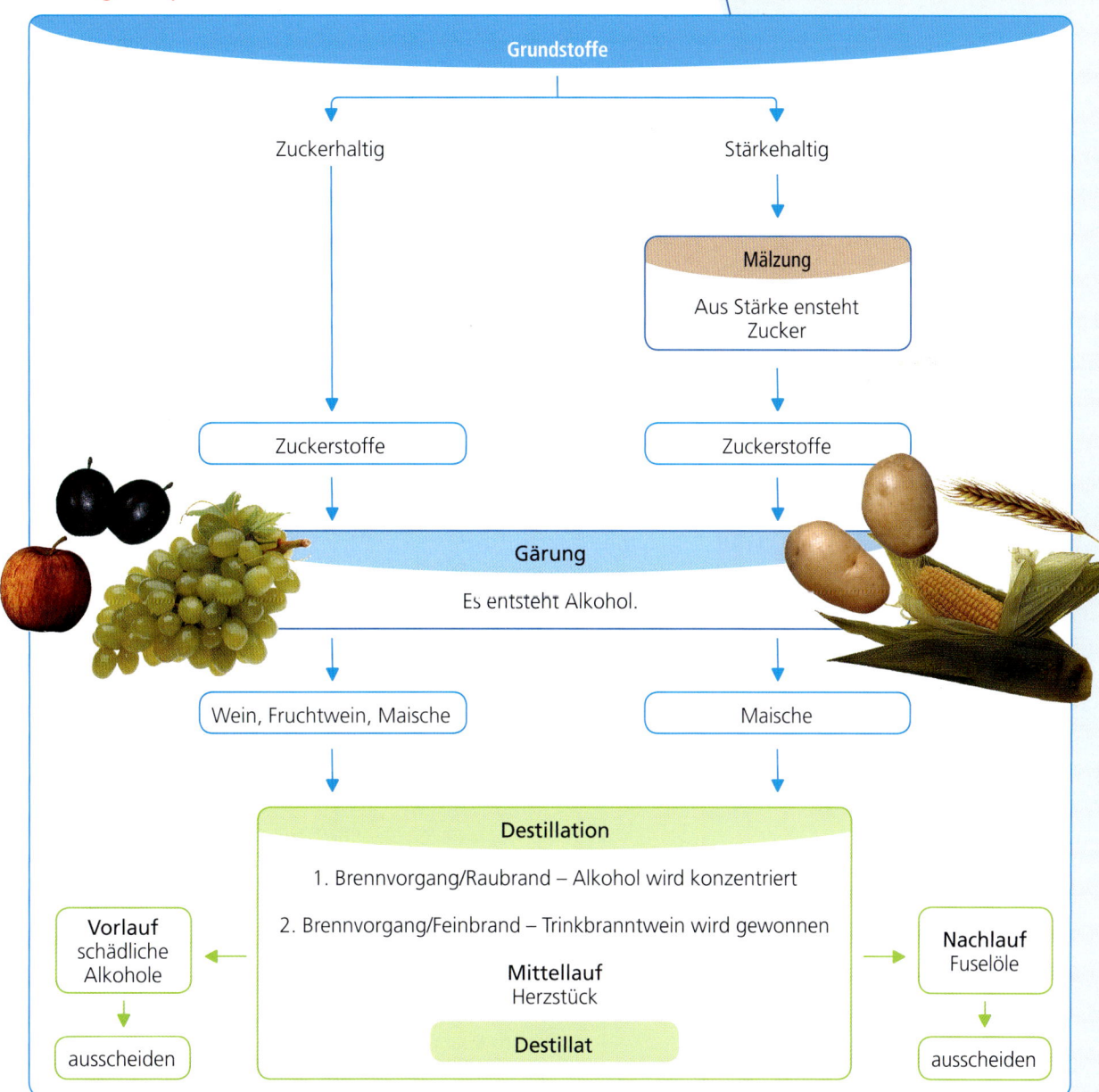

Nach der EU-Spirituosenverordnung unterscheidet man folgende vier Gruppen von Spirituosen:

- **Brände,** die aus Wein, Obst, Zuckerrohr oder Getreide hergestellt werden. Der Alkohol entsteht bei der Gärung aus dem Grundstoff.
- **Geiste,** die vorwiegend unter Verwendung aromareicher, zuckerarmer Beeren hergestellt werden. Dabei werden die Aromastoffe von zugesetztem Alkohol ausgelaugt.
- **Aromatisierte Spirituosen**, bei denen vorwiegend Wacholder neutralem Alkohol den Geschmack gibt;
- **Liköre,** die auf unterschiedliche Weise nach bestimmten Regeln hergestellt werden. Siehe Seite 331.

11.1 Brände

Brände sind Spirituosen, deren Alkoholgehalt und Geschmack durch Vergären und anschließendes Brennen (Destillieren) entsteht. Namengebend sind meist die Rohstoffe.

Innerhalb der Brände gliedert man nach den Rohstoffgruppen.

Spirituosen aus Wein 🇬🇧 spirits from wine 🇫🇷 liqueurs (w) de vin

Man gewinnt diese Spirituosen durch Destillation von Wein oder Brennwein. Auf das Destillieren oder Brennen folgt eine längere Lagerung.

- **Deutscher Weinbrand**
  Die Hersteller bevorzugen Weine aus französischen Reben, denn diese sind besonders aromatisch und alkoholreich.
- **Eau-de-vie de vin** bedeutet Branntwein aus Wein. Vielfach wird das Herkunftsgebiet zusätzlich genannt, z. B. … de la Marne.
- **Armagnac** ist eine geschützte Herkunftsbezeichnung für Branntwein aus Wein aus der Gascogne.
- **Cognac**
  Eine geschützte Herkunftsbezeichnung für Weinbrand aus der Charente, deren Mittelpunkt die Stadt Cognac ist.
- **Trester oder Tresterbrand** gewinnt man aus Traubentrester (Rückstände beim Abpressen des Traubenmostes). Grappa aus Italien und Marc aus Frankreich gehören zu dieser Gruppe.

Abb. 1 Lagerung von Cognac

Hinweis: Früher wurde jedes Getränk, das gebrannt wurde, als Branntwein bezeichnet. Auch Spirituosen aus Getreide oder Kartoffeln waren Branntweine. Heute muss Branntwein aus Wein gewonnen sein.

Alterskonto	Lagerzeit des Destillates	Produktkennzeichnungen
1, 2 und 3	1 bis 3 Jahre	• Cognac • Cognac Authentique • Cognac*** • VS (very special)
4	mindestens 4 Jahre	• VSOP (very superior old pale) • Réserve
5	mindestens 5 Jahre	• Extra • Vieille Réserve
6	mindestens 6 Jahre (u. U. sehr alt)	• Hors d'Age/Age d'Or • XO (extra old) • Napoleon

Spirituosen aus Obst 🇬🇧 spirits from fruits 🇫🇷 liqueurs (w) de fruits

Werden frische Früchte oder deren Moste vergoren und destilliert, erhält man Obstbrände.

- **Obstler** bestehen aus mehreren Obstarten. Wird nur eine Fruchtart verwendet, darf anstelle des Wortes Obst der Name der Frucht zusammen mit …wasser oder …brand genannt werden. **Beispiele:**
  - Kirschwasser/-brand
  - Zwetschgenwasser/-brand

- **Calvados** gewinnt man in der Normandie aus Apfelwein (Cidre). Die goldgelbe Farbe erhält er durch längere Lagerung in Eichenholzfässern.

- **Slibowitz** ist ein Pflaumenbrand.

- **Marillenbrand** (Österreich) und **Barack** (Ungarn) werden aus Aprikosen hergestellt.

- **Enzian:** Die Wurzeln des gelben Enzians werden eingemaischt und vergoren. Dieses Destillat bildet neben reinem Alkohol die Grundlage für die Spezialität aus Bayern und Österreich.

Spirituosen aus Zuckerrohr  spirits from cane sugar 🇫🇷 liqueurs (w) de sucre

- **Rum** hat Zuckerrohrsaft oder Zuckerrohrmelasse als Grundlage. Das Destillat ist zunächst klar (*Weißer Rum*), durch Reifung und Zusatz von Zuckerkulör wird es bräunlich (*Brauner Rum*).
- Echter Rum wurde im Ursprungsland destilliert.
- Rum-Verschnitt ist eine Mischung (Verschnitt) aus echtem Rum und Neutralalkohol

Spirituosen aus Getreide 🇬🇧 spirits from grains 🇫🇷 liqueurs (w) de blé

Getreidearten wie Weizen, Roggen, Gerste werden meist gemälzt, dann vergoren und anschließend destilliert. Wird im fertigen Produkt eine Getreideart genannt, darf bei der Herstellung nur diese verwendet werden.

- **Korn** hat mindestens 32 % vol,
- **Kornbrand** hat mindestens 37,5 % vol Alkohol.
- **Whisky/Whiskey**
  Die unterschiedliche Schreibweise beruht auf einer Vereinbarung der Produzenten. Whisky werden die schottischen und kanadischen Arten genannt; sie haben einen leichten Rauchgeschmack. Whiskey schreibt man bei irischen Sorten und dem amerikanischen Bourbon.

Besonderheiten der Whisk(e)y-Sorten

- Irish Whiskey
  - von der klassischen Art her reiner Malt-Whisky (heute aber auch blended Whiskys)
  - kräftiges, jedoch mildes Malzaroma
- Scotch Whisky
  - bukettreiche und geschmacksintensive Malt-Whiskys sowie milde Blends
  - Rauchgeschmack, der durch Darren des Malzes über Torf-Feuer entsteht.
- Canadian Whisky
  helle, leichte Grain-Whiskys (idealer Mix-Whisky)
- Bourbon Whiskey
  mindestens 51 % Mais, aus den USA
- Rye Whiskey
  mindestens 51 % Roggen (Canada und USA)

Mälzen
Stärke wird zu Zucker

↓

Darren
mit heißer Luft

↓

Maischen
mit heißem Wasser

↓

Gären
Zucker wird zu Alkohol

↓

Destillieren
Alkohol wird konzentriert

↓

Lagern
in Eichenholzfässern

Abb 1. Whisky-Lager

Alkohol
aus anderen Rohstoffen löst

↓

Geschmacksstoffe der Beeren;

↓

durch Destillation entsteht
Geist.

Abb. 1 Wacholder

Hinweis
Immer wieder fragen die Gäste: „Warum wird mein … (Anis-spirituose) trüb, wenn ich Wasser beigebe?"

Hier die einfache Antwort:
Bestimmte Stoffe in Pastis usw. sind nur in Alkohol löslich. Gibt man der Spirituose nun Wasser bei, wird die Alkoholkonzentration geringer und reicht nicht mehr aus, um alle Anteile zu lösen. Die nicht gelösten Teilchen brechen das Licht und machen das Getränk trüb oder milchig.

11.2 Geiste

Beeren enthalten nur wenig Zucker, der in Alkohol umgewandelt werden könnte.

Sie werden darum in Alkohol (auch Weingeist genannt) eingelegt, damit die Geschmacksstoffe entzogen werden. Die aromahaltige Flüssigkeit wird dann abdestilliert.

So erhält man z. B.

- Himbeergeist
- Brombeergeist
- Schlehengeist
- Heidelbeergeist

11.3 Alkohol mit geschmackgebenden (aromatisierenden) Zusätzen

Bei dieser Getränkegruppe werden einem Alkohol, der aus Getreide oder Kartoffeln gewonnen worden ist, geschmackgebende Gewürze wie Wacholder, Kümmel oder Anis zugefügt.

Wacholder gibt Geschmack bei:

- **Wacholder:** Dem Alkohol wird Wacholder oder Wacholderdestillat als Geschmacksträger zugefügt.
- **Gin:** Ein englisches Produkt, das neben dem geschmacklich vorherrschenden Wacholder meist auch andere Aromastoffe enthält.
- **Genever:** Diese vor allem in Holland hergestellte Spezialität hat meist nur einen sehr geringen Wacholdergeschmack. Man unterscheidet
  - Jonge (junger) Genever mit zarter Wacholder-Note und
  - Oude (alter) Genever mit deutlicherem Geschmack.

Kümmel gibt Geschmack bei

- **Kümmel:** Alkohol wird mit Kümmel geschmacklich ergänzt
- **Akvavit** oder **Aquavit** darf die Spirituose genannt werden, wenn die geschmackgebenden Stoffe aus einem besonderen Kräuter- und Gewürzdestillat stammen.

Anis gibt Geschmack bei:

- **Pastis:** Alkohol ist aromatisiert mit Sternanis, Anis und anderen Pflanzen wie z. B. Fenchel. Diese Zutaten sind verdauungsanregend. Darum wird Pastis auch als Aperitif gereicht. Bei der Zugabe von Wasser wird die zunächst klare Flüssigkeit milchig trübe.
- **Ouzo:** Die anishaltige Spirituose muss in Griechenland hergestellt worden sein.

Wermut gibt Geschmack bei:

- **Absinth:** Auszüge aus der Wermutpflanze geben dieser Spirituose neben Anis und Fenchel den typischen Geschmack und die grünliche Farbe. Der Gehalt an nervenschädigendem Thujon ist begrenzt.

Ohne geschmackgebende Ergänzung:

- **Wodka:** Dieses aus Russland stammende Getränk ist ein auf Trinkstärke herabgesetzter Alkohol. Die besonders weiche Note ist charakteristisch. Das ist auch der Grund, warum sich Wodka gut für Longdrinks eignet.

11.4 Liköre 🇬🇧 liqueurs 🇫🇷 liqueurs (w)

Allen Likören gemeinsam ist ein bestimmter Anteil an Alkohol, Zucker und Wasser. **Unterschiede** entstehen durch die geschmackgebenden Zutaten. Man unterscheidet folgende Gruppen:

- Fruchtliköre
  - mit Saftzugabe, z. B. Cherry Brandy mit Kirschsaft und Kirschwasser, Apricot Brandy mit Aprikosensaft, Cassis mit dem Saft schwarzer Johannisbeeren,
  - mit Zugabe von Auszügen (Extrakten) oder Destillaten von Früchten/Fruchtschalen, z. B. Grand Marnier mit Cognac und Schalen von der Bitterorange (Frankreich), Cointreau mit Orangenschalen und Kräutern (Frankreich), Maraschino mit Destillat der Maraskakirsche.

- Bitter- und Kräuterliköre
  haben durch Auszüge von Kräutern und Gewürzen meist eine bitter-aromatische Note, z. B. Campari, Fernet Branca, die Klosterliköre wie Ettaler, Chartreuse, Bénédictine, Pfefferminzlikör.

- Emulsionsliköre
  enthalten fetthaltige Zutaten wie Sahne, Eigelb oder Schokolade. Diese werden mit den übrigen Bestandteilen durch Homogenisieren zu einer dickflüssigen cremigen Masse verarbeitet, z. B. Eierlikör, Mocca Sahne.

Abb. 1 Fruchtlikör

Abb. 2 Bitterlikör

Abb. 3 Emulsionslikör

Aufgaben

① Bei der Gärung können nur Getränke mit etwa 15 % vol Alkohol gewonnen werden. Wie erhält man Spirituosen mit 40 % vol?

② Zur Herstellung von deutschem Weinbrand werden auch französische Brennweine verwendet. Welcher Vorteil ist damit verbunden?

③ Worin besteht der wesentliche Unterschied zwischen deutschem Weinbrand und Cognac?

④ Whisky oder Whiskey? Erklären Sie den Unterschied.

⑤ Es gibt Spirituosen aus Obst, die mit „…wasser" enden und andere Produkte, die mit „…geist"bezeichnet werden. Erklären Sie den Unterschied.

⑥ Woraus werden Grappa und Marc hergestellt?

⑦ Rum-Verschnitt ist billiger als Jamaika-Rum. Begründen Sie diesen Unterschied.

⑧ Aus welchen Grundbestandteilen werden Liköre hergestellt?

⑫ Getränkebüfett

🇬🇧 beverage dispense 🇫🇷 débit (m) de boissons

Das Büfett ist der Ausgabebereich für Getränke. Die dort tätigen Mitarbeiter haben in diesem Zusammenhang grundlegende Aufgaben zu erfüllen:

- Getränke sachgerecht zu pflegen, zu temperieren und bereitzustellen,
- Gläser und Karaffen in ausreichender Anzahl bereitzuhalten (s. S. 229),
- Schankanlagen zu pflegen und zu bedienen,
- Büfettkontrollen und Büfettabrechnungen durchzuführen.

Einrichtung eines Getränkebüfetts

Die Einrichtung eines Getränkebüfetts richtet sich nach der Auswahl der Getränke sowie nach der Art und der Größe der Restaurants.

Im Allgemeinen besteht die Einrichtung

- aus Schränken, Glasvitrinen und Tischen mit Unterbauten,
- dem Gläserreinigungsbereich mit Spülbecken und Spülmaschine,
- aus Kühlschränken mit unterschiedlich einstellbaren Temperaturen,
- einer Bierschankanlage für mehrere Bierarten,
- einer Softdrink-Schankanlage und einem
- Eiswürfelbereiter und Froster für klare Spirituosen.

Abb. 1 Einrichtung eines Getränkebüfetts

Vielfach sind in Getränkebüfetts Kaffeemaschinen und Schauvitrinen für Torten und Kuchen integriert.

Getränkekarten sollen durch eine ansprechende Aufmachung ein wirksames Mittel der Verkaufsförderung sein und den Gast zur Bestellung anregen.

Zur korrekten Information des Gastes gehören zu den Getränkebezeichnungen die gesetzlich vorgeschriebenen Angaben über Menge und Preis.

Wie bei Speisekarten ist es wichtig, von Zeit zu Zeit den Inhalt der Getränkekarte kritisch zu überprüfen. Im Interesse des Verkaufs ist es manchmal erforderlich, die Karte neu zu gestalten und das Angebot veränderten Trinkgewohnheiten anzupassen bzw. mit neuen Angeboten des Marktes zu ergänzen.

12.1 Getränkeangebot

Ausschlaggebend für die Getränkeauswahl sind einerseits die Art und das Niveau der Gaststätte oder des Restaurants und andererseits die Verzehr- bzw. Trinkgewohnheiten der Gäste.

Getränkekarte 🇬🇧 list of beverages 🇫🇷 carte (w) des boissons

In Getränkekarten präsentiert der Betrieb sein Getränkeangebot. Man unterscheidet kombinierte Karten mit einem umfassenden Getränkeangebot und Karten, die jeweils nur eine Getränkeart zum Inhalt haben, wie z. B. Weinkarten, Barkarten.

Gestaltung der Getränkekarten

Getränkekarten sollen genau wie Speisekarten die Originalität, den Stil und die Atmosphäre des Hauses widerspiegeln. Das muss bereits in der *äußeren Aufmachung* zum Ausdruck kommen:

- ein handliches Format, ein stilvoller Einband sowie feste Innenblätter,
- in ansprechender Form das Wort „Getränkekarte". Aber auch durch die *innere Ausgestaltung* müssen die Aufmerksamkeit und das Interesse des Gastes geweckt werden. Dazu können beitragen:
- eine übersichtliche Gliederung und ein angenehm lesbares Schriftbild,
- eine ansprechende Textaufteilung,
- Bilder, Skizzen oder Fotos, die Blickfänge darstellen und für Auflockerung sorgen.

Kombinierte Getränkekarten

Beispiel 1
- Alkoholfreie Getränke
- Kaffee, Tee, Schokolade
- Aperitifs, Cocktails
- Offene Weine
- Weinbrände/Cognacs
- Spirituosen, Liköre
- Biere

Kombinierte Getränkekarten umfassen das gesamte Angebot der Getränke. Die Gliederung ist unterschiedlich und richtet sich nach den Schwerpunkten, die der Betrieb im Rahmen seines Angebotes bzw. auf Grund der Gästenachfrage setzt.

Beispiel 2
- Cocktails
- Aperitifs
- Weinbrände/Cognacs
- Spirituosen
- Alkoholfreie Getränke
- Kaffee und Tee
- Biere

Beispiel einer Getränkekarte

Alkoholfreie Getränke (0,2 l)

Mineralwasser (0,25 l)	2,80
Soda	2,80
Apfelsaft	2,80
Traubensaft	2,80
Orangensaft, frisch gepresst	3,50
Tonic Water	3,00
Coca-Cola	3,00
Bitter Lemon	3,00

Kaffee · Tee · Schokolade

Kännchen Kaffee	4,00
Haferl Milchkaffee	3,00
Cappuccino	3,00
Espresso	2,50
Latte macciato	3,00
Kännchen Tee	3,00
Kännchen Schokolade	6,00
Rüdesheimer Kaffee	6,00
Irish Coffee	6,00
Pharisäer	6,00
Eiskaffee	5,00
Eistee	2,50
Eisschokolade	5,00

Biere vom Fass

Alt	0,2 l	3,00
Budweiser	0,3 l	3,50
Export	0,4 l	3,50
Pilsener Urquell	0,3 l	3,50
Weizen	0,5 l	4,00
Radler	0,5 l	3,50
Schwarzbier	0,3 l	3,50
Starkbier	0,4 l	4,50

Offene Weine (0,2 l)

Weißweine

Franken		
2012	Rödelseer Küchenmeister	7,00
Rheingau		
2012	Rauenthaler Steinmächer	7,00
Mosel		
2012	Erdener Treppchen	7,00
Elsass		
2012	Riesling	6,00
2011	Edelzwicker	6,00

Roséwein

Côtes du Rhône		7,00

Rotweine

Rheingau		
2012	Assmannshäuser Höllenberg	7,00
Ahr		
2012	Walporzheimer Kräuterberg	8,00
Frankreich/Burgund		
2011	Beaujolais	8,00

Aperitifs (5 cl)

Portwein	4,00
Sherry	4,00
Campari/Soda	4,00
Dubonnet	4,00
Spritz	4,00
Aperol Royal	4,00
Martini Cocktail	7,00
Sekt mit Holunderblüte	6,00

Weinbrände · Cognacs (2 cl)

Asbach Uralt	5,00
Scharlachberg	5,00
Hennessy V.S.	7,00
Courvoisier V.S.O.P.	7,00

Spirituosen (2 cl)

Himbeergeist	4,00
Steinhäger	4,00
Dry Gin	4,00
Aquavit	4,00
Calvados	4,00
Wodka	4,00
Grappa	4,00
Gammel Dansk	4,00

Liköre (2 cl)

Bénédictine	4,00
Cointreau	4,00
Grand Marnier	4,00
Crème de cassis	4,00
Bailey's Irish Cream	4,00

In diesem Zusammenhang ist darauf zu achten, dass die Weincharakterisierungen wahrheitsgemäß und nicht übertrieben sind. Durch fachlich fundierte Gästeberatung, sorgfältige Auswahl beim Einkauf und gepflegten Weinservice besteht die Möglichkeit, den Flaschenweinverkauf zu steigern.

Um Autofahrern entgegen zu kommen, sollten qualitativ hochstehende Weiß- und Rotweine glasweise angeboten werden. Beispielhaft ist die untenstehende Karte eines Hilton Hotels.

Weinkarte 🇬🇧 wine list 🇫🇷 carte (w) des vins

Neben den allgemeinen Getränkekarten gibt es zusätzlich eine eigene Karte für das Weinangebot. Damit widmet der Betrieb dem Verkauf und Service von Wein besondere Aufmerksamkeit.

Für die Reihenfolge in der Weinkarte haben sich folgende Regeln bewährt:

- Offene Weine werden vor den Flaschenweinen genannt,
- deutsche Weine nach Anbaugebieten gegliedert, wobei für die Reihenfolge der regionale Standort des Betriebs ausschlaggebend sein kann.
- französische Weine vor anderen ausländischen Weinen, da sie bezüglich der Bewertung international einen vorrangigen Platz einnehmen.

Für die Weinarten gilt folgende Reihenfolge:

Weißwein ➡ **Roséwein (Weißherbst)** ➡ **Rotwein**

Wein ist ein hochwertiges Getränk, das seinen Preis hat und deshalb je nach Umfang des Verkaufs einen beachtlichen Anteil des Getränkeumsatzes ausmachen kann. Aus diesem Grunde kommt der verkaufsfördernden Aufmachung der Weinkarte eine besondere Bedeutung zu. Neben einem soliden und dekorativen Einband gibt es für die innere Gestaltung viele Möglichkeiten:

- Mehrfarbendrucke und Abwechslungen im Schriftbild
- Fotos und andere bildliche Darstellungen,
- auflockernde Bemerkungen zum Weingenuss allgemein sowie zu
- regionalen Besonderheiten des Weinbaus und der Weine.

Hilton Wine by the glass

OFFENE WEISSWEINE WHITE WINES BY THE GLASS	0,20 l	€
▸ *Pinot Grigio* — Vallagarina, Tipica		5,50
▸ *Bischoffinger Enselsberg* — Weißburgunder, trocken, Baden		7,00
▸ *Graneè Gavi di Gavi Batasiolo* — Cortese, Piemont, Italien		8,00
▸ *Oveja Negra* — Chardonnay-Viognier, Maule, Chile		7,50
▸ *McWilliam's Hanwood* — Chardonnay, Neusüdwales, Australien		7,50
▸ *Dr. Bürklin-Wolf* — Riesling, Pfalz, Deutschland		8,50
▸ *Chablis Laroche* — Chardonnay, Chablis, Frankreich		8,50

OFFENE ROTWEINE RED WINES BY THE GLASS	0,20 l	€
▸ *Allendorf* — Dornfelder, Rheingau, trocken, Weingut Allendorf		5,50
▸ *Twin Oaks, Robert Mondavi* — Cabernet Sauvignon-Shiraz & Carignan, Kalifornien, USA		7,50
▸ *McPherson* — Shiraz, Murray Darling, Australien		7,50
▸ *Ruber Anno 1479* — Spätburgunder, Ahr, trocken, Weingut Nelles		8,00
▸ *Punto Final* — Malbec, Mendoza, Argentinien		8,00
▸ *Gran Coronas Torres* — Cabernet Sauvignon-Tempranillo, Penedès, Spanien		8,50
▸ *Château Preuillac* — Merlot-Cabernet Sauvignon, Mèdoc, Frankreich		9,00

12.2 Serviertemperaturen

Der Genuss eines Getränkes ist wesentlich von der getränkespezifischen Temperatur abhängig. Dabei sind von einem Mittelwert um 10 °C ausgehend nach unten bzw. oben zwei Temperaturbereiche von Bedeutung.

Serviertemperaturen von 10 °C abwärts

Auf unter 10 °C gekühlt serviert man Getränke,
- die vor allem erfrischen sollen, keine besonderen Duftstoffe enthalten und deren Geschmack durch niedrigere Temperaturen nicht beeinträchtigt wird, z. B. Mineralwässer, Fruchtsäfte,
- deren stark ausgeprägter Geschmack u. U. etwas gedämpft werden muss, z. B. Korn, Gin, Wodka,
- die aufgrund des Gehaltes an Kohlensäure zu stark schäumen und rasch schal würden, z. B. Schaumwein, Bier.

Serviertemperaturen von 10 °C aufwärts

Temperaturen über 10 °C sind erforderlich bei Getränken, deren Genuss in hohem Maße von der Entfaltung jeweils artspezifischer Duftstoffe (Bukett) abhängig ist. Je feiner und ausgeprägter diese Stoffe sind, desto höher sollte die Serviertemperatur sein.

Vergleich in aufsteigender Reihenfolge:

Weißwein (9–11 °C)	→	Rotwein (12–18 °C)	→	Weinbrand (16–18 °C)

12.3 Bereitstellen von Getränken

Die meisten Getränke werden entweder in Flaschen mit Beistellgläsern oder im Schankglas serviert.

Für die am Büfett übergebenen Bons erhält die Servicefachkraft die bestellten Getränke.

Beim Ausschank der Getränke trägt das Büfettpersonal die Verantwortung dafür, dass bestimmte fachliche und sachliche Voraussetzungen erfüllt werden:

- Die bestellten, offenen Getränke müssen in den dafür vorgesehenen Schankgläsern mit der passenden Form, der richtigen Größe und der korrekten Inhaltsmenge bereitgestellt werden.

- Die Getränke müssen die für sie spezifische Getränketemperatur haben (siehe Tabelle).

Getränkeart	Getränkebeispiele	Servier-temp. (°C)
Erfrischungs-getränke	• Mineralwässer • Fruchtgetränke, Limonaden	8–10
Bier	• helle Sorten • dunkle Sorten	6–9 9–12
Wein	• Roséwein • Weißwein, leicht • Weißwein, schwer • Rotwein, leicht • Rotwein, schwer	9–11 9–11 10–12 12–14 16–18
Likörwein	• trocken • süß	10–12 16–18
Schaumwein	• weiß und rosé • rot	6–8 5–7
Liköre	• im Allgemeinen • Magenbitter	10–12 16–18
Brände und Geiste	• Korn, Wacholder, Genever • Steinhäger, Wodka, Gin • Enzian	0–4
	• Geiste: Aprikosen, Himbeeren • Wasser: Kirschen, Zwetschgen • Whisk(e)y	5–7
	• Hochwertige Obstbrände: Williamsbirne, Mirabelle • Marc, Grappa • Weinbrand, Cognac	16–18

Getränkeschankanlagen werden oft auch als Zapfanlage oder Schankanlage bezeichnet. Getränke aus Vorratsbehältern (Keg, Fass) lassen sich damit rasch und einfach in Gläser portionieren. Darum findet man Zapfanlagen vorwiegend dort, wo Getränke in größerer Menge verkauft werden.

12.4 Getränkeschankanlagen

Alkoholfreie Getränke

Zapfanlagen für alkoholfreie Kaltgetränke lassen sich in zwei grundlegende Bauweisen unterteilen. Bei der **Premixanlage** (pre = vorher) wird das vom Getränkehändler bezogene, fertige Getränk im Restaurant nur gekühlt und ggf. mit Kohlensäure angereichert. Bei einer **Postmixanlage** (post = nach, später) muss der gelieferte Getränkegrundstoff noch mit Wasser vermischt werden, bevor das Getränk gezapft und serviert werden kann.

Postmix-Anlage

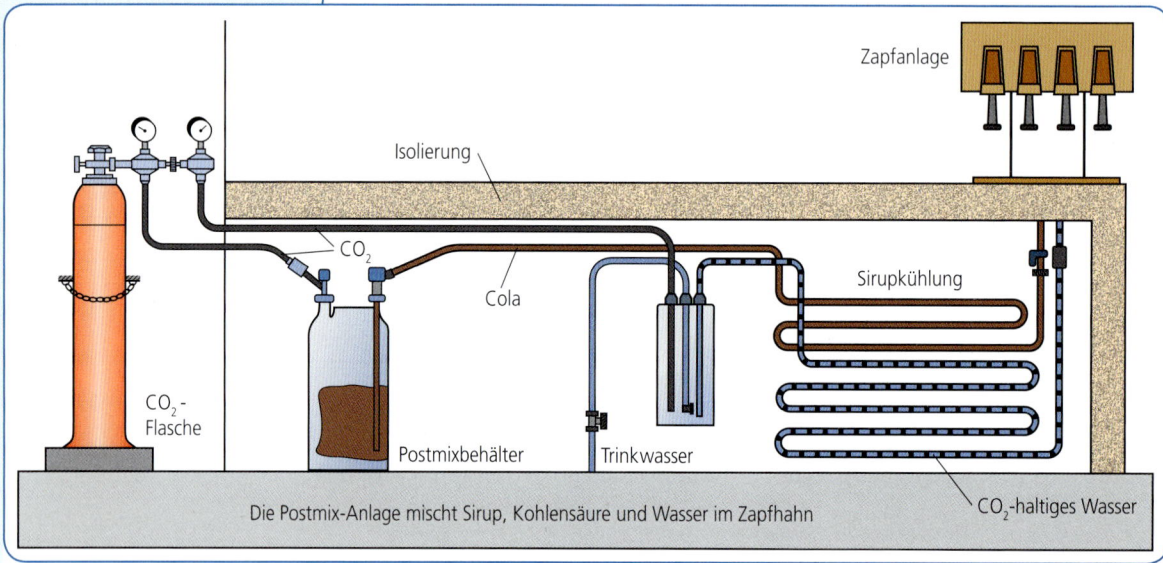

Die Postmix-Anlage mischt Sirup, Kohlensäure und Wasser im Zapfhahn

An der CO_2-Flasche befinden sich zwei Anschlüsse: einer wird in den Getränkegrundstoff geführt, der andere reichert Trinkwasser mit Kohlensäure an.

Der Getränkegrundstoff (Limonadensirup) wird aus dem Postmixbehälter in das Kühlaggregat getrieben.

Trinkwasser wird von geschmacksbeeinflussenden Stoffen befreit und im Karbonator mit Kohlensäure versetzt. Ein Druckminderer sorgt dafür, dass das Trinkwasser mit konstantem Druck in die Anlage geführt wird.

Im Zapfkopf fließen karbonisiertes Wasser und Getränkesirup – gekühlt auf ca. 4 °C – zusammen. Das Mischungsverhältnis Wasser : Grundstoff wird über ein Ventil eingestellt.

Vorsichtsmaßnahmen:
CO_2-Flaschen **nur** mit aufgesetzter Schutzkappe transportieren. Während des Transports den Druckminderer **nicht** montieren (er könnte abbrechen, Gas würde ausströmen). Die Flasche **immer** gegen Umkippen sichern.

Figal (engl.) = **Fi**ve **Gal**lons. 5 Gallonen entsprechen ca. 18,9 Liter.

Vorzüge der jeweiligen Anlagentypen

Premixanlage

- Kann auch mobil eingesetzt werden, da keine aufwendigen Installationen notwendig.
- Ohne Baumaßnahmen in bestehenden Gebäuden nachrüstbar.
- Mischungsverhältnis muss nicht eingestellt werden.

Postmixanlage

- Platzsparend – nur Getränkegrundstoff einlagern.
- Durch geringe Sirupmenge (Figal) einfachere Warenannahme/Pfandrückgabe.
- Postmix-Behälter müssen seltener getauscht werden.
- Tafelwasser kann ohne Figal gezapft werden.

Bag-in-Box (BiB)-Postmix

In der Gastronomie setzt sich zunehmend das Postmix-System „Bag-in-Box" durch. Kernstück der Anlage sind 10-Liter-Kartons („Box"), die mit einem Sirup-Beutel („Bag") bestückt sind. Gemischt wird ein Teil Sirup mit fünfeinhalb Teilen kohlensäurehaltigem Wasser. Ein Vakuumsystem saugt den Sirup an, es wird kein CO_2 eingesetzt.

Das System hat viele Vorteile:

- Weniger Platzbedarf für die Lagerhaltung und beim Ausschank
- Einfacheres Handling und höhere Sicherheit (kein Druckgas)
- Im Sirup-Beutel bleiben durch die spezielle Konstruktion keine Restmengen übrig. Kaum Schankverluste.
- Problemlos entsorgbare Einweggebinde, wenig Abfall.

Bierschankanlage

Sachgerechter Druck und die richtige Temperatur sind die Voraussetzungen für ein einwandfreies Glas Bier. Dabei sind drei verschiedene Druckbezeichnungen von Bedeutung.

Gleichgewichtsdruck

Nach dem Anstechen eines Fasses hat die Kohlensäure eine starke Tendenz, aus dem Bier auszutreten. Dies bezeichnet man als den Eigendruck. Mit höherem Kohlensäuregehalt und höherer Temperatur des Bieres nimmt der **Eigendruck** zu. Damit das Bier nicht schal wird und mit Kohlensäure gesättigt bleibt, ist ein entsprechender **Gegendruck** erforderlich, den man **Gleichgewichts-** bzw. auch **Sättigungs- oder Grunddruck** nennt. Er beträgt ungefähr **1 bar**.

Überdruck

Meist wird das Bier nicht direkt vom Fass gezapft, wie es z. B. bei einem Gartenfest der Fall sein kann. Für die Beförderung des Bieres vom Keller durch die Steigleitung in die Zapfanlage ist zusätzlicher Druck erforderlich. Diesen nennt man **Überdruck**.

Ausgleich von Druckverlusten
- für den Anstichkörper   ≈ 0,1 bar
- als Sicherheitszuschlag   ≈ 0,1 bar

Förderdruck
- Förderhöhe   ≈ 0,1 bar
- je 5 m Bierleitung   ≈ 0,1 bar

Gleichgewichtsdruck	→ 1,00 bar
+ Überdruck	
Anstichkörper	→ 0,10 bar
Förderhöhe 1,2 m	→ 0,12 bar
Bierleitung 1,5 m	→ 0,03 bar
Sicherheitszuschlag	→ 0,10 bar
▼ Arbeitsdruck	1,35 bar

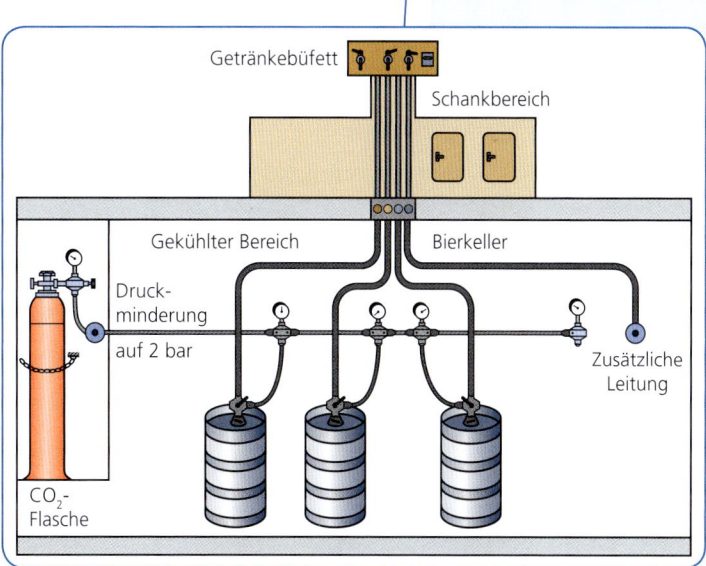

Herstellerzeichen

Füllstrich

Nennvolumen

Der Gastronom haftet für die Richtigkeit dieser Angaben. Darum ist es sinnvoll, diese mit einem Messglas nachzuprüfen.

12.5 Getränkeservice aus Schankgefäßen

Die Getränke, die in Gläsern und Karaffen, manchmal auch in Krügen serviert werden, bezeichnet man als „offene Getränke", weil sie bereits am Büfett in diese Schankgefäße gefüllt und auf einem Tablett „offen" zum Tisch des Gastes gebracht werden.

Zur besseren Kontrollmöglichkeit für den Gast müssen Gläser mit einem gut sichtbaren Füllstrich, dem Nennvolumen und dem Herstellerzeichen der Firma, die die Markierung angebracht hat, versehen sein.

Nennvolumen für Getränke

Die Abgabe der Getränke erfolgt in unterschiedlich großen Flaschen oder in Schankgefäßen. Um den Gast vor Missbrauch zu schützen, sind gesetzlich für Flaschen und Schankgefäße genaue Nennvolumen vorgeschrieben. Diese müssen mit dem jeweiligen Preis auch im Angebot der Getränkekarte angegeben sein.

Nennvolumen für Flaschen (in Litern)

Erfrischungsgetränke	Bier	Wein	Schaumwein
0,2 l	0,33 l	0,375 l	0,2 l
0,25 l	0,5 l	0,75 l	0,375 l
0,33 l	1,0 l	1,0 l	0,75 l
0,5 l		1,5 l	1,5 l
1,0 l		2,0 l	und mehr

Nennvolumen bei Gläsern (in cl und l)

Wein	Schaumwein	Bier	Aperitif	Spirituosen
0,1 l	0,1 l	0,15 l	5 cl	2 cl
0,2 l		0,25 l		4 cl
0,25 l		0,3 l		
		0,4 l		
		0,5 l		
		1,0 l		

Die Angaben beschränken sich auf gastronomieübliche Füllmengen.

Viele Getränke werden bereits am Büfett in Schankgefäße wie Gläser, Karaffen oder Krüge gefüllt.

Servieren von Getränken in Gläsern

- Das Glas wird von der rechten Seite des Gastes eingesetzt.
- Aus hygienischen Gründen dürfen Gläser nicht im Trinkbereich angefasst werden.
- Aus ästhetischen Gründen gilt dies auch beim Ausheben der leeren Gläser.
- Stielgläser werden grundsätzlich nur am Stiel angefasst, Bechergläser im unteren Drittel.
- Bei den Gläsern ist darauf zu achten, dass Dekor und Beschriftungen zum Gast hin, Gläserhenkel nach rechts gerichtet sind.

Servieren von Getränken in Karaffen und Krügen

- Das Glas wird von der rechten Seite eingesetzt und mit dem bestellten Getränk 1/3 bis 1/2 gefüllt.
- Nach dem Einschenken wird die Karaffe oder der Krug halb rechts oberhalb des Glases eingesetzt.

Abb. 1 Gläser und Griffstellen

Nennvolumen für Karaffen

- 0,2 l   • 0,5 l   • 1,5 l
- 0,25 l   • 1,0 l   • 2,0 l

12.6 Büfettkontrollen

Zur Sicherstellung der Wirtschaftlichkeit sowie zur Verhinderung von Unkorrektheiten müssen alle Vorgänge am Büfett lückenlos erfasst und kontrolliert werden.

Grundlegende Maßnahmen zur Erleichterung der Kontrollen

Nummerieren der Getränke

Bei der Vielfalt der Getränke und deren sehr unterschiedlichen Preisen ist das Nummerieren der einzelnen Getränkepositionen eine hilfreiche Maßnahme. Dadurch werden Verwechslungen bei der Anforderung im Magazin, bei der Aufnahme einer Bestellung am Tisch, bei der Abgabe am Büfett und bei der Bestandsaufnahme weitgehend ausgeschaltet.

Festlegen von Verkaufseinheiten

Das ist insbesondere bei Getränken wichtig, die aus Flaschen in Schankgefäße ausgeschenkt werden. So kann man z. B. bei Spirituosen unter Berücksichtigung eines bestimmten Schankverlusts Richtwerte für die Menge der Verkaufseinheiten je Flasche festlegen und diese zum Maßstab für die Abrechnung machen.

Getränkezugang am Büfett

Der Erstzugang bzw. die Erstausstattung bildet den Anfangsbestand oder den **Grundstock**. Der Verkauf macht es notwendig, die reduzierten Bestände vom Magazin her täglich wieder aufzufüllen. Zur Kontrolle über den Zugang dienen die sogenannten **Anforderungsscheine**. Aufgrund der Eintragungen im Schein werden die Getränke vom Magazin an das Büfett ausgeliefert. Zu abschließenden Überprüfungs- und Kontrollzwecken kommen die Anforderungsscheine dann in das Kontrollbüro. Von Ausnahmen, d.h. von Sonderanforderungen abgesehen, wird der tägliche Zugang häufig so bemessen, dass er dem Verkauf entspricht bzw. dass immer bis zum festgelegten Bestand (Grundstock) aufgefüllt wird. Dieses Verfahren dient einer guten Übersicht und erschwert Betrug.

Beispiel für die Bestimmung von Verkaufseinheiten	
Flascheninhalt	0,75 cl
Abzug für den Schankverlust	−3 cl
Verkaufsmenge (Gläserfüllmenge)	0,72 cl
Verkaufseinheit	4 cl
Anzahl der Verkaufseinheiten (72 : 4)	18 Stück

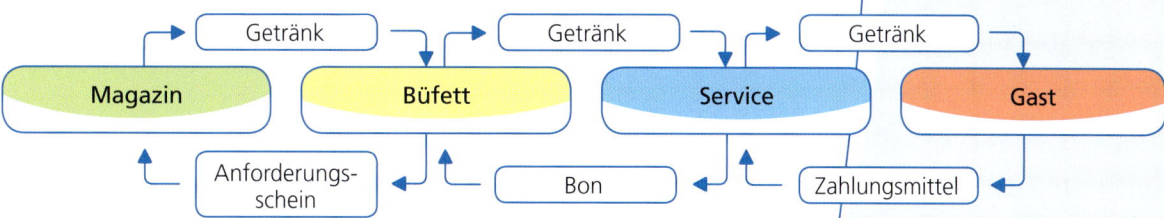

Getränkeabgabe am Büfett

Zur Kontrolle für die Abgabe dienen die von den Servierfachkräften übergebenen Bons. Es ist deshalb wichtig, dass **kein Getränk ohne Bon** ausgegeben und dieser nach dem Bereitstellen des Getränks durch Aufspießen, Einreißen oder Streichen **sofort entwertet** wird. Gläser dürfen nicht über den Füllstrich hinaus gefüllt werden; natürlich auch nicht darunter, denn dies wäre Betrug.

Abweichungen beim Einschenken nach oben oder das Eingießen über den Füllstrich hinaus führt zu Verlusten bzw. zu Abweichungen zwischen dem Soll-Bestand und dem Ist-Bestand.

Getränkeumlauf- und -bestandskontrollen

Der Warenumlauf vollzieht sich zwischen dem Magazin, dem Büfett und dem Servicepersonal. Hilfsmittel der Kontrolle sind einerseits die Anforderungsscheine des Büfetts und andererseits die Bons des Servicepersonals.

Sie sind täglich an das Kontrollbüro zu übergeben, von dem die übergeordneten und zusammenfassenden Kontrollen durchgeführt werden.

Beispiel eines Anforderungsscheins ●

HOTEL ALLGÄU

Datum: 16.11.20 . .

Warenanforderung der Abteilung: _Büfett_

☐ Lebensmittellager   ☒ Weinkeller   ☐ General Store   N° 7450

Menge	Stck / Dose / Kilo / Fl.	Waren-Bezeichnung
10	0,75 l Fl.	Deidesheimer Hofstück
7	0,75 l Fl.	Würzburger Stein
4	1 l Fl.	Bechtheimer Pilgerpfad

Ware ausgeliefert: Ware empfangen: Gebucht:

Reiner   _Hübner_   _Walther_

Unterschrift   Unterschrift   Unterschrift

Beispiel einer Lager- ● Lagerkartei
kartarteikarte

HOTEL ALLGÄU
Lagerkarteikarte

Stock-Nr.: _12_
Lieferant: _Böhm_
Telefon: _07341 – 12 34 56_
Artikel: _Deidesheimer Hofstück_
Mindestbestand: _60_

Datum	EK-Preis	Zugang	Ausgabe	Abteilung	Bestand
02.11	4 : 83	—	10	Bar	84
03.11		—	10	Büfett	74
07.11		—	30	Büfett	44
09.11	4 : 94	60	—	—	104
13.11		—	5	Bar	99
16.11		—	10	Büfett	89

Zur lückenlosen Erfassung des Warenumlaufs am Büfett wird im Kontrollbüro oder Magazin für jedes Getränk eine Karteikarte angelegt. In ihr werden, vom Anfangsbestand ausgehend, alle Zu- und Abgänge registriert:

- Grundlage für die Zugänge sind die Anforderungsscheine, die vom Magazin übergeben werden,
- Grundlage für die Abgänge sind die Bons, die nach Erledigung vom Büfett kommen.

In den Karten kann der jeweilige Bestand der Ware entweder nach jedem Zu- oder Abgang festgestellt und eingetragen oder bei Bedarf ermittelt werden.

Beim Einsatz von **Computersystemen** werden die Lagerkarteikarten durch **Dateien** ersetzt. In diese gibt man die Anfangsbestände sowie Zu- und Abgänge der Waren ein. Der Abruf der Sollbestände ist dadurch jederzeit möglich. Die Getränkeabrechnungen können direkt mit der Zapfanlage verbunden werden.

Der Vorteil liegt

Anfangsbestand	▶ Soll besagt, wie

Anfangsbestand
+ Zugänge
– Abgänge
= Endbestand Soll

Soll besagt, wie hoch der Warenbestand laut Karte sein „sollte".

- in der genauen Aufzeichnung des Warenabganges,
- bei gleichzeitiger Umsatzerfassung der einzelnen Getränkegruppen,
- in einer Erfassung der Umsätze der einzelnen Servicefachkräfte und
- in der Möglichkeit, jederzeit Zwischenabrechnungen vorzunehmen.

Bestandsaufnahme am Büfett

Die Bestände am Büfett werden in regelmäßigen Abständen vom Kontrollbüro überprüft:

- in jedem Falle einmal jährlich für die Jahresbilanz,
- für kurzfristige Kontrollen halb- bzw. vierteljährlich oder sogar monatlich.

Den Vorgang der Bestandsaufnahme nennt man **Inventur**, bei der sowohl die Anzahl der vollen Flaschen als auch die Restinhalte von angebrochenen Flaschen erfasst und in einer Inventurliste eingetragen werden.

Die bei der Inventur ermittelten Zahlen und Werte sind Ist-Bestände. Sie geben an, welcher Warenwert tatsächlich vorhanden ist. Soll- und Ist-Bestände müssten theoretisch übereinstimmen.
Lagerkarteikarte oder Computerdatei werden mit der Inventurliste verglichen. Werden Abweichungen festgestellt, muss der Ursache nachgegangen werden.

Die Inventur ist in jedem Fall für die Jahresbilanz am Ende des Geschäftsjahres gesetzlich vorgeschrieben. Sie wird jedoch heute zu innerbetrieblichen Kontrollzwecken im Allgemeinen monatlich durchgeführt.
Dabei sind Abweichungen zwischen dem Soll- und Ist-Bestand in der Lagerkarteikarte oder in der Datei zu berichtigen.

Beispiel einer Inventurliste zur Bestandsaufnahme

INVENTURLISTE am 31.01.

Abteilung: _Büfett_   Artikelgruppe: _Weine_

	Gegenstand	Kartei-Nr.	Anzahl	Einheit	einzel	gesamt	Bemerkung
					Inventurwert		
1	Weißwein	212	17	0,75 l	8,43	143,31	nicht mehr lieferb.
2	Rotwein	223	22	0,75 l	7,99	175,78	
3							

Weiteres Beispiel mit einer anderen Artikelgruppe

INVENTURLISTE am 31.01.

Abteilung: _Büfett_   Artikelgruppe: _Aufgussgetränke_

	Gegenstand	Kartei-Nr.	Anzahl	Einheit	einzel	gesamt	Bemerkung
					Inventurwert		
1	Kaffeemehl	101	4	kg	19,90	79,60	
2	Espressobohnen	103	7	kg	24,10	168,70	
3	Teebeutel	110	280	Beutel	0,07	19,60	

1 Erklären Sie den neuen Auszubildenden die Büfetteinrichtung Ihres Betriebes.

2 Entwerfen Sie zusammen mit Ihren Kollegen eine allgemeine Getränkekarte und eine spezielle Weinkarte.

3 Geben Sie Beispiele, wovon die Gliederung einer kombinierten Getränkekarte abhängig ist.

4 Welche Richtlinien gibt es für die Reihenfolge der Weine in der Weinkarte?

5 Welche Nennvolumen gibt es bei Flaschen für
 a) Erfrischungsgetränke, b) Bier, c) Wein?

6 Ordnen Sie den folgenden Getränken allgemein übliche Serviertemperaturen zu:
 a) Erfrischungsgetränke und Bier, b) Weißwein, Rotwein, Schaumwein,
 c) Liköre und Brände.

7 Welche Bedeutung hat für die Büfettkontrollen das Nummerieren von Getränken?

8 Warum ist es sinnvoll, bei Spirituosen Verkaufseinheiten festzulegen?

9 Welchem Zweck dient die Inventur am Büfett?

Magazin

Die verschiedenen Warenlager eines Hotels/Restaurants werden als Magazin bezeichnet. Neben der Küche und dem Servicebereich ist auch das Magazin für den wirtschaftlichen Erfolg des Betriebs wichtig: Durch effiziente Lagerhaltung können Waren- und Energiekosten minimal gehalten und dadurch Betriebsgewinne gesteigert werden.

Abb. 1 Kühllager

① Lagerarten und Lagerbedingungen

🇬🇧 types of storage and storage conditions

🇫🇷 entrepôts (m) et des conditions de stockage

Die Lager werden je nach Art der Ware in verschiedene Temperaturbereiche eingeteilt und haben je nach Hotel/Restaurant unterschiedliche Größen. In einigen Betrieben besteht das **Tiefkühllager** aus mehreren Räumen, andere haben nur Tiefkühlschränke, um ihre TK-Ware vorzuhalten.

1.1 Lagerarten

Im Allgemeinen werden folgende **Lagerarten** im Gastgewerbe unterschieden:

Bezeichnung	Temperaturbereiche	Beispiel für Waren
Tiefkühllager	Nicht wärmer als −18°C	Tiefgefrorenes
Fleischkühllager	1°C bis 4°C	Frisches Geflügel, frischer Fisch
Gemüsekühllager	4°C bis 7°C	Salat, Joghurt
Trockenlager	Raumtemperatur	Verpackung, Konserven

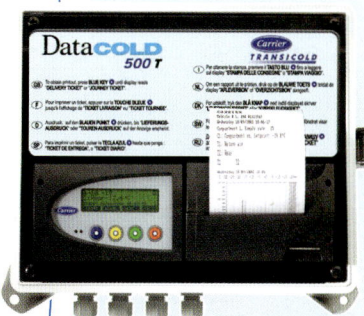

Abb. 2 Temperaturschreiber

Nicht in allen Restaurants sind alle Lagerarten vorhanden. Systemgastronomische Betriebe, die bei ihren Speisen nur tiefgefrorenes Fleisch verarbeiten, benötigen z. B. kein Fleischkühllager. Betriebe, die ausschließlich frische Produkte verwenden, haben selten Tiefkühllager.

Die EG-Verordnung 37/2005 schreibt vor, dass Lager für tiefgefrorene Lebensmittel mit einem gut einzusehenden **Thermometer** auszustatten sind. Die Temperatur soll täglich überwacht und dokumentiert werden. Diese **Dokumentation** ist mindestens für ein Jahr aufzubewahren. Besonders in der Systemgastronomie werden dafür häufig automatische Temperaturschreiber verwendet, die den Temperaturverlauf im Lager protokollieren. Bei Bedarf lässt sich ein Ausdruck dieser Daten erstellen.

> 🔴 Reinigungsmittel müssen mit Rücksicht auf Sicherheit und Hygiene in einem separaten Sicherheitslager verschlossen gelagert werden.

Das **Trockenlager** wird oft weiter unterteilt. Üblich ist eine Trennung in einen Food- und einen Non-Food-Bereich, in dem dann z. B. Trockenprodukte, Konserven, Verpackungsmaterialien, Tischdecken oder Geschirr gelagert werden.

1.2 Lagerbedingungen und Lagerverluste

Neben der Lagertemperatur beeinflussen auch andere Bedingungen die Qualität und die Haltbarkeit der Lebensmittel. Verdirbt eine Ware im Lager, handelt es sich um einen Lagerverlust. Um diesen zu vermeiden, müssen gute Lagerbedingungen geschaffen werden durch:

Nicht alle eingelagerten Produkte sind von allen Lagerverlusten betroffen

- Wahl der richtigen Temperatur
- Schaffung der richtigen Luftfeuchtigkeit
- Vorbeugung gegen Sonnen-/Lichtbestrahlung
- Vorbeugung gegen Geruchsübertragung
- Vorbeugung gegen Schädlingsbefall
- Vorbeugung gegen Überlagerung
- Vermeidung von Beschädigung/Bruch
- Vorbeugung gegen Entwendung

Lagerbedingung	Beispiel für betroffene Produkte	Fehler in der Lagerung	Mögliche Gegenmaßnahmen
Temperatur	Alle Tiefkühlprodukte	zu warm, z. B. 3 °C	Überwachung der Kühlhaustemperaturen
Temperatur	Obst und Gemüse	zu kalt, z. B. −5 °C	
Luftfeuchtigkeit	Mehl, Zucker (hygroskopische Lebensmittel)	zu feucht, z. B. Luftfeuchte > 90 %	Luftdicht verpacken
Luftfeuchtigkeit	Brot	Zu trocken, z. B. Luftfeuchte < 30 %	Möglichst luftdicht verpacken
Sonnenlicht	Fett, Obst und Gemüse	Direkte Bestrahlung	Fenster verdunkeln
Geruchsabsonderung/ Geruchsannahme	Pilze, Tee	Lagerung neben geruchsintensiven Produkten, z. B. Pfefferminztee, Gewürzen	Verschlossene Lagerbehälter, getrennte Lagerplätze
Schädlingsbefall	Teigwaren	Mäuse im Lager	Schädlingsbekämpfung
Überlagerung	Brot, Milchprodukte	Mindesthaltbarkeitsdatum (MHD) abgelaufen	Konsequente Lagerung nach Fifo-Prinzip (s. S. 351), MHD beachten
Beschädigung/Bruch	Kirschen im Glas, Spirituosen	Glasbruch	Wahl eines sicheren Lagerortes (z. B. unten im Regal), Regale nicht zu voll
Entwendung	Wertvolle Ware, z. B Spirituosen, Kaffee, Non-Food-Artikel	Diebstahl durch Mitarbeiter, Lieferanten	Regelmäßige Inventuren, Wegschließen der Ware

Aufgaben

❶ Welche Lagerarten gibt es in Ihrem Betrieb? Warum wurden sie eingerichtet? Wenn Lagerarten fehlen – warum wurden sie *nicht* eingerichtet?

❷ Welche Maßnahmen gegen Lagerverluste werden in Ihrem Betrieb unternommen? Erstellen Sie eine Liste mit Beispielen aus der Praxis.

❷ Warenlagerung

🇬🇧 warehousing 🇫🇷 magasinage (m)

2.1 Warenannahme

🇬🇧 receipt of goods 🇫🇷 réception (w) de la marchandise

Die Warenannahme stellt rechtlich den „Gefahrenübergang" vom Lieferanten zum Restaurant dar: mit dem Zeitpunkt der Warenannahme ist das Restaurant verantwortlich für die Qualität der Ware.

Für die Warenannahme gelten **betriebliche und gesetzliche Vorschriften**. Bei der Lieferung gekühlter und tiefgefrorener Lebensmittel z. B. darf auf keinen Fall die **Kühlkette** unterbrochen werden. In der Verordnung über tiefgefrorene Lebensmittel (TLMV) ist z. B. in § 2 Abs. 4 vorgeschrieben, dass vom Tiefgefrieren bis zum Verbrauch „die Temperatur ständig unter −18 °C oder tiefer gehalten" werden muss. Nur während des Versandes darf die Temperatur *kurzzeitig* höchstens −15 °C betragen.

Die **Warenannahme** erfolgt üblicherweise nach folgendem Schema:

- **Lieferant übergibt Lieferschein**
  - ➡ Ohne Lieferschein erfolgt keine Warenannahme!

- **Mitarbeiter vergleicht Lieferschein mit Bestellung**
  - ➡ Wird der richtige Lieferschein übergeben (richtige Filiale)? Fehlt Ware, die bestellt wurde? Wird die richtige Ware geliefert?

- **Mitarbeiter überprüft Qualität und Quantität (Menge) der Ware**
  - ➡ Haben alle Waren ein gültiges Mindesthaltbarkeitsdatum (MHD)? Stimmt die Menge der gelieferten Ware? Entspricht die Liefertemperatur der Ware den gesetzlichen und betrieblichen Bestimmungen? Sind die Ware und die Verpackung unbeschädigt?

- **Quittierung des Erhalts der Ware**
  - ➡ Wer die Ware angenommen hat, bestätigt mit seiner Unterschrift, dass die Quantität stimmt. Mängel und Bemerkungen sind ebenfalls auf dem Lieferschein zu vermerken.

- **Verräumen der Ware**
  - ➡ Nach einer geeigneten Lagerstrategie (s. u.) ist die Ware zu verräumen.

- **Erfassung der Ware im Warenwirtschaftssystem**
  - ➡ Mit Hilfe des Lieferscheines wird die angenommene Ware im Warenwirtschaftssystem des Restaurants erfasst.

Ein Beispiel für einen **Ablaufplan zur Warenannahme** folgt auf der nächsten Seite.

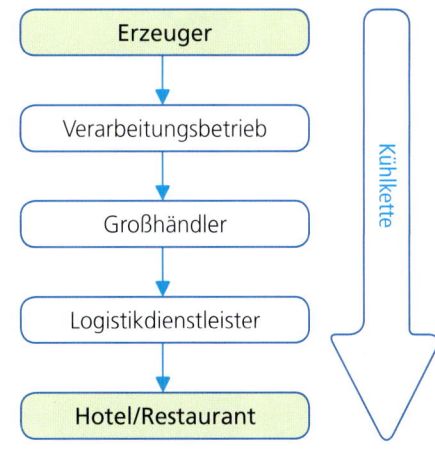

Abb. 1 Kühlkette nicht unterbrechen

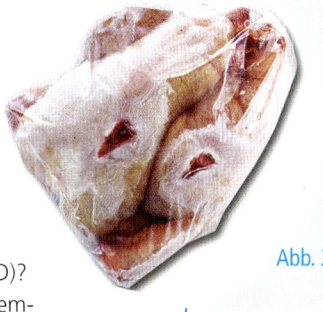

Abb. 2 Gefrierbrand bei beschädigter Umhüllung

Abb. 3 Kontrollpunkte bei der Warenannahme

Abb. 1 Spargel frisch   Spargel zu lange gelagert

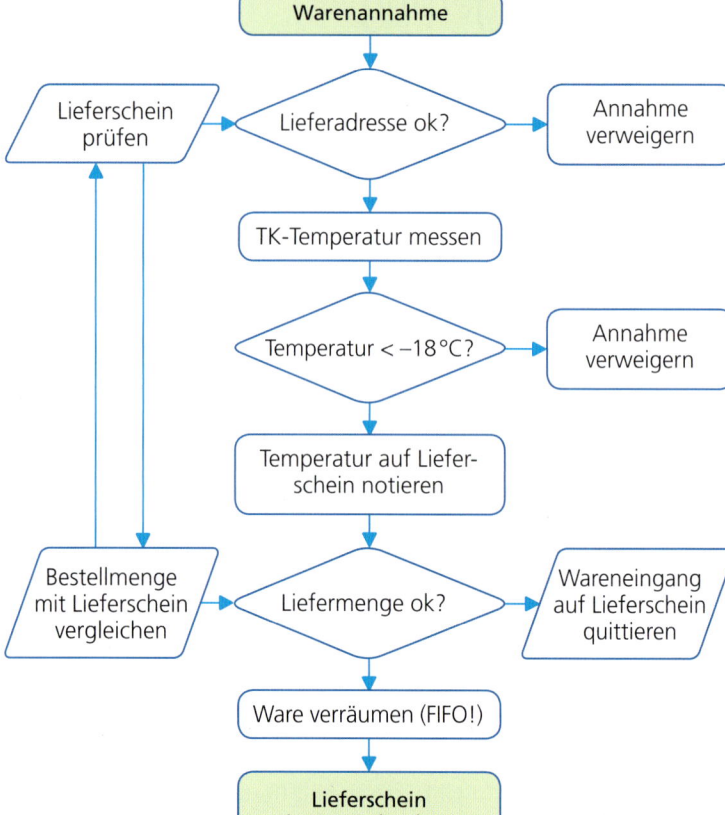

Warenannahme

Lieferschein prüfen → Lieferadresse ok? → Annahme verweigern

TK-Temperatur messen

Temperatur < −18 °C? → Annahme verweigern

Temperatur auf Liefer-schein notieren

Bestellmenge mit Lieferschein vergleichen → Liefermenge ok? → Wareneingang auf Lieferschein quittieren

Ware verräumen (FIFO!)

Lieferschein im Büro abgeben

Abb. 2 Kopfsalat frisch   Kopfsalat zu lange gelagert

Aufgaben

1. Was versteht man unter einer Kühlkette?

2. Für welche Lebensmittel gilt die Kühlkette? Welche Ausnahmen sind zulässig?

3. Wer ist für die Einhaltung der Kühlkette verantwortlich?

4. Wie wird die Einhaltung der Kühlkette überwacht?

5. Je nachdem, welche Person gerade damit betraut ist, läuft die Warenannahme unterschiedlich ab. Daher bekommen Sie von Ihrem Restaurantleiter den Auftrag, einen Ablaufplan zur Warenannahme zu erstellen. Fertigen Sie einen übersichtlichen Plan an, der sowohl Ihren betrieblichen Standards als auch den Bestimmungen zu Arbeitssicherheit und Hygiene gerecht wird.

Abb. 3 Schneebildung bei wechselnden Temperaturen

2.2 Mängel bei der Warenannahme

🇬🇧 defects on receipt of goods 🇫🇷 défauts (m) de la marchandise

Bestimmte offene Mängel der Ware schließen eine Warenannahme aus, andere führen zu einem Vermerk auf dem Lieferschein. Nach dem Handelsgesetz (§ 377 HGB) sind Unternehmer verpflichtet, die gelieferte Ware sofort bei der Annahme zu prüfen und gegebenenfalls zu reklamieren. Eine spätere Reklamation ist ausgeschlossen. Folgende Prüfungen sollten bei der Warenannahme stets durchgeführt werden.

Prüfung	Erlaubte Werte	Negativbeispiele	Folge bei Nichteinhaltung
Kontrolle des Mindest-haltbarkeitsdatums	• MHD > Lieferdatum	• MHD: 12. Mai • Lieferdatum: 17. Mai	• Verweigerung der Warenan-nahme
Kontrolle der Liefertemperatur	• Je nach Lagerort und Ware, vgl. Lagerarten und -bedin-gungen	• Chickenwings, TK Liefertemperatur: −12 °C	• Verweigerung der Warenan-nahme
Kontrolle der Warenart	• Betriebliche Standards geben die Warenart vor	• Statt Coca-Cola wird Pepsi-Cola geliefert. • Statt Pommes Normal-schnitt werden Pommes Wellenschnitt geliefert.	• i. d. R. Verweige-rung der Waren-annahme
Kontrolle der Güteklasse	• Betriebliche Standards geben Güteklasse vor	• Statt Äpfel der Klasse I werden Äpfel der Klasse II geliefert.	• i. d. R. Verweige-rung der Waren-annahme
Kontrolle der Menge	• Liefermenge muss mit der Bestellmenge überein-stimmen	• Statt 70 Dosen passierter Tomaten werden 50 gelie-fert. • Statt 20 kg Spargel werden 25 kg geliefert. • Die Stiege Zwiebeln wiegt nur 4,5 kg statt 5 kg.	• Vermerk auf dem Lieferschein • Nur Bestellmenge annehmen.
Kontrolle der Frische	• Obst und Gemüse fest, keine welken oder matschigen Stellen, Frischemerkmale bei Fisch, Fleisch rosarot, Schneebildung auf TK-Waren deutet auf zwischenzeitlichen Auftau hin	• Erdbeeren sind matschig. • Fisch riecht stark. • Ränder der Wurst sind eingerollt.	• Verweigerung der Warenan-nahme oder Annahme der einwandfreien Waren
Kontrolle der Verpackung	• Konservendosen haben keine Ausbeulungen • Kartons und Beutel sind nicht eingerissen • Keine Glasscherben oder gesprungene Gläser • Ware ist nicht verschmutzt	• Deckel an der Rindfleisch-dose wölbt sich. • Karton mit Servietten ist eingerissen und feucht. • Im Karton mit Sauerkirsch-gläsern befinden sich Glas-scherben. Ein Glas fehlt.	• Beschädigte Ware nicht annehmen, restliche Ware aufmerksam überprüfen.

2.3 Lieferschein

🇬🇧 delivery note 🇫🇷 bulletin (m) de livraison

Der **Lieferschein** ist die Grundlage sowohl für die buchhalterische als auch warenwirtschaftliche Abwicklung der Warenannahme. Ohne Lieferschein sollte keine Warenannahme erfolgen, da er als Kontrollbeleg für die getätigte Bestellung und die spätere Rechnung gilt.

● Versteckte Mängel, die sich erst zei-gen, wenn die Ware weiterverarbei-tet wird, müssen unmittelbar nach Entdeckung, spätestens sechs Monate nach dem Kauf, gerügt werden.

ZOLLNER®

WEBEREI · WÄSCHEFABRIK

Hotelberufsschule
Viechtach
Flurstraße 14
94234 Viechtach

LIEFERSCHEIN

Bei Schriftverkehr und Rückfragen unbedingt angeben:

Kunden-Nr.	Auftrags-Nr.	Datum
018665	76796	13.08.20..
		Blatt:

Wir liefern Ihnen zu unseren bekannten Liefer- und Zahlungsbedingungen

Auftrag vom 6. Oktober 20...

Versandart:

Pos.	Artikel-Bezeichnung	TK	Größe ca.cm	Stck. / Mtr.	Lagerplatz	Verpackungseinh./Inhalt
1	Nr:3000-3226	HI	50/70	200		4 à 50
	Frb:750-sortiert					
	Geschirrtuch				431-43KF	
	Qual. Delfin, Halbleinen, Zwirnkette					
	Komplettlieferung					

Ware vollständig erhalten,
am 16.10. ...
i.A. Th. Keßler

Ihr Fachberater:

Vertretung: Gierster Karl-Heinz
            94474 Vilshofen
            Tel. 08541 5518
            Fax 08541 58151

TK = Textilkennzeichnungsschlüssel
siehe Rückseite

Sollten Sie trotz ständiger Kontrollen Grund
zur Beanstandung haben, muss dies innerhalb 8 Tagen nach Erhalt der Ware erfolgen.
Teile in diesem Fall nicht waschen.

Zollner GmbH + Co.	Postfach 1140	Veldener Straße 4	Telefon 08741 306-0	Handelsregister:
Weberei ·Wäschefabrik	D-84131 Vilsbiburg	D-84137 Vilsbiburg	Telefax 08741 306-66	HRA 5521, AG Landhut

Der **Lieferschein** sollte folgende Angaben enthalten, die bei der Warenannahme zu überprüfen sind:

- Firmenname des Lieferanten
- Anschrift der belieferten Filiale
- Datum der Lieferung, ggf. Datum der Bestellung
- Bezeichnung der gelieferten Waren
- Menge der gelieferten Waren
- Raum für die Empfangsbestätigung

In der Regel ist der Lieferschein in doppelter Ausführung vorhanden. Eine Ausführung erhält der Lieferant unterschrieben als Empfangsbestätigung zurück. Das zweite Exemplar verbleibt im Betrieb und dient später zur Überprüfung der durch den Lieferanten ausgestellten Rechnung.

In manchen Fällen dient die mit der Ware bereits mitgelieferte Rechnung auch als Lieferschein.

2.4 Wareneingangsbuch

🇬🇧 purchase journal 🇫🇷 comptabilité (w) de biens

Jeder **Wareneingang** in einem Hotel/Restaurant muss aufgezeichnet werden. Dies ist gesetzlich in der **Abgabenordnung (AO)** vorgeschrieben.

Die Abgabenordnung ist das „Steuergrundgesetz" des deutschen Steuerrechts. Sie enthält die **grundlegenden Regelungen der Besteuerung:** von der Ermittlung der Besteuerungsgrundlagen über Festsetzung und Erhebung der Steuern bis zur Vollstreckung und dem Straf- und Ordnungswidrigkeitenrecht. (Die einzelnen Steuergesetze wie Einkommensteuergesetz oder Umsatzsteuergesetz enthalten dann die konkreten Bestimmungen zur Berechnung der Steuern.)

> **Auszug aus der Abgabenordnung (AO)**
>
> **§ 143 Aufzeichnung des Wareneingangs**
>
> (1) Gewerbliche Unternehmer müssen den Wareneingang gesondert aufzeichnen.
>
> (2) Aufzuzeichnen sind alle Waren einschließlich der Rohstoffe, unfertigen Erzeugnisse, Hilfsstoffe und Zutaten, die der Unternehmer im Rahmen seines Gewerbebetriebes zur Weiterveräußerung oder zum Verbrauch entgeltlich oder unentgeltlich, für eigene oder für fremde Rechnung, erwirbt; dies gilt auch dann, wenn die Waren vor der Weiterveräußerung oder dem Verbrauch be- oder verarbeitet werden sollen. Waren, die nach Art des Betriebes üblicherweise für den Betrieb zur Weiterveräußerung oder zum Verbrauch erworben werden, sind auch dann aufzuzeichnen, wenn sie für betriebsfremde Zwecke verwendet werden.
>
> (3) Die Aufzeichnungen müssen die folgenden Angaben enthalten:
> 1. den Tag des Wareneingangs oder das Datum der Rechnung,
> 2. den Namen oder die Firma und die Anschrift des Lieferers,
> 3. die handelsübliche Bezeichnung der Ware,
> 4. den Preis der Ware,
> 5. einen Hinweis auf den Beleg.

● Das in der Abgabenordnung (AO) geforderte **Wareneingangsbuch** lag früher als (hand-)schriftlich geführtes Protokollbuch vor. In modernen Restaurants wird heute normalerweise kein Buch mehr verwendet.

Heutzutage wird die Ware im betrieblichen Warenwirtschaftssystem (WWS) erfasst. Durch das WWS werden die rechtlichen Vorschriften eingehalten.

Bei der Erfassung der gelieferten Ware sind EDV-gestützte Artikelerfassungssysteme von besonderem Vorteil. Auf den Produkten sind sogenannte **Barcodes** aufgedruckt. Mithilfe eines tragbaren **Barcodescanners** werden die gelieferten Produkte einfach und schnell erfasst.

Der Laserstrahl des Scanners liest die Streifen des Barcodes und wandelt diese in eine Artikelnummer um. Die Artikelnummer wird automatisch ins betriebseigene Warenwirtschaftssystem übertragen; dort wird das zugeordnete Produkt als geliefert registriert.

Es gibt eine Reihe von Produkten, die nicht mit Barcodes versehen sind, z. B. frisches Gemüse oder frisches (nicht abgepacktes) Fleisch. Diese Artikel müssen bei der Erfassung des Wareneingangs von Hand ins Warenwirtschaftssystem eingetragen werden.

Abb. 1 Barcodescanner

2.5 Lagerfachkarte und Materialkonto

🇬🇧 inventory card and article account

🇫🇷 carte (w) de bac de stockage et de matière compte (w)

Zugang:
Ware wird angenommen und verbucht

Brathähnchen				
Datum	Vorgang	Zugang	Verbrauch	Bestand
1.10.	Übertrag			14
3.10.	Geflügel Schulze	48		62
5.10.	Anford. Küche		12	50

Verbrauch: Ware wird angefordert und ausgegeben.

Dafür ist die Lagerverwaltung verantwortlich.

Traditionell wird der Bestand an Waren mithilfe von **Lagerfach-karten** (s. links) überwacht. Die Lagerfachkarte befindet sich am Lagerort der Ware (z. B. am Regal oder am Schrank). Auf ihr wird bei der Warenannahme der **Zugang** eingetragen. Bei der Entnahme der Ware wird die entnommene Menge als **Abgang** notiert. Durch Addition der Zugänge und Subtraktion der Abgänge vom Anfangsbestand wird der Soll-Bestand ermittelt.

Mit der Einführung computergestützter Warenwirtschaftssysteme wurde die Lagerfachkarte durch das **Materialkonto** ersetzt. Zu-**gänge** werden beim Erfassen des Lieferscheines (Wareneingang) vom Warenwirtschaftssystem automatisch gebucht. Das Kassensystem erfasst die verkauften Speisen, berechnet die Zutatenmengen aufgrund der hinterlegten Rezepturen und vermerkt sie als **Abgänge** im Materialkonto.

Datum	Anfangs-bestand	Zugänge		Abgänge			Bestand		
		Waren-lieferung	Transfer-zugang	Verbrauch	Abfall/Verderb	Transfer-Abgang	Soll-End-bestand	Inventur-Bestand	Bestands-abwei-chung
Mo, 05.11.	82	425	0	112	3	0	392	390	−2
Di, 06.11.	390	0	0	135	5	0	250	25	1
Mi, 07.11.	251	0	0	142	7	40	62	22	−40
Do, 08.11.	22	500	0	160	10	0	352	390	38
Fr, 09.11.	390	0	40	137	2	0	291	291	0
Sa, 10.11.	291	0	0	128	1	0	162	162	0
So, 11.11.	162	0	0	141	1	0	20	20	0
Mo, 12.11.	20	400	0	98	0	0	322	319	−3
Di, 13.11.	319	0	0	121	2	0	196	194	−2
Mi, 14.11.	194	0	0	151	3	0	40	40	0
Do, 15.11.	40	550	0	172	8	0	410	412	2

Mögliche Zugangsarten von Lebensmitteln
- Lieferung durch einen Lieferanten
- Transfer aus einer anderen Filiale
- Einkauf von Lebensmitteln

Mögliche Abgangsarten von Lebensmitteln
- Verbrauch in Küche (Verkauf)
- Abfall/Verderb
- Transfer in andere Filiale
- Personalessen
- Kostprobe (Sampling)
- Eigenbedarf

Je ausgereifter die **Bestandsüberwachung** eines Betriebs ist, desto genauer werden die unterschiedlichen Warenzugangs- und -abgangsarten erfasst. Desto besser ist dann auch die Überwachung der Lagerkosten.

2.6 Lagerstrategien

🇬🇧 storage policy 🇫🇷 stratégie (w) de stockage

Strategien im Lager beschreiben, wie der **Prozess** für die Einlagerung und die Auslagerung abläuft. Das **Fifo-Prinzip** und das **Lifo-Prinzip** sind dabei für die Gastronomie von besonderer Bedeutung:

Fifo-Prinzip: First in – first out

Die Ware, die zuerst eingelagert wurde, wird auch zuerst wieder aus dem Lager entnommen. So veraltet die Ware nicht. Das Fifo-Prinzip muss für alle verderblichen Waren angewendet werden: Neue Ware mit einem längeren Mindesthaltbarkeitsdatum (MHD) wird hinter die alte Ware mit dem kürzeren MHD in das Lager einsortiert.

Lifo-Prinzip: Last in – first out

Das zuletzt Eingelagerte wird zuerst wieder aus dem Lager entnommen. Das Lifo-Prinzip ist in der Gastronomie nur bei nicht verderblicher Ware anwendbar, z.B. Trinkhalme oder Servietten.

Die Einlagerung nach dem Lifo-Prinzip ist prinzipiell schneller. Allerdings muss auch bei nicht verderblicher Ware zunächst geprüft werden, ob sie sich für die Einlagerung nach dem Lifo-Prinzip auch eignet. Beispielsweise könnten Pappbecher einen saisonalen Aufdruck haben, dann müssen sie innerhalb eines bestimmten Zeitraumes verbraucht sein – und nach dem Fifo-Prinzip gelagert werden.

● Fifo: Ältere Ware nach vorn – neue Ware nach hinten.

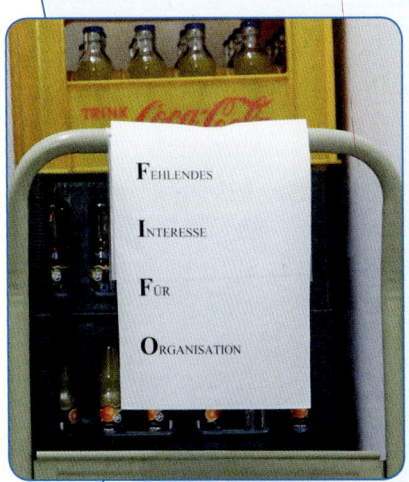

Abb. 1 Wie wichtig eine funktionierende Lagerstrategie ist, zeigt diese ironische Zurechtweisung: „Fehlendes Interesse Für Organisation".

2.7 Lagermethoden 🇬🇧 storage methods 🇫🇷 méthodes (w) de stockage

Lagermethoden beschreiben die **Organisation der Lagerplätze**. Die Warenwirtschaft unterscheidet zwischen den grundlegenden Methoden **Freiplatzsystem** und **Festplatzsystem**.

Bei dem flexiblen **Freiplatzsystem** wird dem Lagergut kein fester Lagerplatz zugeordnet. Die Paletten bzw. die Kartons mit den Gütern werden auf die jeweils nächsten freien Plätze im Lager gestellt. Die Lagerplätze erhalten dann Lagerplatznummern, um eine bessere Übersicht über die eingelagerten Waren zu gewähren.

Wenn eine Ware gebraucht wird, kann im Computer nachgeschlagen werden, wo sie sich befindet.

Beim **Festplatzsystem** wird jede Ware systematisch einem bestimmten Lagerplatz zugewiesen. Dieser Lagerplatz bleibt konstant, sodass alle Mitarbeiter wissen, wo sich die gesuchten Waren befinden. Produkte mit hoher Entnahmehäufigkeit sollten einen Lagerplatz mit kurzem Transportweg zugewiesen bekommen, um rationelles Arbeiten zu ermöglichen.

● Beispiel für ein Lagerplatznummernsystem:
12-02-05
steht für **12.** Gang, **2.** Regal, **5.** Regalebene.

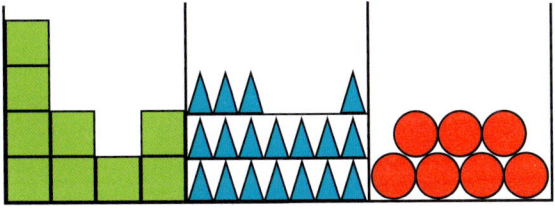

Abb. 2 Prinzip des Freiplatzsystems

Abb. 3 Prinzip des Festplatzsystems

Das Freiplatzsystem findet in gastronomischen Betrieben selten Anwendung. Eine feste Lagerordnung erleichtert den Mitarbeitern sowohl beim Einlagern und Entnehmen von Ware als auch bei Inventuren (s. S. 353) die Arbeit im Magazin.

MAGAZIN

„Ein jedes Ding an seinem Ort erspart viel Müh' und böses Wort." (Sprichwort).

Zentrallager der großen Zulieferer werden dagegen oft nach dem Freiplatzsystem verwaltet. Diese Methode hat vor allem dort Vorteile, wo viele unterschiedliche Produkte gelagert werden, bei denen die Lagermengen schwanken. Bei einem Festplatzsystem müsste man sonst für jedes Produkt viel (oft leere) Lagerfläche bereithalten.

Aufgaben

1. Welche Zugangs- und Abgangsarten von Lebensmitteln werden in Ihrem Restaurant erfasst? Kennen Sie die betrieblichen Bezeichnungen?

2. Erstellen Sie eine Liste von Waren aus Ihrem Betrieb, die nach dem Fifo- bzw. dem Lifo-Prinzip gelagert werden können.

3. Erstellen Sie eine tabellarische Übersicht zur Gegenüberstellung der Vor- und Nachteile des Freiplatz- und des Festplatzsystems.

4. Überprüfen Sie die These, dass „Produkte mit hoher Entnahmehäufigkeit so gelagert werden müssen, dass sie einen kurzen Transportweg haben." Überprüfen Sie diese These anhand der Lagerordnung in Ihrem Betrieb.

2.8 Lasten richtig bewegen

Wenn die beim Warentransport erforderlichen Bewegungen nicht richtig ausgeführt werden, kann die Wirbelsäule Schaden nehmen.

Was gefahren werden kann, wird nicht getragen. Das spart Arbeitskraft und Zeit, denn mit einem Weg werden wesentlich mehr Lasten bewegt.

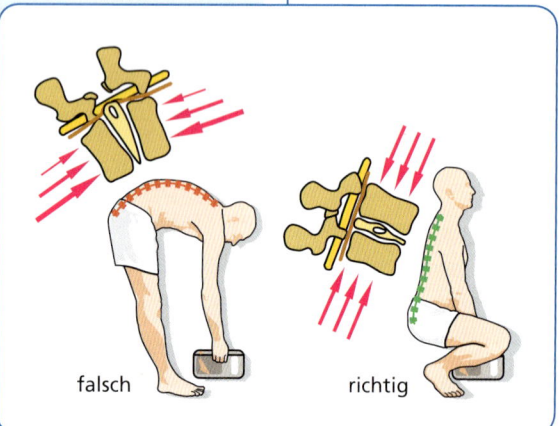

Abb. 1 Heben von Lasten

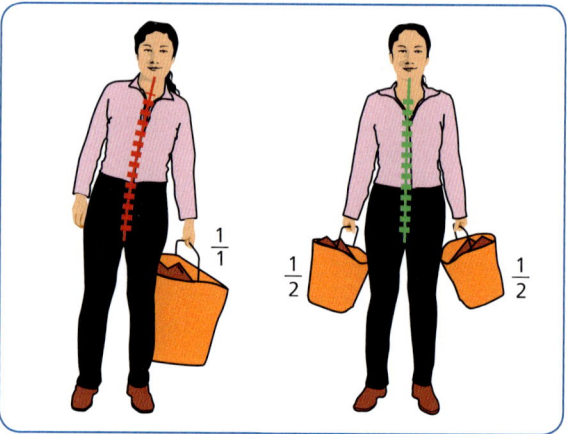

Abb. 2 Falsches und richtiges Tragen

Beim **Heben von Lasten** werden die Beine gespreizt, und die Last wird bei geradem Rücken aus der Hocke heraus aufgenommen. Die „Arbeit" leisten dabei die Bein- und Oberschenkelmuskeln. Weil der Rücken gerade bleibt, wird die Wirbelsäule geschont.

Beim **Tragen von Lasten** soll der Körper gleichmäßig belastet werden, damit keine Spannungen in der Wirbelsäule auftreten.
Die Last wird darum nach Möglichkeit auf beide Arme verteilt.

2.9 Lagerbestandskontrolle

🇬🇧 inventory check 🇫🇷 contrôle (m) de l'inventaire de location

Der Gesetzgeber schreibt eine regelmäßige Kontrolle der Lagerbestände aus steuerlichen Gründen vor (Handelsgesetzbuch HGB § 240 und Abgabenordnung AO §§140, 141). Das Zählen, Messen, Wiegen und Erfassen der aktuellen Warenbestände wird **Inventur** genannt. Sie muss mindestens einmal im Jahr am Ende des Geschäftsjahres durchgeführt werden (Jahresinventur). Viele gastronomische Betriebe erfassen den Bestand jedoch öfter. Dann wird das **Inventurintervall**, die Zeitspanne zwischen zwei Inventuren, kürzer: Monats-, Wochen- oder Tagesinventuren sind möglich.

Durchführung einer Inventur

Bei der Inventur werden Waren gezählt, gemessen oder gewogen und in Listen erfasst. Beim Einsatz eines Warenwirtschaftssystems wird vorher eine **Inventurliste** erstellt, die alle zu zählenden Artikel enthält. Aus Gründen der Zeitersparnis und zur Vermeidung von Zählfehlern sollte die Reihenfolge der Artikel auf der Liste der Ordnung im Lager entsprechen. Werden Waren an verschiedenen Stellen im Restaurant gelagert, muss die Inventurliste das Erfassen der Produkte an den verschiedenen Zählorten ermöglichen, ohne dass dabei ein Ort übersehen wird.

Anforderungen an eine Inventurliste:
- Enthält alle in diesem Inventurintervall zu zählenden Artikel
- Erfasst sämtliche Verpackungsgrößen (z. B. X Kartons zu Y Packungen zu Z Stück)
- Reihenfolge der Artikel auf der Liste entspricht der Reihenfolge der Artikel im Lager
- Möglichkeit zum Eintragen der Inventurmenge
- Trennen nach Zählorten

Öfter zählen sollte man:
- Wichtige, teure Produkte (besonders großer Anteil an den Wareneinsatzkosten)
- Produkte, die bei vergangenen Inventuren große Bestandsabweichungen hatten (gezählter Bestand anders als rechnerischer Bestand)

Bei kürzeren Inventurintervallen werden nicht alle Waren gezählt, sondern nur besonders sensible Produkte.

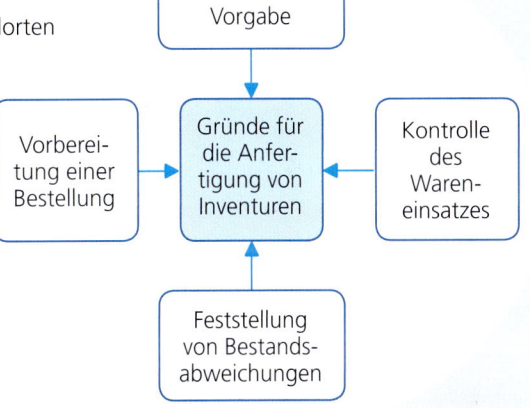

Beispiel für eine Inventurliste aus der Systemgastronomie:

Zählort: TK-Lager — INVENTURLISTE zur Tagesinventur vom 30.01.20XX

1	Hamburgerpatties	Paletten	Kartons	Stück
2	Promopatties	Paletten	Kartons	Stück
3	Hamburgerbuns	Körbe		Stück

Zählort: Zwischenlager (Auftauraum)

1	Hamburgerbuns	Körbe		Stück

Zählort: Küche

1	Hamburgerpatties	Paletten	Kartons	Stück
2	Promopatties	Paletten	Kartons	Stück
3	Hamburgerbuns	Körbe		Stück

Istbestand = Endbestand des Tages = Anfangsbestand des nächsten Tages

Sollbestand = Anfangsbestand + Zugänge (Lieferung) – Abgänge (Verbrauch).

Bestandskennzahlen

Bestandskennzahlen sind für die Steuerung und Kontrolle des Lagerbestandes wichtig.

Ist-Bestand und Soll-Bestand

Der durch die Inventur ermittelte Bestand eines Artikels wird **Ist-Bestand** genannt. Der Ist-Bestand der Inventur wird als *Endbestand* des Inventurintervalls erfasst (z. B. Jahresendbestand bei der Jahresinventur). Gleichzeitig ist er der *Anfangsbestand* für das nächste Inventurintervall.

Das Ergebnis aus Anfangsbestand plus der Summe aller Zugänge abzüglich aller Warenabgänge stellt am Ende des Inventurintervalls den **Soll-Bestand** dar. Nach der Inventur sollte dieser Bestand mit dem neuen Ist-Bestand übereinstimmen.

Datum	Anfangs-bestand	Zugänge		Abgänge			Bestand		
		Waren-lieferung	Transfer-zugang	Verbrauch	Abfall/Verderb	Transfer-Abgang	Soll-End-bestand	Inventur-Bestand	Bestands-abweichung
Mo, 05.11.	82	425	0	112	3	0	392	390	−2
Di, 06.11.	390	0	0	135	5	0	250	251	1

Bestandsabweichungen können nie ganz ausgeschlossen werden, sollten aber so gering wie möglich sein.

Die Differenz zwischen Soll-Bestand und Ist-Bestand wird als **Bestandsabweichung** bezeichnet. **Negative Bestandsabweichungen** bedeuten einen Verlust von Rohstoffen und damit eine Erhöhung der Wareneinsatzkosten. Daher wird nach Gründen für die Abweichungen gesucht, Gegenmaßnahmen werden eingeleitet.

Ursachen für Bestandsabweichungen und Gegenmaßnahmen

Auch **positive Bestandsabweichungen** können auf Probleme hinweisen, deren Ursache erforscht werden sollte.

Ursache	Gegenmaßnahme
Rezeptur falsch hinterlegt	Rezeptur in Warenwirtschaftssystem prüfen und ändern
Rezeptur nicht eingehalten: Mitarbeiter verbrauchen Zutaten anders, Geräte (z. B. Spender) dosieren falsch	Mitarbeiter hinweisen und trainieren, Geräte (Spender, Zapfanlagen) überprüfen und kalibrieren
Sonstige Abgänge nicht erfasst	Personalessen, Storetransfers, Samplings, Abfälle usw. erfassen
Fehler bei Erfassung der Warenannahme (falsche Ware registriert, Tippfehler)	Mitarbeiter zu höherer Sorgfalt anleiten, Kontrolle der erfassten Wareneingänge und Storetransfers im Warenwirtschaftssystem
Zählfehler bei Inventur	Ware im Lager suchen, ordentlich verräumen, alle Lagerorte überprüfen
Diebstahl	Mitarbeiter informieren, überprüfen, ggf. Polizei einschalten

Die Kennzahl Höchstbestand kann unter verschiedenen Gesichtspunkten betrachtet werden.

Höchstbestand

Der **Höchstbestand** ist der maximale Lagerbestand eines Artikels.
- Die Menge des Artikels, die maximal vorhanden sein **kann**.
  Mehr Platz im Lager oder Regal ist für den Artikel nicht vorgesehen.
- Die Menge des Artikels, die maximal vorhanden sein **soll**.
  Es sollen nie mehr Waren im Lager vorhanden sein, als bis zum Mindesthaltbarkeitsdatum verbraucht werden können.

Lagerkennzahlen

Das Lager bindet vom Wareneingang bis zum Verkauf der Speisen oder Getränke erhebliches Kapital. Eine regelmäßige vergleichende Bewertung durch Kennzahlen für **Lagerbestand** und **Lagerdauer** ist daher wichtig.

Für eine Lagerbewertung wird der **durchschnittliche Lagerbestand** für einen Abrechnungszeitraum berechnet. Meist wird dieser Mittelwert jährlich auf Grundlage der Monatsinventuren ermittelt.

Die **Umschlagshäufigkeit** sagt aus, wie oft ein Lager innerhalb eines Jahres (gedanklich) ganz leer und wieder gefüllt ist. Sie dient als Vorstufe zur Berechnung der Lagerdauer.

Die **durchschnittliche Lagerdauer** nennt die Anzahl der Tage, die eine Ware durchschnittlich im Lager ist. Dieser Wert ist besonders bei Frischware wichtig. Je kürzer die Lagerdauer, desto besser die Qualitätserhaltung.

Beispiel

Bei der Inventur des Lebensmittellagers ergaben sich folgende Werte: Anfangsbestand 33.000 €, Summe der 12 Monatsendbestände 240.000 €, Wareneinsatz/Warenverbrauch 231.000 €.

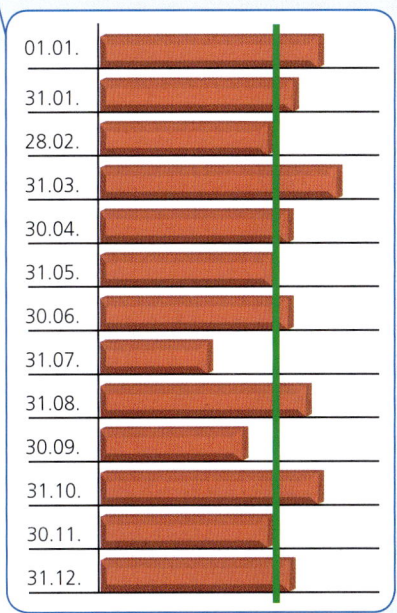

Abb. 1 Monatliche Inventuren und ihr Durchschnitt

Ø Lagerbestand

$$= \frac{\text{Anfangsbestand} + 12 \text{ Monatsendbestände}}{1 + \text{Anzahl Endbestände}}$$

$$\text{Umschlagshäufigkeit} = \frac{\text{Wareneinsatz}}{\text{durchschn. Lagerbestand}}$$

$$\text{Ø Lagerdauer} = \frac{360 \text{ Tage (ein Jahr)}}{\text{Umschlagshäufigkeit}}$$

Ø Lagerbestand

$$= \frac{33.000 \text{ €} + 240.000 \text{ €}}{1 + 12} = 21.000 \text{ €}$$

$$\text{Umschlagshäufigkeit} = \frac{231.000}{21.000} = 11$$

$$\text{Ø Lagerdauer} = \frac{360 \text{ Tage}}{11} = 33 \text{ Tage}$$

---

① Unterscheiden Sie positive und negative Bestandsabweichungen und nennen Sie jeweils zwei Ursachen.

② Welche Möglichkeiten gibt es, um den Lagerbestand zu bestimmen?

③ Erstellen Sie eine Inventurliste für einen Lagerbereich der Schule (oder Ihres Betriebs). Geben Sie dann diese Liste einem anderen Auszubildenden. Dieser soll die Liste dann anwenden, um ihre praktische Umsetzbarkeit zu prüfen. Verfahren Sie ebenso mit der Liste ihres Mitschülers. Welche Punkte sind Ihnen aufgefallen? Tauschen Sie anschließend Ihre Erfahrungen aus.

④ Die Buchführung des Hotels Königshof liefert folgende Werte:

01.01. 9.657,00 €				
31.01. 11.870,00 €	30.04. 11.621,00 €	31.07. 11.864,00 €	31.10. 6.756,00 €
28.02. 6.453,00 €	31.05. 8.879,00 €	31.08. 13.452,00 €	30.11. 11.829,00 €
31.03. 13.236,00 €	30.06. 9.682,00 €	30.09. 12.461,00 €	31.12. 8.973,00 €

Berechnen Sie den durchschnittlichen Lagerbestand.

⑤ Die Lagerbuchhaltung weist für das vergangene Jahr folgende Werte aus:

Anfangsbestand	15.200,00 €
Summe der Monatsendbestände	182.400,00 €
Wareneinsatz während des Jahres	258.400,00 €

Berechnen Sie die Lagerumschlagshäufigkeit und die durchschnittliche Lagerdauer in Tagen.

Aufgaben

③ Büroorganisation

 office organization organisation (w) de bureau

3.1 Schriftliche Arbeiten

Innerhalb der Ausbildung lernt man die unterschiedlichen Arten von berufsbezogenen schriftlichen Arbeiten kennen.

- **Karteien**, z. B. als Rezeptkartei im Abschnitt Arbeitsplanung, als Lagerfachkarte im Magazin
- **Arbeitsablaufpläne**
- **Checklisten**
- **Speise- und Getränkekarten**

3.2 Ablage- und Ordnungssysteme

Wenn innerhalb eines Betriebes ein Vorgang, z. B. eine Bestellung, ordnungsgemäß ausgeführt worden ist, dann werden alle zugehörigen Informationen in der **Ablage** aufbewahrt.

Dabei kann nach verschiedenen Arten geordnet werden. Man spricht von Ordnungsgrundsätzen oder Ordnungsprinzipien oder Ordnungssystemen.

Ordnungssysteme

Zunächst wird nach bestimmten Vorgängen unterschieden. Das können z. B. sein:
- *Personen,* wie Gäste oder Lieferaten
- *Vorgänge,* z. B. Frühlingsfest, Spargelwoche
Innerhalb dieser ersten Einteilung wird weiter unterteilt.

Alphabetisch geordnet ist eine Ablage, wenn nach den Anfangsbuchstaben z. B. der Lieferfirmen oder der Gäste geordnet wird. Auf **A** folgt **B** usw. Kommt ein Anfangsbuchstabe mehrmals vor, berücksichtigt man den Folgebuchstaben. Beispiel: Lieferant **Ber**hold steht vor **Bu**sch.

Chronologisch geordnet ist eine Ablage, wenn nach dem Datum abgelegt wird. Beispiele: eine Reservierung für einen Tisch im Restaurant, die Kontrolllisten, nach denen die betriebseigenen Kontrollen (HACCP) durchzuführen sind.

Alphanumerisch geordnet ist eine Ablage, wenn nach bestimmten Kennzahlen sortiert wird, die Buchstaben und Zahlen enthalten können. Möglich sind z. B. Rechnungs- oder Kundennummer.

Im geschäftlichen Bereich wird in den meisten Fällen der neueste Vorgang „oben auf" gelegt. Das bringt den Vorteil, dass man das Neue immer zuerst zur Hand hat. Man nennt das **kaufmännische Ablage**. Legt man dagegen das Neue immer hinten ab, wie z. B. in einem Fotoalbum, spricht man von **Buchablage**.

Ablagesysteme
Damit zusammenbleibt, was zusammengehört, verwendet man unterschiedliche Schriftgutbehälter.

- **Sichthüllen**

  dienen der raschen vorläufigen Aufbewahrung. Es gibt sie oben und an der Seite offen in verschiedenen Farben und Folienstärken.

- **Aktendeckel**

  sind aus gefaltetem Karton. Im Unterschied zu den Sichthüllen haben sie den Vor- oder Nachteil, dass man den Inhalt nicht sieht.

- **Schnellhefter**

  mit oder ohne durchsichtige Oberseite halten die Schriftstücke mit einem Heftstreifen zusammen.

- **Hängemappen**

  sind unten geschlossen und seitlich mit oder ohne Gewebestreifen. Sie hängen mit Haken in einem Rahmen und erlauben einen raschen Zugriff auf die Schriftstücke.

- **Ordner**

  sind aus starker Pappe gefertigt und in mehreren Breiten mit unterschiedlicher Mechanik verfügbar. „Selbststehende" Ordner kippen nicht und werden darum bevorzugt.

- **Archivschachteln**

  sind aus Pappe und werden für die staubfreie Altablage von Schriftgut verwendet.

4 Datenverarbeitung

data processing   informatique (w)

Mit Hilfe der Datenverarbeitung werden viele Arbeitsvorgänge automatisiert, die früher z. T. zeitaufwendig und mühsam erledigt werden mussten.

Die technischen Geräte, die der Datenverarbeitung dienen, werden **Hardware** genannt. Was ein Rechner kann, hängt von der **Software** ab.

Neben allgemeinen Programmen wie Textverarbeitung (z. B. Word) oder Tabellenkalkulation (z. B. Excel) gibt es die **Branchensoftware**. Darunter versteht man Programme, die eigens für bestimmte Aufgaben bestimmter Branchen, bestimmter Betriebszweige gemacht sind. Verbreitet sind im Gastgewerbe z. B. Bankett-Profi, Fidelio oder Protel.

Jede Datenverarbeitungsanlage arbeitet nach dem **E-V-A-Prinzip**.
Erfasst werden die Daten z. B. über die Tastatur oder den Scanner.
Verarbeitet werden die Daten durch bestimmte Programme.
Ausgegeben werden die Ergebnisse über Bildschirm oder Drucker.

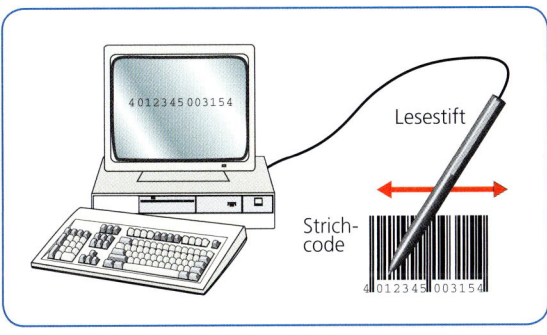

Abb. 1 Barcodeleser

4.1 Geräte (Hardware)

equipment   appareils (m)

Mit Hilfe von **Eingabegeräten** gelangen die Daten in den Rechner. Neben der
- **Tastatur** und der
- **Maus** dient dazu auch der
- **Scanner**, vergleichbar einem Kopiergerät.
- **Barcodeleser** können die Informationen aus Strichcodes übernehmen.
- **Handterminals** können z. B. im Service verwendet werden, um Bestellungen direkt vom Tisch des Gastes aus in das System einzugeben.

Ausgabegeräte sind vorwiegend
- **Bildschirm** und
- **Drucker.** Neben dem üblichen Drucker kennt man auch einen besonderen Bondrucker, der direkt bei der Küche oder am Getränkebüfett ausdruckt.

Von **Datenkommunikation** oder **Netzwerk** spricht man, wenn die Geräte vernetzt sind, wenn gleichsam der eine Rechner weiß, was auf dem anderen gemacht wird. Software und Daten können zentral auf einem sogenannten Server abgelegt werden. Alle PCs und Terminals greifen hierauf zu.

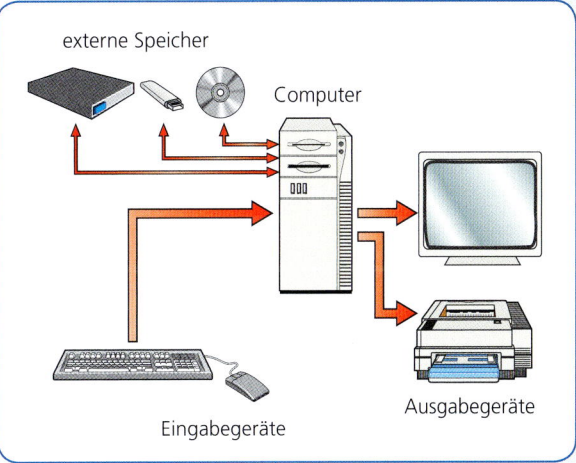

Abb. 2 Computersystem

Die wichtigste Art des Netzwerkaufbaus ist heutzutage das **Client-Server-Modell**. Hierbei stellt ein **zentraler Server** verschiedene Dienste für **unterschiedliche Arten von Clients** zur Verfügung.

Die Clients können kabellose Bestellterminals für die Servicekräfte sein, der Barcodeleser des Magazinverwalters oder der Bürocomputer des Restaurantleiters. Netzwerke können dabei auf ein Restaurant begrenzt sein (Local-Area-Networks, kurz LAN) oder mehrere Filialen bzw. ganze Restaurantketten miteinander verbinden (Wide-Area-Networks, kurz WAN).

Steht das Netzwerk nur den Mitarbeitern des Restaurants oder der Restaurantkette zur Verfügung, ist also nur für den internen Einsatz gedacht, spricht man von einem **Intranet**.

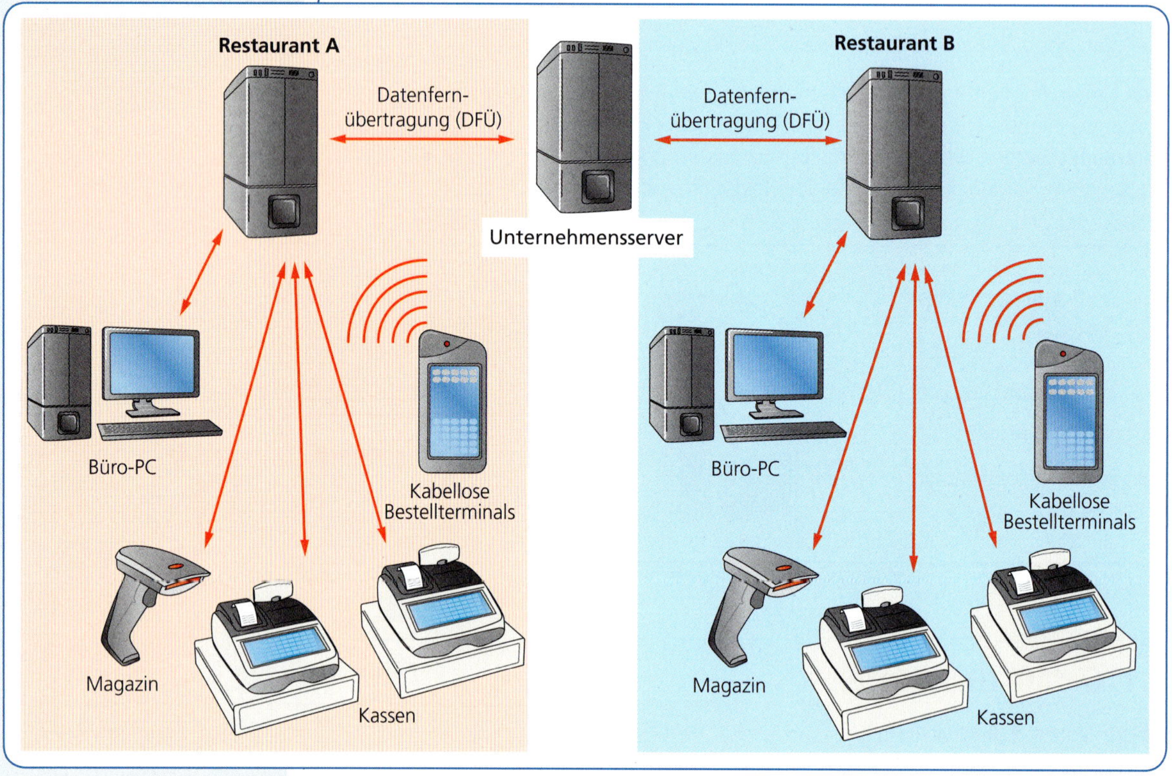

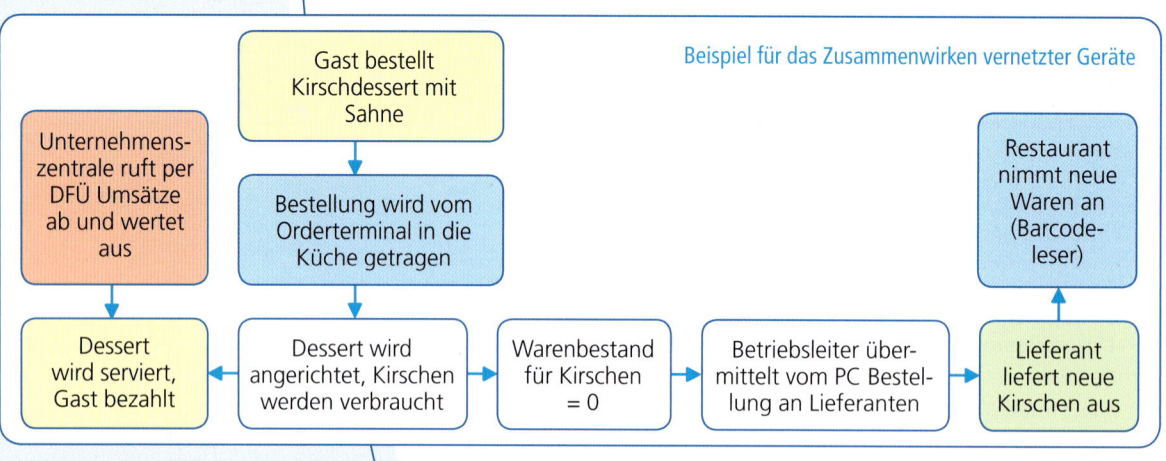

Abb. 1 Client-Server-Modell einzelner Restaurantfilialen (LAN) mit Datenfernübertragung zum Hauptserver der Restaurantkette (WAN).

4.2 Software 🇬🇧 software 🇫🇷 logiciel (m)

Was eine EDV-Anlage „kann", hängt von der installierten Software ab.

- **Standardsoftware** ist
  - Textverarbeitung, z. B. Word
  - Tabellenkalkulation, z. B. Excel
  - Datenverwaltung, z. B. Access
- **Branchensoftware** ist speziell für eine Branche oder Teilbereiche entwickelt, z. B.
  - Kassensysteme, so genannte Kellnerkassen,
  - Veranstaltungssoftware, z. B. Bankett-Profi,
  - Rezeptverwaltung
- **Individualsoftware** ist für einen bestimmten Betrieb oder für ein besonderes Problem erstellte Software.

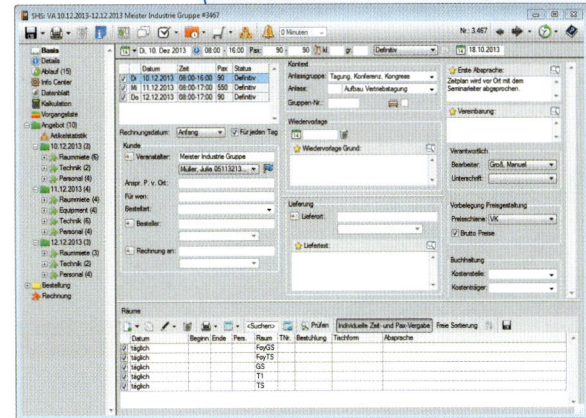

Abb. 1 Branchensoftware BANKETTprofi

4.3 Datensicherung und Datenschutz

🇬🇧 data security 🇫🇷 protection (w) des données

Unter **Datensicherung** versteht man alle Maßnahmen zu Sicherung der Datenbestände. Die Sicherung von Daten ist unbedingt notwendig, denn diese können

- zufällig verloren gehen, z. B. durch eine falsche Bedienung der Tastatur, einen kurzfristigen Stromausfall,
- absichtlich verfälscht oder zerstört werden.

Dem wird durch unterschiedliche Verfahren der Datensicherung entgegengewirkt.

- Eine automatische Abspeicherung der Daten während der Arbeit kann über die Systemsteuerung in den Rechner eingegeben werden. Das sichert für den Fall einer Störung, dass nur die Daten seit der letzten automatischen Sicherung verloren gehen.
- Eine Gesamtsicherung oder Tagessicherung wird auf einem anderen Medium angelegt. Man nennt das **Backup**. Damit sind die Daten außerhalb des Computers gesichert und von diesem Gerät völlig unabhängig.

Abb. 2 Externe Festplatte zur Datensicherung

Für **Datensicherungen** stehen verschiedene Medien zur Verfügung, die für den Einzelfall auf ihre Eignung überprüft werden müssen. Folgende Fragestellungen sollten dabei berücksichtigt werden:

- **Wie oft** werden die Daten gesichert (bei jeder Änderung, stündlich, täglich, wöchentlich)?
- **Wie groß** ist die Menge zu sichernder Daten?
- **Wo** sollen die Daten gesichert werden (vor Ort, in der Zentrale, im Internet)?
- **Welche gesetzlichen** Aufbewahrungsvorgaben bzw. -pflichten gelten? (Kaufmännische Belege müssen in der Regel 10 Jahre aufbewahrt werden, aber nicht alle Speicherformate überdauern 10 Jahre.)
- **Wie werden** die gesicherten Daten gegen unbefugten Zugriff **geschützt**? (Möglich sind einfache Kopien bis hin zu aufwendig verschlüsselten Dateien.)
- **Wer** übernimmt die Sicherung? **Wer** kann Daten wiederherstellen? (Wird eine Fachfirma beauftragt oder erledigen die Mitarbeiter dies selbst?)

Der Datenschutz schützt personenbezogene Daten vor Missbrauch. Die Bestimmungen des Datenschutzgesetzes versuchen einen Ausgleich zwischen dem Schutz der Persönlichkeit und dem Recht auf Informationen von Institutionen zu schaffen. Beispiel Hotels, die die Anschriften für Werbeaktionen nutzen wollen.

PROJEKT

Arbeiten im Magazin

Ihr Haus plant eine Aktionswoche unter dem Motto:
Aus Neptuns Reich
Sie sollen im Rahmen Ihrer Ausbildung bei dieser Aktion mitwirken.

Angebote einholen und vergleichen

1 Welche Möglichkeiten hat man, umfassende Angebote einzuholen?

2 Angenommen, Sie suchen über eine Suchmaschine im Internet.
Welche Begriffe/Suchworte können rasch zu brauchbaren Ergebnissen führen?

3 Für das Tagesgericht Heilbutt nach Art der Herzogin rechnet man mit 65 Portionen
je 180 g Fischfilet. Der Vorbereitungsverlust wird mit 35 Prozent angenommen.
Wie viel kg Heilbutt sind zu bestellen?

4 Im Rahmen der Aktionswoche bieten wir hausgebeizten Lachs.
Es liegen zwei Angebote vor.
Angebot A: Lachs als ganzer Fisch zu 4,90 €/kg. Aus Erfahrung ist mit 45 Prozent Verlust
beim Filetieren zu rechnen.

Angebot B: Lachsseite zu 9,40 €/kg. In diesem Fall entstehen keine Verluste.

Berechen Sie den Preisunterschied je kg.

5 „Ein preisgünstiges Gericht, bei dem die Materialkosten nicht höher sind als 2,40 €,
muss in unser Angebot." Das gebratene Filet soll 180 Gramm wiegen.
Man rechnet mit einem Bratverlust von 28 Prozent. Der Preis bestimmt also die Fischart.
Wie viel € darf ein kg Fischfilet im Einkauf höchstens kosten?

Ware annehmen

Die bestellte Ware wird geliefert. Sie sind beauftragt, diese anzunehmen.

1 Welche Schriftstücke benötigt man bei einer korrekten Warenannahme?

2 Worauf achten Sie bei der Warenannahme? Welche Punkte kontrollieren Sie?

3 Es waren 60 Seezungen bestellt. Geliefert werden zwei Behältnisse mit je 20
Seezungen. Was werden Sie unternehmen?

4 Die frischen Seezungen sind nicht von crushed Eis umgeben. Darum prüfen Sie die
Temperatur und stellen fest: + 7 ° C. Wie haben Sie zu handeln?

5 Wie werden Frischfische aufbewahrt?

6 Nennen Sie für die folgenden Waren jeweils einen Lagerort und die
Lagerbedingungen: Frostfisch, Räucheraal, Dose mit Bismarckheringen,
Mayonnaise, Crème fraîche für Salate.

Zwischenprüfung

Die Verordnungen der die Berufsausbildung im Gastgewerbe und die zum Koch/zur Köchin sehen nach einem Ausbildungsjahr eine **Zwischenprüfung** vor. Zu den Berufen im Gastgewerbe zählen u. a. die Fachkraft im Gastgewerbe, Restaurantfachmann/Restaurantfachfrau, Hotelfachmann/Hotelfachfrau und Fachmann/Fachfrau für Systemgastronomie.

Für diese Berufe ist in der Ausbildung eine gemeinsame Grundstufe vorgesehen, und darum sind auch die Bestimmungen für die Zwischenprüfung vergleichbar. Ein Auszug aus den Bestimmungen, die für alle Berufe gelten:

Zwischenprüfung

(3) In höchstens drei Stunden soll der Prüfling eine praktische Aufgabe bearbeiten. Dabei soll er zeigen, dass er Arbeiten planen, durchführen und präsentieren, die Ergebnisse kontrollieren und Gesichtspunkte der Hygiene, des Umweltschutzes, der Wirtschaftlichkeit und der Gästeorientierung berücksichtigen kann. Hierfür kommen insbesondere in Betracht:
1. Planen von Arbeitsschritten,
2. Anwenden von Arbeitstechniken und
3. Präsentieren von Produkten.

Vergleichen Sie zu diesen Prüfungsinhalten die Lerngebiete im Buch:		Bewertungen
• Planen von Arbeitsschritten	➡ Umrechnen von Rezepten, Seite 162 ➡ Arbeitsablaufplan, Seite 53/57	100 Punkte
• Anwenden von Arbeitstechniken	➡ Grundtechniken der Küche, Seite 136 ➡ Garverfahren, Seite 140 ➡ Zubereiten einfacher Speisen, Seite 167	100 Punkte
• Präsentieren von Produkten	➡ Grundkenntnisse im Service, Seite 216 ➡ Beschreiben von Speisen, Seite 157	100 Punkte

Themen

Beispiele Gastgewerbe
Sie werden beauftragt, eine **Warenlieferung anzunehmen**. Welche Bereiche sind bei der Warenannahme zu kontrollieren? Nennen Sie auf der vorgegebenen Warenliste die für die Lagerung vorgeschriebenen Mindesttemperaturen.

Bereiten Sie für eine Person **Rühreier mit Schinken auf Toast und Joghurt mit Früchten** zu.

Decken Sie einen Tisch für ein erweitertes Frühstück. Servieren Sie die Zubereitungen und beraten Sie die Gäste.

Zwischenprüfung (Fortsetzung)

Beispiel Gastgewerbe

Situation: Sie arbeiten in einem Hotel der gehobenen Kategorie und sind seit einiger Zeit zum Frühstücksdienst eingeteilt.

Aufgabe 1a: Nennen Sie vier Punkte, die bei der Annahme von Waren bei der Anlieferung zu beachten sind.

1. _____   3. _____

2. _____   4. _____

Aufgabe 1b: Eine Lieferung umfasst die in der folgenden Liste genannten Waren. Ergänzen Sie jeweils die Mindest-Lagertemperatur und den entsprechenden Lagerraum.

Ware	Lagertemperatur	Lagerraum
Frischkäse		
Eier		
Räucherlachs		
Müsli		
Bananen		
…		

Aufgabe 2: Bereiten Sie Rührei mit Schinken für zwei Personen zu.

Aufgabe 3: Im Restaurant ist ein Tisch für zwei Personen zum Frühstück einzudecken. Decken Sie zuerst den Tisch für zwei Personen ein. Präsentieren Sie dort Ihre Zubereitung und beantworten Sie die gastorientierten Fragen der Prüfungskommission.

1 Führen Sie zumindest die Aufgaben 1 und 3 der Prüfungsanforderungen aus.

2 Fragen Sie Ihre KollegInnen, welche Aufgaben sie zu bearbeiten hatten. Das ist eine gute Möglichkeit vergleichbare Aufgaben zu üben.

3 Üben Sie das Präsentieren und neben dem richtigen Eindecken auch die Gästeorientierung. Es wird erwartet, dass Sie das Gericht verkaufsfördernd anbieten können und auf Nachfragen über die verwendeten Rohstoffe und die Zubereitung Auskunft geben können.

4 Bitten Sie einen Kollegen/eine Kollegin, die Gastrolle zu übernehmen. Üben Sie sprachlich das Anbieten der Speise, lassen Sie sich mit Nachfragen über die Zubereitung und den Geschmack „löchern".

① Kaufmotive

🇬🇧 motivation of buying 🇫🇷 motifs (m) d'achat

Der amerikanische Psychologe und Motivationsforscher Abraham H. **Maslow** gewann die Erkenntnis, dass menschliche Motive (Beweggründe) nicht gleichrangig sind, sondern in unterschiedlichen Dringlichkeitsstufen in Erscheinung treten. Diese hat er in seiner „Bedürfnispyramide" veranschaulicht und in **Primär- und Sekundärbedürfnisse** gegliedert. Erst wenn die Grundbedürfnisse (= Primärbedürfnisse, unterste Stufe) befriedigt sind, wendet sich der Mensch den nächsten Bedürfnisstufen zu (Sekundärbedürfnisse).

Diese wissenschaftlichen Erkenntnisse können den Service-Mitarbeitern helfen, ihre Gäste besser zu verstehen. Es gelingt dann leichter, sich individuell auf Gäste einzustellen und die Erwartungshaltungen der Gäste mit einem Qualitätserlebnis auszufüllen.

Stufe 5: Kreativitätsbedürfnisse	Streben nach Eigenverwirklichung, Entfaltung individueller Fähigkeiten, Umsetzung des eigenen Leistungsvermögens
Stufe 4: Differenzierungsbedürfnisse	Wunsch nach Status, Achtung, Stärke, Einfluss, Kompetenz, Aufstiegsmöglichkeiten, Abgrenzung zu anderen (Verhalten in der Gruppe und gegenüber Mitarbeitern)
Stufe 3: Soziale Bedürfnisse	Wunsch nach Gruppenzugehörigkeit, sozialer Anerkennung, Leistungsbestätigung durch Gruppen, Freundschaften
Stufe 2: Sicherheits- und Schutzbedürfnisse (ab Stufe 2: **Sekundärbedürfnisse**)	Wunsch nach persönlicher Sicherheit (z. B. Unfallschutz, Brandschutz, hygienisch einwandfreie Lebensmittel), Schutz von Besitz und Eigentum (z. B. funktionierende Schließsysteme), Abwendung von Gefahren aller Art
Stufe 1: Grundbedürfnisse, Physiologische Bedürfnisse (Stufe 1: **Primärbedürfnisse**)	Stillen der Bedürfnisse wie Hunger, Durst, Ruhe, Bewegung, Erholung, Schlaf, Sexualität, körperliches Wohlbefinden

Bedürfnispyramide nach Maslow mit Beispielen

2 Qualität im Service

🇬🇧 high quality service 🇫🇷 qualité (w) du service

Ein Hotel begrüßt seine neuen Service-Mitarbeiter mit einer Info-Broschüre:

Warum Ihre Aufgabe im Service so wichtig ist!
Unsere Gäste wollen sich bei uns wohlfühlen, sie wollen freundlich und zuvorkommend, in angenehmer Atmosphäre kompetent bedient werden! Hier liegt Ihre besondere Verantwortung als Servicekraft, denn nur Sie und Ihre Abteilungskollegen haben direkten Gastkontakt, im Gegensatz zu den Mitarbeitern in Küche und Verwaltung.

Ihre **Freundlichkeit**, Ihr Einsatz und Ihr Auftreten sind mit entscheidende Faktoren dafür, wie der Gast die Qualität und den Ruf unseres Hauses erlebt und einstuft. Ihre gute Arbeitsleistung im Team sichert die Qualität und damit den Fortbestand Ihres Ausbildungsbetriebes – und somit auch Ihres Arbeitsplatzes!

Warum Ihre Aufgabe nicht einfach ist!
Sie wissen nicht, mit welchen Erwartungen unsere Gäste zu uns kommen und wie diese **Erwartungshaltungen** zustande kamen. Unsere Gäste sind alle unterschiedlich. Auf sie entsprechend einzugehen, will gelernt sein. Bedenken Sie bitte dabei:
- **Der Gast** ist die wichtigste Person für unseren Gastronomiebetrieb. Egal ob er im Hause anwesend ist, ob er gerade anruft, oder ob Sie seinen Brief lesen.
- **Er** ist nicht von uns abhängig, sondern wir von ihm.
- **Er** stört uns nicht bei der Arbeit, sondern ist Sinn, Zweck und Inhalt, also Mittelpunkt unserer Arbeit.
- **Er** ist kein Fremder, sondern ein lebendiger Bestandteil unseres Geschäftes. Wenn wir seine Wünsche erfüllen, tun wir ihm keinen Gefallen. Er tut uns einen Gefallen, wenn er sich seine Wünsche von uns erfüllen lässt.
- **Er** ist keine Nummer, sondern ein Mensch aus Fleisch und Blut, mit Eigenschaften und Stimmungen, wie wir sie auch haben.
- **Er** kommt nicht zu uns, um Streitgespräche zu führen oder seine Intelligenz messen zu lassen.
- **Er** hat einfach das Recht, seine Meinung zu äußern.
- **Er** legt uns seine Wünsche vor. Unsere Aufgabe ist es, diese Wünsche sowohl für ihn als auch für uns gewinnbringend zu erfüllen.

Wenn sich die gesamte Service-Abteilung verbessern möchte, um das Qualitätserlebnis der Gäste zu steigern, so ist jeder einzelne Mitarbeiter gefordert.

Erkennen von und Wissen über Schwachstellen
Typische Schwachstellen im Service sind:
- **Unfreundlichkeit** gegenüber Gästen und Kollegen
- **Unkonzentriertheit** beim Arbeiten
- **Mangelnde Informiertheit** ergibt schlechte Beratung
- **Mangelnde Identifikation** mit den Zielen des Hauses

Der Service ist erfolgreich, wenn es gelingt, die Erwartungen der Gäste mit einem Qualitätserlebnis zu erfüllen.

Es wird ein hohes Maß an Einfühlungsvermögen und situationsbedingter Anpassungsfähigkeit verlangt. Die Leistungsbereitschaft darf nicht nachlassen und die Leistungsfähigkeit sollte ständig verbessert werden.

Auswirkungen bei Misserfolgen
Gelingt es uns nicht, auf unsere Gäste einzugehen, so haben wir unzufriedene Gäste. Diese werden in ihrem Bekanntenkreis darüber sprechen, der Ruf des Hauses leidet.

Negativ-Berichte haben einen 10-mal größeren Multiplikator als positive Meldungen. Hier liegt eine große Gefahr!

Um die Schwachstellen auszugleichen, ist persönlicher Einsatz gefragt!

❸ Umgang mit Gästen

🇬🇧 manner of dealing with guests 🇫🇷 manière (w) de traiter des clients

Unter Gästetypologie versteht man die Einteilung von Gästen nach Menschentypen. Einerseits soll die Einteilung helfen, Gäste schneller und genauer einzustufen, mit dem Ziel, sie problemlos bedienen zu können. Andererseits sollte ein „Schubladendenken" vermieden werden, wohl wissend, dass jeder Mensch einzigartig ist.

3.1 Gästetypologie* – Sieben Gästegrundtypen … und Empfehlungen zum Umgang mit diesen Gästen

Der selbstbewusste, entschlossene Gast (Abb. 1)

Er ist schon an der Art, wie er geht, am Ausdruck seiner Augen und an seinem Mienenspiel zu erkennen. Seine ganze Haltung drückt Entschlossenheit aus, die sagt: „Ich weiß, was ich will!"

Empfehlungen
Treten Sie ihm ruhig aber sicher entgegen. Bedienen Sie ihn schnell, denn Wartezeiten würden ihn verärgern. Geben Sie ihm die Karte und nehmen Sie gleich die Bestellung auf. Drängen Sie ihm keinen Rat auf. Seien Sie vorsichtig mit Empfehlungen. Behalten Sie ihn ständig im Auge, räumen Sie gleich ab und fragen Sie, ob er zufrieden war.

Der unsichere, unentschlossene Gast (Abb. 2)

Wenn er das Restaurant betritt, verweilt er meist zögernd. Fast ängstlich blickt er um sich. Er geht langsam, mit unsicheren Bewegungen. Sein Gesicht drückt Befangenheit aus.

Empfehlungen
Helfen Sie ihm unbedingt bei der Wahl des Sitzplatzes. Empfehlen Sie nur wenige Speisen und Getränke und bieten Sie nicht zu viele Möglichkeiten an. Formulieren Sie Ihre Vorschläge so klar, dass Sie seine Entscheidungsfindung erleichtern. Vermeiden Sie jede Hektik, strahlen Sie Ruhe und Freundlichkeit aus.

Der redselige, stets gut gelaunte Gast (Abb. 3)

Schon nach Betreten des Restaurants knüpft er ein Gespräch an, das auch nicht unterbrochen wird, wenn er Platz genommen hat. Selbst beim Studieren der Speise-/Getränkekarte redet er fast unentwegt.

Empfehlungen
Zeigen Sie sich bei seinen „Ausführungen" interessiert, das Gegenteil würde ihn verletzen. Vermeiden Sie persönliche Stellungnahmen, das würde die Redelust fördern. Versuchen Sie, den Gast möglichst geschickt und höflich aufs Verkaufsgespräch zu bringen. Lassen Sie sich Ihre eventuelle Ungeduld nicht anmerken. Entschuldigen Sie sich höflich, wenn andere Gäste etwas wünschen, das könnte zu einer schnelleren Bestellung führen.

* Prof. Edgar E. Schaetzing: „Aktiver Verkauf im Service", Rhenania Fachverlag

Wenn hier dennoch Gäste in sieben Grundtypen eingeteilt werden, so ist klar, dass diese in reiner Form kaum vorkommen. Vielmehr neigen wir Menschen, als sogenannte gemischte Typen, mehr oder weniger zum einen und/oder zum anderen Typus.

Welche der Eigenschaften wie stark vorherrschen, das bestimmt die Zuordnung zu den folgenden sieben Grundtypen.

Der aufgeregte, nervöse Gast (Abb. 1)

Er fällt durch seine Hast und Eile auf. Wenn man ihm keine Beachtung schenkt, wird er leicht aufgeregt. Wenn er am Tisch etwas warten muss, wird er ungeduldig und klopft auf die Tischplatte. Dass andere Gäste vor ihm da waren, interessiert ihn nicht. Er verlangt schnell nach der Geschäftsleitung.

Empfehlungen

Versuchen Sie nicht, ihn mit eigener Gelassenheit zu beruhigen, das zieht nicht. Stellen Sie nur kurze, präzise Fragen und beschleunigen Sie somit Ihr Servicetempo. Widersprechen Sie ihm nicht, das macht ihn nur nervöser. Seien Sie nicht beleidigt und nehmen Sie es nicht persönlich, wenn dieser Gast schimpft. Zeigen Sie ihm, dass Sie für ihn alles und noch dazu schnell erledigen.

Der argwöhnische, misstrauische Gast (Abb. 2)

Dieser Typ ist äußerst schwierig, sieht er doch überall Betrug und Übervorteilung und bildet sich ein, hintergangen zu werden. Man erkennt ihn leicht an seinem Mienenspiel, dem ironischen Lächeln, an seinen kritischen Äußerungen auf Empfehlungen von Servicemitarbeitern.

Empfehlungen

Nehmen Sie sein Misstrauen nie persönlich, sonst wird es Ihnen nicht gelingen, eine Vertrauensbasis aufzubauen. Seien Sie vorsichtig mit Empfehlungen, Sie könnten seinen Argwohn provozieren. Wenn Sie empfehlen, dann nur mit präzisen Formulierungen und genau so, wie die Speisen sind. Er wird es genau überprüfen. Behandeln Sie ihn so, dass er glaubt, sich bei Ihnen noch am wohlsten zu fühlen.

Der knauserige, geizige Gast (Abb. 3)

Er lebt offensichtlich in ständiger Sorge, zu viel Geld auszugeben, natürlich auch für Speisen und Getränke. Servierkräfte spotten gern über ihn. Aber auch solche Gäste haben Anspruch auf freundliche Bedienung. Man erkennt diesen Menschentyp am besten an den Fragen nach dem Preis und an Hinweisen, dass dieses oder jenes Gericht zu teuer sei.

Empfehlungen

Behandeln Sie ihn immer ausgesprochen höflich. Vermeiden Sie jeden Ausdruck der Geringschätzung – das würde das Verkaufsgespräch beeinträchtigen. Zeigen Sie, dass Sie Geduld haben, denn Sie wissen, dass sich dieser Gast nur schwer entscheiden kann. Erwarten Sie kein großes Trinkgeld – bleiben Sie dennoch zuvorkommend und freundlich.

Empfehlungen

Überhören Sie seine eventuellen Taktlosigkeiten. Belehren Sie ihn nicht. Widersprechen Sie ihm nicht. Bedienen Sie ihn höflich, aber mit angemessener Zurückhaltung.

Der überhebliche, geltungsbedürftige Gast (Abb. 4)

Dieser Menschentyp tritt laut auf und behandelt die Servicekräfte von oben herab. Andere Meinungen lässt er nicht gelten. Er ist oft beleidigend: „Das weiß ich besser", „Das verstehen Sie nicht", „Erzählen Sie doch keine Märchen!" – das sind typische Redewendungen. Bei keinem der Typen wird die Geduld der Servierkraft auf eine so starke Probe gestellt wie bei diesen Menschen, die in ihrer Einstellung und ihren Worten ihre charakterlichen Schwächen offenbaren und eigentlich eine andere Behandlung verdienten als Höflichkeit.

3.2 Service bei speziellen Gästegruppen

🇬🇧 service with particular groups of guests 🇫🇷 service (m) des groupes particuliaires

Spezielle Gästegruppen sind Mitmenschen, die auf Grund ihres Lebensalters, ihres Gesundheitszustands oder ihrer Herkunft aus einem anderen Kulturkreis andere als sonst übliche Verhaltensweisen zeigen könnten. Diese Gäste sind mit besonderem Einfühlungsvermögen zu bedienen.

Abb. 1 Kind als Gast

Kinder

Kinder sind mit ihren Wünschen oft einseitig und denken meist nicht ernährungsbewusst. Halten Sie deshalb bei spontan geäußerten Bestellwünschen auch Blickkontakt mit den Eltern und beachten Sie deren Zustimmung. Bedienen Sie Kinder vorrangig, um Unruhe am Tisch zu vermeiden. Gehen Sie auf die Anforderungen/Bedingungen der Kleinen ein.

Beispiele:
Kinderkarte/Kindermenüs mit speziellen Gerichten, Kinderstuhl, kleine Bestecke, Getränkeservice in kleinen, standfesten Bechergläsern, Buntstifte und Block zum Ausmalen, Kinderpuzzles reichen usw.

Senioren

Altersbedingte körperliche Gebrechen machen manche der älteren Mitbürger zu unsicheren, vergesslichen und manchmal auch schwierigen Gästen. Hier werden vom Service mehr Geduld und erhöhtes Einfühlungsvermögen, Verständnis, langsame, deutliche Sprache sowie Hilfsbereitschaft verlangt.

Beispiel:
Der Servicemitarbeiter stellt für den älteren Gast den Salatteller am Salatbüfett nach dessen Wunsch zusammen und bringt den Teller an den Tisch des Gastes.

Behinderte

Mit viel Taktgefühl – und ohne aufdringliche Hilfsbereitschaft – ist herauszufinden, ob und in welchem Umfang eine Hilfestellung erwünscht ist. Sich in die Situation des Gastes hineindenken hilft auch hier, um mögliche Probleme schon vorab zu erkennen und zu vermeiden.

Beispiel:
Bieten Sie einem gehbehindertem Gast einen Tisch in Eingangsnähe an, vermeiden Sie für ihn Treppen und lange Wege.

Ausländische Gäste

Wenn diese Gäste der deutschen Sprache nicht mächtig sind, kann eine Speise-/Getränkekarte in z. B. englischer oder französischer Sprache sehr nützlich sein. Betriebe mit hohem Gästeanteil aus bestimmten Ländern stellen sich auf diese „Zielgruppen" ein.

Kommen Sie Ihren Gästen mit freundlicher Unterstützung und Hilfsbereitschaft entgegen. Setzen Sie Ihre Fremdsprachenkenntnisse ein. Bedenken Sie, dass in anderen Kulturkreisen oft andere Verhaltensweisen üblich sind. Ihre Toleranz ist besonders gefordert.

Abb. 2 Ausländische Gäste

4 Verkauf im Restaurant

 sales at the restaurant ● vente (w) au restaurant

Abb. 1 Verkauf im Restaurant

Essen und Trinken sind lebensnotwendige Grundbedürfnisse der Menschen. Wer Hunger und Durst hat, dem erscheint das einfachste Mahl als überaus kostbar. So kommt der **Bewirtung** seit langer Zeit eine besondere Bedeutung zu. Im Laufe der Jahrhunderte entstand aus der reinen Nahrungsaufnahme eine durch viele Einflüsse geprägte Esskultur. Die wichtigste Aufgabe als **Gastgeber** ist es deshalb, alle Sinne der Gäste für Tisch-, Tafel- und Esskultur zu sensibilisieren.

Um einen reibungslosen Service zu gewährleisten, gibt es bestimmte Servierregeln (s. ab S. 252). Die Kenntnis dieser Regeln schafft den Restaurantfachkräften die Zeit, die sie benötigen, um sich intensiver mit der Gästeberatung, dem Verkauf und der Gästebetreuung zu befassen.

Nach einer freundlichen Begrüßung und der Begleitung zum Tisch wird den Gästen die Speise- und Weinkarte präsentiert. Gleichzeitig besteht die Möglichkeit, auf besondere Tagesspezialitäten aufmerksam zu machen. Bevor man eine fachkompetente Beratung beginnt, ist es wichtig, den Gästen Zeit zu geben, sich mit Hilfe der Karte ein Bild über die Leistungsfähigkeit von Küche und Keller zu machen. Nach der Aufnahme der Bestellungen werden Speisen und Getränke boniert und an die Küche bzw. an das Getränkebüfett weitergegeben. Danach werden Getränke und Speisen mit Umsicht und Können professionell serviert, die Gäste also mit dem Bestellten versorgt.

4.1 Empfehlung und Aufnahme der Bestellung

 recommendation and taking of orders
● recommandation (w) et l'accueil de la commande

Die Empfehlung von Speisen und Getränken sowie die Aufnahme der Bestellungen ist ein wesentlicher Aufgabenbereich der Servierfachkräfte. Dazu gehören gutes Fachwissen und die Kenntnis des betrieblichen Angebots, wie z. B.:

- Welche Gerichte (Braten usw.) sind fertig und können dem eiligen Gast empfohlen werden?
- Stehen Tagesspezialitäten auf der Karte?
- Werden auch Gerichte serviert, die nicht auf der Karte stehen?
- Gibt es Gerichte, die nach Größe oder Gewicht (Fische oder Steaks) berechnet werden?
- Welches sind besondere Hausspezialitäten?
- Angebot von Diät- oder vegetarischen Gerichten.
- Sind die Gerichte auch als kleine oder halbe Portionen erhältlich?
- Können Beilagen geändert werden? Mit oder ohne Aufpreis?
- Inwieweit können Extrawünsche der Gäste erfüllt werden?
- Durchschnittliche Zubereitungsdauer der einzelnen Gerichte.

Abb. 2 Gästeberatung

4.2 Verkaufsgespräche und -techniken

🇬🇧 sales talks and formulations of questions

🇫🇷 dialogues (m) de vente et des techniques (w) de poser des questions

Eine geschickte Fragetechnik ist das wichtigste rhetorische Hilfsmittel, um den Gast beim Verkaufsgespräch zum Sprechen zu veranlassen. Der Fragende hat die Möglichkeit, das Gespräch zu lenken, die Richtung zu beeinflussen.

Gastorientierte Fragen bilden die Grundlage für den erfolgreichen Verlauf von Verkaufsgesprächen. Dabei sind die folgenden Fragearten in der betrieblichen Praxis bedeutsam.

Abb. 1 Aperitif-Auswahl

● Wer fragt – der führt!

● Richtig formulierte Fragen, gästegerecht aufbereitet, bewirken im Verkaufsgespräch einige interessante Vorteile:
- sie schaffen die notwendige Vertrauensbasis;
- sie helfen, den Dialog mit Gästen zu finden;
- sie helfen, eventuell vorhandene Widerstände beim Gast zu erkennen;
- sie vermeiden Konflikte, die durch Missverständnisse entstehen könnten;
- sie ermöglichen eine konfliktfreie Korrektur der Meinung eines Gastes.

Fragearten	
Informationsfragen	**Taktische Fragen**
• Geschlossene Fragen • Offene Fragen	• Rhetorische Fragen • Gegenfragen • Suggestivfragen • Alternativfragen • Übereinstimmungsfragen • Motivierungsfragen • Kontrollfragen • Richtungweisende Fragen

Informationsfragen

Informationsfragen dienen der Informationsbeschaffung und gliedern sich in die Fragearten „geschlossene Fragen" und „offene Fragen".

Geschlossene Fragen (1) beginnen mit einem Verb, einem Zeitwort oder einem Hilfszeitwort. Diese Fragen haben den Nachteil, dass sie meist nur mit „ja" oder „nein" beantwortet werden. Der Dialog könnte schnell enden, bevor er richtig begonnen hat.

Nach der Wahrscheinlichkeitsrechnung werden Sie in 50 % der Fälle ein „Nein" als Antwort bekommen. Gerade in der Eröffnungsphase des Verkaufs- oder Beratungsgesprächs stellt die Antwort „Nein" einen Störfaktor dar und sollte deshalb nicht provoziert werden.

Offene Fragen (2) beginnen mit den Fragewörtern „wer", „wie", „was", „wo", „wann", „womit", „welche", „wie viel", „wozu". Offene Fragen aktivieren den Gast, mit ganzen Sätzen zu antworten.

(1) „Möchten Sie unsere Aperitifauswahl vom Wagen sehen?"
„Darf ich Ihnen unsere Aperitifkarte bringen?"

(2) „Womit kann ich Ihnen helfen?"
„Was darf ich Ihnen als Gemüsebeilage bestellen?"
„Welches dieser Gebäckstücke darf ich Ihnen vorlegen?"

(1) „Welchen Wein kann ich Ihnen bei Ihren genannten Wünschen bringen? Ich glaube, der ‚Lauffener Altenberg' wird Ihre Erwartungen am besten treffen!"

(2) Gast: „Ist Ihr Orangensaft auf dem Frühstücksbüfett immer aus Fruchtkonzentrat hergestellt?"
Bedienung: „Sie hätten lieber einen frisch gepressten getrunken? Das tut mir leid, aber das wusste ich nicht. Morgen bringe ich Ihnen einen frisch gepressten Orangensaft!"

(3) „Sie werden diesen schönen Festabend doch nicht ohne einen Digestif ausklingen lassen?"
„Sie haben doch bestimmt nichts dagegen, wenn …"
„Sie nehmen doch den Burger mit Extra-Käse?"

(4) „Möchten Sie Ketchup oder Mayonnaise zu den Pommes frites?"

(5) „Es ist doch richtig, Frau Müller, dass Sie Ihren Salat mit Cocktail-Dressing wünschen?"

(6) „Ihre Meinung zu diesem Sachverhalt würde mich besonders interessieren. Sind Sie nicht Spezialist auf diesem Gebiet?"

Taktische Fragen

Bei **Taktischen Fragen** stehen nicht die Bedarfsklärung und Informationsbeschaffung im Vordergrund. Sie dienen vielmehr der Gesprächslenkung und der positiven Prägung und Beeinflussung der Gesprächsatmosphäre.

Rhetorische Fragen (1) verlangen keine Antworten vom Gesprächspartner, denn diese werden vom Fragensteller gleich selbst vorgegeben. Diese Fragetechnik hat den Vorteil, dass mit ihrer Hilfe ein „fingierter" Dialog stattfinden kann. Die Antwort hilft gerade unsicheren und unentschlossenen Gästen, sich zu entscheiden.

Gegenfragen (2) verhelfen zu Hintergrundinformationen. Sie werden oftmals gestellt, um die Meinung des Fragenden zu korrigieren, eine Überprüfung seinerseits zu veranlassen oder um der Frage auszuweichen. Wer Gegenfragen stellt, muss bedenken, dass Gäste dies als ungehörig und unzulässig empfinden können, werden sie doch statt einer erwarteten Antwort mit einer neuen Frage konfrontiert. Viele Gäste empfinden das Nichtbeantworten ihrer Frage und das Antworten mit einer Gegenfrage als ungehörig und unzulässig. Der Ton macht hier die Musik.

Suggestivfragen (3) sind so formuliert, dass sie die angestrebte oder erwartete Antwort bereits enthalten. Der Gefragte wird beeinflusst, im Sinne des Fragenden zu antworten. Suggestivfragen sollten im Verkauf sehr vorsichtig angewendet werden, weil sie von den Gästen häufig als Meinungs-Manipulation empfunden werden. Man wird diese Fragenart nur in den Fällen anwenden, bei denen eine zustimmende Antwort schon vorher im Gespräch vernehmbar war. Diese Sensibilität für Gästebedürfnisse vorausgesetzt, können Suggestivfragen eine gewünschte „Ja-Welle" bei den Antworten auslösen. Dazu werden gerne Füllwörter wie „sicherlich", „doch wohl", „doch nicht" oder „bestimmt auch" in die Frage eingebaut.

Alternativfragen (4) sind eine spezielle Art von Suggestivfragen. Sie lassen dem Gefragten die Wahl zwischen mehreren positiven Möglichkeiten. Der Berater geht bei dieser Fragetechnik nicht mehr davon aus, ob der Gast überhaupt einen Wunsch in dieser Richtung hat. Vielmehr wird ein Wunsch hierzu unterstellt. Dem Gast wird keine Entscheidung zwischen „Ja" oder „Nein" abverlangt, sondern eine Entscheidung zwischen „diesem" oder „jenem" Artikel.

Übereinstimmungsfragen (5) helfen herauszufinden und zu kontrollieren, ob eine Übereinstimmung im Verkaufsgespräch noch besteht oder ob sie gestört ist. Außerdem festigen sie bereits erreichte gemeinsame Gesprächsbasen durch Gegenbestätigung des Gastes.

Motivierungsfragen (6) werden gerne verwendet, um in sich zurückgezogene, introvertierte Gäste anzuregen, ihre Meinung zu äußern. Darüber hinaus erzeugen diese Fragen ein positives Gesprächsklima und regen zum Gespräch an.

Kontrollfragen (7) sollen hinterfragen, ob man vom Gesprächspartner richtig verstanden wurde. Sie sollen vermeiden, dass später Missverständnisse entstehen. Sie dürfen nicht direkt in verletzender Art gestellt wer-

den, wie etwa: „Haben Sie mich verstanden?", oder: „Ist das jetzt klar?".
Vielmehr sollten Kontrollfragen „diskret verpackt" formuliert werden.

Richtungweisende Fragen (8) sollen das Gespräch in eine neue, eben in
die gewünschte Richtung lenken. Oftmals geht man dabei zurück auf eine
zuvor erreichte gemeinsame Gesprächsbasis. Von diesem Übereinstim-
mungspunkt aus kann der Gesprächspartner seine Position überdenken.
Er kann Schlüsse ziehen, die sich den Vorstellungen des Fragenden nähern
oder ihnen sogar entsprechen.

4.3 Tischreservierungen

🇬🇧 table reservations 🇫🇷 réservations (w) de table

Die meisten Tischreservierungen erfolgen per Telefon, und die Anrufer
werden mit dem Restaurant direkt verbunden. Manchmal reservieren
Gäste auch persönlich im Restaurant oder an der Hotel-Rezeption. Es ist
in jedem Fall wichtig, dass die erforderlichen Angaben vollständig erfragt
und sofort notiert werden. Unvollständige, manchmal auch falsche Angaben im Reservierungsbuch können zu Überschneidungen und Reklamationen führen.

Die Reservierungsannahme soll freundlich, zielstrebig und professionell erfolgen. Das Verhalten des Service-Mitarbeiters gegenüber dem Gast muss
sich verkaufsfördernd auswirken.

Begrüßen Sie den Gast freundlich und notieren Sie seinen Namen sofort.
Erfassen Sie dabei auch die richtige Schreibweise des Namens. Der Gast
wird nun seinen Reservierungswunsch durchgeben. Lassen Sie ihn ausreden, unterbrechen Sie nicht.

Erfragen Sie dann – am besten mit Hilfe eines Formblattes – alle nötigen
Angaben. Seien Sie dabei offen, kooperativ und hilfsbereit. Beispielsweise
erwähnen Sie die zu diesem Termin laufende Spezialitätenwoche oder
Ähnliches.

Wenn keine sonstigen Wünsche genannt werden, danken Sie dem Anrufer für seine Reservierung. Versichern Sie ihm, dass es ein schöner Aufenthalt in Ihrem Hause wird und verabschieden Sie ihn unbedingt mit seinem
Namen.

Tragen Sie nun die Reservierung korrekt und vollständig ins Reservierungsbuch ein oder geben Sie die Reservierung weiter an den zuständigen Abteilungsleiter bzw. Restaurantchef. Sehen Sie auch gleich in der Gästekartei nach, welche Besonderheiten bei diesem Gast zu beachten sind.
Veranlassen Sie alles Nötige.

Hilfsmittel und Unterlagen zur Annahme von Tischreservierungen:

- Formblatt zur Reservierungsannahme
- Bleistift, Radiergummi, Kugelschreiber
- Notizblock
- Reservierungsbuch
- Veranstaltungsvorschau mit Aktions-
  wochen
- Jahreskalender
- Speisekarte
- Getränkekarte
- Weinkarte
- Menüvorschläge mit
  Preisliste
- Gästekartei

(7) Sie wurden von einem Gast nach
dem Weg zum Nationalpark gefragt.
Sie haben den Weg beschrieben und
stellen nun folgende Kontrollfrage:
„Ich kann Ihnen meine Wegbeschrei-
bung gerne noch einmal auf der Stra-
ßenkarte zeigen – oder glauben Sie,
dass Sie auch so hinfinden werden?"

(8) Tagungsbesprechung mit einem
Veranstalter: „Sie sagten vorhin, dass
Sie Ihre Kaffeepause bei schönem
Wetter gerne im Freien verbringen
würden. Da kommt mir eine Idee: Was
halten Sie davon, wenn wir Ihnen den
Kaffee auf der Terrasse vor dem Wintergarten servieren würden? Das ist in
der Nähe Ihres Tagungsraumes und
dort sind Sie ungestört."

🔴 Mit wohl überlegten Fragen, zum richtigen Zeit-
punkt gestellt, kann das
Verkaufsgespräch positiv
beeinflusst werden und
zu einem erfolgreichen
Abschluss kommen!

Abb. 1 Restaurantmanager am Telefon

Im Restaurant klingelt das Telefon. Ein Service-Mitarbeiter hebt ab und meldet sich korrekt mit:

Mitarbeiter: „Hier Hotel-Restaurant Wastlsäge, mein Name ist Johann Schiller, guten Tag!"

Gast: „Guten Tag, hier spricht Müller, von der Firma ABM. Ich möchte gerne bei Ihnen einen Tisch reservieren, für 6 Personen, am Samstag. Geht das in Ordnung?"

Mitarbeiter: „Ja, Herr Müller, Sie meinen sicher kommenden Samstag, den 31.? Für welche Uhrzeit möchten Sie reservieren?"

Gast: „Ja, genau, diesen Samstag. Wir wollen uns gegen 19 Uhr zum Aperitif in Ihrer Hotelbar treffen, das heißt, wir kommen dann gegen 19:30 Uhr zu Ihnen ins Restaurant."

Mitarbeiter: „Sehr gut. Ich darf kurz wiederholen: Für Samstag, den 31. Oktober, um 19:30 Uhr, einen Tisch für 6 Personen auf Ihren Namen, Herr Müller. Geben Sie mir bitte noch Ihre Adresse und Rufnummer?!"

Gast: „Ja, also der Name ist Egon Müller, Arberstraße 12, in München. Meine Privat-Rufnummer lautet 089 1234567, aber bitte erst nach 18 Uhr!"

Mitarbeiter: „Danke, Herr Müller. Erlauben Sie mir noch einen Hinweis? Bis einschließlich Sonntag bieten wir unsere Französische Gourmetwoche an, mit vielen Spezialitäten aus den Regionalküchen Frankreichs. Selbstverständlich könnten Sie auch hierbei à la carte wählen. Sagt Ihnen das zu, Herr Müller?"

Gast: „Das klingt ja vielversprechend. Aber ich möchte die Wahl meinen Geschäftsfreunden selbst überlassen – auch wenn ich der Gastgeber bin!"

Mitarbeiter: „Selbstverständlich, Herr Müller. Wünschen Sie einen bestimmten Tisch?"

Gast: „Das muss nicht sein. Hauptsache, wir können uns ungestört unterhalten."

Mitarbeiter: „Das verstehe ich. Wir werden für Sie einen ruhigen Ecktisch bereithalten – da sind Sie völlig ungestört. Können wir sonst noch etwas für Sie tun, Herr Müller?"

Gast: „Nein danke, das war's schon."

Mitarbeiter: „Wir danken für Ihre Reservierung. Auf Wiederhören, Herr Müller!"

Gast: „Auf Wiederhören!"

Grundlegende Informationen für Veranstaltungsabsprachen

- Datum und Uhrzeit des Veranstaltungsbeginns
- Name, Anschrift und Kontaktmöglichkeit des Gastgebers (E-Mail, Telefon)
- Art der Veranstaltung
- erwartete Teilnehmerzahl
- Art der Bezahlung

Zusätzliche Informationen, je nach Art der Veranstaltung

- Gebuchte Räumlichkeiten
- Dauer der Veranstaltung
- Höhe der Raummiete
- Tafelform
- Tischwäsche und Dekoration
- Menükartengestaltung
- Speisen- und Getränkewünsche
- Ablauf der Veranstaltung
- Musik
- Sonderwünsche

4.4 Veranstaltungsabsprachen

🇬🇧 function agreement 🇫🇷 accord (m) de manifestation (w)

Absprachen für größere Veranstaltungen, z. B. Familienfeier, Betriebsfest, Tagung, sind mit **größter Sorgfalt** zu erledigen. Auftretende Fehler sind hierbei besonders gravierend: Der Umsatz einer Veranstaltung ist recht hoch, es nehmen viele Gäste teil, deren Zufriedenheit über Folgeaufträge für den Betrieb entscheidet.

Jede Veranstaltungsabsprache ist ein Verkaufsgespräch. Punkte, die bei der Absprache vergessen werden, bedeuten daher auch Umsatz, der dem Restaurant entgeht.

Um Veranstaltungsabsprachen strukturiert durchführen zu können, helfen standardisierte **Checklisten**, so genannte **„Function Sheets"**. Sie helfen beim Verkaufsgespräch, dienen dem Gast und dem Restaurantleiter als Auftragsannahme und Auftragsbestätigung, sind für die Abteilungen Arbeitsanweisungen und für die Buchhaltung Grundlage zur Rechnungsstellung.

Die Gestaltung eines Function Sheets ist abhängig von der jeweiligen Veranstaltung. Bei Kindergeburtstagen stehen z. B. eher Alter und Geschlecht des Kindes sowie Spielmöglichkeiten im Vordergrund, während bei einer Tagung die benötigte technische Ausstattung sowie die Tagungsbewirtung wichtig sind. Der Gast erhält eine Kopie des Function sheets, auch um Unstimmigkeiten schnell erkennen zu können.

4.5 Gästeberatung

🇬🇧 giving recommendations to guests

🇫🇷 donner des recommandations aux hôtes

Die Art, wie das Verkaufsgespräch mit dem Gast geführt wird, ist in erster Linie abhängig von der Serviceart des jeweiligen Restaurants (vgl. S. 251). Die Erwartungshaltung eines Gastes ist in einem Restaurant der gehobenen Kategorie eine völlig andere als in der Kantine eines Unternehmens oder im Restaurant eines Freizeitparks.

Die Erfüllung (oder gar „Übererfüllung") dieser Erwartungshaltung entscheidet darüber, ob der Gast zufrieden ist, das Restaurant erneut besuchen wird und seinen Freunden und Bekannten weiterempfiehlt.

Abb. 1 Gästeberatung

Obwohl die großen Restaurantketten der Systemgastronomie standardisierte Abläufe für Gastgespräche vorgesehen haben, ist der Umgang mit dem Gast stets individuell zu handhaben.

Begrüßung

Unabhängig von der Serviceart ist zunächst die Begrüßung des Gastes wichtig. Diese sollte tageszeitabhängig und wenn möglich (z. B. bei Stammgästen) persönlich sein. Das weitere Wahrnehmen der Gastgeberfunktion ist dann schon eher von der im Restaurant vorherrschenden Serviceart abhängig. Während der Servicemitarbeiter in einem Full-Service-Restaurant dem Gast die Jacke abnimmt und diesem zu einem Tisch geleitet, kann in einem Restaurant mit Counterservice direkt mit der Gästeberatung oder der Annahme der Bestellung fortgefahren werden.

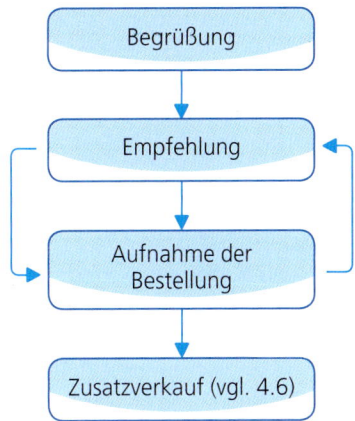

Function Sheet „Kindergeburtstag"			
Familienname des Gastes:	Meier	Alter (am Geburtstag):	5
Vorname des Gastes:	Rebecca	○ Junge ⊠ Mädchen	
Anzahl der Gäste:	8	Termin für die Feier:	15.05.
Durchschnittsalter der Gäste:	4 bis 6 Jahre	Eintreffen im Restaurant:	Ca. 15:30 Uhr
Gewünschte Dekoration:	Motto „Pferde", Luftschlangen und -ballons		
Gewünschte Speisen und Getränke:	Fingerfood/Pommes, Softdrinks/Mineralwasser, Kaffee (Eltern)		
Torte:	⊠ Erdbeer ○ Schoko ○ keine		
Bezahlung:	⊠ auf Rechnung ○ bar ○ ec/Kreditkarte	Telefonnummer für Rückfragen:	654326
Rechnungsadresse:	Dorfstr. 3, 23532 Marktbach		
Interne Vermerke:			
Gespräch geführt am:	28.04.	Auftragsnummer:	
Gespräche geführt durch:	P. Schwenkers		

Flussdiagramm:
Begrüßung → Empfehlung ⇄ Aufnahme der Bestellung → Zusatzverkauf (vgl. 4.6)

Beratung und Verkauf

Die Empfehlung

Die Empfehlung richtet sich an Gäste, die sich noch im Unklaren über ihre Speise- und Getränkewahl sind. Wenn der Gast bekannt ist, kann der Servicemitarbeiter ihn gezielt in Richtung seiner Vorlieben beraten. Dabei ist es wichtig, einige Alternativen aufzuzählen. So können Verkaufschancen am besten genutzt werden.

Hier wird die **offene Frage** als rhetorischer Einstieg verwendet. Ohne lange Sprechpause wird mit einer Aufzählung von Empfehlungen fortgesetzt. Dann wird die Empfehlung mit einer **richtungsweisenden Frage** abgeschlossen. Die zuletzt genannten Vorschläge haben die größten Bestellchancen, denn ihr Erinnerungswert ist am größten.

Beispiel klassisches Restaurant:

„Was dürfen wir Ihnen vorweg als Aperitif empfehlen? Hätten Sie lieber einen Sherry-Medium, einen weißen Portwein oder einen Bellini? Das ist Pfirsich-Püree, aromatisiert mit Pfirsich-Likör und dann mit Prosecco aufgegossen! Oder hätten Sie lieber ein Glas halbtrockenen Champagner?"

Wenn der Gast und seine Vorlieben noch nicht bekannt sind oder er scheinbar zum ersten Mal in diesem Restaurant ist, sollte man durch geschickte Frageformulierungen seine Geschmacksrichtung herausfinden.

„Wir möchten Ihnen gerne einen Aperitif anbieten – bevorzugen Sie dazu lieber ein trockenes, ein halbtrockenes oder eher ein liebliches Getränk?"

Vergleichbar könnte die Einstiegsfrage in einem Quick-Service-Restaurant etwa so lauten:

„Wir bieten unsere Hähnchenteile in zwei Variationen an. Mögen Sie es lieber scharf oder eher mild?"

Je nach geäußerter Vorliebe zählen Sie dann zwei bis drei Alternativen auf.

Beispiel Quick-Service-Restaurant:

* „Kennen Sie schon unseren neuen Aktionsburger? Zartes Hähnchenbrustfilet mit einer Honig-Senf-Sauce und Ruccola-Salat in einem ofenfrischen Ciabiattabrötchen.
* Möchten Sie vielleicht lieber das deftigere Schnitzelsandwich, mit einem panierten Schweinefleischschnitzel und würziger Mayonnaise in einem Laugenbrötchen? Dazu gibt es im Menü wahlweise Pommes frites oder Potato Wedges und ein großes Getränk.
* Oder nehmen Sie wie sonst das Menü mit den Hähnchennuggets und Barbecue-Sauce?"

Im klassischen Restaurant präsentieren Sie nach der Aperitif-Bestellung, die Sie notieren und wiederholen, jedem Gast eine geöffnete Speisekarte. Sie weisen sowohl auf Tagesspezialitäten als auch auf ein besonderes Angebot hin, z. B. auf die Spargelgerichte oder die Wildspezialitäten. Sie legen die Getränkekarte/ Weinkarte am Tisch bereit und kümmern sich um einen schnellen Service von Aperitif, Couvert-Brot, Butter und „amuse gueule", den kleinen Appetithappen vor dem Essen, als kulinarische Begrüßung.

Die Beratung

Im Gegensatz zur Empfehlung richtet sich die Beratung an den Gast, der das Menüangebot schon kennt. Entweder hat er die Speisekarte schon gelesen, ist ein Stammgast oder – speziell in der Systemgastronomie – er kennt das Produktsortiment aus anderen Filialen der Restaurantkette. In einem klassischen Restaurant wird der Gast besonders bei der Auswahl eines korrespondieren Weines beraten:

Beispiele klassisches Restaurant:

* „Zu dem gebratenen Kalbssteak mit Stangenspargel, holländischer Sauce und neuen Kartoffeln passt sehr gut unser Würzburger Stein, Silvaner, Kabinett, aus Franken!"
* „Zu der Steinpilz-Lauch-Kartoffeltorte eignet sich ideal unser Ockfener Bockstein, Riesling, Spätlese, halbtrocken, aus dem Anbaugebiet Mosel".

Beispiele Quick-Service-Restaurant:

* „Wenn Sie statt des Herkulesburgers und der großen Cola das Herkulesmenü wählen, haben Sie eine große Portion Pommes dabei und zahlen nur 40 Cent mehr."
* „Wenn Sie im Menü das große Getränk wählen, erhalten Sie einen Sammelpunkt. Nach nur fünf gesammelten Punkten bekommen Sie beim nächsten Besuch ein Menü Ihrer Wahl gratis."

Bestellungsannahme

Die Art der Bestellungsannahme ist direkt mit der Serviceart verbunden. In einem **klassischen Full-Service-Restaurant** notiert die Servicefachkraft auf dem Bestellblock die Wünsche der Gäste.

Bei mehreren Gästen an einem Tisch ist das Vorbereiten einer Sitzplatz-Skizze mit Tischnummer aus der Sicht der Servierrichtung am Tisch empfehlenswert. Das erspart später auch helfenden Kollegen die lästige Fragerei.

In das entsprechende Feld wird für jeden Gast die Bestellung, in korrekter Reihenfolge, mit den Sonderwünschen eingetragen. Dabei sollte gleichzeitig nach speziellen Wünschen, wie z. B. Zubereitung, Gargrad oder Dressing, gefragt werden.

In einem **Restaurant der Systemgastronomie** mit Counterservice wird die Bestellung des Gastes direkt in der Kasse erfasst und automatisch in die Küche weitergeleitet.

Dabei sollten auch Sonderwünsche wie z. B. „ohne Zwiebel" oder „mit Extra-Käse" mit erfasst werden. Dies ist zum einen für das Warenwirtschaftssystem des Restaurants wichtig, zum anderen erspart es das Rufen in die Küche, das das Verkaufsgespräch unschön unterbricht.

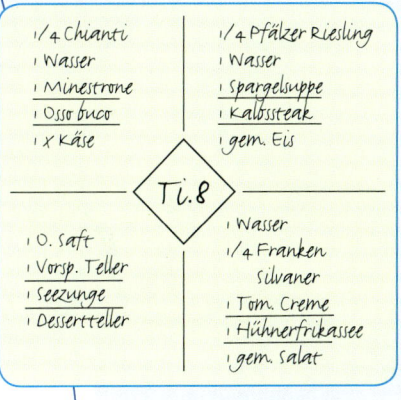

Abb. 1 Sitzplan-Skizze der Servicefachkraft

„Wünschen Sie Ihr Rinderfiletsteak blutig, medium oder durchgebraten?"

4.6 Zusatzverkäufe

Das Thema Zusatzverkäufe ist sehr wichtig. Zusatzverkäufe finden in der letzten Phase des Verkaufsgesprächs statt.

In einem **klassischen Restaurant** wiederholt der Servicemitarbeiter mit Hilfe seiner Sitzplan-Skizze die Bestellung und informiert den Gast über eine eventuell anfallende längere Wartezeit. Danach wird die Bestellung sofort boniert und unverzüglich an Küche und Getränkebüfett weitergeleitet.

Nachdem die Getränke serviert wurden, werden die Couverts der Bestellung entsprechend **nachgedeckt,** (s. Abb.) das „Mise en place" am Beistelltisch (Gueridon) wird vorbereitet.

Auch während der Wartezeit müssen die Gäste im Blick behalten werden, um Nachbestellungen annehmen zu können. Leere Gläser und Flaschen können ein Zeichen sein, dass am Tisch eine „Unterversorgung" besteht. Eine freundliche Nachfrage kann diese beseitigen.

Mit erzielten Zusatzumsätzen helfen Sie Ihrem Haus, die Preise bei anderen Artikeln moderater kalkulieren zu können.

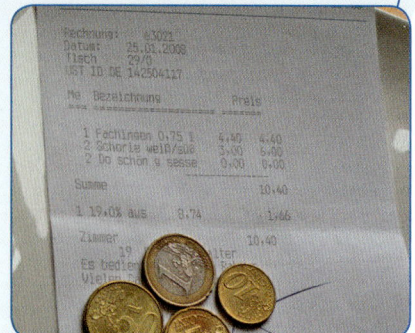

Abb. 1 Rechnung mit Wechselgeld

Wenn der Hauptgang abgeräumt ist und noch keine Dessertbestellung erfolgte, fragt der Servicemitarbeiter die Gäste, ob der Wunsch nach einem Dessert besteht. Dies kann auch gleich mit der Präsentation der Dessertkarte erfolgen. Zur Abrundung des Mahles sollten Kaffee oder Digestifs angeboten werden.

Der Servicemitarbeiter im **Counterservice** sollte, vor allem bei umfangreichen Bestellungen, nach dem Eingeben in die Kasse die Wünsche des Gastes wiederholen, um sicherzugehen, dass nichts vergessen oder etwas falsch erfasst wurde. Danach wird der Zahlungsbetrag genannt. Je nach betrieblichem Standard erfolgt zuerst der Kassiervorgang oder das Zusammenstellung der Bestellung. Nachdem dem Gast seine Bestellung überreicht wurde, wünscht man ihm einen guten Appetit und verabschiedet sich von ihm.

Obwohl der Gast im Restaurant isst, kommt es im Counterservice meist nicht zu einem weiteren Kontakt zwischen Servicemitarbeiter und Gast. Wenn es für den Gast problematisch ist, das Tablett zu seinem Platz zu bringen (z. B. aufgrund einer Gehbehinderung oder bei einer großen Bestellung), sollte der Servicemitarbeiter seine Hilfe anbieten. Ein eventuell wartender weiterer Gast müsste kurz um Verständnis gebeten werden.

4.7 Rechnungspräsentation und Verabschiedung

🇬🇧 bill (GB), check (USA) and saying goodbye 🇫🇷 addition (w) et faire ses adieux

Die Rechnung wird dem Besteller eingesetzt. Sie liegt meist auf einem Teller in einer Serviettentasche. Der Endbetrag ist verdeckt. Die Diskretion der Service-Mitarbeiter ist auch hier gefordert. Entfernen Sie sich vom Tisch und lassen Sie dem Besteller genügend Zeit zur Überprüfung und um das Bargeld oder die Kreditkarte in die Serviettentasche zu legen. Erst dann gehen Sie zurück an den Tisch und bitten um den Teller. Im Office legen Sie das entsprechende Wechselgeld zur Rechnung, die bringen sie wieder zugedeckt auf dem Teller zurück.

Das Kassieren darf nicht der letzte Kontakt zum Gast sein, denn das Verabschieden ist genauso wichtig wie das Begrüßen. Ist der erste Eindruck oft der entscheidende, so ist der letzte oft der bleibende! Helfen Sie den Gästen bei der Garderobe, bedanken Sie sich für den Besuch und verabschieden Sie Ihre Gäste freundlich am Restaurant-Ausgang.

Gehen Sie nicht davon aus, dass das Wechselgeld immer gleich Ihr Trinkgeld ist. Das wird der Gast erst noch entscheiden.

❺ Reklamationen

Auch in bestgeführten Restaurationsbetrieben kommt es gelegentlich zu Beschwerden oder Reklamationen. In jedem Fall sind diese Beanstandungen ernst zu nehmen. Man muss sich sofort um die Probleme kümmern.

Die Qualität von Betrieben wird auch daran gemessen, wie dort mit Beschwerden umgegangen wird.

Es ist viel kostengünstiger, vorhandene Gäste richtig zu betreuen, als Zeit und Geld zu investieren, um immer wieder neue Gäste zu gewinnen. Unter **Beschwerdemanagement** versteht man die Art und Weise, wie mit Reklamationen umgegangen wird.

Dieser Umgang sollte als eine sinnvolle Investition für die Erhaltung des zukünftigen Gästestamms verstanden werden. Beschwerden haben zwar immer eine negative Ursache, sie können aber zu einem positiven Ergebnis geführt werden.

Beim gastfreundlichen Beschwerdemanagement hat die Geschäftsführung verschiedene Instrumente ausgewählt, die je nach Situation eingesetzt oder angewendet werden können.

Vom Management ist im Voraus festzulegen, wer in welcher Situation welche Reaktionsinstrumente einsetzen sollte.

Die **Reaktionsinstrumente** sollten großzügig vorgegeben und eingesetzt werden. Diese Großzügigkeit kostet das Unternehmen weniger als ein unzufriedener Gast, der mit negativer „Mund-zu-Mund-Propaganda" andere Gäste abschrecken könnte und selbst nie wiederkäme. So sollte beispielsweise die innerbetriebliche Regelung bestehen, dass für ein im Restaurant zurückgenommenes Gericht nicht bezahlt werden muss.

Beispiele für Reaktionen auf Reklamationen siehe auch nächste Seite.

> 🔴 Bedenken Sie bitte: Jede Reklamationsbehandlung sollte als Werbechance um den Gast angesehen werden.

Reaktionsinstrumente:
- **Leistungstausch**, z. B. wird ein Filetsteak anstatt des reklamierten Rumpsteaks serviert oder ein Saibling statt einer Zuchtforelle
- **Nachbesserung**, z. B. wird das noch „blutige" Steak „medium" nachgebraten
- **Abhilfe**, z. B. wird die vergessene Sauce nachserviert
- **Schadenersatz**, z. B. werden die Kosten für die chemische Reinigung übernommen, wenn durch eine Unachtsamkeit der Mitarbeiter die Bekleidung eines Gastes verschmutzt wurde
- **kleine Aufmerksamkeiten**, z. B. werden Werbegeschenke überreicht
- **Gutscheine**, z. B. für den Sonntags-Brunch
- **Erstattung der bereits bezahlten Rechnung**
- **persönlicher Anruf** des Chefs beim Gast
- **Entschuldigungsschreiben** der Direktion

> 🔴 Grundsätzlich sollte gelten: Lieber ein Geschäft als einen Gast verlieren.

10 Empfehlungen bei Reklamationen

- Bleiben Sie ruhig, sachlich und höflich; sprechen Sie möglichst wenig, zeigen Sie Verständnis und unterbrechen Sie den Gast nicht!

- Diskutieren Sie nicht mit dem Gast! Widerspruch reizt den Gast noch mehr, belehren Sie ihn nicht!

- Entschuldigen Sie sich gleich, z. B. so: *„Es tut mir leid, dass Sie jetzt solche Unannehmlichkeiten haben – ich werde das sofort in Ordnung bringen!"*

- Schieben Sie die Schuld nicht auf andere Mitarbeiter oder Abteilungen. Gebrauchen Sie keine Ausreden. Das interessiert den Gast nicht!

- Zeigen Sie dem Gast, dass Sie ihn ernst nehmen. Lassen Sie den Gast sein Gesicht wahren! Behandeln Sie ihn mit Respekt.

- Reagieren Sie sofort. Sorgen Sie für Abhilfe oder fragen Sie den Gast, wie Sie ihn wieder zufrieden stellen können. Machen Sie konkrete Vorschläge dazu.

- Informieren Sie Ihren Vorgesetzten, der sich gegebenenfalls sofort um den Gast bemühen wird.

- Fühlen Sie sich nicht persönlich angegriffen. Bedanken Sie sich für Beschwerden als Chance zur Qualitätsverbesserung.

- Prüfen Sie nach, ob der Fehler behoben wurde. Vereinbaren Sie das weitere Vorgehen, falls nicht sofort reagiert werden kann.

- Übernehmen Sie Verantwortung für jede Reklamation, die Ihnen gegenüber geäußert wurde. Überdenken Sie die Ursache und beugen Sie künftigen Fehlern vor!

6   Rechtsvorschriften

 laws référence (w) juridique

Folgende Gesetze betreffen den Abschnitt Verkaufsabläufe im Restaurant. Diese können auch auf der dem Buch beiliegenden CD nachgelesen werden.

Kaufvertrag

Die **§§ 433 ff. BGB** regeln die entgeltliche Veräußerung von Sachen und Rechten. Der Kaufvertrag unterliegt keinen Formvorschriften, die Schriftform ist aus Beweisgründen empfehlenswert.

Bewirtungsvertrag

Dieser ist kein ausdrücklich im Gesetz geregelter Vertrag. Deshalb werden die Vorschriften über den
- Kaufvertrag (**§§ 433 ff. BGB**), wenn es um die Ware geht
- Dienstvertrag (**§§ 611 ff. BGB**), wenn der Service betroffen ist
- Werkvertrag (**§§ 631 ff. BGB**),
- Werklieferungsvertrag (**§§ 651 ff. BGB**) und u. U. auch über das
- Mietrecht (**§§ 535 ff. BGB**)

angewendet. Der Bewirtungsvertrag beinhaltet weitgehend die Verpflegung des Gastes mit den Pflichten des Wirts und den Pflichten des Gastes.

Preisangabenverordnung – PAngV
(Stand 24. Juli 2010)

§ 1 schreibt vor, dass Gastronomen/Hoteliers bei der Nennung von Preisen für ihr Angebot **Endpreise** anbieten müssen, also Preise einschließlich der Umsatzsteuer und sonstiger Preisbestandteile, wie z. B. Bedienungsgelder und Sektsteuer. Eventuell zusätzlich anfallende Versand- oder Lieferkosten sind anzugeben, wie z. B. bei Außer-Haus-Lieferungen, Stadtküchenservice oder Weinhandel.

§ 2 schreibt vor, (2) wer Letztverbrauchern gewerbsmäßig … unverpackte Waren (lose Ware) anbietet (z. B. Kuchen im Außer-Haus-Verkauf), … hat lediglich den Grundpreis (gemäß Abs. 3) anzugeben. (3) Die Mengeneinheit für den Grundpreis ist jeweils 1 Kilogramm, 1 Liter … der Ware. Bei Waren, deren Nenngewicht oder Nennvolumen üblicherweise 250 Gramm nicht übersteigt, dürfen als Mengeneinheit für den Grundpreis 100 Gramm oder Milliliter verwendet werden.

§ 7 dieser Verordnung schreibt vor, dass Gaststättenbetriebe

- die Preise in Preisverzeichnissen, z. B. Speisekarten, Menükarten, Getränkekarten, Weinkarten, anzugeben haben;
- die Preisverzeichnisse auf Tischen aufzulegen sind oder dem Gast bei Bestellungsannahme und auf Verlangen bei Abrechnung vorzulegen sind;
- einen Auszug der wesentlichen angebotenen Speisen und Getränke mit Preisen im Eingangsbereich der Gaststätte anzubringen haben.

Verordnung über die Kennzeichnung von Lebensmitteln – LMKV
(Stand: 2. Juni 2010)

und Zusatzstoff-Zulassungsverordnung
(Stand: 28. März 2011)

Sie betreffen die Kenntlichmachung von Zusatzstoffen, wie z. B.: Konservierungsstoffe, Süßstoffe, Lebensmittel-Farbstoffe, Diphosphate, Schwefeldioxid, Chinin, Koffein … auf Speisekarten, Aushängen u. Ä. Diese Hinweise sollen gastronomische Betriebe und Einrichtungen der Gemeinschaftsverpflegung, wie z. B. Kantinen, auf die erforderliche und richtige Deklaration von Zusatzstoffen aufmerksam machen und so Beanstandungen bei Betriebskontrollen vermeiden helfen.

Schadenshaftung des Gastwirts

(BGB §§ 701 ff.) (Stand: 17. Januar 2011)

Hier muss zwischen **Schankwirt** (z. B. Betreiber eines Pils-Pubs) und **Gastwirt** (Beherbergungswirt) unterschieden werden.

Ein Schankwirt haftet nur für eigenes Verschulden und das seiner Mitarbeiter. Ein Gastwirt haftet darüber hinaus unter bestimmten Voraussetzungen.

§ 701 regelt, in welchen Fällen der Gastwirt (Hotelier) für eingebrachte Sachen seiner Übernachtungsgäste haftet und in welchen Fällen nicht.

§ 702 regelt die Höhe bzw. Beschränkung der Schadenshaftung des Gastwirts und beschreibt die Verpflichtung des Gastwirts Bargeld, Wertpapiere, Kostbarkeiten und andere Wertsachen zur Aufbewahrung zu übernehmen.

§ 702a regelt einen möglichen Erlass der Haftung des Gastwirts.

§ 703 verlangt vom Gast, einen Schaden unverzüglich geltend zu machen, damit dessen Anspruch nicht erlischt.

Pfandrecht des Gastwirts

(BGB, § 704)

§ 704 BGB: Der Gastwirt hat für seine Forderungen für Wohnung und andere dem Gaste zur Befriedigung seiner Bedürfnisse gewährte Leistungen, mit Einschluss der Auslagen, ein Pfandrecht an den eingebrachten Sachen des Gastes. Die für das Pfandrecht des Vermieters geltenden Vorschriften des § 562 Abs. 1 Satz 2 und der §§ 562 a bis 562 d finden entsprechende Anwendung.

Fundsachen / liegengelassene Sachen im Gastgewerbe

(BGB, §§ 965 bis 971)

Im Gastgewerbe unterscheidet man zwischen Fundsachen und liegengelassenen Sachen. Eingebrachte Güter von Übernachtungsgästen eines Gasthofs/ Hotels sind grundsätzlich liegengelassene Sachen, wenn sie vergessen wurden. Der Gastwirt hat solche Sachen unentgeltlich aufzubewahren und ggf. den Gast zu benachrichtigen. Der Gastwirt hat keinen Anspruch auf einen Finderlohn, jedoch kann er sich seine Kosten zur Benachrichtigung des Gastes erstatten lassen. Fundsachen kommen nur im öffentlichen Bereich des Betriebs vor, der auch von Passanten benutzt wird, wie z. B. der Restaurantbereich oder die Bankettabteilung. §§ 965 ff. BGB regeln die Pflichten des Finders und dessen Rechte, wie z. B. den Anspruch auf Finderlohn.

§ 965 regelt die Anzeigepflicht des Finders bei Sachen, deren Wert zehn Euro übersteigt.

§ 966 schreibt vor, dass der Finder die Sache verwahren muss, und regelt die Vorgehensweise bei verderblichen Sachen.

§ 967 regelt die Ablieferungspflicht der Sache oder des Versteigerungserlöses an die zuständige Behörde.

§ 968 regelt den Umfang der Haftung durch den Finder. Der Finder hat nur Vorsatz und grobe Fahrlässigkeit zu vertreten.

§ 969 besagt: Der Finder wird durch die Herausgabe der Sache an den Verlierer auch den sonstigen Empfangsberechtigten gegenüber befreit.

§ 970 legt fest, dass sich der Finder einer Sache Aufwendungen, die bei der Verwahrung oder Erhaltung der Sache oder bei der Ermittlung eines Empfangsberechtigten entstanden sind, vom Empfangsberechtigten erstatten lassen kann.

§ 971 regelt die **Höhe des Finderlohns**, den der Finder, z. B. der Gastwirt, vom Empfangsberechtigten/Verlierer, z. B. dem Nicht-Übernachtungsgast/Passant im Hotelrestaurant, verlangen kann. Der Finderlohn beträgt:

Vom Wert der Sache **bis 500 Euro: 5 %**. Übersteigt der Wert der Sache diesen Betrag, so sind vom **Mehrwert 3 %** zu leisten. Bei **Tieren** stehen 3 % Finderlohn zu.

Der Anspruch des Finders ist ausgeschlossen, wenn er die Anzeigepflicht verletzt oder den Fund auf Nachfrage verheimlicht.

Garderobenhaftung

(BGB, § 688 ff.)

Der **Schank- oder Speisewirt** haftet für die Garderobe seiner Gäste nur dann, wenn ihm oder seinen Leuten schuldhaftes Handeln zugerechnet werden kann. Der Bewirtungsgast ist grundsätzlich für die Beaufsichtigung seiner Garderobe selbst zuständig. Dies gilt nicht, wenn der Wirt darauf besteht, dass die Garderobe an einem nicht einsehbaren Ort abzulegen ist. Bei einer bewachten Garderobe mit entgeltlicher Verwahrung haftet der Wirt/der Garderobenpächter für alle Schäden.

Es gelten die Regelungen des Verwahrungsvertrags (**§§ 688 ff. BGB**). Bei unentgeltlicher Verwahrung von Garderobe haftet der Schank- oder Speisewirt nur bei grober Fahrlässigkeit und Vorsatz. Dem Wirt muss ein Verschulden nachgewiesen werden.

Gaststättengesetz

(Stand: 07. September 2007)

§ 18 Sperrzeit:

(1) Für Schank- und Speisewirtschaften sowie für öffentliche Vergnügungsstätten kann durch Rechtsverordnung der Landesregierungen eine Sperrzeit allgemein festgesetzt werden. In der Rechtsverordnung ist zu bestimmen, dass die Sperrzeit bei Vorliegen eines öffentlichen Bedürfnisses oder besonderer örtlicher Verhältnisse allgemein oder für einzelne Betriebe verlängert, verkürzt oder aufgehoben werden kann. Die Landesregierungen können durch Rechtsverordnung die Ermächtigung auf oberste Landesbehörden oder andere Behörden übertragen.

§ 28 Ordnungswidrigkeiten:

(1) Ordnungswidrig handelt, wer vorsätzlich oder fahrlässig ohne die nach § 2 Abs. 1 erforderliche Erlaubnis

1. ein Gaststättengewerbe betreibt, ... ,

12. den Vorschriften einer auf Grund der §§ 14, 18 Abs. 1, ... erlassenen Rechtsverordnung zuwider handelt, soweit die Rechtsverordnung für einen bestimmten Tatbestand auf diese Bußgeldvorschrift verweist.

(2) Ordnungswidrig handelt auch, wer

1. entgegen § 6 Satz 1 keine alkoholfreien Getränke verabreicht oder entgegen § 6 Satz 2 nicht mindestens ein alkoholfreies Getränk nicht teurer als das billigste alkoholische Getränk verabreicht, ...

4. als Gast in den Räumen einer Schankwirtschaft, einer Speisewirtschaft oder einer öffentlichen Vergnügungsstätte über den Beginn der Sperrzeit hinaus verweilt, obwohl der Gewerbetreibende, ein in seinem Betrieb Beschäftigter oder ein Beauftragter der zuständigen Behörde ihn ausdrücklich aufgefordert hat, sich zu entfernen.

(3) Die Ordnungswidrigkeiten können mit einer **Geldbuße bis zu fünftausend Euro** geahndet werden.

Landesnichtraucherschutz-Gesetz

Die Gesetzgebung hierzu obliegt den einzelnen Bundesländern. Gültig ist z. B. seit 1. August 2007 im Bundesland Baden-Württemberg folgendes Gesetz (Auszug):

§ 1 regelt die Zweckbestimmung: Ziel ist, dass in Schulen sowie bei schulischen Veranstaltungen in Gaststätten nicht geraucht wird. Die Regelungen dienen, insbesondere bei Kindern und Jugendlichen, dem Schutz vor Gefahren des Passivrauchens.

§ 7 regelt die Rauchfreiheit in Gaststätten und **untersagt das Rauchen in Gaststätten**. Dieses gilt nicht für Bier-, Wein- und Festzelte sowie die Außengastronomie, z. B. Biergärten, Terrassenge-schäfte, Straßencafés und nicht für die im Reisege-werbe betriebenen Gaststätten, z. B. Bahnhofsgast-stätten.

Das Rauchen in vollständig abgetrennten Neben-räumen ist zulässig, wenn und soweit diese Räume in deutlich erkennbarer Weise als Raucherräume ge-kennzeichnet sind. Dies gilt nicht bei Diskotheken. Arbeitsschutzrechtliche Bestimmungen bleiben un-berührt.

§ 9 Die Ordnungswidrigkeit nach Absatz 1 kann mit einer **Geldbuße bis zu 40 Euro** und im innerhalb eines Jahres erfolgenden Wiederholungsfall mit einer Geldbuße **bis zu 150 Euro** geahndet werden.

Weitere Landesgesetze sowie Aktualisierungen finden Sie auf unseren Internetseiten www.hotel-restaurant-kueche.de.

Aufgaben

1 Geben Sie drei Beispiele, inwiefern „soziale Bedürfnisse" der Gäste in der Gastronomie zu beachten sind.

2 Nennen Sie vier positive Eigenschaften, die dem Service-Mitarbeiter helfen, den Restaurantbesuch des Gastes zu einem Qualitätserlebnis werden zu lassen.

3 Nennen Sie vier typische Schwachstellen im Service, die zu Reklamationen führen können.

4 Sie bedienen in Ihrer Station eine Familie mit Kleinkindern. Nennen Sie vier Maßnahmen, mit denen Sie dazu beitragen können, dass der Restaurantbesuch nicht nur den Eltern in positiver Erinnerung bleibt.

5 Entwickeln Sie ein druckreifes Formblatt, das zur vollständigen Annahme von Tischreservierungen verwendet werden kann.

6 Wie viele Alternativen sollten Sie aufzählen, wenn Sie Ihren Gästen Empfehlungen geben?

7 Man kann Gästen Empfehlungen geben und man kann Gäste beraten. Worin unterscheiden sich diese Verkaufsaktivitäten?

8 Es ist unangenehm, wenn man die Gäste fragen muss, wer denn was bestellt hat. Wie kann man das vermeiden?

9 Nennen Sie sieben Sparten bzw. Umsatzbereiche, die Sie durch aktives Verkaufen mit interessanten Zusatzumsätzen versehen können.

10 Der Gast bittet um seine Restaurant-Rechnung. Schildern Sie den Ablauf bis zum Kassieren der Rechnung.

11 Erklären Sie den Zusammenhang zwischen Ihrem professionellen Verhalten im Service und der Zufriedenheit Ihrer Gäste.

12 Nennen Sie sechs „Reaktionsinstrumente", die Sie bei Reklamationen im Restaurant anwenden oder einsetzen könnten.

13 Mit welchen Verhaltensweisen kann es Ihnen gelingen, die schwierige Aufgabe der Reklamations-behandlung noch besser zu meistern?

14 Erklären Sie, warum eine großzügige Reklamationsbehandlung einer kleinlichen vorzuziehen ist.

15 Üben Sie mit einem Partner in einem Rollenspiel, mit welchen Formulierungen und Reaktions-instrumenten Sie auf die Reklamation Ihres Partners antworten.

PROJEKT

Aktionswoche „Spargel und Wein"

Mit einer Aktionswoche zum Thema **„Spargel und Wein"** möchte der F & B-Manager des Hotels Arberblick im hoteleigenen Restaurant „Waldlerstube" (100 Sitzplätze) den Abendverkauf beleben. Die Auszubildenden Marianne und Max sind beauftragt, bei Planung und Vorbereitung mitzuhelfen.

Zeitraum

Schlagen Sie die günstigste Kalenderwoche für die Aktion vor. Welche Faktoren berücksichtigen Sie dabei?

Tragende Marketing-Idee

Mit welchem Slogan wollen Sie für die Aktionswoche werben?

Gästekreis

Welche Zielgruppen wollen Sie ansprechen und gewinnen?

Marketing-Instrumente Angebot und Preis

1. Entwerfen Sie eine „Spargel und Wein"-Karte mit zehn Spargelgerichten und fünf korrespondierenden deutschen Weinen im offenen Ausschank.

2. Entwerfen Sie zwei 4-gängige Spargelmenüs, die als Menüempfehlung während dieser Woche geeignet sind.

3. Welche Tisch- und Raumdekoration planen Sie? Wie viel € wird sie kosten?

4. Mit welcher Art von Musik im Restaurant wollen Sie Ihre Gäste-Zielgruppen unterhalten? Wie viel € wird dies kosten?

5. Überlegen Sie, welche Unternehmen oder Verbände Kostenanteile durch Sponsoring übernehmen könnten.

6. Mit welchem Preis pro Gast planen Sie, wenn die Kosten für Musik und Dekoration auf die Gäste umgelegt werden?

Marketing-Instrumente Verkaufsförderung, Öffentlichkeitsarbeit und Werbung

1. Mit welchen Maßnahmen der Verkaufsförderung wollen Sie im Hotel auf die Aktionswoche hinweisen?

2. Mit welchen Maßnahmen der Öffentlichkeitsarbeit wollen Sie vor und während der Aktionswoche auf Ihr Restaurant aufmerksam machen?

3. Für welche Werbemaßnahmen werden Sie sich entscheiden? Welche Medien sollen dabei die Werbebotschaft überbringen? Begründen Sie kurz.

4. Entwerfen Sie einen Werbebrief (1 Seite) an Stammgäste, der als Serienbrief auf dem PC geschrieben werden soll.

7 Abrechnen mit Gast und Betrieb

🇬🇧 settlement of account 🇫🇷 régler ses comptes

Restaurantfachkräfte sind eigenverantwortliche Verkäufer, die einerseits mit dem Gast und andererseits mit dem Betrieb abrechnen müssen. Um das gesamte Verkaufsgeschehen lückenlos kontrollieren zu können, ist es erforderlich, dass für jeden Verkauf ein Bon bzw. Beleg ausgestellt wird.

7.1 Boniersysteme

Für das Bonieren gibt es folgende Möglichkeiten:
- das **Bonbuch**,
- die **Registrierkasse**,
- ein **computergesteuertes Boniersystem**.

Der Bon ist eine Gutschrift (Bonus) und stellt ein betriebsinternes Zahlungsmittel dar. Jeder, der ihn im betrieblichen Ablauf besitzt, hat Anspruch auf eine Gegenleistung:
- die Restaurantfachkraft gegenüber der Ausgabestelle auf eine Speise oder ein Getränk,
- der Betrieb gegenüber den Restaurantfachkräften auf das vom Gast entgegengenommene Geld.

Bonbuch

Die einfachste Art des Bonierens erfolgt mit dem Bonbuch. Es wird dort eingesetzt, wo keine Registrierkassen vorhanden sind, z. B. im Partyservice oder im kurzzeitigen Saalbetrieb, und es kann bei Ausfall von Computerkassen eingesetzt werden.

- Beim Dienstantritt werden auf dem ersten Bon das Datum und der Name der Servierfachkraft eingetragen. Damit ist der Beginn des Abrechnungszeitraumes fixiert.
- Die Bons werden mit den zur Bestellung erforderlichen Eintragungen versehen: Menge, Art und Preis der Ware.
- Die handschriftlichen Angaben auf den Bons müssen klar und gut leserlich sein.
- Jeder Bon darf nur mit einer Warenart beschriftet werden, damit das Annoncieren und die Ausgabe der Ware reibungslos verlaufen können. Außerdem wird das Sortieren, Auszählen und Addieren im Kontrollbüro nicht unnötig erschwert.

Man unterscheidet **Einzel-** und **Doppelbons**. Der Doppelbon ist mit einem **Talon** bzw. zusätzlichen Abriss versehen. Dieser dient zur Kennzeichnung der Bestellung bei der Ausgabe.

Beim Einsatz von Bonbüchern werden die Bons handschriftlich ausgefertigt. Das Bonbuch besteht aus einem Oberblatt mit perforierten Bons und einem Unterblatt für die Durchschriften. Die Bons sind durchlaufend nummeriert und in verschiedenen Farben erhältlich.

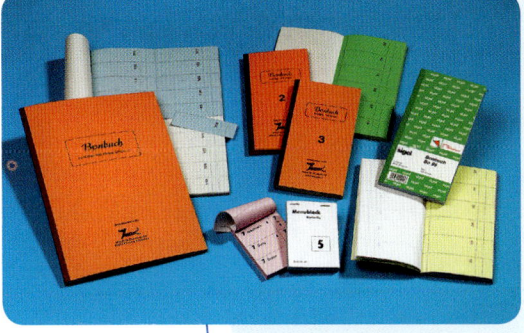

Abb. 1 Bonbücher mit Durchschreibebons

Eine weitere Möglichkeit für den Erhalt und die Abrechnung von Speisen und Getränken sind Wertmarken und Gutscheine.

Die Originalbons werden der jeweiligen Abgabestelle (Küche, Büfett oder Bar) übergeben als Aufforderung, die Ware bereitzustellen. Die Durchschriften verbleiben im Bonbuch und sind die Grundlage für das Abrechnen mit dem Gast und mit dem Betrieb.

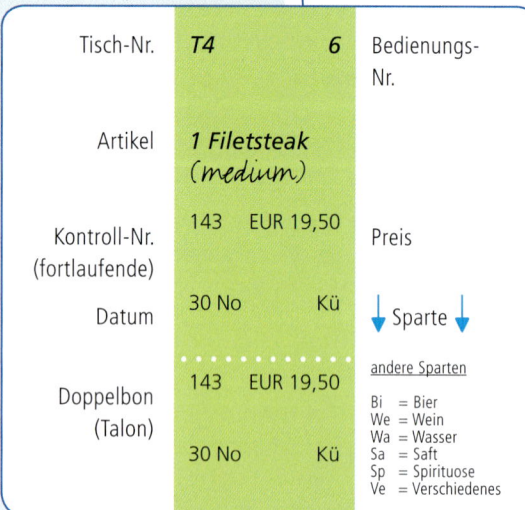

MENÜBLOCK vierteilig

3 Nachtisch	3 N 1x
3 Hauptgang	3 N 1x
3 Suppe 3	3 N 1x
3 Vorspeise	3 N 1x

ABRUFBON

Tisch | Zimmer Nr./Suite No.

Gang:

| I | II | III | IV | V |

Abb. 1 Begleit- und Abrufbons für mehr-gängige Menüs

Nach- und Vorteile von Bonbüchern

Die Verwendung von Bonbüchern hat gegenüber dem Bonieren mit Registrierkassen Nachteile:

- Großer Zeitaufwand beim Bonieren und Abrechnen sowie bei der Auswertung der Bons im Kontrollbüro.
- Feststellen von Zwischensummen bzw. Abschlägen ist nur mit erheblichem Zeitaufwand möglich.
- Vielfältige Fehlerquellen aufgrund ungenauer, unleserlicher oder falscher Eintragungen auf dem Bon.

Die Verwendung ist in besonderen Fällen allerdings zweckmäßig, z. B.:

- bei Sonderveranstaltungen wegen der vereinfachten und gesonderten Abrechnung,
- wenn Aushilfskräfte im Umgang mit Kassen unkundig sind.

Begleit- und Abrufbons

Es handelt sich um mehrteilige Bons, die im Menüservice oder bei Pensionsgästen eingesetzt werden. Mit Hilfe der Teilabschnitte kann die Servicefachkraft den jeweiligen Gang abrufen. Bei der Ausgabe wird der Talon vom Bon getrennt und die einzelnen Gänge für den Service damit gekennzeichnet.

- **Marschierbons**, weil das jeweilige Teilstück beim *Marschieren* (der Ausgabe) der Speise abgegeben bzw. entwertet wird,
- **Begleitbons**, weil sie den Ablauf des Menüs *begleiten*.

Arbeiten mit Registrierkassen

Gegenüber den Bonbüchern haben Registrierkassen Vorteile:

- Der zeitliche Aufwand beim Bonieren sowie bei den Abrechnungs- und Umsatzkontrollen ist wesentlich geringer;
- Fehler beim Multiplizieren und Addieren sowie beim Sortieren der Bons sind ausgeschlossen.

Es gibt zwei grundlegende Arten von Registrierkassen: mechanische und elektronische.

Bonieren mit mechanischen Registrierkassen

Die Servicefachkraft aktiviert die Kasse mit einem persönlichen Kassenschlüssel. Jetzt können Bonierungsdaten eingegeben werden.

Die eingegebenen Bonbeträge werden im Addierwerk der jeweiligen Servicefachkraft registriert und aufaddiert. Der ausgedruckte Bon enthält folgende Angaben

- Nummer der Servicefachkraft,
- Preis und Sparte,
- fortlaufende Kontrollnummer und Datum.

Die Angaben auf dem Bon müssen von der Servicefachkraft handschriftlich vervollständigt werden

- Menge und Artikel,
- Tischnummer,
- Garstufen bei Fleisch und bei Beilagenänderung.

Beispiel eines Küchenbons

Tisch-Nr.	**T4** 6	Bedienungs-Nr.
Artikel	**1 Filetsteak** *(medium)*	
Kontroll-Nr. (fortlaufende)	143 EUR 19,50	Preis
Datum	30 No Kü	↓ Sparte ↓
Doppelbon (Talon)	143 EUR 19,50	*andere Sparten* Bi = Bier, We = Wein, Wa = Wasser, Sa = Saft, Sp = Spirituose, Ve = Verschiedenes
	30 No Kü	

Bonieren mit computergesteuerten Systemen

Elektronische Kassen sind vollprogrammierte Systeme mit unterschiedlich umfangreicher Ausrüstung. Die Artikel sind mit allen Details einprogrammiert, sodass beim Bonieren nur noch die richtige Programmtaste bedient werden muss. Auf manchen Speise- und Getränkekarten sind die Artikel mit einer Codenummer versehen, die man auf dem Programmfeld wiederfindet.

Die ausgeworfenen Bons sind bereits mit allen Angaben bedruckt. Die Artikelbezeichnung erfolgt im Klartext, einschließlich der Tischnummer und Informationen über Garstufen und Beilagen.

Ablauf des Bonierens

- Codierten Schlüssel oder Karte oder Kugelschreiber eingeben
- Tisch- oder Zimmernummer eingeben
- Eingabe, ob Einzel- oder Sammelbon gewünscht wird
- Menge angeben
- Art der Speisen und Getränke oder Codenummer des Artikels eintippen bzw. scannen
- Bonauswurftaste aktivieren

Vorteile beim Arbeiten mit einer Computerkasse

- Manuelles Beschriften der Bons entfällt
- Artikel, Preise und Uhrzeit können eingespeichert werden.
- Mit dem Bonieren kann gleichzeitig die Gästerechnung (Guest-check) angelegt werden.
- Rechenfehler sind ausgeschlossen.
- Preisänderungen (z. B. Happy hour) werden automatisch vorgenommen
- Nachträgliche Erstellung von Gästerechnungen ist möglich.
- Umsätze der einzelnen Sparten und der Servicemitarbeiter sind jederzeit abrufbar.
- Tagesabrechnungen der einzelnen Mitarbeiter können automatisch erstellt werden.

Beispiele von Bons aus Computerkassen

```
Tisch 3              Bon # 112
Datum:    10-05
Uhrzeit: 13.31
Service: 2

1 Filetsteak            (213)
1xEUR 17.60 =
                     €  17.60
medium
..................................
Tisch 3              Bon # 112
Datum:    10-05
Uhrzeit: 13.31
Service: 2

1 Filetsteak            (213)
1xEUR 17.60 =
                     €  17.60
```

Abb. 1 Einzelbon mit Talon

```
Tisch 7              Bon # 013
Datum:    14-07
Uhrzeit: 19.41
Service: 5

2 Sherry
  trocken              (101)
2xEUR 3.60 =
                     €   7.20

1 Hefeweizen           (102)
1xEUR 2.30 =
                     €   2.30

1 Pils                 (102)
1xEUR 2.30 =
                     €   2.30

3 Tassen
  Kaffee               (110)
3xEUR 1.70 =
                     €   5.10
```

Abb. 2 Sammelbon eines computerunterstützten Kassensystems

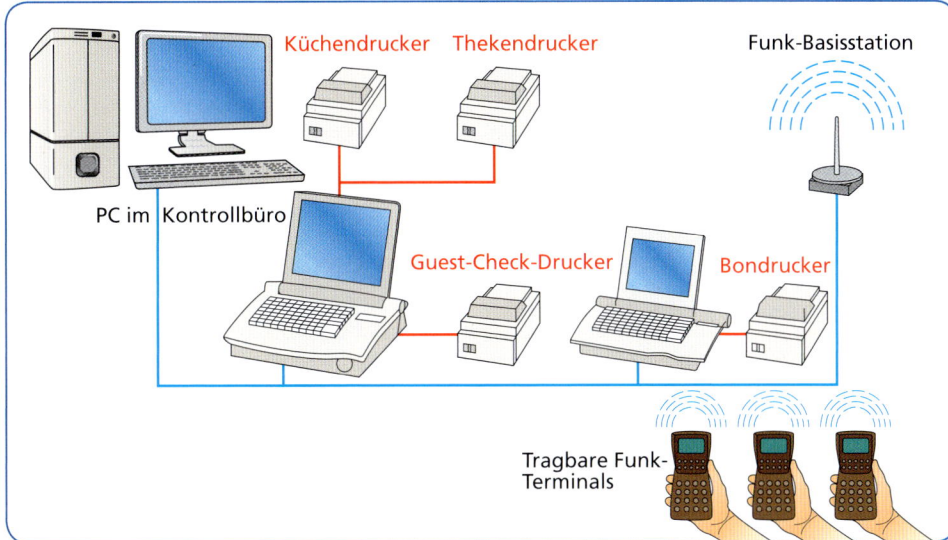

Küchendrucker Thekendrucker Funk-Basisstation

PC im Kontrollbüro

Guest-Check-Drucker Bondrucker

Tragbare Funk-Terminals

Abb. 3 Verbund-Computersystem für die Bestelleingabe am Tisch des Gastes

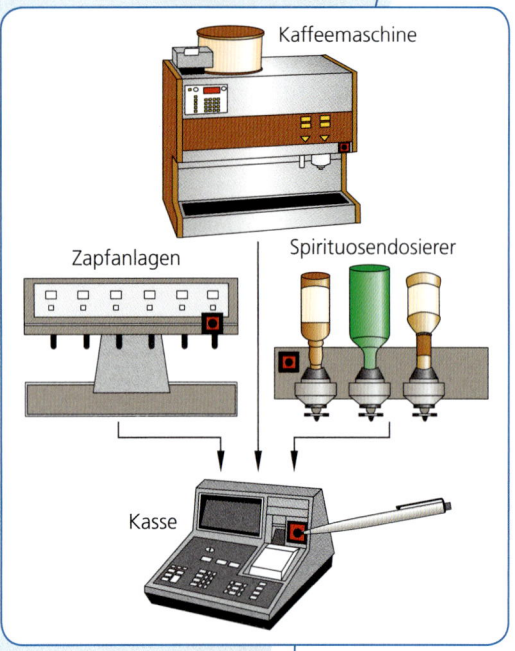

Abb. 1 Getränkeverbund-Anlage

Besonderheiten

Für die bereits genannten Systeme gibt es technische Ergänzungen in Form eines computervernetzten Getränkeausgabeverbunds mit drahtlosen Fernbedienungen (portable Terminals). Sie ermöglichen den Servicefachkräften die Aufnahme von Speisen- und Getränkebestellungen direkt am Tisch des Gastes.

Durch die Eingabe der Artikel-Codenummer und der bestellten Menge werden sofort Kasse und Bondrucker an den Ausgabestellen aktiviert.

Noch während die Servicefachkraft am Tisch des Gastes steht, erhalten Küche und Büfett bereits die Bestellungen als Bons ausgedruckt.

Die bonierten Beträge werden von der Kasse registriert, und es wird ein Guest-check für den Tisch bzw. den Gast angelegt.

Wertmarken und Gutscheine

Mit dem Einsatz von Wertmarken und Gutscheinen erübrigt sich das Bonieren, und das Kontrollsystem wird vereinfacht.

Biermarken

Die Servicefachkraft erwirbt für den entsprechenden Geldwert eine bestimmte Anzahl von Biermarken, die sie bei Bestellungen gegen das Bier einlöst.

Gutscheine

Gutscheine werden z. B. bei Firmenveranstaltungen an die Betriebsangehörigen ausgegeben. Auf dem Gutschein ist der Gegenwert genau vermerkt. Der Gutschein wird von den Gästen als Zahlungsmittel verwendet.

Gutschein für	**Gutschein für**
1 Essen	1 Portion Kaffee
2 Biere oder	1 Stück Torte oder
2 Softdrinks	1 Eisbecher

7.2 Abrechnung mit dem Gast

Wenn man von der ganz einfachen Art der Abrechnung mit Notiz- oder Rechnungsblock absieht, erhält der Gast eine Rechnung mit folgenden Angaben:

- Menge, Art und Preis der in Anspruch genommenen Leistungen,
- Rechnungssumme und Datum,
- Unterschrift.

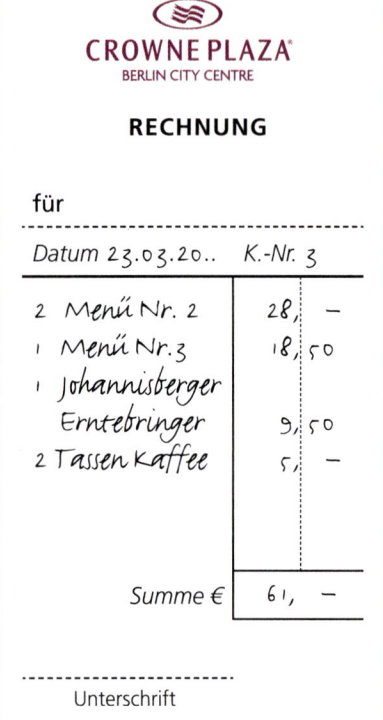

Abb. 2 Abrechnung

Zahlt der Gast bar, wird ihm die quittierte Originalrechnung sofort ausgehändigt.

Handelt es sich um eine Kasse mit Rechnungsstellung (Guest-Check),
dann wird die Rechnung beim Bonieren automatisch mitgeschrieben.

Die Angaben für die Rechnung werden in einem eigens für den Gast bestimmten Speicher registriert und bei Rechnungsstellung in einem Arbeitsgang ausgedruckt.

Per Computer ausgedruckte Rechnungen entsprechen den Vorschriften der Finanz-
ämter, wenn die Rechnung als Nachweis für Bewirtungskosten eingereicht wird.

Die gesetzlichen Bestimmungen verlangen außerdem:
- Name und Anschrift des Restaurants bzw. der Gaststätte,
- Tag der Bewirtung sowie die Leistung nach Art, Umfang und Entgelt,
- Mehrwertsteuerprozentsatz und Mehrwertsteuerbetrag,
- Endbetrag der Rechnung.

Zentrale Restaurantkasse

Dieses System dient zur Vereinfachung der Abrechnung, indem die Gäste beim Verlassen des Restaurants ihre Verzehrschuld an der Kasse begleichen. Dadurch entfällt
das Abrechnen der einzelnen Servicefachkräfte mit dem Gast und mit dem Betrieb:

- Die Servicefachkraft registriert die Bestellungen des Gastes fortlaufend auf einer
  Karte, die der Gast beim Betreten des Restaurants erhält.
- Möchte der Gast bezahlen, übergibt er die Karte vor dem Verlassen des
  Restaurants an der Kasse.
- Hier wird die Rechnung ausgefertigt und der Rechnungsbetrag kassiert.

> Bei Hotelgästen, deren Verzehr mit der Endabrechnung des Hotels übernommen werden soll, ist die Rechnung mit der Zimmernummer zu versehen, vom Gast zu unterschreiben und sofort an den Empfang weiterzuleiten.
>
> Der Servicemitarbeiter reduziert diesen Betrag von seiner Kassenabrechnung.

Rechnung für:

_____

835	Bedienung		Datum		Tisch	
	4		15–01–20..		5	€
1 Sekt	34			13.00		13.00
2 Küche				18.00		36.00
1 Wein	75			11.00		11.00
1 Storno				11.00		11.00
1 Wein	76			14.00		14.00
2 Kaffee	52			2.40		4.80

Im Rechnungsbetrag sind 19% Mehrwertsteuer € 10.83 enthalten

Kasse   **67.80**

_____

Rechnung anerkannt: Unterschrift   _____

Zimmer Nr. _____   Name   _____

                                         Blockschrift

> Wird nur ausge-
> füllt, wenn der
> Gast den Rech-
> nungsbetrag nicht
> an die Bedienung
> bezahlt.

Vorderseite der Rechnung

Rückseite der Rechnung

Wenn ein Gast seine Bewirtungsaufwendungen steuerlich geltend machen will, so müssen Ort der Bewirtung, Tag, Teilnehmer, Anlass und Höhe der Aufwendungen nachweisbar sein. Außerdem muss die Rechnung maschinell erstellt und registriert sein. Die Leistungen müssen einzeln aufgeführt sein. Der Vermerk „Speisen und Getränke" genügt nicht. Zudem sind die Namen der bewirteten Personen ab einem Rechnungsbetrag von über 150 € anzugeben.

7.3 Abrechnung mit dem Betrieb

Die Servicefachkräfte rechnen ihre Einnahmen mit dem Betrieb ab. Als Grundlage dazu dient der Umsatz der jeweiligen Servicefachkraft.

Dieser wird ermittelt aus
- den aufaddierten Bondurchschriften des Bonbuches oder
- dem per Tastendruck abgerufenen Umsatz der Registrierkasse oder
- einem vom Computersystem automatisch angefertigten, detaillierten Umsatzbericht für jede Servicefachkraft.

Die Abrechnung enthält folgende Eintragungen:
- Datum,
- Gesamtumsatz, Fehlbons (Stornos) und berichtigter Umsatz,
- das kassierte Bargeld, die angenommenen Reiseschecks sowie die Kreditkartenbelastungsbelege,
- Restanten.

Service-Nr. 5

Brutto-Umsatz	34	1815,40
Stornos	2	76,30
Netto-Umsatz	32	1739,10
Kredit	6	1104,80
Kasse		634,30
Datum	18-10-..	

In den voll durchorganisierten Systemen wird auf Abruf für jede Servicefachkraft automatisch ein detaillierter Umsatzbericht ausgefertigt (auch Servicebericht genannt).

388

Fehlbons sind Bons, die nicht durch Sofort-Stornierung ungültig gemacht werden konnten. Sie reduzieren den abzurechnenden Umsatz des Service-Mitarbeiters.

Restanten sind offene Rechnungen von Hausgästen, die dem Empfang zugeleitet und auf die Hotelrechnung des Gastes übernommen werden.

Debitoren sind offene Rechnungen, die entweder Gästen oder einer Firma zugeschickt und dann erst per Überweisung beglichen werden.

Restaurant Classico

MARITIM
HOTELS

Restaurant-Abrechnung

Datum: 23.03.20.. Name: Schmidt Nr.: 8

Umsatz			Restanten/Rechnungen an Hotel		
./. Fehlbons ②	1.712,40				
	34,15		Rechnungs-Nr.	Zimmer-Nr.	€
Berichtigter Umsatz	1.678,25		318	128	123,90
./. Restanten	456,50		459	434	332,60
Kasse	1.221,75				
Erhalten: Steinmüller					
geprüft: Krause					
(Kontrollbüro)				Summe	456,50

Aufgaben

1. Beschreiben Sie die Grundausstattung von Bonbüchern.

2. Erklären Sie Ihrer neuen Kollegin die Handhabung von Bonbüchern.

3. Erklären Sie folgende Bonbezeichnungen:
   a) Originalbon, Fehlbon, Sammelbon, b) Einzelbon, Doppelbon, Abrufbon, c) Begleitbon.

4. Was versteht man unter dem Begriff Talon?

5. Nennen und erläutern Sie Regeln für das Bonieren.

6. In welchen Fällen ist der Einsatz von Bonbüchern zweckmäßig?

7. Beschreiben Sie im Zusammenhang mit dem Bonbuch:
   a) das Abrechnen mit dem Gast, b) das Abrechnen mit dem Betrieb.

8. Beschreiben Sie den Bon einer Registrierkasse und dessen Verwendung.

9. Beschreiben Sie das Bonieren und die Ausstattung des Bons beim Arbeiten mit elektronischen bzw. computerunterstützten Kassen.

10. Welches sind die Besonderheiten bei elektronischen Kassen
    a) in Bezug auf die Rechnungsstellung für den Gast, b) in Bezug auf das Abrechnen mit dem Betrieb?

11. Erklären Sie die Besonderheiten bei der Verwendung
    a) von Biermarken, b) von Gutscheinen.

Empfehlung und Verkauf von Speisen

Wesentliche Aspekte beim gastorientierten Arbeiten sind die Gästeberatung und das Verkaufsgespräch. Um Gäste entsprechend gut beraten zu können, um bei ihnen schon mit Worten den Appetit anzuregen, sind grundlegende Produktkenntnisse notwendig. Zubereitungen und Gerichte, die für die Gästeberatung und Verkaufsförderung wichtig sind, werden nachfolgend behandelt, erklärt und beispielhaft mit verkaufsfördernden Empfehlungen präsentiert.

Mit Geschick und „verführerischen" Erläuterungen lassen sich Gäste motivieren, bestimmte Gerichte zu bestellen. Dabei muss allerdings darauf geachtet werden, dass man dem Gast nichts aufzwingt. So sollte am Ende beim Gast immer das Gefühl vorhanden sein, dass er seine Entscheidung alleine getroffen und das Gericht selbst bestellt hat.

Je mehr Appetit die Vorschläge der Servicemitarbeiter beim Gast auslösen, desto größer ist die Chance, gezielt zu verkaufen.

Redewendungen, die bei der Gästeberatung verwendet werden können, sind durch das **nebenstehende Symbol gekennzeichnet**. Viele Redewendungen kann man in leicht abgewandelter Form auch bei der Präsentation von Speisen oder einzelnen Menügängen nutzen.

1 Vorspeisen

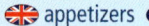 appetizers 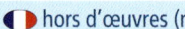 hors d'œuvres (m)

Als Vorspeisen bezeichnet man kleine Gerichte, die vor der Suppe gereicht werden.

Kalte Vorspeisen werden als kleine appetitanregende Speisen in mehrgängigen Menüs zur kulinarischen Einstimmung angeboten. Bei Stehempfängen bevorzugt man kleine kalte und warme Köstlichkeiten in Form von Fingerfood.

Amuse-Gueule bzw. Amuse-Bouche werden wie auch Fingerfood an späterer Stelle genauer beschrieben (ab S. 479).

Abb.1 Kalte Vorspeise auf Porzellanplatte

1.1 Kalte Vorspeisen

cold appetizers hors d'œuvres froids (m)

Vorspeisen sind sehr vielfältig, weil sie aus fast allen Lebensmitteln hergestellt werden können.

Kalte Vorspeisen werden im Rahmen einer Speisenfolge immer an **erster Stelle** gereicht. Da sie ein angenehmer Auftakt zu einem Menü sein sollen, müssen sie wichtigen Anforderungen gerecht werden:

- in der Menge nicht zu umfangreich,
- sorgfältig ausgewählte, zarte Rohstoffe, die auf die nachfolgenden Speisen harmonisch abgestimmt sind,
- appetitanregend, geschmackvoll angerichtet und ansprechend garniert.

„Wir servieren Ihnen einen gekochten **Langustenschwanz** mit grünem, leicht in Butter gebratenem Spargel und mild mariniertem Löwenzahnsalat mit rotem Chicoree. Besonders delikat ist der kurz vor dem Service hauchdünn über das Vorspeisengedicht gehobelte schwarze Trüffel. Zu dieser eleganten Vorspeise empfehle ich Ihnen einen Chablis AOC, Domaine Carrion. Es ist ein schön trockener, weißer Burgunder mit frischem Charakter, der sehr gut mit Languste und Spargel harmoniert."

Rohstoffbeispiele für kalte Vorspeisen

Es gibt kaum ein Lebensmittel, das nicht im Rahmen der **kalten Vorspeisen** Verwendung findet.

Gemüse und Obst

- Artischocken, Gurken, Spargel, Tomaten, Kürbis
- Avocado, Grapefruit, Melone, Exotische Früchte usw.

Fische sowie Krebs- und Weichtiere

- Forelle, Graved Lachs, Räucheraal, Räucherlachs, Heilbutt
- Matjeshering, Sardinen, Sprotten, Thunfisch
- Kaviar (verschiedene Sorten)
- Garnelen, Hummer, Krabben, Krebse, Langusten, Scampi, Shrimps
- Austern, Muscheln, Tintenfisch

Schlachtfleisch

- Gebratenes Roastbeef, Braten von Kalb und Schwein
- Medaillons von Kalb und Schwein
- Tatar (rohes Filetfleisch), Hackepeter oder Schweinemett (gewürztes, rohes Schweinefleisch)
- Roher und gekochter Schinken, Bündner Fleisch
- Erlesene Wurstwaren und Innereien

Geflügel und Wildgeflügel

- Gekochtes und gebratenes Huhn, Putenschinken
- Gebratene Entenbrust
- Geräucherte Gänsebrust
- Leber von Enten und Gänsen
- Geflügelgalantinen
- Fasanenterrine, gefüllte Wachteln
- Gebratene Brust von Rebhuhn und Fasan

Wild

- Braten und Medaillons von Reh und Hirsch
- Rehrücken im Ganzen gebraten und garniert
- Hasen- und Rehpastete
- Wildschwein- und Hirschschinken

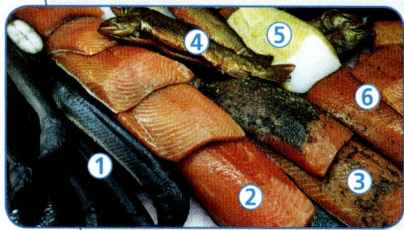

In Verbindung mit den vielfältigen Zubereitungs-, Kombinations- und Garniermöglichkeiten ergibt sich eine sehr große Fülle von kalten Vorspeisen.

Abb. 1 Geräucherte und gebeizte Fische: ① Aal, ② Lachs, ③ Graved Lachs, ④ Forellen, ⑤ Heilbutt, ⑥ Bückling

Abb. 2 Platte mit Canapés

1.2 Arten von kalten Vorspeisen

Canapés 🇬🇧 canapés 🇫🇷 canapés (m)

Canapés sind kleine, unterschiedlich belegte, mundgerecht zubereitete und dekorativ garnierte Appetitschnittchen auf verschiedenen, zum Teil getoasteten Brotscheiben. Hierzu gehören auch die italienischen Bruschetta, Brotscheibchen mit würzigem Aufstrich oder Belag.

Vorspeisen-Cocktails

🇬🇧 entrées cocktails 🇫🇷 cocktails (m) comme hors d'œuvre

Vorspeisencocktails stellt man aus Obst, Gemüse, Krebs- und Weichtieren sowie Fisch und Fleisch her. Die Zutaten für Cocktails werden in der Regel in Würfel geschnitten und mit einer pikant abgeschmeckten Sauce vermischt oder überzogen (nappiert).

Kalte Vorspeisen können eingeteilt werden in:
- Canapés
- Vorspeisen-Cocktails
- Erlesene Delikatessen
- Kombinierte Salate
- Vorspeisenkompositionen auf Tellern

Die Cocktails werden einzeln in Gläsern oder Schalen angerichtet und gut gekühlt serviert. Vorspeisen-Cocktails können auch am Tisch des Gastes zubereitet werden.

Restaurantfachkräfte sollen in der Lage sein, Gästeberatungen durchzuführen, um mit Worten den Gästen Appetit zu machen. Als Beispiel dienen das nachfolgende Rezept sowie die Zubereitungsbeschreibungen.

Geflügel-Cocktail

Bedarf für 10 Portionen

500 g	gekochte Hühnerbrust
250 g	Filets von rosa Grapefruits
200 g	gedünstete Champignons
200 g	grüne Paprikastreifen
5 g	Zitronensaft
200 g	Mayonnaise
100 g	Schlagsahne
	Salz, Pfeffer, Weinbrand,
	Chilisauce, Estragonblätter,
	10 Tomatenfächer,
	Rucolasalat

Vorbereiten

- Hühnerbrust teilweise in Würfel und für die Garnierung auch in Scheiben schneiden.
- Paprika in Streifen, Champignons in Scheiben und Grapefruitfilets in Würfel schneiden.
- Alle geschnittenen Zutaten mit einer Mischung aus Salz, Pfeffer und Zitronensaft marinieren.

Abb. 1 Cocktail mit Hühnerbrust-
streifen und Cocktail mit
Garnelen

Anrichten

- Die Gläser mit dem gewaschenen Rucolasalat auslegen.
- Darauf die marinierten Zutaten geben und mit einer angerührten Sauce aus Mayonnaise, Schlagsahne, Chilisauce, Weinbrand und geschnittenem Estragon überziehen.
- Als Garnitur Tomatenfächer und Hühnerbrustscheibchen auflegen.

Entsprechende Redewendung

Geflügel-Cocktail

„Als leichte Vorspeise möchte ich Ihnen einen Geflügelcocktail anbieten,
kombiniert aus gekochter Hühnerbrust, vitaminreichen Paprikastreifen und
rosa Grapefruit mit einer dezent-pikanten Sauce. Falls Sie den Cocktail lieber mit einer Cocktailsauce wünschen, ist dies auch möglich."

Weitere Beispiele

Grapefruit-Cocktail

„... eine erfrischende Kombination
aus Filets von Grapefruit und Schinkenstreifen zusammen mit einer Sauce
aus Joghurt, Salz, Pfeffer, Wodka und
Worcestershire-Sauce, garniert mit
Mandarinenspalten und gerösteten
Pinienkernen."

Krebs-Cocktail

„... ein Cocktail mit besonderer Note
durch frisch gekochte, geschälte
Krebsschwänze und -scheren, die
mit Noilly Prat, Zitronensaft und
schwarzem Pfeffer mariniert sind.
Diese werden zusammen mit
kleinen Würfeln aus Tomaten-
fruchtfleisch, Salatgurke und etwas
Cocktailsauce vermischt auf Frisée-
salat angerichtet.
Mit den Krebsscheren ist der Cocktail garniert."

Erlesene Delikatessen

🇬🇧 exquisite delicacies 🇫🇷 délicatesses (w) exquisites

Unter erlesenen Delikatessen versteht man die selbstproduzierten oder in Manufakturen hergestellten Feingerichte wie
- Pasteten, • Terrinen, • Galantinen, • Parfaits und Mousses

aus Gemüse, Fisch, Krebs- und Weichtieren, Geflügel, Wild oder Fleisch.

Abb. 1 Festliche Platte mit erlesenen Delikatessen

Beispiele

Pasteten sind mit Teig umhüllte Feinkostgerichte, die in speziellen Pastetenformen im Ofen gebacken und deshalb auch als Krustenpasteten bezeichnet werden. Den Namen erhalten die Pasteten durch das verwendete Rohmaterial wie zum Beispiel Kalb, Wildschwein oder Reh.

Terrinen sind Feingerichte aus Gemüse, Schlachtfleisch, Geflügel, Wild oder Wildgeflügel. Die fein verarbeitete Grundmasse wird mit bunten Einlagen versehen und zum Garen meist im Wasserbad pochiert.

Galantinen sind Feingerichte, bei denen eine bunte Farce den Kern bildet und Fisch oder Fleisch die äußere Hülle. Das Gericht ist immer pochiert und wird mit passenden Saucen serviert. Die bekannteste Galantine ist die Geflügelgalantine. Die deutsche Bezeichnung für Galantine ist Rollpastete.

Parfaits werden meist aus teuren Zutaten hergestellt wie z. B. Enten- oder Gänseleber mit Trüffeln. Man spricht dann von einem getrüffelten Gänseleber-Parfait. Der Begriff Parfait ist gleichbedeutend mit „perfekt".

Mousses werden aus entsprechenden gegarten und pürierten Rohmaterialien in Verbindung mit Béchamelsauce oder Veloutées hergestellt. Schlagsahne dient zur Lockerung, und durch Zugabe von Gelatine wird die Mousse schnittfest. Eine andere Bezeichnung ist Schaumbrot.

„Der Geflügelsalat, eine milde, leichte Kombination aus gekochter zarter Hühnerbrust mit knackigem Staudensellerie und fein säuerlichen Äpfelstückchen. Er gilt als der ideale Appetitanreger. Auf Wunsch können wir ihn auch mit Joghurt anstelle von Mayonnaise zubereiten."

Kombinierte Salate   🇬🇧 salad variatons 🇫🇷 variations (w) de salades

Diese Salate werden aus mehreren Zutaten kombiniert bzw. geschmacklich harmonisch zusammengestellt. Salate sind auch auf den Seiten 185 und 460 zu finden.

Geflügelsalat

Bedarf für 10 Portionen	
800 g	Geflügelfleisch gegart
250 g	Staudensellerie in Würfeln
250 g	Apfel in Würfeln
300 g	Mayonnaise oder Crème fraîche
100 g	geschlagene Sahne
	Salz, Zitrone, Worcestershire-Sauce, weißer Pfeffer

- Gebratene oder gekochte Hühnerbrust in Würfel schneiden, mit den Würfeln von Staudensellerie und Äpfeln mischen und mit Zitrone beträufeln,
- aus Mayonnaise, Schlagsahne und Gewürzen ein Dressing rühren und den Salat damit abbinden,
- den Salat auf Toast oder Glasschälchen anrichten und mit Tranchen von gebratenem Geflügel und zartgrünen Sellerieblättern garnieren.

„Empfehlenswert ist unser pikant-würziger Teufelssalat aus Rindfleisch und Pökelzunge mit vitaminreichen Streifen von frischen Paprikaschoten, Essiggurken und Zwiebelringen, vermischt mit einer pikanten Sauce."

„Geschmacklich passt zu den gebratenen kalten Rehmedaillons unser Waldorf-Salat mit Walnüssen ausgezeichnet. Durch den Staudensellerie und die angenehme Säure der Äpfel ergibt sich in Verbindung mit gebratenem Rehfleisch eine gelungene Harmonie."

Teufelssalat

Bedarf für 10 Portionen

800 g	Rindfleisch gekocht
400 g	grüne und rote Paprika
150 g	Essiggurken
150 g	Zwiebelringe
200 g	grüne Bohnen
300 g	Ketchup
50 g	Salatöl
40 g	Meerrettich gerieben
	Salz, Pfeffer, Tabasco, Zucker, Zitrone

- Gegartes Rindfleisch, Bratenabschnitte oder Zunge in Streifen schneiden,
- Paprikaschoten und Essiggurken ebenfalls in Streifen schneiden,
- grüne Bohnen kochen und sofort kalt abschrecken,
- alle Zutaten mit den Zwiebelringen vermischen und mit der aus den übrigen Rezeptzutaten bereiteten Sauce marinieren und abschmecken,
- mit hart gekochten Eiern, Zwiebelringen, Oliven, Maiskölbchen oder Perlzwiebeln garnieren.

Waldorf-Salat in Bioqualität

Bedarf für 10 Portionen

500 g	Staudensellerie (Bio)
300 g	Äpfel (Bio), ungeschält
80 g	Walnusskerne, halbiert und teils gehackt
100 g	Philadelphia balance
1 EL	Zitronensaft
2–3 EL	Apfelsaft
	Salz, weißer Pfeffer, Worcestershire-Sauce

- Selleriestangen und Äpfel waschen, trocken tupfen und in ½ cm große Würfel schneiden, mit Zitronensaft beträufeln und vermischen.
- Frischkäse mit Apfelsaft cremig rühren und die Sellerie-Apfel-Würfel unterheben
- Würzen und abschmecken.
- Mit Selleriegrün, dünnen Apfelscheiben und halben Walnüssen garnieren

Abb. 1 Salat von Staudensellerie, Äpfeln, Walnüssen, mit Mayonnaise, Salz, Pfeffer, Zitrone und Worcestershire-Sauce

Vorspeisenkompositionen auf Tellern

🇬🇧 dishes with appetizer compositions
🇫🇷 assiettes (w) avec hors d'œuvres (m) assorties

Heute werden kalte Vorspeisen vielfach im Voraus zusammen mit Saucen und Beilagen auf Tellern aus Porzellan oder Glas angerichtet. Dabei sind die Teller nicht mehr nur rund, sondern quadratisch, rautenförmig, rechteckig, dreieckig oder oval. Dies ermöglicht den Köchen einen neuen Stil des Anrichtens und bedeutet für das Servicepersonal eine neue Herausforderung beim Tragen und Einsetzen der Vorspeisen.

Abb. 2 Gemüse-Reis-Salat mit Friseesalat und marinierten Garnelen

Abb. 1 Thunfischwürfel mit Sesam

In Soja-Sesam-Sauce marinierte Thunfischwürfel mit in Weißwein gedünsteten Schalottenvierteln und grünem
Koriander.

„Mit diesem Gericht erleben Sie eine ideale Kombination von frischer **Languste** und **Avocado**. Ein Avocadomousse ist in einer hauchdünnen Teigschale angerichtet; ein Avocadobogen wird auf dem Grill zubereitet und mit Zitronenrahm umgeben."

„Als Besonderheit möchten wir Ihnen das **Thunfischtatar auf Brioche-Scheibe** empfehlen nebst einer Nocke mit frischen Kräutern, einem Wachtelei und einer bunten Salatsauce aus Zitronengras mit Olivenöl. Dazu reichen wir getoastete Brioche-Ecken."

„Auf die gelungene Variante von **Lamm und Ziegenkäse** möchte ich Sie gerne hinweisen. Hauchdünne Scheiben vom Lammrücken werden mit Limonensaft und schwarzem Pfeffer gewürzt. Dazu reichen wir ein Salatbouquet mit Käsenocken und Lammfilet im Teigmantel."

1 Entwerfen Sie aus der Kurzbeschreibung und den beigestellten Abbildungen eine appetitanregende Formulierung zur Empfehlung an Ihre Gäste.

Artischockenboden, Geflügelfleisch, Paprika, Garnele

Rehmedaillon, Gänselebermus, Orangenfilet, Himbeere

2 Nennen Sie sechs Beispiele von kalten Vorspeisen.

3 Was versteht man unter Canapés und was unter kombinierten Salaten?

4 Nennen Sie verschiedene Teller- und Portionsplattenformen für Vorspeisen.

5 Nennen Sie fünf Arten von „erlesenen Delikatessen".

Aufgaben

2 Suppen

🇬🇧 soups 🇫🇷 potages (m)

Der Stellenwert der Suppen hat sich verändert – weg vom reinen Sattmacher hin zu Genuss und Vielfalt.

Heute bieten sie eine Gelegenheit, Fantasie und Kreativität walten zu lassen, und sind gleichberechtigter und wichtiger Bestandteil eines Menüs.

Suppen unterteilt man in folgende Gruppen:
- Klare Suppen
- Gebundene Suppen
- Kalte Suppen

2.1 Klare Suppen

🇬🇧 clear soups 🇫🇷 potages (m) clairs

Die Namen von Brühen werden von den geschmackgebenden Ausgangsrohstoffen bestimmt.

- Fleisch ➡ Fleischbrühe 🇬🇧 meat stock 🇫🇷 bouillon
- Fisch ➡ Fischbrühe 🇬🇧 fish stock 🇫🇷 fumet de poisson
- Wild ➡ Wildbrühe 🇬🇧 venison stock 🇫🇷 fond de gibier
- Geflügel ➡ Geflügelbrühe 🇬🇧 chicken stock 🇫🇷 fond de volaille

Bei klaren Suppen unterscheidet man nach der Intensität in
- Fleischbrühe – Bouillon
- Kraftbrühe – Consommé
- Doppelte Kraftbrühe – Consommé double
- Essenzen – Essence

Kraftbrühe – Consommé werden durch Beigabe von zusätzlichem Fleisch geklärt und geschmacklich verstärkt.

Verdoppelt man die Fleischzugabe, so erhält man die **doppelte Kraftbrühe – Consommé double.**

Wird eine doppelte Kraftbrühe stark eingekocht (reduziert), entsteht eine **Essenz.** Beispiele sind Fasanenessenz, Forellenessenz.

Als **Einlagen** für klare Suppen dienen verschiedenartige Rohstoffe und unterschiedliche Zubereitungen:

Gemüse
- Sellerie, Karotten und Lauch
- Tomatenfleischwürfel, Paprikastreifen, Spargelspitzen, Blumenkohlröschen, Trüffel

Getreide
- Reis, Mais, Hirse, Grieß und Grießklößchen
- Nockerl, Spätzle und andere Teigwaren
- Biskuitschöberl, Backerbsen, Maultaschen
- Pfannkuchenstreifen (Célestine) und Backteigkrapfen (Profiteroles)

> „Als Einlagen empfehlen wir
> **Eierstich (Royale)**
> Eierstich besteht aus einer Mischung von Ei und Milch, die durch schonendes Garen im Wasserbad zu einer zarten Masse stockt und danach in Würfel, Rauten oder Scheibchen geschnitten wird."

> „Als Einlagen empfehlen wir
> **Käsebiskuits (Schöberl)**
> Die Schöberl sind eine besonders pikante Suppeneinlage der österreichischen Küche aus würzigem, goldgelb gebackenem ungezuckertem Biskuit mit feinem Reibkäse."

> „Als Einlagen empfehlen wir
> **Pfannkuchenstreifen (Célestine)**
> Pfannkuchenstreifen sind geschnittene, goldgelb gebackene Pfannkuchen, die zusammen mit frisch gehackten Küchenkräutern zu einem wahren Geschmackserlebnis werden."

Eier
- Eigelb, Eierflocken und Eierstich (Royale)
- pochiertes bzw. verlorenes Ei

Fleisch
- Mark-, Leber- und Kalbfleischklößchen
- Rind-, Kalb-, Geflügel- und Wildfleisch

Fisch
- Nockerl, Klößchen und Streifen von Fisch
- Fleisch von Weich- und Krebstieren

Gemüse in Streifen (*Juliennes*), Würfeln (*Brunoise*) oder in Rauten geschnitten werden überwiegend in klaren Suppen serviert.

Abb. 1 Juliennes, Brunoise und Rauten aus Gemüse

Fischnocken
bestehen aus oval geformter und pochierter delikater Fischfarce, für klare und gebundene Suppen geeignet.

Brotkrusteln (Croutons)
Knusprig geröstete Weißbrotwürfel serviert man meist zu gebundenen Suppen.

2.2 Gebundene Suppen

🏴 cream soups 🇫🇷 potages (m) liés

Bei gebundenen Suppen erhalten entsprechende Brühen eine Bindung durch Mehlschwitze (Roux) aus Butter und Mehl oder durch gemixte/fein passierte Pürees des Suppengrundstoffs. Die Farbe der Suppe wird durch den verwendeten Rohstoff und durch die Zubereitungsart bestimmt. Gegarte Teilchen der geschmackgebenden Rohstoffe bilden vielfach die Einlage für diese Suppen. Sie werten die Suppe optisch und geschmacklich auf.

Wir bieten folgende Arten an:

Cremesuppen/Rahmsuppen, mit flüssigem Rahm oder geschlagener Sahne

Samtsuppen/Legierte Suppen, legiert/gebunden mit Sahne und Eigelb

Schaumsuppen, aufgeschäumt mit Sahne oder untergehobener Schlagsahne

Abb. 2 Zweierlei Spargelrahmsuppen   Abb. 3 Legierte Morchelsuppe mit Estragon   Abb. 4 Fenchelsuppe mit Lachsröllchen

„Gönnen Sie sich doch mal das Extravagante. Frischen weißen und grünen Spargel zusammen als Cremesuppe angerichtet."

„Wir empfehlen Ihnen heute als jahreszeitliche Spezialität unsere legierte Suppe von frischen Morcheln mit Estragonstreifen."

„Als besondere Delikatesse offerieren wir Ihnen eine aufgeschäumte Fenchelsuppe mit Röllchen vom zarten Räucherlachs mit gerösteten Mandelblättchen."

Beratung und Verkauf

Abb. 1 Geeiste Melonensuppe

„An diesen heißen Sommertagen bieten wir Ihnen eine köstlich-kühle **Melonensuppe** zur Erfrischung an."

„Heute haben Sie die Wahl zwischen zwei Klassikern der kalten Suppen. Einmal ist da die **Gazpacho** aus Spanien. Sie ist zubereitet aus Salatgurke, Tomaten, Paprika, einem Hauch von Knoblauch und Zwiebeln. Sie wird mit Würfeln von Gemüse serviert.

Die zweite Köstlichkeit ist die **Vichyssoise** aus Frankreich, eine leichte Lauch-Kartoffelsuppe, mit Sahne verfeinert. Sie wird mit einem kleinen Toastscheibchen mit Sauerrahm und echtem Kaviar serviert."

Abb. 2 Geeiste Tomatenkraftbrühe

„Wegen der sommerlichen Temperaturen hat unser Küchenchef zu Ihrer Erfrischung eine geeiste **Tomatenkraftbrühe** mit Staudensellerie und Tomatenfleischstücken zubereitet."

2.3 Kalte Suppen  cold soups soupes (w) froides

Kalte Suppen werden in Form von Kaltschalen, geeisten Kraftbrühen oder kalten gebundenen Suppen vorzugsweise an heißen Sommertagen angeboten.

Kaltschalen

Kaltschalen enthalten als namengebende Zutat Früchte der Saison, die, in kleine Stücke geschnitten oder püriert, mit Zuckersirup (Läuterzucker), Wein oder entsprechendem Fruchtsaft vermischt werden. Je nach der verwendeten Frucht wird mit mehr oder weniger Zitronensaft abgeschmeckt.

Kaltschalen werden gut gekühlt in Suppentellern, Pozellanschalen oder in Gläsern serviert.

Geeiste Kraftbrühen

Vorwiegend aus Rindfleisch zubereitet, müssen geeiste Kraftbrühen glasklar, fettfrei und gut gewürzt sowie in leicht geliertem Zustand sein. Möglich sind auch Kraftbrühen aus Gemüse.

Kalte gebundene Suppen

Kalte gebundene Suppen sind im Allgemeinen pürierte Suppen z. B. aus Kartoffeln (Vichyssoise) oder Gemüsen (Gazpacho), die mit Sahne oder Joghurt bzw. Essig und Öl sowie mit frischen Kräutern verfeinert werden.

Abb. 3 Kalte Suppen aus Spanien (Gazpacho) und Frankreich (Vichyssoise)

2.4 Regionalsuppen

regional soups potages (m) régionaux

Suppen, die aus einer bestimmten Region Deutschlands stammen, bezeichnet man als Regionalsuppen. Bodenständige Erzeugnisse oder die besondere Verarbeitung der Naturalien bestimmen ihren Charakter. Diese Suppen haben auch eine gewisse Tradition.

Beispiele

Hamburger Aalsuppe

Die Suppe wird aus Aal, Fleischbrühe und Wurzelgemüse gekocht. Eine besondere Geschmacksnote erhält sie durch die Zugabe von Dörrobst. Sie wird mit Schwemmklößchen garniert serviert.

Münchner Leberknödelsuppe

Die Leberknödel bestehen aus pürierter Leber, Brotbröseln, Ei, Lauchstreifen und Kräutern. Nach dem Garen in Salzwasser werden sie in einer kräftigen Rindfleischbrühe serviert.

Westfälische Kartoffelsuppe

Eine sämige Suppe aus mehligen Kartoffeln mit Wurzelgemüse, frischer Landbutter, Sahne, mit Majoran abgeschmeckt. Als Garnitur dienen Röstbrotwürfelchen.

Büsumer Krabbensuppe

In Butter und etwas Krebssuppe angeschwitzte Gemüsewürfel werden mit Weißwein und Brühe aufgekocht, danach die geschälten Krabben zugegeben und mit Crème fraîche verfeinert.

Schwäbische Brotsuppe

Für diese Suppe verwendet man in Scheibchen geschnittenes Graubrot. Zwiebelwürfel werden goldgelb geschmolzen, das Brot wird darin leicht mitgeröstet, anschließend mit einer kräftigen Fleischbrühe aufgegossen.

Warmbiersuppe

Diese sächsische Spezialität erhält durch das dunkle Bier in Verbindung mit der Milch sowie der Zitronenschale und den Ingwerstückchen eine besondere Note.

Abb. 1 Brotsuppe

Riebelesuppe

Kleine zerriebene Teigstückchen werden in gehaltvoller Fleischbrühe gegart und mit Schnittlauch serviert. Eine Spezialität aus Baden-Württemberg.

2.5 Nationalsuppen   🇬🇧 national soups 🇫🇷 potages (m) nationaux

Nationalsuppen zeichnen sich durch landestypische Besonderheiten der jeweiligen Nation aus. Sie sind aus der ländlichen Küche eines Landes hervorgegangen. Für ihre Herstellung werden die typischen Produkte des Landes verwendet.

Borschtsch, Russland
Gemüsesuppe mit Weißkohl, Roten Beten, Rindfleisch und Sauerrahm.

Bouillabaisse, Frankreich
Suppe mit Safran, verschiedenen Fischen, Muscheln und Krebstieren.

Clam Chowder, USA
Suppe mit Muscheln, Kartoffeln, Maiskörnern, Sellerie und Sahne.

Minestrone, Italien
Gemüsesuppe mit Reis, Nudeln, Tomaten, Kichererbsen und geriebenem Parmesan.

Gazpacho, Spanien
Kalte Suppe mit Gurke, Tomate, Paprikaschote, Zwiebeln, Knoblauch.

Oxtail, England
Klare Suppe aus angebratenem Ochsenschwanz, Gemüsen und Fleischeinlage.

Gulaschsuppe, Ungarn
Suppe mit Rindfleisch, Zwiebeln, Paprika, Knoblauch, Kümmel, Zitrone, Majoran.

Cock-a-leekie, Schottland
Hühnersuppe mit frischem Lauch und Backpflaumen, köstlich gewürzt mit Pfeffer, Piment, Petersilie, Thymian und Muskatblüte sowie Hühnerfleischstreifen.

Mulligatawny, Indien
Currysuppe mit Geflügelstreifen, Äpfeln, Zwiebeln und Schinken, mit Reismehl gebunden.

Gulaschsuppe
„Unsere Gulaschsuppe ist angenehm paprikascharf, würzig nach frischem Majoran duftend mit reichlich Fleischstückchen."

Mulligatawny
„... eine englisch-indische Spezialität, die jeden Curryfan begeistert. Die Suppe wird zubereitet aus Geflügelbrühe, Curry und Rahm mit Reis und Geflügelfleischstücken."

Borschtsch
„Eine Spezialität der russischen Bauernküche mit Kraut, roten Rüben, Rindfleisch und Schmant (Crème fraîche)."

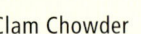

Clam Chowder
„... diese Köstlichkeit aus der neuen Welt, den USA, begeistert vor allem den Muschelfan. Der feine Geschmack der Herzmuschel wird durch Bleichsellerie und Kartoffeln vorteilhaft untermalt."

Worte, die verkaufen helfen

- köstlich
- lecker
- aromatisch
- gekräutert
- würzig
- duftend
- deftig

- leicht
- wenig sättigend
- samtig
- feurig
- angenehm wärmend
- aufregend
- delikat

- auserlesen
- aus frischen Produkten
- regionale Spezialität
- aus Großmutters Küche
- ein besonderes Geschmackserlebnis
- den Himmel auf dem Löffel erleben Sie …

Fachbegriffe

Bouillon	Fleischbrühe
Consommé	Kraftbrühe
Consommé double	Doppelte Kraftbrühe
Fond	Grundbrühe
Célestine	Pfannkuchenstreifen
Legieren	Helle Suppen mit einer Mischung aus Eigelb und Sahne binden
Liaison	Mischung aus Eigelb und Sahne
Royale	Durch Pochieren gestockte Mischung (Eierstich) aus Milch, Salz, Muskat, Eigelb und Vollei
Schmant	Saure Sahne mit hohem Fettgehalt, ähnlich wie Crème fraîche

Abb. 1 Kraftbrühe mit Eierstich

Aufgaben

1. Entwerfen Sie aus der Kurzbeschreibung und der beigestellten Abbildung eine appetitanregende Formulierung zur Empfehlung an Ihre Gäste.
   Kraftbrühe von Rauchforelle, Gemüse und Gebäck

2. Welche Gruppen von Suppen unterscheidet man?

3. Nennen und erläutern Sie die verschiedenen Bezeichnungen für die Intensitätsstufen bei klaren Suppen.

4. Notieren und beschreiben Sie 10 Einlagen für klare Suppen aus unterschiedlichen Rohstoffen.

5. Nennen Sie Arten der gebundenen Suppen. Wodurch entsteht jeweils die Bindung?

6. Entwerfen Sie für einen Aktionstag ein Spezialangebot mit Suppen. Berücksichtigen Sie dabei alle Arten von Suppen.

3 Zwischengerichte

 entrées entrées (w)

Die Zwischengerichte bilden den leichten Übergang von der Suppe zu den nachfolgenden Gängen. Früher auch als warme Vorspeisen bezeichnet, steht bei diesen Gerichten die Qualität im Vordergrund, sie ist wichtiger als der Sättigungswert.

Abb. 2 Pastetchen mit Scampi-Ragout

Zwischengerichte lassen sich gut vorbereiten in Form von Torteletts, Blätterteigpastetchen, Teigschiffchen usw. Mit feinen Füllungen versehen, sind sie rasch fertiggestellt und angerichtet.

Oftmals unterscheiden sich Zwischengerichte lediglich durch die Portionsmenge von den Hauptgerichten. Die moderne Küche verwendet dafür bevorzugt auch solche Speisen, die in der klassischen Küche an anderen Stellen der Menüfolge verwendet werden (s. S. 484 f.). Als Zwischengerichte sind sie nur in kleineren Mengen zubereitet, angerichtet und mit pikanten Garnituren und Saucen versehen.

Zwischengerichte werden wie die kalten Vorspeisen aus einer breiten Palette von Rohstoffen wie Geflügel, Schlachtfleisch, Innereien, Wild, Krebs- und Weichtieren, Teigwaren, Eiern, Gemüsen und Pilzen gefertigt.

Abb. 1 Zwischengerichte aus China

„Den absoluten Renner hat unser Küchenchef aus China mitgebracht. Probieren Sie die Leckereien. Von der **Frühlingsrolle** bis zum **gefüllten Teigsäckchen** bietet jedes Teilchen eine kulinarische Überraschung."

Beispiele von Zwischengerichten

- **Gebackene Zwischengerichte** werden auf Teigböden oder in Teighüllen hergestellt, wie z. B.. Quiche, Fladen, Pizza, Strudel (mit Füllung oder Belag von Fleisch, Gemüse, Pilzen oder Fisch).

- **Kroketten,** für die gegartes, fein gehacktes Fleisch, Fisch, Gemüse oder Pilze mit einer entsprechenden Sauce gebunden und gut gekühlt wird. Aus dieser Masse formt, paniert und frittiert man dann die Kroketten.

- **Pfannkuchen** mit verschiedenen Füllungen aus Gemüse, Pilzen, Fleisch, Fisch oder Innereien.

- **Krapfen oder Beignets**, in Backteige getauchtes und frittiertes, teilweise vorgegartes Material aus Gemüse, Fleisch, Fisch, Innereien und Pilzen.

- **Zwischengerichte aus farciertem Fisch, Schlachtfleisch, Geflügel, Krebstieren oder Gemüse** werden als *Timbales/Flans* in gebutterten Formen pochiert und gestürzt oder als *Klößchen* oder *Nocken* (Quenelles) pochiert.

- **Feine Ragouts** aus Geflügel, Innereien, Wild, Kalbfleisch, Fischen, Krebstieren, Kalbsbries, Gemüse oder Pilzen werden in Blätterteigpastetchen, Römische Pastetchen oder Schiffchen

und Törtchen aus ungesüßtem Mürbeteig gefüllt, eventuell mit einer Sauce nappiert und gratiniert.

- **Zwischengerichte aus Teigwaren** wie Nudeln, Tortellini, Makkaroni, Ravioli, Lasagne und Maultaschen mit feinen Füllungen und Saucen, oftmals mit Käse bestreut und überbacken.

- **Zwischengerichte** aus Grießmasse/Brandmasse nennt man Gnocchi, zu denen man Kräuterpaste (Pesto) oder Butter und Reibkäse reicht.

- **Zwischengerichte von Fischen, Krebs- und Weichtieren** sind wegen des hohen Eiweißgehaltes und des meist niedrigen Fettgehaltes beliebt.

- **Gemüse** für Zwischengerichte werden häufig gefüllt (Auberginen, Zucchini, Gurken, Spinat, Wirsingblätter, Tomaten). Eine besondere Variante sind leicht geschmorte Gemüse wie Chicorée, Endiviensalat und Staudensellerie, die dann mit wohlschmeckender Sauce oder mit Käse überbacken werden. Auch edle Gemüse wie Artischocken und Spargel sind zu deren Saisonzeiten sehr beliebt.

- **Eierspeisen**, s. S. 211 f.

4 Saucen

 sauces 🇫🇷 sauces (w)

Saucen sind ein wichtiger Bestandteil von Gerichten. Es gibt sie in vielen Arten und Variationen. Die Grundzüge werden hier vorab beschrieben.

Arten der Saucen

Saucen erhöhen die Saftigkeit und Verzehrbarkeit (man stelle sich z. B. Klöße, Teigwaren, Kartoffeln oder Reis ohne Sauce vor) von Gerichten. Darüber hinaus dienen sie der Verfeinerung und dekorativen Vervollständigung und sind nicht zuletzt eine harmonische Ergänzung in Bezug auf Farbe und Geschmack. In vielen Fällen bilden die bei den Garprozessen entstehenden Fonds die Basis für die herzustellende Sauce. Für Zubereitungsarten, bei denen es diese Voraussetzungen nicht gibt (z. B. beim Kochen, Dämpfen Kurzbraten, Frittieren), werden **Grundsaucen** bereitet, aus denen durch zusätzliche Zutaten Ableitungen hergestellt werden.

Abb. 1 Unterschiedliche Saucen

Daneben gibt es aber auch ganz „eigenständige" Saucenzubereitungen, die nicht durch Ableitungen variiert werden.

4.1 Grundsaucen

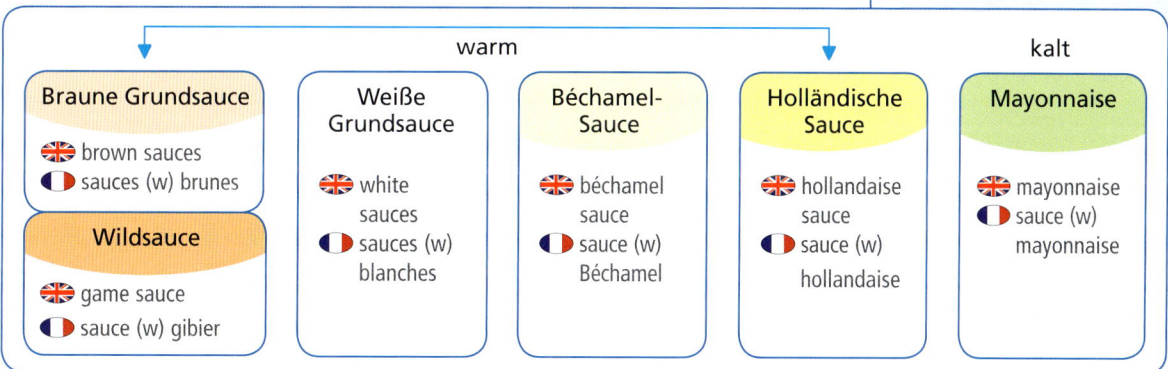

warm				kalt
Braune Grundsauce 🇬🇧 brown sauces 🇫🇷 sauces (w) brunes **Wildsauce** 🇬🇧 game sauce 🇫🇷 sauce (w) gibier	**Weiße Grundsauce** 🇬🇧 white sauces 🇫🇷 sauces (w) blanches	**Béchamel-Sauce** 🇬🇧 béchamel sauce 🇫🇷 sauce (w) Béchamel	**Holländische Sauce** 🇬🇧 hollandaise sauce 🇫🇷 sauce (w) hollandaise	**Mayonnaise** 🇬🇧 mayonnaise 🇫🇷 sauce (w) mayonnaise

4.2 Braune Grundsauce 🇬🇧 demiglace 🇫🇷 sauce (w) demiglace

Die **braune Grundsauce** oder **Kraftsauce** (**Demiglace**) wird hauptsächlich aus gerösteten Kalbsknochen und Wurzelgemüse hergestellt. Sie wird mit brauner Brühe aufgegossen und mit Mehl gebunden.

Durch Ergänzungen entstehen aus der Grundsauce spezielle Saucen, die man **Ableitungen** nennt.

Ableitungen von der Sauce Demiglace (Beispiele)

+ Rotweinreduktion und Rindermarkwürfel als Einlage	+ Rotweinreduktion und Champignonwürfel als Einlage	+ Weißwein, Pilze und gehackte Petersilie als Einlage
Bordeauxer Sauce *(Sauce bordelaise)*	**Burgundersauce** *(Sauce bourguignonne)*	**Jägersauce** *(Sauce chasseur)*
für Gerichte aus gebratenem und gegrilltem Fleisch, geschmortes Gemüse (z. B. Chicorée, Fenchel)	für gebratene und geschmorte Schlachtfleischgerichte, Kalbs- und Rinderzunge, gekochten Schinken	für gebratene und gegrillte Gerichte aus Schlachtfleisch

Ableitungen sind:

- **Pfeffersauce,** mit Weißwein und reichlich geschroteten Pfefferkörnern oder grünem Pfeffer
- **Wacholderrahmsauce,** mit Rotwein-Wacholder-Reduktion und Sauerrahm
- **Hagebuttensauce,** mit Mark von Hagebutte und Rotwein

Tomatensauce

🇬🇧 tomato sauce
🇫🇷 sauce (w) tomate

Tomatensauce ist eine farblich betonte Sauce. Sie kann geschmacklich vielfältig variiert werden, beispielsweise durch Zugabe von Gin oder gehacktem Basilikum. Sie ist wegen ihres pikanten, leicht säuerlichen Geschmacks sehr beliebt und wird zu den verschiedensten Speisen verwendet.

4.3 Wildgrundsauce und Ableitungen

🇬🇧 game sauce 🇫🇷 sauce (w) gibier

Wildgrundsauce wird wie die Demiglace hergestellt. Die Geschmacksgrundlage geben jedoch artspezifische Zutaten wie Wildknochen und Fleischabschnitte vom Wild sowie würzige Wurzelgemüse. Dazu kommen typische Wildgewürze wie Wacholderbeeren, Piment, Nelke, Lorbeerblätter sowie Senf und Preiselbeeren.

4.4 Eigenständige warme Saucen

Bratenjus 🇬🇧 gravy 🇫🇷 jus (m) de rôti

Bratenjus wird in Verbindung mit dem Braten von Fleisch gewonnen (z. B. Roastbeef, Schweine-, Kalb- oder Lammfleisch, Geflügel oder Wild). Die jeweils typischen Geschmacksstoffe ergeben sich aus dem Bratensatz, dem geringfügig austretenden Fleischsaft, die die Bratenjus bilden. Dieser wird in der Regel nicht oder nur leicht mit Stärke oder kalten Butterflocken gebunden.

4.5 Weiße Grundsaucen 🇬🇧 white sauces 🇫🇷 sauces (w) blanches

Die **weißen Grundsaucen** werden mit einer hellen Mehlschwitze (Roux) bereitet. Mit Milch aufgefüllt, erhält man die **Béchamelsauce,** mit heller Brühe von Kalb, Geflügel oder Fisch die **Samtsaucen (Veloutés).** Abgesehen von den unterschiedlichen Zutaten für die **Ableitungen** werden weiße Saucen meist mit einer Legierung aus Eigelb und Sahne vollendet.

Ableitungen von der Béchamelsauce

+ Sahne	+ Fleischbrühe/ Meerrettich	+ Sahne/geriebener Käse	+ Fischfond/ Hummerbutter
Rahmsauce *(Sauce à la crème)*	**Meerrettichsauce** *(Sauce au raifort)*	**Mornaysauce** *(Sauce Mornay)*	**Kardinalsauce** *(Sauce cardinal)*
zum Binden von Gemüse und Kartoffeln (Béchamelkartoffeln)	zu gekochtem Rindfleisch	für überbackene Gerichte von Gemüse und Eiern	zu gekochten und gedünsteten Gerichten von Eiern, Fischen und Krebstieren

Ableitungen von den Samtsaucen (Veloutés)

Grundsauce	Ableitungen	Zuordnung zu Speisen
Kalbssamtsauce (Velouté de veau)	• **Deutsche Sauce** *(Sauce allemande)* • **Champignonsauce** *(Sauce aux champignons)*	• Ragoût fin • Kalbsblankett, pochierte Eier
Geflügelsamtsauce (Velouté de volaille)	• **Geflügelrahmsauce** *(Sauce suprême)* • **Champignonsauce**	• Geflügelfrikassee, Hühnerbrüstchen • feines Geflügelragout
Fischsamtsauce (Velouté de poisson)	• **Weißweinsauce** *(Sauce au vin blanc)* • **Dillsauce** *(Sauce à l'aneth)*	• gedünsteter Fisch • Krebstiere

4.6 Aufgeschlagene und gerührte Saucen

Bei den meisten Gerichten werden die Saucen aus den Braten oder Bratansätzen der Hauptbestandteile gewonnen. Aufgeschlagene und gerührte Saucen werden unabhängig vom Hauptbestandteil eines Gerichtes hergestellt. Bei diesen Saucen handelt es sich um die **holländische Sauce** (warm) und die **Mayonnaise** (kalt).

Holländische Grundsauce und Ableitungen

Die Hauptbestandteile der holländischen Sauce sind Eigelb und Butter. Diese werden geschmacklich durch einen konzentrierten Auszug (Reduktion) aus Schalotten, Essig, Pfefferkörnern und Wasser unterstützt. Der feinen Zutaten und der zarten Konsistenz wegen wird die holländische Sauce auch als Königin unter den Saucen bezeichnet.
Sie wird verwendet:

- als Beigabe zu feinem Gemüse, z. B. Artischocken und Spargel, zu Eierspeisen und gedünsteten Fischgerichten
- beim Überbacken von Gerichten, z. B. feine Ragouts von hellem Fleisch, Fisch und Krebstieren.

Ableitungen von der holländischen Sauce		
+ geschlagene Sahne	+ Saft und Schalenstreifen von Blutorangen	+ Weißwein-Estragonessig-Reduktion, gehackter Kerbel und Estragon
Schaumsauce *(Sauce mousseline)*	**Maltasauce** *(Sauce maltaise)*	**Béarner Sauce** *(Sauce béarnaise)*
zu verlorenen Eiern, Spargel, Blumenkohl, Brokkoli, Romanesco, gedünsteten Edelfischen	zu Spargel und kurzgebratenem Fleisch von Kalb und Putenbrust	zu verlorenen Eiern, Pfannen- und Grillgerichten von Rindfleisch, Kalbfleisch, Fisch

Grundsauce Mayonnaise und Ableitungen

Die Mayonnaise ist die wichtigste Sauce der kalten Küche. Zutaten sind Eigelb, Pflanzenöl sowie wenig Essig, Senf und Salz. Durch Rühren erhält man eine Emulsion und somit die Mayonnaise.

Ableitung von der Béarner Sauce:
- **Choronsauce** (Sauce Choron): Béarner Sauce + Tomatenpüree oder Tomatenmark

Ableitungen von der Mayonnaise			
+ geschlagene Sahne und Zitronensaft	+ fein gehackte Gewürzgurken, Kräuter, Sardellen und Kapern	+ hart gekochtes, gehacktes Ei und fein geschnittener Schnittlauch	+ Ketchup, Schlagsahne, geriebener Meerrettich, Salz, Tabasco, Weinbrand
Chantillysauce *(Sauce Chantilly)*	**Remouladensauce** *(Sauce rémoulade)*	**Tatarensauce** *(Sauce tartare)*	**Cocktailsauce** *(Sauce cocktail)*
zu Spargel und Artischocken, gekochtem, kaltem Hummer	zu gebackenem Fisch oder Gemüse, kaltem Braten	zu gebackenem Gemüse, gebackenem Fisch und kaltem Braten	als Salatdressing, für Vorspeisencocktails, Eiersalat

Abb. 1 Cumberland-Sauce

Abb. 2 Meerrettichsahne

Worte, die verkaufen helfen

- duftend
- aromatisch
- kräuterig
- deftig
- köstlich
- lecker
- leicht
- wenig sättigend
- cremig
- delikat
- ein besonderes Geschmackserlebnis
- beste Begleitung des Hauptgerichts
- harmonisch ergänzend
- feurig
- samtig

4.7 Eigenständige kalte Saucen

Es gibt kalte Saucen, die sich durch ausgeprägte Besonderheiten auszeichnen, und die sich deshalb nicht in ein Saucenschema einordnen lassen.

Cumberlandsauce

Diese Sauce wird hergestellt aus:
- Streifen von Orangenschalen sowie Orangen- und Zitronensaft
- Rotwein, Johannisbeergelee, Cayennepfeffer und englischem Senf

In ihrer würzig-süßlichen Art passt sie zu kalten Gerichten von Wild und Geflügel und ganz besonders zu Pasteten, Terrinen und Galantinen.

Vinaigrette (s. S. 186)

Meerrettichsahne

Dazu wird frisch geriebener Meerrettich unter geschlagene Sahne gehoben. Geschmackliche Abwandlungen erhält man durch Zugabe von geriebenem Apfel oder Preiselbeerkonfitüre. Sie ist als Beigabe typisch zu geräuchertem Fisch sowie zu kalten und warmen Gerichten von Rindfleisch.

4.8 Beurteilungsmerkmale und Anrichten von Saucen

Beurteilungsmerkmale für Saucen

- **Konsistenz/Beschaffenheit:** dick, dünn, zähflüssig, stückig, cremig, deckend.
- **Aussehen:** ohne sichtbares Fett, keine dunklen Pünktchen, durchscheinend, saucentypisch.
- **Geruch, Geschmack:** arttypisch, frisch, aromatisch, ausgeprägt.

Anrichten von Saucen

Es ergeben sich folgende Möglichkeiten, eine Sauce anzurichten:

Fleisch- oder Fischstücke werden auf einen flachen **Saucenspiegel** gesetzt.

Gargut etwa ein Drittel, höchstens die Hälfte mit ein wenig Sauce bedecken. Diesen Vorgang nennt man **Angießen.**

Die Fleisch- oder Fischstücke werden ganz mit gebundener Sauce bedeckt. Man bezeichnet das als **Nappieren.**

Zusätzliche Sauce wie z. B. bei Braten oder Spargel, wird getrennt in einer Sauciere gereicht, **à part** serviert.

4.9 Buttermischungen

🇬🇧 butter mixtures 🇫🇷 beurres (m) composés

Frische Butter hebt durch ihr feines Aroma den Geschmack der Speisen.
Man unterscheidet zwischen heißen und kalten Buttermischungen. Vermischt man frische oder zerlassene Butter mit würzigen Zutaten, so entstehen Buttermischungen mit eigener, typischer Geschmacksprägung.

Heiße Buttermischungen

- **Bröselbutter** entsteht durch leichtes Anrösten von Semmelbröseln in heißer Butter. Auch als **beurre polonais** bezeichnet, verwendet man sie zum Nappieren von Gemüse (z. B. Blumenkohl), von Teigwaren und Klößen bzw. Knödel.
- **Müllerinbutter** ist typisch für gebratenen Fisch „nach Art der Müllerin". Die beim Nachbraten gebräunte Butter wird mit Worcestershire-Sauce und Zitronensaft vollendet und über den Fisch gegossen.

Kalte Buttermischungen

Kalte Buttermischungen finden Verwendung
- zur Ergänzung bei Suppen und Saucen,
- anstelle von Saucen zu Kurzbratfleisch, Gegrilltem, Fischen, Krebstieren und Gemüsen,
- zum Verschließen von gefüllten Schneckenhäusern,
- als Aufstrich für Toast und Brotschnitten, Canapés,
- als Butterservice zum Gedeckbrot bei Gerichten oder innerhalb von Menüs.

Abb. 1 Kräuterbutter

Zwiebelbutter ist eine Zubereitung, bei der Zwiebelwürfelchen in zerlassener Butter goldgelb bis braun angeschwitzt werden.

Zwiebelbutter wird verwendet als:
- Beigabe zu gekochtem Fisch, zu gekochten Kartoffeln, zu Kartoffelpüree und Teigwarengerichten (z. B. Maultaschen und Käsespätzle)
- Garnitur für bestimmte Suppen und Saucen.

Buttermischungen		
Kräuterbutter *(beurre aux fines herbes)* ➝	fein gehackte Schalotten und viel Kräuter (Petersilie, Kerbel, Schnittlauch, Estragon, Zitronenmelisse), Salz und Pfeffer	zur Vollendung von Suppen und und als Beilage zu Pfannen- und Grillgerichten von Rind, Lamm und Fisch
Colbertbutter *(beurre Colbert)* ➝	gehackter Estragon und Petersilie, Zitronensaft und Fleischextrakt	spezielle Beigabe zur Seezunge Colbert aber auch zu Grillgerichten
Bärlauchbutter *(beurre d'ail sauvage)* ➝	Pürierte Bärlauchblätter mit Butter, Zitrone, Salz und Pfeffer vermischt	Pfannengerichte von Fleisch und Fisch

Aufgaben

❶ Wie ergänzen Saucen bestimmte Speisen?

❷ Nennen Sie Ableitungen der Béchamelsauce. Zu welchen Speisen können Sie diese reichen?

❸ Nennen Sie Ableitungen verschiedener Veloutés und ordnen Sie, wenn nötig, diesen geeignete Speisen zu.

❹ Beschreiben Sie zu den aufgeschlagenen und gerührten Saucen:
a) die jeweilige Grundsauce und ihre Verwendung, b) Ableitungen und deren Verwendung.

❺ Nennen Sie Beispiele für kalte und heiße Butterzubereitungen. Ordnen Sie Speisen Buttermischungen zu.

❻ Nennen Sie vier Möglichkeiten, Saucen anzurichten.

5 Hauptgerichte aus Fisch, Krebs- und Weichtieren

 main courses of fish, crustaceans and molluscs
 plats (m) des poissons, des crustacés (m) et des mollusques (m)

5.1 Süß- und Salzwasserfische  fish poissons (m)

Fischfleisch gilt als leicht verdaulich und biologisch hochwertig. Die Gründe sind:

- Fisch enthält besonders hochwertiges **Eiweiß** und **Fett**, die wichtigen **Vitamine A** und **D** sowie **Mineralstoffe**, Seefisch vor allem das unentbehrliche **Jod**.
- Fischfleisch hat nur geringe Mengen an Bindegewebe und ist deshalb besonders locker, zart und **leicht verdaulich**.

Unterscheidungsmerkmale von Fischen sind der **Fettgehalt**, die **Körperform** und die **Herkunft**.

Aus Fisch stellt man leichte, eigenständige Gerichte, Suppen sowie kalte Vorspeisen und Zwischengerichte her.

Magerfische bevorzugt man für leichte Schonkost.

Unterscheidungsmerkmal Fettgehalt

Fettfische	Magerfische

Beispiele:
- Aal
- Karpfen
- Lachs (s. Abb.)
- Makrele
- Sardine
- Sprotte
- Thunfisch

Beispiele:
- Hecht
- Zander
- Renke
- Kabeljau
- Schellfisch (s. Abb.)
- Seezunge
- Scholle

Unterscheidungsmerkmal Körperform

Rundfische	Plattfische
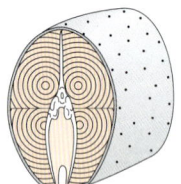	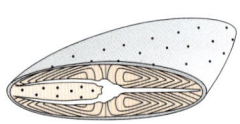

Beispiele:
- Forelle
- Felchen
- Hecht
- Lachs
- Goldbarsch
- Hering
- Kabeljau
- Seelachs

Beispiele:
- Flunder
- Glattbutt
- Rotzunge
- Scholle
- Seezunge
- Steinbutt
- Heilbutt

Unterscheidungsmerkmal Herkunft

Süßwasserfische

Beispiele:
- Aal
- Hecht
- Forelle (s. Abb.)
- Zander
- Karpfen
- Schleie
- Felchen

Salzwasserfische

Beispiele:
- Seezunge
- Heilbutt
- Makrele
- Hering
- Scholle (s. Abb.)
- Seeteufel

Arten des Fischbezugs

Fische kommen **frisch** in den Handel, entweder im Ganzen oder ausgenommen (ohne Innereien), oder in Form von ausgelösten Filets sowie als Tranchen und Steaks.

Daneben werden ganze Fische und auch Filets als **Tiefkühlware** angeboten.

- Fischfleisch verdirbt auf Grund des hohen Wassergehaltes, des geringen Bindegewebeanteils und des lockeren Muskelgewebes sehr leicht. Es ist deshalb nur sehr begrenzt lagerfähig und muss rasch verbraucht werden.

- Zeichen der Frische sind festes Fleisch, ein frischer Geruch und leuchtend rote Kiemen.

- Je frischer der Fisch bzw. das Fischfleisch, desto besser ist der Geschmack. Er unterliegt bereits nach kurzer Lagerzeit nachteiligen Veränderungen, die durch Eiweißzersetzungen hervorgerufen werden, die an den Randschichten beginnen.

Daraus ergeben sich folgende **Lagerbedingungen**:
- Die Temperatur in speziellen Fischkühlschränken oder bei Lagerung zwischen Eis soll etwa 0 °C betragen,

- für längere Aufbewahrungszeiten muss der Fisch möglichst schockartig bei −40 °C eingefroren und bei etwa −18 °C gelagert werden.

Abb. 1 Tranchen/Steaks von
① Dorschsteak,
② Steinbeißerfilet,
③ Heringshai-Steak,
④ Lachstranche,
Steak von ⑤ Thunfisch,
⑥ schwarzem Heilbutt,
⑦ Schwertfisch,
⑧ weißem Heilbutt

Abb. 2 Filets von
① Lachs, ② Felchen,
③ Hecht, ④ Zander,
⑤ St. Petersfisch,
⑥ Lachsforelle, ⑦ Rotbarbe,
⑧ Scholle, ⑨ Seezunge,
⑩ Seeteufel

Abb.3 Frische Fische auf Eis lagern

Abb.4 Gelochtes Abtropfblech für Schmelzwasser

Zubereitungen

Wegen der Zartheit des Fischfleisches sind schonende Zubereitungsarten unabdingbar. Fischfleisch eignet sich auch bestens für die Herstellung von Farcen für Fischnocken, Fisch-Klößchen, Terrinen und Galantinen. (s. S. 412)

Gerichte von pochiertem Fisch

🇬🇧 dishes with poached fish 🇫🇷 plats (m) des poissons (m) pochés

Fast alle Fischarten und Fischfarcen eignen sich gut zum Pochieren. Dies geschieht durch Ziehenlassen bei ca. 80 °C in einem vorbereiteten Fischsud (Beilagenempfehlungen S. 412).

Zubereitung „Blaukochen"

Diese für Süßwasserfische typische Zubereitungsart erfolgt in einem leicht gesäuerten Sud und ist nur möglich bei Fischen, deren schleimige Oberfläche sich beim Pochieren bläulich verfärbt. Daher kommt auch der Begriff des „Blaukochens". Fachlich richtig ist es ein Pochieren (Garziehen).

"Sie wünschen etwas Leichtes zu speisen. Ich empfehle Ihnen das pochierte **Saiblingsfilet** mit Gemüsenudeln und einer aufgeschäumten Sauce mit frischem Basilikum."

© Stockfood/H. Lehmann

"… falls Sie es etwas Besonderes mögen, dann hätten wir für Sie ein in Weißwein pochiertes **Filet von Dorade**, auch Red Snapper genannt, mit grünem Spargel und Quinoa, einen Inkareis aus Peru mit kleinem Gemüse."

"… essen Sie gerne Fisch? … dann haben wir heute etwas Besonderes, nämlich zarte **Zanderklößchen** in einer eleganten Krebssauce mit Romanesco, Strauchtomaten und grünen Nudeln."

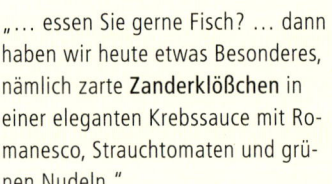

"Als Tagesspezialität möchte ich Ihnen heute eine fangfrische **Regenbogenforelle** anbieten. Der Küchenchef bringt sie durch schonendes Garziehen in einem leicht gesäuerten Würzsud blau auf den Teller. Dazu servieren wir Ihnen frisch zerlassene Bauernbutter, Gemüsestreifen, Petersilienkartoffeln und Kopfsalatherzen. Falls Sie es wünschen, werde ich gerne den Fisch für Sie filetieren."

Gerichte von gedünstetem Fisch

🇬🇧 dishes of stewed fish 🇫🇷 plats (m) des poissons (m) étuvés

Dünsten bedeutet Garen in wenig Flüssigkeit in einem zugedeckten Geschirr. Dadurch gart der Fisch sowohl in etwas Flüssigkeit, wie z. B. Fischsud und Weißwein, als auch in dem sich bildenden Dampf. Folgende Beispiele zeigen die Möglichkeiten, Seezungenfilets für das Dünsten vorzubereiten, um somit verschiedene Formen zu erhalten (Beilagenempfehlungen S. 412).

Abb. 1 Filets verschiedenartig geformt

① Leicht plattiert und zur Hälfte geklappt.
② Filetspitze durch einen Einschnitt stecken.
③ Als Krawatte gefaltet.
④ Mit Blattspinat belegt, danach mit Farce bestrichen und geklappt.
⑤ Um Spargelspitzen geschlungen.
⑥ Um gefetteten Ring gelegt, zum Füllen nach dem Dünsten.
⑦ Mit Blattspinat belegt und zu Röllchen geformt.
⑧ Mit Noriblatt belegt, mit Lachsfarce bestrichen und gerollt.
⑨ Mit einigen Ziselierschnitten versehenes Filet.

„Heute erwartet Sie ein lecker mit Lachsfarce gefülltes **Seezungenröllchen** auf Weißwein-Petersilien-Sauce, umrahmt mit Fenchel-Lauch-Gemüse, Kirschtomaten und Wildreis."

„Etwas Besonderes ist eine **Forelle im dünnen Speckmantel**, die zusammen mit Weißwein, Maiskörnern, Champignons, Frühlingszwiebeln sowie Lauchringen in einer verschlossenen Alufolie gedünstet wird. Sie erleben somit eine Vielfalt von Aromen. Als Beilage serviere ich Ihnen in Form von Champignons geschnittene Estragonkartoffeln."

Gerichte von gedämpftem Fisch

🇬🇧 dishes of steamed fish
🇫🇷 plats (m) des poissons (m) en vapeur

Lebensmittel in Wasserdampf garen gilt als die schonendste aller Zubereitungsarten. Dabei bleiben neben den Vitaminen vor allem die produkteigenen Geschmacksstoffe weitgehend erhalten, da sie durch Flüssigkeit nicht ausgelaugt werden können (Beilagenempfehlungen S. 412).

Abb. 2 Lachs mit Gemüsestreifen, im Dämpfer gegart

Beilagenempfehlung zu pochierten, gedünsteten und gedämpften Fischen

Butter
- Zerlassene, leicht gebräunte Butter
- Estragonbutter

Saucen
- Weißweinsauce
- Kräuter-Fischsauce
- Krebs- oder Hummersauce
- Mornaysauce
- Dillrahmsauce
- Holländische Sauce

Gemüsebeilagen
- Salatgurke oder Lauch, gedünstet
- glasierte Frühlingszwiebeln
- Blattspinat oder Mangoldblatt
- gekochter weißer oder grüner Spargel
- gedünsteter Fenchel
- in Butter sautierte Tomatenfleischstücke

Abb. 1 gegrillte Forellen

Hauptbeilagen
- Salzkartoffeln oder Kartoffelschnee
- Kartoffeln mit frischen, gehackten Kräutern
- ausgesuchte Teigwaren
- Reis und Wildreis

Salate – alle Arten von zarten Salaten

Gerichte von gebratenem oder gegrilltem Fisch

dishes of pan fried or grilled fish plats (m) de poisson (m) rôti ou grillé

Fische können im Ganzen, als Filets oder als Steaks gebraten werden. Hierfür werden sie vorher mit Zitrone und Salz gewürzt, meist anschließend mehliert, zunächst in Öl gegart und danach in Butter fertig gebraten. Gebraten werden auch die aus einer Fischfarce gefertigten Fischfrikadellen (Beilagenempfehlungen S. 413).

„Lassen Sie sich heute verführen von einem auf der Haut gebratene **Zanderfilet** mit frischem Gemüeragout aus Ingwer, Kürbis und Süßkartoffeln, garniert mit einem Teighörnchen mit delikater Pilzfüllung."

„… eine frisch gefangene Maischolle, in Butter gebraten, mit Rosmarin, gehackter Gartenpetersilie und Bratkartoffeln."

„Sollten Sie es lieber rustikal mögen, so empfehle ich Ihnen die interessanten **Frikadellen von geräuchertem Heilbutt** und **Schillerlocken auf Currysauce** mit krossen Speckscheiben und Thaibasilikum. Dazu serviere ich Ihnen Paprikareis und einen römischen Salat."

Beilagenempfehlung

Saucen
- Béarner Sauce
- Choronsauce
- Kräuterbutter

Gemüse
- Grilltomate
- Bohnen
- Kürbis
- Pilze
- Mangold

Hauptbeilage
- frittierte Kartoffeln
- Folienkartoffeln
- Schlosskartoffeln
- Streichholzkartoffeln
- Schmelzkartoffeln

Salate mit kräftigem Geschmack

„Das **Thunfischsteak** vom Grill mit einer herrlichen Ingwer-Chardonnay-Sauce mit Pilzen und Mangold-blättern würde ich Ihnen gerne zusammen mit einem frisch gebackenen Baguette servieren."

Gerichte von gebackenem Fisch

🇬🇧 dishes of deep fried fish 🇫🇷 plats (m) de poisson (m) frit

Fische werden vor dem Backen meist eingehüllt in eine Panierung oder in einen **Teig**. Die **Panierung** besteht aus Mehl, Ei und Semmelbröseln. Die Brösel kann man mit sehr fein gehackten Kräutern mischen. Anstelle der Brösel sind geriebene Mandeln, Haselnüsse oder Pistazien eine interessante Umhüllung, die einen speziellen Geschmack ergibt.

Außerdem lassen sich Filets oder Filetstreifen durch Eintauchen in **Back-teige** mit Bier, Wein, Sekt oder Sauerrahm umhüllen.

Gebackene Gerichte werden je nach Haus auf Stoffservietten oder Papierservietten angerichtet. Sie müssen sehr rasch serviert werden und dürfen **niemals** mit einer Cloche zugedeckt werden, sonst geht die Knusprigkeit der Kruste verloren.

Als **Beilagen** zu gebackenen Fischen reicht man

- Tomatensauce oder Ableitungen der Mayonnaise,
- Kräuterbutter,
- Salate der würzigen Art, aber auch Kartoffelsalate.

Eine **besondere Art der Zubereitung** für eine größere Personenzahl ist das Umschließen eines großen Fischfilets mit salzigem Hefe- oder Blätterteig. Im Ofen gebacken wird es den Gästen im Ganzen präsentiert. Dazu serviert man eine leichte Dill-Rahm-Sauce und delikate Salate.

„Heute möchten wir Sie mit einem wahren Klassiker überraschen. Es ist ein Gericht aus Escoffiers Rezept-sammlung und nennt sich **Seezunge nach Colbert**. Da die Seezunge bei dieser Zubereitungsart im Ganzen serviert wird, werde ich sie Ihnen am Tisch fertigstellen und vorlegen. Die Seezunge ist in Begleitung der berühmten Colbertbutter und einem Rapunzelsalat."

„… schlicht, klassisch und immer wieder gut ist das in Butter gebackene **Goldbarschfilet** mit Tatarensauce, einem Dill-Gurken-Salat sowie einem Salat aus der festkochenden Rosara-Kartoffel. Hierzu empfehle ich Ihnen einen trockenen Weißwein wie beispielsweise einen Sauvignon Blanc, einen Chardonnay oder einen Ruländer."

Bei der Herstellung von Fischwaren erhält das Fischfleisch je nach Art der Verarbeitung eine besondere Geschmacksnote. Es handelt sich dabei gleichzeitig um bestimmte Arten der Haltbarmachung.

Fischwaren

Fischkonserven

Buttermischungen	
Zubereitungsmerkmale	**Beispiele für Fischwaren**
im eigenen Saft	Thunfisch
im eigenen Saft mit Aufguss	Brathering
in unterschiedlichen würzigen Saucen	Herings- und Makrelenfilets
in Öl	Seelachs, Sardellen, Sardinen, Thunfisch

Geräucherte Fischwaren

Zu ihnen gehören:

- hochwertige Erzeugnisse von Fettfischen wie Aal, Lachs, Forelle,
- auch Stücke mit Haut und Gräten von Heilbutt, Makrelen und anderen Fischen,
- außerdem Sprotten, Bücklinge (Hering) und Schillerlocken (aus Bauchstreifen des Dornhais).

Abb. 1 Geräucherte Bücklinge

Marinierte Fischwaren

Bei diesen Erzeugnissen werden unterschieden:
- Bratfischwaren (Brateringe),
- Kaltmarinaden aus rohem Fisch (Rollmops, Bismarckhering).

Trocken gebeizte Fische

- **Graved Lachs**
  Rohe, entgrätete Lachsfilets werden mit viel Dill, Salz, Gewürzen, Zucker und wenig Zitronensaft cirka 36 Stunden gebeizt. Die Bezeichnung „hausgebeizter Lachs" soll stets der Wahrheit entsprechen und heißen, dass der Lachs wirklich in der hauseigenen Küche gebeizt worden ist.

- **Gekräuterter Saibling**
  Gleiche Zubereitung wie beim Lachs. Man kann die Kräuter variieren und anstelle von Zucker Honig verwenden.

Abb. 2 Graved Lachs

Fachbegriffe	
Blaukochen	Garen unterhalb des Siedepunktes im Essigsud
Filetieren	Ein Filet vom Fisch ablösen
Mehlieren	Vor dem Braten in Mehl wenden
Panieren	In Mehl, dann in geschlagenem Ei und zuletzt in Bröseln wenden
Pochieren	Am Siedepunkt gar ziehen lassen
Sautieren	In Butter schwenken
Ziselieren	Ganze Fische vor dem Braten seitlich schräg einritzen

5.2 Kaviar 🇬🇧 caviar 🇫🇷 caviar (m)

Kaviar ist das gesalzene Produkt aus dem Rogen (Eier) von Fischen. Die Fischeier sind zunächst hell und glasig und werden erst durch die Behandlung mit Salz dunkel. Man unterscheidet echten Kaviar und Kaviarersatz.

Störarten	Beluga/ Hausen	Ossietr/ Stör	Sevruga/ Scherg
Ei ⌀	2 bis 3,5 mm	über 2 mm	unter 2 mm
Eifarbe	silbergrau bis schwarzgrau	schwarzgrau auch gelblich bis braun	
Deckelfarbe	blau	gelb	rot/orange

Echter Kaviar

Er wird aus dem Rogen laichreifer Weibchen verschiedener Störarten gewonnen. Die Haupterzeugerländer sind Russland und Iran, die Fangorte das Kaspische und das Schwarze Meer. Der Begriff bzw. der Zusatz „malossol" bedeutet mild gesalzen und ist ein Merkmal besonderer Güte.

Kaviarersatz

Diese Erzeugnisse werden aus dem Rogen folgender Fische gewonnen:

- **Seehase**: Die Körner sind kleiner als beim echten Kaviar. Dieser sogenannte *Deutsche Kaviar* wird meistens schwarz gefärbt. Die Zugabe von Farbstoffen ist kennzeichnungspflichtig.

- **Lachs**: Die großen rötlichen Eier vom Lachs werden unter der Bezeichnung Ketakaviar angeboten

- **Forellen**: Das gelbliche bis orangefarbene Produkt kommt neuerdings in zunehmendem Maße auf den Markt.

„Als Zwischengericht offeriere ich Ihnen einen echten **Beluga-Malossol-Kaviar** mit frisch gebackenen Buchweizenpfannkuchen, den sogenannten Blinis, und köstlichem Schmant."

Osietra-Kaviar hat ein kleines Korn, ist hartschalig und wenig empfindlich. Er schmeckt leicht nussartig.	**Sevruga-Kaviar** ist dünnschalig und empfindlicher als andere Sorten. Er hat einen kräftigen, besonders würzigen Geschmack.	**Beluga-Kaviar** hat den größten Korn-Durchmesser. Er gilt als der feinste und ist der teuerste unter den Kaviar-Sorten.	**Forellen-Kaviar** ist leuchtend gelb bis orange und geschmacklich dem Lachs-Kaviar vergleichbar.	**Keta-Kaviar** ist der orange-rötliche Rogen von Lachsarten. Sein Korn ist besonders groß, jedoch sehr empfindlich.

Aufgaben

1. Schildern Sie einem Gast das nebenstehende Gericht. Gehen Sie dabei davon aus, dass der Gast das Bild nicht sieht. Benennen Sie Aussehen und Bestandteile der Speise. Machen Sie dem Gast mit Worten richtig Appetit.

2. Ein Gast möchte ein mageres Fischgericht. Welche Fische bieten Sie ihm an?

3. Was versteht man unter echtem Kaviar?

4. Machen Sie für die Erstellung einer speziellen Fischkarte sechs Vorschläge. Berücksichtigen Sie dabei unterschiedliche Fischarten und erarbeiten Sie eine kartengerechte Zusammenstellung.

Beratung und
Verkauf

„Wir haben heute eine frische Lieferung mit **Krebsen und Venusmuscheln** erhalten, die unser Küchenmeister auf seine Art **im Wurzelsud** mit einem Schuss Pernod für Sie zubereitet hat. Als Beilage empfehle ich Ihnen unser hausgebackenes Kräuterbrot."

„Ein wahres Gedicht ist der **Hummer** in Kombination mit Zuckerschoten, Auberginen, Zucchini, grünem Spargel, Tomaten und Paprikaschoten mit einer feinen Sauce gebunden sowie frischen Kräutern verfeinert und in der Hummerschale serviert. Die Hummerscheren sind bereits von unten geöffnet."

„Heute möchte ich Ihnen eine asiatische Kreation anbieten. Es sind **Scampi** in Tempura gebacken, auf einem Püree von der Lotoswurzel umgeben von Fingermöhrchen, gelben und grünen Zucchini mit einer hellen Austernsauce. Das Ganze ist garniert mit Schwarzwurzelspänen und Kapuzinerkresse."

5.3 Krebstiere   🇬🇧 crustaceans 🇫🇷 crustacés (m)

Krebstiere werden zusammen mit Weichtieren (Kap. 5.4) auch als „**Früchte des Meeres**" bezeichnet. Das **Fleisch** der Krebstiere hat eine helle Farbe und eine zarte Beschaffenheit. Es eignet sich deshalb sehr gut für leichte eigenständige Mahlzeiten und zur Herstellung von kalten Vorspeisen, Zwischengerichten sowie für Suppen.

Wegen des attraktiven Aussehens werden Krebstiere gerne verwendet
- als Garnitur oder als Einlagen für Suppen und Saucen,
- als Bestandteil von feinen Ragouts.

Die **Speisen** aus Krebstieren haben neben einem ausgeprägten Genuss- und Geschmackswert einen hohen ernährungsphysiologischen Wert.

Angebotsformen

Der Körper ist von krustigen Hüllen und Panzern umgeben. Im Allgemeinen werden sechs Gruppen unterschieden:
- Garnelen
- Hummer
- Krabben
- Langusten
- Kaisergranate
- Krebse

Alle Krebstiere sind lebend erhältlich und müssen dann fachgerecht gelagert und behandelt werden. Sie sind aber auch als Tiefkühlware mit und ohne Panzer, gekocht oder als Rohware, im Handel.

Gerichte von Krebstieren

Krebstiere werden zunächst gekocht. Danach serviert man sie noch heiß im Panzer, oder sie werden nach dem Abkühlen ausgebrochen und entsprechend weiterverarbeitet. Ferner können Krebstiere gebraten, gegrillt, gebacken oder gedünstet werden.

5.4 Weichtiere   🇬🇧 molluscs 🇫🇷 mollusques (m)

Weichtiere sind zum Verzehr bestimmte **Austern, Muscheln, Tintenfische und Schnecken.**

Austern   🇬🇧 oysters 🇫🇷 huitres (w)

Die meisten Austern werden in sogenannten Austernparks gezüchtet. Die Saison für frische Austern geht von September bis April, also in den Monaten mit „**R**".

Nach der äußeren **Form unterscheidet** man:
- **Tiefe Austern** sind länglich und tiefbauchig gewölbt. Sie werden auch als Felsenaustern oder portugiesische Austern bezeichnet.
- **Flache oder runde Austern,** die je nach Ursprungsland bestimmte Handelsbezeichnungen haben, wie zum Beispiel
  - Limfjord (DK)
  - Sylter Royal (D)
  - Imperial (NL)
  - Belon (F).

Beide Arten werden lebend frisch in speziellen Gebinden geliefert. Sie sind auch als Tiefkühlware vorgegart und als Konserven im Sud oder geräuchert erhältlich.

Gerichte von Austern 🇬🇧 oyster dishes 🇫🇷 plats (m) des huitres (w)

Am häufigsten richtet man frische, rohe Austern in der geöffneten Schale auf zerkleinertem Eis an und garniert sie mit Zitronensechsteln. Von in Weißwein pochierten Austern lassen sich leckere, kleine Gerichte herstellen, zum Beispiel ein Austern-Cocktail, eine Austernterrine oder Austern auf Blattspinat, mit holländischer Sauce überbacken.

Gerichte von Muscheln 🇬🇧 dishes of molluscs 🇫🇷 plats (m) des moules (w)

Muscheln werden lebend oder als TK-Ware oder Konserven angeboten. **Miesmuscheln** werden meist in der Schale in einem Würzsud gegart.

Jakobsmuscheln können gedämpft, gedünstet, gebraten, gegrillt oder überbacken werden.

Gerichte von Tintenfisch 🇬🇧 dishes of cuttlefish 🇫🇷 plats (m) de sèche (w)

Tintenfische, Sepia, Kalmare oder Kraken serviert man gekocht, in der Pfanne gebraten, auf dem Grill gegart oder frittiert. Die Tuben können auch gefüllt und dann gegart werden.

„Unsere frischen **Miesmuscheln** sind ein wahres Gedicht. Sie sind in Weißwein mit Würfeln von Wurzelgemüsen und Fenchelstreifen gedünstet."

Gerichte von Schnecken 🇬🇧 dishes of snails 🇫🇷 plats (m) des escargots (m)

Weinbergschnecken serviert man in herkömmlicher Weise in der Schneckenpfanne oder in deren eigenem Häuschen. Dazu ist ein Spezialbesteck einzudecken.

Weitere traditionelle Zubereitungsarten sind:
- gegarte Schnecken mit Kräuterbutter in kleinen Windbeutelchen angerichtet
- Schneckensüppchen
- Schneckenragout im Ring aus Kräuterpüree

„Ein nicht alltägliches Gericht mit einer besonderen Note darf ich Ihnen heute offerieren. Es handelt sich dabei um in Zitrone und Ingwer gedünstete **Jakobsmuscheln**, gefüllt mit Seeigelzungen, serviert mit grünem Spargel und ofenfrischem Baguette."

Aufgaben

1. Entwerfen Sie mit Hilfe des nebenstehenden Bildes und der Materialkurzbeschreibung eine appetitanregende Formulierung zur Empfehlung für Ihre Gäste.

   Miesmuscheln, Merlan, Garnele, Jakobsmuschel, Tintenfisch, Karotte, Lauch, Staudensellerie, grüne Bohnen, Tomate

2. Beschreiben Sie die einfachste Art, Krebstiere zu garen und anzurichten.

3. Welchen Wein würden Sie einem Gast zu Krebstiergerichten empfehlen?

4. Was versteht man unter Weichtieren? Nennen Sie die Arten.

5. Nennen Sie in Verbindung mit den zugehörigen Lieferländern sechs Austernsorten.

6. Ein Gast hat Austern auf Eis bestellt. Zu welchem Wein würden Sie ihm raten?

7. Entwerfen Sie ein Speisenangebot für eine Aktionswoche zum Thema „Früchte des Meeres", bestehend aus Gerichten von Seefischen, Krebs- und Weichtieren mit Beilagen.

PROJEKT

Meeresfrüchte-Festival

Zum 100-jährigen Jubiläum eines bekannten Segelclubs sollen Sie ein Internationales Meeresfrüchte-Festival erstellen. Die Festivitäten sollen an zwei Tagen stattfinden:

- Einmal für 380 Personen ein kalt-warmes Meeresfrüchte-Büfett.
- Einmal ein großes Menü mit 6 Gängen, vorzugsweise aus Meeresfrüchten, für 160 Personen.

Vorbereitung

1. Sammeln Sie für beide Veranstaltungen Ideen für die Zusammenstellung und Durchführung.

2. Listen Sie die in Frage kommenden Zubereitungen für das Büfett auf.

3. Die einzelnen Speisen des Büfetts sollen den Gästen vorgestellt werden. Entwickeln Sie hierzu besondere Ideen.

4. Erstellen Sie ein elegantes Menü für die zweite Veranstaltung.

5. Erstellen Sie eine dekorative Menükarte.

6. Welche Dekorationen für das Büfett sowie für den Saalschmuck würden Sie vorschlagen? Besprechen Sie dieses Thema mit Ihren Arbeitskollegen im Team.

7. Welche Tischdekorationen für die Menüveranstaltung bieten sich an?

Getränke

Notieren Sie für beide Veranstaltungen entsprechende Getränkevorschläge.

Durchführung

Probieren Sie mit Ihren Arbeitskollegen praktisch, wie die kompletten Gedecke für das Büfett und für das mehrgängige Menü auszusehen haben. Diese sollen dann als Muster für die jeweilige Veranstaltung dienen.

Präsentation

Welche Möglichkeiten bieten sich an, um die jeweilige Veranstaltung dekorativ in Szene zu setzen?

⑥ Hauptgerichte aus Fleisch

🇬🇧 main courses of meat 🇫🇷 plats (m) de viande

In den Küchen und Restaurants der Hotel- und Gaststättenbetriebe wird hauptsächlich Schlachtfleisch von **Kalb, Rind, Schwein** und **Lamm** zubereitet und serviert.

6.1 Schlachtfleisch

Zur **Fleischproduktion** gehören die landwirtschaftliche **Mast und Haltung**, der **Transport** und die **Schlachtung** sowie die **Verpackung** von für den Verzehr vorgesehenen Tieren.

Die **Schlachtung** findet in Deutschland in der Regel in staatlich überwachten Schlachthöfen statt. Dabei müssen Hygienevorschriften streng eingehalten werden, da Schlachtfleisch einen idealen Nährboden für Mikroorganismen darstellt.

Damit die Tiere keine Schmerzen erleiden, werden sie vor dem Schlachten betäubt.

Schlachtfleisch erhält vor allem größere Mengen an biologisch hochwertigem Eiweiß. Es ist reich an Vitaminen und Mineralstoffen. Je nach Tierart und Ernährungszustand ist der Fettgehalt sehr unterschiedlich.

Abb. 1 Marmoriertes Fleisch

Abb. 2 Durchwachsenes Fleisch

Aufbau des Fleisches

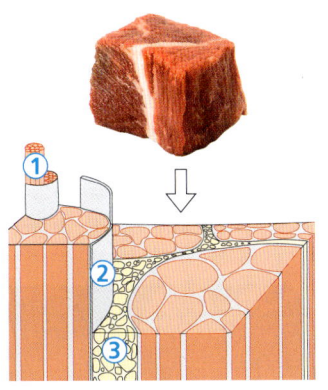

① Muskelfasern
Muskelfasern sind der Hauptbestandteil dessen, was man in der Fachsprache als Fleisch bezeichnet. Sie bestehen aus den wertvollen Eiweißstoffen. In den Muskelfasern laufen die Stoffwechselvorgänge ab, dort entsteht die „Muskelkraft".

② Bindegewebe
Bindegewebe hält die Muskelfasern zusammen, es verbindet sie und bildet die „Seile" zur Kraftübertragung. Bindegewebe sind zäh und werden erst durch die Fleischreifung und das Garen, insbesondere durch feuchte Garverfahren, kaubar.

③ Fettzellen
Gut ernährte Tiere lagern in das Bindegewebe Fett ein. Küchentechnisch fördert Fett die Saftigkeit und das Aroma des Fleisches.

Wenn feine Fettadern in die Muskeln eingelagert sind, nennt man das Fleisch **marmoriert**. Ist das Fett zwischen den Muskelsträngen, spricht man von **durchwachsenem** Fleisch.

Religiöse Speisevorschriften:
Streng gläubigen **Muslims** ist der Verzehr von bereits verendeten Tieren verboten. Als „halal" (arab. „erlaubt") gilt Fleisch, wenn das Tier vor dem Schlachten nicht betäubt wurde. Betäubungsloses Schlachten ist in Deutschland nur in Ausnahmefällen und nach Vorlage eines Sachkundenachweises erlaubt.

Auch das **Judentum** verbietet den Verzehr von verletzten Tieren oder vom Blut dieser Tiere. Als „koscher" gilt Fleisch nur dann, wenn es geschächtet (ohne Betäubung geschlachtet) wurde. Das Fleisch ist vor der Zubereitung zu wässern, zu salzen und zu spülen, damit möglichst wenig Blut im Fleisch verbleibt.

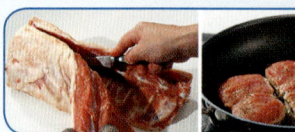

Abb. 1 Kalbsrückensteak

„Unser Wiener Schnitzel ist aus zartem Kalbfleisch, dünn geklopft und mit einer knusprigen Panierung umhüllt. Dazu servieren wir einen Kartoffelsalat."

Als Beilagen zu den Pfannengerichten/Kurzbratgerichten empfiehlt man:

Saucen
- Bratenjus oder Rahmsauce
- Madeirasauce oder Trüffelsauce
- Pilzsaucen

Gemüsebeilagen
- alle feinen Gemüse

Hauptbeilagen
- Pariser Kartoffeln oder ähnliche
- Kartoffelpüree
- Herzoginkartoffeln
- Pommes frites
- Bratkartoffeln
- Butterkartoffeln
- Spätzle oder andere Teigwaren
- Butterreis

„Das Besondere am Cordon bleu ist die Füllung eines Kalbsschnitzels mit gekochtem Schinken und zart schmelzendem Emmentaler, eingehüllt von goldbrauner Kruste."

6.2 Kalb 🇬🇧 veal 🇫🇷 veau (m)

Kalbfleisch gewinnt man von 5 bis 6 Monate alten Mastkälbern. Sie haben ein hellrosa bis hellrotes feinfaseriges und leicht verdauliches Fleisch, das vorwiegend zu Schnitzeln oder Steaks zubereitet wird.

Kurzbratgerichte vom Kalb

🇬🇧 dishes of pan fried veal 🇫🇷 plats (m) de veau sauté

Von **Kurzbraten** spricht man wegen der kurzen Garzeit portionierter Fleischstücke. **Pfannengerichte** nennt man diese Gruppe wegen des Garens in der flachen Pfanne mit wenig Fett. Die Bezeichnung **à la minute** weist auf die kurzfristige Einzelzubereitung des Gerichtes hin.

Kalbssteak/Kalbsfilet 🇬🇧 veal steak 🇫🇷 steak (m) de veau

ist eine zum Kurzbraten oder Grillen geeignete, dickere Scheibe von quer zur Fleischfaser geschnittenem zartem Fleisch ohne Knochen (aus Keule oder Rücken).

Kalbsmedaillons 🇬🇧 veal medallions 🇫🇷 médallions (m) de veau

sind kleine Scheiben aus dem zarten Filetfleisch geschnitten.

Kalbskotelett 🇬🇧 veal cutlet 🇫🇷 côte (w) de veau

ist eine Fleischscheibe mit Knochenanteil aus dem Kotelettstrang (Rücken).

Kalbsschnitzel 🇬🇧 veal escalope 🇫🇷 escalope (w) de veau

ist eine vorwiegend aus der Keule und aus dem Rücken geschnittene, dünne Scheibe Fleisch. Ohne weitere Angabe ist es vom Kalb, bei allen anderen Schnitzeln muss die Tierart angegeben werden, z.B. Schweineschnitzel, Putenschnitzel.

Besondere Schnitzelzubereitungen

- **Naturschnitzel**, unpaniert
- **Wiener Schnitzel**, paniert
- **Kalbsschnitzel Holstein** Mit einem Spiegelei belegt und mit drei verschiedenen Canapés (Kaviar, Sardellen, Räucherlachs) serviert.

Abb. 2 Wiener Schnitzel

- **Rahmschnitzel**, unpaniert, mit Rahmsauce
- **Kalbsschnitzel nach Pariser Art** Die Schnitzel werden mehliert und in Ei gewendet, in Butter gebraten und mit Zuckererbsen und Pariser Kartoffeln serviert.
- **Cordon bleu**, mit gekochtem Schinken und Käse gefüllt, paniert und gebraten.

Weitere Pfannengerichte

Kalbssteak au four
Ein flaches Steak, mit Ragout fin bedeckt, mit geriebenem Käse bestreut und im Ofen überbacken.

Piccata nach Mailänder Art
Schnitzelchen in einer Mischung aus Bröseln und Parmesan paniert und mit Schinken-Champignon-Nudeln und Tomatensauce angerichtet.

Geschnetzeltes 🇬🇧 sauted sliced veal 🇫🇷 émincé (m) de veau

- sind klein geschnittene Scheibchen oder Streifen aus zartem Kalbfleisch, kurz angebraten und mit Rahmsauce vollendet
- andere Fleischarten sind anzugeben, z. B. Putengeschnetzeltes, Rehgeschnetzeltes.

Als **Beilagen** empfiehlt man leichte Gemüse in Butter sautiert (geschwenkt) oder gemischte Salate, Spätzle oder andere Teigwaren, Reis, Bratkartoffeln oder den klassischen **Rösti**.

Große Braten vom Kalb
🇬🇧 big roasts of veal 🇫🇷 rôtis (m) de veau

Für große Braten können das Kalbsfilet im Ganzen, alle größeren Stücke des Rückens oder der Schulter sowie Vorder- und Hinterhaxe mit oder ohne Knochen verwendet werden.

Eine Besonderheit in der deutschen Küche ist der **Kalbsnierenbraten**. Kalbsnieren werden in entbeintes Rückenfleisch und Bauchlappen eingerollt und danach gebraten, sowie die **glasierte Kalbsbrust**, die mit einer feinen Füllung aus Semmelknödelteig oder Brät mit gehackten frischen Kräutern versehen ist und im Rohr langsam gebraten wird.

Gerichte aus geschmortem Kalbfleisch
🇬🇧 dishes of braised veal 🇫🇷 plats (m) de veau braisé

Durch das Garverfahren Schmoren erhält Kalbfleisch eine besondere geschmackliche Note.

Kalbsröllchen oder Kalbsvögerl 🇬🇧 veal roulade 🇫🇷 paupiette (w) de veau

- Für **Röllchen** werden dünne Scheiben aus der Schulter mit feiner Fleischmasse (Farce oder Brät) gefüllt, gerollt, gebunden, angebraten und geschmort. Dabei entsteht eine leckere Sauce.
- Für **Kalbsvögerl** wird die Fleischscheibe dünn mit Farce bestrichen, mit einem gekochten Ei belegt, gerollt, gebunden und kurz geschmort.

Kalbsrahmgulasch 🇬🇧 veal goulash 🇫🇷 gulache (m) de veau

Für Kalbsrahmgulasch werden Kalbfleischwürfel angebraten und in leichter Weißweinsauce gegart. Sahne verfeinert die Zubereitung und gibt dem Ganzen ein zartes Aroma.

Abb. 1 Piccata

Abb. 2 Geschnetzeltes

Abb. 3 Kalbsnierenbraten

Abb. 4 Kalbsvögerl

Worte, die verkaufen helfen

- dünn geklopft
- wunderbar zart
- auf den Punkt gebraten
- knusprig
- goldbraun
- glasiert
- klassische Zubereitung
- überbacken
- in der Pfanne gebraten
- in sämiger Sauce
- pikant
- vorzüglich
- fein gewürzt mit …

„Ein kulinarisches Highlight ist das Schmorgericht **Ossobuco**. Dies sind mit Tomaten und Wurzelgemüsen geschmorte Scheiben von der Kalbshaxe. Eine italienische Spezialität, die vorzugsweise zusammen mit Polenta serviert wird. Das unverwechselbare Aroma bezieht das Gericht aus der Gremolata, einer Würzmischung aus Knoblauch, geriebener Zitronenschale und frisch gehackter Petersilie."

Beilagenempfehlung zu geschmortem Kalbfleisch

Saucen
- Dunkle Rahmsaucen
- Braune, tomatisierte Kalbssauce

Gemüsebeilagen
- Glasierte Zwiebeln, Erbsen, Karotten, Champignons, Tomatenfleischstücke

Hauptbeilagen
- Kartoffelpüree oder Herzoginkartoffeln
- Reis, Spätzle oder andere Teigwaren

Salate, gemischte

Gekochtes und gedünstetes Kalbfleisch

🇬🇧 dishes of boiled and stewed veal 🇫🇷 plats (m) de veau bouilli et étuvé

Dazu gehören die klassischen Zubereitungen wie feines Ragout, Kalbsfrikassee und Curry vom Kalbfleisch.

Feines Ragout 🇬🇧 fine ragout 🇫🇷 ragoût (m) fin

Feines Ragout ist würfelig geschnittenes zartes Kalbfleisch in sämiger Kalbsrahmsauce.

Dieses feine Ragout wird auch als eigenständiges Gericht in Muschelschalen, Porzellantöpfchen oder Blätterteigpastetchen angerichtet, mit holländischer Sauce (s. S. 405) nappiert und leicht überbacken.

Kalbsfrikassee 🇬🇧 veal frikasse 🇫🇷 frikassée (w) de veau

Frikassee ist ein Dünstgericht aus Kalbfleischwürfeln in leichter, heller, mit Weißwein abgeschmeckter Sauce.

Zum Kalbsfrikassee werden als Gemüse meist Pilze, Spargelspitzen, feine Erbsen oder Zuckerschoten sowie als Beilage Reis, Salzkartoffeln oder Teigwaren den Gästen empfohlen.

Abb. 1 Ragout fin im Blätterteigpastetchen

Curry von Kalbfleisch

🇬🇧 veal curry 🇫🇷 curry (m) de veau

Für dieses pikante Gericht werden Fleischwürfel mit Curry gewürzt, zusammen mit Zwiebeln und Äpfeln angeschwitzt und in heller Sauce gegart.

Als Beilagen empfiehlt man gebratene Banane, Kokos-Reis und Mango-Chutney.

Abb. 2 Kalbscurry

6.3 Rind 🇬🇧 beef 🇫🇷 bœuf (m)

Rindfleisch ist Fleisch von ausgewachsenen Rindern. Es ist rot bis dunkelrot und kräftig im Geschmack. Die hochwertigen Fleischstücke sind ausreichend mit Fett marmoriert (s. S. 419).

Kurzbratgerichte vom Rind

🇬🇧 dishes of pan fried beef 🇫🇷 plats (m) de bœuf sauté

Von **Kurzbraten** spricht man wegen der kurzen Garzeit portionierter Fleischstücke. **Pfannengerichte** nennt man diese Gruppe wegen des Garens in der flachen Pfanne mit wenig Fett. Die Bezeichnung **à la minute** weist auf die kurzfristige Einzelzubereitung des Gerichtes hin.

Die **qualitativ** besten Fleischstücke des Rindes erhält man aus dem Rücken und dem Filet.

Die besten Grill- und Kurzbratstücke erhält man aus dem gesamten Rücken mit der Hochrippe, dem ausgelösten Roastbeef und dem Filet. Sie werden auf dem Grill oder in der Pfanne gebraten und stehen deshalb auch als Pfannen- oder Grillgerichte auf der Speisekarte.

Fachbezeichnungen für bestimmte Fleischstücke aus dem Rücken *mit* Knochen

Porterhouse Steak besteht aus einer Fleischscheibe von 3 cm Dicke aus dem Roastbeef mit Knochen und hohem Filetanteil. In der Größe vergleichbar mit einem Entrecôte double und einem Chateaubriand mit Knochen. Bei einem Gewicht von ca. 1000 g ist es für 3 bis 4 Personen geeignet.

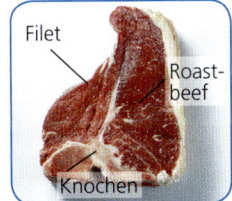

T-Bone-Steak ist von ähnlichem Aussehen wie das Porterhouse Steak, nur halb so dick.

Club Steak wird aus dem Roastbeefteil mit Knochen geschnitten, hat ein Rohgewicht von ca. 1000 g und wird für 3–4 Personen serviert.

Côte de bœuf (Rinderkotelett) wird als großes Portionsstück aus der Hochrippe geschnitten.

Fachbezeichnungen für bestimmte Fleischstücke aus dem Rücken *ohne* Knochen

Entrecôte/Zwischenrippenstück erhält man aus dem flachen Roastbeef mit einem Gewicht von ca. 200 g.

Entrecôte double (Doppeltes Zwischenrippenstück) ist, wie der Name schon sagt, doppelt so dick wie das Entrecôte und ca. 400 g schwer.

Rumpsteak (ca. 180 g) ist vom Ursprung her ein Steak aus der Hüfte (rump). In Deutschland wird das Rumpsteak aber meist aus dem Roastbeef geschnitten.

Rostbraten mit einem Gewicht von ca. 150 g wird ebenfalls aus dem Roastbeef geschnitten.

Fachbezeichnungen für bestimmte Fleischstücke aus dem Rücken

Côte de bœuf — Rinderkotelett | T-Bone-Steak — kleiner Filetanteil

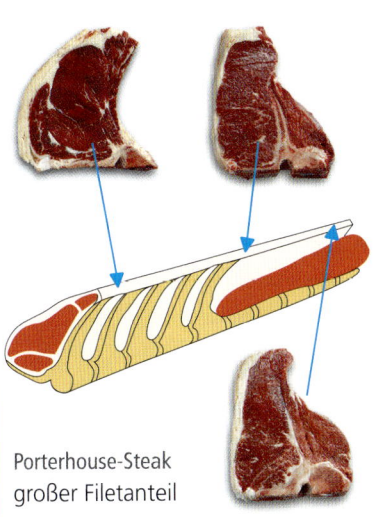

Porterhouse-Steak — großer Filetanteil

Das Entrecôte double wird für 2 Personen serviert und manchmal auch im Restaurant vor dem Gast tranchiert.

Aus dem Filet werden bereitet:
- **kleine Filetschnitten** (Tournedos), pro Person zwei Stück von je 60 bis 80 g,
- **Filetschnitte** (Filetsteak) mit 150 bis 160 g,
- **Doppelte Filetschnitte** (Chateaubriand) mit 350 bis 400 g für 2 Personen

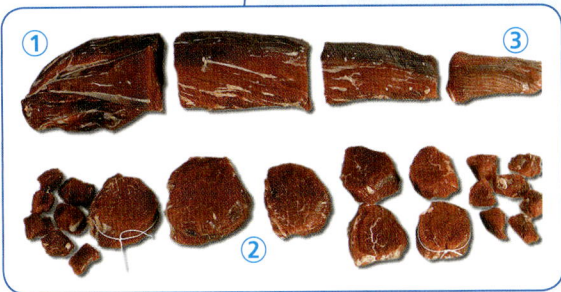

Abb. 1 ① Filetkopf, ② Filet-Mittelstück, ③ Filetspitze

Eine besondere Zubereitung aus dem Filet ist das Filetgulasch Stroganoff.

„Heute haben Sie die Möglichkeit, einen richtigen Klassiker der russischen Küche zu bestellen. Dafür wird die Spitze des Rinderfilets in Streifen geschnitten, kurz in der Pfanne sautiert und in brauner Sauce mit Schmant angerichtet. Als harmonische Ergänzung finden Sie Steinpilze, Schinken- und Speckstreifen sowie Streifen von echter russische Salzgurke und roter Bete im Gericht. Auf Ihren besonderen Wunsch kann ich das Gericht auch vor Ihnen am Tisch zubereiten."

Spezielle Garnituren sind:
- **Zwischenrippenstück nach Bordeauxer Art** mit Ochsenmarkscheiben belegt und mit Bordeauxer Sauce nappiert
- **Tournedos Helder** mit Tomatenfleischstücken belegt und mit Béarner Sauce garniert
- **Tournedos Rossini** mit Gänseleber und Trüffeln garniert, Madeirasauce
- **Rumpsteak Mirabeau** Steak mit dünnen Sardellenstreifen (über Kreuz bzw. gitterförmig) und Olivenscheiben belegt, Sardellenbutter

¹ Bezeichnung der Garstufen nach Empfehlungen der Gastronomischen Akademie Deutschlands

Kurzgebratenes Fleisch von Rind und Lamm wird von den Gästen mit unterschiedlicher **Garstufe** gewünscht. Diese ist von der Bratdauer und der dadurch im Fleisch entstehenden Temperatur abhängig. In der Praxis gilt die Fleischfarbe im Kern des gegarten Fleischstückes als Maßstab für den jeweiligen **Garstufe**. Bei der Aufnahme von Bestellungen sollte man, sofern der Gast dies nicht von sich aus tut, immer den von ihm gewünschten Garpunkt erfragen.

	Kerntemperatur	Bezeichnung¹
	ab 45 °C	stark blutig / rare / bleu
	ab 50 °C	blutig (engl.) / medium rare / saignant
	ab 60 °C	rosa / medium / à point
	ab 75 °C	durchgebraten / well done / bien cuit

Beilagen zu den Braten aus Roastbeef und Filet

Saucen
- Bratenjus oder Ableitungen der Demiglace

Gemüsebeilagen
- alle feinen Gartengemüse

Hauptbeilagen
- Pariser Kartoffeln, Olivenkartoffeln
- Kartoffelkroketten
- Herzogin- oder Macairekartoffeln

Beilagen zu den Pfannengerichten

Saucen
- Bratenjus
- Madeirasauce, Bordeauxer Sauce
- Béarner Sauce, Choronsauce
- oft auch Kräuterbutter oder andere passende Buttermischungen

Gemüsebeilagen
- alle feinen Gartengemüse

Hauptbeilagen
- grundsätzlich wie zu Braten
- darüber hinaus Pommes frites oder eine andere frittierte Kartoffel

Große Braten vom Rind   🇬🇧 big roasts of beef 🇫🇷 rôtis (m) de bœuf

Als ganze Stücke werden das Roastbeef und das Filet gebraten und als warmes Gericht serviert.

Beilagenempfehlung zu Braten vom Rind

Saucen
* Bratenjus oder Ableitungen der Demiglace

Gemüsebeilagen
* alle feinen Gartengemüse

Hauptbeilagen
* Pariser Kartoffeln, Olivenkartoffeln
* Kartoffelkroketten
* Herzogin- oder Macairekartoffeln

Eine Besonderheit ist das **Filet Wellington**:
* Das angebratene Filet wird mit einer Pilzmasse (Duxelles) umgeben, in Blätterteig eingehüllt und im Ofen gebacken.
* Beim Servieren werden zarte Buttergemüse und Madeirasauce gereicht.
* Tranchieren am Tisch des Gastes.

Das gebratene Roastbeef wird aber auch gerne als kalter Braten, dünn in Scheiben geschnitten, verwendet. Beispielsweise als erfrischendes Sommergericht mit Remouladensauce und Röstkartoffeln oder als Fleischgericht zum kalten Büfett.

Gerichte aus gekochtem Rindfleisch

🇬🇧 boiled beef dishes 🇫🇷 plats (m) de bœuf bouilli

Zum Kochen bevorzugte Stücke sind Brust und Tafelspitz. Die Rinderbrust wird manchmal in gepökeltem Zustand verarbeitet. Tafelspitz ist ein Teilstück der Hüfte und wird oft auch als Schwanzstück bezeichnet.

Beilagenempfehlung

Saucen
* Meerrettichsauce
* Kräutersauce

Gemüsebeilagen
* Lauch, Sellerie, Karotten
* Wirsing- oder Spinatgemüse

Hauptbeilagen
* Salzkartoffeln und Petersilienkartoffeln
* Bouillonkartoffeln und Rahmkartoffeln

Kalte Beilagen
* Preiselbeeren, Rote Bete, Senfgurken

> „Als Tagesspezialität haben wir einen **Rostbraten nach Tiroler Art** auf der Karte. Der kurzgebratene Rostbraten vom zarten Rückenfleisch wird garniert mit in Butter geschwitzten Tomatenfleischwürfeln, gebackenen Zwiebelringen und Bratkartoffeln. Begleitet wird er von einer delikaten Béarner Sauce."

Abb. 1 Filet Wellington

> „Falls Sie eines unserer regionalen Gerichte probieren wollen, empfehle ich Ihnen die gekochte **Brust vom heimischen Weiderind** in kräftiger Brühe mit gedünsteten Lauchstreifen und geschabtem Meerrettich aus Franken. Dazu seviere ich Ihnen im Holzofen gebackenes Bauernbrot und ein schönes, dunkles Bier."

Gerichte aus geschmortem Rindfleisch

🇬🇧 dishes of braised beef 🇫🇷 plats (m) de bœuf braisé

Schmorbraten, Sauerbraten, Schmorsteaks und Rouladen werden aus bindegewebsreichen Teilstücken der Keule geschnitten. Für *Ragout* eignet sich sehr gut das Halsstück, für Gulasch die Hesse (Wadenschenkel).

- **Sauerbrate**n legt man einige Tage in Marinade aus Essig, Wein, Wurzelgemüse und Gewürzen ein. Sie macht das Fleisch zarter, saftiger und aromatischer.
- **Rinderrouladen** sind flach geklopfte Fleischscheiben, mit Senf bestrichen, mit Speck, Zwiebeln und Gewürzgurken belegt, aufgerollt, dann geschmort.

Als Beilagen werden empfohlen:

Saucen – Rotweinsauce

Gemüsebeilagen
- Karotten, Kohlrabi, Schwarzwurzeln, Rosenkohl und Rotkohl

Hauptbeilagen
- Salzkartoffeln und Kartoffelpüree
- Kartoffelklöße und Semmelknödel
- Spätzle und andere Teigwaren

Eine spezielle Speisenbezeichnung (Garnitur) ist **Schmorsteak Esterhazy**.

„Als regionale Spezialität hat unser Küchenchef einen zarten **Tafelspitz** vom Charolais-Rind zubereitet. Er wird von frischem Gemüse begleitet. Dazu sein besonderes Hobby, eine Frankfurter Grüne Sauce aus 6 frischen Küchenkräutern."

oder …

„… eine gepökelte Rinderbrust mit Apfel-Meerrettich, feinem Wirsinggemüse mit geröstetem Speck und gebuttertem Kartoffelschnee. Als Getränk empfehle ich dazu ein frisch gezapftes Weizenbier."

„Darf ich Ihnen heute eine saftig geschmorte Rinderroulade mit Gemüsefüllung und Rosmarinkartoffeln empfehlen? Unsere Köche haben das Gericht auch neu zusammengestellt. Als Getränk denke ich, dass ein Heilbronner Trollinger sehr gut dazu passt."

„Als Gericht des Tages möchten wir Ihnen heute anbieten: ein Rinder-Schmorsteak, wie es der ungarische Graf Esterhazy gerne aß. Es wird begleitet von in Streifen geschnittenem, gedünstetem Wurzelgemüse, einer kräftigen Sauce mit Sauerrahm und hausgemachten Mehlklößchen."

1. Schildern Sie einem Gast das nebenstehende Gericht. Gehen Sie dabei davon aus, dass der Gast das Bild nicht sieht. Benennen Sie Aussehen und Bestandteile des Gerichtes. Machen Sie dem Gast mit Worten Appetit.

2. Beschreiben Sie drei besondere Schnitzelvariationen.

3. Nennen Sie vier Rindfleischstücke, die am Knochen auf dem Grill oder in der Pfanne gebraten werden.

4. Welche Fleischstücke werden aus dem Rinderfilet geschnitten?

5. Wie empfehlen Sie einem Gast folgendes Schmorgericht: Ochsenschwanz mit Sauce, Gemüse und Markklößchen?

6. Nennen Sie die vier verschiedenen Garstufen für gebratenes Rindersteak (Entrecôte).

6.4 Schwein 🇬🇧 pork 🇫🇷 porc (m)

Schweinefleisch stammt von jungen Tieren und ist deshalb besonders zart und saftig. Es eignet sich zum Braten und Kurzbraten. Für geschmorte Gerichte werden die bindegewebsreicheren Fleischteile, zum Kochen wird hauptsächlich gepökeltes Fleisch verwendet. Die Fleischfarbe ist hellrot und der Geschmack aromatisch. Sehr beliebt ist auch das Fleisch von **Spanferkeln**. Sie werden nach 5 Wochen geschlachtet und haben ein sehr helles und zartes Fleisch.

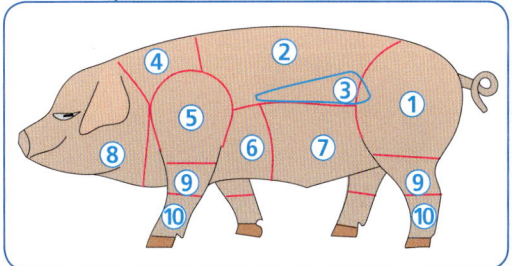

Abb. 1 ① Schinken, ② Kotelett, ③ Filet, ④ Kamm, ⑤ Bug, Schulter, ⑥ Bauch, ⑦ Wamme, ⑧ Kopf, ⑨ Eisbein, Haxe, ⑩ Spitzbein, Pfötchen

Kurzbratgerichte vom Schwein

🇬🇧 dishes of pan fried pork 🇫🇷 plats (m) de porc sauté

Von **Kurzbraten** spricht man wegen der kurzen Garzeit portionierter Fleischstücke. **Pfannengerichte** nennt man diese Gruppe wegen des Garens in der flachen Pfanne mit wenig Fett. Die Bezeichnung **à la minute** weist auf die kurzfristige Einzelzubereitung des Gerichtes hin. Die Fleischportionen für Pfannengerichte werden aus folgenden Fleischteilen geschnitten:

- **Rücken:** Schweinekoteletts, Schweinerückensteaks
- **Filet:** Schweinemedaillons
- **Keule:** Schweinesteaks, Schweineschnitzel

Beilagenempfehlung

Saucen
- Bratenjus oder dunkle Rahmsauce
- zu Kotelett Robertsauce
- zu Medaillons holländische Sauce, Béarner Sauce oder Choronsauce

Gemüsebeilagen: feine Gemüse

Hauptbeilagen
- wie zu den Braten
- Kartoffelkroketten oder Herzoginkartoffeln

Große Braten vom Schwein 🇬🇧 roasts of pork 🇫🇷 rôtis (m) de porc

Zum Braten sind wie beim Kalb alle großen Fleischstücke geeignet. Dazu können das Schweinefilet im Ganzen sowie entbeinte, größere Stücke des Rückens, der Schulter, ganze Keulen, Nackenstücke, Schweinebauch zum Füllen sowie Vorder- und Hinterhaxe mit oder ohne Knochen verwendet werden.

Beilagenempfehlung zu Schweinebratenstücken

Saucen: Bratenjus, Kümmeljus, Bierjus

Gemüsebeilagen: Kohlrabi, Rotkohl, Rosenkohl, Wirsing und Bayrisch Kraut

Hauptbeilagen
- Kartoffelpüree und Macairekartoffeln
- Rahmkartoffeln
- Kartoffelklöße und Semmelknödel
- Spätzle und andere Teigwaren

„Als eine Novität bieten wir Ihnen heute gegrillte Medaillons vom Filet des ungarischen Woll-Schweines. Sie werden begleitet von Roquefortsauce mit feinen Gemüseperlen und Bamberger Hörnchen, einer ganz besonderen fränkischen Kartoffelsorte."

„Unsere Spezialität der Region ist ein gebratenes, mit Bratwurstbrät gefülltes Schweineschnitzel, serviert mit Bratensaft, Rahmwirsing und einem Kräuter-Kartoffelkloß."

„Unser zart gebratenes Schweinekotelett ist ein „Muss". Zusammen mit Morcheln und einer delikaten Calvadossauce sowie Butternudeln mit frisch gehacktem Estragon wird das Gericht zum Erlebnis."

Das Besondere an vielen Bratenstücken ist die Saftigkeit des Fleisches. Hierfür ist eine bestimmte Fettmarmorierung verantwortlich. Beim Krustenbraten verwandelt der geschickte Koch die Schwarte in eine knusprige Kruste.

> „Meine Empfehlung für Sie wäre ein mit Pilzen und Gemüsewürfeln gefüllter **Jungschweinerücken**, den unser Küchenchef durch eine besondere Technik als Kronenbraten auf den Teller bringt. Zu diesem Gericht servieren wir eine würzige Braunbiersauce mit geschmortem Spitzkohl und einem Auflauf von Brezenknödelmasse."

> „Die Schweinshaxen möchte ich Ihnen besonders empfehlen. Unser Chefkoch hat sie mit dunklem Bier zu einem hohen Genuss gebraten und nebenbei auch noch die Schwarte knackig kross zubereitet. Wir servieren Ihnen die Haxe zusammen mit einer Bierjus, einem hausgemachten Thüringer Kloß und einem köstlichen Krautsalat."

> „Unsere geschmorte **Schweinebacke** ist in einer Schwarzbiersauce zubereitet und wird mit einem kross gebratenem **Schweinebauch** serviert. Die sie begleitenden Beilagen sind ein Schinkenknödel auf gedünstetem Zwiebelkraut und grünem Erbsenpüree."

Gerichte aus geschmortem Schweinefleisch

🇬🇧 dishes of braised pork 🇫🇷 plats (m) de porc braisé

Neben dem Schweineragout gibt es zwei sehr bekannte Schmorfleischgerichte spezieller Art:

Schweinepfeffer
Ansatz ähnlich wie Gulasch, kurz vor dem Servieren mit Blut gebunden.

Szegediner Gulasch
Ansatz wie Gulasch oder Ragout. Wird zusammen mit Sauerkraut gegart, mit Kümmel gewürzt und mit Sauerrahm oder Schmant vollendet.

Gerichte aus gekochtem Schweinefleisch

🇬🇧 dishes of boiled pork 🇫🇷 plats (m) de porc bouilli

Die zum Kochen bestimmten Fleischteile des Schweines sind meistens gepökelt:

- Schinken, Vorderschinken und Hals
- Rippchen und Eisbein.

Das Pökeln bewirkt die Rotfärbung und den besonderen Geschmack des Fleisches.

Beilagenempfehlungen:

Zu Schinken
- Burgunder-, Madeira- oder Portweinsauce
- feine Gemüse, Petersilienkartoffeln, Kartoffelpüree, Kartoffelkroketten und Spätzle

Zu Rippchen/Eisbein
- Sauerkraut und Kartoffelpüree
- Erbsenpüree

Eine spezielle Zubereitung in Verbindung mit Schweinefleisch: **Garniertes Sauerkraut** oder **Schlachtschüssel**.

- Gekochtes Bauchfleisch sowie Blut- und Leberwurst,
- Sauerkraut und Kartoffelpüree oder Salzkartoffeln.

> Eine spezielle Zubereitung ist der mit Brezenknödelmasse gefüllte Schweinebauch. Unser Küchenchef achtet beim Braten sehr darauf , dass dabei eine Schwarte entsteht, die wirklich kracht und durch und durch kross ist. Dazu reichen wir einen Teller mit marktfrischen Salaten.

> Ein großer Genuss ist zu dieser kalten Jahreszeit unser mild gepökeltes Kassler, welches traditionell mit Grünkohl, Pinkel und gebratenen Kartoffeln serviert wird. Ich empfehle Ihnen dazu ein würziges Schwarzbier.

6.5 Lamm 🇬🇧 lamb 🇫🇷 agneau (m)

Das Lammfleisch hat von Natur aus einen würzigen und kräftigen Geschmack. Es muss sehr heiß angerichtet und rasch serviert werden.

Kurzbratgerichte vom Lamm
🇬🇧 dishes of pan fried lamb 🇫🇷 plats (m) d'agneau sauté

Von **Kurzbraten** spricht man wegen der sehr kurzen Garzeit portionierter Fleischstücke. **Pfannengerichte** nennt man diese Gruppe wegen des Garens in der flachen Pfanne mit wenig Fett.

Die Bezeichnung **à la minute** weist auf die kurzfristige Einzelzubereitung des Gerichtes hin.

Als Pfannengerichte gibt es Koteletts, Nüsschen und Schnitzel sowie Mutton chops (Scheiben aus beiden Seiten des Sattels mit Rückenfleisch, Knochen und Filet).

Zu Lamm verwendet man intensivere Würzzutaten wie Knoblauch, Thymian, Rosmarin, Salbei. Diese legt man beim Kurzbraten mit den Bratstücken in die Pfanne, damit deren Würzkraft auf das Fleisch übergeht.

Große Braten vom Lamm
🇬🇧 roasts of lamb 🇫🇷 rôtis (m) d'agneau

Für Braten eignen sich Teile von Rücken, Keule und Schulter.

Als Teilstücke werden der Sattel (das ist der hintere Teil des Rückens) und die Karrees (das sind die beiden Seitenteile des Rückens mit den langen Rippen) ganz gebraten.

Gerichte von geschmortem Lammfleisch
🇬🇧 dishes of braised lamb 🇫🇷 plats (m) d'agneau braisé

Zu Schmorgerichten gehören Schmorbraten und Ragouts aus der Keule, der Schulter und der Brust sowie die Lammhaxen.

Abb. 1 Lammkoteletts mit Kräutern und Knoblauch gebraten

„Als herbstliche Spezialität empfehlen wir Ihnen ein butterzartes **Lammkarree** in der Kräuterkruste mit leichter Thymianjus, kleinem Paprikagemüse und Bäckerin-Kartoffeln."

oder

„... eine mit Knoblauchstiften gespickte und schön saftig gebratene **Lammkeule** in einer Rosmarin-Rotweinsauce mit Kartoffelgratin, geschmolzenen Tomaten und knackigem Feldsalat."

„Als kulinarisches Gedicht bezeichnen Kenner das **Navarin de mouton**, ein geschmortes braunes Lammragout mit Schalotten und fein tournierten Wurzelgemüsen. Dazu servieren wir auf Wunsch Kartoffelschnee oder in Butter geschwenkte Bandnudeln."

„… ein interessantes braunes Lammragout, gemeinsam geschmort mit
Quitten und breiten grünen Bohnen,
serviert mit hausgemachten Kartoffelkroketten."

Beilagenempfehlung

Im Allgemeinen sind die gleichen Beilagen wie zu gleichartigen Rind-
fleischgerichten geeignet. Wegen des ausgeprägten Geschmacks des
Lammfleisches ergeben sich zusätzlich einige Besonderheiten:

- Spinat, grüne Bohnen und Bohnenkerne
- geschmorte Gemüse wie Chicorée, Fenchel, Staudensellerie und
Gurken
- südländische Gemüsezubereitungen wie z. B. Ratatouille (Paprika,
Knoblauch, Auberginen, Zucchini und Tomaten)
- Schmelzkartoffeln und Lyoner Kartoffeln
- Bäckerin- und Annakartoffeln

Spezielle Gerichte aus Lammfleisch

🇬🇧 special dishes of lamb 🇫🇷 plats (m) speciale d'agneau

Spezielle Lammgerichte sind zum Beispiel:

- Lammcurry

- Lammfrikassee

- Irish Stew

- Gesottene oder pochierte
Lammschulter

„Unser Küchenchef hält heute für Sie
etwas ganz Besonderes bereit: Ein
echtes **Curry vom Lamm** mit gerösteten Kokosflocken, frischer, glasierter
Ananas und chinesischem Duftreis.
Dazu servieren wir Ihnen einen warmen Sake-Wein."

„Heute empfehlen wir Ihnen ein
Irish Stew, das irische National-
gericht mit gekochtem Lamm und
Zwiebeln, Kartoffeln und Weißkraut.
Da unser Küchenchef ein Fan bunter
Gerichte ist, hat er dem Gericht
noch Lauch, Wirsing, Sellerie und Karotten hinzugefügt."

„Sehr lecker und leicht ist unser Lammfrikassee mit Spitzen von grünem
Spargel, frischen Champignons und hausgemachten, in Butter
geschwenkten Rote-Bete-Nudeln."

oder

„… eine pochierte **Lammschulter** mit Zitronen-Meerrettich-
Schaum, Karotten und über Thymian gedämpften Kartoffeln."

6.6 Hackfleisch 🇬🇧 minced meat 🇫🇷 hachis (m) de viande

Hackfleisch ist stark zerkleinertes Fleisch, das wegen der vergrößerten Oberfläche und der feuchten Beschaffenheit einen leicht zugänglichen Nährboden für Bakterien darstellt. Besonders roh verzehrtes Hackfleisch könnte zur Gefahr für die menschliche Gesundheit werden. Es ist deshalb wichtig, die Vorschriften der Hygieneverordnung einzuhalten und auf eine hygienisch einwandfreie Verarbeitung des Fleisches zu achten. Das gilt auch für jede Person, die am Tisch des Gastes ein *Beefsteak Tatar* oder *Hackepeter* bzw. *Schweinemett* zubereitet.

Gerichte aus Hackfleisch

🇬🇧 dishes of minced meat 🇫🇷 plats (m) de viande (w) hachée

Hackfleischgerichte können aus allen Schlachtfleischarten sowie aus Geflügel, Wild oder auch Fisch hergestellt werden.

Neben den Hacksteaks, auch bekannt als Frikadellen, Fleischküchle, Fleischpflanzerl oder Buletten, gibt es den Hackbraten, auch falscher Hase genannt, als einfache Zubereitung oder raffiniert gefüllt.

Des Weiteren gibt es in vielen Ländern unterschiedliche Gerichte, die aus Hackfleisch zubereitet werden, wie zum Beispiel:

- **Cevapcici** in Südosteuropa aus Schweine- und/oder Lammhackfleisch
- **Hamburger** in den USA mit Ursprung in Deutschland
- **Bitok** (Bitki) in Russland aus Rinderhack in kleine Hacksteaks geformt
- **Dolmas** in Griechenland und Türkei aus Lammhackfleisch mit Pilawreis in Weinblättern gerollt
- **Chili con Carne** in Mittelamerika aus grob gehacktem Rindfleisch mit Knoblauch, Zwiebeln und Chilis
- **Bologneser Sauce** in Italien aus grob gehacktem Rindfleisch mit Gemüsewürfeln, Tomatenpüree und geschälten Tomaten

Außerdem werden viele Gemüse mit unterschiedlichen Hackmassen gefüllt, wie

- Paprikaschoten
- Kohlblätter zu Kohlrouladen/Krautwickel
- Spinat- und Mangoldblätter
- Tomaten, Kohlrabi
- Auberginen, Zucchini, Salatgurken

„Ein Gericht, das Sie sicher von Ihrer Oma kennen: die herrlichen **Königsberger Klopse** in feiner Kapernsauce mit Salzkartoffeln, einmal anders präsentiert. Lassen Sie sich überraschen."

„… dann habe ich noch etwas sehr Schönes anzubieten: einen **Strudel gefüllt mit Hackfleisch vom Kalb** mit Rührei auf einem Spiegel von Tomatensauce mit zarten Gemüsen und Lauchnudeln."

Burger sind das am weitesten verbreitete Produkt aus Hackfleisch. Siehe auch Kapitel „Burger" (S. 442)

„Unsere **Burger** sind aus 100 % Rindfleisch, immer ganz frisch für Sie gegrillt – natürlich nur auf offener Flamme, für den einzigartigen Grillgeschmack. Unser Weizenmehlbrötchen mit feinem Sesam kommt aus der Region – es wird frisch getoastet und belegt. Mit frisch geschnittenen, sonnengereiften Tomaten und schonend geerntetem, knackigem Eisbergsalat."

6.7 Innereien 🇬🇧 offal meat 🇫🇷 abattis (m)

Im Restaurant werden vor allem die Innereien von Kalb und Lamm angeboten. Sie haben einen hohen Gehalt an Vitaminen und Mineralstoffen. Innereien sind zart und leicht verdaulich.

Gerichte aus Innereien

🇬🇧 dishes of offal meat 🇫🇷 plats (m) des abattis

„Ein besonderes kulinarisches Erlebnis in unserem Haus ist die **Kalbsleber nach Berliner Art**. Wir servieren sie mit leichter Kalbsjus, gebratenen Apfelscheiben und Röstzwiebeln. Unser Küchenchef ergänzt sie mit einer Maistomate auf Lauchgemüse und einem delikaten Kartoffel-Sahnepüree."

„Wenn Sie gerne Innereien mögen, empfehle ich Ihnen das leicht in Butter gebratene **Kalbsbries** mit Gemüseteigtaschen, beträufelt mit Limettensauce. Dazu passt sehr gut ein leichter Riesling von der Mosel."

Speisenbezeichnung		Saucen und Beilagen
Leber	• gebraten	• Bratenjus (Kalbsjus), Tomatenfleischwürfel, Pilze, Salzkartoffeln, Kartoffelpüree, Bratkartoffeln
	• geschnetzelt	• Rahmsauce und Reis, Pilze
	• sauer	• Rahmsauce (mit Essig oder Wein gewürzt), Zwiebeln
	• Leberknödel	• Kartoffelpüree und Sauerkraut
Nieren	• gebraten	• Senfsauce oder Rahmsauce, Bratkartoffeln, Perlzwiebeln, Karotten, Tomaten, Reis
	• geschnetzelt	• Rahmsauce, Kräutersauce, Kartoffelpüree oder -schnee, Salate
	• sauer	• Rahmsauce (mit Essig oder Wein gewürzt), Zwiebeln
Herz	• gebraten, vom Grill	• Kräuterbutter, Salate oder feine Gemüse, gebackene Kartoffelstäbchen
	• geschmort	• Erbsen, Karotten, Rosenkohl
	• Herzragout	• Schwarzwurzeln, Salzkartoffeln, Kartoffelpüree
Zunge	• gekocht (gepökelt)	• Burgunder-, Madeirasauce, Spargel, Blumenkohl, Brokkoli, Erbsen, Karotten, Spinat, Petersilienkartoffeln, Kartoffelpüree
Hirn	• gebraten	• Spinat, Kartoffelschnee
	• gebacken	• Zitronenachtel, Mayonnaise-Kartoffelsalat
	• überbacken	• Blattspinatsockel mit Mornaysauce, Salzkartoffeln
Kalbsbries	• gedünstet	• helle Rahmsauce, Kräutersauce, Spargel, Champignons, Morcheln, Krebsschwänze, Petersilienkartoffeln, Reis
	• gebraten	• leichte Jus, Tomatenfleischwürfel, Erbsenschoten, grüne Bohnen, Karotten, Petersilienkartoffeln, gebratene Kartoffeln, Reis
Kalbslunge	• sauer	• Rahmsauce, Semmelknödel

6.8 Fleisch- und Wurstwaren

🇬🇧 cold cuts 🇫🇷 charcuterie (w)

Fleischwaren sind Erzeugnisse, bei denen die Struktur des Fleisches nicht verändert wird. Die jeweiligen Behandlungsverfahren, wie z. B. pökeln, bewirken lediglich eine Veränderung der Farbe und des Geschmacks, z. B. Schinken roh und gekocht, Bündner Fleisch, Räucherwaren und Pökelzungen.

Wurstwaren sind schnittfeste oder streichfähige Erzeugnisse aus einem Gemenge von zerkleinertem Fleisch und Fettgewebe mit Gewürzen.

Man unterscheidet:

- Kochwürste
- Brühwürste
- Rohwürste

Abb. 1 Parmaschinken, Südtiroler Speck, Bündner Fleisch

Kochwürste

Fleisch und andere Zutaten wie Zunge werden im Voraus gekocht. Ein Gelee aus Schwarten und Knochen oder Blut geben die Bindung.

Beispiele: Leberwurst, Rotwurst, Sülzwurst und Presssack

Abb. 2 Verschiedene Kochwürste

Brühwürste

Fleisch und Speck werden feinst zerkleinert. Dadurch lösen sich Eiweißstoffe und binden zusätzlich Wasser, das in Form von Eis beigegeben wird. Durch Brühen (Pochieren) entsteht die Bindung.

Beispiele: Bierschinken, Mortadella, Lyoner,

Abb. 3 Verschiedene Brühwürste

Rohwürste

Rohes Fleisch und Speck werden zerkleinert, danach mit Nitritpökelsalz und Gewürzen versetzt. Nach dem Einfüllen in Därme beginnt ein biologischer Reifeprozess.

Beispiele: Salami, Cervelatwurst, Mettwurst, Teewurst

Abb. 4 Verschiedene Rohwürste

---

① Entwerfen Sie mithilfe des nebenstehenden Bildes und der Materialangabe eine appetitanregende Formulierung für Ihre Gäste.
Kalbsbäckchen, geschmort; Püree von Lauch und Kartoffeln; weiße Bohnen.

② Erarbeiten Sie 7 Vorschläge für Gerichte vom Schwein für eine neue Speisekarte. Achten Sie dabei darauf, dass möglichst alle Zubereitungsarten abgedeckt sind.

③ Welche Pfannengerichte werden aus Lammfleisch zubereitet?

④ Erklären Sie Ihren Gästen die Besonderheiten von Irish Stew.

⑤ Was ist beim Service von Lammgerichten besonders zu beachten? Welches Getränk würden Sie dem Gast empfehlen?

⑥ Erklären Sie die Begriffe Fleischwaren und Wurstwaren.

Aufgaben

433

7 Hauptgerichte aus Geflügel und Wildgeflügel

🇬🇧 main courses of poultry and feathered game
🇫🇷 plats (m) de volaille et de gibier à plume

Im Vergleich zum Wildgeflügel wird Schlachtgeflügel „beim Haus" gehalten und heißt deshalb auch Hausgeflügel.

Angebotsformen

Haus- und Wildgeflügel bekommt man frisch oder als Tiefkühlware geliefert. Man erhält sie aber auch zerlegt in Teilstücke wie Brust, Keule oder Leber.

Kennzeichnung bei verpackter Ware (Beispiel)

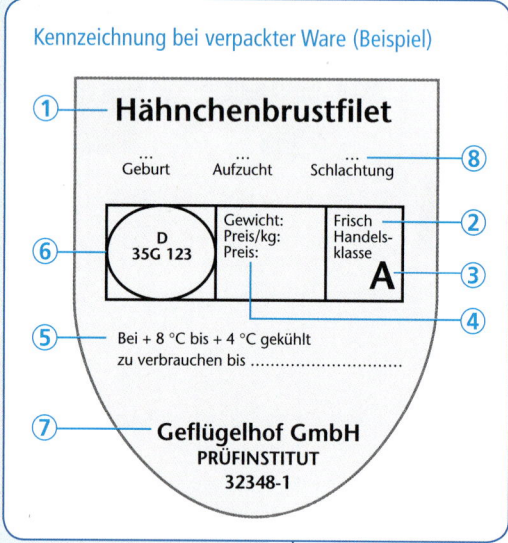

① **Hähnchenbrustfilet**

... Geburt   ... Aufzucht   ... Schlachtung ⑧

⑥ D 35G 123   Gewicht: Preis/kg: Preis: Frisch Handels-klasse ②

A ③

④

⑤ Bei + 8 °C bis + 4 °C gekühlt zu verbrauchen bis ....

⑦ **Geflügelhof GmbH** PRÜFINSTITUT 32348-1

7.1 Hausgeflügel 🇬🇧 poultry 🇫🇷 volaille (w)

Beim Verkauf von Hausgeflügel muss angegeben werden:
① Verkehrsbezeichnung
② Angebotszustand
③ Handelsklasse
④ Gewicht/Kilogrammpreis/Gesamtpreis
⑤ Hinweis auf Lagerbedingungen, Verbrauchsdatum bei Frischfleisch, Mindesthaltbarkeit bei Frostware
⑥ Schlacht- bzw. Zerlegebetrieb
⑦ Name und Anschrift des Vertreibers
⑧ Herkunftsnachweis (freiwillig)

Unter dem Begriff Herrichtungszustand versteht man, in welchem Zustand, also ob ausgenommen, bratfertig oder grillfertig, ohne Innereien, das Geflügel geliefert wird.

Übersicht Teilstücke

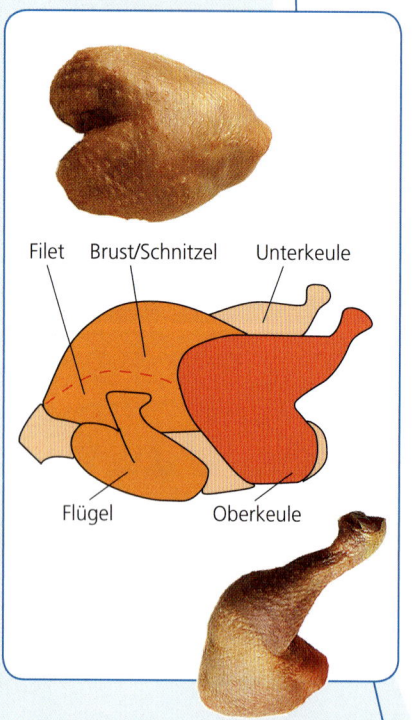

Filet   Brust/Schnitzel   Unterkeule

Flügel   Oberkeule

Handelsbezeichnungen

Geflügel	Handels- bezeichnungen	Alter
Hühner 🇬🇧 chickens 🇫🇷 poulets (m)	Küken Hähnchen (Poulets) Jungmasthahn Suppenhuhn	3–4 Wochen 6–7 Wochen 12–15 Monate
Puter 🇬🇧 turkeys 🇫🇷 dindes (w)	Baby-Puter Truthenne, Truthahn	2–3 Monate 3–7 Monate
Enten 🇬🇧 ducks 🇫🇷 canards (m)	Frühmastente Junge Ente Ente, Flugente	6–7 Wochen 3–5 Monate über 1 Jahr
Gänse 🇬🇧 geese 🇫🇷 oisons (w)	Frühmastgans Junge Gans Gans	3–4 Monate 9–10 Monate über 1 Jahr
Perlhühner 🇬🇧 guinea fowls 🇫🇷 pintades (w)	Junges Perlhuhn Perlhuhn	bis 1 Jahr über 1 Jahr
Tauben 🇬🇧 pigeons 🇫🇷 pigeons (m)	Junge Taube Taube	bis 1 Jahr über 1 Jahr

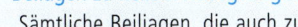

Das Fleisch vom hellen Hausgeflügel ist von zarter Beschaffenheit und hat einen geringen Fettanteil. Es ist eiweißreich und leicht bekömmlich.

Das dunklere Fleisch von Ente und Gans enthält mehr Mineralstoffe und ist dadurch intensiver im Geschmack.

Enten und Gänse haben im rohen Zustand einen hohen Fettanteil, der sich aber bei sachgerechtem Garen verringert.

Gerichte von Hausgeflügel

dishes of poultry ● plats (m) de volaille

Auf Grund der vielfältigen Eigenschaften des Fleisches bereichert Geflügel das Speisenangebot und sorgt für Abwechslung.

Grundlage für die Zubereitungen sind die bei Hausgeflügel angewandten Garmethoden, wobei außerdem zwischen hellem und dunklem Hausgeflügel unterschieden wird.

Helles Hausgeflügel wird seiner Eigenschaften wegen meist durch **Braten** und **Grillen** gegart.

Dennoch gibt es Besonderheiten wie:
- Frittieren oder Schmoren von Hähnchenteilen,
- Hellbraundünsten (Poelieren) von Hähnchen,
- Kochen von Suppenhühnern.

Dunkles Hausgeflügel und **Wildgeflügel** wird in der Regel gebraten. Lediglich bei älteren Tieren bzw. bei derberem Fleisch ist Schmoren erforderlich.

Eine besondere Zubereitungsart ist das **Poelieren**, das sogenannte Hellbraundünsten von hellem Geflügel. Dabei wird das Geflügel nur ganz leicht angebraten, danach wenig Fond angegossen und zugedeckt gar gedünstet.

Beilagen zu hellem Hausgeflügel:
Sämtliche Beilagen, die auch zu hellem Schlachtfleisch serviert werden, sind möglich.
Bei Enten und Gänsen kommen vermehrt die Beilagen von Wildgeflügel in Anwendung.

„Heute erwartet Sie ein zartes Stubenküken-Frikassee, wie es die Berliner der 20er Jahre liebten. Das gedünstete Huhn ist in Begleitung einer Weißweinsauce, von Champignons, Stückchen vom Kalbsbries, Spargel, Krebsschwänzen und Pilaw-Reis."

„Des Weiteren kann ich Ihnen empfehlen …
… ein **in Wein**, auch bekannt unter dem Namen „Coq au vin", in Rotwein zubereitet mit Schalotten, Speck, Pilzen und Sahne."

„Probieren Sie einmal unsere Chicken Nuggets. Außen mit einer krossen Panade versehen, innen zartes und saftiges Hähnchenfleisch. Wählen Sie dazu frei Ihren Lieblings-Dip aus fünf unterschiedlichen Geschmacksrichtungen: Curry, süß-sauer, feurige Salsa, rauchige Barbecue-Sauce oder unseren Klassiker aus England, den HP-Dip."

„Unsere Chicken Wings sind der King! Alle, die es feurig scharf mögen, werden unsere in Paprikamarinade eingelegten und anschließend frittierten Hähnchenflügel lieben.
Für hungrige, super hungrige und super super hungrige Chicken-Fans bieten wir den Snack wahlweise mit sechs, neun oder fünfzehn Wings an."

„Sehr lecker ist unser Wiener Backhendl. Es wird in Weißbrotbröseln paniert und in Butterschmalz gebacken. Dazu servieren wir frittierte Petersilie und einen geschmacklich hervorragenden Kartoffelsalat nebst Kopfsalatherzen mit einer Vinaigrette."

„… als neues Wellnessgericht eine **Maishähnchenbrust** vom Grill mit roten und gelben Kirschtomaten, dazu einen Joghurt-Bärlauch-Dip mit einer Scheibe von hausgemachtem Vitalbrot."

„Ein kulinarischer Hochgenuss ist die glasierte **Keule der Hafermastgans** mit Kronsbeeren-Rosmarin-Sauce, Apfelrotkohl und Kräuter-Kartoffel-Klößen."

„In der mit kross gebratener Haut und Pilzen gefüllten **Entenbrust** treffen Mediterranes und die schwäbische Region aufeinander. Serviert mit gelben und grünen Minizucchini, roten Senflinsen und Mohn-Schupfnudeln, umkränzt mit einer leichten Trollinger Sauce, erhebt sich dieses Gericht zu einem wahren Augen- und Gaumenschmaus."

Beilagenempfehlung:

Saucen
- Wildsauce mit gehaltvollen Weinen
- Wacholderrahmsauce
- Waldmeistersauce

Gemüsebeilagen
- Rotkohl und Rosenkohl, Wirsing, Grünkohl
- Wein-, Champagner- und Ananaskraut
- glasierte Kastanien (Maronen)
- Pilze

Hauptbeilagen
- Kartoffelkroketten, Mandelbällchen, Püree
- Dauphinekartoffeln oder Spätzle

Obstbeilagen
- Apfel- oder Kastanienmus
- gedünstete Birne oder Quittenragout
- Orangenfilets oder Weintrauben

7.2 Wildgeflügel feathered game ⚫ gibier (m) à plume

Als Wildgeflügel bezeichnet man alle jagdbaren Vögel, deren Fleisch für den Menschen genießbar ist. Ihr Lebensraum sind der Wald und die Umgebung von Gewässern. Es wird auch als **Federwild** bezeichnet.

Die bekanntesten Wildgeflügelarten sind:

- **Fasan**   pheasant   faisan (m)
- **Wachtel**   quail   caille (w)
- **Rebhuhn**   partridge   perdreau (m)
- **Schnepfe**   woodcock   bécasse (w)
- **Wildente**   wild duck   canard sauvage (m)

Wildgeflügel ist bis auf die Wildente fettarm. Damit das Fleisch saftig bleibt, wird es mit Speckscheiben umwickelt (bardiert).

Gerichte von Wildgeflügel

 dishes of feathered game ⚫ plats (m) de gibier à plume

Wildgeflügel muss wie das Schlachtfleisch vor der Verarbeitung erst abhängen, um zu reifen. Junges Wildgeflügel wird vorwiegend gebraten. Am besten schmeckt es, wenn das gebratene Fleisch am Knochen noch rosafarben ist. Älteres Wildgefügel wird vorwiegend für Brühen und Suppen (Rebhuhnessenz, Fasanenkraftbrühe) genutzt oder durch Schmoren gegart.

„Eine Köstlichkeit aus den Weinbergen möchten wir Ihnen heute anbieten: Es ist ein junger **Fasan**, schön goldgelb gebraten, in feiner Weinsauce mit Trauben und Gänseleber, einem Strudel mit Mangold, Babymöhrchen und Pastinakenpüree."

„Eine besondere Spezialität ist unsere mit in Port-Wein marinierter Gänseleber gefüllte und zart gebratene **Wachtel** auf einem feinen Linsengemüse mit gekochtem Wachtelei. Hierzu passt ausgezeichnet ein italienischer Rotwein, beispielsweise der Barbera d'Asti."

„Ein ofenfrisch gebratenes **Rebhuhn** mit Calvados-Walnuss-Sauce auf gedünstetem Spitzkohl und glasierten Honigäpfeln, dazu ein Püree von Petersilienwurzeln und Knollensellerie."

„Etwas für echte Genießer ist die zartrosa gebratene **Entenbrust**, begleitet von einem Ragout der Entenkeule mit Äpfeln, Pilzen und Maronen. Dazu servieren wir hausgemachte, breite Bandnudeln, krossen Speck und frittierte Salbeiblätter."

① Aufgaben

① Nennen Sie Arten des Hausgeflügels.

② Welche Angebotsformen gibt es bei Hausgeflügel?

③ Welche Garmachungsarten werden angewendet:
a) bei hellem Hausgeflügel?   b) bei dunklem Hausgeflügel und Wildgeflügel?

④ Erstellen Sie eine Spezial-Speisekarte mit mindestens 15 Gerichten aus Haus- und Wildgeflügel.

⑤ Eine entsprechende Gästebefragung wird Ihnen Aufschluss geben über die beliebtesten Geflügelgerichte. Entwickeln Sie hierfür einen kleinen Fragebogen.

⑥ Fügen Sie Ihrer Geflügelkarte eine Weinempfehlung bei mit drei Weißweinen und drei Rotweinen.

8 Hauptgerichte vom Wild

🇬🇧 main courses of game 🇫🇷 plats (m) de gibier

Das Fleisch vom Wild ist als Nahrungsmittel eine ganz besondere Delikatesse.

Die besondere Beschaffenheit des Wildfleisches ergibt sich vor allem aus den naturbedingten Lebens- und Fressgewohnheiten. Grundsätzlich ist Wildfleisch fettarm. Vom Kaninchen abgesehen, ist das Fleisch des Wildes dunkel. Wild muss vor der Verarbeitung einige Zeit zum Reifen abhängen.

Der Geschmack des Fleisches hat im Vergleich zum Schlachtfleisch eine arteigene Ausprägung. Es schmeckt intensiver und aromatischer.

Die wichtigsten Wildarten sind:

• **Reh**	🇬🇧 venison	🇫🇷 chevreuil (m)
• **Hirsch**	🇬🇧 deer	🇫🇷 cerf (m)
• **Wildschwein**	🇬🇧 wild boar	🇫🇷 sanglier (m)
• **Hase**	🇬🇧 hare	🇫🇷 lièvre (m)
• **Kaninchen**	🇬🇧 rabbit	🇫🇷 lapin (m)

Weitere, regionaltypische Wildarten sind Gams und Elch sowie Bären und Rentiere.

Gerichte vom Wild   🇬🇧 dishes of game 🇫🇷 plats (m) de gibier

Wildgerichte sind vor allem im Herbst und Winter eine willkommene Bereicherung im gastronomischen Speisenangebot. Wild wird meist zerwirkt (zerteilt) in Rücken, Keulen oder Schultern oder als Ragoutfleisch angeboten.

Zwei Vorbereitungstechniken sind darauf ausgerichtet, den fehlenden Fettanteil sinnvoll zu ersetzen:
Spicken – das rohe Fleisch wird mit dünnen Speckstreifen durchzogen.
Bardieren – das Fleisch wird mit dünnen Speckscheiben umwickelt, die nach dem Braten bzw. vor dem Servieren wieder entfernt werden.

Manche Zubereitungen erfordern ein rechtzeitiges Einlegen spezieller Fleischstücke in Marinaden oder Buttermilchbeizen.

Beilagenempfehlung zu den Wildgerichten:

Jus und Saucen
- Bratenjus vom Wild
- Wildrahm-, Wacholderrahm-, Wildpfeffersauce
- Waldmeistersauce

Gemüsebeilagen
- Pfifferlinge, Steinpilze, Champignons und Morcheln
- Rosenkohl, Brokkoli, Karotten und Bohnen, Schwarzwurzel
- Rotkohl (Apfelrotkohl)

Hauptbeilagen
- Kartoffelkroketten, Mandelbällchen, Bernykartoffeln
- Dauphinekartoffeln, Herzoginkartoffeln
- Spätzle
- Kartoffelklöße (zu Schmorgerichten)

Obstbeilagen
- Preiselbeeren oder Johannisbeergelee, Waldmeistergelee
- Äpfel, Quitten und Birnen, geschmort, gebraten oder als Kompott
- Kastanien (Maronen), glasiert oder als Kastanienpüree
- Ananas, Orangen, Mandarinen und Pfirsiche

„Bei uns hat die Jagdsaison begonnen. Wir laden Sie ein in die feine Wildküche mit hausgemachten Spezialitäten unseres Küchenchefs. Genießen Sie zum Beispiel wilde Köstlichkeiten wie:
- Rosa gebratenes **Rehrückenfilet** auf Linsengemüse mit Muskatkürbis-Spalten.
- Gebratene Frischlingsmedaillons mit Waldmeistersauce, Speck-Rosenkohl, Steinpilznudeln und Quittenkompott.
- Geschmorte Hasenschulter in Buttermilchsauce mit Serviettenknödeln, Rotkrautsalat und Apfelmus."

„Geschmorte **Schulter vom Jungbock** in einer Cognac-Piment-Sauce mit Kurkuma-Reis-Plätzchen und glasierten Kakifrüchten. Als Getränk sollten Sie einen japanischen Sakewein oder einen chinesischen Pflaumenwein dazu probieren."

„Ein ganz verführerisches Mahl ist das **Zweierlei von Kaninchen** mit einem gefüllten Rücken und einem Kotelettstück auf feiner Chardonnay-Sauce mit Maiskölbchen, Karotten und Lauch auf Rahm, dazu hausgemachte Kräuternudeln."

© Stockfood/Feiler

„Als ein wunderbares Geschmackserlebnis empfehle ich Ihnen den gefüllten **Hirschkalbsrücken** auf Wirsingherz mit Cassissauce, Tartelett von marktfrischen Gemüsen, Krautkräpfle und bunten Schupfnudeln."

Worte, die verkaufen helfen

- herzhaft
- lieblich
- aromatisch
- frisch
- veredelt
- weihnachtlich
- verführerisch
- verzaubert
- leicht exquisit
- bekömmlich

- exklusiv
- hochwertige Zutaten
- volles Aroma
- frische Versuchung
- von feinem Geschmack
- ein Feuerwerk der Aromen
- auf der Zunge zergehend

- verhaltenes Aroma
- raffinierte Zubereitung
- eigene Note
- kulinarische Impressionen
- Familientradition
- ein echter Klassiker
- etwas für echte Genießer

© Stockfood/H. Bischof

Aufgaben

1 Schildern Sie einem Gast das nebenstehende Wildschweingericht. Gehen Sie dabei davon aus, dass der Gast das Bild nicht sieht. Benennen Sie Aussehen und Bestandteile des Gerichtes. Machen Sie dem Gast mit Worten richtig Appetit.

2 Nennen Sie verschiedene Wildtierbezeichnungen.

3 Nennen Sie klassische Beilagen zu Wildgerichten.

4 Erstellen Sie eine spezielle Karte für eine Wildwoche mit Suppen, kalten und warmen Wildgerichten.

5 Wildfleisch wird vielfach gespickt oder bardiert. Erklären Sie die Fachbegriffe gastgerecht.

9 Spezielle Hauptgerichte: Systemgastronomie

🇬🇧 special main dishes: fast food industry
🇫🇷 plats de résistance specials: gastronomie (w) de système (m)

In der **Systemgastronomie** hat sich, insbesondere im Bereich der Quick-Service-Gastronomie, ein umfangreiches Fastfood- und Finderfood-Angebot international durchgesetzt.

Sandwich

Abb. 1 Klassisches Sandwich

Den Gerüchten nach wollte im 18. Jahrhundert in England der vierte Earl of Sandwich seine Kartenspielabende nicht durch lange Mahlzeiten unterbrechen lassen. Er ließ sich sein Essen daher handlich zwischen zwei Brotscheiben legen.

Das klassische **Sandwich** besteht ursprünglich aus zwei oder mehreren Kastenweißbrot- oder Toastbrotscheiben ohne Rinde. Es ist nicht geröstet, zwischen die Brotscheiben kommt ein beliebiger Belag, z. B. Schinken, Käse, Fisch oder Bratenfleisch. Oft wird er mit einem Salatblatt sowie Mayonnaise oder Meerrettich garniert. Das Sandwich wird als Dreieck zugeschnitten serviert oder verpackt.

Abb. 2 Sub bzw. Subway
Sandwich

Heute werden fast alle belegten Brötchen und Baguette-Brote als „Sandwich" bezeichnet; es gibt unzählige Varianten. Weit verbreitet sind auch belegte Baguette-Brote – sie werden wegen ihrer an U-Boote erinnernde Form (engl. „submarine") auch „Subs" genannt.

Wrap

Wraps (engl. „to wrap" = wickeln, einhüllen) werden auch als „gerollte Sandwiches" bezeichnet. Sie haben keine feste Rezeptur. Der Ursprung liegt in Nordmexiko und den Weststaaten der USA.

Abb. 3 Wrap

Umhüllt werden **Wraps** von **Tortillas**, dünnen Fladenbrot aus Mais- oder Weizenmehl. Maistortillas sind meist kleiner und brechen leicht. Weizentortillas sind etwas elastischer mit einem größeren Durchmesser.

Gefüllt werden sie u. a. mit gerilltem, frittiertem oder gebratenem Fleisch, ergänzt mit Gemüse, Salat, Sauerrahm und einer scharfen Sauce.

Döner

Döner Kebab oder kurz Döner ist eine Fladenbrottasche, die meist mit gegrilltem Fleisch, Salat, Gurken, Tomaten, rohem Weiß- und/oder Rotkrautsalat, Joghurtsauce und Zwiebel gefüllt wird.

Abb. 4 Dönerfleisch-Spieß am Grill

Die Grillfleischscheiben werden vorher in Marinade eingelegt, schichtweise auf einen Spieß gesteckt und im Drehgrill gegart.

Üblicherweise besteht der Spieß zwischen den einzelnen und eher mageren Fleischlagen aus Hackfleisch.

Im Ursprungsland Türkei ist der Döner seit Mitte des 19. Jahrhunderts bekannt, in Deutschland fand er seit den 1970er Jahren Verbreitung. Während in der Türkei meist Hammelfleisch für die Spieße verwendet wird, wird bei uns Rind- und Kalbfleisch sowie Hühner- und Putenfleisch angeboten.

In der griechischen Variante **Gyros** wird Schweinefleisch verwendet.

Pizza

Mehrere Gegenden Italiens behaupten, Ursprung der **Pizza** zu sein. Mitte des 18. Jahrhunderts wurde sie bereits in Süditalien verwendet. Sie bestand aus einem einfachen Hefeteig, zubereitet mit Salz und Olivenöl. Belegt wurde sie mit Tomatenscheiben, gewürzt mit Olivenöl und Basilikum oder Oregano.

Heute wird Pizza in unzähligen Variationen angeboten. Der Fantasie ist bei den Belägen keine Grenze gesetzt, statt frischer Tomaten wird meist Tomatensauce oder Tomatenmark verwendet. Als Klassiker zählt die **Pizza Margherita**, auch aufgrund der italienischen Nationalfarben rot (Tomate), weiß (Mozzarella) und grün (Basilikum).

Pizza sollte möglichst wenige Minuten bei hoher Temperatur (400 bis 500 °C) in einem Pizzaofen gebacken werden.

Abb. 1 Pizzabäcker

Einige verbreitete Pizzavarianten und ihre Beläge:

Pizza Margherita	Pizza Napoli	Pizza Regina	Pizza Prosciutto
Tomatensauce	Tomatensauce	Tomatensauce	Tomatensauce
Mozzarella	Mozzarella	Mozzarella	Mozzarella
		Schinken	Schinken
		Champignons	Champignons
Basilikum	Sardellen		Pepperoni
Tomatensauce	Oregano	Oregano	Oregano
Mozzarella	Oliven	Oliven	Oliven

Neben den verschiedenen Belägen gibt es auch unterschiedliche **Pizzaböden**. Die Böden variieren in Größe und Form (Backblechpizza, Pizzaschnitte, runde Pizza), aber auch in der Höhe des Bodens oder der Form des Randes.

Eine Sonderform ist die **Pizza Calzone**. Der Teigfladen wird vor dem Überbacken als Halbkreis zusammengeklappt. Zutaten sind u. a. roher Schinken, Pilze, Mozzarella, Ricotta, Parmesan sowie oft auch Eier.

Abb. 2 Pizza Calzone

EMPFEHLUNG UND VERKAUF VON SPEISEN

Abb. 1 Amerikanische Pizza

Die in Deutschland bekannte „Amerikanische Pizza" wurde durch die Pizzakette „Pizza Hut" bekannt und zeichnet sich durch einen vergleichsweise dicken Pizzaboden aus.

In den Niederlanden weit verbreitet ist der „Double Dutch", eine Übergangsform zwischen Pizza und Hot Dog.

Hot Dog

Die Herkunft des Hot Dogs ist nicht bekannt, es gibt ihn aber schon seit 1871, der Name ist seit 1895 verbürgt.

Hauptbestandteil des Hot Dogs ist ein längliches Weizenbrötchen, oft bereits mit einer Aussparung, in das ein Brühwürstchen (Wiener, Frankfurter) eingelegt wird.

Dieses wird vorher in einem Rollergrill – alternativ im heißen Wasser – zubereitet und mit Senf und/oder Ketchup, Mayonnaise, Relishes oder anderen Saucen gewürzt. Verschiedene Varianten mit Senf, Gurken und Sauerkraut spiegeln den regionalen Geschmack wieder.

Abb. 2 Hot Dog

Hamburger, kurz: Burger

Woher der „Burger" stammt, ist unklar. Der Begriff „Hamburger Steak" für ein Rinderhacksteak wurde aber schon 1842 in einem Kochbuch in den USA genannt.

Der **Burger** ist eine Sonderform des Sandwichs: gebratene oder gegrillte Hackfleischscheiben (**Pattys**, meist aus Rinderhack) zwischen Weichbrötchen-Hälften. Diese Basisvariante, der **Hamburger** oder Beefburger, sowie der **Cheeseburger** (mit einer zusätzlichen Scheibe Käse) sind die am weitesten verbreiteten Burger-Varianten.

Abb. 3 Jim Deligatti erfand vor 40 Jahren den Big Mac

Anstatt des Rinderhacks findet auch Schweinefleisch (z. B. McRib), Fisch (z. B. Bremer) oder Gemüse (z. B. Veggieburger) als Hauptfüllung Verwendung. Es gibt eine große Angebotsvielfalt durch Rezeptvarianten mit verschiedenen Saucen oder Zutaten, die auf regionalen oder nationalen Geschmack Rücksicht nehmen.

Große Schnellrestaurantketten entwickeln spezielle **Burgervariationen** für kurzzeitige Sonderaktionen, um z. B. Events wie Fußballmeisterschaften zu begleiten. Auch wird Gästen die Möglichkeit gegeben, **eigene Burger-Kreationen** zu entwickeln. Diese Aktionen dienen der Kundenbindung und dem Imagegewinn (siehe Kapitel Marketing).

Abb. 4 Teamburger

Abb. 5 3 Beispiele „Mein Burger"

Die erfolgreichsten Burger-Ketten weltweit sind **McDonald's** und **Burger King**.

⑩ Beilagen

🇬🇧 side dishes 🇫🇷 garnitures (w)

Zu einem kompletten Gericht gehören neben Fleisch- oder Fischspeisen und Saucen als Ergänzung **Gemüse, Pilze und Hauptbeilagen** (stärkehaltige Beilagen) sowie Salate und Obst. Dabei sollte man immer darauf achten, dass die Beilagen mit den Hauptgerichten und deren Zubereitungsarten harmonieren. Dies zu erreichen, bedarf es einiger Erfahrung und Kenntnisse.

Hierbei spielen vor allem die unterschiedlichen Zubereitungsarten der Beilagen eine besondere Rolle. Dann können die Beilagen den Zubereitungen der Hauptgerichte zugeordnet werden.

Gemüse reicht man roh oder gegart als harmonische Ergänzung bzw. Beilage zu Hauptplatten von Fisch und Fleisch. Hinweis: Aus Gemüsen werden auch eigenständige Gerichte hergestellt. Wurzel- und Zwiebelgemüse dienen zusätzlich als Würzmittel.

10.1 Beilagen aus Gemüse

🇬🇧 vegetable side dishes 🇫🇷 garnitures (w) de légumes (m)

Die Einteilung der vielfältigen Gemüse erfolgt nach handelsüblichen Sammelbegriffen.

Beispiele

Wurzel- und Knollengemüse 🇬🇧 root vegetables 🇫🇷 racines (w)	Arten	🇬🇧 englisch	🇫🇷 französisch
	Fenchel ①	fennel	fenouil (m)
	Karotten/Möhren ②	carrots	carottes (w)
	Meerrettich ③	horseradish	raifort (m)
	Petersilienwurzel ④	parsley root	racine de persil (m)
	Radieschen, Rettich ⑤ ⑥	radishes	radis (m)
	Rote Bete (Rüben) ⑦	beetroots	betteraves (w)
	Schwarzwurzeln	black salsify	salsifis (m)
	Sellerie	celery root	céleri-raves (m)
	Teltower Rüben	turnips	navets (m)

Kohlgemüse 🇬🇧 brassicas 🇫🇷 choux (m)	Arten	🇬🇧 englisch	🇫🇷 französisch
	Blumenkohl ①	cauliflower	chou-fleur (m)
	Brokkoli	broccoli	brocoli (m)
	Chinakohl	chinese cabbage	chou chinois (m)
	Grünkohl ②	curly kale	chou vert (m)
	Kohlrabi	kohlrabi	chou-rave (m)
	Romanesco ⑥	romanesco	romanesco (m)
	Rosenkohl ③	brussels sprouts	choux de Bruxelles (m)
	Rotkohl ④	red cabbage	chou rouge (m)
	Weißkohl ⑤	white cabbage	chou blanc (m)
	Wirsing	savoy cabbage	chou de Milan (m)

Blattgemüse und Blattsalate 🇬🇧 leaf vegetables 🇫🇷 légumes (m) à feuilles	Arten	🇬🇧 englisch	🇫🇷 französisch
	Chicorée ①	belgium endive	endive (w)
	Eichblatt	oakleaf lettuce	salade (w) de feuilles de chêne
	Endivien	endive salad	scarole (w)
	Eisbergsalat ②	iceberg salad	laitue (w) d'hiver
	Feldsalat ③	lamb's lettuce	mâche (w)
	Frisée	curled endive	chicorée (w) frisée
	Kopsalat ④	lettuce	laitue (w)
	Radicchio ⑤	red-leaf chicory	barbe (w) de capucin
	Römischer Salat	roman lettuce	salade (w) romaine
	Spinat ⑥	spinach	épinards (m)

sowie Lollo rosso, Lollo bianco, Rucola, Mesculin usw.

Fruchtgemüse
🇬🇧 fruit vegetables 🇫🇷 légumes (m) de fruits

Arten	🇬🇧 englisch	🇫🇷 französisch
Auberginen	eggplants	aubergine (w)
Gurken	cucumber	concombre (m)
Kürbis	pumpkin	potiron (m)
Mais	corn	grains de maïs (m)
Paprikaschoten ①	bellpeppers	poivron (m)
Tomaten ②	tomatoes	tomates (w)
Zucchini ③	zucchini	courgettes (w)
Erbsen	green peas	petits pois (m)
Grüne Bohnen ④	string beans	haricots (m) verts
Zuckerschoten ⑤	snow peas	pois mange-tout (m)

sowie Melone, Okra, usw.

Zwiebelgemüse 🇬🇧 bulbs 🇫🇷 oignons (m)

Arten	🇬🇧 englisch	🇫🇷 französisch
Knoblauch ①	garlic	ail (m)
Lauch, Porree ②	leek	poireaux (m)
Perlzwiebel	pearl onion	petit oignon (m)
Schalotten ③	shallots	échalotes (w)
Zwiebeln ④	onions	oignons (m)
Frühlinszwiebeln ⑤	scallions	ciboules (w)

Wurzelsprossen/ Blütengemüse
🇬🇧 shoot vegetables
🇫🇷 pousses (w) de racine

Arten	🇬🇧 englisch	🇫🇷 französisch
Spargel	asparagus	asperges (w)
Staudensellerie	celery	céleri (m) en branches
Artischocken	artichokes	artichauts (m)

sowie Bambussprossen, Palmherzen

Pilze 🇬🇧 mushrooms 🇫🇷 champignons (m)

Arten	🇬🇧 englisch	🇫🇷 französisch
Austernpilze ①	oyster mushrooms	pleurotes (m)
Champignons ②	champignons	campignons (m) de Paris
Morcheln	morels	morilles (w)
Pfifferlinge ③	chanterelles	chanterelles (w)
Steinpilze ④	ceps	cèpes (w)
Trüffel	truffles	truffes (w)
Shii-take	chinese mushrooms	shitake (m)
Egerlinge ⑤	chestnut mushrooms	champignons (m) de prés

Hülsenfrüchte
🇬🇧 dried legumes 🇫🇷 légumes (m) secs

Arten	🇬🇧 englisch	🇫🇷 französisch
Bohnenkerne	dried beans	flageolets (m)
Linsen	lentils	lentilles (w)
Erbsen	dried peas	pois secs (m)

Kidneybohnen ①, Wachtelbohnen ②, schwarze Bohnen ③, weiße Bohnen ④, Mungobohnen ⑤, Kichererbsen ⑥, grüne Schälerbsen ⑦, gelbe Schälerbsen ⑧, Tellerlinsen ⑨, grüne Berglinsen ⑩, rote Linsen ⑪

Gemüse werden in vielfältiger Form zubereitet und serviert. An einigen Beispielen werden in Form von Redewendungen ausgesuchte Zubereitungen aufgezeigt.

Servicemitarbeiter müssen die Zubereitungen der Gemüse kennen, damit sie in der Lage sind,
- den Fleisch- oder Fischgerichten die passenden Gemüsebeilagen zuzuordnen,
- den Gästen nicht nur die Hauptbestandteile, sondern auch die Beilagen erklären zu können,
- die Gäste auch bei der Auswahl der Beilagen fachgerecht zu beraten.

Zubereitungen für Gemüse

Die meisten Gemüse werden durch feuchte Garverfahren, vornehmlich durch Kochen, Dünsten und Dämpfen, gegart und dann auf unterschiedliche Arten fertiggestellt.

Servicemitarbeiter müssen fähig sein, am Küchenpass die unterschiedlichen Zubereitungen beim Gemüse bestimmen und diese benennen zu können.

Benennung	Fertigstellung	Empfehlung
… mit Butter (englische Art)	Das Gemüse wird mit Butterstückchen belegt oder mit zerlassener Butter beträufelt oder in Butter geschwenkt.	… etwas Butter hebt den Geschmack und verleiht dem Gemüse Glanz.
glasieren	Das Gemüse, hauptsächlich Wurzelgemüse, wird in sirupartig eingekochtem Dünstfond geschwenkt.	… Gemüse erhält damit einen schönen frischen Glanz.
… mit Sahne (à la crème)	Das Gemüse wird mit Sahne (Rahm) oder Schlagsahne oder Sahnesauce vollendet.	… Sahne verleiht dem Gemüse ein edles Aussehen.
… mit Sauce	Das Gemüse wird in die Sauce eingeschwenkt, z. B. Béchamelsauce, oder mit Sauce nappiert, z. B. Mornaysauce, holländische Sauce.	… eine Abrundung des Geschmacks und eine individuelle Ergänzung.
… überbacken	Das Gemüse wird vor dem Überbacken mit Reibkäse bestreut, mit einer Käsescheibe belegt oder mit Béchamelsauce bzw. mit Mornaysauce oder holländischer Sauce nappiert.	… dadurch erhält die Beilage eine neue Geschmacksvariante und ein goldbraunes Aussehen.
schmoren	Gemüse wird nach dem Blanchieren oder Andünsten im eigenen Fond oder brauner Sauce fertig gegart, oftmals mit Zugabe von Speck und Zwiebeln.	… Lockerung bei kompaktem Gemüse.
braten	Vorgegartes Gemüse wird vor dem Braten in Mehl gewendet oder auch paniert.	… Gemüse erhält eine neue Geschmacksnuance und kräftige Farbe.
backen frittieren	Je nach Gemüse roh oder vorgegart paniert oder in Backteig getaucht und im Fettbad frittiert.	… Farbe und Geschmack verändern sich stärker als bei den anderen Fertigstellungsarten.
nach polnischer Art	Gemüse (Blumenkohl, Brokkoli, Spargel) wird mit in Butter gerösteten Semmelbröseln und gehacktem Ei und gehackter Petersilie garniert.	… Gemüse erhält durch die leicht gerösteten Brösel einen sehr pikanten Geschmack.
füllen	Ausgehöhltes Gemüse kann mit Gemüse (z. B. Maistomaten) sowie Reis, Pürees, Hackmasse oder feiner Fleisch- bzw. Fischfarce gefüllt werden.	… interessante Kombinationen entstehen durch die Verbindung von Gemüse und Füllung.

„Zur geschmorten Truthahnkeule empfehle ich Ihnen die in Rotwein **gedünsteten Schalotten**. Der Rotwein gibt den Schalotten eine besondere Geschmacksnote."

„… als die klassische Beilage zur rosa gebratenen Lammkeule möchte ich Ihnen ein **Ratatouille** vorschlagen. Dieses provenzialische Gemüse-Allerlei passt ausgezeichnet dazu. Es besteht aus Zwiebeln, Tomaten, Paprika, Zucchini, Auberginen und wird mit den typischen Kräutern der Provence sowie einem Hauch Knoblauch vollendet."

„… zur gefüllten Hasenschulter passt sehr gut glasiertes Gemüse, wie zum Beispiel in Honig glasierte **Karotten und Petersilienwurzeln**, bestreut mit feinem Krokant."

„Zum Kalbssteak vom Grill möchte Ihnen im Zitronensud gegarte **Röschen von Blumenkohl und Brokkoli** mit gerösteten Pinienkernen und Butterbrösel vorschlagen."

„… als eine ganz besondere mediterrane Beilage zum gebratenen Kaninchenrücken schlage ich Ihnen die mit Ricotta, Tomatenfleischwürfeln und Basilikum gefüllten **Zucchiniblüten** vor."

„… zum gebratenen Zanderfilet würde ich Ihnen gerne **Fenchellöffel** mit einer Füllung von in Butter geschwenkten Gemüsestiften und grünem Spargel servieren."

Beispiele zur Zuordnung von Gemüsen und Speisen

Bei der Zuordnung von Gemüse als Beilage muss man beachten, dass es zur Speise passt.

Gemüsesorten mit mildem Geschmack eignen sich für leichte Zubereitungen von fettarmen Fisch- und Fleischgerichten mit dezentem Eigengeschmack.

Würzige geschmacksintensive Gemüse und Zubereitungen würden den Geschmack des Fisches oder Fleisches überdecken. Solche Gemüse und Gemüsezubereitungen eignen sich besser zu deftigen und fettreichen Fleischgerichten.

Beispielsweise passen Waldpilze und Herbstgemüse besser zu Wild und Wildgeflügel als zu gekochtem Kalbfleisch, Putenbrust oder gedünsteter Seezunge.

Speise		Gemüse	
Name	Beschreibung / Charakteristik	empfehlenswert	nicht empfehlenswert
Bei dieser Zuordnung ist die **Art des Gemüses** ausschlaggebend.			
Lammkeule	Mit Knoblauchstreifen gespickt und deftig gebraten	Grüne Bohnen passen sehr gut, zusammen mit Zwiebeln und Speck	Spargel wird von dem gebratenen dunklen Fleisch geschmacklich überdeckt
Hasenkeule	Durch die Fleischart bereits sehr geschmacksintensiv	Rotkohl/Blaukraut als klassisches Würzkraut zu Wildgerichten	Blumenkohl ist im Geschmack zu dezent
Kalbs-frikassee	Zarter Geschmack durch Zubereitungsart	Champignons sind mit ihrem feinen Geschmack eine gute Ergänzung	Paprikaschoten würden den feinen Geschmack des Frikassees übertönen
Bei dieser Zuordnung ist in erster Linie die **Zubereitung des Gemüses** bestimmend.			
Gedünsteter Fisch	Leicht und zart im Geschmack	Tomatenfleischwürfel, fein und dezent, passen gut	Grilltomate ist von der Zubereitung her zu deftig
Filetsteak mit Madeirasauce	Starker Bratgeschmack und intensive, gebundene Sauce	Glasierte Karotten fügen sich gut in das Geschmacksbild des Gerichtes	Karotten in Rahm sind wegen der bereits gebundenen Sauce nicht angebracht
gekochtes Rindfleisch	Lauch und Kohlrabi passen als Zwiebel- und Kohlgemüse, gut zum eher dezent zubereiteten Rindfleisch	Lauch in Butter sowie Kohlrabi gedünstet sind in sich würzig, aber übertönen das Fleisch nicht	Lauch überbacken und gebackener Sellerie sind selbst zu geschmacksintensiv

Vielfach stellt man auch aus Gemüse selbst Chutneys und Salsas her, um eine individuelle Note in das betriebliche Angebot zu bekommen. Vor allen sind es Tomaten, Zwiebeln und Paprikaschoten, die sich gut dafür eignen.

Die Gemüsebeilage kann ein einzelnes Gemüse oder eine **Gemüsekombination** sein. Manche Gemüse sind für Beilagenkombinationen nicht geeignet. Somit ist darauf zu achten, dass sich die Gemüse farblich unterscheiden, geschmacklich jedoch miteinander harmonieren.

„… heute offerieren wir Ihnen als interessante Beilage zu dem von Ihnen ausgewählten Rindersteak in Rotweinsauce **geschmorten Chicoree mit Speckmantel**."

„… eine wunderbare Beilage zu den gebratenen Rehmedaillons ist unsere **Waldpilzpfanne** mit Pfifferlingen, Stockschwämmchen, Austernsaitlingen, Steinpilzen, Egerlingen und Champignons."

oder

„… als schlichtes Gemüsegericht bieten wir geschmorten und dann mit Käse überbackenen Fenchel – ein einmaliges Geschmackserlebnis.

Oder ein geschmacksintensives Püree von Petersilienwurzel mit Lauchzwiebeln."

„Die mit frischen Küchenkräutern und bunten Gemüsewürfeln gefüllten Kalbsröllchen sind auf feinem Sahnepüree von Süßkartoffeln angerichtet und werden von gedünsteten Frühlingszwiebeln begleitet."

1 Welche Beilage würden Sie einem Gast zu „Gekochtem Spargel" empfehlen?

2 Nennen Sie die handelsüblichen Sammelbegriffe für Gemüse und ordnen Sie diesen einzelne Gemüse zu.

3 Erläutern Sie an Beispielen die Verwendung von Gemüse als Beigabe zu Gerichten:
a) Spargelspitzen,   b) glasierte Karotten,   c) Apfel-Rotkohl,   d) Schwarzwurzeln in Rahm

4 Versuchen Sie, Gästeempfehlungen zu formulieren für Zubereitungen von Gemüsen:
a) gebackenes,   b) geschmortes,   c) glasiertes,
d) gebratenes,   e) püriertes

5 Schildern Sie einem Gast das nebenstehende Gericht. Gehen Sie dabei davon aus, dass der Gast das Bild nicht sieht. Benennen Sie Aussehen und Bestandteile der Speise. Machen Sie dem Gast mit Worten richtig Appetit auf Gemüse.

Hier eine kleine Hilfe: In der Mitte sind gebackene Selleriescheiben angerichtet, links eine Kartoffelterrine.

PROJEKT

Aktionswoche: Spargel
Eine Audienz beim König
der Gemüse

Ihr Betrieb plant für die kommende Spargelsaison eine besondere Aktion. Hierfür müssen Gerichte bestimmt, eventuell erprobt und eine eigens dafür gestaltete Spezialkarte erstellt werden.

Zeitpunkt

In welchem Zeitraum wird eine solche Aktion sinnvollerweise durchgeführt?

Vorbereitung

1. Sammeln Sie Ideen für eine solche Spargel-Aktion.

2. Listen Sie mögliche kalte und warme Gerichte für die Aktion auf.

3. Ordnen Sie den einzelnen Spargelzubereitungen passende Fisch- und Fleischzubereitungen sowie Hauptbeilagen und besondere Saucen zu.

4. Erstellen Sie eine dekorative Spargelkarte.

5. Überlegen Sie Möglichkeiten, wie das Produkt Spargel in der Aktionswoche präsentiert werden kann.

Schälverluste und Kalkulation

1. Vom Spargellieferant werden 60 kg Spargel geliefert. Beim Schälen fallen 25 % Schalen an. Wie viele Spargelportionen à 300 g können erwartet werden?

2. Ein Kilo Spargel kostet 8,40 €. Wie hoch ist der Materialwert für eine Portion Spargel von 300 g?

3. Berechnen Sie den Kartenpreis für Spargel, indem Sie ihn über die jeweiligen Materialkosten und einen Kalkulationsfaktor 3 ermitteln.

Getränke

Welche Weine würden Sie in das Projekt einbeziehen und Ihren Gästen besonders empfehlen? Erstellen Sie eine Getränkekarte.

Präsentation

1. Welche Möglichkeiten außer der Speisekarte haben Sie, um auf das vorgesehene Angebot aufmerksam zu machen?

2. Entwickeln Sie Ideen, wie die Aktion in Ihrem Hause dekorativ präsentiert werden kann.

10.2 Hauptbeilagen (aus stärkehaltigen Produkten)

Hauptbeilagen haben einen hohen Stärkegehalt. Sie schmecken dezent und eignen sich deshalb gut als Speisenergänzung. Der Sättigungswert beruht auf dem hohen Stärkegehalt. Eine Grundlage für diese Beilagen bilden neben **Getreideerzeugnissen** die **Kartoffeln**.

Getreide 🇬🇧 corn 🇫🇷 blé (m)

Unter Getreide versteht man Körnerfrüchte oder Samen aus der Familie der Gräser. Sie werden auf vielfältige Weise zu Nahrungsmitteln verarbeitet.

Roggen Gerste Grünkern Hirse

Weizen Hafer Buchweizen Mais

Abb. 1 Die wichtigsten Getreidearten, ergänzt mit Buchweizen (Knöterichgewächs)

Aufbau und Inhaltsstoffe des Getreidekorns

Der Kornkörper besteht aus der Frucht- und Samenschale, dem Keimling und dem Mehlkörper.

Mehlkörper

Rand-schichten

Keimling

Inhaltsstoffe des Getreidekorns:
- **Stärke** (60 bis 70 %) vor allem im Mehlkörper
- **Eiweiß** (8 bis 14 %) im Mehlkörper, in der Schale und im Keimling
- **Fett** (1 bis 4 %) im Keimling
- **Ballaststoffe** in der Schale
- **Vitamine** der Gruppe B befinden sich vor allem in der Schale, etwas weniger im Keimling und noch weniger im Mehlkörper.
- **Mineralstoffe** sind in Keimling und Schale enthalten.

Die Nährstoffe und Ballaststoffe sowie die Mineralstoffe und Vitamine sind in den einzelnen Kornbestandteilen unterschiedlich verteilt. Der Wert der Erzeugnisse aus Getreide ist deshalb davon abhängig, welche Teile des Kornes bei der Verarbeitung abgeschieden werden und welche im Endprodukt erhalten bleiben.

Bewertung der Getreideerzeugnisse

Da sich die wertvolleren Bestandteile in den Randschichten des Getreidekorns befinden, sind Vollkornprodukte ernährungsphysiologisch hochwertiger als die Erzeugnisse aus geschältem Getreide. Dort sind mehr oder weniger große Anteile der Schale abgeschieden worden.

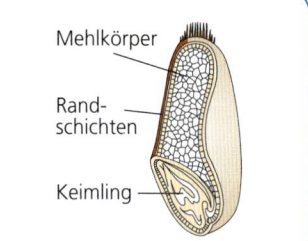

Abb. 2 Cerealien (Cereals)

Cerealien (Cereals) sind Frühstücksprodukte, die in Form von trockenen Getreideprodukten wie Cornflakes, Rice Crispies, Haferflocken usw. angeboten werden. Mit Milch oder Joghurt vermischt sind sie ein wesentlicher Bestandteil eines gesunden Frühstücks. Im erweiterten Sinne gehören Porridge und Müsli ebenfalls zu den Cerealien.

Backwaren 🇬🇧 breads 🇫🇷 pains (m)

Bei den Backwaren unterscheidet man Brot und Kleingebäck.

Brot 🇬🇧 bread 🇫🇷 pain (m)

In Deutschland wird Brot aus Roggen und Weizen hergestellt, und zwar aus Mehl oder Schrot.

Weizen- oder **Weißbrot**, das mindestens 90 % Weizenanteile enthält, wird mit Hilfe von Hefe gelockert und hat einen milden Geschmack.

Roggenbrot enthält mindestens 90 % Roggenanteile und wird mit Hilfe von Sauerteig gesäuert. Der Geschmack ist im Vergleich zum Weißbrot herzhafter und kräftiger. Zugunsten eines besonderen Geschmacks wird zu manchen Brotsorten Kümmel verwendet (Kümmelbrot).

Mischbrot besteht aus einer Mischung von Roggen- und Weizenmehl. Die Bezeichnungen Weizenmischbrot oder Roggenmischbrot besagen, dass der Anteil des Namen gebenden Mehles überwiegt, und zwar mehr als 50 und weniger als 90 % beträgt.

Vollkornbrot ist Brot, das mindestens 90 % Vollkornanteile enthält. Die Bezeichnung Roggen- bzw. Weizenvollkornbrot besagt, dass der Anteil des Namen gebenden Getreides bei 90 % liegt.

Schrotbrot enthält dem benannten Ausgangsprodukt entsprechend mindestens 90 % Roggen- oder Weizenbackschrot. Neben den allgemein üblichen Brotsorten gibt es Spezialbrote, die sich auf Grund besonderer Zutaten bzw. Herstellungsverfahren durch einen jeweils spezifischen Geschmack oder durch eine spezifische Beschaffenheit auszeichnen.

Beispiele
- Milch-, Milcheiweiß-, Buttermilchbrot,
- Weizenkeim- und Kleiebrot,
- Gewürz-, Kümmel- und Korianderbrot,
- Leinsamen-, Sonnenblumen- und Sesambrot.

Drei-, Vier- oder **Mehrkornbrot** bedeutet, dass zur Herstellung drei, vier oder mehr Getreidearten verwendet wurden.

Pumpernickel ist ein Roggenvollkornbrot mit dunkler Farbe und einem kräftigen, leicht süßen Geschmack.

Knäckebrot, ein flaches, trockenes Gebäck, wird in vielen Variationen hergestellt. Diese ergeben sich aus der Verwendung unterschiedlicher Mühlenerzeugnisse: Roggen-, Weizen- oder Mischmehl sowie Vollkornmehl oder Schrot.

Toastbrot ist ein lockeres Brot, das zum Toasten verwendet wird.

„Guten Morgen, wünschen Sie Tee oder Kaffee zum Frühstück? Auf unserem reichhaltigen Frühstücksbüfett finden Sie neben dem fertigen Birchermüsli auch ein bereits fertiggestelltes Vollkorn-Müsli. Außerdem bieten wir Ihnen Weizenkorn-Flakes, aber auch die gesünderen Vollkornflakes mit der ganzen Kraft der Natur an."

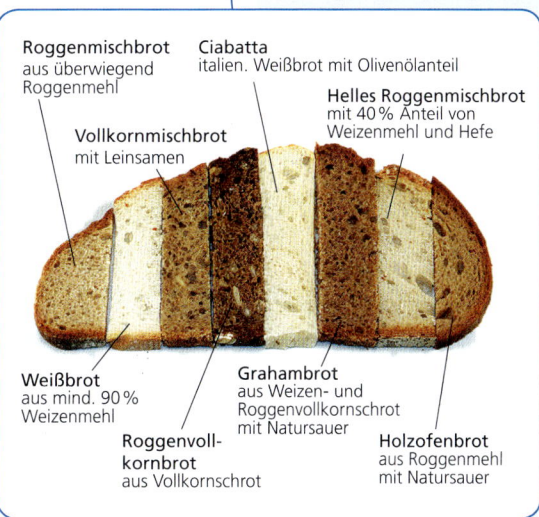

Roggenmischbrot
aus überwiegend Roggenmehl

Ciabatta
italien. Weißbrot mit Olivenölanteil

Helles Roggenmischbrot
mit 40 % Anteil von Weizenmehl und Hefe

Vollkornmischbrot
mit Leinsamen

Weißbrot
aus mind. 90 % Weizenmehl

Grahambrot
aus Weizen- und Roggenvollkornschrot mit Natursauer

Roggenvollkornbrot
aus Vollkornschrot

Holzofenbrot
aus Roggenmehl mit Natursauer

Abb. 1 Verschiedene Brotsorten

Abb. 2 Brotsorten

Abb. 1 Kleines Backwerk

Kleingebäck

Es gibt diese Gebäcke aus unterschiedlichen Mehlen und Schrot, mit sehr verschiedenartigen Zutaten und mit vielen Benennungen, die teilweise regional unterschiedlich sind.

grundlegende Bezeichnungen	• Brötchen, Wecken, Schrippen, Semmeln
besondere Zutaten und Bestreuungs-material	• Schinken, Speck, Röstzwiebel, Käse Mohn, Salz, Kümmel, Sesam
besondere Bezeichnungen	• Mohn-, Salz- und Kümmelstangen

Zutaten

Sowohl bei Broten als auch beim Kleingebäck gibt es besondere Zutaten, die den Broten beigefügt werden, um damit eine eigene Geschmacksnote zu erzielen.

Das geschieht beispielsweise durch Zugabe von:

- Olivenöl und Olivenstückchen
- gerösteten Zwiebelwürfeln
- gerösteten Speckwürfeln
- mediterranen Gewürzen
- Käse
- Kürbiskernen
- Küchenkräutern
- Peperoni
- Walnüssen

Das Gastgewerbe bietet seinen Gästen Brot und Kleingebäcke hauptsächlich zum Frühstück und als Tischbrot an. Besondere Frische kann erzeugt werden, wenn es kurz vor dem Servieren aufgebacken wird.

> Der Gast schätzt regionaltypische Produkte. Deshalb sollte man den Bäcker vor Ort mit der Lieferung beauftragen.

Worte, die verkaufen helfen

- knusprig
- rösch
- malzig
- würzig duftend
- vollwertig
- ballaststoff-reich
- mit besonderer Note

„Hier sehen Sie eine Auswahl von frisch gebackenen Broten. Es sind: Brot mit sonnengetrockneten Tomaten, Hasel- und Walnussbrot, malziges Sonnenblumenbrot und Brot mit schwarzen Oliven. Was darf ich Ihnen vorlegen?"

Beilagen aus Teigwaren

🇬🇧 noodle side dishes 🇫🇷 garnitures (w) des nouilles (w)

Teigwaren werden in der Regel als kochfertige Erzeugnisse im getrockneten Zustand bezogen.

Rohstoffe und Herstellung

Teigwaren werden aus unterschiedlichen Rohstoffen hergestellt:

- Hartweizengrieß
- Weizenmehl oder Weizendunst
- Vollkornmehle, jeweils mit und ohne Eierzugabe

Die Nudelteige können farblich und geschmacklich variiert werden durch Zugabe von Spinatpüree, Steinpilzpulver, Rote-Bete-Saft, Safran, Kurkuma oder Küchenkräutern.

Nudeln und Spätzle werden heute häufig als *„hausgemachte Spezialität"* angeboten und sind wegen der individuellen Verarbeitung frischer Rohstoffe besonders beliebt.

Formen und Verwendung der Teigwaren

Die unterschiedlichen Formen sind teilweise auf jeweils bestimmte Verwendungszwecke ausgerichtet.

Verwendungszwecke sind:

- Einlage für Suppen,
- Beilage für Ragouts, Gulasch und andere Schmorgerichte mit reichlich Sauce,
- eigenständige Gerichte.

Teigwaren werden auf vielfältige Art zubereitet und serviert. An einigen Beispielen werden ausgesuchte Zubereitungen aufgezeigt.

Servicemitarbeiter sollen die Zubereitungen der Teigwaren kennen, damit sie in der Lage sind:

- den Fleisch- oder Fischgerichten die passenden Beilagen zuzuordnen,
- den Gästen nicht nur die Hauptbestandteile, sondern auch die Beilagen erklären zu können,
- die Gäste auch bei der Auswahl der Beilagen fachgerecht zu beraten.

Garmachen und Anrichten

Garmachen

Teigwaren werden in gesalzenem Wasser gegart. Sie dürfen beim Garen nicht zu weich werden und sollen noch den sogenannten **Biss** (al dente) haben. Um das Nachgaren und das Zusammenkleben zu verhindern, werden Teigwaren nach dem Garen mit kaltem Wasser abgeschreckt, damit die Stärke abgespült wird.

Abb. 1 Nudeln in verschiedenen Farben und Formen

Röhrenform	• Makkaroni, Cannelloni, Rigatoni
Taschenform	• Maultaschen, Ravioli
Flächenform	• Lasagne
sonstige Formen	• Fadennudeln, Spaghetti, Bandnudeln, Hörnchen, Muscheln, Spirelli, Sternchen, Ringe, Buchstaben • Spätzle und Knöpfle

Servicemitarbeiter müssen fähig sein, am Küchenpass die unterschiedlichen Zubereitungen bei den Teigwaren zu bestimmen und diese benennen zu können.

„Darf ich Ihnen zum Kalbsrahmgulasch Makkaroni oder Spinatspätzle oder in gerösteten Butterbröseln geschwenkte Bandnudeln servieren? Unsere Teigwaren sind hausgemacht."

Wiedererwärmen und Anrichten

Auf Vorrat gegarte Teigwaren müssen wieder erwärmt werden,

- entweder durch Schwenken in heißer Butter
- oder durch Einlegen bzw. Eintauchen (in einem Sieb) in kochendes, gesalzenes Wasser
- oder durch Regenerieren im Mikrowellenherd.

Das Anrichten erfolgt je nach Portionsmenge à part in Schalen, Suppentellern oder Schüsseln. Bei Tellergerichten werden die Portionen unmittelbar auf dem Teller angerichtet.

Eigenständige Gerichte

Für solche Gerichte eignen sich fast alle Teigwarenprodukte. Auf Grund der verschiedensten Zutaten gibt es sie in sehr vielen Variationen.

Ihren Ursprung haben sie vor allem in südlicheren Regionen. In der italienischen Küche sind sie unter dem Sammelbegriff Pasta asciuta zusammengefasst.

„… bevorzugen Sie vielleicht eine frische, geschichtete **Lasagne mit Spinat, Tomaten und Räucherlachs**, schön knusprig überbacken und mit einem köstlich abgeschmeckten römischen Salat mit Parmesanspänen serviert?"

oder

„Sie sollten heute einmal das Leibgericht der Allgäuer Bauern probieren. Es sind hausgemachte **Käsespätzle** mit etwas edlem Romadur und viel Bergkäse sowie abgeschmelzten Zwiebeln. Dazu servieren wir Ihnen einen feingeschnittenen, lecker angemachten Endiviensalat."

„Sehr empfehlenswert sind unsere hausgemachten Maultaschen, serviert entweder in einer kräftigen Fleischbrühe oder in Butter abgeschmolzen und mit Röstzwiebeln in einer feinen hellen Kräuterrahmsauce serviert."

Speisenbeispiele

Makkaroni mit Käse
in Butter geschwenkt und mit Parmesan bestreut

Spirelli mit Schinken
mit gekochtem, feinwürfelig geschnittenem Schinken in Butter geschwenkt

Spaghetti nach Mailänder Art
mit Streifen von Schinken, Pökelzunge und Champignons, Tomatensauce und Parmesan

Spaghetti nach Bologneser Art
mit Hackfleischsauce und Parmesan

Spaghetti nach neapolitanischer Art
mit Tomatenfleischwürfeln, Tomatensauce und Parmesan

Maultaschen und Ravioli (gefüllte Teigtaschen)
mit Fleischfarce, Fischfarce oder klein gehacktem, gebundenem Gemüse

Cannelloni (gefüllte Teigröhren)
wie vorher, zusätzlich mit Reibkäse bestreut oder mit einer passenden Sauce (Béchamel) nappiert und überbacken

Lasagne (Nudelteigscheiben)
schichtweise mit Fleisch-, Fisch- oder Gemüsemasse bedeckt, im Ofen gebacken

Käsespätzle
heiße, nasse Spätzle schichtweise in eine Schüssel gegeben, Reibkäse wie z. B. Allgäuer Emmentaler eingestreut, obenauf kommt braune Zwiebelbutter.

Beilagen von Reis

🇬🇧 rice side dishes 🇫🇷 garnitures (w) des ris (m)

Für einen Großteil der Menschheit ist Reis das Hauptnahrungs-mittel. Er wird in den meisten asiatischen Ländern, in den USA und in Italien angebaut.

Artenbezeichnungen für Reis

Die Bezeichnungen für Reis ergeben sich auf Grund der Form, der Farbe oder der Behandlung. Durch einfaches *Enthülsen* enthält man **Braunreis** (Naturreis), der ungeschält ist und des-halb bevorzugt im Rahmen der Vollwerternährung verwendet wird.

Zusätzliches *Schälen* und *Polieren* ergibt den **Weißreis**, als Hauptangebot unter den Bezeichnungen Bali- oder Basmatireis.

Parboiled-Reis wird vor dem Schälen nach einem speziellen Dampf-Druck-Verfahren aufbereitet, wobei ca. 80 % der Wirkstoffe erhalten blei-ben. Dieser Reis ist deshalb ernährungsphysiologisch besonders hochwer-tig. Außerdem ist er kochstabiler und ergiebiger als andere Sorten.

Wildreis, auch Indianerreis genannt, wird aus einer dem Reis verwandten wilden Grasart in den USA und Kanada gewonnen. Er wächst an Fluss- und Seeufern, hat eine dunkelbraune bis schwarze Farbe und ist nadelförmig. Verwendet wird er vor allem wegen des besonderen Ge-schmacks und der kräftigen Farbe.

Rundkornreis, der auch als *Milchreis* bezeichnet wird, ist von Natur aus weich und nimmt bei der Zubereitung viel Flüssigkeit auf. Aus diesem Grunde findet er Verwendung zu Risottogerichten und zu Reissüßspeisen.

Langkornreis, von Natur aus härter, ist nach dem Garen locker und kör-nig. Er ist deshalb besser als Rundkornreis für Beilagen (Beilagenreis) so-wie für eigenständige Reisgerichte geeignet.

Reis bei der Speisenzubereitung

Reis wird in vielfältiger Form zubereitet und serviert. An einigen Beispie-len werden ausgesuchte Zubereitungen aufgezeigt.

Servicemitarbeiter sollen die Zubereitungen von Reis kennen, damit sie in der Lage sind:

* den Fleisch- oder Fischgerichten die passenden Reisbeilagen zuzuordnen,
* den Gästen nicht nur die Hauptbestandteile, sondern auch die Beilagen erklären zu können,
* und sie auch bei der Auswahl der Beilagen fachgerecht zu beraten.

Servicemitarbeiter müssen fähig sein, am Küchenpass die unterschied-lichen Zubereitungen beim Reis zu bestimmen und diese benennen können.

Verwendung als Beilage:
* zu zarten Gerichten mit heller Sauce:
  * Kalbs- und Geflügelfrikassee
  * Fisch sowie Krebs- und Weichtiere;

Abb.1 Parboiled Reis ①
Camarguereis ②
Basmatireis ③
Naturreis ④
Wildreis ⑤
roter Thaireis ⑥
Milchreis ⑦
Avorioreis für Risotto ⑧

„Sie möchten Reis als Beilage zum Ge-schnetzelten haben. Wünschen Sie den Reis in Butter geschwenkt oder als Reisküchle oder cremig als Risotto? Wir können Ihnen aber auch auf Wunsch Wildreis mit seinem nussarti-gen Geschmack dazu servieren."

oder

„… heute haben wir sowohl den Weißreis als auch den Naturreis, mit leicht brauner Färbung, als auch einen Basmati- oder Duftreis anzubieten. Der wertvollste ist der Naturreis. Sehr lecker ist auch der rote Camarquereis mit seinem einzigartigen Geschmack. Welchen darf ich Ihnen servieren?"

„Haben Sie schon mal das **Waldpilz-Risotto** unseres Küchenchefs probiert? Es ist ein kulinarischer Hochgenuss."

oder

„… das spanische Nationalgericht, die **Paëlla**, eine herrliche Komposition aus Reis mit Safran, Zwiebeln, Gemüsen, frischen Muscheln und Garnelen, Fleisch- und Geflügelstückchen."

„Sehr lecker ist unsere neueste Kreation: Ein **Reis-Pastinaken-Küchle** mit scharfem Gemüse aus Paprika, Chili und Tomaten."

- zu geschmorten Gerichten mit dunkler Sauce:
  - Ragouts von Kalb, Schwein und Geflügel
  - Innereien;

- zu kurzgebratenen Gerichten:
  - Filetgulasch und Geschnetzeltes
  - Leber und Nieren.

Anrichten von Reis

Für das Anrichten gibt es folgende Möglichkeiten:

- *à part* in Schalen oder Schüsseln (insbesondere bei saucenreichen Gerichten),
- um die Speise herum (Ragouts *im Reisrand*),
- unter der Speise *auf einem Reissockel*,
- neben die Speise „*gestürzt*" (nach vorherigem Einpressen, Formen in einem Becher oder einer Tasse).

Reisgerichte mit besonderer Geschmacksnote

Im Allgemeinen handelt es sich dabei um gedünsteten Reis, wobei die Geschmack gebenden Zutaten beigefügt werden:

- entweder bereits beim Anschwitzen z. B. mit Curry, Paprika oder Safran,
- oder zum fertig gegarten Reis z. B. Trüffel, Champignons, Schinkenwürfel.

Zu den Gerichten besonderer Art gehören

- **Risotto** (Italien), saftig gegarter Reis, mit Olivenöl, meist Geflügelbrühe, Butter, Sahne und Parmesan

- **Risipisi,** Risottoreis mit grünen Erbsen

- **Gemüsereis** mit feinen Würfeln von Lauch, Karotten

- **Pilaw** (Ost-Europa), Reis mit Zwiebeln angeschwitzt, mit heller Brühe aufgegossen und zugedeckt im Ofen gegart. Oftmals mit Zugabe von Fisch, Fleisch oder Gemüse

- **Kreolenreis**, gekocht, abgeschüttet und im Ofen abgedämpft

- **Nasi Goreng** (Indonesien), mit Zwiebeln, Geflügel, Schinken, Paprikaschote und Krabbenfleisch

- **Paëlla** (Spanien), mit Zwiebeln und Safran, Muscheln und Garnelen, Schlachtfleischstücken oder Geflügel

- **Reisfleisch** (Ost-Europa), Lammragout mit Paprikastreifen und anderen Gemüsen

- **Reis Trauttmansdorff**, ein vanillisierter Milchreis mit Schlagsahne und Würfeln von Kompottfrüchten

Beilagen von Kartoffeln

🇬🇧 potato side dishes 🇫🇷 garnitures (w) des pommes (w) de terre

Kartoffeln sind je nach Zubereitungsart mehr oder etwas weniger neutral im Geschmack und außerdem leicht verdaulich.

Unter Beachtung der Erntezeiten unterscheidet man:

- **Frühkartoffeln**, sie kommen unter der Bezeichnung „Neue Kartoffeln" im Frühjahr auf den Markt. Wegen ihrer dünnen Schale ist es üblich, sie nicht zu schälen, sondern in der Schale zu kochen
- **Mittelfrühe Kartoffeln** sind ab Mitte August erhältlich.
- **Spätkartoffeln** liefern die Lagervorräte für den Winter und werden deshalb als Winterkartoffeln bezeichnet.

Zubereitung und Service

Kartoffeln werden in vielfältiger Form zubereitet und serviert. An einigen Beispielen werden ausgesuchte Zubereitungen aufgezeigt.

Servicemitarbeiter sollen die Zubereitungen der Kartoffeln kennen, damit sie in der Lage sind,

- den Fleisch- oder Fischgerichten die passenden Kartoffelbeilagen zuzuordnen,
- den Gästen nicht nur die Hauptbestandteile, sondern auch die Beilagen erklären zu können,
- die Gäste auch bei der Auswahl der Beilagen fachgerecht zu beraten.

Servicemitarbeiter müssen fähig sein, am Küchenpass die unterschiedlichen Zubereitungen bei den Kartoffeln zu bestimmen und diese benennen zu können (s. S. 193 f.).

Vom Rezept zur Verkaufsbeschreibung am Beispiel Kartoffel-Gratin:

Kartoffelgratin 🇬🇧 gratinated potatoes 🇫🇷 gratins (m) dauphinois

- Kartoffeln in 2 mm dünne Scheiben schneiden und in eine mit einer Knoblauchzehe ausgeriebene und gebutterte backfeste Form geben,
- Sahne mit Parmesan oder einem anderen Reibkäse vermischen,
- mit Salz und Pfeffer würzen und über die Kartoffeln gießen,
- mit Parmesan bestreuen,
- Butterflocken darauf geben und
- im 200 °C heißen Ofen ca. 25 Min. backen.

Abb. 1 Grata ①, Sieglinde ②, Rosella ③, Clivia ④, Erstling ⑤, Bamberger Hörnchen ⑥

Beispiele von frittierten **Kartoffelnestern**, die vor dem Servieren mit Pilzen, oder Gemüsen oder Weintrauben usw. gefüllt werden können.

„Von Zeit zu Zeit probiert unser Küchenchef gerne mal ältere Rezepte aus. Heute offeriert er Ihnen ein buntes **Kartoffelgemüse** als Beilage zum Rostbraten."

„Ein wirklicher Renner unter unseren Beilagen ist das **Kartoffel-Gratin**. Abgeschmeckt mit einem zarten Hauch von Knoblauch, wird geriebener Parmesan auf den Sahneguss gestreut und das Ganze goldgelb überbacken."

„… das nach Großmutters Rezept zubereitete Kartoffel-Rahm-Gemüse mit Liebstöckl und geschmolzener Zwiebel. Beide Zubereitungen passen ausgezeichnet zu feinen Braten vom Spanferkel oder auch zu Lammkeule."

„Für seine **Folienkartoffeln** oder Baked potatoes ist unser Küchenchef berühmt. Er verwendet die Sorte Idaho potato. Diese werden in Alufolie gewickelt und im Backrohr gebacken. Danach serviere ich sie Ihnen mit einer köstlichen Rahmsauce mit frischen Küchenkräutern oder mit einem Bärlauch-Quark oder mit Lachskaviar."

„Unsere **Kartoffelpuffer,** auch Reibedatschi genannt, bestehen nicht nur aus geriebenen Kartoffeln, sondern die Masse wird verfeinert durch Ei, geraspelten Apfel, geriebene Zwiebeln, Bärlauch und etwas Schmant. So entsteht der unvergleichbare, interessante Geschmack dieser Kartoffelkreation. Dazu servieren wir ein Quitten-Mus mit Fruchtstückchen."

„Probieren Sie doch mal unseren täglich frisch zubereiteten **Gemüse-Auflauf** mit Lauch, Kartoffeln und Tomaten. Wir bieten Ihnen gerne zwei Varianten an, mit und ohne Cabanossi-Wurst. Ich verspreche Ihnen nicht zu viel, aber der Auflauf ist wirklich lecker."

„Ein regionales Gericht, das viele Gäste zum Schwärmen bringt – ein irdisches Gericht, das einem den **Himmel auf Erden** verspricht. Unser Chef zaubert aus mehligen Kartoffeln und feinsäuerlichen Äpfeln dieses Gedicht, indem er beides zusammenfügt, verstampft, mit Salz, Pfeffer und Muskat würzt und mit gebratener Blutwurst und gedünsteten Apfelspalten anrichtet. Obenauf wird der Schmaus mit krossen Speckwürfeln oder gerösteten Zwiebelringen garniert."

Klöße – Knödel – Nocken

Zu den speziellen stärkehaltigen Hauptbeilagen zählen Knödel und Klöße aus Kartoffeln, Kartoffelnocken (Gnocchi), Semmelknödel, Serviettenknödel und Hefeklöße sowie Grießnocken und Polenta (s. S. 202 f.).

Knödel, Klöße, Nocken serviert man meist zu Pilzgerichten, großen Braten vom Schwein, Hirsch, Hase und Wildschwein sowie zu fettem Geflügel und geschmortem Rinderbraten wie Sauerbraten oder Burgunderbraten. Außerdem zu vielen braunen Ragouts und Gerichten von Innereien mit brauner Sauce.

Die zarten Nocken können ein selbstständiges Gericht sein oder sie werden zu feineren Fleischzubereitungen serviert.

Regionale und landestypische Knödel oder Klöße sind:
- Thüringer Klöße aus Thüringen
- Brezenknödel aus Bayern
- Speckknödel und Kasnocken aus Südtirol
- Kasknödel aus Tirol
- Böhmische Knödeln aus Tschechien

Als **Serviettenknödel** bezeichnet man die Knödelform, die zum Garen in Stangenform in Tücher eingebunden werden.

> „An heißen Sommertagen empfehle ich Ihnen zur gemischten, kalten Bratenplatte einen köstlichen Semmelknödelsalat – unsere regionale Spezialität."

> „... zu den zarten **Kalbsschnitzelchen in Zitronensauce** empfehle ich Ihnen gerne die hausgemachten Kartoffel-Gnocchi mit Salbeibutter und Parmesan."

> „Als vegetarisches Gericht sind die frisch-grünen **Spinat-Semmel-Knödel** auf Rahmchampignons sehr interessant."

> „Eine bayerische Spezialität sind unsere **Brezenknödel**. Sie werden in der Serviette gegart, danach vorsichtig mit einem Bindfaden in Scheiben geschnitten und in Petersilien-Speck-Butter angerichtet. Dazu serviere ich Ihnen frisch sautierte Pfifferlinge in leichter Sahneschaumsauce."

10.3 Salate als Beilagen   salads ❙❙ salades (w)

Als Salat ist Gemüse sehr erfrischend und hat in Bezug auf Vitamine, Mineralstoffe und Ballaststoffe einen hohen Stellenwert, z. B. als Rohkost.

Die einzelnen Salate, Dressings und das Salat-Büfett werden ausführlich ab Seite 185 behandelt.

„Während unserer amerikanischen Spezialitäten- und Steakwoche servieren wir auch einen **„Ceasar's Salad"**. Dies ist ein römischer Salat, der mit einem feinen Dressing aus Zitronensaft, Senf, Rotweinessig, Olivenöl und Knoblauch mariniert und mit Croutons und Parmesanspänen garniert ist."

„Vitaminreich und knackig ist unsere **Rohkostplatte** für 2 Personen, die ich Ihnen gerne mit einem nicht alltäglichen Avocado-Dip servieren möchte. Dazu reichen wir italienischen Mandelzwieback."

„Wenn Sie gerne **Chicoreesalat** essen, habe ich heute etwas Besonderes anzubieten: Chicoree-Spitzen in Begleitung von Roquefortkäse, Sellerie, Äpfeln und Walnüssen. Das Ganze fein mariniert mit Zitronensaft und Walnussöl."

„Vor dem Lammbraten empfehle ich Ihnen einen **Horiatiki**, den griechischen Bauernsalat, mit Kräuter-Feta-Käse, Salatgurke, Lauch und Tomaten, mariniert mit Kalamata-Olivenöl, Zitronensaft, Rotweinessig und einem Hauch Knoblauch."

11 Obst

 fruits  fruits (m)

Die vielfältigen Obstsorten werden nach handelsüblichen Gesichtspunkten sowie nach gemeinsamen Bestandteilen der Früchte unterschieden und unter den nachfolgenden Begriffen eingeteilt:

Obst ist der Sammelbegriff für essbare Früchte sowie Fruchtstände bzw. Samen (Nüsse), fleischige Teile des Blütenstandes (Ananas) oder Blütenböden (Erdbeere). Die Früchte wachsen sowohl kultiviert in Obstplantagen als auch wild (Waldbeeren).

Beispiele für Beerenobst sind:	Arten	englisch	französisch
	Brombeeren ①	blackberries	mûres (w)
	Blaubeeren ②	blueberries	myrtilles (w)
	Erdbeeren ③	strawberries	fraises (w)
	Himbeeren ④	raspberries	framboises (w)
	Johannisbeeren ⑤	red currants	groseilles (w)
	Preiselbeeren	cranberries	airelles (w) rouges
	Stachelbeeren ⑥	gooseberries	groseilles (w) à maquereau
	Weinbeeren ⑦	grapes	raisins (m)
	sowie Moosbeeren und Holunderbeeren.		

Holunderbeeren werden wegen des geringen Fruchtfleischanteils selten als ganze Beeren serviert. Man verwendet Sirup von Holunderblüten als feine Zugabe zum Sekt-Aperitif. Ganze Holunderblüten können in Bier- oder Weinteig gebacken werden. Den Saft der blau-schwarzen Beeren verarbeitet man als Getränk und als Süßspeisensauce.

Steinobst enthält große, steinartige Kerne.

Beispiele für Steinobst sind:	Arten	englisch	französisch
	Aprikosen ①	apricots	abricots (m)
	Kirschen ②	cherries	cerises (w)
	Mirabellen	yellow plums	mirabelles (w)
	Nektarinen ③	nectarines	brugnons (m)
	Pfirsiche ④	peaches	pêches (w)
	Pflaumen ⑤	plums	prunes (w)
	sowie Reineclauden, **Zwetschgen** ⑥.		

Südfrüchte sowie **Zitrusfrüchte** werden aus südlichen Ländern eingeführt.

Beispiele für Südfrüchte sind:	Arten	englisch	französisch
	Ananas	pineapples	ananas (m)
	Bananen	bananas	bananes (w)
	Grapefruits ①	grapefruits	pamplemousses (m)
	Limetten ②	limes	citrons (m) verts
	Mandarinen ③	mandarins	mandarines (w)
	Orangen ④	oranges	oranges (w)
	Zitronen	lemons	citrons (m)
	sowie Clementinen, **Kumquats** ⑤, **Pomelos** ⑥, Satsumas, **Tangerinen** ⑦		

Beispiele für Schalenobst sind:

Arten	🇬🇧 englisch	🇫🇷 französisch
Erdnüsse ①	peanuts	arachides (w)
Haselnüsse ②	hazelnuts	noisettes (w)
Kastanien ③	chestnuts	marrons (m)
Kokosnüsse	coconuts	noix (w) de coco
Mandeln ④	almonds	amandes (w)
Pistazien ⑤	pistachio	pistaches (w)
Walnüsse ⑥	walnuts	noix (w)
Pinienkerne ⑦	pine nuts	pignons (m)

sowie **Cashewnüsse** ⑧, **Pecannüsse** ⑨ und **Paranüsse** ⑩.

Exotische Früchte unterscheiden sich von den anderen Obstsorten durch ein stark ausgeprägtes, fremdartiges Aroma sowie durch Besonderheiten bezüglich der Form und des Aussehens.

Beispiele für exotische Früchte sind:

Arten	🇬🇧 englisch	🇫🇷 französisch
Avocados	avocados	avocats (m)
Datteln	dates	dattes (w)
Feigen ①	figs	figues (w)
Granatäpfel ②	pomegranates	grenades (w)
Grenadillen	grandillas	grenadilles (w)
Kakipflaumen ③	kaki	kaki (m)
Kaktusfeigen ④	prickly pear	figues (w) de barbarie
Kiwi ⑤	kiwi	kiwi (m)
Litschis ⑥	litchis	lychees (m)
Mangos ⑦	mangos	mangues (w)
Mangostanen	mangosteens	mangoustans (m)
Papayas ⑧	papayas	papayes (w)
Passionsfrüche ⑨	passion fruits	fruits (m) de la passion
Kap-Stachelberen	cape gooseberries	alkékenges (m)
Sternfrüchte ⑩	carambolas	caramoles (w)
Baumtomaten	tamarillos	tamarillos (m)
Babyananas ⑪	baby pineapple	ananas (m) baby
Drachenfrucht ⑫	dragon fruit	pitaya (m)
Ingwer ⑬	ginger root	gingembre (m)

sowie Guaven, Rambutan usw.

Beispiele für Kernobst sind:

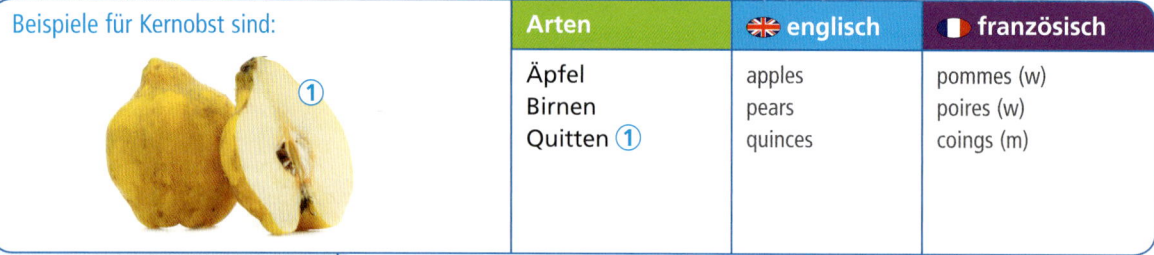

Arten	🇬🇧 englisch	🇫🇷 französisch
Äpfel	apples	pommes (w)
Birnen	pears	poires (w)
Quitten ①	quinces	coings (m)

Verwendung

Obst wird in vielfältiger Form verwendet, zubereitet und serviert. An einigen Beispielen werden ausgesuchte Erzeugnisse und Zubereitungen aufgezeigt.

Frisches Obst

Frisches Obst ist in seinem natürlichen Zustand bei den Gästen sehr beliebt.

Obst wird angeboten:

- als Begrüßung an der Rezeption,
- bei verschiedenen Büfetts oder in der Bar auf einer Etagere,
- in einzelnen Fällen auch als Tischdekorationen sowie
- als besonderes Arrangement für die VIP-Gäste in den Hotelzimmern.

Abb. 1 Obst-Arrangement in VIP-Gästezimmer

„Entschuldigen Sie die Störung – ich darf Ihnen mit einem herzlichen Willkommensgruß von unserem Generaldirektor mit diesem Obstarrangement eine kleine Freude machen."

Abb. 2 Obst-Schale mit exotischen Früchten

„Sie können sich gerne aus der Schale mit dem frischen Obst bedienen. Teller, Messer und Servietten sind für Sie vorbereitet."

Servicemitarbeiter sollen fähig sein, am Küchen-Pass das unterschiedliche Aussehen und die Zubereitungen beim Obst zu bestimmen und diese benennen können.

Obst wird sowohl in der kalten Küche als auch in der warmen Küche als Speisenkomponente eingesetzt und zubereitet. Ebenso die sogenannten **Obsterzeugnisse**.

Servicemitarbeiter müssen die Zubereitungen von Obst kennen, damit sie in der Lage sind,

- den Vorspeisen, Fleisch- oder Fischgerichten die passenden Obstbeilagen zuzuordnen,

- den Gästen nicht nur die Hauptbestandteile, sondern auch die Beilagen erklären zu können,

- die Gäste auch bei der Auswahl der Beilagen fachgerecht zu beraten.

Obsterzeugnisse

Obsterzeugnisse sind meist industriell hergestellte Produkte. Sie können aber ebenso „hausgemacht" sein:

- Konserviertes Obst als Trocken- oder Dörrobst, tiefgefroren in rollendem Zustand, in sterilisierter Form als Dosen- oder Glaskonserven. Dabei handelt es sich vorwiegend um Kompotte und Mus
- Konfitüren, Marmeladen, Gelees, Brotaufstriche, Sirupe und kandierte Früchte
- Fruchtsäfte, Fruchtnektare, Fruchtsaftgetränke und Limonaden
- Obstweine, Brände, Geiste und Liköre aus Obst

Frisch gepresste Fruchtsäfte verdeutlichen einen sehr aufmerksamen, wenn auch etwas aufwendigeren Service für die Gäste.

Obst als Speisenkomponente

Saftigkeit, Geschmack, Farbe, Struktur und Wirkstoffgehalt machen Obst zu einer hochwertigen Komponente bei nährstoffhaltigen Gerichten. Zur Ergänzung und Abrundung wird es als Garnitur, Beilage oder Speisenkomponente verwendet.

Beispiele

- Ananasscheiben als Garnitur auf Kalbssteak
- Ananas, Pfirsiche oder Mandarinen in Vorspeisencocktails
- Äpfel in Waldorfsalat oder Rotkraut
- Pistazien in Farcen und Füllungen
- Kastanien, glasiert als Beilage oder in Füllungen
- Äpfel, Birnen und Preiselbeeren zu Wildgerichten
- Kompotte zu verschiedensten Gerichten
- Verwendung zu Chutneys

„… haben Sie schon einmal zum Wiener Schnitzel unser hausgemachtes Preiselbeerkompott mit süß-sauer eingelegten Birnenschnitzen probiert? Ich bin sicher, Sie werden begeistert sein."

© Stockfood/H. Lehmann

© Stockfood/Eising

„Heute darf ich Ihnen eine kühne Idee unseres Küchenchefs vorstellen: Gefüllte **Wildentenknödel** mit Apfelblaukraut, glasierten Maroni und Amarettokirschen. Ein echter Hochgenuss."

„Sehr empfehlen möchte ich Ihnen unsere **Curry-Köstlichkeit**. Sie wird zubereitet aus zartem Putenfleisch mit Ananasstücken und Mangostreifen und gerösteten Kokosnuss-Raspeln und Melissenstreifen. Dazu serviere ich Ihnen chinesischen Duftreis mit gedünsteten Kumquats."

Abgesehen von der Verwendung von Obst für Speisen ist frisches oder gedünstetes Obst auch ein wesentlicher Bestandteil des Frühstücks-büfetts.

In der Bar ist Obst, je nach Eignung, auch artbestimmendes und wichtiges Element von Cocktails, Longdrinks, Bowlen und anderen Mischgetränken sowie deren Garnituren.

„Würfel vom zarten Schweinefilet am Spieß zusammen mit Ananas und Papaya gebraten. Der Spieß ist auf Kurkumareis mit Apfel- und Paprikawürfeln angerichtet und wird mit einem Glas Schillerwein serviert."

oder

„Wie wäre es mit gebratenem Steinbuttwürfel auf **Bananencurry** mit Pistazienpesto und Kokosraspeln?"

oder

„… eine kross gebratene Entenbrust mit Grand-Marnier-Sauce, glasierten Orangenfilets und feinem Hagebut-tenkompott, dazu knusprige Streichholzkartoffeln."

oder

„Sehr beliebt bei vielen Gästen ist das mit Kurpflaumen und Käse gefüllte **Schweinefilet** in Hagebuttensauce, umlegt mit in Rotwein gedünsteten Apfelspalten und hausgemachten Nudeln, bestreut mit frisch geriebenem Emmentaler. Als Getränk empfehle ich Ihnen Weißherbst oder ein Schwarzbier."

„… ein mageres Putensteak vom Grill mit Mango- und Papayaspalten, Kokos-Kartoffelplätzchen und einem exotischen Rucola-Ananas-Salat mit rotem Pfeffer."

❶ Nennen Sie die handelsüblichen Sammelbegriffe für Obst und ordnen Sie diesen einzelne Früchte zu.

❷ Erläutern Sie an Beispielen die Verwendung von Obst/ Früchten als Beilage zu von Ihnen bestimmten Gerichten:

    a) Äpfel
    b) Birnen
    c) Kastanien
    d) Bananen
    e) Ananas

❸ Benennen Sie die abgebildeten Zitrusfrüchte.

Beratung und Verkauf

Für die Käseherstellung wird Milch dickgelegt:

- **Süßmilchkäse** entstehen durch die Zugabe von Lab, einem Ferment des Kälbermagens,
- **Sauermilchkäse** erhält man durch die Zugabe von Milchsäure.

Fachgerechte Beratung und Verkauf von Käse im Restaurant erfordert Grundkenntnisse der zu präsentierenden Käse (s. S. 469).

Hartkäse

Schnittkäse

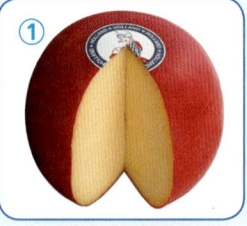

Halbfester Schnittkäse

Weichkäse

⑫ Käse

🇬🇧 cheese   🇫🇷 fromage (m)

Käse gilt als eines der ältesten Lebensmittel der Menschen. Hergestellt aus der Milch von Kuh, Büffel, Schaf oder Ziege überrascht Käse immer wieder durch seine Vielfalt. Hunderte von Sorten gibt es weltweit.

Süßmilchkäse

Nach Festigkeitsstufen werden folgende Käse unterschieden:

Käsesorte	Ursprungsland	Geschmack
Chester	England	leicht bitter
Emmentaler ①	Deutschland	nussig
Greyerzer	Schweiz	würzig, salzig
Parmesan	Italien	würzig-scharf
Bergkäse ②	Deutschland	nussig

Danbo	Dänemark	würzig
Graukäse	Österreich	säuerlich
Edamer ①	Holland	mild
Tilsiter ②	Deutschland	würzig
Appenzeller	Schweiz	kräftig
Gouda	Holland	kräftig, würzig

Aus Hart- und Schnittkäsen werden durch Zugabe von Schmelzsalzen die **Schmelzkäse** hergestellt.

Butterkäse	Deutschland	mild, butterig
Brick ①	USA	kräftig
Stilton	Engand	mild-kräftig
Tallegio	Italien	würzig
Danablu ②	Dänemark	scharf
Gorgonzola	Italien	mild-scharf
Roquefort	Frankreich	pikant

Brie ①	Frankreich	kräftig
Cambozola	Deutschland	cremig, würzig
Romadur	Deutschland	herzhaft
Weinkäse	Deutschland	pikant
Limburger ②	Belgien	kräftig
Camembert	Frankreich	fruchtig

Zu den halbfesten Schnittkäsen gehören auch die Edelpilzkäse. Bei ihnen werden gesundheitlich unbedenkliche Schimmelkulturen zugesetzt, die den besonderen Geschmack erzeugen.

Frischkäse

Das sind Käse, die nicht reifen dürfen, sondern bis zu ihrem Verbrauch in ihrem frischen Zustand erhalten werden müssen. Sie sind mild im Geschmack.

Produktbezeichnungen sind:
- Speisequark, Topfen- oder Schichtkäse ①,
- Rahm- oder Doppelrahmkäse,
- Hüttenkäse (Cottage cheese) ②.

Bei Schichtkäse werden schichtweise fettarmer und fettreicher Bruch übereinander gelegt.

Sauermilchkäse

Lässt man zu Käse geformten Sauermilchbruch reifen, entsteht Sauermilchkäse. Der unterschiedliche Geschmack und das Aussehen der Käse ergibt sich durch die Zugabe von jeweils artspezifischen Bakterienkulturen. Sauermilchkäse müssen reifen. Sie sind pikant und rassig im Geschmack

Produktbezeichnungen sind:
- Handkäse und Mainzer Käse,
- Harzer Käse bzw. Harzer Roller ①,
- Korb- oder Stangenkäse ②.

Fettgehaltsstufen und Wassergehalt der Käse

Nach den Bestimmungen der Käseverordnung müssen zur Verbraucherorientierung die Fettgehaltsstufen angegeben werden. Dies geschieht durch die Angabe der Fettgehaltsstufe oder des **Fett**gehalts in der Tro- ckenmasse **(Fett i. Tr.)** auf der Verpackung. Der tatsächliche Fettgehalt beträgt, je nach Käseart, etwa die Hälfte der Fett-i.-Tr.-Angabe, die auf der Verpackung genannt wird.

Rohmilchkäse

Es gibt heute wieder zunehmend Käsesorten, die aus Rohmilch hergestellt werden, also aus unbehandelter Milch. Gleich nach dem Melken werden Milchsäurebakterien und gegebenenfalls Schimmelpilzkulturen in die frische Milch eingerührt. Dann wird reiner Labextrakt zugegeben, damit die Milch gerinnt. Die Milch für Rohmilchkäse darf höchstens auf 40 °C erwärmt werden, damit die in der Rohmilch enthaltenen natürlichen Bakterien erhalten bleiben. Daher hat der Käse später ein vollmundigeres Aroma.

Typische Rohmilchkäse sind
- Roquefort
- Langres
- Emmentaler
- Camembert
- Comté
- Brie

Zubereitung

Verschiedene Käsesorten werden zu Canapés, Käsetoast und Käseomelett verwendet. Käse ist eine Geschmack gebende Zutat bei folgenden Speisen:

- Suppen und Saucen,
- überbackenen Gerichten von Gemüse, Teigwaren und Fisch,
- Lorettekartoffeln, Gratin dauphinois, Käsenocken und Käsestangen.

Fettgehalt der Käse in Prozent

weniger als 10	Magerstufe
10	Viertelfettstufe
20	Halbfettstufe
30	Dreiviertelfettstufe
40	Fettstufe
45	Vollfettstufe
50	Rahmstufe
60, höchstens 85	Doppelrahmstufe

Girolle-Schabegerät für Tête de moine

Abb. 1 Raclette

Weitere Käseangebote sind:

- **Frischkäse** mit fein gehackten Zwiebeln, Salz, Pfeffer, Paprikapulver und Kräutern
- **Handkäse** mit Musik (Essig, Öl, fein gehackte Zwiebeln, Salz und Pfeffer)
- **Gebackener Käse** wie Emmentaler oder Camembert, paniert oder in Bierteig
- **Käsefondue** aus geschmolzenem Käse mit Weißbrotstückchen
- **Raclette**, geschmolzener Käse mit Pfeffer und Mixed Pickles, Pellkartoffeln und Weißbrot

„Für Sie als Käseliebhaber habe ich heute etwas Besonderes anzubieten: Einen pikant angemachten **Weißlacker** in süßer Umgebung. Lassen Sie sich überraschen."

„Für unsere Aktionswoche „Alles Käse ..." hat unser Küchenchef eine fantastische **Käsecremesuppe** mit gebratenen Garnelen und frischen Kerbelblättern kreiert. Sie sollten sich diesen Genuss nicht entgehen lassen."

oder

„... einen **Camembert** im Bröselkleid gebacken, serviert mit hausgemachten, kalt gerührten Preiselbeeren, Kumquats und Orangenfilets. Hierzu empfehle ich Ihnen als Weißwein einen halbtrockenen Riesling oder einen jugendlichen frischen Grauburgunder. Sollten Sie lieber einen Rotwein bevorzugen, würde ich Ihnen gerne einen Trollinger vorschlagen."

„Elegant und fein ist ein wunderbar luftiger **Käseauflauf** mit Schinken und glasierten Honigmöhrchen, den ich Ihnen wärmstens empfehlen möchte."

Käsepräsentation zum Nachtisch

Das Käsebrett oder der Käsewagen als Verkaufshilfe für einen Käse-Nachtisch.
Egal welche Sorten angeboten werden, es ist ratsam, sich vorher einige
Aussagen über Herkunft, Konsistenz und Geschmack zurecht zu legen, um die
Gäste entsprechend beraten zu können.

Je nach Aktionswochen oder anderen Anlässen können die Käsepräsentationen
speziell zusammengestellt werden oder international bestückt sein. **Beipiele:**

Französische Käseauswahl

Abb. 1
1 Stück Bleu d'Auvergne ①, 1 Stück Bleu de basque ②,
Chabichou ③, 3 Boulons de culotte ④, 1 Stück Coulon-
ziers ⑤, Brin d'amour ⑥, Fiore Corse Brin ⑦, Charolais
⑧, Cœur de Neufchâtel ⑨, ein paar Scheiben Abbaye
de Belval ⑩, Salers ⑪, Fromage de brebis ⑫, Brie de
Meaux ⑬, Crottins in Kräuteröl ⑭, Livarot ⑮, Gratte
paille ⑯, Morbier ⑰

Auswahl mit italienischem Käse

Abb. 2
1 Stück Taleggio ①, 1 Stück Gorgonzola dolce ②,
Robiola ③, Paglietto ④, Montasio ⑤, Pustertaler Berg-
käse ⑥, Pecorino marzolino rosso ⑦, Pecorino sardo ⑧,
Pecorino toscano ⑨, Provola affumicata ⑩, Toma
Piemontese ⑪, einige Scheiben Formai de mut ⑫,
Mozzarella di bufala ⑬, Caciocavallo ⑭

Deutsche Käseauswahl

Abb. 3
ein paar Scheiben Amoroso ①, einige Scheiben Biarom
②, Harzer Käse ③, Weinkäse ④, Romadur ⑤, Weich-
käse mit Rotschmiere „Antons Liebe" ⑥, Deutscher
Camembert ⑦, 1 Stück Rougette ⑧, Altenburger
Ziegenkäse mit Kümmel ⑨, Bergkäse, Bauernkäse ⑩,
Tilsiter ⑪, Allgäuer Emmentaler, am Stück und in
Scheiben ⑫, Bavaria Blu ⑬, Dorblu ⑭

„Als Erstes haben wir hier den herzhaften **Amoroso**,
daneben den **Biarom**, würzig nach Kümmel schmeckend.
Unverkennbar die **Harzer Roller** mit dem deftigen
Geschmack und der **pikante Weinkäse**. Weiter geht es
mit dem kräftig-würzigen **Romadur**, daneben „**Antons
Liebe**", eine Spezialität unseres hiesigen Käsemeisters,
danach ein **Camembert** der Region, mild und sahnig.
Der **Rougette** ist mild und doch aromatisch, ebenso der
Altenburger Ziegenkäse mit Kümmel. Ein **Allgäuer Bergkäse** mit seinem nussig-würzigen Geschmack darf auf
keinen Fall fehlen, auch nicht der **Tilsiter**, herzhaft bis
scharf schmeckend. Dann noch ein alter Bekannter, der
Allgäuer Emmentaler, der nicht nur eine große Lochung
hat, sondern auch jeder strengen Degustation standhält.
Zum Abschluss noch zwei Blauschimmelkäse, der **Bavaria
blu**, je nach Reifegrad mild bis pikant, und der **Dorblu**,
der auch mit zunehmender Reife immer pikanter wird."

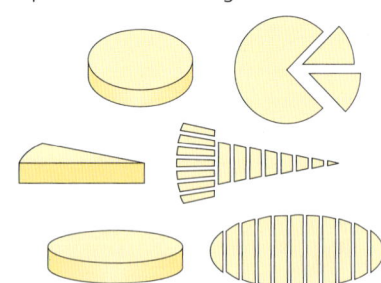

Hauchdünne Späne lassen sich von Hartkäse mit einem Käse- oder Trüffelhobel gut abziehen, z. B. für Salate oder Nudelgerichte.

Schneiden von Käse

Der Schnittkäse wird von der Rinde befreit, in Scheiben geschnitten, die bei entsprechender Größe in kleinere Stücke zu teilen sind.

Darüber hinaus sind die Schnittformen für andere Käse von der jeweiligen Form abhängig. Unter diesem Gesichtspunkt werden z. B. geschnitten:

- Runde und halbrunde Käse keilförmig
- Keilförmige Käse von der Spitze ausgehend bis etwa 2/3 quer, der Rest in Längsrichtung
- Ovale Käse quer zur Längsrichtung

Käse und Wein

Ein Stück gut gereifter Käse und ein Glas Wein – für viele Gäste eine Genuss versprechende Kombination. Wäre früher die Frage nach dem Wein mit „auf jeden Fall einen Roten" rasch beantwortet gewesen, so gilt diese Empfehlung heute nicht mehr uneingeschränkt, denn es gibt viele Käse, zu denen auch ausgezeichnet ein Weißwein passt. Der Hauptgrund für die Harmonie von Käse und Wein ist eine vorhandene Ähnlichkeit in Geschmack und Aroma. Manchmal ist gerade der Kontrast interessant, der den besonderen Reiz liefert wie beispielsweise bei einem pikanten Blauschimmelkäse in Kombination mit einem edelsüßen Tropfen. Generell sei vermerkt, dass weder der Käse den Wein „erschlagen" darf noch umgekehrt.

- Bei cremigem Käse sollte der Wein ausreichend Säure haben.
- Säuerliche Käse verlangen nach einem halbtrockenen Wein.
- Zu stark salzigen Käsesorten passen oft edelsüße Weine, aber genauso häufig Weine mit einer kräftigen Säure.
- Je härter der Käse ist, desto mehr Gerbstoffe sollte der Wein aufweisen.
- Bei Käseplatten oder bei einer Auswahl vom Käsebrett, wozu Wein gereicht wird, sollte sich der Wein nach dem kräftigsten Käse richten.
- Vertrauen Sie dem „kollektiven Geschmack in den Regionen". Weine und Käse aus einer Region passen in der Regel gut zusammen.

Worte, die verkaufen helfen

Aussehen
- weißer Schimmelrasen
- Naturrinde
- rötliche Rinde
- glatte Oberfläche
- weißer oder gelblicher Käseteig
- große oder kleine Lochung
- blau durchzogen

Konsistenz
- cremig
- streichfähig
- weich
- geschmeidig
- fest/halbfest
- schnittfest

Geschmack
- mild
- säuerlich
- sahnig
- rahmig
- nussig
- würzig
- herzhaft
- scharf
- sehr kräftig
- pikant
- leicht bitter
- butterig
- leicht salzig

Geruch/Aroma
- Appetit anregend
- neutral
- aromatisch
- pikant duftend
- sehr intensiv duftend

Aufgaben

① Milch ist das Ausgangsprodukt für Käse. Wodurch entsteht Käse?

② Käse werden nach ihrer Festigkeit unterschieden. Nennen Sie vier Festigkeitsstufen.

③ Nennen Sie drei Edelpilzkäse.

④ Welche Frischkäse kennen Sie?

⑤ Nennen Sie Produktbezeichnungen für Sauermilchkäse.

⑥ Auf dem nebenstehenden Bild sind auf einem Teller 9 verschiedene Käse angerichtet. Benennen Sie mindestens 5.

⑦ Nach der Anlieferung müssen die Käse entsprechend gelagert werden. Nennen Sie sortenspezifische Lagerbedingungen für Käse.

⑬ Nachspeisen

🏴 desserts, sweets 🇫🇷 entremets (m)

Durch Einsatz von besonders attraktiven Dessertkarten können die Nachspeisen verkaufsfördernd angeboten werden. Dabei wird die Vorfreude und die Erwartung der Gäste auf den süßen Ausklang eines Essens ausgenutzt.

Nachspeisen können jene köstlichen Kleinigkeiten nach dem Hauptgang sein, die den „Magen schließen" oder die den krönenden Abschluss von Speisenfolgen bilden. Man unterscheidet dabei Käsedesserts, Süßspeisen und frisches Obst.

Unter Nachspeisen versteht man alle Speisen, die nach dem Hauptgang gereicht werden.

Die ständige Streitfrage, ob erst das Süße und dann der Käse oder alles umgekehrt serviert werden muss, kann man wie folgt klären:

- Zum Käse passt gut weißer oder roter Wein.
- Zum süßen Dessert passt der erfrischende Sekt oder Champagner besser oder ein lieblicher Dessertwein (Likörwein).
- Da nach einem Schaumwein kein sogenannter Stillwein gereicht werden soll, heißt also die Reihenfolge eindeutig: **Käse vor der Süßspeise**.
- Gibt man zuerst Käse, kann man den Wein des Hauptganges evtl. als Getränk zum Käse übernehmen.
- Anschließend wird dann zur Süßspeise ein passender Dessertwein oder ein nicht zu trockener Sekt oder Champagner serviert.

Käsedesserts (ab S. 466)

- Auswahl von verschiedenen Käsesorten vom Brett oder vom Wagen mit Brot und Butter,
- Käsefours und Käsegebäck,
- Käsesalate,
- angemachte Käse mit Brot,
- warme Käsespezialitäten wie z. B. Quiche lorraine,
- geschmolzener Käse wie Käsefondue oder Raclette,
- gebackene Käse, z. B. Camembert.

Süßspeisen

Sie bilden sowohl geschmacklich als auch durch die sehr dekorative Präsentation eine willkommene Abwechslung und lassen das vorausgegangene Menü harmonisch ausklingen.

Süßspeisen unterteilt man in:

Warme Süßspeisen
- Aufläufe und Puddinge
- Omeletts und Pfannkuchen
- Gebackene Krapfen
- Strudel
- Überbackene Desserts

Kalte Süßspeisen
- Cremespeisen
- Gebäcke
- Früchtedesserts
- Eisspeisen

Abb. 1 Dessertetagere

Bekanntlich führt das Süße schneller und intensiver zum Sättigungsgefühl als ein würziger, pikanter Käse.

Abb. 2 Käse mit Früchten

Sollte in einem Menü aus einem besonderen Anlass sowohl eine warme als auch eine kalte Süßspeise serviert werden, wird immer zuerst die warme Süßspeise aufgetragen.

EMPFEHLUNG UND VERKAUF VON SPEISEN

Abb. 1   Schale mit frischen Früchten

Frisches Obst

Gewaschenes einwandfreies Obst wird auf Tellern oder im Obstkorb oder in Eiswasser angerichtet. Der Service erfolgt mit Desserttellern, Obst- oder Mittelbesteck und einer Fingerschale. Neben dem frischen Obst im Ganzen serviert sind Salate aus frischen Früchten als belebende Komponente im Dessertbereich sehr beliebt.

13.1 Warme Süßspeisen

🇬🇧 hot sweets   🇫🇷 entremets (m) chauds

Aufläufe und Puddinge

🇬🇧 dessert soufflés and puddings   🇫🇷 soufflés (m) et poudings (m)

Aufläufe sind die zartesten warmen Süßspeisen. Puddinge dagegen sind etwas kompakter. Vielfach werden beide Arten im Wasserbad pochiert und warm serviert.

Aufläufe müssen **rasch serviert** werden, damit sie an der kalten Luft nicht zusammenfallen und somit unansehnlich werden. Auflaufarten sind Schokoladen-, Quark-, Haselnuss-, Vanille- und Zitronenauflauf.

Puddinge gibt es unter den Bezeichnungen:

- Kabinettpudding,
- Frankfurter Kirschpudding,
- Diplomatenpudding,
- Grieß- und Reispudding.

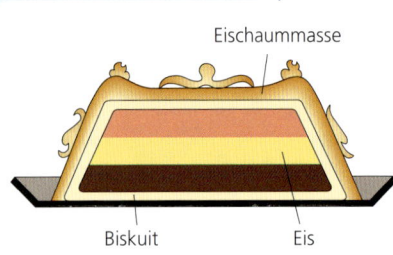

Abb. 2   Gestürzter Pudding

Omeletts   🇬🇧 omelettes   🇫🇷 omelettes (w)

Diese Art von Süßspeisen wird aus einer luftigen Eischaummasse hergestellt:

- **Auflaufomelett**   🇬🇧 omelette souffle   🇫🇷 omelette (w) soufflée
  Auflaufomelett wird als reich verziertes, ovales Gebilde auf eine gebutterte Platte drapiert und im Rohr gebacken.

- **Überraschungsomelett**   🇬🇧 baked Alaska   🇫🇷 omelette (w) surprise
  Der Überraschungsmoment besteht darin, dass etwas Gebackenes heiß serviert wird, dessen Kern jedoch Speiseeis enthält.

- Salzburger Nockerl gehören ebenfalls zu dieser Kategorie. Die Nockerl aus Schaummasse werden auf eine gezuckerte Cocotte geformt und im Rohr ausgebacken. Dann serviert man sie zusammen mit Vanillesauce.

Eischaummasse

Biskuit   Eis

Abb. 3   Überraschungsomelett (Omelette surprise)

Pfannkuchen   🇬🇧 pancakes   🇫🇷 pannequets (m)

Bei diesem Dessert werden **Pfannkuchen**, **Crêpes** oder **Palatschinken** meist gefüllt, glasiert, gebacken oder überbacken.

Beispiel

> „… eine leckere ungarisch-österreichische Spezialität unter den Süßspeisen sind die **Topfenpalatschinken**, gefüllt mit Vanille-Quark, Weintrauben, Rosinen und gerösteten Mandelsplittern. Dazu serviere ich Ihnen eine Sauce nach Ihrer Wahl aus Holunder, Blaubeeren oder Erdbeeren."

„Unser **Kaiserschmarrn** ist berühmt für seine Lockerheit. Zudem wird er zusammen mit in Rum marinierten Korinthen und Mandelsplittern gebacken. Danach wird der Schmarrn noch in Butterkaramell geschwenkt und glasiert."

„Als süßen Abschluss empfehle ich Ihnen unsere zarten, in Karamellzucker glasierten **Mandel-Crepes** mit feinem Ragout aus frischen Erdbeeren mit einem Schuss Eierlikör und feinen Streifen von Pralinenschokolade."

Strudel  strudel 🇫🇷 stroudel (m)

Der bekannteste unter den Strudeln ist der **Apfelstrudel**. Aber auch Milchrahm-, Mohn-, Trauben-, Kirschen-, Rhabarber-, Marillen- oder Birnenstrudel erfreuen sich großer Beliebtheit.

Strudel werden meist warm und mit einer geschmacklich harmonierenden Sauce wie zum Beispiel Vanille- oder Holundersauce serviert. Auch die Kombination anstelle einer Sauce mit Eissorten ist möglich.

„Ein winterliches Märchen ist unser **Mohnstrudel** mit in Riesling pochierten Birnen. Sie werden es nicht bereuen, wenn Ihre Wahl auf dieses Dessert fällt. Ich würde Ihnen dazu eine luftig-leichte Weinschaumsauce empfehlen."

© Stockfood/L. Ellert

Krapfen / Gebackene Früchte 🇬🇧 fritters 🇫🇷 beignets (m)

Diese Art von Krapfen werden auch als Küchle bezeichnet. Dazu werden Früchte in Ringe, Spalten oder Scheiben geschnitten, mit Bierteig oder Weinteig umhüllt und in schwimmendem Butter-Schmalz (Fett) ausgebacken. Dazu serviert man süße Saucen oder Vanilleeis.

„Unsere regionale Spezialität gerade jetzt im Frühling sind knusprige **Holunderküchle**. Dafür werden frisch gepflückte Holunderblüten in Wein- oder Bierteig getaucht und in schwimmendem Schmalz gebacken. Wir servieren dazu einen luftigen Weinschaum."

Besondere Zubereitungen sind die *Weinschaumcreme* oder eine Schaumcreme aus Schokolade, die auch als Mousse au chocolat bezeichnet wird. Eine Mousse (Schaumcreme) lässt sich mit weißer Schokolade, Nugat oder Früchtepürees sehr vielfältig herstellen.

Abb.1 Weinschaumcreme

Zudem werden Cremes von Saucen, Früchten, Kleingebäck wie Hippen und Teegebäck sowie Schokoladenornamenten begleitet und garniert.

Abb. 2 Gebrannte Crème in Herzförmchen

13.2   Kalte Süßspeisen

cold sweets   entremets (m) froids

Cremespeisen

creams   crèmes (w)

Der Begriff Creme bedeutet etwas Feines, Zartes, von cremeartiger Beschaffenheit. Die bekannteste ist die **Bayerische Creme**. Sie besteht aus Milch, Eiern, Zucker, Gelatine, Vanille und Schlagsahne. Aus dieser geschmacksneutralen Grundcreme kann man durch Zugabe von Fruchtmark, Schokolade, Krokant, Nugat oder anderen Geschmacksträgern viele Varianten herstellen.

Karamellcreme ist eine pochierte Creme bzw. süßer Eierstich.

Weitere Cremespeisen sind: die *Weincreme*, *Cremes aus Quark und Joghurt* und die *Charlotte*, die immer von einem Biskuitmantel umgeben ist mit Creme als Füllung.

„Meine Empfehlung für den süßen Abschluss ist die luftige **Bayerische Creme** nach Fürst-Pückler-Art mit Erdbeeren."

„Zum Dessert möchte ich die erfrischende **Joghurt-Mandel-Creme** mit der sommerlichen Walderdbeersauce empfehlen."

„Ein Dessert von besonderer Güte erwartet Sie mit unserer fruchtigen **Erdbeercreme im Baumkuchenmantel** mit Erdbeer-Pfirsich-Sauce."

Anrichteweise für Cremes

Oftmals werden Cremes in **Schüsseln** zum Ausstechen mit dem Vorlegelöffel angeboten.

Sie werden aber auch direkt in Gläsern mit oder ohne Früchte oder Fruchtpürees angerichtet.

Auf Tellern richtet man die **Stürzcreme** oder die **Charlotte** an. Die Stürzcreme wird zuerst in ein Timbalförmchen gefüllt und nach dem Erkalten aus der Form gestürzt.

Obwohl nach wie vor der Dessertteller (Ø 19 cm) Verwendung findet, hat sich der Trend zu größeren oder rechteckigen Porzellan- oder Glastellern durchgesetzt.

Gebäck 🇬🇧 pastries 🇫🇷 pâtisseries (m)

Gebäcke werden aus verschiedenen Teigen und Massen hergestellt.

Gefüllte *Rollen* aus **Biskuit** oder kleine *Törtchen* mit Obstbelag aus **Mürbteig** eignen sich auch sehr gut als Süßspeisen.

Aus **Hefeteig** werden Buchteln, Dukatennudeln, Rohr- und Dampfnudeln wie auch Savarins, Brioche und Babas hergestellt.

Sehr beliebte Desserts mit Creme- oder Schlagsahnefüllung sind Gebäcke aus **Brandmasse**.

Aus **Blätterteig** erhält man *Teeblätter* oder *Schweineöhrchen,* die mit Creme gefüllt werden können.

Früchte, in luftig-zarten Teig gehüllt und gebacken, sind z. B. *Apfel im Schlafrock.*

Abb. 1 Schweinsöhrchen

Abb. 2 Brioche

Abb. 3 Obsttörtchen

„Das bunte **Früchtetörtchen**, mit frischem Obst belegt und mit Weingelee glasiert, wird sicher Ihre Zustimmung finden."

Abb. 4 Savarin

„Unser Küchenchef setzt immer wieder gerne Traditionsrezepte auf die Karte, so auch den saftigen **Savarin-Ring** mit Früchten."

Abb. 5 Windbeutel

„Erleben Sie einen wahren Gaumenschmaus durch unsere **Mini-Windbeutel**, gefüllt mit dreierlei Früchten und Cremes."

Abb. 6 Mandelbiskuitröllchen

„Zum Abschluss Ihrer Präsentation mit Champagner empfehlen wir Ihnen neben Espresso oder Softdrinks ein süßes Fingerfood-Büfett, zum Beispiel **Mandelbiskuitröllchen** mit Kirschfüllung und frischen Beeren."

Abb. 7 Apfel-Zimt-Muffin

„Zu einer guten Tasse Kaffee passt hervorragend ein schmolliger **American-Muffin**, das Highlight unserer Gebäcktheke. Ein kleiner runder Kuchen, der Sie mit weichem Apfel- und Zimt-Geschmack auf die Weihnachtszeit einstimmt."

Abb. 8 Schoko-Donut

„Als kleines Dessert zum Mitnehmen packe ich Ihnen gerne noch einen unserer köstlichen **Donuts** ein. Wenn Sie unterwegs Appetit auf etwas Süßes haben, ist der Schmalzgebäckringel der ideale Snack."

Jetzt, an diesen heißen Tagen, empfehle ich Ihnen anstelle von Kaffee den coolen **Eiskaffee** mit Sahnehäubchen und Kaffeelikör.

Eisspeisen 🇬🇧 ice creams 🇫🇷 glaces (w)

Alle Eissorten eignen sich zur Herstellung von Eisbomben, Eistorten, Eisgetränken und Eisdesserts. Eine Besonderheit stellt das Eis-Parfait oder Halbgefrorene dar. Es besteht aus Geschmacksträgern, Eiern, Zucker und etwa 60 % Schlagsahne.

In Kombination mit Früchten, Frucht- und anderen süßen Saucen, Makronen (Mandelgebäck), Hippen, Krokant, Nüssen, Hohlhippen, Likören, Schokoladen, Kaffee, Kakao und Sahne kann der kreative Koch viele wunderschöne Desserts zaubern.

Beispiele von Eisdesserts

"Unser hervorragendes **Milchspeise-Eis** veredelt mit zartem, warmem Topping, umspielt als spannende Komposition Ihren Gaumen. Sie werden es genießen."

„Unser Desserthit ist ein **Bananensplit**, einmal anders. Die kurz angebratenen Bananen sind garniert mit Vanilleeis, Schokoladensplittern und Bananenlikör."

„Ein Traditionsdessert unseres Hauses erleben Sie mit **Pfirsich Melba**, ein Kompottpfirsich mit Himbeersauce und Hippenchips."

Bei der Herstellung und im Umgang mit Speiseeis ist besonders auf Hygiene zu achten.

Sorbets 🇬🇧 sherbets (US), sorbets (GB) 🇫🇷 sorbets (m)

Sorbet ist weich gefrorenes Fruchteis, manchmal wird es auch aus Kräutern, Gemüsesäften oder Bier hergestellt. Durch eine kürzere Gefrierdauer wird die Masse breiig gefroren. Dadurch ist Sorbet sehr erfrischend und wird deshalb auch in großen Menüs z. B. zwischen dem Fischgang und dem Hauptgang serviert. Manchmal wird das Sorbet kurz vor dem Anrichten mit Sekt oder Champagner vermischt und dickflüssig serviert. Heute werden Sorbets auch gerne zur Dessertherstellung verwendet. Ein dem Sorbet sehr ähnliches Produkt ist das splittrig gefrorene **Granité**, das meist in Gläsern angerichtet und mit Wein oder Sekt übergossen serviert wird.

Erdbeersorbet mit Joghurtsauce

Sorbet von Sauerampfer als Zwischengang

Granité von Champagner

Sorbet von Butterkokosnuss mit Ananas-Sauce

Früchtedesserts 🇬🇧 fruit desserts 🇫🇷 desserts (m) de fruits

Zunächst können die frischen, ganzen, gewaschenen Früchte dem Gast als **Tafelobst** serviert werden. **Obstsalate, Fruchtcocktails, Kompotte, Gelees** und **Grützen** sind weitere Angebotsmöglichkeiten. Vielfach werden Früchte aber auch mit anderen Dessertelementen wie Eis oder Cremes kombiniert.

„**Salat von frischen exotischen Früchten** als erfrischende Komponente mit Kumquats, Babyananas, Papaya, Kiwis, Physalis, Granatapfelkernen und Grapefruitfilets, aromatisiert mit einer feinen Marinade aus Zitronensaft und Kokossirup."

„Probieren Sie doch mal die **Grütze** von frischem Rhabarber mit abgeschöpftem Rahm. Ich kann nur sagen: ein Gedicht."

Beispiele für modern angerichtete Süßspeisenkombinationen

Aus den folgenden Beispielen von Süßspeisen wird deutlich, dass man heute kaum noch ein Dessert mit nur einer Komponente anrichtet. Statt dessen versucht man, Kompositionen mit einer entsprechend gelungenen optischen Wirkung zu schaffen. Dies ist für die Servicefachkraft am Süßspeisenbüfett oder Dessertwagen wichtig.

Krokantmousse auf Orangensauce mit Kumquatkompott, Pistazien und Schokoladenfächer

Panna cotta (gekochte Sahne) mit in Karamell glasierten Orangenspalten und Grand-Marnier-Sauce

Bayerische Creme mit Himbeergeschmack, karamellisierten Apfelspalten, Vanillesauce mit Himbeerstern und Hippenblatt

Mousse von kanadischer Pekan-Nuss mit Ahornsirup und Fächer aus Rotweinbirne

Pochierter Eierrahm, im Näpfchen zur Crème brûlée geflämmt

Dunstapfel, gefüllt mit Nougatcreme, Erdbeer-Aprikosen-Sauce und Brombeeren

Worte, die Desserts verkaufen helfen

- farbenfroh
- erfrischend
- köstlich
- lecker und leicht
- sommerlich-fruchtig
- duftend
- süße Bescherung (Pralinen und Teegebäck)
- ein Geschenk voller Frucht (Maracuja-Sorbet)
- leckerer Adventsduft (Lebkuchen-parfait)
- mit aller Pracht genießen
- ein Traum von einem Dessert
- eine gelungene Kombination
- zartschmelzende Mousse
- … lassen Sie den Abend kulinarisch ausklingen mit …

Profiteroles-Traube mit dezenter Weincreme, Rotweinsauce und Schokoladenblatt

Creme von Granny-Smith-Apfel im Schokoladentortelett mit Calvados-Sauce, Babyapfel und Hippenblättern

Mousse von brauner und weißer Schokolade auf Mandelmakrone mit Himbeeren und Orangensauce

1. Begründen Sie, warum das Käsedessert vor der Süßspeise serviert werden soll.

2. Nennen Sie je fünf kalte und warme Süßspeisen.

3. Welche Zutaten benötigt man für eine Bayerische Creme? Wodurch kann sie geschmacklich variiert werden?

4. Welche weiteren Creme-Süßspeisen kennen Sie?

5. Wie können Cremespeisen angerichtet werden?

6. Entwerfen Sie aus der Kurzbeschreibung und der nebenstehenden Abbildung eine appetitanregende Formulierung zur Empfehlung an Ihre Gäste.

   Schokoladenröllchen, Schokoladenmousse weiß und etwas braun, Baumkuchen, Rhabarbereis, Erdbeeren, Rhabarber-Erdbeerkompott

7. Nennen Sie Arten von Obstdesserts.

8. Welche Arten von Eisspeisen kennen Sie?

9. Nennen Sie klassische Eisdesserts.

10. Was ist beim Servieren von Aufläufen besonders zu beachten?

11. Welche Varianten von Pfannkuchen gibt es bei der Süßspeisenbereitung?

12. Nennen Sie vier verschiedene Strudelarten.

13. Was versteht man unter dem Begriff Sorbet?

14. Wann werden Sorbets in der Regel serviert und wozu können sie heute auch noch verwendet werden?

15. Wie werden moderne Desserts angerichtet?

Aufgaben

14 Spezielle Gerichte

🇬🇧 special dishes 🇫🇷 plats (m) special

In dieser Rubrik werden spezielle Gerichte genannt und verkaufsfördernd behandelt.

14.1 Amuse-Bouche/Amuse-Gueule

Amuse-Gueule oder **Amuse-Bouche** sind Appetithäppchen, kleine Gaumenfreuden auf hohem Niveau. Sie werden unabhängig von der Bestellung des Gastes als Auftakt eines Essens oder einer Speisenfolge serviert. Diese kleinen kalten oder warmen Köstlichkeiten sind nicht nur eine willkommene Überraschung für den Gast, sie überbrücken die Zeit bis zum Servieren des ersten Ganges, stimmen den Gast auf nachfolgende Genüsse ein und verweisen auf den Stil des Hauses. Außerdem bieten sie dem Koch eine gute Gelegenheit, neue Kreationen auszuprobieren und zu präsentieren.

Die Servierfachleute setzen sie mit einer freundlichen Erklärung dem Gast als kleinen Gruß aus der Küche ein.

„Um die Wartezeit auf Ihren ersten Menügang zu überbrücken, servieren wir einen **Babyapfel mit Gänseleber**."

„Ein freundliches „Guten Abend" von unserem Küchenchef mit einem **Räucheraal auf Linsensalat**."

„Mit frischen **Palmherzen und Iberico-Schinken** begrüßen wir Sie herzlich als unsere Gäste und freuen uns, für Sie da sein zu dürfen."

„Ein kleiner Gruß aus der Küche vom Chef in Form eines **Räucherlachs-Tatars mit Schmant**."

„Mit der **gefüllten Zucchiniblüte auf Gemüsebett** möchten wir Sie zu einem schönen Abend willkommen heißen."

„**Jakobsmuscheln mit Filets von Orange und Limette** ist unser Gruß der Küchenbrigade und des Chefs."

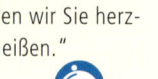

„Betrachten Sie das **Karotten-Orangen-Süppchen** als persönlichen Willkommensgruß."

„Als kleinen Gruß vom großen Chef servieren wir Ihnen gerne diese **kalte Rote-Bete-Suppe**."

„Mit dieser köstlichen kalten **Avocadosuppe** möchten wir Sie herzlich willkommen heißen."

Die Herstellungspalette der Amuse gueules reicht von exquisiten Zutaten wie Languste über Gänseleber bis Kaviar, von Jakobsmuscheln über gefüllte Wachtelbrust bis zu den Sülzen sowie warmen oder kalten Süppchen. *Amuse-Gueule können kalt oder warm serviert werden.* In manchen Restaurants werden sogar schon mehrgängige **Amuse-Bouche-Menüs** den Gästen angeboten oder bei Stehempfängen sogenannte **„Flying Buffets"**, wo kalte und warme Kleinigkeiten laufend angeboten werden.

Flying Buffet mit Knusper-Tüten-Desserts

Flying Buffet mit kalten Vorspeisen, warmen Köstlichkeiten und leckeren Desserts

Gänseleber-Parfait

Ochsenschwanz-ragout

Knödel auf Pilzen

Thunfisch auf Tomatensugo

Ente süß-sauer

Forellentatar

Lachs-Lasagne

Avocadomousse

Flying Buffet mit Vorspeisen in Lolly-Formen

14.2 Fingerfood

Fingerfood ist ein Sammelbegriff für **Delikatessen im Mini-Format.**
Sie werden als Häppchen meist kalt, aber auch warm in vielfältiger Form
bei Stehempfängen angeboten. Die kleinen Häppchen werden so zubereitet, dass sie bequem mit den Fingern gegessen werden können. Kleine
Leckerbissen, auf die man nicht verzichten möchte, die sich aber nicht
unbedingt gut mit den Fingern nehmen und essen lassen, werden mundgerecht in Schälchen, Gläsern, mit Spießchen oder optisch attraktiv auf
Löffeln angerichtet. Sie werden im Gegensatz zu den Amuse gueule nicht
direkt am Tisch serviert, sondern meist durch die Servierfachleute laufend
den Gästen von Platten zum Verzehr angeboten.

Rustikale Mini-Krautkrapfen
mit Garnelen lauwarm serviert

Shrimps auf Avocadocreme
im Filoteigkörbchen

Gefüllte neue Kartoffeln,
Artischockenherzen, Lachs-
mousse-Krapfen, Schinken-
röllchen

Schinken vom Strauß auf
Honigmelone mit Thymian-
spießchen

Blätterteigherzen, gefüllte
Radieschen, Mini-Toast mit
Leberpastete, Fenchelsalat
mit Tilsiter

Frische Datteln im Speck-
mantel; werden auch gerne
zu Drinks an der Bar serviert

Langustenmedaillons auf
schwarzen Bohnen und
Maiskörnern mit Koriander

Geräuchertes Forellenfilet
auf Kräuterrührei, Blinis mit
Räucherlachs und Kaviar,
Garnelen auf Calvadoscreme

Variationen von gefülltem Pfannkuchenstrudel: Dünne Pfannkuchen werden bestrichen mit gewürztem Frischkäse und unterschiedlich mit rohem Schinken, Mangostreifen, Spargelspitzen,
Räucherlachswürfeln und Pfeffererdbeeren mit Currysauce belegt

Variationen vom Wachtelei in bunter Reihenfolge von links:
Wachtelei auf Lauch-Schinkensalat mit Kerbel, auf Madeirage-
lee mit Balsamico, auf Schmant mit Kaviar, auf Mango-Papa-
yasalat und Granatapfel, auf buntem Jasminreis mit Petersilie

14.3 Vegetarische Gerichte

 vegetarian dishes ◖ plats (m) végétarien

Vegetarier essen bewusst vorwiegend pflanzliche Produkte. Strenge Vegetarier essen nichts von getöteten Tieren. Veganer vermeiden sogar alle Produkte tierischer Herkunft, also auch Eier, Milch, Sahne oder Käse.

Es gibt aber auch Menschen, die sich von Zeit zu Zeit vegetarisch ernähren wollen. Diese erwarten dann von der Gastronomie, dass sie auf ihre Wünsche eingeht bzw. solche Gerichte für sie bereithält oder anbietet.

Die Grundlage für vegetarische Gerichte sind in erster Linie Gemüse und Pilze. Mit Käse, Milch, Sahne, Quark, Ei und Kräutern können solche Gerichte geschmacklich variiert und verfeinert werden.

Kohlrabi mit Linsenfüllung, Tomaten mit Pfifferlingen, Paprika-Tofuspieße

Geschmorter Fenchel in Tomatensauce mit Reibkäse überbacken

„Unser Spätsommertraum ist ein junger **Spitzkohl** in Gemüsebrühe gedünstet mit gerösteten Butterbröseln und gehacktem Ei."

oder

„… gegrilltes Gemüse im Parmesankörbchen mit Balsamicosirup und Grissini."

„Wenn Sie heute einmal keinen Appetit auf Fleisch haben, würde ich Ihnen gerne die mit Malzbierschaum **überbackenen Gemüse** aus Blattspinat, Kohlrabi, Karotten, Petersilienwurzeln und Lauchzwiebeln anbieten."

„Eine locker-leichte Herbstleckerei ist unser **Risotto** von dreierlei Reis und gebratenen Steinpilzen, Austernpilzen und Pfifferlingen, aromatisiert mit duftenden Gartenkräutern."

„Lecker und interessant zugleich sind die **asiatischen Gemüsenudeln** mit Austernsauce."

„Höchst eigenwillig, aber sehr empfehlenswert ist der grüne **Spargel auf Butter-Blätterteig**, mit feiner Sauce von Bergkäse überbacken."

„Darf ich Ihnen als vegetarisches Gericht den Klassiker, einen **Gemüseteller**, empfehlen. Er ist bei uns allerdings neu zusammengestellt: mit gebratenen Fenchelscheiben, Brokkoli mit Mandelbutter, Käse-Grilltomaten, in Butter geschwenkten Möhrchen, Mais und Erbsen sowie als Krönung Spargel mit Kerbelhollandaise."

„Eine sehr gut gelungene vegetarische Komposition ist unser **Gemüsestrudel** mit Schwarzwurzeln, Tomaten, Zucchini und Quark, begleitet von Krapfen mit Rahmsauerkraut auf Tomaten- und Kerbelsauce mit gedünsteter Lauchzwiebel."

Aufgaben

1. Entwerfen Sie aus der Kurzbeschreibung und der beigestellten Abbildung eine appetitanregende Formulierung zur Empfehlung an Ihre Gäste.

   Wurzelgemüse, gedämpft
   Knoblauchjoghurt
   Chardonnay-Vinaigrette

2. Nennen Sie mindestens 5 kalte und 5 warme Kleinigkeiten, die als Amuse gueule oder als Amuse bouche serviert werden können.

3. Welche Aufgabe haben Amuse-gueule oder Amuse-bouche?

4. Zu welcher Gelegenheit würden Sie Fingerfood zur Verköstigung Ihrer Gäste einsetzen?

5. Nennen Sie 6 verschiedene Arten von Fingerfood, die Sie von Ihrem Betrieb her kennen.

6. Erstellen Sie eine spezielle Speisekarte mit 15 Gemüsegerichten.

Menü und Speisekarte

Unter **Menü** versteht man im klassischen Sinn eine Zusammenstellung von mindestens drei Speisen, die nacheinander verzehrt werden und hinsichtlich Farbe und Geschmack harmonisch aufeinander abgestimmt sind. Wegen dieser Aufeinanderfolge nennt man das Menü auch **Speisenfolge**.

Gründliche Kenntnisse aus dem Bereich der Menükunde sind gerade bei den Service-Mitarbeitern besonders wichtig, um Gäste entsprechend beraten sowie den Verkauf von Speisen und Getränken durchführen zu können.

1 Menü und Menükarte

🇬🇧 menu and menu card 🇫🇷 menu et la carte de menu

Das Menüangebot im Gastgewerbe enthält Speisenfolgen, die von Seiten des Betriebes vorgegeben werden. Das Angebot wird in der Menükarte präsentiert. Dabei unterscheidet man:
- Menüs für das täglich wechselnde Angebot,
- Menüs für Festtage, z. B. Ostern, Weihnachten, Silvester,
- Menüs für besondere Anlässe, z. B. Hochzeit, Jubiläum u. a.,
- Überraschungsmenüs.

In der Systemgastronomie hat der Begriff Menü eine andere Bedeutung.

Das Menü in einem Schnellservice-Restaurant besteht in der Regel aus einem Hauptgericht (z. B. einem Burger), einer Sättigungsbeilage (z. B. Pommes Frites) und einem Getränk.

Je nach Beilagengröße variieren auch die Menügrößen und -preise.

Menüs in der Systemgastronomie bieten aufgrund der Mischkalkulation für den Gast meist Preisvorteile in Höhe von ca. 25 % im Vergleich zur Summe der Einzelpreise.

Der Vorteil für das Restaurant ist in der Regel der Zusatzverkauf von Getränken und Beilagen, sodass im Counterbereich oftmals fast ausschließlich Menükombinationen und kaum Einzelprodukte beworben werden.

1.1 Geschichte der Speisenfolge

Entstanden sind die großen Speisenfolgen an den Höfen der Könige, der Fürsten und des Adels. Der materielle Wohlstand dieser gesellschaftlichen Oberschicht hatte das ermöglicht, was man heute die „klassische Küche" nennt. Mit dieser Bezeichnung verbindet sich eine kaum übersehbare Fülle von immer neu erfundenen Speisen.

Klassisches Menü

Das klassische Menü ist ein Spiegelbild der Essgewohnheiten einer bestimmten gesellschaftlichen Schicht in einer bestimmten geschichtlichen Epoche.

Aufbau des klassischen Menüs

Die Gliederung einer Mahlzeit in mehrere Gänge sowie die sinnvolle Aufeinanderfolge der einzelnen Speisen wurde als ein Vorgang zur Kultivierung des Essens verstanden. Die dazu aufgestellten Regeln lauteten: Leichte Speisen (Vorspeisen und Suppen) leiten das Essen ein, ein erfrischendes Sorbet (Schaumeis) dient als neutralisierende und verdauungserleichternde Unterbrechung, große Stücke von Fisch und Fleisch (Hauptplatten) bilden den Höhepunkt des Essens, kleine würzige und/oder süße Speisen sorgen für den harmonischen Ausklang des Essens.

Umfang des klassischen Menüs

Speisenfolgen mit über 10 Gängen sowie zusätzlich wahlweise verschiedenen Speisen innerhalb der einzelnen Gänge waren in der Vergangenheit keine Seltenheit. Aus ernährungsphysiologischer Sicht reduzierte man den Umfang der Speisefolge erheblich.

Moderne Menüs

Aufbau des modernen Menüs

Am grundlegenden Aufbau hat sich im Vergleich zum klassischen Menü nichts geändert. Das Essen wird mit leichten Speisen eröffnet, das Hauptgericht bildet den Höhepunkt und zum Ausklang werden wieder leichtere Speisen gereicht.

Wie aus dem klassischen Menü auf der Seite 486 zu ersehen ist, enthielten solche Menüs neben einem **Fischhöhepunkt** „Steinbutt" zwei **Fleischhöhepunkte** „Lammrücken" und „Moorhühner".

Anzahl der Gänge im modernen Menü

Die Anzahl der Gänge hat sich verringert, und dafür gibt es verschiedene Gründe:

- Der Wohlstand ist heute auf breite Bevölkerungsschichten verteilt. Trotzdem sind für viele Gäste große Menüs zu zeitaufwendig und nach wie vor zu kostspielig.
- Jeder kann an gehobener Esskultur teilnehmen, und für viele ist das Einnehmen eines Menüs zu einer fast alltäglichen Gewohnheit geworden.
- Aufgrund der Erkenntnisse der Ernährungswissenschaft essen die Menschen heute bewusster.

Aus diesen Gründen sind heute einfachere Menüs sinnvoll und üblich.

In Anlehnung an die klassische Speisefolge werden Menüs für besondere Anlässe manchmal durch die Ergänzung mit einem zusätzlichen Fischgang und einem Sorbet auf 8 Gänge angehoben (siehe die „Gegenüberstellung von klassischem und modernem Menüaufbau" auf Seite 486).

Kombinationsmöglichkeiten der Gänge

Moderne Menüs enthalten im Allgemeinen höchstens die 6 Gänge des erweiterten Menü-Schemas. Bei weniger als 6 Gängen können die Speisen innerhalb des Schemas verschieden variiert bzw. kombiniert werden.

> Das moderne Menü kennt im Allgemeinen nur noch einen Höhepunkt, zu dem unterschiedliches Fleisch – eventuell auch Fisch – verwendet wird.

Suppe → Fisch → Dessert
Suppe → Geflügel → Dessert
Suppe → Schlachtfleisch → Dessert
Suppe → Wildbret → Dessert

Menü

Einfaches Menü mit 3 Gängen ist als **Grundgerippe** der modernen Speisefolge anzusehen.	Erweitertes Menü mit 4 bis 6 Gängen. Das **Grundgerippe** wird auf höhere Ansprüche hin mit zusätzlichen Gängen ergänzt.
	Kalte Vorspeise
Suppe	Suppe
	Zwischengericht
Hauptgericht	Hauptgericht
	Käsegericht
Dessert	Dessert

Anzahl der Gänge	3	4	4	4	4	5	5	5	6
Kalte Vorspeise			•		•		•	•	•
Suppe	•	•	•	•		•	•	•	•
Zwischengericht		•				•	•	•	•
Hauptgericht	•	•	•	•	•	•	•	•	•
Käsegericht				•		•		•	•
Dessert	•	•	•	•	•	•	•	•	•

Gegenüberstellung von klassischem und modernem Menüaufbau

Klassisches Menü

Gänge	Speisenbeispiele
Kalte Vorspeise	Austern
Suppe	Fasanensuppe
Warme Vorspeise	Artischockenböden
Fischgang	Steinbutt
Hauptplatte	Lammrücken
Warmes Zwischengericht	Kalbsbries
Kaltes Zwischengericht	Palmenherzen
Sorbet	Champagnersorbet
Braten	Moorhühner
Gemüsegang	Brokkoliflan
Warme Süßspeise	Mandelauflauf
Kalte Süßspeise	Eisbombe
Käsegericht	Camembertkrusteln
Dessert	Obst, Feingebäck

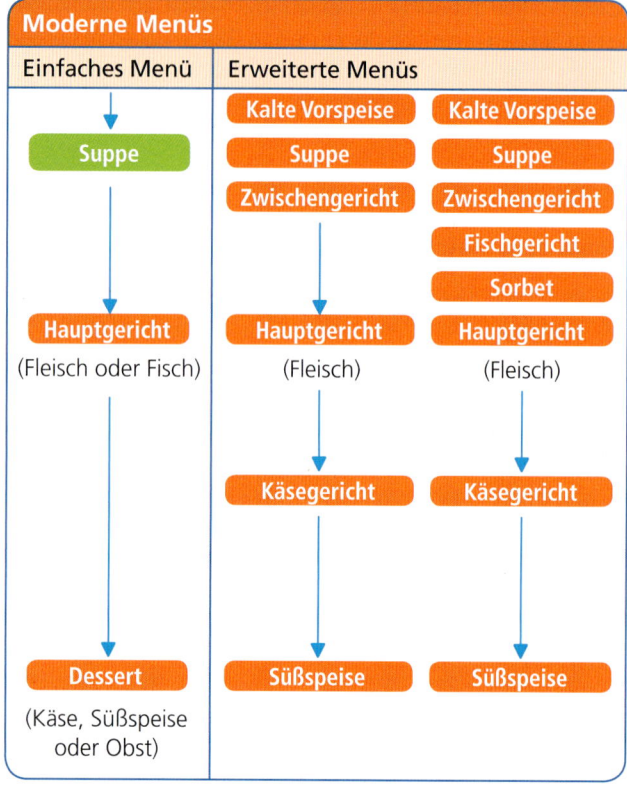

Moderne Menüs

Einfaches Menü

Suppe → Hauptgericht (Fleisch oder Fisch) → Dessert (Käse, Süßspeise oder Obst)

Erweiterte Menüs

Kalte Vorspeise → Suppe → Zwischengericht → Hauptgericht (Fleisch) → Käsegericht → Süßspeise

Kalte Vorspeise → Suppe → Zwischengericht → Fischgericht → Sorbet → Hauptgericht (Fleisch) → Käsegericht → Süßspeise

Abb. 1 Rohstoffe im Korb

Rohstoffbeispiele:
- Neue Kartoffeln, junge Gemüse und frisches Obst
- Spargel und Erdbeeren,
- Lamm und Wildbret, Karpfen sowie Krebs- und Weichtiere.

1.2 Zusammenstellen von Menüs

Beim Zusammenstellen von Menüs sind zunächst ganz wichtige Richt-linien zu beachten in Bezug auf
- **Auswahl** von Rohstoffen bzw. Speisen für eine Speisenfolge,
- **Abwechslung** von Rohstoffen bzw. Speisen im Menü,
- **Aufeinanderfolge** der Speisen innerhalb der Speisenfolge.

Auswahl der Rohstoffe für ein Menü

Für die Auswahl sind folgende Gesichtspunkte von Bedeutung:
- Jahreszeit und Preis des Menüs,
- Ernährungsbedürfnis des Menschen,
- Anlass und Teilnehmer am Essen,
- technische und personelle Voraussetzungen.

Jahreszeit

Hier geht es zunächst um Speisen aus **saisonabhängigen** Rohstoffen, die von den Gästen erwartet werden.

Die Rohstoffe sind zur Erntezeit:
- frisch, saftig und besonders wohlschmeckend,
- hochwertig in Bezug auf Nähr- und Wirkstoffe,
- preisgünstig.

Außerdem sind die *klimatischen Verhältnisse* zu beachten:

- In der kalten Jahreszeit bevorzugt der Gast kräftige und energiereiche Speisen in reichlich bemessenen Portionen.
- In der heißen Jahreszeit ist das Verlangen nach frischen, leichten Speisen in reduzierten Portionsgrößen stärker, weil das Essen nicht anstrengen und belasten soll. Insbesondere bei den Vor- und Nachspeisen sowie bei den Beilagen gibt es hier Möglichkeiten der Reduzierung und Erleichterung.

Preis

In Bezug auf den Preis sind wechselseitige Abhängigkeiten von Bedeutung:

- Art und Niveau des Betriebes, z. B. bürgerliche Gaststätte, Mittelklasserestaurant, Luxushotel,
- Art bzw. Zielrichtung des Menüs, z. B. Tagesmenü, Festtagsmenü oder Menü für einen besonderen Anlass – Hochzeit, Jubiläum,
- Zahlungsfähigkeit bzw. -bereitschaft des Gastes.

Tagesmenüs sind im Allgemeinen auf einen niedrigeren Preis ausgerichtet, während der Gast für ein Festtagsmenü oder zu einem besonderen Anlass in der Regel etwas mehr ausgibt.

Ernährungsbedürfnis

Der Energiewert eines Menüs sollte in erster Linie dem Energiebedarf des Menschen angemessen sein. Insbesondere bei umfangreicheren Speisenfolgen sollte der Energiegehalt unbedingt begrenzt werden, z. B.:

- zum Hauptgang die Fleischmenge angemessen verringern, ergänzend kann die Beilagenmenge kleiner gehalten oder statt Gemüse ein Salat gereicht werden,
- bei der Vorspeise, der Suppe oder der Nachspeise besteht die Möglichkeit, anstelle einer schweren eine leichte Speise zu wählen. Auf diese Weise kann der Gesamtenergiewert des Menüs verringert werden.

Unabhängig vom Energiegehalt ist außerdem auf den *ernährungsphysiologischen Wert* des Menüs zu achten. Dabei ist die Ausgewogenheit folgender Stoffgruppen von Bedeutung (s. auch S. 59):

- **Nährstoffe**
  Eiweiß, Fett und Kohlenhydrate,
- **Wirk- und Begleitstoffe**
  Mineralstoffe, Vitamine und Ballaststoffe.

Anlass und Teilnehmer

Mit dem Anlass zu einem Essen ist häufig eine ganz bestimmte *Grundstimmung* verbunden (Hochzeit, Jubiläum, Jagdessen). Durch die Auswahl der Speisen oder durch das Hervorheben einer bestimmten Speise kann diese Stimmung auf besondere Weise unterstrichen werden.

Vergleich:

- Südtiroler Speck ⟷ Tomatencocktail
- Hasenpastete ⟷ Artischockenherzen
- Rotkohl ⟷ Spargel
- Rosenkohl ⟷ Erbsen
- Sauerkraut ⟷ Kopfsalat
- Käse ⟷ Halbgefrorenes
- Dessertpfannkuchen ⟷ Salat von frischen Früchten

Beispiele:

niedrigerer Preis	höherer Preis
Menü mit 3 Gängen	Menü mit mehr Gängen
Konservenware Spargelabschnitte Erbsen Champignons Hasenkeulen Schweinebraten Kabeljau	frische Ware Spargelspitzen Artischockenböden Pfifferlinge Hasenrücken Filetbraten (Rind) Steinbutt
Fleischbrühe Geflügelrahmsauce Zerlassene Butter Kräuterbutter Kartoffelpüree Frisches Obst	Doppelte Kraftbrühe Hummerrahmsauce Holländische Sauce Béarner Sauce Kartoffelkroketten Salat von frischen Früchten

Vergleichende Beispiele:

- Vorspeisencocktail ⟷ Vorspeisensalat
- Cremesuppe ⟷ klare Suppe
- Dessertpfannkuchen ⟷ Salat von frischen Früchten

Beispiele:

- **Hochzeit**
  ein zu Ehren des Brautpaares besonders ausgewähltes Dessert
- **Jubiläum**
  dem Anlass entsprechender Hauptgang in attraktiver Aufmachung
- **Jagdessen**
  neben Wildbret müssen typische Beilagen den Anlass unterstreichen (Weinbeeren, Preiselbeeren, Pfifferlinge, Steinpilze)

Obwohl der Geschmack der Gäste, unabhängig von ihrer Gruppenzugehörigkeit, sehr verschieden sein kann, können sich dennoch bestimmte Schwerpunkte ergeben:

- **Damenessen**
  Von Ausnahmen abgesehen, bevorzugen Damen leichtere sowie fett- und kohlenhydratarme Speisen, z. B. Hühner, Kalbsmedaillons, feine/zarte Gemüse, Salate und Obst.
- **Herrenessen**
  Männer bevorzugen im Allgemeinen herzhafte und kräftige Speisen, z. B. Steaks vom Rind und Lamm sowie Wildgerichte.
- **Überwiegend geistig tätige Menschen und ältere Menschen**
  Sie mögen leichtere und erlesenere Speisen in kleinen Mengen, z. B. Tournedos, Medaillons, Fisch sowie Krebs- und Weichtiere.
- **Überwiegend körperlich tätige Menschen und jüngere Menschen**
  Sie mögen kräftige Speisen in größerer Menge, z. B. Braten, Schnitzel und Steaks mit reichlich bemessenen Beilagen.

Technische und personelle Voraussetzungen

Die *küchentechnische Ausstattung* ist vor allem bei großen Veranstaltungen und umfangreichen Speisenfolgen von entscheidender Bedeutung. Dies betrifft z. B..

- Pfannen für kurz gebratene Gerichte oder Dessertpfannkuchen,
- Fritteusen, wenn gebackene Gerichte gereicht werden sollen,
- Herde zum Braten, Backen und Überbacken,
- Flächen zum Warmhalten oder Kühlen bzw. Kühlhalten von Vorspeisen und Desserts.

Bezüglich des Personals müssen ebenfalls wichtige Fragen geklärt sein:
- Stehen Küchen- und Bedienungsfachkräfte in ausreichender Zahl zur Verfügung?
  Dies gilt insbesondere, wenn aufwendige Arbeiten einzuplanen sind wie z. B. Fertigmachen und Bereitstellen von Vorspeisen und Desserts oder für das Tranchieren, Flambieren und Vorlegen am Tisch.

- Ist das Personal für diese Arbeiten entsprechend fachlich geschult, damit sie in angemessener Zeit sorgfältig und sachgerecht ausgeführt werden können?

Abwechslung im Menü

Die strenge klassische Menülehre unterscheidet zwischen Wiederholungen, die bei Einhaltung bestimmter Bedingungen möglich sind, und solchen, die unter allen Umständen vermieden werden müssen.

Bedingt mögliche Wiederholungen

Kartoffeln, sofern sich diese in anderer Zubereitungsart wiederholen, z. B.:
- **Zwischengericht**
  - ➜ Salzkartoffeln
- **Hauptgericht**
  - ➜ Gebratene oder frittierte Kartoffeln

Zweckmäßige Abwechslungen sind jedoch Reis oder Teigwaren.

Gemüse, sofern es nicht das gleiche Gemüse ist, z. B.:
- **Suppe**
  - ➜ Kraftbrühe mit Gemüsestreifen, u. a. auch Karotten
- **Hauptgericht**
  - ➜ Glasierte Karotten

Fleisch, sofern es sich nicht um die gleiche Art des Fleisches handelt, und es außerdem in anderer Zubereitung angeboten wird, z. B.:

- **Kalte Vorspeise**
  - ➜ Entenbrust
- **Hauptgericht**
  - ➜ Kalbsmedaillons

- **Kalte Vorspeise**
  - ➜ Geflügelsalat
- **Hauptgericht**
  - ➜ Rehrücken

Unbedingt zu vermeidende Wiederholungen

Dabei unterscheidet die Menülehre zwischen *gleichartigen Zubereitungen* und *gleichartigen Rohstoffen*.

Gleiche Zubereitungen vermeiden

Zubereitungen	negative Beispiele
gebraten, gegrillt • Zwischengericht • Hauptgericht	**vom Grill:** Heilbuttschnitte, Scampi, Kalbsmedaillons, Tournedos
frittiert • Zwischengericht • Hauptgericht • Dessert	**Gebackene:** Scampi, Champignons, Strohkartoffeln, Kartoffelkroketten, Apfelbeignets
Saucen • Kalte Vorspeise • Zwischengericht • Hauptgericht • Dessert	**Gebunden:** Cocktailsauce, Holländische Sauce zu Spargel, Béarner Sauce zu Tournedos, Weinschaumsauce
Marinierte Speisen • Kalte Vorspeise • Hauptgericht	**Mariniertes:** Rindfleisch, Gemüse, Salat

Gleiche Rohstoffe vermeiden

Rohstoffe	negative Beispiele
Obst • Kalte Vorspeise • Hauptgericht • Dessert	Melone mit Schinken Preiselbeerbirne als Beilage Salat von frischen Früchten
Pilze • Suppe • Zwischengericht • Hauptgericht	Morchelrahmsuppe Gebackene Champignons Pfifferlinge (Garnitur)
Fische, Krebs- und Weichtiere • Kalte Vorspeise • Suppe • Zwischengericht • Hauptgericht	Hummercocktail Muschelcremesuppe Seezungenfilets Garnelen (Garnitur)
Teige, Teigwaren • Suppe • Zwischengericht • Hauptgericht • Dessert	Pfannkuchenstreifen (Célestine) Pastetchen Spätzle als Beilage Dessertpfannkuchen (Crêpes)
Eier • Kalte Vorspeise • Suppe • Zwischengericht • Hauptgericht	Gefüllte Eier Eierstich (Royal) Verlorenes Ei Gehacktes Ei (Garnitur)

Aufeinanderfolge der Speisen im Menü

Die kalte Vorspeise steht im Menü an erster Stelle. *Das Zwischengericht* hat seinen Platz nach der Suppe oder vor dem Hauptgang bzw. vor einem zusätzlichen Fischgericht oder zwischen Suppe und dem nachfolgenden Gericht.

Regeln für die Speisenfolge

Die Regeln beziehen sich auf *Farbe* und *Bindung*.

- **Farbe**
  Nach einer hellen Speise muss eine dunkle bzw. farblich betonte Speise folgen oder umgekehrt.
- **Bindung**
  Nach einer gebundenen muss eine ungebundene bzw. klare Speise folgen oder umgekehrt.

Für die Anwendung der genannten Regeln ist allerdings etwas Fingerspitzengefühl erforderlich.

Bezüglich der Farbe muss man sich von dem extremen Kontrast *„Schwarz-Weiß"* lösen, weil u. U. bereits geringfügige farbliche Abweichungen der Regel genügen können.

Außerdem kann die Farbe je nach Speisenfolge unterschiedlich beurteilt werden:

- *Melone mit Schinken* wirkt vor einer *Geflügelcremesuppe* farblich betont, während sie vor einer *Ochsenschwanzsuppe* hell erscheint.
- *Obstsalat* wirkt nach *Rehrücken mit Wacholderrahmsauce* hell, aber nach *Brüstchen vom Masthuhn mit Geflügelrahmsauce* farblich betont.

Es gibt aber auch Speisen, bei denen die Zuordnung *„gebunden"* oder *„nicht gebunden"* Schwierigkeiten bereitet. In diesen Fällen ist die Folge der Speisen mit besonderem Einfühlungsvermögen abzuwägen:

- Nach Forellenfilet mit Sahnemeerrettich ist sowohl eine klare als auch eine gebundene Suppe denkbar.
- Vor Tournedos mit Béarner Sauce (Grillgericht) sind durchaus Seezungenfilets mit Weißweinsauce oder Scampi mit Dillrahmsauce denkbar.
- Nach Tournedos mit Béarner Sauce sind sowohl Salat von frischen Früchten als auch eine Cremespeise oder Halbgefrorenes denkbar.

Es ist zu beachten, dass Cremespeisen und Halbgefrorenes zwar „gebundene Speisen" sind, im Sinne der Speisenfolge jedoch eine feste und geschlossene Beschaffenheit haben.

Schrittfolge beim Zusammenstellen

Erster Schritt

Das **Hauptgericht** muss als **Erstes festgelegt** werden, dann wählt man eine geeignete Sauce sowie passende Gemüse- und Hauptbeilagen aus.

Die Speisen für die übrigen Gänge lassen sich nun unter Beachtung der Menüregeln leichter bestimmen und zuordnen.

Bezüglich der Bindung ist die Unterscheidung bei bestimmten Speisen ganz eindeutig:

Klare Ochsenschwanzsuppe

↕

Gebundene Ochsenschwanzsuppe

Geflügelkraftbrühe

↕

Geflügelcremesuppe

Steinbutt mit zerlassener Butter

↕

Steinbutt mit Hummersauce

Tournedos mit Madeirajus

↕

Tournedos mit Madeirasauce

Zweiter Schritt

Die übrigen Gänge werden bestimmt und unter Beachtung der Menüregeln entsprechende Speisen ausgewählt. Dabei sind folgende Hinweise von Bedeutung:

- Die zugeordneten Speisen müssen mit dem Hauptgericht auch derart harmonieren, dass ein Menü mit einem schweren Hauptgericht, z. B. *Rehrücken mit Wacholderrahmsauce*, insgesamt schwerer sein wird als ein Menü mit einem leichten Hauptgericht, z. B. *Seezungenfilets in Weißweinsauce*.
- Nicht immer findet man zu einem Hauptgericht ein passendes Zwischengericht. Es ist dann zweckmäßig, dem Hauptgericht eine Suppe voranzustellen und das Menü mit einer kalten Vorspeise einzuleiten.

Beispiele für das Zusammenstellen

Hochzeitsessen im Mai

Zu Hochzeitsessen kommen im Allgemeinen Menschen aus sehr unterschiedlichen gesellschaftlichen Schichten zusammen. Aus diesem Grunde sollten Speisen, mit denen manche Gäste beim Essen Schwierigkeiten haben könnten, möglichst nicht in das Menü aufgenommen werden. Unter diesem Gesichtspunkt und unter Beachtung der Jahreszeit bieten sich an:

- Mastkalbsrücken und Scampi
- Spargel, Karotten und Blumenkohl
- Erdbeeren

Als Speisenfolge sollen folgende Gänge serviert werden: Kalte Vorspeise, Suppe, Hauptgang und Dessert. **Zum Hauptgang** gibt es **Medaillons vom Kalbsrücken**, ergänzt mit folgenden Beigaben:

- Champignonrahmsauce
- Spargel, glasierte Karotten und Erbsen
- Dauphinekartoffeln

Die vorangehende **Suppe** muss entsprechend der Regel klar und dunkel sein. Eine **klare Ochsenschwanzsuppe** entspricht dieser Forderung. Sie wird mit Sherry geschmacklich vollendet.

Als **Kalte Vorspeise**, zur Unterscheidung von der Suppe hell und gebunden, eignet sich ein **Scampicocktail**. Dazu werden Toast und Butter gereicht.

Das **Dessert** muss, vom Hauptgang her gesehen, farblich betont sein. Es eignen sich deshalb **Erdbeeren mit Grand Marnier** mit Sahne garniert. ①

Damengesellschaft im Juni

Die Damen kommen 20 Jahre nach dem Ende ihrer gemeinsamen Schulzeit zu einem Klassentreffen zusammen. Für die Auswahl der Speisen sind zwei Gesichtspunkte zu beachten:

- Es handelt sich um Damen,
- der Juni liegt in der heißen Jahreszeit.

Aus dem saisonbedingten Marktangebot, das z. B. Forellen, junge Masthühner, Tomaten und Aprikosen enthält, könnte folgendes Menü zusammengestellt werden ②:

Das komplette Menü:

① Scampicocktail
Toast und Butter
❀ ❀ ❀
Klare Ochsenschwanzsuppe
mit Sherry
❀ ❀ ❀
Gebratene Medaillons
vom Kalbsrücken
Spargel, glasierte Karotten, Erbsen
Dauphinekartoffeln
❀ ❀ ❀
Erdbeeren mit Grand Marnier

Aufgabe
Stellen Sie zu dem gleichen Anlass ein Menü nach eigener Wahl zusammen.

② Zart geräuchertes Forellenfilet
Sahnemeerrettich, Toast und Butter
❀ ❀ ❀
Doppelte Rinderkraftbrühe mit Gemüsestreifen
❀ ❀ ❀
Gedünstete Brüstchen vom Masthuhn
in Morchelrahmsauce
geschmolzene Tomaten, Kräuterreis
❀ ❀ ❀
Aprikosenfächer in Weingelee

Aufgabe
Beurteilen Sie das Menü unter Beachtung der Schrittfolge, die beim Zusammenstellen angewendet wird.

Aufgabe
Stellen Sie zum gleichen Anlass ein Menü nach eigener Wahl zusammen.

Jagdgesellschaft im Oktober/November

An dieser Stelle ist anzumerken, dass sich bei Jagdessen entgegen der allgemeinen Regel ausnahmsweise gleichartige Rohstoffe bzw. Speisen wiederholen dürfen (siehe Suppe und Hauptgang).

Bei der Auswahl der Speisen sind zu beachten:
- der besondere Anlass,
- die Teilnehmer, denen herzhafte Speisen anzubieten sind,
- der Beginn der kalten Jahreszeit.

Aus dem saisonbedingten Angebot könnten für das Menü Frischlingsrücken, Muscheln und Pfifferlinge sowie Äpfel und Preiselbeeren ausgewählt werden.

Gebundene Suppe vom Hirsch
mit gerösteten Edelkastanien

❀ ❀ ❀

Rheinische Miesmuscheln
im Wildkräuter-Wurzel-Sud

❀ ❀ ❀

Frischlingsbraten in Wacholdersauce
Rosenkohlblätter, gebratene Steinpilze
Preiselbeer-Kartoffelplätzchen

❀ ❀ ❀

Allgäuer Käseauswahl
vom Brett

Silvester ist ein besonderer Anlass für eine exklusive Speisenfolge zu einem Getränk, zu Sekt oder Champagner.

Das Menü muss einen festlichen Charakter haben und maßvoll portioniert sein. Die Speisenfolge wird auf einer edlen, mit glücksbringenden Symbolen versehenen Menükarte dargestellt.

Prosit Neujahr – Champagner-Menü
Beluga Malossol Kaviar mit Buchweizenküchlein und Schmant

❀ ❀ ❀

Klare Tomatenessenz mit Basilikumklößchen

❀ ❀ ❀

In Champagner pochierte Austern mit Hummer auf Wildreis
mit Salatherz

❀ ❀ ❀

Rehnüsschen mit Walnuss-Crepes, Kumquats-Kompott
in Butter sautierte Rosenkohlblätter und glasierte Schalotten

❀ ❀ ❀

Champagner Sorbet im Glückskelch

❀ ❀ ❀

Glücksbringer Petits fours

1.3 Getränke zum Essen

Getränke, die zum Essen gereicht werden, nennt man **korres-
pondierende Getränke**. Sie sollen die Speisen harmonisch
ergänzen.

Getränke vor dem Essen

Ihr Zweck ist es, auf das Essen einzustimmen und den Appetit
anzuregen. Im Französischen werden sie **Aperitifs** genannt.
Das Wort bedeutet:
apéritif ➡ eröffnend, öffnend, appetitanregend

Aperitifs

Für die Aperitifs sind folgende Eigenschaften von Bedeutung:
- **trocken**, d. h. ohne wahrnehmbare Süße. Im Gegensatz zu
  süßen Getränken wirken sie leichter und regen den Appetit an;
- **fruchtig** oder **bitteraromatisch**, womit eine besonders anregende
  Wirkung auf die Absonderung von Verdauungssäften verbunden ist;
- **kühl** und **erfrischend**.

Als Aperitif werden z. B. angeboten:

Abb. 1 Mousse von
geräucherter Forelle
mit Roséwein

Getränke allgemeiner Art	
Likörweine	• trockene Sherrys • weiße Portweine
Schaumweine	• pur oder mit Orangensaft bzw. Campari • mit schwarzem Johannisbeerlikör/ Cassis (Kir Royal)

Spezielle Aperitifs		
Arten	Getränkebeispiele	mögliche Ergänzungen
Wein-Aperitifs	• Martini • Cinzano • Noilly Prat	• Soda, Mineralwasser
Bitter-Aperitifs	• Campari • Picon • Cynar	• Soda • Orangensaft • Schaumwein
Anis-Aperitifs	• Pastis • Pernod	• Wasser

Getränke zur Speisenfolge

Im Rahmen eines Menüs werden im Allgemeinen Wein und
Schaumwein gereicht. Die korrespondierenden Getränke sollen den Geschmack der Speisen harmonisch ergänzen, ihn
aber unter gar keinen Umständen überdecken.

Beispiele zur Verdeutlichung:

Zu einem **mild gewürzten Fischgericht**
- **passen:** junge, leichte und fruchtige, vor allem weiße
  Weine.
- **passen nicht:** ausgereifte, vollmundige und bukettreiche
  Weine.

Zu einem **kräftig gewürzten Wildgericht**
- **passen:** ausgereifte, vollmundige und bukettreiche, vor
  allem rote Weine.
- **passen nicht:** leichte, frische und säuerlich fruchtige
  Weine.

Mixgetränke	
Bezeichnung	Zutaten
Cocktails Manhattan	Canadian Whisky, roter Vermouth, Kirsche
Martini dry	Gin, Vermouth dry, Olive
White Lady	Gin, Cointreau, Zitronensaft
Side Car	Cognac, Cointreau, Zitronensaft
Longdrinks Gin Fizz	Gin, Läuterzucker, Zitronensaft, Soda
Whiskey sour	Whiskey, Läuterzucker, Zitronensaft, Orangenscheibe, Maraschinokirsche

Geschmacksstufen der Getränke

Die sachgerechte Zuordnung der Weine ist eine Kunst, die viel Erfahrung und ein geschultes Geschmacksempfinden voraussetzt. In Häusern, die dem Weinservice besondere Beachtung schenken, gibt es deshalb einen **Sommelier** (Weinkellner).

> ● Als Orientierungshilfe für die Zuordnung der Weine zu Speisen dienen vier Geschmacksstufen:
> - ausgesprochen leichte Weine,
> - leichte bis mittelschwere Weine,
> - mittelschwere bis schwere Weine,
> - besonders ausdrucksstarke Weine.

Speisenbeispiele	Weinbeispiele
Leichte, säuerlich-würzige Speisen	**Weißwein oder Roséwein**

Leichte, säuerlich-würzige Speisen
- Scampicocktail (Cocktailsauce)
- Forellenfilet (Sahnemeerrettich)
- Lachsmedaillons (Kräutersauce)
- Geflügelsalat (Schaummayonnaise)
- Artischockenböden (mariniert)

↓

Kalte Vorspeisen

Leichte, aber fein würzige Speisen
- Scampi in Dillrahmsauce
- Forellenfilet, gebraten
- Salm mit Krebsrahmsauce
- Feines Geflügelragout
- Artischockenböden mit holländischer Sauce

↓

Zwischengerichte

Mittelschwere, voll würzige Speisen
Helles Fleisch:
gedünstet, gebraten, gegrillt oder frittiert
- Scampi, Seezungenfilets oder Salmschnitte
- Masthuhnbrust, Hähnchen
- Kalbs- und Schweinemedaillons
- Kalbsgeschnetzeltes

↓

Zwischengerichte bzw. leichte Hauptgerichte

Schwere, stark würzige Speisen
Dunkles Fleisch:
gebraten, gegrillt oder geschmort
- Ente und Gans
- Rind und Lamm
- Wild

↓

Schwere Hauptgerichte

Weißwein oder Roséwein
- leicht, frisch und fruchtig (trocken bis halbtrocken)
- Blume und Bukett leicht ausgeprägt

↓

**Wehlener Sonnenuhr, Riesling, Mosel
Chablis, Burgund**

Weißwein
- leicht bis mittelschwer (halbtrocken)
- Blume und Bukett feinwürzig ausgeprägt

↓

**Rüdesheimer Rosengarten, Riesling, Rheingau
Würzburger Stein, Silvaner, Kabinett, Franken**

Weißwein (im Ausnahmefall oder auf Wunsch des Gastes Rotwein)
- mittelschwer und harmonisch bezüglich Säure und Restsüße (halbtrocken)
- Blume und Bukett leicht ausgeprägt (mundig) und Bukett feinwürzig

↓

**Graacher Himmelreich, Riesling, Spätlese, Mosel
Winkeler Jesuitengarten, Riesling, Spätlese, Rheingau**

Rotwein (im Ausnahmefall oder auf Wunsch des Gastes Weißwein)
- schwer (trocken bis halbtrocken)
- Blume, Bukett voll und stark ausgeprägt (vollmundig)

↓

**Montagne Saint-Émilion, Bordeaux
Assmannshäuser Höllenberg, Spätburgunder,
Spätlese, Rheingau**

Regeln zur Aufeinanderfolge der Getränke

Diese Überlegungen gelten nicht für die Getränke **vor** (Aperitifs) bzw. **nach** dem Essen (Digestifs). Nur die Getränke während des Essens stehen in so enger Beziehung zueinander, dass bezüglich der Aufeinanderfolge eine wichtige Regel zu beachten ist:

Bei der **Auswahl** der korrespondierenden Getränke ist vom **Hauptgang** auszugehen. Er bildet den Höhepunkt der geschmacklichen Fülle. Beachten Sie aber den Unterschied bei folgenden Hauptgängen:

- Hähnchenbrüstchen mit Curryrahmsauce (leichtes Hauptgericht)
- Rehrücken mit Wacholderrahmsauce (schweres Hauptgericht)

Die Weine zu den übrigen Gängen sind auf den Wein zum Hauptgang abzustimmen. Im Gegensatz zum trockenen Sekt als Aperitif sollte der Sekt zum Dessert halbtrocken sein, damit der Geschmacksunterschied zur Süßspeise nicht zu gravierend ist.

Getränke nach dem Essen

Kaffee

Kaffee dient hauptsächlich zur Überwindung der leichten Ermüdung nach dem Essen. Es gibt folgende Angebotsformen (s. S. 286 f.):

- Kaffee oder Mokka, auch in Verbindung mit Weinbrand oder geeigneten Likören
- Espresso und Cappuccino
- Rüdesheimer Kaffee oder Irish Coffee

Digestifs

Digestifs sollen die Mahlzeit harmonisch ausklingen lassen und vor allem verdauungsfördernd wirken. Das Wort ist hergeleitet von: **digestif = verdauungsfördernd**

1.4 Menüangebot, Menükarte

Im Vergleich zum Angebot der Speisen in einer umfangreichen Speisekarte kommt dem Menüangebot heute eine besondere Bedeutung zu.

Arten des Menüangebots

Es gibt sie in Form von Tagesangeboten, Festtagsangeboten und Angeboten für besondere Anlässe.

Die geschmackliche Fülle der Getränke muss stufenweise zunehmen.

Nach einem geschmacklich ausdrucksstarken käme ein geschmacklich leichtes Getränk nicht mehr zur Geltung. Im Einzelnen bedeutet das:

- leichte Weine vor schweren,
- junge Weine vor alten Weinen, die aufgrund ihrer Reife vollmundiger sind,
- trockene Weine vor halbtrockenen, die aufgrund der Restsüße schwerer und voller wirken,
- weiße Weine vor roten, die von Natur aus voller und geschmacksintensiver sind,
- Wein vor Schaumwein, der durch den Gehalt an Kohlensäure ausdrucksstärker ist.

Als Digestif eignen sich:
- Hochwertige Brände und Geiste
  - Weinbrand, Cognac, Armagnac
  - Kirschwasser, Himbeergeist, Williamsbirnenbrand, Calvados
- Hochwertige Liköre
  - Grand Marnier, Chartreuse
  - Cointreau und Bénédictine
  - in Verbindung mit anderen Zutaten auch als After-Dinner-Cocktails

---

Tagesmenüs

Viele Menschen, insbesondere auch solche, die im Arbeitsprozess stehen, nehmen ihr Essen heute außerhalb des Hauses ein. Um diesem täglichen Bedürfnis zu genügen, hält der gastgewerbliche Betrieb ein Angebot bereit, das den bescheideneren täglichen Verzehrgewohnheiten angemessen ist und im Allgemeinen folgende Merkmale aufweist:

- 3 Menüs mit abgestuften Preisen,
- in der Regel mit 3 Gängen.

Festtagsmenüs

Solche Menüs – z. B. zu Ostern, Pfingsten, Weihnachten und Silvester – sind auf die besondere festtägliche Stimmung sowie auf die damit verbundenen erhöhten Ansprüche der Gäste ausgerichtet:

- in der Regel mehrere Menüs mit abgestuften Preisen
- mit 3 oder auch mehr Gängen
- in einer Präsentation, die für einen Festtag angemessen ist.

Weinempfehlung

Beispiel eines Menüs mit Weinempfehlung und dem zugehörenden Gedeck

Getränkefolge

2011 Lorentz Cuvée Spéciale
Gewürztraminer
Elsass A.O.C.

2010 Coteaux du Giennois Blanc
Terre de Fumé
Domaine Henri Bourgois, Loire

2009 Beilsteiner Wartberg
Cabernet-Cuvée, trocken
Weingut Sankt Annagarten Gutsabfüllung
Württemberger Qualitäts-Rotwein

Crémant d'Alsace Dopff
Princes Eveques

Menü

(1) Gänseleber im Briochemantel mit Apfelsalat
und Würfeln von Sherryweingelee

(2) Gekochter Hummer im Gemüsesud

(3) Rinderfilet auf einer Trüffelrahmsauce
Fingerkarotten, Zuckerschoten, Mus von Petersilienwurzeln
und gebratene Kartoffelspäne

(4) Frische Feigen auf Curaçaosauce
mit Orangenfilets

Menüs für besondere Anlässe

Für Familienfeiern wie Geburtstag, Kommunion, Konfirmation, Hochzeit sowie zu besonderen Veranstaltungen wie Vereinsfeste, Betriebsjubiläen, Staatsempfänge hat der Gastgeber oftmals spezielle Wünsche. In der Regel hält der Gastronomiebetrieb hierfür spezielle Menüvorschläge bereit, bei denen die küchentechnischen Aspekte, die zur Verfügung stehenden Mitarbeiter sowie saisonale Rohstoffangebote berücksichtigt sind. Darüber hinaus ist es aber auch üblich, in einem Beratungsgespräch mit dem Auftraggeber besondere Wünsche zu klären und mit ihm ein ganz individuell gestaltetes Menü zusammenzustellen.

Bedeutung von Menüangeboten

Menüangebote/Menüvorschläge sind im Vergleich zu dem Angebot einer großen Speisekarte sowohl für die Küche als auch für den Gast mit besonderen Vorteilen verbunden.

Vorteile aus der Sicht der Küche

Das Essen à la carte bringt die Küche nicht selten in eine schwierige Arbeitssituation. Sie muss abwarten, welche Speisen die Gäste bei ihrem Eintreffen aus der Karte auswählen. In vielen Fällen geht dann gleichzeitig eine größere Anzahl von Bestellungen meist unterschiedlicher Gerichte ein.

Dadurch gerät die Küchenbrigade unter starken zeitlichen Druck. Das Menüangebot bringt diesbezüglich Entlastung:
- Bestimmte Vor- und Zubereitungen können bereits vor Beginn der Essenszeit ausgeführt werden,
- der zeitliche Spielraum ermöglicht eine gezielte Arbeits- und Personaleinteilung.

Das Menüangebot eröffnet darüber hinaus Möglichkeiten eigener Initiative:
- gezielte Auswahl gerade vorhandener, insbesondere saisonbedingter Rohstoffe,
- abwechslungsreiche Gestaltung des täglichen Speisenangebotes,
- Zuordnung gleicher Speisen in abgewandelten Speisenkombinationen, z. B. Vorspeisen, Suppen und Nachspeisen.

Vorteile aus der Sicht des Gastes

Bei häufigem Restaurantbesuch, insbesondere wenn es sich um tägliche Mahlzeiten handelt, bleibt ihm die Mühe erspart, sich selbst ein Menü zusammenzustellen. Weitere Vorteile sind:
- Ein Menü ist stets preisgünstiger als eine Kombination gleicher Speisen aus der Speisekarte.
- Die Speisen des Menüangebotes sind bei der Bestellung meistens sofort servierbereit, so dass kaum Wartezeiten entstehen.

Festtagsangebote

Den besonderen Anlässen entsprechend werden die Menüs in Karten mit festlicher Aufmachung präsentiert.

Präsentation des Menüangebots

Tagesangebote
Diese werden in der Regel mit der Speisekarte kombiniert.

Tageskarte

Menü 1
Blumenkohlrahmsuppe
❀
Schweinebraten mit Semmelknödeln und Krautsalat
❀
Fruchtsalat

Menü 2
Kleiner Salatteller
❀
Zwiebelrostbraten mit Frühlingsgemüse und Kartoffelpüree
❀
Karamellcreme

Hier können Sie die Gerichte sowohl einzeln bestellen als auch Ihr eigenes Menü zusammenstellen

Kalte Vorspeisen
Scampicocktail mit Toast und Butter
Roher Schinken mit Ogenmelone
Geräuchertes Forellenfilet

Suppen
Klare Ochsenschwanzsuppe
Kraftbrühe mit Eierstich
Blumenkohlrahmsuppe

Hauptspeisen
Gekochter Tafelspitz mit Bouillonkartoffeln
Schweinekotelett in Robertsauce, Butterreis
Lammfilet in Thymianjus, Annakartoffeln

Nachspeisen
Aprikosenstrudel mit Vanilleeis
Palatschinken, mit Sauerkirschen gefüllt
Marzipancreme mit Rhabarberkompott

Das Küchenteam wünscht Ihnen einen „GUTEN APPETIT"

Gestalten von Menükarten

Der Schriftsatz ist bei Menükarten im Allgemeinen auf die Zeilenmitte zentriert, er kann aber auch links- bzw. rechtsbündig angeordnet sein. Für das Aufzählen der Bestandteile eines Ganges mit Beilagen gibt es eine **bestimmte Reihenfolge:**

> Hauptbestandteil
> Sauce
> Gemüsebeilage
> Hauptbeilage

Die Folge wird ergänzt, wenn Salat oder eine kalte Beilage gereicht wird. Diese Speisen stehen immer am Ende der Aufzählung. Für die **Anordnung der Getränke** ist zu beachten:

- Bei gefalteten Karten stehen die Getränke auf der linken Seite in Höhe des Ganges, dem sie zugeordnet sind. Kaffee oder Mokka erscheinen immer auf der rechten Seite im Anschluss an die Speisenfolge.

- Bei ungefalteten Karten stehen die Getränke jeweils nach dem Gang, zu dem sie gereicht werden.

Weihnachtsmenü

Artischockenböden
mit Meeresfrüchten

❀ ❀ ❀

Wildkraftbrühe mit
Trüffelklößchen

❀ ❀ ❀

Knusprig gebratene Gans
Johannisbeerrotkohl
glasierte Maronen
Bratapfel mit Ebereschensirup
Mandelbällchen

❀ ❀ ❀

Zimthonigcreme
mit Cognacsauce

Kombination eines Menüangebotes mit der großen Speisekarte

Kalte Vorspeisen
Scampicocktail mit Toast und Butter
Roher Schinken mit Ogenmelone
Geräuchertes Forellenfilet

Suppen
Klare Ochsenschwanzsuppe
Kraftbrühe mit Eierstich
Blumenkohlrahmsuppe

Zwischengerichte
Kalbsbries in Kräutereihülle
Feines Geflügelragout mit Wildreis
Tintenfisch-Risotto

Fischgerichte
Gebratene Scholle
mit Zitronenbutter
Steinbutt in Rieslingsauce
Seeteufel im Wirsingmantel

Menü 1
Linseneintopf
mit Räucherspeck
Apfelstrudel

Menü 2
Blumenkohlrahmsuppe
Schweinebraten
mit Semmelknödeln
Fruchtsalat

Menü 3
Kleiner Salatteller
Zwiebelrostbraten
mit Kartoffelpüree
Karamellcreme

Hauptspeisen
Gekochter Tafelspitz mit Bouillonkartoffeln
Ochsenschwanzragout in Madeirasauce
Glasierte Kalbshaxe mit Röstkartoffeln
Geschnetzeltes vom Kalb mit Rösti
Schweinemedaillons mit Morcheln
Schweinekotelett in Robertsauce
Irish Stew (Irischer Lammeintopf)
Lammfilet in Thymianjus, Annakartoffeln

Käse
Kleine, gemischte Käseauswahl
Weißkäsemus mit Apfelspalten
Gebackener Camembert
mit Preiselbeerkompott

Nachspeisen
Aprikosenstrudel mit Vanilleeis
Palatschinken mit Sauerkirschen gefüllt
Marzipancreme mit Rhabarber

1. Erklären Sie die Bezeichnung Menü.

2. Beschreiben Sie den Aufbau eines modernen Menüs.

3. Nennen Sie je 5 Rohstoffe, die in den verschiedenen Jahreszeiten bevorzugt werden sollten.

4. Worauf ist bei der Zusammenstellung von Menüs im Hinblick auf die ernährungsphysiologische Vollwertigkeit zu achten?

5. Nennen Sie Beispiele, weshalb bei der Erstellung von Menüs betriebliche Voraussetzungen in Bezug auf die Küche und den Service beachtet werden müssen.

6. Rohstoffe dürfen sich bei Einhaltung bestimmter Bedingungen wiederholen. Nennen Sie Beispiele.

7. Welche Rohstoffe dürfen sich nach der strengen Menülehre nicht wiederholen? Nennen Sie Beispiele.

8. Wie heißen die beiden Regeln für die unmittelbare Aufeinanderfolge von Speisen?

9. Beschreiben und begründen Sie die richtige Reihenfolge für das Zusammenstellen von Menüs.

10. Stellen Sie – von folgenden Hauptgängen ausgehend – Menüs mit 4 Gängen zusammen:
    - Heilbuttschnitte vom Grill mit Kräuterbutter
    - Masthuhnbrust mit Currysauce
    - Lammnüsschen mit Thymianjus
    - Rehrückenfilet mit Portweinsauce

11. Wie nennt man Getränke, die vor dem Essen gereicht werden? Welchen Zweck erfüllen sie?

12. Nennen und beschreiben Sie Cocktails und Longdrinks, die sich als Aperitifs eignen.

13. Welche grundlegende Funktion erfüllen die korrespondierenden Getränke beim Essen?

14. Nennen Sie grundlegende Regeln für die Aufeinanderfolge der Getränke in der Speisenfolge.

15. Ihre Gäste haben sich für *„Steinbutt und Hummer mit Champagnersauce"* als Hauptgang entschieden. Im Rahmen der Gästeberatung empfehlen Sie Ihren Gästen:
    a) zusätzlich eine kalte Vorspeise, eine Suppe und ein Dessert sowie
    b) passende Getränke zum Menü.

    Üben Sie im Rahmen der Gästeberatung mit folgenden Hauptgängen in gleicher Art:
    „Hirschrückenroulade mit Calvados-Sauce" und *„Tournedos mit Béarner Sauce"*

16. Erstellen Sie aus den unten abgebildeten Gerichten ein genau umschriebenes, druckreifes und appetitmachendes Menü mit Getränken für einen Menüvorschlag.
    Grundlagen der Gerichte:
    - Suppe: geräucherte Forelle
    - Fleisch: Hirschrücken und Wirsing
    - Dessert: Apfel und Holunder

17 Überprüfen Sie folgende Menüs auf Regelwidrigkeiten und notieren Sie die festgestellten Mängel. (Die Lösungen zu dieser Aufgabe finden Sie im Internet (www.restaurant-und-gast.de/support).

Menü 1

Terrine vom Lachs
mit Rucolasalat

Lachsfilet Florentiner Art
mit Petersilienkartoffeln

Vanilleeis mit Apfelringen

Menü 2

Geflügelkraftbrühe mit Zuckermais
Fleischklößchen und Fadennudeln

Kalbsroulade mit Semmel-Kräuterfüllung
Estragonjus
Apfel-Rotkohl

Zimtpfannkuchen mit Apfelmus

Menü 3

Essenz vom Fasan
Trüffelklößchen und Blattgold

Geschnetzeltes vom Hirsch
in Pfeffersauce
Pfifferlinge und Rotkohl
Schwäbische Spätzle

Rote Grütze mit Vanillesauce

Menü 4

Zwiebelcremesuppe
mit Fleischklößchen und Fadennudeln

Gedünstete Poulardenbrust
Rieslingsauce
Zuckerschoten, junge Möhren
Schlosskartoffeln

Spekulatiusparfait mit Vanillesauce

Menü 5

Kraftbrühe von Kaninchen
Kräuterpfannkuchenstreifen,
Sellerieperlen

Eingelegter Wildschweinbraten,
geschmort in Burgundersauce
Gefüllter Apfel mit Sauerkirschen,
Spinatroulade, Kartoffelrösti

Holunderblütenmousse mit Rhabarber-Sorbet
und frischen Erdbeeren

Menü 6

Buttermilchkaltschale mit Dill
und Nordseekrabben

Red Snapper-Filet gebraten
Sauce Béarnaise im Artischockenboden,
geschmortes Paprika- und
Zucchinigemüse,
Salzkartoffeln

Himbeer-Creme auf Ananascarpaccio
mit Schokoladensauce

2 Speisekarten

🇬🇧 bill of fare, the menu 🇫🇷 carte (w) des mets, menu (m)

Die Speisekarte enthält das übliche Speisenangebot eines Betriebes. Während dem Gast in Menükarten jeweils eine festgelegte Folge bestimmter Speisen präsentiert wird, kann er sich aus dem umfangreichen Angebot der Speisekarte je nach Verzehrabsicht entweder eine einzelne Speise auswählen oder sich selbst eine Speisenfolge zusammenstellen. Er wählt bzw. speist dann „à la carte". Speisekarten sind die Visitenkarte des Hauses. Sie repräsentieren das Niveau der Küche. Unter diesem Gesichtspunkt sind sie ein ganz wichtiges Hilfsmittel der **Werbung** und **Verkaufsförderung**.

2.1 Arten der Speisekarten

Man unterscheidet drei grundlegende Kartentypen: die **Standardkarte**, die **Tageskarte** und die **Spezialkarte**.

Standardkarte

Es handelt sich dabei um eine Zusammenstellung von Speisen, die als Standardangebot für einen längeren Zeitraum unverändert bleiben. Damit die Karte aber dem Charakter sowie dem Niveau des Hauses entspricht, sind wichtige Gesichtspunkte zu bedenken:
- Art des Speisenangebots,
- Umfang und Gliederung des Angebots,
- Aufmachung der Karte.

Art des Speisenangebots

Die angebotenen Speisen müssen bei den Gästen Zustimmung finden, denn nur so kann der angestrebte Umsatz erzielt werden. Aus diesem Grunde ist zu klären:

- Welcher Gästekreis soll bevorzugt angesprochen werden?
- Welche Speisen versprechen dabei eine besondere Werbewirksamkeit?
- Sind die personellen und technischen Voraussetzungen so, dass die Speisen auch sachgerecht in einer vertretbaren Zeit zubereitet und serviert werden können?

Umfang des Speisenangebots

Es soll maßvoll und ausgewogen sein.
Nicht zu groß, damit die Überschaubarkeit gewährleistet ist und dem Gast die Auswahl nicht unnötig erschwert wird. Die Küche wird auf diese Weise, besonders in Stoßzeiten, von Überforderungen verschont. Außerdem wird vermieden, dass ungenutzte Rohstoffvorräte die Wirtschaftlichkeit des Betriebes gefährden. **Nicht zu klein,** damit der Gast in seinen Verzehrabsichten nicht zu sehr eingeschränkt ist. Das Angebot muss in jedem Falle allgemein üblichen Verzehrgewohnheiten gerecht werden.

Nicht zuletzt ist darauf zu achten, dass Vorspeisen, Suppen, Hauptspeisen und Nachspeisen in ihrer Menge ausgeglichen und in ihrer Art aufeinander abgestimmt sind.

Bereits beim Lesen und Studieren soll die Speisekarte den Gast in eine gehobene Stimmung versetzen und Verzehrwünsche wecken. Dabei ist jedoch andererseits zu bedenken, dass die Küche tatsächlich das bieten muss, was sie in der Karte verspricht.

Unter solchen Gesichtspunkten ist es auch wichtig, das Angebot in regelmäßigen Abständen kritisch zu überprüfen und gegebenenfalls neu zusammenzustellen. Dabei sind die von den Gästen weniger akzeptierten Speisen herauszunehmen und neue, erfolgversprechendere anzubieten. Außerdem müssen in solche Überlegungen die möglichen Veränderungen des Konsumverhaltens und der Verzehrgewohnheiten der Gäste mit einbezogen werden.

Gliederung des Speisenangebots
Die Speisekarte wird nach Speisengruppen gegliedert, um dem Gast die Möglichkeit zu geben, sich selbst daraus ein Menü zusammenzustellen.

> Vorspeisen
> Suppen
> Zwischengerichte
> Eierspeisen und Teigwaren
> Fische und Krebstiere
> Schlachtfleisch
> Geflügel und Wild
> Vegetarische Gerichte
> Beilagen
> Käse
> Süßspeisen

(siehe auch Speisekartenbeispiel ab S. 502)

Weitere kartengerechte Beispiele können Sie auf beiliegender CD einsehen.

Viele Betriebe verzichten auf eine Rubrik des sogenannten Senioren-angebots. Sinnvoller erscheint die Möglichkeit, fast alle angebotenen Speisen als halbe oder kleinere Portion zu einem reduzierten Preis anzubieten.

Durch besondere Gestaltungs-elemente wie Mehrfarben-drucke, Umrandungen und Wappen sowie durch gastro-nomische Motive kann die Originalität der Karte noch gesteigert werden.

Unter den gleichen Gesichts-punkten werden Spezialkarten auch im Zusammenhang mit ganz gezielten verkaufsfördern-den Maßnahmen eingesetzt, z. B.
- „Das besondere Angebot der Woche",
- „Meeresfrüchte in erlesenen Zubereitungen",
- „Gerichte aus alten Kochbüchern",
- „Unser Küchenmeister präsentiert ausgewählte Fischspezialitäten der internationalen Küche".

Speisekarten-Beispiel

Speisekarten sollen beim Gast bereits beim Lesen eine positive Grundstim-mung auslösen und den Wunsch zur Bestellung wecken. Jede angebotene Speise weckt beim Gast gewisse Vorstellungen und Erwartungen. Speise-karten-Aussagen müssen deshalb immer sehr klar und verständlich formu-liert sein und der Wahrheit entsprechen. **Nachfolgend (S. 503–506) ist eine Musterspeisekarte mit kartengerechten Aussagen aufgeführt.**

Aufmachung der Speisekarte

Die Speisekarte muss optisch ansprechen und den Charakter des Hauses hervorheben. Etwas stärkeres Papier oder feiner Karton wirken edel. Ein werbewirksamer sowie strapazierfähiger und abwischbarer Umschlag ist empfehlenswert. Außerdem sind von Bedeutung:
- eine übersichtliche und klare Gliederung,
- ein gutes und angenehm lesbares Schriftbild,
- eine ausgewogene und ansprechende Raum- und Textaufteilung.

Tageskarten

Das Angebot von Tageskarten wird täglich neu zusammengestellt. Es han-delt sich dabei um eine sinnvolle und zweckmäßige Ergänzung zur Stan-dardkarte, die sowohl für die Küche als auch für den Gast von Vorteil ist.

Aus der Sicht der Küche:
- Sie kann auf besondere Angebote des Marktes rasch reagieren, weil die Rohstoffe im Rahmen der wechselnden Tagesangebote gezielt verarbeitet und umgesetzt werden können.
- Gerichte, für die eine längere Zubereitungsdauer erforderlich ist, können aus küchentechnischen Gründen überhaupt nur als Tages-gerichte hergestellt werden, z. B. Braten und Schmorfleischgerichte sowie gekochte Rinderbrust.

Aus der Sicht des Gastes:
- Das Speisenangebot der Tageskarte bietet ihm ergänzend zur Stan-dardkarte mehr Abwechslung.
- Tagesangebote sind häufig besondere regionale oder saisonale Spezia-litäten und oftmals preisgünstig.
- Die Speisen sind bereits zu Beginn der Essenszeit servierbereit.

Spezialkarten

Spezialkarten enthalten ein zeitlich begrenztes und gezieltes Speisen-angebot aus Rohstoffen der jeweiligen Saison, z. B.:
- Spargel, Erdbeeren – Muscheln, Krebstiere – Wildbret

Spezialkarten sind eine sinnvolle Ergänzung sowohl der großen Karte als auch der Tageskarten:
- Einerseits erwartet der anspruchsvolle Gast ein der Saison entsprechen-des Speisenangebot und ist deshalb auch bereit, für besondere Spezia-litäten einen höheren Preis zu zahlen,
- andererseits bietet sich hier für die Küche die Möglichkeit der Umsatz-steigerung an, da sie in Spezialkarten mit der Preisgestaltung flexibler sein kann als in Standardkarten.

Vorspeisen

Tomate, gefüllt
mit marinierten
Champignons

Drei frische Austern
auf Eis mit Würzsaucen, Vollkornbrot

Cocktail von frischem Stangenspargel
mit Orangenmayonnaise und Röstbrot

Scampicocktail
in halber Avocado, Toast und Butter

Rauchaalterrine
mit Trepanggelee auf Kräuterschaum Walnussbrot

Salat von Geflügel
auf Toast

Thunfisch-Tatar
auf Briochescheibe mit Kräutersalat

Vorspeisen

**Hausgebeizter
Graved Lachs**
mit Dill-Senfsauce
Buchweizenplätzchen

Seeteufel
auf Estragonsauce mit Spargel und Vollkorntoast

Matjeshering-Filets
in süßsaurem Rahm mit Zwiebeln, Äpfeln, Gurke,
neue Kartoffeln

Krebsschwänze
in Chablisgelee mit marinierten Austernpilzen
Brioche

Parmaschinken
mit Ogenmelone und Melbatoast

Nizzaer Salat
mit geröstetem Weißbrot

Suppen

Legierte Fischsuppe
mit Krebsschwänzen
und Kürbiskugeln

Suppe von Jakobsmuscheln
mit Ingwerklößchen

Tomatensuppe
mit Graupen, Mozzarella und Basilikum

Doppelte Rinderkraftbrühe
mit Kräuter-Leber-Strudel

Legiertes Schneckensüppchen
mit Safranfäden

Wachtelkraftbrühe
mit Gemüsestreifen und pochiertem Wachtelei

Hummersuppe
mit Hechtklößchen

Kartoffelsuppe
mit Nordsee-Krabben

Zwischengerichte

**Blätterteigpastetchen
St. Hubertus**
mit feinem Wildragout gefüllt

Spinatravioli
mit Streifen von sautiertem Räucherlachs

Jakobsmuscheln
in Sauerampfersauce
mit Flan von gelben Rübchen

Brokkoli-Walnuss-Soufflé
mit sämiger Sauce aus Apfel und Meerrettich

Kalbsleberscheiben
in Portwein mariniert auf Lauch-Karotten-Streifen

Kroketten von Hähnchen und Waldpilzen
mit Choronsauce

Gebackene Kalbsbäckle
auf marinierten Berglinsen und grünem Spargel

Eierspeisen & Teigwaren

Käseomelett
mit Rucola-Salat
Wurzelbrot

Pochierte Eier
auf Blattspinat
mit holländischer Sauce

Kräuterrührei
mit Schinkenstreifen
und Kartoffelplätzchen

Geschupfte Steinpilznudeln
mit rohem Schinken in Rotweinschaumsauce

Weizen-Vollkorn-Nudeln
mit Zucchini- und Tomatenwürfeln

Kräuternudeln
mit Flusskrebsen in Champagner

Cannelloni
in Basilikumrahmsauce mit Tomatenfilets, Reibkäse

Fische & Krebstiere

Rotzungenröllchen
in Noilly-Prat-Sauce
mit kleinen Kartoffel-
pfannkuchen

Lachssoufflé
in Champagnersauce
mit Kaiserschoten
und hausgemachten Nudeln

Seeteufelmedaillons vom Grill
mit Kirschtomaten, Bohnen
und Pilzravioli

Pochierte Austern
mit Lauch und Trüffeln

Gratinierte Sankt-Jakobs-Muscheln
auf Mangoldgemüse

Riesengarnelen
in Sauerampfersauce mit Tomatenreis

Fische & Krebstiere

Hummer-Maultaschen
auf einem Püree von
Brunnenkresse

**Amerikanische
Weichschalenkrabbe**
vom Grill auf getoasteten Sesambrötchen

Lamm

Lammragout
mit tournierten Gartengemüsen

Lammrückenfilets
in der Brotkruste
mit Steckrübchen und Champignonkartoffeln

Lammkarree
im Blätterteig mit Fleischtomaten und wildem Reis

Kalb

**Glasierte
Kalbshaxe**
mit Röstkartoffeln
und buntem Salatteller

Kalbsgeschnetzeltes
in Rahm mit Erbsen
Kirschtomaten und Pilzrösti

Kalbssteak
mit Zwiebelmus überbacken
geschmortem Kopfsalat, Spargel, Karotten

Kalbsfilet-Röllchen
gefüllt mit Zunge und Erbsenmus
mit Kräuter-Wein-Sauce, Kartoffelpüree

Kalbsleber, gebraten
mit Apfelringen
Röstzwiebeln
Kartoffelpüree

Rind

Ochsenschwanzragout
in Madeirasauce
mit tournierten Gemüsen
und Markklößchen

Geschmorte Rinderbrust
mit Lauchscheiben und Kartoffelnocken

Burgunderbraten
mit Mangoldgemüse, glasierten Karotten
und Kartoffelplätzchen

Kleine Rinderfiletscheiben
mit grünem Spargel, Mus von Petersilienwurzeln
und Kräuterflädle

Roastbeef mit Bearner Sauce
Yorkshire-Pudding
Gemüse-Mosaik

Zwiebelrostbraten
mit frischen Marktgemüsen
und Kartoffelnudeln

Schwein

Gepökelte Schweineschulter
in Bierjus
mit glasierten Petersilienwurzeln
Karotten
Kräuter-Kartoffel-Nudeln

Schweinerückenfilet, gebraten
mit Morcheln auf Calvadossauce
und Estragon-Nudeln

Medaillons vom Schweinefilet
auf einem Spiegel von Roquefortsauce
mit feinen Gemüseperlen
und Bamberger Hörnchen

Schweinefilet im Strudelteig
mit Camembertsauce
glasierte Schalotten und Kirschtomaten

Krustenbraten vom Schwein
auf jungem Lauchgemüse mit Kartoffeln

Geflügel

Poëlierte Brüstchen vom Stubenküken
auf sautiertem Gemüseallerlei

Hühnerkeulchen
mit Kräuterbrotfüllung
umlegt mit Austernpilzen
und grünen Böhnchen

Entenbrust
auf Rotweinsauce, Kaiserschoten
Rosinenauflauf

Brust vom Maishähnchen
mit Gänseleber und Trüffeln gefüllt
Streifen von Lauch, Karotten und Nudeln

Glasierte Perlhuhnbrust
mit Sauerkirschen, Rosenkohl
und Schlosskartoffeln

Wild & Wildgeflügel

Wildkaninchenkeule
mit leichter Jus, auf einem
Gemüsebett aus Karotten,
Wirsing, Sellerie und
Morcheln mit Sesamplätzchen

Rehrücken
in Weinsauce mit glacierten Trauben
Steinpilzauflauf mit Preiselbeeren

Hirschmedaillons
in Wacholder-Gin-Sahne mit frischen Marktgemüsen, Bernykartoffeln und Preiselbeerbirne

Rebhuhn
mit Ingwersauce und wildem Reis

Wildentenbrust
mit Cassissauce
Brokkoliröschen und Schlosskartoffeln

Beilagen & Vegetarische Gerichte

Mangoldstrudel
mit Mornaysauce überbacken

Gefüllte Wirsingbällchen
auf Petersilienwurzel-Mus

Maisflan
in Sauerampfersauce

Spinatpudding
in einem Kranz
von Tomatenrührei

Gebratene Steinpilzscheiben
mit Semmelnocken

Weißer und grüner Spargel
in Kräutercrêpes
mit holländischer Sauce

**Pürees von Brennnessel, Rote Bete
Karotten und Petersilienwurzel**
mit Strohkartoffeln

Salate

**Kleiner bunter
Linsensalat**
mit Kresse

Feldsalat
mit Kartoffeldressing

Tomatensalat
mit Artischockenherzen
und Champignons

Zucchini-Trüffel-Salat

Grapefruitsalat
mit Gerstensprossen
und gerösteten Pinienkernen

Rohkostcocktail
mit Kürbiskernbrot

Erbsenschotensalat
mit Orangenfilets

Käse

Ziegenkäse
mit getrockneten
Sauerkirschen
und Portulak

Kleine Käsequiche
mit Feldsalat und Radieschen

Gebackener Camembert
mit Preiselbeeren und Kartoffelsalat

Marinierter Schafskäse
mit Oliven

Käsesoufflee
mit zwei Paprikasaucen

Bunter Käseteller
mit Walnüssen
weiße und blaue Trauben

Süßspeisen

Walderdbeeren-Gratin
mit Orangenbutter

Palatschinken
mit Krokantsahne gefüllt

Haselnuss-Crêpes
mit Trauben und Grappa-Sabayon

Schokoladen-Ingwer-Pudding
mit Karamellbirne, Preiselbeeren
und Walnuss-Sahne

Limonenparfait
mit kleiner Brombeertorte und Joghurtsauce

Mandeltörtchen
mit Rhabarber, Erdbeeren
und grünem Pfeffer-Eis auf Orangensauce

Weißkäse-Mousse
mit Apfelspalten und Holunderbeersauce

2.2 Erstellen der Speisekarten

Die „Gastronomische Akademie Deutschlands", kurz GAD genannt, schreibt: **„Speisekarten sind in erster Linie für den Gast geschrieben, dem sie auch verständlich sein müssen."** Die einzelnen Richtlinien des Kommentars sind in den folgenden Ausführungen an jeweils entsprechender Stelle wiedergegeben und erläutert.

Informationsgehalt der Speisekarte

Jede angebotene Speise weckt beim Gast bestimmte Vorstellungen und Erwartungen. Die Aussagen der Karte müssen deshalb klar und wahr sein. Das gilt insbesondere auch für die Bezeichnung „nach Art des Hauses", die als eine nichtssagende Allerweltsformel anzusehen ist, wenn die Art der Speise nicht näher erklärt wird. Die folgenden Ausführungen geben detaillierte Richtlinien und Anweisungen.

Wahrheit

Die Angaben auf der Speisekarte müssen der **Wahrheit** entsprechen:
- Mastkalbsrücken muss aus Fleisch von einem gemästeten Kalb sein.
- Bei der Bezeichnung „Frischer Lachs" oder „Frische Hähnchen" darf es sich nicht um gefrostete Ware handeln.
- Norwegischer Hummer, Bornholmer Lachs oder Bresse-Enten müssen aus der entsprechenden Region kommen.

Verstöße sind nach dem Gesetz **Warenunterschiebungen**.

Klassische Bezeichnungen dürfen nur verwendet werden, wenn sie nach dem Originalrezept hergestellt sind:
- Tournedos Rossini müssen Gänseleber, Trüffelscheiben und Madeirasauce enthalten. Trüffel dürfen nicht durch Champignons ersetzt werden.
- Seezunge Colbert muss mit Colbertbutter serviert werden. Die Butter darf nicht durch Béarner Sauce ersetzt werden.
- Bernykartoffeln müssen Trüffelstückchen enthalten und mit Mandeln paniert sein.

Abweichungen vom Original können dazu führen, dass man die Glaubwürdigkeit der Küche ganz allgemein in Frage stellt und es zu berechtigten Beanstandungen kommt. Beides ist nicht dazu angetan, den guten Ruf eines Hauses zu fördern.

Sprachliche Entgleisungen

Sprachliche Entgleisungen wie Mastpoularde, Edellachs und ähnliche sollte man **nicht** gebrauchen:
- Poularde bedeutet bereits gemästetes Huhn.
- Lachs ist die Bezeichnung für einen Edelfisch.

Die erwähnten Bezeichnungen sind in allen Fällen sinnwidrige Verdoppelungen.

Klassische Namen

Gerichte mit klassischen Namen oder mit ergänzenden Bezeichnungen, die nicht allgemein bekannt sind, sollte man auf der Karte stets mit einer kurzen Erklärung versehen:
Es ist nicht gut, wenn der Gast in solchen Fällen fragen muss oder erst gar nicht bestellt. Aus diesem Grunde ist es heute in zunehmendem Maße üblich, anstelle der klassischen Garniturbezeichnung die Speise einfach zu beschreiben. Die Küche kann so in der Abwandlung von Zubereitungen ihre eigene Kreativität zum Ausdruck bringen, z.B.:

- **Klassisch:** Seezungenfilets Lady Egmont
- **Modern:** In Weißwein pochierte Seezungenfilets mit Champignonscheiben, leichter Rahmsauce und Spargelspitzen

- **Klassisch:** Lendenschnitte Duroc
- **Modern**: Gebratene Lendenschnitten, garniert mit geschmolzenen Tomaten, Jägersauce und Nusskartoffeln

Bei solchen Übertreibungen, die lediglich etwas Großartiges, Besonderes vortäuschen, muss sich der Gast berechtigterweise genarrt fühlen. Für einfache alltägliche Gerichte braucht man keine Namen der „grande cuisine".

Speisenbezeichnungen
- Pommes frites, pochierte Eier
- Irish Stew, Paëlla, Piccata
- Bouillabaisse, Coq au vin

Rohstoffbezeichnungen
- Champignons
- Rumpsteak, Tournedos

Personennamen
- Rossini, Dubarry, Mirabeau
- Béchamel, Colbert, Wellington

Geographische Namen
- Orly, Argenteuil, Szegedin

Fantasienamen

Nichtssagende Fantasienamen sind zu vermeiden:
- Ein wenig Curry ist noch keine Speise nach indischer Art,
- ein Stück Ananas oder ein paar Kirschen berechtigen nicht zur Bezeichnung Hawaii oder Florida.

Sprache der Speisekarte

Viele Speisenbezeichnungen kommen aus einer Fremdsprache. Die Übernahme in deutschsprachige Karten bereitet Schwierigkeiten, ist umstritten, und nicht selten werden deshalb fremdsprachige Namen und Benennungen falsch, oberflächlich und unkritisch verwendet. Die GAD bietet aus diesem Grunde Orientierungshilfen an.

Fremdsprachliche Bezeichnungen

Sie sollten nur dann benutzt werden, wenn es sich um unübersetzbare Originalbezeichnungen handelt oder wenn sie im internationalen Sprachgebrauch zu einem festen Bestandteil geworden sind, z. B. :

Gemischtsprachliche Bezeichnungen

Man verwendet sie in der Absicht, Niveau anzudeuten und Eindruck zu machen. Meistens bewirken sie das Gegenteil, weil die Bezeichnungen oft ganz einfach falsch sind oder ein unschönes Sprachgemisch darstellen.

richtig oder besser	falsch
• Klare Ochsenschwanzsuppe • Rinderfilet nach Gärtnerinart • Rahmchampignons • Seezunge, in Weißwein gedünstet • Lammkotelett vom Rost • Herzoginkartoffeln	• Oxtail clair (gleich zwei fremde Sprachen) • Rinderfilet jardinière • Champignons à la crème • Seezunge au vin blanc • Lammkotelett grillée • Duchessekartoffeln

Rechtschreibung auf der Speisekarte

Die Bedeutung der Speisekarte darf nicht unterschätzt werden. Aus diesem Grund sind die Regeln der Rechtschreibung einzuhalten. Man sollte die Karte, bevor sie in Druck geht, von einer geeigneten Person auf grammatikalische Richtigkeit hin überprüfen lassen.

Rechtschreibfehler

Obwohl sie oft Flüchtigkeitsfehler sind, sollte man sie dennoch möglichst vermeiden, weil sie besonders unangenehm auffallen und sehr kritisch beurteilt werden.

richtig	falsch
• … Kartoffeln • … Pfifferlingen • … Markklößchen	• Gekochter Schellfisch mit Kartoffel • Rehrücken mit Pfifferlinge • Kraftbrühe mit Markklöschen

Wortbildungen mit geographischen Namen

In Verbindung mit bestimmten Zubereitungsarten sowie mit regional-typischen Rohstoffen werden geographische Namen verwendet: eine Nation, eine Landschaft oder eine Stadt.

Ist eine Zubereitungsart von Orts- und Ländernamen abgeleitet, wird auseinander geschrieben.
- auf russische Art,
- nach norwegischer Art,
- auf provenzalische Art.

richtige Schreibweise	falsche Schreibweise
• Rindfleisch nach flämischer Art • Kalbsleber nach Berliner Art	• Rindfleisch flämisch • Kalbsleber berliner Art

Wortbildungen mit Personennamen

Es ist zwischen Standespersonen und historisch bedeutenden Personen zu unterscheiden.
- Die Berufsbezeichnungen (z. B. Müllerin, Gärtnerin) stehen in enger Beziehung zu der standesüblichen Zubereitungsart. Der verwendete Zusatz ...**art** wird deshalb unmittelbar an den Namen angehängt.
- Die Verwendung der Namen von historisch bedeutenden Personen erfolgt lediglich zu deren Ehrung. Aus diesem Grunde entfällt in diesen Fällen der Zusatz **Art** bzw. **nach Art**.

Zeichensetzung auf der Speisekarte

Die Kurzinformation der Karte verleitet immer wieder zu Fehlern. Sie beziehen sich auf das Komma, den Bindestrich und auf Anführungszeichen.

Das **Komma** dient zur Abgrenzung. Bei Speisen sind sie bei näheren Angaben über die Zubereitungs- oder Garmachungsart üblich, wobei jedoch zu beachten ist:

Wird die Garmachungsart der Speise vorangesetzt, wird kein Komma gesetzt:
- Gebratene Rehkeule
- Gedünstete Karotten
- Gekochte Rinderbrust
- Überbackener Fenchel

Wird die Zubereitungsart nachgesetzt, ist das Komma unbedingt erforderlich:
- Rinderbrust, gekocht
- Seezunge, gedünstet

Werden nach der Zubereitungsart gleichzeitig Beilagen angegeben, ist eine weitere Abgrenzung durch Kommas notwendig:
- Seezungenfilets, gedünstet, mit Spargel und Reis
- Ochsenbrust, gekocht, mit Bouillonkartoffeln
Aber: Gekochte Ochsenbrust mit Bouillonkartoffeln (die Garmachungsart ist vorangestellt!)

Besonderheit:
mit der Endung -ische/ischer: klein
- auf norwegische Art
- holländischer Käse
- italienischer Salat

mit der Endung -er: groß
- nach Norweger Art
- Holländer Käse
- Schweizer Wurstsalat
- Wiener Schnitzel

richtige Schreibweise	falsche Schreibweise
• Forelle nach Müllerinart • Cremesuppe Dubarry • Tournedos Rossini • Kalbsbraten nach Gärtnerinart • Pfirsich Melba	• Forelle Müllerin • Cremesuppe à la Dubarry • Tournedos nach Rossini • Kalbsbraten Gärtnerin Art • Pfirsich Melbaart

Bindestriche werden nach den Rechtschreibregeln bei längeren, mindestens dreigliedrigen Wortverbindungen zur sinnvollen Abgrenzung angewendet, z. B. Fürst-Pückler-Créme.

richtige Schreibweise	falsche Schreibweise
• Geflügelrahmsauce • Königinsuppe • Müllerinart • Berliner Art	• Geflügel-Rahmsauce • Königin-Suppe • nach Müllerin-Art • nach Berliner-Art

Beratung und Verkauf

richtige Schreibweise	falsche Schreibweise
• Tournedos Rossini	• Tournedos „Rossini"
• Leber nach Berliner Art	• Leber nach „Berliner Art"

Vorschriften beachten über:
- die Art und Weise von Speisebezeichnungen,
- Hinweise auf Zusatzstoffe
- die Preisauszeichnung.

Abb. 1 Speisekarten-Aushang

Hinweis auf Zusatzstoffe
Nach der Zusatzstoff-Zulassungsverordnung müssen Speisen, die kennzeichnungspflichtige Farb-, Aroma- und Konservierungsstoffe enthalten, auch auf der Speisekarte vorschriftsmäßig gekennzeichnet werden (siehe Lebensmittelkennzeichnung, S. 33).

Anführungszeichen dienen dazu, einzelne Wörter oder Satzteile besonders hervorzuheben. Die ergänzenden Aussagen zu Speisen, zu denen fälschlicherweise Anführungszeichen verwendet werden, sind aber in Wirklichkeit ganz selbstverständliche Bestandteile der Bezeichnung. Anführungszeichen ergeben daher keinen Sinn.

Gesetzliche Vorschriften

Speisekarten und Getränkekarten bilden die rechtliche Grundlage für den Bewirtungsvertrag. Nach den Bestimmungen der Preisangabenverordnung müssen dem Gast Speisen und Getränke in schriftlicher Form angeboten werden.

Art und Weise des Angebots

Gaststättenbetriebe müssen neben dem Eingang einen Aushang anbringen, aus dem für den Gast die Tagesmenüs und Tagesgerichte sowie das Preis- und Qualitätsniveau zu ersehen sind.

In der Gaststätte sind Speisekarten auf den Tischen bereitzulegen, oder die Karte ist dem Gast bei der Aufnahme der Bestellung bzw. auf Verlangen bei der Abrechnung vorzulegen.

Andere Betriebsarten wie Selbstbedienungsgaststätten, Erfrischungshallen, Kioske, Stehbierhallen, Bierzelte und ähnliche Betriebe müssen eine Übersichtstafel anbringen, aus der die angebotenen Speisen zu ersehen sind. Auf gleiche Weise müssen dem Gast auch die Getränke angezeigt werden.

Vorschriften zur Preisauszeichnung

Zu allen angebotenen Speisen und Getränken sind die zugehörigen Preise anzugeben. Es handelt sich um **Inklusivpreise**, in denen das Bedienungsgeld, die Mehrwertsteuer sowie sonstige Zuschläge enthalten sein müssen.

Bei Getränken ist in Verbindung mit dem Preis die Getränkemenge anzugeben. Diese Vorschrift gilt nicht für Aufgussgetränke.

Aufgaben

❶ Erläutern Sie den Unterschied des Speisenangebotes in Menü- und Speisekarten.

❷ Nennen und beschreiben Sie – unter dem Gesichtspunkt der jeweiligen Zielrichtung – unterschiedliche Arten von Speisekarten.

❸ Welche besondere Bedeutung kommt beim Speisenangebot den Tages- und Spezialkarten zu?

❹ Welche grundlegenden Überlegungen sind vor dem Zusammenstellen einer Standardkarte anzustellen?

❺ Beschreiben und begründen Sie Richtlinien bezüglich der Aufmachung, des Umfangs und der Gliederung von Speisekarten.

❻ Nennen Sie Speisen, die an besonderer Stelle der Karte hervorgehoben werden können.

❼ Was versteht man bei der Speisenbezeichnung unter falschen bzw. unkorrekten Benennungen? Geben Sie Beispiele.

❽ Welche Rechtschreibregeln gibt es für die Verwendung von geographischen Namen bei
   a) Landschaften,   b) Städten?

❾ Erstellen Sie eine Standardkarte, eine Tageskarte sowie eine Spezialkarte für Spargel.

2.3 Besonderheiten der Systemgastronomie

Die Systemgastronomie, insbesondere die Quickservice-Gastronomie, arbeitet kaum mit klassischen Speisekarten.

Die Kaufentscheidung erfolgt unmittelbar vor der Bestellung des Gastes am Counter. Daher ist an dieser Stelle der Informationsbedarf (und auch die Beeinflussbarkeit) am größten.

Translites

Um die Kaufentscheidung des Gastes zu vereinfachen und zu beschleunigen, werden selbstleuchtende Informationen über der Theke angebracht.

Große Dias in festen oder variablen Schaukästen präsentieren dem Gast appetitanregende Bilder und Produkt- und Preisinformationen über die Menüangebote. Preise für Einzelprodukte sind an dieser Stelle eher selten zu finden.

Menüboard

Das Menüboard entspricht vom Informationsgehalt her der Speisekarte in der klassischen Gastronomie. Es ist am Eingangsbereich des Restaurants von außen sichtbar anzubringen und beinhaltet gemäß § 7 der Preisangabenverordnung die wesentlichen Speisen und Getränke, die das Restaurant anbietet.

Tafel

Ausgesuchte Angebote werden mittels Präsentation auf einer Tafel gesondert hervorgehoben. Um den „Home-made-Charakter" zu erwecken, werden die Hinweise auf Tafeln oft per Hand geschrieben. Da in der Systemgastronomie grundsätzlich das Angebotsmaterial systemintern vorgegeben und gedruckt wird, erweckt diese Art der Hinweiswerbung oft allein aufgrund der Andersartigkeit eine hohe Aufmerksamkeit.

Marketing im Gast-gewerbe

Der Begriff Marketing stammt aus der angloamerikanischen Sprache und steht für „in den Markt hineingehen" („to go into the market"). Dabei stehen die Wünsche der Gäste im Mittelpunkt aller Überlegungen und Aktivitäten.

1 Besonderheiten im Gastgewerbe

🇬🇧 particularities of the hotel and catering industry
🇫🇷 particularités (w) de la gastronomie et hôtellerie

Das Gastgewerbe mit seinen Hotel- und Restaurant-Betrieben unterscheidet sich in mancher Hinsicht von anderen Wirtschaftsbereichen.

Unter den im Gastgewerbe angebotenen **Gütern** stellen die Lebensmittel (Speisen und Getränke) als **Verbrauchsgüter** einen sehr großen Anteil dar. Bei den Speisen gibt es viele Gerichte, die erst auf Bestellung frisch zubereitet werden. Diese Gerichte sind nicht „auf Vorrat" produzierbar oder dem Lager entnehmbar wie manche Güter anderer Branchen.

Unter den Getränken gibt es ebenfalls viele, die erst auf Bestellung produziert werden können (Cocktails, Shakes, Aufgussgetränke …). Denn sie sind leicht verderblich, aromaempfindlich und – wenn überhaupt – nur kurzfristig lagerfähig.

Erschwerend kommt hinzu, dass diese leicht verderblichen Güter an **ganz unterschiedlichen Örtlichkeiten/Stellen** (gastronomische Outlets) angeboten werden. Nämlich dort, wo der Gast dies wünscht, wie z. B. in Restaurant, Bistro, Bankettabteilung, Hallenbar, Poolbar, auf der Etage, Terrasse oder, wie im Bereich des Party-Services, auch „Außer Haus".

Außerdem ist das Verkaufen in der Gastronomie durch einen ständigen **Wechsel der Nachfragesituation** zu unterschiedlichen Tageszeiten geprägt. Die Frühstücksgäste möchten ein anderes Angebot als die Mittagsgäste, die Nachmittagsgäste haben andere Vorstellungen als Gäste, die am Abend kommen. So können im selben Hotelbetrieb die unterschiedlichsten Verkaufssituationen bestehen: Frühstücksservice, Brunch, Mittagessen à-la-carte, Festbankett am Abend, Mitternachtsbüfett, Nachtbar, 24-Stunden-Etagenservice.

Nicht nur Verbrauchsgüter, sondern auch **Gebrauchsgüter** wie Zimmer, Suiten, Sport- und Fitness-Einrichtungen, Konferenz- und Veranstaltungsräume werden mit den daran gekoppelten **Dienstleistungen** verkauft. Oft werden dazu ganze Pakete (Packages) geschnürt und den Gästen angeboten. Um den unterschiedlichsten Gästewünschen zu entsprechen, werden Packages zielgrup-

---

Angebot

Verwöhnen Sie sich selbst oder einen ganz besonderen lieben Menschen mit einem Wochenende oder ein paar Tagen in einer Oase traumhaften Luxusflairs, vollendeten Komforts und himmlischer Genüsse.

Hotel Adlon Kempinski
BERLIN

Time to Spa

Der ADLON SPA by Resense ist eine Oase des Wohlbefindens und lässt Sie eintauchen in die Vollkommenheit des Seins und der puren Harmonie von Körper und Geist. Gönnen Sie sich einen Moment der Entspannung und nehmen Sie sich und Ihrer Seele eine Auszeit …

Es erwartet Sie im Hotel Adlon Kempinski:
- Zwei Übernachtungen im komfortablen Executive Zimmer inklusive unseres Feinschmecker Frühstücksbuffets im Restaurant Quarré
- Eine erfrischende Aufmerksamkeit auf Ihrem Zimmer
- 90 Minuten SPA Behandlung Ihrer Wahl; zusätzlich entweder Maniküre, Pediküre oder Hair Styling
- Als Geschenk einen Adlon Bademantel und Adlon Slipper

Dieses Angebot ist buchbar auf Anfrage und nach Verfügbarkeit mit einem Mindestaufenthalt von 2 Nächten.

Preis ab: 641.00 EUR   Dieses Angebot buchen

pengerecht verfasst. Zielgruppen eines Hotels können sein: *Individualgäste* (Kulturinteressierte, Sportler, Gesundheitsbewusste, …), *Tagungsgäste* (Konferenzteilnehmer), *Firmengäste* (zu Firmenveranstaltungen, Produktvorstellungen, Schulungen), *Reisegruppen* …

Für den *Tagungsgast* werden neben den Zimmern zur Übernachtung und den Tagungsräumen z. B. angeboten:
- modernste Tagungs- und Kommunikationstechnik,
- Konferenzbüros (Business-Center) mit Sekretärinnendienst,
- Simultan-Dolmetscherdienste,
- Rahmenprogramme für die Freizeit.

Für mehrere Zielgruppen gleichzeitig können folgende Leistungen/ Dienstleistungen interessant sein:
- Abholungs- oder Transportdienste, z. B. Transfer- oder Shuttle-Service zum Bahnhof, Flughafen oder Golfplatz,
- günstige Parkmöglichkeiten in Nähe des Hotels,
- Teilnahme an Sportwettkämpfen, z. B. Formel-1-Rennen, Reitturnier oder Fußballspiel,
- Besuch kultureller Veranstaltungen, z. B. in Theater, Oper oder Konzerthalle,
- Nutzung des Wellness-Angebots im Hotel, wie z. B. Sauna, Dampfbad, Massage und Kureinrichtungen.

Der Begriff **Dienstleistung** ist eigentlich viel zu sachlich, um zu beschreiben, was Gäste von uns erwarten:
- Freundlichkeit und Höflichkeit,
- Gastlichkeit auf hohem Niveau,
- Hilfsbereitschaft und Betreuung,
- Sauberkeit und Hygiene,
- Sicherheit, auch von Hab und Gut,
- Entspannung, Ruhe und Erholung,
- Unterhaltung und Annehmlichkeiten in stressfreier Atmosphäre,
- reibungslose, pünktliche Abläufe,

und vieles mehr.

❷ Angebot und Nachfrage – der Markt

🇬🇧 supply and demand – the market 🇫🇷 offre (w) et la demande – le marché

Unter **Markt** versteht man das Zusammentreffen von Angebot und Nachfrage, d. h. von Verkäufern und Käufern.

Je nachdem ob die Angebotsseite oder die Nachfrageseite den Markt stärker bestimmt, spricht man vom **Käufermarkt** oder vom **Verkäufermarkt**.

Beim Käufermarkt ist das Angebot größer als die Nachfrage. Der Käufer (Gast) kann auf dem Markt unter einer Vielzahl von Angeboten auswählen. Heute haben wir einen Käufermarkt.

Beim Verkäufermarkt ist die Nachfrage größer als das Angebot. Es besteht ein Nachfrageüberhang. Eine solche Absatzmarktsituation bestand zum Teil in Deutschland in der Nachkriegszeit bis Ende der 1950-er Jahre. Eine Marktorientierung ist in einer solchen Situation für die meisten Unternehmen von untergeordneter Bedeutung. Der Absatz ist meist problemlos.

Ein Gastronom/Hotelier, der sein Angebot optimal vermarkten möchte, muss ständig die Nachfragewünsche und Gästebedürfnisse auf dem Markt beobachten, erfassen und auswerten. Er muss sein gastronomisches Angebot immer wieder diesen sich verändernden Wünschen anpassen, um weiterhin erfolgreich zu bleiben.

Heute haben wir einen Käufermarkt.

Daraus ergibt sich:

- Die Wünsche, Bedürfnisse und Probleme der potenziellen Gäste sind zu berücksichtigen.
- Eine ständige Anpassung an sich verändernde Marktsituationen ist wichtig.
- Das Angebot sowie die damit verbundenen Dienstleistungen sind entsprechend neu zu gestalten und auszurichten.
- Harter Wettbewerb, bei unter Umständen sinkenden Preisen, unterstreicht die Notwendigkeit, den gastronomischen Betrieb vom Absatzmarkt her zu führen.
- Das macht oft auch eine Neuorientierung in der Unternehmenskonzeption notwendig.

Der Begriff **Marketing** (s. ab Seite 519) ist daher ein Schlüsselwort unserer Zeit geworden.

Marketing im Gastgewerbe heißt, die Welt aus dem Blickwinkel des Gastes zu sehen.

Heute wird im Gastgewerbe absolut gastorientiertes Denken und Handeln verlangt. Denn die Macht liegt beim Käufer – in unserem Fall beim Gast.

Abb. 1 Verkäufermarkt – die Nachfrage ist größer als das Angebot

Abb. 2 Käufermarkt – das Angebot ist größer als die Nachfrage

❸ Unternehmensleitung

🇬🇧 management 🇫🇷 direction (w)

Der **Hotelier/Gastronom als Unternehmer** leitet eigenverantwortlich und durch eigene Initiative seinen Betrieb. Er trägt dabei das Kapitalrisiko und geht ein persönliches Wagnis ein.

- Er bestimmt die Geschäftspolitik.
- Er setzt die Ziele,
- plant die Abläufe in den einzelnen Bereichen,
- entscheidet über die zu treffenden Maßnahmen,
- setzt die Pläne in Aktionen um,
- steuert dabei die Maßnahmen und Abläufe zur Zielerreichung und er
- kontrolliert die Ergebnisse.

Der Unternehmer entscheidet über den Einsatz von **Produktionsfaktoren**. Dies sind die Mittel, die eingesetzt werden, um die betriebliche Leistung zu erstellen. Der **Unternehmer** ist – nicht zuletzt – für die Führung und das Wohl seiner Mitarbeiter verantwortlich. Damit sein Betrieb langfristig bestehen kann, muss der Unternehmer sein Angebot/ seine Leistungen gewinnbringend verkaufen. Im Allgemeinen gilt die Gewinnmaximierung als oberstes Unternehmensziel, es kann jedoch von anderen, nebengeordneten Zielen umgeben, überlagert oder ersetzt sein. Ein **Ziel** ist ein angestrebter Zustand in der Zukunft, den ein Unternehmen als Erfolgskriterium seines Handelns definiert.

Unternehmensziele

Das oberste Unternehmensziel der Einkommenssteigerung sowie der Gewinnmaximierung kann z. B. erreicht werden durch:

Gastbezogene Unternehmensziele:
- Verbesserung der Qualität
- Erhöhung der Kundenzufriedenheit
- Reduzierung von Reklamationen
- Verbesserung des Ansehens (Image/Ruf)
- Gästebindung

Mitarbeiterbezogene Unternehmensziele:
- Sozialer Ausgleich
- Arbeitsplatzsicherung
- Arbeitsfrieden
- Optimierung von Kenntnissen und Fertigkeiten

Betriebsbezogene Unternehmensziele:
- Steigerung des Umsatzes
- Erweiterung des Marktanteils
- Deckung/Minimierung der Kosten
- Verbesserung der Wirtschaftlichkeit
- Erlangung einer wirtschaftlichen Machtposition
- Umsetzung der Ideen des Umweltschutzes
- Erhaltung und Erweiterung der Substanz

Die Unternehmensleitung setzt den Abteilungsleitern und Mitarbeitern immer wieder betriebsbezogene Unternehmensziele. Bei deren Planung und Realisierung wird das **wirtschaftliche Prinzip** zu beachten sein, um Erfolg zu haben.

Abb.1 Der Management-Regelkreis

Produktionsfaktoren:

Betriebsmittel:
- Grundstück
- Hotelgebäude
- Ausstattung

Arbeit:
- objektbezogene Arbeit
- Leitung und Weiterentwicklung

Werkstoffe:
- Lebensmittel
- Getränke
- Reinigungsmittel

Humankapital (Bildung/ technisches Wissen):
- Personen, die durch Bildung und Erfahrung erworbenes Wissen und Fähigkeiten besitzen

Das wirtschaftliche Prinzip
Damit meint man den Grundsatz eines bestmöglichen wirtschaftlichen Handelns und bezieht sich auf das Maximal- und das Minimalprinzip. Entweder soll mit den zur Verfügung stehenden Mitteln ein größtmöglicher Erfolg erzielt werden (Maximalprinzip) oder es soll ein vorgebenes Ziel mit dem geringstmöglichen Aufwand erreicht werden (Minimalprinzip).

3.1 Unternehmensleitbild

🇬🇧 mission statement 🇫🇷 exemple (m) d'entreprise

Im Unternehmensleitbild sind einige wichtige Unternehmens-Grundsätze formuliert, die die jeweilige Unternehmenspolitik bestimmen.

Die Grundsätze drücken meist das Verhalten gegenüber Gästen/Kunden oder auch Mitbewerbern aus. Sie stellen damit eine Grundlage der – späteren – konkurrenzorientierten Strategie dar.

Auch das Verhalten gegenüber den eigenen Mitarbeitern wird in diesem Bereich der Unternehmens-Grundsätze formuliert.

> Die Unternehmensleitbilder in der Gastronomie legen die Verhaltensweisen gegenüber Gästen, Mitarbeitern, Mitbewerbern und der ortsansässigen Bevölkerung fest.

Leitbild und Werte

Lindner Hotels. Nicht nur besser. Anders.

Wir sind ein familiengeführtes Unternehmen und stehen mit unserem Namen hinter den Leistungen unserer Häuser.

Bei der Lindner Hotels AG ist die individuelle Erfüllung der Bedürfnisse von genau definierten Zielgruppen schon seit Jahren ein bewährtes Erfolgsrezept der Unternehmensphilosophie.

Unsere Häuser grenzen sich durch ihren individuellen Charakter und ihre außergewöhnliche Architektur sowohl gegen die Konkurrenz als auch untereinander präzise ab.

Begeisterte, qualifizierte Mitarbeiter und vertrauensvoller partnerschaftlicher Umgang sind ebenso charakteristisch für die Lindner Hotels wie die Erfüllung der Bedürfnisse unserer Gästegruppen und die Lösung außergewöhnlicher individueller Probleme. Jeder Mitarbeiter im Unternehmen ist dafür verantwortlich, diese Ziele als Verpflichtung in seinem Einflussbereich aktiv umzusetzen.

Wir fordern und unterstützen die Kreativität unserer Mitarbeiter, um unseren Gästen Konzepte zur Verfügung zu stellen, die über die Erwartungen hinaus Lindner Qualität verkörpern.

Jeder darf dabei auch Fehler machen, da wir Fehler als Chance zur Optimierung der Lindner Qualität sehen.

Durch das Vertrauen in die Fähigkeit unserer Mitarbeiter und die Gewährleistung ihrer kreativen und persönlichen Entfaltung erreichen wir ein hohes Engagement und schöpferische Arbeit. Gemeinsam schaffen wir Werte und erreichen neue Ziele.

Transparenz, umfassende Information und ein regelmäßiger Austausch der Mitarbeiter innerhalb unserer Häuser unterstützt ihre weitere Qualifizierung.

Wir führen unser Unternehmen ehrlich, zuverlässig und fair und arbeiten mit Geschäftspartnern in einem partnerschaftlichen, respektvollen und kooperativen Miteinander.

Auf der Grundlage dieser partnerschaftlichen Wertschätzung erreichen wir die permanente Entfaltung unserer Lindner Hotels.

Unsere grundlegenden Werte:

- Wir arbeiten miteinander, nicht gegeneinander.
- Wir sind individuell in unserem Angebot, nicht nur optimal.
- Wir übertragen Verantwortung, nicht nur Aufgaben.
- Wir pflegen den Dialog, nicht nur das Gespräch.
- Wir fördern Mut, nicht nur Fehlervermeidung.
- Wir wollen begeisterte und qualifizierte Mitarbeiter.
- Wir wollen unsere Mitarbeiter fördern, nicht nur fordern.
- Wir wollen die Sicherung zukünftigen wirtschaftlichen Erfolgs.

Unsere Kultur in den Augen unserer Mitarbeiter

Unsere Philosophie und unsere Werte sollen nicht zu Vorzeige-Zielen erstarren, sondern erlebter Bestandteil des Arbeitsalltags unserer Mitarbeiter werden. Die Frage hierbei ist: werden wir unseren Zielen gerecht?

Um die Realität unseres Unternehmens zu erkennen, so, wie sie sich in der Wahrnehmung der Lindner-Mitarbeiter präsentiert, haben wir uns bei einer großen Mitarbeiterbefragung beteiligt. Im Rahmen dieser Erhebung, die von Hewitt Associates in Zusammenarbeit mit dem *Handelsblatt* durchgeführt wurde, hatten unsere Mitarbeiter ausführliche Gelegenheit, sich differenziert über Lindner als Arbeitgeber zu äußern. Hier die wichtigsten Ergebnisse, die uns – das geben wir gerne zu – freuen und mit Stolz erfüllen:

- Lindner zeigt herausragende Ergebnisse in der Einschätzung der Qualität der Unternehmensführung, des Middle Management und der Möglichkeiten zur work-life-balance (Vereinbarkeit persönlicher mit arbeitsbezogenen Zielen).

- Lindner zeigt überdurchschnittliche Ergebnisse in der Einschätzung der Arbeitsbedingungen, der verfügbaren Arbeitsmittel und der Zufriedenheit mit dem direkten Vorgesetzten.

Natürlich haben wir durch die Befragung auch Verbesserungsaspekte erkannt, an denen wir jetzt arbeiten. Insgesamt zeigen die Ergebnisse aber deutlich, dass unsere Mitarbeiter die persönliche Nähe zu Unternehmensführung und Vorgesetzten, die Offenheit der Kommunikation und den unkomplizierten Umgang miteinander sehr schätzen - wir sind auf dem richtigen Weg.

Beispiel eines Unternehmens-Leitbilds

3.2 Unternehmensidentität

🇬🇧 corporate identity 🇫🇷 identité (w) d'entreprise

„**Corporate**" bedeutet: das Unternehmen, die Unternehmensgruppe oder Institution betreffend.

„**Identity**" steht für Persönlichkeit, Stil oder Individualität.

Unter Unternehmens-Identität (**„C.I."**) versteht man das Erscheinen oder Auftreten (die „Persönlichkeit") eines Unternehmens. Dieses Erscheinen („Selbstbild") soll möglichst einheitlich und in sich selbst stimmig und glaubhaft nach außen und innen gestaltet werden.

Durch die abgestimmten Verhaltensweisen, die in der Unternehmens-Identität zum Ausdruck kommen, werden Glaubwürdigkeit und Vertrauen in eine Organisation geschaffen bzw. sollen diese erhalten bleiben.

Im Einzelnen sind bei der **Corporate Identity** drei Komponenten bedeutsam, bei denen sich jeweils das Besondere, die Persönlichkeit eines Unternehmens oder einer Organisation ausdrückt:

- **Corporate Design**, das Unternehmens-Erscheinungsbild, d. h. äußere Merkmale wie z. B. Firmenlogo, Kleidung der Mitarbeiter, Farbgebung, Gebäude, Außenanlagen;

- **Corporate Behaviour**, die Unternehmens-Verhaltensweisen, die Umsetzung der Unternehmensgrundsätze in Handlungen, z. B. als Anbieter, als Arbeitgeber, das Sozialverhalten, das Informationsverhalten bezüglich der Medien;

- **Corporate Communication**, die Unternehmens- bzw. Ortskommunikation. Sie richtet sich auf die Kommunikation mit den Mitarbeitern, den Marktteilnehmern (Gästen) und besonders mit den Medien. Hierbei ist sie eng verwandt mit der Öffentlichkeitsarbeit/Public Relations (s. S. 527).

Die Unternehmens-Identität stellt das Selbstbild eines Betriebes dar. Die Sicht und das Bild außenstehender Betrachter wird Fremdbild oder „Corporate Image" genannt. Identität und Image stimmen selten hundertprozentig überein. Manchmal ist das Image eines Hotels in der Öffentlichkeit besser als die Realität, gelegentlich ist es auch umgekehrt.

Vor allem die Unternehmenskommunikation trägt dazu bei, dass Corporate Identity und Corporate Image nicht auseinander fallen.

Abb. 1 Die 3 Elemente der Unternehmens-Identität

🔴 Die Persönlichkeit ist Original und Ursache, das Image ist Abbild und Wirkung.

Beispiele unterschiedlicher Unternehmenslogos und -schriftzüge namhafter Hotelketten

KURHOTEL SONNENGARTEN

SEHR VEREHRTER GAST!

Herzlich willkommen. Wir freuen uns, Sie in unserem Hause zu begrüßen
und wünschen Ihnen einen angenehmen Aufenthalt im Kurhotel Sonnengarten.
Sollten während Ihres Aufenthaltes irgendwelche Probleme auftauchen,
bei denen wir Ihnen behilflich sein können, wenden Sie sich bitte an den zuständigen Mitarbeiter.

Ihre Meinung zu unserem Haus schätzen wir ganz besonders.
Bitte nehmen Sie sich Zeit, um diesen Gästefragebogen auszufüllen und an der Rezeption abzugeben.

Sie helfen uns mit Ihrer Antwort den Komfort und Service zu bieten, den Sie von uns erwarten.
Für Ihre Mühe erhalten Sie bei der Abgabe der Gästebefragung an der Rezeption ein kleines Dankeschön.

Welche Wertung geben Sie uns?

1. Rezeptionspersonal
Empfang bei der Anreise

2. Zimmer
Sauberkeit
Komfort/Einrichtung
Badezimmer
Gibt es technische Mängel? Wenn ja, welche:
_____
_____

3. Restaurantangebot
Frühstücksbüffet
Menü/Essen
Getränke

4. Service
Restaurant
Hotelbar
Etage/Zimmermädchen
Freizeitangebot

5. Schwimmbad/Sauna
Sauberkeit
Raum-/Wassertemperatur
Ausstattung/Atmosphäre

6. Kurbereich (Massage- und Bäderabteilung)
Sauberkeit des Bäderbereiches
Atmosphäre/Ausstattung
Fachbetreuung

7. Seminar- und Tagungsbereich
In welchem Tagesraum waren Sie?
☐ Hans Holbein I   ☐ Elias Holl I EDV
☐ Hans Holbein II   ☐ Elias Holl II
☐ Hans Sachs

Tageslicht, Akustik
Raumnutzungsmöglichkeit
Sauberkeit/Atmosphäre/Ruhe
Seminargerechtes Speiseangebot
Tagesausstattung

8. Wer machte Sie auf unser Hotel aufmerksam?
☐ Ich bin Stammgast
☐ Werbung/Freunde
☐ durch Tagungen i. H.
☐ _____
_____
_____

9. Grund Ihres Aufenthaltes:
☐ Privat   ☐ Tagung/Kongreß
☐ Geschäftlich   ☐ Kur
_____

10. Durch wen wurde Ihre Reservierung durchgeführt?
☐ Hotel direkt   ☐ Seminarveranstalter
☐ Reisebüro   ☐ Reservierungsbüro
☐ Firma   ☐ _____
Wurde Ihre Reservierung
prompt und höflich behandelt?

11. Wie würden Sie unser Hotel im allgemeinen beurteilen und werden Sie wiederkommen?

12. An welche Adressen Ihres Bekannten-/Freundeskreises dürfen wir unseren Prospekt senden?
_____
_____
_____
_____

13. Haben Sie weitere Vorschläge oder Ideen, die helfen, Ihren nächsten Aufenthalt noch angenehmer zu gestalten?
_____
_____
_____
_____
_____

Beispiel eines Gästefragebogens

④ Marketingkonzept

🇬🇧 marketing concept 🇫🇷 concept (m) de marketing

Wenn ein Gastronom sein Unternehmen „vom Markt her führen" will, muss er zunächst ein Marketing-Konzept erstellen.

- Er fragt nach den Wünschen seiner Gäste und beobachtet seine Konkurrenten ➡ **Marktforschung/Marktanalyse**.
- Er bestimmt die Ziele, die er erreichen will ➡ **Marketingziele**.
- Er entwickelt Vorgaben, wie die Ziele erreicht werden sollen ➡ **Marketing-Strategie**.
- Er plant, welche Mittel angewendet werden ➡ **Marketinginstrumente** und welche Maßnahmen zu ergreifen sind ➡ **Marketingplan**.

4.1 Marktforschung/Marktanalyse

🇬🇧 market research/market analysis 🇫🇷 étude (w) et analyse (w) de marché

Untersuchungen über die Wünsche und Gewohnheiten der Gäste sind eine wichtige Informationsquelle. Das eigene betriebliche Angebot muss ausgewertet und mit dem der Konkurrenten verglichen werden (Beispiel eines Gästefragebogens siehe Seite 518). Als Grundlage dienen eigene Befragungen oder in Auftrag gegebene Analysen. Bei regelmäßigen Untersuchungen spricht man von **Marktbeobachtung.** Über die Gemeinde oder das Fremdenverkehrsamt erhält man zusätzliche Hinweise zur Situation des Gastgewerbes in der Region.

4.2 Marketingziele 🇬🇧 marketing targets 🇫🇷 buts (m) du marketing

Die Unternehmensziele (siehe Seite 515) sind allgemein formuliert, Marketingziele bestimmen die konkrete Richtung. Sie können sich auf die Menge oder auf die Qualität beziehen und werden von der Hoteldirektion den Abteilungsleitern oder den einzelnen Mitarbeitern vorgegeben. Die Marketingziele sollen der „Philosophie des Hauses" entsprechen. Werden bestimmte Zahlen oder Mengen vorgegeben, spricht man von **quantitativen Marketingzielen.** Wenn die Vorgaben die Güte oder Beschaffenheit von Dingen oder den Ruf/das Image eines Hotels betreffen, so spricht man von **qualitativen Marketingzielen.**

4.3 Marketingstrategie

🇬🇧 marketing strategy 🇫🇷 stratégie (w) du marketing

Marketingstrategien enthalten Vorgaben, in welche Richtung sich das Unternehmen entwickeln soll. Sie stellen die „Leitplanken" für den zukünftigen Weg dar. Es wird festgelegt, welche Ziele in welchem Umfang und in welcher Zeit erreicht werden sollen. Der „Ist-Zustand" soll langfristig in den geplanten „Soll-Zustand" überführt werden. Meist handelt es sich um Zeiträume von 5 bis 10 Jahren.

Beispiel: „In 8 Jahren wollen wir das erste Haus am Platze sein."

Quantitative Marketingziele: Beispiele:

- Die Zimmerauslastung soll im kommenden Geschäftsjahr im Vergleich zu diesem Jahr um 5 % steigen. Verantwortlich hierfür sind der Empfangschef und der Verkaufsleiter.
- Die durchschnittliche Aufenthaltsdauer der Hotelgäste während der nächsten Weihnachtsferien (23. Dezember bis 7. Januar 20..) soll von bisher 5,4 Tagen auf 6,0 Tage erhöht werden. Verantwortlich hierfür ist der Reservierungsleiter.
- Die Restaurantauslastung (120 Sitzplätze) soll bis Jahresende um 7 % im Vergleich zum Vorjahr gesteigert werden. Zuständig für die Zielerreichung ist der Restaurantleiter.

Qualitative Marketingziele: Beispiele:

- Der Ruf des Hauses/das Image soll im nächsten Geschäftsjahr deutlich aufgewertet werden. Zuständig hierfür ist der Marketingleiter.
- Die Marktstellung und die Marktpräsenz sollen im nächsten Halbjahr verbessert werden. Verantwortlich hierfür zeichnen der Direktionsassistent und der Verkaufsleiter.
- Das äußere Erscheinungsbild des Hotels soll bis nächsten Juni farblich dem Trend der Zeit angepasst werden. Zuständig hierfür sind die 1. Hausdame und der Technische Leiter.

Damit das Unternehmen den „Soll-Zustand" festlegen kann, wird der „Ist-Zustand" mithilfe unterschiedlicher Methoden untersucht.

Die Chancen–Risiken–Analyse

Bei der Chancen–Risiken–Analyse werden **externe** Einflussfaktoren untersucht, die zum unternehmerischen Erfolg beitragen oder ihn behindern. Das Unternehmen selbst kann auf sie keinen Einfluss nehmen. Für jeden Einflussfaktor erfolgt eine **Selbsteinschätzung**: Wo liegen Chancen, wo liegen Gefahren für meine Unternehmung? Die Bewertung erfolgt mithilfe einer Punkteskala, z. B. von +3 (große Chancen) bis −3 (große Gefahren). Sinnvoll ist eine **Einschätzung der Konkurrenz** anhand derselben Faktoren. Die Ergebnisse der Analyse werden grafisch dargestellt. So wird schnell erkennbar, wo Vor- und Nachteile im Vergleich zur Konkurrenz liegen.

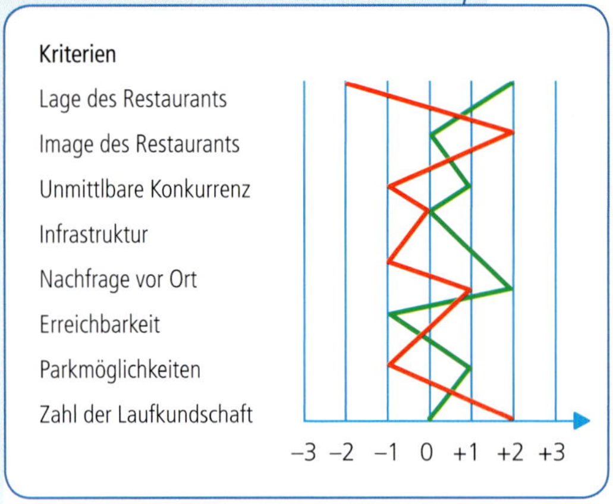

Die Stärken–Schwächen–Analyse

Da externe Faktoren kaum beeinflussbar sind, müssen unternehmensspezifische Stärken herausgearbeitet und optimiert werden. Um **Stärken und Schwächen eines Unternehmens** zu erkennen, gibt es die Stärken-Schwächen-Analyse.

Die Erstellung dieser Analyse gleicht der Chancen-Risiken-Analyse. Allerdings werden hier nur **interne** Einflussfaktoren bewertet. Diese können vom Unternehmen selbst gesteuert werden.

Da zur Bewertung der Stärken und Schwächen nur interne Bewertungsfaktoren herangezogen werden, kann die Konkurrenz nicht verglichen werden.

Das 5-Forces-Modell

In der Systemgastronomie wird ein weiteres strategisches Instrument zur Untersuchung der Marktchancen verwendet: das von Michael Porter entwickelte „5-Forces-Modell".

Dabei gibt es fünf Faktoren („Kräfte"), die über den Erfolg eines Produktes am Markt entscheiden:

1. Wettbewerbsintensität der Branche

Es wird anhand von Fragen untersucht, wie die derzeitige Wettbewerbssituation innerhalb des Marktes/der Branche ist:
- Wie viele Konkurrenten gibt es?
- Wie groß sind die Konkurrenten?
- Wo sitzen diese Konkurrenten?
- Wo liegen Überschneidungen in den Zielmärkten mit den Konkurrenten?
- Wo liegen deren Schwächen und Stärken?

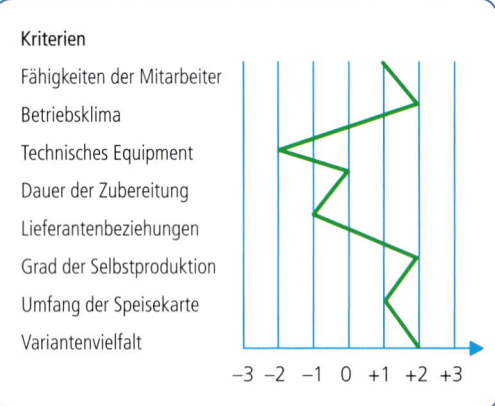

Abb. 1 Beispiel für eine Chancen-Risiken-Analyse
grün: Bewertung der eigenen Unternehmung
rot: Bewertung des Konkurrenten

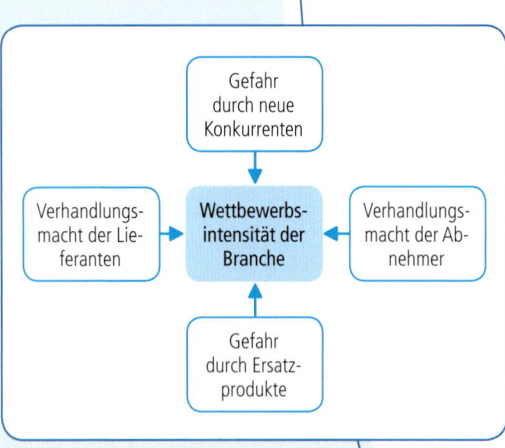

Abb. 2 Beispiel für eine Stärken-Schwäche-Analyse

Abb. 3 5-Forces-Modell

2. Gefahr durch neue Konkurrenten

Um den Eintritt neuer Konkurrenten in den Markt zu vermeiden, muss die eigene Position am Markt gefestigt und verteidigt werden. Häufig werden daher Markteintrittsbarrieren erhoben, die es neuen Konkurrenten erschweren, einen bereits etablierten Markt zu betreten.

3. Gefahr durch Ersatzprodukte

Ersatzprodukte („Substitutionsprodukte") können dem bisherigen Produkt starke Konkurrenz am Markt machen. Substitutionsprodukte erfüllen denselben Zweck wie das bisherige Produkt, verfügen allerdings meist über eine neuere Technologie .

4. Verhandlungsmacht der Lieferanten

Hat ein Unternehmen wenige Lieferanten, ist es von diesen stark abhängig. Preisverhandlungen (z. B. Mengenrabatte) sind kaum möglich. Bei einer Vielzahl von Lieferanten, die sich in Qualität und Preis ähneln, sind die Verhandlungsspielräume deutlich größer.

5. Verhandlungsmacht der Abnehmer

Die Abhängigkeit des Unternehmens von seinen Abnehmern spielt in der Gastronomie nur eine untergeordnete Rolle. In anderen Branchen kann der Einfluss der Abnehmer groß sein und Auswirkungen z. B. auf den erzielbaren Verkaufspreis haben.

4.4 Marketingplan   🇬🇧 marketing plan 🇫🇷 plan (m) du marketing

Im **Marketingplan** werden die einzelnen Maßnahmen festgelegt, die zur Umsetzung der Strategie ergriffen werden sollen. Der Marketingplan stellt den Prozess, das „Beförderungsmittel" dar. Die Palette der Maßnahmen reicht von Anzeigen in Zeitungen/Zeitschriften über die Festlegung neuer Zimmerpreise bis hin zur Einführung einer besonderen Mittagskarte im Restaurant.

Marketingpläne werden für kürzere Zeiträume, meist für das nächste Geschäftsjahr, erstellt. Voraussetzung für die Erstellung eines guten Marketingplans sind Kenntnisse über die Marketinginstrumente, die zur Verfügung stehen. Sie sollen in einem ausgewogenen Verhältnis gemischt eingesetzt werden (Marketing-Mix).

4.5 Marketing-Instrumente

🇬🇧 marketing instruments 🇫🇷 instruments (m) du marketing

Acht Marketing-Instrumente werden in vier gestaltende und in vier kommunikative Instrumente unterteilt.

Die vier **gestaltenden Marketing-Instrumente** sind:
- die **Preispolitik** (Preisgestaltung und Preisdifferenzierung),
- die **Absatzmethode** (direkter und indirekter Verkaufsweg, Verkaufsorganisation),
- die **Angebotspolitik** (Angebot/Leistung, Art und Umfang des Produkts/der Produktgestaltung), z. B. aus den Bereichen Beherbergung und Food & Beverage, und
- der **Service**/die **Gästebetreuung** (der Dienst am Gast/Kunden).

Die vier **kommunikativen Instrumente** sind:
- der **Verkauf** (individuelle Verkaufstätigkeiten, z. B. durch den Hotelverkäufer),
- die **Werbung** (produktbezogene Beeinflussung der Gäste),
- die **Verkaufsförderung** (Sales-Promotion, Maßnahmen der Verkaufsstimulierung) und
- die **Öffentlichkeitsarbeit** (Public relations, Aufbau und Pflege eines in der Öffentlichkeit positiv wirkenden Umfeldes/Images). Hinweis: Übersicht auf S. 522.

4.6 Marketing-Mix  marketing mix 🇫🇷 marketing (m) mix

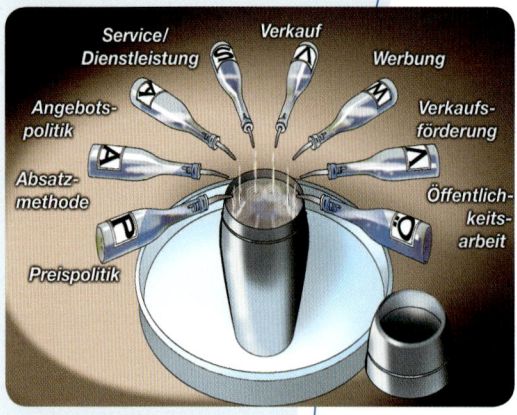

Abb. 1 Der Marketing-Mix

Das Zusammenspiel und der Einsatz der Marketing-Instrumente erfolgen flexibel, ganz nach Notwendigkeit. Dies wird als **Marketing-Mix** bezeichnet.

Als **optimalen** Marketing-Mix lässt sich diejenige Kombination von marketingpolitischen Instrumenten bezeichnen, durch die ein bestimmtes Verkaufsziel bestmöglich erreicht wird, z. B. Aktionswoche oder Wochenendarrangement mit Wellness-Programm.

Die relative Bedeutung der einzelnen Instrumente hängt vom Betriebstyp, vom Produkt und vom Gästeverhalten ab. So spielt bei manchen Produkten der Preis eine wesentliche Rolle, während er bei anderen von untergeordneter Bedeutung ist (Alltagsgüter – Luxusgüter).

4.7 Kontrolle des Marketingerfolgs

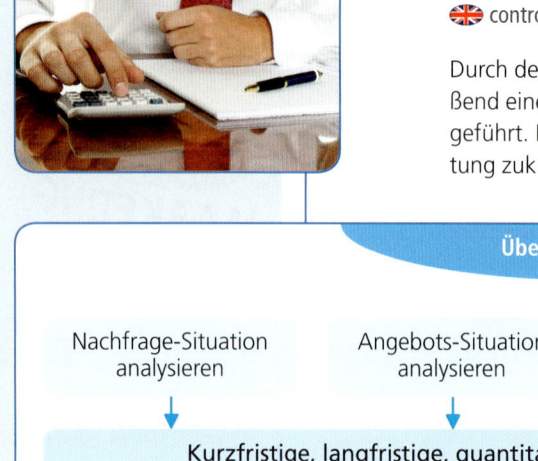

 controlling of the marketing success 🇫🇷 surveillance (w) du marketing succès

Durch den Soll-/Ist-Vergleich – anhand der Zielvorgaben – wird abschließend eine Erfolgskontrolle der einzelnen Marketingmaßnahmen durchgeführt. Die gewonnenen Erkenntnisse fließen dann wieder in die Gestaltung zukünftiger Aktionen mit ein.

Übersicht: Marketing

Nachfrage-Situation analysieren	Angebots-Situation analysieren	Konkurrenz-Situation analysieren	Neue Trends analysieren

Kurzfristige, langfristige, quantitative, qualitative Marketingziele bestimmen

Unternehmens-Leitbild berücksichtigen → **Marketing-Strategie entwickeln** ← Unternehmens-Identität berücksichtigen

Marketing-Instrumente auswählen und gewichten → **Marketing-Plan erstellen** ← Kostenvolumen abschätzen, Budget berücksichtigen

Marketing-Mix
Preispolitik, Absatzmethode, Angebotpolitik, Service/Gästebetreuung, Verkauf, Werbung, Verkaufsförderung, Öffentlichkeitsarbeit

Anwendung/Einsatz der Marketing-Instrumente
Marketing-Erfolg kontrollieren, erfassen und auswerten

1. Nennen Sie drei Besonderheiten, die den Verkauf im Gastgewerbe vom Verkauf in der Industrie unterscheiden.

2. Was sind gastronomische Outlets? Nennen Sie vier Beispiele dazu.

3. Nennen Sie je drei Beispiele für Verbrauchs- und für Gebrauchsgüter in der Gastronomie.

4. Was ist ein Package im Verkauf?

5. Erklären Sie die Nachfrage- und die Angebots-Situation auf einem Verkäufermarkt.

6. Erklären Sie die Nachfrage- und die Angebots-Situation auf einem Käufermarkt.

7. Welche gastronomische Marktsituation ist zzt. in Deutschland vorzufinden?

8. Nennen Sie die sechs Schritte des „Management-Regelkreises".

9. Geben Sie fünf Beispiele für Unternehmensziele.

10. Was ist ein Unternehmensleitbild (mission statement) und wofür dient es?

11. Was versteht man unter Corporate Identity?

12. Nennen Sie die drei Komponenten, die für die Corporate Identity bedeutsam sind.

13. Wodurch unterscheiden sich Corporate Identity und Corporate Image?

14. Nennen Sie je drei Beispiele für quantitative und für qualitative Marketing-Ziele.

15. Was beinhaltet der Marketing-Plan?

16. Nennen Sie vier Marketing-Instrumente.

17. Was bedeutet Marketing-Mix?

18. Aus welchen sieben Bausteinen wird ein Marketing-Konzept zusammengestellt?

19. Wie lautet die empfohlene Reihenfolge bei der Vorgehensweise, wenn ein Marketing-Konzept erstellt wird?

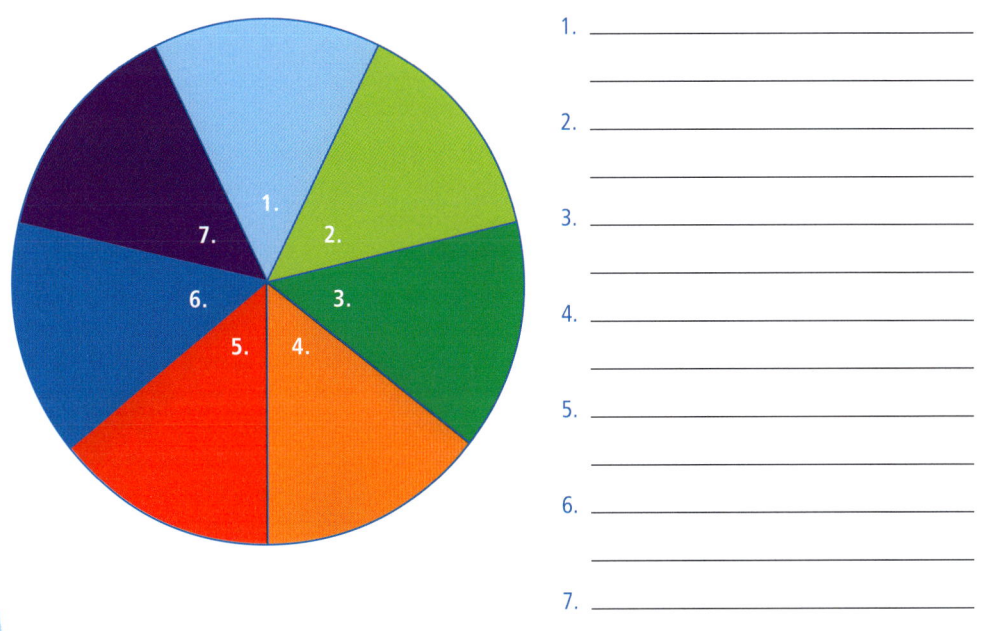

1. _____

2. _____

3. _____

4. _____

5. _____

6. _____

7. _____

Aufgaben

Abb. 1 Hoteldirektor beim Verkaufsgespräch

Abb. 2 Meeting der Verkaufsabteilung

Pull-Maßnahmen sollen helfen, neue Gäste ins Haus zu ziehen.

Beispiele für Pull-Maßnahmen:

- Ein Hotel stiftet Gewinnpreise für ein Preisausschreiben in der Presse oder für einen Wettbewerb im Fernsehen.
- Der Küchenchef bietet Gourmet-Kochkurse für die Öffentlichkeit an.

Push-Maßnahmen sollen helfen, den im Hause befindlichen Gästen mehr zu verkaufen.

Beispiele für Push-Maßnahmen:

- „In-house-shopping-Listen" mit Kaufangeboten in allen Gästezimmern, z. B. für Bademäntel, Handtücher, Badesandalen, Werbeartikel, Kleidersäcke, Kleiderbügel, Feuerzeuge usw.
- Als Anreiz, einen Tisch für den „Bretonischen Spezialitätenabend" im Hotel-Restaurant zu buchen, werden den Hausgästen nachmittags, an einem Stand in der Hotelhalle, frisch zubereitete Crêpes angeboten.

5 Kommunikation mit dem Markt – Kommunikationsinstrumente

🇬🇧 communication with the market – instruments of communication
🇫🇷 communication (w) sur le marché – instruments (m) de la communication

5.1 Verkaufsförderung

🇬🇧 sales promotion 🇫🇷 promotion (w) des ventes

Ziel der Verkaufsförderung ist die Absatzerweiterung. Dazu dient das gesamte **absatzpolitische Instrumentarium**, d. h. die Summe aller Instrumente zur Förderung des Absatzes. Wesentlich für die Verbesserung des Absatzes sind

- die **Absatzmethode**,
- die **Produkt- und Sortimentsgestaltung**,
- die **Werbung**,
- die **Preispolitik**.

Bei der **Absatzmethode** muss sich der Unternehmer entscheiden, welches Vertriebssystem er auswählt. Hier kommt für die Gastronomie nur der eigene Vertrieb in Betracht. Außerdem zählen dazu die *Absatzwege*, die beschritten werden: der direkte Absatz, ohne Absatzmittler, oder der *indirekte Weg*, z. B. über Reiseveranstalter (siehe Marketing-Mix, S. 522).

Zu Leistungen eines Gastronomiebetriebes bei der **Produkt- und Sortimentsgestaltung** zählen:

- die natürlichen Leistungen des Hauses, z. B. seine ruhige Lage;
- die persönlichen Leistungen aller Mitarbeiter, z. B. Freundlichkeit, Hilfsbereitschaft, Qualitätsorientiertheit und ihr Schulungsgrad;
- die Beherbergungsleistung, z. B. Zimmer-Service, Gästewäsche-Service, Nichtraucherzimmer, Hotel-TV-Informationssystem in jedem Zimmer;
- die Verpflegungsleistung, z. B. die Frische der Produkte, Angebotsbreite und -tiefe, Abwechslung im Angebot, Berücksichtigung zeitgemäßer Ernährungsformen.

Die Produkt- und Sortimentsgestaltung lässt gerade in der Gastronomie viele erfolgversprechende Möglichkeiten zu. Zu **Besonderheiten in der Systemgastronomie** siehe nächste Seite. Die **Werbung** wird ab Seite 528 behandelt.

Unter **Preispolitik** versteht man alle Maßnahmen, die ein Unternehmen ergreift, um mittels der Preise den Absatz zu steigern, den Umsatz zu erhöhen und den Gewinn zu verbessern. Die Preispolitik wird als Marketing-Instrument in den Marketing-Mix eingebaut. Dabei sind eine genaue Kenntnis des Absatzbereiches und der Gästevorlieben ebenso Voraussetzungen wie die Beachtung von Konkurrenz und Käuferverhalten. Deshalb muss der Gastronom sich darüber im Klaren sein, welche Preisfindungskriterien für ihn in Frage kommen und nach welchem Prinzip er seinen Preis bestimmen will.

Neben diesen absatzpolitischen Instrumenten werden oftmals zusätzlich oder begleitend **Pull-Maßnahmen** (to pull = kräftig ziehen, zerren) und/ oder **Push-Maßnahmen** (to push = anschieben, drücken) zur Verkaufsförderung eingesetzt.

Besonderheiten in der Systemgastronomie

Die **Produkt- und Sortimentsgestaltung** hat vor allem im Bereich der Systemgastronomie einen hohen Stellenwert. Das „Programm" des Unternehmens, sein Sortiment, ist der **„Produktmix"** aller seiner Produktlinien und Produkte.

Die Wahl des richtigen Programms
Die Wahl des richtigen Programms ist von verschiedenen Einflussfaktoren abhängig:
- Kunden- und Gästebedürfnisse (wichtigstes Kriterium!)
- Konkurrenzsituation und eventuell bestehende Marktzutrittsschranken
- Know-how des Unternehmens (z. B. Sternekoch, Aushilfen)
- Technische Möglichkeiten in der Produktion (z. B. vorhandene Kapazitäten in der Küche)

Der Produktlebenszyklus

Jedes Produkt unterliegt einem sogenannten **Produktlebenszyklus (PLZ)**. Er beschreibt den Verlauf eines Produktes von dessen Einführung auf dem Markt bis hin zu dessen Absterben. Der PLZ gliedert sich typischerweise in fünf Phasen.

① **Einführungsphase:** Das Produkt wurde gerade am Markt eingeführt und verzeichnet noch einen geringen Umsatz. Entsprechend hat das Unternehmen noch Verluste zu verzeichnen. Es setzt verstärkt Werbemittel ein, um Kunden zu gewinnen.

② **Wachstumsphase:** Das Produkt wirft erstmals Gewinne ab und der Absatz steigt. Immer mehr potenzielle Kunden werden auf das Produkt aufmerksam. Die Ausgaben für Werbung bleiben hoch.

③ **Reifephase:** Der Umsatz erreicht sein Maximum. Allerdings gehen allmählich die Gewinne zurück, da zunehmend Konkurrenz auf dem Markt erscheint, sodass die Preise nach unten korrigiert werden müssen. In dieser Phase besteht die Möglichkeit, sich durch Produktvariationen von der Konkurrenz abzuheben, um einen Wettbewerbsvorteil zu erzielen. Die Werbeausgaben werden eingeschränkt, da das Produkt bereits am Markt bekannt ist.

④ **Sättigungsphase:** In dieser Phase gibt es nur noch wenige Neukäufer, die sich für das Produkt interessieren. Der Umsatz geht zurück, die Gewinne nehmen ab. Werbemaßnahmen werden nur noch vereinzelt durchgeführt.

⑤ **Degenerationsphase:** Es kommen neue Produkte auf den Markt und die Nachfrage nach dem bisherigen Produkt sinkt stetig. Die Umsätze gehen stark zurück. In dieser Phase schöpft das Unternehmen die letzten Gewinne ab und stellt Werbemaßnahmen generell ein.

Programmbreite
= Anzahl der Produktlinien, die ein Unternehmen führt

Programmtiefe
= Anzahl der Produkte innerhalb einer Produktlinie

In der klassischen Gastronomie mit einem Mix aus Produktion (Küche) und Dienstleistung (Service) lässt sich diese Unterscheidung selten anwenden.

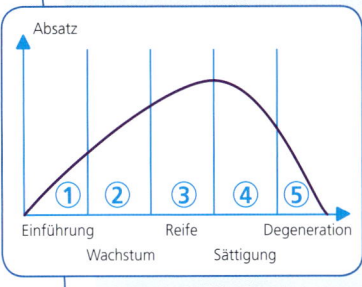

Abb. 1 Produktlebenszyklus (PLZ)

Problematik des Produktlebenszyklus
- Ein „idealtypisches" Modell, die Realität weicht davon oftmals ab.
- Die Dauer der einzelnen Phasen ist nicht voraussehbar und bei jedem Produkt unterschiedlich.
- Eine exakte Abgrenzung der einzelnen Phasen ist kaum möglich.
- Der PLZ vernachlässigt teilweise das Verhalten der Konkurrenz.
- Umwelteinflüsse bleiben unberücksichtigt.

	① Einführung	② Wachstum	③ Reife	④ Sättigung	⑤ Degeneration
Absatz	gering	zunehmend	erreicht Maximum	langsam rückläufig	stark rückläufig
Gewinn	Verlust	erster Gewinn	maximaler Gewinn	rückläufiger Gewinn	stark rückläufig
Umsatz	gering	hoch	Maximum erreicht	langsam rückläufig	stark rückläufig

	1 Einführung	2 Wachstum	3 Reife	4 Sättigung	5 Degeneration
Bekanntheitsgrad	gering	nimmt zu	hoch	hoch	rückläufig
Marktanteil	gering	nimmt zu	hoch	langsam rückläufig	stark rückläufig
Werbung	stark	stark	begrenzt	begrenzt	wird eingestellt
Vertriebsnetz	begrenzt	wird erweitert	vollkommen ausgebaut	vollkommen ausgebaut	nimmt ab

Varianten des Produktlebenszyklus

Eine Variante des Produktlebenszyklus ist die „**Versteinerung**". Trotz neuer Produkte auf dem Markt bleibt die Nachfrage konstant. Sowohl Händler als auch Kunden sind vom Produkt überzeugt, sodass die Degenerationsphase ausbleibt. **Beispiele:** Nivea, Coca Cola

Die Entwicklung von **Produktvarianten** ändert den Produktlebenszyklus. Um die Nachfrage in der Sättigungsphase wieder anzukurbeln, werden Varianten des Produktes entwickelt. Dadurch wird die Degenerationsphase hinausgezögert, es werden auch neue Kundengruppen angesprochen. Beispiel: In der Systemgastronomie bringen viele Anbieter sogenannte „**New Seasonals**" auf den Markt. New Seasonals sind zeitlich begrenzte Produktvarianten, die allerdings in bestimmten Zeitabständen immer wiederkehren können. Sie richten sich nach den aktuellen Bedürfnissen der potenziellen Käufer und bieten so dem Konsumenten Abwechslung.

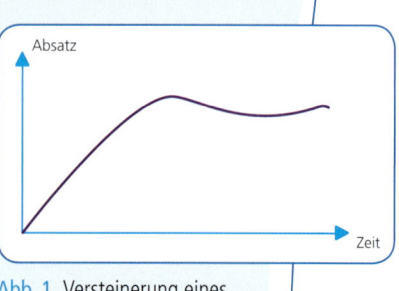

Abb. 1 Versteinerung eines Produktlebenszyklus (PLZ)

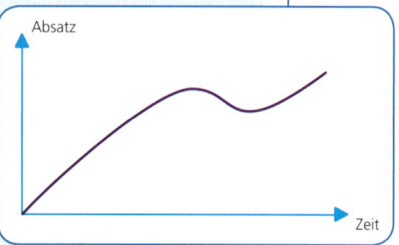

Abb. 2 Änderung des Produktlebenszyklus durch Entwicklung von Varianten

New Seasonals können im Wesentlichen folgende **Vorteile** für das Unternehmen mit sich bringen:

- Erschließung eines neuen Kundensegments: durch die Einführung von zeitlich begrenzten neuen Produktvarianten kann auch das Interesse neuer potenzieller Käufer geweckt werden.
- Das bestehende Produkt ist bereits durch Marketingmaßnahmen am Markt etabliert; daher sind die Marketing-Kosten für das New-Seasonal-Produkt in der Regel deutlich geringer.
- Generierung zusätzlicher Umsätze durch Zusatzkäufe.
- Aufgrund der zeitlich begrenzten Dauer des New Seasonals umgeht man die Gefahr einer zu breiten Produktpalette, die zu Unsicherheit beim Käufer führen kann.

Aufgaben

1. Nennen Sie je ein Produkt/eine Dienstleistung für jede Phase des Produktlebenszyklus. Nehmen Sie insbesondere bei der Wahl Ihrer Beispiele Bezug auf die Systemgastronomie.

2. Erklären Sie anhand eines Beispiels, dass der idealtypische Verlauf des PLZ nicht immer realisierbar ist.

3. Warum ist ein versteinerter Produktlebenszyklus gerade in der Systemgastronomie überlebenswichtig?

4. Nennen Sie mindestens drei Beispiele aus der Praxis für einen versteinerten Verlauf des Produktlebenszyklus. Welche Vorteile sind mit einem solchen Verlauf verbunden?

5. Zeigen Sie auf, was man unter einem New Seasonal versteht. Worin liegen Vorteile in der Einführung von New Seasonals? Wo können Probleme auftreten?

6. Zeigen Sie anhand eines konkreten Praxisbeispiels die Anwendung von New Seasonals.

5.2 Öffentlichkeitsarbeit

🇬🇧 public relations 🇫🇷 rélations (w) publiques

Die Öffentlichkeitsarbeit – auch **PR** genannt – ist ein kommunikatives Marketinginstrument. Im Gegensatz zur Werbung, die sich auf das Produkt richtet, zielt die Öffentlichkeitsarbeit darauf ab, das Bild (Image) eines Unternehmens in der Öffentlichkeit positiv darzustellen.

In der Gastronomie ist hierunter weniger die Öffentlichkeit allgemein, sondern vielmehr das Gästepotenzial zu verstehen. Diesem Personenkreis sollen mit Hilfe der Öffentlichkeitsarbeit das Ansehen und der gute Ruf des Hotels/Restaurants eingeprägt werden. Ferner sollen der Bekanntheitsgrad (Publizität) gesteigert und Sympathie und Vertrauen erzeugt werden.

Mit dem Instrument der Öffentlichkeitsarbeit kann sich der einzelne Gastronomiebetrieb leichter von Mitbewerbern auf dem Markt unterscheiden. Mit reiner Produktwerbung wäre dies nicht so leicht möglich.

Bei der **Durchführung von Öffentlichkeitsarbeit** werden folgende Mittel eingesetzt:

> Es ist wichtig, dass die Effizienz der Öffentlichkeitsarbeit regelmäßig überprüft wird. Hierzu sollten die eingesetzten Mittel ausgewertet und die Einhaltung des Budgets überwacht werden.

- **Pressearbeit und Medienpflege**
  - Bereitstellung von Pressemappen mit Informationen und Darstellung der Leistungen des Betriebes,
  - Durchführung von Pressekonferenzen.
- **Internetauftritte**
  - eigene Homepage und
  - Internetlinks
  - Social Media
- **PR-Aktionen**
  - Repräsentation und Sponsorship bei öffentlichen Veranstaltungen und bei kulturellen Ereignissen übernehmen,
  - Betriebsbesichtigungen ermöglichen – „Tag der offenen Tür" veranstalten.

- **Gästebetreuung**
  - Aktionen zur Gästeunterhaltung,
  - Hilfe bei anstehenden Problemen.
- **Innerbetriebliches Informationswesen**
  - Gästekartei-Auswertung für Gratulation zum Geburtstag/Hochzeitstag,
  - Hauszeitungen/Hauszeitschriften.
- **Öffentlichkeitswirksame Eigenveranstaltungen**
  - Raritätenweinproben mit Prominenten,
  - gastronomische Aktionswochen.

Abb. 1 Beispiel einer PR-Aktion – Live-Übertragung einer Sport-Talkshow aus einer Hotelhalle

5.3 Werbung 🇬🇧 publicity, advertising 🇫🇷 publicité (w)

Die Werbung ist ein Informations- und Kommunikationsinstrument. Sie wird als Teil des absatzpolitischen Instrumentariums im Marketing-Mix (s. S. 522) eingesetzt, um den Absatz zu steigern. Sie hat die Aufgabe, die Nachfrage zu wecken und sie durch Wiederholung wachzuhalten. Durch Information und Motivation soll Vertrauen erzeugt werden. Der umworbene Gast soll die Ansichten des werbenden Gastronomiebetriebs übernehmen.

Viele Werbeangebote in der Gastronomie sind auf gefühlsmäßig bestimmte Bedürfnisse abgestimmt. Deshalb wirbt die Gastronomie in vielen Fällen mit Argumenten aus dem emotionalen Bereich, wie z. B. „Erholung für Körper und Geist", „Wellness – das Konzept zum Sich-Wohlfühlen" oder „Lassen Sie bei uns Ihre Seele baumeln!".

Arten der Werbung

Die Arten der Werbung können unter verschiedenen Gesichtspunkten näher betrachtet werden. Nach der **Zahl der Werbenden**, unterscheidet man zwischen Allein-, Sammel- und Gemeinschafts-Werbung.

- **Alleinwerbung** wird immer von einem Werbenden, z. B. dem Hotelier, durchgeführt.
- **Sammelwerbung** wird von mehreren Werbenden vereinbart, um gemeinsam zu werben, wobei jeder Werbende namentlich erwähnt wird, wie z. B. im Verzeichnis der Mitgliedsbetriebe einer Hotelkette/Hotelkooperation.
- **Gemeinschaftswerbung** ist eine Werbeart, bei der der Einzelne nicht mehr erwähnt wird. Dafür wird allgemein für eine bestimmte Gruppe, Branche, ein allgemeines Produkt oder z. B. eine Urlaubsregion geworben, wie z. B. „Der Bayerische Wald – Erfrischend natürlich.".

Nach der **Zahl der Umworbenen** wird zwischen Einzel- und Massenwerbung differenziert. Bei **Einzelwerbung** richtet sich die Maßnahme an den einzelnen Umworbenen, z. B. Geburtstagsgrüße an einen Stammgast. **Massenwerbung** richtet sich entweder an eine bestimmte Gruppe von Umworbenen, wie z. B. Familien, Kegler, Reiter, oder gestreut an die Allgemeinheit, wie z. B. bei der Kino-, Rundfunk-, Fernsehwerbung oder den Info-Blättern an Autofenstern.

Ferner kann nach dem **Gegenstand**, für den geworben wird, unterschieden werden, in **Betriebswerbung**, z. B. für einen Hotelbetrieb und in **Produktwerbung**, z. B. für ein bestimmtes Produkt.

Die **Werbebotschaft** kann informativ oder suggestiv sein:
- Bei der **informativen Werbung** werden die objektiven Eigenschaften der angebotenen Leistung/des Produkts sachlich, rational herausgestellt;
- Die **Suggestiv-Werbung** richtet sich vorwiegend an Empfindungen/Gefühle.

Eine besondere Form der Werbung ist die **Meinungswerbung** (Public Relations, s. S. 527). Sie ist darauf abgestellt, das Ansehen des Gastronomiebetriebs in der Öffentlichkeit zu stärken und Achtung vor der Leistung des Betriebes zu erzeugen.

Abb. 1 Beispiel für Alleinwerbung

Abb. 2 Beispiel für Sammelwerbung

Bevor mit der Werbung begonnen werden kann, ist eine sorgfältige **Analyse**/Untersuchung erforderlich. Diese beinhaltet:

- das **Streugebiet**, auf das sich die Werbung erstrecken soll,
- den **Streukreis**, d. h. den Personenkreis, den man ansprechen möchte,
- die **Streuzeit**, d. h. die günstigste Zeit für die Werbung und
- den **Streuweg**, d. h. den günstigsten Weg für die Verteilung der Werbung.

Werbemittel

Als **Werbemittel** werden eingesetzt:

- das **geschriebene Wort**, z. B. bei Anzeigen, Werbebriefen/Mailings, Plakaten;
- das **gesprochene Wort**, z. B. bei Radio-Werbung oder bei Werbeansagen;
- **Bilder und Zeichen**, z. B. bei Fernsehwerbung, Film, Homepage, Leuchtreklame („city light");
- **Zugaben**, wie z. B. Werbe-Streichhölzer, Duschgel/Gästeseife mit Hotelaufdruck, Gutschein für Begrüßungsdrink an der Bar.

Häufig wird auch eine Kombination aus verschiedenen Werbemitteln eingesetzt.

Abb. 1 Beispiel für Gemeinschaftswerbung einer Urlaubsregion

Werbeträger

Medien, die zur Übermittlung von Werbebotschaften genutzt werden, bezeichnet man als Werbeträger. Dazu zählen:

World Wide Web, Fernsehen, Kino, Rundfunk, Tageszeitungen, Publikumszeitschriften, Anzeigenblätter, Werbebriefe, Postwurfsendungen/Flyer, Prospekte, Außenwerbung (z. B. Plakate, Verkehrsmittelwerbung, Bandenwerbung, Leucht- und Luftwerbung, Schaukästen vor dem Hotel).

Werbeprinzipien

Unter Werbeprinzipien versteht man bestimmte Grundsätze, die bei der Planung und Durchführung erfolgreicher Werbemaßnahmen zu beachten sind. Man unterscheidet die folgenden acht Werbeprinzipien:

- Die **Zielklarheit** ist im Auge zu behalten. Der beabsichtigte Werbezweck ist eindeutig und einheitlich anzustreben.
- Die **Wirtschaftlichkeit** der Werbung ist zu beachten. Werbeaufwand und Werbeertrag müssen im sinnvollen Verhältnis stehen.
- Die **Wirksamkeit** muss optimiert werden. Werbung muss deshalb geplant und – soweit möglich – kontrolliert werden. Die Frage dazu lautet: Gelang es, den/die Umworbenen zum Kaufentschluss zu veranlassen?
- Sie muss den Grundsätzen von **Ehrlichkeit und Wahrheit** entsprechen. Sie muss sachlich richtig sein, eindeutig informieren und darf nicht irreführen oder täuschen.

- Die **Einheitlichkeit** muss durch Abstimmung verschiedener Einzelmaßnahmen auf die Werbekonzeption hin erreicht werden.
- Durch **Modernität und Aktualität** soll zeitgemäß geworben werden. Was passt zum **Zeitgeist**, was liegt im **Trend**? Neue Ideen sind gefragt.
- Durch **Originalität** soll sich die Werbung von der Masse abheben. Die Werbung soll Besonderheiten des Hotels herausheben und betonen.
- Durch **Sozialverträglichkeit** bei der Werbemaßnahme soll vermieden werden, dass in der Außenwirkung ein falsches Image/eine Entfremdung – z. B. einer Urlaubsregion – entsteht.

6 Rechtsvorschriften

 laws références (w) juridiques

Das Kapitel „Marketing im Gastgewerbe" tangiert folgende Gesetze, die auf der dem Buch beiliegenden CD nachzulesen sind:

Die Preisangabenverordnung (PAngV), Stand: 24. Juli 2010

Das Gesetz dient vor allem dem Zwecke der Unterrichtung und des Schutzes der Verbraucher und zur Förderung des Wettbewerbs.

Wichtigste Aussagen: Wer Letztverbrauchern gewerbsmäßig Waren oder Leistungen anbietet oder unter Angabe von Preisen damit wirbt, hat die Preise anzugeben, die einschließlich der Umsatzsteuer und sonstiger Preisbestandteile zu zahlen sind **(Endpreise)**. Außerdem muss angegeben werden, ob zusätzlich Liefer- und/oder Versandkosten anfallen, sowie deren Höhe.

Das Gesetz gegen den unlauteren Wettbewerb (UWG), Stand: 3. März 2010

Dieses Gesetz dient dem Schutz der Mitbewerber, der Verbraucher sowie der sonstigen Marktteilnehmer vor unlauteren geschäftlichen Handlungen. Das Interesse der Allgemeinheit an einem unverfälschten Wettbewerb wird dadurch geschützt.

Zusammenfassend sagt das Gesetz, dass **unlauterer Wettbewerb** verboten ist. Unlauter – im Sinne des Gesetzes – handelt, wer
- **irreführend wirbt** (§ 5),
- **vergleichend wirbt** (§ 6) und
- wer einen Marktteilnehmer **unzumutbar belästigt** (§ 7).

Das Bundesdatenschutzgesetz (BDSG), Stand: 14. Aug. 2009

Zweck dieses Gesetzes ist es, den Einzelnen davor zu schützen, dass er durch den Umgang mit seinen personenbezogenen Daten in seinem Persönlichkeitsrecht beeinträchtigt wird.

Wichtigste Aussage: Die Erhebung, Verarbeitung und Nutzung personenbezogener Daten sind nur zulässig, wenn der Betroffene dazu seine Einwilligung vorher gegeben hat.

Beispiele:

Unlauterer Wettbewerb:
- Ein Gastronom wirbt mit Preisnachlässen („Happy hours") für seine Bar, ohne die Bedingungen für ihre Inanspruchnahme (an welchen Tagen?, von wann bis wann?, zu welchen Preisen/Preisnachlässen?) klar und eindeutig anzugeben.
- Ein Hotelier wirbt mit einem Preisausschreiben oder Gewinnspiel für sein Haus, ohne die Teilnahmebedingungen klar und eindeutig zu nennen.

Irreführende Werbung:
- Ein Restaurantbesitzer wirbt in Zeitungsanzeigen für seine *„Irische Spezialitätenwoche"*. Unter anderem preist er *„Geräucherten irischen Wildlachs"* an, der jedoch tatsächlich aus einer norwegischen Lachszucht stammt.
- Ein Hotelier wirbt in Zeitungsanzeigen für seinen Silvesterball unter anderem mit dem Zusatz: *„Jeder Gast erhält ein Begrüßungsgeschenk!"*. Tatsächlich werden jedoch nur die Damen mit einem Präsent bedacht, die Herren gehen leer aus.

Vergleichende Werbung:
- Ein Hotelier wirbt im Internet für sein Haus: *„Unser Hotel X versteht es besser, auf Gäste einzugehen, als die beiden Mitbewerber-Betriebe vor Ort, das Hotel Y und das Hotel Z. Buchen Sie bei uns unter Tel.-Nr. …"*
- In einer Zeitungsannonce steht: *„In unseren weichen Hotelbetten schlafen Sie viel besser als im Nachbarhotel Y! Buchen Sie bei uns unter Tel.-Nr. … "*

Unzumutbare Belästigung:
- Ein Gast wird – ohne seine Einwilligung – wöchentlich mehrmals von einem Call-Agent angerufen, der die Angebote eines Hotelkonzerns empfiehlt.
- Ein Gast erhält immer wieder Werbefaxe einer Hotelkette, obwohl er mehrmals geäußert hat, dass er dies nicht wünscht.

Fallstudie

Ein junges Paar, beide gelernte Fachleute aus der Gastronomie, wollen sich selbstständig machen und einen Gastronomiebetrieb pachten. Dazu suchen sie nun ein geeignetes Pachtobjekt, ein bereits bestehendes, eingeführtes Hotel mit Restaurant.

Bevor sie einen Pachtvertrag unterschreiben, prüfen sie schon Wochen vorher das Pachtangebot und sammeln Informationen über den Betrieb und den Markt. Sie führen eine **Standort- und Marktanalyse** durch, bei der sie

- die Infrastruktur der Umgebung,
- die Bevölkerungsstruktur,
- das Fremdenverkehrsaufkommen,
- den gastronomischen Markt (Mitbewerber, Angebot, Art, Umfang, Preisniveau, Auslastung …) und
- die wirtschaftliche Situation des Gastgewerbes in der Region erfassen und auswerten.

Bei der **Betriebsanalyse** werten sie die betriebswirtschaftlichen Daten des Pachtbetriebes – soweit erhältlich – aus. Außerdem analysieren sie sowohl die kommunalen Daten (Gemeinde, Fremdenverkehrsverband …) als auch die aktuellsten Zahlen aus Hotelbetriebsvergleichen. Ebenso untersuchen sie die Antworten, die sie bei persönlich durchgeführten **Gästebefragungen** erhalten. Auch Gäste des zukünftigen Pachtbetriebs wurden befragt, was sie dort gut – oder weniger gut – finden und welche Leistungen sie dort vermissen.

Erst jetzt sind die künftigen Pächter in der Lage, Marktlücken zu erkennen und ihre eigenen zukünftigen Marktchancen bzw. Verkaufschancen einzuschätzen. Neben den Aussagen ihres Unternehmensleitbilds (Mission statement) lassen sie nun die Ergebnisse ihrer Standort- und Marktanalysen möglichst realistisch in die Formulierung der quantitativen und qualitativen **Marketingziele** einfließen.

Sie haben sich somit die Grundlagen ihrer Marketing-Planung erarbeitet.

Nun entwickeln sie ihre **Marketing-Strategie**. Sie entscheiden, welchen Weg sie zur Zielerreichung beschreiten wollen. Dabei konzentrieren sie ihre Kräfte auf die eigenen Standort-/ Markt-Vorteile und betonen ihre Stärken. So schaffen sie sich Marktvorteile gegenüber den Mitbewerbern und die Voraussetzungen und Grundlagen für einen dauerhaften Erfolg. Sie wissen, dass es hier keine Patentrezepte gibt, ein unternehmerisches Restrisiko ist nicht ausschaltbar.

Als nächstes überlegen sie sich, welche Marketing-Instrumente (s. Seite 521) sie auf welche Weise gebündelt einsetzen wollen. Sie entscheiden über die Zusammensetzung und Gestaltung ihrer Angebote, z. B. Art, Anzahl und Umfang der à-la-carte-Gerichte oder der Weine auf der Weinkarte. Sie kalkulieren die Preise, überlegen sich eine passende Preispolitik, und sie entscheiden über die Organisation des Verkaufs bzw. der besten Verkaufswege. Besonderes Gewicht legen sie auf das Instrument der Kommunikation, denn sie wissen um die Bedeutung von Werbung (Publicity), Verkaufsförderung (Sales Promotion) und Öffentlichkeitsarbeit (Public Relations, siehe Seite 527). Sie entscheiden, mit welchen Maßnahmen sie bei ihren Zielgruppen das Nachfrage-Interesse wecken wollen.

Nun erst ist das junge Paar „reif" für die anstehende Entscheidung. Sind sie zu dem Ergebnis gekommen, dass ihre Schritte in die Selbstständigkeit richtig sind und von günstigen Ausgangsvoraussetzungen begleitet werden, unterschreiben sie nun den Pachtvertrag für diesen Betrieb.

Aufgaben

1. Nennen Sie vier absatzpolitische Instrumente, die der Verkaufsförderung dienen.

2. Erklären Sie, warum Produkt- und Sortimentsgestaltung in der Gastronomie wichtig sind.

3. Nennen Sie sechs Mittel, die bei der Durchführung von PR-Maßnahmen eingesetzt werden.

4. Welches jeweilige Ziel wird von den Bereichen Öffentlichkeitsarbeit und Werbung verfolgt?

5. Unterscheiden Sie nach der Zahl der Werbenden drei Arten der Werbung.

6. Unterscheiden Sie nach der Zahl der Umworbenen zwei Arten der Werbung.

7. Auf welche vier Teilbereiche erstreckt sich eine Werbe-Untersuchung/-Analyse?

8. Nennen Sie 8 Werbeprinzipien, die bei Planung/Durchführung von Werbung zu beachten sind.

Wirtschaftsdienst – Hausdamenabteilung

Die Hausdamen-Abteilung (housekeeping/service des étages) umfasst die „Haushaltung" des gesamten Gastronomiebetriebes. Die Organisation, Durchführung und Kontrolle der Hotelreinigung werden als die Hauptaufgaben der Abteilung angesehen. Die Hausdame (the housekeeper/la gouvernante) eines modern geführten Hotels ist zuständig für folgende **Aufgaben:**

- **Reinigungs- und Wartungsverfahren**
  Entwicklung und Festlegung von Arbeitsabläufen auf Checklisten, Qualitäts- und Zeitstandards sowie Leistungsmaßstäben;

- **Mitarbeitereinsatz**
  Dienstpläne, Urlaubspläne, Mitarbeitereinsatzplanung nach Geschäftsprognose, Arbeitsüberwachung;

- **Mitarbeiterführung**
  Führungsstil, Motivation, Ausbildung, Training, Fortbildung;

- **Kontrollverfahren**
  Entwicklung und Anwendung einer permanenten Zimmerzustandskartei, Instandhaltungsmeldung, Wäschebestandskontrolle, Mobiliarkontrolle, Materialverbrauch, Kontrolle der in Außer-Haus-Verträgen festgelegten Standards, Kontrolle und Verwaltung von liegen gebliebenen Sachen sowie Fundsachen;

- **Leistungsverbesserung und Weiterentwicklung**
  Umsetzung von Vorschlägen zur Produktivitätssteigerung und Arbeitsvereinfachung, Festlegung der Arbeitsmethoden und der Leistungsstandards;

- **Gästebetreuung**
  Erledigung von Sonderwünschen der Gäste, VIP-Betreuung, Reklamationsbehandlung;

- **langfristige Planung** der Wäsche- und Materialbestände, des Maschinen- und Geräteeinsatzes sowie die Erstellung der Reinigungspläne, Ermittlung der zukünftigen Anzahl der Mitarbeiter.

Die 1. Hausdame trägt die Verantwortung für die Sauberkeit und den Zustand folgender Bereiche:

- die Gästezimmer, das Hauptprodukt eines Hotels;

- die sonstigen Räume des Hotelbetriebs: Hotelhalle, Bar, Restaurant, Frühstücksraum, Bankettabteilung;

- den Freizeit- und Fitness-Bereich: Hallenbad, Sauna, Massage- und Fitnessabteilung, Toiletten, Treppen, Flure, Aufzüge, Garderobe;

- die Wirtschaftsräume „hinter den Kulissen" wie Lager- und Verwaltungsräume;

- die Außenanlagen, inklusive aller Ein- und Ausgänge, der Anfahrt und der Parkplätze.

Abb. 1 Hausdame bei der Zimmerkomtrolle

> Die 1. Hausdame eines modern geführten Hotels ist nicht die „1. Putzfrau". Sie ist vielmehr Managerin der Qualität in einer der wichtigsten Abteilungen eines Hotels!

Abb. 2 Besprechung der Dienstpläne

Abb. 3 Ziele erreicht

> Die Hausdamenabteilung hat eine Schlüsselstellung für das Wohlbefinden der Gäste. Sie trägt somit ganz wesentlich zum Betriebserfolg bei!

① Materialkunde – Grundlagen

working materials – basic knowledge
materiaux (m) – connaissance (w) fondamentale

1.1 Werkstoffe/Gebrauchsgegenstände – Pflege

materials – utensiles and their maintenance
matériaux (m) – matériel (m) et son entretien

Werkstoffe sind Materialien, aus denen sich der Mensch von jeher die Gegenstände des täglichen Gebrauchs hergestellt hat. Auch im gastgewerblichen Betrieb gibt es Gebrauchsgegenstände aus Werkstoffen der unterschiedlichsten Art. Werkstoffkunde bzw. die Kunde der aus ihnen hergestellten
Gegenstände ist deshalb eine unerlässliche Orientierungshilfe und zielt darauf
ab:

Abb. 1 Werkstoffe

- Art und Eigenschaften der Werkstoffe kennenzulernen (z. B. Wolle, Leinen,
  Chromnickelstahl, Silber),
- Auswahlkriterien im Hinblick auf den zweckentsprechenden Einsatz zu erar-
  beiten (z. B. Tischwäsche, Essgeräte, Arbeitsflächen und Geräte der Küche),
- materialgerechtes Reinigen und Pflegen anzuwenden (z. B. Wolle, Leinen,
  Kupfer, Silber).

- Holz → Essgeräte, Schüs-
  seln, Möbel
- Eisen → Arbeitsgeräte,
  Gefäße, Kochtöp-
  fe
- Wolle → Kleidung, Stoffe,
  Teppiche

Metalle

Metalle sind sehr stabile Werkstoffe, sie werden deshalb zu vielerlei Zwecken
verwendet. Eisen und Eisenmetalle nehmen hierbei einen vorrangigen Platz ein,
da auch ihr natürliches Vorkommen mengenmäßig am größten ist.

Alle drei Werkstoffe sind
empfindlich gegenüber
Feuchtigkeit und Sauer-
stoff sowie gegenüber
Säuren und Laugen. Sie
rosten und korrodieren.

Werkstoffe aus Eisenmetallen

Roheisen, Gusseisen und Stahl steel acier (m)

Roheisen ist aufgrund seiner natürlichen Beschaffenheit nicht formbar. Durch die Behandlung mit Hilfe
unterschiedlicher Verfahren erhält man die formba-
ren Werkstoffe Gusseisen und Stahl.

Gusseisen ist schwer und hart und ist deshalb stoß-
empfindlich (Bruchgefahr). Andererseits ist es aber
weniger anfällig gegenüber Rost und Korrosion.

Stahl ist formbares Eisenmetall, wobei für die Herstellung von Gebrauchsgegenständen Stahlbleche
eine besondere Bedeutung haben. Es ist nicht weniger empfindlich als Roheisen, deshalb versucht man,
durch unterschiedliche Behandlungsverfahren den
zerstörenden Einflüssen entgegenzuwirken mit:
- Oxidieren → Schwarzblech
- Legieren → Edelstahl
- Beschichten mit Emaille oder Kunststoff

Edelstahl stainless steel acier (m) spécial

Für Gegenstände, die im Zusammenhang mit Lebensmitteln und Speisen
gebraucht werden, gibt es einen Edelstahl, der mit Chrom und Nickel legiert
ist. Diese beiden Metalle sind gegenüber Feuchtigkeit, Sauerstoff und Säuren
sehr beständig und verleihen dem sogenannten **Chrom-Nickel-Stahl**
(CN-Stahl) hochwertige Eigenschaften. Er ist:
- rostfrei und korrosionsbeständig,
- geruchs- und geschmacksneutral und hat eine
- glatte und daher leicht zu reinigende Oberfläche.

Abb. 2 Edelstahl

Neben den Kennzeichnungen „rostfrei" oder „stainless" geben Einprägungen wie 18/8 oder 18/10 Hinweise auf die Art der Legierung: 18 % Chromanteile sowie 8 % bzw. 10 % Nickelanteile.

Die Verwendung von emaillierten Geschirren ist nicht unproblematisch. Durch Stoß oder Überhitzung kann die Schutzschicht zerstört werden, sodass schadhafte Stellen entstehen. Daraus ergeben sich negative Auswirkungen:

- Gesundheitsgefährdende Emaillesplitter können in die Speisen gelangen,
- beschädigte Stellen rosten und sind Schlupfwinkel für Bakterien.

Emaillierte Geräte, die Beschädigungen aufweisen, sind aus hygienischen Gründen für die Verwendung im Lebensmittelbereich unbrauchbar geworden.

Gebrauchsgegenstände aus Eisenmetallen

Materialart	Gegenstände	Reinigungs- und Pflegerichtlinien
Gusseisen	• Herdplatten • Bräter, Schmortöpfe • Pfannen	→ feucht reinigen und gut nachtrocknen → vor Bruch schützen → heiß mit Salz und Papier ausreiben
Schwarzblech	• Backbleche, Backformen • Eisenpfannen	→ bei nasser Reinigung rasch und gut trocknen → heiß mit Salz und Papier ausreiben
Emaillierte Stahlbleche	• Kochtöpfe • Seiher • metallische Gehäuse (z. B. Küchenherde)	→ nass in Verbindung mit milden Reinungsmitteln oder flüssigem Scheuermittel reinigen → nicht kratzen oder anstoßen → extreme Temperaturunterschiede vermeiden
Chrom-Nickel-Stahl	• Gerätegehäuse, Spültische und Tischflächen • Töpfe und Schüsseln • Pfannen und Backformen • Gastro-Norm-Behälter	→ Universalspülmittel und geseifte Stahlwolle → sofort nachreiben, um Streifenbildung zu verhindern → gut trocknen → Tisch- und Möbelflächen u. U. mit Spezialöl oder Spezialglanzmitteln behandeln → mit Spezialglanzmitteln behandeln

Werkstoffe aus Nichteisenmetallen

Kupfer[1], Zinn und Messing

🇬🇧 copper, pewter, brass 🇫🇷 cuivre (m), étain (m), laiton (m)

Diese Metalle zeichnen sich durch eine besondere Oberflächenbeschaffenheit aus. **Messing** ist eine Legierung aus Kupfer und Zink und läuft wie Kupfer leicht an. **Zinn** ist ein weiches und biegsames Material.

Silber 🇬🇧 silver 🇫🇷 argent (m)

Reines Silber ist für Gebrauchsgegenstände/Bestecke zu weich und zu teuer und wird deshalb vorwiegend beim Versilbern als Auflage verwendet. Der Untergrund bzw. der Grundkörper besteht aus einer harten Legierung (z. B. Metall mit Kupfer). Spezielle Bezeichnungen sind in diesem Zusammenhang **Neusilber** oder **Alpaka.**

Alpaka ist eine Legierung aus 60 % Kupfer, 25 % Zink und 15 % Nickel.

Abb. 1 Silberbesteck

---

[1] Gefäße aus Kupfer müssen mit einer Schutzschicht versehen sein; reine Kupfergefäße dürfen nicht verwendet werden.

Das Auflegen der Silberschicht erfolgt im galvanischen Bad. Die Bezeichnung **Hotelsilber** ist weit verbreitet. Dabei handelt es sich um versilbertes Besteck mit hartem Metallkern. Um den vorzeitigen Abrieb des Silbers zu vermeiden, wird bei Bestecken die Auflage an stark beanspruchten Stellen auf Wunsch verstärkt. Man spricht dann von **Patentsilber** (Kennzeichnung/Stempelung: „Pat" oder „Patent"). Eine alleinige/zusätzliche Kennzeichnung/Stempelung mit den Zahlen 80, 90, 100, 125 oder 150 bedeutet, dass für 24 dm² Oberfläche der Bestecke beim Versilbern 80 g, 90 g, 100 g, 125 g bzw. 150 g Reinsilber verwendetet wurden.

Schweflige Verbindungen in der Luft und in Speisen (z. B. in Eiern oder in Kaviar) sind die Ursache für einen festhaftenden bräunlichen bis schwarzen Belag, der nur durch entsprechende Reinigungsmaßnahmen auf- und abgelöst werden kann. Deshalb gilt: Zu Frühstückseiern wie zu Kaviar sollten keine Silberlöffel gereicht werden. Eierspeisen sollten nie auf versilberten Platten angerichtet werden.

Gebrauchsgegenstände aus Nichteisenmetallen		
Materialart	**Gegenstände**	**Reinigungs- und Pflegerichtlinien**
Kupfer	• Kochgeräte und Chafing-dishes • Kannen und Ziergeräte	→ feines Speisesalz und Wasser → spezielle Kupferputzmittel (gründlich nachspülen)
Messing	• Lampen und Schilder • Beschläge und Türgriffe	→ spezielle Putz- und Poliermittel
Zinn	• Becher sowie Platz- und Zierteller • Vasen und Leuchter	→ milde Reinigungsmittel → bei Flecken Spezialputzmittel → gut nachtrocken
Silber	• Bestecke, Weinkühler • Menagen, Anrichtegeschirr • Tabletts und Silberplatten	→ Silberputztuch, Silberputzpaste, Silbertauchbad → Silberputzmaschine → Aluplatte + Kochsalz, gründlich nachspülen und polieren

Nichtmetalle

Bei den nichtmetallischen Werkstoffen unterscheidet man natürliche und synthetische Stoffe.

Natürliche nichtmetallische Werkstoffe

Zu ihnen gehören Holz, Leder, Kork, Stein und Naturfasern.

Holz (s. auch Tabelle S. 536) 🇬🇧 wood 🇫🇷 bois (m)

Holz ist ein „lebendiges" Material, das auch nach seiner Aufbereitung zu Gebrauchsgegenständen noch „arbeitet". Es kann reißen und sich verziehen.

Zum Schutz bzw. zur Verschönerung wird die Oberfläche des rohen Holzes auf unterschiedliche Weise behandelt:
• lasieren, lackieren und wachsen,
• versiegeln und polieren.

Kork 🇬🇧 cork 🇫🇷 liège (m)

Von Natur aus ist Kork ein Oberflächenschutzgewebe der Pflanzen an Zweigen, Stämmen, Wurzeln und Knollen. Die *Korkeiche* in den Ländern des Mittelmeerraumes liefert den Kork, der zu den leichtesten Werkstoffen gehört. Die Korkzellen sind luftgefüllt und enthalten einen fettartigen Stoff, der die Durchlässigkeit von Wasser und Gas erschwert (**Beispiel:** Flaschenkorken). Kork bietet Schutz gegen Wärme und Kälte und wird bei Wandflächen sowie als Bodenbelag zu *Wärme- und Schallisolierungen* verwendet.

Rohes, unbehandeltes Holz nimmt leicht Feuchtigkeit, Farbe und Gerüche auf. Deshalb ist es aus hygienischen Gründen (Geschmack, Bakterien) für Arbeitsflächen im Küchenbereich nicht geeignet.

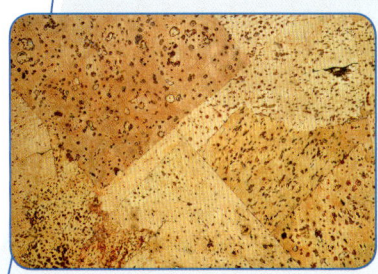
Abb. 1 Korkfußboden

Verwendungsmöglichkeiten für Holz

Oberflächenbeschaffenheit	Verwendung	Reinigungs- und Pflegerichtlinien
unbehandelt	• Fußböden • Vesperbrettchen • Holzteller • Kochlöffel	→ kurz mit warmer Reinigungsflüssigkeit behandeln → mit Naturbürsten behandeln → immer beidseitig benetzen, mit klarem Wasser gründlich nachspülen und nicht zu lange im Wasser liegenlassen, insbesondere nicht in der Spülmaschine reinigen (Holz saugt Wasser an und verzieht sich) → immer stehend, aber nicht in der Nähe von intensiven Hitzequellen trocknen lassen
lasiert, lackiert oder gewachst	• Türen • Fensterrahmen • Möbel	→ abstauben → *notfalls* mit milder Reinigungsflüssigkeit feucht abwischen und *rasch* trockenreiben → Möbel eventuell mit speziellen Möbelpflegemitteln behandeln
versiegelt	• Fußböden • Treppenstufen	→ feucht wischen → von Zeit zu Zeit mit Glanzemulsion oder Wischwachs behandeln
poliert	• Möbel	→ Möbelpolitur oder Wachs

Arten des Leders:
- Rauleder, Wildleder oder Waschleder,
- Nappaleder, Glacéleder, Saffianleder, Lackleder.

Abb. 1 Ledersessel

Abb. 2 Badezimmer mit Oberflächen aus Marmor, Stein und Glas

Leder 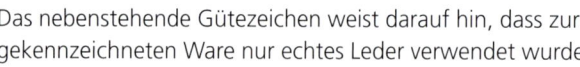 leather 🇫🇷 cuir (m)

Leder wird aus Häuten und Fellen von Tieren aufbereitet, wobei dieses durch Gerben gefestigt und haltbar gemacht wird.

Das nebenstehende Gütezeichen weist darauf hin, dass zur gekennzeichneten Ware nur echtes Leder verwendet wurde.

Verwendung von Leder:
- Koffer, Taschen und Schuhe,
- Sitzmöbelbezüge sowie Verkleidungen auf Türfüllungen und Theken,
- spezielle Kellnerschürzen und Reinigungstücher.

Die Reinigung und Pflege muss der Art des Leders angemessen sein. Beim Einkauf sind deshalb Informationen bezüglich des Produktes sowie der entsprechenden Reinigungs- und Pflegemittel unerlässlich.

Stein 🇬🇧 stone 🇫🇷 pierre (w)

Darunter versteht man natürliche mineralische Körper mit unregelmäßig umrissener Form sowie von fester und harter Beschaffenheit. *Naturbelassen* verwendet man sie zu Dekorationszwecken. Durch Zersägen gewinnt man Platten oder in zerkleinerter Form Fliesen, die als Boden- und Wandbeläge dienen.

Marmor ist Kalkgestein, das nach dem Schleifen und Polieren besonders dekorative Eigenschaften besitzt.

Synthetische nichtmetallische Werkstoffe

Synthese heißt Vereinigung, Zusammenführung. Es handelt sich also um Werkstoffe, die sich durch das Vermischen verschiedener Werkstoffe ergeben.

Glas 🇬🇧 glass 🇫🇷 verre (m)

Die zur Glasbereitung notwendigen Rohstoffe werden je nach der Zweck-
bestimmung in unterschiedlichen Mischungen verwendet und in einem
Schmelzprozess zur Glasmasse verschmolzen:
- Quarzsand, Kalk, Natrium oder Pottasche,
- Bleioxid oder Mennige.

> Das Reinigen von Glas geschieht im Allgemeinen mit Universalreinigungs-
> mitteln. Spezielle Besonderheiten sind im Abschnitt „Reinigung und Pflege"
> (Service, Seite 230) nachzulesen.

Je nach der Zusammensetzung der Glasmasse sowie deren
Verarbeitung unterscheidet man verschiedene Glasarten.
- **Natronglas** (auch einfaches Gebrauchsglas genannt)
  - Fenster, Flaschen, Pressgläser
  - Leuchter und Pokale
  - Glasplatten und Glasteller
- **Kaliglas**
  - bessere Gebrauchsgläser
  - Vasen und Leuchter
- **Blei- und Bleikristallglas**
  - dekorative Trinkgläser, Vasen und Glasschalen
  - Glaswaren mit eingeschliffenen oder eingeätzten
    Verzierungen

- **Spezialgläser**
  - **hitzebeständiges Glas** (geringere Aus-
    dehnung): Kochgeräte, Ceranfelder und
    Backformen, Kaffeemaschinen und Tee-
    gläser
  - **Verbundglas** (schlechter Wärmeleiter):
    Doppelfenster und Autoscheiben, Ther-
    mosbehälter
  - **Sicherheitsglas** (bricht im Ernstfall in
    kleine Stücke ohne scharfe Kanten –
    keine gefährlichen Splitter): Glastüren,
    Schaufenster und Autoscheiben, Terras-
    sen- und Wintergartenfenster

Keramik – Porzellan 🇬🇧 pottery, porcelain 🇫🇷 céramique (w), porcelaine (w)

Porzellan ist die Krönung in der Reihe der keramischen Werkstoffe. Die
tonmineralhaltigen Ausgangsprodukte sind in Wasser schwer löslich und
erhalten bei der Verarbeitung durch Brennen ihre feste Beschaffenheit.

Terrakotta (gebrannte Erde) sind künstlerisch gestaltete Töpferarbeiten,
Plastiken und Reliefs.
Fayence (Majolika) sind glasierte Tonwaren mit farbigen Mustern.

Porzellan ist ein Produkt aus Kaolin (Porzellanerde), Quarz und Feldspat.
Die durch Mahlen und Mischen hergestellte Rohmasse wird beim Brennen
dicht und wasserundurchlässig. Ein Überzug (die Glasur) erhöht die Wider-
standsfähigkeit gegenüber Säuren, Laugen und Salzen. Neben rein weißem und buntfarbenem Geschirr gibt es solches mit unterschiedlich aufwendigem Dekor.

Porzellan ist ein schlechter Wärmeleiter. Das bedeutet zunächst, dass Wärme nur langsam aufgenommen wird. Sie bleibt jedoch in gut vorgewärmtem Geschirr lange erhalten, sodass sich die darin befindlichen Speisen
bzw. Getränke nur langsam abkühlen.

Reinigung und Pflege des Porzellans:
- Wegen der glatten und harten Oberfläche ist die Reinigung ebenso
  unproblematisch wie bei Glas.

- Pflegliches Behandeln ist wegen der Bruchgefahr und der Möglichkeit
  von Absplitterungen jedoch unerlässlich.

- Feuerfestes Geschirr darf wegen der Bruchgefahr durch gegensätzliche
  Spannungen (Ausdehnungen) nicht auf offenes Feuer gestellt und in
  heißem Zustand nicht zu plötzlich stark abgekühlt werden.

> Vom einfachen Tonziegel bis hin zu hochwertigem Porzel-
> lan gibt es viele qualitative Abstufungen und Bezeich-
> nungen:
> - Irdene Waren, Steingut, Steinzeug,
> - Feinkeramik: Terrakotta, Fayence, Majolika,
> - Porzellan.

> Je nach der Zusammensetzung der Rohstoffe und dem Herstel-
> lungsverfahren gibt es Unter-
> scheidungen:
> - weiches und hartes Porzellan,
> - weiche und harte Glasuren,
> - Auf- und Unterglasurdekor,
> - feuerfestes und nicht feuerfes-
>   tes Geschirr.
>
> Das sind wichtige Auswahlkriterien
> bei der Beschaffung von Hotelporzel-
> lan, das hohen Anforderungen
> gerecht werden muss.

> Beschädigtes Porzellangeschirr ist
> für den Gebrauch im Gastgewerbe
> nicht mehr geeignet.

Abb. 1
Feuerfeste
Keramik

Ihre Verwendung ist sehr vielseitig:

- einfache Bestecke, Kochlöffel, Quirle, Eierlöffel,
- Schüsseln, Schalen, Tassen,
- Tischplatten und Schneidebretter,
- Gehäuse für verschiedenartige Geräte,
- Beschichtungen und Griffe für Möbel,
- Stühle und Sessel.

Bei der *Verwendung von keramischen Gefäßen zu Büfetts* (insbesondere Salatbüfetts) muss sichergestellt sein, dass bei der Herstellung keine bleihaltigen Glasuren oder Farben verwendet wurden. Diese Substanzen können durch Säuren aufgelöst werden und, mit den Speisen aufgenommen, Schäden im Organismus hervorrufen.

Kunststoffe 🇬🇧 plastics 🇫🇷 matières plastiques (w)

Kunststoffe, auch **Plaste** genannt, sind organisch-chemische Stoffe, die aus Erdöl, Erdgas und Steinkohle hergestellt werden. Anfangs wurden sie als Ersatzmaterialien für Holz, Keramik und Metall angesehen. Heute sind es selbstständige Werkstoffe, die aus der hochtechnisierten Industriegesellschaft nicht mehr wegzudenken sind.

Reinigung und Pflege von Kunststoffen:

- Als Reinigungsmittel eignen sich milde Spülmittel und Pflegeemulsionen.
- Ungeeignet sind scharfe und aufrauende Reinigungsmittel. Sie beschädigen die Oberfläche und begünstigen so das Festsetzen von Schmutz, Spülmittelresten und Bakterien.

Kunststoffe werden in Thermoplaste, Duroplaste und Elastomere unterteilt:

- **Thermoplaste** bleiben auch bei wiederholtem Erwärmen verformbar. Aus diesem Grunde sind sie im Küchenbereich nur begrenzt einsetzbar.
- **Duroplaste** sind fest, relativ hitze- sowie säuren- und laugenbeständig. Das besonders hitzebeständige **Teflon** wird zur Beschichtung von Töpfen, Pfannen und Backformen verwendet. Es ist jedoch empfindlich gegenüber Druck und Abrieb.

- **Elastomere** sind Kunststoffe mit gummielastischen Eigenschaften, die zu Bademattten und Textilfasern verwendet werden.

Im Hinblick auf die Verarbeitung zu Gebrauchsgegenständen haben Kunststoffe viele Vorteile:

- Geringes Gewicht, niedrige Wärmeleitfähigkeit,
- elektrisch isolierende Eigenschaften,
- relative Beständigkeit gegenüber Säuren und Laugen,
- Geruchs- und Geschmacksneutralität.

Aufgaben

1. Beschreiben Sie die unterschiedlichen Eigenschaften von Gusseisen, Stahl und Edelstahl.

2. Was bedeutet auf Gebrauchsgegenständen aus Edelstahl die Einprägung 18/8 oder 18/10?

3. Warum ist bei der Verwendung von emaillierten Geräten in Verbindung mit Speisen besondere Vorsicht geboten?

4. Durch welche Behandlungsverfahren wird die Oberfläche von Holz gepflegt?

5. Nennen Sie zu folgenden Arten der Holzoberfläche Verwendungsbeispiele und beschreiben Sie Richtlinien für die Reinigung und Pflege: a) unbehandelt,   b) lasiert, lackiert oder gewachst,   c) versiegelt oder poliert.

6. Nennen Sie Verwendungsmöglichkeiten für Leder und Kork.

7. Nennen Sie Verwendungsmöglichkeiten für folgende Glasarten:
   a) Natron- und Kaliglas,   b) Blei- und Bleikristallglas,   c) hitzebeständiges Glas.

8. Welche Eigenschaften haben Verbundglas und Sicherheitsglas, und zu welchen Zwecken sind sie deshalb besonders geeignet?

9. Nennen Sie Bezeichnungen für einfache keramische Waren sowie für Waren der Feinkeramik.

10. Erklären Sie die Bezeichnungen Terrakotta, Fayence und Porzellan.

11. Welche besonderen Eigenschaften sind bei Porzellan in Verbindung mit Speisen von Bedeutung?

1.2 Natur- und Chemiefasern

🇬🇧 natural and artificial fibers 🇫🇷 fibres (w) naturelles et fibres (w) artificielles

Fasern sind Rohprodukte für die Herstellung von Textilien. Durch verschiedene Arten der Aufbereitung gewinnt man aus ihnen zunächst Garne bzw. Fäden, die dann auf unterschiedliche Weise zu textilen Flächen (z. B. Stoffe) verarbeitet werden.

Bei Fasern werden Natur- und Chemiefasern unterschieden.

Naturfasern	
Tierische Fasern	Pflanzliche Fasern
Wolle Seide	Baumwolle Flachs Jute und Hanf Kokos und Sisal

Naturfasern 🇬🇧 natural fibres 🇫🇷 fibres (w) naturelles

Ursprünglich wurden Textilien nur aus natürlichen Rohprodukten gefertigt. Es handelt sich dabei um tierische und pflanzliche Fasern bzw. Haare.

Abb. 1 Wolle

Abb. 2 Baumwolle

Abb. 3 Seidenkokons

Abb. 4 Reifer Flachs

Tierische Fasern 🇬🇧 animal fibres 🇫🇷 fibres (w) animales

Die Fasersubstanz besteht aus Eiweiß. Die grundlegenden Materialbezeichnungen sind Wolle und Seide.

Wolle 🇬🇧 wool 🇫🇷 laine (w)

Wolle im engeren Sinne sind die Haare des Schafes. Im weiteren Sinne gehören zum Begriff Wolle aber auch die Haare anderer Tiere, jedoch muss dann in der Bezeichnung der Tiername mitgenannt werden. **Schurwolle** ist das durch Scheren des lebenden Schafes gewonnene Rohprodukt. Mischungen aus Wolle und Chemiefasern zeichnen sich durch besonders vorteilhafte Eigenschaften aus.

Wolle hat folgende Eigenschaften:
- schützt gegen Kälte und Hitze
- bindet Raum- und Körperfeuchtigkeit
- knittert nicht und ist luftdurchlässig
- ist dehnbar, formbar und filzbar

Verwendung:
- Decken, Fußbodenbeläge und Möbelbezüge

  Reine Schur-Wolle
Pure New Wool
Pure Laine Vierge

Seide 🇬🇧 silk 🇫🇷 soie (w)

Seide ist eine sehr kostbare Faser, die aus den Hüllen **(Kokons)** seidenspinnender Schmetterlingsraupen gewonnen wird. Man unterscheidet dabei zwischen **Wild-** und **Zuchtseide.**

Seide hat folgende Eigenschaften:
- ist warmhaltend und kühl zugleich
- ist hautfreundlich
- ist leicht, reißfest und glänzend
- hat einen fließenden Fall

Verwendung:
- Kissenbezüge und Dekorstoffe

Das internationale Wollsiegel darf nur für solche Erzeugnisse verwendet werden, die aus neuer, reiner Schurwolle hergestellt sind. Durch das Beimischen anderer Fasern werden die negativen Eigenschaften der Wolle ausgeglichen. Die Textilien besitzen eine erhöhte Strapazierfähigkeit.
Die Beimischung ist kennzeichnungspflichtig, wobei jedoch der Wollanteil mindestens 60 % betragen muss.

Eine gute Kombination

80 % Schur-Wolle
20 % Polyester

Schur-Wolle
mit Beimischung

Internationales
Seidenzeichen

Diese Kennzeichnung ist nach dem Textilkennzeichnungsgesetz nur dann erlaubt, wenn die Fasern ausschließlich aus den Kokons seidenspinnender Insekten hergestellt wurden.

Pflanzliche Fasern 🇬🇧 vegetable fibres 🇫🇷 fibres (w) végétales

Die Fasersubstanz ist Cellulose. Die grundlegenden Rohprodukte sind Baumwolle und Flachsfasern.

Baumwolle 🇬🇧 cotton 🇫🇷 coton (m)

Die aus den reifen Fruchtkapseln des Baumwollstrauches hervorquellenden Samenfasern in Form von Wattebäuschen dienen als Rohprodukt für die Herstellung von Baumwolle. Die besten Baumwollsorten unter der Fachbezeichnung **Mako Baumwolle** kommen aus Ägypten.

Baumwolle hat folgende Eigenschaften:

- ist reiß- und nassfest
- ist saugfähig und kochecht
- ist geringfügig wärmend
- fusselt, läuft ein und knittert stark

Auch die Eigenschaften der Baumwolle sind aus den vorangegangenen Aufzeichnungen bereits bekannt. Besonders hervorzuheben ist die Unempfindlichkeit gegenüber Hitze, die beim Waschen (kochecht) und Bügeln von Bedeutung ist. .

Leinen 🇬🇧 linen 🇫🇷 toile (w)

Die Pflanzengattung **Lein** bzw. die Stängel der **Flachspflanze** dienen als Rohprodukt für die Herstellung von Flachsfasern, die wiederum zur Produktion von **Leinen** verwendet werden.

Bei Leinen sind zwei Bezeichnungen zu beachten. **Reinleinen** heißt, dass das Gewebe nur aus Flachsgarnen besteht (100 %). **Halbleinen** ist ein Mischgewebe aus Baumwolle (Kettfäden) und Flachsgarnen (Schussfäden), wobei der Flachsanteil mindestens 40 % vom Gesamtgewicht betragen muss.

Leinen hat folgende Eigenschaften:

- reiß- und nassfest
- kochecht
- fusselt nicht und knittert stark
- hat natürlichen Glanz und wirkt kühlend

Verwendung:

- Gardinen, Vorhänge, Möbelstoffe und Frottierwaren
- Tisch- und Bettwäsche
- Gläsertücher
- Hand- und Geschirrtücher
- Dekorationsstoffe

Sonstige Pflanzenfasern

Neben den feineren Produkten Baumwolle und Leinen gibt es Pflanzenfasern, die aufgrund ihrer natürlichen Beschaffenheit zu robusten Textilien verarbeitet werden:

- **Kokos** (Fasern der Kokosnuss)
  - Matten, Teppichfliesen und Auslegware
  - grobe Polsterauflagen, Bürsten
- **Sisal** (Faser von Agaven)
  - Teppichböden, Seilerware
  - Taue und Bürsten
- **Jute** (Faser einer Stängelpflanze)
  - Säcke und Tragetaschen
  - Unter- und Stützgewebe für Teppichböden und Kunststoffbeläge
- **Hanf** (Faser einer Stängelpflanze)
  - Bindfäden sowie grobe Näh- und Bindegarne
  - Schwergewebe

Das internationale Baumwollkennzeichen bürgt dafür, dass zur Herstellung der Ware ausschließlich Baumwollfasern verwendet wurden. Angesichts der sonst negativen Eigenschaften muss Baumwolle je nach Verwendungszweck entsprechend veredelt werden (siehe „Ausrüstung von Textilien", Seite 542.)

Internationales Baumwollsiegel

Kettfäden Schussfaden

Abb. 1 Teppichböden aus Sisal- und Kokosfasern

Chemiefasern 🇬🇧 chemical fibres 🇫🇷 fibres (w) chimiques

Chemiefasern werden aus der Cellulose von Pflanzen, z. B. Holz, oder aus Bodenschätzen wie z. B. Erdöl gewonnen.

Cellulosische Chemiefasern

Ausgangsmaterial ist die *Cellulose* aus dem Holz von Buchen und Fichten sowie aus Faserresten an den Samenkörnern der Baumwollpflanze, dem sogenannten *Baumwoll-Linters*. Durch chemische Behandlung erhält man eine spinnbare Masse und je nach angewendetem Verfahren unterschiedliche Fasern.

Acetatverfahren → Acetat, Triacetat
Viskoseverfahren → Viskose, Modal
Kupferverfahren → Cupro

Modal ist eine Viskosefaser mit merklich verbesserten Eigenschaften. Die Faser ist *kochecht, knittert weniger, trocknet schneller und ist einfärbbar.*

Abb. 1 Chemiefaser

Synthetische Chemiefasern

Ausgangsmaterial sind Erdöl, Erdgas und Steinkohle. Durch gezielte Veränderung der Kettenmoleküle entstehen Stoffe, die chemisch synthetisiert werden, z. B. Polyester. Durch eine spezielle Weiterverarbeitung werden hieraus spinnbare Fasern gewonnen (s. Abb. 2–5).

Synthetische Fasern haben positive Eigenschaften:
- Sie sind pflegeleicht, d. h. sie können unter Beachtung der Pflegeanleitung (siehe Pflegekennzeichen) in der Waschmaschine gewaschen werden, sie trocknen schnell,
- sie sind widerstandsfähig gegen Verrottung, Mikroorganismen und Mottenfraß,
- Flecken sind in der Regel leicht zu entfernen.

Chemiefasern	
Cellulosische Fasern	Synthetische Fasern
Acetat Viskose Modal Cupro	Polyamid, Polyester Polypropylen Polyacryl Elastan

Abb. 2 Polyestergranulat

Abb. 3 Glatte Filamente

Abb. 4 Texturierte Filamente

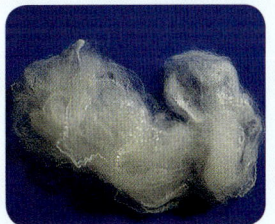
Abb. 5 Spinnfasern

Synthetische Fasern sind **hitzeempfindlich,** weshalb beim Waschen und Bügeln die entsprechenden Pflegekennzeichen zu beachten sind. In vielen Fällen ist aber das Bügeln gar nicht erforderlich.

Vliesstoffe werden meist aus Chemiefasern hergestellt. Wegen ihrer besonderen Eigenschaften gewinnen sie im Gastgewerbe immer mehr an Bedeutung.

Vliesstoffe haben folgende Eigenschaften:
- leicht
- gut faltbar
- saugfähig
- kostengünstig
- vielseitig verwendbar

Verwendung:
- Tischwäsche, Servietten und Sets
- Einwegwäsche (Tisch- und Bettwäsche)
- Putz- und Poliertücher

Abb. 6 Servietten aus Vliesmaterial

Abb. 1 Leinwandbindung

Abb. 2 Gewebe in Leinwandbindung

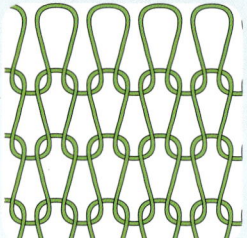

Abb. 3 Maschen

Abb. 4 Strickware

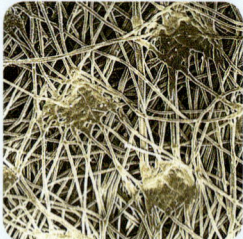

Abb. 5 Vliesstoff mit Punktschweißung

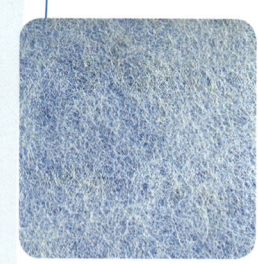

Abb. 6 Wirrfaservlies

Textile Flächen 🏴 textiles 🇫🇷 textiles (m)

Textile Flächen haben je nach Art der verwendeten Garne oder Fäden sowie je nach Art ihrer Verflechtung bzw. Bindung unterschiedliche Bezeichnungen und Eigenschaften.

Arten der Verflechtung

- **Gewebe** (Abb. 1, 2)
  Gewebebindung entsteht durch regelmäßiges Verkreuzen von Kett- und Schussfäden.

- **Maschenware** (Abb. 3, 4)
  Sie entsteht durch Verstricken der Fäden bzw. das Ineinanderhängen von Schlaufen.

- **Vlies/Filz** (Abb. 5, 6)
  Vlies entsteht durch Verkleben. Für Filz wird die Faser mechanisch bearbeitet. Diese Technik nennt man Walken.

Textilkennzeichnung

Nach dem Textilkennzeichnungsgesetz müssen textile Flächen mit dem Namen der jeweils verwendeten Rohprodukte ausgezeichnet sein.

Die Kennzeichnung erfolgt auf Wäschefähnchen, in Webkanten oder auf Verpackungsetiketten der Textilien, z. B. Wolle, Baumwolle, Reinleinen, Viskose usw. (Einzelheiten siehe im Abschnitt „Wäschepflege").

Ausrüstung von Textilien

Unter Ausrüstung versteht man veredelnde Maßnahmen an Textilfasern.

Die veredelnden Maßnahmen zielen darauf ab, die Rohstoffe zusätzlich mit zweckgerichteten Eigenschaften auszustatten und dadurch den Gebrauchswert der Textilien zu erhöhen, z. B.:
- Verbessern der Warendichte, des Griffs und der Oberflächenbeschaffenheit,
- Reduzieren der Knitterneigung, des Einlaufens und der Schmutzempfindlichkeit,
- Erhöhen der Luftdurchlässigkeit sowie der Feuchtigkeitsaufnahme bzw. -abgabe,
- Verbessern der Pflegeeigenschaften in Bezug auf das Waschen, Trocknen und Bügeln.

Die Fasern bzw. Gewebe werden entweder durch mechanische Einwirkung oder durch die Behandlung mit chemischen Mitteln zweckentsprechend verändert.

100 % Baumwolle | Pflegehinweis

Farbiger Bettdamast aus gebleichtem Kettgarn und gefärbtem Schussgarn.

Antimikrobielle Ausrüstung: Durch chemische Behandlung wird das Wachstum von Mikroorganismen gehemmt.

Bügelfreie Ausrüstung: Vorwiegend werden Baumwolle, Leinen und Viskose behandelt. Die Textilien werden knitterarm und bügelfrei.

Flammschutz-Ausrüstung: Mit Hilfe von chemischen Mitteln werden Textilien, z. B. Vorhänge, schwer entflammbar gemacht.

Farbechte Ausrüstung: Durch die entsprechende Wahl der Farbstoffe und Färbeverfahren erzielt man Textilien mit hoher Farbechtheit. Je nach dem Zweck unterscheidet man: kochecht, waschecht, lichtecht oder wetterecht. Das Warenzeichen für farbechte Textilien ist **Indanthren.** Eine absolute Farbechtheit gibt es jedoch nicht.

Filzfreie Ausrüstung: Sie wird bei Wolle angewendet. Durch das Behandeln mit Kunstharzen sind Wollwaren im Schonwaschgang waschmaschinenfest, sie schrumpfen und verfilzen nicht.

Fleckgeschützte Ausrüstung: Aufgrund dieser Behandlung wird wasserlöslicher und fetthaltiger Schmutz nicht nur abgestoßen, auch anhaftender Schmutz kann nicht in das Gewebe eindringen.

Knitterarme Ausrüstung: Durch die Behandlung mit Kunstharzen bzw. chemischen Stoffen füllen sich die Hohlräume der Fasern mit einem stabilisierenden Gerüst. Die Textilien sind knitterarm und haben eine höhere Elastizität.

Appretieren: Durch Kunstharze oder Stärkemittel erhalten Stoffe einen fülligeren Griff und ein besseres Aussehen. Außerdem ist die Schmutzabweisung erhöht. Gute Appreturen behalten auch nach dem ersten Waschen oder Reinigen noch ihre Wirkung.

Imprägnieren: Bei diesem Verfahren werden Gewebe so beschichtet, dass die glatte und glänzende Oberfläche wetterfest, wasserdicht und schmutzabweisend ist. Trotzdem bleiben sie luftdurchlässig. Die Behandlung ist typisch für Regen- und Sportausrüstungen sowie für Schirme und Markisen.

Mercerisieren: Es handelt sich dabei um die Behandlung von Baumwolle, insbesondere für hochwertige Tischwäsche. Dabei werden unterschiedliche Eigenschaften erzielt: Glanz, der waschbeständig ist (durch chemische Behandlung), verminderte *Dehnfähigkeit* bei gleichzeitig erhöhter *Reißfestigkeit*.

Rauen: Mit Hilfe von Maschinen zieht man bei textilen Flächen die Faserenden an die Oberfläche. Die Ware erhält dadurch eine voluminösere, bauschige Oberfläche, einen weicheren Griff und eine besondere Wärmewirkung. Einseitig aufgeraut ist z. B. Flanell, beidseitig rau ist Molton.

Sanforisieren: Durch Behandlung mit Wasser und Hitze ist die spätere Formveränderung vorweggenommen. Die Wäsche kann nicht mehr einlaufen, sie ist formbeständig und außerdem knitterarm.

Aufgaben

1 Erklären Sie die Bezeichnung Schurwolle.

2 Woraus wird Seide gewonnen?

3 Beschreiben Sie die Eigenschaften von Wolle und Seide und nennen Sie Verwendungszwecke.

4 Beschreiben Sie die Fasern „Baumwolle" und Leinen":
a) die Ausgangsware,   b) die Fasereigenschaften,   c) die Verwendungszwecke.

5 Beschreiben Sie die besonderen Eigenschaften von Vliesstoffen und Verwendungsmöglichkeiten.

6 Auf welche Weise erfolgt die Kennzeichnung der Textilien?

7 Erläutern Sie Zeichen/Siegel bei der Textilkennzeichnung.

8 Was bedeutet die Bezeichnung Ausrüstung?

9 Nennen und erläutern Sie Arten der Ausrüstung.

Abb. 1 Reinigungsmittel

Bevor ein Mittel angewendet wird, ist grundsätzlich zu klären:
- Woraus besteht das zu behandelnde Material und wie ist die Oberflächenbeschaffenheit?
- Um welche Schmutzart handelt es sich und wie stark ist die Verschmutzung?
- Welches ist das umweltfreundlichste Reinigungsmittel, das zur Schmutzentfernung verwendet werden könnte?
- Wie lauten die Dosierungsanweisungen und Bedienungsanleitungen?

Bedienungsanleitungen, Dosierungsanweisungen und Umweltschutzhinweise sind zu beachten! Mischen Sie nie verschiedene Reinigungsmittel!

Bevorzugen Sie die umweltfreundlichen Hausmittel.

Diese sind biologisch leicht abbaubar und meist preiswerter: Schmierseife oder Neutralseife, für Reinigungszwecke vielseitig einsetzbar. Ein Nachpolieren von Flächen ist erforderlich.
Verdünnte Essig- und/oder Zitronensäure als 3%ige Lösung sind zum Entkalken und zum Abwischen von Wasserflecken, z. B. auf Bad-Armaturen, bestens geeignet.
Spiritus für die Reinigung von Fensterscheiben, Glastüren sowie von Glasgegenständen wie z. B. Kristallleuchtern.

1.3 Reinigungs- und Pflegemittel

🇬🇧 cleaning agents 🇫🇷 produits (m) pour nettoyer et produits d'entretien

Unter **Reinigen** versteht man das Entfernen von Schmutz, entweder
- trocken, z. B. durch Kehren, Saugen,
- oder feucht, z. B. durch Wischen oder Waschen.

Pflegen ist darüber hinaus das Anwenden von Mitteln, durch die bestimmte Oberflächen ein schöneres Aussehen erhalten und vor chemischen oder mechanischen Einwirkungen geschützt werden.

Reinigungsmittel

Eine reinigende Wirkung haben vor allem Lösungsmittel, Seifenlaugen, Scheuermittel und wässrige Lösungen aus Tensiden, das sind künstlich hergestellte, seifenähnliche Stoffe. Durch mechanisches Einwirken wie Reiben mit Lappen, Baumwoll- oder Leinentüchern, Fensterledern, Schwämmen u. Ä. kann die reinigende Wirkung verstärkt werden.

Lösungsmittelfreie Reinigungsmittel

Ohne Scheuermittelanteil, zur Entfernung von leichtlöslichem bzw. weniger hartnäckigem Schmutz, auf Seifenbasis, mit natürlichen Tensiden bzw. Oberflächen-Entspannungsmitteln, z. B. für Kunststoff, Glas, Keramik, Steinzeug und Edelstahl: Schmierseife, Neutralseife, Grüne Seife, Spülmittel.

Mit Scheuermittelanteil,
- feinere Scheuermittel, z. B. für Bade- und Duschwannen: Scheuermilch;
- grobere Scheuermittel, z. B. für Toiletten, Waschbecken und für keramische Fliesen auf Mineralbasis: Schlämmkreide, „Wiener Kalk", Bimsmehle, Marmormehle.
- **Zusätze von synthetischen Tensiden,** für alle feucht abwischbaren Oberflächen, z. B. aus Edelstahl, Glas, Keramik, Kunststoff, Steinzeug: Universalreiniger, Allzweckreiniger
- **Desinfektionsmittel** auf Alkoholbasis zum Abtöten von Mikroben. Anwendung vor allem im Sanitärbereich.

Lösungsmittelhaltige Reinigungsmittel

- **Spezialreiniger,** zur Entfernung von stark fetthaltigem Schmutz oder teerhaltigen Rückständen z. B. in Backöfen. Nicht anwendbar auf Flächen mit Farb- und Lackanstrichen bzw. aus Kunststoffen wegen der auflösenden Wirkung!
- **Aceton** (Nagellackentferner), zur Entfernung von Harz-, Lack-, Klebstoff- und Teerflecken. Nicht anwendbar auf acetathaltigen Stoffen wegen der auflösenden Wirkung!
- **Fleckenwasser,** zur Entfernung von Flecken jeglicher Art.
- **Salmiak,** zur Entfernung von Farbflecken.

Vermeiden Sie nach Möglichkeit die Anwendung lösungsmittelhaltiger Reinigungsmittel. Wenn Sie sie benutzen, den Raum gut lüften. Verzichten Sie auf den Einsatz von Mitteln, die Chlor, Phosphate, Formaldehyde oder Sulfate enthalten!

Pflegemittel

Pflegemittel geben Oberflächen ein schöneres Aussehen und schützen diese bei späteren Verschmutzungen. Außerdem können z. B. Möbelpflegemittel gut eingesetzt werden, um kleine Kratzer und Flecken weitgehend zu überdecken. Um Arbeitsgänge zu sparen, werden Reinigungs- und Pflegemittel häufig als **kombinierte Mittel** angewendet. Dabei wird die zu reinigende Oberfläche in einem Arbeitsgang gesäubert und gleichzeitig mit einem glänzenden und widerstandsfähigen Schutzfilm überzogen.

Lösungsmittelfreie Pflegemittel

- **Selbstglanz-Emulsionen** bzw. **Wischglanzmittel** oder Wischwachse, die auf Kunststoffböden sowie auf versiegelten und lackierten Holzfußböden einen glänzenden und schützenden Film hinterlassen. Sie ersparen das Nachpolieren.
- **Möbelwachs** und Spezialmittel zur **Möbelpolitur**. Auch zur Oberflächenbehandlung von Türen und Holzwänden geeignet.
- **Poliermittel** für Kunststoffgegenstände und Kunststoffoberflächen, für Leder.

Lösungsmittelhaltige Pflegemittel

Bohnerwachse, die auf **unversiegelten** und **unlackierten** Holzfußböden einen widerstandsfähigen und glänzenden Film bilden. Wegen ihrer Lösungsmittelbestandteile sind sie umweltbelastend und feuergefährlich. Die aufsteigenden Dämpfe sind gesundheitsschädlich. Sollten solche Mittel dennoch zum Einsatz kommen, den Raum gut lüften!

Reinigungsgeräte und Arbeitsmittel

Die Durchführung der Reinigungs- und Pflegearbeiten wird durch Maschinen und Geräte sowie weitere Arbeitsmittel wesentlich erleichtert. Welche Maschinen, Reinigungsgeräte und Arbeitsmittel in den einzelnen Hotelbetrieben zum Einsatz kommen sollten, ist nach den örtlichen, baulichen Gegebenheiten, den verwendeten Oberflächenmaterialien und der sonstigen Raumausstattung zu entscheiden.

1.4 Reinigung von Wänden

🇬🇧 cleaning of wall-coverings 🇫🇷 nettoyage (m) des murs

Je nach Material und Oberflächenbeschaffenheit werden unterschiedliche Reinigungs- und Pflegemittel bzw. Arbeitsmittel verwendet.
Hinweis: bitte die Tabelle auf der nächsten Seite beachten.

1.5 Reinigung von Böden

🇬🇧 floor cleaning 🇫🇷 nettoyage (m) du plancher

Je nach Material und Aufbau der Fußböden werden unterschiedliche Reinigungs- und Pflegemittel angewendet (Siehe Tabelle S. 546). Abgesehen von Teppichböden bzw. Teppichen geht bei allen anderen Böden das Entfernen von lockerem Schmutz durch Fegen oder Moppen als Vorreinigung den anderen Reinigungs- und Pflegemaßnahmen voraus.

Reinigungsgeräte und Arbeitsmittel

Maschinen, z. B. Staubsauger, Kehrmaschinen, Teppich-Shampoonier-Geräte, Sprühextraktionsgeräte, Dampfreiniger, Hochdruckreiniger, Scheuersaugmaschinen, Nass-Sauger/Allzwecksauger, Bohner- bzw. Poliermaschinen, Waschmaschinen, Trockner;

Geräte, z. B. Etagenwagen, Putzwagen, Teppichkehrer, Feuchtwischgeräte, Nasswischmopps, Feuchtwischmopps, Fahreimer mit Presse, Wasserschieber, Leitern;

Arbeitsmittel, z. B. Staubtücher, Fensterleder, Poliertücher, Reinigungspads, Schwämme, Vliesschwämme, Stahlwolle, Besen, Handfeger, Bürsten, Schrubber, Scheuertücher, Eimer, Körbe.

Aus Gründen des Umweltschutzes sind lösungsmittelhaltige Pflegemittel weitestgehend abzulehnen!

Reinigung von Wänden

Je nach Material und Oberflächenbeschaffenheit werden unterschiedliche Reinigungs- und Pflegemittel bzw. Arbeitsmittel verwendet.

Wandoberfläche	Reinigungs-/Pflegemaßnahme
abwaschbar	
Dispersionsfarbe	mäßig feucht mit Lappen abwischen
Ölfarbenanstrich	mit milder Reinigungslösung vorsichtig abwaschen, trockenreiben
Keramische Fliesen	mit heißer, starker Reinigungslösung abwaschen, mit klarem Wasser nachwaschen, trockenreiben
Tapeten	mit milder Reinigungslösung vorsichtig abwischen. Keine Lösungsmittelhaltigen Mittel verwenden!
nicht abwaschbar	➜ weder Wasser noch Reinigungsmittel verwenden!
Tapeten	mit Besen bzw. Staubsauger vorsichtig abstauben/absaugen
Stoffbespannungen	mit Besen bzw. Staubsauger vorsichtig abstauben/absaugen

Reinigung von Böden

Fußbodenmaterialien	Reinigungs-/Pflegemaßnahme
Holz-Parkett	Bei unbeschädigter Versiegelung mit Allzweck- oder Neutralreiniger mäßig feucht wischen; bei beschädigter Versiegelung mit Bohnerwachs behandeln.
Holz-Dielen	Zimmerböden aus Holz schonend, nebelfeucht mit Schmierseife wischen. Pflege mit Wachs als Oberflächenschutz.
Linoleum	Mit Seifenlauge feucht wischen, gelegentlich mit Wischglanz oder Selbstglanz-Emulsion pflegen, trocknen lassen. Absatzspuren mit Pads abreiben.
Kunststoff-, Laminat- und Gummiböden	Feucht wischen, gelegentlich mit Wischglanzmittel oder Selbstglanz-Emulsion behandeln, trocknen lassen.
Steinfußböden, Natur-fliesen, Kunststeinfliesen	Mit milder Reinigungslösung zur Grundreinigung feucht wischen bzw. mit Wisch-pflegemittel pflegen.
Keramikfliesen	Mit starker Reinigungslösung nass wischen oder schrubben.

Abb. 1 Treppe mit Teppich

1.6 Reinigung von Teppichen und Teppichböden

🇬🇧 cleaning of carpets and carpet tiles
🇫🇷 nettoyage (m) des tapis et moquettes

Teppicharten

Unter Teppichen versteht man sowohl den klassischen Orientteppich als auch Teppichläufer, Brücken, Wandteppiche und die Auslegeware von Teppichböden und -fliesen. Bei der Herstellung können sowohl Naturfasern als auch Chemiefasern oder eine Mischung aus beiden verwendet werden. Wegen der großen Qualitätsunterschiede und der Vielzahl von Teppicharten sollte beim Kauf ein Fachmann zu Rate gezogen werden.

Tägliche Reinigung

Saugen
Die normale tägliche Reinigung von Teppichen im Hotel ist das Staubsaugen.

Vereinzelt werden zum Entstauben auch Teppichkehrmaschinen eingesetzt.

Zur anschließenden Fleckenentfernung auf Teppichen werden verschiedene Methoden angewendet.

Die Teppichsiegel haben sich als eine gute Orientierungshilfe erwiesen. Sie sind an der Unterseite von Teppichrollen angebracht und werden vom „Deutschen Teppichforschungsinstitut e.V., Aachen", vergeben.

Detachieren
Flecken können mit Hilfe eines Feinwaschmittel-Schaumes und eines Frottierlappens befeuchtet und dann abgerieben werden.

Pulver-Reinigung
Die Pulverreinigung wird bei Bedarf – je nach Verschmutzungsgrad – zur oberflächlichen Florreinigung angewendet. Das Reinigungspulver wird mit rotierenden Bürsten auf dem Teppichflor verteilt. Das Pulver nimmt den Schmutz auf und kann nach der empfohlenen Einwirkungszeit mit dem Staubsauger entfernt werden. Dabei sollte man gründlich gelüften.

Grundreinigung

Zur **Grundreinigung** eignen sich die beiden folgenden Verfahren:
- **Shampoonier-Reinigung**
  Kurzflorige Teppiche mit einem feuchtigkeitsbeständigen Trägermaterial können nach diesem Verfahren gereinigt werden. Das Shampooniermittel enthält Tenside, fettlösende Mittel und keimabtötende Stoffe. Der Shampooschaum wird mit Hilfe einer Shampooniermaschine in Bahnen aufgetragen und dabei eingebürstet. Nach dem Trocknen des Schaums wird der Teppichflor aufgebürstet und abgesaugt. Mit den Shampooresten wird so der gelöste Schmutz entfernt.

- **Sprühextraktions-Reinigung**
  Dieses Verfahren ist bei allen Florarten geeignet. Die Spezial-Reinigungsmittel hierfür enthalten schaumarme Tenside, Reinigungsverstärker, Entschäumer und teilweise Phosphate. Das Mittel wird in Bahnen aufgesprüht und löst den Schmutz aus dem Teppichboden. Die Lösung aus Reinigungsmittel und Schmutz wird aufgesaugt und in einen Tankbehälter geleitet. Die Entsorgung erfolgt über das Abwasser.

Bei der **Grundreinigung** von Teppichen ist zu beachten:
- Sie sollte jährlich nur einmal durchgeführt werden, da der Teppich dabei strapaziert wird.
- Eine eventuell vorhandene Fußbodenheizung ist rechtzeitig auszuschalten.
- Der Fußboden muss vorab gesaugt worden sein.
- Das Reinigungsmittel sollte auf die Verträglichkeit mit dem Belag geprüft worden sein.
- Beim Absaugen muss das Reinigungsmittel vollständig aus dem Flor gesaugt werden. Sonst könnte es zu einer schnelleren Wiederverschmutzung kommen.

Abb. 1 Teppichsiegel-Beispiel

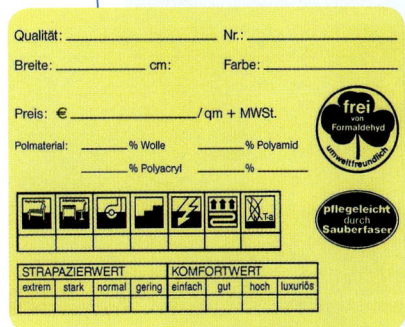

Abb. 2 Beispiel – Teppich-Karte als Kundeninformation

 „wohnbereichsgeeignet"

 „arbeitsbereichsgeeignet"

 „stuhlrollengeeignet" (Verwendung: Räume mit Rollstühlen, Rollsessel, für Büroräume)

 „treppengeeignet" (Verwendung: Treppen in Wohnhäusern oder sonstigen Gebäuden)

 „feuchtraumgeeignet" (Verwendung: Badezimmer, Küchen, Toiletten)

 „antistatischgeeignet" (Verursachen beim Begehen keinen spürbaren Schlag)

 „geeignet für Fußbodenheizung" (Verwendung: in Räumen mit Fußbodenheizung)

Abb. 3 Zusatzsymbole für Teppichböden

Wirtschaftsdienst

Abb. 1 Hotelwäscherei

1.7 Wäschepflege  linen maintenance soins (m) du linge

Wäsche gehört zu den Textilien, über die im Abschnitt „Natur- und Chemiefasern" bereits Grundlegendes ausgeführt wurde.

Wäsche ist die Sammelbezeichnung für Textilien, deren regelmäßige Reinigung durch Waschen erfolgt. Dabei unterscheidet man Wäsche nach:

Gebrauch
- Leibwäsche (Unterwäsche)
- Bett-, Tisch- und Badewäsche
- Küchenwäsche

Feinheitsgrad
- Feinwäsche (feine Gewebe: z. B. für Damenwäsche, Pullover, Stores, Gardinen usw.)
- Grobwäsche (grobe Gewebe z. B. Berufs- und Schutzkleidung)

Farbe
- Weißwäsche
- Buntwäsche

Hotelwäsche hotel laundry linge (m) d'hôtel

Die wichtigsten unterscheidenden Bezeichnungen für Hotelwäsche sind:
- Bettwäsche
- Tischwäsche *(table linen/linge de table)* und
- Frottierwäsche

Bettwäsche

Zweckbestimmende Bezeichnungen und Maße
Zur Bett- bzw. Etagenwäsche gehören:
- **Kissenbezüge**
  - Kopfkissen allgemein   80 cm x 80 cm
  - Europakissen   40 cm x 80 cm
- **Bettbezüge**   140 cm x 200 cm
- **Bettlaken**   160 cm x 260 cm
- **Matratzenschoner**   in verschiedenen Größen

Abb. 2 Bettwäsche

Tisch- und Frottierwäsche

Zur **Tisch-** bzw. **Restaurantwäsche** gehören:
- Moltons,
- Tischtücher und Tafeldecken,
- Deckservietten,
- Mundservietten, Hand- und Weinservietten.

Zur **Frottierwäsche** gehören:
- Hand- und Badetücher sowie Waschlappen,
- Bademäntel und Badematten/Bettvorleger.

Bei der Herstellung von Frottierwäsche wird die Baumwolle in Leinwandbindung verarbeitet, bestehend aus einer straffen Grundkette und einer lockeren Schlingenkette mit ein- oder beidseitigen Schlingen. Aufgrund gekräuselter Oberfläche zeichnen sich die Textilien durch eine besonders gute Saugfähigkeit aus.

Abb. 3 Restaurantwäsche

Reinigung und Pflege der Wäsche

Verschmutzte Wäsche muss in regelmäßigen Abständen gereinigt und gepflegt werden. Die Reinigungs- und Pflegemittel werden auf die Materialeigenschaften abgestimmt.

Reinigungs- und Pflegemittel

Wasser 🇬🇧 water 🇫🇷 eau (w)

Wasser ist das grundlegende Reinigungsmittel. Viele Vorgänge, die bei der Schmutzbeseitigung von Bedeutung sind, weisen darauf hin: Auflösen, Aufquellen, Zerteilen, In-der-Schwebe-Halten, Ausspülen, Wegspülen.

Waschmittel 🇬🇧 detergents 🇫🇷 produits (m) de lavage

Durch Waschmittel wird die grundlegende Reinigungswirkung des Wassers ergänzt und verstärkt. Neben waschaktiven Bestandteilen enthalten Waschmittel darüber hinaus in unterschiedlicher Zusammensetzung Substanzen, die auf jeweils spezifische Zwecke ausgerichtet sind, z. B. wasserenthärtende Stoffe oder solche, die besondere pflegende Auswirkungen haben.

Waschaktive Substanzen wirken zweifach:
- Durch Verringern der Oberflächenspannung des Wassers erhöhen sie dessen Wirksamkeit und begünstigen insbesondere das gründliche Durchnetzen der Wäsche.
- Darüber hinaus heben sie den Schmutz vom Waschgut ab, emulgieren und umhüllen ihn, sodass er mit Hilfe des Wassers leichter ab- und ausgespült werden kann.

Wasserenthärtende Substanzen, auch Builder genannt, sind waschwirksame Alkalien, die den negativen Auswirkungen von kalkbildenden Salzen im Wasser entgegenwirken. Dieses enthält je nach den örtlichen Bedingungen unterschiedliche Mengen dieser Salze.

Die Wasserhärte hängt vom Gehalt an Calcium- und Magnesiumverbindungen ab. Je höher der Gehalt ist, desto härter ist das Wasser. Die Härte des Wassers spielt beim Waschen der Wäsche eine erhebliche Rolle. Je weicher das Wasser, desto weniger Wasserenthärter (bzw. Waschmittel) sind bei der Wäschepflege erforderlich. Bei der Dosierung sollte man sich an die Angaben der Waschmittelhersteller halten.

Unterschiedliche Härtegrade des Wassers

Im Härtebereich wird nach der internationalen Einheit Millimol Calciumcarbonat je Liter (mmol/l) gemessen. Sie ersetzt die alte Messeinheit „Grad deutscher Härte (°dH)".

Die kalkbildenden Salze sind beim Waschen für eine ganze Reihe negativer Auswirkungen verantwortlich:
- Sie bilden unlösliche Verbindungen, wodurch die Reinigungswirkung vermindert wird.
- Durch Hitzeeinwirkung beim Waschen entsteht Kalkstein, der sich in den Wäschefasern festsetzt. Dadurch wird die Saugfähigkeit sowie der Geruch und die Haltbarkeit der Wäsche beeinträchtigt, weil die Fasern brüchig werden.
- Kalkablagerungen in der Waschmaschine vermindern die Leistungsfähigkeit und beschleunigen den Verschleiß.

Abb. 1 Wasch- und Trocknermaschinen

Abb. 2 Zugabe des Waschmittels

Abb. 3 Saubere Frottierwäsche

Härte-bereich	Millimol Calciumcarbonat je Liter (mmol/l)	früher: °deutsche Härte
weich	< 1,5 mmol/l	< 8,4 °dH
mittel	1,5–2,5 mmol/l	8,4–14 °dH
hart	> 2,5 mmol/l	> 14 °dH

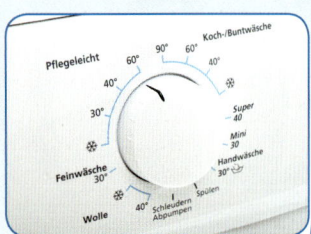

Vollwaschmittel sind besonders waschaktiv und vor allem geeignet für sogenannte Koch- oder Weißwäsche, wie z. B. Berufsköche (Köche).
Feinwaschmittel sind in ihrer Wirkung auf empfindliche Fein- und Buntwäsche abgestimmt.
Spezialwaschmittel enthalten Bestandteile, durch die bei bestimmten Textilien eine jeweils zweckgerichtete pflegende Wirkung erreicht werden soll, z. B. bei synthetischer Wäsche, Wolle, Gardinen.

Die wasserenthärtenden Substanzen des Waschmittels verhindern diese Auswirkungen, indem sie die kalkbildenden Salze binden und unwirksam machen.

Wäschepflegende Wirkstoffe werden Waschmitteln je nach dem beabsichtigten Zweck in unterschiedlicher Zusammensetzung zugesetzt:

- **Bleichmittel** geben Sauerstoff ab und entfärben organische Farbstoffe, die z. B. von Obst, Rotwein und Kaffee herrühren.
- **Vergrauungshemmstoffe** binden Schmutzteilchen und halten sie in der Schwebe, sodass sie sich nicht wieder in den Fasern festsetzen können.
- **Enzyme** bauen Fett und Eiweiß zu wasserlöslichen Formen ab und erleichtern dadurch das Ausspülen.
- **Schaumregulierende Stoffe** sorgen für eine der Waschtemperatur und dem Waschprogramm entsprechende Schaumbildung.
- **Weißtöner** bzw. optische Aufheller überdecken bei weißer Wäsche den möglichen gelben Schimmer.
- **Duftstoffe** überdecken die unangenehmen Gerüche, die aus der Waschlauge stammen, und verleihen der Wäsche eine duftige Frische.

Für Waschmittel gibt es je nach ihrer Zweckbestimmung unterschiedliche **Bezeichnungen**:
- Vollwaschmittel
- Feinwaschmittel
- Spezialwaschmittel

Beachten Sie die nebenstehenden Erklärungen und lesen Sie die Dosierungshinweise auf den Verpackungen.

Waschhilfsmittel

Vor dem Waschen erfüllen sie vorbereitende Funktionen:
- **Einweichmittel** bilden im Wasser Laugen, durch die stark haftender und intensiver Schmutz so aufgelockert wird, dass er beim nachfolgenden Waschen leichter und vollständig ausgespült werden kann.
- **Enthärtungsmittel** dienen dazu, den Kalk in übermäßig hartem Wasser zu neutralisieren, damit seine nachteiligen Auswirkungen beim Waschen von vornherein ausgeschaltet sind (siehe weiter oben).

Nach dem Waschen werden Hilfsmittel verwendet, die bestimmten Textilien eine besondere Eigenschaft verleihen sollen.
- **Weichspülmittel** machen z. B. Frottierwäsche, Moltons und Wollwaren weich und flauschig.
- **Feinappreturen** bzw. **Steifungsmittel** (Stärke) dienen dazu, der Wäsche durch unterschiedlich intensive Aussteifung einen volleren und festen Griff zu verleihen sowie schmutzunempfindlicher zu machen, z. B. Hemden, Blusen, Tisch- und Bettwäsche.

> **Wichtige Hinweise:**
> Wasch- und Reinigungsmittel können die Umwelt belasten. Darum:
> - maßvoll mit Waschmitteln sowie Reinigungs- und Pflegemitteln umgehen,
> - auf nicht unbedingt notwendige Mittel ganz verzichten,
> - umweltfreundliche Wasch-, Reinigungs- und Pflegemittel verwenden.

Fleckentfernungsmittel

Flecken sind Schmutzeinwirkungen besonderer und intensiver Art, z. B. durch Rotwein, Obst, Kugelschreiber. Je nach Art des Schmutzes sind zur Entfernung unterschiedliche Mittel erforderlich. Grundlegende Hilfsmittel sind:

- Wasser – zur Entfernung von
  - Zuckerflecken
  - Eiflecken

  Die Wirkung von erwärmtem Wasser ist intensiver.

- Essigwasser – zur Entfernung von
  - Rotweinflecken
  - Urinflecken

  und zur Nachbehandlung von
  - Obstflecken

- Feinwaschlauge – zur Entfernung von
  - Bier, Blut
  - Limonaden, Milch
  - Kaffee, Kakao
  - Schokolade
  - Likör, Ei

  und zur Nachbehandlung von Flecken von
  - Obst
  - Ruß
  - Wein
  - Urin

Abb. 1 Zur Entfernung von Rotweinflecken dienen auch aufgestreutes Salz und Zitronensaft.

Beim **Entfernen von Flecken** sind besondere Richtlinien bzw. Hinweise zu beachten:
Als erstes ist festzustellen, um welches textile Material und um welche Art von Fleck es sich handelt.

- Je frischer der Fleck, desto leichter ist er zu entfernen.
- Getrocknete Flecken sind zunächst anzulösen.
- An einer nicht sichtbaren Stelle wird geprüft, ob das Lösungs- oder Fleckentfernungsmittel gegenüber der Faser und der Farbe unschädlich ist.
- Bei Fleckentfernungsmitteln sind die Hinweise des Herstellers zu beachten.
- Der Fleck wird mit dem jeweiligen Mittel betupft; bei Wiederholung ist eine andere, noch saubere Stelle des verwendeten Reinigungstuches zu benutzen.
- Das Abreiben darf nur mit leichtem Druck erfolgen und muss immer zum Fleckzentrum hin durchgeführt werden, um eine Ausweitung der Verschmutzung zu verhindern.
- Für das Aufnehmen der gelösten Fleckensubstanz saugfähiges Material verwenden.
- Wässrige Lösungen sind nach der Behandlung gründlich auszuspülen.
- Benzin, Benzol und Spiritus sind feuergefährliche Reinigungsmittel und dürfen deshalb nie bei offenem Feuer angewendet werden.

Darüber hinaus gibt es spezielle Fleckentfernungsmittel:

Aceton	→ Nagellack, Schuhcreme
Benzin	→ Fett, Wachs
Benzol	→ Asphalt, Teer, Ruß, Schuhcreme
Salmiak	→ Obst, Weißwein, Tinte
Spiritus	→ Fett, Kugelschreiber, Kopierstift, Lippenstift, Parfüm
Terpentin	→ Ölfarbe
Wasserstoffperoxid	→ Stockflecken

Abb. 2 Tintenflecken

Außerdem stehen ganz spezielle Mittel für Kaugummi, Tinte und Rost zur Verfügung.

Pflege- und Behandlungssymbole für Textilien

Für die Art und Intensität der Reinigungs- und Pflegemaßnahmen sind jeweils die Art und die Beschaffenheit der Textilien ausschlaggebend. Zur Orientierung und Information sind diese deshalb mit jeweils entsprechenden Pflegesymbolen ausgestattet (siehe Pflegesymbole S. 222).

Abb. 1 Wäschestapel

Abb. 2 Wäscherei

Abb. 3 Wäscheinventur

Lagern, Tauschen und Zählen der Wäsche

Die Hotelwäsche gehört vom Neueinkauf bis zum Umfunktionieren verbrauchter Wäschestücke als Staubtücher in den Aufgabenbereich der Hausdame.

Lagern der Wäsche

Wäsche wird zugunsten einer guten Durchlüftung in offenen Regalen gelagert. Das Stapeln in Zehnereinheiten erleichtert die Ausgabe beim Wäschetausch. Frisch gewaschene Wäsche ist so einzuordnen, dass die bereits lagernde Wäsche zuerst verwendet wird.

Die Wäsche wird mit der geschlossenen Seite nach vorne eingeräumt.

Tauschen der Wäsche

Der Wäschetausch gehört zu den täglichen Arbeitsabläufen und muss wegen der Kontrolle mit angemessener Sorgfalt durchgeführt werden:
- Entweder die Schmutzwäsche im Magazin vorzählen und entsprechende Mengen saubere Wäsche entgegennehmen,
- oder den Officebestand täglich gegen Anforderungsschein bis zum Sollbestand auffüllen.

Zählen der Wäsche

Im Hinblick auf die Bilanz (Warenwert) und auf Neueinkäufe sind die Wäschebestände in regelmäßigen Abständen durch Inventur zu ermitteln. Da sich die Wäsche ständig im Umlauf befindet, ist es erforderlich, das Zählen an allen Stellen möglichst gleichzeitig durchzuführen:
- in der Wäscherei und den Etagenoffices,
- in den Gästezimmern mit Bädern,
- in den Restaurants und Bars,
- in der Bankettabteilung,
- in der/den Küche/n und
- in der Wellness-Abteilung.

Aufgaben

1. Beschreiben Sie das Lagern, Tauschen und Zählen (Inventur) der Hotelwäsche.

2. Aus welchen Rohstoffen wird Bettwäsche hergestellt? Welche Vorteile und Nachteile haben die einzelnen Rohstoffe?

3. Beschreiben Sie die besondere Beschaffenheit der Frottierwäsche und die sich daraus ergebenden Eigenschaften.

4. Beschreiben Sie die Funktionen der waschaktiven und der wasserenthärtenden Substanzen in Waschmitteln.

5. Nennen und beschreiben Sie die Funktion von wäschepflegenden Wirkstoffen, die in Waschmitteln je nach beabsichtigtem Zweck enthalten sind.

6. Erklären Sie an Waschbeispielen die Unterscheidung der Waschmittel in Voll-, Fein- und Spezialwaschmittel.

7. Was versteht man unter Wasserhärte?

8. Nennen Sie Waschhilfsmittel, die vor bzw. nach dem eigentlichen Waschen eingesetzt werden und beschreiben Sie ihre Funktion.

9. Beschreiben Sie an Beispielen die Verwendung von Wasser, Essigwasser und Feinwaschlauge als Mittel der Fleckentfernung vor dem Waschen.

10. Zu welcher Art von Fleckentfernung werden folgende Mittel verwendet:
    a) Aceton   b) Benzin   c) Benzol   d) Salmiak   e) Spiritus   f) Terpentin?

11. Erläutern Sie wichtige Richtlinien, die bei der Fleckentfernung zu beachten sind.

1.8 Gästebetten 🇬🇧 beds 🇫🇷 lits (m)

Wenn der Hotelier seinen Gästen beste Bedingungen für einen erholsamen Nachtschlaf bieten möchte, dann wird er ein besonderes Augenmerk auf die Qualität seiner Hotelbetten richten.

Ein Standard-Hotelbett besteht aus folgenden Teilen und Artikeln:
- Bettgestell,
- Matratzenunterbau oder Lattenrost,
- Matratzenschoner als Matratzen-Unterlage,
- Matratze,
- Bettwäsche,
- Deckbett/Einziehdecke,
- Kopf- und Nackenkissen.

Vor dem Kauf von Hotelbetten sollte unbedingt der Rat von Bettfachleuten eingeholt werden. Denn neueste medizinische Erkenntnisse und Herstelltechnologien führen zu Weiterentwicklungen auch auf diesem Gebiet. Ferner sollte ein möglichst einfaches Abziehen, Säubern und Neubeziehen des Hotelbetts gewährleistet sein. Nicht zuletzt sollten die Hotelbetten den verschiedenen Schlaf- und Liegebedürfnissen der Gäste, z. B. eher hart oder eher weich, entsprechen.

Abb. 1 Doppelbett mit Tagesdecke, Hotel Intercontinental, Prag

Bettgestelle 🇬🇧 bedsteads 🇫🇷 lits (m)

Das Bettgestell ist der Rahmen für den Lattenrost – oder die Matratzenunterlage – und somit auch die Einfassung für die aufliegende Matratze. Bettgestelle sind meist aus Holz, manchmal auch aus Metall oder Kunststoff. An den Außenseiten sind viele Bettgestelle mit gepolstertem Stoff bespannt, der in Musterung und Farbe mit der Gesamtausstattung des Zimmers abgestimmt ist. Die Bettfüße sind häufig auf Rollen oder Gleitfüßen montiert, um die Arbeit des Personals zu erleichtern.

Bettgestelle sind in ihren Maßen auf die entsprechenden Matratzengrößen abgestimmt.

Maße der Bettgestelle, für:
- **Einzelbett**-Matratzen, Standardgrößen:
  0,90 m x 1,90 m oder
  1,00 m x 2,00 m ➔ Single size bed
- **Doppelbett**-Matratzen, Standardgrößen:
  1,30 m x 2,00 m ➔ Twin size bed
  1,50 m x 2,00 m ➔ Queen size bed
  1,50 m x 1,90 m ➔ Französisches Bett
  1,80 m x 2,00 m oder
  2,00 m x 2,00 m ➔ King size bed
  1,90 m x 2,00 m ➔ Grand lit

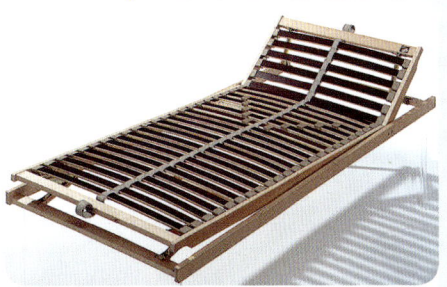

Abb. 2 Beispiel eines flexibel gelagerten Lattenrostes. Rahmen mit verstellbarem Kopf- und Fußteil, mit Zonen-Härteverstellung, Federleisten, Lagerung in Doppel-Kautschukkappen, Buche, Schichtholz.

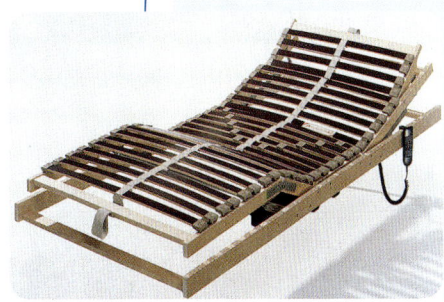

Abb. 3 Beispiel eines per Knopfdruck und Elektromotor variabel verstellbaren Betteinsatz-Lattenrostes.

Matratzenunterbau und Lattenroste

Der Matratzenunterbau eines Bettes kann ein Spiralnetzrahmen bzw. Metallrost sein. Es gibt auch fest oder flexibel gelagerte Lattenroste. Bei Luxus-Hotelbetten besteht die Bettenbasis meist aus einem Federkern- bzw. Taschenfedern-System mit gepolsterter Auflage.

Lattenroste mit fester Lagerung sind nicht höhenverstellbar. Die Federholzleisten sind auf einem Rahmen einzeln fest montiert.

Bei den **flexibel gelagerten Lattenrosten** sind die einzelnen Federleisten an den Enden mit beweglichen Trägerelementen aus Kunststoff oder Gummi (Kautschukkappen) gefasst. Diese Lattenroste sind am Kopf- und Fußende höhenverstellbar.

Im mittleren Bettbereich sollten die Federleisten in ihrer Elastizität einzeln verstellbar sein, mit Zonen-Härteverstellung. Nur so kann eine individuelle und optimale Anpassung der Matratze an Körperform und Gewicht des jeweiligen Gastes gewährleistet sein. Es ist selbstverständlich, dass gute Lattenroste keine Geräusche verursachen dürfen.

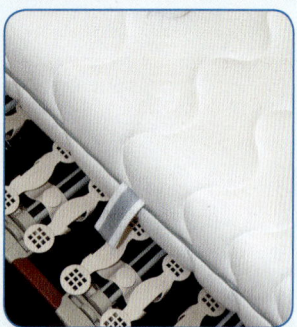

Abb. 1 Beispiel eines flexibel gelagerten Lattenrostes

Matratzen   🇬🇧 mattresses 🇫🇷 matelas (m), sommiers (m) élastiques

Die Qualität der Matratze in Kombination mit dem zugehörigen Lattenrost bzw. Matratzenunterbau ist mit entscheidend für den Schlafkomfort des Gastes. Matratzen sollen die Entspannung der Körpermuskulatur und Bänder fördern und die Wirbelsäule mit den Bandscheiben entlasten. Matratzen sollten deshalb punkt- und dauerelastisch, weder zu hart noch zu weich sowie druckfrei und atmungsaktiv sein.

Durch Luftzufuhr von unten sollten Matratzen dazu beitragen können, die Wärme und die Luftfeuchtigkeit zu regulieren, die durch Transpiration (ca. 0,2 l pro Nacht) während des Schlafs entsteht. Gute Matratzen haben deshalb ein atmungsaktives, natürliches Bezugs- und Polstermaterial, z. B. aus Baumwolle, Schafschurwolle, Rosshaar, Kamelhaar oder Kokosfasern. Für Rheumatiker ist eine gute Wärmeisolation der Matratze wichtig. Hotelmatratzen sollten ferner geräuschlos und schwer entflammbar sein. Seitlich sollten sie zwei Griffe zum Wenden oder Transportieren haben. Der Bezugsstoff von Schaumstoff-Matratzen (z. B. Latex) sollte abziehbar und waschbar sein.

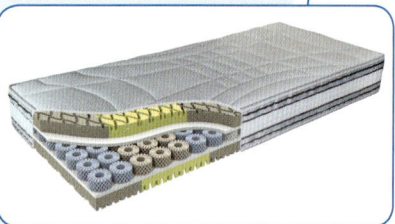

Abb. 2 Profil einer Schaum-stoffmatratze

Arten von Matratzen

Matratzen werden in vier Arten unterschieden:
- **Schaumstoff-Matratzen,**
- **Schaumstoff-Matratzen mit Federkern,**
- **Federkern-Matratzen** und
- **Taschen-Federkern-Matratzen.**

Schaumstoff-Matratzen bestehen aus synthetischem Schaumstoff (Polyether oder Polyurethan) oder aus natürlichem Schaumgummi (Latex). Viele Luftkammern und kleine Luftkanäle sorgen für die Atmungsaktivität und die Elastizität der Matratze. Schaumstoff ist allerdings nicht gut zur Feuchtigkeitsaufnahme geeignet. Waschbare Baumwoll-Unterbetten als Auflage zu Schaumstoff-Matratzen sind aus diesem Grunde empfehlenswert.

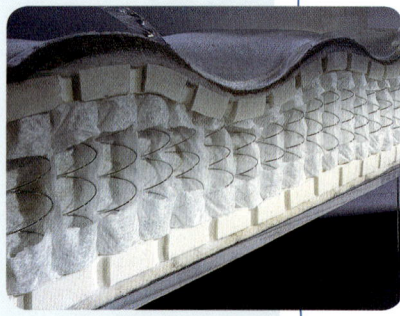

Abb. 3 Schaumstoff-Taschen-federkern-Matratze

Außerdem sollten Schaumstoff-Matratzen mit einem abzieh- und waschbaren Textilbezug versehen sein. Die Qualität von Schaumstoff-Matratzen wird nach dem **Raumgewicht (RG)** des verwendeten Schaumes in kg pro m³ gemessen. Gute Schaumstoff-Matratzen verfügen über ein hohes Raumgewicht (siehe folgende Tabelle). Sie sind elastischer, haltbarer und tragfähiger als Matratzen mit niedrigem Raumgewicht.

Das Raumgewicht beschreibt nicht die Härte der Matratze, sondern das Wiederaufrichtevermögen.

> Da Latexschaum eine keimabtötende Wirkung hat und weitgehend staubfrei ist, sind **Latex-Matratzen** besonders gut für Allergiker mit Hausstaub- und Milben-Allergie, ebenso für Asthmatiker geeignet.

Qualitätsklassen bei Schaumstoff-Matratzen:
- Geringe Qualität: < 30 RG
- Mittlere Qualität: 30–35 RG
  (RAL-Gütezeichen garantiert 36 RG)
- Gute Qualität: 40–50 RG

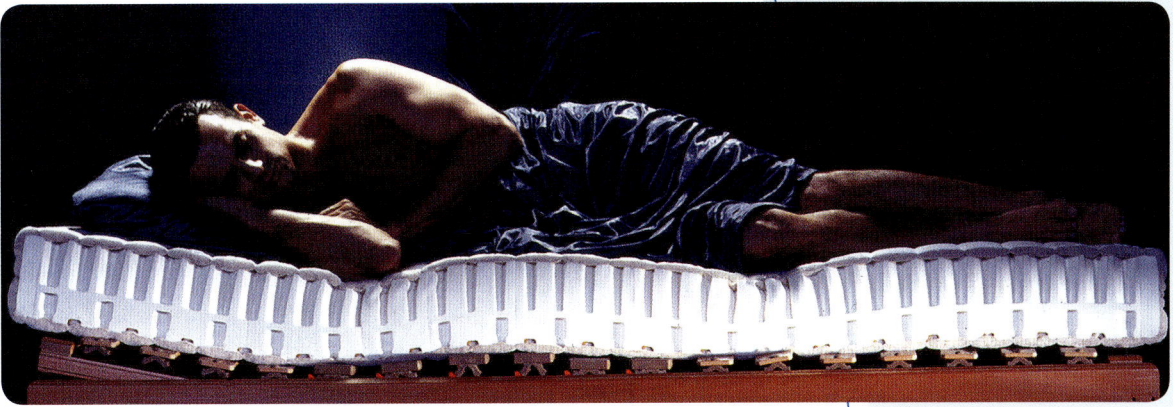

Abb. 1 Schnitt einer Latex-Matratze. In Kombination mit einem flexiblen Lattenrost wird eine überdurchschnittliche Punktelastizität gewährleistet; Garanten für einen bandscheibenge-rechten, optimalen Liegekomfort

Schaumstoff-Matratzen mit Federkern verfügen über einzelne, vonein-ander unabhängige Federkernreihen, die in Längskanälen im Schaumstoff untergebracht sind. Diese Kanäle regulieren auch den Temperatur- und Luftaustausch der Matratze. Wegen der besonderen Elastizität sind diese Matratzen auf Lattenrosten mit höhenverstellbaren Kopf- und Fußteilen bestens geeignet. Einige der besten und teuersten Matratzen auf dem Markt sind dieser Kategorie zuzuordnen.

Federkern-Matratzen verfügen über einzelne elastische Stahlfedern, die miteinander verbunden sind und dadurch ein Netz bilden. Bei vielen Fe-derkern-Matratzen ist dieses Netz von einem Metallrahmen umschlossen. Solche Matratzen sind deshalb für Betten mit höhenverstellbarem Latten-rost nicht geeignet.

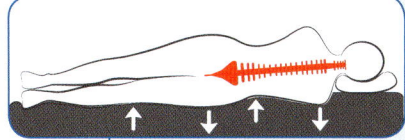

Abb. 2 Bandscheiben-gerechter Liege-komfort

Metallrahmenlose Federkern-Matratzen hingegen lassen sich knicken und sind bei Betten mit höhenverstellbarem Lattenrost verwendbar.

Eine Federkern-Matratze besteht beidseitig aus verschiedenen Polster-schichten. Direkt unter und über dem Metall-Federkern befindet sich eine atmungsaktive Grobpolsterschicht aus Sisal-, Palm- und/oder Kokosfasern. Darauf und darunter liegt jeweils eine stützende Zwischenpolsterschicht aus Ross-Schweifhaar, das den Temperatur- und Feuchtigkeitsausgleich regelt.

Eine Feinpolsterschicht aus Baumwollwatte und/oder Schafschurwolle bildet beidseitig die temperaturausgleichende Abdeckung der Matratze. Ein strapazierfähiger Drellbezug aus Baumwolle, Halbleinen oder Baum-woll-Polyester-Mischgewebe, elastisch versteppt, schützt die Matratze von außen.

Abb. 3 Innenansicht einer Natur-Federkern-Matratze

Bei **Taschen-Federkern-Matratzen** sind die einzelnen Spiralfedern in textilen Taschen, z. B. Leinen- oder Baumwoll-Säckchen, verpackt und zugenäht, um geräuschdämmend zu wirken.

Diese Matratzen zeichnen sich durch eine hohe Punktelastizität aus. Sie entlasten die Wirbelsäule und die Bandscheiben optimal.

Auch diese Matratzenart gehört zu der höchsten Qualitätskategorie und sie ist neben den Latex-Federkernmatratzen am teuersten.

Abb. 4 Einzelbett-Matratze

Abb. 1 Doppelbett

Abb. 2 Zweibett-Zimmer

Abb. 3 Gewebe aus Baumwolle

Gängige Größen bei
Deckbetten-Bezügen:
Normalgrößen: 135 cm x 200 cm
155 cm x 200 cm
Übergrößen: 135 cm x 220 cm
155 cm x 220 cm
bei Französischen Betten:
200 cm x 200 cm
und bei Kissenbezügen:
Standardgrößen 80 cm x 80 cm
oder 70 cm x 90 cm
Komfortkissen 40 cm x 80 cm
oder 40 cm x 60 cm

Bettwäsche 🇬🇧 bed linen 🇫🇷 linge (m) de lit, literie (w)

Zur Bettwäsche gehören:
- Matratzenauflagen, Matratzenschoner,
- Bettlaken, Betttücher, Spannbetttücher,
- Deckbetten-Bezüge und Kissenbezüge,
- Bettvorleger.

Im Hotelbereich ist die Bettwäsche hauptsächlich aus den Rohstoffen Baumwolle, Leinen und Halbleinen hergestellt oder aus anderen Mischgeweben, wie z. B. Baumwoll-Viskose oder Baumwoll-Diolen (= Baumwolle/ Polyester).

Baumwoll-Bettwäsche gibt es mit unterschiedlicher Ausrüstung. Darunter versteht man, dass die Wäsche vom Hersteller vorbehandelt wurde, um ihr bestimmte Gebrauchseigenschaften oder ein bestimmtes Aussehen zu verleihen. Beispielsweise gibt es Baumwoll-Bettwäsche in den folgenden **Qualitäten:**
- **Mako-Satin** wurde mercerisiert, d. h. mit waschbeständigem Glanz und erhöhter Reißfestigkeit versehen,
- **Biber** wurde aufgeraut,
- **Linon:** leinwandbindiger, gebleichter Stoff,
- **Jersey:** gewirkter, knitterarmer Stoff.

Matratzenschoner werden oftmals an der Oberseite aus 100 % Baumwolle, supergekämmt, und an der Unterseite aus einem Mischgewebe aus Baumwolle und Polyester hergestellt. Sie sollen die Matratzen als Auflagedecke vor Verunreinigungen schützen. An den vier Ecken sind diagonal verlaufende Gummibänder befestigt, mit deren Hilfe die Schoner auf der Matratze gehalten werden.

Bettlaken bzw. Betttücher müssen starke Punkt-Belastungen aushalten und sind deshalb meistens aus strapazierfähigen Rohstoffen wie Leinen, Halbleinen oder Baumwoll-Mischgeweben, z. B. Baumwoll-Diolen, hergestellt. Die Standardgröße für Bettlaken ist 160 cm x 260 cm.

Elastische **Spannbetttücher** gibt es in den Qualitäten Jersey, Biber und Frottee. Sie sollten sanforisiert sein, d. h. sie sollten bei Kauf gegen das Einlaufen (Schrumpfen/ Krumpfen) ausgerüstet sein. Bei der Größenangabe für Spannbetttücher richtet man sich nach der zugehörigen Matratzengröße. Der Überhang mit Gummizug an den vier Seiten wird bei der Maßangabe nicht berücksichtigt. Die Standardgröße eines Spannbetttuches für eine Einzelbett-Matratze ist 100 cm x 200 cm.

Deckbetten-Bezüge und **Kissenbezüge** sind im Hotelgewerbe meist aus reiner Baumwolle hergestellt. Die Bezüge werden über die Deckbetten bzw. Kopfkissen gezogen. Der praktische **Hotelverschluss**, bestehend aus einer Stofftasche für das Einstecken des Deckbetts bzw. des Kissenendes, ermöglicht ein schnelles Beziehen. Den Zimmermädchen bleibt beim Bettwäsche-Wechsel das lästige und zeitraubende Auf- und Zuknöpfen der Bezüge erspart.

Bettvorleger sind rechteckige Fußmatten, meist aus dickem Walkfrottier, wie sie auch im Badezimmer, bei Dusche und Badewanne bereitliegen. In First-class- und Luxus-Hotels gibt es diese Fußmatten auch im Bettbereich. Meist liegen sie zusammengefaltet auf einer Ablage des Nachttisches bereit. Gäste, die Bettvorleger benutzen möchten, platzieren diese dann selbst vor dem Bett. Eine gängige Größe für Bettvorleger lautet 80 cm x 60 cm.

Deckbetten, Inletts, Kissen

🇬🇧 continental quilts and pillows 🇫🇷 édredons (m) et oreillers (m)

Deckbetten

Deckbetten sollen eine angenehme, körpergerechte Schlaftemperatur ohne Wärmestau ermöglichen. Deckbetten sollen leicht, anschmiegsam und nicht belastend auf dem Körper liegen. Deckbetten mit Federn und/ oder Daunen gefüllt, sind atmungsaktiv, wärmespeichernd und zugleich wärmeregulierend sowie feuchtigkeitsregulierend – und das auch bei einer sich ändernden Raumtemperatur.

Für die Füllung von Deckbetten werden **Federn** und auch **Daunen** von Enten und Gänsen verwendet.

Abb. 1 Entenfedern

Abb. 2 Gänsefedern

Abb. 3 Gänsedaunen

Abb. 4 handverlesene Gänsedaunen

Daunen sind kiellose, flockenartige Flaumfedern aus dem Gefieder junger Enten und Gänse. Daunen haben einen feinen Kern, an dem sich zahlreiche kleinste Härchen befinden. Daunen sind äußerst leicht und sehr teuer. Ein Deckbett mit Daunenfüllung ist umso teurer, je höher der Daunenanteil ist.

Eine Dauendecke muss mindestens 60 % Daunen enthalten, ansonsten ist es ein Federbett.

Eiderdaunen sind die Daunen der Eiderente aus den nördlichen Ländern Island und Grönland. Sie haben mehr Füllkraft (Elastizität) als die kleineren Daunen von asiatischen Enten. Eiderdaunen sind die hochwertigsten und teuersten Daunen auf dem Markt.

Die Deckbetten-Füllungen aus Federn und/oder Daunen werden nach der neuen Euronorm DIN EU 12934 geregelt und benannt. Je nach Gewichtsanteil der Daunen gibt es bei Federfüllungen die nebenstehenden Handelsbezeichnungen. Die bisherigen Benennungen können – ohne den Zusatz „Original" – als griffige Kurzbezeichnung weiter verwendet werden.

Abb. 5 Eiderdaunen, beste Qualität

Inlett

Inlett ist die Bezeichnung für den Stoff der Deckbetten, der die Federn und Daunen umhüllt. Dieser Stoff muss einerseits luftdurchlässig, andererseits daunen- und federdicht sein. Das heißt, er muss so dicht und eng gewebt sein, dass ihn die teils spitzenkleinen Federkiele der Füllung nicht durchdringen können. Je nach Füllung werden unterschiedliche Inletts aus Baumwollbatisten, z. B. bei Bettfedern und Satins bei Daunen verwendet. Inletts müssen farbecht sein und sie sollten humanökologisch geprüft sein.

Bezeichnung	Gewichtsanteil (bei Neuware)
Reine Daune	100 % Daunen
Leicht fedrige Daune	90 % Daunen, 10 % Federn
Fedrige Daune	60 % Daunen, 40 % Federn
Federbett (= „Dreivierteldaune")	30 % Daunen, 70 % Federn
Halbdaune	15 % Daunen, 85 % Federn
Federn	100 % Federn

Abb. 1 Inlett mit Karo-Steppung

nach Öko-Tex Standard 100
Prüf-Nr. 27768   ÖTI Wien

Schadstoff geprüfte Textilien

Mit der Auszeichnung des Öko-Tex Standard 100 haben Sie die Sicherheit, dass keine schädliche Wirkung von unseren Textilien ausgeht.

Mit allergenfreiem Natur-Latex

Bei unseren Latex-Matratzen, die aus natürlichem und synthetischem Latex hergestellt werden, haben Sie die Sicherheit, dass keine Latexallergene enthalten sind.

Für Hausstaub- und Tierhaar-Allergiker geeignet

Spezielle Polster- und Bezugsvarianten lassen Hausstaub- und Tierhaar-Allergiker aufatmen. Sie unterstützen die antiallergischen Eigenschaften der hygienischen Latex-Kerne.

Abb. 2 Gütesiegel einer Bettenfabrik

Abb. 4 Beispiel Latex-Nackenstützkissen

Damit die Bettfeder-Füllung des Deckbetts nicht verrutschen kann, werden die Inletts abgesteppt (Karo-Steppung) oder mit festverbundenen Stegen in quadratische Füllungskammern unterteilt (Steg-Steppung). Diese Stege ermöglichen eine extra-hohe Füllung jeder Kammer. In Handarbeit werden dabei die Daunen in jedes Kästchen (Karo) gleichgewichtig abgefüllt und eingenäht.

Naturhaar-Füllungen stellen eine Alternative zu Bettfedern und Daunen dar. Dafür werden verwendet:
- **Schurwolle:** von Schaf, Lamm und Ziege (Alpaka-, Kaschmir- und Mohair-Ziege),
- **Tierhaare:** Yak-, Lama-, Kamelhaar und Angora-Kaninchenhaar.

Naturhaar-Füllungen bilden wärmende Luftpolster, nehmen Feuchtigkeit gut auf, sind anschmiegsam und haben teilweise eine anti-rheumatische Wirkung. Viele Rheumatiker bevorzugen deshalb Deckbetten mit Naturhaar-Füllung (z. B.: Angora-Füllung).

Naturhaare und auch Bettfedern können **Allergien** auslösen. Deshalb kommen für manche Gäste Bettfedern und Daunen als Füllung der Deckbetten nicht in Frage, während andere Gäste keine Naturhaar-Füllungen in Deckbetten vertragen. Für beide Gästegruppen stellen Deckbetten mit waschbarer Synthetikfüllung eine Alternative dar.

Synthetische Füllungen für Deckbetten und Kopfkissen bestehen aus kochwaschbaren Polyesterfasern (z. B.: „Rhombofil"), die mit Lufteinschlüssen versehen sind. Dadurch halten auch solche Füllungen warm, sind leicht, füllig und anschmiegsam.

Abb. 3 Beispiel für synthetisches Füllmaterial (hier „Rhombofil")

Kissen

Kissen sollen den Kopf während des Schlafes in der gewünschten Höhe stützen. Diesen Anforderungen entsprechen Deckbetten bzw. Kissen mit Bettfeder- und/oder Daunen-Füllung oder spezielle Nackenstützkissen.

> Viele Allergiker und Asthmatiker fragen nach dem Füll-Material der Deckbetten und Kissen. Diese Gäste sind oftmals auf kochwaschbare, synthetische Füllungen angewiesen, weil sie bestimmte natürliche Füllungen meiden müssen!

1 Nennen Sie sieben Hauptaufgaben/Verantwortungs-Bereiche, für die eine Hausdame zuständig ist.

2 Erklären Sie, inwiefern die Hausdame mit ihrer Abteilung wesentlich zum Betriebserfolg beiträgt.

3 Worin besteht der Unterschied zwischen Reinigen und Pflegen?

4 Welche vier Vorüberlegungen sollten Sie anstellen, bevor Sie ein Reinigungs- bzw. Pflegemittel anwenden?

5 Nennen Sie die beiden Hauptgruppen von Reinigungsmitteln und zu jeder Hauptgruppe vier Beispiele.

6 Welche drei biologisch leicht abbaubaren Reinigungsmittel/bewährte Hausmittel sind aus Umweltschutz-Gründen besonders empfehlenswert?

7 Auf welche Reinigungsmittelart mit welchen vier Inhaltsstoffgruppen sollte man aus Umwelt- und Gesundheitsgründen verzichten?

8 Welchen besonderen Vorteil bieten „Kombinierte Reinigungs- und Pflegemittel"?

9 Nennen Sie je drei Beispiele für bestimmte Maschinen, Geräte und Arbeitsmittel, die zur Arbeitserleichterung im Hausdamenbereich beitragen können.

10 Schildern Sie die Reinigungs-/Pflegemaßnahme bei Verschmutzungen von
a) abwaschbaren Tapeten,   b) nicht abwaschbaren Tapeten.

11 Wie sollte ein Holz-Parkettboden mit unbeschädigter Versiegelung gereinigt werden?

12 Wie sollte ein Boden mit Keramik-Fliesen gereinigt werden?

13 Schildern Sie zwei Methoden zur Fleckenentfernung auf Teppichböden.

14 Nennen Sie die beiden Verfahren zur Teppichboden-Grundreinigung und schildern Sie die jeweilige Vorgehensweise.

15 Welche fünf Punkte sind vor der Grundreinigung von Teppichböden zu beachten?

16 Aus welchen Teilen und Artikeln bzw. Rohstoffen besteht ein Standard-Hotelbett?

17 Nennen Sie die gängigen Matratzengrößen für Einbett- und Doppelbett-Matratzen.

18 Erklären Sie den Unterschied zwischen fest gelagerten und flexibel gelagerten Lattenrosten.

19 Welche vier Arten von Matratzen werden unterschieden?

20 Warum sind Latex-Schaumstoff-Matratzen für Asthmatiker und bestimmte Allergiker am verträglichsten?

21 Welche Matratzenart verfügt über eine hohe Punktelastizität?

22 Welche fünf Artikelgruppen zählen zum Oberbegriff Bettwäsche?

23 Was ist mit „Ausrüstung" bei Baumwoll-Bettwäsche gemeint?

24 Beschreiben Sie den „Hotelverschluss" bei Bezügen für Deckbetten und Kopfkissen.

25 Wie lauten die gängigsten Maße in cm für Deckbetten- und Kopfkissen-Bezüge?

26 Nennen Sie drei Gruppen von Füllungsmaterialien für Deckbetten und Kissen.

27 Welche sechs Handelsbezeichnungen gibt es für die Beschreibung des Daunen-Gewichtsanteils bei Federfüllungen?

28 Welche Eigenschaften weisen einen guten Inlett-Stoff aus?

29 Welche Arten von Naturhaar werden für Füllungen von Deckbetten verwendet?

30 Auf welches Füllungsmaterial sind viele Allergiker und Asthmatiker angewiesen?

Aufgaben

② Arbeitsabläufe

🇬🇧 organisation of work and cleaning, work program 🇫🇷 déroulement (m) du travail

2.1 Arbeitsvorbereitung

🇬🇧 work preparation 🇫🇷 mise (w) en place

Zur rationellen Durchführung der umfangreichen Reinigungs- und Pflege-arbeiten im Hausdamenbereich sind täglich bestimmte **Vorbereitungsar-beiten** zu erledigen. So müssen die Zimmerfrauen:

- die Etagenwagen überprüfen und bei Bedarf auffüllen,
- die Reinigungs- und Arbeitsgeräte kontrollieren,
- die Reinigungs- und Pflegemittel bereitstellen (s. S. 544),
- die Wäscheartikel für Gästebett und Badezimmer sowie
- die fehlenden Gästeartikel auffüllen.

Gästeartikel

🇬🇧 complimentary articles/guest supplies 🇫🇷 articles-cadeaux (m)

Dazu zählen: Gästeseife, Duschgel, Duschhaube, Hygienebeutel, Toiletten-papier, Kosmetiktücher, Schuhputzstreifen oder -handschuhe, Nähzeug, Werbezündhölzer, Briefpapier, Hausprospekt, Notizblock, Schreibstift, Wäschebeutel, Preisliste für Gästewäsche-Service, Minibar-Abrechnungs-block, Reparaturzettel für den Gast, Gästefragebogen, Speise- und Getränkekarte für den Etagen-Service, Etagenfrühstück-Bestellzettel, TV-Programm und Pay-TV-Angebot, Werbeaufsteller, Bedienungsanleitun-gen (z. B. für den Safe).

Eine gute Vorbereitung ermöglicht reibungslose und schnelle Arbeitsab-läufe, vermeidet Zeitverluste und erspart unnütze Wege.

Die Hausdame wird die Einteilung der Zimmermädchen auf den Etagen vornehmen. Anhand der **Zimmerliste** des Empfangs (room status report) mit den **markierten Abreisen** und **Bleiben** wird sie ihren Mitarbeiterin-nen eine bestimmte Anzahl von Abreise- und/oder Bleibezimmern zur Rei-nigung an diesem Tag zuteilen. Die Anzahl der zu reinigenden Zimmer (z. B. 18) während der regulären Arbeitszeit (z. B. in 8 Std.) wird als Leis-tungsmaßstab bezeichnet. Der Leistungsmaßstab kann von Hotel zu Hotel unterschiedlich hoch ausfallen, denn er hängt von Größe und Ausstattung der Zimmer und vom angestrebten Qualitätszustand ab.

Bei Dienstbeginn melden sich die Zimmermädchen bei der Hausdame. Sie erhalten dort ihre Pass-Schlüssel (master keys), die besonderen Arbeitsan-weisungen des Tages sowie die Liste der zu reinigenden Abreise- und Blei-be-Zimmer. Zur Arbeitsplanung gehört auch eine **Checkliste** für den tägli-chen Gebrauch, auf der die Zimmermädchen die durchgeführten Arbeiten pro Zimmer abhaken können. Die Reihenfolge der auf der Checkliste ge-nannten Punkte sollte den empfohlenen Arbeitsabläufen entsprechen.

Ferner werden auf dieser Checkliste zu erledigende Reparaturen und feh-lende Artikel in Gästezimmern von der Zimmerfrau notiert. Die Hausdame überprüft diese Meldungen und veranlasst weitere Maßnahmen.

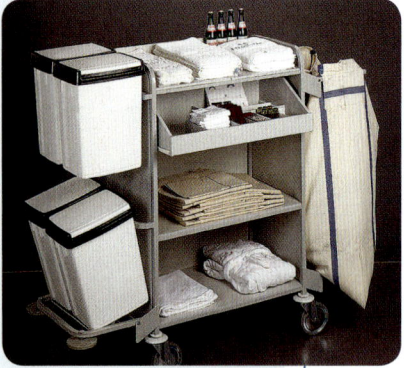

Abb. 1 Etagenwagen mit Behältern zur Mülltren-nung und Wäschesack

Kontrolliert werden die Rei-nigungsmaschinen und Arbeitsgeräte auf Vollstän-digkeit und Funktionstüch-tigkeit. Benötigt werden Staubsauger, Putzwagen mit Feuchtwisch-Gerät und -Mopp, Wasserschieber, Lei-ter. Bereitgestellt werden die benötigten Arbeitsmittel, wie z. B. Staubtücher, Fensterle-der, Poliertücher, Reinigungs-pads, Schwämme, Vlies-schwämme, Besen, Handfeger, Bürsten, Schrubber, Scheuer-tücher, Eimer, Körbe.

Abb. 2 Zimmerfrau beim Ausfüllen einer Checkliste

2.2 Herrichten eines Gästezimmers bei Abreise

🇬🇧 cleaning of a departure room 🇫🇷 nettoyage (m) d'une chambre au départ

Befragungen zu dem Thema, worauf Gäste bei ihrem Hotel-Aufenthalt den größten Wert legen, haben ergeben, dass deutsche Gäste der Sauberkeit ihres Hotelzimmers die erste Priorität geben.

Daraus kann für Hotel-Direktion und Housekeeping nur folgen, dass sie ihre besondere Aufmerksamkeit der Zimmerreinigung widmen müssen.

Um alle anfallenden Reinigungsarbeiten optimal ausführen zu können und um nichts zu vergessen ist eine gründliche Einarbeitung der Zimmermädchen durch eine Spitzenkraft des Hauses erforderlich.

Beim Training wie bei der späteren Zimmerkontrolle wird auf folgende drei Punkte besonders geachtet:

- auf die **Sauberkeit**
- auf die **Funktionstüchtigkeit** und
- auf die **Vollständigkeit.**

Bei der Einarbeitung sollte eine bestimmte Reihenfolge der Arbeitsschritte trainiert werden.

Eine mögliche Arbeitsreihenfolge wäre:

- Etagenwagen in Zimmernähe abstellen;
- das „Bitte-nicht-stören!"-Schild beachten, ansonsten zweimal deutlich anklopfen, aufschließen, vorsichtig eintreten, Tür offen lassen, eventuell blockieren;
- Vorhänge öffnen, Lichter kontrollieren und ausschalten;
- Zimmer auf „liegen gebliebene Sachen" und auf „entwendete Gegenstände" hin kontrollieren, eventuell Empfang oder Hausdame benachrichtigen;
- Frühstückswagen oder -tablett, Getränkegläser usw. ins Etagen-Office bringen;
- Aschenbecher und Papierkorb am Etagenwagen entleeren, säubern, ins Zimmer zurückbringen
- Heizung zurückdrehen;
- Fenster/Balkontür zum Lüften öffnen;
- Bett und Kissen abziehen, dabei:
  - Matratzenauflage auf Sauberkeit kontrollieren, bei Bedarf auswechseln,
  - Matratze absaugen wegen der Haare, Schuppen, Milben und des Hausstaubs,
  - Deckbett zum Lüften auslegen,
  - auch unter dem Bett nachsehen und auf „verloren" gegangene Gegenstände achten;
- benutzte Bettwäsche und Badezimmerwäsche in den Wäschesack am Etagenwagen geben;
- auf dem Rückweg frische Wäsche mitnehmen.

Ergebnis einer Gästebefragung:

Was macht ein gutes Hotel aus?	
1. Sauberkeit	48 %
2. Service	45 %
3. Gute zentrale Lage	39 %
4. Geräumige große Zimmer	28 %
5. Gutes Frühstück	27 %
6. Gutes Preis-/Leistungsverhältnis	17 %

Abb. 1 Etagenwagen vor dem Gästezimmer

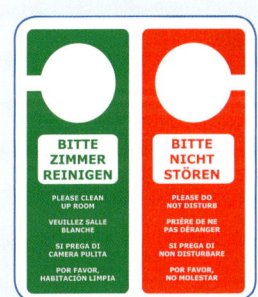

Abb. 2 Gästewunsch beachten

Abb. 3 Frühstückstablett abräumen

Abb. 1 Gäste-Badezimmer mit Toilette, Bidet, Dusche

Abb. 2 Doppelwaschtisch

Abb. 3 Reinigen einer Toilette

Abb. 4 Nachttischlampe und Telefon

Während das Gästezimmer lüftet, kann im **Badezimmer** weitergearbeitet werden:

- Abfallbehälter entleeren, auswischen und mit Plastiktüte versehen;
- Scheuerpulver bzw. Toilettenreiniger in Toilette und Bidet geben, einwirken lassen;
- Abluftgitter über der Badewanne/Dusche abwischen, Flusen entfernen;
- Wandfliesen über der Bade- bzw. Duschwanne und die Duschtrennwände abschnittweise von oben nach unten reinigen;
- Wasserablaufsiebe und Seifenablagen von Schmutz und Seifenresten befreien;
- Badewanne und/oder Duschwanne mit Scheuermilch reinigen, mit Wasser nachspülen und trockenwischen;
- Wasserflecken auf den verchromten Wannen- und Dusch-Armaturen wegpolieren;
- Beleuchtung und Wandspiegel über dem Waschbecken mit Fensterleder abwischen und trockenpolieren;
- Ablage für Toiletten-Artikel reinigen;
- Zahnputzgläser spülen und mit extra Gläsertuch polieren;
- Stöpsel des Waschbeckens herausnehmen, Haare und Schmutz entfernen, säubern und wieder zurückstecken;
- Waschbecken, Armaturen, Seifenschalen und Wasserüberlauf abwischen und polieren;
- Siphon und Armaturen, auch unter dem Waschbecken, säubern;
- Toilettenbecken innen mit der Toilettenbürste reinigen, außen mit dem WC-Schwammtuch abseifen, Toilettensitz und -deckel beidseitig gründlich säubern;
- Badezimmerartikel nach Soll-Bestand auffüllen, z. B.: Gästeseife, Duschgel, Hygienebeutel, Toilettenpapier und Reserverolle, Kosmetiktücher, Schuhputzstreifen, Nagelfeile;
- Badezimmerwäsche nach hausüblichem Standard auffüllen, z. B.: 1 Badetuch und 2 Handtücher pro Person, eventuell Waschlappen und ein Saunatuch, Badematte/n bereitlegen;
- Bodenfliesen wischen, Wasserablauf säubern;
- letzte Kontrolle – Lichter im Bad ausschalten.

Nun kann mit den Reinigungsarbeiten im **Gästezimmer** fortgefahren werden:

- Matratze mit Bettlaken oder Spannbetttuch beziehen;
- Deckbett/en, Kopf- und Nackenkissen frisch beziehen, dabei schadhafte, beschmutzte oder fleckige Wäschestücke aussortieren;
- Deckbett/en und Kissen wie hausüblich auflegen oder – bei Tagesdecken-Einsatz – im vorgesehenen Schrankfach verstauen, dann Tagesdecke auflegen;
- Reinigungs- und Pflegemittel sowie Arbeitsmittel ins Zimmer bringen;
- Leder- bzw. Putzlappen anfeuchten und damit Staub wischen;
- Telefon inklusive Tastatur, Hör- und Sprechmuschel abwischen, Kabel ordnen; Notizblock und Schreibstift sowie Verzeichnis der Hausanschlüsse mit Tarif-Informationen bereitlegen;
- Nachttischlampe und Radiowecker abstauben und Funktion überprüfen;
- Nachttischschublade auswischen, örtliches Telefonbuch mit Verzeichnis der Vorwahlen und die Bibel bereitlegen;
- Möbelstücke je nach Zimmereinrichtung und Material säubern und pflegen, ausrichten;

- Decken-, Wand- und Stehlampen kontrollieren, Lampenschirmnähte zur Wandseite ausrichten, Elektrokabel ordentlich hinlegen;
- Wandbilder und Bilderrahmen abstauben;
- Sockelleisten abwischen oder später beim Staubsaugen mit absaugen;
- Schreibtischablage und TV-Gerät abwischen,
- im **Raucherzimmer** 2–3 Aschenbecher bereitstellen und mit Werbe-Zündhölzern des Hotels versehen;
- Gästeartikel bereitlegen:
  - TV-Programmheft mit aufgeschlagener Tagesseite;
  - Schreibmappe mit Briefpapier und Briefkuverts, Hausprospekt, Stadtplan/Ortsprospekt, Veranstaltungshinweise;
  - Minibar-Abrechnungsblock und Kugelschreiber;
  - Speise- und Getränkekarte für Etagen-Service auflegen;
  - Hotel-Service-Informationsheft, Hotelzeitschrift;
  - Gäste-Fragebogen auflegen
- Minibar überprüfen: Soll-Bestand, Schraubverschlüsse, Entnahmen/Verbrauch auflisten und an die Hausdame weiterleiten, Gläser, Öffner, Mundeis-Behälter, Kühlung, Beleuchtung prüfen, Knabbereien, Minibar auffüllen;
- Schrank öffnen, Ablageflächen auswischen, Kleiderbügel ergänzen, z. B. pro Person 6 Kleiderbügel und 2 Hosen-/Rock-Spannbügel gleichmäßig einhängen, Reserve-Wolldecke/n, Wäschebeutel, Preisliste für Gästewäsche-Service, Nähboy und Reparaturzettel kontrollieren bzw. ergänzen;
- Wandsafe mit Bedienungsanleitung kontrollieren;
- Hinweise für den Brandfall, Fluchtplan an der Tür und „Bitte-nicht-stören"-Schild kontrollieren, Türklinkenbereich abwischen;
- Fensterscheiben und -rahmen putzen, Fenster schließen;
- Heizkörper abwischen, entstauben;
- hinter den Vorhängen auf Spinnweben achten und entfernen.

Abb. 1 Zimmersafe kontrollieren

Abb. 2 Fenster putzen

Wenn das Zimmer mit einem **Balkon** ausgestattet ist, muss dieser gereinigt werden:
- Balkonpflanzen gießen und abzupfen;
- Balkonmöbel, Fensterbrett und Geländer abwischen, Balkonaschenbecher kontrollieren;
- Liegestuhl und Sonnenschirm bereitstellen;
- Fußboden fegen und wischen;
- Balkontüre reinigen und schließen.

Abb. 3 Spinnweben beseitigen

Im **Gästezimmer** sind dann noch einige Arbeiten auszuführen:
- Heizkörper im Winter wieder leicht aufdrehen;
- Gardinen ordnen und Vorhänge mit der Wand abschließen lassen;
- Reinigungs-, Pflege- und Arbeitsmittel zurück auf den Etagenwagen stellen;
- Punkte der Checkliste abhaken und nachsehen, ob nichts vergessen wurde;
- Boden staubsaugen, in der entferntesten Ecke beginnend zur Zimmertüre hin arbeiten;
- Lichter löschen, Zimmer abschließen;
- Zimmer auf der Arbeitsliste abhaken;
- Zimmer für Hausdamenkontrolle markieren.

Die Hausdame kann nun die durchgeführten Arbeiten in diesem Zimmer kontrollieren und die Freimeldung an den Empfang weitergeben.

Abb. 4 Balkon wischen

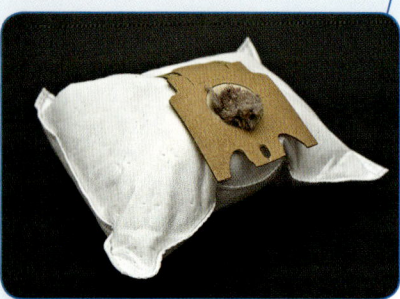

Abb. 1 Staubsauger leeren

Endarbeiten

Die Endarbeiten des Zimmermädchens sind:

- Staubsauger und Geräte entleeren und säubern,
- Putzlappen, Staubtücher, Gläsertücher zum Waschen geben,
- Zimmermädchen-Wagen auffüllen und für die nächste Schicht herrichten,
- Etagenoffice kontrollieren und ordentlich hinterlassen, Lichter löschen, absperren,
- Pass-Schlüssel (master key) der Hausdame übergeben.

2.3 Herrichten eines Gästezimmers bei Bleibe

🇬🇧 cleaning of a stay-on room 🇫🇷 nettoyage (m) d'une chambre permanente

Die Reinigungsarbeiten in einem Bleibezimmer sind im Allgemeinen wie in einem Abreisezimmer. Jedoch ist auf folgende Punkte besonders zu achten:

Wenn Bargeld, Schmuck oder Wertsachen vermisst werden, vermuten manche Gäste gleich auf Diebstahl und verdächtigen ihr Zimmermädchen. Deshalb:

- Zimmertüre beim Arbeiten im Zimmer immer offen lassen;
- Bargeld, Schmuck und Wertsachen nicht berühren; beim Staubwischen die Ablagestellen dieser Dinge nicht bearbeiten;
- Kleiderschrank, Nacht- und Schreibtisch-Schubladen sowie Gepäckstücke nicht öffnen!

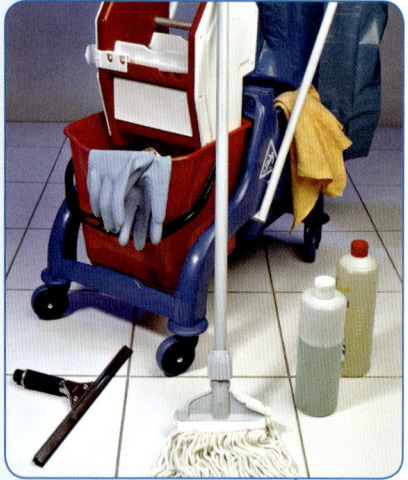

Abb. 2 Arbeitsmittel verräumen

Für die weiteren Arbeiten gilt:

- Kleidungsstücke, die am Boden liegen, aufheben, zusammenlegen und sichtbar auf ein Möbelstück legen, jedoch nicht in den Schrank;
- herumliegende Zeitungen, Zeitschriften, Bücher und alles, was für den Gast von Bedeutung sein könnte, nicht eigenmächtig wegwerfen, sondern ordnen;
- beim Entleeren des Papierkorbes auf Dinge achten, die im Allgemeinen nicht zum Abfall gehören, wie z. B. eine Armbanduhr; solche Dinge vorsichtshalber zurück auf den Schreibtisch legen;
- zum Reinigen der Ablage von Kosmetik- und Toilettenartikeln im Bad diese Gegenstände nach dem Putzen möglichst wie vorher geordnet zurückstellen;
- Badezimmerwäsche dem Hinweis entsprechend erneuern, d. h. nur die am Boden liegenden Handtücher werden ausgewechselt;

Zimmertüre beim Verlassen immer unbedingt schließen, eventuell absperren!

Durch bewusstes Handeln können Zimmermädchen Diebstähle auf der Etage verhindern helfen. Sie vermeiden Situationen, in denen sie selbst in Diebstahlverdacht geraten könnten.

Weitere wichtige Verhaltensregeln für Zimmerfrauen

- Zimmerschlüssel nie ausleihen!
- Keine Zimmertüren für fremde Gäste öffnen, es sei denn, der Gast kann sich mit dem dazugehörigen Zimmer-Pass ausweisen!
- Diskretion über die Gäste und deren Umfeld wahren! Keine Informationen weitergeben!
- Gäste-Eigentum, wie z. B. Parfüm, Hautcreme, darf nicht benutzt werden!
- Alle Gäste, die einem begegnen, mit dem entsprechenden Tagesgruß grüßen!
- Beschädigungen im Zimmer, z. B. an den Möbeln, der Hausdame sofort melden!

Abb. 3 Wertsachen nicht berühren

2.4 Kontrolle eines Gästezimmers

🇬🇧 checking of a hotel room, controlling measures

🇫🇷 contrôle (m) des chambres (w) aux étages (m)

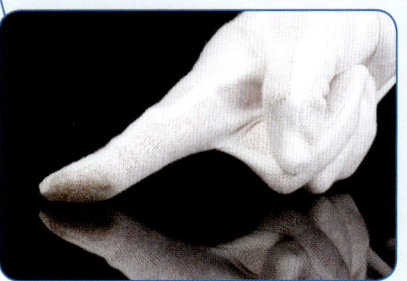

Für die hotelinterne Kontrolle der Gästezimmer ist die Hausdame als Abteilungsleiterin verantwortlich. Sie achtet dabei besonders auf
- **Sauberkeit** im gesamten Zimmer, auf
- **Funktionstüchtigkeit** und auf
- **Vollständigkeit** aller Geräte und Teile.

Abb. 1 Kontrolle der Sauberkeit

Anhand eines festgesetzten Kontrollplans (Checkliste) überprüft sie vorrangig alle Abreisezimmer mit dem gesamten Inventar. Eventuelle Mängel notiert sie auf der Checkliste und bespricht die Beseitigung mit dem zuständigen Zimmermädchen.

Erst wenn alle Mängel behoben sind, erfolgt durch die Hausdame die Freimeldung zur Neuvermietung an den Empfang. Die ausgefüllten Checklisten werden regelmäßig ausgewertet und mit der Zimmerzustandskartei verglichen. Daraus ermittelt die Hausdame den Bedarf an:
- **Ersatzbeschaffungen,** wie z. B. neue Balkon-Markisen anstelle der beschädigten;
- **Ergänzungen,** wie z. B. Programmhinweise bzw. Werbeaufsteller zum neuen Pay-TV-Angebot des Hotels;
- **Reparaturen,** wie z. B. nicht funktionierende Abluftventilatoren in den Badezimmern.

Abb. 2 Kontrolle der Vollständigkeit

Den Bedarf an Ersatzbeschaffungen und Ergänzungen meldet die Hausdame der Direktion, die über den Zeitpunkt der Durchführung und die Bereitstellung der finanziellen Mittel entscheidet. Reparaturmeldungen gibt sie zur Erledigung an die Abteilung Haustechnik weiter.

Die **Zimmerzustandskartei** ist ein wichtiges Hilfsmittel zur Zimmerkontrolle. Sie besteht aus einer Datensammlung für jedes Gästezimmer, z. B. mit:
- **Kaufdaten** aller Inventar-Gegenstände;
- **Wartungsterminen** für Geräte;
- **Reinigungsdaten,** z. B. der Teppich-Grundreinigung;
- **Renovierungsdaten,** z. B. den Malerarbeiten.

2.5 Sonstige Arbeiten auf der Etage

🇬🇧 other duties of the housekeeping department

🇫🇷 autres traveaux (m) par le service aux étages

Abb. 3 Im Foyer eines Großhotels

Gänge, Foyers, Treppenhäuser, Lifte

Neben den Gästezimmern sind auch alle Gänge auf den Etagen, einschließlich der Wartebereiche vor den Aufzügen, zu reinigen und sauber zu halten. Ebenso Treppenhäuser, Fluchtwege und Lifte. Dazu zählt, dass Klinken und Türgriffe feucht abgewischt und dass Fingerabdrücke von Glasflächen beseitigt werden.

Öffentliche Toiletten

Für den sensiblen Bereich der öffentlichen Toiletten eines Hotels sollte die Hausdame einen Plan zur regelmäßigen Kontrolle und Reinigung durch einen bestimmten Mitarbeiter aufstellen. Jeder Kontrollgang sollte mit Uhrzeit und Unterschrift dokumentiert werden.

Beispiel einer Checkliste für die Hausdame
zur täglichen Kontrolle

Quality Room Inspection

Zimmer-Nr. _____   Geprüft: (Name) _____   Datum: _____

Zimmer	Bemerkungen
Eingang und Tür mit Kette	
Fluchtplan mit Eingang	
Schrank und Kleiderbügel	
Preisliste im Schrank	
Möbel und Schubladen	
Lampen: Birnen und Schirme	
Papierkorb	
Spiegel und Bilder	
Aschenbecher/Streichhölzer*	
Fernseher und Radio	
Video-Qualität	
Telefon und Messagelampe	
Gardinen und Vorhänge	
Fenster	
Fußboden	
Wände/Decken	
Polstermöbel	
Tagesdecken	
Air conditioning und Heizung	
Sonstige Einrichtungen	

Supplies

Briefmappe	
Briefbögen	
Briefumschläge	
Postkarten	
Kugelschreiber	
1 Wäschebeutel mit	
Reinigungs-Wäscheliste	
Bibel	
Hotel Directory	
Fernseh-Programm	
Gästefragebogen	
Schuhputzstreifen	
Koffergestell	
Bitte-nicht-stören-Schild	
Frühstück Doorknob Menü	
Telefonbuch	
Telefon-Preiskarte	
Telefonblock + Kugelschreiber	

Bad	Bemerkungen
Wanne und Duschvorhang	
Badezimmerkacheln	
Wasserhahn, Dusche	
Toilette mit Wasserbehälter	
Toilettenbrille	
Wandaschenbecher Toilette	
Fußbodenbelag/Kacheln	
Spiegel	
Abfalleimer	
Badezimmertür	
Badezimmerdecke	
Luftabzug	
Waschbecken u. Armaturen	
Kleenexkasten	
Handtuch-Ablage u. -Halter	
Sonstige Einrichtungen	

Supplies

Badetücher	
Handtücher	
Waschlappen	
Seife und Schaumbad	
Shampoo, Duschhaube	
Toilettenpapier und	
1 Rolle extra	
Bademattte	
2 Wassergläser	

Minibar

Saubere aufgestockte Minibar	
Eisfach (Sauberkeit)	
Gläser	
Preisliste	
Eiswürfelbehälter	

Bitte beachten: Original und Kopie in Duty-Manager-Buch.
Zimmer-Nr. in Duty-Manager-Buch eintragen.

* nur in Raucherzimmern

Beispiel eines Auftrags- und Rechnungsblocks für Gästewäsche-Service auf der Etage

HOTEL GRAVENBRUCH
Kempinski Frankfurt
1 1 0 1 0

Bitte wählen Sie Nr. 7
NORMAL-SERVICE:
Auftrag bis 9.00 Uhr/Rücklieferung bis 18.00 Uhr, Auftrag nach 9.00 Uhr/Rücklieferung an folgendem Werktag bis 18.00 Uhr.
EXPRESS-SERVICE:
Auftrag bis 9.00 Uhr/Rücklieferung bis 14.00 Uhr (50 % Aufpreis). Auftrag zwischen 9.00 Uhr und 11.00 Uhr/Rücklieferung am selben Tag (100 % Aufpreis). Bügeldienst innerhalb von 2 Stunden. An Wochenden und Feiertagen bitten wir um Kontaktaufnahme mit dem Portier.

WÄSCHELISTE/LAUNDRY LIST

Please Dial No. 7
REGULAR SERVICE:
Received before 9.00 a.m./Returned before 6.00 p.m., Received after 9.00 a.m./Returned before 6.00 p.m. the following work-day.
SPECIAL SERVICE:
Received before 9.00 a.m./Returned before 2.00 p.m. (50 % extra charge). Received between 9.00 a.m. and 11.00 a.m./Returned within the same day (100 % extra charge). – Pressing within two hours. On weekends and Public Holidays please contact the Concierge.

Name _____

Datum _____
Date delivered

Zimmer-Nr. _____
Room No

Rücklieferung _____
To be returned on

Besondere Instruktionen _____
Special Instructions

Stückzahl/Count		Herren-Wäsche	Gentlemen's Linen	Preis/Price €	€
Gast/Guest	Hotel				
		Oberhemden	Shirts.	3,50	
		Smokinghemden	Evening shirts.	4,50	
		Nachthemden	Night shirts	5,00	
		Schlafanzüge.	Pyjamas	5,00	
		Unterhosen	Under-shorts	2,00	
		Unterhemden	Under-vests	2,00	
		Paar Socken.	Pair of socks.	1,50	
		Taschentücher	Handkerchiefs	1,00	
		Damen-Wäsche	**Ladies' Linen**		
		Blusen	Blouses	5,50	
		Nachthemden	Nightdresses	5,00	
		Schlafanzüge.	Pyjamas	5,00	
		Unterhemden	Under-shirts	2,00	
		Unterkleider.	Slips.	3,00	
		Schlupfhosen.	Panties.	2,00	
		Büstenhalter	Brassiers.	2,00	
		Taschentücher	Handkerchiefs	1,00	
		Paar Strümpfe	Pair of stockings.	1,50	
Unterschrift des Gastes Signature			Total:		

HOTEL GRAVENBRUCH
Kempinski Frankfurt
1 1 0 1 0

Name _____

Zi.-Nr.
Room No _____

Summe
Total € _____

Zuschlag
Extra charge € _____

Total € _____

Das Hotel haftet nicht für Schrumpfung und Farbechtheit der Artikel. Keine Verantwortung für Reklamationen, die einen Monat nach dem Abgabedatum gestellt werden. Für vorliegende Beschädigungen oder sonstige Fehler haftet das Hotel nur bis zum 15-fachen des für die Wäscherei/Reinigung berechneten Betrages.
The hotel is not responsible for shrinkage or fastness of color. Not resposible for any item not claimed after one month from date of deposit. The hotel is liable for the maximum of 15 times the value of the laundry or dry cleaning charge.

Ein Hotel der Kempinski Aktiengesellschaft

Abb. 1 Hydrokultur mit Blähton

Bei Hydrokulturen sind folgende Hinweise zu beachten:

- Erst zwei bis drei Tage nach dem Tiefststand des Wasser-Anzeigers Wasser nachfüllen, damit wieder Luft an die Pflanzenwurzeln kommen kann.
- Zum Auffüllen des Wasserstandes nur warmes Wasser verwenden.
- Ionenaustauschdünger auf Kunstharzbasis verwenden, da sie keine Überdüngung verursachen können.
- Das Wasser sollte normales Leitungswasser sein und darf bei Ionenaustauschdüngern nicht enthärtet worden sein. Es sollte einen Härtegrad von mehr als 0,7 mmol/l aufweisen.
- Die relative Luftfeuchtigkeit der Umluft sollte nicht unter 30 % liegen, denn sonst droht Schädlingsbefall, wie z. B. die „Rote Spinne".
- Hydrokulturen sollten nicht in Zugluft stehen, sonst reagieren die Pflanzen mit Blattfall.
- Die Pflanzen bzw. die Hydrokulturen können gedreht werden, sollten dann aber mindestens drei bis vier Wochen so stehen bleiben.
- Die Hinweise des Hydrokultur-Spezialisten sind zu beachten.

Wellness- und Fitness-Bereich, Sauna, Massage

Auch in diesen Abteilungsbereichen ist peinliche Sauberkeit geboten! In vielen Hotels werden diese Räume von speziell trainierten Reinigungskräften gesäubert. Gelegentlich werden hiermit auch Fremdfirmen beauftragt, die diese Arbeiten nachts durchführen. Die regelmäßige Kontrolle der Einhaltung der Sauberkeits-Standards obliegt in jedem Fall der Hausdame. Die Kontrolle der Toiletten wird meist von den Mitarbeiterinnen durchgeführt.

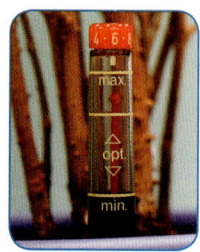

Abb. 2 Wasserstandsanzeiger Hydrokultur

Abb. 3 Hotel-Pool

Abb. 4 In der Sauna

Pflanzenschmuck

Zierpflanzen tragen wesentlich zum positiven Gesamteindruck eines Gastronomiebetriebes bei. Sie müssen regelmäßig gegossen und gepflegt werden. Nur bei genügend Licht, Wasser und Wärme können sie wachsen. Hydrokulturen sind erdlose Kulturen, meist von Zierpflanzen, die in einem neutralen Füllstoff mit möglichst guter Saugwirkung, z. B. Blähton stehen. Die Pflanzen entnehmen Wasser und Nährstoffe einer Nährlösung. Hydrokulturen erleichtern wesentlich die Pflege und Düngung der Pflanzen.

Gästewäsche-Service 🇬🇧 valet service 🇫🇷 valet (m) service

Viele Hotels bieten ihren Gästen die Möglichkeit an, gegen Berechnung ihre Privatwäsche waschen oder reinigen zu lassen. Im Kleiderschrank des Gästezimmers oder im Badezimmer liegen hierfür Wäschebeutel und Auftragsblock mit Einzelheiten zur Verfahrensweise bereit (siehe Beispiel S. 567). Meistens werden die Gäste gebeten, ihre Wäsche im beschrifteten Wäschebeutel mit ausgefülltem Wäschezettel dem Zimmermädchen bis 9:00 Uhr morgens zu übergeben, wenn die Wäsche noch am selben Tag geliefert werden soll. In manchen Luxus-Hotels wird darüber hinaus ein Fünf-Stunden-Express-Service gegen Aufpreis angeboten.

Herrichten der Zimmer für die Nacht

In vielen First-class- und Luxus-Hotels werden die Gästebetten morgens mit Tagesdecken zugedeckt. Ein Abend-Zimmermädchen kümmert sich darum, die Tagesdecken wieder abzunehmen, die Betten herzurichten, die Gäste-Pyjamas und „Betthupferl" bereitzulegen und das Bad zu kontrollieren (Aufdeck-Service).

VIP-Gäste erhalten eine besondere Aufmerksamkeit ins Zimmer gestellt.

1. Erklären Sie, mit welchen Materialien ein Zimmermädchen-Wagen zur Arbeitsvorbereitung aufgefüllt wird.

2. Was versteht man unter dem Fachbegriff „complimentary articles"?

3. Nennen Sie jeweils sechs Beispiele für „complimentary articles" aus dem Badezimmer- und aus dem Gästezimmer-Bereich.

4. Erklären Sie den Unterschied zwischen Arbeitsgeräten und Arbeitsmitteln und führen Sie jeweils fünf Beispiele dazu auf.

5. Was ist mit dem Begriff Leistungsmaßstab für Zimmermädchen gemeint?

6. Begründen Sie, warum der Leistungsmaßstab für Zimmermädchen von Hotel zu Hotel unterschiedlich hoch ausfallen kann.

7. Auf welche drei Schwerpunkte wird sowohl beim Training eines neuen Zimmermädchens als auch bei der späteren Zimmerkontrolle besonders geachtet?

8. Wodurch unterscheiden sich die Arbeiten des Zimmermädchens beim Herrichten eines Gästezimmers bei Bleibe vom Herrichten bei Abreise? Nennen Sie sechs Punkte.

9. Nennen Sie vier Empfehlungen, die einem Zimmermädchen helfen können, beim Arbeiten nicht in Diebstahlverdacht zu geraten.

10. Erklären Sie, warum in jedem Hotel die Kontrolle der gereinigten Abreise-Zimmer durch die Hausdame unbedingt notwendig ist.

11. Welchen Bedarf ermittelt die Hausdame bei der Auswertung der einzelnen Zettel ihrer Zimmer-Checkliste? Nennen Sie drei Bereiche.

12. Erklären Sie, welche Arten von Daten in einer Zimmerzustandskartei erfasst werden.

13. Entwerfen Sie eine Vorlage für ein Karteiblatt einer Zimmerzustandskartei. Gehen Sie dabei von den Gegebenheiten Ihres Ausbildungsbetriebes aus.

14. Wie werden Pflanzen in Hydrokulturen versorgt?

15. Nennen Sie sieben Voraussetzungen für Pflanzen bzw. Hinweise, die bei Hydrokulturen zu beachten sind.

16. Sie werden auf der Etage von Gästen gefragt, ob Ihr Haus auch einen Gästewäsche-Service anbietet. Erklären Sie Bedeutung und branchenübliche Verfahrensweisen.

3 Umweltschutz in der Hausdamenabteilung

environmental protection in the housekeeping department

protection (w) de l'environnement par le service aux étages)

Gäste werden zunehmend umweltbewusst. Sie erwarten Umweltqualität nicht nur in Natur und Landschaft, sondern auch in allen inneren Bereichen des Gastronomiebetriebes. Einen Hotelbetrieb unter ökologischen Gesichtspunkten zu überprüfen und zu verbessern nennt man umweltorientierte Unternehmensführung oder Öko-Management. Wie in anderen Hotelabteilungen, so ist auch im Hausdamenbereich ein umweltbewusstes Wirt-

Abb. 1 Umweltschutz – wir machen mit!

Bayerisches Umweltsiegel für das Gastgewerbe

Das Umweltsiegel der Bayerischen Staatsregierung ist ein Markenzeichen für Hotel- und Gaststättenbetriebe in Bayern, die umweltbewusst wirtschaften. Seit 1997 vergibt die Bayerische Staatsregierung diese einzige staatlich verliehene Umweltauszeichnung für das Gastgewerbe in Deutschland.
Derzeit führen mehr als 300 Betriebe das Umweltsiegel. Auf der eigens dafür erstellten Homepage www.umweltsiegel.de kann sich der umweltbewusste Hotel- und Gaststättenbetrieb über die Teilnahmevoraussetzungen zum Umweltsiegel informieren und sich die Anmeldeformulare herunterladen.
Der Erwerb des Umweltsiegels berechtigt zudem die Teilnahme am Umweltpaket Bayern und zur Nutzung des offiziellen Logos in der Öffentlichkeit.

Das neue EU-Umweltzeichen

Die EU-Verordnung (EG) Nr. 66/2012 spezifiziert in Art. 9 und 10 sowie in Annex II die Bedingungen für die Nutzung des Ecolabel-Logos.
Produkte und Dienstleistungen, die nach erfolgreicher Antragstellung vertraglich das Ecolabel tragen dürfen, könne entsprechend der Verordnung mit dem Ecolabel ausgezeichnet werden.

schaften nur realisierbar, wenn alle Mitarbeiter in den aktiven Umweltschutz mit einbezogen werden. Das setzt regelmäßige Besprechungen, kontinuierliche Information und Weiterbildung sowie Kontrollen voraus.

Die Benennung eines/einer Umweltschutzbeauftragten für die Koordination und Betreuung aller Umweltschutz-Aktivitäten ist empfehlenswert. Außerdem sollte die Umsetzung des Umweltkonzeptes in den Stellenbeschreibungen der einzelnen Mitarbeiter verpflichtend geregelt sein.

Öko-Management hat viele Vorteile

- Kostensenkung für eine bessere Rentabilität
- Sicherung der Zukunftschancen für den Betrieb
- Vermeidung von Entsorgungsproblemen und Entsorgungskosten
- Stärkere Gästebindung und Erschließung neuer Gästekreise
- Wettbewerbsvorsprung und Festigung der Marktposition
- Meinungsbildende Signalwirkung in der Region
- Höhere Mitarbeitermotivation und mehr Freude am Beruf durch mehr Arbeitsqualität
- Unterstützung der örtlichen und regionalen Umweltschutzmaßnahmen
- Förderung eines qualitativen und umweltorientierten Konsum-Bewusstseins.

Auch die Gäste müssen durch entsprechende Informationen vom umweltorientierten Selbstverständnis des Hauses erfahren und mit einbezogen werden. Somit können die Voraussetzungen für das Erreichen der gesetzten Öko-Management-Ziele geschaffen werden. Im Hausdamenbereich mit den Gästezimmern und Wirtschaftsräumen gibt es viele gute Ansatzpunkte für umweltbewusstes Wirtschaften, z. B. bei den Themen Reinigungmittel sowie Energie- und Wasserverbrauch.

Umweltbewusstes Wirtschaften im Hausdamenbereich lässt sich in sechs Bereiche gliedern:
- Energie sparen,
- Wasser sparen, Abwasser entlasten,
- Umweltschonende Reinigungsmittel und Reinigungsmethoden sowie Verbrauchsmaterialien,
- Waschmittel und Wäsche,
- Abfallvermeidung, Wertstoffnutzung,
- Einrichtung, Umbau und Renovierung.

Energie sparen

- Rationeller, bedarfsorientierter Verbrauch von Energie.
- Permanente Kontrolle der Energie-Verbrauchsdaten in der Abteilung unter ökonomischen und ökologischen Gesichtspunkten.
- Stoßlüftung bei der Zimmerreinigung, keine Dauerlüftung.
- Bei offenem Fenster die Heizung abdrehen.
- Die Raumtemperatur absenken, wenn die Zimmer nicht belegt sind.
- „Dauerbeleuchtung" auf Etagengängen nachts mit Zeitautomatik und Bewegungsmeldern steuern.
- TV-Geräte abschalten, keinen „Stand-by"-Betrieb zulassen.
- Waschmaschinen wann immer möglich in der Niedrig-Tarifzeit, meist zwischen 22:00 Uhr und 6:00 Uhr, laufen lassen.

Wasser sparen, Abwasser entlasten

- Perlatoren an den Wasserhähnen vermindern den Wasser-Durchfluss um die Hälfte.
- Sparduschköpfe bei Duschen anbringen.
- WC-Spülkästen mit „Spartaste" ausstatten.
- Außenanlagen nicht mit Wasser aus der Leitung bewässern. Dazu Regenwasser auffangen und nutzen.

Umweltschonende Reinigungsmittel
und Reinigungsmethoden sowie Verbrauchsmaterialien

- Lösungsmittelhaltige Reinigungsmittel nach Möglichkeit vermeiden.
- Reinigungsmittel vermeiden, die Chlor, Phosphate, Formaldehyde oder Sulfate enthalten.
- Bedienungsanleitungen, Dosierungsanweisungen und Umweltschutz-hinweise beachten.
- Unterschiedliche Reinigungsmittel nicht mischen.
- Altbewährte Hausmittel mit natürlicher Reinigungskraft bevorzugen, wie z. B. Essig oder Essig- bzw. Zitronenreiniger anstelle der überflüssi-gen Desinfektionsreinigung oder chemischen Kalklöser.
- Auf „Duftsteine" im WC verzichten.
- Recycling-Toiletten-Papier einkaufen.
- Keine Möbelsprays verwenden, sondern flüssige Polituren, gegebenen-falls mit Pumpzerstäuber.
- Keine aggressiven Rohrreiniger verwenden. Akute Rohrverstopfungen mechanisch mit Saugglocke und Rohrspirale umweltfreundlich besei-tigen.
- Auf Insektizide und sonstige Pflanzenschutzmittel verzichten. Unerwünschte Pflanzen von Hand beseitigen.
- Keine Einweg-Zahnputzbecher aus Kunststoff verwenden, statt dessen Zahnputzgläser bereitstellen.

Waschmittel und Wäsche

- Vollwaschmittel nur bei Bedarf einsetzen, meist reichen Feinwaschmittel.
- Waschmittel sollten keine Sulfate und Phosphate enthalten.
- Ab dem Wasser-Härtebereich 2 oder 0,7 mmol/l dem Waschmittel phosphatfreien Enthärter beigeben. Das spart Waschmittel.
- Keine Chlorbleiche verwenden, denn sie führt zu Giften im Abwasser.
- Flexibler Handtuch- und Bettwäschewechsel nach Bedarf.
- Hartnäckige Flecken mit Fleckensalz oder Gallseife vorbehandeln.
- Keine Weichspüler verwenden. Die meisten enthalten kationische Tenside, die schwer abbaubar sind und das Abwasser belasten.
- Vorwäsche nur bei stark verschmutzter Wäsche.

Abfallvermeidung, Wertstoffnutzung

Abfälle vermeiden beginnt beim Einkauf durch Verzicht auf portionsver-packte Artikel und die Bevorzugung von Mehrwegverpackungen bzw. Großpackungen. Beispiele:

- Keine Portionspackungen für Seife, Duschgel und Shampoo einkaufen. Als kostengünstigere Alternative Duschgel-Dosierspender mit Mehr-weg- Großgebinden in den Bädern anbringen.

Der „Blaue Engel"

Das Umweltzeichen „Der Blaue Engel" ist beim Einkaufen ein klares Erken-nungszeichen für Produkte, die in ihrer ganzheitlichen Betrachtung besonders umweltfreundlich sind. Nur Produkte und Dienstleistunegn, die im Vergleich zu herkömmlichen Produkten

- die Umwelt weniger belasten,
- möglichst wenig Ressourcen verbrauchen,
- keine für die Umwelt oder die Gesundheit des Menschen schädli-chen Substanzen enthalten und
- dabei ihre Funktion in hoher Qualität erfüllen,

können den Blauen Engel tragen. Das RAL Deutsches Institut für Güte-sicherung und Kennzeichnung e.V. – und dort eine unabhängige Jury – vergibt das Umweltzeichen.

Lieber Gast,
für sie und für den Erhalt unserer Umwelt wechseln wir „alt" gegen „neu", ganz nach Ihrem Bedürfnis.
Bestimmen sie selbst und legen sie zum Tausch bestimmte Handtücher in den Korb an der Wand.
Unsere Mitarbeiterinnen sor-gen für neue Frische. Wir dan-ken Ihnen für Ihre Unterstüt-zung!

Abb. 1 Aufsteller im Bad zur Aktion „WIRF DAS HANDTUCH!"

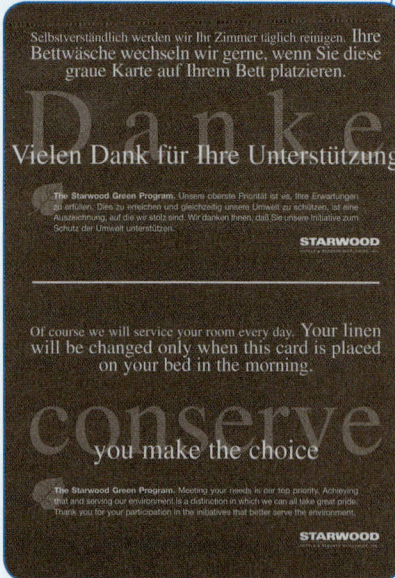

Abb. 1 Einladung zum flexiblen Bettwäschewechsel

Abb. 2 Recycling-Möglichkeiten nutzen

Abb. 3 Begrünte Fassade

Abb. 4 Solarleuchte im Garten

- Reinigungsmittel in großen Gebinden und/oder Konzentrate verwenden, die für die Zimmer- und Putzhilfen in Literflaschen umgefüllt werden.
- Zimmermädchen-Wagen mit entsprechenden Behältern zur Mülltrennung einsetzen.
- Getrenntes Sammeln von Abfällen aus Papier, Glas, Metall, Kunststoff zur Wiederverwertung und von organischen Abfällen zur Kompostierung (s. S. 30).
- In den Minibars nur Getränke in Mehrwegflaschen, nicht in Dosen anbieten. Trinkgläser, keine Plastikbecher bereitstellen.
- Ausgediente Textilien, die nicht mehr „zweitgenutzt" werden können, in die Wiederverwertung geben.

Einrichtung, Umbau und Renovierung

- Möbel sollten aus stabilem Massivholz bestehen, nach Möglichkeit aus einheimischen Hölzern.
- Polstermöbel und Stühle sollten Rahmen aus Vollholz und Sitzflächenpolsterung nach herkömmlichem Muster haben: Gurte, Federn, Füllungen aus Naturmaterialien wie Wolle, Rosshaar und/oder Kapok-Samenhaar. Die Abdeckung sollte aus Naturtextilien sein.
- Umweltfreundliche Baustoffe bei Umbau-Maßnahmen verlangen und planen.
- Einsatz umweltschädlicher Produkte ausdrücklich untersagen.
- Keine chemischen Holzschutzmittel in Innenräumen verwenden. Dafür Leinölfirnis oder Naturharz-Imprägnierung verwenden.
- Fugen nicht mit FCKW- und formaldehydhaltigen Mitteln ausschäumen lassen.
- Technikräume in ausreichender Größe einplanen, die in ihrer Anordnung der Logik der Arbeitsabläufe entsprechen.
- Kühl- und Lagerräume nicht an beheizte Räume grenzen lassen.
- Verzicht auf Kippfenster verhindert Energieverluste durch Dauerlüftung und zwingt zur „Stoßlüftung".
- Wärmeschutz durch Glasscheiben mit hohem Dämmwert, d. h. möglichst niedrigem „k-Wert" einplanen.
- Möglichkeiten für Wärme-Rückgewinnung und Wärmetauscher prüfen.
- Todesgefahren für Tiere beseitigen, z. B. verglaste Gänge oder große Fensterflächen mit Greifvogel-Silhouetten auffällig machen.
- Kurze Entsorgungswege schaffen.
- Außenanlagen des Hotels naturnah gestalten, standortgerecht bepflanzen.
- Hotelgarten für Küchenkräuter und Schnittblumen anlegen.
- An natürlichen Sichtschutz denken, z. B. als Parkplatz-Abgrenzung und -Unterteilung, oder vor den Wertstoff- und Abfallbehältern.
- Fassaden begrünen, wo es möglich ist, z. B. Efeu an Nord- und Nordwestfassaden.
- Standortgerechte Bäume dort neu anpflanzen, wo ihr Schattenwurf nicht stört.
- Zur Gartenbeleuchtung eignen sich Solarzellen-Lampen, die die tagsüber anfallende Sonnenenergie speichern und nachts abgeben.
- Zur Beleuchtung der Außenanlagen ab ca. 23 Uhr eignet sich besonders eine Infrarot-Sensorschaltung in Kombination mit einer Zeitschaltautomatik.

4 Arbeitssicherheit

Unfallursachen

Die meisten Arbeitsunfälle in der Hausdamenabteilung geschehen durch:
- **Ausrutschen** auf nassen und glatten Böden oder Treppen,
- **Stürzen** von Leitern oder Stühlen, die ungeeignet oder ungenügend gesichert waren, oftmals beim Fensterputzen, Ab- oder Aufhängen von Vorhängen und Übergardinen,
- **Stolpern** über elektrische Kabel, z. B. von Staubsaugern oder Reinigungsmaschinen.

Ferner kommt es gelegentlich zu:
- **Schnittverletzungen,** z. B. beim Waschen und Polieren von Zahnputz- und Minibar-Gläsern,
- **Verletzungen durch elektrischen Strom,** z. B. bei schadhaften Elektrogeräten, Kabeln und Anlagen,
- **Verletzungen durch Verätzungen,** z. B. beim Verdünnen von Säuren, Laugen oder sonstigen konzentrierten Mitteln.

Rutschgefahr

Stolpergefahr

Abb. 1 Gefahr auszurutschen

Unfallverhütung

Für den Gefahrenbereich der **Böden, Treppen und Leitern** gilt:
- Geeignetes Schuhwerk tragen,
- rutschige Stellen, Ölflecken usw. unverzüglich beseitigen,
- Leitern mit mangelhafter Standfestigkeit nicht verwenden, Gefahr der Hausdame melden,
- Vorhänge nie bei geöffnetem Fenster ab- bzw. aufhängen,
- nicht auf Stühle mit Rollen steigen,
- elektrische Kabel von Arbeitsgeräten so verlaufen lassen, dass niemand stolpern kann.

Gefährliche elektrische Spannung

Gefahr Hautätzend

Verletzungen durch elektrischen Strom

Diese lassen sich wie folgt vermeiden:
- Elektrokabel nur am Stecker aus der Steckdose ziehen, nicht am Kabel;
- Beschädigte Netzstecker und Steckdosen nicht mehr verwenden, durch den Hauselektriker reparieren lassen,
- Defekte und Störungen bei Elektrogeräten nur vom Fachmann beheben lassen;
- Vor den Reinigungsarbeiten an elektrischen Geräten den Netzstecker ziehen.

Abb. 2 Schutzhandschuhe

Verletzungen durch Verätzungen

- Gefahrenhinweise genau durchlesen (siehe auch Sicherheits- und Gebotszeichen, ab S. 46),
- empfohlene Schutzkleidung und Gummihandschuhe anziehen; außerdem eine Schutzbrille aufsetzen,
- Dosierungshinweise genau beachten,
- unterschiedliche Mittel nicht mischen.

Maßnahmen der Ersten Hilfe: ab S. 48

Abb. 3 Schutzbrille

> Gefahrenquellen gleich bei Arbeitsbeginn in jeder neuen Abteilung kennen lernen und die Unfallverhütungs-Hinweise gewissenhaft beachten!

⑤ Rechtsvorschriften

🇬🇧 laws 🇫🇷 référence (w) juridique

Die entsprechenden Gesetzestexte, die das Kapitel Wirtschaftsdienst – Hausdamenabteilung betreffen, sind auf der dem Buch beiliegenden CD nachzulesen. Das Wichtigste daraus hier in Kurzform:

Haftung aus unerlaubten Handlungen ❶

Der § 823 Abs. 1 BGB besagt: „Wer vorsätzlich oder fahrlässig das Leben, die Gesundheit, die Freiheit, das Eigentum oder andere Rechte von Personen widerrechtlich verletzt, der ist dem anderen zum Ersatz des daraus entstehenden Schadens verpflichtet."

Für den Tatbestand einer unerlaubten Handlung müssen **drei Voraussetzungen** vorliegen:

- Es muss ein **Schaden** entstanden sein,
- es muss ein **Verschulden** vorliegen, z. B. durch Vorsatz, wie bei einer absichtlichen Schädigung, oder durch Fahrlässigkeit, d. h. die erforderliche Sorgfalt wurde außer Acht gelassen,
- es muss **Widerrechtlichkeit** vorliegen, d. h. für den entstandenen Schaden darf es keinen rechtlichen Grund geben.

Der Gastronom haftet auch ohne eigenes Verschulden im Rahmen seiner **Verkehrssicherungspflicht:** Es besteht bereits beim Betreten eines Lokals eine „vorvertragliche Beziehung". Das bedeutet, der Gastwirt haftet für bestimmte Schäden, die ein Gast erleidet, auch wenn er noch nicht Platz genommen hat. Der Gastwirt hat dafür zu sorgen, dass dem Gast auf den öffentlich zugänglichen Grundstücks- und Gebäudeteilen unverschuldet nichts passieren kann.

Haftung für den Erfüllungsgehilfen ❷

§ 278 BGB setzt voraus, dass zwischen dem Wirt und der geschädigten Person ein Vertragsverhältnis besteht, bei dessen Erfüllung der Mitarbeiter im Auftrag des Wirtes tätig war.

Haftung für den Verrichtungsgehilfen ❸

§ 831 BGB nennt als Voraussetzung für die Haftung des Verrichtungsgehilfen, dass zwischen dem Wirt und der geschädigten Person **kein Vertragsverhältnis** besteht und der Gehilfe im Auftrag des Wirtes tätig geworden ist. Hinweise zu den Themen „Bewirtungsvertrag", „Schadenshaftung des Gastwirtes", „Pfandrecht des Gastwirtes" und „Fundsachen" befinden sich auf den Seiten 378 ff.

Verpackungsverordnung – VerpackV, Stand 9. Nov. 2010

Diese Verordnung kann bereits den Einkauf von Waren durch die Hausdamenabteilung betreffen. § 1 besagt, dass Verpackungsabfälle in erster Linie zu vermeiden sind. Im Übrigen wird der Wiederverwendung von Verpackungen und der stofflichen Verwertung Vorrang vor der Beseitigung eingeräumt. Die Abfallentsorgung ist nach jeweiligem Landesrecht geregelt.

Abb. 1 Paragraphen-Dschungel

❶ Beispiele:

- Der Hotelier lässt den Schnee auf dem Zugang zum Hotel räumen. Er sorgt dafür, dass gestreut wird.
- Der Hotelier lässt die schadhafte Treppenbeleuchtung reparieren, um Unfällen vorzubeugen.

❷ Beispiel:

Ein Übernachtungsgast stolpert vor seinem Zimmer über ein Elektrokabel und verletzt sich. Das Zimmermädchen hatte beim Staubsaugen fahrlässig gearbeitet.

❸ Beispiel:

Ein Zimmermädchen fährt im dienstlichen Auftrag des Wirtes zur Chemischen Reinigung. Auf dem Weg dorthin verursacht sie einen Verkehrsunfall. Grundsätzlich haftet der Wirt, weil das Zimmermädchen in seinem Auftrag tätig wurde. Eine Haftungsbefreiung ist möglich, wenn der Wirt nachweisen kann, dass er bei der Auswahl seiner Mitarbeiterin weder fahrlässig noch vorsätzlich gehandelt hat. Erbringt der Wirt diesen Nachweis, so muss der Verrichtungsgehilfe selbst für den Schaden aufkommen.

Umweltschadengesetz – USchadG, Stand 30. April 2007

Im Gegensatz zum bereits geltenden Umwelthaftungsgesetz, das sich auf natürliche oder juristische Personen sowie deren Besitz bezieht, regelt das USchadG Schäden, die in Ausübung der beruflichen Tätigkeit an der Umwelt selbst entstehen.

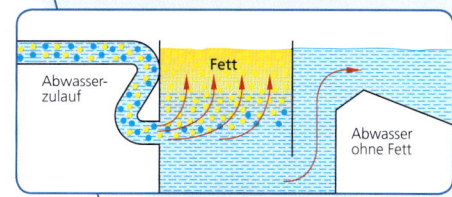

Abb. 1 Fettabscheider

Dazu gehören sowohl der **Boden** und die **Gewässer** samt Grundwasser als auch geschützte Tier- und Pflanzenarten sowie deren Lebensräume. Diesen können nicht nur die Chemie- und Ölindustrie schaden, sondern auch Hotelbetriebe. Sie liegen oftmals in unmittelbarer Nähe eines Naturschutzgebietes oder eines Gewässers, an oder in dem geschützte Tierarten leben.

Beispiel mit rechtlicher Konsequenz:
In der Küche eines Hotels befindet sich ein defekter Fettabscheider, der nie gewartet wurde. Monatelang lässt er Lebensmittelreste und Fett ins Erdreich gelangen. Diese Rückstände beeinträchtigen einen nahe gelegenen Teich und zerstören dort seltene Pflanzenarten. Die Behörden entdecken die Schäden und fordern den Hotelinhaber zur Sanierung des Teiches auf.

Aufgaben

1. Erklären Sie den Begriff Öko-Management.

2. Nennen Sie acht Vorteile des umweltbewussten Wirtschaftens.

3. Zählen Sie sechs Bereiche auf, in die sich umweltbewusstes Wirtschaften im Hausdamenbereich gliedern lässt.

4. Wie können Sie in der Hausdamenabteilung dazu beitragen, dass Energie eingespart wird? Schlagen Sie fünf Maßnahmen vor.

5. Durch welche Maßnahmen können Sie dazu beitragen, dass die Belastung des Abwassers verringert wird? Nennen Sie fünf.

6. Was versteht man unter „flexiblem Handtuchwechsel" und warum wird dieser in den meisten Hotels praktiziert?

7. Schlagen Sie fünf Maßnahmen vor, die bei Umbau- bzw. Renovierungsarbeiten im Hotel berücksichtigt werden sollten.

8. Was besagt das deutsche Umweltzeichen „Der Blaue Engel" und wofür wird dieses vergeben?

9. Was unterscheidet die Vergabe des EU-Umweltzeichens von der Vergabe des deutschen Umweltzeichens „Der Blaue Engel"?

10. Warum ist die Benennung eines Umweltschutz-Beauftragten für jeden Hotelbetrieb sinnvoll?

11. Nennen Sie drei typische Unfallursachen in der Hausdamenabteilung.

12. Geben Sie fünf Hinweise zur Unfallverhütung im „Gefahrenbereich Böden, Treppen, Leitern".

13. Durch welche Maßnahmen können Sie dazu beitragen, dass Verletzungen durch elektrischen Strom verhindert werden?

14. Wie können Sie sich vor Verletzungen durch Verätzungen schützen und welche Erste-Hilfe-Maßnahmen sind anzuwenden?

15. Welche drei Voraussetzungen müssen für den Tatbestand einer unerlaubten Handlung im Sinne des § 823 BGB vorliegen?

16. Auf welche Gebiete erstreckt sich die „Haftung aus unerlaubten Handlungen"?

17. Was ist ein „Erfüllungsgehilfe" und was ist ein „Verrichtungsgehilfe" im Sinne des Gesetzes? Nennen Sie je ein Beispiel.

PROJEKT

Generalreinigung von Gästezimmern

Nach Renovierungsarbeiten sollen die 24 Gästezimmer auf einer Etage des Hotels Arberblick generalgereinigt werden. Die Hausdame beauftragt Auszubildende, die Generalreinigung zu planen und den Bedarf an Zimmerfrauen, an Reinigungsgeräten, Arbeitsmitteln, Reinigungs- und Pflegemitteln vorzuschlagen.

Ist-Zustand der Gästezimmer

Entwerfen Sie eine Checkliste, mit der Sie den Ist-Zustand der Etage aufnehmen können.

Soll-Zustand der Gästezimmer

Definieren Sie den angestrebten Soll-Zustand pro Gästezimmer (Sauberkeitsgrad, Standardausstattung, Gästeartikel, …).

Vorgehensweise und Arbeitsreihenfolge

1. Legen Sie fest, welche Reinigungsgeräte und Arbeitsmittel für welche Tätigkeiten eingesetzt werden sollten.

2. Legen Sie fest, welche Reinigungs- und Pflegemittel für welche Oberflächen/Materialien verwendet werden sollten.

3. Bestimmen Sie die Vorgehensweise und Arbeitsreihenfolge auf einem Info-Blatt.

Arbeitszeitbedarf und Verbrauchsmengen pro Gästezimmer

1. Halten Sie fest, wie viel Zeit ein Team von zwei Zimmerfrauen für die Generalreinigung eines Gästezimmers nach vorgegebenem Standard benötigt.

2. Stellen Sie die Verbrauchsmengen der Reinigungs- und Pflegemittel fest.

3. Ermitteln Sie den Bedarf an Gästeartikeln für die 24 Gästezimmer und Bäder.

Gesamtarbeitszeitbedarf und Materialverbrauchsmengen für die Hoteletage

1. Berechnen Sie den Arbeitszeitbedarf für die Generalreinigung der 24 Gästezimmer.

2. Ermitteln Sie den zusätzlichen Arbeitszeitbedarf für die Reinigung der Flure, Flurfenster, Wände und des Treppenhausbereichs.

3. Berechnen Sie den Gesamtarbeitszeitbedarf für die Hoteletage.

4. Berechnen Sie den Gesamtbedarf an Reinigungs- und Pflegemitteln für die Hoteletage.

5. Berechnen Sie, wie viele Zimmerfrauen bei einer reinen Arbeitszeit von 8 Std. pro Tag zur Arbeit eingeteilt werden müssen, wenn für die Generalreinigung der Etage nur eine Zeit von zwei (drei) Tagen zur Verfügung steht?

Bericht für die Hausdame

Verfassen Sie einen kurzen schriftlichen Bericht mit den Ergebnissen.

Warenwirtschaft

Aufgabe der Warenwirtschaft ist es, die richtigen Produkte zum richtigen Zeitpunkt in der richtigen Menge und der richtigen Qualität am richtigen Ort zum richtigen Preis bereitzustellen (**6-R-Formel**).

Zur Warenwirtschaft innerhalb eines Betriebes zählen:
- der **Wareneinkauf**,
- die **Warenannahme**,
- die **Warenlagerung** und
- die **Warenausgabe**.

Im Gastgewerbe handelt es sich hierbei überwiegend um **Lebensmittel** (Food) und um sonstige **Einkaufsgüter** (Non-food), d. h. Hilfsstoffe wie z. B. Büromaterial oder Dekorationsmittel, oder Investitionsgüter wie z. B. Gläser, Bestecke und Gebrauchsgegenstände.

In Großbetrieben werden die Lebensmittel meist von drei Mitarbeitern eingekauft:
- vom **Küchenchef** die Frischprodukte,
- vom **Sommelier** die Weine, Schaumweine und Spirituosen und
- vom **Einkäufer** alle anderen Lebensmittel sowie sonstige Einkaufsgüter.

Der **Magaziner** ist für die korrekte Warenannahme, die fachgerechte Lagerung, die Lagerverwaltung und die Warenausgabe zuständig. In kleineren Betrieben werden diese Tätigkeiten und Bereiche, inklusive des Wareneinkaufs, oftmals nur von einer Person ausgeübt und betreut (siehe auch Kapitel Magazin, ab S. 343).

1 Wareneinkauf

 purchasing goods faire des achats (m)

Die Leistungsfähigkeit eines Gastronomiebetriebes hängt in hohem Maße vom qualifizierten Einkauf ab. Ein guter Einkäufer muss über genaue Waren-, Preis- und Marktkenntnisse verfügen. Wer laufend den Markt beobachtet und Preisvergleiche durchführt, kann bei Verhandlungen günstige Einkaufspreise erzielen. Diese müssen nicht zwangsläufig mit geringerer Qualität der Ware verbunden sein.

Abb. 1 Sommelier beim Weineinkauf

> Was man im Einkauf einspart, muss nicht erst erarbeitet werden!

Bedarfsermittlung

Der Einkauf beginnt mit der Bedarfsermittlung. Die Menge des Warenbedarfs pro Artikel ist von mehreren Faktoren abhängig:
- von der vorhandenen Artikelmenge, Bestand,
- von dem durchschnittlichen Tagesverbrauch,
- von der vorhersehbaren zusätzlichen Absatzmenge, z. B. bei Sonderveranstaltungen,
- von der Bearbeitungsdauer im Hause,
- von der Lieferdauer in Tagen,
- von der Größe der Lager- und Kühlräume,
- von der Lagerfähigkeit bzw. Verderblichkeit,
- von der voraussichtlichen Preisveränderung, z. B. bei saisonalen Artikeln oder bei Sonderangeboten,
- von der Verpackungsgröße oder -einheit und
- von der Finanzierbarkeit.

Abb. 2 Magazin eines Großhotels, mit mobilen Regal-Elementen

Neue Einkaufskontakte lassen sich knüpfen:

- mit Hilfe von Internet-Online-Diensten,
- beim Besuch von Gastronomie-Messen,
- durch Beitritt zu einer Hotel-Kooperation mit angeschlossenem Einkaufsverbund,
- über Kollegen-Empfehlungen,
- über Inserate in der Fachpresse,
- über Auskünfte der zuständigen IHK,
- über Branchen-Verzeichnisse, „Gelbe Seiten" oder Adressbücher und
- mit Hilfe von Werbezusendungen.

Listenpreis netto (ohne MwSt.)

– Rabatt des Lieferers

_____

= Zieleinkaufspreis

– Skonto des Lieferers

_____

= Bareinkaufspreis

+ Bezugskosten einschließlich Verpackung

_____

= Bezugspreis (Einstandspreis)

Formel für Angebotspreisvergleiche

Die Kriterien zum Lieferervergleich lassen sich manchmal schlecht einschätzen oder ihre Bewertung ist sehr aufwendig. Es gibt aber Methoden, die eine Liefererauswahl optimieren. Dazu zählen

- die „Rating-Methode" und
- die „TCO-Methode".

Die Ergebnisse sind objektiv und vergleichbar.

Bezugsquellen

Auf Grund der bisherigen Einkäufe verfügt jeder Einkäufer über Marktkenntnisse, Geschäftsverbindungen und eine interne Bezugsquellen-Kartei. Bei guten Einkaufserfahrungen wird er von seinen bisherigen Anbietern vorrangig Angebote einholen. Um aber auch zukünftig günstige Einkaufsquellen und somit Wettbewerbsvorteile nutzen zu können, ist jeder Einkäufer gezwungen, den Beschaffungsmarkt genau zu beobachten und immer wieder neue Angebote einzuholen und zu vergleichen.

Angebotsvergleich

Verschiedene Angebote werden verglichen, um die optimale Kaufentscheidung treffen zu können. Anzustellen sind ein:

Qualitätsvergleich

Die Eigenschaften der jeweiligen Ware werden bewertet. Dazu können zählen:

- Frische (z. B. Frischkost, Tiefkühlkost, Konserve, Trockenprodukt),
- Haltbarkeit/Lagerfähigkeit (MHD),
- Aussehen, Farbe, Geschmack, Geruch, Konsistenz,
- enthaltene Zusatzstoffe (z. B. Farb- und Konservierungsstoffe),
- eventuelle küchentechnische Vorteile;

Produktvergleich

Handelt es sich um ein Original-Markenprodukt oder um ein „No-name-Produkt"? Kriterien für den Produktvergleich und die Beurteilung von Warenproben und Warenangeboten können sein: Aussehen, Farbe, Größe, Inhaltsmenge, Konsistenz, Geruch, Geschmack, Frische, Haltbarkeit, Lagerfähigkeit, Verfallsdatum, Preis, Gewicht, Qualität, küchentechnische Vorteile, Originalprodukte, Zusatzstoffe;

Preisvergleich

Die Einkaufspreise für gleiche Mengen werden ermittelt. Dabei werden berücksichtigt:

- Listenpreise
- Rabatte, Skonti
- Bezugskosten (z. B. Spedition, unfreies Paket, Verpackung)
- Bezugspreise

Lieferervergleich

Bewertung von **qualitativen Kriterien** wie

- Produktqualität
- Image
- Garantien, Kulanz
- Serviceleistungen und -qualität
- Sortimentsbreite und -tiefe

und **Bewertung** von **quantitativen Kriterien** wie z. B.:

- Termintreue, Zuverlässigkeit
- Lieferschnelligkeit, Entfernung
- Verfügbarkeit, Lieferbedingungen
- Verkaufsbedingungen/Konditionen
- Zertifizierung
- Geschäftssitz/Herkunft

Rating-Methode

Bei der Rating-Methode werden die Kriterien zum Lieferervergleich in drei Schritten systematisch gewichtet:

Schritt 1:

Alle Bewertungskriterien für die Auswahl eines Lieferers werden mit Punkten gewichtet.
Beispiel: Gesamtsumme **100 Punkte,** die aufgeteilt werden.

Gewichtung der Kriterien zur Lieferer-Auswahl (gesamt: 100 P.)			
Produktqualität	15	Termintreue	12
Image	5	Zuverlässigkeit, Lieferschnelligkeit	10
Garantien, Kulanz	10	Verfügbarkeit, Lieferbedingungen	5
Serviceleistungen und Qualität	3	Verkaufsbedingungen/Konditionen	25
Sortimentsbreite und -tiefe	5	Zertifizierung	5
		Geschäftssitz/Herkunft	5

Schritt 2:

Für jedes Kriterium wird eine Tabelle angelegt. Die Lieferer werden in Bezug auf das Kriterium verglichen und in eine Reihenfolge gebracht. Der beste Lieferer erhält jeweils die höchste Rangordnungs-Punktzahl. **Beispiel:**

Produktqualität Bestenliste	
Firma	Rang-P.
Gemüse Meier	4
Großhandels KG	3
Freshdeliver & Co.	2
MKG Logistics	1

Termintreue Bestenliste	
Firma	Rang-P.
Freshdeliver & Co.	4
Großhandels KG	3
MKG Logistics	2
Gemüse Meier	1

Konditionen Bestenliste	
Firma	Rang-P.
Großhandels KG	4
Gemüse Meier	3
MKG Logistics	2
Freshdeliver & Co.	1

Schritt 3:

Anschließend wird für jeden Lieferanten ein Scoring-Wert berechnet, indem die Gewichtungspunktzahl aus Schritt 1 mit der Rangfolge aus Schritt 2 multipliziert wird. Dieser berechnete Wert wird anschließend durch die Anzahl der bewerteten Lieferanten geteilt (hier: 4). **Beispiel:** Für Gemüse Meier wird der Scoring-Wert errechnet.

Gemüse Meier	Rang-P.		Gewichtung		Lieferer		Scoring
Produktqualität	4	x	15	:	4	=	15
Termintreue	1	x	12	:	4	=	3
Konditionen	3	x	25	:	4	=	18,75
…	…		…		…		…
Scoring-Wert							66,25

Die Lieferer oder konkrete Angebote werden dann nach folgendem Schema eingestuft:

A-Rating	85 Punkte bis 100 Punkte	„Auswahl uneingeschränkt möglich"
B-Rating	50 Punkte bis 84 Punkte	„Lieferer-Entwicklung notwendig"
C-Rating	0 Punkte bis 49 Punkte	„Lieferer entspricht nicht den Anforderungen"

Total Cost of Ownership-Methode (TCO-Methode)

Bei der TCO-Methode werden *alle* Kosten erfasst, die bei einem Warenbezug im Zusammenhang mit dem Lieferer anfallen, nicht nur die eigentlichen Bezugskosten.

Damit die Kosten besser erfasst werden können, werden sie zunächst in Kostenbereiche aufgeteilt:
- *Direkte Liefererkosten:* alle Kosten, die an den Lieferer gezahlt werden müssen
- *Bestellkosten:* Kosten, die im Rahmen einer Bestellung anfallen
- *Lagerkosten:* Kosten, die durch das Einlagern bzw. das Aufbewahren der Ware anfallen.

Alle Kostenbereiche werden dann nach dem Zeitpunkt, zu dem sie anfallen, weiter unterteilt:

	Direkte Liefererkosten	Bestellkosten	Lagerkosten
Vor Abschluss		Anfrage, Angebot	Raumkosten
Abschluss	Einkaufspreis, Bezugskosten	Erfassung der Bestellung	
Nach Abschluss	Reklamation	Warenannahme	Schwund, Verderb, Lagerzins

Durch die Betrachtung aller entstehenden Kosten können auch qualitative Kriterien, die sonst nicht oder nur schwer messbar wären, mit Zahlen versehen und vergleichbar gemacht werden.

Preisverhandlungen

Nach Vergleich und Auswertung der Angebote können bei Rücksprachen mit Anbietern oftmals noch günstigere Verkaufsbedingungen erzielt werden. So könnten beispielsweise günstigere Staffelpreise, Rabatte, Naturalrabatte und Zahlungsziele ausgehandelt werden. Im Interesse des Betriebes sollte der Kauf bzw. die Bestellung erst dann erfolgen, wenn alle Einkaufs-Chancen genutzt worden sind.

Folgen einer großen Bestellmenge und niedriger Bestellhäufigkeit

Viel Lagerkapazität — Viel gebundenes Kapital — Mengenrabatte

Hohe Raum- & Energiekosten — Hoher Lagerzins — Sicherheit vor Preisschwankungen

Hohe Lagerdauer — Verderb frischer Ware

Hohe Lagerkosten Niedrige Bestellkosten

Bestellung

Mit Abgabe der Bestellung durch den Käufer und Annahme einer Bestellung durch den Verkäufer kommt ein rechtsverbindlicher Kaufvertrag zustande. Eine vollständige Bestellung enthält:
- die Warenart mit Qualitätsbezeichnung,
- die Menge mit Preisangabe,
- die Verpackung und
- die Verkaufsbedingungen, d. h. die Liefer- und die Zahlungsbedingungen.

Telefonische Vereinbarungen sollten vom Besteller gleich schriftlich, z. B. per Fax, E-Mail oder Brief, wiederholt werden. Zum einen lassen sich somit Irrtümer und Falschlieferungen vermeiden, zum anderen liegt für die Warenannahme ein Bestellschein vor. Zunächst gilt: Bestellt ist bestellt! Doch wenn eine Bestellung widerrufen oder geändert werden soll, dann muss der Widerruf oder die Änderung noch vor der Bestellung den Verkäufer erreichen oder zum selben Zeitpunkt wie die Bestellung beim Verkäufer eintreffen. Nur dann gilt die Willenserklärung des Bestellers/Kunden als widerrufen. Es ist dann so, als wäre sie nicht abgegeben.

Bestellmenge und Bestellhäufigkeit

Je nachdem, wie oft und in welcher Menge Waren bestellt werden, unterscheiden sich die anfallenden Beschaffungs- und Lagerkosten für den Betrieb deutlich.

Es darf nicht mehr Ware bestellt werden, als innerhalb des Mindesthaltbarkeitsdatums verbraucht werden kann. Vor allem bei Waren mit einem sehr langen MHD lohnt sich die Berechnung, ob lieber selten eine größere Menge oder häufiger kleinere Mengen bestellt werden sollen.

Hotel Arberblick

Hotel Arberblick · Flurstraße 14 · 94234 Viechtach

Weingut Dr. Bürklin-Wolf
z.Hd. Herrn Klaus Bauer
Weinstraße 65
67157 Wachenheim

Flurstraße 14
94234 Viechtach
Tel.-Nr. 09942 90500-0
Fax-Nr. 09942 90500-50
E-Mail: hotel-arberblick@viechtach.de

Ihre Nachricht vom / Ihr Zeichen	Unsere Nachricht vom/unser Zeichen	Datum
	MM	03.01.20 . .

Bestellung

Sehr geehrter Herr Bauer,

hiermit bestellen wir:

60 Flaschen 2008 Wachenheimer Rechbächel, Riesling, Spätlese, trocken	à 13,00 EUR
48 Flaschen 2009 Ruppertsberger Gaisböhl, Riesling, Spätlese, trocken	
„Erstes Gewächs"	à 18,00 EUR
48 Flaschen 2009 Forster Jesuitengarten, Riesling, Spätlese, trocken	
„Erstes Gewächs"	à 19,00 EUR

Die Lieferung erfolgt frei Haus.
Bei Bezahlung der Rechnung innerhalb von 10 Tagen gewähren Sie uns 2 % Skonto.

Wegen mehrerer Sonderveranstaltungen in unserem Hause bitten wir um schnelle Lieferung.

Mit freundlichen Grüßen

Hotel Arberblick Viechtach

Markus Müller

Markus Müller
– Sommelier –

Hotel Arberblick · Flurstraße 14 · 94234 Viechtach ·
Geschäftsführung Peter Altenstein · Bankverbindung:
Sparkasse Regen-Viechtach · BLZ 741 514 50 ·
Konto-Nr. 987 654 321

Hotelberufsschule
Viechtach
Flurstraße 14
94234 Viechtach

LIEFERSCHEIN

Bei Schriftverkehr und Rückfragen unbedingt angeben:

Kunden-Nr.	Auftrags-Nr.	Datum
018665	76796	13.10.20..
		Blatt:

Wir liefern Ihnen zu unseren bekannten Liefer- und Zahlungsbedingungen

Auftrag vom 6. Oktober 20...

Versandart:

Pos.	Artikel-Bezeichnung	TK	Größe ca. cm	Stck. / Mtr.	Lagerplatz	Verpackungseinh./Inhalt
1	Nr:3000-3226	HI	50/70	200		4 à 50
	Frb:750-sortiert					
	Geschirrtuch				431-43KF	
	Qual. Delfin, Halbleinen, Zwirnkette					
	Komplettlieferung					

Ware vollständig erhalten, am 16.10. ...
i.A. Th. Keßler

Ihr Fachberater:

Vertretung: Gierster Karl-Heinz
94474 Vilshofen
Tel. 08541 5518
Fax 08541 58151

TK = Textilkennzeichnungsschlüssel siehe Rückseite

Sollten Sie trotz ständiger Kontrollen Grund zur
Beanstandung haben, muss dies innerhalb 8 Tagen
nach Erhalt der Ware erfolgen. Teile in diesem Fall
nicht waschen.

Zollner GmbH + Co.   Postfach 1140   Veldener Straße 4   Telefon 08741 306-0   Handelsregister:
Weberei · Wäschefabrik   D-84131 Vilsbiburg   D-84137 Vilsbiburg   Telefax 08741 306-66   HRA 5521, AG Landhut

② Warenannahme

🇬🇧 receiving goods 🇫🇷 réception (w) de marchandise

Kontrollieren der Lieferung

In Anwesenheit des Lieferers ist die Lieferung mit den Angaben auf dem Lieferschein (delivery note) oder dem Frachtbrief (waybill) und mit den eigenen Bestellunterlagen zu vergleichen. Dabei werden kontrolliert:

* Art der Ware,
* Stückzahl oder Gewicht der verschiedenen Artikel,
* Qualität, Frische, Mindesthaltbarkeitsdaten und Unversehrtheit der Ware,
* Anlieferungstemperatur (lt. HACCP).

(Siehe auch Kapitel Magazin, S. 346)
Der Wareneingangsprüfung kommt auf jeden Fall eine hohe Bedeutung zu. Im Handelsrecht (Handelsgesetzbuch – HGB) heißt es dazu:

§ 377 HGB (Untersuchungs- und Rügepflicht)

Ist der Kauf für beide Teile ein Handelsgeschäft, so hat der Käufer die Ware unverzüglich nach der Ablieferung durch den Verkäufer, soweit dies nach ordnungsgemäßem Geschäftsgang tunlich ist, zu untersuchen und, wenn sich ein Mangel zeigt, dem Verkäufer unverzüglich Anzeige zu machen. Unterlässt der Käufer die Anzeige, so gilt die Ware als genehmigt, es sei denn, dass es sich um einen Mangel handelt, der bei der Untersuchung nicht erkennbar war.

Versteckte Mängel, wie sie oftmals erst bei der Weiterverarbeitung erkannt werden, sind unmittelbar nach der Entdeckung und spätestens 6 Monate nach dem Kauf zu beanstanden. Der Mitarbeiter, der die Warenlieferung angenommen und kontrolliert hat, unterschreibt den Lieferschein. Eine Durchschrift erhält der Lieferer, das Original bleibt beim Empfänger.

Wareneingang

o.k.	nicht o.k.	
		Hygiene des Lieferanten
		Optischer Zustand der Ware
		Deklaration der Ware/MHD
		Vergleich mit Bestellung
		Temperatur: °C

Zurückweisung? ☐ nein ☐ ja

Name/Unterschrift: _____

_____

Bemerkung: _____

_____

_____

Wareneingangskontrollstempel des Hyatt-Regency-Hotels, Mainz

③ Warenlagerung

🇬🇧 storage of goods 🇫🇷 depot (m) de marchandise (w)

Tiefkühlkost und leicht verderbliche Lebensmittel werden unverzüglich und vorrangig – nach entsprechender Temperaturprüfung – in Kühlräumen fachgerecht einsortiert. Danach werden die anderen Artikel versorgt. Neu angekommene Ware ist nach dem FiFo-System hinter die noch vorhandene Ware einzuordnen, um einen gleichmäßigen Warenumschlag zu ermöglichen. (Siehe auch Lagerstrategien, ab S. 350)

Verbuchung des Wareneingangs

In großen Magazinen gibt es für jede Ware eine Lagerstelle, das Lagerfach. An der Lagerstelle befindet sich die **Lagerfachkarte** (bin card), auf der alle Bestandsveränderungen, d. h. alle Zugänge und Abgänge dieses Artikels eingetragen werden. Die neue Lieferung wird hier als Zugang verbucht und der neue Bestand wird errechnet und notiert.

> Erkannte Mängel müssen gleich reklamiert und auf dem Lieferschein vermerkt werden. Der Lieferer muss die Mängel durch Unterschrift bestätigen. Nicht bestellte Waren werden nicht angenommen.

Abb. 1 Warenlagerung nach dem FIFO-Prinzip (s. S. 351)

Nr. **248**

Artikel: 2011 *Becksteiner Pilgerpfad*

Lieferant: *Winzergenoss. Beckstein* Verp.-Einheit: 0,75 l

Höchstbestand:

Mindestbestand:

Meldebestand:

Buchungseinheit

Tag	Monat		Zugang	Abgang	Bestand	Tag	Monat		Zugang	Abgang	Bestand	Tag	Monat		Zugang	Abgang	Bestand
9.	09.		60		107												
10.	09.			17	90												
29.	09.			23	67												
4.	10.			10	57												
15.	10.			20	37												
18.	10.		120		157												
24.	10.			20	137												
30.	10.			20	117												
5.	11.			30	87												
16.	11.			14	73												

Abb. 1 Beispiel einer Lagerfachkarte

Das Kapitel Lagerarten, ab Seite 343, behandelt ausführlich die Themen Grundsätze der Lagerhaltung sowie Lagerräume.

Kontrolle der Rechnung

Wenn alle Waren eingeräumt und verbucht sind, werden Bestellunterlagen und Lieferschein bzw. Frachtbrief zusammengeheftet und vorläufig abgelegt. Diese Papiere werden beim Eingang der Rechnung für eine vergleichende und rechnerische Kontrolle durch die Buchhaltung benötigt.

Dabei wird geprüft, ob:
- die in Rechnung gestellten Warenmengen mit den laut Lieferschein tatsächlich gelieferten Mengen übereinstimmen;
- die in Rechnung gestellten Einzelpreise mit den laut Bestellung vereinbarten Einzelpreisen übereinstimmen;
- der Gesamtpreis richtig errechnet wurde;
- der Mehrwertsteuersatz stimmt und der enthaltene Mehrwertsteuerbetrag korrekt ist;
- die ausgehandelten Konditionen, wie Lieferbedingungen, Frachtkosten, Rabattstaffel und Skonto, korrekt berücksichtigt wurden.

Die Bestandszahl auf der Lagerfachkarte kann jederzeit mit der vorhandenen Stückzahl im Lagerfach verglichen werden. Fehlmengen können somit schnell entdeckt werden. Außerdem wird eine **Lagerkartei** (stores ledger) im Büro des Magaziners geführt. Sie besteht aus Karteikarten (stores ledger sheets), die für jeden Artikel angelegt werden. Neben den Bestandsveränderungen (wie auf der Lagerfachkarte) werden auch jeweils die Einkaufspreise festgehalten.

In **Wareneingangsbüchern** (receipt book) werden die Rechnungsdaten wie Lieferdatum, Lieferer, Warenart, Menge, Rechnungsbetrag, Skonti, Vorsteuer und Waren-Nettowert erfasst. Die Waren-Nettowerte werden nach Warenart, in die entsprechenden Sparten gegliedert – wie z. B. Lebensmittel, Bier oder Wein – und verbucht. Die Waren-Nettopreise dienen auch als Kalkulationsgrundlage zur Errechnung der Inklusivpreise in der Gastronomie.

WARE 2012 *Becksteiner Pilgerpfad*

LIEFERER *Winzergenoss. Beckstein*

Tag	VERMERKE	ZUGANG	ABGANG	BESTAND	PREIS
30.8.	ÜBERTRAG			77	394
1.9.			30	47	
9.9.		60		107	394
10.9.			17	90	
29.9.			23	67	
4.10.			10	57	
15.10.			20	37	
18.10.		120		157	389
24.10.			20	137	
30.10.			20	117	
5.11.			30	87	
16.11.			14	73	

Abb. 2 Beispiel einer Lagerkarteikarte

Hotel Arberblick

Hotel Arberblick · Flurstraße 14 · 94234 Viechtach

Weinhandelsgesellschaft XYZ
z.Hd. Herrn Klaus Koch
Lindenallee 987
14050 Berlin

Flurstraße 14
94234 Viechtach
Tel.-Nr. 09942 90500-0
Fax-Nr. 09942 90500-50
E-Mail: hotel-arberblick@viechtach.de

Ihre Nachricht vom / Ihr Zeichen	Unsere Nachricht vom/unser Zeichen	Datum
	MM	03.05.20 . .

Mängelrüge

Sehr geehrter Herr Koch,

am 8. Januar . . . . lieferten Sie uns auftragsgemäß

60 Flaschen 2009 Assmannshäuser Höllenberg, Spätburgunder,
         Spätlese, halbtrocken   à 12,00 EUR

Die Rechnung Nr. XX0108-32 über 720,00 EUR haben wir am 1. Februar . . . . per Bank bezahlt.

Wie sich erst jetzt herausgestellt hat, verfügt dieser Wein über einen nicht flüchtigen, üblen Muffton.

Aufgrund dieses Qualitätsmangels, den wir Ihnen hiermit fristgemäß anzeigen, bitten wir Sie um unverzügliche Ersatzlieferung der gleichen Menge dieses Weines.

Sollte Ihnen dies nicht möglich sein, müssten wir unser Recht auf Wandelung gebrauchen und den Kaufvertrag rückgängig machen. Wir erwarten Ihre Antwort.

Mit freundlichen Grüßen

Hotel Arberblick Viechtach

Peter Altenstein

Peter Altenstein
Geschäftsführer

Hotel Arberblick · Flurstraße 14 · 94234 Viechtach ·
Geschäftsführung Peter Altenstein · Bankverbindung:
Sparkasse Regen-Viechtach · BLZ 741 514 50 ·
Konto-Nr. 987 654 321

4 Warenausgabe und Bestandskontrolle

🇬🇧 issuing goods and checking stocks
🇫🇷 sorties (w) et des contrôles (m) du stock

Abb. 1 Weinlager

Neben der Erfassung von Wareneingang und Warenausgang zählen Bestandsüberwachung und Verbrauchsfeststellung zu den Hauptaufgaben der Lagerhaltung.

Warenausgabe

Die verschiedenen Betriebsabteilungen bestellen mit Hilfe von Warenanforderungsscheinen (requisition sheets) die benötigten Waren im Magazin. Der Magaziner bereitet die Warenausgabe vor und verbucht für jeden Artikel die Abgänge auf den Lagerfachkarten. Eine unkontrollierte Warenausgabe darf nicht stattfinden.

Keine Ware ohne Beleg. ●

Lagerbestand 🇬🇧 stock 🇫🇷 stock (m)

Die Vorräte im Warenlager müssen so groß sein, dass Küche, Restaurant und Bar störungsfrei produzieren und verkaufen können.

- Zu geringe Lagerbestände führen manchmal zu teuren Eilbestellungen,
- zu große Lagerbestände binden das Kapital und erhöhen die Lagerkosten.

Erfahrene Magaziner wissen auch mit saisonalen Schwankungen in Angebot und Nachfrage umzugehen und behalten die Lagerkosten im Auge.

Beispiel eines Warenanforderungsscheins

Warenanforderungen für	Büfett (Muss mit Durchschrift übereinstimmen)		Datum: 16.11. ...			38427	
Menge	Sück Dosen Kilo Flaschen	Warenart	Ausrechnungen:				
			Einkaufspreis	M	Verkaufspreis	M	
10	0,75	Deidesheimer Hofstück					
7	0,75	Würzburger Stein					
14	0,75	Becksteiner Pilgerpfad					
8	1,0	Piesporter					
6	1,0	Kalterer					

Ware ausgeliefert: Mayr	Ware empfangen Keßler	Gebucht
Unterschrift	Unterschrift	Unterschrift

Bestandskontrolle

Werden Waren entnommen, so trägt man das in die Lagerfachkarte ein. Bei einer Kontrolle vergleicht man den laut Lagerfachkarte rechnerisch ermittelten neuen Bestand, den **Soll-Bestand,** mit dem tatsächlich im Lagerfach vorhandenen **Ist-Bestand.**

Dieser Vergleich dient der Kontrolle der Lagerbuchhaltung. Sollten Ist- und Soll-Bestand voneinander abweichen, so ist die Ursache zu ermitteln. Ursachen für Differenzen könnten z. B. Übertragungsfehler, Rechenfehler, unkontrollierte Entnahmen, Schwund, nicht eingetragener Bruch, Diebstahl oder Verderb sein. Aus diesem Grunde sind regelmäßige Kontrollen und zeitweilig die genehmigte Berichtigung von Warenbestandszahlen unerlässlich.

Inventur

Laut HGB § 240 ist jeder Kaufmann einmal jährlich zur Aufstellung eines **Inventars** verpflichtet. Dies ist das Verzeichnis des Betriebsvermögens, der Schulden und des Reinvermögens. Zur Aufstellung dieses Verzeichnisses führt der Betrieb eine Inventur durch, bei der er seine Bestände zählt, misst oder wiegt. Die tatsächlich vorhandene Warenmenge, der Ist-Bestand, wird dabei ermittelt und auf **Inventurlisten** erfasst.

Die Ermittlung des Inventars erfolgt in Kleinbetrieben meist durch eine **Stichtag-Inventur** am letzten Tag des Wirtschaftsjahres. Großbetriebe und Konzern-Hotels praktizieren meist eine permanente Inventur für Waren, Roh- und Hilfsstoffe. Das bedeutet, dass die Inventur monatlich oder quartalsweise durchgeführt wird.

Die Kontrolle der Lagerbuchhaltung erfolgt durch Vergleich der Bestandszahlen laut Stichtag-Inventur mit den Eintragungen der Lagerkartei.

Abb. 1 Bei der Inventur

Beispiel einer Inventurliste

Inventur — Bestandsaufnahme am 03.01. ... — Blatt Nr. 3
Lagerstelle/Abteilung Büfett — Kostenstelle
Artikelgruppe Weine

Gegenstand	Lager-Nr. Bestell-Nr.	Menge	Einheit kg Stück usw		Inventurwert einzeln		gesamt		Bemerkungen
1 Piesporter	240	7	1,0		6	44	4 5 08		
2 Trollinger	223	22	0,75		6	99	1 5 3 78		
3 Deidesheimer	247	17	0,75		4	83	8 2 11		
4 Becksteiner	248	11	0,75		7	71	8 4 81		
5 Radebeuler	246	13	0,75		7	32	9 5 16		

Summe

angesagt Me. — geschrieben Ke.
Bestandskontrolle Huber — Preiskontrolle Ke.
vorgerechnet Grü. — nachgerechnet Müller

Keinen Übertrag machen! Seiten auf Sonderblatt zusammenstellen und addieren! Bei Berechtigungen wird dadurch das neuerliche Durchrechnen aller Seiten vermieden.

⑤ Wareneinsatzkontrolle

🏴 food cost control 🏴 contrôle (m) de la nourriture

Abb. 1 Bei der Waren-
einsatzkontrolle

Der wirtschaftliche Erfolg eines Küchenleiters wird vorwiegend an der **Wareneinsatzquote** gemessen. Diese Kennzahl steht für den Anteil des Warenaufwands am Netto-Verkaufserlös, z. B. der Küchenprodukte. Es werden die Zahlen desselben Zeitraums, z. B. eines Monats, Quartals oder Jahres herangezogen.

Die Wareneinsatzquote wird mit dem Küchenleiter geplant und nach Ablauf des Kontrollzeitraums errechnet. Für eine gute Planung gilt:
- Die Soll-Wareneinsatzkosten für jeden Artikel erfassen und kalkulieren.
- Standardisierte Portionsgrößen, einheitliche Rezepturen und die Präsentation festlegen.
- Die Warenlieferungen des Magazins an die Küche sowie alle Abgaben von Lebensmitteln aus der Küche an andere Abteilungen, wie z. B. das Büfett, die Hausdamenabteilung, die Bar usw., möglichst genau belegen.
- Die Ist-Wareneinsatzkosten regelmäßig mit den Soll-Werten vergleichen.

Wareneinsatzkosten der verkauften Waren

Die am Monatsanfang durch Inventur in der Küche erfassten Waren werden bewertet. Dazu verwendet man die Netto-Einkaufspreise. Das Ergebnis ist der **Waren-Anfangsbestand.** Hierzu werden alle **Zugänge** eines Monats addiert. Das sind die vom Magazin an die Küche gelieferten Waren, die ebenfalls mit den Netto-Einkaufspreisen bewertet wurden. Am Monatsende wird der Wert des **Waren-Endbestandes** per Inventur ermittelt und abgezogen. Außerdem wird der **betriebsinterne Verbrauch** wertmäßig erfasst und abgezogen. Dies sind alle Privatentnahmen, geschäftlichen Bewirtungen sowie Mitarbeiter-Verpflegungen. Das Ergebnis ist der **Netto-Warenverbrauch**, der auch **Wareneinsatz** genannt wird.

Netto-Erlös

Die Gesamt-Verkaufserlöse der Abteilung Küche während des gewählten Zeitraumes werden ermittelt. Der Z-Abschlag der Restaurant-Registrierkasse zeigt diese auf. Die in den Inklusivpreisen enthaltene Mehrwertsteuer wird herausgerechnet. Das Ergebnis ist der **Netto-Erlös.**

Wird festgestellt, dass trotz exakter Datenerfassung und Berechnung der prozentuale Wareneinsatz zu hoch ausgefallen ist, so muss nach den Ursachen geforscht werden. Mögliche Gründe könnten sein:
- die Rezepturen wurden nicht eingehalten,
- einige Lebensmittel wurden nicht fachgerecht verarbeitet und mussten vernichtet werden,
- Waren wurden ohne Bon ausgegeben,
- es gab Lagerungsverluste, z. B. durch Bruch,
- es gab Überproduktion,
- Produktionsreste wurden nicht sinnvoll verwertet,
- es wurden Lebensmittel gestohlen,
- es wurde vergessen, den Eigenverbrauch zu berücksichtigen.

Die Formel lautet:

Warenanfangsbestand
+ Waren-Zugänge
− Waren-Endbestand
− betriebsinterner Verbrauch

= Netto-Warenverbrauch/
Wareneinsatz

$$\text{Wareneinsatz in \%} = \frac{\text{Wareneinsatz} \times 100}{\text{Netto-Erlös}}$$

Beispiel

Anfangsbestand 31.12...		4 000 €
Warenzugänge laut Magazinabrechnung im Monat Januar:	+	54 000 €
Zwischensumme	=	58 000 €
Warenendbestand 31.1...	−	5 000 €
Betriebsinterner Verbrauch	−	3 000 €
Netto-Warenverbrauch oder Wareneinsatz	=	50 000 €
Netto-Erlös im Januar		150 000 €

Wareneinsatzberechnung in %:
$$\frac{50\,000 \times 100}{150\,000} = 33{,}33\,\%$$

❻ Warenwirtschaftssysteme

🇬🇧 stock flow control systems 🇫🇷 systèmes (m) de contrôle de la marchandise

Zur **Warenwirtschaft** gehören neben der Erfassung der mengen- und wertmäßigen Warenflüsse auch alle erforderlichen Planungs-, Steuerungs- und Kontrollprozesse.

Während früher Lagerfachkarten, handgeschriebene Kassenberichte und manuell erstellte Ertragsberichte die Arbeit der Warenwirtschaft zu einer überaus zeitintensiven und lästigen Aufgabe gemacht haben, ermöglichen heute moderne computergestützte **Warenwirtschaftssysteme** eine schnelle und übersichtliche Kontrolle des betrieblichen Warenflusses.

Aufgabe von Warenwirtschaftsystemen

Ein Warenwirtschaftssystem **(WWS)** dient der Kontrolle der betrieblichen Warenströme. Mit seiner Hilfe soll es jederzeit möglich sein, Abweichungen von den betrieblichen Standards, die den Wareneinsatz betreffen, zu erkennen. Dazu muss es an allen Stellen des Betriebsprozesses im F&B-Bereich zum Einsatz kommen. Der typische gastronomische Betriebsprozess besteht aus dem Einkauf von Lebensmitteln, ihrer Verarbeitung zu Speisen und Getränken und dem Verkauf an die Gäste.

Um möglichst aussagekräftige Werte aus dem WWS entnehmen zu können, ist es unbedingt notwendig, die vorhandenen Daten genau zu pflegen. Alle Wareneingänge müssen erfasst werden.

Genauso muss von möglichst allen im Restaurant verkauften Speisen und Getränken eine Rezeptur angelegt und eingehalten werden. Diese umfasst nicht nur das tatsächliche Lebensmittel, sondern auch die Garnitur.

Außerdem müssen Abfälle, die während der Zubereitung anfallen, oder verdorbene Ware erfasst werden. Die Erfassung der verkauften Gerichte erfolgt üblicherweise durch das Kassensystem.

Bei der Erfassung sind auch andere Arten der Speisenausgabe wie z. B. Personalessen, Eigenbedarf oder Kostproben zu berücksichtigen. Auch wenn durch sie kein Umsatz nach außen entsteht, beeinflussen sie die Wareneinsatzkosten.

WARE	2012 Becksteiner Pilgerpfad					
LIEFERER	Winzergenoss. Beckstein					

Tag	VERMERKE	ZUGANG	ABGANG	BESTAND	PREIS
30.8.	ÜBERTRAG			77	394
1.9.			30	47	
9.9.		60		107	394
10.9.			17	90	
29.9.			23	67	
4.10.			10	57	
15.10.			20	37	
18.10.		120		157	389
24.10.			20	137	
30.10.			20	117	
5.11.			30	87	
16.11.			14	73	

MAGAZIN	KÜCHE/KAFFEEKÜCHE		RESTAURANT/BANKETT	
Wareneingang	Zubereitung		Verkauf	
Erfassung der gelieferten Lebensmittel	Erfassung der Rezepturen	Erfassung von Abfällen und Verderb	Erfassung der verkauften Gerichte	Erfassung der Kostproben (Samplings)

Abb. 1 Typischer Warenfluss im F&B-Bereich und Anknüpfungspunkte des Warenwirtschaftssystems

Weitere wichtige Aufgaben der Warenwirtschaft:

- Gewinnmaximierung durch Aufdecken und Ausnutzen von Einsparungspotenzialen

- Durch die Auswahl der Produkte und deren Beschaffungsweg kann die Warenwirtschaft zum positiven sozialen Image des Unternehmens beitragen (Corporate Social Responsibility, CSR).

Aufgaben

① Beschreiben Sie den Warenfluss für verschiedene Artikel innerhalb Ihres Betriebes vom Wareneingang bis zum Gast.

② Warum ist Kostenoptimierung im Bereich der Warenwirtschaft besonders wichtig?

③ An welchen Stationen innerhalb Ihres Betriebs wird ein Warenwirtschaftssystem (erkennbar) verwendet?

④ Auf welche Art und Weise werden in Ihrem Betrieb Wareneingang und verkaufte Produkte erfasst? Kennen Sie Alternativen, falls die bestehenden Systeme ausfallen?

⑤ Welche weiteren Arten der Speisenabgabe kennen Sie aus Ihrem Betrieb? Wie werden diese erfasst?

6.1 Aufbau/Elemente eines Warenwirtschaftssystems

Ein voll entwickeltes Warenwirtschaftssystem in der Gastronomie besteht aus mindestens sechs Elementen. Alle Elemente eines Warenwirtschaftssystems sind miteinander verzahnt.

Rohstoff-
stammdaten

Verkaufs-
berichte
Kasse

Inventurlisten

**Elemente
eines
Warenwirtschafts-
systems**

Rezepturen

Waren-
eingangs-
erfassung

Weitere
Waren-
abgänge und
-zugänge

Rohstoffstammdaten

Für jeden einzelnen Rohstoff, egal ob es sich dabei um ein Lebensmittel oder ein Hilfsmittel handelt, wird ein **Stammdatenblatt** geführt. Dieses muss neben dem Namen, dem Lagerort und dem Einkaufspreis auch die Verpackungsgrößen enthalten (siehe Beispiel auf der nächsten Seite). Das Stammdatenblatt wird in Kombination mit dem **Verzeichnis der Warenab- und –zugänge** auch **Materialkonto** genannt.

Ein ordentlich gepflegtes Warenwirtschaftssystem ist in der Lage, einen **Bestellvorschlag** abzugeben. Da der Bestellvorschlag durch das WWS mit Hilfe von Verbrauchswerten aus der Vergangenheit ermittelt wird, sollte er erst nach Überprüfung an den Lieferer geschickt werden. Dabei können aktuelle (Aktions-)Produkte ergänzt oder Mengen für außerplanmäßige Umsätze (z. B. Sonderveranstaltungen) abgeändert werden. Die Übermittlung der Bestellung an den Lieferer kann direkt aus dem WWS erfolgen.

Beispiel:

Bezeichnung	Zwiebeln, frisch		Artikelnummer:	9312
Einkaufspreis je Grundeinheit	1,10 Euro		Lagerort:	Trockenlager
Gebinde	1	Stiege	Zählreihenfolge:	2
enthält:	6	Netze	Meldebestand:	18 kg
enthält:	2	kg (Grundeinheit)	Mindestbestand:	12 kg
			Inventurintervall:	täglich

Abb. 1 Rohstoffstammdaten

Inventurlisten

Die Inventurlisten erstellt das Warenwirtschaftssystem auf Grundlage der hinterlegten Rohstoffstammdaten. Sie können täglich abgerufen und nach Lagerorten getrennt erstellt werden.

Beispiel:

Zählliste zur Tagesinventur
Zählort: **Trockenlager**

Gurken im Glas	22 Karton(s)	264 Gläser	132 kg
Zwiebeln, frisch	20 Stiege(n)	120 Netze	240 kg
Thunfisch, Dose	15 Karton(s)	720 Dosen	180 kg

Abb. 2 Ausschnitt aus einer Zählliste zur Tagesinventur

Wareneingangserfassung

Nach Anlieferung der Ware müssen alle in das Lager aufgenommenen Produkte mit Hilfe des Lieferscheins erfasst werden. Da die Bestellung bereits über das Warenwirtschaftssystem erfolgte, muss nur noch eine Abweichung von der Bestellung (z. B. ein nicht lieferbarer oder ein falsch gelieferter Artikel) erfasst werden.

Wareneingang

Lieferantennummer: 016   Lieferant: Gemüsegroßhandels KG
Bestellung vom: 30.10.   Lieferung am: 2.11.

Artikelnr.	Artikel	Bestellmenge	Liefermenge	Differenz
6513	Zwiebeln, frisch	6	6	0
6563	Tomaten, kg	12	12	0
7932	Mais, Dose 5 l	4	4	0
8185	Eisbergsalat, St.	9	8	1

Abb. 3 Erfassung des Wareneingangs

Da die Berechnung des Wareneinsatzes auf Grundlage des hier erfassten Einkaufspreises erfolgt, muss dieser immer aktuell gehalten werden. Die Erfassung der Gebindegrößen, des Lagerortes und der Zählreihenfolge sind für die Erstellung der Inventurlisten notwendig, um diese übersichtlich zu gestalten.

Weitere Warenabgänge und Warenzugänge

Neben den üblichen Warenlieferungen durch den Lieferer müssen alle weiteren Warenabgänge und Warenzugänge in das WWS eingegeben werden. Hierzu gehören u. a. Transfers von Waren oder Ausgabe von Personalessen.

Rezepturenblätter

Das Bindeglied zwischen den Wareneingängen und den Verkäufen stellt im Restaurant die Zubereitung der Speisen dar. Im Warenwirtschaftssystem wird dies durch die Erfassung der **Rezepturen** abgebildet.

Rezepturen enthalten alle vorgegebenen Zutaten und Mengen für eine Speise. Beim Erfassen der Rezeptur werden die Artikel aus den Materialstammdaten mit den Produkten aus dem Verkaufsbericht in Beziehung gesetzt („verbunden").

Rezeptur für:		Toast Hawaii
Menge	Einheit	Artikel
1	Scheibe	Toastbrot
0,05	kg	Ketchup
0,01	kg	Zwiebeln, frisch
1	Scheibe	Kochschinken
1	Ring	Ananas
1	Scheibe	Toast-Schmelzkäse

Abb. 1 Beispiel einer betriebsrelevanten Rezeptur

Auch Getränke können eine Rezeptur haben (z. B. Mischgetränke, Cocktails, Kaffeespezialitäten).

Verkaufsberichte

Die Verkaufsberichte werden mit Hilfe des Kassensystems erstellt. Verkaufsberichte liefern eine Übersicht über alle verkauften Speisen und Getränke des Tages. In der Regel sind Auswertungen enthalten, welchen Umsatzanteil ein bestimmtes Produkt am Gesamtumsatz hat. Auf diese Weise lassen sich Bestseller und „Ladenhüter" schnell identifizieren.

Verkaufsbericht für den 05.11.20..

Menge	Artikel	Umsatz	Einzelpreis	Anteil %
63	Toast Hawaii	154,35	2,45	9,00
41	Steinpilzsuppe	184,50	4,50	10,76

Abb. 2 Ausschnitt aus einem Verkaufsbericht

Zusammenspiel einzelner Elemente eines Warenwirtschaftssystems

Wenn die Servicemitarbeiter jedes verkaufte Produkt an der Kasse erfassen, kann das WWS über die **Verkaufsberichte** mit Hilfe der hinterlegten **Rezeptur** und der **Rohstoffstammdaten** von jedem verwendeten Rohstoff den genauen Verbrauch während des Tages ermitteln. Dieser wird dann im Materialkonto des entsprechenden Artikels festgehalten.

Zusammen mit den **weiteren Zu- und Abgängen** verwaltet das WWS die Bestände. Es können tagesaktuelle **Inventurlisten** erstellt werden. Mithilfe einer **Umsatzplanung** und den Informationen zu Melde- und Mindestbestand können **Bestellvorschläge** erstellt werden.

Wichtig ist, dass alle Ab- und Zugänge vollständig erfasst und alle Stammdaten immer aktuell gehalten werden. Nur so kann das WWS Steuerung und Kontrolle des Warenflusses erleichtern.

Geplanter Umsatz für den Zeitraum 14.11. bis 17.11.20..: 5760 Euro

Menge	Einheit	Artikel
5	Körbe	Toastbrot
10	kg	Ketchup
2	kg	Zwiebeln
1	6er Karton	Ananas in Dosen

Abb. 3 Ausschnitt aus einem Bestellvorschlag

Verkaufsbericht für den 05.11.20..

Menge	Artikel	Umsatz	Anteil %
63	Toast Hawaii	154,35	9,00
41	Hawaii-Menü	184,50	10,76
…	…	…	…

Personalessen

_3_	Toast Forest
_8_	Toast Hawaii
_6_	Toast Country
…	…

Anzahl der verkauften Produkte (hier: 104) und Anzahl der kostenlos abgegebenen (hier: 8) Produkte (z. B. Personalessen) werden addiert.

Durch Rückgriff auf die Rezeptur wird der Verbrauch von 112-mal 0,01 kg Zwiebel errechnet.

Rezeptur für: Toast Hawaii

Menge	Einheit	Artikel
1	St.	Toastbrot
0,05	kg	Ketchup
0,01	kg	Zwiebeln, frisch
1	Scheibe	Kochschinken
1	Ring	Ananas
1	Scheibe	Toast-Schmelzkäse

Abfallliste 05.11.20..

0,9_kg	Thunfisch, Dose
3_kg	Zwiebeln, frisch
12_Scheiben	Toast-Schmelzkäse
…	…

Abfall wird ebenso unter den Abgängen erfasst.

Zwiebeln, frisch

Datum	Anfangs-bestand	Zugänge		Abgänge			Bestand		
		Waren-lieferung	Transfer-Zugang	Verbrauch	Abfall/Verderb	Transfer-Abgang	Soll-End-bestand	Inventur-bestand	Bestands-abweichung
Mo, 05.11.	82	425	0	112	3	0	392	390	−2
Di, 06.11.	390	0	0	135	5	0	250	251	1
Mi, 07.11.	251	0	0	142	7	40	62	22	−40
Do, 08.11.	22	500	0	160	10	0	352	390	38
Fr, 09.11.	390	0	40	137	2	0	291	291	0
Sa, 10.11.	291	0	0	128	1	0	162	162	0
So, 11.11.	162	0	0	141	1	0	20	20	0
Mo, 12.11.	20	400	0	98	0	0	322	319	−3
Di, 13.11.	319	0	0	121	2	0	196	194	−2
Mi, 14.11.	194	0	0	151	3	0	40	40	0
Do, 15.11.	40	550	0	172	8	0	410	412	2

Aus Anfangsbestand plus der Summe der Zugänge, abzüglich der Summe der Abgänge, ergibt sich der Soll-Endbestand, welcher mit dem Inventur- (Ist-)Bestand übereinstimmen soll.

Abb. 1 Beispiel für das Zusammenspiel einzelner Elemente eines WWS

Ein Warenwirtschaftssystem unterstützt das F&B-Management nicht nur bei der Steuerung des Warenflusses, sondern auch bei Planung und Kontrolle.

6.2 Planung, Steuerung und Kontrolle mithilfe von Warenwirtschaftssystemen

Erfassung von Bestellungen

Auf der Grundlage des bisherigen Verbrauchs errechnet das Warenwirtschaftssystem den zukünftigen Verbrauch und erstellt einen Bestellvorschlag. Einige WWS können dabei auch Sonderveranstaltungen mit berücksichtigen. Sind auf Grund von Ferienzeiten, Sonderaktionen des Restaurants oder Veranstaltungen in der Nähe Schwankungen bei der Gästezahl zu erwarten, müssen sie individuell berücksichtigt werden. Hier ist zusätzlich zum WWS auch die Erfahrung des Managements gefragt.

Berechnung des tatsächlichen Wareneinsatzes

Im Materialkonto wird der Verbrauch eines Rohstoffes genau festgehalten. Mit Hilfe des in den Rohstoffstammdaten hinterlegten Einkaufspreises des jeweiligen Rohstoffes werden die Wareneinsatzkosten berechnet. Die Wareneinsatzkosten kann ein WWS auf unterschiedliche Weise berechnen. Wird der Wareneinsatz aufgrund der ausgegebenen fertigen Produkte (einschließlich Abfall und Personalessen) berechnet, spricht man von **Soll-Verbrauch** und **Soll-Wareneinsatz**.

Soll-Wareneinsatz = Soll-Verbrauch x Materialkosten

Wird der Wareneinsatz aus dem Verbrauch der Rohstoffe ermittelt, spricht man von **Ist-Verbrauch** (Differenz aus dem Inventurbestand zu Beginn und zum Ende des Tages) und **Ist-Wareneinsatz**.

Ist-Wareneinsatz = Ist-Verbrauch x Materialkosten

Weicht der Soll-Wareneinsatz vom Ist-Wareneinsatz ab, kann dies mehrere Ursachen haben:

- Vielleicht werden nicht alle Produkte beim Verkauf im Kassensystem erfasst.
- Bei der Zubereitung werden die Rezepturen nicht genau eingehalten.
- Eventuell wurden Warenlieferungen nicht korrekt erfasst.
- Es ist Ware aus dem Lager verschwunden (Diebstahl).

Über das WWS erkennt das Management Abweichungen frühzeitig und kann der Ursache auf den Grund gehen.

Wareneinsatzquote

Zum besseren Vergleich der aktuellen Zahlen mit den Daten aus dem Vorjahr oder Vormonat wird die Wareneinsatzquote berechnet. Die Wareneinsatzquote gibt das Verhältnis von Wareneinsatzkosten zu Nettoumsatz wieder.

$$\text{Wareneinsatzquote (in \%)} = \frac{\text{Wareneinsatzkosten x 100}}{\text{Nettoumsatz}}$$

Die Wareneinsatzquote wird auch **food-cost** genannt. Verkauft ein Betrieb mehr Getränke als Speisen, ist es sinnvoll, zwischen der Wareneinsatzquote für Getränke und der Wareneinsatzquote für Speisen zu unterscheiden. Auch das berechnet das WWS automatisch.

Erkennung von kritischen Rohstoffen für den Wareneinsatz

Bei der Berechnung des tatsächlichen Wareneinsatzes wird der zahlenmäßige Verbrauch eines Artikels mit seinem Wert verbunden. Jetzt wird ersichtlich, welche Artikel einen hohen Anteil an den Wareneinsatzkosten haben. Dies müssen nicht zwangsläufig die teuren Artikel sein. So können günstigere Artikel, die aber in großer Menge verarbeitet werden, einen sehr hohen Anteil am gesamten Wareneinsatz haben. Oft ist bei dieser Analyse zu erkennen, dass etwa 20 % aller Artikel für ungefähr 80 % aller Wareneinsatzkosten verantwortlich sind. Das Management kann aufgrund einer solchen Analyse erkennen, welche die kritischen Rohstoffe sind. Das Einsparpotenzial für den Betrieb ist umso größer, je günstiger vor allem die kritischen Rohstoffe eingekauft werden können.

Analyse der Lagerbestände

Hohe Lagerbestände binden unnötig Kapital und können zum Verderb von Rohstoffen führen. Zu niedrige Lagerbestände bringen Nachteile wie mangelnde Verfügbarkeit von Rohstoffen (d. h., Gästewünsche können nicht erfüllt werden) oder häufige Nachbestellungen mit sich. Warenwirtschaftssysteme sind in der Lage, Lagerbestände zu analysieren, um entsprechende Gegenmaßnahmen einleiten zu können. Neben der Berechnung des **durchschnittlichen Lagerbestandes** kann die Berechnung der **Umschlagshäufigkeit** zur Optimierung der Lagerbestände beitragen (siehe auch Kapitel Magazin).

1 Welche vier Bereiche zählen zur Warenwirtschaft?

2 Welche Eigenschaften und Kenntnisse zeichnen einen guten Einkäufer aus?

3 Nennen Sie drei Mitarbeiter, die in gastronomischen Großbetrieben Waren einkaufen, und die Warenarten.

4 Nennen Sie sieben Faktoren, die die Größe des Warenbedarfs pro Artikel beeinflussen können.

5 Geben Sie sieben Wege an, wie der Einkäufer neue Bezugsquellen erschließen kann.

6 In welche drei Bereiche gliedert sich ein Angebotsvergleich?

7 Nennen Sie die Formel für Angebots-Preisvergleiche.

8 Welche Angaben ergeben eine vollständige Bestellung?

9 Anhand welcher Unterlagen kontrollieren Sie eine Warenlieferung?

10 Welche sechs Punkte kontrollieren Sie bei der Warenlieferung?

11 Was müssen Sie tun, wenn Sie bei einer Warenlieferung Mängel erkennen?

12 Innerhalb welcher Frist muss der Kaufmann einen versteckten Mangel bei seinem Händler reklamieren?

13 Nennen Sie fünf Punkte, die bei der Kontrolle einer Lieferer-Rechnung geprüft werden.

14 Wie ermittelt der Magaziner den Soll-Bestand und den Ist-Bestand einer Ware?

15 Was ist ein Inventar und was ist eine Inventur im Sinne des Gesetzes?

16 Wie unterscheiden sich eine permanente Inventur und eine Stichtag-Inventur?

17 Nach welcher Formel wird der Wareneinsatz einer Abteilung errechnet?

18 Nennen Sie acht mögliche Gründe für einen zu hohen Wareneinsatz.

19 Welche Vorteile kann ein Warenwirtschafts-System dem Betrieb bieten?

20 Beschreiben Sie den Warenfluss für 2 Artikel in Ihrem Betrieb vom Wareneingang bis zum Gast.

21 Warum ist Kostenoptimierung im Bereich der Warenwirtschaft besonders wichtig?

22 An welchen Stationen innerhalb Ihres Betriebs wird ein Warenwirtschaftssystem (erkennbar) verwendet?

23 Nennen Sie mögliche Gründe für eine Änderung der in den Stammdaten des betrieblichen Warenwirtschaftssystems hinterlegten Rezepturen.

24 Auf welche Art und Weise werden in Ihrem Betrieb Wareneingang und verkaufte Produkte erfasst?

25 Welche weiteren Arten der Speisenabgabe kennen Sie aus Ihrem Betrieb? Wie werden diese erfasst?

26 Beschreiben Sie mit eigenen Worten das Zusammenwirken der einzelnen Elemente eines Warenwirtschaftssystems.

27 Was ist beim Überarbeiten des automatischen Bestellvorschlages zu beachten?

28 Erklären Sie mit eigenen Worten den Unterschied zwischen Soll- und Ist-Wareneinsatz.

29 Was sagt die Wareneinsatzquote aus?

30 Welche Ursachen kann eine zu hohe Wareneinsatzquote haben?

31 Wie wirkt sich eine nachlässige Wartung der Materialstammdaten auf die anderen Elemente des Warenwirtschaftssystems aus?

32 Ist es nötig, sofort nach Wareneingang die gelieferten Waren im WWS zu erfassen? Bis wann sollte die Erfassung der Waren abgeschlossen sein?

PROJEKT

Monatsinventur an der Hotelbar

Sie arbeiten als Auszubildende/r in der F & B-Abteilung des Hotels Arberblick. Die neue Hotel-Bar steht kurz vor der Eröffnung. Sie sollen die ersten beiden Inventuren, vor der Eröffnung und am Monatsende, planen, vorbereiten und durchführen. Der F & B-Manager möchte einen Bericht über das Inventurergebnis erhalten.

Planen und Vorbereiten der Anfangsinventur

1 Entwerfen Sie die Inventurlisten an Hand der Barkarte Ihres Betriebes.

2 Tragen Sie die Flaschen-Füllvolumen und die Netto-Einkaufspreise der einzelnen Artikel ein.

3 Legen Sie den günstigsten Zeitraum für die Durchführung der Inventur fest.

4 Stellen Sie die Hilfsgeräte bereit, die Sie zum Erfassen der Warenbestände benötigen.

Durchführen der Anfangsinventur

1 Ermitteln Sie die vorhandenen Mengen (Ist-Werte) bei allen Artikeln an der Bar.

2 Tragen Sie diese Mengen in die Inventurlisten ein.

3 Errechnen Sie den Netto-Einkaufswert für jeden Artikel und den Wert des gesamten Anfangsbestands

Durchführen der Inventur am Monatsende

1 Ermitteln Sie wieder die vorhandenen Mengen bei allen Artikeln an der Bar und tragen Sie diese in die Inventurlisten ein.

2 Errechnen Sie den Netto-Einkaufswert für jeden Artikel und den Wert des gesamten Monats-Endbestands.

Auswerten der Monatsinventur

1 Ermitteln Sie die Netto-Verkaufserlöse (ohne Mehrwertsteuer) laut Z-Abschlag der Registrierkasse, am Monatsende an der Bar.

2 Errechnen Sie den prozentualen Wareneinsatz für diesen Abrechnungszeitraum.

Bericht an den F & B-Manager

Verfassen Sie einen kurzen Bericht über das Inventurergebnis für den F & B-Manager.

Gastgewerbliche Betriebs- organisation

1 Grundbegriffe der Organisation

🇬🇧 principles of organization 🇫🇷 conception (w) fondamentale de l'organisation (w)

Jeder Gastronomiebetrieb ist nach bestimmten Ordnungsgesichtspunkten aufgebaut. Diese Ordnung zu gestalten heißt organisieren. Das Ergebnis des Organisierens wird Organisation genannt.

Abb. 1 Organisations- besprechung

Ziele des Organisierens

- Eine möglichst wirtschaftliche Leistungserstellung, die den Gästewünschen entspricht,
- die Schaffung und Gestaltung von sicheren Arbeitsplätzen bei humanen Bedingungen und
- die Umsetzung der Umweltschutzgedanken.

Im Gastronomiebetrieb sollten die Erwartungen und Wünsche der Gäste bei allen Organisationsaktivitäten mit einbezogen werden (siehe auch Marketing, ab S. 512).

Beispiele für Organisationsfragen im betrieblichen Alltag:

- Welche Wünsche und Erwartungen wurden von den Gästen geäußert?
- Welche Arbeiten, Tätigkeiten oder Dienstleistungen müssen ausgeführt werden?
- Welches Team oder welcher Mitarbeiter ist für die Verrichtung der Arbeit zuständig?
- Welche Werkstoffe und welche Betriebsmittel können eingesetzt werden?
- Welche Räume können benutzt werden?
- Welche Zeit steht zur Verfügung?
- Welche finanziellen Mittel können genutzt werden?
- Wer hat für welchen Bereich Entscheidungsbefugnis?
- Welche Unternehmensziele sollen erreicht werden?
- Welche Maßnahmen empfehlen sich zur Erreichung der gesetzten Ziele?

Die Betriebsorganisation soll der Aufgabenerfüllung im Betrieb dienen und darf nicht zum Selbstzweck werden. Deshalb ist der Organisationsgrad den jeweiligen betrieblichen Erfordernissen anzupassen.

Mit hohem Aufwand wenig zu leisten, ist keine Kunst. Jedoch ein gestecktes Ziel mit möglichst geringem Mitteleinsatz zu erreichen, setzt große organisatorische Fähigkeiten und ausgeprägtes wirtschaftliches Denken voraus.

Wirtschaftlichkeits-Prinzipien

Abb. 2 Küchenchef

Maximal-Prinzip
Mit den gegebenen Mitteln einen möglichst hohen Ertrag erzielen.

Beispiel:
Einem Küchenteam gelingt es, durch konzentriertes Arbeiten nach Rezepturvorgaben Produktionsverluste zu vermeiden und alle vorgesehenen Lebensmittel zu Speisen zu verarbeiten. Dem Service gelingt es mit Verkaufsgeschick, alle diese Speisen zu verkaufen.

Minimal-Prinzip
Eine vorgegebene Leistung wird mit möglichst geringen Mitteln erbracht.

Beispiel:
Es gelingt einem Küchenteam, die Energiekosten der Abteilung – verglichen mit den Vormonatswerten – bei gleich hohen Küchenerlösen um ein Drittel zu reduzieren.

Regelungen

Mit Hilfe von organisatorischen Regelungen werden sich wiederholende Vorgänge und Abläufe beschrieben und die entsprechenden Verhaltensweisen festgelegt. Wenn solche Regelungen zu Einschränkungen und Erschwernissen bei der Arbeit der Mitarbeiter führen sollten, so handelt es sich um eine Form von **Überorganisation.**

Fehlen jedoch wichtige Regelungen und führt dies zu Unsicherheiten und Störungen des Betriebsablaufs, so spricht man von einer **Unterorganisation.**

Im Idealfall sind die betrieblichen Regelungen so abgestimmt, dass nicht mehr Regelungen als erforderlich und nur so viele Regelungen wie nötig formuliert werden, um reibungslose Abläufe zu garantieren.

Improvisation

Bei unerwarteten, neuartigen Problem-Situationen kann man nicht auf organisatorische Regelungen zurückgreifen. Da ist man gezwungen, durch Improvisation zu reagieren. Das bedeutet, dass man aus dem Stegreif heraus versucht, das Problem gut und schnell zu lösen. Im Nachhinein wird zu überlegen sein, ob und in welchen Bereichen dauerhafte organisatorische Regelungen hierfür zu treffen sind.

Disposition

Wenn im Betrieb einmalige Maßnahmen fallweise geregelt werden, spricht man von Disposition.

Beispiel:
Der Bankettleiter wird bei einer Bankettabsprache vom Besteller gefragt, ob die Gruppe der Festgäste im Hause übernachten könne. Der Bankettleiter wird nicht sofort zusagen, sondern erst den Reservierungsstatus an diesem Tag prüfen und dann für diesen Fall entscheiden, d. h. disponieren.

Fachausdrücke

Zur schnelleren Verständigung werden innerhalb einer Betriebsorganisation verschiedene Fachausdrücke benutzt:

Stelle
Eine Stelle ist die kleinste organisatorische Einheit zur Aufgabenerfüllung im Betrieb.
Beispiel: Die Stelle des Magaziners.

Abteilung
Die Zusammenfassung mehrerer Stellen unter einer Leitungsstelle wird Abteilung genannt.
Beispiel: Der Chef-Buchhalter als Abteilungsleiter ist der Vorgesetzte der anderen Buchhalter.

Instanz
Mit Instanz bezeichnet man eine leitende Stelle mit Verantwortung, Entscheidungs- und Anordnungsbefugnis.

Beispiel: Der kaufmännische Direktor könnte die Instanz für den Chef-Buchhalter, den Einkäufer, den Magaziner und den EDV-Berater sein.

Stabsstellen
Stabsstellen sind Leitungs-Hilfsstellen mit Vorschlagsrecht. Das heißt, Spezialisten unterstützen die Unternehmensleitung durch fachliche Beratung. Sie helfen bei anstehenden Problemen, die beste Lösung zu finden.
Beispiele: Der Steuerberater, Werbeberater, Rechtsberater, Marketingberater und der Berater in Personalfragen.

Betriebs-Organisations-Analyse

Unter Betriebs-Organisations-Analyse versteht man eine Untersuchung oder Beobachtung der bestehenden Organisationsform eines Betriebes oder einzelner Abteilungen. Drei Untersuchungsmethoden werden dabei angewendet:

- Die **Fragebogen-Methode**, d. h. die Mitarbeiter beantworten schriftlich gestellte Fragen;
- die **Interview-Methode**, d. h. die Mitarbeiter werden mündlich befragt;
- die **Beobachtungs-Methode**, d. h. ein Fachmann (operations analyst) beobachtet und analysiert die Organisationsabläufe.

Der ermittelte Ist-Zustand wird mit den Vorgaben des Soll-Zustandes verglichen. Korrigierende Maßnahmen werden vorgeschlagen.

Die Betriebsorganisation umfasst zwei Teile:

- Die **Aufbauorganisation** und
- die **Ablauforganisation.**

Bei der **Aufbauorganisation** werden die Aufgaben auf die einzelnen Abteilungen verteilt und festgelegt, auf welche Weise die einzelnen Abteilungen zusammenarbeiten. Die graphische Darstellung der Aufbauorganisation wird **Organigramm** genannt.

Bei der **Ablauforganisation** wird der Arbeitsablauf selbst geplant, gestaltet und gesteuert. Die Aufgaben der Mitarbeiter werden genau beschrieben und zeitlich wie räumlich festgelegt. Das Zusammenwirken zwischen Mitarbeitern und Gästen sowie Mitarbeitern und Sachmitteln wie Einrichtungen, Maschinen und Rohstoffen wird organisiert.

Beispiel: Ein Arbeitsablauf-Plan für die Vorbereitung und Durchführung einer Sonderveranstaltung.

Stellenbesetzungsplan

Hierbei handelt es sich um eine graphische Darstellung aller Stellen mit ihrer hierarchischen Einordnung ins Betriebsgeschehen. Neben der Stellenbezeichnung ist auch der Name des Stelleninhabers genannt. Dieser Plan zeigt auch unbesetzte Stellen an, ebenso Krankheitsausfälle und Urlaubsabwesenheiten.

Beispiel: Organigramm, wie auf Seite 600, zusätzlich mit den Namen der einzelnen Stelleninhaber versehen, sowie mit Kennzeichnung der erkrankten und beurlaubten Mitarbeiter.

Stellenbeschreibung

In einer Stellenbeschreibung werden alle Aufgaben und Verantwortungen, die Rechte, Befugnisse oder Vollmachten und die Anforderungen an den Inhaber der Stelle festgelegt. Weil eine gute Organisation insbesondere in Großbetrieben erforderlich ist, sind Stellenbeschreibungen hauptsächlich in Betrieben der Konzernhotellerie und Großgastronomie anzufinden. Dabei handelt es sich meist um Stellenbeschreibungen von Abteilungsleiter-Stellen, Instanzen und anderen Führungspositionen.

Eine vollständige Stellenbeschreibung enthält:

- die Bezeichnung der Stelle,
- die Nennung des unmittelbaren Vorgesetzten,
- die Aufzählung der unmittelbaren Untergebenen,
- eine kurze, allgemeine Darstellung der Ziele, Aufgaben und Kompetenzen der Stelle,
- wichtige Einzelaufgaben,
- die Regelungen für die Zusammenarbeit mit anderen Stellen und Abteilungen, z. B.:
  - wer von bestimmten Tatsachen zu informieren ist,
  - wer vor oder nach wichtigen Entscheidungen zu informieren ist,
  - wer vor einer Entscheidung um Rat zu fragen ist,
- die Aufzählung der Berichte, die die Stelle empfangen soll,
- die Aufzählung der Berichte, die die Stelle zu geben hat,
- die Aufzählung der Gremien, bei denen der Stelleninhaber mitarbeiten muss,
- der Bewertungsmaßstab für die Beurteilung der Leistung des Stelleninhabers und
- die Aufzählung der Anforderungen an den Stelleninhaber.

Vorteile einer Betriebsorganisation mit Hilfe von Stellenbeschreibungen:

- Sie dienen als Grundlage für die Stellenausschreibung;
- sie dienen als Grundlage für Lohn- und Gehaltsabsprachen;
- sie dienen als Hilfsmittel für die Einschätzung der Fähigkeiten und der beruflichen Schwerpunkte von Bewerbern;
- sie sind eine Orientierungshilfe in der Einarbeitungsphase von neuen Mitarbeitern;
- sie sind ein Hilfsmittel zur klaren Erkennung von Aufgaben und der gewährten Handlungsfreiheit;
- sie können als Hilfsmittel zur Selbstkontrolle dienen;
- sie sind eine Orientierungshilfe bei der Mitarbeiterbeurteilung;
- sie sind eine Orientierungshilfe für die Organisation von Mitarbeiterschulungen;
- sie sind eine Orientierungshilfe für die Mitarbeiter für das Erkennen von Fortbildungsdefiziten;
- sie helfen, Fortbildungsdefizite bei Mitarbeitern zu erkennen.

Organigramm eines Hotels mit 200 Zimmern

🇬🇧 organization chart of a hotel with 200 units/bedrooms
🇫🇷 organigramme (m) d'un hôtel à 200 chambres (w)

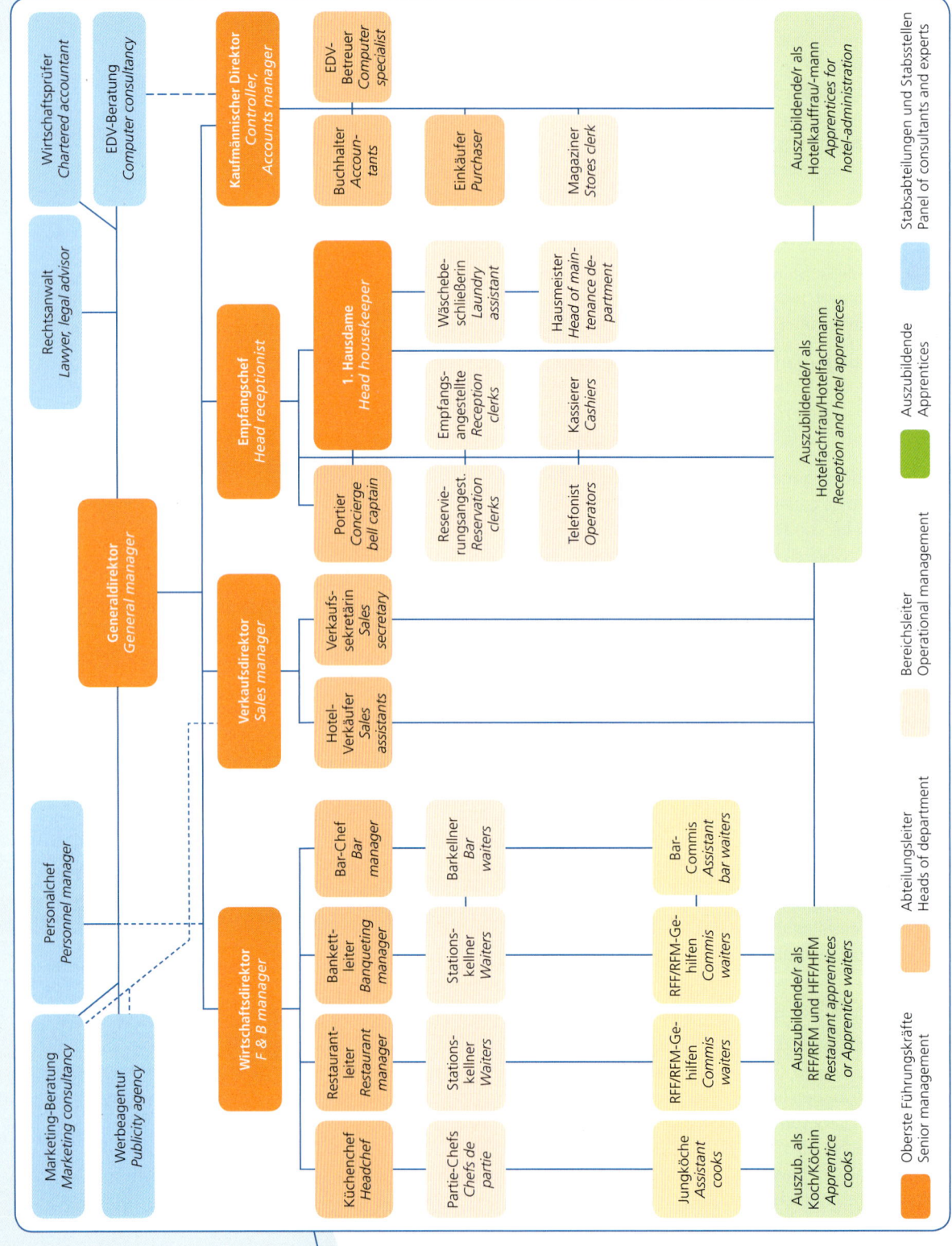

❷ Organisation im Gastgewerbe

🇬🇧 organization in the hotel and catering trade
🇫🇷 organisation (w) de l'industrie (w) hôtelière

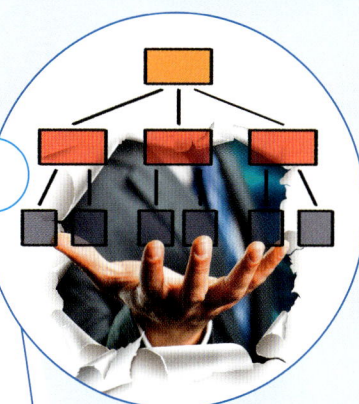

Von Betrieb zu Betrieb ist die Aufbauorganisation unterschiedlich gestaltet, da sie nach Größe und Art des Betriebs und dem Ausbildungsstand der Mitarbeiter ausgerichtet werden muss.

Im Hinblick auf die auszufüllenden Aufgaben muss die Aufbauorganisation
* zweckmäßig sein, d. h. sie muss Aufgaben sinnvoll verteilen und störungsfreie Abläufe gewährleisten.

Außerdem muss sie
* elastisch sein, d. h. sie muss sich den ständig ändernden Gästewünschen schnell anpassen können.

Zu diesem Zweck sind die Rangordnungsstrukturen, d. h. die Über-, Gleich- und Unterordnung festzulegen. Dabei haben sich verschiedene Modelle von Organisationsformen herausgebildet:
* Das **Einliniensystem** oder Liniensystem,
* das **Mehrliniensystem** oder Funktionale System,
* das **Stabliniensystem** und
* das **Team-** oder **Kooperationssystem.**

> 🔴 Durch die Organisationsform wird festgelegt, wer im Betrieb welche Entscheidungen trifft und die jeweiligen Anordnungen erteilt.

Einliniensystem

Bei dieser Organisationsform hat der Mitarbeiter nur einen direkten Vorgesetzten, von dem er ausschließlich seine Anweisungen erhält. Alle Informationen werden über den Instanzenweg (Instanz siehe Seite 598) weitergegeben. Bei Unklarheiten wendet sich der Mitarbeiter nur an seinen direkten Vorgesetzten.

Vorteile:
* Klare Zuordnung von Aufgaben und Kompetenzen,
* übersichtliche Organisationsform,
* eindeutiger Weisungs- und Berichtsweg,
* schnelle Durchsetzung von Entscheidungen,
* gute Kontrollmöglichkeiten.

Organisationsform: Einliniensystem

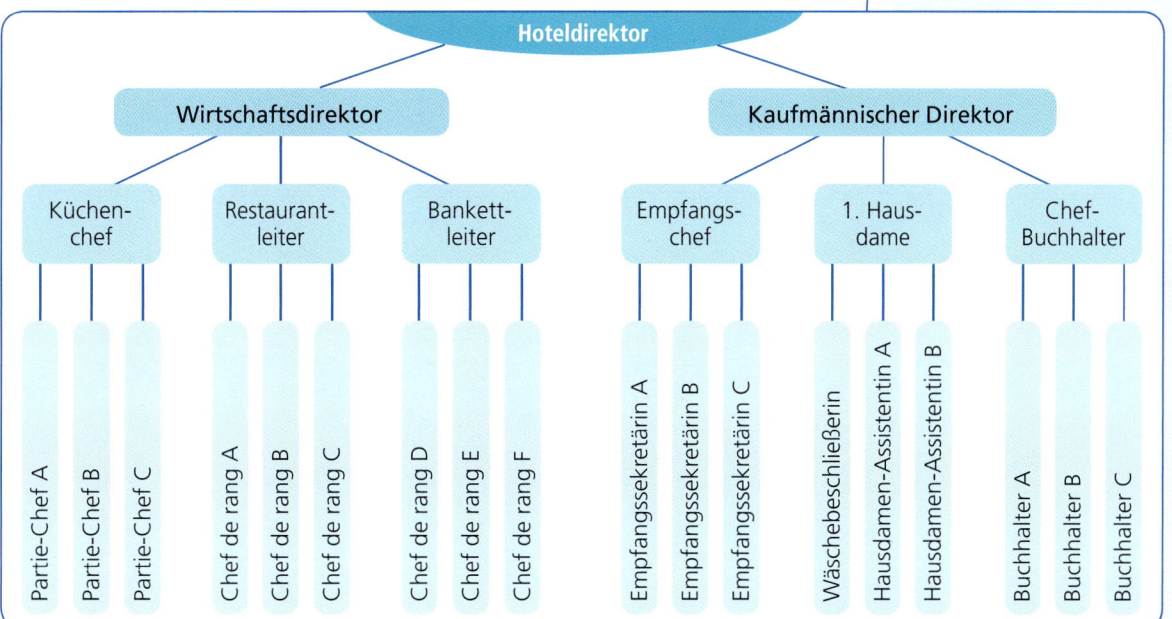

Nachteile des Einliniensystems:

- Unzureichende Motivation der Mitarbeiter,
- zeitraubender und schwerfälliger Dienstweg, unflexibles System,
- überlastete Führungsspitze, Problemstau,
- störanfälliges System bei Abwesenheit der Führungskräfte,
- gefilterter oder geschönter Informationsfluss in beiden Richtungen möglich,
- System stellt hohe Anforderungen an den Ausbildungsgrad und die Verantwortung der Führungskräfte.

Nachteile des Einliniensystems können dadurch teilweise ausgeglichen werden. Der Informationsfluss in beiden Richtungen ist besser.

Mehrliniensystem oder funktionales System

Verantwortungen und Zuständigkeiten wie z. B. Einkauf werden auf die Abteilungsleiter wie z. B. Küchenchef oder Restaurantleiter übertragen. Weil mehrere Vorgesetzte weisungsbefugt sind, kann flexibler auf Gästewünsche eingegangen werden.

Vorteile:

- Die Anweisungen kommen von Spezialisten,
- der „Dienstweg" ist kurz und flexibel,
- die Zusammenarbeit der Abteilungen wird gefördert,
- hohe Motivation der Abteilungsleiter durch größere Verantwortung,
- die Führungsspitze wird entlastet.

Nachteile:

- Konfliktsituationen durch Weisungsüberschneidungen sind vorprogrammiert,
- zeitaufwendige Absprachen sind erforderlich,
- Kontrolle der Arbeitsausführung und der Leistungsbeurteilung ist schwieriger,
- eventuelle Überforderung der Mitarbeiter durch mehrere parallele Arbeitsaufträge oder durch sich widersprechende Anweisungen verschiedener Vorgesetzter.

Organisationsform: Mehrliniensystem oder funktionales System

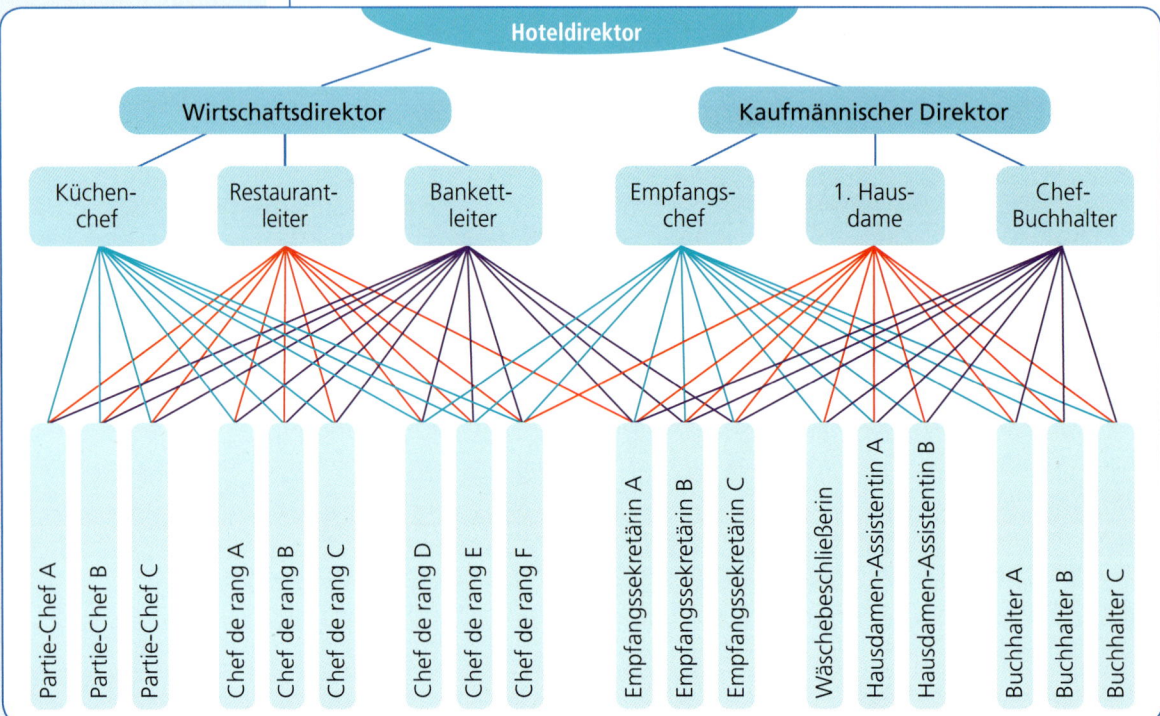

Stabliniensystem

Das Stabliniensystem entspricht vom Aufbau her dem Liniensystem, nur sind den Führungsebenen teilweise Stabsstellen zur fachkompetenten Beratung zugeordnet. Damit soll die Führungsspitze entlastet werden.

Beispiele für Stabsstellen können sein:

- Informatiker zur EDV-Beratung,
- Werbefachleute zur Werbeberatung,
- Rechtsanwalt zur Rechtsberatung,
- Steuerberater zur Finanzberatung.

Diese Stabsstellen haben keine Anordnungs- und Entscheidungsbefugnis, die liegt bei der Führungskraft.

Vorteile:

- Die beratenden Spezialisten bieten bessere Entscheidungsgrundlagen,
- die Führungskräfte werden in der Entscheidungsfindung entlastet,
- die Verantwortungsbereiche sind klar aufgeteilt,
- Außenstehende sind nicht „betriebsblind" und dadurch objektiver.

Nachteile:

- Spezialisten sind teuer und meist nur von Großbetrieben finanzierbar,
- Stäbe neigen gerne dazu, auf Grund ihres Fachwissens die Führung in dem Bereich übernehmen zu wollen,
- Stäbe können sich gegen Linien-Instanzen nicht durchsetzen.

Organisationsform: Stabliniensystem

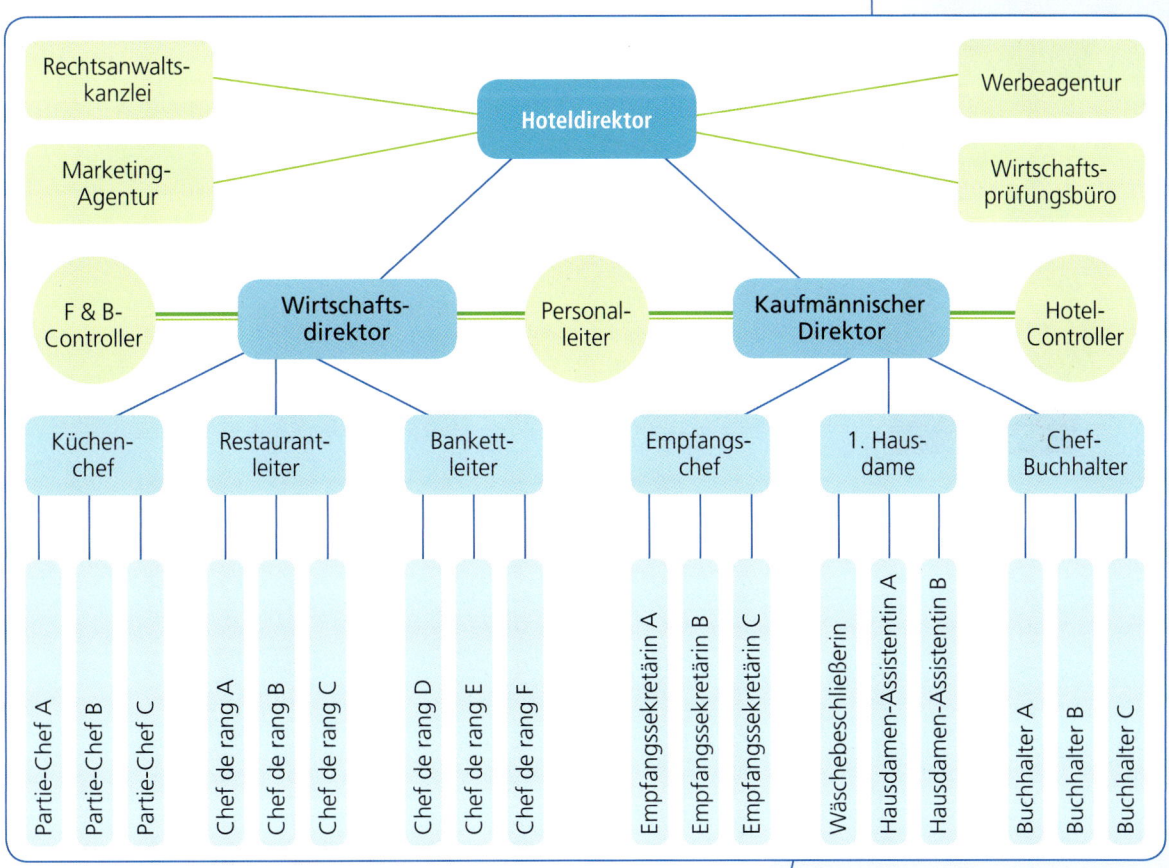

Stabsabteilung   Stabsstelle

Team- oder Kooperationssystem

Mitarbeiter mit unterschiedlichen Kenntnissen aus verschiedenen Abteilungen eines Betriebes sowie Stabsstellen-Inhaber bilden eine Arbeitsgruppe zur Erreichung eines gesetzten Zieles. Sie kooperieren im Team. Je nach Aufgabenstellung werden die Mitglieder des Teams von der Unternehmensführung befristet berufen.

Im Team sind alle Mitglieder gleichgestellt, es gibt keinen Team-Vorgesetzten. Die Führung des Teams ist nicht an eine Person gebunden. Sie wird situationsbedingt dem Teammitglied anvertraut, das den besten Beitrag zur Problemlösung in dem bestimmten Bereich einbringen kann. Diese Art der Führung wird **situationelle Führung** genannt.

Die Teil- und Einzelaufgaben werden jeweils von demjenigen übernommen, der hierfür am besten geeignet ist. Das kann auch ein Stabsstellen-Inhaber sein, der bei dieser Organisationsform aktiv mitarbeitet und nicht mehr „nur" berät. Die Verantwortung für die Leistungserbringung wird von allen Teammitgliedern gleichermaßen getragen.
Das Team wird aufgelöst:
- bei Erfüllung des Auftrags,
- bei Erreichen des vereinbarten Termins,
- bei Auftragsstornierung.

Organisationsform: Team- oder Kooperationssystem
z. B. zur Vorbereitung des 25-jährigen Betriebsjubiläums eines Industrie-Konzerns.

Vorteile:
- Optimale Lösungsfindung durch Spezialisten, auch bei schwierigen Aufgaben,
- leichtere Umsetzung der Arbeiten in der Linie, da die Teammitglieder aus den betroffenen Bereichen kommen und Schwierigkeiten schon im Vorfeld beseitigen,
- besserer Zusammenhalt im Betrieb wird durch Teamwork gefördert,
- sehr große Motivation bei den Teammitgliedern.

Nachteile:
- Durch die Teammitarbeit kann es am angestammten Arbeitsplatz der Teammitarbeiter zu Lücken in den Abläufen kommen,
- die Teammitglieder müssen in der Linie vertreten werden,
- die Teammitglieder müssen eine Doppel- oder Zusatzbelastung tragen,
- es kann zu Vernachlässigungen einer Funktion kommen,
- die Leistungskontrolle ist schwieriger.

Aufgaben

1. Nennen Sie drei Ziele des Organisierens im Betrieb.
2. Geben Sie acht Beispiele für Organisationsfragen, wie sie sich im gastronomischen Betrieb häufig stellen.
3. Wie heißen die beiden Wirtschaftlichkeits-Prinzipien? Erklären Sie diese.
4. Woran erkennt man eine betriebliche Über- und eine Unterorganisation?
5. Erklären Sie den Begriff „Improvisation" in der Betriebsorganisation.
6. Wann kann Improvisation erforderlich werden und wie sollte sie reduziert werden?
7. Was bedeutet „disponieren" im betrieblichen Geschehen?
8. Worin unterscheiden sich Stelle, Abteilung und Instanz?
9. Welche Aufgaben erfüllt eine Stabsstelle und welche Rechte hat sie?
10. Welche Angaben kann man einem Stellenbesetzungsplan entnehmen?
11. Definieren Sie, was eine Stellenbeschreibung ist.
12. Welche Angaben enthält eine vollständige Stellenbeschreibung?
13. Zählen Sie acht Vorteile auf, die die Organisation eines Betriebes mit Hilfe von Stellenbeschreibungen hat.
14. Was versteht man unter einer Betriebs-Organisations-Analyse?
15. Wie nennt man die graphische Darstellung der Aufbau-Organisation eines Betriebes?
16. Worin unterscheiden sich Stellenbesetzungsplan und Organigramm?
17. Welche Punkte beinhaltet eine Ablauf-Organisation?
18. Wie heißen die vier Modelle der betrieblichen Organisationsformen?
19. Wodurch unterscheidet sich das Stabliniensystem vom Liniensystem und welche Vorteile hat dieses?
20. Was versteht man unter einer „situationellen Führung"?

Arbeiten im Empfangsbereich

1 Hotelempfang

🇬🇧 front office 🇫🇷 réception (w)

Gäste, die eine Übernachtungsmöglichkeit in einem Hotelbetrieb wünschen, haben im Allgemeinen über die Empfangsabteilung den ersten direkten Kontakt zum Hotel. Dieser entsteht bereits, wenn die Gäste anfragen, ob und zu welchen Preisen Hotelzimmer verfügbar sind.

Weitere Kontakte können geknüpft werden, wenn die Gäste persönlich oder telefonisch reservieren und die Buchungen bestätigt werden. Spätestens bei der Anreise der Gäste und dann während des gesamten Aufenthalts bis zur Abreise werden immer wieder die Empfangsmitarbeiter die vorrangigen Ansprechpartner für die Gäste sein.

Der Hotelempfang befindet sich meist im Hallenbereich, gegenüber dem Hotel-Haupteingang. Von dort aus sollen der gesamte Hallenbereich, die Treppen und die Aufzüge überschaubar sein.

> Der Empfang ist die zentrale „Kontaktstelle" zwischen den Gästen und den Mitarbeitern eines Hotels.

Aufgaben der Empfangsabteilung

- Anfragen und Reservierungen bearbeiten,
- Gästezimmer verkaufen,
- Gäste empfangen (Check-in),
- Gäste während des Aufenthalts betreuen,
- Serviceleistungen erbringen oder vermitteln,
- Hotelrechnungen erstellen und abrechnen,
- Gäste verabschieden (Check-out),
- Tagesabschluss erstellen und abrechnen,
- Statistiken erstellen,
- mit Reisebüros und Kreditkarten-Unternehmen abrechnen,
- die anderen Hotel-Abteilungen informieren.

Organigramm einer Empfangsabteilung

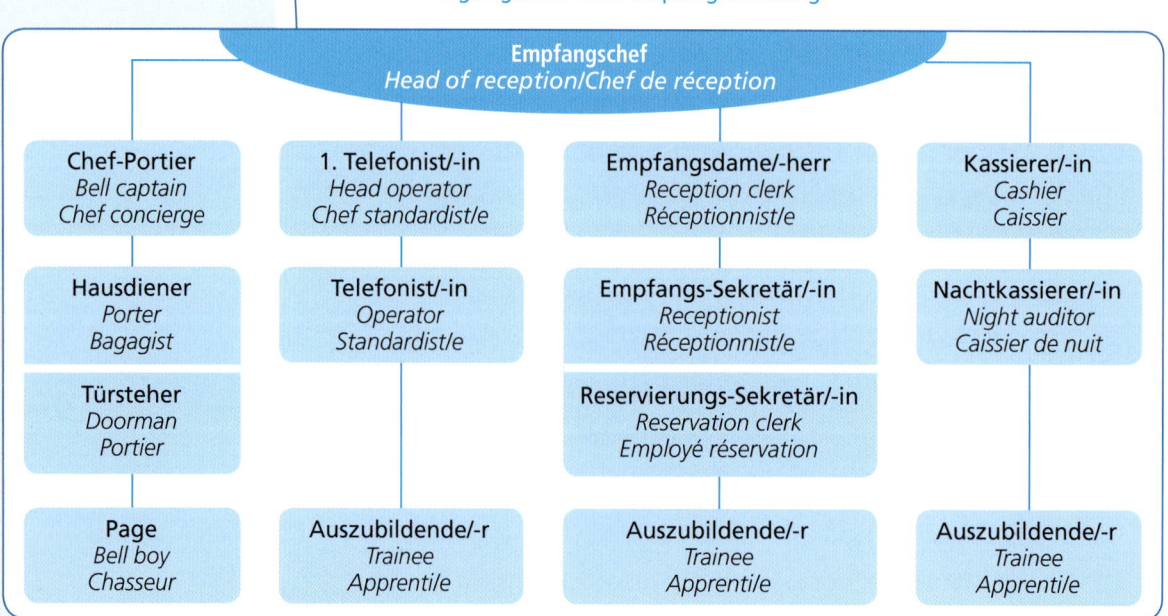

Empfangschef *Head of reception/Chef de réception*			
Chef-Portier *Bell captain* *Chef concierge*	**1. Telefonist/-in** *Head operator* *Chef standardist/e*	**Empfangsdame/-herr** *Reception clerk* *Réceptionnist/e*	**Kassierer/-in** *Cashier* *Caissier*
Hausdiener *Porter* *Bagagist*	**Telefonist/-in** *Operator* *Standardist/e*	**Empfangs-Sekretär/-in** *Receptionist* *Réceptionnist/e*	**Nachtkassierer/-in** *Night auditor* *Caissier de nuit*
Türsteher *Doorman* *Portier*		**Reservierungs-Sekretär/-in** *Reservation clerk* *Employé réservation*	
Page *Bell boy* *Chasseur*	**Auszubildende/-r** *Trainee* *Apprenti/e*	**Auszubildende/-r** *Trainee* *Apprenti/e*	**Auszubildende/-r** *Trainee* *Apprenti/e*

Empfangsmitarbeiter	Tätigkeiten und Aufgabenbereiche
Empfangschef/-in 🇬🇧 head receptionist 🇫🇷 chef (m) de réception	Koordination der gesamten Abteilung, Reservierung, Zimmer-disposition, Zimmervermietung, Kontrolle von Ankunft und Abreise der Gäste, Gästekorrespondenz, Buchungs- und Abrech-nungs-Kontrolle der Abteilung, Planung des Mitarbeitereinsatzes (Dienst- und Urlaubspläne), Mitarbeiter-Ausbildung und -Trai-ning, Gästekontakt (Verkauf, Information, Beschwerden), Infor-mation der anderen Abteilungen, Budgetplanung, Statistik.
Chef-Portier 🇬🇧 bell captain 🇫🇷 chef (m) concierge	Gästebetreuung, Zimmerschlüssel aushändigen, Gästepost, Zeitungen, Auskünfte erteilen, Dienstleistungen organisieren (Theater-, Bahn- oder Flugtickets besorgen, Mietwagen ver-mitteln …), Gepäck-Service veranlassen, Hausdiener, Hallen-personal einteilen und kontrollieren.
Portier 🇬🇧 hall captain 🇫🇷 concierge (m)	Vertretung des Chef-Portiers, Gästebetreuung, Unterstützung des Chef-Portiers bei allen vorgenannten Aufgaben.
Hausdiener 🇬🇧 porter 🇫🇷 bagagiste (m)	Gäste-Gepäck-Service, Gäste auf ihre Zimmer begleiten, Beson-derheiten erklären, Putzdienste, Hilfsdienste im Hausdamen-bereich, Transfers von Gästen zum Flughafen oder Bahnhof.
Türsteher 🇬🇧 doorman 🇫🇷 portier (m)	Gäste begrüßen, Taxi-Service, anreisenden Gästen beim Aus-steigen behilflich sein, Regenschirm-Service, Gepäck-Service organisieren.
Page 🇬🇧 bell boy 🇫🇷 chasseur (m)	Botengänge, Hilfsdienste, kleine Handreichungen
Telefonist/-in 🇬🇧 operator 🇫🇷 opérateur (m)	Telefongespräche vermitteln, Telefax- und Telex-Service, Nachrichten an Gäste weiterleiten, Gästewünsche weiterleiten, Telefonate abrechnen, Gäste-Weckservice.
Empfangsherr/Empfangsdame 🇬🇧 reception clerk 🇫🇷 réceptionnist/e (w	Gäste begrüßen, Check-in, Meldescheine, Gästebetreuung (Auskünfte, Informationen), Verkauf von Zimmern und Dienst-leistungen, Korrespondenz, eventuell Check-out, eventuell Kassenabrechnung und Kassenübergabe.
Reservierungs-Sekretär/-in 🇬🇧 reservation clerk 🇫🇷 employé (m) réservation	Zimmer-Verkauf, optimale Zimmerauslastung, Anfragen bearbeiten, Reservierungen buchen und bestätigen, Belegungs-vorausschauen erstellen.
Kassierer/-in 🇬🇧 cashier 🇫🇷 caissier (m)	Gästerechnungen führen, Restanten* buchen, Depot-Verwal-tung, Einhaltung des Kreditrahmens überwachen, Zwischen-rechnungen erstellen, Rechnungen kassieren, Fremdwährungen umtauschen, Kreditkarten-Abrechnungen, Check-out, Debito-ren* abrechnen, Abrechnungen mit Reiseveranstaltern und mit Reisebüros.
Nachtkassierer 🇬🇧 night auditor 🇫🇷 caissier (m) de nuit	Restanten* des Abends verbuchen, Abrechnungen anderer Abteilungen annehmen, kontrollieren und verbuchen, Logis- und Frühstücksbuchungen durchführen, Tagesabschluss durch-führen, Empfangskasse abrechnen.

* Erklärungen von Fachbegriffen siehe S. 632–638

Die Größe der Empfangsabteilung, der personelle Aufbau und der Grad der Arbeitsteilung sind abhängig von:

- der **Größe des Hotels** (Zimmerzahl); große Hotels beschäftigen mehr Mitarbeiter und haben eine stärkere Arbeitsteilung;
- dem **Standard des Service** (Kategorie des Hotels);
  Gäste eines Luxushotels erwarten einen persönlicheren Service, der arbeitsaufwendiger, zeit- und personalintensiver ist;
- dem **Typ der Gäste**.
  Geschäftsreisende im Flughafenhotel wünschen eine schnelle und unkomplizierte An- und Abreise. Sie sind oftmals bereit, ihr Gepäck selbst zu transportieren. Das könnte bedeuten, dass Rezeption und Kasse personell stärker zu besetzen wären, der Hausdienerbereich für den Gepäckservice dagegen schwächer besetzt sein könnte. Gäste in Kurhotels haben eine längere Aufenthaltsdauer und andere Bedürfnisse als Gäste in Ferienhotels oder als Gäste in Stadthotels.

Im kleinen Familienbetrieb werden beispielsweise alle verschiedenen Aufgaben des Empfangs von nur einem Mitarbeiter pro Schicht erledigt, während in einem Großhotel zehn oder mehr Mitarbeiter gleichzeitig in strenger Arbeitsteilung tätig sind.

Interaktionen zwischen Gästen und Empfangsmitarbeitern

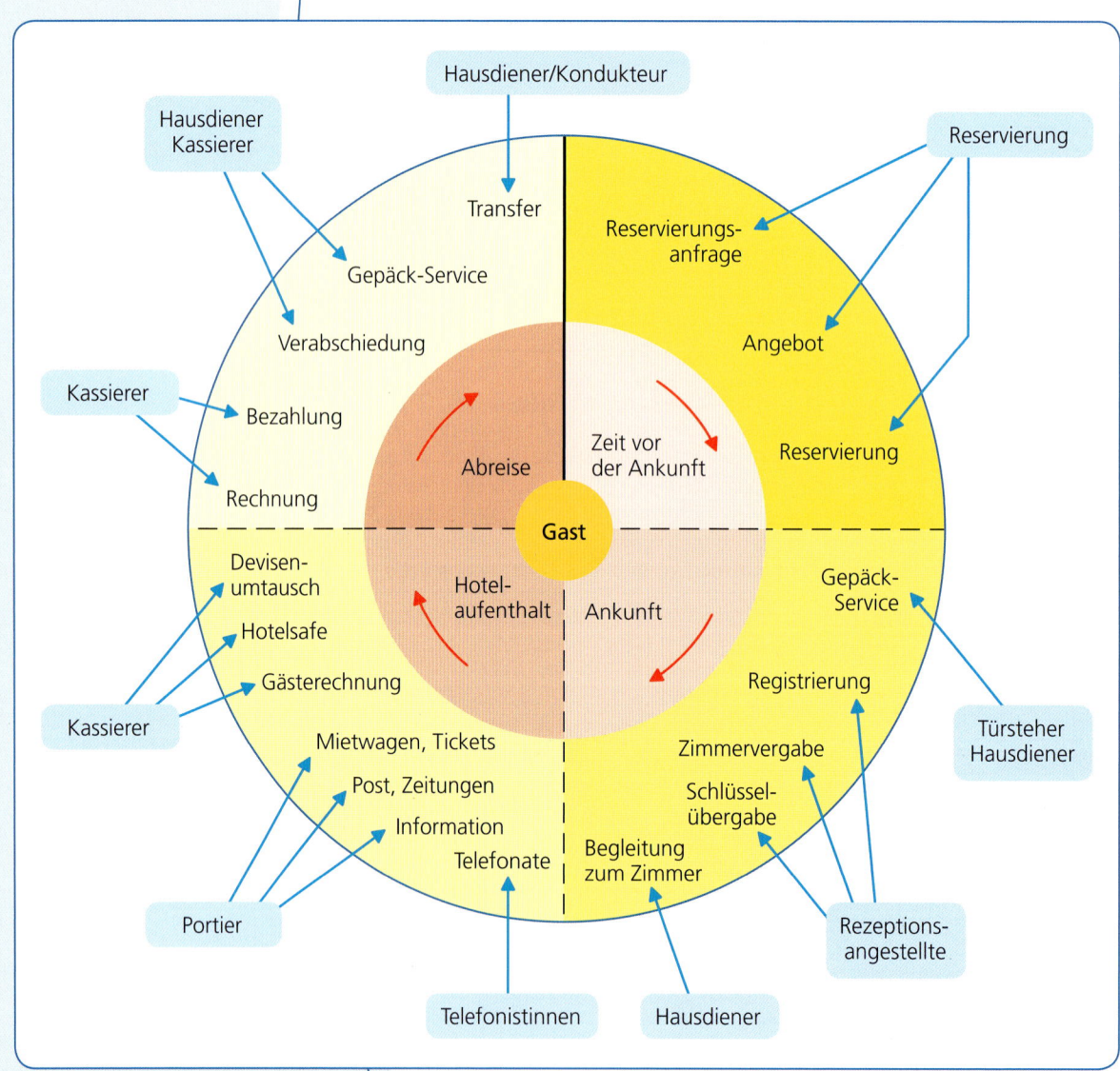

❷ Informations-, Kommunikations- und Organisationsmittel

🇬🇧 means of information, communication and organization
🇫🇷 moyens (m) d'information (w), de la communication et de l'organisation (w)

Informationsmittel

Zu den Informationsmitteln, die am Hotelempfang und in der Beherbergungsabteilung benutzt werden, zählen:

Abb. 1 Gast füllt Meldeschein aus

- **gesetzlich vorgeschriebene Vordrucke**, z. B.:
  - Meldevordrucke (lt. Melderechtsrahmengesetz),
  - Statistikbögen, z. B. die Nationalitätenstatistik des Statistischen Landesamts;
- **Hilfsmittel für Auskünfte und Dienstleistungen,** z. B.:
  - Telefonbücher, Fax-Verzeichnisse, Branchenregister, EDV-CD-ROM, Taxi-Rufnummern
  - Notrufnummernliste (Notrufzentrale für Polizei, Feuerwehr, Notarzt, Störungsdienste …),
  - Verzeichnis der Posttarife (Deutschland und International),
  - Stadtplan, Landkarte der Region und des Regierungsbezirks,
  - Fahrpläne öffentlicher Verkehrsmittel, Flugplan, Eisenbahn-Fahrplan (über Internet-Anschluss),
  - hausinterner Veranstaltungskalender,
  - Programme kultureller und sportlicher Veranstaltungen in der Stadt und der Region,
  - Werbeprospekte interessanter Ausflugs- und Besichtigungsziele,
  - Liste empfehlenswerter Gastronomie-, Fitness- und Sportbetriebe,
  - Liste der PKW-Kundendienst-Werkstätten;

- **Arbeitsunterlagen des Hotels,** z. B.:
  - Hotelpässe oder Zimmerausweise,
  - Gästekartei (siehe Abb. Seite 622),
  - Reservierungsbücher oder -listen (s. S. 616),
  - Zimmertagesplan oder Room-rack,
  - Gästeverzeichnisse (alphabetisch und numerisch) oder Informationstafel,
  - Abreise- und Ankunftslisten,
  - Zimmerwechselbelege (Room change/ changement),
  - Schließfachausweise, Depotscheine,
  - Rechnungsvordrucke, Quittungsblöcke,
  - „Nachrichten für Gäste"-Vordrucke,
  - Vordrucke für Reservierungen,
  - Fundbuch für verlorene und liegengebliebene Gegenstände,
  - Reparaturbuch,
  - „Buch für Lob und Reklamationen" (Book for compliments and complaints),
  - Kofferanhänger (Baggage tags) zur Gepäckabfertigung bei Reisegruppen.

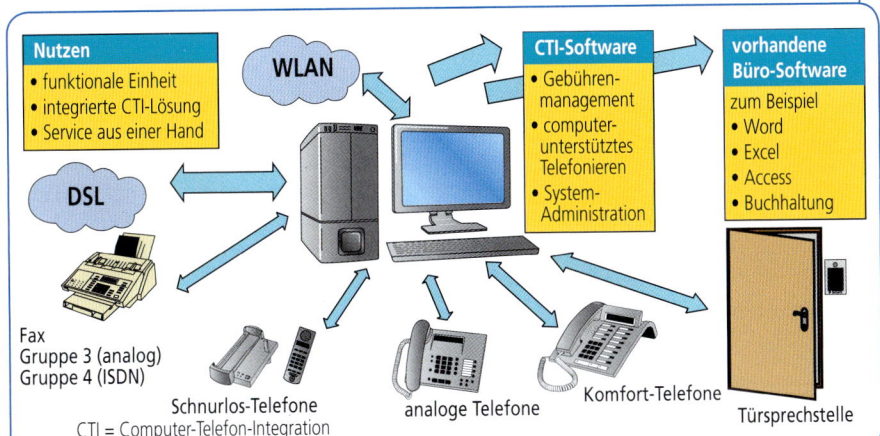

Nutzen
- funktionale Einheit
- integrierte CTI-Lösung
- Service aus einer Hand

WLAN

DSL

CTI-Software
- Gebühren-management
- computer-unterstütztes Telefonieren
- System-Administration

vorhandene Büro-Software
zum Beispiel
- Word
- Excel
- Access
- Buchhaltung

Fax
Gruppe 3 (analog)
Gruppe 4 (ISDN)

Schnurlos-Telefone

analoge Telefone

Komfort-Telefone

Türsprechstelle

CTI = Computer-Telefon-Integration

Abb. 2 Moderne Computer-/ Telefonanlage in einem System

Kommunikationsmittel

Am Empfang und in der Beherbergungsabteilung sind folgende Kommunikationsmittel vorzufinden:

- Telefonanlage mit DSL-Anschluss,
- EDV-Anlage,
- Telefax-Geräte,
- Lautsprecheranlage für Durchsagen,
- Funkrufanlagen (Telec, Pager-Systeme),
- Mobil-Telefone, Handys,
- elektronisches Informationssystem mit Veranstaltungsübersicht, Räumen, Wegweisern,
- LED-Bildprojektoren als Wegweiser oder für Werbezwecke,
- elektronische Brandmeldeanlage,
- Hotel-Video-Kommunikationssystem.

Voraussetzung für viele der (modernen) elektronischen Kommunikationsmittel ist ein **DSL-Netz-Anschluss** (Digital Subscriber Line). Unabhängig von der jeweiligen Hotel-Telefonanlage ermöglicht ein DSL-Netz-Anschluss mit Hilfe eines Personal Computers (PC) und entsprechender Software die Nutzung folgender Dienste und Möglichkeiten:

- Zugriff auf weltweite Infos durch das Internet über einen professionellen Dienstleister (Provider), wie z. B. AOL, Arcor, 1&1, Freenet, GMX, Kabel D., LYCOS, O_2, Telekom, Vodafone;
- Anschlussmöglichkeit an weltweit operierende Hotel-Vertriebspartner („Representation Companies"), wie z. B. The Leading Hotels of the World-LHW, Small Luxury Hotels of the World, Summit-Hotels, Top International Hotels, Utell, Worldhotels;
- Zusammenarbeit mit Internet-Reisebüros (Online Travel Agencies-OTAs), wie z. B. HRS.de (+ hotel.de, + tiscover.com), Expedia.de (+ hotels.com, + tripadvisor.de, trivago.de, + venere.com), Priceline.com (+ booking.com, + traveljigsaw.com, + agoda.de);
- Zusammenarbeit mit Internet-Suchmaschinen, wie z. B.: Google Hotelfinder und RoomKey.com;
- Post per E-Mail, d. h. kostengünstiges Senden bzw. Empfangen von Informationen über Mailbox an und von E-Mail-Adressen;
- Werbemöglichkeit durch eine eigene Homepage;
- elektronisches Marketing mit Hilfe von Bildern und Texten innerhalb der verschiedenen Globalen Distributionssysteme, wie z. B. Amadeus, Travelport, Sabre;
- elektronische Werbung und Infos für Reisebüros über die „Globalen Distributionssysteme-GDS" in Form einer elektronischen Broschüre („visual image mapping", wie z. B. „Spectrum" von Galileo International);
- Nutzung von Onlinebanking-Diensten, direkte Durchwahl an jede und von jeder Nebenstelle schon ab einer Amtsleitung;
- gleichzeitige Datenübertragung, wie z. B. beim Fax-Betrieb und Telefonieren;
- schneller Verbindungsaufbau;
- Anrufweiterschaltung zu jedem beliebigen internen oder externen Anschluss;
- Anzeige der gewählten bzw. der anrufenden Nummer auf einem Datenfenster (Display);

Abb. 1 Digitale Wegweiser und Werbeflächen

Abb. 2 Online Travel Agencies – OTAs

Abb. 3 Global Distribution Systems (GDS)

- Gebührenanzeige beim Telefonieren;
- Gebührenabrechnung für alle angeschlossenen Telefone und Telefax-Nebenstellen;
- kostengünstige Telefonate durch „Least-Cost-Routing", d. h. Verbindungsaufbau ohne Zutun des Nutzers mit dem stets preisgünstigsten Netz-Anbieter;
- Internet-Telefonie (Skype);
- Fahrplan- und Flugplan-Auskunft;
- fremde Software ist schnell ladbar;
- Produkt- und Dienstleistungsangebote von Firmen können schnell erkundet, ausgewählt und bestellt werden.

Organisationsmittel

Mit Hilfe von Organisationsmitteln können organisatorische Maßnahmen besser durchgeführt werden. In den Hotel-Rezeptionen existieren handschriftlich geführte oder elektronische Organisationsmittel.

Handschriftlich geführte Organisationsmittel

Die meisten der auf Seite 609 aufgezählten Vordrucke und viele der internen Arbeitsunterlagen des Hotels werden handschriftlich geführt.

Abb. 1 Online Distribution Database

Beispiel Gästekartei:

Für jeden Gast wird eine Karteikarte angelegt und geführt.

Sie enthält folgende Angaben: Familienname, Vorname, Titel, Geburtsdatum und Geburtsort, Beruf (soweit bekannt), Adresse, Telefon- und Fax-Nummer, E-Mail-Adresse, Firma.

Ferner werden in Längsspalten eingetragen: Anreise-/Abreisedatum, Zimmer-Nummer, Personenzahl, Preis, Bemerkungen. Hierin werden Extras wie „Garage", „Hund", „überlanges Bett" eingetragen, aber auch Charakteristika wie „lärmempfindlich" oder „leicht reizbar". Die Karteikarte dient hauptsächlich als Informationsmittel und hilft dem Empfangschef bei der Zimmereinteilung.

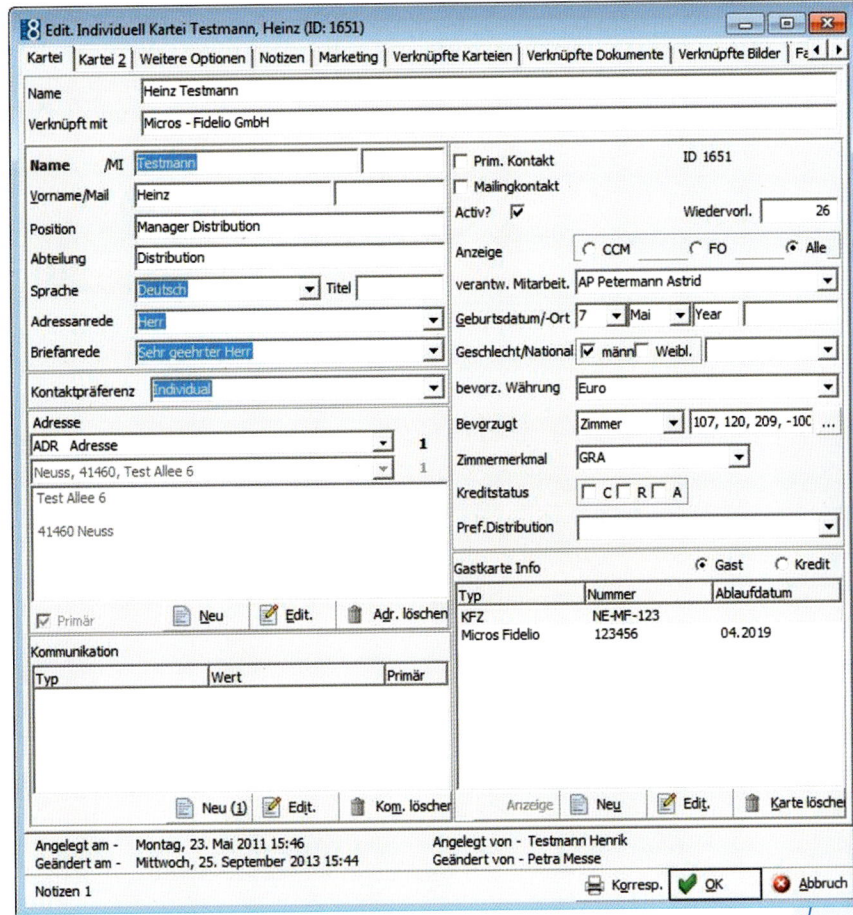

Abb. 2 Gästekartei eines Front-Office-Systems

Abb. 1 Gerät zum Programmieren des Zimmeröffnungs-Codes

Elektronische Organisationsmittel

- Computergesteuerte Front-Office-Systeme, wie z. B. Amadeus Hospitality, Hotcom, HS/3, Protel-Smart, MICROS-Fidelio Suite8, die oftmals Teile eines dazugehörigen Hotel-Management-Systems sind, wie z. B. bei MICROS-Fidelio Opera;
- elektronische Brandmeldeanlage mit Alarm, wie z. B. von Bosch, Siemens-Sinteso, Telcat-Multicom;
- Voice-Mail-System ergänzt eine bestehende Telefonanlage über die zusätzliche Schnittstelle zum Front-Office-System; es kann eingehende Nachrichten beantworten, speichern, verteilen und versenden, wenn der Gast nicht auf dem Zimmer ist;
- Zimmerschließ-Sicherheitssysteme (Room Security Systems), wie z. B. von EVVA, IR-Ingersoll Rand, Messerschmitt, MIDITEC, VingCard;
- mobile Funk-Handies für Hotelgäste und Mitarbeiter;
- Hotel-Video-Kommunikationssystem mit den Hotel-TV-Geräten in den Gästezimmern, wie z. B. von Grundig, Nokia, Philips, Prodac;
- digitale Unterhaltungs- und Internet-Lösungen, auch für Konferenzschaltungen, wie z. B. von iBAHN, my meeting professional.com oder swisscom AG;
- elektronische Informationssysteme (digital signage systems) für Tagungs- und Veranstaltungsgäste mit Veranstaltungsübersicht, Raumnennung und Wegweiser-Anzeigen mit Zeitsteuerung, wie z. B. von eKiosk (siehe Abb. S. 610).

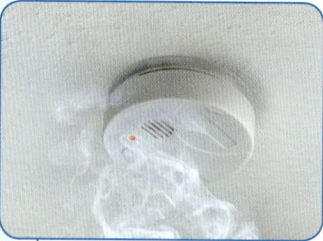

Abb. 2 Brandmelder an der Zimmerdecke

Abb. 3 Piktogramm Handfeuermelder

Abb. 4 Handfeuermelder einer Brandmeldeanlage

Abb. 5 Hoteletage mit Brandmelder und Fluchtweg-Hinweis

Abb. 6 Moderner Hotelempfang mit elektronischem Informationssystem

the westin grand münchen

Herzlich willkommen, Herr Metz, im The-Westin-Grand München!

Sehr geehrter Herr Metz,

wir heißen Sie herzlich willkommen im The-Westin-Grand München. Wir bieten Ihnen den einzigartigen Service von Fax und E-Mail bis ans Bett. Bitte finden Sie anbei die für Ihren Aufenthalt gültige Telefon- und Faxnummer, sowie Ihre persönliche E-Mail-Adresse. Für Fragen steht Ihnen unser Team von der Rezeption unter der Telefonnummer 8612 gerne zur Verfügung.
Wir wünschen Ihnen einen angenehmen Aufenthalt.

Ihre Kommunikationsdaten:

Zimmer:	1056
Hotelrufnummer:	0049 (0)89 1234-0
Telefon:	-1056
Fax:	-1078
ISDN:	-1090
Email-Adresse:	Reinhold.Metz@The-Westin-Grand-Munich.de

Informationen zum Faxgerät:

- Beim Versenden von Faxen berechnen wir die erste Seite mit 2,50 €, jede weitere Seite mit je 0,50 €. Das Empfangen von Faxen ist gebührenfrei.
- Das Versenden von E-Mail-Nachrichten wird pauschal mit 0,50 € je E-Mail, das Empfangen von E-Mail-Nachrichten wird mit 0,50 € je Seite berechnet.
- E-Mail-Nachrichten können bis zu einer Größe von 5 MB (Megabyte) empfangen und versendet werden.
- Bei Nutzung einer Calling-Card (z. B. AT&T) oder eines privaten Service Providers (z. B. T-Online, AOL, Compuserve) berechnen wir Ihnen 2,56 € je Verbindungsaufbau.
- Sie können von Ihrem Notebook via dem Faxgerät Ihre Dokumente ausdrucken, indem Sie sich Ihre Daten auf Ihr Zimmerfax schicken. Die Nutzung der Druckmöglichkeit berechnen wir mit 0,50 € je Seite.
- Das Kopieren am Faxgerät berechnen wir ebenfalls mit 0,50 € je Seite.
- Alle persönlichen Daten werden bei Ihrer Abreise beim Check-Out gelöscht.

Abb. 1 Beispiel eines Informationsschreibens über die Bereitstellung moderner Kommunikationsmittel für Übernachtungsgäste in einem Großhotel

3 Reservierungen

Wenn man von den wenigen Gästen ohne Reservierung (walk in) absieht, so buchen alle Übernachtungsgäste ihre Zimmer oft Tage, Wochen und manchmal auch Monate im Voraus. Bestellt ein Gast ein Zimmer und wird diese Reservierung vom Hotelier oder seinen Leuten angenommen, so ist ein rechtsverbindlicher Vertrag zustande gekommen. Der Vertrag unterliegt keiner besonderen Formvorschrift. Als Nachweis einer vorliegenden Bestellung ist jedoch die Schriftform empfehlenswert. Die Reservierungswünsche werden auf unterschiedliche Art und Weise an das Hotel herangetragen. Man kann deshalb zwischen verschiedenen Reservierungsarten unterscheiden.

Beherbergungsvertrag

Wie immer im Geschäftsleben geht es auch bei der Zimmerbuchung nicht ohne rechtliche Regelung. Die vom Gast veranlasste und vom Hotel angenommene Zimmerbuchung begründet zwischen beiden ein Vertragsverhältnis, den sogenannten Beherbergungsvertrag (Gastaufnahmevertrag), der wie alle Verträge von beiden Vertragspartnern einzuhalten ist. Nach Gesetz und ständiger Rechtsprechung beinhaltet er unter anderem folgende Regelungen:

1. Der Beherbergungsvertrag ist abgeschlossen, sobald die Zimmerbestellung vom Hotel angenommen ist.
2. Das Hotel ist verpflichtet, das reservierte Zimmer zur Verfügung zu stellen. Andernfalls hat es dem Gast Schadenersatz zu leisten.
3. Der Gast ist verpflichtet, den vereinbarten oder betriebsüblichen Zimmerpreis für die Vertragsdauer zu entrichten. Dies gilt auch, wenn das Zimmer nicht in Anspruch genommen wird. Bei Nichtinanspruchnahme sind die vom Hotel eingesparten Aufwendungen sowie die Einnahmen aus anderweitiger Vermietung des Zimmers anzurechnen.
4. Das Hotel ist nach Treu und Glauben gehalten, nicht in Anspruch genommene Zimmer nach Möglichkeit anderweitig zu vergeben.

Abb. 1 Auszug aus dem IHA-Hotelverzeichnis

3.1 Reservierungsarten

🇬🇧 kinds and sources of reservations
🇫🇷 espèces (m) et sources (w) de réservation (w)

Hotelzimmer-Reservierungen können entweder direkt durch den Gast selbst erfolgen oder indirekt, d. h. über Dritte, die in seinem Auftrag handeln und diese Dienstleistung berechnen.

Direkte Buchungen

Zu den **direkten Buchungen** zählen:
- die **persönliche Reservierung** durch den Gast selbst, anlässlich eines Aufenthalts im Hotel;
  Vorteile: Das Verkaufsgespräch kann direkt persönlich geführt werden, meist kennt man den Gast und seine Wünsche, der Reservierungsvorgang verursacht keinerlei Kosten;
  Nachteil: manchmal zeitintensiver Beratungsaufwand;
- die **telefonische Reservierung** des Gastes;
  Vorteile: Alle Details können erfragt werden, Verkaufschancen können im Gespräch erkannt und genutzt werden, Alternativen lassen sich bei Reservierungs-Engpässen absprechen, es fallen keine Provisionen an;
  Nachteile: Wenig Zeit zur Entscheidungsfindung, man sieht den Gast nicht, man hat vorerst keine schriftliche Bestellung zur Hand;
- die **schriftliche Reservierung** des Gastes, z. B. durch Briefpost o. Telefax;
  Vorteile: Es gibt genügend Zeit zur Entscheidungsfindung, eine schriftliche Bestellung liegt vor, es fallen keine Provisionen und Beratungskosten an, die Antwort mit Telefax ist sehr schnell beim Gast;
  Nachteil: Die Reservierung erfolgt oft ohne ein vorheriges Verkaufsgespräch;
- die **elektronische Reservierung** durch den Gast, per Internet auf der Website/Homepage oder an die E-Mail-Adresse (Mailbox) des Hotels;
  Vorteil: Es ist genügend Zeit zur Entscheidungsfindung, durch den E-Mail-Ausdruck liegt eine schriftliche Bestellung vor; die E-Mail-Antwort ist sehr schnell beim Gast, es fallen weder Provisionen noch Beratungskosten an;
  Nachteil: Die Reservierung erfolgt oft ohne ein vorheriges Verkaufsgespräch.

Indirekte Buchungen

Zu den **indirekten Reservierungen** zählen die Reservierungen:

- durch **Reisebüros;**
  Vorteile: Bessere Auslastung des Hotels, dadurch mehr Umsatz/ Gewinn,das Reisebüro wirbt mit für das Hotel, neue Gästekreise können werden erschlossen,
  Nachteile: Kein Kontakt mit den Gästen bis zur Anreise, Reisebüros verlangen Vorzugsraten (preferred rates) und Provision;
- durch **Reisestellen** großer Firmen (corporate travel departments – CTDs), das sind firmeneigene Reisebüros;
  Vorteile: Bessere Auslastung des Hotels, neue Gästekreise werden erschlossen, Kontakte zu großen Firmen werden möglich,
  Nachteile: Reduzierte Firmenpreise (preferred rates, corporate rates, company rates oder local company rates „LCR") drücken die durchschnittlichen Logis-Erlöse pro Zimmer und Tag;
- durch **Reiseveranstalter** oder **Reisebüro-Konsortien** (Consortia), bzw. Reisebüroketten oder Reisebüro-Franchise-Organisationen; für Geschäftsreisen, Reisegruppen, Tourserien z. B.: BCD-travel-direct, DER-Deutsches Reisebüro, RADIUS, rtk, Thomas Cook, TUI;
  Vorteile: Der Reiseveranstalter wirbt in seinen Katalogen für das Hotel, neue Gästekreise werden angesprochen, bessere Auslastung des Hotels, leichtere Planung der Arbeitsabläufe;
  Nachteile: Das Hotel muss zu Vorzugspreisen (consortia rates) anbieten und Provisionen/Mitgliederbeiträge oder Jahresgebühren abführen; es kann zu Überschneidungen mit anderen Gästezielgruppen, z. B. Individualreisenden, kommen.
- durch **Incentive-Agenturen**, die sich auf den Bereich „Bonusreisen" spezialisiert haben und z. B. für die erfolgreichsten Verkaufsmitarbeiter großer Firmen (als Einzelreisende oder in Gruppen) Rundreisen mit Hotelaufenthalten und sonstigen Dienstleistungen buchen (z. B. trends, compact tours, Zander & Partner);
  Vorteile: Beste Zimmerkategorien/Suiten können verkauft werden, meistens übernimmt die Firma auch die anfallenden Nebenkosten; dadurch mehr Umsatz/Gewinn für das Hotel; unkomplizierte Abrechnung;
  Nachteil: Hohe Provisionen fallen an, meist für den vermittelten Gesamtumsatz – nicht nur für den Logis-Umsatz;
- durch **Incoming-Agencies**, die im Auftrag ausländischer Vermittler für ausländische Reisegruppen die Reiserouten, Hotelaufenthalte und Besichtigungsprogramme im Inland zusammenstellen und reservieren (z. B. iq-incoming.com, TSI-Mondial);
  Vorteile: Bessere Auslastung, mehr Umsatz und Gewinn;
  Nachteil: Hohe Provisionen fallen an.
- durch **Vertriebs- und Distributionspartner** (representation companies/ distribution partners), die das Hotel besonders im Marketing, Verkauf und im elektronischen Vertrieb unterstützen, wie z. B.: The Leading Hotels of the World-LHW, Small Luxury Hotels, Summit Hotels, Top International Hotels, Utell, Worldhotels;
  Vorteile: Verkaufs- und Marketing-Aktivitäten, bessere Auslastung, mehr Umsatz und Gewinn;
  Nachteile: Hohe Mitgliederbeiträge/Jahresgebühren und Provisionen fallen an.

Reservierungsquellen/Buchungskanäle 2011

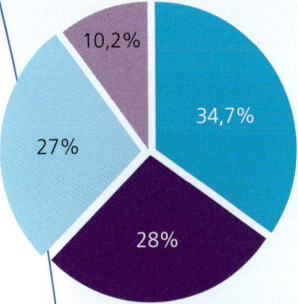

- ■ Traditionelle Distribution (Telefon, Fax, Brief, Walk-ins, Sonstige)
- ■ Elektronische Anfrage (E-Mail, Reservationsformular)
- ■ Onlinebuchungen in Echtzeit (GDS, IDS, Echtzeitbuchung Hotel-Website, Hotelketten mit CRS, Social Media)
- ■ Touristische Partner (Reiseveranstalter, DMO national-lokal, Event- und Konferenz-Veranstalter, Sonstige)

Abb. 1 Angehäufte Buchungskanäle der Hotellerie (D-A-CH) im Jahr 2011

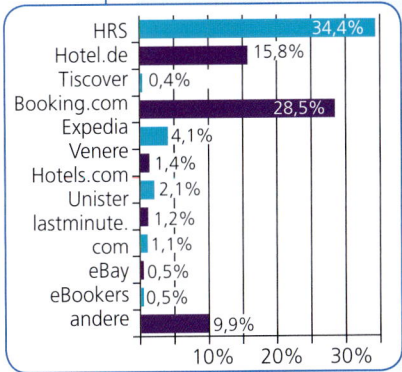

Abb. 2 Marktanteile bei Hotelbuchungen in D. über das Internet 2011

Hoteliers bevorzugen selbstverständlich die direkte Reservierungsart/den direkten Vertriebsweg, da die indirekte Reservierungsart/der indirekte Vertriebsweg meist mit hohen Vertriebskosten verbunden ist. Deshalb sollten Hoteliers darauf achten, dass Gäste ihre Hotelzimmer auch direkt auf einer hoteleigenen Homepage/Website reservieren können.

3.2 Vermietungsplan und Reservierungs-Systeme

🇬🇧 reservation chart and reservation systems

🇫🇷 plan (m) de réservation (w) et systèmes (m) de réservation

Wenn ein Reservierungswunsch eingeht, muss zunächst geprüft werden, ob das entsprechende Zimmer für den genannten Zeitraum noch zur Verfügung steht. Darüber gibt der Reservierungsplan oder das hausinterne Reservierungs-System Auskunft.

Vorteile: Doppelvermietungen, Überbuchungen oder Überschneidungen mit nachfolgenden Reservierungen sind bei diesem System kaum möglich. Der Plan ist sehr übersichtlich, unkompliziert und kann nicht „abstürzen". Auch neue Mitarbeiter finden sich schnell zurecht.

Vermietungsplan/Reservierungsplan

In manchen der kleineren Hotels mit bis zu 50 Zimmern wird auch heute noch mit dem **Reservierungsplan** – auch **Reservierungsbuch** genannt – gearbeitet. Der Plan besteht aus 12 vorgedruckten Monatsübersichten (siehe Abb. 1) für das laufende Kalenderjahr. Die Reservierungen werden immer mit Bleistift eingetragen, da es zu Reservierungsänderungen und zu internen Umbuchungen in ein anderes Zimmer oder zu Stornierungen kommen kann.

Januar

Zimmer-Nummer	So 1	Mo 2	Di 3	Mi 4	Do 5	Fr 6	Sa 7	So 8	Mo 9	Di 10	Mi 11	Do 12	Fr 13	Sa 14	So 15	Mo 16	Di 17	Mi 18	Do 19	Fr 20	Sa 21	So 22	Mo 23	Di 24	Mi 25	Do 26
101 EB	H. Müller					Solf				BMW			Fa. Rehau									Krystallglas Spiegelau				
102 ED		Fr. Schneider								BMW			Fa. Rehau									Spiegelau				
103 DB	H. Jünger									BMW			Fa. Rehau									Spiegelau				
104 DD	Fr. Herold					Solf				BMW			Fa. Rehau									Spiegelau				
105 TB	H. Jünger									BMW			Fa. Rehau									Spiegelau				
106 SU	Dr. Kurz								H. Scherer															H. Maier		

Abb. 1 Auszug eines handschriftlichen Vermietungsplans oder „Reservierungsplans"

Front-Office-Systeme

Hierbei handelt es sich um computergesteuerte Empfangs-Software, die meistens als Module – in Verbindung mit einem Hotel-Management-System – angeboten werden. Front-Office-Systeme sind das Instrumentarium zur effizienten Abwicklung aller im Front-Office-Bereich anfallenden Arbeiten. Dazu zählen:

- Stammdaten-Verwaltung,
- Reservierungsvorgänge,
- Yield-Management-Vorgänge,
- Check-in-Vorgänge,
- Gästeverwaltung,
- Schließfächer-Verwaltung,
- Depot-Verwaltung,
- Check-out-Vorgänge,
- Gästedatei-Verwaltung,
- Fundbuch-Verwaltung,
- Statistiken und Berichte,
- Abrechnungen mit Reisebüros, Reiseveranstaltern und sonstigen Vermittlern/Maklern,
- Abrechnungen mit Kreditkarten-Unternehmen,
- Textverarbeitung, E-Mail-Korrespondenz, Direct-Mailings und
- Durchführung der Tagesabschlüsse.

Abb. 2 Empfangsdame

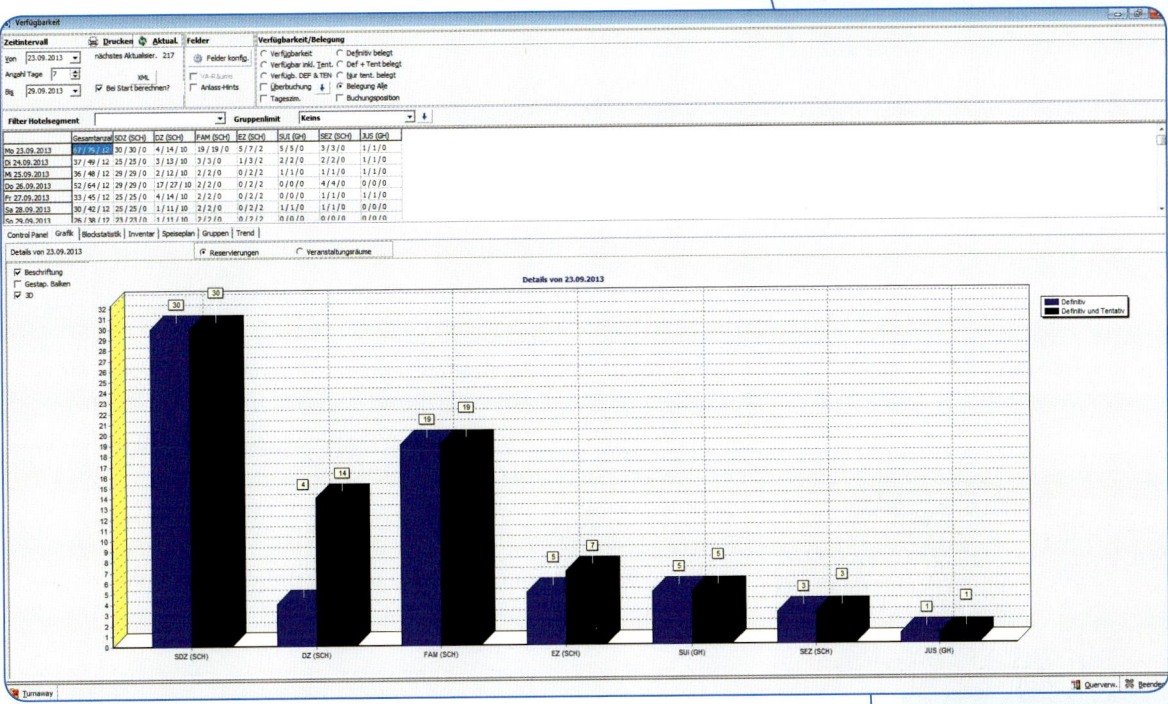

Abb. 1 Belegungsgrafik eines Front-Office-Systems

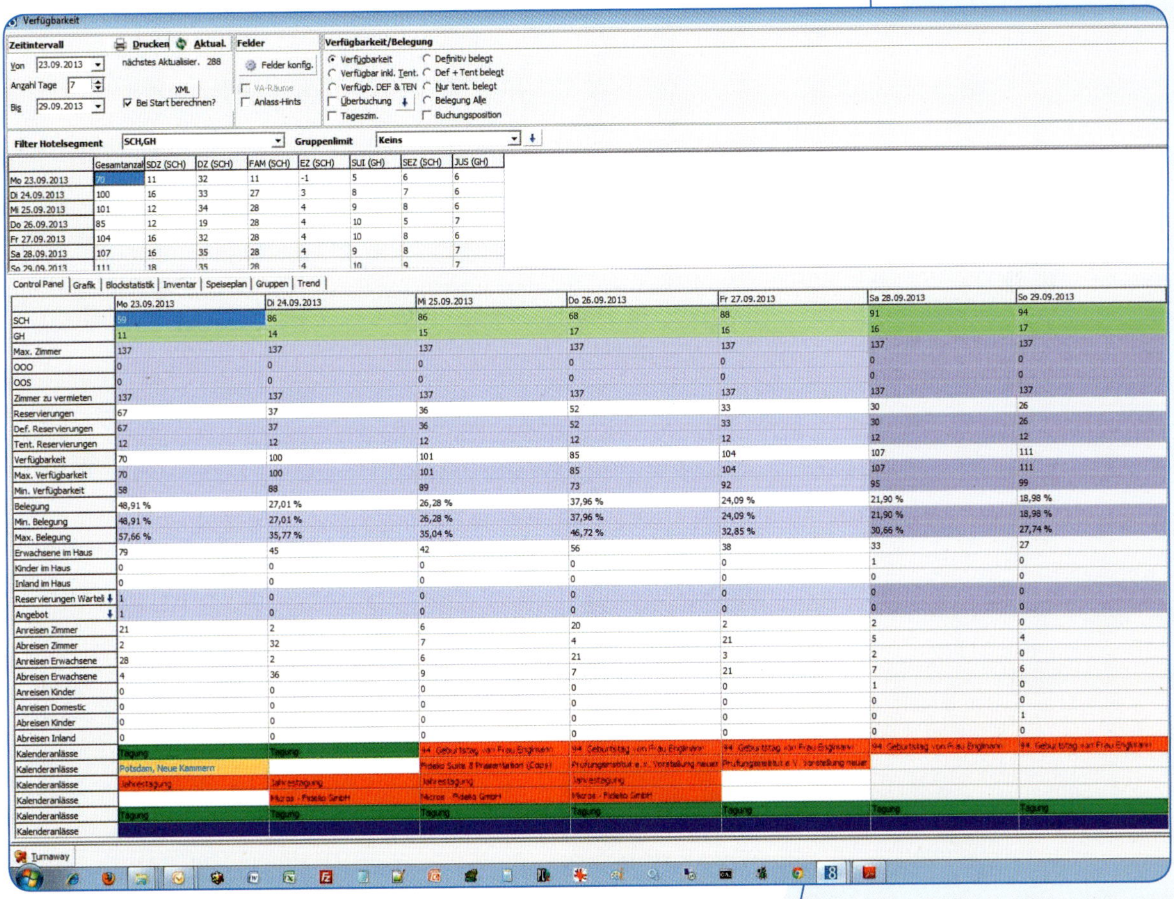

Abb. 2 „Haus-Status" eines Front-Office-Systems

Außerdem verfügen die meisten mit dem Front-Office-System verbundenen Hotel-Management-Systeme über Schnittstellen (Interfaces) zu anderen Hotel-Programm-Modulen und zu Peripheriegeräten, wie beispielsweise:

- Telefonanlagen,
- Kreditkarten-Terminals,
- Schließkartensysteme,
- Video-/Pay-TV-Systeme,
- Wecksysteme,
- Restaurantkassen und
- Getränkeautomaten.

Abb. 1 Empfangsdame am Computer

Der einzelne Hotelier kann jedoch nicht Mitglied bei den GDS werden, um sein Hotel anzubieten. Er muss dafür einem Computer-Reservierungs-System bzw. Central Reservation System-CRS angehören.

Die Benutzeroberflächen zeichnen sich durch Windows-Technik (Fenster-Technik) aus und ermöglichen:

- den Aufruf einzelner Programm-Module über die Funktionstasten,
- die Menüsteuerung durch Pull-Down- und Strip-Menüs (durch Mausklick aufklappbar),
- eine Online-Bedienerführung,
- die Nutzung einer integrierten Hilfe-Funktion,
- eine benutzerdefinierbare Farbsteuerung.

Reservierungssysteme

Computergestützte Reservierungssysteme, d. h. Vertriebssysteme für Reiseleistungen, sind – allgemein gesagt – sowohl für den Privatbuchenden als auch für Reisebüros und andere Reisevermittler als Nutzer gedacht.

Diese Systeme bieten über das Internet in Sekundenschnelle weltweit Auskünfte und Buchungsmöglichkeiten von Pauschalreisen, Flügen, Hotels, Mietwagen, Fähren, Kreuzfahrten, Bahnen, Bussen und anderen Produkten. Dazu werden in großen Rechenzentren/internationalen Kommunikationszentralen die erforderlichen Informationen, wie z. B. Flugpläne, Hotelkapazitäten, Zimmerpreise und Verfügbarkeiten sowie alle anfallenden Reservierungsdaten gebündelt, verwaltet und weiterverarbeitet.

GDS-Global Distribution Systems

Diese Rechenzentren mit ihren Dienstangeboten werden „GDS-Global Distribution Systems"(globale Vertriebssysteme) genannt. Ursprünglich hatten sich viele internationale Fluggesellschaften in verschiedene Gruppen zusammengeschlossen, um ihre Flug- und Mietwagen-Reservierungsdaten kostengünstig elektronisch zu verwalten. So entstanden etwa ein Dutzend Distributionssysteme. Später kam die Vermittlung von Hotelzimmer-Reservierungen und anderer Produkte hinzu.

Nach mehreren Zusammenschlüssen haben sich weltweit drei bis vier große GDS-Betreiber gebildet: Amadeus, Galileo/Travelport, Worldspan/Travelport und Sabre.

Für den europäischen Reisemarkt bzw. für die europäische Hotellerie sind Amadeus und Galileo/Travelport von größerer Bedeutung. Auf dem amerikanischen Markt sind die GDS-Betreiber Sabre und Worldspan/ Travelport stärker vertreten.

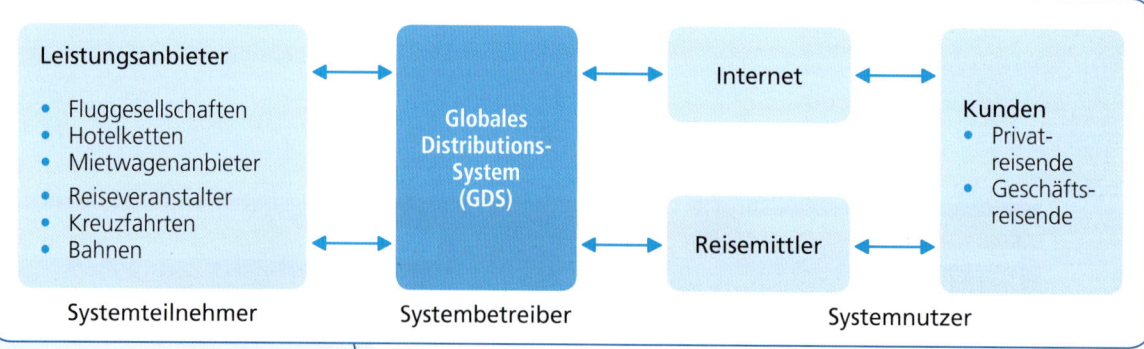

Abb. 2 „Globales Distributionssystem"

Quelle: http://de.wikipedia.org Urheber: Prof. Axel Schulz

CRS-Central Reservation Systems

Die Zentralen Reservierungssysteme (CRS) ermöglichen dem Hotelier, sein Haus bzw. Zimmerkontingente über GDS weltweit anzubieten und Gästezimmer zu verkaufen. Allgemein gilt: „Ohne CRS kein Zugang zu den GDS"!

Man unterscheidet eine Vielzahl von **CRS-Systemen**:

- **Internet-Reisebüros/Reiseagenturen**, auch Online Travel Agencies-**OTA**s oder „Free Sale Systeme" genannt, die für den Endkunden Hotelreservierungen anbieten;
  Beispiele: agoda.com, booking com, expedia.de, hrs.de, hotel.de, nethotels.com, tiscover.com, tripadvisor.de, venere.com;
- **Konzerngebundene Reservierungssysteme** (Inhouse-Reservation-Systems); Große internationale Hotelkonzerne verfügen meist über eigene Reservierungssysteme;
  Beispiele: Hilton Worldwide, InterContinental Hotels Group, Marriott, Starwood;
- **Internet Reservierungsdienste** als Buchungsplattform für ihre Mitglieder, d. h. Hotelkonzerne und Hotels;
  Beispiele: yourVoyager (TRUST International), SynXis (Sabre), Unirez (Pegasus);
- **Internet Hotelsuchmaschinen** (Travel Search Engines-**TSE**s), die Hotel-Preisvergleiche im Internet anstellen;
  Beispiele: „HotelFinder" (Google), hotelscomparison.com, trivago.de;
- **Joint-venture-Suchmaschinen**, das sind Unternehmenszusammenschlüsse für solche Projekte;
  Beispiele: „RoomKey.com" (gegründet 2012 von Choice Hotels, Hilton Worldwide, Hyatt, InterContinental Hotels Group, Marriott, Wyndham) und „EliteHotelBooking.com", von TRUST und WORLHOTELS.

Die tägliche Pflege der Buchungskanäle **(Channel management)** mit Angabe der Preise und geänderten Verfügbarkeiten ist oftmals arbeitsintensiv und zeitraubend. Deshalb konzentrieren sich viele Hotels auf eine begrenzte Anzahl Reservierungssysteme und/oder verwenden spezielle Channel-Manager-Programme.

Der Internet-Auftritt (Homepage/Website) des Hotels sollte für den Gast
- ansprechend,
- klar,
- übersichtlich gegliedert,
- leicht bedienbar
- und im weltweiten Web gut zu finden sein.

Das setzt ein gezieltes Suchmaschinen-Marketing durch Fachleute voraus.

Von der Homepage eines Hotelbetriebs geht eine starke Werbewirkung und Imagebildung aus. Deshalb sollte sie regelmäßig gepflegt und aktualisiert werden.

Abb. 1 Information und Kommunikation per Internet

Abb. 2 Channel-Manager

Abb. 1 Im Reservierungs-Büro

Abb. 2 Reservierungsvordruck

Ferner wird der Empfangs-chef alle betroffenen Abteilungen über die VIP-Anreise informieren.

Aussagen des Reservierungsformulars

- **Wer für wen reserviert hat:**
  Name des Bestellers, Firmen-/Privat-Anschrift, Telefonnummer für Rückfragen, Name des Gastes, Titel, Anrede;
- **Was reserviert wurde:**
  Anzahl der Zimmer, Zimmertyp (EZ-D, EZ-B, DZ-D, DZ-B, Twin-B, Apart-ment, Suite), Lage, Ausstattung, Art der Verpflegung (ÜF, HP, VP), Zusatz-Leistungen (Haustier-Mitnahme-Erlaubnis, Garage, Fax-Gerät, Massage-Termine, Tennisplatz-Reservierungen …);
- **Für wann reserviert wurde:**
  Datum des Ankunftstages, Ankunfts-Uhrzeit (späte Ankunft/Late arrival), Datum des Abreisetages;
- **Wer, was (und eventuell wie) bezahlt:**
  Selbstzahler oder à/c-Abrechnung (z. B. Gesamtrechnung à conto der Bestell-Firma) oder gesplittete Rechnung (z. B. ÜF à/c Firma X, der Rest: Selbstzahler);
- **Besondere Vermerke:**
  Ob der Gast erstmalig oder zum wiederholten Male zu uns kommt (bei Stammgästen in der Gäste-Kartei nachsehen), VIP-Gast? (siehe unten), ob individuelle Besonderheiten des Gastes zu beachten sind (z. B. Rau-cher-Zimmer, Bett mit 220 cm Länge, Allergiker-Bett mit Latex-Matratze).

VIP-Reservierung

Für einen VIP-Gast (**v**ery **i**mportant **p**erson), d. h. für einen sehr wichtigen Gast, werden oftmals besondere Vorbereitungen getroffen. Beispielsweise wird sich der Empfangschef überlegen, welches das geeignetste Zimmer für diesen Gast ist. Er wird sich beim Besteller erkundigen, auf welche Dinge dieser Gast besonderen Wert legt und welche Wünsche er hat.

Marriott
HOTELS · RESORTS · SUITES

Zimmerbuchung [ ]   Storno [ ]   Änderung [ ]

Anzahl	Zimmerart	Anreise	Abreise	Name	Preis	VIP	GTD

Firma: _____   Besteller: _____

Adresse: _____   Telefon: _____

     Telefax: _____

Rechnungslegung: _____   Bestätigung angefordert: _____

Namensliste angefordert: _____   Wunschzimmer: _____

angenommen am: _____ durch: _____ Buchungs-Nr.: _____

Abb. 3 Beispiel eines Reservierungsvordrucks

Die Hausdame wird dieses Zimmer vor der Anreise genauestens kontrollieren und ausstatten, sodass der Aufenthalt reibungslos und angenehm verlaufen kann.

Abb. 1 Tischaufsteller

Als persönlicher Willkommensgruß des Hauses werden am Ankunftstag auf dem Zimmer üblicherweise bereitgestellt:

- Obstkorb mit Tellern und Bestecken,
- Blumenstrauß,
- Feingebäck und/oder Petits fours,
- Flasche Sekt oder Champagner im Sektkühler.

Eine zusätzliche vom Direktor des Hauses unterschriebene Visiten- oder Grußkarte heißt diesen Gast besonders willkommen. Nachdem die Reservierung in das entsprechende Reservierungs-System eingegeben wurde, sollte sie mit allen Details grundsätzlich schriftlich bestätigt werden. Dadurch lassen sich Irrtümer oder Missverständnisse weitestgehend vermeiden.

Abb. 2 Pralinen zur Begrüßung

Ist die Zeit zwischen Reservierungs-Eingang und Anreise des Gastes knapp, so sollte ein schnelles Kommunikationsmittel für das Bestätigungsschreiben gewählt werden, wie z. B. Telefax oder E-Mail.

Die Reservierungsunterlagen werden im „Anreise-Ordner", unter dem Datum des Anreisetages, in alphabetischer Reihenfolge einsortiert. Der Empfangschef legt täglich mit Hilfe seiner Gästekartei (guest history) fest, für welche anreisenden Gäste welche Zimmernummern vorgesehen sind. Diese „arrival-list" dient als Information für alle Empfangsmitarbeiter sowie für die Hausdamen- und Restaurant-Service-Abteilung. VIP-Ankünfte werden besonders gekennzeichnet.

Abb. 3 VIP-Anreise

Umbuchung und Stornierung

🇬🇧 alteration and cancellation 🇫🇷 modification (w) et annulation (w) de la réservation

Reservierungen werden manchmal durch Gäste geändert, umgebucht oder rückgängig gemacht. Diesen letzten Vorgang nennt man Stornierung. Im Allgemeinen werden alle Reservierungs-Änderungen wie auch Absagen schriftlich bestätigt und mit dem Reservierungs-Vorgang abgelegt. (Siehe auch Ausfallrechnung, S. 631)

Bei Umbuchungen und Stornierungen wird schriftlich festgehalten:

- welche Reservierung davon betroffen ist,
- welchen Zeitraum sie betrifft,
- von wem sie ausgesprochen wurde und
- wer sie wann entgegengenommen hat.

Abb. 4 VIP-Suite des Grand Hyatt-Hotels Santiago de Chile

Abb. 1 Check-in

> Der erste Eindruck eines jeden Gastes vom Hotel ist sehr wichtig, denn er prägt die Grundeinstellung des Gastes zum Hotel.

Name
Name
Nom   *Fr. & Hr. Metz*

| Zimmer Room Chambre | *509* | Preis Rate Prix |

Abreise
Departure   *16/03*
Départ

I

HOTEL
INTER·CONTINENTAL
HAMBURG

Fontenay 10, 20354 Hamburg
Telefon (040) 41 41 5-0, Telefax (040) 41 41 5-86,

Abb. 2 Beispiel eines Zimmer-
ausweises

Abb. 3 Gepäckservice

4 Check-in – Anreise

check-in – arrival   check in (m) – arrivée (w)

Wenn Gäste anreisen und von Empfangsmitarbeitern „eingecheckt" werden, so beinhaltet dieser Vorgang folgende Tätigkeiten:

- Die Gäste freundlich begrüßen,
- den Meldeschein ausfüllen lassen,
- die Reservierungsdaten überprüfen,
- den Zimmerschlüssel/die Keycard und den Hotelpass überreichen,
- den Gepäck-Service organisieren,
- die Gäste auf ihr Zimmer begleiten,
- die Geräte und Anlagen im Zimmer erklären,
- den Signalton und Fluchtweg bei Feueralarm erklären,
- die Gäste-Ankunft ins Front-Office-System eingeben oder auf dem Zimmertagesplan vermerken,
- eventuell eine Rechnung angelegen,
- die Daten der Guest history/Karteikarte aktualisieren.

Gäste begrüßen

Anreisende Gäste sollten nach Möglichkeit mit ihrem Namen und in ihrer Muttersprache begrüßt werden. Ist der Gast unbekannt, wird er freundlich nach seinen Wünschen gefragt. Er wird sich vorstellen und seine Reservierung ansprechen.

Meldeschein ausfüllen lassen

Der Gast wird herzlich willkommen geheißen und gebeten, den Meldeschein (registration card) auszufüllen und zu unterschreiben. Bei Reisegruppen ($\geq$ 10 Personen) genügt es, wenn der Reiseleiter für alle einen Meldeschein ausfüllt und die Namensliste der Gruppe angeheftet wird. Bei Familien reicht die Unterschrift des Vaters oder der Mutter für die mitreisenden Kinder, wenn diese unter 18 Jahre alt sind.

nH HOTELES

Meldekarte/Registration Card

Unternehmen/*Company*	Geburtstag/*Date of birth*
Name/*Name*	Staatsangehörigkeit/*Nationality*
Vorname/*First name*	Beruf/*Profession*
Straße, Nr./*Street, No.*	Passnummer/*Passport No.*
Land/*Country* PLZ Wohnort/*Residence*	Anreise/*Arrival* Abreise/*Departure*

Nur bei ausländischen Gästen durch das Hotel auszufüllen
Identitätsnachweis wurde vorgelegt : ☐ Ja ☐ Nein
ausgewiesen durch:
Abweichung des Ausweises mit diesem Formular: ☐ Ja ☐ Nein
Abweichungen bitte auf diesem Dokument kenntlich machen.

Unterschrift/*Signature*

Zimmer-Nr./*Room No.*   Preis/*Fee*

Abb. 4 Beispiel eines Meldescheins

Reservierungsdaten überprüfen

Während der Gast den Meldeschein ausfüllt und unterschreibt, werden seine Zimmernummer ermittelt, der Zimmerschlüssel oder die Schließkarte vorbereitet und der Hotelpass ausgefüllt. Die Angaben auf dem Meldeschein werden mit den Reservierungsdetails verglichen, insbesondere das Datum des Abreisetages. Bei Unstimmigkeiten wird der Gast höflich gefragt. Der vereinbarte Zimmerpreis wird auf dem Hotelpass eingetragen, ebenso die Zimmernummer.

Dem Gast wird kurz die Bedeutung des Hotelpasses erklärt, ebenso, auf welcher Etage sich sein Zimmer befindet und dass ihn der Hausdiener dorthin begleiten wird. Das Gepäck wird vom Hausdiener übernommen. Dem Gast wird ein angenehmer Aufenthalt im Hotel gewünscht.

Gäste aufs Zimmer begleiten

In Luxushotels ist es üblich, dass die Gäste von einem Empfangsmitarbeiter auf ihr Zimmer begleitet werden. Gleichzeitig wird das Gepäck von Hausdienern oder Pagen transportiert. Am Zimmer angekommen, wird dem Gast das Schließsystem erklärt, bei Bedarf wird die Beleuchtung eingeschaltet und das Gepäck abgelegt. Der Mitarbeiter zeigt das Badezimmer, weist auf die Minibar hin und erklärt, wie das Hotel-TV-System und andere Geräte, wie z. B. Klima-Anlage (air conditioning system) oder Zimmer-Safe, bedient werden. Auf den Signalton bei Feueralarm und den kürzesten Fluchtweg wird hingewiesen. Der Mitarbeiter verabschiedet sich beim Gast und wünscht ebenfalls einen angenehmen Aufenthalt.

Abb. 1 Suite im Armani-Hotel Burj Khalifa, Dubai, V. A. E.

Sonstige Tätigkeiten

Im Empfangsbüro wird der Gast als „angereist" eingebucht. Alle Angaben auf dem Meldeschein werden mit den Reservierungs-Informationen und den Angaben der „Guest history"/Gästekarteikarte verglichen. Die Gastdaten werden aktualisiert, und je nach System wird eine Zimmerrechnung angelegt.

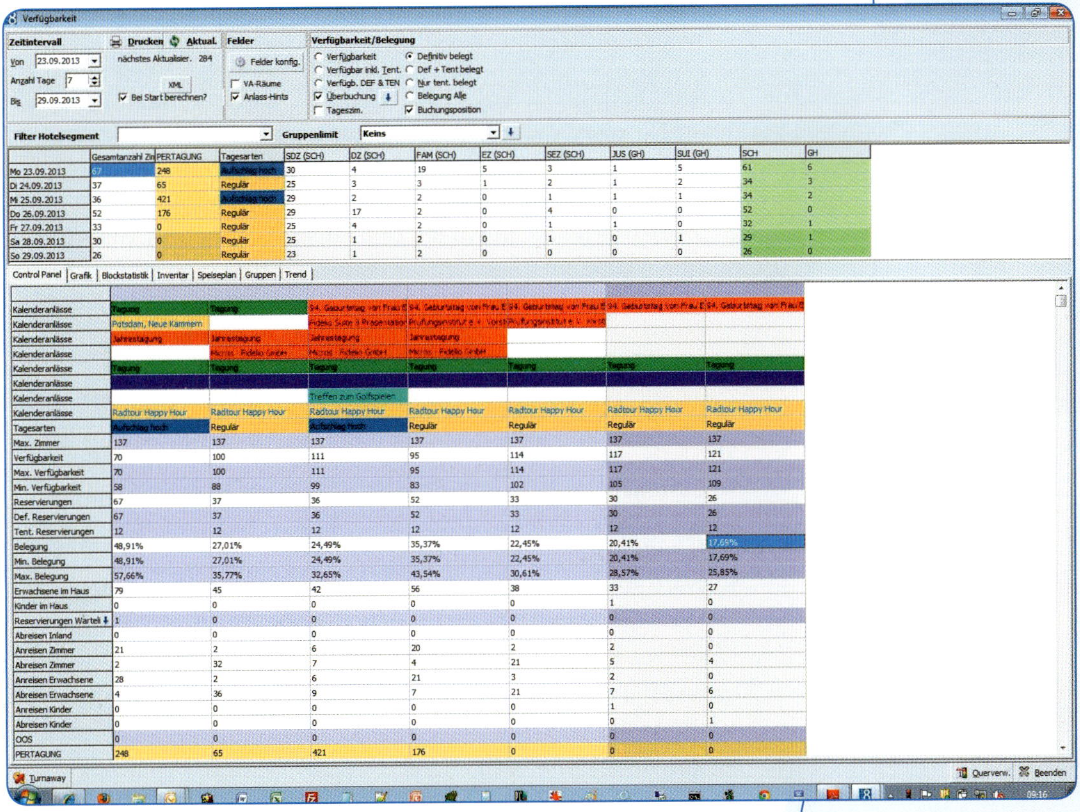

Abb. 2 Zimmerbelegungs-Kontrolle eines Front-Office-Systems

5 Gästebetreuung

🇬🇧 customer relationship management – CRM 🇫🇷 service (m) de la clientèle

Abb. 1 Concierge

Im Rahmen der Gästebetreuung wird versucht, auf alle Wünsche der Gäste einzugehen und dabei das Dienstleistungsangebot sowie die Serviceleistungen des Hauses vorrangig zu berücksichtigen. Hier sind Portier und Empfang besonders gefordert. Alle anderen Mitarbeiter mit Gastkontakt könnten ebenso um Auskunft gefragt werden.

In Ferienhotels gibt es Angestellte, die speziell für den Bereich der Gästebetreuung engagiert sind. Beispielsweise sorgt eine Ferienhostess für ein interessantes Rahmen- und Besichtigungsprogramm und begleitet und führt die Gäste. In Ferienclub-Hotels kümmern sich „Animateure" um die Gäste und unterhalten und betreuen sie.

Abb. 2 Gästebetreuung im Ferienhotel

5.1 Service und Dienstleistungen

🇬🇧 sundry guest services 🇫🇷 prestations (w) de service (m)

Zu den Standard-Serviceleistungen eines Hotels, die im Allgemeinen nicht extra berechnet werden, können zählen:

- **Auskünfte erteilen,** wie z. B. zu Sehenswürdigkeiten, Wegbeschreibungen, Öffnungszeiten, Eintrittsgeldern, Verkehrsverbindungen;
- **Post und Nachrichten übergeben,** dazu zählen nachgesandte Zeitungen, Briefe, Telefaxe und E-Mails;
- **Telefonate vermitteln,** was hauptsächlich eintreffende Gespräche betrifft;
- **Fremdleistungen vermitteln,** wie z. B. Mietwagen, Bahn- oder Flugtickets, Tennis-Stunden, Golfplatz-Termine, Masseur;
- **Fundsachen und liegengebliebene Sachen aufbewahren,** d. h., mit Hilfe eines „Fundbuchs" werden die Sachen archiviert;
- **Verzehrrechnungen auf die Zimmerrechnung setzen,** wie z. B. „Restanten" aus Restaurant oder Hotel-Bar;
- **bargeldloses Bezahlen ermöglichen,** d. h., die wichtigsten Kreditkarten-Unternehmen sind Vertragspartner des Hotels;
- **„Portier-Auslagen" vorfinanzieren,** wie z. B. die Kosten für fremde Dienstleistungen (Blumen auf das Zimmer) und für Auftragsbesorgungen (Apotheke, Zeitschriften) durch Hotelmitarbeiter;
- **Gästegepäck transportieren,** wie bei An- und Abreise üblich;
- **Gästegepäck aufbewahren,** zum kurzfristigen Deponieren im Hausdiener-Bereich;
- **Brandschutz und Sicherheit** der Gäste;
- **Wertsachen aufbewahren,** in Schließfächern oder im Hotelsafe;
- **Weckservice durchführen,** d. h. telefonisch mit Hilfe von Wecklisten (siehe S. 625).

Abb. 3 Telefonistinnen

Viele Hotels der Luxus- und First-Class-Kategorie bieten ihren Gästen – teils kostenfrei, teils gegen Berechnung – zusätzlich folgende Dienstleistungen und Einrichtungen an:

- **Schuhputz-Service,** d. h., ein Hausdiener putzt nachts die vor die Zimmertüren gestellten Schuhe der Gäste;

Abb. 4 Hausdiener beim Gepäck-Service

- **Friseur- und Kosmetiksalon** stehen im Hause zu Diensten bereit;
- **Kinderbetreuung** oder Vermittlung von Kindermädchen;
- **Wireless LAN-** bzw. **Internet-Anschlüsse** im Hotel,
- **Hotel-TV-Service und Kabel-TV** auf den Zimmern;
- **Hotelarzt-Service,** d. h., der Vertragsarzt des Hotels kommt notfalls auch nachts zu Hotelgästen;
- **Wellness-Abteilung** im Hotel;
- **Masseur/-in im Haus;**
- **Telefax-Gerät** zum Fax-Anschluss auf dem Zimmer;
- **Mobilfunk-Handys,** um ständig erreichbar zu sein;
- **Transfer- und Shuttle-Service,** z. B. zum Bahnhof, Flughafen, Golfplatz;
- **Animation und Rahmenprogramm** sowie Freizeiteinrichtungen zur Unterhaltung der Gäste.

Abb. 1 Schuhputz-Service

Weckservice

Gäste, die geweckt werden möchten, lassen sich auf einer täglich an der Rezeption geführten Weckliste (siehe Abb. 2) eintragen. Die Gäste werden zur gewünschten Uhrzeit von einer Telefonistin telefonisch geweckt. Dabei sollte auf einen freundlichen Tonfall geachtet werden. Sollte der Gast trotz wiederholter Anrufe nicht antworten, so ist die Hausdame zu benachrichtigen.

Beispiel: „Guten Morgen, Herr Meier, es ist 7:00 Uhr. Sie wünschten geweckt zu werden!"

Weckliste										Datum: 28.3.XX	
6^{00}	6^{15}	6^{30}	6^{45}	7^{00}	7^{15}	7^{30}	7^{45}	8^{00}	8^{15}	Sonstige Zeit:	Zi. Nr.:
320	101	204	102	326		206		110		5^{30}	112
321		209	103	210		207				8^{30}	208
322		201		115		208				5^{45}	114
323		325				202				9^{00}	305
324		104									

Abb. 2 Beispiel einer Weckliste

Aufbewahrung von Wertsachen durch das Hotel/
Storage of valuables by the hotel

Datum/*Date*	Uhrzeit/*Time*	Unterschrift des Gastes/*Guest signature*	Unterschrift des Kassierers/*Cashier signature*

Unterschrift des Gastes und Kassierers sind vor der Öffnung notwendig./*The guest and cashier must sign every time the safe is opened.*

Ich bestätige hiermit die Richtigkeit des zurückerhaltenen Safe-Inhaltes./
I hereby confirm that the contents of the safe returned to me were correct.

Datum/*Date*	Unterschrift/*Signature*

Schlüssel zurückerhalten/*Key returned*

Datum/*Date*	Unterschrift/*Signature*

Der Unterzeichner bestätigt, von folgender Erklärung des Hotels Kenntnis genommen zu haben: Die Aufbewahrung von Wertsachen (Geld, Wertpapiere und Kostbarkeiten) durch das Hotel kann im Hotelsafe grundsätzlich bis zu einem Höchstwert von EUR 30.000,– erfolgen. Falls die Aufbewahrung höherwertiger Gegenstände erwünscht wird, ist eine gesonderte Vereinbarung mit der Hoteldirektion erforderlich.
The undersigned confirms his or her acknowledgement of the following declaration by the hotel: In principle, the hotel can store valuables (cash, securities and valuable objects) in the hotel safe only up to a maximum value of EUR 30.000. Should customers wish to store objects of higher value, a special agreement must be made with the hotel director.

PART OF THE nh WORLD

www.nh-hotels.com

Abb. 3 Aufbewahrungsschein für Wertsachen im Hotelsafe

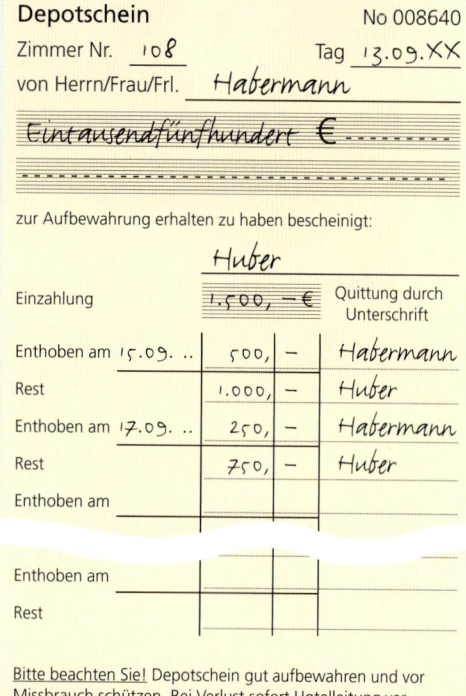

Depotschein No 008640

Zimmer Nr. _108_ Tag _13.09.XX_

von Herrn/Frau/Frl. _Habermann_

Eintausendfünfhundert € --------

zur Aufbewahrung erhalten zu haben bescheinigt:

	Huber	
Einzahlung	_1.500,– €_	Quittung durch Unterschrift
Enthoben am _15.09._ ..	_500,–_	_Habermann_
Rest	_1.000,–_	_Huber_
Enthoben am _17.09._ ..	_250,–_	_Habermann_
Rest	_750,–_	_Huber_
Enthoben am		

Enthoben am		
Rest		

<u>Bitte beachten Sie!</u> Depotschein gut aufbewahren und vor Missbrauch schützen. Bei Verlust sofort Hotelleitung verständigen, damit Zahlungen an Unbefugte verweigert werden.

Abb. 1 Beispiel eines Depotscheines

Abb. 2 Hotel-Tresor mit Schließfächern

Zimmerwechselbeleg Datum _17.09.XX_

Herr/Frau/Frl. _Habermann_ wechselt von Zi.-Nr.: _108_
(Name des Gastes)

in Zimmer-Nr. _317_

Das Changement bestätigt _____ _Liebig_
(Journalführer)

Etagenkellner _He_ Z-Mädchen d. alten Zi. _Lei_

Etagenhausdame _Horn_ Z-Mädchen d. neuen Zi. _Lei_

Portier _Voll_ Restaurant _Sim_

Telefonzentrale _Li_ Bar _Am_

Bestätigung des Frontbüros _____ _Henn_
Empfangschef

Abb. 5 Zimmerwechsel-Beleg

Wertsachen aufbewahren – Depot

Laut Gesetz haben Übernachtungsgäste das Recht, dem Hotel Geld und Wertsachen zur sicheren Aufbewahrung in einem Safe zu übergeben. Zur Kontrolle werden die deponierten Gegenstände in ein Depotscheinbuch eingetragen. Der Gast erhält den Original-Depotschein als Quittung, die Rezeption behält den Durchschlag im Buch. Bei Teilentnahmen aus dem Depot wird der Gast um seinen Originalschein gebeten. Darauf und auf dem Durchschlag werden die Eintragungen berichtigt und der neue Depotstand wird quittiert. Wenn das Depot aufgelöst wird, muss der Gast den Erhalt auf dem Original-Schein quittieren. Der Schein bleibt dann am Empfang und wird an den Durchschlag im Buch geheftet.

Zimmersafes

Um diesen Aufwand zu umgehen, sind viele Hotels dazu übergegangen, den Gästen im Zimmer eigene Safes anzubieten. Diese Safes können mit einem Zahlencode oder mit dem Code des Magnetstreifens auf der Kreditkarte des Gastes programmiert werden.

Hotelsafe mit Schließfächern

Viele Hotels verfügen über Safes mit Schließfächern, die für Gäste-Depots kostenlos bereitstehen. Die einzelnen Schließfächer sind mit Bankschließfächern vergleichbar, sind nummeriert und verfügen über zwei Schlösser. Ein Schlüssel ist für den Gast, den anderen hat der Empfangschef oder sein Stellvertreter/Schichtführer.

Wenn ein Gast ein Schließfach erhält, wird ihm mit dem Schlüssel ein Fach-Ausweis mit den Nutzungs- und Haftungsbedingungen ausgehändigt. Im Schließfachbuch werden Schließfachnummer, Zimmernummer, Name des Gastes sowie das Abreisedatum eingetragen. Bei Abreise wird das Schließfach durch den Gast geleert, der Schlüssel wird vom Hotel einbehalten.

Abb. 3 Zimmersafe

Abb. 4 Hotelsafe mit Schließfächern

Zimmerwechsel

Nicht immer erhalten alle Gäste bei ihrer Ankunft gleich das Zimmer, das sie sich wünschten, da dieses noch belegt ist. Deshalb und aus anderen Gründen kann es vorkommen, dass Gäste vom Angebot eines Zimmerwechsels (Umzug) gerne Gebrauch machen. Der Zimmerwechsel wird über die Hausdame organisiert. Der Empfang wird die Änderung in seinem System verbuchen und die anderen Abteilungen darüber informieren.

5.2 Fremdenverkehrsangebote der Umgebung

🇬🇧 tourist attractions of the region 🇫🇷 attractions (w) touristiques de la région

Zu einer guten Gästeberatung und -betreuung zählt auch, dass die Empfangsmitarbeiter das touristische Angebot und die Sehenswürdigkeiten der Region selbst kennen und darüber Auskunft geben können. Mit Hilfe von griffbereiten Flugblättern, Werbebroschüren und Katalogen der Fremdenverkehrsämter wird die Beratung unterstützt und wesentlich erleichtert.

Das touristische Angebot einer Region kann in folgende Bereiche unterteilt werden:

- den **Gesundheits- und Wellness-Bereich,** z. B. Kureinrichtungen, Thermalbad, Sauna, Dampfbad, Massage, Beauty-Farm;
- den **sportiven Bereich,** z. B. Ski-Abfahrten, Langlaufloipen, Eissport-Hallen, Radwanderwege, Kajak-Strecken, Jogging-Routen, Wanderwege, Schwimmbäder, Badeseen, Tennishallen, Squash-Courts, Golfplätze, Manager-Parcours, Kletterwände;
- den **kulturellen Bereich,** z. B. Festspielwochen-Programm, Opern, Konzerte, Schauspiel, Bauerntheater, historische Aufführungen (Son et lumière), Vorträge, Filme, Dichterlesungen, Kabarett, Museen, Kunst-Ausstellungen, Volksfeste;
- den **Bereich der Sehenswürdigkeiten,** z. B. Burgen, Schlösser, Städte, Kirchen, Klöster, Nationalparks, Baumwipfel-Pfade, Naturschönheiten, Freilichtmuseen, historische Gebäude und archäologische Stätten (Ausgrabungen).

Die Interessen der unterschiedlichen Gästekreise eines Hotels können teils sehr verschieden, teils auch identisch sein.

Um die Nachfrage anzuregen, schnüren viele Hotels Pauschalpakete und beziehen das touristische Angebot der Region mit ein. (Siehe Beispiel „Packages", im Kapitel Marketing, ab S. 512).

Abb. 1 Saunabesuch

Abb. 2 Auf dem Golfplatz

● **Daraus folgt:**
Ein gutes Empfangsteam wird sich auf seine Zielgruppen einstellen und versuchen, möglichst alle Wünsche zu berücksichtigen.

Abb. 3 Manager-Parcours

Abb. 4 Historische Aufführung

FERIENTAGEBUCH

Traube Griesbach

Juli
29.–30. Schlank und fit in den Sommer
Mountainbiking über Berg und Tal
06.–10. Vinotheka · Bridge-Woche
13.–17. Wanderwoche mit Förster Grasser
20.–24. Traube Griesbach Open-Golf total
27.–31. Regeneration, Gesundheit und Fitness, Gemeinsamer Urlaubsspaß für groß und klein

- Jugendfußballtraining mit einem Nationalspieler
- Radtouren, Wanderungen und Ausflüge für die ganze Familie
- Kinder- und Jugendgolf
- Tennistraining für Kids und Teenies
- Tanzworkshop mit Jana
- »Auf Meister Eders Spuren« – Besuch in der Schreinerwerkstatt
- Tanzabende
- Grillen am Lagerfeuer
- Südländische Terrassen-Abende
- Poolparties
- Exkursion und Natur pur in verschiedenen Naturschutzgebieten

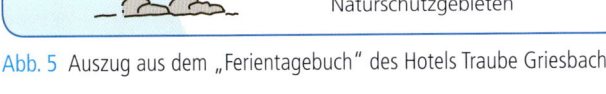
Abb. 5 Auszug aus dem „Ferientagebuch" des Hotels Traube Griesbach

5.3 Reklamationsbehandlung

🇬🇧 dealing with complaints 🇫🇷 traitement (m) des réclamations

Abb. 1 Empfangschef

Im Empfangsbereich kommt es öfter als in anderen Abteilungen vor, dass sich Gäste über Dinge beschweren, die nicht die eigene Abteilung betreffen. Beispielsweise wird über fehlende Handtücher im Badezimmer geklagt, dass das Etagenfrühstück zu spät serviert wurde oder dass der Frühstückskaffee nicht geschmeckt habe.

Empfangsangestellte sind in den Augen vieler Gäste die zuständigen Ansprechpartner für solche Fälle und werden als eine Art „Vertreter des Hauses" betrachtet. Deshalb liegt bei den Rezeptions-Mitarbeitern oftmals die Aufgabe, Reklamationen entgegenzunehmen. Sie haben die besondere Verantwortung für eine effiziente Reklamationsbehandlung.

Abb. 2 Professionelle Reklamationsbehandlung

Abb. 3 Sofortige Erledigung mit Entschuldigung

Sollten sich zum Zeitpunkt der Beschwerdeführung mehrere andere Gäste am Empfang aufhalten, so empfiehlt es sich, den unzufriedenen Gast vom Tresen weg zu einer Sitzgruppe zu bitten und ihm dort einen Platz anzubieten. Andere Gäste sollten die Reklamation nicht unbedingt mitbekommen.

Das Gespräch im Sitzen zu führen, trägt dazu bei, die Atmosphäre zu entspannen und die Stimmung etwas zu verbessern. Bei der weiteren Vorgehensweise sollten die bereits beschriebenen **„10 Empfehlungen bei Reklamationen"** beachtet werden. Selbstverständlich sind diese auch bei Beschwerden am Empfang gültig und anwendbar. (Siehe auch „Reklamationen" im Kapitel „Beratung und Verkauf im Restaurant", ab Seite 378.)

Schwerwiegende Reklamationen sollten grundsätzlich vom Empfangschef, vom Direktions-Assistent oder vom Direktor behandelt werden.

> Und vergessen Sie nicht: Jede Reklamationsbehandlung sollte als Chance zur Werbung um den Gast angesehen werden.

Abb. 4 Abteilungsleiter-Besprechung (Nachträgliche Erörterung)

6 Check-out – Abreise

🇬🇧 check-out – departure 🇫🇷 départ (m)

Die letzten direkten Kontakte, die die Gäste zum Hotel und seinen Mitarbeitern haben, finden meist beim „Auschecken" an der Rezeption statt. Bei dieser Gelegenheit wird der letzte Eindruck eines Gastes vom Hotel geprägt. Deshalb ist es besonders wichtig, dass die Gäste freundlich, kompetent und schnell bedient werden.

> ● Der erste Eindruck ist der wichtigste, der letzte Eindruck ist der bleibende!

Zum vollständigen „Auschecken" bei Abreisen zählen folgende Tätigkeiten:
- die Gäste mit dem Tagesgruß begrüßen,
- den Namen und die Zimmernummer des Gastes prüfen,
- nach dem letzten Verzehr (z. B. aus der Minibar oder Frühstücks-Extras) und genutzten Service-Einrichtungen (z. B. Telefon) fragen,
- prüfen, ob noch Restanten auf die Zimmerrechnung zu buchen sind,
- die aktualisierte Zimmerrechnung mit den Belegen dem Gast zur Überprüfung vorlegen,
- die Art des Rechnungsausgleichs klären, z. B. durch Barzahlung oder Kreditkarte,
- den Rechnungsausgleich durchführen,
- den Gast an sein Safe-Schließfach/Depot erinnern,
- den Gast um seinen Zimmerschlüssel bitten,
- die Hilfe des Hausdieners für den Gepäcktransport anbieten,
- dem Gast für seinen Aufenthalt im Hotel danken, ihm eine „Gute Reise" wünschen und ihn freundlich verabschieden,
- die Abreise in den Unterlagen vermerken, das System aktualisieren und eventuell – je nach System – die anderen Abteilungen informieren.

Abb. 1 Gepäck-Service bei der Abreise

7 Abrechnungsvorgänge

🇬🇧 settlement of accounts 🇫🇷 liquidation (w)

Barzahlung

Der Rechnungsausgleich mit Bargeld ist für den Kassierer am einfachsten. Er muss sich lediglich davon überzeugen, dass Bargeldsumme und Rechnungsbetrag übereinstimmen und dass das Geld echt ist (z. B. Wasserzeichen, Sicherheitsstreifen, Infrarot-Test). Dies geschieht unauffällig und nur im Verdachtsfall.

Abb. 2 Barzahlung zum Rechnungsausgleich

Hotelvoucher

Bei Reisebüro-Gästen und Reisegruppen ist es üblich, den Hotelvoucher schon bei der Anreise zu verlangen. Spätestens beim „Auschecken" müsste dies jedoch geschehen. Hotelvoucher werden wie Bargeld behandelt. Das Gleiche gilt für hotelgruppeninterne Geschenkgutscheine.

Reisegesellschaften werden schon am Vorabend der Abreise über den Reiseleiter gebeten, ihre Extras (z. B. Telefon, Minibar) zu begleichen. Das hilft, Staus an der Kasse am Abreisetag zu vermeiden.

Abb. 3 Hotel-Voucher

Electronic Cash

Die Gäste bezahlen mit ihrer Bankkarte (Maestro) unter Eingabe ihrer persönlichen Identifikationsnummer (**PIN** „Geheimnummer"). Voraussetzung für dieses Verfahren ist der Anschluss des Hotels mit einem Terminal an das Datennetz der Banken.

Der **Zahlungsvorgang** läuft wie folgt ab:
- Der Kassierer gibt den Zahlungsbetrag in die Kasse ein.
- Der Gast steckt seine Karte in den Kartenleser (Terminal).
- Der Gast bestätigt den Zahlungsbetrag per Terminal.
- Der Gast gibt seine PIN in das Terminal (z. B. Wirecard) ein.
- Die Online-Überprüfung und Autorisierung des Vorgangs erfolgt durch die kontoführende Bank.
- Die Bestätigung der Ordnungsmäßigkeit erfolgt mit dem Vermerk „Zahlung erfolgt" auf dem Terminal.
- Die Quittung mit allen für den Gast notwendigen Informationen wird ausgedruckt.

Die **Abbuchung** erfolgt noch am selben Tag vom Girokonto des Gastes. Nach dem Datenabgleich der beteiligten Banken erhält das Hotel die entsprechende Gutschrift auf dem Bankkonto, oftmals noch am selben Tag.

Reisescheck   🇬🇧 traveller's cheque 🇫🇷 chèque (m) de voyage (m)

Auf jedem Reisescheck ist der Wert mit der dazugehörigen Währung (z. B. €, US$, £, ¥, SFR) gedruckt. Der Käufer leistet beim Kauf, unter Aufsicht der ausstellenden Bank, auf jedem Reisescheck seine Unterschrift.

Beim Einlösen im Hotel muss:
- der Gast vor den Augen des Kassierers ein zweites Mal unterschreiben;
- der Kassierer beide Unterschriften auf Übereinstimmung hin überprüfen. Im Zweifelsfall muss der Kassierer den Gast bitten, sich mit seinem Reisepass auszuweisen.

Abb. 1 Electronic-Cash-Terminal

Abb. 2 Traveller's cheque

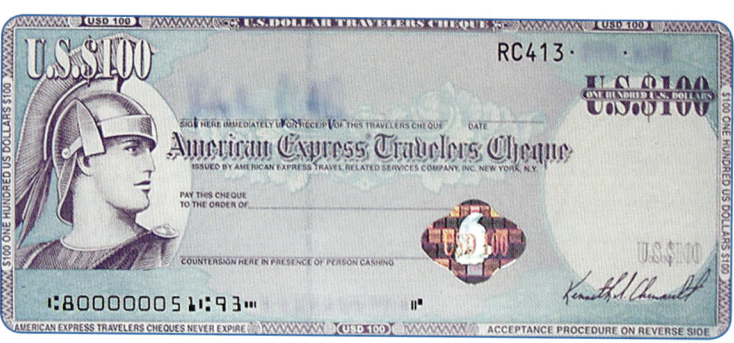

Abb. 3 Reisescheck

Kreditkarten   🇬🇧 credit cards 🇫🇷 cartes (w) de crédit (m)

Wenn ein Gast seine Rechnung mit Kreditkarte begleichen möchte, sind einige Punkte von Bedeutung. Als Erstes muss geprüft werden, ob das Hotel mit dem Kreditkarten-Unternehmen einen Vertrag hat.

Es können nur Kreditkarten von Vertragspartnern des Hotels zur Rechnungsbegleichung anerkannt werden. Fremde Karten, d. h. ohne Vertrag mit dem Hotel, werden nicht akzeptiert.

Abb. 4 Kreditkarten und Maestro-Bankcard

Ist das Hotel an ein elektronisches Terminal angeschlossen, so übernimmt der Computer die Gültigkeitsprüfung der Karte. Es genügt, die Kreditkarte durch den Schlitz des Magnetkartentelefons (z. B. Makatel) oder Kartenlesegeräts zu ziehen und den Rechnungsbetrag einzugeben. Das Gerät stellt eine Verbindung zum Rechenzentrum des Kartenunternehmens her. Das System überprüft die Kreditwürdigkeit und die Gültigkeit des Zahlungsvorgangs.

Abb. 1 Kreditkarten-Lesegerät

Ist dies der Fall, so druckt das Gerät einen Abrechnungsstreifen mit Durchschlag aus. Der Gast kann den Belastungsbetrag überprüfen und muss nun den Beleg unterschreiben. Der Kassierer vergleicht die Unterschrift mit der auf der Kreditkarte und gibt die Karte mit dem Original-Abrechnungsstreifen dem Gast. Die Durchschrift bleibt dem Hotel. Der Gast erhält die quittierte Hotel-Rechnung.

Am häufigsten sind auf dem europäischen Markt folgende Unternehmen vertreten (in alphabetischer Reihenfolge):
- American Express (USA),
- Barclaycard New Visa (GB),
- Carte Bleue Visa (F),
- Diner's Club (USA),
- JCB (JAP),
- MasterCard (USA),
- Visa (USA).

Abb. 2 Kreditkarten-Logos

Ausfallrechnung

Wenn ein reserviertes Zimmer nicht genutzt wird oder wenn ein storniertes Zimmer nicht anderweitig vermietet werden konnte, so kann der Hotelier **Schadensersatz-Ansprüche** für die gebuchte Zeitdauer geltend machen.

Die **Forderungshöhe** ist laut den Richtlinien des DEHOGA – und der allgemeinen Rechtsprechung – wie folgt geregelt:
- Bei Zimmerreservierungen mit Frühstück können **80 % des reinen Übernachtungspreises,** d. h. ohne das Frühstück, berechnet werden.
- Bei Halbpensions-Vereinbarungen können **70 % des Halbpensionspreises** (= Ü/F + HP) in Rechnung gestellt werden.
- Bei Vollpensions-Vereinbarungen können **60 % des Vollpensionspreises** (= Ü/F + VP) berechnet werden.

www.dehoga-bundesverband.de

Abb. 3 DEHOGA-Logo

Nicht in jedem Fall ist es jedoch ratsam, dieses Recht zu beanspruchen, denn wer möchte sich schon seine Kontakte zu potenziellen Geschäftspartnern oder Stammgästen verderben.

Getrennte Rechnungen – Rechnungssplit

Bei Tagungsgästen und Firmenveranstaltungen kommt es häufig vor, dass nur die Zimmer-Rechnungen der Tagungsteilnehmer vom Veranstalter übernommen werden, dass jeder private Verzehr (z. B. Hotel-Bar, Telefonate, Minibar) von den Teilnehmern selbst zu begleichen ist. In solchen Fällen werden verschiedene Rechnungen angelegt und am Empfang geführt.

Debitoren-Rechnungen

Zimmer- oder Veranstaltungs-Rechnungen, die dem Gast bzw. einer Firma zugeschickt und dann überwiesen werden, nennt man Debitoren.

Abb. 4 Ausfallrechnung

Abb. 1 Rechnungserstellung bei einem Front-Office-System

8 Fremdsprachliche Fachbegriffe am Empfang

🏴󠁧󠁢󠁥󠁮󠁧󠁿 technical terms at the front office 🇫🇷 termes (w) de métier (m) à la réception

Fachbegriffe

à conto Haus	Auf Rechnung des Hauses
adjoining rooms	Zwei nebeneinander liegende Hotelzimmer (ohne Verbindungstüren)
airline rate	Ein reduzierter Zimmerpreis für Angestellte von Fluggesellschaften
all-in/all-in price/all-in rate	Gesamtpreis, Pauschalpreis für die vereinbarten Hotelleistungen
alteration of booking	Reservierungsänderung
amenities/guest supplies	Zusätzliche Annehmlichkeiten/ Gästeartikel wie z. B. Hausschuhe, Duschhaube, Nagelfeile
american plan	Übernachtung mit Vollpension
apartment/appartement	Geräumiges Hotelzimmer mit kleiner Küche zur Selbstversorgung
approval code	Genehmigungsnummer für einen Kreditkarten-Abrechnungsvorgang
arrangement	Gesamtpreis für verschiedene Hotelleistungen, z. B Übernachtung, Halbpension und Garagenstellplatz

Fachbegriffe

arrival/arrivé	Ankunft, Anreise
ATM automated teller machine	Geldautomat
availability	Verfügbarkeit, z. B. gilt ein Angebot solange wie der Vorrat reicht
average (achieved) room rate	Durchschnittlich erzielter Zimmerpreis
back-office	Empfangsbereich für Verwaltungsarbeit
back to back	Abreise und Anreise von Gruppen oder Reisegesellschaften am selben Tag
blacklist guest	Gast, der auf der „Schwarzen Liste" steht, d. h. er wird von der Hoteldirektion nicht mehr im Hotel als Gast gewünscht
box office	Dienstleistung des Portiers, um Eintrittskarten z. B. für Oper, Theater, Kino zu besorgen
breakeven point	Gewinnschwelle, Kostendeckungspunkt
Brutto-Raten	Preisvereinbarungen mit Provisionsverpflichtung
Buchungsserie/Gruppenserie	Buchungen, welche an aufeinander folgenden Daten gleiche Vereinbarungen haben
budget	Haushaltsplan in Bezug auf Umsatz, Kosten etc.
cancellation	Stornierung/Absage einer Reservierung
cancellation fee	Stornogebühr
cash payment	Barzahlung
chance guest	Übernachtungsgast, der ohne Reservierung im Hotel wohnt
changement	Zimmerwechsel/Umzug eines Gastes. Hierzu wird ein Laufzettel erstellt und von den betreffenden Abteilungen abgezeichnet
check-in/arrival	Anreise und Anmeldung des Hotelgastes
checkout/departure	Abreise, Abrechnung und Abmeldung des Hotelgastes
checkout time	Festgelegter Zeitpunkt zur Räumung des Hotelzimmers
closed dates	Innerhalb der Kontingentpflege können Buchungen für bestimmte Termine gesperrt, herausgenommen bzw. unterbunden werden
commission	Vermittlungsgebühr oder Provision an ein Reisebüro oder einen Reiseveranstalter für vermitteltes Geschäft
communicating rooms	Zwei nebeneinanderliegende Zimmer mit Verbindungstüren
company rate	Reduzierter Übernachtungspreis für Firmenangehörige
complaint	Beschwerde, Reklamation
concierge	Hotelportier
confidential rate	Vertraulicher Preis, ein in der Regel nicht veröffentlichter Preis
confirmation of booking	Schriftliche Reservierungs-Bestätigung
confirmed booking	Schriftlich oder mündlich bestätigte Zimmerreservierung
connecting rooms	Angrenzende Zimmer mit Verbindungstüren

Abb. 1 ATM/Geldautomat

Fachbegriffe

consortias	Zusammenschlüsse unabhängiger Reisebüros, Reisebüro-Vereinigungen – wie z. B. American Express, DER-Dertours, JTB-Japan Travel Bureau, Navigant Inernational, Rosenbluth, THOR Travel Services, Travelsavers
consortia rate	Günstiger Zimmerpreis, der bei großem Buchungsvolumen einem Zusammenschluss von Reisebüros oder auch Reiseveranstaltern eingeräumt wird.
continental plan	Übernachtung mit Frühstück
convention	Kongress, große Versammlung
convertible sofa	Ausziehbare Couch
corporate rate	Reduzierter Zimmerpreis für Firmenangehörige und Geschäftspartner einer Firma
cot	Baby- bzw. Kinderbett
credit	Guthabensbuchung auf einem Gästekonto/ Zimmerrechnung, aufgrund einer geleisteten Vorauszahlung oder Anzahlung
CRS/central reservation services	Zentrale Reservierungsdienste. Anbieter und Vermarkter „sammeln" im CRS die Daten (Informationen, Raten, Verfügbarkeiten) einzelner Hotels und stellen vom CRS ggf. die Anbindung an die GDS her.
CTD/corporate travel departments	Firmenreisestellen
day let/day use	Zimmer oder Salon, das/der tagsüber für Besprechungen vermietet wird
day rate	Zimmerpreis für eine Tagesbelegung
daily report	Tagesbericht
dead line/18.00 h Reservierung	Zeitliche Reservierungsgrenze einer nicht garantierten Reservierung (Zeitpunkt des Verfalls einer Option)
Debitor	Forderung des Hotels gegenüber abgereisten Gästen oder Firmen, meist eine unterschriebene Zimmer- oder Veranstaltungs-Rechnung
delayed charge	Nachträgliche Belastung bei Kreditkarten-Abrechnung
departure/départ	Abreise
deposit/deposit payment	Anzahlung/Vorauszahlung für eine Reservierung
Depot/deponieren	Sicherheitsfach/Gästewertsachen zur Sicherungsverwahrung in den Hotelsafe geben
Disagio	Prozentuale, umsatzbezogene Bearbeitungsgebühr/einbehaltener Kommissionsbetrag (z. B. 2,5 % bis 4 % des Rechnungsbetrags) durch ein Kreditkartenunternehmen
equipment	Ausstattung, meist technische Geräte im Tagungsbereich
european plan	Reiner Übernachtungspreis – ohne Frühstück oder Mahlzeiten
express checkout	Express-Abreiseservice mit Hilfe eines Formulars zum Rechnungsausgleich mit einer Kreditkarte
femme de chambre	Zimmerfrau, Zimmermädchen auf der Etage
folio	Gäste-Zimmerrechnung, auf der jeglicher Verzehr gebucht wird
follow up	Geschäftskontakt wieder aufnehmen
forecast	Vorschau, z. B. auf die Belegung

Fachbegriffe

free boarding/free lodging	Freiplätze bei Gruppenreisen, z. B. für Busfahrer, Reiseleiter
french bed/grand lit	Französisches Bett für einen oder zwei Gäste, mindestens 140 cm x 190 cm, mit durchgehender Matratze, einer großen Decke und einer langen Nackenrolle
free of charge	Leistung/en ohne Berechnung
Frequenz/occupancy	Belegung, Auslastung
function sheet/avis	Umlaufformular für bestellte Veranstaltungen im Bankettbereich
GDS/global distribution systems	Ursprünglich als internationale Reservierungssysteme der Airlines in Zusammenarbeit mit Reisebüros eingesetzt, können heute auch Hotels, Mietwagen und Bahnfahrkarten gebucht werden. Die GDS sind: Amadeus, Galileo/Travelport, Worldspan/Travelport, und Sabre.
group rate/flatrate	Reduzierter, im Voraus ausgehandelter Zimmerpreis für Reisegruppen/Einheitspreis
guaranteed booking	Feste Reservierung, bei der die Bezahlung – z. B. per Kreditkarte – vorab garantiert ist, auch wenn der Gast ausbleiben sollte.
half board	Halbpension
handicapped/disabled person	Behinderter Gast, oftmals ein Rollstuhlfahrer
Hoteljournal	Erfassung der Hotelleistungen in der Empfangsbuchhaltung, Grundlage zur Rechnungserstellung
Hotelkooperation	Freiwilliger Zusammenschluss rechtlich selbstständiger Hotels unter einer Marke, (z. B. LHW- Leading Hotels of the World, Romantik Hotels, Summit Hotels, Best Western Hotels), zum Zweck der über-betrieblichen Zusammenarbeit z. B. in Marketing, Einkauf, Vertrieb.
IATA	„International Air Transport Association", Internationaler Verband der Linienluftverkehrsgesellschaften
IDS/internet distribution systems	Internet-Reservierungsgesellschaften, wie z. B.: HRS.de, hotel.de, booking.com, expedia.de, venere.com
imprinter	Manuelle Prägemaschine für Kreditkarten-Belastungsbelege
incentive trip	Bonusreise als Belohnung für besondere Leistungen
inclusive tour	Pauschalreise, beinhaltet die Kosten für die Reise, den Hotelaufenthalt, die Vollpension und eventuelle Sonderleistungen
incoming agency	Inländisches Reisebüro für ausländische Reisegruppen/-veranstalter
interleading rooms	Nebeneinander liegende Zimmer mit Verbindungstüren
interliner/liner/crew	Mitarbeiter einer Fluggesellschaft
junior suite	Größeres Hotelzimmer, bestehend aus abgetrenntem Wohn- und Schlafbereich, Badezimmer (= kleine Suite)
Kapazität	Anzahl der Zimmer bzw. Anzahl der Betten eines Hotels
Kassenmanko	Kassenfehlbetrag
Kategorie	Zuordnung/Klassifizierung eines Hotelzimmers
Kategorie-Reservierung	Zimmerreservierung innerhalb einer gewünschten Kategorie, z. B. „Einzel/Bad/WC" (ohne eine bestimmte Zimmernummer)

Fachbegriffe

key card	Zimmerausweis/Zimmerpass oder Schlüsselkarte/Schließkarte
king size bed/grand lit	Extra großes Bett (Länge 200 cm x Breite: 220/240 cm)
Kommission	Rechnungsabzug eines Kreditkartenunternehmens für seine Dienste, z. B. 2,5 % bis 4 % des Rechnungsbetrags
Kontingent	Vertraglich festgelegte Zimmeranzahl, die das Hotel einem Vermittler, z. B. Reiseveranstalter, zur Vermietung überlässt.
Kurtaxe	Kur- oder Fremdenverkehrs-Förderungsabgabe, die vom Hotel bei Übernachtungsgästen pro Übernachtung zu erheben ist. Sie ist an die Gemeinde-/Kur- oder Stadtverwaltung abzuführen.
lay over/lay over group	Unfreiwilliger Zwischenstopp von Hotelgästen bzw. einer Gästegruppe im Hotel, aufgrund eines nicht freigegebenen Transportmittels, z. B. wegen einer Flugzeug-Reparatur.
LCR – local company rates	Sonderpreise für Firmenangehörige und andere Großkunden
leisure facilities/leisure hotel	Freizeit-Einrichtungen/Freizeithotel
lobby/lounge	Hotelhalle, Bereich mit Sitzgruppen
Logis	Übernachtungspreis ohne Frühstück
luggage/baggage	Gepäck
Makatel/tele cash/ electronic cash	Elektronisches Gerät zur Kreditkarten- und EC-Karten-Abrechnung
master key/passepartout	Generalschlüssel einer Zimmer-Schließanlage
message	Nachricht
minimum rate	Mindestpreis
modified american plan	Übernachtungspreis inklusive Halbpension (meist abends)
mystery guesting	Ein mystery guesting muss von spezialisierten Drittanbietern auf Initiative und Rechnung des Hotels mindestens einmal innerhalb des Klassifizierungszeitraums durchgeführt, ausgewertet und dokumentiert werden. Verdeckte Eigenkontrollen von Hotelketten und Hotelkooperationen werden als gleichwertig betrachtet.
negociated rate	Ausgehandelter Übernachtungspreis mit größeren Kunden
Netto-Raten	Preisvereinbarung ohne Provisionsverpflichtung
no show	Gast, der reserviert hat, aber nicht angereist ist
No-show-Rechnung	Rechnung zur Deckung des Umsatzausfalls
o-o-o/out of order-rooms	Gesperrte Zimmer, z. B. wegen Renovierung oder Reparaturen
Option	Vereinbartes Vorrecht, z. B auf eine Zimmerreservierung
Optionsdatum	Tag, an dem das Vorrecht ohne rechtliche Konsequenzen verfällt
Optionsfrist	Zeitraum, in dem das Vorrecht zur Buchung ausgeübt werden kann
outsourcing	Übertragung von Dienstleistungen an Fremdfirmen
overbooked/overbooking	Überbucht/Überbuchung der Zimmerkapazität
package/package price	Pauschalarrangement, Gesamtpreis für Hotel- und Fremdleistungen

Fachbegriffe

PAX – passengers arrived point X	Tatsächliche Teilnehmerzahl, z. B. einer Reisegruppe
porter/porterage fee	Gepäckträger/Hausdiener, Gepäckträgergebühr
prebooked/prebooking	Vorgebucht, Vorbuchung/Blockierung eines Hotelzimmers, bereits für die vorangehende Nacht, wenn ein Gast das Zimmer schon früh am Morgen beziehen möchte
preferred rate	Reduzierter Preis für bestimmte Gäste oder Firmen
prepayment/prebilling	Vorauszahlung, Vorab-Rechnungserstellung
Provision/commission	Prozentuale, umsatzbezogene Vermittlungsgebühr
queen size bed	Bettkasten mit lose aufliegender Matratze (160/180 cm × 200 cm)
quick check out/express check out	Abrechnungsverfahren für Übernachtungsgäste mit Kreditkarten, ohne lange Wartezeiten an der Hotelkasse
rack rate	Zimmerpreis („Schrankpreis"), der ohne Preisnachlass zu zahlen ist
release time	Zeitpunkt, ab dem über eine Reservierung anderweitig verfügt werden kann
reservation form	Vordruck/Formular zur vollständigen Reservierungsannahme
Restant	Unterschriebene Verzehr-Rechnung eines Übernachtungsgastes, z. B. aus dem Restaurant, die noch nicht bezahlt wurde und auf die Zimmerrechnung gebucht werden soll.
revenue management	Preisdifferenzierungsverfahren zur Ertragsoptimierung
rooming list	Zimmerbelegungsliste mit den Namen der Gruppengäste
room occupancy rate	Zimmerbelegungsquote in Prozent
room sharing/room sharer	Gäste, die sich ein Zimmer teilen, bei getrennten Rechnungen
room status report	Plan mit dem Tages-Belegungszustand eines Hotels, der aufzeigt, welche Zimmer vermietet, reserviert, gesperrt oder verfügbar sind.
sell and report	Verkaufssystem der Reservierungssysteme; das Hotel kann ohne vorangehende Anfrage aus dem bereitgestellten Kontingent gebucht werden.
skip/skipper	Hotelgast, der das Hotel verlassen hat, ohne seine Rechnung zu begleichen/Zechpreller.
sleeper	Übernachtungsgast eines Hotels
stop-over-group	Reisegruppe, die für eine Nacht im Hotel bucht
Stornierung/Annullierung	Absage, Streichung einer Reservierung
Suite/Präsidenten-Suite/VIP-Suite	Großzügig angelegtes, luxuriöses Appartement, mit einem oder zwei Schlafzimmern, Bad oder Bädern, komfortablem Wohnraum/Salon, meistens mit Kitchinette/Teeküche.
switch company	Firma, die die CRS-Daten in das Format der GDS-Systeme konvertiert und diese dann weiterleitet. Weltweit gibt es nur noch zwei Switch-Firmen: „Pegasus" und „Wizcom".
table d'hôte (menu)	Menü(karte) mit mehrgängiger Speisenfolge, mit Wahlmöglichkeit innerhalb der einzelnen Gänge, bei einheitlichem Menüpreis.
tip	Trinkgeld
tour leader	Reiseleiter
tour operator	Reiseveranstalter

Fachbegriffe

trace list	Liste mit Gästewünschen zur Weitergabe an die betreffenden Abteilungen
transfer	Gästetransport z. B. mit dem Hotelbus vom Hotel zum Flughafen
travel agency/travel agent	Reisebüro, Reisebüro-Inhaber oder -Angestellter
traveller's cheques	Reiseschecks
triple occupancy	Dreifachbelegung, d. h., drei Personen teilen sich ein Hotelzimmer
turn-down-service	auch „second service" genannt. Abendlicher zusätzlicher Zimmercheck mit Handtuchtausch, Entfernen der Tagesdecke, Papierkorbleerung etc.
twin beds/twin-bedded room	Zwei Einzelbetten, Zweibettzimmer (Betten auseinander stehend)
twin double/double-double	Zimmer mit zwei Doppelbetten
upgrade	Aufstufung, Gast erhält ein Zimmer der höheren Kategorie, bezahlt aber den Preis der niedrigeren Kategorie
up selling	Verkaufstechnik; den Verkauf in eine höhere Preiskategorie lenken
valet de chambre	Zimmerdiener in französischen Luxushotels
valet parking	PKW-Parkservice für Hotel-/Restaurantgäste durch einen Mitarbeiter
valet service	Reinigungs- und Bügelservice durch Etagen-Mitarbeiter
VAT/value added tax	Gesetzliche Mehrwertsteuer
VIP/very important person	Bezeichnung für einen Gast, den wir mit besonderer Aufmerksamkeit unterbringen, bedienen und betreuen.
VIP-Status	Einteilung nach Wichtigkeit der VIPs
VIP-treatment	Zusätzliche Serviceleistungen für VIP-Gäste im Hotelzimmer, z. B.: Blumenstrauß, Früchtekorb, Pralinen, Flasche Sekt, Begrüßungskarte des Direktors …
visitor's tax	Kurtaxe, Fremdenverkehrs-Förderungsabgabe an die Gemeinde
Volumenbucher/-geschäft	Bezeichnung für Gruppengeschäft
Voucher	Gutschein eines Reisebüros, welcher unterschiedliche Leistungen belegen kann, z. B. ist er ein …
– Reservierungs-Voucher	… Gutschein für eine über das Reisebüro getätigte Reservierung
– deposit voucher	… w. o., mit Angabe der geleisteten Anzahlung
– Gruppenvoucher	… w. o., bei einer Gruppenreservierung
– credit voucher	… w. o., mit im Voraus bezahlten Fixleistungen
– full credit voucher	… w. o., für alle Leistungen, die in Anspruch genommen werden
VPO/visitors paid out	Portier-Auslagen („Durchlaufposten"), um z. B. für von Gästen bestellte Blumen, Zeitungen, Briefmarken usw. zu bezahlen.
walk-in/chance guest	Zufallsgast, Ankunft ohne vorherige Reservierung
walk-out/skip	Einmietbetrüger; Gast der abreist, ohne bezahlt zu haben.
yield management/ revenue management	Software zur simultanen und dynamischen, meist rechnergestützten Preis- und Kapazitätssteuerung. Je nach Nachfrage werden Zimmer günstig, teuer oder mit Bedingungen (Mindestaufenthalt) angeboten.
zip code/postcode	Postleitzahl für eine Adresse

9 Rechtsvorschriften

🇬🇧 laws 🇫🇷 références juridiques (w)

Das Kapitel „Arbeiten im Empfangsbereich" tangiert folgende Gesetze (enthalten auf der Buch-CD):

Kaufvertrag (§§ 433 ff BGB) nennt die vertragstypischen Pflichten des Käufers und Verkäufers;

„Bewirtungsvertrag" ist kein ausdrücklich im Gesetz geregelter Vertrag. Deshalb werden die Vorschriften über den Kaufvertrag (s. o.), Dienstvertrag (§§ 611 ff. BGB), Werkvertrag (§§ 631 ff. BGB), Werklieferungsvertrag (§§ 651 ff. BGB) und u. U. auch über das Mietrecht (§§ 535 ff. BGB) angewendet. Der „Bewirtungsvertrag" beinhaltet weitgehend die Verpflegung des Gastes mit den Pflichten des Wirts und den Pflichten des Gastes.

Haftung des Gastwirts (§§ 701 ff. BGB) für Schäden an eingebrachten Gütern von Übernachtungsgästen; (§ 702) Haftungsgrenzen: Nur bis zum Hundertfachen des Beherbergungspreises für einen Tag, jedoch mindestens bis 600 Euro und höchstens bis 3 500 Euro, bei Geld, Wertpapieren und Kostbarkeiten höchstens 800 Euro.
(§ 702a) Haftungserlass;
(§ 703) Erlöschen des Schadensersatzanspruchs, wenn der Gast den Schaden nicht unverzüglich dem Gastwirt meldet.

Pfandrecht des Gastwirts (§ 704 BGB) an den eingebrachten und pfändbaren Sachen des Gastes für Forderungen aus Vermietung, Verpflegung und für Auslagen, die der Wirt geleistet hat. Siehe auch **Pfandrecht des Vermieters** (§ 562 BGB).

Fund-Bestimmungen (§§ 965 ff. BGB), siehe S. 379 f., Fund im Gastgewerbe

Finderlohn-Regelung (§ 971 BGB), vom Wert der Sache bis 500 Euro: 5 %, vom Mehrwert: 3 %. Bei Tieren stehen 3 % Finderlohn zu. Der Anspruch erlischt, wenn der Fund verheimlicht wird.

Verwahrung/Aufbewahrung (§ 690 BGB). Wird diese unentgeltlich übernommen, so hat der Verwahrer nur für diejenige Sorgfalt einzustehen, welche er in eigenen Angelegenheiten anzuwenden pflegt.

Sperrzeiten-Regelung (§ 18 GastG) gilt für Schank- und Speisewirtschaften; sie kann durch Landesregierungen allgemein festgesetzt oder für einzelne Betriebe verlängert, verkürzt oder aufgehoben werden.

Preisangaben-Verordnung (§ 7) besagt, dass die wesentlichen Zimmerpreise und der Frühstückspreis am Empfang in einem Preisverzeichnis einsehbar sein müssen; Telefongebühren sind in Telefonnähe anzugeben; es sind Inklusivpreise vorgeschrieben.

Reisevertragsgesetz (§ 651a ff. BGB) gilt nur bei Pauschalreisen, die mehrere Reiseleistungen wie z. B. Hotelübernachtung, Verpflegung, Transfers, Reiseleitung, Besichtigungsprogramm usw. in einem Gesamtpreis beinhalten und nur, wenn im Vorfeld ein Vertrag zwischen dem Hotel und dem Reiseveranstalter abgeschlossen wurde. Die Gäste sind verpflichtet, etwaige Mängel unverzüglich ihrem örtlichen Reiseleiter zu melden, sodass Abhilfe geschaffen werden kann. Leistet der Reiseveranstalter nicht innerhalb einer angemessenen Frist Abhilfe, so kann der Reisende selbst Abhilfe schaffen und Ersatz der erforderlichen Aufwendungen verlangen. Bei erheblichen Mängeln, bei erfolglosem Verlangen nach Abhilfe und bei höherer Gewalt besteht das Recht auf Kündigung des Reisevertrages (siehe § 651 f. BGB).

Weitere Gesetze
(bereits im Kapitel „Wirtschaftsdienst – Hausdamenabteilung", S. 574, angesprochen)

Haftung aus unerlaubten Handlungen (§ 823 BGB), Schadensersatzpflicht. Wesentliche Aussage: Wer vorsätzlich oder fahrlässig das Leben, den Körper, die Gesundheit, die Freiheit, das Eigentum oder ein sonstiges Recht eines anderen widerrechtlich verletzt, ist dem anderen zum Ersatze des daraus entstehenden Schadens verpflichtet.

Haftung für den Erfüllungsgehilfen (§ 278 BGB), Verantwortlichkeit des Schuldners für Dritte. Der Schuldner hat ein Verschulden seines gesetzlichen Vertreters und der Personen, deren er sich zur Erfüllung seiner Verbindlichkeit bedient, im gleichen Umfange zu vertreten wie eigenes Verschulden.

Haftung für den Verrichtungsgehilfen (§ 831 BGB): Wer einen anderen zu einer Verrichtung bestellt, ist zum Ersatze des Schadens verpflichtet, den der andere in Ausführung der Verrichtung einem Dritten widerrechtlich zufügt.

1 Nennen Sie 10 Aufgaben, die von der Empfangsabteilung ausgeführt werden.

2 Welche drei Faktoren bestimmen die Größe, den personellen Aufbau und den Grad der Arbeitsteilung einer Hotelrezeption?

3 Für welche Tätigkeiten und Aufgabenbereiche ist der Empfangschef eines großen Hotels zuständig?

4 Wie lauten die deutschen Begriffe für folgende Berufsbezeichnungen von Empfangsmitarbeitern: Bell captain, Bell boy, Cashier, Night auditor, Porter, Operator, Reservation clerk?

5 Nennen Sie drei Beispiele für gesetzlich vorgeschriebene Vordrucke, die im Empfangsbereich und in der Beherbergungsabteilung benutzt werden.

6 Geben Sie 10 Beispiele für Hilfsmittel, die für Auskünfte und Dienstleistungen am Empfang verwendet werden.

7 Nennen Sie fünf Beispiele für Kommunikationsmittel, die an der Hotel-Rezeption eingesetzt werden.

8 Erklären Sie mit vier Beispielen, warum elektronische Organisationsmittel am Empfang dazu beitragen können, die Arbeit zu rationalisieren.

9 Wie kommt ein Beherbergungsvertrag zustande?

10 Wozu sind Hotelier und Gast bei einer bestehenden Reservierung verpflichtet?

11 Nennen Sie je drei Beispiele für direkte und für indirekte Reservierungen.

12 Welche Vorteile und welche Nachteile hat die Zusammenarbeit mit Reisebüros?

13 Nennen und erklären Sie drei herkömmliche hotelinterne Reservierungssysteme.

14 Entwerfen Sie ein Formblatt, das zur vollständigen Annahme von Zimmer-Reservierungen verwendet werden kann.

15 Welche Vorbereitungen treffen Empfangschef und Hausdame bei VIP-Ankünften?

16 Wozu dient die Gäste-Kartei/guest history am Empfang?

17 Beschreiben Sie die beim Check-in anfallenden Arbeiten der Empfangsmitarbeiter.

18 Welche Bedeutung hat der erste Eindruck eines Gastes vom Hotel?

19 Geben Sie sechs Beispiele für Serviceleistungen des Empfangs für Hotelgäste.

20 In welche Bereiche/Gruppen kann man das Fremdenverkehrs-Angebot einer Region einteilen?

21 Erklären Sie, welche Bedeutung das regionale Fremdenverkehrs-Angebot für einen dort angesiedelten Hotelbetrieb hat und wie dieses genutzt werden kann.

22 Warum beschweren sich Gäste meistens am Empfang über die Unzulänglichkeiten in anderen Abteilungen?

23 Wie verhalten Sie sich bei einer schwerwiegenden Reklamation eines Hotelgastes?

24 Welche Tätigkeiten zählen zum vollständigen „Auschecken" eines Gastes durch die Empfangsabteilung?

25 Nennen Sie fünf mögliche Arten/Zahlungsweisen für den Hotelrechnungs-Ausgleich.

26 Was ist ein Makatel, wozu dient es?

27 Welche Punkte sind beim Einlösen eines Reiseschecks/Traveller's cheque zu beachten?

28 Erklären Sie den Unterschied zwischen Restant und Debitor.

Aufgaben

PROJEKT

Anreise und Aufenthalt einer Reisegruppe

Sie arbeiten als Auszubildender in der Empfangsabteilung Ihres Hotels. Sie erhalten von Ihrer/m Vorgesetzten den Auftrag, die Anreise und den Aufenthalt einer Reisegruppe zu organisieren, die am nächsten Tag mit einem Reisebus eintreffen wird.

Planung am Tag vor der Anreise

1. Informieren Sie sich über alle Reservierungsdetails an Hand der Buchungsunterlagen: Gruppenname, Personenzahl, Ankunftszeit, Aufenthaltsdauer, Anzahl und Art der gebuchten Zimmer, Umfang der Hotelleistungen (Ü/F, HP oder VP), Namensliste der Reiseteilnehmer, Namen des Reiseleiters und Busfahrers, vereinbarter Zahlungsmodus (Hotel-Voucher, Barzahlung oder sonstiger Rechnungsausgleich), Zeitplan mit Essenszeiten und Abreisetermin und -zeit.

2. Kontrollieren Sie, ob die Zimmer korrekt reserviert wurden. Achten Sie darauf, dass entsprechende Zimmer für Reiseleiter und Busfahrer vorgesehen sind.

3. Überprüfen Sie, welchen Raum die Restaurant-Service-Abteilung für die Reisegruppe reserviert hat.

4. Sehen Sie nach, ob genügend Hausdiener und Pagen für den Gepäckservice bei Ankunft und Abreise eingeteilt sind.

Planung am Tag der Anreise

1. Führen Sie die Zimmereinteilung für die Reisegruppe durch. Fertigen Sie eine Namensliste in alphabetischer Reihenfolge mit den Zimmernummern an. Bereiten Sie genügend Kopien davon vor (Reiseleiter, Busfahrer, Hausdiener, Restaurant-Service, Telefonzentrale, Hausdame, …).

2. Beschriften Sie die Zimmerausweise und legen Sie diese griffbereit zu den Zimmerschlüsseln/ Key cards.

3. Bereiten Sie den polizeilichen Meldeschein zur Unterschrift für den Reiseleiter vor.

Durchführen des Gruppen-Check-in

1. Begrüßen Sie die Gäste und wünschen Sie ihnen einen angenehmen Hotelaufenthalt.

2. Geben Sie dem Reiseleiter alle wichtigen Informationen (Zimmerliste, Raum und Zeiten für Abendessen und Frühstück, …).

3. Helfen Sie beim Verteilen der Zimmerschlüssel und Zimmerausweise.

4. Bitten Sie den Reiseleiter um seine Unterschrift auf dem Meldeschein und um den Hotel-Voucher für die Reisegruppe.

5. Informieren Sie die betreffenden Hotelabteilungen, falls es Änderungen bei der Teilnehmerzahl oder beim Zeitplan geben sollte.

Arbeiten im Verkauf

Die Verkaufsabteilung (Sales department) von Großhotels wird von einem Verkaufsdirektor oder Verkaufsleiter (Sales manager) geführt, und sie besteht aus mehreren Verkaufsrepräsentanten und Verwaltungsangestellten.

1 Aufgaben der Verkaufsabteilung

🇬🇧 the tasks of the sales department
🇫🇷 tâches (w) du département (m) services (m) des ventes (w)

Die Verkaufsabteilung eines Hotels hat die Aufgaben, dazu beizutragen,
- die Marketingziele des Hotels zu verwirklichen, und
- die Umsatzziele laut Budgetvorgaben zu erreichen.

Um diese Ziele zu erreichen, wird die Verkaufsabteilung
- bestrebt sein, die Kapazitäten des Hotels, wie z. B. Zimmer, Tagungseinrichtungen, Veranstaltungsräume und Restaurants, gut bzw. besser auszulasten,
- gastorientierte Pauschalangebote (packages) entwickeln und anbieten,
- neue Gästekreise erschließen,
- bei Kundenbesuchen in Firmen, Verbänden, Reisebüros, bei Reiseveranstaltern, Organisationen, Vereinen usw. das Hotel mit seinen Leistungen vorstellen,
- bei Verkaufsgesprächen das Hotel-Image wirksam repräsentieren sowie bestehende Kontakte pflegen,
- bei Fachmessen neue Verkaufskontakte knüpfen,
- möglichst viele Informationen über Kunden und Unternehmen sammeln, wie z. B. Buchungsaufkommen, geplante Veranstaltungen, Tagungstermine und Marketing-Maßnahmen, bisherige Geschäftspartner und gewährte Konditionen, Entscheidungsinstanzen und -wege,
- möglichst viele Informationen über die Verkaufs-Aktivitäten und die angebotenen Preise der Mitbewerber-Hotels sammeln und auswerten,
- Verbesserungsvorschläge und Anregungen von Kunden erfassen und in neue Marketing-Konzepte einbringen,
- an Marketing-/Verkaufs-Fortbildungsmaßnahmen teilnehmen.

Abb. 1 LHW – eine weltweite Allianz von Luxushotels in den Bereichen Marketing, Verkauf, Beratung sowie Inspektionen

Der Schwerpunkt im Hotel-Verkauf liegt in der Beratung von Entscheidungsträgern, um zukünftige Umsätze des Hotels anzustreben!

Abb. 2 Telefonische Termin-Vereinbarung

Hinweis
Im Kapitel „Beratung und Verkauf im Restaurant" wurden bereits die Themen „Gästetypologie" und „Fragearten" mit Beispielen aus dem Restaurantbereich behandelt (siehe ab Seite 369).

Abb. 3 Verkaufsgespräch

❷ Verkaufsgespräche und Verkaufstechniken

🇬🇧 sales pitch and salesmanship
🇫🇷 dialogue (m) commercial et des techniques (w) de vente (w)

Abb. 1 Vorplanung eines Verkaufsgesprächs

Verkaufen bedeutet, mit Menschen zu kommunizieren, sie zu motivieren und zu überzeugen, ihre Bedürfnisse, Erwartungen und Wünsche zu befriedigen, dabei auftauchende Probleme zu lösen, um zum gemeinsamen Ziel zu kommen: einem Kaufabschluss, mit dem beide Partner zufrieden sind. Der Weg zu diesem Ziel ist die Verhandlung, das Verkaufsgespräch.

> Verkaufen heißt mit Menschen verhandeln.

Verhandeln bedeutet: anbieten, beraten, fragen, argumentieren, Zugeständnisse machen und erhalten. Verhandeln bedeutet aber auch, Lösungen für Probleme zu erarbeiten und durchzusprechen, die für beide Partner den größtmöglichen Nutzen bringen, sowie flexibel zu agieren und zu reagieren, um zu einem Kaufabschluss zu kommen.

Verkaufsgespräche sollten geplant sein und strukturiert ablaufen. Amerikanische Vertriebsfachleute haben die „AIDA-Verkaufsformel" erfunden, die die Struktur erfolgreicher Verkaufsgespräche auf den Punkt bringt.

Attention	Aufmerksamkeit erregen
Interest	Interesse wachrufen
Desire	Drang (Wünsche) wecken
Action	Aktion auslösen (Kauf- bzw. Bestellentscheidung; Annahme)

Abb. 2 Gesprächsablauf nach der AIDA-Formel

> Wichtig ist nicht, **welche** Formel Sie benutzen, sondern **dass** Sie sich eine Formel als Konzept Ihres Verkaufsgesprächs erarbeiten und diese auch anwenden.

In den letzten Jahren sind weitere Verkaufsformeln entstanden, die sich im Prinzip wenig voneinander unterscheiden und die als Konzept für eine erfolgreiche Verkaufs-Gesprächsführung dienen, wie z. B. die Formel „VERKAUF-PLAN":

> **V**orplanung
> **E**rfassung der Grunddaten
> **R**eferenzinventar
> **K**ontaktaufnahme
> **A**ppell an die Motivation
> **U**ntersuchung der Bedarfslage
> **F**assung der Bedarfslage
> **P**rüfung der Argumente
> **L**iquidierung der Einwände
> **A**bschlussempfehlung
> **N**achfassarbeit

Vorplanung für einen Firmenbesuch – Vorüberlegungen

- Was ist der Grund für den Verkaufsbesuch?
- Wer ist der Gesprächspartner?
- Welches war der letzte Geschäftskontakt mit diesem Gast/dieser Firma?
- Welche Fragen möchte ich selbst stellen?
- Welche sind von Gastseite zu erwarten?
- Gibt es mögliche Probleme?
- Was will ich heute mit welchen Argumenten anbieten?

Welche Unterlagen sind für den Gesprächspartner von Interesse?

- z. B. Tagungsmappe mit Raumskizzen und möglichen Tafelformen und Sitzordnungen,
- Liste der Tagungstechnik,
- Bankett-Menüvorschläge,
- Weinkarte und Getränkekarte,
- Foto-Material von früheren Veranstaltungen zur visuellen Unterstützung,
- Hotelprospekt mit Anfahrtswege-Skizze.

Welche Unterlagen benötigt man selbst?

- Veranstaltungs-Terminkalender,
- Zimmer-Belegungsvorausschau,
- Veranstaltungs-Checkliste,
- Schreibzeug, Block,
- eigenen Termin-Kalender,
- Gäste-/Firmen-Karteikarte.
- Welches ist das Ziel meines Besuches?
- Welche Zeitdauer steht für das Gespräch zur Verfügung?

> Jedes Verkaufsgespräch hat sein Eigenleben und seine eigene Dynamik.
>
> Das Planen von Verkaufsgesprächen ist keine vergeudete Zeit, sondern eine Hilfe, das zeitlich begrenzte Gespräch optimal nutzen zu können.

Die Formel sollte jedoch kein starres Schema sein, sondern eher wie ein „roter Faden", der helfen soll, sich auf Verkaufsgespräche vorzubereiten. Im Verkaufsgespräch werden oftmals einzelne Phasen übersprungen, gekürzt oder verlängert. Ein Verkaufsgespräch ist in keiner Anordnung festgelegt, es ist nicht statisch.

Nur wenn man sein anzustrebendes Ziel kennt, kann man Kurs-Abweichungen bemerken und flexibel reagieren. Deshalb gilt, sich auf jedes Verkaufsgespräch individuell vorzubereiten.

Empfehlenswert für die Vorbereitung von Besuchen bei oder von potentiellen Gästen/Firmenkunden ist eine eigene Checkliste für das Verkaufsgespräch. Diese könnte einige der folgenden Fragen enthalten:

Abb. 1 Anmeldung bei der Sekretärin

Vor dem Verkaufsgespräch

Sie melden sich bei der Firma Ihres Gesprächspartners an. Der Weg zu ihm führt bei großen Firmen über eine Rezeption, bei kleineren Firmen über die Vorzimmer-Sekretärin. Seien Sie pünktlich dort. Begrüßen Sie die Sekretärin freundlich und stellen Sie sich vor, wenn Sie noch unbekannt sind. Sie wird Sie anmelden und begleiten.

Nun stehen Sie Ihrem Kunden und potentiellen Gast gegenüber. Grüßen Sie freundlich mit „Guten Morgen" oder „Guten Tag" und gehen Sie auf Ihren Kunden zu. Wenn er Ihnen die Hand gibt, grüßen Sie mit Handschlag, ansonsten halten Sie sich damit zurück. Halten Sie Blickkontakt und setzen Sie sich erst, wenn Ihnen ein Platz angeboten wurde.

Abb. 2 Begrüßung

Eröffnung des Verkaufsgesprächs

- Kommen Sie rasch auf den Kern der Sache zu sprechen. Hüten Sie sich vor banalen Sprüchen oder Witzen, sie sind nicht angebracht.
- Sprechen Sie ein eventuelles Problem gleich an, damit signalisieren Sie Ihrem Kunden, dass sein Anliegen bei Ihnen an erster Stelle steht.
- Lassen Sie danach zunächst Ihren Kunden reden, so erfahren Sie seine Ansichten und Fragen. Unterbrechen Sie ihn nicht, dies wird seine Bereitschaft stärken, das Gespräch mit Ihnen fortzusetzen.
- Hören Sie gut zu, was er Ihnen und vor allem wie er es Ihnen mitteilt. So erfahren Sie einiges über seine Wünsche, seine Motive, Bedürfnisse und Ziele.

Abb. 3 Verkaufsgespräch

Mit Ihren Fragen behalten Sie die Führung des Gesprächs und können es zu Ihrem angestrebten Ziel hinlenken.

Kundenabfrage

Nun setzen Sie das Gespräch fort, indem Sie die Fragen stellen, die für Ihr gezieltes Angebot noch offen sind. Dabei können Sie Ihre Veranstaltungs-Checkliste benutzen. Notieren Sie die Antworten, erfassen Sie alle Daten und Fakten.

Mit „offenen Fragen", die Ihren Kunden nicht einengen, erhalten Sie die meisten Informationen. Offene Fragen sind die sogenannten „W-Fragen", die mit wer?, wie?, was?, wann?, wen?, warum?, wozu?, welche? usw. beginnen. (Siehe auch „Fragearten", ab Seite 374.) Die Antworten auf diese Fragen geben Ihnen Anknüpfungspunkte, wie Sie das Gespräch weiterführen können.

„Geschlossene Fragen" beginnen mit einem Verb und können mit „Ja!" oder „Nein!" beantwortet werden. Mit „geschlossenen Fragen" kann das Gespräch auf eine Entscheidung hingelenkt werden.

Seien Sie vorsichtig mit „Suggestivfragen", mit denen Sie bestätigende Antworten entlocken wollen. Diese könnten als Überredungsversuch aufgefasst werden, und das mögen die meisten Kunden nicht.

Mit „Alternativfragen", die gerne in der Abschlussphase des Gesprächs gestellt werden, können Sie die Dinge auf den Punkt bringen.

Beispiel

„Möchten Sie die Festrede lieber nach der Suppe halten, oder bevorzugen Sie dafür die Zeit nach dem Hauptgang?"

Mit sogenannten „Kontrollfragen" und auch „Bestätigungsfragen" können Sie die Gesprächsinhalte absichern und Missverständnisse von Anfang an ausschalten.

Abb. 1 Wer fragt, der führt

Beispiel

„Wollen Sie nicht auch, wie die meisten unserer Veranstalter, das Festessen mit einem Digestif ausklingen lassen?"

Beispiel

„Da habe ich Sie doch richtig verstanden, den Aperitif möchten Sie ungestört im Wintergarten einnehmen und nicht in der Hotelhalle?"

Das Angebot, die Argumentation oder Vorführung

Wenn Sie nun die Wünsche, Motive, Bedürfnisse, Ziele und Probleme Ihres Kunden kennen, unterbreiten Sie auf dieser Grundlage Ihr Angebot im Einzelnen. Stellen Sie dabei alle qualitativen Eigenschaften, alle Vorteile und alle Zusatzleistungen gegenüber etwaigen früheren Angeboten heraus und betonen Sie die Vorteile gegenüber Mitbewerbern auf eine sachliche und objektive Art und Weise.

Den Einwänden des Kunden müssen Sie fachlich und sachlich korrekte Gegenargumente bieten. Kundenargumenten begegnen Sie sehr wirksam, wenn Sie sowohl den „realen Nutzen" als auch den „emotionalen Nutzen" Ihres Angebots betonen. Argumentieren Sie dabei aus der Sicht Ihres Kunden.

Aber bedenken Sie dabei: Gekauft oder bestellt wird eine Dienstleistung oder Ware erst dann, wenn es Ihnen gelingt, den „Nutzen" für den Kunden konkret herauszustellen.

Beispiel

Kunde: „Ich weiß nicht, bei diesen großen Fensterflächen im Tagungsraum, da wird doch die Sonne richtig blenden, oder?"

Verkaufsrepräsentant: „Die Fenster zeigen alle nach Osten und da könnte die Sonne nur am sehr frühen Morgen stören. Der Vorteil dieses Raums ist unter anderem, dass er mit modernster Tagungstechnik ausgestattet ist und dass Sie völlig ungestört tagen können. Und bedenken Sie bitte, welch herrliche Ausblicke Ihre Gäste auf die grünen Wälder und die saftigen Wiesen haben werden."

Um über alle „Nutzen-Argumente" verfügen zu können, sollten Sie sich für die gesamte Angebotspalette Ihres Hotels mit allen Dienstleistungen einen „Nutzen-Katalog" aufbauen, den Sie fortwährend aktualisieren. Entwickeln Sie zu jedem Sach-Argument den ganz konkreten „Kundennutzen". Sachlich vorgetragene Argumente überzeugen nachhaltiger als Übertreibungen.

Abb. 2 Kundennutzen – Argumentation

Abb. 1 Runde 8er-Tische

Sie müssen von der Leistung Ihres Hotels überzeugt sein und den Preis vor sich selbst rechtfertigen können. Nur so können Sie ihn auch Ihren Kunden gegenüber überzeugend vertreten.

Bedenken Sie:
Einen fairen Marktpreis durchzusetzen und bei fortgesetztem Verhandlungsdruck nicht ins Wanken zu geraten ist ein Merkmal einer Verkäuferpersönlichkeit, die den Wert und Umfang ihres Angebots kennt.

Wenn Sie den Abschluss dennoch heute nicht erreichen können, fragen Sie Ihren Kunden freundlich, nicht verbittert, was Sie falsch gemacht hätten, was an Ihrem Angebot nicht stimme. Bleiben Sie dabei locker und gelassen. Behalten Sie Ihr Selbstbewusstsein. Eine Verkäuferpersönlichkeit verkraftet auch eine Niederlage.

Abb. 3 Glückwunsch zum Vertragsabschluss

Visuelle Unterstützung

Ihre verbale Argumentation können Sie mit visueller Unterstützung in der Wirkung erheblich verstärken. Dafür sind größere Farbaufnahmen, z. B. im DIN-A4- oder DIN-A5-Format, von Veranstaltungen, eingedeckten Festtafeln, kalten Büfetts und Raum-Dekorationen sehr nützlich. Viele Hotels setzen auch Video-Filme als Verkaufshilfe ein und stellen so das Hotel mit allen Einrichtungen und Dienstleistungen vor.

Der Preis

Jeder will einen guten Preis, der Kunde genauso wie der Verkaufsrepräsentant. Wenn ein Kunde beanstanden sollte, dass Sie zu teuer seien, zählen Sie ihm all die Leistungen auf, die er bei Ihnen erhält. Ein guter, umfassender Service hat seinen Preis. Sollten die Angebotspreise eines vergleichbaren Mitbewerbers günstiger liegen, so wird dieser niedrigere Kosten haben. Dann werden wohl auch seine Service-Leistungen geringer ausfallen. Stellen Sie die Vorteile des Services in Ihrem Hotel heraus.

Verkäufer wie auch Kunden haben ein Preis-Limit, von dem sie nicht wesentlich abweichen können, wenn das Geschäft sinnvoll sein soll. Das heißt, der letztlich vereinbarte Preis muss für beide Verhandlungspartner einen Gewinn bringen.

Halten Sie das Ihnen gegebene Preislimit ein. Wenn Sie glauben, ein weiteres Zugeständnis wäre angebracht, sollten Sie sich eventuell vorher mit Ihrer Direktion abstimmen.

Der Abschluss

Verkaufsrepräsentanten, aber auch Kunden haben manchmal, vor allem wenn sie noch nicht genügend berufserfahren sind, Hemmungen vor der endgültigen Frage, die zum Abschluss führt. Zögern Sie die Abschlussfrage nicht unnötig hinaus. Fragen Sie jetzt, mutig und selbstbewusst, ob Sie den Auftrag notieren dürfen.

Abb. 2 Die Abschlussfrage

Wenn der Kunde mit „ja" antwortet, haben Sie Ihr Ziel erreicht. Antwortet er mit „nein", dann müssen Sie zurückgehen zur offenen Fragestellung und Argumentation. Lassen Sie sich im Falle eines negativen Bescheids nicht vertrösten, sondern fassen Sie sofort nach. Resignieren wäre verkehrt.

Vielleicht müssen Sie die Abschlussfrage auch ein zweites Mal oder mehrfach stellen. Hierzu gibt es keine Richtschnur. Das hängt von den beteiligten Persönlichkeiten und von der Stärke des Wettbewerbsdruckes ab.

Wenn Sie jedoch erfolgreich abschließen konnten, dann beglückwünschen Sie Ihren Auftraggeber als erstes zu seiner Entscheidung und bestätigen Sie ihm, dass diese richtig und für ihn nützlich ist. Dann bedanken Sie sich freundlich für den erteilten Auftrag. Schreiben Sie die Auftragsbestätigung und besprechen Sie die weitere Vorgehensweise. Verabschieden Sie sich freundlich.

❸ Schriftverkehr

🇬🇧 correspondence 🇫🇷 correspondance (w)

Der Geschäftsbrief und die dazugehörigen Schriftstücke gelten als die „Visitenkarte" eines Unternehmens. Grund genug also, um auf ihre Gestaltung und korrekte Aufmachung entsprechend Wert zu legen.

Das „Deutsche Institut für Normung e. V." hat für die Gestaltung von Geschäftsbriefen die Norm DIN 5008 (DIN 676 integriert, Stand: April 2011) herausgegeben. Diese Norm bildet die Grundlage für dieses Kapitel.

Nicht geregelt in den Normen ist die „Sprache", d. h. die Formulierung des Textes von Geschäftsbriefen. Dies fällt in den Bereich der Unternehmenskultur, der „Corporate Culture", der „Corporate Behaviour" und der „Corporate Communication" (siehe dazu auch Kapitel „Marketing Unternehmens-Identität", ab Seite 521).

Deshalb sind die Formulierungen und der Stil eines Geschäftsbriefes auf die Bereiche der Unternehmenskultur abzustimmen, und das wird von Hotel zu Hotel unterschiedlich ausfallen.

Abb. 1 Schriftverkehr

Blatteinteilung

Die meisten Hotelbetriebe verwenden ein vorgedrucktes Briefpapier im DIN-A4-Format (29,7 cm hoch, 21,0 cm breit) mit einem grafisch gestalteten **Briefkopf**. Das ist meistens das Firmenlogo mit dem Schriftzug des Hauses. Bei genormtem Briefpapier hat der Briefkopf eine Höhe von 27 mm bis maximal 50 mm vom oberen Blattrand.

Danach folgt links das **Anschriftenfeld**. Dieses gibt es in zwei Gestaltungsformaten, ohne oder mit integrierter Rücksendeangabe (Absender-Adresse), d. h. mit zwei verschiedenen Zeileneinteilungen. Die Fläche des Anschriftenfeldes misst 40 mm x 85 mm oder 45 mm x 85 mm (Höhe x Breite).

Anstelle einer Bezugszeichenzeile wird häufig ein **Informationsblock** rechts neben dem Anschriftenfeld, auf einer gleichgroßen Fläche für die Kommunikationsangaben des Betriebes vorgesehen (siehe Beispiel Abb. 3).

Wenn auf dem Schriftstück eine **Bezugszeichenzeile** – als Alternative zum Informationsblock – gedruckt ist, so hat sie ihren Platz unter dem Anschriftenfeld (siehe Beispiel S. 655).

Darunter folgt der eigentliche **Textbereich** des Schriftstücks.

Das unterste Feld auf dem Briefbogen ist der **Brieffuß**, das Feld für Geschäftsangaben und gesetzlich vorgeschriebene Angaben.

Briefkopf	
Anschriftenfeld	Informationsblock
(oder Bezugszeichenzeile)	
Textbereich	
Brieffuß/Feld für die Geschäftsangaben	

Abb. 2 DIN-A4 – Blatteinteilung

Empfängeranschriften

Anschriftenfeld ohne Rücksendeangabe

Das Feld für die Empfängeranschrift ist in diesem Fall neun Zeilen hoch. Es ist so auf dem Blatt platziert, dass die Adresse in einem Fenstercouvert/-Briefumschlag sichtbar ist. Das Anschriftenfeld ist wie folgt gegliedert:

3 Zusatzvermerke (oder Leerzeile)

2 Zusatzvermerke (oder Leerzeile)

1 Sendungsart (z. B. Warensendung), die besondere Versendungsform (z. B. Einschreiben), die Vorausverfügung (z. B. Nicht nachsenden)

1 Empfängerbezeichnung (Frau, Herrn, Firmenname)

2 Akademischer Titel, Vorname, Name, bei Firmen: Postfach mit Nummer (Abholangabe) oder

3 Straße mit Hausnummer (+ Zustellangabe) oder Postfach-Nummer

4 Postleitzahl und Bestimmungsort

5 Länderangabe (oder Leerzeile)

6 Länderangabe (oder Leerzeile)

Beispiele:

3	*
2	*
1	Einschreiben
1	Frau
2	Dr. Ursula Schmid-Kayser
3	Hindenburgstraße 250
4	91054 Erlangen
5	*
6	*

3	*
2	Eilzustellung
1	Persönlich/Vertraulich
1	Herrn
2	Dipl.-Hdl. Anton Seidl
3	Gartenstraße 10
4	94244 Kammersdorf
5	*
6	*

3	*
2	*
1	Warensendung
1	Dresdner Handelsgesellschaft mbH
2	Herrn Peter-Michael Schulze-Moderow
3	Einkaufsabteilung
4	Hamburger Straße 260
5	01157 Dresden
6	*

	①
3	*
2	Einschreiben Rückschein
1	Persönlich/Vertraulich
1	Herrn Notar
2	Dr. Georg von Hammerstein M. A.
3	Maximilianstraße 123
4	80538 München
5	*
6	*

	②
3	*
2	*
1	*
1	Deutsche Rentenversicherung Bund
2	10704 Berlin
3	*
4	*
5	*
6	*

In Firmenanschriften wird das Wort „Firma" weggelassen, wenn aus der Empfängerbezeichnung erkennbar ist, dass es sich nicht um eine natürliche Person handelt.

Berufs- oder Amtsbezeichnungen stehen hinter der Empfängerbezeichnung/Anrede (z. B.: Herrn Küchenmeister u. FOL Johann Stubenrauch).

Akademische Grade, Diplom- und Doktorgrade (z. B. Prof., Dr., Dipl.-Ing., Dipl.-Kfm., Dipl.-Hdl.) stehen vor dem Namen.

Bachelor- und Mastergrade werden in der Regel hinter dem Namen aufgeführt, z. B.: B. A. (Bachelor of Arts), B. Sc. (Bachelor of Sience), M. A. (Magister oder Magistra Artium), wie bei dem nebenstehenden Beispiel ①.

Keine Leerzeile zwischen dem Straßennamen und der Ortsangabe lassen. Die Postleitzahl wird fünfstellig ohne Leerzeichen geschrieben. Im Hinblick auf die Vereinheitlichung der Adressdateien wird empfohlen, die Anschrift des Empfängers immer auf sechs Zeilen zu beschränken.

Bei Großempfänger-Anschriften sollten weder Postfach noch Straße und Hausnummer angegeben werden, siehe nebenstehendes Beispiel ②.

Anschriftenfeld mit integrierter Rücksendeangabe

Das Feld für die Empfängeranschrift ist in diesem Fall elf Zeilen hoch (und folgendermaßen eingeteilt:

5 Zusatzvermerke (oder Leerzeile)
4 Zusatzvermerke (oder Leerzeile)
3 Zusatzvermerke (oder Leerzeile)
2 Zeile für Rücksendeangabe (oder Leerzeile)
1 Zeile für Rücksendeangabe (oder Leerzeile)
1 Empfängerbezeichnung (Frau/Herrn event. mit Berufsbezeichnung, oder Firmenname)
2 Akademischer Titel, Vorname, Name; bei Firmen: Postfach mit Nummer (Abholangabe) oder
3 Straße mit Hausnummer (+ Zustellangabe) oder Postfach-Nummer
4 Postleitzahl und Bestimmungsort
5 Länderangabe (oder Leerzeile)
6 Länderangabe (oder Leerzeile)

Abb. 1 Vorbereitung einer Mailing-Aktion

Abb. 2 Briefpost-Verteilungszentrum

Empfängeranschriften – Ausland

Im Unterschied zu Inlandsadressen schreibt man bei Auslandsadressen die Städtenamen in Großbuchstaben, nach Möglichkeit in der Sprache des Bestimmungslandes. (z. B. THESSALONIKI anstatt Saloniki, LIÈGE anstatt Lüttich, FIRENZE anstatt Florenz). Keine Länderkennzeichen verwenden. Der Ländername wird jedoch auf deutsch ebenfalls in Großbuchstaben in der letzten Zeile geschrieben (z. B. GROßBRITANNIEN anstatt Great Britain, FRANKREICH anstatt France, SPANIEN anstatt España.

Informationsblock

Im Informationsblock werden Kommunikationsangaben und sonstige Angaben aufgelistet. Dazu zählen:

- **vorausgesandte Schriftstücke**, auf die man sich hier bezieht, wie z. B. die Leitwörter: Ihr Zeichen: …, Ihre Nachricht vom: …, Unser Zeichen: …, Unsere Nachricht vom: …;
- die **Kommunikationsmöglichkeiten**, wie z. B. Telefon-Durchwahlnummer, Telefax-Nummer, E-Mail- und Internet-Adresse;
- der **Name des Ansprechpartners**/Sachbearbeiters und dessen Abteilung und
- das **Tagesdatum** dieses Schriftstücks.

Als Alternative zum Informationsblock wird oftmals auch eine Bezugszeichenzeile genutzt.

Beispiele:

5 *
4 *
3 *
2 *
1 Hightec AG, Postfach 1234, 04275 Leipzig
1 Herrn Optikermeister
2 Klaus Koch
3 bei Familie John
4 Käthe-Kollwitz-Straße 125
5 Rodenkirchen
6 50999 Köln

5 *
4 *
3 *
2 Brandner Copyshop, Postfach 4321, 18069 Rostock
1 Nicht nachsenden!
1 Frau Rechtsanwältin
2 Margarete Naumann B. Sc.
3 Kanzlei Dr. Stolze – Dr. Wimmer
4 Steiler Weg 125
5 Blankenese
6 22587 Hamburg

Beispiele:

3 *
2 Einschreiben
1 Lettre récommandée
1 Madame
2 Jeannette Dupont
3 102 avenue du Général Leclerc
4 Bâtiment B, appartement 12
5 75014 PARIS
6 FRANKREICH

3 *
2 *
1 Private and Confidential
1 Dres. Aidan and Mary McGrath
2 Dental Surgeons
3 9 Society Street
4 BALLINASLOE, Co. GALWAY
5 IRLAND
6 *

Abb. 1 Alter Briefkasten in Pisa, Italien

Arten von Einschreiben

Ein Einschreiben ist eine garantierte Briefsendung. Der Absender erhält einen Nachweis darüber, dass der Brief bei der Post abgegeben wurde. Darüber hinaus dokumentiert der Postdienstleister, dass der Brief auch ausgeliefert wurde. Je nach Art des Einschreibens wird es nur in den Briefkasten des Empfängers eingeworfen oder aber gegen Unterschrift persönlich ausgehändigt.

Die unterschiedlichen Arten sind:
- Einschreiben (wird an den Empfänger oder eine andere berechtigte Person gegen Unterschrift ausgehändigt)
- Einschreiben Einwurf (wird in den Briefkasten eingeworfen und der Postbote dokumentiert die Zeit des Einwurfes)
- Einschreiben Eigenhändig (wird nur an den Empfänger persönlich gegen Unterschrift ausgehändigt)
- Einschreiben Rückschein (der Absender bekommt zusätzlich eine Nachricht über die Zustellung der Sendung)

(Quelle: *www.posttip.de*)

Abb. 2 Moderner Briefkasten in Frankreich

Bezugszeichenzeile

Nach einer Leerzeile werden die Leitwörter zu den Kommunikationsangaben unter die Felder des „Anschriftenblocks" und des „Informationsblocks" geschrieben. Darunter, oder wenn der Platz reicht dahinter, werden die entsprechenden Angaben geschrieben (siehe Absatz Informationsblock, S. 649). Das erste Schriftzeichen der Angabe steht dann entweder direkt – nach einem Leerzeichen – hinter dem Doppelpunkt oder in der nächsten Zeile, direkt unter dem Anfangsbuchstaben des jeweiligen Leitworts. Nach der (eventuellen) Bezugszeichen-Zeile werden zwei Leerzeilen gelassen.

Textbereich

- Der Textbereich beginnt mit einem **Betreff-Vermerk**. Das ist eine kurze Inhaltsangabe des Briefs, wenn möglich ein Schlagwort, wie z. B. „Angebot" oder „Reservierungsbestätigung". Am Ende des Betreffs steht kein Satzzeichen. Ist das Wort „Betreff" nicht vorgedruckt, so wird es auch nicht geschrieben.
- Danach lässt man zwei Leerzeilen.
- Es folgt die persönliche **Anrede** mit Nennung des Namens oder der Text: „Sehr geehrte Damen und Herren,". Die Anrede endet mit einem Komma.
- Danach eine Leerzeile setzen und klein weiter schreiben, nicht mit „ich" oder „wir" beginnen.
- Den **Brieftext** in der Schriftgröße 10 Punkt und mit einzeiligem Abstand schreiben. Gut lesbare Schriftart verwenden (z. B. Arial, Frutiger LT).
- Eine Leerzeile zwischen dem Brieftext und der nachfolgenden Grußformel lassen.
- Die **Abschluss-Grußformel** (z. B. „Mit freundlichen Grüßen" oder „Mit freundlichem Gruß") kann in den Schlusssatz eingebaut werden. Bei Satzfortsetzungen beginnt man den Gruß mit einem Kleinbuchstaben.
- Danach wird wieder eine Leerzeile eingefügt.
- Es folgt die Zeile mit der **Firma des Absenders** (z. B. Hotel Arberblick Viechtach).
- Darunter lässt man Platz für die vorgesehene/n **Unterschrift**/en (3 bis 4 Zeilen), je nach Bedarf.
- In die nächste Zeile schreibt man den **Namen des Unterzeichner** mit der **Funktion**s-/Berufsbezeichnung, wie z. B.: Herbert Pfeiffer, Hoteldirektor; oder: Sven Stolzenberg, Empfangschef.
- Danach folgt eine Leerzeile.
- Das Wort „**Anlage**/n" schließt den Brief. Falls es eine oder mehrere Anlagen zu versenden gibt (z. B. Hotel- und Ortsprospekt), ist es nicht mehr üblich, sie einzeln aufzuführen. Wenn dies dennoch zur Dokumentation gewünscht sein sollte, wird die Aufzählung der Anlagen in den Brieftext integriert.

Brieffuß

Im sich unten anschließenden Bereich, Brieffuß genannt, werden die **Unternehmensdaten**/Geschäftsangaben, wie z. B. der Handelsregister-Eintrag, der Name des Geschäftsführers und die Bankverbindungen aufgelistet. Die jeweiligen gesetzlichen Vorschriften bei den unterschiedlichen Unternehmensformen sind zu beachten. Bei Rechnungen sind weitere Pflichtangaben, wie z. B. die Steuernummer (St.-Nr.: 108/245/99999) zu machen.

Datum-Schreibweisen

Im Text des Briefes sollte das Datum **alphanumerisch** geschrieben werden, wie z. B.: **14. Februar 2013** oder abgekürzt: **14. Feb. 2013**

Monatsnamen sind bei Bedarf einheitlich auf vier Stellen (einschließlich Abkürzungspunkt) abzukürzen.

Für eine **numerische** Schreibweise sind entweder **14.02.2013** oder **14.02.13** erlaubt. Nach den Punkten folgen keine Abstände.

Telefonnummern/Postfachnummern

Telefonnummern werden nicht gegliedert, die Vorwahlnummer wird mit Leertaste abgetrennt, die sich anschließende Durchwahlnummer wird mit einem Bindestrich geschrieben.

Beispiele:
04321 123456
0991 3719381
Bei Firmennummern mit Telefonzentrale Bindestrich und Null setzen:
02234 677-0
bei Nebenstellen Bindestrich setzen: 089 987654-321
oder für internationale Verwendung: **+49 89 987654-321**

Hinweis: Die Angabe „+49" steht für unterschiedliche Deutschland-Vorwahlnummern aus dem Ausland. Am besten dort nachfragen. Bei Anrufen aus dem Ausland nach Deutschland muss man die Null der Ortsvorwahl weglassen (siehe 5. Beispiel, München: 89).

Postfachnummern werden in Zweiergruppen von rechts nach links gegliedert. **Beispiele:** Postfach **6 37**, Postfach **49 54**, Postfach **9 74 32**

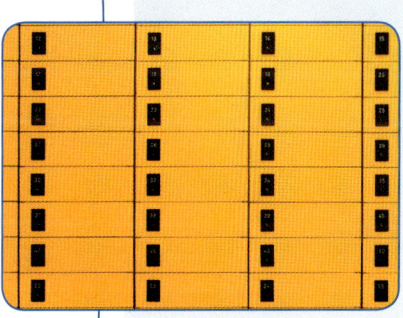

Uhrzeit-Angaben im Text

Bei Angabe der Uhrzeit in Stunden **und** Minuten oder Stunden, Minuten und Sekunden ist jede Einheit mit zwei Ziffern anzugeben und mit dem Doppelpunkt zu gliedern.

Beispiele:
Abreise: 08:30 Uhr
Um 00:04 Uhr begann das Feuerwerk.
Die Raststätte schließt um 24:00 Uhr.
Aber: Um 8 Uhr beginnt der Unterricht.

Geschäftliche E-Mails

„Die Gestaltungsvorschriften der DIN 5008:2005 für E-Mails gelten nur für die Verwendung als Ersatz für Geschäftsbriefe, nicht jedoch für die rein unternehmensinterne E-Mail-Kommunikation.
Grundsätzlich gelten für geschäftliche E-Mails die gleichen Höflichkeits- und Stilangaben wie für Geschäftsbriefe. So darf in einer geschäftlichen E-Mail die Anrede nicht fehlen, auch der Schluss einer E-Mail sollte alle Bestandteile des Schlussteils eines Geschäftsbriefes enthalten; auf das flapsige „M f G" als Grußformel ist in geschäftlichen E-Mails zu verzichten."
(Zitat aus: DUDEN, 24. Aufl., Bd. I, S. 128)

Pflichtangaben

Seit dem 01.01.2007 müssen in geschäftlichen E-Mails und Telefaxen alle Angaben wie auf Geschäftsbriefbögen enthalten sein. Die formalen Anforderungen für jede Form von Geschäftsbriefen sind im *„Gesetz über elektronische Handelsregister und Genossenschaftsregister sowie das Unternehmensregister (EHUG)"* festgelegt.

Im Handelsregister eingetragene Unternehmen müssen auf Geschäftsbriefen folgende Angaben auflisten:

* Die vollständige Firma,
* den Sitz des Unternehmens,
* das Registergericht,
* die Handelsregister-Nummer sowie bei Kapitalgesellschaften die vertretungsberechtigten Personen und
* bei vorhandenem Aufsichtsrat (auch Beirat oder Verwaltungsrat mit vergleichbarer Überwachungsfunktion) dessen Vorsitzende oder Vorsitzender.

Die **nicht im Handelsregister eingetragenen Kleingewerbetreibenden** sind von den genannten Vorschriften nicht unmittelbar betroffen. Allerdings müssen auch diese - seit 17.05.2010 - ihren Familiennamen, ihren Vornamen sowie die Anschrift der Niederlassung bzw. eine ladungsfähige Anschrift angeben.

E-Mail-Adresse

Bei E-Mails besteht die international standardisierte Adresse aus dem Empfängernamen, dem Zeichen @ und der organisatorischen oder geografischen Kennung des Rechner-Standortes. Zu beachten ist:

* Es werden keine Leerzeichen (blanks) gesetzt.
* Als Abgrenzungszeichen dienen Punkt, Bindestrich oder Unterstrich.
* Die Umlaute ä, ö, ü werden als ae, oe, ue geschrieben;
* Der Buchstabe ß wird durch ss ersetzt.

E-Mail-Zeilen und Felder

Anschrift, Verteiler und Betreff sind die vorgegebenen Zeilen bzw. Felder im Kopf einer E-Mail (header).

* **An-Zeile:** In dieses Feld muss die Anschrift, d. h. die E-Mail-Adresse des Empfängers bzw. mehrerer Empfänger eingetragen werden. Mehrere Empfänger-Adressen trennt man mit Semikolon (;).
* **CC-Zeile:** In diese Zeile (cc = carbon copy = Durchschlag) werden die E-Mail-Adressen der Personen eingetragen, die eine Kopie der E-Mail erhalten sollen.
* **BCC-Zeile:** Diese Zeile (bcc = blind carbon copy = Blindkopie) ist für die E-Mail-Adressen derjenigen Personen vorgesehen, die ohne Wissen des Empfängers eine Kopie der E-Mail erhalten sollen.
* **Betreff-Zeile:** Diese Zeile sollte eine kurze, aussagekräftige stichwortartige Inhaltsangabe (subject) enthalten, wobei das wichtigste Wort am Anfang stehen sollte.

Haupttext

In diesem Textfeld (body) wird die eigentliche E-Mail verfasst. Sie beginnt in der ersten Zeile mit der Anrede, die vom folgenden Text durch eine Leerzeile abgesetzt ist.

Der **Text** wird als Fließfeld ohne Worttrennungen geschrieben, da der Umbruch durch die Software des Empfängers/der anderen Empfänger geregelt wird. Absätze werden vom folgenden Text durch jeweils eine Leerzeile getrennt.

Der **Schlussteil** einer E-Mail wird meist in Form eines elektronischen Textbausteins (Signatur, Mail-Footer) eingefügt. Er besteht in der Regel aus Grußformel, Firmennamen, Namen des Bearbeiters, Firmenadresse, Registergericht HRA 123 und USt-IdNr.: DE 56789, Telefon- und Telefax-Nummer sowie E-Mail- und Internet-Adresse.

10 Tipps für das Schreiben von geschäftlichen E-Mails:

- Formulieren Sie den Betreff knapp, genau und treffend.
- Sprechen Sie den Empfänger in der Anrede persönlich an.
- Kommen Sie im Textteil schnell auf den Punkt.
- Bleiben Sie sachlich, formal, achten Sie auf Ihre Wortwahl.
- Verzichten Sie auf saloppe Formulierungen, ironische Smileys und dergleichen, das kann missverstanden werden.
- Beachten Sie die Rechtschreib-, Grammatik- und Kommaregeln.
- Lesen Sie Korrektur, bevor Sie die E-Mail senden.
- Antworten Sie schnell auf empfangene E-Mails; normalerweise bedeutet das innerhalb von 24 Stunden.
- Verwenden Sie klassische Schriftarten, wie z. B. Arial, Calibri und Times New Roman.
- Verzichten Sie auf Ausrufezeichen, Fettdruck und Großbuchstaben.
- Achten Sie darauf, dass zum Abschluss Ihre vollständige Signatur mit Hotel-Name, Anschrift und Kontakt-Daten erscheint.

Von:	„Schlosshotel Kapfenstein" <hotel@schloss-kapfenstein.at>
An:	„Thomas Kessler" <Tom_Kessler@gmx.de>
CC:	„Hotelberufsschule Viechtach" <verwaltung@hbs-viechtach.de>
Betreff:	Klassenfahrt 24.-27.09.2013
Datum:	27.06.2013 16:10:38

Sehr geehrter Herr Kessler,

vielen Dank für Ihre Anfrage von gestern, die wir wie folgt beantworten. Unser Hotel Schloss Kapfenstein ist in dem gewünschten Zeitraum, vom 24.09. bis 27.09.2013, bereits ausgebucht, sodass wir Ihre Klasse H12a leider nicht bei uns unterbringen können.
Wenn Sie jedoch Ihre Gruppenreise um drei Wochen, auf die Zeit vom 15.10. bis 18.10.2013 (Abreisetag) verschieben könnten, hätten wir die gewünschten Zimmer noch zu den gleichen Bedingungen frei. Deshalb haben wir für Ihre Gruppe vorerst provisorisch 12 Doppelzimmer und 2 Einzelzimmer, alle Zimmer mit Dusche/WC, für diesen Zeitraum reserviert.
Bitte teilen Sie uns bis spätestens 30.07.2013 Ihre Entscheidung mit, sodass wir dann Ihre Reservierung verbindlich bestätigen können.
Wir würden uns sehr freuen, Sie und Ihre Gruppe in unserem Hotel Schloss Kapfenstein, in der schönen Steiermark begrüßen zu dürfen und verbleiben

mit freundlichen Grüßen
Hotel Schloss Kapfenstein

Annette Maier, Empfangschefin

Schloss Kapfenstein Betrieb GmbH
Georg Winkler-Hermaden
Kapfenstein 1
8353 Kapfenstein
ÖSTERREICH

Tel.: +43 (0)3157 30030-0
Fax: +43 (0)3157 30030-30
E-Mail: hotel@schloss-kapfenstein.at
Homepage: www.schloss-kapfenstein.at
FN: 220593 B / UID-Nr:54258805

Abb. 1 E-Mail-Beispiel

3.1 Anfragen bearbeiten

🇬🇧 to deal with inquiries 🇫🇷 traiter des demandes

Rechtliche Überlegungen

Wenn schriftliche Anfragen eingehen, muss genau gelesen werden, was der Verfasser wissen oder vereinbaren möchte. Rechtlich gesehen ist eine Anfrage noch unverbindlich. Aufgrund der Anfrage wird ein Angebot verfasst. Dieses entspricht einer verbindlichen Willenserklärung des Gastronomen oder Hoteliers. Wenn der Gast dieses Angebot annimmt und bestellt, ist ein gültiger Vertrag zustande gekommen.

Ohne vorherige Anfrage kommt der Vertrag erst zustande, wenn der Gast bestellt und diese Bestellung vom Hotelier angenommen wird.

Verfügbarkeit überprüfen

Als erstes muss in den Reservierungslisten, Veranstaltungsbüchern und auf den Zimmerplänen bzw. in den Computerdateien geprüft werden, ob die gewünschten Tagungsräume und Zimmer noch verfügbar sind.

Räume provisorisch reservieren

Wenn dies der Fall ist, werden die Räume provisorisch reserviert, das heißt noch nicht verbindlich, reserviert. Der **Optionstermin** wird dazugeschrieben. Das ist das Datum des Tages, bis zu dem wir dem Gast Entscheidungzeit eingeräumt haben. Somit sind die Räume vorläufig reserviert.

Ablage des Vorgangs

Wenn es wegen eines Vertragsabschlusses zu Meinungsverschiedenheiten zwischen Wirt und Gast kommt, muss der Vertragsabschluss nachgewiesen werden können. Darum legt man die Gästebriefe mit den Kopien der Antwortschreiben sowohl alphabetisch nach dem Anfangsbuchstaben der Person oder Firma ab als auch unter dem Datum des Anreisetages oder des Veranstaltungstages.

3.2 Angebote erstellen

🇬🇧 to make a bid for something 🇫🇷 élaborer des offres (w) commerciales

Als Beispiel lässt sich eine mögliche interne Berechnung des Pauschalpreises darstellen:
Für die Unterbringung pro Person und pro Tag im Einzelzimmer mit Bad, Dusche, WC, inklusive Frühstück, werden zum Tagungs-Sonderpreis berechnet:

	60,00 €
Vollpensionsaufschlag (2 x 15,00 €)	+ 30,00 €
Tagungsgetränke, pauschal	+ 5,00 €
2 Kaffeepausen, pauschal	+ 10,00 €
Aufschlag für Tagungstechnik	+ 5,00 €
Tagungspauschale pro Person/pro Tag:	= 110,00 €

Anfrage → Angebot → Bestellung → Res.-Bestätigung

GAST — HOTEL

Beherbergungs-Vertrag

Der Gast ist verpflichtet, die Leistung anzunehmen und den vereinbarten Preis zu zahlen.

Das Hotel ist verpflichtet, die Leistung wie vereinbart zu erbringen (z. B. das Zimmer bereitzustellen).

Abb. 1 Abschluss und Erfüllung eines Beherbergungs-Vertrages

Durch zwei übereinstimmende Willenserklärungen kommt ein rechtsverbindlicher Vertrag zustande.

Abb. 2 Ablage

Chemische Werke O. Müller KG

O. Müller KG · Lina-Müller-Weg 5 · 22043 Hamburg

Hotel Arberblick
Verkaufsabteilung
Flurstraße 14
94234 Viechtach

Lina-Müller-Weg 5, 22043 Hamburg
Tel. +49 40 987654-0
Fax +49 40 987654-3211
E-Mail: chem.werkeo.mueller@hamburg.com

Ihr Zeichen, Ihre Nachricht vom	Unser Zeichen, unsere Nachricht vom	Telefon, Name +49 40 987654-	Datum
	lu-ck	3210 Herr Lubnow	20.03.20..

Tagungsanfrage

Sehr geehrte Damen und Herren,

wir sind über Kontakte zum Tourismusverband Ostbayern auf Ihr Haus aufmerksam geworden und wenden uns heute mit folgender Anfrage an Sie:

In der Zeit vom

02. August bis zum 05. August 20..

beabsichtigen wir, die Jahrestagung unserer Vertriebsmitarbeiter in Ihrer Region durchzuführen. Wir benötigen 20 Einzelzimmer mit Bad oder Dusche und WC, mit Vollpension sowie 2 Tagungsräume mit Overhead-Projektoren, Leinwänden und Flipcharts.

Bitte teilen Sie uns mit, ob und zu welchem Tagungs-Pauschalpreis (pro Person/Tag) Sie uns aufnehmen könnten. Außerdem bitten wir um Informationen zur Größe und Ausstattung Ihrer Tagungsräume und zum Freizeitangebot in Ihrem Hause.

Gerne erwarten wir Ihr baldiges Angebot und verbleiben

mit freundlichem Gruß

Chemische Werke O. Müller KG

ppa.

R. Lubnow

Rainer Lubnow
Verkaufsleiter

Chemische Werke O. Müller KG, Lina-Müller-Weg 5, 22043 Hamburg · Geschäftsführung: Klaus Bedau, KG-Sitz: Hamburg, Registergericht: HH, HRA 98765 · Bankverbindung: Postbank Frankfurt, Konto-Nr. 98765432, BLZ: 500 100 60 · IBAN DE 55 5001 0060 0098 7654 32; BIC: PBNKDEFF.

Hotel
Arberblick

Flurstraße 14
94234 Viechtach
Tel.-Nr. 09942 90500-0
Fax-Nr. 09942 90500-50
E-Mail: hotel-arberblick@viechtach.de

Hotel Arberblick · Flurstraße 14 · 94234 Viechtach

Chemische Werke O. Müller KG
z. Hd. Herrn R. Lubnow, Verkaufsleiter
Lina-Müller-Weg 5
22043 Hamburg

Ihr Zeichen, Ihre Nachricht vom	Unser Zeichen, unsere Nachricht vom	Telefon, Name 09942 90500-	Datum
lu-ck 20.03.20..	se-vk	212 Herr Senn	22.03.20..

Tagungsangebot

Sehr geehrter Herr Lubnow,

wir danken für Ihre Anfrage und für die Berücksichtigung unseres Hauses. Gerne unterbreiten wir Ihnen unser Angebot für die Jahrestagung Ihrer Vertriebsmitarbeiter,

vom 02. August (Anreisetag) bis zum 05. August 20.. (Abreisetag).

Unsere Tagungs-Sonder-Pauschale in Höhe von EUR 110,00 (pro Person/Tag) beinhaltet die Unterbringung in modern ausgestatteten Einzelzimmern mit Bad, Dusche, WC, Minibar und TV, ferner VP und Benutzung von 2 Tagungsräumen, inkl. der gewünschten Tagungstechnik und 2 Kaffeepausen. Im Rahmen der VP bieten wir morgens ein reichhaltiges Frühstücksbüfett sowie mittags und abends jeweils 2 Drei-Gang-Menüs zur Wahl an.

Die ruhigen, mit modernster Technik ausgestatteten Tagungsräume haben beide eine Fläche von 12 x 14 m (168 qm), verfügen über Tageslicht und lassen sich verdunkeln. Overhead-Projektoren, Leinwände und Flipcharts stehen zur Verfügung.

Zum Entspannen eignen sich bestens unsere Freizeiteinrichtungen: Badelandschaft und Jetstream-Anlage, Whirlpool, Dampfbad, Sauna, Solarium und gegen Berechnung: Massage, Tennisplätze, Mountainbike-Verleih und Drivingrange. Die Preise dafür entnehmen Sie bitte anliegendem Prospektmaterial mit Preislisten.

Gerne sind wir auch bereit, am 04. August .... einen Abschieds-Abend nach Ihren Wünschen – festlich oder rustikal – für Ihre Gruppe zu organisieren. Für Vorschläge, Anregungen und weitere Angebote stehen wir Ihnen gerne zur Verfügung. Vorerst haben wir die gewünschten Räume provisorisch reserviert. Wir würden uns freuen, Ihre Tagung für Sie erfolgreich organisieren zu dürfen und bitten Sie, uns Ihre Entscheidung bald mitzuteilen.

Mit freundlichen Grüßen
Hotel Arberblick

W.A. Senn

W.A.Senn, Hoteldirektor   Anlagen

Hotel Arberblick · Flurstraße 14 · 94234 Viechtach · Geschäftsführung Peter Altenstein · Bankverbindung: Sparkasse Regen-Viechtach · BLZ 741 514 50 · Konto-Nr. 987 654 321

Chemische Werke
O. Müller KG

O. Müller KG · Lina-Müller-Weg 5 · 22043 Hamburg

Hotel Arberblick
Verkaufsabteilung
Flurstraße 14
94234 Viechtach

Lina-Müller-Weg 5, 22043 Hamburg
Tel. +49 40 987654-0
Fax +49 40 987654-3211
E-Mail: chem.werkeo.mueller@hamburg.com

Ihr Zeichen, Ihre Nachricht vom	Unser Zeichen, unsere Nachricht vom	Telefon, Name +49 40 987654-	Datum
se-vk 22.03.20..	lu-ck	3210 Herr Lubnow	22.03.20..

Tagungsbestellung

Sehr geehrter Herr Senn,

wir danken für Ihr obiges Schreiben und für Ihre schnelle Antwort. Ihr Angebot sagt uns sehr zu. Hiermit bestellen wir für unsere Jahrestagung in Ihrem Hause, in der Zeit vom 02. August bis zum 05. August 20..

> **20 Einzelzimmer mit Bad oder Dusche und WC,**
> **mit Vollpension,**
> **sowie 2 Tagungsräume für denselben Zeitraum,**
> **mit je einem Overhead-Projektor, Leinwand und Flipchart,**

zu dem Tagungs-Sonder-Pauschalpreis in Höhe von

> **EUR 110,00 pro Person und Tag.**

In diesem Preis sind das Frühstück vom Büfett und täglich zwei Kaffeepausen (um 10:30 Uhr und um 15:00 Uhr) sowie die Tagungsgetränke (Säfte, Wässer) enthalten.

Gerne erwarten wir Ihre Bestätigung und bitten um 20 Hausprospekte, die wir unseren Einladungsschreiben beilegen wollen. Eine Namensliste der Teilnehmer werden Sie rechtzeitig erhalten.

Wir verbleiben
mit freundlichem Gruß

Chemische Werke O. Müller KG

ppa.

R. Lubnow

Rainer Lubnow
Verkaufsleiter

Chemische Werke O. Müller KG, Lina-Müller-Weg 5, 22043 Hamburg · Geschäftsführung: Klaus Bedau, KG-Sitz: Hamburg, Registergericht: HH, HRA 98765 · Bankverbindung: Postbank Frankfurt, Konto-Nr. 98765432, BLZ: 500 100 60 · IBAN DE 55 5001 0060 0098 7654 32; BIC: PBNKDEFF.

Wäre ein Pauschal-Angebot für den Gesamt-Aufenthalt der Gruppe verlangt, so würde man dieses wie folgt berechnen:

$$20 \text{ P.} \times 3 \text{ Tage} \times 110,00\,€ = \mathbf{6.600,00\,€}$$

Wenn man **Angebote erstellt**, ist zu beachten, dass im Allgemeinen die Unterbringung im Einzelzimmer teurer ist als **pro Person** im Doppelzimmer.

Beispiel:
Zimmerpreise pro Tag inklusive Frühstücksbüfett:

Einzelzimmer, Bad, WC	60,00 €
Doppelzimmer, Bad, WC	100,00 €
Apartment, Bad, WC	200,00 €

Wenn man seine **Angebotspreise** vergleicht, ist zu beachten, dass sich die Preisangaben mancher Hotels auf das Zimmer beziehen (siehe obiges Beispiel), in anderen Hotels jedoch der Preis „pro Person im Doppelzimmer" genannt wird.

Provisionen berücksichtigen

Ferner gilt, bei den Zimmerpreisen und Angeboten kalkulatorisch zu berücksichtigen, ob der Empfänger des Angebots ein Reisebüro, ein Reiseveranstalter oder ein Tagungs-Vermittlungsbüro ist, die alle eine Provision für die Vermittlung erhalten.

Branchenüblich ist, dass z. B. an Reisebüros eine Provision in Höhe von 10 % vom vermittelten Logis-Umsatz abzuführen ist.

Die Zusammenarbeit mit Reiseveranstaltern und Tagungs-Vermittlungsbüros wird im Allgemeinen vorab vertraglich geregelt. Oftmals werden hierbei weitaus höhere Provisionssätze, wie z. B. 20 % des Logis-Anteils oder 10 % des vermittelten Gesamt-Umsatzes verlangt und ausgehandelt.

Zielgruppen ansprechen

Beim Formulieren von Angeboten soll der besondere Kundennutzen mit einbezogen werden. Da man oftmals seine Gäste noch nicht persönlich kennt und der erste Geschäftskontakt schriftlich stattfindet, ist man auf Mutmaßungen angewiesen.

Die Fragen lauten:
- Was könnte meinen Verhandlungspartner oder meine zukünftigen Gäste besonders interessieren?
- Welche Informationen und Details sollten für diesen Gästekreis aufgeführt werden?

Das Ansprechen einer bestimmten Zielgruppe wird im Korrespondenz-Beispiel (Tagungsangebot, s. S. 656) besonders im letzten Absatz angestrebt.

Obwohl die anfragende Firma nicht ausdrücklich nach einem Abschiedsabend gefragt hat, schlägt ihn der antwortende Hoteldirektor vor und bietet seine Hilfe an.

Beispiel
Übernachtungspreise **pro Person** inklusive Frühstücksbüfett:

im Einzelzimmer, Bad, WC	60,00 €
im Doppelzimmer, Bad, WC	50,00 €
im Zweibettzimmer, Bad, WC	50,00 €
im Apartment, Bad, WC	100,00 €

Beispiele für zielgruppenorientierte Infos:
- **Golfer:** Golfplätze der Umgebung, Größen (9-, 18-, 27-Loch-Plätze), Schwierigkeitsgrade, Spielbedingungen, Preise
- **Skifahrer und Langläufer:** Abfahrtspisten, Lifte, Preise, Streckennetz der Langlauf-Loipen
- **Wanderer:** Wanderwege und -karten, Entfernungen, Zeitbedarf
- **Kultur-Interessierte:** Museen, Kunstausstellungen, Öffnungszeiten, kulturelle Veranstaltungen in der Region (Festwochen-Programm für z. B. Konzerte, Theater, Oper, Kabarett, Dichterlesungen, Vorträge, Filme)
- **Familien mit Kindern:** Freizeitpark, Erlebnisbad, Zoo, Nationalpark, Ausflugsziele, Freilicht-Museum, sportliche Aktivitäten
- **Kurgäste:** Medizinische und therapeutische Angebote, Kureinrichtungen, Öffnungszeiten, Preise, Kurprogramm, Sehenswürdigkeiten.

Hotel Arberblick

Flurstraße 14
94234 Viechtach
Tel.-Nr. 09942 90500-0
Fax-Nr. 09942 90500-50
E-Mail: hotel-arberblick@viechtach.de

Hotel Arberblick · Flurstraße 14 · 94234 Viechtach

Chemische Werke O. Müller KG
z. Hd. Herrn R. Lubnow, Verkaufsleiter
Lina-Müller-Weg 5
22043 Hamburg

Ihr Zeichen, Ihre Nachricht vom	Unser Zeichen, unsere Nachricht vom	Telefon, Name 09942 90500-	Datum
lu-ck 30.03.20..	se-vk	212 Herr Senn	02.04.20..

Reservierungsbestätigung für Ihre Jahrestagung

Sehr geehrter Herr Lubnow,

wir danken Ihnen für Ihr obiges Schreiben. Wir freuen uns sehr, dass Sie sich bei der Organisation der Jahrestagung für unser Haus entschieden haben und gratulieren zu Ihrem Entschluss. Gleichzeitig versprechen wir Ihnen, dass wir Sie voll unterstützen werden, um Ihre Tagung erfolgreich durchzuführen. In der Zeit

vom 02. August (Anreisetag) bis zum 05. August 20.. (Abreisetag)

haben wir für Sie und Ihre Gäste fest reserviert:

20 Einzelzimmer mit Bad oder Dusche und WC,
zum Tagungs-Sonder-Pauschalpreis in Höhe von EUR 110,00 pro Person und Tag.

Dieser Preis beinhaltet die Vollpension mit mittags und abends je 2 Drei-Gang-Menüs zur Wahl. Ferner ist die Benutzung von 2 Tagungsräumen (Konferenzzimmer I und II) mit der gewünschten Tagungstechnik (jeweils mit Overhead-Projektor, Leinwand und Flipchart) inklusive. Außerdem beinhaltet unsere Tagungspauschale die Tagungsgetränke (Fruchtsäfte und Mineralwässer) und zwei Kaffeepausen, die Sie jeweils für 10:30 Uhr und 15:00 Uhr vorgesehen haben.

Den Zeitplan mit dem Tagungsablauf und die Teilnehmerliste wollen Sie uns bitte noch zusenden.

Die gewünschten 20 Hotelprospekte haben wir diesem Schreiben beigefügt. Bitte lassen Sie es uns wissen, wenn wir Ihnen sonst noch behilflich sein können.

Wir freuen uns auf Ihren Besuch und verbleiben

mit freundlichen Grüßen

Hotel Arberblick

W.A. Senn

W.A. Senn, Hoteldirektor   Anlagen

Hotel Arberblick · Flurstraße 14 · 94234 Viechtach ·
Geschäftsführung Peter Altenstein · Bankverbindung:
Sparkasse Regen-Viechtach · BLZ 741 514 50 ·
Konto-Nr. 987 654 321

Abb. 1 Gebuchte Tafelform

Abb. 2 Simultan-Dolmetscher-Anlage

> Erst wenn feststeht, dass alle Wünsche erfüllt werden können, wird das Bestätigungsschreiben für den Veranstalter verfasst.

Abb. 3 Vertragsbestandteil AGB

Abteilungen informieren

Alle betroffenen Hotel-Abteilungen sind über die bevorstehende Veranstaltung rechtzeitig, das heißt nach Möglichkeit vier bis sechs Wochen vorher, zu informieren.

Neben der Zimmerreservierungs-Vorschau ist der Forecast der Verkaufs- und/oder Bankett-Abteilung die wichtigste Informationsquelle sowohl für den Einkauf und für die Dienstplanerstellung in den Abteilungen als auch für den weiteren Verkauf.

3.3 Aufträge bestätigen

🇬🇧 to confirm orders   🇫🇷 confirmer des commandes (w)

Sobald der Verkaufsabteilung eine Bestellung von Gästen z. B. für eine Sonderveranstaltung vorliegt, sind die erforderlichen Räumlichkeiten fest zu buchen.

Veranstaltungsräume reservieren

Dies geschieht mit Hilfe des „Reservierungsbuchs für Bletträume" oder über das EDV-Reservierungssystem der Verkaufsabteilung.

Eine eventuell zu einem früheren Zeitpunkt eingetragene provisorische Buchung ist entsprechend abzuändern, sodass sie für alle Mitarbeiter verbindlich gilt.

Sonderwünsche berücksichtigen

Alle Absprachen werden hinsichtlich ausgefallener Sonderwünsche überprüft. Hierzu könnten beispielsweise zählen:

- Besondere Raum- und Tafel-Dekorationen,
- bestimmte Musikkapellen,
- Auftritte von ausgesuchten Show-Stars,
- simultane Dolmetscherdienste in mehreren Sprachen,
- außergewöhnliche Speisen oder Getränke.

Zimmerreservierungen für Übernachtungsgäste werden an die Empfangsabteilung weitergeleitet.

Die Reservierungs-Bestätigung erfolgt durch die Verkaufsabteilung, zusammen mit der Veranstaltungs-Bestätigung.

Bestätigung verfassen

Es gelten die Regeln für Schriftverkehr (siehe ab Seite 647).
- Dem Besteller ist für den Auftrag zu danken.
- Der Brieftext soll klar, sachlich und unmissverständlich sein.
- Alle Absprachen sollen bestätigt werden.
- Es darf nichts Wesentliches fehlen, wie z. B. Preisangaben oder Zeitabsprachen zum Veranstaltungs-Ablauf.
- Wichtige Einzelheiten sollten hervorgehoben werden.

Oftmals werden mit dem Begleitschreiben auch ausgefüllte Vordrucke mit den Einzelheiten des Veranstaltungs-Auftrags (Function sheet, Avis, Function circular, Laufzettel) versandt.

Die „Allgemeinen Geschäftsbedingungen" des Hotels sollten schon vor dem Zeitpunkt der Bestellung dem Besteller (Gast) als Vertragsbestandteil bekannt sein.

Spätestens mit dem Bestätigungsschreiben für die Veranstaltung sind die „Allgemeinen Geschäftsbedingungen" ausdrücklich zum Vertragsbestandteil zu erklären.

Nur so kann sich der Hotelier vor Schäden schützen, wie sie durch Rücktritt vom Vertrag durch den Besteller entstehen könnten (siehe dazu auch Rechtsvorschriften auf Seite 673).

4 Sonderveranstaltung

🇬🇧 organizing functions and events 🇫🇷 service (m) d'organisation (w) de banquets (m)

Sonderveranstaltungen sind heute ein wichtiger Teil der Erlebnisgastronomie. Dabei handelt es sich um besonders attraktive, wirkungsvolle Angebote. Um erfolgreich zu sein, muss die Veranstaltung von Anfang bis Ende perfekt durchorganisiert werden.

4.1 Der Gast im Mittelpunkt

🇬🇧 the guest as centre of attention
🇫🇷 hôte (m) au centre (m) d'intérêt (m) gastronomique

Früher wartete man meist, bis der Gast ein Restaurant betrat, sich setzte, die Karte las und bestellte. Heute wird der Gast mit attraktiven Angeboten umworben und angesprochen. Seine Neugierde wird gezielt geweckt. Einige Vorlieben und Gewohnheiten der Gäste sind uns durch den häufigen Umgang mit ihnen bekannt. Mehr Informationen über unsere Gäste und deren Wünsche erhalten wir durch gezielte Fragebogenaktionen. Sie werden nach Abschluss ausgewertet und bei unseren Planungen von Aktionstagen oder Aktionswochen berücksichtigt. Der Erfolg von Sonderaktionen wird letztendlich daran gemessen, inwieweit es uns gelingt, die Erwartung unserer Gäste mit einem Qualitätserlebnis zu erfüllen.

4.2 Aktionen

🇬🇧 promotional activities 🇫🇷 activités (w) promotionnelles gastronomique

Sie dienen dazu, den Bedürfnissen unserer Gäste nach Abbwechslung entgegenzukommen, eine aktive Verkaufsförderung und die damit verbundene Umsatzsteigerung zu erreichen. Neben Gastorientierung und Wirtschaftlichkeit gibt es wesentliche Aspekte, die bei jeder Aktion wichtig sind:
- Stammgästen und Hausgästen wird etwas Besonderes geboten,
- neue Gästekreise werden erschlossen,
- in der Öffentlichkeit wird der Bekanntheitsgrad unseres Betriebes gefördert,
- Kapazitätsauslastung während ruhiger Betriebszeiten bzw. Zwischensaisonzeiten wird angestrebt.

4.3 Planung und Durchführung

🇬🇧 planning and implementation 🇫🇷 planification (w) et mise (w) en action (w)

Für die Mitarbeiter ist die Abwechslung mindestens genauso wichtig wie für die Gäste. Die Einbeziehung möglichst aller Mitarbeiter bei der Planung, Organisation und Durchführung dieser Aktionen bedeutet:
- Motivation durch die Herausforderung, Neues zu unternehmen,
- der Alltagsroutine etwas entgegenzusetzen,
- Teambewusstsein zu wecken, Teamfähigkeit zu fördern,
- fachliches Können in einer besonderen Situation zu beweisen,
- sich der Konkurrenz gegenüber zu behaupten,
- aktionsbezogene Schulung und Fortbildung zu erhalten.

Aktionsbeispiele

Werbewirksam wird eine Aktion durch ein interessantes und deutliches Motto. Waren es bisher hauptsächlich die Fest- und Feiertage, die den Anlass und das Motto für eine Aktion lieferten, so bieten sich heute viele andere Möglichkeiten an.

Produktbezogenes Angebot
Kartoffeln, Pilze, Reis, Nudeln, Meeresfrüchte, Gerichte mit Bier und/oder Wein, Spargel, Tomaten, Vegetarisches, Wild, Fische, Lamm, Käse, Exotische Früchte usw.

Saisonbedingte Aktionen
Spargel, Wild, Matjeshering, Maischolle, Austern, Muscheln, Krebse, Grünkohl, Beeren, Pilze, Eis.

Internationale Spezialitäten
Mit einem solchen Angebot holt man bei den Gästen Urlaubsstimmung zurück oder stimmt sie auf eine bevorstehende Reise ein, z. B. mit einer USA-Woche, Viva España, Mittsommernacht, Nationalfeiertage.

Themenbezogene Aktionen
Historische Hintergründe (Fürstenhochzeit, Stadterhebung), Vollwertkost, Faschingsball, Silvester, Jazz-Brunch oder begleitend zu einer musikalischen Festwoche.

Jahrestage
Gedenkjahr für Dichter, Komponisten oder Schriftsteller, Städtegründungen usw.

Regionale Spezialitäten
Münsterländer Schmaus, Fränkisches Weinfest, Unterm bayerischen Himmel, Impressionen von der Waterkant usw.

Es gibt also Anlässe genug, um ein schönes Programm zusammenzustellen, bei dem nicht nur kulinarische Höhepunkte geboten werden, sondern auch die Dekorationen originell auf das Thema abgestimmt werden.

Abb. 1 Bei der Jahresplanung

Jahresplanung

🇬🇧 annual operating plan 🇫🇷 plan (m) à moyen terme (m)

Zunächst sollen alle Mitarbeiter, also auch die Auszubildenden, Ideen zu möglichen und interessanten Aktionen vorbringen dürfen. Aus diesen Vorschlägen werden die besten oder sinnvollsten ausgewählt und ein Jahres-Aktions-Plan erstellt. Anschließend werden die unterschiedlichen Aufgaben den jeweiligen Abteilungen für die Vorausplanung übertragen.

Detail-Planung

🇬🇧 detail planning 🇫🇷 planification (w) en détail (m)

In der Abteilung **Service/Bankett** erarbeiten die Mitarbeiter Vorschläge für die Dekoration und eventuell für besonderes Besteck oder Porzellan. Sie denken über spezielle aktionsbezogene „Gags" nach, z. B. landesübliche Trachten, Kostüme des Mittelalters oder sonstige Requisiten.

Abb. 2 Bankett-Abteilung bei der Detail-Planung

Des Weiteren überlegen sie sich die Art und Weise des Servierens und machen Vorschläge für den Getränkeservice. Die Art und Menge der Getränke muss bestimmt werden. Sie suchen Rezepturen für Cocktails oder andere Mischgetränke und notieren deren Zubereitung. Sonderkarten für den speziellen Anlass müssen erstellt werden.

Die **Empfangsabteilung** und das **Verkaufsbüro** erarbeiten mit ihren Mitarbeitern Wochenendarrangements und veranlassen ein rechtzeitiges Mailing (Briefinformation) an ausgewählte Gäste und besondere Persönlichkeiten. Von dieser Abteilung aus wird auch die Pressearbeit gesteuert und die Presse über die Aktion rechtzeitig gezielt informiert.

Im **Hausdamenbereich** denkt man sich passenden Blumenschmuck für Tische und/oder Büfett-Tafeln und für Bodenvasen in der Empfangshalle oder im Restaurant aus. Außerdem werden spezielle Tafeltücher, besondere Servietten und Dekorationstücher bereitgestellt.

Abb. 3 Beim Versuch der besten Anrichteweise

Die Mitarbeiter der **Abteilung Küche** stecken den Rahmen für den kulinarischen Bereich ab. Sie suchen nach geeigneten Gerichten, informieren sich über deren Zubereitung, erstellen Rezepturen und Warenanforderungen. Die einzelnen Gerichte werden, wenn sie der Küche noch nicht bekannt genug sind, durchgekocht und erprobt. Der Geschmack und die Anrichteweisen werden festgelegt.

Alle Arbeiten und Überlegungen in den einzelnen Bereichen müssen schriftlich erfasst sein. Checklisten und eventuell auch Fotos werden für den speziellen Einsatz erstellt.

Ablauforganisation

🇬🇧 organization 🇫🇷 organisation (w)

Der Chef des Hotel Mozart in Kirchheim betreut gastronomisch alle Veranstaltungen im Schloss. Deshalb hat er auch die Möglichkeit, zusammen mit dem Verkehrsamt des Ortes im Festsaal des Schlosses Konzerte in Verbindung mit Gastronomie durchzuführen. Von den Mitarbeitern des Hotels kommt der Vorschlag, im Herbst eine Konzert-Gala über fünf Tage zu organisieren.

Trotz des damit verbundenen Mehraufwands wird dem Plan begeistert zugestimmt. Die Aktion erhält den Namen:

„Kulinarisch-musikalischer Herbst"

Nachdem sich die **Abteilungen Küche und Service** auf einen bestimmten Servierablauf (Menüservice, Büfett oder eine Kombination aus beiden) geeinigt haben, werden die Planung und Organisation fortgesetzt.

Die gesamte Aktion erstreckt sich über 5 Abende. Am Premierenabend wird ein Gala-Menü für **100 Personen** im Hotel Mozart serviert.

Abb. 1 Fingerfood

Premieren-Gala-Menü
für den
kulinarisch-musikalischen Herbst
auf Schloss Kirchheim

Für das Gala-Menü werden die Anzahl und die Art der Gänge benannt. Der Service eines „Amuse gueule" wird überlegt. Die Regeln für die kulinarische Abstimmung müssen beim Erstellen des herbstlichen Menüs grundsätzlich beachtet werden (s. S. 486). Dabei sind unbedingt auch die technischen und organisatorischen Möglichkeiten zu berücksichtigen, damit die Aktion ein Erfolg wird.

Die Mitarbeiter von Küche und Service schlagen Gerichte zur Menügestaltung vor. Sie diskutieren nach fachlichen Grundsätzen und erstellen in Abstimmung mit den Abteilungsleitern oder der Geschäftsleitung nebenstehendes Menü.

Nachdem das Gala-Menü komponiert wurde, müssen Rezepturen und Warenanforderungen erstellt werden, damit eine Mengen- und Preiskalkulation durchgeführt werden kann.

Da als erster Gang des festlichen Menüs eine frische, kleine Vorspeise und zum Aperitif Finger-Food serviert wird, verzichtet man auf den Service eines „Amuse gueule".

Geklärt werden muss der Einsatz des Anrichtegeschirrs. Wichtig sind dabei Tellerart und Tellergrößen zum Anrichten der Speisen. Außerdem wird überlegt, ob es sinnvoll ist, den Hauptgang von Platten vorzulegen.

Das Fleischstück des Hauptganges könnte von Köchen vor den Gästen tranchiert werden.

Servicebrigade und Küchenbrigade präsentieren das Dessert in Form einer Parade und setzen die Teller am Tisch der Gäste ein.

Für die Mitarbeiter im Service und in der Küche ist es wichtig zu wissen, wie die einzelnen Menügänge angerichtet werden. Deshalb wird die Anrichteweise schriftlich festgehalten und für alle Mitarbeiter in Küche und Service verständlich formuliert.

Gala-Menü

Herbstliche Blattsalate
mit marinierten Forellenröllchen

Tomatierte Kraftbrühe
mit Basilikumklößchen

Gebratene Kalbsnierenscheiben
in leichter Senfsauce mit Wildreis

Feines vom Perlhuhn
mit glasierten Karotten,
Bohnengemüse
gebackene Champignons
Schlosskartoffeln

Himbeercharlotte
mit Biskuitmantel
auf Fruchtsaucen von Kiwi
und Apfel

Abb. 2 Himbeer-Charlotte

Abb. 1 Tomatierte Kraftbrühe mit Basilikumklößchen

Abb. 2 Gebratene Kalbs-nierenscheiben mit Senfsauce

Aperitif:	Cocktails zur Wahl
2012	**Bechtheimer Stein** Weißer Burgunder, Kabinett Weingut Dreißigacker Bechtheim, Rheinhessen
2011	**Heppinger Burggarten** Spätburgunder, Spätlese trocken Weingut Weilerhof, Ahrweiler Ahr
2010	**Crémant d'Alsace** Blanc de noirs Weingut Dopff, Riquewihr Elsass
Kaffee	
Digestif:	Spirituosenauswahl vom Wagen

Anrichteweisen

- **Kalte Vorspeise**
  Herbstliche Blattsalate mit marinierten Forellenröllchen
  Anrichteweise:
  Kleines Bouquet aus Zupfsalaten seitlich auf einen Teller mit ⌀ 28 cm setzen, mit Dressing marinieren, auf freie Fläche aus grüner Sauce einen kleinen Spiegel gießen, das Forellenröllchen darauf legen und Radies-chenstreifen kreisförmig auf den inneren Rand des Tellers streuen.

- **Suppe**
  Tomatierte Kraftbrühe mit Basilikumklößchen
  Anrichteweise:
  In Suppentasse oder kleinen Suppenteller Tomatenfleischwürfel, Staudenselleriescheiben und Topfenklößchen geben; mit heißer, klarer Tomatenkraftbrühe auffüllen.

- **Zwischengericht**
  Gebratene Kalbsnierenscheiben in leichter Senfsauce mit Wildreis
  Anrichteweise:
  Auf einenTeller mit ⌀ 26 cm in die Mitte Senfsauce geben, darauf je drei Scheiben Kalbsniere anrichten und den angeschwenkten Reis ringsum aufstreuen.

- **Hauptgericht**
  Feines vom Perlhuhn mit glasierten Karotten, Bohnengemüse gebackene Champignons Schlosskartoffeln
  Anrichteweise:
  Perlhuhnteile und Schlosskartoffeln auf Platten, die Gemüse in Porzel-lanschalen (Légumiers) und die Sauce in Saucieren anrichten.

- **Dessert**
  Himbeercharlotte mit Schokoladenmantel auf Fruchtsaucen von Kiwi und Apfel
  Anrichteweise:
  Auf den Teller mit mindestens ⌀ 28 cm Apfelsauce verteilen und darauf mit Kiwisauce Tupfen aufbringen. Die Creme aus dem Timbal stürzen und auf die Apfelsauce setzen. Seitlich abwechselnd Apfel-spalten und Kiwischnitze auflegen. Die ganzen Himbeeren gezielt auf Teller verteilen. Die Creme halbseitig mit Schokoladensauce nappieren und kurz vor dem Servieren ein Hippenblatt daran stecken.

Warenanforderung und Rezepturen

Bei den vorausgegangenen Gesprächen wurde festgestellt, dass genaue Inventar-, Warenanforderungen und Rezepturen im Besonderen auch für die zu erstellende Kalkulation schriftlich ausgearbeitet werden müssen.

Dies gilt besonders auch im Bereich Service für die Herstellung der Cock-tails zum Aperitif und die Bereitstellung der Gedeckutensilien sowie für Getränke. Diese müssen noch korrespondierend zum Menü bestimmt und gegebenenfalls besorgt werden.

Die Servicegruppe stellt anhand des festgelegten Menüs nebenstehendes Getränkeangebot zusammen.

Die Kosten für die Getränke werden auf Grund von Erfahrungswerten in den Menüpreis mit einbezogen. Auf Grund von Erfahrungswerten vergangener Veranstaltungen ist es möglich, die annähernd ausreichende Anzahl der verschiedenen Weine und anderer Getränke bereit- und, wenn nötig, kalt zu stellen bzw. richtig zu temperieren.

Checkliste für Logistik

Der Erfolg einer kulinarischen Sonderaktion beginnt mit einer wohlüberlegten Detailplanung. Nachdem der Termin, das Motto, das Gala-Menü, die Personenzahl, die Rezepturen und Warenanforderungen feststehen, wird ein zeitlicher Ablaufplan in Form einer Checkliste erstellt.

Abb. 1 Ein Event wird geplant

Die Checkliste ist für den Bereich **Service** und enthält Informationen darüber,
* **wer** verantwortlich ist,
* **was** an Tätigkeiten erledigt werden muss,
* **wann** die einzelnen Arbeiten durchgeführt und fertig gestellt sein müssen,
* **wer** im Servicebereich eindeckt, Getränke oder Speisen serviert,
* **wie** der Bankettservice ablaufen muss.

Die Gesamtorganisation erfordert rechtzeitiges Erstellen von genauen Dienst- und Einsatzplänen. Die nachfolgenden Checklisten beziehen sich auf den Aktionstag mit dem Gala-Menü.

Abb. 2 Checkliste mit zeitlicher Ablauf-Planung

Checklisten als Organisationshilfe für den Bereich Service

Waren/Magazin	
Warenbestand	Magazinverwalter 6 Wochen vorh.
W-bestellung	F&B-Abteilung 5 Wochen vorher
Liefertermine	F&B-Abteilung
W-annahme	Magazinverwaltung
W-kontrolle	Magazinverwaltung
W-verteilung	Magazinverwaltung
W-lagerung	Restaurantchef
Besonderheit	Weine entsprechend temperieren. Ausreichend Mundeis für Cocktails. Brot und Butter für Vorspeise

Allgemeines	
Aktion	Kulinarisch-musikalischer Herbst
Datum	zz-yy-xx
Personenzahl	100
Räumlichkeit	Festsaal im Schloss
Aperitif	Cocktails mit Fingerfood
Menü	Gala-Menü, 5-gängig
Büfett	
Stehempfang	
Kaffeetafel	
Tagung	
Digestif	Spirituosenwagen
Tische/Tafeln	10 runde Tische für je 10 Personen

Service		
3 Tage vorher		
x	Serviceleitung erstellt Materialanforderung an Stewardingabteilung	
x	Tafelorientierungsplan	
x	Tischkärtchen	
x	Dienstpläne	

Stewarding

2 Tage vorher

Gläser

x	120 Cocktailgläser bereitstellen	✓
x	120 Weißweingläser	✓
x	120 Rotweingläser	
x	120 Wassergläser	
x	120 Sektgläser	
x	120 Universal-Digestifgläser	

Bestecke (Silber)

x	320 Mittelmesser	
x	320 Mittelgabeln	
x	220 Mittellöffel	
x	120 Tafelmesser	
x	120 Tafelgabeln	
x	60 Vorlegebestecke	
x	12 Saucenlöffel	

Anrichtegeschirr (inkl. Reserven)

x	102 Platzteller Silber	
x	105 Teller für Vorspeise ⌀ 26	
x	105 Suppentassen 0,2 — mit Unterteller	
x	105 Mittelteller für Suppe	
x	105 Teller Zwischengericht ⌀ 26	
x	105 Teller Hauptgang ⌀ 26	
x	105 Teller für Desserts ⌀ 28	
x	105 Brotteller ⌀ 15	
x	35 Porzellanfässchen für Butter	
x	12 Saucieren	
x	10 Silberplatten für je 10 Personen	
x	22 Beilagenschalen	

Tischgeräte

x	20 Kerzenleuchter und 60 Kerzen	
x	2 Rollen Dekorationsbänder	
x	12 Salz- u. Pfefferstreuer/-mühlen	
x	evtl. 10 Temperaturgaranten	
x	evtl. 10 Sektkühler	

Stewarding

1 Tag vorher

x	Gläser polieren und abdecken	
x	Bestecke polieren und abdecken	
x	Teller polieren (kühlen/wärmen)	
x	Platzteller polieren	
x	Servietten vorfalten für Küche	
x	Handservierer bereitlegen	
x	Teller kühlen (Vorspeise/Dessert)	
x	Menagen reinigen und auffüllen	

Housekeeping

2 Tage vorher

x	Bankettsaal reinigen	
x	10 Moltons für Banketttafeln rund	
x	11 Tafeltücher für runde Tische	
x	Servietten für Dekoration Küche	
x	110 Mundservietten bereitlegen	
x	102 Spitzendeckchen für Platzteller	
x	Handservietten/Weinservietten	
x	Blumen mit Steckmaterial ordern	
x	Garderobenbereich überprüfen	

1 Tag vorher

x	10 Blumengestecke herstellen	
x	6 Gestecke für Seitentische	
x	4 Bodenvasen für Festsaal	
x	Bankettsaal kontrollieren	
x	Beleuchtung überprüfen	

Getränkebüfett oder Weinkellner (Sommelier)

1 Tag vorher

x	Weine temperieren	
x	Spirituosenwagen richten	

	Service	
	Aktionstag	
x	Tisch und Stühle stellen	
x	Tischwäsche bereitlegen	
x	Moltons aufziehen	
x	Mundservietten falten	
x	Tischtücher auflegen	
x	Dekorationsbänder drapieren	
x	Stühle ausrichten	
x	Platzteller auflegen	
x	Gedecke auflegen	
x	Gläser eindecken	
x	Blumenschmuck einstellen	
x	Kerzenleuchter platzieren	
x	Salzmenagen einstellen	
x	Mundservietten einstellen	
x	Menükarten einsetzen	
x	Tischkärtchen aufstellen	
x	Tafelorientierungsplan für Gäste	
x	Wärmerechauds einschalten	
x	Reservebestecke bereitlegen	
x	Reserveporzellan bereitstellen	
x	Reservegläser bereitstellen	
x	Teller warmstellen	
x	Vorleger ordnen und bereitlegen	
x	Endkontrolle der Festtafeln	
x	Endkontrolle Mise en place	
x	Einteilung der Servicebrigade	

	Service	
	Aktionstag	
x	Besprechung des Serviceablaufes	
x	Butterfässchen einstellen	
x	Kerzen anzünden	
x	Aperitif und Finger-Food anbieten	
x	Getränke servieren	
x	Vorspeisenservice mit Brot	
x	Suppenservice	
x	Nachservice von Weißwein	
x	Zwischengericht	
x	Rotweinservice	
x	Weißweingläser ausheben	
x	Gewärmte Hauptgangteller einsetzen	
x	Hauptgang vorlegen	
x	Supplément anbieten	
x	Hauptgang abräumen	
x	Salzstreuer ausheben	
x	Tisch reinigen	
x	Dessertbesteck seitlich ziehen	
x	Getränk zum Dessert servieren	
x	Parade vorbereiten	
x	Dessertservice	
x	Zucker und Sahne einstellen	
x	Pralinen einstellen	
x	Kaffeeservice	
x	Spirituosen anbieten	
x	Endarbeiten am Gästetisch	

4.4 Veranstaltungsanalyse

🇬🇧 record of success and review 🇫🇷 contrôle (m) et critique (w) des résultats (m)

Unmittelbar nach einer solchen Aktionswoche müssen in einem gemeinsamen Gespräch Erfolgskontrolle und Manöverkritik stattfinden. Der Erfolg ist durch den Vergleich der Umsatzzahlen mit den Kosten leicht messbar. Doch der Schein kann trügen. Beispielsweise, wenn auf Grund des sehr attraktiven Angebotes zusammen mit dem guten Ruf des Hotels alle Veranstaltungen ausgebucht waren, die Aktionen und Ausführungen jedoch nicht das hielten, was die Gäste erwarteten. In einer solchen Situation muss sofort reagiert und Schadensbegrenzung eingeleitet werden.

Abb. 1 Festliche Büfettplatte

Daher ist es besonders wichtig, die Probleme rasch zu erkennen. Das kann mit Manöverkritik bei einer Nachbetrachtung der Veranstaltungen erreicht werden. Erfolg oder Misserfolg lassen sich mit Fragen überprüfen wie z. B.:

- Waren alle Gäste zufrieden?
- Gab es Reklamationen?
- Was hat die Veranstaltung für die Mitarbeiter gebracht?
- War die Zusammenarbeit der einzelnen Abteilungen in Ordnung?
- Wurde die Teamfähigkeit durch die Aktion gefördert?
- Wurde die Identifizierung mit dem Betrieb gestärkt?
- War der Umgangston trotz Hektik und starker Belastung fair?
- Bedarf es einer Klärung oder Entschuldigung?
- Waren die vorausgegangenen Schulungen und Fortbildungen sinnvoll und richtig?
- Wo sind personelle oder materielle Engpässe entstanden oder Probleme aufgetreten?
- War die gesamte Planung richtig?
- Gibt es Verbesserungsmöglichkeiten bei den Arbeitsabläufen?
- Stimmte die Qualität der gelieferten Waren?
- Wurden die Liefertermine eingehalten?
- Welche Gerichte schafften Probleme?
- Wie war die Resonanz in der Presse?
- Welche hier nicht angesprochenen Probleme sind aufgetreten?
- Welche Verbesserungsvorschläge können gemacht werden?
- Würde jeder Mitarbeiter eine solche Aktion gerne wiederholen?

Nach dieser Manöverkritik müssen die positiven Aspekte belassen bzw. noch stärker in den betrieblichen Alltag übernommen und negative Erfahrungen baldmöglichst abgestellt werden.

4.5 Weitere Aktionen

🇬🇧 further promotional activities

🇫🇷 autres activités (w) promotionnelles gastronomiques

Die anderen Abende sind im Rittersaal des Schlosses vorgesehen. In diesem Saal finden 250 Personen Platz. Das Hotel Mozart übernimmt das komplette Catering. Wegen der hohen Personenzahl ist es sinnvoll, das Bankett außer Haus in Form von täglich wechselnden warm-kalten Büfetts als kulinarische Höhepunkte anzubieten. Es ist damit zu rechnen, dass nur ein kleiner Teil der Gäste mehrmals an den Büfetts teilnimmt.

Die Aktionen haben jeweils unterschiedliche Themen und Dekorationen zu Ehren der musizierenden Künstler. Sie kommen aus Hamburg, Rom und Wien. Zum Finale am letzten Abend spielt das Jugend-Symphonieorchester Europas.

Am Spätnachmittag des Finaltages findet im Foyer des Schlosses ein Sektempfang für 250 Personen statt. Hierfür werden 1.250 Canapés hergestellt und auf Platten angerichtet. Die Mitarbeiter des Hotel Mozart wollen den Gästen 10 verschiedene Sorten Canapés (siehe S. 391) präsentieren.

Das nebenstehende festliche, warm-kalte Büfett wird zu Ehren eines bekannten Geigenvirtuosen aus Hamburg gegeben.

Impressionen von der Waterkant

Frisch geräucherte Kieler Sprotten, Aale, Schillerlocken, Heilbutt, Pfeffermakrelen

Galantine vom Zander mit Krabben
Heilbuttmedaillons mit Wachteleiern
Hausgebeizter Lachs in Dill-Senf-Sauce
Erlesene Fischterrinen
mit Sauerampfersauce
Gefüllte Gurken mit Rauchlachssalat
Krabbencocktail mit Champignons
Tomaten mit Thunfisch gefüllt
Gefüllte Eier mit Sardellenschaum
Matjessalat mit Äpfeln und Zwiebeln
Rollmöpse in verschiedenen Marinaden

Hamburger Aalsuppe
Suppe von Miesmuscheln mit Safranfäden

Labskaus
Hamburger National
Hechtklößchen in Kerbelschaum
Gebratene Seeteufelmedaillons
Kräuter und Tomaten, Blattspinat
Champignonreis, Petersilienkartoffeln

Rote und gelbe Grütze
mit flüssigem Schmant
Weingelee mit Früchten
Rumcreme mit Rosinen
Früchtesavarin

Verschiedene Brotsorten und Butter

4.6 Blumendekorationen

🇬🇧 flower arrangements 🇫🇷 arrangements (m) de fleurs (w)

Neben der Qualität von Küche und Service tragen eine gepflegte Einrichtung und stilvolle Dekorationen zum Wohlbefinden unserer Gäste bei. Nicht nur beim Büfett- und Bankettservice vermitteln Blumenarrangements eine frische, unbeschwerte Atmosphäre, sondern auch auf dem Gästetisch im À-la-carte-Restaurant oder auf dem Frühstückstablett (s. S. 271).

Gestaltung von Blumengestecken

Die Gestecke werden in Größe und Form der Tafel angepasst. Ein rund oder kugelig arrangiertes Blumengesteck eignet sich für eine runde oder quadratische Tafel. Auf langen Tafeln werden mehrere Gestecke in länglicher Form dekorativ verteilt.

Arbeitsrichtlinien

- Die verwendeten Steckschalen müssen einwandfrei sauber sein.
- Den Steckschaum wässern, zuschneiden und in die Schale einfüllen.
- Den Steckschaum immer zwei Finger breit über den Gefäßrand ragen lassen.
- Die Stängel von Blättern und Blumen werden mit einem scharfen Messer schräg angeschnitten und mit dem Ende etwa 2 bis 4 cm tief in den Steckschaum gesteckt.
- Die einzelnen Blüten sollen in ihrer Höhe abgestuft angeordnet sein.
- Der Steckschaum sollte mit Blättern und Gräsern zugesteckt und unsichtbar werden.

Blumendekorationen im Bankettbereich

- Sie sollen dem Anlass entsprechen.
- Die Gäste dürfen durch die Größe und Höhe der Gestecke bei der Unterhaltung nicht gestört werden.
- Die Tische und Tafeln sollten nicht durch zu große Gestecke überladen wirken.
- Die Blumen sollten nicht zu stark duften und dürfen keinen Blütenstaub absondern.
- Es sollten nur frische Schnittblumen verwendet werden.
- Blumentöpfe mit Erde sind aus hygienischen Gründen auf Büfetts oder Bankett-Tafeln ungeeignet.

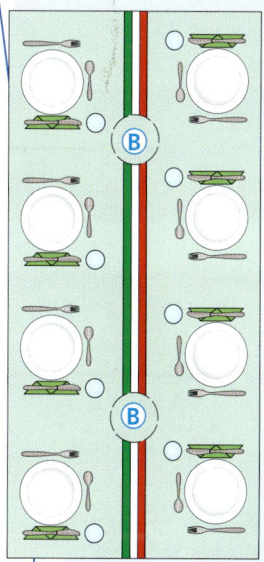

Platzierungsmöglichkeiten von Blumengestecken Ⓑ bei Festtafeln

Asiatische Woche

Zubehör:
1 Teller, ⌀ 25 cm, farbig (z. B. rot), Steckschaum, Moos, Steine, 2 Bambustriebe, 5 grüne Amaranthus, 8 Wasserbinsen, 3 große Anturienblätter, 2 Ampfertriebe, 3 rote Gerbera, 2 Chinaschilfblätter, 2 Scabiosen-Fruchtstände, 1 weißer Fächer

Steckanleitung:

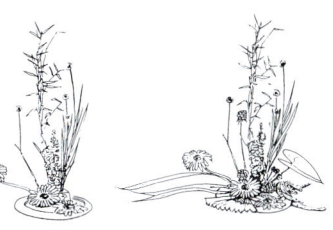

Taufe

Zubehör:
2 runde Schalen,
Steckschaum, 6 m Band (1 cm breit)
in Blau und Weiß, 4 Stiele Plymosus,
30 weiße Polyantha-Rosen, 50 blaue
Vergißmeinnicht, 3 Buchsbaumspitzen

Steckanleitung:

Jagdessen

Zubehör:
1 ovaler Teller
(ca. 30 cm lang), Steckschaum, Waldmoos,
Kiefer, Farne, Tanne, Gräser, 6 Blaubeeren
und 6 Weißdornbeeren, 2 Stiele Sauerampfer, 3 Wildhortensien, 2 Maiskolben,
10 Scabiosen-Fruchtstände, 3 Sorbusblät-
ter, 3 Bergenienblätter, 2 Fasanenfedern

Steckanleitung:

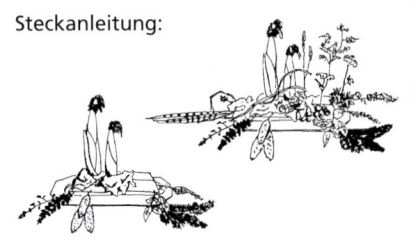

Italienische Woche

Zubehör:
1 weiße Kugelvase
(⌀ 10 cm), Steckschaum, ca. 10 Drähte
(5 cm), 7 weiße Zwerg-Margeriten, 15 rote
Zwergrosen, 4 Stiele Petersilie, 3 rote Bart-
nelken, Farfallenudeln, Stoffband

Steckanleitung:

⑤ Fremdsprachliche Fachbegriffe im Verkauf

🇬🇧 technical terms at the sales department
🇫🇷 termes (m) de metier au service des ventes

Fachbegriffe	
ADR	Average daily room rate, Zimmer-Durchschnittspreis
Agreement	Vereinbarung
Buyer's market	Käufermarkt
B & B	Bed and breakfast, Übernachtung mit Frühstück
Call rate	Besuchshäufigkeit pro Tag/pro Woche
Cold call	Unangemeldeter Verkäuferbesuch bei einem Kunden
Confirmation	Bestätigung
Contract	Vertrag
Convention	Große Tagung, Versammlung, Kongress
Convention centre	Kongresszentrum
COS	Cost of sale, Kosten, die eine Buchung verursacht bzw. Vertriebsgebühren wie GDS-System-Fee und Kommissionen
CTA	Close to arrival, Gast kann an diesem Tag nicht anreisen; wer einen Tag vorher ankommt, kann auch am CTA-Tag wohnen bleiben
Destination	Zielort, Bestimmungsort, Standort eines Mitgliedsbetriebes einer Hotelkette
Expedient	Ratsames Hilfsmittel/Notbehelf
Factsheet	Informationsblatt
File	Akte, Ablage
Function	Veranstaltung, Cocktailempfang, Extraessen
Function chart	Veranstaltungsübersicht/Veranstaltungsprogramm
Function diary	Veranstaltungskalender z. B. eines Hotels

Fachbegriffe	
Function room	Nebenraum für Veranstaltungen
GCB	German Convention Bureau – Deutsches Kongressbüro
GIT	Group inclusive tour; Pauschalreisepreis inklusive Übernachtung und VP
HSMA	Hospitality Sales & Marketing Association, Internationaler Fachverband der Verkaufs- und Marketing-Spezialisten der Hotellerie
IDS	Internet Distribution System
Incoming tour	Nachkommende Reisegruppe
Incentive	Anreiz, Leistungsprämie, Belohnungsreise
Lay over	Verlängerter Aufenthalt z. B. im Hotel wegen schlechten Wetters
Off-season tariff	Nebensaisontarif
Option to buy	Vorkaufsrecht, etwas zu festgelegten Bedingungen zu erwerben
Option to sell	Wahlfreiheit/Vorrecht etwas zu festgelegten Bedingungen zu verkaufen
Outgoing tour	Abreisende Reisegruppe
Package tour	Pauschalreise
PCO	Professional congress organizer, professioneller Kongressorganisator
Peak rate	Höchsttarif, Hauptsaisonpreis
POS	Point of sale, Verkaufsort/-stelle, z. B. das Restaurant oder die Bar
Prices net hotel	Zahlung netto ohne jeden Abzug, Netto-Preise eines Hotels
RevPar	Revenue per available room, Einnahmen pro verfügbarem Zimmer
RevPAC	Revenue per actual customer, Umsatz pro Gast/Sleeper, nicht pro Zimmer

6

Abb. 1 Rechtsvorschriften beachten

Abb. 2 Preisangaben-VO beachten, Speisekarten vorlegen

Rechtsvorschriften

🇬🇧 laws 🇫🇷 références (w) juridiques

Die Gesetze, die das Kapitel „Arbeiten im Verkauf" betreffen, sind auf der Buch-CD enthalten. Dazu zählen:

Preisangaben-Verordnung – PAngV, Stand: Juli 2010

(§ 7) Gaststättengewerbe, Beherbergungsbetriebe.
(1) In Gaststätten und ähnlichen Betrieben, in denen Speisen oder Getränke angeboten werden, sind die Preise in Preisverzeichnissen anzugeben. Die Preisverzeichnisse sind entweder auf Tischen aufzulegen oder jedem Gast vor Entgegennahme von Bestellungen und auf Verlangen bei Abrechnung vorzulegen oder gut lesbar anzubringen.
(2) Neben dem Eingang der Gaststätte ist ein Preisverzeichnis anzubringen, aus dem die Preise für die wesentlichen angebotenen Speisen und Getränke ersichtlich sind. Ist der Gaststättenbetrieb Teil eines Handelsbetriebes, so genügt das Anbringen des Preisverzeichnisses am Eingang des Gaststättenteils.
(3) Bei Beherbergungsbetrieben ist beim Eingang oder bei der Anmeldestelle des Betriebes an gut sichtbarer Stelle ein Verzeichnis anzubringen oder auszulegen, aus dem die Preise der im Wesentlichen angebotenen Zimmer und gegebenenfalls der Frühstückspreis ersichtlich sind.

(4) Kann in Gaststätten- oder Beherbergungsbetrieben eine Telekommunikationsanlage betrieben werden, so ist der bei Benutzung geforderte Preis je Minute oder je Benutzung in der Nähe der T.-Anlage anzugeben.

(5) Die in den Preisverzeichnissen aufgeführten Preise müssen das Bedienungsgeld und sonstige Zuschläge einschließen (= Brutto-Verkaufspreise, dazu gehört auch die Umsatzsteuer).

Gesetz gegen den unlauteren Wettbewerb – UWG,
Stand: März 2010

(§ 1) Zweck des Gesetzes. Dieses Gesetz dient dem Schutz der Mitbewerber, der Verbraucherinnen und Verbraucher sowie der sonstigen Marktteilnehmer vor unlauteren geschäftlichen Handlungen. …

(§ 3) Verbot unlauterer geschäftlicher Handlungen. Unlautere Wettbewerbshandlungen, die geeignet sind, den Wettbewerb zum Nachteil der Mitbewerber, der Verbraucher oder der sonstigen Marktteilnehmer nicht nur unerheblich zu beeinträchtigen, sind unzulässig. … Das bedeutet für den Hotelier: Er darf keine Maßnahmen ergreifen, die den Wettbewerb zum Nachteil seiner Konkurrenten und seiner Gäste deutlich einschränken. Da es nicht möglich ist, alle möglichen Verstöße aufzuzählen, zählt das Gesetz „unlautere Wettbewerbshandlungen" in relativ allgemeiner Form auf. Kommt es zum Streit, ob ein Verstoß gegen das Gesetz vorliegt, so können die Einigungsstelle der IHK oder das Gericht angerufen werden. Bei Verstößen gegen das UWG kann das Gericht Unterlassung, Beseitigung, Auskunft und Schadenersatz festsetzen.

Geld- und Freiheitsstrafen können ausgesprochen werden, wenn
- vorsätzlich irreführende Werbung betrieben wird,
- ein „Schneeball-System" in Gang gesetzt wird,
- der Verrat von Geschäfts- und Betriebsgeheimnissen erfolgt.

Gesetz gegen Wettbewerbsbeschränkungen – GWB (Kartellgesetz),
Stand: Dez. 2010

(§ 1) Verbot wettbewerbsbeschränkender Vereinbarungen. Vereinbarungen zwischen Unternehmen, Beschlüsse von Unternehmensvereinigungen und aufeinander abgestimmte Verhaltensweisen, die eine Verhinderung, Einschränkung oder Verfälschung des Wettbewerbs bezwecken oder bewirken, sind verboten.

Hoteliers bzw. Hotelverkäufer dürfen also untereinander keine Preisabsprachen treffen, z. B. für Zimmervermietung zur Hochsaisonzeit („Messeraten"), Tagungsraummieten usw.

Gesetz zur Einbeziehung Allgemeiner Geschäftsbedingungen in den Vertrag, Stand: Dez. 2010

(§ 305 a–c BGB) Allgemeine Geschäftsbedingungen (AGB) sind alle für eine Vielzahl von Verträgen vorformulierten Vertragsbedingungen, die eine Vertragspartei (Verwender) der anderen Vertragspartei bei Abschluss eines Vertrags stellt.

AGB werden nur dann Bestandteil eines Vertrags, wenn die andere Vertragspartei mit ihrer Geltung einverstanden ist.

1 Nennen Sie zehn Beispiele für Aufgaben, die die Mitarbeiter der Verkaufsabteilung zu erledigen haben.

2 Welche Punkte/Fragen sind bei der Vorplanung von Verkaufsgesprächen zu klären?

3 Wie verhalten Sie sich als Hotel-Verkäufer, wenn Sie Ihrem Verhandlungspartner erstmalig begegnen?

4 Welche Fragenarten eignen sich zur Kundenabfrage?

5 Mit welchen Argumenten begegnen Sie eventuellen Einwänden Ihres Kunden?

Abb. 1 Sheraton Carlton Hotel Nürnberg

6 Wie verhalten Sie sich, wenn ein Kunde Ihre Verkaufsabschluss-Frage: „Darf ich den Auftrag wie besprochen notieren?" verneinend beantwortet?

7 Wie verhalten Sie sich, wenn Ihr Kunde Ihnen den Auftrag erteilt?

8 Erklären Sie, wie die Empfängeranschrift auf vorgedrucktem Briefpapier im DIN-A4-Format geschrieben wird.

9 Nennen Sie zwei Besonderheiten, die beim Schreiben von Auslandsadressen zu beachten sind.

10 Auf wie viele Stellen (mit Punkt) sollen Monatsnamen beim Abkürzen geschrieben werden?

11 Nennen Sie die vier Arten von Einschreiben der Deutschen Post AG.

12 Erklären Sie die unterschiedlichen Bedeutungen der vier Arten von Einschreiben.

13 Welche zwei Schreibweisen gelten für das nummerische Schreiben des Datums?

Abb. 2 The Ritz, Paris

14 Was sollten prüfen Sie, wenn Sie eine schriftliche Anfrage zu bearbeiten haben?

15 Geben Sie vier Beispiele für zielgruppenorientierte Angebote im Verkauf.

16 Erstellen Sie jeweils eine Karte für die anderen drei aufgeführten Büfetts nach dem Muster des warm-kalten Büfetts „Impressionen von der Waterkant".

17 Nennen Sie Getränke, die zu den verschiedenen Büfetts angeboten werden sollen.

18 Erstellen Sie für die Büfetts eine Checkliste nach vorgegebenem Muster.

19 Unterbreiten Sie Dekorationsvorschläge für die einzelnen Büfetts.

Abb. 3 Hôtel Plaza– Athénée, Paris

20 Warum ist das „Gesetz zur Einbeziehung Allgemeiner Geschäftsbedingungen in den Vertrag" für den Gastronomen sehr wichtig?

Aufgaben

Planen einer Sonderveranstaltung, Anbieten von Festmenüs

Der Verkaufsleiter überreicht Ihnen als Auszubildender/m Notizen (s. S. 676), die er anlässlich eines Verkaufsgesprächs für eine Hochzeitsfeier aufgeschrieben hat. Er beauftragt Sie, die Angaben zu den bereits getroffenen Vereinbarungen in den hausüblichen Veranstaltungsvordruck (s. S. 677) zu übertragen.

Außerdem sind drei Vorschläge für das Hochzeitsmenü und für die korrespondierenden Weine anzufertigen. Ein Begleitschreiben an den Veranstalter ist vorzubereiten.

Planen und Vorbereiten der Veranstaltung

1. Prüfen Sie, ob die entsprechenden Veranstaltungsräume korrekt reserviert wurden.

2. Lesen Sie alle Gesprächsnotizen zu dieser Veranstaltung genau durch.

3. Machen Sie sich mit dem Veranstaltungsvordruck (function sheet) vertraut.

4. Übertragen Sie alle bereits getroffenen Vereinbarungen in die entsprechenden Zeilen.

Anbieten von Speisefolgen und passenden Weinen

1. Beachten Sie die Vorgaben des Veranstalters sowie hausinterne Wünsche.

2. Berücksichtigen Sie Preisrahmen, Jahreszeit, Anlass und Gästekreis.

3. Stellen Sie drei verschiedene Festmenüs zusammen, die als Vorschläge an den Veranstalter versendet werden können.

4. Schreiben Sie links neben jeden der drei Menüvorschläge die jeweilige Weinfolge mit den Preisangaben.

5. Verfassen Sie dazu ein Begleitschreiben an den Veranstalter.

Kontrollieren des Angebots

1. Überprüfen Sie Ihre Ausarbeitungen auf fachliche Richtigkeit, Vollständigkeit und gute Darstellung.

2. Geben Sie Ihre Vorschläge und den Veranstaltungsvordruck zur Kontrolle dem Verkaufsleiter.

Der Veranstalter entscheidet sich für Ihren 2. Menü- und Getränkevorschlag. Im Auftrag der Bankettabteilung sollen nun komplette Mis-en-place-Listen (Tischwäsche, Bestecke, Gläser, Porzellan, …), sowohl zum Eindecken der Hochzeitstafel als auch für den Porzellan- und Geschirrbedarf zum Anrichten der Speisen, vorbereitet werden.

Fortsetzung auf S. 676

Erstellen der Mise-en-place-Listen

1 Klären Sie mit dem Küchenchef, auf welchen Geschirrteilen die Menügänge angerichtet und serviert werden sollen.

2 Verfassen Sie die Mise-en-place-Liste für das Eindecken der Festtafel.

3 Verfassen Sie die Mise-en-place-Liste für das Anrichten und Servieren der Menügänge.

Verkaufsgesprächsnotizen für eine Sonderveranstaltung:

Für Samstag, den 16.03.20.., hat Herr Franz Müller, Hölderlinstraße 46, 70193 Stuttgart, ein Festessen anlässlich der Hochzeit seiner Tochter bestellt.

Geladen sind insgesamt 48 Gäste. Als Tafelform wurde eine U-Tafel im Kleinen Festsaal festgelegt. Ein Duo soll bis 3 Uhr morgens musizieren. Das Duo soll vom Hotel verpflichtet werden. Das Hochzeitsessen beginnt um 19:00 Uhr, eine halbe Stunde vorher soll ein Glas Kir Royal als Aperitif gereicht werden.

Das Menü soll aus vier Gängen bestehen und ist noch vorzuschlagen. Als Hauptgang wird ein Rindfleischgericht gewünscht. Der Menüpreis soll 35 Euro pro Person betragen.

Zum Essen ist für die Vorspeise ein Moselwein gewünscht, für den Hauptgang ist ein deutscher Rotwein, entweder aus Baden oder von der Ahr, vorzuschlagen. Zum Dessert soll ein lieblicher Schaumwein serviert werden. Nach dem Essen können Cognacs und Liköre angeboten werden.

Die Tische sollen weiß eingedeckt werden. Als Tischschmuck sind rote Rosen gewünscht. Die Blumendekoration soll 250 Euro nicht übersteigen. Unser Hochzeitsgeschirr ist einzusetzen.

Besondere Gästewünsche (z. B. Spirituosen und Tabakwaren) dürfen zu Lasten des Veranstalters erfüllt werden.

Das Musiker-Duo kann bis 35 Euro Speisen und Getränke à la carte verzehren, Berechnung à conto Veranstalter.

Für jeden Gast eine Menükarte (Hotelmenükarten, DIN A5) ohne Berechnung. Die Garderobe (ab 18:15 Uhr besetzt) wird ohne Berechnung aufbewahrt. Gegen 21:00 Uhr soll ein Videoband von der kirchlichen Trauung gezeigt werden. Die Technik dazu wird durch uns ohne Berechnung gestellt.

Für 22:00 Uhr soll ein Fotograf anwesend sein (Hochzeitsfoto!).

Der Gesamt-Rechnungsbetrag wird von Herrn Müller per Bank bezahlt.

Herr Müller wünscht möglichst bald unsere detaillierten Menü- und Weinvorschläge, mit Preisangaben.

Fortsetzung auf S. 677

Bankettvereinbarung

Hotelname: _____

Veranstaltungsdatum: _____

Art der Veranstaltung: _____

Veranstalter: _____

Telefonisch erreichbar: _____

Hinweistafel: _____

angenommen von/am _____

Beginn: _____

Ende: _____

Personenzahl: _____

Essen: _____

Raum: _____

Raummiete: _____

Getränkefolge

Zum Empfang: _____

_____

Zum Essen: _____

_____

Nach dem Essen: _____

_____

Bemerkungen: _____

_____

Speisefolge   Preis _____

_____

_____

_____

_____

_____

_____

_____

Dekoration: _____

Menükarten: _____

Tischwäsche: _____

Garderobe: _____

Bestuhlung/Tafelform: _____

Projektor/Video: _____

Mikrofon: _____

Tanzerlaubnis: _____

GEMA: _____

Musik: _____

Sperrstundenverkürzung: _____

Tischkarten: _____

Sitzordnung: _____

Rednerpult: _____

Reden: _____

Tabakwaren: _____

Fotograf: _____

Tanzfläche: _____

Sonstiges: _____

_____

_____

Ablaufbericht: _____

_____

_____

_____

Verteiler:

☐ Direktion   ☐ Empfang   ☐ Küche

☐ Service   ☐ Ablage   ☐ Etage

☐ Büfett   ☐ Lager   ☐ Hausmeister

Arbeiten im Marketing-bereich

Abb. 1 Bei der Analyse der Rahmenbdeingungen

„Marketing ist die bewusst marktorientierte und somit marktgerechte Unterneh-menspolitik bzw. Unter-nehmensphilosophie."
(G. Fuchs, HSMA)

1 Rahmenbedingungen

🇬🇧 framework and guidelines 🇫🇷 conditions (w) générales

Ein Unternehmer, der seine Unternehmenspolitik nach den Bedürf-nissen des Marktes ausrichten möchte, muss sowohl

- den „Allgemeinen Datenkranz", das sind die allgemeinen Rahmen-bedingungen, als auch
- den „Spezifischen Datenkranz", das sind die spezifischen Rahmen-bedingungen des Standorts seines Unternehmens,

erfassen und analysieren. Die Ergebnisse fließen in seine neue Marketing-Konzeption ein. (Siehe auch Kapitel „Marketing im Gastgewerbe", ab Seite 512).

Der Allgemeine Datenkranz

Bei der Analyse des Allgemeinen Datenkranzes werden die gesellschaft-lichen, politischen, rechtlichen, wirtschaftlichen, umweltpolitischen und technologischen Rahmenbedingungen eines Staates berücksichtigt.

Gesellschaftliche Rahmenbedingungen

Dazu zählen die Daten der Bevölkerungsentwicklung, der Altersstruktur („demographischer Wandel"), der Familienstruktur, des Freizeitverhaltens, des Urlaubsverhaltens, des Anspruchsdenkens, der Mobilität, der Ziele und Vorbilder einer Gesellschaft sowie die Daten zur Arbeitslosigkeit.

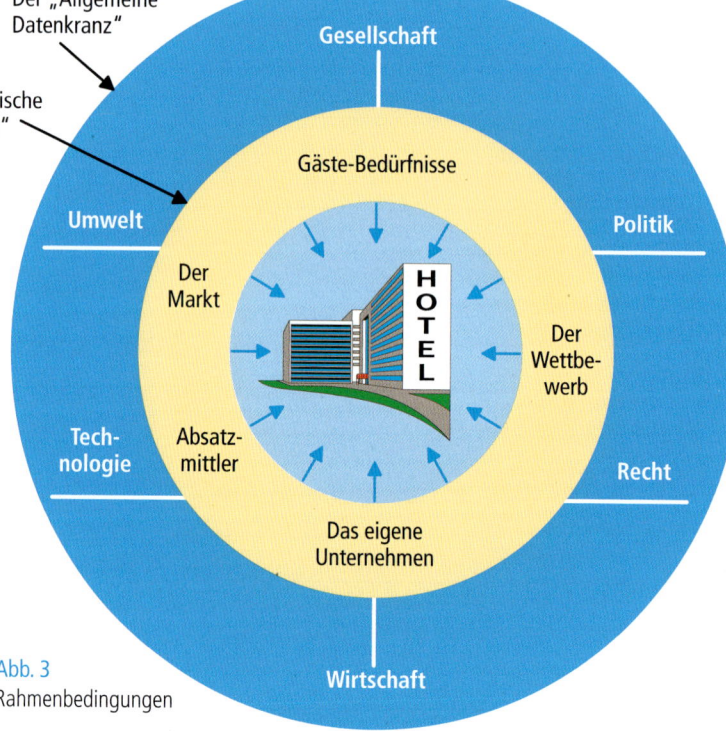

Abb. 3
Rahmenbedingungen

Abb. 2 Überwasserbungalows auf Bora-Bora, Tahiti

Politische Rahmenbedingungen

Das demokratisch gewählte Parlament und die Regierung formen über die Gesetzgebung die politischen und rechtlichen Rahmenbedingungen des Staates.

Rechtliche Rahmenbedingungen

Neue Gesetze oder Gesetzesänderungen können die Arbeitsweise, die Kostenentwicklung und somit die Preiskalkulation eines Betriebes beeinflussen.

Beispiele

- Arbeits-Gesetze,
- Sozial-Gesetze,
- Umwelt-Gesetze,
- Steuer-Gesetze,
- Gesetze des Bürgerlichen Gesetzbuchs.

Wirtschaftliche Rahmenbedingungen

Hierzu zählen die aktuellen und vorhergesagten Daten zu Wirtschaftswachstum, Inflation und Beschäftigung in der Region, im Lande, national und international. Außerdem sind Trends und das Konsum- und Ausgabeverhalten der angesprochenen Gästekreise zu analysieren.

Umweltpolitische Rahmenbedingungen

Neue Umweltschutz-Gesetze und zunehmendes Umweltbewusstsein der Gäste werden es auch weiterhin erforderlich machen, ein Unternehmen auch diesen Vorgaben und Gästewünschen anzupassen. Untersuchungen besagen, dass Umweltschutz eines der wichtigsten Themen unserer Gesellschaft ist und bleiben wird. Deshalb sind Umweltschutz-Aktivitäten von Hotel- und Gastronomie-Betrieben auch weiterhin ein „Marketing-Thema".

Technologische Rahmenbedingungen

Die rasante Entwicklung der elektronischen Medien eröffnet neue Kommunikationswege und -möglichkeiten. Reservierungsströme fließen verstärkt über die elektronischen Kanäle wie Fax, E-Mail und Internet.

Der Spezifische Datenkranz

Bei der Analyse des Spezifischen Datenkranzes werden die Gästebedürfnisse, der Markt, der Wettbewerb, die Absatzmittler und das eigene Unternehmen untersucht.

Gästebedürfnisse

Durch gezielte Gästebefragung sowie Befragung der Mitarbeiter mit ständigem Gästekontakt (Empfang, Verkauf, Housekeeping, Service) kann die Marketing-Abteilung wertvolle Hinweise darüber erhalten, welche Gästewünsche in Zukunft zu erfüllen sind oder verstärkt berücksichtigt werden müssen.

Deutschland altert

Altersaufbau der Bevölkerung

Alter in Jahren	Männer 1950 Frauen	Männer 2013* Frauen	Männer 2060* Frauen
90 und älter			
85-89			
80-84			
75-79			
70-74			
65-69			
60-64			
55-59			
50-54			
45-49			
40-44			
35-39			
30-34			
25-29			
20-24			
15-19			
10-14			
5-9			
bis unter 5			

4 000   0   4 000   4 000   0   4 000   4 000   0   4 000

Einwohner in Tausend   Einwohner in Tausend   Einwohner in Tausend

*Berechnungsbasis ist Bevölkerungsstand Ende 2008 unter den Annahmen: 1,4 Kinder je Frau, 2060 Lebenserwartung neugeborener Jungen 85,0 Jahre, Mädchen 89,2, Wanderungssaldo plus 100 000 Menschen ab 2014

Quelle: Stat. Bundesamt   dpa•16570

Abb. 1 Der demographische Wandel

Komplizierte technische Geräte hinter den Kulissen und gesetzliche Sicherheitsvorschriften machen es erforderlich, „Systembetreuer" einzustellen und/oder teure Wartungsverträge abzuschließen.

Abb. 2 Technologische Rahmenbedingungen

Nicht alle Gäste beteiligen sich jedoch gerne an solchen persönlichen Befragungen. Manche haben dafür keine Zeit oder empfinden es als lästige Störung. Andere Gäste bevorzugen es, ihren Kommentar unerkannt und schriftlich, „zu Händen der Direktion", abzugeben. Daher sind die Aussagen der Gästefragebögen für Direktion und Marketing-Abteilung von besonderem Interesse.

Die Antworten auf Fragen zur Qualität von Küche und Service, zum Angebot im Restaurant, zur Ausstattung der Gästezimmer und die Bewertung des Preis-Leistungs-Verhältnisses sind sehr aufschlussreich.

Viele Hotels haben auf diese Art und Weise wertvolle Anregungen für Marketing-Maßnahmen erhalten und diese dann auch umgesetzt.

Der Markt

Untersuchungen der Situation auf dem Hotelmarkt in derselben Stadt oder Region geben Auskunft über:
- die durchschnittliche Aufenthaltsdauer,
- den durchschnittlichen Übernachtungspreis,
- die Entwicklung der Belegungszahlen,
- die Gästestruktur (Herkunft, Alter, Einzel-/ Gruppenreisende, Reise-Verkehrsmittel …),
- die vorhandene Betten-Kapazität,
- die geplanten Kapazitäts-Erweiterungen der Hotels oder neue Hotelprojekte,
- die Investitionsvorhaben der Mitbewerber,
- die eventuellen Nachfrage-Änderungen, z. B. hin zu preisgünstigeren Zimmern,
- die eventuellen Einsparungsmaßnahmen der Mitbewerber (wobei?, wie viel?).

Der Wettbewerb

Die Aktivitäten, das Angebot und das Preis-Leistungs-Verhältnis der wichtigsten Mitbewerber in der Stadt sollten laufend beobachtet werden (Marktbeobachtung).

Dabei sind Informationen aus „Zweiter Hand" mit Vorsicht zu bewerten. Am besten sollten erfahrene Mitarbeiter auch anderer Abteilungen beauftragt werden, sich selbst bei den Mitbewerbern umzusehen und die Erfahrungen anschließend auf einer speziellen Checkliste festzuhalten.

Wichtige Fragen sind:
- Worin unterscheidet sich der Mitbewerber-Betrieb (Ambiente, Angebot, Mitarbeiter, …)?
- Was ist dort besser und was ist schlechter als im eigenen Hause?
- Zu welchen Preisen bietet der Mitbewerber welche Qualität an?
- Wie sind die Mengen/Portionsgrößen?
- Welcher Service-Standard wird geboten?
- Wie freundlich sind die Mitarbeiter?
- Welche Gästekommentare gibt es?

Auch hierbei können wichtige Erkenntnisse zu Verbesserungen im eigenen Betrieb gewonnen werden.

Liebe Gäste!

Um die Leistungsfähigkeit unseres Hotels ständig zu erhöhen, bitten wir Sie herzlich um Ihre persönliche Meinung. Sie ist uns wertvoll!

Bitte ankreuzen:

Qualität der Speisen: ☺ ☺ ☹

Freundlichkeit des Service: ☺ ☺ ☹

Atmosphäre und Sauberkeit: ☺ ☺ ☹

Anregungen und Wünsche: _____

b. w.

Abb. 1 Beispiel einer kleinen Gäste-Fragekarte

Beispiele für Gästeanregungen:
- Gästezimmer mit Internet- und Fax-Anschluss ausstatten,
- WLAN-Betrieb im Hotel ermöglichen,
- Internet-Anschlüsse im Konferenzbereich installieren
- Raucher-Zimmer bieten,
- Bio-Ecke auf dem Frühstücks-Büfett einrichten,
- Salatbüfett zum Mittag- und Abendessen offerieren,
- kleinere Portionen für Senioren anbieten,
- vegetarische Gerichte auf die Speisekarte setzen,
- glutenfreie Gerichte für Zöliakie-Betroffene anbieten
- Frauenparkplätze in der Hotelgarage reservieren.

Abb. 2 Im Wettbewerb

Absatzmittler

Zu den Absatzmittlern zählen:

- **Reisebüros,** wie z. B. Carlson Wagonlit Travel
- **Incoming agencies** (Agenturen, die Reisegruppen aus dem Ausland betreuen und vermitteln),
- **Tagungs-Vermittlungsbüros,**
- **Seminarveranstalter,**
- **Reisestellen** großer Firmen und Konzerne,
- **Central-Reservation-Services – „CRS"** (Zentrale Reservierungs-Dienste),
- **Consortia,** das sind Zusammenschlüsse verschiedener Reisebüros zu Ketten, wie z. B.: DER-Deutsches Reisebüro, rtk, Thomas Cook, TUI-Touristik Union International.

Um ein neues Marketing-Konzept für einen Betrieb zu entwickeln, ist auch die Klärung z. B. folgender Fragen zu Absatzmittlern bedeutsam:

- Welchen Anteil am Gesamt-Reservierungsaufkommen des Betriebes haben die einzelnen Reservierungs-Quellen?
- Wie haben sich die Kontakte zu Absatzmittlern entwickelt?
- Über wen und welchen Weg könnte man zusätzliches Geschäft bekommen?
- Sollten verstärkt eigene Verkaufsleute eingesetzt werden?
- Empfiehlt sich eine Zusammenarbeit mit Verkaufs-Agenturen?
- Kommt eine Mitgliedschaft in einer Hotel-Kooperation in Frage, wenn ja, in welcher?

Im Augenblick ist es für eine Prognose zu früh und für eine Analyse zu spät.

© Dirk Meissner

Das eigene Unternehmen

Die Untersuchung des eigenen Unternehmens enthält folgende Bereiche:

- **Analyse der Gäste-Struktur:**
  Alter, Geschlecht, Beruf, Herkunftsland, Marktsegment-Zugehörigkeit (Anteil der Individualgäste, Firmengäste, Tagungsgäste, Gruppenreisenden);

- **Analyse des Gäste-Konsumverhaltens:**
  Durchschnittliche Aufenthaltsdauer, durchschnittlicher Logis-Umsatz pro Zimmer und Übernachtung, durchschnittlicher Pro-Kopf-Umsatz in Restaurant, Bar, Bankett, Café …, Verkaufsanalyse, um Trends zu erkennen;

- **Analyse des Jahresumsatzes:**
  Die zwölf Monatsumsätze, Umsatzspitzen und Umsatzlöcher, Ursachen (Messezeiten, Feiertage, Großveranstaltungen), Umsatz-Anteile von Logis, Restaurant, Bar, Bankett, Sonstiges.

- **Analyse des Angebots:**
  Die verschiedenen Verkaufsstellen und das jeweilige Verkaufs-Angebot werden untersucht und ausgewertet.

- **Analyse der Stärken und Schwächen:**
  Siehe folgendes Kapitel.

Abb. 1 Bei der Analyse des eigenen Hotelbetriebs

2 Stärken-/Schwächenanalyse eines Unternehmens

 analysis of weakness and strength of a company
analyse (w) de faiblesses (w) et forts (m) d'une entreprise

Das Angebot, der Service, das Ambiente, die Qualität und die Leistungen eines gastgewerblichen Betriebs sollten sowohl aus der Sicht des Gastes als auch aus der Sicht des Unternehmens regelmäßig untersucht und analysiert werden. Nur so kann man eventuelle Schwachstellen rechtzeitig erkennen und beseitigen. Ein weiteres Ziel sollte sein, die Stärken des Betriebes mehr zu betonen und sie auszubauen. Um die Meinungen der Gäste zu erfahren, eignen sich sowohl mündliche Befragungen als auch Gästefragebögen. Mit der Untersuchung aus betrieblicher Sicht sollte eine praxiserfahrene Führungskraft und/ oder ein betriebsfremder Hotelfachmann als Tester beauftragt werden. Ein neutraler Tester ist frei von den Vorwürfen der Befangenheit, der falschen Rücksichtnahme oder der Betriebsblindheit.

Die zu untersuchenden Punkte und ihre Gewichtung sollten vorher festgelegt werden. Sie lassen sich in tabellarischer Form auflisten und als **Stärken-und-Schwächen-Profil** darstellen. Skalen-Einteilungen von 0 (= negativ) bis 6 (= positiv), oder von 0 bis 10 haben sich als vorteilhaft herausgestellt, da hier genügend bzw. genauer differenziert werden kann.

Manche Hotel-Tests erfolgen nach dem 100-Punkte-System (siehe Abbildung unten). Damit diese Untersuchung ein realistisches Bild ergeben kann, ist schonungslose Ehrlichkeit der Beteiligten eine Grundvoraussetzung. Ferner sollte das **Stärken-und-Schwächen-Profil** mit seiner Gewichtung auf die Gegebenheiten des eigenen Betriebs zugeschnitten sein. Unangepasste vorgefertigte Profile haben sich als problematisch erwiesen. Zu jedem Überbegriff in der Aufstellung unten könnten weitere Einzelheiten geprüft werden.

Hier einige Beispiele zu …

… „SERVICE, Empfang der Gäste":

- Wurden Sie am Restaurant-Eingang begrüßt und wurde nach Ihrer Reservierung gefragt?
- Wurden Sie zu Ihrem Tisch begleitet?
- War man Ihnen beim Platznehmen behilflich?
- Wurde die Kerze am Tisch unaufgefordert angezündet?
- Hat man Ihnen einen angenehmen Abend gewünscht?
- Wurden Sie von der Restaurantfachkraft freundlich begrüßt?
- Hat man Ihnen unaufgefordert Couvert-Brot und Butter serviert?

… „SERVICE, Kompetenz, Beratung":

- Wurden Ihnen einige Aperitifs angeboten?
- Hat man Ihnen die Speisekarte geöffnet überreicht?
- Wurde Ihnen die Weinkarte/ Getränkekarte unaufgefordert mit an den Tisch gebracht?
- Konnten die Fragen nach Produkten kompetent beantwortet werden?
- Wurden Tagesspezialitäten empfohlen?
- Wurden zusätzlich Salate, Suppen oder Vorspeisen angeboten?
- Wurde die Bestellung wiederholt?
- Wurde auf eventuelle längere Wartezeiten hingewiesen?

Endauswertung eines anonymen Hoteltests

92	Reservierungshandling		78	Etagenservice
81	Check-in		91	Küchenleistung
93	Außenbereich		82	Housekeeping
94	Rezeption		60	Schwimmbad
59	Flure, Aufzüge, Treppen		100	Message-Transfer
80	Gästezimmer		100	Schuhputzservice
60	Bad		87	Bar
91	Restaurant		71	Bankettabteilung
82	„Schlossschänke"		100	Check-out
56	Frühstück		100	Lost & Found
			93	**Gesamteindruck**

100 – 81 = sehr gut, 80 – 61 = gut, 60 – 41 = befriedigend, 40 – 21 = mangelhaft,
20 – 00 = ungenügend

* **Gesamteindruck** ist **nicht** das arithmetische Mittel; die Check-Bereiche sind unterschiedlich gewichtet.

Quelle: „Top hotel"

Wenn die Stärken-und-Schwächen-Ermittlung abgeschlossen ist und alle Ergebnisse auf dem Formular eingetragen sind, verbindet man die in der Werteskala von 0 bis 6 (oder 0 bis 10) gesetzten Kreuze mit Linien. Somit erhält man graphisch dargestellt das **Stärken-Schwächen-Profil** des momentanen Qualitäts-Zustands des Betriebes (s. u.). Vorhandene Defizite sind leicht erkennbar. Addiert man die maximal möglichen Punkte aller Prüfkriterien unter Berücksichtigung der unterschiedlichen Gewichtungen, so erhält man die 100-%-Punktezahl.

Dieser wird die Summe der tatsächlich erreichten Punkte gegenübergestellt. Durch Dreisatz-Berechnung erhält man den momentan gültigen **Qualitäts-Prozentwert** des eigenen Betriebes.

Marktstellung im Vergleich

Um die eigene Position im regionalen Markt feststellen zu können, muss der Unternehmer seine gewonnenen Daten mit möglichst vielen Daten aus den Betrieben seiner engsten Mitbewerber vergleichen. So können die eigenen Wettbewerbsvorteile erkannt werden und die Schwächen der Mitbewerber auf dem Markt genutzt werden.

Eine weitere Informationsquelle sind jährliche **Hotelbetriebsvergleiche**, die vom „Deutschen Wirtschaftswissenschaftlichen Institut für Fremdenverkehr an der Universität München DWIF" und vom DEHOGA veröffentlicht werden. Der Steuerberater des Betriebes hat Zugang zu den Werten, die von „DATEV" bearbeitet werden. Sie stellen die betriebswirtschaftliche Situation eines durchschnittlichen Betriebes dar. Durch einen Vergleich mit den eigenen Zahlenwerten kann der Hotelier weitere Orientierungshilfen erhalten.

Anhaltspunkte für Vergleiche mit Konkurrenz-Betrieben sind:
- Grundkonzeption des Betriebs (Ausstattung, Stilrichtung, Angebotsprofil, Kategorie),
- Gästekreise, Gästestruktur,
- gastronomisches Konzept,
- Qualitätsstandards,
- Preisniveau (Restaurant, Bankett, Zimmer),
- Preis-Leistungs-Verhältnis,
- Standort-Vorteile und -Nachteile,
- Raumangebot (Größe, Anzahl, Ausstattung),
- Verhältnis Gästezahl zu Mitarbeiterzahl,
- Ausbildungsstand der Mitarbeiter,
- Verhältnis der Zahl der Ausbilder zur Zahl der Auszubildenden,
- Einzigartigkeiten im Verkauf („Unique Selling Propositions – USPs"),
- Marketing-Konzept,
- Werbe- und PR-Maßnahmen,
- Verkaufsförderungs-Aktivitäten,
- Image in der Öffentlichkeit,
- Betriebsöffnungs- und -ruhetage,
- Auslastungsgrad (Restauration, Zimmer),
- geschätzte Kostensituation,
- geschätzter Jahresumsatz.

Auszug eines Stärken-/Schwächen-Profils eines Hotel-Restaurants			
Beurteilungskriterien	Negativ	0 1 2 3 4 5 6	Positiv
Ausstattung, Ambiente			
① Sitzkomfort, Bequemlichkeit	unbequem		sehr bequem
② Tischhöhe	unangenehm		ideal
③ Möblierung	minderwertig		hochwertig
④ Beleuchtung	schlecht		sehr gut
⑤ Farben, -Zusammenspiel	unpassend		passend
⑥ Raumklima	unangenehm		bestens
⑦ Geruchsklima	schlecht		sehr gut
⑧ Porzellan	mangelhaft		hochwertig
⑨ Bestecke	fleckig		blitz-blank
⑩ Gläser	fleckig		sehr sauber
⑪ Mundservietten	mangelhaft		hochwertig
⑫ Tischwäsche	minderwertig		hochwertig
⑬ Tischdekoration	uninteressant		phantasievoll
⑭ Eingedeckter Tisch	schlampig		akkurat
⑮ Raumdekoration	langweilig		originell
Qualität im Service			
⑯ Freundlichkeit	unfreundlich		sehr freundlich
⑰ Aufmerksamkeit	unaufmerksam		sehr aufmerksam
⑱ Fachkompetenz	inkompetent		sehr kompetent
⑲ Verkaufsgeschick	ungeschult		bestens geschult

> **Markt-Veränderungen sollten möglichst frühzeitig erkannt werden, um mit geeigneten Marketing-Maßnahmen flexibel reagieren zu können.**

Kriterien eines Hotel-Restaurant-Tests

Küche

- 90 Standort-/Zielgruppentypik
- 69 Originalität/Kreativität
- 90 Saisonalität
- 81 Frische
- 71 Optik
- 90 Flexibilität
- 61 Raffinements: Amuse bouche, Brotsorten, Petits fours

Service

- 100 Reservierung/Empfang/Verabschiedung
- 69 Kompetenz: Tagesempfehlung, Beratung, Produktauskünfte
- 81 Handling: Einsetzen, Eindecken, Ausheben etc.
- 80 Gepflegtheit der Mitarbeiter (Kleidung, Frisur etc.)
- 100 Reklamationen/Sonderwünsche/Aufmerksamkeit
- 90 Raffinements: Liebenswürdigkeit, Herzlichkeit, Natürlichkeit

Ambiente

- 90 Sauberkeit
- 90 Bequemlichkeit, Funktionalität der Einrichtung
- 61 Belüftung
- 61 Sanitäre Anlagen
- 100 Standort-Typik
- 90 Raffinements: guter (eigener) Geschmack, Unverwechselbarkeit, Lichtregie, Farbklima

Wein

- 61 Umfang des Angebots
- 60 Standort-/Zielgruppentypik
- 71 Weinpflege (Temperatur, Lagerung)
- 61 Weinservice (Offerte, Öffnen, Dekantieren etc.)
- 61 Menügerechte Weinberatung
- 90 Weingerechte Gläser
- 90 Preis-/Leistungsverhältnis
- 81 Raffinements: besondere Apéritifs, Digestifs, außergewöhnliche Alternativen

- **79 (Ergebnis gerundet) Gesamteindruck**

100–81 = sehr gut, 80–61 = gut, 60–41 = befriedigend, 40–21 = mangelhaft, 20–00 = ungenügend
(Zahlenangaben in Prozent)

Quelle: „Top hotel"

❸ Marketing-Strategie

🇬🇧 marketing strategy 🇫🇷 stratégie (w) de marketing (m)

Unter Strategie versteht man einen Entwurf und die Durchführung eines Gesamtkonzepts, nach dem der Hotelier (in der Auseinandersetzung mit anderen) ein bestimmtes Ziel zu erreichen sucht. Die oberste Stufe eines ganzheitlichen Marketing-Konzepts ist die Ebene der Unternehmens-Ziele. Beim Entwickeln einer Marketing-Strategie geht man von den übergeordneten **Unternehmens-Zielen** aus, wie sie im Unternehmens-Leitbild (s. S. 516) definiert sind. Die davon abgeleiteten **Marketing-Ziele** beschreiben als „Unternehmens-Philosophie", was das Unternehmen erreichen will. Die zweite Stufe ist die Ebene der Marketing-Strategie. Hier wird festgelegt, wie, das heißt auf welchem zukünftigen Weg, die gesetzten Ziele erreicht werden sollen. Die dritte Stufe ist die Ebene der Marketing-Maßnahmen.

1. Ebene
"Wo wollen wir hin?"

Ziele

2. Ebene
"Wie kommen wir dahin?"

Marketing-Strategie

3. Ebene
"Was müssen wir dafür einsetzen?"

Marketing-Maßnahmen

Abb. 1 Das ganzheitliche Marketing-Konzept

Sieben-Schritte-Strategie

Eine mögliche Marketing-Strategie setzt sich aus **sieben** Einzel-Schritten zusammen:

Schritt 1
Eine tragende Marketing-Idee wird formuliert.
Sie betrifft einen bestimmten Angebots- bzw. Leistungsbereich eines Hotelbetriebes.

Schritt 2
Die Zielgruppe wird definiert.
Welcher Gästekreis soll bei diesem Marketing-Ziel angesprochen bzw. erreicht werden?

Schritt 3
Die Markt-Positionierung wird bestimmt.
Welche Wahrnehmung des Hotelbetriebes durch die Gäste wird angestrebt? Wie sollen die Gäste den Hotelbetrieb im Vergleich zu Mitbewerber-Betrieben sehen?

Schritt 4
Die wirtschaftlichen Ziele werden festgelegt.
Die Fragen sind: **Wie viel** soll bis **wann** und von **wem** erreicht werden?

Schritt 5
Die Verkaufswege werden ausgewählt und in ihrer Bedeutung gewichtet.
Welche Zielgruppen/Gäste sollen über welche Verkaufswege mit welchem Mitteleinsatz erreicht werden?

Schritt 6
Die Schwerpunkte des Marketing-Mix werden bestimmt.
Welches der Marketing-Instrumente soll im Marketing-Mix dominieren und die Hauptrolle spielen? Mit welchen flankierenden Instrumenten sollen die gewählten Verkaufswege beschritten werden, damit die angesprochene Gästezielgruppe zur Kaufentscheidung kommt?

Schritt 7
Die Konsequenzen für die Marketing-Infrastruktur werden durchdacht.
Welche Konsequenzen hat die Strategie in Bezug auf:
- das Marketing-Informationssystem des Hotels,
- die Führung der Abteilung,
- die Organisation der Abläufe,
- die fachlichen Fähigkeiten der Mitarbeiter und
- auf die finanziellen Möglichkeiten?

> 🔴 Marketing-Ziele müssen hinsichtlich des Inhalts machbar, überprüfbar und messbar sein.
>
> Die Einbeziehung der Unternehmens-Ziele ist Voraussetzung und Grundlage für die Marketing-Ziele, aus denen die Marketing-Strategie entwickelt wird.

Qualitätsorientierte Marketing-Praxis in Hotellerie und Gastronomie

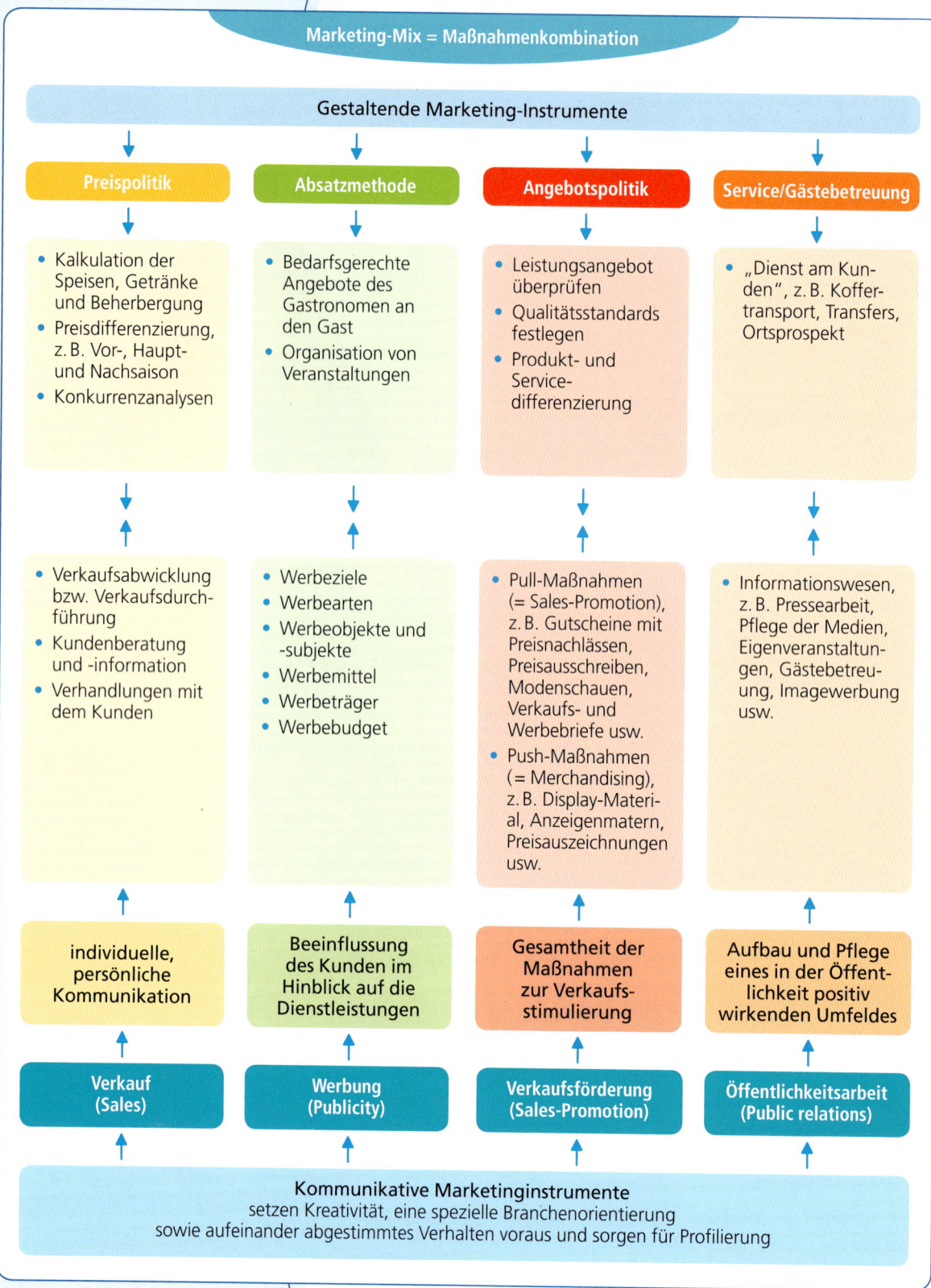

Marketing-Mix = Maßnahmenkombination

Gestaltende Marketing-Instrumente

Preispolitik	Absatzmethode	Angebotspolitik	Service/Gästebetreuung
• Kalkulation der Speisen, Getränke und Beherbergung • Preisdifferenzierung, z.B. Vor-, Haupt- und Nachsaison • Konkurrenzanalysen	• Bedarfsgerechte Angebote des Gastronomen an den Gast • Organisation von Veranstaltungen	• Leistungsangebot überprüfen • Qualitätsstandards festlegen • Produkt- und Service-differenzierung	• „Dienst am Kunden", z.B. Koffertransport, Transfers, Ortsprospekt
• Verkaufsabwicklung bzw. Verkaufsdurchführung • Kundenberatung und -information • Verhandlungen mit dem Kunden	• Werbeziele • Werbearten • Werbeobjekte und -subjekte • Werbemittel • Werbeträger • Werbebudget	• Pull-Maßnahmen (= Sales-Promotion), z.B. Gutscheine mit Preisnachlässen, Preisausschreiben, Modenschauen, Verkaufs- und Werbebriefe usw. • Push-Maßnahmen (= Merchandising), z.B. Display-Material, Anzeigenmatern, Preisauszeichnungen usw.	• Informationswesen, z.B. Pressearbeit, Pflege der Medien, Eigenveranstaltungen, Gästebetreuung, Imagewerbung usw.
individuelle, persönliche Kommunikation	Beeinflussung des Kunden im Hinblick auf die Dienstleistungen	Gesamtheit der Maßnahmen zur Verkaufsstimulierung	Aufbau und Pflege eines in der Öffentlichkeit positiv wirkenden Umfeldes
Verkauf (Sales)	Werbung (Publicity)	Verkaufsförderung (Sales-Promotion)	Öffentlichkeitsarbeit (Public relations)

Kommunikative Marketinginstrumente
setzen Kreativität, eine spezielle Branchenorientierung
sowie aufeinander abgestimmtes Verhalten voraus und sorgen für Profilierung

Quelle: E. Schaetzing

4 Marketing-Maßnahmen

marketing measures ● mesures (w) de marketing (m)

Die dritte Stufe eines ganzheitlichen Marketing-Konzeptes beschreibt den Einsatz und das Zusammenspiel der in Frage kommenden **Marketing-Maßnahmen** (siehe Grafik auf Seite 686).

Im Marketing-Plan werden die Marketing-Maßnahmen beschrieben, die zur Umsetzung der Marketing-Strategie beschlossen wurden. Festgelegt wird außerdem, welche **Maßnahmen-Kombination** – wie gebündelt – als **Marketing-Mix** angewendet werden soll, um als bestes „Beförderungsmittel" zu dienen. Der Marketing-Mix besteht aus:

- **gestaltenden Marketing-Instrumenten**, mit Preispolitik, Absatzmethode, Angebotspolitik und Service/Gästebetreuung, sowie aus den
- **kommunikativen Marketing-Instrumenten**, dies sind Verkauf, Werbung, Verkaufsförderung und Öffentlichkeitsarbeit. (Siehe auch Kapitel „Kommunikation mit dem Markt – Kommunikationsinstrumente", Seite 524).

Die Abbildung S. 686 zeigt das Zusammenspiel der gestaltenden und der kommunikativen Marketing-Instrumente.

Die richtige Auswahl und optimale Zusammenstellung der Instrumente für den Marketing-Mix, erfordert vom Marketing-Leiter:

- sehr gute Berufs- und Branchenkenntnisse,
- ein hohes Maß an Einfühlungsvermögen in Gästewünsche und Gästebedürfnisse und
- genaue Kenntnisse des Markts, der Trends, der Vertriebswege und der Aktivitäten der Mitbewerber.

> ● Die Berücksichtigung der Gästewünsche ist die Voraussetzung für das Gelingen von Marketing-Maßnahmen.

Beispiele zu Marketing-Maßnahmen

Erstes Beispiel

Bei diesem Beispiel geht es um eine Steigerung des Logis-Umsatzes und um eine bessere Auslastung der neuen Wellness-Badelandschaft eines Hotels. Zum Einsatz kommen verschiedene „Kommunikative Marketing-Instrumente" (s. Abbildung S. 686).

Problemstellung

Mit erheblichem Mittelaufwand hat ein Vier-Sterne-Ferienhotel in eine neue Wellness-Badelandschaft investiert. Nach einem Jahr wird festgestellt, dass die geplanten Umsatz-Steigerungen weder im Logis-, noch im Wellness-Bereich erreicht werden konnten.

Die Marketing-Abteilung wird beauftragt, mit einem neuen Maßnahmen-paket dazu beizutragen, dass die Logis-Erlöse und die Umsätze in der Bade-Abteilung im kommenden Geschäftsjahr um 5 % steigen. Dabei sollen verschiedene „Kommunikative Marketing-Instrumente" (Verkauf, Werbung, Verkaufsförderung und Öffentlichkeitsarbeit) verstärkt mit einbezogen werden.

Unternehmens-Ziele beachten

Die Aussagen des Unternehmens-Leitbildes und der Unternehmens-Identität werden in Erinnerung gerufen und berücksichtigt.

Abb. 1 Im Thermal-Bad des Hotels

Marketing-Strategie entwickeln nach der **Sieben-Schritte-Strategie** (s. S. 685)

Schritt 1

Eine tragende Marketing-Idee wird formuliert

Die Mitarbeiter der Marketing-Abteilung überlegen sich, wie die tragende Marketing-Idee lauten könnte, mit der das Marketing-Ziel erreicht werden soll. Man einigt sich auf den Slogan:

> *Wellness-Weekend wirkt Wunder!*

Schritt 2

Die Zielgruppe wird definiert

Als Gäste sollen Familien mit Kindern zum Wochenende gewonnen werden. Angesprochen werden soll/en

- die Altersgruppe der 35- bis 45-Jährigen mit mittlerer Kaufkraft und
- Badegäste unter der regionalen Bevölkerung sowie
- Urlauber im Landkreis.

Um die Zielgruppen besser zu erreichen, wird beschlossen, dem Slogan eine zweite Zeile hinzuzufügen:

> *Wellness-Weekend wirkt Wunder!*
> **Das Verwöhn-Wochenende für die ganze Familie**

Abb. 1 Wellness-Weekend wirkt Wunder!

Schritt 3

Die Markt-Positionierung wird bestimmt

- Man möchte von der definierten Zielgruppe als jung, kinderfreundlich, unverkrampft, unkompliziert und lustig wahrgenommen werden.
- Im Vergleich zu Mitbewerber-Betrieben, die hauptsächlich 60- bis 70-jährige Gäste verwöhnen, will man sich vom „Senioren-Image" lösen.

Abb. 2 Die Markt-Positionierung wird bestimmt

Schritt 4

Die wirtschaftlichen Ziele werden bestimmt

Bei einem durchschnittlichen Zimmerpreis von € xxx,xx sollen im ersten halben Jahr zusätzlich yyyy Übernachtungen erreicht werden. In der zweiten Jahreshälfte sollen bei gleichem durchschnittlichem Zimmerpreis zusätzlich zzzz Übernachtungen im Vergleich zum Vorjahr gezählt werden können. Das entspricht der angestrebten Steigerung von 5 % bei den Logis-Erlösen. Verantwortlich hierfür ist der Empfangschef.

Die Verkaufserlöse bei den Kiosk-Artikeln in der Badeabteilung sollen um 10 % im Vergleich zum jeweiligen Vorjahres-Monatsergebnis gesteigert werden. Die Einnahmen durch den Verkauf von Eintrittskarten an Passanten sollen um 4 % steigen. Das würde zusammen das angestrebte Umsatz-Plus von 5 % ergeben. Verantwortlich hierfür ist der Bademeister.

Das richtige Formulieren von wirtschaftlichen Zielen

Die Vorgaben lauten:

Bis wann (Zeitpunkt/Zeitraum nennen) soll **was** (Umsatzsparte/ Abteilungsbereich/ Zustand/ Kostenbereich festlegen) um **wie viel** (EUR/ Zahl/ Menge/ Prozentsatz angeben) gesteigert oder gesenkt (Kosten) werden? Und **wer** (i.A. Abteilungsleiter/in) ist dafür verantwortlich?

Der Hoteldirektor setzt die Ziele und kontrolliert danach, ob sie erreicht wurden.

Schritt 5

Die Verkaufswege werden ausgewählt und gewichtet

Der **direkte** Verkaufsweg wurde beschlossen, da er am erfolgversprechendsten erscheint und keine Provisionszahlungen mit sich bringt.

Das heißt, die Alterszielgruppe von Gästen, die bereits bei Verkaufs-
schulungen, Firmenveranstaltungen und Seminaren im Hause wohnten,
soll angeschrieben und angelockt werden. Darüber hinaus sollen alle
Mitglieder des IHK-Junioren-Verbandes im eigenen und im benachbarten
Regierungsbezirk angeschrieben werden. Für den direkten Verkaufsweg
stehen x % des Marketing-Budgets zur Verfügung.

Als **indirekter** Verkaufsweg sollen bestehende Geschäftskontakte zu Reisebüros in der Entfernung von maximal zwei Auto-Stunden genutzt werden.
Hierfür stehen y % des Marketing-Budgets zur Verfügung.

Schritt 6
Die Schwerpunkte des Marketing-Mix werden bestimmt
Als dominierendes Marketing-Instrument soll die **Angebotspolitik** (attraktive
Wochenendpauschalen) im Vordergrund stehen. Über **Werbung** (Werbebriefe,
Flyer und Plakataushang im Ort) sollen die Buchungen und Besuche aus dem Ort
stimuliert werden. Mit Hilfe von **Public-Relations**-Maßnahmen soll das positive
Erscheinungsbild des Hotels in der Öffentlichkeit gepflegt und erweitert werden.
Geplant sind Good-Will-Aktionen bei Pensionen und Vermietern in der Region.

Schritt 7
Die Konsequenzen für die Marketing-Infrastruktur werden durchdacht
- Das Angebot mit allen Leistungen beschreiben und kalkulieren.
- Zielgruppen-Adressen aus der Hotel-Gästedatei herausfiltern und bei den benachbarten IHKs erfragen.
- Adressen der in Frage kommenden Reisebüros sammeln.
- Werbebriefe zielgruppengerecht verfassen und versenden.
- PR-Maßnahmen entscheiden und organisieren.
- Hinterfragen, ob alle geplanten Maßnahmen mit den gegebenen, technischen und finanziellen Mitteln umsetzbar sind.
- Muss nachgebessert werden – und wenn ja, in welchen Bereichen?

Die Vorhaben werden durchdacht, die Wünsche formuliert und der Direktion
vorgetragen.

Zweites Beispiel

Nicht für jede Marketing-Maßnahme werden vorher langwierige Strategien entwickelt. Bei diesem Beispiel geht es im Wesentlichen darum, festgestellte Schwächen im Bereich des Service und der Gästebetreuung, beides „Gestaltende Marketing-Instrumente" (siehe Abbildung Seite 686), zu beseitigen. Ferner sollen
Qualitätsverbesserungen für die Gäste erzielt werden.

Schwachstellen erkennen und analysieren
Die Auswertung des Stärken-Schwächen-Profils des Restaurants (siehe Auszug
auf Seite 683) zeigt bei unserem Beispiel zwei Bereiche an, die als sehr schwach
mit jeweils nur einem Punkt eingestuft wurden:
- die Tischhöhe und
- die Freundlichkeit im Service.

Bei fünf weiteren Beurteilungskriterien gibt es die schwache Bewertung von
jeweils nur zwei Punkten. Dies ist der Fall bei:
- den Farben und Farbkombinationen,
- der Sauberkeit der Gläser,
- der Aufmerksamkeit im Service,
- der Fachkompetenz im Service und
- dem Verkaufsgeschick im Service.

Die zwei Verkaufswege:
- **Direkter Verkaufsweg**
  Zwischen Hotel und Gast steht kein Makler oder Vermittler. Provisio-
  nen fallen somit nicht an (z. B. bucht ein Gast direkt in einem Hotel).
- **Indirekter Verkaufsweg**
  Ein Makler oder Vermittler ist Vertragspartner – sowohl des Hotels, als auch des Gastes – und er kassiert Provision für die Vermittlung (z. B. reser-
  viert ein Reisebüro Zimmer für Gäste in einem Hotel).

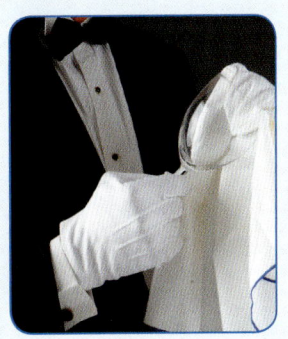

Die Analyse der Beurteilungsergebnisse macht deutlich: Einerseits gibt es gravierende Schwächen im Verhalten der Service-Mitarbeiter und in der Servicequalität. Andererseits betreffen die Mängel die Ausstattung und die Sauberkeit.

Dienstleistungsqualität braucht engagierte Mitarbeiter. Engagement kommt von innen. Man muss sich einbringen.

Unternehmens-Ziele beachten

Strategie entwickeln

Der Geschäftsführer des Restaurants überlegt sich nun, **wie** und auf **welchem Weg** er weiter verfahren soll.

Führungskräfte befragen

Bevor er sich entscheidet, hört er in verschiedenen Gesprächen die Meinungen der hauptsächlich betroffenen Führungskräfte. Dies sind bei diesem Beispiel der Serviceleiter, der Chief-Steward, die Hausdame und der Hausmeister.

Der Geschäftsführer bespricht sich als erstes mit dem Serviceleiter „unter vier Augen". Die Bemerkungen des Serviceleiters bestärken den Geschäftsführer in seinem Vorhaben, als Sofort-Maßnahme die Service-Mitarbeiter gemeinsam auf die verschiedenen Qualitätsprobleme im Service anzusprechen.

Mit dem Chief-Steward bespricht er die Sauberkeit der Gläser. Die Ursache scheint eine fehlerhafte Einstellung der Dosieranlage für den Klarspüler zu sein. Dieser Mangel hätte sowohl im Stewarding- als auch im Service-Bereich auffallen müssen.

In einem weiteren Gespräch, das er mit dem Serviceleiter, der Hausdame und dem Hausmeister im Restaurant führt, werden die Probleme mit den Farben, dem Farbzusammenspiel und der unangenehmen Tischhöhe besprochen. Vorschläge für eine neue Farbgestaltung und zur Lösung des Tischproblems werden diskutiert.

Maßnahmen beschließen und umsetzen

Der Geschäftsführer beschließt folgende Maßnahmen zur Qualitäts-Verbesserung:

- Alle Service-Mitarbeiter werden für den nächsten Tag zu einer Besprechung eingeladen.
  Dabei wird das Bewertungsergebnis bekanntgegeben. Sofort-Maßnahmen werden besprochen und eingeleitet.
- Ein geeigneter Personal-Trainer wird für verschiedene Schulungen zum Thema „Qualität im Service" verpflichtet.
- Der Chief-Steward wird beauftragt, schnellstmöglich die Klarspül-Dosierung der Gläserspülmaschine vom Kundendienst überprüfen zu lassen. Alle Gläser sind vor der Verwendung vom Service zu kontrollieren und bei Bedarf zu polieren.
- Der Hausmeister wird beauftragt, seinen Vorschlag zur Lösung des Tisch-Problems umzusetzen und sich mit dem Serviceleiter abzusprechen. Ein Termin wird festgelegt.
- Die Hausdame wird beauftragt, Angebote mit Mustern für farblich passende Gardinen einzuholen. Ein Termin wird festgelegt.

Im Unternehmensleitbild des Betriebes stehen unter anderem folgende Sätze:

- „Alle Bemühungen müssen auf Dienst am Gast und auf Qualität für den Gast hinauslaufen, und zwar so, wie diese von Gästen wahrgenommen und geschätzt werden. …
- … Unsere Mitarbeiter sind wohlgelaunt, liebenswürdig und aufmerksam. Unser Restaurant wird sauber und korrekt geführt."

Abb. 1 Direktor bespricht sich mit dem Serviceleiter

Abb. 2 Personal-Trainerin im Einsatz

⑤ Yield Management

🇬🇧 yield management 🇫🇷 management (m) des revenus (m)

Yield Management, auch Revenue Management genannt, ist ein marktorientiertes Mittel der Preisdifferenzierung (engl.: to yield = als Ertrag ergeben, als Ernte erbringen). Mit Hilfe einer nachfrageorientierten und flexiblen Preispolitik will man erreichen, dass für eine gegebene Kapazität – z. B. eine bestimmte Anzahl von freien Hotelzimmern oder Plätzen im Flugzeug – der maximale Ertrag erzielt wird. Kein Hotelzimmer darf zu einem niedrigeren Preis vermietet werden, als es die Nachfragesituation vorgibt. Eventuelle Leerkosten, die das Unternehmensergebnis belasten würden, sollen vermieden werden.

Abb. 1 Mehr Ertrag durch Preisdifferenzierung

Yield Management erfolgt in vier Schritten:

- **Die Gesamtnachfrage wird ermittelt**
  Vergangene Geschäftsjahre, Messen, vorhersehbare Großveranstaltungen und andere Einflüsse werden erfasst, die Zimmerbelegung/Frequenz/Auslastung wird geschätzt.

- **Eine Prognose wird erstellt**
  Die Auswertung der Gästenachfrage ist auch Grundlage der Budgetierung aus vorhergesagter Gästenachfrage und den zu erwartenden Kosten. Ein kalkulierter Basispreis wird festgelegt. Die Kenntnis der Selbstkosten, variablen Kosten, fixen Kosten und der Deckungsbeiträge der Kostenträger ist hierfür erforderlich. Bereits im Voraus lassen sich Zeiträume festlegen, in denen eine sehr starke oder auch eine schwache Auslastung zu erwarten ist. Diese Zeiträume werden kategorisiert und auf einem Kalender in der Reservierungsabteilung farblich deutlich gemacht.

- **Die Durchführung und Anwendung**
  Bei fortschreitender Belegung können „grün gezeichnete Kalendertage auch auf Orange oder Rot umspringen" oder umgekehrt, wenn Stornierungen eintrafen.

Der Erfolg wird mit Hilfe von **Kennziffern** gemessen:

Z. B. bedeuten:
- **rote** Kalendertage: die Nachfrage übersteigt das Angebot, das Hotel ist schon überbucht. Daraus folgt, es ist keine Preisdifferenzierung nach unten möglich;
- **orange** Kalendertage: es herrscht eine rege Nachfrage, das Hotel ist fast ausgebucht. Daraus folgt: Preisnachlässe sind nicht mehr möglich;
- **grüne** Kalendertage: die Nachfrage ist gering, noch viele Zimmer sind frei. Daraus folgt: Preisnachlässe sind erlaubt.

Beispiel: Yield Index-Berechnung

Vorgaben:

Anzahl der verfügbaren Zimmer:	297
(= ohne „Out-of-Order"-Zimmer)	
Preiskategorie I:	€ 160,00
Preiskategorie II:	€ 200,00
Kategorie „Rack Rate":	€ 240,00

Logisumsatz = Anzahl der belegten Zimmer × erzielter Preis pro Zimmer
z. B.: 60 × € 160 + 80 × € 200 + 40 × € 240 = **€ 35.200**

Zimmerdurchschnittspreis = Logisumsatz : Anzahl der belegten Zimmer
z. B.: € 35.200 : 180 = **€ 195,56**

Belegung in % (= Auslastung, Frequenz) = belegte Zimmer : Anzahl der belegbaren Zimmer × 100
z. B.: 180 : 297 × 100 = **60,61 %**

Yield Index = erreichter Logisumsatz : verfügbare Zimmer
z. B.: € 35.200 : 297 = **€ 118,52 Yield Index**

Kennziffern:
- Anzahl der belegten Zimmer
- durchschnittlich erzielter Zimmererlös
- Erlös einzelner Zimmer
- Yield Index
- Anzahl abgewiesener Buchungen

Diese Kennziffern sind wichtige Informationen für die nächsten Budgetierungen.

6 Budgetierung

🇬🇧 budgeting 🇫🇷 établissement (m) du budget (m)

> Unter Budget versteht man den Haushaltsplan oder Etat eines Unternehmens. Er wird durch die Budgetierung aufgestellt.

Im Budget werden die Aufwendungen und Erlöse festgelegt, die in einer bestimmten Zeitspanne, wie z. B. einem Monat, Quartal, Halbjahr oder Jahr geplant sind.

Das Budget ist einerseits eine wichtige Zielvorgabe für alle Hotel-Abteilungen, andererseits ein Kontrollinstrument für die Hotelleitung. Es dient als finanzielle Orientierungsgrundlage und Vorgabe für die einzelnen Hotelabteilungen, wie z. B. auch für die Marketing-Abteilung.

Wenn ein Budget erstellt wird, werden verschiedene Zahlenwerte und Informationen herangezogen und mit einbezogen:
- die Vorjahres-Ergebnisse und -Erfahrungen,
- die Geschäftsentwicklung und Erfolgsaussichten des laufenden Jahres und
- die zukünftigen Einfluss-Faktoren und Markt-Veränderungen.

Mit der Erstellung eines Budgets werden bestimmte Entwicklungen prognostiziert, das heißt vorausgesagt.

Abb. 1 Haushaltsplan eines Hotelbetriebs

Dazu zählen:
- **die Prognose der Wirtschaftlichkeit:** Das Budget lässt erkennen, ob mit den geplanten Zahlen ein Gewinn zu erwirtschaften ist. Durch laufenden Vergleich mit den Ist-Werten lassen sich Kursabweichungen frühzeitig feststellen. Gegenmaßnahmen können rechtzeitig eingeleitet werden.

- **die Prognose des Umsatzes:** Die geplanten Umsätze der einzelnen Abteilungen und des gesamten Hotelbetriebes können laufend mit den tatsächlich erzielten Umsätzen verglichen werden.

Abb. 2 Auswertung der Vorjahreszahlen

- **die Prognose der Personalkosten:** Die Planung der künftigen Personalkosten ist an die Personal-Bedarfsplanung gekoppelt, die wiederum von dem erwarteten Auslastungsgrad abhängig ist. Gehaltserhöhungen und vorgesehene Gehälter für neue Stellen werden berücksichtigt.

- **die Prognose der Wareneinsatzquote:** Damit die geplante Wareneinsatzquote eingehalten wird, sind die Mengen und Preise der für Speisen und Getränke eingesetzten Waren zu begrenzen und laufend zu kontrollieren. (Siehe Kapitel „Warenwirtschaft", Seite 588).

- **die Prognose der sonstigen Kosten:** Auch für die sonstigen Kosten, wie z. B. für Verwaltung, Marketing, Investitionen, werden die Kostenrahmen vorgegeben und auf die einzelnen Kostenstellen verteilt.

Letztendlich dienen diese Prognosen als Grundlage dafür, das voraussichtliche Betriebsergebnis im Prognose-Zeitraum zu ermitteln.

Abb. 3 Umsätze steigern, Kosten senken!

7 Hotelklassifizierung

🏴󠁧󠁢󠁥󠁮󠁧󠁿 hotel classification 🇫🇷 classification (w) des hôtels (m)

Im Jahr 1996 wurde eine für Deutschland gültige Hotelklassifizierung eingeführt, um Gästen eine Vergleichsmöglichkeit bei der Vielzahl von Hotels auf dem Markt zu bieten. Hoteliers nutzten die Möglichkeit, Ihr Haus auf dem Markt zu positionieren und bekannter zu machen.

Der „Deutsche Hotel- und Gaststättenverband DEHOGA" organisierte die entsprechende Zuordnung der Hotels, zu fünf Kategorien, nach einem bestimmten Kriterienkatalog. Wegen der unterschiedlichen Standards und Serviceleistungen der Hotels entschied man sich für eine Einteilung von einem Stern bis zu fünf Sternen.

Später wurde in jeder Kategorie der Zusatz „S" (für „Superior") ermöglicht, um noch klarer differenzieren zu können. Nach mehreren Aktualisierungen werden heute ca. 280 Kriterien/Merkmale in folgenden Bereichen überprüft:

- Gebäude/Raumangebot
- Einrichtung/Ausstattung
- Service
- Freizeit
- Angebotsgestaltung
- Hauseigener Tagungsbereich

Abb. 1 Hotel-Türschild für die Kategorie 3-Sterne-Superior

Abb. 2 Hotel-Türschild für die Kategorie 5-Sterne-Superior

Die Teilnahme an der Klassifizierung ist freiwillig, jedoch kostenpflichtig. Seit Einführung haben in Deutschland über 8.200 Hoteliers ihre Häuser klassifizieren lassen (Stand 10/2012). Die Klassifizierung der Hotels ist drei Jahre gültig und kann nach weiterer Überprüfung erneut vergeben werden. Für Teilnehmer und Gäste gilt das Prinzip:

Je mehr Sterne, desto mehr Merkmale müssen vorhanden sein.

Hinweis:

Von Sternen spricht man auch im Zusammenhang mit **Restaurants** und ihren **Küchen.** Die maximal drei Sterne werden dann nicht vom DEHOGA, sondern von Gourmet-Führern, wie z. B. dem „Guide Michelin", verliehen. Die Vergabe unterliegt anderen Kriterien und Kategorien. Sie ist mit den Hotelklassifizierungen nicht vergleichbar.

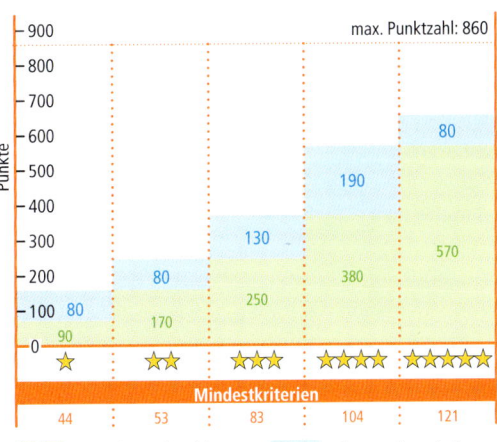

In den meisten anderen europäischen Ländern ist die Hotel-Klassifizierung unterschiedlich auf nationaler Ebene geregelt. Dort sind es Hotel- bzw. Tourismus-Verbände, Ministerien oder Behörden, die die Betriebe überprüfen und entscheiden, welcher Sternekategorie ein Hotel zugeordnet wird. Um möglichst einheitliche, vergleichbare Kriterien und Standards bei der Hotel-Klassifizierung einzuführen, haben einige europäische Landesverbände die „Hotelstars Union" gegründet.

Abb. 3 Sterne-Kennzeichnung im Guide Michelin

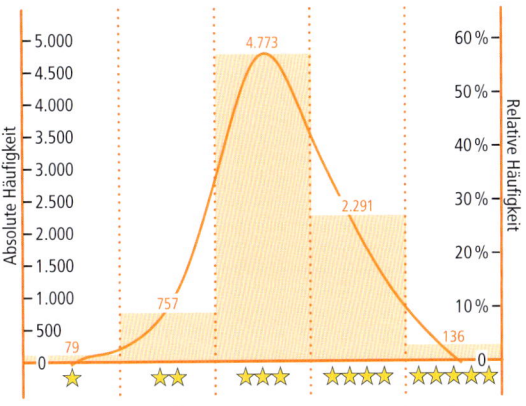

Stand Januar 2010

Seit Januar 2010 gilt in Deutschland das einheitliche Hotelklassifizierungs-System der **„HOTELSTARS UNION"**, an das sich 14 weitere europäische Staaten angeschlossen haben. Die Teilnehmerländer sind: Belgien, Dänemark, Deutschland, Estland, Griechenland, Lettland, Litauen, Luxemburg, Malta, Niederlande, Österreich, Schweden, Schweiz, Tschechien und Ungarn. Die Teilnahme weiterer Mitgliedsstaaten Europas an dieser Vermarktungs-Kooperation bleibt abzuwarten.

HOTELSTARS ***** der HOTELSTARS UNION

Kriterien (es gelten eventuell Übergangsregelungen in bestimmten Ländern)

Ein Stern *
- Alle Zimmer mit Dusche/WC oder Bad/WC
- Tägliche Zimmerreinigung
- Alle Zimmer mit Farb-TV samt Fernbedienung
- Tisch und Stuhl
- Seife und Waschlotion
- Empfangsdienst
- Telefax am Empfang
- Dem Hotelgast zugängliches Telefon
- Erweitertes Frühstücksangebot
- Getränkeangebot im Betrieb
- Depotmöglichkeit

Zwei Sterne **
- Frühstücksbüfett
- Leselicht am Bett
- Schaumbad oder Duschgel
- Badetücher
- Wäschefächer
- Angebot von Hygieneartikeln (Zahnbürste, Zahncreme, Einmal-Rasierer etc.)
- Kartenzahlung möglich

Drei Sterne ***
- 14 Stunden besetzte separate Rezeption, 24 Stunden erreichbar, zweisprachige Mitarbeiter (deutsch/englisch)
- Sitzgruppe am Empfang, Gepäckservice
- Getränkeangebot auf dem Zimmer
- Telefon auf dem Zimmer
- Internetzugang auf dem Zimmer oder im öffentlichen Bereich
- Heizmöglichkeit im Bad, Haartrockner, Papiergesichtstücher
- Ankleidespiegel, Kofferablage
- Nähzeug, Schuhputzutensilien, Waschen und Bügeln der Gästewäsche
- Zusatzkissen und –decke auf Wunsch
- Systematischer Umgang mit Gästebeschwerden

Vier Sterne ****
- 18 Stunden besetzte separate Rezeption, 24 Stunden erreichbar
- Lobby mit Sitzgelegenheiten und Getränkeservice, Hotelbar
- Frühstücksbüfett oder Frühstückskarte mit Roomservice
- Minibar oder 24 Stunden Getränke im
- Roomservice
- Sessel/Couch mit Beistelltisch
- Bademantel/Hausschuhe auf Wunsch
- Kosmetikartikel (z. B. Duschhaube, Nagelfeile, Wattestäbchen), Kosmetikspiegel, großzügige Ablagefläche im Bad
- Internetzugang und Internet-Terminal
- À-la-carte-Restaurant

Fünf Sterne *****
- 24 Stunden besetzte Rezeption, mehrsprachige Mitarbeiter
- Doorman- oder Wagenmeister-Service
- Concierge, Hotelpagen
- Empfangshalle mit Sitzgelegenheiten und Getränkeservice
- Personalisierte Begrüßung mit frischen Blumen oder Präsent auf dem Zimmer
- Minibar und 24 Stunden Speisen und Getränke im Roomservice
- Körperpflegemittel in Einzelflacons
- Internet-PC auf dem Zimmer
- Safe im Zimmer
- Bügelservice (innerhalb einer Stunde), Schuhputzservice
- Abendlicher Turn-down-Service
- Mystery Guesting

(Stand 06.2013)

8 Fremdsprachliche Fachbegriffe aus dem Marketing-Bereich

technical terms at the marketing department
termes (m) de métier (m) du marketing (m)

Fachbegriffe

Advertisement	Anzeige, Annonce, Werbung, Reklame
Advertising	Werbung
Agency	Agentur, Mittlerbüro, Vertretung
Amex/Amexco	Abkürzung für American Express
Attention	Die Aufmerksamkeit, die man im Rahmen eines Verkaufsgespräches laut AIDA-Formel beim Gast erwecken soll
Campaign	Verkaufsaktion
Chart	Schaubild, Diagramm
Commission	Provision, Mittlergebühr
Credo	Charakterisierung einer unternehmerischen Überzeugung
Desire	Der Wunsch des Besitzes, Nutzens oder Vorteils, der beim Gast laut AIDA-Formel erzeugt werden soll
Desk research	Schreibtischforschung durch Auswertung von Unterlagen
Field sales manager	Außendienstleiter
Field research	Feldforschung, durch Beobachtung oder Befragung der Gäste
Field work	Felduntersuchung
Flyer	Werbe-Handzettel
Forecast	Prognose, Voraussage, Vorausberechnung
Function sheet	Bankett-Vereinbarung, Informationsformular für/mit dem geplanten Veranstaltungsablauf
HSMA	Hospitality Sales and Marketing Association. Fachverband der Marketingspezialisten der deutschen Hotellerie
Image	Vorstellung oder Bild, z. B. eines Betriebes in Augen der Öffentlichkeit

Fachbegriffe

Incentive	Anreiz, Prämie, Belohnung, Bonus
In-house-promotion	Verkaufsfördernde Präsentation von Speisen und Getränken im Hotel
Interest	Interesse, das beim Gast im Rahmen von Verkaufsgesprächen/Werbemaßnahmen (AIDA-Formel) geweckt werden soll
Logo	Firmenzeichen, Firmen-Schriftzug
Marketing research	Absatzforschung
Memo/memorandum	Kurzmitteilung
Minutes	Gesprächsprotokoll mit Einzelheiten
Mission statement	Unternehmensleitbild
Objective	Ziel, Zielsetzung, Zielvorgabe
Publicity	Werbung, Reklame
Public relations	Öffentlichkeitsarbeit
Promotional budget	Werbeetat
Rate	Preis für ein Zimmer, eine Leistung
Repeat business	Wiederholungsgeschäft
Segment	Teilstück/Anteil am Markt
Slogan	Werbespruch
Target market	Zielmarkt, Zielgruppe
Travel agent	Reisebüro-Kaufmann, Reisebüro-Angestellte/r
Trend	Marktentwicklung/-tendenz
Unique selling proposition USP	Einmaliges, einzigartiges Verkaufsangebot
Value Added Tax VAT	Mehrwertsteuer
Vision	Vorstellung oder Bild eines zukünftigen Zustands
Yield management	Gewinnoptimierende Unternehmensführung

695

9 Rechtsvorschriften

🇬🇧 laws 🇫🇷 références (w) juridiques

Dazu zählen:

- das Gesetz zur Regelung des Rechts der Allgemeinen Geschäftsbedingungen – AGB und
- das Gesetz gegen den unlauteren Wettbewerb – UWG

Abb. 1
Logo des Hotelverband Deutschland (IHA) e.V.

Die Rechtsvorschriften, die dieses Kapitel betreffen, sind identisch mit den bereits im letzten Kapitel „Arbeiten im Verkauf" genannten Gesetzen und Verordnungen.

„Hinweis zu Allgemeine Geschäftsbedingungen – AGB: AGBs für den Hotelaufnahmevertrag („AGBH"), für Veranstaltungen („AGBV") und Parkgaragen („AGBP") Der Hotelverband Deutschland (IHA) hat für die Hotellerie Allgemeine Geschäftsbedingungen für den Hotelaufnahmevertrag, für Veranstaltungen und Parkgaragen erarbeitet, die vom Bundeskartellamt genehmigt und von der Wettbewerbszentrale als „gesetzeskonform" gelobt wurden. Die AGBs stehen allen IHA-Mitgliedern kostenfrei im Extranet zum Download zur Verfügung. Nichtmitglieder können die AGBs kostenpflichtig bei der IHA-Service GmbH bestellen." (…).
(Quelle: www.hotellerie.de)

Aufgaben

1. Nennen Sie sechs Bereiche, die zum „Allgemeinen Datenkranz" zählen und die Rahmenbedingungen für Arbeiten im Marketing bilden.

2. Geben Sie vier Beispiele dafür, mit welchen Maßnahmen ein Hotelier auf sich ändernde Gästebedürfnisse reagieren könnte.

3. Welche mittelfristigen Änderungen/Trends sind im Reservierungs-Geschäft mit Absatzmittlern (GDS, CRS) zu erwarten?

4. Nennen Sie die fünf Bereiche, die bei der Analyse Ihres Hotelbetriebs untersucht werden.

5. Welche Ziele hat die Stärken-/Schwächen-Analyse eines Unternehmens und aus welchen Blickwinkeln sollte sie erfolgen?

6. Wie entsteht ein Stärken-/Schwächen-Profil und welche Vorteile hat es?

7. Wie heißen die drei Stufen eines ganzheitlichen Marketing-Konzeptes?

8. Was versteht man unter einer Marketing-Strategie und woraus wird sie entwickelt?

9. Aus welchen sieben Einzelschritten wird eine Marketing-Strategie entwickelt?

10. Welche vier „Gestaltenden Marketing-Instrumente" können im Rahmen des Marketing-Mix gebündelt werden?

11. Welche vier „Kommunikativen Marketing-Instrumente" können im Marketing-Mix angewendet werden?

12. Was versteht man unter einem Budget und was unter Budgetierung?

13. Wozu dient ein Budget der Hotelleitung und wozu dient es den verschiedenen Abteilungen?

14. Worauf basiert die Budgetierung?

15. Nennen Sie fünf verschiedene Bereiche, die im Rahmen eines Budgets prognostiziert werden.

16. Erklären Sie den Unterschied zwischen „Desk research" und „Field research".

17. Was ist der Unterschied zwischen einem „Sales report" und einem „Forecast"?

18. Wodurch unterscheiden sich die Bereiche „Publicity" und „Public relations"?

19. Geben Sie ein Beispiel für den „USP" eines Hotelbetriebes.

20. Was bedeutet die Frage eines Gastes: „Is the VAT included?"

PROJEKT

Planen einer verkaufsfördernden Maßnahme und Entwickeln einer Marketing-Strategie

Die Direktion des Hotels Arberblick hat den Leiter der Marketingabteilung beauftragt, anlässlich des 25-jährigen Betriebsjubiläums u. a. ein spezielles Stammgäste-Wochenende zu planen. Über diese Maßnahme soll öffentlichkeitswirksam in den Medien berichtet werden. Die Auszubildenden der Abteilung sollen mithelfen, die entsprechende Marketing-Strategie zu entwerfen.

Standortbeschreibung

Entwickeln Sie stichpunktartig eine Standortbeschreibung zu Ihrem 4-Sterne-Hotel (Lage, Größe, Ausstattung, Gästekreis).

Tragende Marketing-Idee

Mit welchem Slogan wollen Sie die Zielgruppe ansprechen und zum Kommen einladen?

Zielgruppe

Nennen Sie den Gästekreis, den Sie erreichen wollen (Altersgruppe, Einzugsgebiet).

Marktpositionierung

1. Formulieren Sie, wie die Zielgruppe das Hotel Arberblick wahrnehmen soll.
2. Wie soll die Zielgruppe das Hotel im Vergleich zu Mitbewerber-Betrieben sehen?

Wirtschaftliche Ziele

Welche quantitativen Ziele und welche qualitativen Ziele sollen gesteckt werden?

Verkaufswege

1. Über welche Verkaufswege (direkte/indirekte) soll die Zielgruppe/der Gästekreis erreicht werden?
2. Welcher Mitteleinsatz ist hierfür geplant?

Marketing-Mix

1. Welches Marketing-Instrument soll im Marketing-Mix die Hauptrolle spielen?
2. Mit welchen anderen Instrumenten sollen die gewählten Verkaufswege beschritten werden?

Konsequenzen für die Marketing-Infrastruktur

Welche Auswirkungen hat Ihre Marketing-Strategie auf die Organisationsstruktur des Hotels? Sind Änderungen/Anpassungen erforderlich?

Bericht für den Marketing-Manager

Bringen Sie Ihre Marketing-Strategie in schriftliche Form, als Vorschlag für den Marketing-Manager.

Führungsaufgaben im Wirtschaftsdienst

Der „Wirtschaftsdienst", das heißt die Hausdamen-Abteilung, hat eine zentrale Bedeutung für das Wohlbefinden der Gäste und für den Betriebserfolg.

Wichtige Bereiche/Schwerpunkte Im Rahmen der Führungsaufgaben einer Hausdame sind:
- **Planung des Mitarbeitereinsatzes,**
- **innerbetriebliche Kommunikation** und
- **Maßnahmen der Mitarbeiterführung** (s. S. 704).

(s. S. 704)

Abb. 1 Hausdame plant den Mitarbeiter-Einsatz

1 Planung des Mitarbeiter-Einsatzes

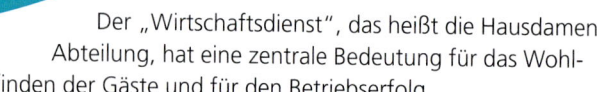 planning of staff employment ● planification (w) du travail des employés (m)

Notwendigkeit der Ablauforganisation

Das Betriebsgeschehen ist im Gastgewerbe einerseits darauf ausgerichtet, den Gast mit guten Leistungen zufriedenzustellen, und andererseits darauf, für das Unternehmen den größtmöglichen wirtschaftlichen Erfolg zu erzielen.

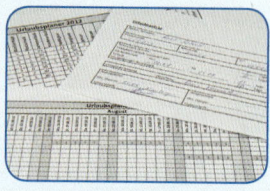

Abb. 2 Urlaubsplanung

1.1 Organisationsmittel

organization aid ● moyens (w) d'organisation (w)

Zu diesem Zweck ist es unerlässlich, die Abläufe so gut wie möglich zu organisieren und zu planen. Die Ergebnisse solcher Vorbereitung und Planung sind Organisationsmittel, wie z.B. :
- Stellenbeschreibungen,
- Dienstpläne,
- Urlaubspläne,
- Vertretungspläne.

1.2 Stellenbeschreibung und Einsatzbereiche

job description and employment
● descriptif (m) des postes (m) et secteurs (m) de travail (m)

Eine Stellenbeschreibung ist eine schriftliche Festlegung der Ziele, Aufgaben, Befugnisse und Kompetenzen einer Stelle in der betrieblichen Organisation. Bei den Aufgaben werden die eigentlichen Aufgaben der Stelle beschrieben und nicht die Arbeitsabläufe.

Vorteile für den Betrieb

Eine Stellenbeschreibung definiert, für welche Aufgaben der Stelleninhaber zuständig und verantwortlich ist. Jeder weiß, was er zu tun hat. Das ist insbesondere für die Einarbeitung neuer Mitarbeiter vorteilhaft, denn zeitraubende Erklärungen fallen weitestgehend weg. Wenn einmal eine Stelle beschrieben ist, können die Aussagen auch für andere Zwecke, wie z. B. für das Formulieren von Stellenanzeigen, verwendet werden.

Vorteile für den Mitarbeiter

Mitarbeiter, die genau wissen, für welche Bereiche sie verantwortlich sind, nehmen die Verantwortung sehr ernst. Die klare Stellenbeschreibung aktiviert und fördert die Selbstkontrolle. Außerdem kann sie einen Schutz darstellen vor Übergriffen anderer Kollegen oder Vorgesetzter in den eigenen Aufgabenbereich.

Aufbau und Gliederung

Üblicherweise werden Stellenbeschreibungen in acht Punkte gegliedert:

1 die Stellenbezeichnung,
2 der Dienstrang,
3 die Unterstellung,
4 die Überstellung,
5 die Beschreibung der Ziele,
6 die Stellvertretung,
7 der Aufgabenbereich und
8 die Befugnisse.

Beispiel einer Stellenbeschreibung: Hausdame

① Stellenbezeichnung: **Erste Hausdame**

② Abteilungsleiterin

③ Die Stelleninhaberin untersteht dem Hoteldirektor.

④ Der Stelleninhaberin sind die stellvertretende Hausdame, die Zimmerfrauen, das Reinigungspersonal (F&B), die Springerin (F&B/Etage) und die Auszubildenden unterstellt.

⑤ Mit der Stelle verbundene Ziele:
- Die Gästezimmer und öffentlichen Räume des Hotels sind dem Qualitätsstandard entsprechend stets sauber und ordentlich.
- Die anvertrauten Anlagen und Güter sind einwandfrei gepflegt und bewahren so ihren Wert.
- Die erforderlichen Materialien werden wirtschaftlich verwaltet bzw. eingesetzt.
- Die Stelleninhaberin fördert eine angenehme und vertrauensvolle Zusammenarbeit ihrer Mitarbeiter.
- Die Arbeitsatmosphäre ist von einem höflichen, aufmerksamen und hilfsbereiten Verhalten der Mitarbeiter geprägt.
- Es wird ein bestmögliches Abteilungsergebnis erzielt.
- Die Unternehmens- und Führungsrichtlinien des Hauses werden beachtet.

⑥ Die Stelleninhaberin wird vertreten durch die stellvertretende Hausdame. Wenn diese Stelle nicht besetzt ist, übernehmen der Hoteldirektor die Kontrolle sowie die Abteilungsmitarbeiter die Einteilung und ausführenden Tätigkeiten dieser Funktion. Die Stelleninhaberin übernimmt die Stellvertretung ihrer Abteilungsmitarbeiter bei Krankheit bzw. Urlaub.

⑦ Aufgaben:
- Koordinierung der die Abteilung betreffenden Arbeitsabläufe
- Überwachung der Sauberkeit in den Gästezimmern und öffentlichen Räumen durch Stichprobenkontrolle
- Zusammenarbeit mit Rezeption (z.B. Zimmerbelegung/Zimmerfreigabe) und Haustechnik (z.B. Instandhaltung/Reparatur)
- kostenbewusste Lagerverwaltung aller Etagenmaterialien, z.B. Wäsche, Putzmittel, Gästezimmerartikel
- Organisation der vierteljährlichen Inventur, die Abteilung betreffend
- sinnvoller Einkauf von Arbeitsmitteln unter Berücksichtigung der Marktsituation, bis € 250 ohne Rücksprache mit dem Vorgesetzten
- Rechnungseingangsprüfung, was den Einkauf der Arbeitsmittel betrifft
- Ständige Aktualisierung der Kenntnisse über neue Produkte und Geräte auch unter Berücksichtigung des Umweltaspektes
- Erstellen von Geschäftsprognosen in Bezug auf die Vergabe von Aufträgen an Fremdfirmen z.B. zur Fenster-/Teppichreinigung
- Unterbreitung von Vorschlägen, die Verbesserungen der Abteilung betreffen
- Aufstellen der wöchentlichen Dienstpläne und der Urlaubsplanung
- tägliche Arbeitsdisposition und Sicherstellung der Reinigung aller Gästezimmer und der öffentlichen Räume durch Besprechung mit Mitarbeitern
- Einführung, Einarbeitung und Beurteilung von Abteilungsmitarbeitern
- Unterweisung, Betreuung und Beurteilung von Auszubildenden in der Abteilung
- Teilnahme an Bewerbergesprächen
- Teilnahme an den wöchentlichen Abteilungsleiterbesprechungen
- Verantwortung für die interne Organisation der Wäscherei und tägliche Kontrolle der Außer-Haus-Wäsche
- Verantwortung für die Pflege und Verwaltung der Gästewäsche sowie der Fundsachen
- Erstellung und Überwachung der Dekorations- und Blumenarrangements entsprechend den Anlässen, sowohl für den Innenbereich des Hotels als auch für die Außenanlagen und im Außer-Haus-Geschäft
- Organisation des Suitenservice, z.B. Obstteller und Tageszeitungen

▶

▶ • Veranlassen erforderlicher Reparaturen
  • Mitwirkung bei der Erstellung der Renovierungs- und Ersatzbeschaffungspläne
  • Beachtung gesetzlicher sowie arbeitsrechtlicher Vorschriften
  • Wahrnehmung aller Aufgaben, die von einer Abteilungsleiterin im Rahmen des Geschäftsablaufs verlangt werden

⑧ Befugnisse:
  • Weisungsbefugnisse gegenüber den unterstellten Mitarbeitern
  • Mitsprache bei der Einstellung und Beförderung sowie der Auflösung eines Arbeitsverhältnisses
  • wesentliche Schlüsselgewalt
  • selbstständige Einkäufe für den laufenden Bedarf (Bestellungen über mehr als € 250 sind vom Vorgesetzten zu genehmigen)
  • Auftragserteilung bei beschlossenen Renovierungs- und Ersatzbeschaffungsmaßnahmen
  • Teilnahme an den Abteilungsleiterbesprechungen

Quelle: H.-J. Bethge

Beispiel einer Stellenbeschreibung: Zimmerfrau

① Stellenbeschreibung **Zimmerfrau**

② Angestellte

③ Die Stelleninhaberin ist der Hausdame unterstellt.

④ Die Stelleninhaberin ist gegebenenfalls Auszubildenden überstellt.

⑤ Mit der Stelle verbundene Ziele: Die Gästezimmer und öffentlichen Räume des Hotels sind dem Qualitätsstandard entsprechend stets sauber und gepflegt. Die Arbeitsatmosphäre ist gekennzeichnet durch stets höfliches, aufmerksames und hilfsbereites Verhalten (Teamwork). Die anvertrauten Anlagen und Güter sind einwandfrei gepflegt und bewahren ihren Wert. Die eingesetzten Materialien werden wirtschaftlich verwaltet.

Abb. 1 Zimmerfrau

⑥ Die Stelleninhaberin vertritt die anderen Zimmerfrauen sowie die Raumpflegerin, gegebenenfalls das Reinigungspersonal; die Stelleninhaberin wird durch die anderen Zimmerfrauen vertreten.

⑦ Aufgaben:
  • Wäscherei: Mithilfe bei der Wäschepflege, z. B. Wäsche zusammenlegen
  • Entgegennahme der Belegungs-Liste (Bleibezimmer – Abreisezimmer)
  • Auffüllen des Etagenwagens
  • Reinigung der Bleibezimmer: Fenster öffnen, Papierkorb und Aschenbecher ausleeren, Betten machen (Bettwäsche jeden 3. Tag wechseln), Staub wischen; Badezimmer: Reinigung von Aschenbechern, Gläsern, Spiegel, WC, Badewanne bzw. Dusche, Waschbecken, Fußboden, Verteilung neuer Handtücher, Duschgel/Shampoo, Schreibmappe auffüllen, staubsaugen, Vorhänge richten. Hinweis: Die Gästehandtücher werden nur gewechselt, falls sich die Handtücher auf dem Fußboden befinden (Gästeinfo auf Zimmern)
  • Reinigung der Abreisezimmer: insgesamt gründlicher, frische Bettwäsche/Handtücher, Fenster putzen, u. U. Bad gründlicher (Armaturen), Flure saugen, Minibars: checken und auffüllen, Minibarliste ausfüllen (Verbrauch); Extras: Vorhänge waschen, Fugen (Bad) putzen, Duschvorhänge wechseln und waschen, Türen wischen, Teppich shampoonieren
  • bei bestimmten Anlässen dekorieren
  • Obstteller herrichten

⑧ Die Stelleninhaberin ist für eine Etage (bzw. ca. 25 Zimmer) verantwortlich; Schlüsselgewalt: Etagen-Gruppenschlüssel, Wäscherei; Dienstplanmitgestaltung.

Quelle: H.-J. Bethge

1.3 Dienstplan 🇬🇧 duty rota 🇫🇷 tableau (m) de service (m)

Der normale Geschäftsbetrieb in der Hotellerie macht eine bestimmte Mindestzahl von Mitarbeitern in den einzelnen Abteilungen erforderlich. Das gilt auch für die Hausdamen-Abteilung. Denn der öffentliche Bereich des Hotels muss unabhängig von der Auslastung täglich mindestens einmal gereinigt werden.

Das erwartete Geschäftsvolumen, wie z. B. die **Belegungsvorschau**, bestimmt den zusätzlichen Mitarbeiterbedarf und -einsatz.

Das Geschäftsvolumen lässt sich in den meisten Hotelbetrieben nicht genau über einen längeren Zeitraum planen. Es kann zu starken Schwankungen durch kurzfristige Buchungseingänge, Reservierungsänderungen oder Abbestellungen kommen. Deshalb werden Dienstpläne in der Hotellerie meist kurzfristig und „nachfrageorientiert" geschrieben.

Wichtige Hilfsmittel sind dazu:
- die **Belegungsvorschau** der Empfangsabteilung und
- die **Leistungsmaßstäbe** für Tageszimmerfrauen und für Abendzimmerfrauen oder
- die **Personal-Planungstabelle für Zimmerfrauen**.

> Wenn der Dienstplan erstellt wird, sind die gesetzlich, tariflich und durch Betriebs-Vereinbarungen festgelegten Arbeitszeit-Beschränkungen zu beachten! (Siehe Rechtsvorschriften ab Seite 709.)

Abb. 1 Zur Erstellung der Dienstpläne

Belegungsvorschau

In der Praxis werden hauptsächlich zwei Arten der Vorausschau eingesetzt:
- die **monatliche Vorschau**, die eine Grobplanung des erwarteten Personalbedarfs ermöglicht und
- die **wöchentliche Belegungsvorschau**, die als Grundlage für die endgültige Gestaltung und Ausfertigung des Dienstplanes für die folgende Woche verwendet wird.

Belegungsvorschau für die Woche von Montag, 19. April, bis Sonntag, 25. April						
Datum	Tag	Belegte Zimmer	Gästeanzahl	Zimmer		Zimmerfrau
				Ankünfte	Abreisen	
19.	Mo	150	186	30	20	
20.	Di	160	223	50	20	
21.	Mi	190	285	70	10	
22.	Do	250	309	10	80	
23.	Fr	180	262	20	50	
24.	Sa	150	202	10	20	
25.	So	140	180	10	20	

Leistungsmaßstäbe

Solche Maßstäbe werden aus Arbeitszeit-Studien abgeleitet. Sie sagen aus, wie viel Zeit eine Zimmerfrau für die Versorgung eines Zimmers benötigt bzw. wie viele Zimmer sie in einer bestimmten Zeit, z. B. in 8 Stunden Arbeitszeit, nach festgelegtem Qualitätsstandard versorgen kann. (Siehe Kapitel „Wirtschaftsdienst – Hausdamen-Abteilung", Seite 532). Das Ergebnis dieser Zeitmessungen ist allerdings von verschiedenen Faktoren abhängig:
- von der Größe und Ausstattung der Zimmer,
- von der Anzahl der Einzel- und Doppelzimmer, der Apartments und/oder Suiten,
- von der Anzahl der Bleibe- und Abreisezimmer,
- von den Sauberkeits- und Qualitäts-Standards für das Hotel.

Abb. 2 Auswertung der Belegungs-Vorschau

Der Zeitbedarf bei einem „Abreise-Zimmer" beträgt etwa 30 Minuten, bei einem „Bleibe-Zimmer" beträgt er etwa 20 Minuten.

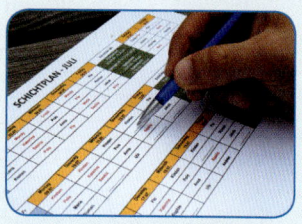

Abb. 1 Personalplanung

Beispiel

90 belegte Z. : Leistungsmaß-stab 15 = 6 Tages-Zimmer-frauen im Dienst
90 belegte Z. : Leistungsmaß-stab 60 = 1,5 (das bedeutet 2) Abend-Zimmerfrauen im Dienst

Um bei einer gleichbleibenden Belegung 90 Zimmer pro Tag versorgen zu können, benötigt man jeden Tag 6 Tages- und 2 Abend-Zimmerfrauen.

Als Durchschnittsergebnisse haben sich die folgenden Richtwerte für die Tagesleistung herauskristallisiert:

- Eine **Tageszimmerfrau** kann durchschnittlich **15 Zimmer** reinigen und versorgen.
- Eine **Abendzimmerfrau** kann durchschnittlich **60 Zimmer** aufdecken und herrichten.

Der Zeitbedarf für ein Abreisezimmer beträgt etwa 30 Minuten, der Zeit-bedarf für ein Bleibezimmer etwa 20 Minuten.

Arbeitsvolumen

Mit Hilfe einer Personal-Planungstabelle kann die Zahl der benötigten Zimmerfrauen im Dienst ermittelt werden. Zu berücksichtigen sind dabei außerdem:

- die Anzahl der zu reinigenden Zimmer bei Bleibe und bei Abreise, wegen des unterschiedlichen Zeitaufwands,
- der Zeitaufwand für sonstige Reinigungsarbeiten auf Balkonen, in Fluren und im öffentlichen Bereich,
- der Zeitaufwand für Mise-en-place- und Endarbeiten (siehe S. 560 und 564).

Personal-Planungstabelle für Zimmerfrauen

Der für das Hotel ermittelte Leistungsmaßstab für Tages- und Abend-Zim-merfrauen wird bei der Erstellung einer Personal-Planungstabelle für Zim-merfrauen verwendet. Die Anzahl der belegten Zimmer wird bei der jewei-ligen Kapazitätsauslastung durch diesen Leistungsmaßstab geteilt. Das Ergebnis ist die Anzahl der erforderlichen Tages-Zimmermädchen im Dienst.

Personal-Planungstabelle – Zimmerfrauen

Ⓐ Tages-Zimmerfrauen	← Minimum						Maximum →	
Belegungs-Prozent	30 %	40 %	50 %	60 %	70 %	80 %	90 %	100 %
Belegte Zimmer	90	120	150	180	210	240	270	300
Leistungsmaßstab	15	15	15	15	15	15	15	15
Tageszimmerfrauen im Dienst (erforderlich pro Tag)	6	8	10	12	14	16	18	20
Erforderliche Anzahl (Tageszim-merfrauen) auf der Lohnliste (5-Tage-Woche)	9	12	14	17	19	23	27	28
Ⓑ Abend-Zimmerfrauen	← Minimum						Maximum →	
Leistungsmaßstab	60	60	60	60	60	60	60	60
Abendzimmerfrauen im Dienst (erforderlich pro Tag)	2	2	3	3	4	4	5	5
Erforderliche Anzahl (Abendzim-merfrauen) auf der Lohnliste	3	3	5	5	6	6	7	7
Erforderliche Gesamtanzahl Zim-merfrauen auf der Lohnliste (5-Tage-Woche)	12	15	19	22	25	29	34	35

Quelle: E. Schaetzing

❷ Berechnungen im Hausdamenbereich

🇬🇧 calculation in the housekeeping department
🇫🇷 effectuer des calculs (m) aux étages (w)

Wenn betriebswirtschaftliche Kennzahlen errechnet werden, so geschieht dies meist in der Buchhaltung oder in der Kontroll-Abteilung. Mit Hilfe der letztgenannten Formel kann die Hausdame selbst kontrollieren, wie effizient sie die Dienstpläne in der Vergangenheit gestaltet hat.

Abb. 1 Kontrolle des finanziellen Erfolgs

Zimmerbelegung in Prozent

Bezogen auf die Betriebstage

$$\frac{\text{belegte Zimmer} \times 100}{\text{Zimmeranzahl} \times \text{Betriebstage pro Jahr}}$$

Bezogen auf die Monatsbasis

$$\frac{\text{belegte Zimmer} \times 100}{\text{Zimmeranzahl} \times \text{Monatstage}}$$

Bettenauslastung in Prozent pro Jahr

$$\frac{\text{Übernachtungen} \times 100}{\text{Bettenanzahl} \times 365}$$

Durchschnittliche Aufenthaltsdauer

$$\frac{\text{Zahl der Übernachtungen}}{\text{Zahl der Ankünfte}}$$

Wäschereiaufwand pro Bett/Zimmer in €

$$\frac{\text{Wäschereikosten des Logisbereichs}}{\text{Anzahl der verkauften Betten/Zimmer}}$$

Doppelbelegungsfaktor

$$\frac{\text{Belegte Betten}}{\text{Belegte Zimmer}}$$

Gesamtaufwand pro verkauftem ZImmer in €

$$\frac{\text{Gesamtaufwand}}{\text{Anzahl der verkauften Zimmer}}$$

Belegte Betten/Zimmer pro Beschäftigten

$$\frac{\text{Anzahl der belegten Betten/Zimmer}}{\text{Anzahl der Beschäftigten im Beherbergungsbereich}}$$

❸ Innerbetriebliche Kommunikation

🇬🇧 in-house communication 🇫🇷 communication (w) interne

Bei der hotelinternen Kommunikation geht es hauptsächlich um Informationsaustausch zwischen Mitarbeitern verschiedener Abteilungen.

Beispiele
- Die Hausdame informiert den Bankettleiter, dass die neuen Tafeldecken ab sofort verwendet werden können.
- Die Zimmerfrau bespricht mit dem Haushandwerker einen Reparaturfall.

Kommunikation lässt sich in sechs Grundfragen unterteilen:
- Wer   (**Kommunikator**, Sender, Quelle)
- sagt was   (Botschaft, „Message")
- in welcher Situation   (Umfeldbedingungen)
- zu wem   (**Kommunikant**, Empfänger)
- über welche Kanäle   (Kommunikationswege, Medien)
- mit welchen Wirkungen?   (Kommunikationserfolg, Effekt)

Die Art und Weise, wie man miteinander umgeht und kommuniziert, prägt die gegenseitige Wertschätzung.

Unter Kommunikation versteht man den Umgang mit anderen und die Verständigung untereinander.

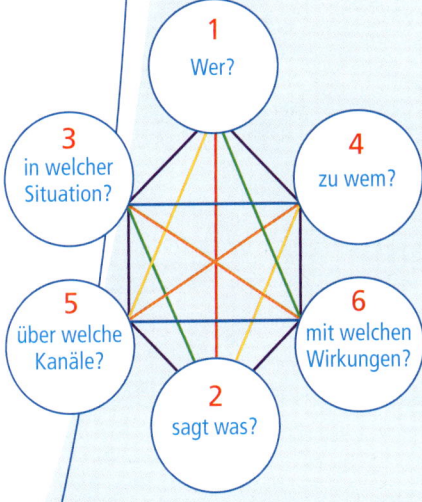

1 Wer?

3 in welcher Situation?

4 zu wem?

5 über welche Kanäle?

6 mit welchen Wirkungen?

2 sagt was?

Abb. 2 Grundfragen der Kommunikation

4 Maßnahmen der Mitarbeiter-Führung

🇬🇧 measures of leading employees 🇫🇷 mesures (w) de diriger des employés (m)

> Im Rahmen der Mitarbeiter-Führung kommt dem Vorgesetzten die Aufgabe zu, die ihm anvertrauten Mitarbeiter zur Leistung und zur Erfüllung ihrer Aufgaben zu motivieren.

Unter Mitarbeiter-Führung versteht man bestimmte Techniken zur Führung der Mitarbeiter.

Zu den Führungsaufgaben zählen:

- **Informieren**
  Anordnungen und Änderungen müssen so rechtzeitig bekanntgegeben werden, dass der einzelne Mitarbeiter genügend Zeit hat, sich darauf einzustellen.

  Beispiel
  Die betroffenen Abteilungen, z. B. Küche, Service, Bankett-Abteilung und Hausdamen-Abteilung, müssen rechtzeitig von bevorstehenden Veranstaltungen unterrichtet werden (s. S. 661). Wichtig ist dabei, dass die Information auch den vorgeschriebenen Weg geht. Falsche Informationswege verderben das Betriebsklima.

Abb. 1 Abteilungsleiter werden informiert

- **Anerkennen und Tadeln**
  Lob und Tadel sollen als Motivation in angemessenem Verhältnis stehen. Zum Tadeln ungenügender Leistungen ist ein Korrekturgespräch angebrachter als ein Tadel, damit der Arbeitnehmer seine Fehler erkennt. Lob sollte auch bei gleichbleibend guten Leistungen zur Motivation angewendet werden.

- **Unterweisen**
  Der Vorgesetzte soll richtig unterweisen oder einweisen, damit die Mitarbeiter ihre Kräfte in dem neuen und ungewohnten Arbeitsgebiet nicht unnötig verschleißen.

- **Aufbauen von Kontakten**
  Der Vorgesetzte soll nicht nur grüßen, sondern mit seinen Mitarbeitern auch Gespräche führen, die sich jedoch hauptsächlich auf betriebliche Belange beziehen. Das Eindringen in die Privatsphäre sollte vermieden werden, es sei denn, es muss vermutet werden, dass die Gründe für Leistungsminderungen im privaten Bereich liegen.

- **Finden von Lösungen zu Mitarbeiterproblemen**
  Muss der Vorgesetzte einmal in einen Streit eingreifen oder ein anderes Mitarbeiterproblem lösen, so bedarf das der besonderen Rücksichtnahme auf den oder die Mitarbeiter, damit er sich vorstellen kann, was in diesen vorgegangen sein könnte. Dies dient dem besseren Verständnis. Dann lässt sich das Problem selbst in mehreren Schritten wie folgt lösen:

  - Den Sachverhalt analysieren und beurteilen,
  - die Fehlerquellen abstellen,
  - eventuell die Ziele neu formulieren,
  - die aus der Korrektur hervorgegangenen neuen Anforderungen festhalten und
  - die Erreichung der neuen Ziele überprüfen.

Abb. 2 Lob dient der Motivation

4.1 Motivation 🇬🇧 motivation 🇫🇷 motivation (w)

Motivieren heißt begründen und „zu etwas hinführen". Motivation ist eigentlich ein psychologischer Vorgang, bei dem aufgrund gemeinsam erarbeiteter Zielvorstellungen und Zielvorgaben bestimmte Leistungsvorgaben entwickelt werden.

Diese lösen bei den einzelnen Mitarbeitern eine Bereitschaft dazu aus, ihre Denk-, Arbeits- und Verhaltensweise zur Problemlösung einzusetzen, anzupassen oder zu ändern. Die „richtige" Motivation der Mitarbeiter ist Voraussetzung dafür, dass diese ihre Arbeitskraft voll einsetzen und zum Nutzen des Hotelbetriebs verwenden wollen.

Dabei gibt es kein einheitliches „Patentrezept" zur Motivation jedes einzelnen Mitarbeiters. Denn jeder arbeitet aus unterschiedlichen Beweggründen und steht auf einer anderen Stufe der Maslow'schen Bedürfnis-Pyramide (s. S. 363). Er erfährt aus verschiedenen Gesichtspunkten Erfolgserlebnisse aus seiner Arbeit.

Frederick Herzberg, der amerikanische Motivationsforscher, ist der Begründer einer Motivationslehre, auf deren Grundlage sich die Befriedigung der Bedürfnisse von Mitarbeitern vollzieht.

Abb. 1 Spitzenleistung durch Motivation

Motivationslehre

Die Lehre von Herzberg besagt, dass Arbeitszufriedenheit und dadurch engagiertes Leistungsverhalten
- aus der erbrachten Leistung und der Arbeit selbst resultiert,
- aus der Fähigkeit zum Lösen schwieriger Aufgaben und aus der damit verbundenen Anerkennung, vermehrten Verantwortung und Erweiterung des Kenntnisstandes resultiert und
- immer Ziele zum Gegenstand hat, die der Mensch noch nicht erreicht hat, aber gerne erreichen möchte.

🔴 „Ein Mitarbeiter kann am besten motiviert werden, wenn die Arbeit und der Arbeitsprozess den Fähigkeiten und Interessen des Mitarbeiters angepasst sind."

(F. Herzberg)

Arbeitsunzufriedenheit

Arbeitsunzufriedenheit rührt von Faktoren her, die mit den Arbeitsbedingungen, der Arbeitsgruppe, dem Arbeitslohn oder dem Vorgesetzten zu tun haben.

Arbeitsvereinfachung und Arbeitsteilung zerstören jede Motivation. Sie hat Monotonie, Verdrängung jeglicher Herausforderung und des persönlichen Einsatzes sowie Zerstörung der Selbstwertschätzung zur Folge.

Die Anpassung kann erreicht werden durch:
- **Job rotation:** (Arbeitsplatzwechsel), das heißt, der Mitarbeiter wird in festgelegten Rhythmen in mehreren Tätigkeitsbereichen beschäftigt, um seine Flexibilität und sein Verständnis für größere betriebliche Zusammenhänge zu fördern;
- **Job enlargement:** (Arbeitserweiterung), das heißt, der Arbeitsinhalt wird sinnvoll vergrößert und die extreme Arbeitsteilung wird abgeschafft, um nicht in der Monotonie der Arbeit zu erstarren;
- **Job enrichment:** (Arbeitsbereicherung), das heißt, der Mitarbeiter erhält mehr Entscheidungsbefugnisse, plant, organisiert und kontrolliert für die eigene Arbeit.

🔵 Motivieren ist eine Fähigkeit, die heute jeder Manager beherrschen muss, um die immer schwieriger werdenden Aufgaben der Menschenführung bewältigen zu können.

Das Merkblatt auf der folgenden Seite soll die vielen Möglichkeiten der Motivation kurz darstellen.

Merkblatt zur Mitarbeiter-Motivation

- Zeigen Sie jedem Mitarbeiter genau seine Funktionen, Kompetenzen und seine Leistungsziele.

- Machen Sie jedem Mitarbeiter seine Stellung in der Gesamtorganisation und die Bedeutung seiner Arbeit für das Unternehmen klar.

- Erklären Sie jedem Mitarbeiter nicht nur das Was und Wie, sondern auch das Warum seiner Aufgaben. Nicht befehlen, sondern begründen! Das gilt für alle Entscheidungen und die sich daraus ergebenden Anweisungen.

- Machen Sie keine Versprechungen, die nicht gehalten werden können.

- Geben Sie jedem Mitarbeiter die notwendigen Starthilfen. Bei der Einführung neuer Mitarbeiter kommt es nicht nur darauf an, sie fachlich in die Arbeit einzuweisen; genauso wichtig ist es, sie mit den Kollegen bekannt zu machen.

- Fordern Sie Ihre Mitarbeiter! Es ist erwiesen, dass nur derjenige auf Dauer große Leistungen erbringt, der immer ein wenig überfordert ist und der an den höheren Anforderungen wachsen kann.

- Loben Sie Ihre Mitarbeiter und sprechen Sie Anerkennung aus. Es lässt sich nachweisen, dass richtig dosiertes Lob anreizt, dass Tadel aber auf Dauer abstumpft und sogar krank macht.

- Fördern Sie Ihre Mitarbeiter durch angemessene Kritik. Beachten Sie dabei, dass jede Kritik konstruktiv sein muss!

- Beachten Sie, dass Kritik grundsätzlich nur unter vier Augen erfolgen darf.

- Führen Sie nach einer modernen Delegations-Methode, die jedem Mitarbeiter weitgehend selbstständiges Arbeiten ermöglicht. (Siehe „Führungsstil", Seite 707)

- Erarbeiten Sie neue Zielsetzungen gemeinsam mit Ihren Mitarbeitern. Als Management-Methode bietet sich hierfür management by objectives an, also die Führung durch Zielvorgabe.

- Delegieren Sie – gleich wie Sie führen – nicht nur Arbeit, sondern auch Entscheidungsverantwortung. Verteilen Sie echte Aufgaben, die dem Stelleninhaber auch eine gewisse Entscheidungsbreite lassen.

- Informieren Sie Ihre Mitarbeiter in der richtigen Form, zum richtigen Zeitpunkt und in ausreichendem Maße, denn nur wer richtig informiert ist, kann auch mitdenken und mitverantworten.

- Räumen Sie Ihren Mitarbeitern ein Vorschlags-, Planungs-, Mitsprache- und Mitentscheidungsrecht ein.

- Begeistern Sie Ihre Mitarbeiter für das betriebliche Vorschlagswesen. Schaffen Sie ein Prämiensystem, das Anreize zur Erreichung von Vorschlägen bietet, und beteiligen Sie die Mitarbeiter angemessen an den Einsparungen des Betriebes.

- Sorgen Sie für ein gerechtes Lohn- und Gehaltsgefüge im Betrieb. Darüber hinaus muss dieses System flexibel sein.

- Schaffen Sie Lohnanreizsysteme. Dafür gibt es so viele Lösungen, wie es Unternehmen gibt! Man muss allerdings Ideen haben.

- Gewähren Sie zeitgemäße freiwillige Sozialleistungen. Dazu gehört ein ständiges Beobachten der staatlichen und internationalen Sozialpolitik, der Sozialpolitik der Gewerkschaften sowie von Konkurrenzunternehmen.

- Führen Sie regelmäßig Personalbeurteilungen durch, und besprechen Sie diese mit Ihren Mitarbeitern.

- Sorgen Sie für Sicherheit der Arbeitsplätze.

- Bieten Sie planvoll extern und intern zeitgemäße Fort- und Weiterbildungsmöglichkeiten an.

- Schulen Sie Ihre Mitarbeiter rechtzeitig für die höheren Anforderungen der Zukunft.

- Sorgen Sie für reelle innerbetriebliche Aufstiegsmöglichkeiten. Dazu gehören langfristige Personalplanung, Karriereplanung, job enrichment und job enlargement (siehe S. 705).

- Seien Sie stets Vorbild in dienstlichen und auch in privaten Dingen.

- Sorgen Sie für ein gutes Betriebsklima.

4.2 Führungsstil

🇬🇧 management style 🇫🇷 style (m) de direction (w)

Unter Führungsstil versteht man die Art und Weise, wie Mitarbeiter eines Unternehmens vom Vorgesetzten zur Leistungserbringung geführt, motiviert und angehalten werden.

Aus der Vielzahl der in der Praxis vorkommenden verschiedenen Führungsstile hier eine Auswahl:

- **Autoritärer Führungsstil**, das heißt, die Mitarbeiter erhalten befehlsartig ihre Arbeitsanweisungen, der Chef denkt und lenkt, die Mitarbeiter führen nur aus und haben kein Mitspracherecht.

- **Harzburger Modell** bedeutet, aktive Mitarbeiter bekommen eigene Führungs- und Handlungs-Verantwortung für bestimmte Bereiche delegiert, die Entscheidungen werden vom Top-Management auf untergeordnete Ebenen verlagert, die Führungskräfte werden für ihre Entscheidungen verantwortlich gemacht.

- **Management by systems** ist die Anwendung systematisch ermittelter Ergebnisse, Analysen und Zukunftsbeurteilungen aus allen Unternehmensbereichen als Entscheidungshilfen und als Beurteilungs- und Rechtfertigungsgrundlage für abgelaufene Geschäftsperioden. Management by systems ist Führung durch Systemsteuerung mit Hilfe eines computergestützten Informations- und Steuersystems.

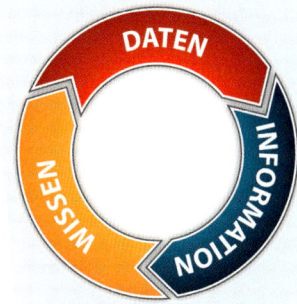

Abb. 1 Management by systems

- **Management by objectives** bedeutet Führen durch Vorgabe von Zielen. Dabei werden den einzelnen Mitarbeitern nur Ziele vorgegeben, nicht jedoch auch Vorschriften darüber, wie diese Ziele im Einzelnen zu verwirklichen sind. Statt bestimmte Arbeiten und Aufgaben nach festgelegten Regeln und Methoden zu erfüllen, sind Ziele (Planvorgaben) zu erreichen. Die Entscheidung über die Auswahl und den Einsatz der notwendigen Mittel und Maßnahmen zur Zielerreichung bleibt weitgehend dem freien Ermessen des einzelnen Mitarbeiters überlassen. Der Vorgesetzte beschränkt sich im Wesentlichen auf die Kontrolle der Zielerreichung (Endkontrolle).

Abb. 2 Management by objectives

- **Management by exception** soll die Führungsspitze entlasten. Hierbei wird dem einzelnen Mitarbeiter eine noch weiter gehende Entscheidungsbefugnis des Inhalts eingeräumt. Lediglich Ausnahmefälle (exceptions) sind einer höheren Hierarchieebene mitzuteilen und zur Entscheidung zu melden. Der einzelne Mitarbeiter erhält eine noch größere Verantwortung. Über diesen Weg ist eine bessere Motivation möglich.

Abb. 3 Management by exception

Ein moderner Führungsstil, der auf dem Prinzip der Delegation von Verantwortung aufbaut, hat gegenüber dem autoritären Führungsstil immer zwei entscheidende Vorteile:

- die **Entlastung der Führung**, verbunden mit der Freistellung für echte Führungsaufgaben (siehe Randspalte) sowie

- die besseren Möglichkeiten der **Mitarbeiter-Motivation** und damit mehr Chancen, sich mit der Zielsetzung des Unternehmens zu identifizieren.

Die Vorgesetzten müssen Zeit für echte Führungsaufgaben bekommen, das heißt für:
- für Menschenführung,
- für Organisation,
- für Improvisation und
- für Innovation.

4.3 Training   🏴 training   🔵 entraînement (m)

Um heutzutage einen gastgewerblichen Betrieb erfolgreich führen zu können, müssen Vorgesetzte sich ständig neues Fachwissen, Kenntnisse und Fertigkeiten aneignen und diese betriebsbezogen an ihre Mitarbeiter weitergeben.

Der Bedarf an Schulung und Training ist in unserem gastlichen Gewerbe fast immer und überall vorhanden. Besonders dringend zeigt er sich bei manchen Mitarbeitern auf der ausführenden Ebene. Der Schulungsbedarf ist aber nicht nur von Betrieb zu Betrieb recht unterschiedlich, sondern verändert sich auch ständig mit den Gästen und den neuen Trends.

Trainings-Konzept

Wenn man eine Trainings-Veranstaltung selbst erfolgreich planen, organisieren und durchführen will, muss diese einen bestimmten Rahmen, ein Konzept haben. Für das Trainings-Konzept sind vorab bestimmte Fragen zu klären:

- **Wer** soll trainiert werden? Legen Sie die Gruppe von Mitarbeitern fest. Vermeiden Sie ein gemeinsames Training von Mitarbeitern mit sehr unterschiedlichen Ausbildungs- und Vorbildungs-Kenntnissen.

- **Was** sollen die Trainings-Inhalte sein? Entscheiden Sie sich für ein attraktives Thema mit genauem Titel, um Interesse bei den Teilnehmern zu wecken. Legen Sie zuerst Inhalte fest, bei denen die stärksten Mängel bestehen, die vorrangig behoben werden sollen. Gehen Sie „engpassorientiert" vor.

- **Wozu** soll trainiert werden? Welches konkrete Ziel soll verfolgt werden, welches Ergebnis soll erreicht werden? Nur wenn ein Ziel gesetzt wurde, kann auch kontrolliert werden, ob oder inwieweit es erreicht wurde.

- **Wie** soll trainiert werden? Erarbeiten Sie sich ein Konzept, indem Sie auch die Unterthemen festlegen, ebenso deren Zeitbedarf und Reihenfolge. Ordnen Sie Ihre Hilfsmittel (z. B. Folien) in dieser Folge. Bereiten Sie sich gut auf Ihr Thema vor.

- **Wo** soll trainiert werden? Wählen sie einen ausreichend großen Raum mit der erforderlichen Ausstattung. Der Raum sollte über Tageslicht verfügen. Setzen Sie Ihre Teilnehmer so, dass sie nicht geblendet werden. Sorgen Sie für einwandfreie und störungsfreie Schulungsbedingungen.

- **Wann** soll das Training stattfinden? Schulung und Training verlangen Konzentration und Aufmerksamkeit. Deshalb sollte hierfür nicht der Abend nach der Tagesarbeit gewählt werden. Wählen Sie einen Zeitraum, der vormittags oder nachmittags liegt und der sich mit dem Geschäftsverlauf gut vereinbaren lässt.

- **Wie lange** sollen die Trainings-Maßnahmen dauern? Für betriebliche Schulungseinheiten hat sich ein Zeitbedarf von ca. eineinhalb bis zwei Stunden als optimal herausgestellt. Planen Sie auch Zeitbedarf für Diskussionen ein, mit und unter den Teilnehmern.

Zum Training zählen alle Schulungsmaßnahmen, die dazu dienen sollen, die Leistungen der Mitarbeiter zu aktivieren, zu steigern und zu stabilisieren.

Mit Hilfe von Trainingsmaßnahmen

- qualifizieren Sie Ihr Team,
- motivieren Sie Ihre Mitarbeiter,
- binden Sie Ihre Mitarbeiter an Ihr Haus,
- vermeiden Sie kostspielige Mitarbeiterwechsel (Fluktuation) und
- erhalten Sie sich Ihr bestes Kapital: leistungsfähige und leistungsbereite Mitarbeiter.

Abb. 1   Training von Mitarbeitern

Acht goldene Regeln zur Planung eines Trainings

1. Planen Sie Ort und Zeit sorgfältig.
2. Achten Sie auf die Länge des Trainings.
3. Bereiten Sie sich detailliert vor.
4. Wählen Sie die Trainingsmedien sinnvoll.
5. Fragen Sie und lassen Sie fragen.
6. Lassen Sie diskutieren und lenken Sie die Diskussion.
7. Wiederholen Sie gelerntes Wissen und Verhalten.
8. Überfordern Sie Ihre Teilnehmer nicht.

Quelle: J. Steinhäuser/A. Poggendorf

⑤ Rechtsvorschriften

🇬🇧 laws 🇫🇷 références (w) juridiques

Folgende Gesetze betreffen den Abschnitt „Führungsaufgaben im Wirt-schaftsdienst". Die Gesetzestexte sind auf der dem Buch beiliegenden CD enthalten.

- Gesetz über die Zahlung des Arbeitsentgelts an Feiertagen und im Krankheitsfall (EntgFZG) (Stand: Dez. 2003)
- Gesetz zur Vereinheitlichung und Flexibilisierung des Arbeitszeit-rechts (ArbZG) (Stand: Juli 2009)
- Bundesurlaubsgesetz (BUrlG), Mindesturlaub für Arbeitnehmer (Stand: Mai 2002)
- Bundeselterngeld- und Elternzeitgesetz (BEEG) (Stand: Dez. 2010)
- Gesetz zum Schutz der erwerbstätigen Mutter (MuSchG) (Stand: März 2009)

Jugendarbeitsschutzgesetz (JArbSchG) (Stand: Okt. 2008)

§ 1 Geltungsbereich
(1) Dieses Gesetz gilt für die Beschäftigung von Personen, die noch nicht 18 Jahre alt sind,
1. in der Berufsausbildung,
2. als Arbeitnehmer oder Heimarbeiter,
3. mit sonstigen Dienstleistungen, die der Arbeitsleistung von Arbeitnehmern oder Heimarbeitern ähnlich sind,
4. in einem der Berufsausbildung ähnlichen Ausbildungsverhältnis. …

§ 2 Kind, Jugendlicher
(1) Kind im Sinne dieses Gesetzes ist, wer noch nicht 15 Jahre alt ist.
(2 Jugendlicher im Sinne dieses Gesetzes ist, wer 15, aber noch nicht 18 Jahre alt ist.
(3) Auf Jugendliche, die der Vollzeitschulpflicht unterliegen, finden die für Kinder gel-tenden Vorschriften Anwendung.

§ 3 Arbeitgeber
Arbeitgeber im Sinne dieses Gesetzes ist, wer ein Kind oder einen Jugendlichen ge-mäß § 1 beschäftigt.

§ 4 Arbeitszeit
(1) Tägliche Arbeitszeit ist die Zeit vom Beginn bis zum Ende der täglichen Beschäftigung ohne die Ruhepausen (§ 11).
(2) Schichtzeit ist die tägliche Arbeitszeit unter Hinzurechnung der Ruhepausen (§ 11). …
(4) Für die Berechnung der wöchentlichen Arbeitszeit ist als Woche die Zeit von Montag bis einschließlich Sonntag zugrunde zu legen. Die Arbeitszeit, die an einem Werktag infolge eines gesetzlichen Feiertags ausfällt, wird auf die wöchentliche Arbeitszeit angerechnet.
(5) Wird ein Kind oder ein Jugendlicher von mehreren Arbeitgebern beschäf-tigt, so werden die Arbeits- und Schichtzeiten sowie die Arbeitstage zusam-mengerechnet. …

§ 8 Arbeitszeit und Freizeit
(1) Jugendliche dürfen nicht mehr als acht Stunden täglich und nicht mehr als 40 Stunden wöchentlich beschäftigt werden.

Abb. 1 Arbeitgeber im Gespräch mit Auszubildenden

(2) Wenn in Verbindung mit Feiertagen an Werktagen nicht gearbeitet wird, damit die Beschäftigten eine längere zusammenhängende Freizeit haben, so darf die ausfallende Arbeitszeit auf die Werktage von fünf zusammenhängenden, die Ausfalltage einschließenden Wochen nur dergestalt verteilt werden, dass die Wochenarbeitszeit im Durchschnitt dieser fünf Wochen 40 Stunden nicht überschreitet. Die tägliche Arbeitszeit darf hierbei achteinhalb Stunden nicht überschreiten.

(2a) Wenn an einzelnen Werktagen die Arbeitszeit auf weniger als acht Stunden verkürzt ist, können Jugendliche an den übrigen Werktagen derselben Woche achteinhalb Stunden beschäftigt werden. …

§ 9 Berufsschule

(1) Der Arbeitgeber hat den Jugendlichen für die Teilnahme am Berufsschulunterricht freizustellen.

Er darf den Jugendlichen nicht beschäftigen

1. vor einem vor 9 Uhr beginnenden Unterricht; dies gilt auch für Personen, die über 18 Jahre alt und noch berufsschulpflichtig sind,
2. an einem Berufsschultag mit mehr als fünf Unterrichtsstunden von mindestens je 45 Minuten, einmal in der Woche,
3. in Berufsschulwochen mit einem planmäßigen Blockunterricht von mindestens 25 Stunden an mindestens fünf Tagen; zusätzliche betriebliche Ausbildungsveranstaltungen bis zu zwei Stunden wöchentlich sind zulässig.

(2) Auf die Arbeitszeit werden angerechnet

1. Berufsschultage nach Absatz 1 Nr. 2 mit acht Stunden,
2. Berufsschulwochen nach Absatz 1 Nr. 3 mit 40 Stunden,
3. im Übrigen die Unterrichtszeit einschließlich der Pausen.

(3) Ein Entgeltausfall darf durch den Besuch der Berufsschule nicht eintreten.

(4) (weggefallen)

§ 10 Prüfungen und außerbetriebliche Ausbildungsmaßnahmen

(1) Der Arbeitgeber hat den Jugendlichen

1. für die Teilnahme an Prüfungen und Ausbildungsmaßnahmen, die auf Grund öffentlich-rechtlicher oder vertraglicher Bestimmungen außerhalb der Ausbildungsstätte durchzuführen sind,
2. an dem Arbeitstag, der der schriftlichen Abschlussprüfung unmittelbar vorangeht, freizustellen.

(2) Auf die Arbeitszeit werden angerechnet

1. die Freistellung nach Absatz 1 Nr. 1 mit der Zeit der Teilnahme einschließlich der Pausen,
2. die Freistellung nach Absatz 1 Nr. 2 mit acht Stunden.

Ein Entgeltausfall darf nicht eintreten.

§ 11 Ruhepausen, Aufenthaltsräume

(1) Jugendlichen müssen im Voraus feststehende Ruhepausen von angemessener Dauer gewährt werden. Die Ruhepausen müssen mindestens betragen

1. 30 Minuten bei einer Arbeitszeit von mehr als viereinhalb bis zu sechs Stunden,
2. 60 Minuten bei einer Arbeitszeit von mehr als sechs Stunden. Als Ruhepause gilt nur eine Arbeitsunterbrechung von mindestens 15 Minuten.

(2) Die Ruhepausen müssen in angemessener zeitlicher Lage gewährt werden, frühestens eine Stunde nach Beginn und spätestens eine Stunde vor Ende der Arbeitszeit. Länger als viereinhalb Stunden hintereinander dürfen Jugendliche nicht ohne Ruhepause beschäftigt werden.

(3) Der Aufenthalt während der Ruhepausen in Arbeitsräumen darf den Jugendlichen nur gestattet werden, wenn die Arbeit in diesen Räumen während dieser Zeit eingestellt ist und auch sonst die notwendige Erholung nicht beeinträchtigt wird. …

§ 12 Schichtzeit

Bei der Beschäftigung Jugendlicher darf die Schichtzeit (§ 4 Abs. 2) 10 Stunden, im Bergbau unter Tage 9 Stunden, im **Gaststättengewerbe**, in der Landwirtschaft, in der Tierhaltung, auf Bau- und Montagestellen 11 Stunden nicht überschreiten.

§ 13 Tägliche Freizeit

Nach Beendigung der täglichen Arbeitszeit dürfen Jugendliche nicht vor Ablauf einer ununterbrochenen Freizeit von mindestens 12 Stunden beschäftigt werden.

§ 14 Nachtruhe

(1) Jugendliche dürfen nur in der Zeit von 6 bis 20 Uhr beschäftigt werden.

(2) Jugendliche über 16 Jahre dürfen

1. im **Gaststätten**- und Schaustellergewerbe bis **22 Uhr**,

2. in mehrschichtigen Betrieben bis **23 Uhr**,

3. in der Landwirtschaft ab 5 Uhr oder bis 21 Uhr,

4. in Bäckereien und Konditoreien ab 5 Uhr

beschäftigt werden.

(3) Jugendliche über 17 Jahre dürfen in Bäckereien ab 4 Uhr beschäftigt werden.

(4) An dem einem Berufsschultag unmittelbar vorangehenden Tag dürfen Jugendliche auch nach Absatz 2 Nr. 1 bis 3 nicht nach 20 Uhr beschäftigt werden, wenn der Berufsschulunterricht am Berufsschultag vor 9 Uhr beginnt. …

§ 15 Fünf-Tage-Woche

Jugendliche dürfen nur an fünf Tagen in der Woche beschäftigt werden. Die beiden wöchentlichen Ruhetage sollen nach Möglichkeit aufeinander folgen.

§ 16 Samstagsruhe

(1) An Samstagen dürfen Jugendliche nicht beschäftigt werden.

(2) Zulässig ist die Beschäftigung Jugendlicher an Samstagen nur

1. in Krankenanstalten sowie in Alten-, Pflege- und Kinderheimen,

2. in offenen Verkaufsstellen, in Betrieben mit offenen Verkaufsstellen, in Bäckereien und Konditoreien, im Friseurhandwerk und im Marktverkehr, …

6. im **Gaststätten**- und Schaustellergewerbe, … Mindestens zwei Samstage im Monat sollen beschäftigungsfrei bleiben.

(3) Werden Jugendliche an Samstagen beschäftigt, ist ihnen die Fünf-Tage-Woche (§ 15) durch Freistellung an einem anderen berufsschulfreien Arbeitstag derselben Woche sicherzustellen. In Betrieben mit einem Betriebsruhetag in der Woche kann die Freistellung auch an diesem Tag erfolgen, wenn die Jugendlichen an diesem Tag keinen Berufsschulunterricht haben.

(4) Können Jugendliche in den Fällen des Absatzes 2 Nr. 2 am Samstag nicht acht Stunden beschäftigt werden, kann der Unterschied zwischen der tatsächlichen und der nach § 8 Abs. 1 höchstzulässigen Arbeitszeit an dem Tag bis 13 Uhr ausgeglichen werden, an dem die Jugendlichen nach Absatz 3 Satz 1 freizustellen sind.

§ 17 Sonntagsruhe

(1) An Sonntagen dürfen Jugendliche nicht beschäftigt werden.

(2) Zulässig ist die Beschäftigung Jugendlicher an Sonntagen nur

1. in Krankenanstalten sowie in Alten-, Pflege- und Kinderheimen, …

Abb. 1 Auszubildende als Hotelfachfrau

8. im **Gaststättengewerbe**.

Jeder zweite Sonntag soll, mindestens zwei Sonntage im Monat müssen beschäftigungsfrei bleiben.

(3) Werden Jugendliche am Sonntag beschäftigt, ist ihnen die Fünf-Tage-Woche (§ 15) durch Freistellung an einem anderen berufsschulfreien Arbeitstag derselben Woche sicherzustellen. In Betrieben mit einem Betriebsruhetag in der Woche kann die Freistellung auch an diesem Tag erfolgen, wenn die Jugendlichen an diesem Tag keinen Berufsschulunterricht haben.

§ 18 Feiertagsruhe

(1) Am 24. und 31. Dezember nach 14 Uhr und an gesetzlichen Feiertagen dürfen Jugendliche nicht beschäftigt werden.

(2) Zulässig ist die Beschäftigung Jugendlicher an gesetzlichen Feiertagen in den Fällen des § 17 Abs. 2, ausgenommen am 25. Dezember, am 1. Januar, am ersten Osterfeiertag und am 1. Mai.

(3) Für die Beschäftigung an einem gesetzlichen Feiertag, der auf einen Werktag fällt, ist der Jugendliche an einem anderen berufsschulfreien Arbeitstag derselben oder der folgenden Woche freizustellen. In Betrieben mit einem Betriebsruhetag in der Woche kann die Freistellung auch an diesem Tag erfolgen, wenn die Jugendlichen an diesem Tag keinen Berufsschulunterricht haben.

§ 19 Urlaub

(1) Der Arbeitgeber hat **Jugendlichen** für jedes Kalenderjahr einen bezahlten Erholungsurlaub zu gewähren.

Abb. 1 Urlaubsanspruch

(2) Der Urlaub beträgt jährlich

1. mindestens **30 Werktage**, wenn der Jugendliche zu Beginn des Kalenderjahrs noch nicht **16** Jahre alt ist,

2. mindestens **27 Werktage**, wenn der Jugendliche zu Beginn des Kalenderjahrs noch nicht **17** Jahre alt ist,

3. mindestens **25 Werktage**, wenn der Jugendliche zu Beginn des Kalenderjahrs noch nicht **18** Jahre alt ist. …

(3) Der Urlaub soll Berufsschülern in der Zeit der Berufsschulferien gegeben werden. Soweit er nicht in den Berufsschulferien gegeben wird, ist für jeden Berufsschultag, an dem die Berufsschule während des Urlaubs besucht wird, ein weiterer Urlaubstag zu gewähren. …

§ 21 Ausnahmen in besonderen Fällen

(1) Die §§ 8 und 11 bis 18 finden keine Anwendung auf die Beschäftigung Jugendlicher mit vorübergehenden und unaufschiebbaren Arbeiten in **Notfällen**, soweit erwachsene Beschäftigte nicht zur Verfügung stehen.

(2) Wird in den Fällen des Absatzes 1 über die Arbeitszeit des § 8 hinaus Mehrarbeit geleistet, so ist sie durch entsprechende Verkürzung der Arbeitszeit innerhalb der folgenden drei Wochen auszugleichen. …

§ 21a Abweichende Regelungen

(1) In einem Tarifvertrag oder auf Grund eines Tarifvertrages in einer Betriebsvereinbarung kann zugelassen werden

1. abweichend von den §§ 8, 15, 16 Abs. 3 und 4, § 17 Abs. 3 und § 18 Abs. 3 die Arbeitszeit bis zu neun Stunden täglich, 44 Stunden wöchentlich und bis zu fünfeinhalb Tagen in der Woche anders zu verteilen, jedoch nur unter Einhaltung einer durchschnittlichen Wochenarbeitszeit von 40 Stunden in einem Ausgleichszeitraum von zwei Monaten,

Abb. 2 Ausnahmen in
besonderen Fällen

2. abweichend von § 11 Abs. 1 Satz 2 Nr. 2 und Abs. 2 die Ruhepausen bis zu 15 Minuten zu kürzen und die Lage der Pausen anders zu bestimmen,

3. abweichend von § 12 die Schichtzeit mit Ausnahme des Bergbaus unter Tage bis zu einer Stunde täglich zu verlängern,

4. abweichend von § 16 Abs. 1 und 2 Jugendliche an 26 Samstagen im Jahr oder an jedem Samstag zu beschäftigen, wenn statt dessen der Jugendliche an einem anderen Werktag derselben Woche von der Beschäftigung freigestellt wird,

5. abweichend von den §§ 15, 16 Abs. 3 und 4, § 17 Abs. 3 und § 18 Abs. 3 Jugendliche bei einer Beschäftigung an einem Samstag oder an einem Sonn- oder Feiertag unter vier Stunden an einem anderen Arbeitstag derselben oder der folgenden Woche vor- oder nachmittags von der Beschäftigung freizustellen,

6. abweichend von § 17 Abs. 2 Satz 2 Jugendliche im **Gaststätten**- und Schaustellergewerbe sowie in der Landwirtschaft während der Saison oder der Erntezeit an drei Sonntagen im Monat zu beschäftigen.

(2) Im Geltungsbereich eines Tarifvertrages nach Absatz 1 kann die abweichende tarifvertragliche Regelung im Betrieb eines nicht tarifgebundenen Arbeitgebers durch Betriebsvereinbarung oder, wenn ein Betriebsrat nicht besteht, durch schriftliche Vereinbarung zwischen dem Arbeitgeber und dem Jugendlichen übernommen werden.

(3) Die Kirchen und die öffentlich-rechtlichen Religionsgesellschaften können die in Absatz 1 genannten Abweichungen in ihren Regelungen vorsehen. ...

§ 22 Gefährliche Arbeiten

(1) Jugendliche dürfen nicht beschäftigt werden

1. mit Arbeiten, die ihre physische oder psychische Leistungsfähigkeit übersteigen,

2. mit Arbeiten, bei denen sie sittlichen Gefahren ausgesetzt sind,

3. mit Arbeiten, die mit Unfallgefahren verbunden sind, von denen anzunehmen ist, dass Jugendliche sie wegen mangelnden Sicherheitsbewusstseins oder mangelnder Erfahrung nicht erkennen oder nicht abwenden können,

4. mit Arbeiten, bei denen ihre Gesundheit durch außergewöhnliche Hitze oder Kälte oder starke Nässe gefährdet wird,

5. mit Arbeiten, bei denen sie schädlichen Einwirkungen von Lärm, Erschütterungen oder Strahlen ausgesetzt sind,

6. mit Arbeiten, bei denen sie schädlichen Einwirkungen von Gefahrstoffen im Sinne des Chemikaliengesetzes ausgesetzt sind,

7. mit Arbeiten, bei denen sie schädlichen Einwirkungen von biologischen Arbeitsstoffen ... ausgesetzt sind. ...

§ 31 Züchtigungsverbot, Verbot der Abgabe von Alkohol und Tabak

(1) Wer Jugendliche beschäftigt oder im Rahmen eines Rechtsverhältnisses im Sinne des § 1 beaufsichtigt, anweist oder ausbildet, darf sie nicht körperlich züchtigen.

(2) Wer Jugendliche beschäftigt, muss sie vor körperlicher Züchtigung und Misshandlung und vor sittlicher Gefährdung durch andere bei ihm Beschäftigte und durch Mitglieder seines Haushalts an der Arbeitsstätte und in seinem Haus schützen. Er darf Jugendlichen unter 16 Jahren keine alkoholischen Getränke und Tabakwaren, Jugendlichen über 16 Jahre keinen Branntwein geben. ...

§ 48 Aushang über Arbeitszeit und Pausen.

Arbeitgeber, die regelmäßig mindestens drei Jugendliche beschäftigen, haben einen Aushang über Beginn und Ende der regelmäßigen täglichen Arbeitszeit und der Pausen der Jugendlichen an geeigneter Stelle im Betrieb anzubringen.

Abb. 1 Gefährliche Arbeiten sind für Jugendliche verboten!

Abb. 2 Alkohol-Verbot für Jugendliche unter 16 Jahren

1   Was ist eine Stellenbeschreibung?

2   In welche acht Themenbereiche werden Stellenbeschreibungen gegliedert?

3   Welche drei Vorteile bringen Stellenbeschreibungen jeweils
    a) für die Mitarbeiter und
    b) für den Betrieb?

4   Verfassen Sie eine Stellenbeschreibung für die Verwalterin der Hotel-Wäschekammer.

5   Erklären Sie, welche Hilfsmittel bei der Erstellung von Dienstplänen nützlich sind.

6   Was versteht man unter einem Leistungsmaßstab für Zimmerfrauen?

7   Welche Faktoren beeinflussen die Größe des Leistungsmaßstabes für Zimmerfrauen?

8   Ein Hotel hat 120 Zimmer und bietet auch einen Abend-Zimmer-Service. Der Leistungsmaßstab für Tages-
    Zimmerfrauen beträgt 15 Zimmer, der für Abend-Zimmerfrauen beträgt 60 Zimmer.
    Fertigen Sie eine Personalplanungstabelle für Zimmerfrauen an, beginnend mit einer Auslastung von 30 %,
    dann in 10-%-Schritten bis 100 % Auslastung.

9   Welche „Sonstigen Arbeiten" einer Zimmerfrau ergeben das Gesamt-Arbeitsvolumen?

10 In einem Zeitraum von 30 Tagen haben täglich 10 Tageszimmerfrauen im Dienst 4.200 Zimmer versorgt. Wie viele
    Zimmer hätten versorgt werden können, wenn der Leistungsmaßstab von 15 Zimmern eingehalten worden
    wäre?

11 Erklären Sie, inwiefern die innerbetriebliche Kommunikation das Betriebsklima beeinflusst.

12 Wer ist Kommunikator und wer ist Kommunikant, beispielsweise bei einem Telefonat?

13 Welche fünf bestimmten Techniken zählen zur Mitarbeiter-Führung?

14 Woraus resultieren Arbeitszufriedenheit und Leistungsverhalten von
    Mitarbeitern (nach F. Herzberg)? Nennen Sie drei Bereiche.

15 Welche vier Bereiche wirken auf die Arbeitszufriedenheit der Mitarbeiter ein?

16 Erklären Sie die Begriffe job rotation, job enlargement und job enrichment.

17 Geben Sie fünf Beispiele dafür, wie man Mitarbeiter motiviert.

18 Welche vier Führungsstile gelten als zeitgemäß?

19 Welche Verhaltensweisen von Vorgesetzten wirken demotivierend auf Mitarbeiter?

20 Worauf bauen moderne Führungsstile auf und welche zwei wichtigen Vorteile haben sie?

21 Nennen Sie fünf Absichten, die mit der Durchführung von Trainingsmaßnahmen verfolgt werden.

22 Welche sieben Fragen sind bei der Vorbereitung eines Trainingskonzepts für Mitarbeiter zu klären?

23 Bei der Dienstplan-Erstellung sind Rechtsvorschriften zu beachten. Nennen Sie drei Gesetze mit je zwei
    Vorschriften hierzu.

24 An welchen vier Tagen des Kalenderjahres dürfen Jugendliche im Gastronomiebetrieb nicht beschäftigt
    werden?

25 An welchen beiden Tagen des Kalenderjahres dürfen Jugendliche nicht nach 14 Uhr beschäftigt werden?

Aufgaben

PROJEKT

Planung und Herstellung von Organisationsmitteln

Die Hausdame möchte ihre Abteilung neu organisieren und beabsichtigt, für alle Positionen Stellenbeschreibungen als Organisationsmittel einzusetzen.

Sie wurden beauftragt, für die Stelle der Wäschebeschließerin (Leiterin der Wäschekammer) die Stellenbeschreibung anzufertigen und Ihrer Abteilungsleiterin vorzulegen.

---

① Stellenbeschreibung **Zimmerfrau**

② Angestellte

③ Die Stelleninhaberin ist der Hausdame unterstellt.

④ Die Stelleninhaberin ist gegebenenfalls Auszubildenden überstellt.

⑤ Mit der Stelle verbundene Ziele: Die Gästezimmer und öffentlichen Räume des Hotels sind dem Qualitätsstandard entsprechend stets sauber und gepflegt. Die Arbeitsatmosphäre ist gekennzeichnet durch stets höfliches, aufmerksames und hilfsbereites Verhalten (Teamwork). Die anvertrauten Anlagen und Güter sind einwandfrei gepflegt und bewahren ihren Wert. Die eingesetzten Materialien werden wirtschaftlich verwaltet.

⑥ Die Stelleninhaberin vertritt die anderen Zimmerfrauen sowie die Raumpflegerin, gegebenenfalls das Reinigungspersonal; die Stelleninhaberin wird durch die anderen Zimmerfrauen vertreten.

⑦ Aufgaben:
- Wäscherei: Mithilfe bei der Wäschepflege, z. B. Wäsche zusammenlegen
- Entgegennahme der Belegungs-Liste (Bleibezimmer – Abreisezimmer)
- Auffüllen des Etagenwagens
- Reinigung der Bleibezimmer: Fenster öffnen, Papierkorb und Aschenbecher ausleeren, Betten machen (Bettwäsche jeden 3. Tag wechseln), Staub wischen; Badezimmer: Reinigung von Aschenbechern, Gläsern, Spiegel, WC, Badewanne bzw. Dusche, Waschbecken, Fußboden, Verteilung neuer Handtücher, Duschgel/Shampoo, Schreibmappe auffüllen, staubsaugen, Vorhänge richten. Hinweis: Die Gästehandtücher werden nur gewechselt, falls sich die Handtücher auf dem Fußboden befinden (Gästeinfo auf Zimmern)
- Reinigung der Abreisezimmer: insgesamt gründlicher, frische Bettwäsche/Handtücher, Fenster putzen, u. U. Bad gründlicher (Armaturen), Flure saugen, Minibars: checken und auffüllen, Minibarliste ausfüllen (Verbrauch); Extras: Vorhänge waschen, Fugen (Bad) putzen, Duschvorhänge wechseln und waschen, Türen wischen, Teppich shampoonieren
- bei bestimmten Anlässen dekorieren
- Obstteller herrichten

⑧ Die Stelleninhaberin ist für eine Etage (bzw. ca. 25 Zimmer) verantwortlich; Schlüsselgewalt: Etagen-Gruppenschlüssel, Wäscherei; Dienstplanmitgestaltung.

Planung

❶ Machen Sie sich mit Aufbau, Gliederung und Stil einer vorbildlichen Stellenbeschreibung vertraut.

❷ Informieren Sie sich über alle Ziele, Aufgaben, Befugnisse und Kompetenzen dieser Stelle in Ihrem Betrieb.

Realisierung

❶ Gliedern Sie die Stellenbeschreibung wie üblich in acht Punkte.

❷ Ordnen Sie die gesammelten Informationen über diese Stelle den acht Überbegriffen zu.

Ergebniskontrolle

❶ Überprüfen Sie, ob Sie alle Informationen richtig und vollständig zugeordnet haben.

❷ Legen Sie Ihre Ausarbeitung der Hausdame zur Endkontrolle vor.

Sachwortverzeichnis

Bildquellen

Achenbach Delikatessen Manufaktur, Sulzbach 480/4, 480/5, 480/6, 480/7, 480/8, 480/9, 480/10, 480/11, 480/12, 480/13, 480/14

Agrarmarkt Austria Marketing GmbH, Wien, A 423/2, 423/1

aid infodienst, Bonn 105/2, 434/2, 345/1

All inclusive – Fachwissen Tourismus, Band 1, Verlag Europa-Lehrmittel 630/3

Arbeitsblätter Koch/Köchin II, Fachbuchverlag Pfanneberg 72/2, 230/3, 230/4

Archiv des Verlags Europa-Lehrmittel 27/3, 335, 553/2, 553/3, 435/1

Asbach, Rüdesheim 288/4

BANKETTprofi GmbH, Speyer – www.bankettprofi.de 359/1

Biologische Anstalt für Land- und Forstwirtschaft, Braunschweig 26/7, 26/8

Bergknappenhof, Bodenmais 528/2

Bettenhaus Mühldorfer, Haidmühle 558/2, 558/4, 560/1

Blanco Professional, Oberderdingen 123/6

Buir, Benno 168/1, 168/2, 168/3, 185/1, 261/1, 261/2, 262/1, 262/2, 262/3, 262/4, 263/1, 264/2, 265/1, 280/2, 284/1, 592/1, 351/1, 511/1, 511/3, 596/1

Bulls Press, Frankfurt 367/3, 369/2, 376/2, 377/1, 375/2

Burger King, München 431/3, 435/2, 435/3

Carma, Dübendorf, CH 477/3, 477/5, 477/6

Chemie für Schule und Beruf, Verlag Europa-Lehrmittel 82/1, 83/1

Contacto Bander GmbH, Erkrath 123/1

Cooltrans AG, Rothenburg, CH 343/2

Crowne Plaza 386/2, 517/2

Culinary Institute of America, Hydepark N.Y., USA 205/2, 205/3, 205/4, 206/2, 206/3, 208/2, 208/3, 208/4, 209/1, 209/2, 209/3, 209/4, 210/1, 210/2, 210/3, 212/1, 212/2, 212/3, 213/1, 213/2, 213/3, 213/4, 267/3, 267/4, 396/1, 409/5, 409/6, 456/4

Degen, Bernd 239/1, 249/2, 279/3, 316/1, 316/2, 317/1, 317/2, 317/3, 317/4, 317/5, 318/1, 318/2, 318/3, 319/1, 319/2, 319/3, 319/4, 321/2, 322/1, 322/2, 322/3, 322/4, 323/1, 323/2, 375/3, 488/1

DEHOGA, Berlin 218/1, 218/5, 642/3, 676/1, 693/1, 693/2

Deutsche Weininformation, Mainz 303/1, 303/2, 303/3, 303/4, 303/5, 303/6, 303/7, 303/8, 304/1, 309/1, 309/2, 309/3, 309/4, 368/2, 390/1

Deutscher Brauerbund, Berlin 296/1

Deutsches Teebüro, Hamburg 289/1

Die kalte Küche, Fachbuchverlag Pfanneberg 71/1, 71/2, 71/4, 71/5, 71/6, 74/2, 106/3, 134/4, 144/1, 175/1, 179/2, 179/3, 185/2, 186/1, 186/2, 186/3, 187/1, 187/2, 188/1, 188/2, 188/3, 189/1, 191/3, 211/2, 269/2, 269/3, 393/4, 393/5, 393/6, 393/7, 394/1, 394/2, 395/2, 395/3, 395/4, 398/1, 398/2, 398/3, 398/4, 402/2, 405/1, 406/1, 406/2, 407/2, 413/3, 413/4, 415/2, 415/3, 415/4, 415/5, 415/6, 417/1, 420/1, 424/1, 437/3, 466/1, 466/2, 466/3, 466/4, 466/5, 466/6, 466/7, 466/8, 467/1, 467/2, 467/3, 467/4, 468/2, 469/1, 469/2, 469/3, 471/1, 471/2, 474/5, 475/2, 477/1, 479/1, 479/2, 479/3, 479/4, 479/5, 479/6, 480/1, 480/2, 480/3, 481/2, 481/3, 481/4, 481/5, 481/6, 481/7, 481/8, 481/9, 481/10, 481/11, 489/2, 503/1, 503/2, 503/4, 506/2, 506/3, 506/4, 393/2, 419/1, 395/1, 390/2, 392/2, 392/3, 393/1

Dirk Meissner, Köln 681/4

dpa Picture-Alliance GmbH, Frankfurt 678/1 © Vojtech Vlk, 678/2 © eSchmidt, 679/1, 679/2 © Bildagentur-online/ Tetra, 680/2 © AFLO, 687/2 © Sodapix AG

Dr. August Oetker, Bielefeld 433/1

eKiosk GmbH, Dresden 610/1, 612/6

F&B Tec GmbH, Neukirchen 127/1

Fachkunde Bäcker in Lernfeldern, Fachbuchverlag Pfanneberg 62/1, 62/2, 62/3

Fachwissen Bekleidung, Verlag Europa-Lehrmittel 220/1, 220/2, 539/1, 539/2, 539/3, 539/4, 540/4, 542/2, 542/4, 542/5, 542/6

Ferienhotel Hammerhof, Bodenmais 528/2

Fotolia.com, Berlin 13/1 © Martina Berg, 13/3 © CandyBox Images, 13/4 © Yuri Arcurs, 13/5 © contrastwerkstatt, 14/1 © brodtcast, 15/1 © Martina Berg, 15/2 © moodboard Premium, 28/2 © Jürgen Fälch-le, 28/3 © Marina Lohrbach, 38/1 © Gina Sanders, 40/2 © Quade, 51/1 © ojoimages4, 59/1 © Liddy Hansdottir, 65/1 © volff, 65/2 © Jo-Lin, 69/1 © photocrew, 71/3 © photocrew, 74/3 © photocrew, 76/3 © photocrew, 77/1 © Heino Pattschull, 88/1 © Gina Sanders, 94/1 © stfotograf, 95/1 © Alexander Raths, 96/2 © evgenyatamanenko, 98/1 © Wrangler, 102/1, 112/1 © Wavebreakmedia Micro, 125/2 © Leonardo Franko, 130/1 © Miredi, 130/3 © mrgarry, 136/1 © K.-U. Häßler, 140/1 © Kzenon, 141/2 © Tom Bayer, 145/1 © Dalmatin.o, 146/4 © photocrew, 147/1 © Jörg Beuge, 148/1 © Lucky Dragon, 150/2 © Firma V, 159/1 © Robert Kneschke, 162/1 © anna, 167/2 © Lucky Dragon, 175/2 © ExQuisine, 177/2 © Inga Nielsen, 178/1 © Gresei, 178/2 © Ildi, 180/1 © viperagp, 197/2 © Kathleen Rekowski, 201/1 © ExQuisine, 201/2 © Printemps, 202/1 © photocrew, 202/2 © ExQuisine, 203/3 © Printemps, 204/1 © Fotowerk, 204/2 © ExQuisine, 211/1 © robynmac, 211/3 © Joe Gough, 216/1 © contrastwerkstatt, 216/2 © CandyBox Images, 216/3 © Gina Sanders, 219/1 © Esther Hildebrandt, 221/1 © Reicher, 223/1 © Brigitte Bonaposta, 224/2 © rsester, 242/1 © A_Lein, 252/1 © Robert Kneschke, 252/2 © Yuri Arcurs, 268/2 © Ilka Burckhardt, 276/1 © Nitr, 276/2 © tinyal, 276/3, 276/4 © photocrew, 280/1, 281/1 © dreamer12, 283/1 © Tom Klimmeck, 285/1 © womue, 285/2 © Felix Pergande, 288/1 © S Hagebusch, 290/1 © Marina Lohrbach, 290/2 © chamillew, 292/1 © volff, 292/2 © BeTa-Artworks, 292/3 © Marco Mayer, 293/1 © Teamarbeit, 293/2 © hg_media, 300/1 © Nitr, 300/2 © Pescatore, 310/1 © samott, 325/1, 326/1 © Xavier, 328/1 © Kirill Livshitskiy, 329/1 © draghicich, 329/2 © tsoergel, 334/1 © Markus Mainka, 339/1 © fotodesign-jegg.de, 343/1 © Lucky Dragon – Fotolia.com, 349/1, 359/2 © Birgit Reitz-Hofmann – Fotolia.com, 360/1 © Christophe Fouquin, 362/1 © rosaguardiola – Fotolia.com, 362/2 © silencefoto – Fotolia.com, 362/3 © Esther Hildebrandt – Fotolia.com, 363/1 © Robert Kneschke, 364/1 © CandyBox Images, 367/1 © Alinute, 367/2 © contrastwerkstatt, 368/1 © shotsstudio, 369/1 © Kondor83, 371/1 © Robert Kneschke, 373/1 © contrastwerkstatt, 374/1 © CandyBox Images, 376/1 © Petra Beerhalter, 387/1 © Idprod – fotolia.com, 388/2 © akf, 399/1 © Ars Ulrikusch, 408/1 © Alexander Raths – Fotolia.com, 412/2 © eskymaks, 412/3 © Jörg Beuge, 414/1 © Sven Weber, 440/1 © ilolab, 440/3 © Printemps, 440/4 © lulu, 441/1 © Fernando Madeira, 441/2 © Joe Gaugh, 441/3 © luca.viola(IT), 441/4 © Lsantilli, 441/5 © B. and E. Dudzinscy, 441/6 © elvil, 442/1 © HandmadePictures, 442/2 © eyewave, 451/2 © travelguide, 452/1 © bildwerk7 – Fotolia.com, 459/2 © Kitty – Fotolia.com, 462/6 © Antonio Gravante, 473/2 © Liv Friis-larsen – Fotolia.com, 475/7 © Kati Molin, 475/8 © B. Wylezich, 476/1, 486/1, 487/1 © monticellllo, 492/5 © Jag_cz – Fotolia.com, 494/1 © PhotoSG, 498/1 © foodinaire, 501/1 © CandyBox Images, 502/1 © shotsstudio, 504/1, 504/2, 504/5, 505/2 © Simone Andress, 506/1, 507/1 © CandyBox Images, 512/1 © Callahan, 514/1 © DeVIce, 519/1 © Gunnar Assmy, 521/1 © Albachiaraa – Fotolia.com, 522/2 © Gina Sanders, 524/1 © Picture-Factory, 524/2 © contrastwerkstatt, 530/1 © Light Impression, 532/1, 532/2 © Franz Pfluegl, 532/3 © Franz Pfluegl, 533/1 © XtravaganT, 533/2 © viperagp, 534/1 © Jeanette Dietl, 535/1 © Insp.Clouseau, 536/2 © virtua73 – Fotolia.com, 541/1 © georgpfluegl, 544/1 © monticellllo, 545/1 © senkaya, 545/2 © yunuskoc, 545/3 © mihalec, 546/1 © olly, 548/1 © moodboard, 548/2 © MP2, 548/3 © Luis Santos, 549/1 © corbisrffancy, 549/2 © g215, 550/1 © Africa Studio, 550/2 © Lucky Dragon, 550/3 © Africa Studio, 550/4 © terex, 551/1 © Gina Sanders, 551/2 © VRD, 552/1 © contrastwerkstatt, 552/2 © Vasily Smirnov, 552/3

111/6, 111/7, 111/8, 111/9, 157/2, 477/4, 477/7
NH Hotel, Deggendorf 589/1, 589/2, 622/2, 625/3
Palux AG, Bad Mergentheim 125/4, 128/2, 129/1
Paulaner, München 301/1, 301/2, 301/3, 301/4, 301/5, 301/6
Prince Castle, Carol Stream, Illinois, USA 118/8, 119/1, 119/2, 119/3, 119/4, 127/2, 128/1
Rational, Landsberg/Lech 112/2, 134/1, 134/3, 134/2, 154/1, 155/1
Rösle Metallwaren, Marktoberdorf 116/2, 117/10, 118/1, 118/5, 118/7, 149/1, 150/1, 116/1, 429/1, 446/3, 453/1
Rousseau, Brigitte, Paris 115/8
Rudolf Richter GmbH, Heimsheim 132/2
Särve, Weiding 337/1, 337/2
Schegg, Roland 615/1, 615/2
Schönwald Porzellanfabrik, Schönwald 123/4, 219/4, 231/1, 231/2, 232/1, 233/3, 233/4, 233/5, 233/1, 237/1, 255/2, 332/1, 481/1, 488/2, 538/1, 663/1, 675/2
Schweizerische Käseunion, Bern, CH 467/5, 468/1
Servicebund, Lübeck 402/1, 409/3, 409/4, 473/3
Seubert Feinkostmanufaktur, Werbach-Wenkheim 113/1
Shake it! Die Barschule, Fachbuchverlag Pfanneberg 283/2,

324/1, 330/1, 331/1, 331/2, 331/3
Sheraton Carlton Hotel, Nürnberg 674/1
Shutterstock.com 174/2 stockstudios – Shutterstock.com, 174/4 ElenaKor – Shutterstock.com
Siemens Haushaltsgeräte, München 133/1
Silit Werke, Riedlingen 132/4
Sopexa, Düsseldorf 312/1
Steigenberger-Hotel Der Sonnenhof, Bad Wörishofen 388/1
Stockfood, München 141/1, 160/1, 183/1, 207/2, 207/3, 208/1, 320/4 © A. Faber/StockFood, 410/3 © Lehmann, H./StockFood, 412/1 © Lehmann, H./StockFood, 413/1 © Holler, H./StockFood, 430/3 © Eising/StockFood, 437/1 © Bischof, H./StockFood, 439/2 © Feiler/StockFood, 439/4 © Bischof, H./StockFood, 464/1 © Lehmann, H./StockFood, 464/2 © Eising/StockFood, 473/4 © Ellert, L./StockFood
SUBWAY ® Sandwiches, Köln 113/2, 440/2
Teubner Foodfoto, Füssen 157/1, 179/1, 266/1, 267/1, 420/2, 425/3, 382/1, 399/2, 399/3, 399/4, 400/1, 400/2, 400/5, 400/6, 410/2, 414/2, 415/1, 416/1, 416/2, 416/3, 417/2, 417/3, 417/4, 418/1, 418/2, 418/3, 421/1, 421/2, 421/3, 421/4, 422/3, 425/2, 426/1,

426/2, 429/3, 429/4, 430/1, 431/1, 432/2, 436/1, 437/2, 437/4, 438/1, 438/2, 439/1, 443/2, 444/3, 444/4, 446/1, 448/2, 449/1, 449/2, 454/1, 454/2, 456/1, 456/3, 457/3, 457/4, 458/1, 458/2, 458/3, 458/4, 459/1, 459/3, 460/1, 460/2, 460/3, 460/4, 463/2, 465/1, 465/2, 468/3, 468/4, 468/5, 470/1, 472/1, 472/2, 472/3, 472/4, 473/5, 473/6, 474/1, 476/3, 476/4, 476/5, 476/6, 476/7, 476/8, 478/3, 482/3, 482/6, 483/4, 484/1, 490/1, 492/1, 492/2, 492/3, 492/4, 493/1, 505/3, 508/2, 664/1
THIEMT GmbH, Dortmund 161/3 © Sensoriklabor, THIEMT GmbH (www.thiemt.com/sensoriklabor)
Tourismusverband Ostbayern e.V., Regensburg 529/1
Ullstein Bild, Berlin 263/4 ullstein bild – Werner OTTO,
Verband Deutscher Sektkellereien, Wiesbaden 320/1, 320/2
Villeroy & Boch, Mettlach 255/3
Vorratsschutz GmbH, Laudenbach 26/1, 26/2, 26/3, 26/4, 26/5, 26/6
Warsteiner Brauerei, Warstein 235/5, 236/1, 236/2, 242/3, 242/5, 242/4, 242/6, 243/2, 243/4, 243/1, 243/3, 244/1, 244/3, 244/2, 244/4, 245/2, 245/4, 245/1, 245/3,

669/2, 670/1, 670/2, 670/3
Westin Grand 513/1
Wikipedia – Nikolaos Dimos 693/3
Winterhalter, Meckenbeuren 228/1
WMF, Geislingen 122/1, 122/2, 122/3, 122/4, 122/5, 122/6, 122/7, 122/8, 122/9, 122/10, 123/2, 123/3, 224/1, 225/1, 226/1, 226/2, 227/5, 227/6, 227/7, 227/8, 227/9, 228/2, 234/1, 234/2, 234/4, 235/1, 235/2, 250/3, 273/3, 277/1, 277/2, 277/3, 386/1, 411/4
Wolffgang, Thomas 194/2, 194/3, 194/4, 194/5, 195/1, 195/2, 195/3, 195/4, 195/5, 196/1, 196/2, 196/3, 196/4, 196/5, 197/1, 197/3, 198/2, 198/3, 199/2, 199/3, 199/4, 200/1, 200/2, 200/3
Wpr communication Hennef, 433/2, 433/3, 433/4
Zollner Hotelwäsche, Vilsbiburg 219/3, 219/2, 220/3, 220/4, 542/7, 549/3, 554/3, 555/1, 555/3
Zwilling, Solingen 115/2, 115/3, 115/4, 115/5, 115/6, 115/7, 115/1, 116/10, 116/11, 116/3, 116/4, 116/5, 116/6, 116/7, 116/8, 116/9, 117/1, 117/2, 117/3, 117/4, 117/5, 117/8, 117/9